百衲本二十四史

新唐書

上海涵芬樓影印中華學
蓺社借照日本岩崎氏靜
嘉文庫藏北宋嘉祐刊本
闕卷以北平圖書館江安
傅氏雙鑑樓藏宋本配補

宋祁奉敕撰

哥舒翰其先蓋突騎施酋長哥舒部之裔父道元為安西都護將赤水軍使故仍世居安西翰少補效轂府果毅家富于財任俠重然諾縱蒱酒長安市年四十餘遭父喪不歸不為長安尉所禮慨然發憤游河西事節度使王倕倕攻新城使翰經略稍知名又事王忠嗣署衙將翰能讀左氏春秋漢書通大義䟽財多施予故士歸心為大斗軍副使佐安思順不相下忠嗣更使討吐蕃副將倨見翰怒立殺之麾下為股栗遷左衛郎將吐蕃盜邊與翰遇苦拔海吐蕃枝其軍為三行從山差池下翰持半段槍迎擊所鄉輒披靡名蓋軍中擢授右武衛將軍副隴右節度為河源軍使先是吐蕃候積石軍麥熟歲來取莫能禁翰乃使王難得楊景暉設伏東南谷吐蕃以五千騎入塞放馬褫甲將就田翰自城中馳至虜駭走追北伏起悉殺之隻馬無還者翰嘗逐虜馬鷩陷于河吐蕃三將欲刺翰翰大呼皆擁矛不敢動救兵至追殺之翰有奴曰左車年十六以旅力聞翰工用槍追及賊擬槍於肩叱之賊反顧翰刺其喉剔而騰之高五尺許乃墮左車即下馬斬其首以為常會忠嗣被罪帝召翰入朝部將請齎金帛以救忠嗣翰但齎褋裝曰使吾言計從奚取於是不行用此足矣翰至帝虛心待與語異之拜鴻臚卿為隴右節度副大使翰已謝即極言忠嗣之枉帝起入禁中翰叩頭從帝且泣帝寤為末貸其罪忠嗣不及誅朝廷稱其義踰年築神威軍青海上吐蕃攻破之更築於龍駒島有白龍見因號應龍城翰相其川原宜畜牧謫罪人二千戍之由是吐蕃不敢近青海天寶八載詔翰以朔方河東群牧兵十萬攻吐蕃石堡城數日未克翰怒捽其將高秀巖張守瑜將斬之秀巖請三日期如期而下遂以赤嶺為西塞開屯田備軍實加特進賜賚彌渥十一載加開府儀同三司翰素與安祿山安思順不平帝每欲和解之會三人俱來朝帝使驃騎大將軍高力士宴城東翰等皆集詔尚食生擊鹿取血瀹腸為熱洛何以賜之翰母于闐王女也祿山謂翰曰我父胡母突厥公父突厥母胡族類本同安得不親愛翰曰諺言狐向窟嗥不祥以忘本也兄既見愛敢不盡心祿山以翰譏其胡怒罵曰突厥敢爾翰欲應之力士目翰翰託醉去久之進封涼國公兼河西節度使攻破吐蕃洪濟大莫門等城收黃河九曲以其地置洮陽郡築神策宛秀二軍進封西平郡王賜音樂田園又賜一子五品官裨將賞拜有差宰相楊國忠惡祿山白發其反狀故厚結翰俄進太子少保翰耆酒極聲色因風痺體不仁既疾廢遂還京師闔門不朝請十四載祿山反封常清以王師敗帝乃召見翰拜太子先鋒兵馬元帥以田良丘為軍司馬蕭昕為判官王思禮鉗耳大福李承光高元蕩蘇法鼎管崇嗣為屬將火拔歸仁李武定渾萼契苾寧以本部隸麾下凡河隴朔方奴剌等十二部兵二十万守潼關師始東先驅牙旗觸門墮注旄于折眾惡之天子御勤政樓臨送詔翰以軍行過門毋下百官郊餞旌旗亘二百里翰惶恐數以疾自言帝不聽然病痼不能事以軍政委良丘使王思禮主騎李承光主步三人爭長政令无所統一眾攜弛無鬬意明年進拜尚書左僕射同中書門下平章事祿山遣子慶緒攻關翰擊走之始安思順度祿山必反嘗為帝言得不坐翰既惡祿山又怨思順及其知重兵在己有所論請天子重違因偽為賊書遺思順者使關邏禽以獻翰因疏七罪請誅之有詔思順及弟元貞皆賜死徙放其家國忠始懼或說翰曰祿山本以誅國忠故稱兵今若留卒三万守關悉精銳度滻水誅君側此漢挫七國計也思禮亦勸翰翰猶豫未發謀頗露國忠大駭入見帝曰兵法安不忘危大兵在潼關而无後殿万有一不利京師危矣即募牧兒三千人日夜訓練以劒南列將分統之又募万人屯灞上使腹心杜乾運為帥翰疑圖己表請乾運兵隸節下因詭召乾運計事者至軍即斬首梟于門并其軍國忠愈恐謂其子曰吾無死所矣然翰亦不自安又謀久不決數奏言祿山雖竊據河朔不得人心請持重以敝之待其離隙可不血刃而禽賊將崔乾祐守陝郡仆旗鼓羸師以誘戰覘者言賊无備可圖也帝信之詔翰進討翰報曰祿山習用兵今始為逆不能无備是陰計誘我賊遠來利在速戰王師堅守毋輕出關計之上也且四方兵未集宜觀事勢不必速當是時祿山雖盜河洛所過殘殺人人怨之淹時月不能進尺寸地又郭子儀李光弼兵益進取常山十數郡祿山始悔反矣將還幽州以自固而國忠計迫謬說帝趣翰出潼關復陝洛時子儀光弼遙計曰翰病且耄賊素知之諸軍烏合不足戰今賊悉銳兵南破宛洛而以餘眾守幽州吾直擣之覆其巢窟質叛族以招逆徒祿山之首可致若師出潼關變生京師天下怠矣乃極言請翰固關无出軍而帝入國忠之言使使者趣戰項背相望也翰窮不知所出六月引而東慟哭出關次靈寶西原與乾祐戰由關門七十里道險隘其南薄山北阻河賊以數千人先伏險翰浮舟中流以觀軍謂乾祐兵寡易之促士卒進道隘无行列賊乘高顛石下擊殺士甚衆翰與良丘登北阜以軍三万夾河鳴鼓思禮等以精卒居前餘軍十万次之乾祐為陣十十五五或却或進而陌刀五千列陣後王師俔其陣无法指觀嗤笑曰禽賊乃會食及戰乾祐旗以偃如欲遯者王師懈不為備伏忽起薄戰皆奮死鬬翰以氈蒙馬車畫龍虎飾金銀爪目將駭賊犄戈矢逐北賊負薪塞路順風火其車煙焱熾突騰煙如夜士不復相辨自相鬬殺尸血狼籍久乃悟又棄甲奔山谷

及陷河死者十二三有糧艘百餘軍爭濟艘輒沈士縛矛肯乘以度喧叫振天地賊乘之奔潰略盡始關門有三塹廣二丈深一丈士馬奔蹴相壓迮少選塹平後至者踐之以入既敗翰引數百騎絶河還營麾兵裁八千至潼津收散卒復守關乾祐進攻於是火拔歸仁等紿翰出關翰曰何邪曰公以二十萬衆一日覆沒持是安歸公不見高仙芝等事乎翰曰吾寧效仙芝死汝舍我歸仁不從執以降賊械送洛陽祿山見翰責曰汝常易我今何如翰俯伏謝罪曰陛下撥亂主今天下未平李光弼在土門來瑱在河南魯炅在南陽臣為陛下以書招之三面可平祿山悅即署司空同中書門下平章事執火拔歸仁曰背主忘義吾不容斬之翰以書招諸將諸將皆讓翰不死節祿山知事不可就因之東京平安慶緒以翰度河及敗乃殺之翰為人嚴少恩軍行未嘗䘏士飢寒有噉民椹者且痛笞辱之監軍李大宜在軍中不治事與將士樗蒱飲酒彈箜篌琵琶為樂而士未粒不饜帝令中人袁思藝勞師士皆訴衣服穿空帝即斥御服餘者製袍十萬以賜其軍翰藏庫中及敗封鐍如故先是有客梁愼初遺翰書請壁勿戰以兵賊翰善之奏為左武衛胄曹參軍留幕府及翰與國忠貳愼初曰難將作矣乃遁去翰敗失守華陰馮翊上洛郡官吏皆潰帝遣劍南將劉光庭等將新募兵萬餘人往助翰未至而翰被縛云其後贈太尉諡曰武愍子曜字子明八歲玄宗召見華清宮擢尚輦奉御累遷光祿卿以翰陷賊哀憤號慟故吏裴冕杜鴻漸等見之歎息李光弼討河北曜請行拜鴻臚卿為光弼副降安太清救宋州有功改殿中監襲封為東都鎮守兵馬使德宗立召為左龍武大將軍李希烈陷汝州以周晃為偽刺史詔拜曜東都汝州行營節度使將鳳翔邠寧涇原奉天好畤兵萬人討希烈帝召見問曰卿治兵孰與父賢對曰先臣安敢比但斷長蛇殘封豕然後待罪私室臣之願也帝曰爾父在開元時朝廷無西憂今朕得卿亦無東慮及行帝祖通化門是日牙竿折時以驗出師已如此而斬持旗者卒以敗今曜復爾人憂之曜擊賊收汝州禽晃以獻斬其將二人希烈退保許州詔城襄城曜以疲人版築不如按甲持重以挫之帝不許有詔督戰曜進次潁橋雷震軍中七馬斃曜懼還屯襄城希烈遣猴方入縱火攻柵殪人于塹以薄壘曜苦戰破之居數月希烈自率兵三萬圍曜築甬道屬城矢集如雨帝遣神策將劉德信以兵三千援之又詔河南都統李勉出兵相掎角勉以希烈在外許守兵少乘虛襲之希烈自解乃遣部將與德信趨許未至有詔切讓使班師德信等惶惑還軍無斥候至扈澗為賊設伏詭擊死者殆半器械輜重皆亡德信走汝州勉恐東都危使將李堅華以兵四千往守賊梗道不得入汴兵沮襄城圍益急帝乃詔曾王以荊襄江西鄂沔之師討蔡州詔涇原節度使姚令言救襄城未行京師亂帝幸奉天襄城陷曜走洛陽會母喪奪為東都汝州節度使遷河南尹曜拙於統御而銳殺戮吏畏而不懷貞元元年部將叛夜焚河南門曜挺身免帝以汴州刺史薛珏代之召入為鴻臚卿終右驍衛上將軍贈幽州大都督子十人俱以儒聞峘茂才高第有節嶠嵂嶧此皆明經擢第

高仙芝高麗人父舍雞初以將軍隸河西軍為四鎮校將仙芝年二十餘從至安西以父功補游擊將軍數年父子並班仙芝美姿質善騎射父樀以其儒緩憂之初事節度使田仁琬蓋嘉運等未甚知名後事夫蒙靈詧乃善遇之開元末表為安西副都護四鎮都知兵馬使小勃律其王為吐蕃所誘妻以女故西北二十餘國皆羈屬吐蕃自仁琬以來三討之皆无功天寶六載詔仙芝以步騎一万出討是時步兵皆有私馬自隨仙芝乃自安西過撥換城入握瑟德經疏勒登葱嶺涉播密川遂頓特勒滿川行凡百日特勒滿川即五識匿國也仙芝乃分軍為三使疏勒趙崇玼自北谷道撥換賈崇瓘自赤佛道仙芝與監軍邊令誠自護密俱入約會連雲堡堡有兵千餘城南因山為柵兵九千守之城下據婆勒川會川漲不得度仙芝殺牲祭川命士人齎三日糧集水涯士不甚信既涉旗不濡馬韉不漬兵已成列仙芝喜告令誠曰鄉吾方涉賊擊我我無類矣今既渡而陣天以賊賜我也遂登山挑戰日未中破之拔其城斬五千級生禽千人馬千餘匹衣資器甲數万計仙芝欲遂深入令誠懼不肯行仙芝留羸弱三千使守遂引師行三日過坦駒嶺嶺峻絶下四十里仙芝恐士憚險不敢進乃潛遣二十騎衣阿弩越胡服來迎先語部校曰阿弩越胡來迎我無虞矣既至士不肯下曰公驅我何去會二十人至曰阿弩越來迎已斷娑夷橋矣仙芝即陽喜令士盡下娑夷河弱水也既行三日越胡來迎明日至阿弩越城遣將軍席元慶以精騎一千先往謂小勃律王曰不關若城吾假道趨大勃律耳城中大酋領皆吐蕃腹心仙芝密令元慶曰若酋領逃者第出詔書呼之賜以繒綵至皆縛以待我元慶如言仙芝至悉斬之王及妻逃山穴不可得仙芝招喻乃出降因平其國急遣元慶斷娑夷橋其暮吐蕃至不克度橋長度一箭所及者功一歲乃成八月仙芝以小勃律王及妻自赤佛道還連雲堡與令誠俱班師於是拂菻大食諸胡七十二國皆震懾降附仙芝遣判官王庭芬奏捷京師軍至河西靈詧怒不迎勞既見罵曰高麗奴于闐使爾何從得之仙芝懼且謝曰中丞力也又曰焉耆鎮守使安西副都護都知兵馬使皆何從得之答曰亦中丞力也靈詧曰審若此捷書不待我而敢即奏何邪奴當斬顧新立功故貸爾仙芝不知所為令誠言狀於朝且曰仙芝立功而以憂死後孰為朝廷

用者帝乃擢仙芝鴻臚卿假御史中丞代靈詧為四鎮節度使而詔靈詧還靈詧懼仙芝朝夕見輒趨走靈詧益慚副都護程千里衙將畢思琛行官王滔康懷順陳奉忠等皆嘗譖仙芝於靈詧者既視事呼千里罵曰公面雖男兒而心似婦女何邪謂琛曰爾奪吾城東千石種田憶之乎對曰公見賜者仙芝曰尒時吾畏汝威豈憐汝而賜邪又召滔欲捽辱良久皆釋曰吾不恨矣由是舉軍安之俄加左金吾衛大將軍與一子五品官九載討石國其王車鼻施約降仙芝為俘獻闕下斬之由是西域不服其王子走大食乞兵攻仙芝於怛邏斯城以直其冤仙芝為人貪破石國獲瑟瑟十餘斛黄金五六橐駝良馬寶玉甚衆家貲累鉅万然亦不甚愛惜人有求輒與不問幾何尋除武威太守代安思順為河西節度使群胡固留思順更拜右羽林軍大將軍封密雲郡公祿山反榮王為元帥仙芝副之領飛騎彍騎及朔方等兵出禁財募關輔士五萬繼封常清東討帝御勤政樓引榮王受命宴仙芝以下帝又幸望春亭勞遣詔監門將軍邊令誠監軍次陝郡而常清敗還仙芝急引開太原倉悉以所有賜士焚其餘引兵趨潼關會賊至甲仗資糧委於道彌數百里既至關勤兵繕守具士氣稍稍復振賊攻關不得入乃引還初令誠數私於仙芝仙芝不應因言其逗撓狀以激帝且云常清以賊搖衆而仙芝棄陝地數百里脧盜稟賜帝大怒使令誠即軍中斬之令誠已斬常清陳尸於蘧蒢仙芝自外至令誠以陌刀百人自從曰大夫亦有命仙芝遽下曰我退罪也死不敢辭然以我為盜頡資糧誣也謂令誠曰上天下地三軍皆在君豈不知乎又顧麾下曰我募若輩本欲破賊取重賞而賊勢方銳故遷延至此亦以固關也我有罪若輩可言不爾當呼枉軍中咸呼曰枉其聲殷地仙芝視常清尸曰公我所引拔又代吾為節度今與公同死豈其命歟遂就死

封常清蒲州猗氏人外祖教之讀書多所該究然孤貧年過三十未有名夫蒙靈詧為四鎮節度使以高仙芝為都知兵馬使每出軍奏傔從三十餘人衣幘鮮明常清慨然投牒請豫常清素瘠又腳跛仙芝陋其貌不納明日復至仙芝謝曰傔已足何庸復來常清怒曰我慕公義願事鞭靮故無媒自前公何見拒深乎以皃取士恐失之子羽公其念之仙芝猶未納乃日候門下仙芝不得已署名傔中會達奚諸部叛自黑山西趣碎葉有詔邀擊靈詧使仙芝以二千騎追躡達奚行遠人馬疲死略盡常清於幕下潛作捷布具記井泉次舍克賊形勢謀略條最明審仙芝取讀之皆意所欲出乃大駭即用之軍還靈詧迎勞仙芝已去奴袜帶刀而判官劉眺獨孤峻爭問向捷布誰作者公幕下安得此人答曰吾傔封常清也眺等驚進揖常清坐與語異之遂知名以功授疊州戍主仍為判官仙芝破小勃律代靈詧為安西節度使常清以從戰有勞擢慶王府錄事參軍事為節度判官仙芝之征討常知後務常清才而果當無疑事仙芝委家事於郎將鄭德詮其乳母子也威動軍中常清嘗自外還諸將前謁德詮見常清始貴易之走馬突常清騎去常清命左右引德詮至廷中門輒閉因離席曰吾起細微中丞過聽以主留事郎將安得無禮因叱曰須暫假郎將死以肅吾軍因杖死以面仆地曳出之仙芝妻及乳母哭門外救請不能得遽以狀白仙芝仙芝驚及見常清懼其公不敢讓常清亦不謝會大將有罪又殺二人軍中莫不股慄仙芝節度河西復請為判官久之擢安西副大都護安西四鎮節度副大使知節度事未幾改北庭都護持節伊西節度使常清性勤儉耐勞苦出軍乘騾私廐裁二馬賞罰分明天寶末入朝而安祿山反帝引見問何策以討賊常清見帝憂因大言曰天下太平久人不知戰然事有逆順勢有奇變臣請馳至東京開府庫募驍勇挑馬箠度河計日取逆胡首以獻闕下天子壯之明日以常清為范陽節度副大使乘驛赴東京常清募兵得六萬人然皆市井庸保乃部分旗幟斷河陽橋以守賊移書平原令太守顏真卿以兵七千防河真卿馳使司兵參軍事李平入奏常清取平表發視即倚帳作書遺真卿勸堅守且傳贍祿山檄數千函與之真卿得以分曉諸郡祿山度河陷滎陽入甖子谷先驅至葵園常清使驍騎拒之殺柘羯數十百人賊大軍至常清不能禦退入上東門戰不利賊鼓而進劫官吏再戰於都亭驛又不勝引兵守宣仁門復敗乃自提象門出伐大木塞道以毀至穀水西奔陝語高仙芝曰賊銳甚難與爭鋒潼關無兵一夫奔突則京師危不如急守潼關仙芝從之敗書聞帝削常清官使白衣隸仙芝軍效力仙芝使衣阜衣監左右部軍及邊令誠以詔書至示之常清曰吾所以不死者恐汙國家節受戮賊手今死乃甘心始常清敗徑入關欲見上陳討賊事至渭南有詔赴潼關常清憂懼為表以謝且言自東京陷三遣使表論成敗不得對又言臣死後望陛下無輕此賊則社稷安至是臨刑以表授令誠而死人多哀之

贊曰祿山見古鬭驍勇乘天下忘戰主德衰耄勤故挻戈內譟人情崩潰常清乃驅市人數萬以嬰賊鋒一戰不勝即奪爵去欲入關見天子論成敗事使者三輩上書皆不報回斬于軍仙芝棄陝守關遏賊西勢以喪地被誅玄宗雖為左右蒙蔽然荒奪其明亦甚矣卒使叛將得藉口執翰以降賊嗚呼非天孰其惡使亂四海舉黔首而殘之邪彼二將冤誅焉

李光弼列傳第六十一　唐書一百三十六

宋　祁　奉　敕　撰

李光弼營州柳城人父楷洛本契丹酋長武后時入朝累官左羽林大將軍封薊郡公吐蕃寇河源楷洛率精兵擊走之初行謂人曰賊平吾不歸矣師還卒于道贈營州都督謚曰忠烈光弼嚴毅沈果有大略幼不嬉弄善騎射起家左衛親府左郎將累遷左清道率兼安北都護補河西王忠嗣府兵馬使充赤水軍使忠嗣遇之厚雖宿將莫能比嘗曰它日得我兵者光弼也俄襲父封以破吐蕃吐谷渾功進雲麾將軍朔方節度使安思順表為副知留後事愛其材欲以子妻之光弼引疾去隴右節度使哥舒翰異其操表署長安安祿山反郭子儀薦其能詔攝御史大夫持節河東節度副大使知節度事兼雲中太守尋加魏郡太守河北採訪使光弼以朔方兵五千出土門東救常山次真定常山團結子弟執賊將安思義降自顏杲卿死郡為戰區露胔蔽野光弼酹而哭之出為賊幽閉者厚恤其家時賊將史思明李立節蔡希德攻饒陽光弼得思義不殺問其計答曰今軍行疲勞逢敵不可支不如按軍入守料勝而出賊兵銳非能持重圖之乃全光弼曰善據城待明日思明兵二万傅堞光弼兵不得出乃以勁弩五百射之賊退從陣稍北光弼

出其南夾滹沱而陣思明雖數困然恃近救解圍休士是日饒陽賊五千至九門光弼諜知之撮輕兵斂旗鼓伺賊方飲襲殺之且盡思明懼引去以奇兵斷饟道馬食藁藉光弼命將取芻行唐賊鈔擊之兵負戶戰賊不能奪會郭子儀收雲中詔悉衆出井陘與光弼合擊賊九門西思明大敗挺身走趙郡立節中流矢死希德走鉅鹿收稾城等十縣遂攻趙詔加光弼范陽大都督府長史范陽節度使思明繇鼓城入博陵殺官吏景城河間信都清河平原博平六郡結營自守以附光弼光弼急攻趙一日拔之士多鹵掠光弼坐譙門收所獲悉歸之民城中大悅進圍博陵未下與子儀合擊思明於嘉山大破之光弼以范陽本賊巢窟當先取之搖賊根本會潼關失守乃拔軍入井陘肅宗即位詔以兵赴靈武更授戶部尚書同中書門下平章事節度如故光弼以景城河間兵五千入太原前此節度使王承業政弛謬侍御史崔衆主兵太原每侮狎承業光弼素不平及是詔衆以兵付光弼衆素狂易見光弼長揖不即付兵光弼怒收繫之會使者至拜衆御史中丞光弼曰衆有罪已前繫今但斬侍御史若使者宣詔亦斬中丞使者內詔不敢出乃斬衆以徇威震三軍至德二載思明希德率高秀巖牛廷玠將兵十万攻光弼時銳兵悉赴朔方而麾下卒不滿万衆議培城以守光弼曰城環四十里賊至

治之徒疲吾人乃徹民屋為擂石車車二百人挽之石所及輒數十人死賊傷十二思明為飛樓障以木幔築土山臨城光弼遣穴地頹之思明宴城下倡優居臺上靳指天子光弼遣人隧地禽取之思明大駭徙牙帳遠去軍中皆視地後行又潛溝營地將沙其軍乃陽約降至期以甲士守陴遣裨校出若送款者思明大悅俄而賊數千沒于壍城上鼓譟奇騎出乘之俘斬万計思明畏敗乃去留希德攻太原光弼出敢死士搏賊斬首七萬級希德委資糧遁走初賊至光弼設公幄城隅以止息經府門不顧圍解閱三昔乃歸私寢收清夷橫野等軍賊別將攻好時破大橫關光弼追敗之加檢校司徒尋遷司空封鄭國公食實戶八百乾元元年入朝詔朝官四品以上郊謁進兼侍中與九節度圍安慶緒於相州大戰鄴西敗之光弼與諸將議思明勒兵魏州欲以怠我不如起軍逼之彼懲嘉山之敗不敢輕出則慶緒可禽觀軍容使魚朝恩固謂不可既而思明來援光弼拒賊戰尤力殺略大當會諸將驚潰各引歸所在剽掠獨光弼整衆還太原帝貸諸將罪以光弼兼幽州大都督府長史知諸道節度行營事又代子儀為朔方節度使未幾為天下兵馬副元帥光弼以河東騎五百馳東都夜入其軍且謂賊方覷洛當扼虎牢師師東出河上檄召兵馬使張用濟用濟懼光弼嚴毅諸將追留其兵用濟

單騎入謁光弼斬之以辛京杲代復追都將僕固懷恩懷恩懼先期至會滑汴節度使許叔冀戰不利降賊思明乘勝西略光弼整陣徐行趨東京謂留守韋陟曰賊新勝難與爭鋒欲詘之以計然洛無見糧危偪難守公計安出陟曰益陝兵公保潼關可以持久光弼曰兩軍相敵尺寸地必爭今委五百里而守關賊得地勢益張不如移軍河陽北阻澤潞勝則出敗則守表裏相應賊不得西此猿臂勢也夫辨朝廷之禮我不如公論軍旅勝負公不如我陟不能答判官韋損曰東都乃帝宅公盍守之光弼曰汜水崿嶺盡為賊礙子能盡守乎遂撤河南縱官吏避賊閑无留人督輦取戰守備思明至偃師光弼悉軍趨河陽身以五百騎殿賊游騎至石橋諸將曰並城而北乎當石橋進乎光弼曰當石橋進甲夜士持炬徐引部曲重堅賊不敢逼已入三城衆二萬軍纔十日糧與卒伍均少棄甘賊憚光弼未敢犯宮闕頓白馬祠治壍溝築月城以守賊攻光弼與戰中潬西破逆黨斬千級溺死者甚衆生執五千人初光弼謂李抱玉曰將軍能為我守南城二日乎抱玉曰過期何若曰棄之抱玉許諾即紿賊曰吾糧盡明日當降賊喜斂兵待期抱玉已繕完即請戰賊怒欺急攻之抱玉出奇兵夾擊俘獲過當賊帥周摯引却光弼自將治中潬樹壁柵斷鈎鎖指南城攻中潬光弼遣荔非元禮戰羊馬城賊大潰摯收

兵復振與安太清合衆三萬攻北城光弼斂軍入登陴望曰彼軍雖銳然方陣而囂不足虞也日中當破乃出戰及期未決召諸將曰彼彊而可破者亂也今以亂擊亂且無功因問賊陣何所最堅曰西北隅召郝廷玉曰爲我以麾下破之曰廷玉所將步卒請騎五百與之三百復問其次曰東南隅召論惟貞惟貞辭曰蕃將也不知步戰請鐵騎三百與之二百乃出賜馬四十分給廷玉等光弼執大旗曰望吾旗麾若緩可觀便宜若三麾至地諸軍畢入生死以之退者斬既而馮埤望廷玉軍不能前趣左右取其首來廷玉曰馬中矢非卻也乃命易他馬有裨將援矛刺賊洞馬腹中數人又有迎賊不戰而卻者光弼召援矛者賜絹五百匹不戰者斬光弼麾旗三諸軍爭奮賊衆奔敗斬首萬餘級俘八千餘人馬二千軍資器械以億計禽周摯徐璜玉李秦授惟太清挺身走思明未知猶攻南城光弼驅所俘示之思明大懼焚壘以拒官軍始光弼將戰內刀于鞾曰戰危事吾位三公不可辱于賊萬有一不捷當自刎以謝天子及是西向拜舞三軍感動太清襲懷州守之上元元年加太尉中書令進圍懷州思明來救光弼再逐走思明見兵河清聲度河絕餉路光弼壁野水度既夕還軍留牙將雍希顥守曰賊將高暉李日越萬人敵也賊必使劫我爾留此賊至勿與戰若降與俱來左右竊怪語無倫是日思明果召日越曰光弼野次爾以鐵騎五百夜取之不然無歸日越至壘使人問曰太尉在乎曰去矣兵幾何曰千人將爲誰曰雍希顥日越謂其下曰我受命云何今顧獲希顥歸不免死遂請降希顥與俱至光弼厚待之表授特進兼右金吾大將軍高暉聞亦降或問公降二將何易也光弼曰思明再敗恨不得野戰聞我野次彼固易之命將來襲必許以死希顥無名不足以爲功日越懼死不降何待高暉材出日越之右降者見遇貳者得不思奮乎諸軍決丹水灌懷州未下光弼令廷玉由地道入得其軍號登陴大呼王師乘城禽安太清楊希仲送之京師獻俘太廟進食實戶一千五百思明使諜宣言賊將士皆北人謳唫思歸朝恩信然屢言賊可滅狀詔諭光弼光弼固言賊方銳未可輕動僕固懷恩媢光弼功陰佐朝恩陳掃除計使者來督戰光弼不得已令李抱玉守河陽出師次北邙光弼使傳山陣懷恩曰我用騎今迫險非便地請陣諸原光弼曰有險可以勝可以敗陣于原敗斯殲矣且賊致死于我不如阻險懷恩不從賊據高原以長戟七百壯士執刀隨之委物僞遁懷恩軍爭剽獲伏兵發官軍大潰懷州復陷光弼度河保聞喜抱玉以兵寡棄河陽光弼請罪帝以懷恩違令優詔召光弼入朝懇讓太尉更拜開府儀同三司中書令河中尹晉絳等州節度使未幾復拜太尉兼侍中河南副元帥知河南淮南東西山南東荆南五道節度行營事鎮泗州帝爲賦詩以餞朝義乘邙山之捷進略申光等十三州光弼輿疾就道監軍使以兵少請保揚州光弼曰朝廷以安危寄我賊安知吾衆寡若出不意當自潰遂疾驅入徐州時朝義圍李岑於宋州使田神功擊走之初神功平劉展逗留淮南尚衡殷仲卿相攻兗鄆來瑱擅襄陽及光弼至屯朝義走神功還河南瑱衡仲卿踵入朝其爲諸將憚服類此寶應元年進封臨淮郡王光弼收許州斬賊贏千級縛僞將二十二人朝義分兵攻宋州光弼破走之浙東賊袁晁反台州建元寶勝以建丑爲正月殘剽州縣光弼遣麾下破其衆於衢州廣德元年遂禽晁浙東平詔增實封戶二千與一子三品階賜鐵券名藏太廟圖形凌煙閣相州北邙之敗朝恩羞其策繆故深忌光弼切骨而程元振尤疾之二人用事日謀有以中傷者及來瑱爲元振讒死光弼愈恐吐蕃寇京師代宗詔入援光弼畏禍遷延不敢行及帝幸陝猶倚以爲重數存問其母以解嫌疑帝還長安因拜東都留守察其去就光弼以久須詔書不至歸徐州收租賦爲解帝令郭子儀自河中輦其母還京二年光弼疾篤奏表上前後所賜實封詔不許將吏問後事答曰吾淹軍中不得就養爲不孝子尚何言哉取所餘絹布分遺部將薨年五十七部將即以其布遽爲光弼行喪號哭相聞帝遣使弔卹其母贈太保諡曰武穆詔百官送葬延平門外光弼用兵謀定而後戰能以少覆衆治師訓整天下服其威名軍中指顧諸將不敢仰視初與郭子儀齊名世稱李郭而戰功推爲中興第一其代子儀朔方也營壘士卒麾幟無所更而光弼一號令之氣色乃益精明云子彙有志操廉介自將從賈耽爲裨將泰兼御史大夫元和初以徐州符離爲宿州光弼有遺愛擢彙爲刺史後遷涇原節度使罷軍中雜儲出奉錢贖將士質賣子還其家卒贈工部尚書光弼弟光進字太應初爲房琯裨將北軍戰陳濤斜兵敗走行在肅宗宥之代宗即位拜檢校太子太保封涼國公吐蕃入寇至便橋郭子儀爲副元帥光進及郭英乂佐之自至德後與李輔國並掌禁兵委以心膂光弼被譖出爲渭北邠寧節度使永泰初封武威郡王累遷太子太保卒母李有鬚數十長五寸許封韓國太夫人二子節制皆一品死葬長安南原將相奠祭凡四十四幄時以爲榮光弼所部將李懷光僕固懷恩田神功李抱玉董秦哥舒曜韓游瓌渾釋之辛京杲自有傳若荔非元禮郝廷玉李國臣白孝德張伯儀白元光陳利貞侯仲莊柏良器皆章章可稱列者附次左方

荔非元禮起裨將累兼御史中丞光弼守河陽周摯攻北城光弼方登中潬

摯羊闘併兵從光弼光弼使元禮守羊馬城植小旗城東北隅望賊軍摯侍衆
直逼城以車千乘載木鵝橦車塵兵填塹八道並進光弼諭元禮曰中丞視
賊過兵不顧何也報曰公欲守邪戰邪光弼曰戰曰方戰賊為我實塹復何
怪光弼曰吾慮不及此公勉之元禮遂出戰擊軍小卻元礼以敵堅未可以
馳還軍示弱忌其意光弼怒使召元禮欲按軍法答曰方戰不及往請破賊
以見因休柵中良久顧麾下曰向公來召殆欲斬我鬭死有名無庸受戮乃
下馬持刀瞋目直前銳士堵而進左右奮鼓擊一當數人斬賊數百首摯遁去
以功累遷驃騎大將軍懷州刺史知鎮西北庭行營節度使上元二年光弼
進收洛陽軍敗元禮從軍翼成為麾下所害

郝廷玉驍勇善格闘為光弼愛將及保河陽禽徐璜玉功為多累封安邊郡
王授神策將軍吐蕃犯京畿與馬璘屯中渭橋它日魚朝恩閱其善布陣請
觀之廷玉申號令鳴鼓角部伍坐作進退若一朝恩歎曰吾勵兵間久今始
識訓練法廷玉憮然曰此臨淮王遺法也王善御軍賞當功罰適過每校旗
不如令者輒斬由是人皆自効而赴蹈馳突心破膽裂自臨淮歿元復校旗
事此安足賞哉累為秦州刺史卒贈工部尚書

李國臣河西人本姓安力能
扶關以折衝從收魚海五城遷中郎將後為朔方將積勞擢雲麾大將軍賜
姓李從光弼守河陽累封臨川郡王大曆八年為鹽州刺史吐蕃敗渾瑊於
黃菩原將略汧隴國臣謂人曰虜棄勝必擾京師我趨秦原彼當反顧乃引
兵趨安樂山鳴鼓而西日行三十里吐蕃聞之自百里城回軍踰險瑊因擊
敗之卒贈揚州大都督

白孝德安西人事光弼為偏裨史思明攻河陽使驍
將劉龍仙以騎五十挑戰加右足馬鬣上嫚罵光弼光弼登城顧諸將曰孰
能取是賊僕固懷恩請行光弼曰是非大將所宜左右以孝德對召問所須
幾兵對曰願出五十騎見可而進大軍鼓譟以張吾氣足矣光弼撫其背遣
之孝德挾二矛策馬絕河半濟懷恩賀曰事克矣其攬轡便辟可万全者龍
仙見易之不為動將至若引避然孝德振手止之曰侍中使致辭無它與語
須之瞋目曰賊識我乎我白孝德也龍仙罵之乃躍馬前搏城上因大譟五
十騎繼進龍仙環隄走追斬其首以還後累功至北庭行營節度使從郭子
僕固懷恩引吐蕃兵入寇孝德擊敗之永泰初吐蕃回紇圍涇陽郭子儀說
回紇約盟吐蕃退走子儀使渾瑊以兵五千出奉天命孝德應之大戰赤沙
烽斬獲甚衆累封昌化郡王歷太子少傅建中元年卒贈太保

張伯儀魏州人以戰功隸光弼軍浙賊袁晁反使伯儀討平之功第一擢睦
州刺史後為江陵節度使樸厚不知書然推誠遇人軍中畏肅民亦使之李

希烈反詔與賈耽張獻甫收安州戰不利伯儀中流矢師却失所持節賊追
及奮刃以禦之兩刃相糾不得下會救至免至漢水奪野人船以逵沔州潰
兵至江陵哭於廷伯儀妻勞勉出其家帛給之乃定伯儀收散卒還久之除
右龍武統軍卒贈揚州大都督既請謚博士李吉甫議以中興三十年而兵
未戢者將帥養寇藩身也若以亡敗為戒則總干戈者必圖万全而不決戰
若伯儀雖敗而其忠可録遂謚曰恭

白元光字元光其先突厥人父道生歷寧朔州刺史元光初隸本軍補節度
先鋒安禄山反詔從朔方兵東討元光領所部結義營長驅從光弼出土門
累遷太子詹事封南陽郡王為兩都游弈使長安平率兵清宮進擊餘寇身
被數創肅宗躬為傅藥轉衛尉卿兼朔方先鋒史思明攻河陽光弼召主騎
軍其後歷靈武留後定遠城使貞元二年卒贈越州都督

陳利貞幽州范陽人初為平盧將安禄山亂從光弼軍河南張巡被圍睢陽
也光弼遣郝廷玉及利貞救之輕騎出入廷玉稱為勝己以子妻之及歸薦
于光弼自行間累遷檢校太子賓客封靜戎郡王李希烈叛詔哥舒曜東討
利貞為前鋒以剌城賊衆大集利貞出奇兵五百橫擣其右賊鋒詘數月不
敢前及希烈攻曜襄城利貞登陴捍守七十日未嘗櫛沐非議事不下城朱
泚反利貞及張廷芝所統士皆幽薊河隴人故與廷芝合謀應泚而利貞麾
下亦從為亂夜半難作利貞拔劍當軍門大譟曰欲過門者先殺我衆畏其
勇乃止廷芝出奔德宗嘉之擢汝州防禦使貞元五年疽發首卒遺觀察使
崔縱書自陳受國恩恨不得死所云

侯仲莊字仲莊蔚州人為光弼先鋒授忠武將軍禽安太清有功累加冠軍
將軍僕固懷恩以朔方叛仲莊為都將訓兵自守號為平射人畏其鋒懷恩
敗郭子儀代之引為腹心封上谷郡王為神策京西將德宗幸奉天遷左衛
將軍為防城使脩塹壁晝夜執文徼循從幸興元殿軍駱谷授防禦招收
使帝還都復鎮奉天幾二十年卒贈洪州都督

柏良器字公亮魏州人父造以獲嘉令死安禄山難乃學擊劍欲報賊父
友王奐為光弼從事見之曰爾額文似臨淮王面黑子似顏平原殆能立功
乃薦之光弼授兵平山越遷左武衛中郎將以部兵隸浙西豫平袁晁方清
其後衢俘虎胡參分擄小傷烝里又擊破之是時年二十四更戰陳六十二
李希烈圍寧陵決水灌之親令軍中明日拔城良器以救兵至擇弩手善游
者沿汴渠夜入及旦伏弩發賊乘城者皆死録功封平原郡王入為左神策
軍大將軍知軍事圖形凌煙閣募材勇以代士卒市販者中尉竇文場惡之

坐友人闌入挾右領軍衛自是軍政皆中官專之終左領軍衛大將軍贈陝
州大都督子者自別傳
烏承玼字德潤張掖人開元中與族兄承恩皆爲平盧先鋒沈勇而決號轅
門二龍契丹可突于殺其王邵固降突厥而奚亦亂其王魯蘇挈族居蜀及邵
固妻子自歸是歲奚契丹合寇詔承玼擊之破於捺祿山二十二年詔信安王
禕率幽州長史趙含章進討承玼請含章曰二虜固劇賊前日戰而北非畏
我乃誘我也公宜畜銳以折其謀含章不信戰白城果大敗承玼獨按隊出
其右斬首万計可突于奔北奚勃海大武藝與弟門藝戰國中門藝來詔與
太僕卿金思蘭發范陽新羅兵十萬討之無功武藝遣客刺門藝於東都引
兵至馬都山屠城邑承玼窒要路塹以大石亘四百里虜不得入於是流民
得還士少休脫鎧而耕歲省度支運錢安慶緒使史思明守范陽思明恃兵
彊爲自固計慶緒密遣阿史那承慶安守忠就督事且圖之承玼勸思明曰
唐家中興與天下更始慶緒偷肆畧刻公殆與俱亡有如東身本朝湔洗前
汙此反掌功耳思明善之斬承慶等奉表聽命始承恩爲冀州刺史失守思
明護送東都故肅宗使自雲中趨幽州開說思明與承玼謀投畧殺之不克
死承玼奔李光弼表爲冠軍將軍封昌化郡王爲石嶺軍使王思禮爲節度

使軍政倚辦焉以父之疾還京師卒年九十六子重胤別傳

贊曰李光弼生戎虜之緒沈毅有守遭祿山變拔任兵柄其策敵制勝不世
出賞信罰明士卒爭奮毅然有古良將風本夫終父喪不入妻室位王公事
繼母至孝好讀班固漢書異夫庸人武夫者及困於口舌不能以忠自明奄
侍內搆遂陷嫌隙謀就全安而身益危所謂工於料人而拙於謀已邪方擾
袂徇國天下風靡一爲遷延而田神功等皆不受約束卒以憂死功臣去就
可不慎邪嗚呼光弼雖有不釋位之誅然讒人爲害亦可畏矣將時之不
幸歟

李光弼列傳第六十一

郭子儀列傳第六十二

端明殿學士兼翰林侍讀學士龍圖閣學士朝請大夫尚書吏部侍郎充集賢殿修撰臣宋祁奉
敕撰

郭子儀字子儀華州鄭人長七尺二寸以武舉異等補左衛長史
累遷單于副都護振遠軍使天寶八載木剌山始築橫塞軍及安
北都護府詔即軍爲使俄苦地偏不可耕徙築永清號天德軍又
以使兼九原太守十四載安祿山反詔子儀爲衛尉卿靈武郡太
守充朔方節度使率本軍東討子儀收靜邊軍斬賊將周萬頃擊
高秀巖河曲敗之遂收雲中馬邑開東陘加御史大夫賊陷常山
河北郡縣皆没會李光弼攻賊常山拔之子儀引軍下井陘與光
弼合破賊史思明衆數萬平藁城南攻趙郡禽賊四千縱之斬僞
守郭獻璆還常山思明以衆數萬尾軍及行唐子儀選騎五百更
出挑之三日賊引去乘之又破於沙河遂趨常陽以守祿山益出精
兵佐思明子儀曰彼恃加兵必易我易我心不固戰則克矣與戰

未決戮一步將以徇士殊死鬬遂破之斬首二千級俘五百人獲
馬如之於是晝揚兵夜擣壘賊不得息氣益老乃與光弼僕固懷
恩渾釋之陳回光等擊賊嘉山斬首四萬級獲人馬萬計思明跳
奔博陵於是河北諸郡往往斬賊守迎王師方北圖范陽會哥舒
翰敗天子入蜀太子即位靈武詔班師子儀與光弼率步騎五萬
赴行在時朝廷草昧衆單寡軍容缺然及是國威大振拜子儀
兵部尚書同中書門下平章事仍總節度肅宗大閱六軍鼓而南
至彭原宰相房琯自請討賊次陳濤師敗衆略盡故帝唯倚朔方
軍爲根本賊將阿史那從禮以同羅僕骨騎五千誘河曲九府六
胡州部落數萬迫行在子儀以回紇首領葛邏支擊之執獲數萬
牛羊不可勝計河曲平至德二載攻賊崔乾祐於潼關乾祐敗退
保蒲津會永樂尉趙復河東司戶參軍韓旻司士徐炅及宗室子
鋒在城中謀爲內應子儀攻蒲復等斬陴者披闔內軍乾祐走安
邑安邑僞納之兵半入縣門發乾祐得脫身走賊安守忠壁永豐
倉子儀遣子旰與戰多殺至萬級旰死于陣進收倉於是關陝始
通詔還鳳翔進司空充關內河東副元帥率師趨長安次潏水上
賊守忠等軍清渠左大戰王師不利委仗奔子儀收潰卒保武功
待辠于朝乃授尚書左僕射俄從元帥廣平王率蕃漢兵十五萬收
長安李嗣業爲前軍元帥爲中軍子儀副之王思禮爲後軍陣香
積寺之北距澧水臨大川彌亘一舍賊李歸仁領勁騎薄戰官軍囂
嗣業以長刀突出斬賊數十騎乃定回紇以奇兵繚賊背夾攻之
斬首六萬級生禽二萬賊帥張通儒夜亡陝郡翌日王入京師老
幼夾道呼曰不圖今日復見官軍王休士三日遂東安慶緒聞王
師至遣嚴莊悉衆十萬屯陝助通儒旌幟鉦鼓徑百餘里師至新
店賊已陣出輕騎子儀遣二隊逐之又至倍以往皆不及賊營輒
反最後賊以二百騎掩軍未戰走子儀悉軍追橫貫其營賊張兩
翼包之官軍却嗣業率回紇從後擊塵且坌飛矢射賊賊驚曰回
紇至矣遂大敗僵尸相屬于道嚴莊等走洛陽挾慶緒度河保相

州遂收東都於是河東河西河南州縣悉平以功加司徒封代國
公食邑千戶入朝帝遣具軍容迎灞上勞之曰國家再造卿力也
子儀頓首陳謝有詔還東都經略北討乾元元年破賊河上執安
守忠以獻遂朝京師詔百官迎於長樂驛帝御望春樓待之進中
書令帝即詔大舉九節度師討慶緒以子儀光弼皆元功難相臨
攝第用魚朝恩爲觀軍容宣慰使而不立帥子儀自杏園濟河圍
衛州慶緒分其衆爲三軍將戰子儀選善射三千士伏壁內誡曰
須吾却賊必乘壘若等譟而射旣戰僞遁賊薄營伏發注射如雨
賊震駭王師整而奮斬首四萬級獲鎧胄數十萬執安慶和收衛
州又戰愁思岡破之連營進圍相州引漳水灌城漫二時不能破
城中糧盡人相食慶緒求救於史思明思明自魏來李光弼王思
禮許叔冀魯炅前軍遇之戰鄴南夷負相當炅中流矢子儀督後
軍未及戰會大風拔木遂晦跬步不能相物色於是王師南潰賊
亦走輜械滿野諸節度引還子儀以朔方軍保河陽斷航橋時

王師衆而無統進退相顧望責功不專是以及于敗有詔留守東
都俄以東畿山南東道河南諸道行營元帥魚朝恩素疾其功因
是媒譖之故帝召子儀還更以趙王爲天下兵馬元帥李光弼副
之代子儀領朔方兵子儀雖失軍無少望乃心朝廷思明再陷河
洛西戎逼擾京輔天子旰食乃授邠寧鄜坊兩節度使仍留京師
議者謂子儀有社稷功而孽寇首鼠乃置散地非所宜帝亦悟上
元初詔爲諸道兵馬都統以管崇嗣副之率英武威遠兵及河西
河東鎮兵繇邠寧朔方大同橫野軍以趨范陽詔下爲朝恩沮解
明年光弼敗邙山失河陽又明年河中亂殺李國貞太原戕鄧景
山朝廷憂二軍與賊合而少年新將望輕不可用遂以子儀爲朔
方河中北廷潞儀澤沁等州節度行營兼興平定國副元帥進封
汾陽郡王屯絳州時帝已不豫羣臣莫有見者子儀請曰老臣受
命將死于外不見陛下目不瞑帝引至卧内謂曰河東事一以委
卿子儀嗚咽流涕賜御馬銀器雜綵別賜絹布九萬子儀至屯誅

首惡王元振等數十人太原辛雲京亦治害景山者諸鎮皆惕息
代宗立程元振自謂於帝有功忌宿將難制離構百計因罷子儀
副元帥加實戶七百爲肅宗山陵使子儀懼讒且成盡裒肅宗所
賜詔敕千餘篇上之因自明詔曰朕不德詒大臣憂朕甚自愧自
今公毋有疑初帝與子儀平兩京同天下憂患至是悔悟眷禮彌
重時史朝義尚盜洛帝欲使副雍王率師東討爲朝恩元振交訾
之乃止會梁崇義據襄州叛僕固懷恩屯汾州陰召回紇吐蕃寇
河西殘涇州犯奉天武功還拜子儀爲關內副元帥鎮咸陽初子
儀自相州罷歸京師部曲離散逮承詔麾下才數十騎驅民馬補
行隊至咸陽虜已過渭水並南山而東天子跳幸陝子儀聞流涕
董行營還京師遇射生將王獻忠以毅騎叛劫諸王欲奔虜子儀
讓之取諸王送行在乃率騎南收兵得武關防卒及亡士數千軍
寖完會六軍將張知節迎子儀洛南大閱兵屯商州威震關中乃
遣知節率烏崇福羽林將長孫全緒爲前鋒營韓公堆擊鼓譟山

張旗幟夜叢萬炬以疑賊初光祿卿殷仲卿募兵藍田以勁騎先
官軍爲游弈直度滻民紿虜曰郭令公來虜懼會故將軍王甫結
俠少夜鼓朱雀街呼曰王師至吐蕃夜潰於是遣大將李忠義屯
苑中渭北節度使王仲昇守朝堂子儀以中軍繼之射生將王撫
自署京兆尹亂京城子儀斬以徇破賊書聞帝以子儀爲京城留
守自變生倉卒賴子儀復安故天下皆咎程元振羣臣數論奏元
振懼乃說帝都洛陽帝可其計子儀奏曰雍州古稱天府右隴蜀
左崤函襟馮終南太華之險背負清渭濁河之固地方數千里帶
甲十餘萬兵彊士勇眞用武之國秦漢所以成帝業也後或處而
泰去而亡者不一姓故高祖先入關定天下太宗以來居洛陽者
亦鮮先帝興朔方誅慶緒陛下席西土戮朝義雖天道助順亦地
勢則然比吐蕃馮陵而不能抗者臣能言其略夫六軍皆市井人
竄虛名逃實賦一日驅以就戰有百奔無一前又宦豎掩迷庶政
荒奪遂令陛下彷徨暴露越在陝服斯委任失人豈秦地非良哉

今道路流言不識信否咸謂且都洛陽洛陽自大盜以來焚埃略
盡百曹榛荒寰服不滿千戶井邑如墟豺狼羣嘷東薄鄭汴南界
徐北綿懷衞及相千里蕭條亭舍不煙何以奉萬乘牲餼供百官
次舍哉且地狹阸裁數百里險不足防適爲鬬場陛下意者不以
京畿新罹剽蹂國用不足乎昔衞爲狄滅文公廬于曹衣大布之
衣冠大帛之冠卒復舊邦況赫赫天子躬儉節用寧爲一諸侯下哉
臣願陛下斥素餐去冗食抑閹寺任直臣薄征弛役卹隱撫鰥
委宰相以簡賢任能付臣以訓兵禦侮則中興之功日月可冀惟
時邁亟還見宗廟謁園陵再造王家以幸天下帝得奏泣謂左右
曰子儀固社稷臣也朕西決矣乘輿還子儀頓首請罪帝勞曰用
卿晚故至此乃賜鐵券圖形凌煙閣僕固懷恩縱兵掠并汾屬縣
帝患之以子儀兼河東副元帥河中節度使鎮河中懷恩子瑒屯
榆次爲帳下張惟岳所殺傳首京師持其衆歸子儀懷恩懼委其
母走靈州廣德二年進太尉兼領北道邠寧涇原河西通和吐蕃

及朔方招撫觀察使辭太尉不拜懷恩誘吐蕃回紇党項數十萬入寇朝廷大恐詔子儀屯奉天帝問計所出對曰無能為也懷恩本臣偏將雖慓果然素失士心今能為亂者誘思歸之人劫與俱來且皆臣故部曲素以恩信結之彼忍以刃相向乎帝曰善虜寇邠州先驅至奉天諸將請擊之子儀曰客深入利速戰彼下素德我吾緩之當自攜貳因下令敢言戰者斬堅壁待之賊果遁子儀至自涇陽恩賚崇縟進拜尚書令懇辭不聽詔趣詣省視事百官往慶敕射生五百騎執戟寵衛子儀確讓且言太宗嘗踐此官故累聖曠不置自皇太子為雍王定關東乃得授渠可猥私老臣隳大典且用兵以來僭賞者多至身兼數官冒進亡恥今凶醜略平乃作法審官之時宜從老臣始帝不獲已許之具所以讓付史官因賜美人六人從者自副車服帷帟咸具永泰元年詔都統河南道節度行營復鎮河中懷恩盡說吐蕃回紇党項羌渾奴剌等三十萬掠涇邠躪鳳翔入醴泉奉天京師大震於是帝命李忠臣屯

渭橋李光進屯雲陽馬璘郝廷玉屯便橋駱奉先李日越屯盩厔李抱玉屯鳳翔周智光屯同州杜冕屯坊州天子自將屯苑中急召子儀屯涇陽軍纔萬人比到虜騎圍已合乃使李國臣高昇魏楚玉陳回光朱元琮各當一面身自率鎧騎二千出入陣中回紇怪問是謂誰報曰郭令公驚曰令公存乎懷恩言天可汗棄天下令公即世中國無主故我從以來公今存天可汗存乎報曰天子萬壽回紇悟曰彼欺我乎子儀使諭虜曰昔回紇涉萬里戡大憝助復二京我與若等休戚同之今乃棄舊好助叛臣一何愚彼背主棄親於回紇何有回紇曰本謂公云亡不然何以至此今誠存我得見乎子儀將出左右諫戎狄野心不可信子儀曰虜眾數十倍今力不敵吾將示以至誠左右請以騎五百從又不聽即傳呼曰令公來虜皆持滿待子儀以數十騎出免冑見其大酋曰諸君同艱難久矣何忽亡忠誼而至是邪回紇捨兵下馬拜曰果吾父也子儀即召與飲遺錦綵結歡誓好如初因曰吐蕃本吾舅甥國無負而來棄親

也馬牛被數百里公等若倒戈乘之若俛取一芥是謂天賜不可失且逐戎得利與我繼好不兩善乎會懷恩暴死羣虜無所統一遂許諾吐蕃疑之夜引去子儀遣將白元光合回紇眾追躡大軍繼之破吐蕃十萬於靈臺西原斬級五萬俘萬人盡得所掠士女牛羊馬橐它不勝計遂自涇陽來朝加實封二百戶還河中大曆元年華州節度使周智光謀叛帝間道以蠟書賜子儀令悉軍討之同華將吏聞軍起殺智光傳首闕下二年吐蕃寇涇州詔移屯涇陽邀戰於靈州敗之斬首二萬級明年還河中吐蕃復寇靈武詔率師五萬屯奉天白元光破虜於靈武議者以吐蕃數為盜馬璘孤軍在邠不能支乃以子儀兼邠寧慶節度使屯邠州徙璘為涇原節度使回紇赤心請市馬萬匹有司以財乏止市千匹子儀曰回紇有大功宜答其意中原須馬臣請內一歲奉佐馬直詔不聽人許其忠九年入朝對延英帝與語吐蕃方彊慷慨至流涕退上書曰朔方國北門西禦犬戎北虞獫狁五城相去三千里開元

天寶中戰士十萬馬三萬匹僅支一隅自先帝受命靈武戰士從陛下征討無寧歲頃以懷恩亂痍傷彫耗三分之二比天寶中止十之一今吐蕃兼吞河隴雜羌渾之眾歲深入畿郊勢踰十倍與之角勝豈易得邪屬者虜來稱四節度將別萬人人兼數馬臣所統士不當賊四之一馬不當賊百之二外畏內懼將何以安臣惟陛下制勝力非不足但簡練不至進退未一時淹師老地廣勢分願於諸道料精卒滿五萬者列屯北邊則制勝可必竊惟河南河北江淮大鎮數萬小者數千彈屈稟給未始蒐擇臣請追赴闕中勤步隊示金鼓則攻必破守必全長久之策也又自陳衰老乞骸骨詔曰朕終始倚賴未可以去位不許德宗嗣位詔還朝攝冢宰充山陵使賜號尚父進位太尉中書令增實封通前二千戶給糧千五百人芻馬二百匹盡罷所領使及帥建中二年疾病帝遣舒王到第傳詔省問子儀不能興叩頭謝恩薨年八十五帝悼痛廢朝五日詔羣臣往弔隨喪所須皆取于官贈太師陪葬建陵及葬帝

御安福門哭過其喪百官陪位流涕賜謚曰忠武配饗代宗廟廷著令一品墳崇丈八尺詔特增丈以表元功子儀事上誠御下恕賞罰必信遭幸臣程元振魚朝恩短毀方時多虞握兵處外然詔至即日就道無纖介顧望故讒間不行破吐蕃靈州而朝恩使人發其父墓盜未得子儀自涇陽來朝中外懼有變及入見帝唁之即號泣曰臣久主兵不能禁士殘人之墓人今發先臣墓此天譴非人患也朝恩又嘗約子儀脩具元載使人告以軍容將不利公其下衷甲願從子儀不聽但以家僮十數往朝恩曰何車騎之寡告以所聞朝恩泣曰非公長者得無致疑乎田承嗣傲很不軌子儀嘗遣使至魏承嗣西望拜指其膝謂使者曰茲膝不屈於人久矣今為公拜李靈耀據汴州公私財賦一皆遏絕子儀封幣道其境莫敢留令持兵衛送麾下宿將數十皆王侯貴重子儀頤指進退若部曲然幕府六十餘人後皆為將相顯官其取士得才類如此與李光弼齊名而寬厚得人過之子儀歲入官俸無慮二十四

萬緍宅居親仁里四分之一中通永巷家人三千相出入不知其居前後賜良田美器名園甲館不勝紀代宗不名呼為大臣以身為天下安危者二十年校中書令考二十四八子七婿皆貴顯朝廷諸孫數十不能盡識至問安但頷之而已富貴壽考哀榮終始人臣之道無缺焉子曜旰晞昢晤曖曙映而四子以才顯曜性沈靜資貌瑰傑累從節度府辟署破虜有功為開陽府果毅都尉至德初推子儀功授衛尉卿累進太子詹事太原郡公子儀專征伐曜留治家事少長無間言諸弟或飾池館盛車服曜獨以朴簡自處子儀罷兵遷太子少保昆弟六人共制拜官子儀薨以遺命簿上四朝所賜名馬珍物德宗復賜之乃悉散諸弟居喪以禮疾甚或勸茹葷終不處凶口後盧杞秉政忌勳族子儀壻太僕卿趙縱少府少監李洞清光祿卿王宰皆以次得罪姦人幸其危多論奪田宅奴婢曜大恐獨宰相張鎰力保護德宗稍聞之詔有司曰尚父子儀有大勳力保王家嘗誓言山河琢金石許宥十世

前日其家市田宅奴婢而無賴者以尚父歿妄論奪之自今有司毋得受建中三年卒贈太子太傅謚曰孝初曜襲代國公食二千戶貞元初詔減半以封晞曖映曙人二百五十戶未幾復詔四人各減五十戶封曜子鍔晤子鐇各百戶云

晞善騎射從征伐有功復兩京戰最力出奇兵破賊累進鴻臚卿河中軍亂子儀召首惡誅之其支黨猶反仄晞選親兵晝夜警以備非常姦人不得發以功拜殿中監吐蕃回紇入寇加御史中丞領朔方軍援邠州與馬璘合軍擊虜破之虜復來陣涇水北子儀遣晞率徒兵五千騎五百襲虜晞以兵寡不進須暮賊半濟乃擊斬首五千級加御史大夫子儀固讓乃止居父喪值朱泚亂南走山谷賊舁致之欲汙以官佯瘖不荅賊露兵脅之不動數以城中事貽書李晟既而奔奉天天子還改太子賓客子鋼從朔方杜希全幕府希全檄為豐州刺史晞憐其弱不任事丐罷德宗遣使者召鋼鋼疑得罪挺身走吐蕃不納希全執送京師賜死晞坐免尋

復太子賓客累封趙國公卒贈兵部尚書孫承嘏

承嘏字復卿幼秀異通五經元和中及進士第累遷起居舍人居母喪以孝聞大和六年為諫議大夫言政事得失文宗以鄭注為太僕卿承嘏極論其非注頗懼進給事中俄出為華州刺史給事中盧載還詔書且言承嘏數封駮擁職宜在禁闥帝曰朕謂久次欲優其稍入耳乃復留給事中時江淮旱用度不支詔宰相分領度支戶部承嘏言宰相調和陰陽安黎庶若使閱視簿書校緡帛非所宜帝順納遷刑部侍郎帝嘗稱其儒素無貴驕氣不類勳家每進對恩接備厚方大任用會卒家無餘貲親友為辦喪祭贈吏部尚書

曖字曖以太常主簿尚昇平公主曖年與公主侔十餘歲許昏拜駙馬都尉試殿中監封清源縣侯寵冠戚里大曆末檢校左散騎常侍建中時主坐事留禁中朱泚亂逼署曖官辭以居喪被疾既而與公主奔奉天德宗嘉之釋主罪進曖金紫光祿大夫賜實封

五十戶尋遷太常卿貞元三年襲代國公卒年四十八贈尚書左僕射初曖女為廣陵郡王妃王即位是為憲宗妃生穆宗穆宗立尊妃為皇太后贈曖太傅四子鑄釗鏦銛鑄襲封

釗長七尺方口豐下代宗朝以外孫為奉禮郎累官至左金吾大將軍改檢校工部尚書為邠寧節度使入為司農卿憲宗寢疾宦豎或妄議廢立者穆宗問計於釗荅曰殿下為太子但當旦夕視膳何外慮乎時稱得元舅體穆宗即位檢校戶部尚書兼司農卿俄為河陽三城節度使徙河中尹領晉絳慈隰節度敬宗立召拜兵部尚書又帥劍南東川大和中南蠻寇蜀取成都外郛杜元穎不能禦詔釗兼領西川節度未行蠻衆已略梓州州兵寡不可用釗貽書譙蠻酋嵯顛以侵叛意嵯顛曰元穎不自守數侵吾圉我以是報乃與釗脩好約無相犯天子嘉之即拜西川節度使以疾請代為太常卿卒贈司徒子仲文仲恭仲詞開成二年詔仲文襲太原郡公給事中盧弘宣奏釗妻沈公主女代宗皇帝外孫其

子仲詞尚饒陽公主仲文冒嫡不應襲使仲文承嫡則沈當黜且仲詞亦不得尚主乃詔仲詞檢校殿中少監駙馬都尉襲封而仲文以太皇太后故置不問仲恭歷詹事府丞亦尚金堂公主

鏦字利用尚德陽郡主詔裴延齡為主營第長興里順宗立主進封漢陽公主擢鏦檢校國子祭酒駙馬都尉自景龍後外戚多為檢校官不治事宰相薦其才不當以外戚廢乃拜右金吾將軍封太原郡公恭遜折節不以富貴加人性周畏不立赫赫名有諫於上退必毀稾家人子弟無知者別墅在都南尤勝塏穆宗嘗幸之置酒極歡改太子詹事兗閑廄宮苑使卒贈尚書左僕射

銛性和易累為殿中監尚西河公主鏦卒代為太子詹事宮苑閑廄使長慶三年暴卒太后遣使按問發疾狀久乃解初西河主降沈氏生一子銛無嗣以沈氏子嗣

曙代宗朝累官司農卿德宗幸奉天曙方領家兵獵苑北聞蹕至伏謁道左遂從乘輿入駱谷霖雨塗潦衛兵或異語帝召謂曰朕不德而苦公等宜執朕送朱泚以謝天下諸將皆感泣曰願死生從陛下時曙與功臣子李昇韋清令狐建李彥輔被甲請見言曰南行路險且虞奸變臣等世蒙恩今相誓願更挾帝馬許之帝還曙請擢金吾大將軍餘並為禁軍將軍曙終邠國公子儀母弟

幼明性謹愿無過拙于武喜賓客以子儀故終少府監贈太子太傅子昕肅宗末為四鎮留後關隴陷不得歸朝廷但命官遙領其使建中二年昕始與伊西北庭節度使曹令忠遣使入朝德宗詔曰四鎮二廷統西夏五十七蕃十姓部落國朝以來相與率職自關隴失守王命阻絕忠義之徒泣血固守奉遵朝法此皆侯伯守將交脩共治之効朕甚嘉之令忠可北庭大都護四鎮節度留後賜氏李更名元忠昕可安西大都護四鎮節度使諸將吏超七資敘官云

贊曰天寶末盜發幽陵外阻內訌子儀自朔方提孤軍轉戰逐北詣不還顧當是時天子西走唐祚若贅斿而能輔太子再造王室及大難略平遭讒甚詭奪兵柄然朝聞命夕引道無纖介自嫌及被圍涇陽單騎見虜壁以至誠猜忍沮謀雖唐命方永亦由忠貫日月神明扶持者哉及光弼等畏偪不終而子儀完名高節爛然獨著福祿永終雖齊桓晉文比之為褊唐史臣裴垍稱權傾天下而朝不忌功蓋一世而上不疑侈窮人欲而議者不之貶嗚呼垍誠知言其子孫多以功名顯蓋盛德後云

郭子儀列傳第六十二

二李馬路列傳第六十三　唐書一百三十八

端明殿學士兼翰林侍讀學士龍圖閣學士朝請大夫守尚書吏部侍郎兼提舉萬壽觀公事判集賢院修撰臣宋祁奉
敕撰

李嗣業字嗣業京兆高陵人長七尺膂力絶衆開元中從安西都護來曜討十姓蘇祿先登捕虜累功署昭武校尉後應募安西軍中初用陌刀而嗣業尤善每戰必爲先鋒所嚮摧北馬靈詧爲節度出戰必與俱高仙芝討勃律署嗣業及中郎將田珍爲左右陌刀將時吐蕃兵十萬屯娑勒城據山瀕水聯木作郛以扼王師仙芝潛軍夜濟信圖河令曰及午破賊不者皆死嗣業提步士升山顛石四面以擊賊又樹大旗先走險諸將從之虜不虞軍至因大潰投崖谷死者十八鼓而驅至勃律禽其主平之授右威衛將軍從平石國及突騎施以跳盪先鋒加特進虜號爲神通大將初仙芝詐以計襲取石其子出犇因構諸胡共怨之以告大食連兵攻四鎮仙芝率兵二萬深入爲大食所敗殘卒數千事急嗣業謀曰

將軍深履賊境後援既絶今大食乘勝諸胡銳于鬭我與將軍俱前死尚誰報朝廷者不如守白石嶺以爲後計仙芝曰吾方收合餘燼明日復戰嗣業曰事去矣不可坐須菹醢即馳守白石路既隘步騎魚貫而前會拔汗那還兵輜餉塞道不可騁嗣業懼追及手梃鏖擊人馬斃仆者數十百虜駭走仙芝乃得還表嗣業功進右金吾大將軍留爲疏勒鎮使城一隅阤壞築輒壞嗣業祝之有白龍見因其處絶祠以祭城遂不壞漢耿恭故井久涸禱已泉復出初討勃律也通道葱嶺有大石塞隘以足蹴之抵穹谿識者以爲至誠所感云天寶十二載加驃騎大將軍入朝賜酒玄宗前醉起舞帝寵之賜綵百金皿五十物錢十萬曰爲解酲具安祿山反肅宗追之詔至即引道與諸將割臂盟曰所過郡縣秋毫不可犯至鳳翔上謁帝喜曰今日卿至賢於數萬衆事之濟否固在卿輩乃詔與郭子儀僕固懷恩掎角常爲先鋒以巨棓笞鬬賊值類崩潰進四鎮伊西北庭行軍兵馬使廣平王收長安嗣業統前軍陣于香積祠北賊酋李歸仁擁精騎薄戰王師注矢逐之走未及營賊大出掩追騎還蹂王師於是亂不能陣嗣業謂子儀曰今日不蹈萬死取一生則軍無類矣即袒持長刀大呼出陣前殺數十人陣復整步卒二千以陌刀長柯斧堵進所向無前歸仁匿兵營左覘軍勢王分回紇銳兵擊其伏嗣業出賊背合攻之自日中至昃斬首六萬級塡澗壑死幾半賊東走遂平長安進收東都嗣業戰多乃與張鎬魯炅來瑱嗣吳王祗李奐略定諸州兼衛尉卿封虢國公實封戶二百兼懷州刺史北庭行營節度使與子儀等圍相州師老諸將無功獨嗣業被堅數奮爲諸軍冠中流矢卧帳中方愈忽聞金鼓聲知與賊戰大呼創潰血流數升卒謚曰忠勇贈武威郡王給靈轝護還在所葬日使中人臨弔中朝臣祖泣塋給掃除十戸嗣業忠毅憂國不計居産有宛馬十疋前後賞賜皆上于官以助軍云子佐國襲爵歷丹王府長史卒推嗣業功贈宋州刺史

馬璘岐州扶風人少孤流蕩無業所年二十讀漢馬援傳至丈夫當死邊野以馬革裹尸而歸慨然曰使吾祖勳業墜于地乎開元末挾策從安西節度府以奇勞累遷金吾衛將軍至德初王室多難統精甲三千自二庭赴鳳翔肅宗奇之委以東討初戰衛南以百騎破賊五千衆從李光弼攻洛陽史朝義衆十萬陣北邙山旗鎧照日諸將冘疑未敢擊璘率部士五百薄賊屯出入三反衆披靡乘之賊遂潰光弼曰吾用兵三十年未見以少擊衆雄捷如馬將軍者遷試太常卿明年吐蕃寇邊詔璘移軍援河西懷恩之叛璘引還間關轉鬬至鳳翔虜圍已合節度使孫志直嬰城守璘令士持滿外向突入縣門不解甲出戰背城陣虜潰率輕騎追之斬數千級漂血丹渠帝引見慰勞擢兼御史大夫永泰初拜四鎮行營節度南道和蕃使俄檢校工部尚書北庭行營邠寧節度使元日有卒犯盜或曰宜赦璘曰赦之則人將伺其日爲盜遂戮之天大旱里巷爲土龍聚巫以禱璘曰旱由政不修即命撤之明日雨

是歲大穰未幾徙涇原權知鳳翔隴右節度副使四鎮北庭如舊復以鄭潁二州隸之大曆八年吐蕃內寇渾瑊戰宜祿不利璘設伏潘原與瑊合擊破之俘級數萬進檢校尚書右僕射明年入朝求宰相以檢校左僕射知省事進扶風郡王十一年卒於軍年五十六贈司徒謚曰武璘少學術而武幹絕倫遭時屯棘以忠力奮在涇八年繕屯壁爲戰守具令肅不殘人樂爲用虜不敢犯爲中興銳將初涇軍乏財帝諷李抱玉讓鄭潁璘因得裒積且前後賜賚無筭家富不貲治第京師侈甚其寢堂無慮費錢二十萬緡方璘在軍守者覆以油幔及喪歸都人爭入觀假稱故吏入赴弔者日數百德宗在東宮聞之不喜及即位乃禁第舍不得踰制詔毀璘中寢及宦人劉忠翼第璘家懼悉籍亭館入之官其後賜羣臣宴多在璘山池而子弟無行財亦寖盡

李抱玉本安興貴曾孫世居河西善養馬始名重璋閑騎射少從軍其爲人沈毅有謀尤忠謹李光弼引爲裨校天寶末玄宗以其戰河西有功爲改今名祿山亂守南陽斬賊使至德二載上言世占涼州恥與逆臣共宗有詔賜之姓因徙籍京兆舉族以李爲氏進至右羽林大將軍知軍事擢陳鄭潁亳節度使史思明已破東都凶焰勃然鼓而行自謂無前光弼壁河陽拒之使抱玉守南城賊急攻抱玉縱奇兵出表裏俘殺甚衆賊乃捨去從光弼戰大敗因不能西差功第一封欒城縣公代宗立兼澤潞節度使統相衞儀邢十一州兵以功授司空兼兵部尚書武威郡王懇辭王爵徙涼國公進司徒廣德中吐蕃入寇帝次陝羣盜徧南山五谷閒東距虢西抵岐椎剽不勝計詔太子賓客薛景仙爲南山五溪谷防禦使引兵招捕久不克更詔抱玉討賊抱玉盡得賊株柢蹊隧分兵守諸谷使牙將李崇客精騎四百自桃林虢川襲之賊帥高玉脫身走城固山南西道張獻誠禽以獻悉索支黨斬之不閱旬五谷平即詔抱玉權鳳翔隴右節度抱玉懇讓司從故以尚書左僕射同中書門下平章事河西隴右副元帥又讓僕射故還爲兵部尚書大曆二年來朝久之加山南西道副元帥兼節度使屯盩厔抱玉兼三節度三副元帥位望隆赫乃上言隴坻達扶文緜地二千里虜孔道不一梁岷重則關輔輕願擇能臣帥西道當一面臣得專事關隴帝多其讓許之抱玉在籓鎮十餘年雖無破虜功而禁暴安人爲將臣之良卒年七十四贈太保謚曰昭武從父弟抱眞

抱眞字太玄沈慮而斷抱玉屬以軍事授汾州別駕僕固懷恩反陷焉挺身歸京師代宗以懷恩倚回紇所將朔方兵精悍憂之召抱眞問狀荅曰郭子儀嘗領朔方軍人多德之懷恩欺其下曰子儀爲朝恩所殺今起而用是伐其謀兵可不戰解也既而懷恩敗如抱眞策遷殿中少監陳鄭澤潞節度留後既謝因言百姓勞逸在牧守願得一州以自試更授澤州刺史兼澤潞節度副使從懷州仍爲懷澤潞觀察留後凡八年抱眞策山東有變澤潞兵所走集乘戰伐後賦重人困軍伍彫刓乃籍戶三丁擇一蠲其傜租給弓矢令閑月得曹偶習射歲終大校親按籍第能否賞責比三年皆

爲精兵舉所部得戍卒二萬既不廩于官而府庫實乃曰軍可用矣繕甲淬兵遂雄山東天下稱昭義步兵爲諸軍冠久之爲澤潞節度行軍司馬會昭義節度李承昭病詔抱眞權磁邢兵馬留後德宗嗣位檢校工部尚書領昭義節度使建中中田悅反圍邢及臨洺詔抱眞與河東馬燧合神策兵救之敗悅於雙岡斬其將楊朝光又破之臨洺遂解臨洺邢之圍以功檢校兵部尚書復與悅戰洹水走之進圍魏悅戰城下大敗進以檢校尚書右僕射會朱滔王武俊反救悅抱眞退保魏帝蒼卒狩奉天閒問諸將皆哭各引麾下還屯於時李希烈陷汴李納反鄆李懷光相次反河中抱眞獨以數州截然橫絕潰叛中離沮其姦爲羣盜所憚興元初檢校左僕射同中書門下平章事縣倪國公進義陽郡王朱滔悉幽薊兵與回紇圍貝州以應朱泚而希烈既竊名號則欲臣制諸叛衆稍離天子下罪己詔並赦羣盜抱眞乃遣客賈林以大義說武俊使合從擊滔武俊許諾而內尤豫抱眞將自造其壁謀軍事於司

馬盧玄卿曰吾此行繫時安危使遂不還部勒以聽天子命惟子
勵兵東向雪吾之恥亦唯子即以數騎馳入見武俊曰朏希烈爭
竊帝號滔攻貝州此其志皆欲自肆于天下足下既不能與競長
雄捨九葉天子而臣反虜乎且詔書罪已禹湯之心也方上暴露
播越公能自安乎因持武俊涕下交頤武俊亦感泣左右皆泣退
卧帳中甘寢久之武俊感其不疑乃益恭指心誓天曰此身已許
公死矣食訖約爲昆弟而別旦日合戰大破滔經城進檢校司空
實封六百戶貞元初朝京師詔還所鎮抱眞喜士聞世賢者必欲
與之游雖小善皆卑辭厚幣數千里邀致之至無可錄徐徐以禮
謝會天下稍無事乃飾臺沼以自娛好方士謂不死可致有孫季
長者爲治丹且曰服此當僊去抱眞表署幕府嘗語左右曰秦漢
君不偶此我乃得之後升天不復見公等矣夜夢駕鶴寤而刻寓
鶴衣羽服習乘之後益惑厭勝因疾請降官七讓司空還爲左僕
射餌丹二萬丸不能食且死醫以彘肪穀漆下之疾少間季長曰

危得僊何自棄也益服三千丸卒年六十二其子殿中侍御史緘
匿喪與其屬盧會昌元仲經謀會諸將仲經詭抱眞令曰吾疾不
任事令緘典軍勉佐之副使李說及諸校俯首皆唯曰諾緘盛服
出衆拜之悉發府庫勞軍會昌即爲抱眞表吾曰今諸將署章請
以節付緘天子已聞抱眞喪遣使者馳入軍詔以事屬大將王延
貴緘詭若抱眞疾請詰朝見凡三日緘乃出見使者陳兵甚嚴使
者曰朝廷已知公薨詔以兵屬延貴君速歸發喪緘愕然謂諸
將曰詔不許若何衆不對乃遽以印鑰上監軍始發喪使者趣延
貴視事護緘赴東都仲經逃諸外捕殺之會昌得不坐始緘遣將
陳榮以書抵武俊假其財武俊怒曰吾與乃公善者恭王命非同
惡也今聞已亡誰詐其子使不俟朝制邪因榮而讓緘焉詔贈抱
眞太保

路嗣恭字懿範京兆三原人始名劍客以世蔭爲鄭尉席豫黜陟
河朔表爲蕭關令連徙神烏姑臧二縣考績爲天下最玄宗以爲
可嗣漢魯恭因賜名轉渭南令主杜化東陽二驛時關畿用兵使
人係道嗣恭儲具有素而民不擾後爲郭子儀朔方節度留後大
將孫守亮擁重兵驕蹇不受制嗣恭因稱疾守亮至即殺之一軍
皆震永泰三年檢校刑部尚書知省事出爲江西觀察使以善治
財賦稱有賈明觀者素事魚朝恩朝恩誅當坐死宰相元載納
其賂遣效力江西將行居民數萬懷瓦石候擊載諭市吏禁止乃
得去魏少游畏載常回容之及嗣恭代少游即日杖死大曆八年
嶺南將哥舒晃殺節度使呂崇賁五嶺大擾詔嗣恭兼嶺南節度
使封冀國公嗣恭募勇敢士八千人以流人孟瑤敬冕爲才擢任
之使瑤督大軍當其衝冕率輕兵由間道出不意遂斬晃及支黨
萬餘築尸爲京觀俚洞魁宿爲惡者皆族夷之還爲檢校兵部尚書
復知省事嗣恭起州縣吏以課治進至顯官及晃事株戮舶商沒
其財數百萬私有之代宗惡焉故賞不酬功德宗立陰賕宰相楊
炎炎錄前功更拜兵部尚書東都留守俄加懷鄭汝陝河陽三城

節度東都畿觀察使卒年七十一贈左僕射子應恕
應字從衆以蔭爲著作郎貞元初出爲虔州刺史詔嗣父封鑿
贛石梗嶮以通舟道德宗時李泌爲相號得君帝嘗曰誰於卿
有恩者朕能報之泌乃言曩爲元載所疾謫江西路嗣恭與載厚
臣嘗畏之會與其子應並驅馬齧其脛臣惶恐不自安應閟不言
勉起見父臣常媿其長者思有以報帝曰善即日加應檢校屯田郎
中服金紫累遷宣歙池觀察使封襄陽郡王李錡反應發鄉兵
救湖常二州以故錡不能拔元和六年以疾授左散騎常侍卒謚曰靖
恕字體仁從嗣恭討哥舒晃授檢校工部員外郎得從便宜擢降
將伊慎用之賊平恕功多嗣恭節度河陽也恕爲懷州刺史年纔
三十楊炎用扞硯博爲時嗤詆累遷鄜坊宜歙觀察使坐事貶吉
州刺史以右散騎常侍致仕卒贈洪州都督

二李馬路列傳第六十三

宋　祁　奉　敕　撰

房琯字次律河南河南人父融武后時以正諫大夫同鳳閣鸞臺平章事神龍元年貶死高州琯少好學風度沈整以蔭補弘文生與呂向偕隱陸渾山十年不諧際人事開元中作封禪書說宰相張說說奇之奏為校書郎舉任縣令科授盧氏令拜監察御史坐訊獄非是貶睦州司戶參軍復為縣所至上德化興長利以治最顯天寶五載試給事中封漳南縣男時玄宗有逸志數巡幸廣溫泉為華清宮環宮所置百司區署以琯資機算詔總經度驪山疏巖剔藪為天子游觀未畢坐善李適之韋堅斥為宜春太守歷琅邪鄴扶風三郡頗著聲遷憲部侍郎十五載帝狩蜀琯馳至普安上謁帝喜甚即拜文部尚書同中書門下平章事從至成都賜一子官俄與韋見素崔渙奉冊靈武見肅宗具言上皇所以傳付意因道當時利病辭吐華暢帝為改容

琯既有重名帝傾意待之機務一二與琯參決諸將相莫敢望於是第五琦言財利幸為江淮租庸使琯諫曰往楊國忠聚斂產怨天下陛下即位人未見德今又寵琦是一國忠死一國忠生無以示遠方帝曰六軍之命方急無財則散卿惡琦可也何所取財琯不得對北海太守賀蘭進明自河南至詔攝御史大夫嶺南節度使入謝帝曰朕語琯除正大夫何為攝邪進明銜之因曰陛下知晉亂乎惟以尚虛名任王衍為宰相祖尚浮華不事天下事故至於敗方唐中興當用實才而琯性疏闊大言無當非宰相器陛下待之厚然孰肯為陛下用乎帝曰何哉對曰陛下頃為皇太子太子出曰撫軍入曰監國而琯為聖皇建遣諸王為都統節度乃謂陛下為元子而付以朔方河東河北空虛之地永王豐王乃統四節度此於聖皇似忠於陛下非忠也琯意諸子一得天下身不失恩又多樹私黨以副戎權推此而言豈肯盡誠於陛下乎帝入其語始惡琯以進明為御史大夫河南節度使會琯請自將平賊帝猶倚以成功乃詔琯持節招討西京防禦蒲潼兩關兵馬節度等使得自擇參佐乃以兵部尚書王思禮副之御史中丞鄧景山為副戶部侍郎李揖為行軍司馬中丞宋若思起居郎知制誥賈至右司郎中魏少游為判官給事中劉秩為參謀琯分三軍趨京師楊希文將南軍自宜壽入劉悊將中軍自武功入李光進將北軍自奉天入琯身中軍先鋒十月庚子次便橋辛丑中軍北軍遇賊陳濤斜戰不利琯欲持重有所伺中人邢延恩促戰故敗士死麻葦癸卯率南軍復戰又大敗希文悊皆降賊初琯用春秋時戰法以車二千乘繚營騎步夾之既戰賊乘風譟牛悉髀栗賊投芻而火之人畜焚燒殺卒四萬血丹野殘眾才數千不能軍琯還走行在見帝肉袒請罪帝宥之使裒夷散復圖進取琯雅自負以天下為己任然用兵本非所長其佐李揖劉秩等皆儒生未嘗更軍旅琯每詫曰彼曳落河雖多能當我劉秩乎帝雖恨琯喪師而眷任未衰崔圓自蜀來最後見帝琯謂帝不見省易之圓以金畀李輔國不淹日被寵遂怨琯琯數稱疾不入會御史大夫顏真卿劾奏諫議大夫李何忌不孝琯素善何忌不欲以惡名錮之託被酒入朝貶西平郡司馬琴工董廷蘭出入琯所琯昵之廷蘭藉琯勢數招賕謝為有司劾治琯訴于帝帝因震怒叱遣之琯惶恐就第罷為太子少師從帝還都封清河郡公琯之廢朝臣多言琯謀包文武可復用雖琯亦自謂當柄任為天子立功善琯者景其言于朝琯方引劉秩嚴武與宴語移病自如帝以琯虛言浮誕而戟戟挾黨背公非大臣體乾元元年出琯為邠州刺史逐秩武等因下詔陳其比周狀喻敕中外始邠以武將領刺史故綱目廢弛即治府為營吏擾民居相淆讙琯至一切革之人以便安政聲流聞召拜太子賓客遷禮部尚書為晉漢二州刺史寶應二年召拜刑部尚書道病卒贈太尉琯有遠器好談老子浮屠法喜賓客高談有餘而不切事時天下多故急於謀略攻取帝以吏事繩下而琯為相遂欲從容鎮靜以輔治之又知人不明以取敗撓故功名隳損云

贊曰唐名儒多言琯德器有王佐材而史載行事亦少貶矣一舉喪師訖不復振原琯以忠誼自奮片言悟主而取宰相必有以過人者用違所長遂無成功然盛名之下為難居矣夫名盛則責望備實不副則訾咎深使琯遭時承平從容帷幄不失為名宰而倉卒濟難事敗隙生陷於浮虛比周之罪名之為累也戒哉

子孺復幼頗能屬文然狂縱不法淮南節度使陳少游奏署幕府多招術家言已三十當得宰相以熏權近希進取後辟浙西韓滉府兄宗偃喪自嶺外還孺復不出臨弔與妻鄭不相中怒姆為言乃具棺召家人生歛之鄭方乳促上道鄭死于行又娶崔昭女崔悍媢殺二侍兒私瘞之觀察使以聞貶連州司馬聽崔去既又與崔通請復合詔許未幾復離絕容州刺史

琯孫啓以蔭補鳳翔參軍事累調萬年令素贄附王叔文貞元末叔文用事除容管經略使陰許以荊南帥節啓至荊湖宿留不肯進會叔文敗韋執誼內忿爭不果拜俄而皇太子監國啓惶駭就鎮凡九年改桂管觀察使州邸以賂請有司飛驛送詔既而憲宗自遣宦人持詔賜啓啓與使者邀重餉即曰先五日已得詔使者給請視因馳歸以聞貶太僕少卿啓自陳獻使者南

□十五帝怒殺官人貶啓虔州長史死始詔五管福建及黔中道不得以口饋遺博易罷臘口等使

琯孫式擢進士第累遷忠州刺史韋皐表為雲南安撫副使蜀州刺史皐卒劉闢反式留不得行賊平高崇文保貸之言諸朝除吏部郎中時河朔諸將劉濟張茂昭等更相劾奏帝欲和之拜式給事中使河北還奏如旨遷陝虢觀察使改河南尹會討王承宗鎮州索餉車四千乘民不能具式建言歲凶人勞不任調發又御史元稹亦言賊未誅河南民先困詔可都畿安之改宣歙觀察使卒贈左散騎常侍謚曰傾吏部郎中韋乾度曰始式刺蜀州劉闢構難即謂闢曰向夢公為上相儀衛甚盛幸無相忘闢喜以為祥後闢發兵署牒首曰闢副曰式參謀曰符載大節已虧不宜得謚博士李虞仲曰始闢反為其用者皆救死其頭可盡彼惡名乎如式不能去又不能死可謂求生害仁者也闢走西山召所疑畏者盡殺之式在其間會救得免而曰大節已虧近於溢言謚乃定

張鎬字從周博州人儀狀環偉有大志視經史猶漁獵然好王霸大略少事吳兢兢器之游京師未知名率嗜酒鼓琴自娛人或邀之杖策往醉即返不及世務天寶末楊國忠執政求天下士為己重聞鎬才薦之釋褐衣拜左拾遺歷侍御史玄宗西狩鎬徒步扈從俄遣詣肅宗所數論事擢諫議大夫尋拜中書侍郎同中書門下平章事時引內浮屠數百居禁中號內道場諷唄外聞鎬諫曰天子之福要在養人以一函寓美風化未聞區區佛法而致太平願陛下以無為為心不以小乘撓聖慮帝然之會詔兼河南節度使都統淮南諸軍事賊圍宋州張巡告急鎬倍道進檄濠州刺史閭丘曉趣救曉愎撓逗留不肯進比鎬至淮口而巡已陷鎬怒杖殺曉帝還京師封南陽郡公詔以本軍鎮汴州捕平殘寇史思明提范陽獻順款鎬揣其偽密奏曰思明勢窮而服包藏不測可以計取難以義招不宜以威權假之又言滑州防禦使許叔冀狡譎臨難必變宜追還宿衛書入不省時宦官絡繹出鎬境未嘗降情結納自范陽滑州使還者皆盛言思明叔冀忠而毀鎬無經略才帝以鎬不切事機遂罷宰相授荊州大都督府長史思明叔冀後果叛如鎬言召拜太子賓客左散騎常侍坐市嗣岐王珍第貶辰州司戶參軍代宗初起為撫州刺史遷洪州觀察使更封平原郡公袁晁寇東境江介震騷鎬遣兵屯上饒斬首二千級又襲舒城賊楊昭弟之沈千載者新安大豪連結椎剽州縣不能禽鎬追別將盡殺其弟改江南西道觀察使卒鎬起布衣二期至宰相居身廉不殖貲產善待士性簡重論議有體在位雖淺而天下之人推為舊德云

李泌字長源魏八柱國弼六世孫徙居京兆七歲知為文玄宗開元十六年

悉召能言佛道孔子者相答難禁中有員俶者九歲升坐詞辯注射坐人皆屈帝異之曰半千孫固當然因問童子豈有類若者俶跪奏臣舅子李泌帝即馳召之泌既至帝方與燕國公張說觀弈因使說試其能說請賦方圓動靜泌逡巡曰願聞其略說因曰方若棋局圓若棋子動若棋生靜若棋死泌即答曰方若行義圓若用智動若騁材靜若得意說因賀帝得奇童帝大悅曰是子精神要大於身賜東帛敕其家曰善視養之張九齡尤所獎愛常引至臥內九齡與嚴挺之蕭誠善挺之惡誠佞勸九齡謝絕之九齡忽獨念曰嚴太苦勁然蕭軟美可喜方命左右召蕭泌在旁帥爾曰公起布衣以直道至宰相而喜軟美者乎九齡驚改容謝之因呼小友及長博學善治易常游嵩華終南間慕神仙不死術天寶中詣闕獻復明堂九鼎議帝憶其早慧召講老子有法得待詔翰林仍供奉東宮皇太子遇之厚嘗賦詩譏誚楊國忠安祿山等國忠疾之詔斥置蘄春郡肅宗即位靈武物色求訪會泌亦自至已謁見陳天下所以成敗事帝悅欲授以官固辭願以客從入議國事出陪輿輦眾指曰著黃者聖人著白者山人帝聞因賜金紫拜元帥廣平王行軍司馬帝嘗曰卿侍上皇中為朕師今下判廣平行軍朕父子資卿道義云始軍中謀帥皆屬建寧王泌密白帝曰建寧王誠賢然廣平冢嗣有君人量豈使為吳太伯乎帝曰廣平為太子何假元帥泌曰使元帥有功陛下不以為儲副得耶太子從曰撫軍守曰監國今元帥乃撫軍也帝從之初帝在東宮李林甫數構譖勢危甚及即位怨之欲掘冢焚骨泌以天子而念宿嫌示天下不廣使脅從之徒得釋言於賊帝不悅曰往事卿忘之乎對曰臣念不在此上皇有天下五十年一旦失意南方氣候惡且春秋高聞陛下錄故怨將內慚不懌萬有一感疾是陛下以天下之廣不能安親也帝感悟抱泌頸以泣曰朕不及此因從容問破賊期對曰賊掠金帛子女悉送范陽有苟得心渠能定中國邪華人為之用者獨周摯高尚等數人餘皆脅制偷合至天下大計非所知也不出二年無寇矣陛下無欲速夫王者之師當務萬全圖久安使無後害今詔李光弼守太原出井陘郭子儀取馮翊入河東則史思明張忠志不敢離范陽常山安守忠田乾真不敢離長安是以三地禁其四將也隨祿山者獨阿史那承慶耳使子儀毋取華令賊得通關中則北守范陽西救長安奔命數千里其精卒勁騎不逾年而弊我常以逸待勞來避其鋒去翦其疲以所徵之兵會扶風與太原朔方軍互擊之徐命建寧王為范陽節度大使北並塞與光弼相犄角以取范陽賊失巢窟當死河南諸將手帝然之會西方兵大集帝欲速得長安曰今戰必勝攻必取何暇千里先事范陽乎

泌曰必得兩京則賊再強我再困且我所恃者磧西突騎西北諸戎耳若先取京師期必在春關東早熱馬且病士皆思歸不可以戰賊得休士養徒必復來南此危道也帝不聽二京平帝奉迎上皇自請歸東宮以遂子道泌曰上皇不來矣人臣尚七十而傳況欲勞上皇以天下事乎帝曰奈何泌乃為群臣通奏具言天子思戀晨昏請促還以就孝養上皇得初奏答曰當與我劍南一道自奉不復東矣帝甚憂及再奏至喜曰吾方得為天子父遂下誥戒行崔圓李輔國以泌親信疾之泌畏禍願隱衡山有詔給三品祿賜隱士服為治室廬泌嘗取松樛枝以隱背名曰養和後得如龍形者因以獻帝四方爭效之代宗立召至舍蓬萊殿書閣初泌無妻不食肉帝乃賜光福里第彊詔食肉為娶朔方故留後李暐甥昏日敕北軍供帳元載惡不附己因江西觀察使魏少游請僚佐載稱泌才以試祕書少監充判官載誅帝召還復為常袞所忌出為楚州刺史辭不行帝亦留之會澧州缺袞盛言南方凋瘵請輟泌治之乃授澧朗峽團練使徙杭州刺史皆有風績德宗在奉天召赴行在授左散騎常侍時李懷光叛歲又蝗旱議者欲赦懷光帝博問群臣泌破一桐葉附使以進曰陛下與懷光君臣之分不可復合如此葉矣由是不赦始朱泚亂帝約吐蕃赴援賂以安西北庭既而渾瑊與賊戰咸陽泚大敗吐

蕃以師追北不甚力因大掠武功而歸京師平來請如約帝業許欲遂與之泌曰安西北庭控制西域五十七國及十姓突厥皆悍兵處以分吐蕃勢使不得併兵東侵今與其地則關中危矣且吐蕃向持兩端不戰又掠我武功乃賊也奈何與之遂止貞元元年拜陝虢觀察使泌始鑿山開車道至三門以便饟漕以勞進檢校禮部尚書淮西兵防秋屯鄜州已而四千人亡歸或曰吳少誠密招之既入境泌遮險悉擊殺之三年拜中書侍郎同中書門下平章事累封鄴縣侯初張延賞減天下吏員人情愁怨至流離死道路者泌請復之帝未從因問今戶口減承平時幾何曰三之二帝曰人既彫耗員何可復泌曰不然戶口雖耗而事多承平十倍陛下欲省州縣則可而吏員不可減今州或參軍署券縣佐史判案所謂省官者去其冗員非常員也帝曰若何為冗員對曰州參軍無職事及兼試額內官者兼試自至德以來有之比正員三之二可悉罷帝乃許復吏員而罷冗官泌又條奏中朝官常侍賓客十員其六員可罷左右贊善三十員其二十員可罷如舊制諸王未出閤官屬皆不除而所收料奉乃多於減員矣帝悅是時州刺史月奉至千緡方鎮所取無藝而京官祿寡薄自方鎮入八座至謂罷權薛邕由左丞貶歙州刺史家人恨降之晚崔祐甫任吏部員外求為洪州別駕使府賓佐有所忤

者薦為郎官其當遷臺閣者皆以不赴取罪去泌以為外太重內太輕乃請隨官閑劇普增其奉時以為宜而竇參多沮亂其事不能悉如所請泌又白罷拾遺補闕帝雖不從然因是不除諫官唯用韓皐歸登泌因收其公廨錢令二人寓食中書舍人署凡三年始以韋綬梁肅為左右補闕太子妃蕭母郜國公主也坐蠱媚幽禁中帝怒責太子太子不知所對泌入帝數稱舒王賢泌揣帝有廢立意因曰陛下有一子而疑之乃欲立弟之子臣不敢以古事爭且十宅諸叔陛下奉之若何帝赫然曰卿何知舒王非朕子對曰陛下昔為臣言之陛下有嫡子以為疑弟之子敢自信於陛下乎帝曰卿違朕意不顧家族邪對曰臣衰老位宰相以諫而誅分也使太子廢佗日陛下悔曰我惟一子殺之泌不吾諫吾亦殺尒子則臣絕祀矣雖有兄弟子非所歆也即噫嗚流涕因稱昔太宗詔太子不道藩王窺伺者兩廢之陛下疑東宮而稱舒王賢得無窺伺乎若太子得罪請亦廢之而立皇孫千秋萬歲後天下猶陛下子孫有也且郜國為其女妬忌而蠱惑東宮豈可以妻母累太子乎執爭數十意益堅帝寤太子乃得安初興元後國用大屈封物皆三損二舊制堂封歲三千六百緡後纔千二百至是帝使還舊封於是李晟馬燧渾瑊各食實封悉讓送泌泌不納時方鎮私獻於帝歲凡五十萬緡其後稍損至三十萬帝

以用度之問泌泌請天下供錢歲百萬給宮中勸不受私獻凡詔旨須索即代兩稅則方鎮可以行法天下紓矣帝嘗從容言盧杞清介敢言然少學不能廣朕以古道人皆指其姦而朕不覺也對曰陛下能覺杞之惡安致建中禍邪李揆和蕃顏真卿使希烈其害舊德多矣又楊炎罪不至死杞擠陷之而相關播懷光立功逼使其叛此欺天也帝曰卿言誠有之然楊炎視朕如三尺童子有所論奏可則退不許則辭官非特杞惡之也且建中亂卿亦知桑道茂語乎乃命當然對曰夫命者已然之言主相造命不當言命言命則不復賞善罰惡矣桀曰我生不有命自天武王數紂曰謂己有天命君而言命則桀紂矣帝曰朕請不復言命俄加集賢殿崇文館大學士脩國史泌建言學士加大始中宗時及張說為之固辭乃以學士知院事至崔圓復為大學士亦引泌為讓而止帝以前世上巳九日皆大宴集而寒食多與上巳同時欲以二月名節自我為古若何而可泌謂廢正月晦以二月朔為中和節因賜大臣戚里尺謂之裁度民間以青囊盛百穀瓜果種相問遺號為獻生子里閭釀宜春酒以祭勾芒神祈豐年百官進農書以示務本帝悅乃著令與上巳九日為三令節中外皆賜緡錢燕會四年八月月蝕東壁泌曰東壁圖書府大臣當有憂者吾以宰相兼學士當之矣昔燕國公張說由是以亡又可

免乎明年果卒年六十八贈太子太傅泌出入中禁事四君數為權倖所疾常以智免好縱橫大言時時讜議能寤移人主然常持黃老鬼神說故為人所譏切初肅宗重陰陽巫祝擢王璵執政大抵興造工役輒牽禁忌俗說而黎幹以左道位京兆尹嘗使禁工騈珠刺繡為乘輿服舉焚之以為禳禬德宗素不為然及嗣位罷內道場除巫祝代宗將葬帝號送承天門而轀車行不中道問其故有司曰陛下本命在午故避之帝泣曰安有枉靈駕以謀身利命直午而行又宣政廊壞太卜言孟冬魁岡不可營繕帝曰春秋啓塞從時何魁岡為亟詔葺之及桑道茂城奉天事驗始尚時日拘忌因進用泌泌亦自有所建明獨柳玭稱兩京復泌謀居多其功乃大於魯連范蠡云子繁

繁少才警無行泌始起陽城官諸朝故城重德泌而親厚於繁及疏裴延齡既具草以繁可信夜使繁書已封盡能誦憶乃錄以示延齡明日延齡白帝曰城以疏示於朝即摘其條以自訴解城奏入帝怒遂不省泌與梁肅善故繁師事肅及卒烝其室士議讙醜由是擯棄積年後為太常博士權德輿為卿奏斥之改河南府士曹參軍累遷隋州刺史罷歸不得調敬宗誕日詔與兵部侍郎丁公著太常少卿陸亘入殿中抗老佛講論改大理少卿弘文館學士諫官御史交章彈治乃出為亳州刺史州有劇賊剽室廬略財貲為患它刺史不能禽繁有機略悉知賊巢藪所在且出兵捕斬之議者責繁不先啓觀察府為擅興詔御史舒元輿按之元輿與繁素隙盡翻其獄以為濫殺不辜有詔賜死京兆人皆冤之繁下獄知且死恐先人功業泯滅從吏求廢紙掘筆著家傳十篇傳于世

贊曰泌之為人也異哉其謀事近忠其輕去近高其自全近智卒而建上宰近立功立名者觀肅宗披榛莽立朝廷單言暫謀有所寤合皆付以政當此時泌於獻納為不少又佐代宗收兩京獨不見錄寧二主不以宰相器之邪德宗晚好鬼神事乃獲用蓋以怪自置而為之助也繁為家傳言泌本居鬼谷而史臣謬言好鬼道以自解釋既又著泌數與靈仙接言舉不經則知當時議者切而不與有為而然繁言多浮侈不可信掇其近實者著于傳至勸帝先事范陽明太子無罪亦不可誣也

房張李列傳第六十四

崔苗二裴呂列傳第六十五　唐書一百四十

端明殿學士兼翰林侍讀學士龍圖閣學士朝散大夫守尚書吏部侍郎充集賢殿修撰臣宋祁奉

敕撰

崔圓字有裕貝州武城人後魏尚書左僕射亮八世孫少孤貧志向卓邁喜學兵家開元中詔舉遺逸以鈐謀對策甲科歷京兆府參軍尹蕭炅薦之遷會昌丞楊國忠遙領劍南節度引圓為左司馬知留後玄宗西出次扶風遷御史中丞劍南節度副大使圓銳功名初聞難剌國忠意乃治城浚隍列館宇儲什具帝次河池圓跡具陳蜀土腴穀羨儲供易辦帝省書泣下曰世亂識忠臣即日拜中書侍郎同中書門下平章事仍兼劍南節度使天子至朝廷百司殿宇帷幔皆具益嗟賞之肅宗立命與房琯韋見素赴行在所帝為製遺愛碑于蜀以寵之至德二載還中書令封趙國公實封戶五百乾元元年罷為太子少師留守東都於是上皇所置宰相無在者王師之敗相州也軍所過皆縱剽圓懼委東都奔襄

陽詔削階封尋召拜濟王傅李光弼表為懷州刺史改汾州以治行稱徙淮南節度使在鎮六年請朝京師吏民乞留詔檢校尚書右僕射還之久乃檢校左僕射入知省事大曆中卒年六十四贈太子太師謚曰昭襄

苗晉卿字元輔潞州壺關人世以儒素稱擢進士第調為修武尉累進吏部郎中中書舍人知吏部選事選人訴索好官厲言倨色紛于前晉卿與相對終日無慍顏久之進侍郎積寬縱而吏下因緣作姦方時承平選常萬人李林甫為尚書專國政以銓事委晉卿及宋遙然歲命它官同較書判覈才實天寶二載判入等者凡六十四人分甲乙丙三科以張奭為第一奭御史中丞倚之子倚新得幸於帝晉卿欲附之奭本無學故議者嚻然不平安祿山因間言之帝為御花萼樓覆實中裁十一二奭持紙終日筆不下人謂之曳白帝大怒貶倚淮陽太守遙武當太守晉卿安康太守明年徙魏郡即充河北採訪使居三年政化大行嘗入計謁歸壺關望縣門輒步吏諫止晉卿以公門當下況父母邦乎郡太守迎犒使所屬令行酒酒至必立飲白醻侍老有獻降西階拜而飲時美其恭改河東郡兼河東採訪使徙扶風郡封高平縣男還工部尚書東都留守召為憲部兼左丞安祿山反賓廷芝弃陝郡不守楊國忠本忌其有望即奏東道賊衝非大臣不可鎮遏授陝郡太守陝虢防禦使晉卿見帝以老辭忤旨聽致仕于家車駕入蜀搢紳多陷賊晉卿間道走金州肅宗至扶風召赴行在拜左相平京師封韓國公食五百戶改侍中既而乞骸骨罷為太子太傅未幾復拜侍中玄宗崩肅宗疾甚詔晉卿攝冢宰固讓曰大行遺詔皇帝三日聽政稽祖宗故事則無冢宰之文奉遺詔則宜聽朝惟陛下順變以幸萬國帝不聽後數日代宗立復詔攝冢宰固辭乃免時年老蹇甚乞間日入政事堂帝優之聽入閤不趨為御小延英召對宰相對小延英自晉卿始吐蕃犯京師晉卿以病臥家賊輿致脅之噤不肯語賊不敢害帝還拜太保罷政事永泰初薨年八十

一贈太師京兆少尹護喪謚曰懿獻元載未顯時為晉卿所遇載方相故諷有司改謚文貞晉卿寬厚所至以惠化稱魏人為營生祠立石頌美再秉政出入七年小心謹畏不甚斥是非得失故能安保寵名然練達事體百官簿最一省無遺議者比漢胡廣肅宗欲以李輔國為常侍奏曰常侍近密非賢不可居豈宜任等輩寵之朝廷欲論陳希烈等死晉卿曰陛下得張通儒安守忠孫孝哲等何以加罪帝不從俄而史思明亂持是以誘衆嘗自為父碑文有鵲巢碑上賊入上黨焚蕩略盡而苗氏松檟獨無傷大曆七年配享肅宗廟廷十子發丕堅粲垂向呂稷望咸粲德宗時官至郎中陸贄欲進粲官帝不許曰晉卿往攝政有不臣之言又名其子皆與帝王同粲等宜與外官贄奏王者爵人必於朝刑人必於市言與衆共之獎而不言其善斯謂曲貸罰而不書其惡斯謂中傷曲貸則授受不明而私幸之門啓中傷則枉直無辨而讒間之道行可不慎哉若陛下以晉卿姦邪粲等應坐則當公議其罪若知

見誣亦宜擢粲等以示天下且晉卿起文儒致位台輔謙柔敦厚爲三朝所推安肯爲族滅計雖甚狂險猶不爲之況老臣乎帝然之而粲官終不顯

裴冕字章甫河中河東人本冠族以蔭再調渭南尉王鉷爲京畿採訪使表署判官歷監察御史中侍御史冕少學術然明銳果於事衆號稱職鉷雅任之及鉷得罪有詔廷辨冕位甚下而抗言其誣鉷死李林甫方用事僚屬皆引去獨冕爲斂葬由是知名河西節度使哥舒翰辟行軍司馬玄宗入蜀詔皇太子爲天下兵馬元帥拜冕御史中丞兼左庶子副之初冕在河西方召還而道遇太子平涼遂從至靈武與杜鴻漸崔漪同辭進曰主上厭于勤且南狩蜀宗社神器要須有歸今天意人事屬在殿下宜正位號有如逡巡失億兆心則大事去矣太子曰我平寇逆奉迎乘輿還京師退居涼貳以侍膳左右豈不樂哉公等何言之過對曰殿下居東宮二十年今多難啓聖以安社稷而所從將士皆關輔人日夜思歸大衆一騷不可復集不如因而撫之以就大功臣等昧死請太子固讓凡五請卒見聽太子即位進冕中書侍郎同中書門下平章事乃建言賣官度僧道士收貲濟軍興時取償既厭衆不爲宜肅宗至鳳翔罷冕政事拜尚書右僕射兩京平封冀國公實封五百戶出爲劒南西川節度使復爲右僕射待制集賢院俄充山陵使於是中書舍人劉烜爲李輔國所昵冕表爲判官烜抵法坐降施州刺史徙澧州大曆中郭子儀言於代宗曰冕首佐先帝馳驅靈武有社稷勳程元振忌其賢遂加誣構海內冤之陛下宜還冕於朝復俾輔相必能致治成化時元載秉政冕早所甄引載德之又貪其衰瘵且下己遂拜左僕射同中書門下平章事入見拜不能興載自扶之代爲贊謝俄兼河南江淮副元帥東都留守不踰月卒有詔贈太尉冕以忠勤自將然不知宰相大體性豪侈既素貴輿服食飲皆光麗珍豐櫪馬直數百金者常十數每廣會賓客不能名其饌自製巾子工甚人爭效之號僕射巾領使既衆吏白

俸緡月二千緡冕顧視喜見顏間世訾其嗜貨利云始肅宗廟惟苗晉卿配享冕卒後二十餘年有蘇正元者奏言肅宗爲元帥時師纔一旅冕於草創中甄大義以勸進收募驍勇幾十餘萬既逾月房琯來又一年而晉卿至今晉卿從祀而冕乃不與有詔冕配享肅宗廟

裴遵慶字少良絳州聞喜人幼彊學該綜圖傳外晦內明不干當世年既長始以仕家推蔭爲興寧陵丞調大理丞邊將華克濟督役苛暴役者有醜言有司以大逆論遵慶曰財不足聚人力不足加衆焉能反由是全救數十族頻擢吏部員外郎判南曹天寶時選者歲萬計遵慶性彊敏視簿牒詳而不苛世稱吏事第一肅宗時爲吏部侍郎蕭華輔政屢薦之拜黃門侍郎同中書門下平章事代宗初僕固懷恩反帝以遵慶忠厚大臣故奉詔宣慰懷恩聽命將入朝既而爲其將范志誠沮止時帝在陝遵慶脫身赴行在帝還遷太子少傅罷爲集賢院待制改吏部尚書以尚書右僕射復知選事朝廷優其老聽就第注官時以爲榮嘗有族子病狂易告以謀反帝識其謬置不問性惇正老而彌謹每薦賢有來謝者以爲恥諫而見從即內益畏雖親近但記其削稾跡數而莫知所言大曆十年薨年九十餘初爲郎時著王政記述今古治體識者知其有公輔器云子向

向字傃仁以蔭得調建中初李紓爲同州刺史奏署判官李懷光叛河中使其將趙貴先築壘於同州紓奔奉天而向領州務貴先脅吏督役不及期將斬以徇民皆駭散向獨詣貴先壘開諭之貴先乃降同州不陷向力也累爲櫟陽渭南令奏課皆第一擢戶部員外郎德宗末方鎮之副多自選于朝以待有變次授之故向以選爲太原少尹行軍司馬歷陝虢觀察使以吏部尚書致仕向能以學行持門戶內外親屬百餘口祿俸必均世稱其孝睦卒年八十贈太子少保子寅官累御史大夫寅子樞

樞字紀聖咸通中第進士杜審權鎮河中奏署幕府再遷藍田尉

宰相王鐸知之遂直弘文館鐸罷樞久不調從僖宗入蜀擢殿中侍御史中和初鐸為都統表署鄭滑掌書記龍紀初進給事中改京兆尹與孔緯厚善緯以罪貶故樞改右庶子出為歙州刺史還右散騎常侍為汴州宣諭使樞素與朱全忠相結納故全忠聽命修貢獻不絕昭宗悅遷兵部侍郎時崔胤亦倚全忠專朝柄因與樞善俄以戶部侍郎同中書門下平章事帝在鳳翔貶胤官樞亦罷為工部尚書已還宮拜檢校尚書右僕射同平章事出為清海節度使全忠言樞有經世才不宜棄外復拜門下侍郎平章事監修國史累進右僕射諸道鹽鐵轉運使哀帝嗣位柳璨方用事全忠以牙將張廷範為太常卿樞以為廷範勳臣自宜任方鎮何用為卿恐非王意持不下全忠怒謂賓佐曰吾常器樞不浮薄今乃爾璨聞即罷樞政事拜左僕射俄貶登州刺史又貶瀧州司戶參軍至滑州全忠遣人殺之白馬驛投尸于河年六十五初全忠佐吏李振曰此等自謂清流宜投諸河永為濁流全忠笑而許之

呂諲河中河東人少力於學志行整飭孤貧不自業里人程氏財雄于鄉以女妻諲亦以諲才不久困厚分貲贍濟所欲故稱譽日廣開元末入京師第進士調寧陵尉採訪使韋陟署為支使哥舒翰節度河西表支度判官歷太子通事舍人性靜慎勤總吏職諸僚或出游諲獨頹然據案鉤視簿最翰益親之累兼殿中侍御史翰敗潼關諲西趨靈武由中人尉薦肅宗才之拜御史中丞所陳事無不順納從至鳳翔遷武部侍郎帝復兩京詔盡繫羣臣之汙賊者以御史中丞崔器憲部侍郎韓擇木大理卿嚴向為三司使處其罪又詔御史大夫李峴及諲領使諲於權宜知大體不及峴而援律傅經過之當時憚其持法然以峴故多所平反乾元二年九節度兵敗帝憂之擢諲同中書門下平章事知門下省翌日復以李峴李揆第五琦為宰相而苗晉卿王璵罷會母喪解三月復召知門下省事兼判度支還執政累封須昌縣伯遷黃門侍郎上元初加同中書門下三品當賜門戟或勸諲以凶服受吉賜不宜諲釋纔拜賜人譏其失禮諲引妻之父楚賓為衞尉少卿楚賓子震為郎官中人馬尚言者素暱於諲為人求官諲奏為藍田尉事覺帝怒命敬羽窮治殺尚言以其肉賜從官罷諲為太子賓客數月拜荊州長史澧朗峽忠等五州節度使諲始建請荊州置南都詔可於是更號江陵府以諲為尹置永平軍萬人遏吳蜀之衝以湖南之岳潭郴道邵連黔中之涪凡七州隸其道初荊州長史張惟一以衡州蠻酋陳希昂為司馬督家兵千人自防惟一親將牟遂金與相忤希昂率兵至惟一所捕之惟一懼斬其首以謝悉以遂金兵屬之乃退自是政一出希昂後入朝遷常州刺史過江陵入謁諲伏甲擊殺之誅黨偶數十人積尸府門內外震服妖人申泰芝用左道事李輔國擢諫議大夫置軍邵道二州間以泰芝總之納羣蠻金賞以緋紫出諸中詔書賜衣示之羣蠻怵於賞而財不足更為剽掠吏不敢制潭州刺史龐承鼎疾其姦因泰芝過潭縛付吏劾贓鉅萬得左道讖記并奏之輔國矯追泰芝還京既召見反譖

承鼎陷不辜詔諲按罪諲使判官嚴郢具獄暴泰芝之惡帝不省賜承鼎死流郢建州後泰芝終以贓從死承鼎追原其誣諲為治不急細務決大事剛果不橈始在河西悉知諸將能否及為尹奏取材者數十人總牙兵故威惠兩行諲之相與李揆不平既斥乃用善治聞揆恐帝復用即妄奏置軍湖南非便又陰遣人刺諲過失諲上疏訟其事帝怒逐揆出之顯條其罪諲苦羸疾卒年五十一贈吏部尚書諲在朝不稱任職相及為荊州號令明賦斂均一其治尚威信故軍士用命闔境無盜賊民歌詠之自至德以來處方面數十人諲最有名荊人生構房祠及歿吏裒錢十萬徙祠府西始諲知杜鴻漸元載才薦於朝後皆為宰相永泰中嚴郢以故吏請謚有司博士獨孤及謚曰肅郢以故事宰相謚皆二名請益曰忠肅及執奏謂謚在義美惡不在多名文王伐崇周公殺三監淮夷重耳一戰而霸而謚曰文冀缺之恪寗俞之忠隨會不忘其君而謚曰武故知稱其大略其細也且二名謚非古也漢興蕭

何張良霍去病霍光以文武大略佐漢致太平一名不盡其善乃有文終文成景桓宣成之謚唐興參用漢制魏徵以王道佐時近文愛君忘身近貞二者並優廢一莫可故曰文貞蕭瑀端直近貞性多猜近褊言褊則失貞稱貞則遺褊故曰貞褊蓋有爲爲之也若跡無異稱則易以一字故杜如晦曰成封德彝曰明王珪曰懿陳叔達曰忠溫彥博曰恭岑文本曰憲韋巨源曰昭皆當時赫赫居宰相位者謚不過一名而言故事宰相必以二名固所未聞宜如前謚遂不改

贊曰孔子稱才難然人之才有限不得皆善觀圓之銳而失守出奔晉卿雅厚而少風采臧否晃明彊嗜利不知大體謹輔政功名不及治郡然各以所長顯于時故聖人使人也器之不窮所不能而後爲治也遵慶寡疵中人之賢與

崔苗二裴呂列傳第六十五

端明殿學士兼翰林侍讀學士龍圖閣學士朝散大夫守尚書吏部侍郎充集賢殿修撰臣宋祁奉敕撰

崔光遠系出博陵後徙靈昌祖敬嗣嗜酒摴博中宗在房州吏多肆慢不爲禮敬嗣爲刺史獨盡誠推奉儲給豐衍帝德之及反正有與敬嗣同姓名者每擬官帝輒超拜後召見悟非是訪眞敬嗣已死即授其子汪五品官汪生光遠勇決任氣長六尺瞳子白黑分明開元末爲唐安令與楊國忠善累遷京兆少尹爲吐蕃弔祭使還會玄宗西狩詔留光遠爲京兆尹西京留守採訪使乘輿已出都人亂火左藏大盈庫爭輦財珍至乘驢入宮殿者光遠乃募官攝府縣誰何宮闕斬十數人乃定因僞使其子東見祿山而祿山先署張休爲京兆尹由是追休授光遠故官俄而同羅背賊以廄馬二千出奔賊將孫孝哲安神威招之不得神威憂死官吏驚走獄囚皆逸光遠以爲賊且走命人守神威孝哲等第斬曳落河二人孝哲馳白祿山光遠懼與長安令蘇震出開遠門使人奔呼曰尹巡門門兵具器仗迎謁至皆斬之募得百餘人遂趨靈武肅宗嘉之擢拜御史大夫復爲京兆尹遣到渭北募僑民會賊黨剽涇陽休祠房椎牛呼飲光遠刺知之率兵夜趨其所使百騎彀滿狙其前命驍士合譟賊醉不能師斬其徒二千得馬千俘一酋長以獻自是賊常避其鋒帝還改禮部尚書鄴國公封實戶三百乾元元年爲汴州刺史代蕭華爲魏州節度使初郭子儀與賊戰汲郡光遠裁率汴師千人援之不甚力及守魏使將軍李處崟拒賊子儀不救戰不勝奔還賊因傅城下詭呼曰處崟召我而不出何也光遠信之斬處崟處崟善戰衆倚以爲重及死人益危魏城經秦知恭能元皓等完築牢甚光遠不能守夜潰圍出奔京師帝赦其罪拜太子少保會襄州將康楚元張嘉延反陷荊襄諸州因拜持節荊襄招討充山南東道兵馬都使又徙鳳翔尹先是岐隴賊郭愔等掠州縣峙五堡光遠至遣官諭降之既而沈飲不親事愔等入兇約党項及奴剌寇敗韋倫於秦隴殺監軍使帝怒光遠無狀召還復使節度劍南會段子璋反東川李奐敗走成都光遠進討平之然不能禁士卒剽掠士女至斷腕取金者夷殺數千人帝詔監軍按其罪以憂卒

鄧景山曹州人本以文吏進累至監察御史至德初擢拜青齊節度使徙淮南爲政簡肅有鹽集城門鄧珽語景山曰鹽介物也失所次金不從革之象其有兵乎未幾宋州刺史劉展反初展有異志淮西節度使王仲昇表其狀詔遷揚州長史兼江淮都統密詔景山執送京師展知之擁兵二萬度淮景山逆擊不勝奔壽州因引平盧節度副使田神功討展神功兵至揚州大掠居人發冢墓大食波斯賈胡死者數千人展叛凡三月平追景山入朝拜尚書左丞以崔圓代之王思禮在太原儲實贏衍請輸半以實京師會卒管崇嗣代之政弛不治數月爲下盜費略盡帝聞即以景山爲太原尹封南陽郡公至則振覈紀綱檢覆千隱衆大懼而景山清約子弟饌不過草具用器止烏漆待上賓惟豚魚而已取倉粟紅腐者貸之兼給麾下麾下怨訕左右白景山景山曰此不食留將安用邪因慢罵士皆羞忿有裨校抵死諸將請贖不許其弟請代不許請納一馬贖景山乃許減死衆怒曰吾屬命纔一馬直乎景山護失叱遣之少將黃抱節因衆怒作亂景山遇害時寶應元年也肅宗以其統馭失方不復究驗遣使諭撫其軍軍中請辛雲京爲節度詔可景山與劉晏善其後家寒窶晏屢經紀之嫁其孤女

謚曰彰

崔瓘博陵人以士行脩謹聞累官至澧州刺史不爲煩苛人便安之流亡還歸居二年增戶數萬詔特進五階以寵異政大曆中遷湖南觀察使時將吏習寬弛不奉法瓘稍以禮法繩裁之下多怨別將臧玠判官達奚觀忿爭觀曰今幸無事玠曰欲有事邪拂衣去是夜以兵殺觀瓘聞難遑遽走遇害帝悼惜之

魏少游字少游邢州鉅鹿人以吏幹稱天寶末累遷朔方水陸轉

運副使肅宗幸靈武杜鴻漸等奉迎而留少游繕治宮室少游大爲殿宇幄帟皆象宮闕諸王公主悉有次舍供擬窮水陸又有千餘騎鎧幟光鮮振旅以入帝見宮殿不悅曰我至此欲就大事安用是爲稍命去之除左司郎中兩京平封鉅鹿縣侯遷陝州刺史王師潰於鄴河洛震駭少游鎮守自若擢京兆尹李輔國以其不附己改衞尉卿會率羣臣馬助軍少游與漢中王瑀持異帝怒貶渠州長史復爲京兆尹始請中書門下省五品尚書省四品諸司正員三品諸王駙馬朞以上親及壻若甥不得任京兆官詔可大曆二年爲江西觀察使進刑部尚書改封趙國公六年卒贈太子太師少游四爲京兆雖無赫赫名然善任人緣飾規撿有足稱者

衞伯玉史失其何所人少習武技爲有力天寶中從安西府積勞至員外諸衞將軍肅宗卽位慨然願立功乃歸長安領神策兵馬使出鎭陝州行營乾元二年賊將李歸仁以騎五千入寇伯玉與戰彊子坂破之獲馬六百匹遷羽林大將軍從四鎭北廷行營節

度使戡爲神策軍節度史思明遣子朝義夜襲陝將動京師伯玉迎擊破之於永寧加特進封河東郡公廣德元年代宗幸陝以伯玉有幹略可方面大事乃拜荊南節度使進封城陽郡王大曆初以母憂當代諷將吏留己復詔節度荊南議者醜其留十一年歸京師卒

李澄遼東襄平人隋蒲山公寬之遠胄以勇票隷江淮都統李勉府爲偏將又從永平節度李勉軍勉帥汴表澄滑州刺史李希烈陷汴勉走澄以城降賊希烈以爲尚書令節度永平軍興元元年澄遣盧融間道奉表詣行在德宗嘉之署帛詔内蜜丸授澄刑部尚書汴滑節度使澄未即宣乃先勒訓士馬希烈疑以養子六百戍之賊急攻寧陵邀澄至石柱澄密令焚營爲驚遁者養子輩果乘以剽掠澄盡斬之以告希烈不能詰賊遣將翟崇暉率精兵寇陳州未還汴軍寡澄度不能制已又中官薛盈珍持節至封澄武威郡王賜實封乃燔賊旗節自歸希烈既失澄而崇暉復敗謡

是奔汝南澄引兵將取汴屯其北門不敢進及劉洽師屯東門賊將田懷珍納之比澄入洽已保子城矣澄乃舍浚儀兩軍士日爭忿未能安會鄭州賊將孫液送款於澄澄遣子清馳赴先此河陽李艽使偏將雍希顥攻鄭數殘剽液拒之及納請希顥大怒急攻鄭清助守殺河陽兵數千希顥焚陽武去澄遂如鄭詔授清檢校太子賓客易名克寧貞元初還澄檢校尚書左僕射義成軍節度使二年卒年五十四贈司空澄始封隴西公後乃進王爵每上章必疊署二封士大夫笑其野澄之喪克寧閟不發閱旬日欲自領事其行軍司馬馬鉉不許克寧殺之墨經加卒嬰城將爲亂劉洽以兵屯境上遣使諭止遂自戢然道聞者半月詔以賈耽代鎭克寧乃護喪歸悉索府中財夜出軍士從剽之殆盡澄柩至京猶賜克寧莊一區錢千緡粟麥數千石云

韓全義家素寒史失其先世興卒伍以巧佞事宦者竇文場擢累長武城使進拜夏綏銀宥節度使詔以長武兵赴屯全義素懦貪

無紀律爲下斬狎詔未下軍中徧知之謀曰夏州沙磧無樹蓺生業不可往是夜譟而亂全義縋以逸殺其親將王栖巖趙虔曜等軍虞候高崇文誅亂首衆乃定全義得赴屯吴少誠以蔡拒命詔合十七鎭兵討之時軍無帥統惟以奄豎監之遂敗于小溵德宗以文場素爲全義地因用爲淮西行營招討使以陳許節度使上官涚副之諸鎭兵皆屬全義無它方略號令悉稟監軍每議攻戰宦豎十數紛爭帳中小人好自異互詆訾不能決賊知之數請戰遇賊廣利城方暑地沮洳士皆病癘全義未嘗存之既戰師皆潰退保五樓賊移屯逼之乃與監軍賈英秀等保溵水不能固又入屯陳州是時唯陳許將孟元陽神策將蘇光榮守溵水全義誘潞滑州數大將殺之然卒不振宦人共掩其敗帝不知少誠度無能爲即謾書謝監軍求洗前咎帝下其議宰相賈耽以爲五樓之敗賊不追者以冀恩耳請納其誠帝然之全義班師過闕下託疾不入謁司馬崔放見帝謝無功帝曰全義誘少誠歸國功大矣何必

殺敵乃爲功邪還也夏州中人即第宴賚然卒不見天子去時恨帝失政使姦人得肆云憲宗在藩疾之旣嗣位全義大懼願入覲不復用以太子少保致仕卒其子獻女樂八人帝不納曰我方以儉治天下惡用是爲

盧從史其先在元魏時爲盛族後徙籍不常父虔好學由進士第歷御史秘書監從史少好騎射遊澤潞間節度使李長榮署爲督將貞元後藩臣缺德宗必取本軍所喜戴者授之從史在潞姦獪得士心又善附迎中人會長榮卒即擢拜昭義節度副大使旣得志濅恣不道至奪部將妻而能辯給粉澤其非府屬孔戡等屢以直語爭剌初唯唯後益不從皆引去元和中丁父喪未官從史即獻計誅王承宗陰向帝言繇是奪服復領澤潞因詔討賊而勒兵逗留陰與承宗交得其密號授軍中又高芻粟直以售度支即上書求兼宰相且誣諸軍與賊通兵未可進憲宗患之初神策中尉吐突承璀與對壘從史時過其營飲博承璀多出寶帶奇玩夸之從史貪沓狠所玩悅必遺焉從史喜益狎不疑帝用裴垍謀敕承璀圖之承璀伏壯士幕下伺其來與語士突起捽持出帳後縛內車中從者驚亂斬數十人諭以密詔而大將烏重胤素忠果部勒其衆乃定會夜疾驅未明出境道路無知者於是五年夏四月有詔慰其軍疏從史罪惡貶驩州司馬賜死子繼宗等並從嶺南

高霞寓幽州范陽人其先五代不異居孝聞里閭德宗初採訪使洪經綸言之詔表闕于門霞寓能讀春秋及兵法頗以感槩自尚狡譎多變往見長武城使高崇文崇文異其才檄任軍職從擊劉闢戰輒克下鹿頭城降李文悅仇良輔等追戰七盤城有功禽闢於羊灌擢拜彭州刺史俄代崇文爲長武城使封感義郡王元和中以左威衛將軍隨吐突承璀討王承宗諸將多覆軍獨霞寓有功詔藏所獲鎧仗於神策庫以旌之承璀已執盧從史其軍相驚乃遣霞寓諭之麾而大呼曰元惡縛矣公等宜自安即脫鎧揖而前衆遂定欲留爲帥霞寓間道去拜豐州刺史三城都團練防禦使討吳元濟也析山南東道爲兩鎭以霞寓宿將拜唐鄧隋節度使過賊南衝霞寓雖悍而寡謀統制尤非所善始引兵趨蕭陂戰小勝進至文城柵賊僞北逐之爲伏所掩遂大敗才以身免詔貶歸州刺史乃厚賂權官召爲右衛大將軍拜振武節度使會吐蕃攻鹽豐二州霞寓以兵五千屯柵雲堆虜引去浚金河溉鹵地數千頃改左武衛大將軍又節度邠寧位檢校司徒寶曆中疽發首不能事以右金吾衛大將軍召卒于道贈太保霞寓位旣高言多不遜帝欲罷其兵益自憂乃上私第爲佛祠請署曰懷恩以塞帝疑俄又詬侮僚屬作慢語斥訕大臣其反覆自任類此

崔鄧魏衛李韓盧高列傳第六十六

端明殿學士兼翰林侍讀學士[illegible]奉
敕撰

李麟裔出懿祖於屬最踈父濬歷閬號路三州刺史以謹信號良吏開元中終劍南節度按察使贈戶部尚書謚曰誠麟好學善文辭以父廕補京兆府戶曹參軍舉宗室異能擢殿中侍御史累擢兵部侍郎與楊國忠同列國忠怙權疾之改權禮部貢舉國忠遷麟復本官改國子祭酒出為河東太守有倩政安祿山反朝廷以麟儒者非禦侮才還為祭酒封渭源縣男玄宗入蜀麟走見帝再遷憲部尚書同中書門下平章事時宰相韋見素房琯崔渙崔圓踵赴肅宗行在獨麟以宗室子留總百司上皇還京進同中書門下三品封襄國公張皇后挾李輔國寖撓政苗晉卿崔圓等畏其權皆附離取安獨麟守正不阿順輔國忌惡乾元初罷為太子少傅明年卒年六十六贈太子太傅謚曰德

楊綰字公權華州華陰人祖溫玉在武后時為顯官世以儒聞綰少孤家素貧事母謹甚性沈靖獨處一室左右圖史凝塵滿席澹如也不好立名有所論著未始示人第進士補太子正字舉詞藻宏麗科玄宗已試又加詩賦各一篇綰為冠由是擢右拾遺制舉加詩賦繇綰始天寶亂肅宗即位綰脫身見行朝拜起居舍人知制誥累遷中書舍人兼脩國史故事舍人年久者為閣老其公廨雜料獨取五之四至綰悉均給之歷禮部侍郎建復古孝廉力田等科天下高其議俄遷吏部品裁清允人服其公是時元載秉政忌綰望高跡薄之宦者魚朝恩判國子監既誅因是建言太學當得天下名儒汰其選即拜綰國子祭酒外示尊重而實以散地處之載貪冒天下士議益歸綰帝亦知之自擢為太常卿充禮儀使載得罪拜中書侍郎同中書門下平章事脩國史制下士相賀於朝綰固讓帝不許時諸州悉帶團練使綰奏刺史自有持節諸軍事以掌軍旅司馬古司武所以副軍即今副使司兵參軍今團練判官官號重複可罷天下團練守捉使詔可又減諸道觀察判官員之半復言舊制刺史被代若別追皆降魚書乃得去開元時置諸道採訪使得專停刺史威柄外移漸不可久其刺史不稱職若贓負本道使具條以聞不得擅追及停而刺史亦不得輒去州詣使所如其故闕使司無署攝聽上佐代領帝善其謀於是高選州上佐定上中下州差置兵員詔郎官御史分道巡覆又定府州官月稟使優狹相均始天下兵興從權宜官品同而祿例差及四方粗定元載王縉當國偷以為利因不改故江淮大州至月千緡而山劍貧險雖上州刺史止數十緡及此始復太平舊制綰素痼疾居旬日寢劇有詔就中書療治毋對延英殿許挾扶于時釐補穿敝唯綰是恃未幾薨帝驚悼詔羣臣曰天不使朕致太平何奪綰之速邪即日詔贈司徒遣使者冊授欲及其未斂也詔百官如第弔遣使會弔賻絹千匹布三百匹太常謚曰文貞比部郎中蘇端憸人也持異議宰相常袞陰助之帝以其言醜險不實貶端

巴州員外司馬猶賜謚曰文簡綰儉約未嘗問生事祿稟分姻舊隨多寡輒盡造之者清談終晷而不及榮利欲干以私聞其言必內愧止經誥微趣學家疑晦者一見即詣其極始輔政御史中丞崔寬本豪侈城南別墅池觀堂皇為當時第一即日遣人毀之京兆尹黎幹出入從騶馭百數省損才留十餘騎中書令郭子儀在邠州行營方大會除書至音樂散五之四它聞風靡然自化者不可勝紀世以比楊震山濤謝安云

崔祐甫字貽孫太子賓客孝公沔之子也世以禮法為聞家第進士調壽安尉安祿山陷洛陽祐甫冒矢石入私廟負木主以逃自起居舍人累遷中書舍人性剛直遇事不回時侍郎闕祐甫攝省事數與宰相常袞爭議不平袞怒使知吏部選每擬官袞輒駮異祐甫不為下會朱泚軍中貓鼠同乳表其瑞詔示袞袞率羣臣賀祐甫獨曰可弔不可賀詔使問狀對曰臣聞禮迎貓為其食田鼠以其為人去害雖細必錄今貓受畜於人不能食鼠而反乳之無

乃失其性邪猫職不脩其應若曰法吏有不觸邪疆吏有不扞敵
臣愚以爲當命有司察貪吏誡邊候勤徼巡則猫能致功鼠不爲
害代宗異其言袞益不喜帝崩袞與禮官議禮爲君斬衰三年漢
文帝權制三十六日我太宗文皇帝崩遺詔亦三十六日羣臣不
忍既葬而除略盡四月高宗如漢故事玄宗以來始變天子喪爲
二十七日乃者遺詔雖曰天下吏民三日釋服羣臣宜如皇帝服
二十七日乃除祐甫曰遺詔無臣庶人之別是皇帝宜二十七日
而羣臣三日也袞曰賀循稱吏者官長所署非公卿百官也祐甫
對傳曰委之三吏乃三公也史稱循吏良吏豈胥史歟袞曰禮非
天降地出人情而已且公卿大臣膺受寵祿今與黔首同信宿而
除於公安乎祐甫曰若遺詔何詔而可改孰不可改意象殊厲袞
方入臨遣從吏扶立殿墀上祐甫指之謂衆曰臣哭君前有扶禮
乎袞不勝怒乃劾祐甫率情變禮橈國典請貶潮州刺史德宗以
爲重改河南少尹始肅宗時天下務劇宰相更直掌事若休沐還
第非大詔命不待徧曉則聽直者代署以聞是時郭子儀朱泚俱
以平章事當署敕尾而不行宰相事帝新即位袞如故事代署子
儀泚入言祐甫不宜貶帝曰卿向何所言今云非邪二人對初不
知帝怒以袞爲罔上是日羣臣苴絰立月華門外即兩換職以袞
河南少尹而拜祐甫門下侍郎同中書門下平章事俄改中書侍
郎自至德乾元以來天下戰討啓丐塡委故官賞繆紊永泰後稍
稍平定而元載用事非賄謝不與官剗塞公路綱紀大壞載誅楊
綰相未幾卒袞當國懲其敝凡奏請一杜絕之惟文辭入第乃得
進然無所甄異賢愚同滯焉及祐甫則薦舉惟其人不自疑畏推
至公以行未踰年除吏幾八百員莫不諧允帝嘗謂曰人言卿擬
官多親舊何邪對曰陛下令臣進擬庶官夫進擬者必悉其才行
如不與聞知何由得其實帝以爲然神策軍使王駕鶴者典衛兵
久權震中外帝將代之懼其變以問祐甫祐甫曰是無足慮即召
駕鶴留語移時而代者已入軍中矣淄青李正己畏帝威斷表獻

錢三十萬緡以觀朝廷帝意其詐未能荅祐甫曰正己誠詐陛下
不如因遣使勞其軍以所獻就賜將士若正己奉承詔書是陛下
恩洽士心若不用彼自斂怨軍且亂又使諸藩不以朝廷爲重財
帝曰善正己慙服時議者韙其謨謂可復貞觀開元之治是歲
被疾詔肩輿至中書卧而承旨若還第即遣使咨決薨年六十贈
太傅謚曰文貞故事門下侍郎未有贈三師者帝以其有大臣節
特寵異之朱泚亂祐甫妻王陷賊中泚嘗與祐甫同列遺以繒帛
菽粟受而緘鐍之帝還京具封以獻士君子益重其家法云子植嗣
植字公脩祐甫弟廬江令嬰甫子也祐甫病謂妻曰吾歿當以廬
江丈子主吾祀及卒護喪者以聞帝惻然召植使即喪次終服補
弘文生博通經史於易尤邃與鄭覃同時爲補闕皆賢宰相後每
朝廷有得失兩人者更踈論執譽望蔚然元和中爲給事中時皇
甫鎛判度支建言減百官奉稟植封還詔書鎛又請天下所納鹽
酒利增估者以新準舊一切追償植奏言用兵久百姓凋罄往雖
估踰其實今不可復收於是議者咸罪鎛鎛懼而止長慶初拜中
書侍郎同中書門下平章事穆宗問貞觀開元中治道最盛何致
而然植曰太宗資上聖興民間知百姓疾苦故厲精思治又以房
玄齡杜如晦魏徵王珪爲之佐君明臣忠聖賢相維治致升平固
其宜也玄宗在天后時身踐憂患既即位得姚崇宋璟此二人夙
夜孜孜納君於道璟嘗手寫尚書無逸爲圖以獻勸帝出入觀省
以自戒其後朽暗乃代以山水圖稍怠于勤左右不復箴規姦臣
日用事以至于敗昔德宗嘗問先臣祐甫開元天寶事先臣具道
治亂所以然臣在童丱記其談今願陛下以無逸爲元龜則天下
幸甚佗日又問司馬遷言漢文帝惜十家產而罷露臺身衣弋綈
履革舃集上書囊爲殿帷信乎何太儉邪植曰良史非兒言漢承
秦侈縱之餘海內凋弊文帝從代來知稼穡艱難是以躬履儉約
爲天下守財景帝遵而不改故家給戶足至武帝時錢朽貫穀紅
腐乃能出師征伐威動四方然侈靡不節末年戶口減半稅及舟

車人不聊乃下哀痛詔封丞相爲富人侯然則帝王不可以不示儉而天下足帝曰卿言善患行之爲難耳時朝廷悉收河朔三鎭而劉總又以幽薊七州獻諸朝且懼部將構亂乃先籍豪銳不檢者送京師而朱克融在籍中植與杜元穎不知兵謂藩鎭且平不復料天下安危事而克融等羈旅窶蹟願得官自效日訴于前皆抑不與及遣張弘靖赴鎭縱克融等北還不數月克融亂復失河朔矣天下尤之植內慚罷爲刑部尚書旋授岳鄂觀察使未幾遷嶺南節度使還拜戶部尚書終華州刺史贈尚書左僕射

倰字德長祐甫從子也性介絜矜己之淸視贓負者若讎以蘇州刺史奏課第一遷湖南觀察使湖南舊法雖豐年貿易不出境隣部災荒不恤也倰至謂屬吏曰此豈人情乎無閉糴以重困民削其禁自是商賈流通貲物益饒入爲戶部侍郎判度支時田弘正從鎭州以魏兵二千行旣至留自衞請度支給歲糧穆宗下其議倰固執不與弘正不得已遣魏卒俄而鎭兵亂弘正遇害倰之爲

也時天子失德倰黨與盛有司不敢名其罪出爲鳳翔節度使踰年徙河南尹以戶部尚書致仕卒贈太子少保謚曰肅

贊曰植輔政當有爲之時無經國才復危防淺機不知其潰而發也手弛檻縱虎狼焉一日而亡地數千里爲天下笑倰吝財資賊又皆幸不誅天以河北亂唐故君臣不肖勃繆其謀惜哉

柳渾字夷曠一字惟深本名載梁僕射惔六世孫後籍襄州早孤方十餘歲有巫告曰兒相夭且賤爲浮屠道可緩死諸父欲從其言渾曰去聖教爲異術不若速死學愈篤與游者皆有名士天寶初擢進士第調單父尉累除衞州司馬棄官隱武寧山召拜監察御史臺僚以儀矩相繩而渾放曠不樂檢局乃求外職宰相惜其才留爲左補闕大曆初江西魏少游表爲判官州僧有夜飲火其廬者歸罪瘖奴軍候受財不詰獄具渾與其僚崔祐甫白奴冤少游趣訊僧首伏因厚謝二人路嗣恭代少游渾遷團練副使俄爲袁州刺史祐甫輔政薦爲諫議大夫浙江東西黜陟使入爲尚書右丞朱泚亂渾匿終南山賊素聞其名以宰相召執其子榜笞之搜索所在渾羸服步至奉天改右散騎常侍賊平奏言臣名向爲賊汙且載於文從戈非偃武所宜乃更今名貞元元年遷兵部侍郎封宜城縣伯李希烈據淮蔡關播用李元平守汝州渾曰是夫銜玉而賈石者也往必見禽何賊之攘旣而果爲賊縛三年以本官同中書門下平章事仍判門下省帝嘗親擇吏宰畿邑而政有狀召宰相語皆賀帝得人渾獨不賀曰此特京兆尹職耳陛下當擇臣輩以輔聖德臣當選京兆尹承大化尹當求令長親細事代尹擇令非陛下所宜帝然之玉工爲帝作帶誤毀一銙工不敢聞私市它玉足之及獻帝識不類擿之工人伏罪帝怒其欺詔京兆府論死渾曰陛下遽殺之則已若委有司須詳讞乃可於法誤傷乘輿器服罪當杖請論如律由是工不死左丞田季羔從子伯彊請貣私第募兵助討吐蕃渾曰季羔先朝號名臣由祖以來世孝謹表闕于門隋時舊第惟田一族耳討賊自有國計豈容不肖

子毀門構徼一時倖損風教哉請薄責以示懲沮帝嘉納韓滉自浙西入朝帝虛己待之奏事或日旰佗相取充位滉遂省中榜吏自若渾雖爲滉所引惡其專質讓曰省闥非刑人地而榜吏至死公家先相國以褊察不滿歲輒罷今公柰何蹈前非顓立威福豈尊主卑臣義邪滉悔悟稍衰其威白志貞除浙西觀察使渾奏志貞興小史縱喜其才不當超劇職臣以死守不敢奉詔會渾移疾出即日詔付外施行疾閒因乞骸骨不許門下吏白過官渾愀然曰旣委有司而復橈之豈賢者用心邪士或千里辭家以干祿小邑主辦豈慮不能是歲擬官無退異者渾瑊與吐蕃會平凉是日帝語大臣以和戎息師之便馬燧賀曰今日已盟可百年無虜患渾跪曰五帝無誥誓三王無盟詛蓋盟詛之興皆在季末今盛明之朝反以季末事行於夷狄夫夷狄人面獸心易以兵制難以信結臣竊憂之李晟繼言曰蕃戎多不情誠如渾言帝變色曰渾儒生未達邊事而大臣亦當爾邪皆頓首謝夜半邠寧節度使韓游

壞飛奏吐蕃劫盟將校皆覆沒帝大驚即以其表示渾明日慰之曰卿儒士乃知軍戎萬里情乎益禮異之宰相張延賞怙權嫉渾守正遣親厚謂曰明公舊德弟愼言於朝則位可久渾曰爲吾謝張公渾頭可斷而舌不可禁卒爲所擠以右散騎常侍罷政事渾謇辯好談謔與人交豁如也情儉不營產利免後數日置酒召故人出游酣肆乃還曠然無黜免意時李勉盧翰皆以舊相闔門奉朝請歎曰吾等視柳宜城眞拘俗之人哉五年卒年七十五諡曰貞渾毋兄識字方明知名士也工文章與蕭穎士元德秀劉迅相上下而識練理創端往往詣極雖趣尚非博然當時作者伏其簡拔渾亦善屬文但汎思不逮於識云

韋處厚字德載京兆萬年人事繼母以孝聞親歿廬墓終喪中進士第又擢才識兼茂科授集賢校書郎擧賢良方正異等宰相裴垍引直史館改咸陽尉憲宗初擢左補闕禮部尚書李絳請閒言古帝王以納諫爲聖拒諫爲昏今不聞進規納忠何以知天下事帝曰韋處厚路隋數上疏其言忠切顧卿未知爾由是中外推其請密歷考功員外郎坐與宰相韋貫之善出開州刺史以戶部郎中入知制誥穆宗立爲翰林侍講學士處厚以帝沖怠不向學即與路隋合易書詩春秋禮孝經論語掇其粹要題爲六經法言二十篇上之冀助省覽帝稱善並賜金幣再遷中書舍人張平叔以言利得幸於帝建言官自鬻鹽籠天下之財宰相不能詰下羣臣議處厚發十難詰其迂謬平叔愧縮遂寢敬宗初李逢吉得柄構李紳逐爲端州司馬其黨劉栖楚等欲致紳必死建言當徙醜地處厚上言逢吉黨與以紳之斥猶有餘辜人情危駭詩云萋兮斐兮成是貝錦彼譖人者亦已太甚讒言罔極交亂四國此古人疾讒之深也孔子曰三年無改於父之道可謂孝矣按紳先朝舊臣就令有過尚當祓瑕洗釁成無改之美況被讒乎建中時山東之亂興宰相朋黨楊炎爲元載復讎盧杞爲劉晏償怨兵連禍結天下騷然此陛下親所聞見得不深念哉紳繇是免逢吉怒至寶

曆三月赦書不言左降官未量移者以沮紳內徙處厚復奏逢吉緣紳一人而使近歲流斥皆不蒙澤非所以廣恩於天下帝悟追改其條進翰林承旨學士兵部侍郎方天子荒暗月視朝才三四處厚入見即自陳有罪願前死以謝帝曰何哉對曰臣昔爲諫官不能死爭使先帝因畋與色而至不壽於法應誅然所以不死者陛下在春宮十有五矣今皇子方襁褓臣不敢避死亡之誅帝大感悟賜錦綵以慰其意王廷湊之亂帝歎宰相不才而使姦臣跋扈處厚曰陛下有一裴度不能用乃當饋而歎恨無蕭曹此馮唐所以謂漢文帝有頗牧不能用也後禁中急變文宗綏內難猶豫未即下詔處厚入昌言曰春秋大義滅親內惡必書以明逆順正名討罪何所避諱哉遂奉教班諭是夕號令及它儀矩不暇責有司一出處厚無違舊章者進拜中書侍郎同中書門下平章事封靈昌郡公堂史湯銖數招權納財賂處厚笑曰此半滑涣也斥出之相府肅然初貞元時宰相齊抗奏罷州別駕及當爲別駕者引處之朝元和後兩河用兵裨將立功得補東宮王府官朱紫猥并授受不綱處厚乃置六雄十望十緊等州悉補別駕由是流品澄別帝雖自力機政然驟信輕改搖於浮論處厚嘗獨對曰陛下不以臣不肖使待罪宰相凡所奏可中輒變易自上心出邪乃示臣不信得於橫議邪即臣何名執政且裴度元勳舊德輔四朝竇易直長厚忠實經事先帝陛下所宜親重委信之臣乃陛下自擢今言不見納宜先罷即趨下頓首帝矍然曰何至是卿之忠力朕自知之安可遽辭以重吾不德處厚趨出帝復召問所欲言乃對近君子遠小人始可爲治諄複數百言又言裴度忠可久任帝嘉納之自是無復橫議者時李同捷叛詔諸軍進討魏博史憲誠懷向背裴度待以不疑憲誠遣吏白事中書處厚召語曰晉公以百口保爾帥於天子我則不然正須所爲以邦法從事耳憲誠懼不敢貳卒有功李載義數破滄鎭兵皆剠劓以獻處厚戒之前後完活數百千人大和二年方奏事暴疾仆香案前帝命中人翼扶之輿還

第一昔蕘年五十六贈司空處厚姿狀如甚懦者居家亦循易至
廷爭嶷然不可回奪劾于御史百僚謁事畏惕未嘗敢及以私推
擇官材往往棄瑕録善時亦譏其太廣性嗜學家書鐫正至萬卷
爲拾遺時譔德宗實録後又與路隋共次憲宗實録詔分日入直
創具凡例未及成而終本名淳避憲宗諱改今名
路隋字南式其先出陽平父泌字安期通五經端亮寡言以孝悌
聞建中末爲長安尉德宗出奉天棄妻子奔行在扈狩梁州排亂
軍以出再中流矢裂裳濡血以策說渾瑊召置幕府東討李懷光
奏署副元帥判官從瑊會盟平涼爲虜所執死焉時隋嬰孺以恩
授八品官逮長知父執虜中日夜號泣坐必西嚮不食肉母告以
貌類泌者終身不引鏡貞元末吐蕃請和隋三上疏宜許不報舉
明經授潤州參軍事李錡欲困辱之使知市事隋怡然坐肆不爲
屈韋夏卿高其節辟置東都幕府元和中吐蕃款塞隋五上疏請
脩好冀得泌還詔可遣祠部郎中徐復報聘而泌以喪至帝悼惻
贈絳州刺史官爲治喪服除擢隋左補闕史館脩撰以鯁亮稱穆
宗立與韋處厚並擢侍講學士再遷中書舍人翰林學士每除制
出以金幣來謝者隋却之曰公事而當私貺邪進承旨學士遷兵
部侍郎文宗嗣位以中書侍郎同中書門下平章事監脩國史初
韓愈撰順宗實録書禁中事爲切直宦竪不喜訾其非實帝詔隋
刊正隋建言衛尉卿周居巢諫議大夫王彥威給事中李固言史
官蘇景胤皆上言改脩非是夫史冊者褒勸所在匹夫美惡尚不
可誣況人君乎議者至引雋不疑第五倫爲比以蔽聰明臣宗閔
臣僧孺謂史官李漢蔣係皆愈之壻不可參撰俾臣得下筆臣謂
不然且愈所書已非自出元和以來相循逮今雖漢等以嫌無害
公誼請條示甚謬誤者付史官刊定有詔擿貞元永貞間數事爲
失實餘不復改漢等亦不罷進門下侍郎弘文館大學士久之辭
疾不聽冊拜太子太師明年李德裕貶袁州長史不署奏爲鄭注
所忌乃檢校尚書右僕射同中書門下平章事鎮海節度使道病

卒年六十贈太保謚曰貞
贊曰綰以德服人而人自化可謂賢矣其論議渾大雖古王佐無
以加祐甫發正己隱情渾策吐蕃必叛伐謀知幾君子哉處厚事
穆敬文三宗主皆弗類而一納以忠寧不謂以堯事君者邪隋輔
政十年歷牛李訓注用事無所迎將善保位哉

李楊崔柳韋路列傳六十七

端明殿學士兼翰林侍讀學士龍圖閣學士朝請大夫守尚書吏部侍郎兼集賢殿修撰臣宋祁奉
敕撰

高適字達夫滄州渤海人少落魄不治生事客梁宋間宋州刺史張九皐奇之舉有道科中第調封丘尉不得志去客河西河西節度使哥舒翰表爲左驍衛兵曹參軍掌書記祿山亂召翰討賊即拜適左拾遺轉監察御史佐翰守潼關翰敗帝問羣臣策安出適請竭禁藏募死士抗賊未爲晚不省天子西幸適走間道及帝於河池因言翰忠義有素而病奪其明乃至荒踣監軍諸將不恤軍務以倡優蒱簺相娛樂渾隴武士飯糲米日不厭而責死戰其敗固宜又魯炅何履光趙國珍屯南陽而一二中人監軍更用事是能取勝哉臣數爲楊國忠言之不肯聽故陛下有今日行未足深恥帝頷之俄遷侍御史擢諫議大夫負氣敢言權近側目帝以諸王分鎮適盛言不可俄而永王叛肅宗雅聞之召與計事因判言王且敗不足憂帝奇之除揚州大都督府長史淮南節度使詔與江東韋陟淮西來瑱率師會安陸方濟師而王敗李輔國惡其才數短毀之下除太子少詹事未幾蜀亂出爲蜀彭二州刺史始上皇東還分劍南爲兩節度百姓弊于調度而西山三城列戍適上疏曰劍南雖名東西川其實一道自邛關黎雅以抵南蠻由茂而西經羌中平戎等城界吐蕃瀕邊諸城皆仰給劍南異時以全蜀之饒而山南佐之猶不能舉今裂梓遂等八州專爲一節度歲月之計西川不得參也嘉陵比困夷獠日雖小定而痍痏未平耕紡亡業衣食貿易皆資成都是不可得役亦明矣可稅賦者獨成都彭蜀漢四州而已以四州秏殘當十州之役其弊可見而言利者枘鑿萬端窮朝抵夕千按百牘皆取之民官吏懼譴責及隣保威以罰抶而逋逃益滋又關中比饑士人流入蜀者道路相係地入有訖而科斂無涯爲蜀計者不亦難哉又平戎以西數城皆窮山之顛蹊隧險絕運糧束馬之路坐甲無人之鄉爲戎狄言不足利戎狄爲國家言不足廣土宇奈何以彈丸地而困全蜀太平之人哉若謂已戍之城不可廢已屯之兵不可收願罷東川以一劍南并力從事不爾非陛下洗盪關東清逆亂之急也蜀人又擾則貽朝廷憂帝不納梓屯將段子璋反適從崔光遠討斬之而光遠兵不戢遂大略天子怒罷光遠以適代爲西川節度使廣德元年吐蕃取隴右適率兵出南鄙欲牽制其力既無功遂亡松維二州及雲山城召還爲刑部侍郎左散騎常侍封渤海縣侯永泰元年卒贈禮部尚書謚曰忠適尚節義語王霸袞袞不厭遭時多難以功名自許而言浮其術不爲搢紳所推然政寬簡所涖人便之年五十始爲詩即工以氣質自高每一篇已好事者輒傳布其詒書賀蘭進明使救梁宋以親諸軍與許叔冀書責令釋憾未度淮移檄將校絕永王俾各自白君子以爲義而知變

元結後魏常山王遵十五代孫曾祖仁基字惟固從太宗征遼東以功賜宜君田二十頃遼口并馬牝牡各五十拜寧塞令襲常山公祖亨字利貞美姿儀嘗曰我承王公餘烈鷹犬聲樂是習吾當以儒學易之霍王元軌聞其名辟參軍事父延祖三歲而孤仁基敕其母曰此兒且祀我因名而字之逮長不仕年過四十親姻彊勸之再調舂陵丞輒棄官去曰人生衣食可適飢飽不宜復有所須每灌畦掇薪以爲有生之役過此吾不思也安祿山反召結戒曰而曹逢世多故不得自安山林勉樹名節無近羞辱云卒年七十六門人私謚曰太先生結少不羈十七乃折節向學事元德秀天寶十二載舉進士禮部侍郎陽浚見其文曰一第慁子耳有司得子是賴果擢上第復舉制科會天下亂沈浮人間國子司業蘇源明見肅宗問天下士薦結可用時史思明攻河陽帝將幸河東召結詣京師問所欲言結自以始見軒陛拘忌諱恐言不悉情乃上時議三篇其一曰議者問往年逆賊東窮海南淮漢西抵函秦北徹幽都醜徒狷虐在四方者幾百萬當時之禍可謂劇而人心危矣天子獨以匹馬至靈武合弱旅鉏彊寇師及渭西曾不踰時

摧銳攘凶復兩京收河南州縣何其易邪乃今河北姦逆不盡山林江湖亡命尚多盜賊數犯州縣百姓轉徙踵係不絕將士臨敵而奔賢人君子遁逃不出陛下往在靈武鳳翔無今日勝兵而能殺敵無今日檢禁而無亡命無今日威令而盜賊不作無今日財用而百姓不流無今日爵賞而士不散無今日朝廷而賢者思仕何哉將天子能以危爲安而忘以未安忘危邪對曰此非難言之前日天子恨愧陵廟爲羯逆傷汙憤悵上皇南幸巴蜀隱悼宗戚見誅側身勤勞不憚親撫士卒與人權位信而不疑渴聞忠直過弗諱改此以弱制彊以危取安之繇也今天子重城深宮燕和而居疑晃大昕纓佩而朝太官具味視時而獻太常備樂和聲以薦國機軍務參籌乃敢進百姓疾苦時有不聞廐芻良馬宮籍美女輿服禮物休符瑞諜日月充備朝廷歌頌盛德大業聽而不猒四方貢賦爭上尤異諂臣顛官怡愉天顏文武大臣至於庶官皆權賞踰望此所以不能以彊制弱以未安忘危若陛下視今日之安能如靈武時何寇盜彊弱可言哉其二曰議者曰吾聞士人共自謀昔我奉天子拒凶逆勝則家國兩全不勝則兩亡故生死決于戰是非極於諫今吾名位重財貨足爵賞厚勤勞已極外無仇讎害我內無窮賤迫我何苦當鋒刃以近死忤人主以近禍乎又聞曰吾州里有病父老母孤兄寡婦皆力役乞丐凍餒不足況於死者人誰哀之又聞曰天下殘破蒼生危窘受賦與役者皆寡弱貧獨流亡死徙悲憂道路蓋亦極矣天下安我等豈無畎畝自娛若不安我不復以忠義仁信方直死矣人且如此奈何對曰國家非欲其然蓋失於太明太信耳夫太明則見其內情將藏內情則罔惑生下能令必信信可必矣而太信之中至姦元惡之如此遂使朝廷亡公直天下失忠信蒼生失冤結將欲治之能無端由吾等議於野又何所及其三曰議者曰陛下思安蒼生滅姦逆圖太平勞心悉精於今四年說者異之何哉對曰如天子所思說者所異非不知之凡有詔令丁寧事皆不行空言一再頗類諧戲今有仁卹之令憂勤之詔人皆族立黨語指而議之

天子不知其然以爲言雖不行猶足以勸彼沮勸在乎明審均當而必行也天子能行已言之令必將來之法雜徭弊制拘忌煩令一切蠲蕩任天下賢士屏斥小人然後推仁信威令謹行不惑此帝王常道何爲不及帝悅曰卿能破朕憂擢右金吾兵曹參軍攝監察御史爲山南西道節度參謀募義士於唐鄧汝蔡降劇賊五千瘞戰死露胔於泌南名曰哀丘史思明亂帝將親征結建言賊銳不可與爭宜折以謀帝善之因命發宛葉軍挫賊南鋒結屯泌陽守險全十五城以討賊功遷監察御史裏行荊南節度使呂諲請益兵拒賊帝進結水部員外郎佐諲府又參山南東道來瑱府時有父母隨子在軍者結說瑱曰孝而仁者可與言忠信而勇者可以全義渠有責其忠信義勇而不勸之孝慈邪將士父母宜給以衣食則義有所存矣瑱納之瑱誅結攝領府事會代宗立固辭丐侍親歸樊上授著作郎益著書作自釋曰河南元氏望也結元子名也次山結字也世業載國史世系在家諜少居商餘山著元子十篇故以元子爲稱天下兵興逃亂入猗玗洞始稱猗玗子後家瀼濱乃自稱浪士及有官人以爲浪者亦漫爲官乎呼爲漫郎既客樊上漫遂顯樊左右皆漁者少長相戲更曰聱叟彼誚以聱者爲其不相從聽不相鉤加帶笭箵而盡船獨聱齖而揮車酒徒得此又曰公之漫其猶聱乎公守著作不帶笭箵乎又漫浪於人間得非聱齖乎公漫久矣可以漫爲叟於戲吾不從聽於時俗不鉤加於當世誰是聱者吾欲從之彼聱叟不慚帶乎笭箵吾又安能薄乎著作彼聱叟不羞聱齖於鄰里吾又安能慚漫浪於人間取而醉人議當以漫叟爲稱直荒浪其情性誕漫其所爲使人知無所存有無所將待乃爲語曰能帶笭箵全獨而保生能學聱齖保宗而全家聱也如此漫乎非邪久之拜道州刺史初西原蠻掠居人數萬去遺戶裁四千諸使調發符牒二百函結以人困甚不忍加賦即上言臣州爲賊焚破糧儲屋宅男女牛馬幾盡今百姓十不一在老孺騷離未有所安嶺南數州寇盜不盡得守捉候望四

十餘屯一有不靖湖南且亂請免百姓所負租稅及租庸使和市雜物十三萬緡帝許之明年租庸使索上供十萬緡結又奏歲正租庸外所率宜以時增減詔可結爲民營舍給田免傜役流亡歸者萬餘進授容管經略使身諭蠻豪綏定八州會母喪人皆詣節度府請留加左金吾衞將軍民樂其教至立石頌德罷還京師卒年五十贈禮部侍郎

李承趙州高邑人幼孤其兄曄養之旣長以悌聞擢明經遷累大理評事爲河南採訪使判官尹子奇陷汴州拘承送洛陽覘得賊謀皆密啓諸朝兩京平例貶臨川尉不三月除德清令尋擢監察御史累遷吏部郎中淮南西道黜陟使奏置常豐堰於楚州以禦海潮溉屯田瘠鹵收常十倍它歲德宗將討梁崇義李希烈揣知之乃表崇義過惡請先誅討帝悅數對左右稱其忠會承使回言希烈能立功然恐後不可制帝初謂不然及崇義平希烈果叛始思其言擢拜河中尹晉絳觀察使承廉正有雅望以才顯於時

未幾改山南東道節度使時希烈猶據襄州帝慮不受命欲以禁兵衞送承承辭請以單騎入旣至希烈舍承外館迫脅日萬端承晏然誓以死守希烈不能屈遂大掠去襄漢蕩然承輯綏撫安之居一年閫境完復初希烈雖去留部校守覘往來踵舍承因得使所厚臧叔雅結希烈腹心周曾王玢姚憺及曾等謀殺希烈承首謀也密詔褒美尋檢校工部尚書湖南觀察使建中四年卒年六十二贈吏部尚書

韋倫系本京兆父光乘在開元天寶間爲朔方節度使倫以蔭調藍田尉幹力勤濟楊國忠署爲鑄錢內作使判官國忠多發州縣齊人令鼓鑄督非所習雖箠扶苛嚴愈無功倫請準直募匠代無聊之人繇是役用減皷鑄多矣玄宗晚節盛營宮室吏介以爲欺倫閱實工員省費倍從帝入蜀以監察御史爲劍南節度行軍司馬置頓判官時中人衞卒多侵暴尤難治倫以清儉自將西人賴濟中官疾之以讒貶衡州司戶參軍度支使第五琦薦倫才擢商州刺史荊襄道租庸使襄州裨將康楚元亂自稱東楚義王刺史王政棄城遁賊南襲江陵絕漢沔餉道倫調兵屯鄧州厚撫降賊寇益怠乃擊禽楚元以獻收租庸二百萬緡召爲衞尉卿俄兼寧隴二州刺史乾元中襄州亂詔倫爲山南東道節度使而李輔國方恣橫倫不肯謁憾之中罷爲秦州刺史吐蕃党項歲入邊倫兵寡數格虜敗貶巴州長史徙務川尉代宗立連拜忠台饒三州刺史官者呂太一反嶺南詔拜倫韶州刺史韶連郴都團練使爲太一反間貶信州司馬斥棄十年客豫章德宗嗣位選使絕域者擢倫太常少卿充和吐蕃使倫至諭天子威德贊普順悅乃入獻還進太常卿兼御史大夫再使如言倫處朝數論政得失宰相盧杞惡之改太子少保從狩奉天及杞敗關播罷爲刑部尚書倫在朝堂涕泣曰宰相無狀使天下至此不失爲尚書後何勸聞者憚其公帝後欲復用杞爲刺史倫苦諫言懇至到帝納之進太子少師鄖國公致仕時李楚琳以僕射兼衞尉卿李忠誠以尚書兼少府監

倫言楚琳逆節忠誠戎醜不當寵以官又請爲義倉以捍無年擇賢者任帝左右謂吐蕃豺虎野心不可事信約宜謹備邊帝善其言厚禮之居家以孝慈稱卒年八十三贈揚州都督謚曰肅

薛珏字溫如河中寶鼎人以蔭爲懿德太子廟令累遷乾陵臺令歲中以清白聞課第一改昭應令人請立石紀德珏固讓遷楚州刺史州有營田宰相遙領使而刺史得專達俸及它給百餘萬田官數百歲以優得遷別戶三千備刺史廝役珏至悉條去之租入贏異時觀察使惡其絜誣以罪左授峽州刺史建中初德宗命使者分諸道察官吏升黜爲而李承狀珏之簡趙贊言其廉盧翰稱其肅書奏聞於是拜中散大夫賜金紫劉玄佐表兼汴宋行軍司馬李希烈棄汴州走即拜珏刺史遷河南尹入爲司農卿是時詔舉堪刺史縣令者且百人延問人間疾苦吏得失取尤通達者什二宰相欲校以文詞珏曰求良吏不可責文學宜以上愛人之本爲心也宰相多其計所用皆稱職爲京兆尹司農供三宮畜茹

三十車不足請市京兆是時韋彤為萬年令珏使彤禁鬻賣民苦之德宗怒奪珏彤俸帝疑下情不達因詔延英坐日許百司長官二員言闕失謂之巡對珏剛嚴曉法治勤身以勸下然苛察無經術大體坐善竇參改太子賓客出為嶺南觀察使卒年七十四贈工部尚書子存慶字嗣德貌偉岸及進士第歷御史尚書郎五遷給事中與韋弘景封駁詔書時稱其直劉總以幽州歸穆宗謂宰相曰必用薛存慶可以宣朕意對延英一刻遣之至鎮州疽發于背卒贈吏部侍郎

崔漢衡博州博平人沈懿博厚善與人交始為費令滑州節度使令狐彰表掌書記大曆六年以檢校禮部員外郎為和蕃副使還遷右司郎中建中二年吐蕃請盟擢殿中少監為和蕃使與其使區頰贊俱來約盟改鴻臚卿持節送區頰贊歸遂定盟清水德宗幸奉天吐蕃以兵佐渾瑊敗賊武功轉祕書監俄拜上都留守兵部尚書東都淄青魏博賑給宣慰使又使幽州還命稱指貞元三

年豫吐蕃盟平涼被執虜將殺之因夷言謂之曰我善結贊無殺我而漢衡誠信素著虜亦尊重故至河州得還明年出為晉慈隰觀察使卒贈尚書左僕射

戴叔倫字幼公潤州金壇人師事蕭穎士為門人冠劉晏管鹽鐵表主運湖南至雲安楊惠琳反馳客劫之曰歸我金幣可緩死叔倫曰身可殺財不可奪乃捨之嗣曹王皋領湖南江西表在幕府皋討李希烈留叔倫領府事試守撫州刺史民歲爭溉灌為作均水法俗便利之耕餉歲廣獄無繫囚俄即眞朞年詔書褒美封譙縣男加金紫服齊映劉滋執政叔倫勸以屯難未靖安之者莫先於兵兵所藉者食故金穀之司不輕易人天下州縣有上中下緊望雄輔者有司銓擬皆便所私此非為官擇人為人求治之術其尤切者縣令錄事參軍事此二者宜出中書門下無計資序限遠近高卑一以殿最升降則人知勸映等重其言遷容管經略使綏徠夷落威名流聞其治清明仁恕多方略故所至稱最德宗嘗賦

中和節詩遣使者寵賜代還卒于道年五十八

王翃字宏肱并州晉陽人少治兵家天寶中授翃衞尉羽林軍宿衞擢才兼文武科出為辰州刺史與討襄州康楚元有功加兼祕書少監遷朗州刺史大曆中擢容管經略使初安祿山亂詔嶺南兵隸南陽魯炅炅敗績衆奔潰谿洞夷獠相挺為亂夷酋梁崇牽號平南都統與別帥覃問合又與西原賊張侯夏永更誘嘯因陷城邑遂據容州前經略使陳仁璀元結長孫全緒等皆僑治藤梧翃至言於衆曰我容州刺史安可客治它所必得容乃止即出私財募士有功者許署吏於是人自奮不數月斬賊帥歐陽珪因至廣州請節度使李勉出兵併力勉不許曰容陷賊久獠方彊今速攻祇自敗耳翃曰大夫即不出師願下書州縣陽言以兵為助冀藉此聲成萬一功勉許諾翃乃移書義藤二州刺史約皆進討引兵三千與賊鏖戰日數遇勉檄止之輒匿不發戰愈力卒破賊禽崇牽悉復容州故地捷書聞詔更置順州以定餘亂翃凡百

餘戰禽首領七十覃問遁去復遣將李寔等分討西原平鬱林等諸州累兼御史中丞招討處置使會哥舒晃反翃命寔悉師援廣州問因合衆乘間來襲翃設伏擊之生禽問嶺表平代宗遣使慰勞加金紫光祿大夫賜第京師時吐蕃入寇郭子儀悉河中兵乘邊召翃為河中少尹領節度後務悍將淩正數干法不逞約其徒夜斬關逐翃翃覺之陰亂漏刻以差其期衆驚不敢發俄禽正誅之一軍惕息歷汾州刺史為振武軍使綏銀等州留後入拜京兆尹會涇原兵討李希烈次滻水京兆主供擬饔餼敗肉腐衆怒曰食是而討賊乎遂叛翃挺身走奉天拜太子詹事德宗還都再遷大理卿出為福建觀察使從東都留守既至開田二十餘屯脩器械皆良金壽華練士卒號令精明俄而吳少誠叛獨東畿為有備關東賴之貞元十八年卒贈尚書右僕射謚曰肅翃雅善盧杞杞之殺崔寧沮李懷光不得朝皆與其謀議者以為訾子正雅字光謙行謹飭為崔郾所器元和初擢進士遷累監察御史穆宗時京邑

多盜賊正雅以萬年令威震豪彊尹柳公綽言其能就賜緋魚擢累汝州刺史屬監軍怙權乃謝病去入爲大理卿會爭宋申錫獄堅甚申錫得不死大和中卒贈左散騎常侍翊兄翊性謙柔歷山南東道節度使代宗目爲純臣世稱謹廉卒贈戶部尚書謚曰忠惠翊曾孫凝字成庶少孤依其舅宰相鄭肅舉明經進士皆中歷臺省寖知名擢累禮部侍郎不阿權近出爲商州刺史驛道所出吏破產不能給而州有冶賦羨銀常摧直以優吏奉凝不取則以市馬故無橫擾人皆尉悅徙湖南觀察使僖宗立召爲兵部侍郎領鹽鐵轉運使坐舉非其人以祕書監分司東都即拜河南尹遷宣歙池觀察使時乾符四年也王仙芝之黨屠至德勢益張凝遣牙將孟琢助池守賊益兵來攻實欲襲南陵凝遣樊儔以舟師扼青陽儔違令輕與賊戰不勝凝斬以徇諸將聞皆股慄以死綴賊賊不能進時江南環境爲盜區凝以彊弩據采石張疑幟遣別將馬穎解和州之圍明年賊大至都將王涓自永陽赴敵凝大宴

謂涓曰賊席勝而驕可持重待之愼毋戰涓意銳曰趨四舍至南陵未食即陣死焉監軍收餘卒數千還走城沮橈無去意卒又恣橫不能禁凝讓曰吏捕蝗者不勝而仰食於民則卒暴以濟災也今兵不能捍敵又恣之犯民生業何以稱朝廷待將軍意監軍詞屈趣親吏入民舍奪馬凝乘門望見麾左右捕取殺之由是不敢留然益儲畜繕完以備賊賊至不能加會大星直寢庭墜術家言宜上疾不視事以厭勝凝曰東南國用所出而宣爲大府吾規脫禍可矣顧一方何賴哉誓與城相存亡勿復言既而賊去未幾卒年五十八贈吏部尚書謚曰貞

徐申字維降京兆人擢進士第累遷洪州長史嗣曹王皐討李希烈檄申以長史行刺史事任職辦皐表其能遷韶州刺史韶自兵興四十年刺史以縣爲治署而令丞雜處民閒申按公田之廢者募人假牛犂墾發以所收半畀之田久不治故肥美歲入凡三萬斛諸工計所庸受粟有差乃徙治故州未幾邑閈如初創驛候作大市器用皆具州民詣觀察使以其有功於人請爲生祠申固讓觀察使以狀聞遷合州刺史始來韶戶止七千比六年倍而半之會初置景州授刺史賜錢五十萬加節度副使遷邕管經略使黃洞納質供賦不敢桀踰年進嶺南節度使前使死吏盜印署府職百餘員畏事泄謀作亂申覺殺之詿誤一不問遠俗以攻劫相矜申禁切無復犯外蕃歲以珠瑇瑁香文犀浮海至申於常貢外未嘗賸索商賈饒盈劉闢反表請發卒五千循馬援故道繇爨蠻抵蜀擣闢不備詔可加檢校禮部尚書封東海郡公詔未至卒年七十贈太子少保謚曰平

郗士美字和夫兗州金鄉人父純字高卿舉進士拔萃制策皆高第張九齡李邕數稱之自拾遺七遷至中書舍人處事不回爲宰相元載所忌時魚朝恩以牙將李琮署兩街功德使琮恃勢桀橫衆辱京兆尹崔昭于禁中純曰此國恥也即詣載請速處其罪載不納遂辭疾還東都號伊川田父十年不出德宗立崔祐甫輔政召爲太子左庶子集賢殿學士不拜以老乞身改詹事聽致仕帝

召見褒歎良久賜金紫公卿以下咸祖都門世高其節士美年十二通五經史記漢書皆能成誦父友蕭穎士顏眞卿柳芳與相論繹嘗曰吾曹異日當交二郗之閒矣未冠爲陽翟丞佐李抱眞潞州幕府以才歷王虔休李元皆留不從久乃進房州刺史黔中經略觀察使溪州賊向子琪以衆八千岨山剽劫士美討平之加檢校右散騎常侍封高平郡公遷京兆尹天子多所咨逮出爲鄂岳觀察使時安黃節度使伊愼入朝其子宥主後務偃蹇母死京師不發喪欲固其權士美知之使府屬過其境宥出迎因以母訃告之即爲辦裝宥惶遽上道改河南尹檢校工部尚書充昭義節度使昭義自李抱眞以來皆武臣私廚月費米六千石羊千首酒數十斛潞人困甚士美至悉去之出稾錢市物自給又盧從史時日具三百人膳以餉牙兵士美曰卒衞於牙固職也安得廣費爲私恩亦罷之討王承宗也遣大將王獻督萬人爲前鋒獻恣橫逗撓士美即斬以徇下令曰敢後者斬親鼓之大破賊下三營環柏鄉

時諸鎮兵合十餘萬繞賊多玩寇犯法獨士美兵鋭整最先有功憲宗喜曰固知士美能辦吾事承宗大震懼亡幾會詔班師然威震兩河以疾召拜工部尚書後檢校刑部尚書爲忠武節度使卒年六十四贈尚書左僕射謚曰景生平與人交已然諾以是名重於世

辛秘系出隴西貞元中擢明經第授華原主簿以判入等調長安尉其學於禮家尤洽高郢爲太常卿奏爲博士再遷兵部員外郎常兼博士再辟禮儀使府憲宗初拜湖州刺史李錡反遣大將先取支州蘇常杭睦四刺史或戰敗或拘脅獨秘以儒者賊易之未及至秘召牙將丘知二夜開城收壯士得數百逆賊大戰斬其將進焚營保錡平賜金紫人僉謂秘材任將帥會河東范希朝出討王承宗召秘爲希朝司馬主留務累遷汝常州刺史河南尹進拜昭義軍節度使是時承討恒趙之後潞人彫耗秘至則約出入嗇用度比四年儲錢十七萬緡糧七十萬斛器械堅良隱然復爲完鎮

召還道病卒年六十四贈尚書左僕射謚曰肅後更謚懿秘爲大官居不易第服不改初其奉禄悉與裏表親屬病自銘其墓作書一通緘之卒後發視則送終制也儉而不違於禮云

高元李韋薛崔戴王徐郗辛列傳第六十八

端明殿學士兼翰林侍讀學士龍圖閣學士朝散大夫給事中知制誥充史館修撰臣宋祁奉
敕撰

來瑱邠州永壽人父曜奮行閒開元末持節磧西副大使四鎮節度使著名西邊終右領軍大將軍瑱略知書尚名節崖然有大志天寶初從四鎮任劇職累遷殿中侍御史伊西北庭行軍司馬詔舉智謀果決才堪統衆者拾遺張鎬薦瑱能斷大事有禦侮才擢潁川太守充招討使會母喪免以孝聞安祿山反張垍薦之興塊次拜汝南太守未行改潁川賊攻潁川方積粟多瑱完埤自如手射賊皆應弦仆賊使降將畢思琛招之父故將也拜城下泣且弔瑱不應前後俘殺甚衆賊憚目爲來嚼鐵以功就加防禦使河南淮南游弈逐要招討使從山南東道節度使代魯炅會嗣虢王巨表炅方固守乃還瑱故官賊圍南陽急瑱與魏仲犀合兵救之不勝人情恟懼瑱能撫訓士卒動安重賊不得侵改淮南西道節度兩京平封潁國公食二百戶乾元二年徙河西未行王師敗於相州詔拜陝虢節度兼潼關防禦團練鎮守使明年襄州部將張維瑾等殺其使史翽徙瑱山南東道襄鄧均房金商隋郢復十州節度使既至維瑾降上元二年春破史思明餘黨於魯山俘賊渠又戰汝州獲馬牛橐駝凡兩戰斬首萬級明年詔瑱還瑱安襄漢士亦宜其政因諷衆留己而外示行至鄧復詔歸鎮肅宗聞其謀惡之呂諲王仲昇等皆言瑱得士心不可以留乃改山南東道襄鄧唐復隋郢六州節度俄而仲昇與賊戰申州爲賊禽初仲昇被圍而江陵呂諲病瑱顧望不即救及師出仲昇已沒行軍司馬裴茙表其狀且言瑱善謀而勇恐後難制即除之可一戰禽也帝頗謂然遂改瑱淮西申安蘄黃光沔兼河南陳豫許鄭汴曹宋潁泗十五州節度以寵之陰奪其權加茙襄鄧等七州防禦使代瑱瑱懼釋言淮西無糧請麥收可上道又諷衆固留代宗立復授襄州節度奉義軍渭北兵馬使密詔茙圖之茙自均州率衆浮漢下會日入候者白瑱瑱與帳下謀其副薛南陽曰公奉詔留鎮而茙以兵奪代是無名也茙智勇非公敵而衆心不附彼若乘我不虞縱火夜攻誠可憂也若須明則破之必矣明日茙督軍五千陣穀水北瑱以兵迎之呼其軍告曰爾何事來曰公不受命故中丞伐罪瑱曰詔還瑱此州乃以詔書示之皆曰僞也吾千里討賊豈空歸邪爭射之瑱走旗下薛南陽曰請公勒兵勿戰乃以三百騎爲奇兵旁萬山出其背夾擊之其衆幾盡茙脫身走至申口禽之送京師瑱因入朝謝罪帝待之無疑拜兵部尚書同中書門下平章事充山陵使是時程元振居中用事疾瑱乃告與巫祝言不順會王仲昇歸又言由瑱與賊合故陷賊帝積怒遂下詔削除官爵貶播川尉員外置及鄠賜死籍其家瑱之死門下客散去掩尸于坎校書郎殷亮獨後至哭尸側爲備棺衾以葬帝徐悟元振誣以屯罪流溱州先是瑱行軍司馬龐充以兵二千戍河南至汝聞瑱死乃還襲襄州別將李昭禦之走房陵昭與薛南陽梁崇義不相臣崇義殺昭帝以崇義爲節度使代瑱既而爲瑱立祠四時致饗避瑱聽事不處表祈禮葬詔可廣德元年追復官爵裴茙者始以蔭爲京兆司錄參軍瑱鎮陝州引爲判官移襄州又爲行軍司馬遇之厚及瑱私漢上茙欲得其處故背瑱言狀帝倚以圖瑱而性輕褊少謀師興給用無節及敗有詔流費州至藍田賜死

田神功冀州南宮人天寶末爲縣吏會天下兵興賊署爲平盧兵馬使率衆歸朝從李忠臣收滄德攻相州拒杏園後守陳留戰不勝與許叔冀降于史思明思明使與南德信劉從諫南略江淮神功襲德信斬之從諫脫身走乃并將其兵詔拜鴻臚卿襲部釭鄆州不克劉展反鄧景山引神功助討自淄青濟淮衆不整入揚州遂大掠居人貲產發屋剔窌殺商胡波斯數千人俄而禽展送京師遷淄青節度使會侯希逸入青州更徙兗鄆時賊圍宋州急李光弼奏神功往救賊解去又破法子營復攻部釭降之朝義聞乃奔下博進封信都郡王徙河南節度汴宋八州觀察使大曆二年

來朝加檢校尚書右僕射詔宰相百官送至省又判左僕射知省事加太子太師還軍神功事母孝始甞倨驕自如見光弼待官屬鈞禮乃折節謙損旣寢疾宋之將吏爲禳祈報恩八年自力入朝卒代宗爲徹樂贈司徒詔其弟曹州刺史神玉知汴州留事賻絹千匹布五百端百官弔喪賜屏風茵褥飯千桑門追福至德後節度使不兼宰相者惟神功恩禮最篤神玉終汴宋節度留後

侯希逸營州人長七尺豐下銳上天寶末爲州裨將守保定城安祿山反使中人韓朝陽傳命希逸斬以徇祿山又以親將徐歸道爲節度使希逸率兵與安東都護王玄志斬之遣使上聞詔拜玄志平盧節度使玄志卒副將李正已殺其子共推希逸有詔就拜節度使兼御史大夫與賊确數有功然孤軍無援又爲奚侵掠乃拔其軍二萬浮海入青州據之平盧遂陷肅宗因以希逸爲平盧淄青節度使自是淄青常以平盧冠使寶應初與諸軍討平史朝義加檢校工部尚書賜實戶圖形淩煙閣希逸始得青治軍務農有狀後稍忌肆好畋獵佞佛興廣祠廬人苦之夜與巫家野次李正已因衆怨閉闔不內遂奔滑州召還檢校尚書右僕射知省事大曆末封淮陽郡王建中二年遷司空未及拜卒年六十二遺敕其子上還前後實封贈太保

崔寧本貝州安平人後徙衛州世儒家而獨喜縱橫事因落魄客劍南以步卒事鮮于仲通又從李宓討雲南無功還成都行軍司馬崔論悅之薦爲牙將歷事崔圓裴冕冕被謗朝廷疑之遣使者問狀寧剺耳白其冤使者以聞寧亦還京師留爲折衝郎將寶應初蜀亂山賊乘險道不通嚴武白寧爲利州刺史旣至賊遁去由是知名及武爲劍南節度使過州心欲與俱西而利非所屬使寧自爲計寧曰節度使張獻誠見疑難輒去然獻誠嗜利若厚賂之寧可以從大夫矣武然之以奇錦珍貝遺獻誠且求寧獻誠果喜令自移疾去武遂奏爲漢州刺史吐蕃引雜羌寇西山破柘靜等州有詔收復於是武遣寧將而西旣薄賊城城皆累石

不得攻惟東南不合者丈許諜知之乃爲地道再宿而拔拓地數百里虜衆驚相謂曰寧神兵也及還武大悅裝七寶轝迎入成都以夸于軍永泰元年武卒行軍司馬杜濟別將郭英幹郭嘉琳皆請英幹之兄英乂爲節度使寧與其軍亦丐大將王崇俊奏俱至而朝廷旣用英乂矣英乂恨之始署事即誣殺崇俊又遣使召寧寧恐託拒吐蕃不敢還英乂怒因出兵聲言助寧實欲襲取之即徙寧家於成都而淫其妾媵寧懼益負阻英乂乃自將討之會天大雪馬多凍死士心離遂敗歸寧聞英乂損裁將卒稟賜下皆恨怒又毀玄宗冶金像乃令軍中曰英乂反輒居先帝舊宮乃進薄成都英乂陣城西使柏茂琳爲前軍英幹爲左軍嘉琳爲後軍與寧戰茂琳等敗軍多降寧寧即署降將使率兵還攻英乂不勝走靈池爲韓澄所殺於是劍南大擾楊子琳起瀘州與邛州柏貞節連和討寧明年代宗詔宰相杜鴻漸爲山西劍南邛南等道副元帥劍南西川節度使往平其亂鴻漸出駱谷或進計曰公不如駐閬中數騰書陳英乂罪嘉寧方略因以寧所署刺史即授之使不疑而後與東川張獻誠及諸帥合兵擾寧不一年寧勢且窮必束身歸命鴻漸疑未決會寧遣使至獻繒錦數萬辭卑約甚鴻漸貪其利遂入成都政事一委寧日與僚屬杜亞楊炎縱酒高會乃表貞節爲邛州刺史子琳爲瀘州刺史以和解之又數薦寧於朝先是寧與張獻誠戰奪其旌節不肯與故朝廷因授寧成都尹西山防禦使西川節度行軍司馬鴻漸旣還朝遂爲節度使大曆三年來朝寧本名旰至是賜名楊子琳襲取成都帝乃還寧於蜀未幾子琳敗寧見蜀地險饒於財而朝廷不甚有紀乃痛誅斂使弟寬居京師以賂厚謝權貴深結元載父子故寬驟擢御史中丞寬兄審至給事中寧在蜀久兵寖彊而肆侈窮欲將吏妻妾多爲汙逼朝廷隱忍不能詰累加尚書左僕射十四年入朝進檢校司空同中書門下平章事兼山陵使俄以平章事爲御史大夫即建白擇御史當出大夫不宜謀及宰相因奏李衡于結等任御

史宰相楊炎怒寢不行炎方詆劉晏寧申救於帝又素事元載而炎亦出載門故銜之未忍發是歲十月南蠻與吐蕃合兵入文川方維邛郲覆沒州縣民逃匿山谷中寧方在朝軍無帥德宗促寧還鎮炎業與有嫌恐已入蜀不可制即說帝曰蜀天下之奧壤自寧擅制朝廷失外府十四年矣今寧雖來以全師守蜀賦稅入天子者與無地同寧本與諸將等夷獨因叛亂得位不敢自有以恩柔煦育故威令不行今雖歸之必無功是徒遣也若其有功誼不容奪則西蜀之奧敗固失之勝亦非國家所有惟陛下孰察帝曰卿策云何炎曰請無歸寧今朱泚所部范陽勁卒戍近甸趣與禁兵雜往舉無不克因是役得以親兵內其腹中則蜀將破膽不敢動然後換授他帥以收其權得千里肥饒之地是謂因小禍受大福也帝曰善遂罷寧西川節度改兼京畿觀察使靈州大都督單于鎮北大都護朔方節度鄜坊丹延州都團練觀察等使託言重臣綏靜北陲而每道置留後使得自奏事杜希全靈州

王翃振武李建徽鄜州及戴休顏杜從政呂希倩皆炎署置使伺寧過失寧至夏州與希倩招党項降者甚衆炎惡之即奏希倩無綏邊才而以神武將軍時常春代之更拜寧尚書右僕射知省事司空如故朱泚亂帝出居奉天寧後數日至帝喜甚寧謂所親曰上聰明從善如轉規但爲盧杞所惑至此爾因潸然涕下杞聞之思有以構寧於帝會王翃赴難時與寧俱出延平門而西寧數下馬趨廁輒迂久翃懼賊追即呼曰既至此而欲顧望乎杞微聞即諷翃以聞會泚行反間而除柳渾爲宰相署寧中書令時朔方掌書記康湛爲盩厔尉翃逼湛詐作寧遺泚書獻之杞遂奏寧初無效順心向聞與賊盟署中書令今果後至復得所與賊書反狀明甚若兇渠外逼姦臣內謀則大事去矣因俯伏歔欷曰臣備位宰相危不能持顛不能扶罪當死帝命左右扶起之乃召寧至朝堂云使宣慰江淮俄而中人引寧幕後使二力士縊殺之年六十一初命陸贄草制贄索寧與泚書將坐其事杞復云書已亡寧死

籍其家中外寃之帝乃赦寧親屬而歸其資云貞元十二年寧故將夏綏銀節度使韓潭請以所加禮部尚書雪寧罪有詔聽其家收葬始寧入朝留其弟寬守成都楊子琳乘間起瀘州以精騎數千襲據其城寬戰力屈寧妾任素驍果即出家財十萬募勇士得千人設部隊自將以進子琳大懼會糧盡且大雨引舟至廷乘而去子琳者本瀘南賊帥既降詔隸劍南節度屯瀘州杜鴻漸表爲刺史既敗收餘兵沿江而下諸刺史震慄備餼牢以饗士過黃草峽守捉使王守仙伏兵五百子琳前驅至悉禽之遂入夔州殺別駕張忠城守以請皐朝廷以其本謀近忠故授峽州刺史移澧州鎮遏使後歸朝賜名猷寧季弟密密子繪俱以文辭稱繪四子蠡黷確顏皆擢進士第蠡字越卿開成中爲戶部侍郎白罷忌日百官行香有詔褒可歷平盧天平軍節度使終尚書左丞子蕘字野夫乾符中爲吏部侍郎美文辭談辯華給以銓管非所長出爲陝虢觀察使是時王仙芝亂漢上河南羣盜興蕘簡倨不曉事但

以器韻自高委政廝豎不恤人疾苦或訴旱者指廷樹示之曰柯葉尚爾何旱爲即榜笞之上下離心俄爲軍吏所執髡其鬚鬢蕘再拜祈免乃得去渴甚求飲於民民飲以溺坐失守貶端州司馬終左散騎常侍黷字直卿開成初爲監察御史奏郊廟祭事不虔文宗語宰相曰宗廟之禮朕當親之但千乘萬騎國用不給故使有司侍祠然是日朕正衣冠坐以俟旦今聞主者不虔祭器敝惡豈朕事神蠲絜意邪公宜敕有司道朕斯意黷乃具條以聞擢員外郎累遷諫議大夫確顏位皆郎中

嚴礪字元明震從祖弟也少爲浮屠法太守見之偉其材表爲玄武尉震在山南署牙將德宗之幸主饋餉有功然輕躁多姦謀以便佞自將累爲興州刺史震卒以礪權主留府事遺言薦之即拜本道節度使詔下諫議大夫給事中補闕拾遺合議皆以爲礪資淺士望輕不宜授節制帝不從礪在位貪沓苟得士民不勝其苦素惡鳳州刺史馬勛即誣奏貶賀州司戶參軍劉闢反以儲備

有素檢校尚書左僕射節度東川擅沒吏民田宅百餘所稅外加斂錢及芻粟數十萬元和四年卒贈司空後監察御史元稹奉使東川劾發其贓請加惡謚朝廷以其死故但追田宅奴婢還其主稅外所斂悉蠲除云

來田侯崔嚴列傳第六十九

元王黎楊嚴竇列傳第七十　　唐書一百四十五

端明殿學士兼翰林侍讀學士龍圖閣學士朝請大夫守尚書吏部侍郎充集賢殿脩撰臣宋祁奉

敕撰

元載字公輔鳳翔岐山人父昇本景氏曹王明妃元氏賜田在扶風昇主其租入有勞請於妃冒為元氏載少孤既長嗜學工屬文天寶初下詔舉明莊老列文四子學者載策入高第補新平尉韋鎰監選黜中苗晉卿東都留守皆署判官寖以名聞至德初江東採訪使李希言表載自副擢祠部員外郎洪州刺史入為度支郎中占奏敏給肅宗異之累遷戶部侍郎充度支江淮轉運等使帝不豫李輔國用事輔國妻載宗女也因相締昵會京兆尹缺輔國白用載載意屬國柄固辭輔國曉之翌日拜同中書門下平章事領使如故代宗立輔國勢愈重數稱其才進拜中書侍郎許昌縣子載以度支繁浩有吏事督責損威寵乃悉天下錢穀委劉晏未幾判天下元帥行軍司馬盜殺李輔國載陰與其謀乃復結中人

董秀厚啖以金使刺取密旨帝有所屬必先知之探微揣端無不諧契故帝任不疑華原令顧繇上封白發其私帝方倚以當國乃斥繇除名為民魚朝恩驕橫震天下與載不叶憚之雖帝亦銜恚乃乘間奏誅朝恩帝畏有變載結其愛將為助朝恩已誅載得意甚益矜肆時擬奏文武官功狀多謬舛載慮有司駮正乃請別敕授六品以下官吏部兵部即附甲團奏不須檢勘欲示權出於己又與王縉請以河中為中都表關輔河東十州稅奉京師選兵五萬屯中都鎮禦四方秋行幸上春還可以避羌戎患載以議入即從前敕所由吏於河中經圖宮殿築私第帝聞惡之置其議初四鎮北庭行營節度使寄治涇州大曆八年吐蕃寇邠寧議者謂三輔以西無襟帶之固而涇州散地不足守載嘗在西州具知河西隴右要領乃言於帝曰國家西境極于潘原吐蕃防戍乃在摧沙堡而原州界其間草薦水甘舊壘存焉比吐蕃毀夷垣墉棄不居其右則監牧故地巨塹長壕重複深固原州雖早霜不可藝而

平涼在其東獨耕一縣可以足食請徙京西軍戍原州乘間築作二旬可訖貯粟一歲戎人夏牧青海上羽書比至則我功集矣徙子儀大軍在涇以為根本分兵守石門木峽隴山之關北抵于河皆連山峻險寇不可越稍置鳴沙縣豐安軍為之羽翼北帶靈武五城為之形勢然後舉隴右之地以至安西是謂斷西戎脛朝廷高枕矣因圖上地形使吏間入原州度水泉計徒庸車乘畚鍤之器悉具而田神功沮短其議乃曰興師料敵老將所難陛下信一書生言舉國從之誤矣帝由是疑不決載智略開果久得君以為文武才略莫己若外委主書卓英倩李待榮內劫婦言縱諸子關通貨賄京師要司及方面皆擠遣忠良進貪猥凡仕進干請不結子弟則謁主書城中開南北二第室宇奢廣當時為冠近郊作觀榭帳帟什器不徙而供膏腴別墅疆畛相望且數十區名姝異技雖禁中不逮帝盡得其狀載嘗獨見帝深戒之載言然不悛客有賦都盧尋橦篇諷其危載泣下而不知悟會李少良上書詆其醜

狀載怒奏殺少良道路目語不敢復議載由是非黨與不復接生平道義交皆謝絕帝積怒大曆十二年三月庚辰仗下帝御延英殿遣左金吾大將軍吳湊收載及王縉繫政事堂分捕親吏諸子下獄詔吏部尚書劉晏御史大夫李涵散騎常侍蕭昕兵部侍郎袁傪禮部侍郎常袞諫議大夫杜亞訊狀而責辨端目皆出禁中遣中使臨詰陰事皆服乃下詔賜載自盡妻王及子揚州兵曹參軍伯和祠部員外郎仲武校書郎季能並賜死發其祖父冢斷棺棄尸毀私廟主及大寧安仁里二第以賜百官署舍披東都第助治禁苑王氏河西節度使忠嗣女悍驕戾沓載叵禁而諸子牟賊聚斂無涯藝輕浮者奔走爭蓄妓妾為倡優褻戲親族環觀不愧也及死行路無嗟隱者籍其家鍾乳五百兩詔分賜中書門下臺省官胡椒至八百石它物稱是女貞一少為尼沒入掖庭德宗時始告以載死號踊投地左右呵止帝曰安有聞親喪責其哀殞乎命扶出帝為太子也實因載議興元元年詔復其官聽改葬故

吏許初楊晈紀慆等合貲以葬諡曰荒後改曰成縱載敗董秀卓
英倩李待榮術者李季連悉論死其它與載厚善坐貶者若楊炎
王昂宋晦韓洄王定包佶徐縯裴冀王紀韓會等凡數十百人英
倩弟英璘家金州州人緣以授官者亦百餘豪制鄉曲暴無賴少
年以伺變恃載權牧宰莫敢問載誅英璘盜庫兵據險以叛詔
發禁兵及山南西道兵二千討捕刺史孫道平禽殺之詔給復其
州二年

李少良者以吏佁由諸帥府遷累殿中侍御史罷遊京師不見調
憤載不法疏論其惡帝留少良客省欲究其事其友韋頌者侯之
漏言於陸珽珽載召珽問知之乃奏下少良御史臺劾其漏禁中語
并與頌珽論殺之珽善經子與頌及少良善又狎載子弟親黨故
載廉得其謀初載盛時人皆疾猒之大曆八年有晉州男子郇謨
以麻總髮持竹笥葦席行哭長安東市人問之曰我有字三十欲
以獻上字言一事即不中以笥貯屍席裹而棄之京兆以聞帝召

見賜以衣館內客省問狀多譏切載其言團者願罷諸州團練使
其言監者請罷諸道監軍大抵類此先是天下兵興凡要州權署
團練刺史載用事授刺史者悉帶團練以悅人心故謨指而刺云

王縉字夏卿本太原祁人後客河中少好學與兄維俱以名聞舉
草澤文辭清麗科上第歷侍御史武部員外郎祿山亂擢太原少
尹佐李光弼以功加憲部侍郎遷兵部史朝義平詔宣慰河北使
還有指俄拜黃門侍郎同中書門下平章事進侍中持節都統
河南淮西山南東道諸節度行營事辭侍中加東都留守歲餘拜
河南副元帥損軍資錢四十萬緡營完宮室朱希彩殺李懷仙也
詔拜盧龍節度使至幽州委軍於希彩乃還會辛雲京卒兼領河
東節度讓還河南副元帥東都留守太原將王無縱張奉璋恃功
以縉儒者易之不如律令縉斬以徇諸將股慄再歲還以本官復
知政事時元載專朝天子拱手縉曲意附離無敢忤又恃才多所
狎侮雖載亦疾其凌斬也京兆尹黎幹數論執載惡之縉折幹曰
尹南方孤生安曉朝廷事縉素奉佛不茹葷食肉晚節尤謹妻
死以道政里第為佛祠諸道節度觀察使來朝必邀至其所諷令
出財佐營作初代宗喜祠祀而未重浮屠法每從容問所以然縉
與元載盛陳福業報應帝意向之繇是禁中祀佛諷唄齋薰號
內道場引內沙門日百餘饌供珍滋出入乘廄馬度支具稟給或夷
狄入寇必合衆沙門誦護國仁王經為禳厭幸其去則橫加錫與
不知紀極胡人官至卿監封國公者著籍禁省勢傾公王羣居賴
寵更相凌奪凡京畿上田美產多歸浮屠雖藏姦宿亂踵相逮
而帝終不悟詔天下官司不得箠辱僧尼初五臺山祠鑄銅為瓦
金塗之費億萬計縉給中書符遣浮屠數十輩行州縣斂丐貲
貨縉為上言國家慶祚靈長福報所馮雖時多難無足道者祿
山思明毒亂方熾而皆有子禍僕固懷恩臨亂而踣西戎內寇未
及擊輒去非人事也故帝信愈篤七月望日宮中造盂蘭盆綴
飾鏐琲設高祖以下七聖位幡節衣冠皆具各以帝號識其幡自

禁內分詣道佛祠鐃吹鼓舞奔走相屬是日立仗百官班光順門
奉迎導從歲以為常羣臣承風皆言生死報應故人事置而不修
大曆政刑日以堙陵由縉與元載杜鴻漸倡之也性貪冒縱親戚尼
姏招納財賄猥屑相稽若市賈然及敗劉晏等鞫其罪同載論死
晏曰重刑再覆有國常典況大臣乎法有首從不容俱死於是以
聞上憫其耄不加刑乃貶括州刺史久之遷太子賓客分司東都
建中二年死年八十二

黎幹戎州人善星緯術得待詔翰林擢累諫議大夫封壽春公自
負其辯沾沾喜議論初唐家郊祭天地以高祖神堯皇帝配寶應
元年杜鴻漸為太常卿禮儀使於是禮儀判官薛頎集賢校理歸
崇敬等共建神堯獨受命之主非始封君不得冒太祖配天地景
皇帝受封于唐即商之契周之后稷請奉景皇帝配天地於禮宜
甚幹非之乃上十詰十難傅經誼抵鄭玄以折頎崇敬等曰頎等
引禘者至日祭天於圜丘周人以遠祖配今宜以景皇帝為始祖

配昊天圓丘臣幹一誥國語稱有虞氏夏后氏並禘黃帝商禘
舜周禘嚳二誥商頌長發大禘也三誥周頌雝禘太祖也四誥祭
法虞夏並禘黃帝商周俱禘嚳五誥大傳不王不禘王者禘其
祖之所自出以其祖配之六誥爾雅禘大祭也七誥家語凡四代
帝王所郊皆以配天所謂禘五年大祭也八誥盧植以禘祭名禘
諦也事取明諦故云九誥王肅言禘五年大祭十誥郭璞亦云此
經傳先儒皆不言祭昊天於圓丘根證章章故臣謂禘止五年宗
廟大祭了無疑晦其十難一曰周頌雝之序曰禘祭太祖也鄭玄
說禘大祭也太祖謂文王也商頌長發大禘也玄曰大禘祭天也
商周兩頌同文異解索玄之意以禘加大因曰祭天臣謂春秋大
事于太廟雖曰大得祭天乎虞夏商周禘黃帝與嚳禮不王不
禘皆不言大玄安得稱祭天乎長發所歎不及嚳與感生帝故知
不爲祭天佾嚳明矣商周五帝大祭見于經者甚詳而禘主廟不
主天今背孔子之訓言取玄之偏誼誣繆祀典不見其可二曰不王

不禘王者禘其祖之所自出以其祖配之此言惟天子當禘如虞
夏出黃帝商周出嚳以近祖配之自出之祖無廟乃自外至自外
至者同之天地得主而止又自出者在母亦然春秋傳陳則我周
之自出詎可謂出大微五帝乎玄以一禘爲三誼在祭法則曰祭
昊天於圓丘在春秋傳則郊以后稷配靈威仰在商頌曰祭天在
周頌則禘曰大於四時祭而小於祫本末駮舛臆判自私不足以
訓三曰商周之前禘所自出自漢魏以來曠千餘歲其禮不講
蓋玄所說不當於經不質于聖先儒置之不用是爲棄言四曰今
禮家行於世者皆本玄學臣請取玄之隙還破頎等所建頎等曰
景皇帝爲始祖以配天按王制天子七廟玄曰周禮也太祖與文
武之祧合親廟四而七商氏六廟契與湯合二昭二穆而六據玄
則夏不以鯀顓頊昌意爲始祖是又與玄乖背自古未有以人臣
爲始祖者唯商以契周以稷夫稷契皆天子元妃子簡狄吞玄鳥
卵而生契契佐禹有大功舜封之商其詩曰天命玄鳥降而生商

宅殷土芒芒后稷母曰姜嫄出野履巨跡而生稷稷勤稼穡堯
舉爲農師舜封之邰號曰后稷其詩曰履帝武敏歆攸介攸止即
有邰家室舜禹有天下契稷在焉傳曰功施於人則祀之以死勤事
則祀之契爲司徒而人輯睦稷勤百穀而山死皆在祀典及子孫
而有天下故尊而祖之五曰既用玄說小德配寡而后稷止配一
帝不得全配五帝今以景帝配昊天於玄爲可爲不可乎六曰衆
誥臣曰上帝一帝周官祀天旅上帝祀地旅四望旅衆也則上帝
是五帝臣曰否旅有衆義出於爾雅又爲祭名亦曰陳也如前所
誥旅上帝爲五帝則季氏旅於泰山可得爲四鎮邪七曰援玄之
言則景帝親盡主應在祧反配天地禮不相值夫所謂始祖者經
綸草昧功普體大以比元氣合覆廣大者也故曰萬物之始天也
人之始祖也日之始至也掃地而祭則質器用陶匏則性牲用犢
則誠兆於南郊則就陽至尊至質不敢同於先祖也白虎通義曰
祭天歲一者何事之不敢黷也故因歲之陽氣始達而祭之今一

歲四祭黷莫大焉上帝五帝祀闕不舉怠孰甚焉黷與怠皆失
也臣聞親有限祖有常聖人制禮不以情變唐家累聖歷祀百年
非不知景帝爲始封當時通儒鉅工尊高祖以配天宗太宗以配
上帝人神克猒爲日既久乃今以神堯降侑合樞紐而太宗仍配
上帝則樞紐上帝佐也以子先父非天地祖宗之意八曰景皇帝
非造我區夏不得與夏之禹商之契周之稷漢高帝魏武帝晉
宣帝唐神堯皇帝並功而陟配圜丘上與天匹曾謂圜丘不如林
放乎九曰魏以武帝晉以宣帝爲始祖者夫操與懿皆人傑也擁
天下彊兵挾弱主制海內之命名雖爲臣勢實爲君後世因之以
成帝業尊而祖之不亦可乎十曰神堯拯隋室之亂振臂大呼濟
人塗炭汛掃蕩攘羣凶無餘出入不數年而成王業漢祖之功不
能加焉夏以禹漢以高帝我以神堯爲始祖訂夏法漢於義何嫌
今頎崇鄙革天對易祖廟事之大者不稽于古難以疑文僻說定
之臣官以諫爲名不敢不盡愚議聞代宗不韙其言其後名儒大

議而景帝配天卒著于禮俄遷京兆尹頗以治稱京師苦樵薪之幹度開漕渠興南山谷口尾入于苑以便運載帝爲御安福門觀之幹密具舠船作倡優水嬉冀以媚帝久之渠不就俄改刑部侍郎魚朝恩敗坐交通出爲桂管觀察使大曆八年復召爲京兆尹時大旱幹造土龍自與巫覡對舞彌月不應又禱孔子廟帝笑曰丘之禱久矣使毀土龍帝減膳節用既而霔雨十三年涇水擁隔請開鄭白支渠復秦漢故道以漑民田廢碾磑八十餘所幹性貪暴既復用不暇念治專徇財色附會嬖近挾左道希主恩帝甚惑之德宗在東宮幹與宦者特進劉忠翼陰謀幾危宗嗣及即位又詭道希進密乘車謁忠翼事覺除名長流既行市人數百羣譟投礫從之俄賜死藍田驛忠翼本名清潭與左衞將軍董秀皆有寵於代宗當盛時爵賞在其口吻措冒財賄貲產累巨萬至是積前罪并及誅

楊炎字公南鳳翔天興人曾祖大寶武德初爲龍門令劉武周攻之死于守贈全節侯祖哲以孝行稱父播舉進士退居求志玄宗召拜諫議大夫棄官歸養肅宗時即家拜散騎常侍號玄靖先生炎美須眉峻風寓文藻雄蔚然豪爽尚氣河西節度使呂崇賁辟掌書記神烏令李太簡嘗醉辱之炎令左右反接榜二百餘幾死崇賁愛其才不問李光弼表爲判官不應召拜起居舍人固辭父喪廬墓側號慕不廢聲有紫芝白雀之祥詔表其閭炎三世以孝行聞至門樹六闕古所未有終喪爲司勳員外郎遷中書舍人與常袞同時知制誥袞長於除書而炎善德音自開元後言制詔者稱常楊云宰相元載與炎同郡炎又元出也故擢炎吏部侍郎史館脩撰載當國陰擇才可代己者引以自近初得禮部侍郎劉單會卒復驟吏部侍郎薛邕邕坐事貶後得炎親重無比會載敗坐貶道州司馬德宗在東宮雅知其名又嘗得炎所爲李楷洛碑寘于壁曰諷玩之及即位崔祐甫薦炎可器任即拜門下侍郎同中書門下平章事舊制天下財賦皆入左藏庫而太府四時

以數聞尚書比部覆出納舉無欺及第五琦爲度支鹽鐵使京師豪將求取無節琦不能禁乃悉租賦進大盈內庫天子以給取爲便故不復出自是天下公賦爲人君私藏有司不得計贏少而宦官以冗名持簿者三百人奉給其間根柢連結不可動及炎爲相言於帝曰財賦者邦國大本而生人之喉命天下治亂重輕繫焉先朝權制以中人領其職五尺宦豎操邦之柄豐儉盈虛雖大臣不得知則無以計天下利害陛下至德惟人是恤參計敝蠹莫與斯甚臣請出之以歸有司度宮中經費一歲幾何量數奉入不敢以闕如此然後可以議政惟陛下審察帝從之乃詔歲中裁取以入大盈度支具數先聞初定令有租賦庸調法自開元承平久不爲版籍法度玩敝而丁口轉死田畝換易貧富升降悉非向時而戶部歲以空文上之又戍邊者蠲其租庸六歲免歸玄宗事夷狄戍者多死邊將諱不以聞故貫籍不除天寶中王鉷爲戶口使方務聚斂以其籍存而丁不在是隱課不出乃按舊籍除當免者積三十年責其租庸人苦無告故法遂大敝至德後天下兵起因以饑癘百役並作人戶凋耗版圖空虛軍國之用仰給於度支轉運使四方征鎮又自給於節度都團練使賦斂之司數四莫相統攝綱目大壞朝廷不能覆諸使諸使不能覆諸州四方貢獻悉入內庫權臣巧吏因得旁緣公託進獻私爲贓盜者動萬萬計河南山東荊襄劍南重兵處皆厚自奉養王賦所入無幾科斂凡數百名廢者不削重者不去新舊仍積不知其涯百姓竭膏血鬻親愛旬輸月送無有休息吏因其苛蠶食于人富人多丁者以官學釋老得免貧人無所入則丁存故課免於上而賦增於下是以天下殘瘁蕩爲浮人鄉居地著者百不四五炎疾其敝乃請爲兩稅法以一其制凡百役之費一錢之斂先度其數而賦於人量出制入戶無主客以見居爲簿人無丁中以貧富爲差不居處而行商者在所州縣稅三十之一度所取與居者均使無僥利居人之稅秋夏兩入之俗有不便者三之其租庸雜傜悉省而丁額不廢其

田畝之稅率以大曆十四年墾田之數爲準而均收之夏稅盡
六月秋稅盡十一月歲終以戶賦增失進退長吏而尚書度支總
焉帝善之使諭中外議者沮詰以爲租庸令行數百年不可輕改
帝不聽天下果利之自是人不土斷而地著賦不加斂而增入版
籍不造而得其虛實吏不誡而姦無所取輕重之權始歸朝廷
矣炎興嶺表以單議悟天子中外翕然屬望爲賢相居數月崔祐
甫疾不能事喬琳免炎獨當國遂多變祐甫之政減薄護元陵功
優人始不悅又請開豐州陵陽渠發畿縣民役作閭里騷然渠卒
不就素德元載思有以報之於是復議城原州節度使段秀實謂
安邊卻敵宜以緩計方農事不可遽興功炎怒追秀實爲司農卿
以邠寧李懷光督作遣朱泚崔寧統兵各萬人翼之詔書下涇軍
恚曰吾軍爲國西屏十餘年始自邠土農桑地著之安徙此榛莽
中手披足踐既立城壘則又投之塞外且安寘此乎又懷光持法
嚴皋軍畏之裨將劉文喜因人之怨乃上疏求秀實朱泚爲使詔

以泚代懷光文喜不奉詔閉城拒守質其子吐蕃以求援時方暘
旱人情騷擕羣臣皆請赦文喜帝不聽詔減服御給軍且趣師涇
州士當受春服者皆即賜命泚懷光率軍攻之壘環其州別將劉
海賓斬文喜獻其首涇州平而原卒不能城又以劉晏劾載已坐
貶乃出晏忠州用庾準爲荊南節度使誣晏殺之朝野側目李正
己表請晏罪炎懼乃遣腹心分走諸道裴冀使東都河陽魏博孫
成使澤潞磁邢幽州盧東美使河南淄青李舟使山南湖南王定
使淮西聲言宣慰而實自辯解言晏往嘗傅會姦邪謀立獨孤妃
爲后帝自惡之非它過也帝聞使中人復其言於正己還報信然
於是帝意銜之未發也會盧杞以門下侍郎同中書門下平章事
進炎中書侍郎同秉政杞無術學貌么陋炎薄之託疾不與會食
杞陰爲憾舊制中書舍人分押尚書六曹以平奏報開元初廢其
職杞請復之炎固以爲不可杞益怒又密啓主書過咨逐之炎曰
主書吾局吏也吾當自治之柰何相侵邪始炎還朝道襄漢因勸

梁崇義入朝後又使李舟邀說之崇義益反側及其叛議者歸
咎炎以爲趣成之帝欲以淮西李希烈統諸軍致討炎曰希烈始
與李忠臣爲子逐忠臣取其位此可以任乎居無尺寸功猶倔彊
不奉法設使平賊陛下將何以制之帝不能平恚曰朕業許之
不能食吾言遂用希烈又嘗訪羣臣可大任者杞薦張鎰嚴郢而
炎舉崔昭趙惠伯帝以炎論議疏闊遂罷爲尚書左僕射既謝
對延英訖不至中書杞怒益欲中之先是嚴郢爲京兆尹不附炎
炎諷御史張著劾之罷兼御史中丞源休與郢不善自流人擢休
爲京兆少尹令伺郢過休反與郢善炎怒會張光晟謀殺回紇酋
帥乃使休使回紇郢坐度田不實下除大理卿至是炎罷其子弘
業賕賂狼藉故杞引郢爲御史大夫按之并得它過惠伯爲河南
尹時嘗市炎第爲官解御史劾炎宰相抑吏市私第貴取其直杞
召大理正田晉評罪晉曰宰相於庶官比監臨計羨利辠奪官杞怒
謫晉衡州司馬於是當監主自盜罪絞開元時蕭嵩嘗度曲江南

欲立私廟以爲天子臨幸處乃止後炎復取以立廟飛語云地有王
氣故炎取之帝聞震怒會獄具詔三司同覆貶崖州司馬同正未
至百里賜死年五十五貶惠伯多田尉亦殺之初炎矯飭志節頗
得名既傅會元載抵罪俄而得政然忮害根中不能自止睚眦必
讎果於用私終以此及禍自道州還也家人以綠袍木簡棄之炎
止曰吾嶺上一逐吏超登上台可常哉且有非常之福必有非常
之禍安可棄是乎及貶還所服久之詔復其官謚肅愍左丞孔戣
駁之更曰平厲

庾準者常州人無學術以柔媚自進得幸於王縉驟至中書舍人
時流蚩薄之再遷尚書右丞縉得罪出爲汝州刺史復入爲司農
卿又善炎故炎使節度荊南晏已誣死引爲尚書左丞建中三
年卒贈工部尚書

嚴郢字叔敖華州華陰人父正誨以才吏更七郡終江南西道採
訪使郢及進士第補太常協律郎守東都太廟祿山亂郢取神主

秘于家至德初定洛陽有司得以奉迎還廟擢大理司直呂諲鎭江陵表爲判官方士申泰芝以術得幸肅宗遨游湖衡間以妖幻詭衆姦贓鉅萬潭州刺史龐承鼎按治帝不信召還泰芝下承鼎江陵獄郢具言泰芝左道帝遣中人與諲雜訊有狀帝不爲然御史中丞敬羽白貸泰芝郢方入朝亟辨之帝怒叱郢去郢復曰承鼎劾泰芝詭皆有實泰芝言承鼎驗左不存今緩有罪急無罪臣死不敢如詔帝卒殺承鼎流郢建州泰芝後坐妖妄不道誅代宗初追還承鼎官召郢爲監察御史連署帥府司馬郭子儀表爲關內河東副元帥府判官遷行軍司馬子儀鎭邠州檄郢主留務河中士卒不樂戍邠多逃還郢取渠首尸之乃定歲餘召至京師元載薦之帝時載得罪不見用御史大夫李栖筠亦薦郢帝曰是元載所厚可乎答曰如郢材力陛下不自取而留爲姦人用邪即日拜河南尹水陸運使大曆末進拜京兆尹嚴明持法令疾惡撫窮敢誅殺盜賊一衰減隸官匠丁數百千人號稱職尹宰相楊炎請屯田豐州發關輔民鑿陵陽渠郢習朔邊病利即奏舊屯肥饒地今十不墾一水田甚廣力不及而廢若發二京關輔民浚豐渠營田擾而無利請以內苑蒔稻驗之秦地膏腴田上上耕者皆饑人月一代功甚易又人給錢月八千糧不在然有司常募不能足合府縣共之計一農歲錢九萬六千米月七斛二斗大抵歲儩丁三百錢二千八百八十萬米二千一百六十斛臣恐終歲穫不酬費況二千里發人出塞而歲一代乎又自太原轉糧以哺私出資費倍之是虛畿甸事亡倚也郢又言五城舊屯地至廣請以鑿渠糧俾諸城夏貸冬輸取渠工布帛給田者今據直轉穀則關輔免調發而諸城闢田炎不許渠卒不成罷之御史臺請天下斷獄一切待報唯殺人許償死論徒者得悉徙邊郢言罪人徙邊即流也流有三而一用之誠難且殺人外猶有十惡僞造用符印彊光火諸盜今一徙之法太輕不足禁惡又罪抵徒科別差殊或毆傷夫婦離非義絕養男別姓立嫡不如式私度關冒戶等不可悉而與十惡

同徙即輕重不倫又按京師天下聚論徒者至廣例不覆讞今若悉待報有司斷決有程月不啻五千獄正恐牒按塡委章程紊撓且邊及近邊犯死徙流者若何爲差請下有司更議炎惡異己陰諷御史張著劾郢匿發民浚渠使怨歸上繫金吾長安中日數千人遮建福門訟郢冤帝微知之削兼御史中丞人知郢得原皆迎拜會秋旱郢請蠲租稅炎令度支御史按覆以不實罷爲大理卿炎之罷盧杞引郢爲御史大夫共謀炎罪即逮捕河中觀察使趙惠伯下獄楚掠慘棘鍛成其罪卒逐炎崖州惠伯費州天下以郢挾宰相報仇爲不直然杞用郢敗炎內忌郢才因按蔡廷玉事殺御史鄭詹出郢爲費州刺史道逢樞殯問之或曰趙惠伯之殯郢內慙忽忽歲餘卒

竇參字時中刑部尚書誕四世孫學律令爲人矜嚴悻直果於斷以蔭累爲萬年尉同舍當夕直者聞親疾惶遽參爲代之會失囚京兆按直簿劾其人參曰彼以不及謁而往參當坐乃貶江夏尉人皆義之遷奉先尉男子曹芬兄弟隸北軍醉暴其妹父救不止恚赴井死參當兄弟重辟衆請俟免喪參曰父繇子死若以喪延是殺父不坐皆榜殺之一縣畏伏進大理司直按江淮獄揚州節度使陳少游偃蹇不郊迎遣軍吏致問參厲辭譙讓少游慙往謁參參不顧即去婺州刺史鄧珽盜贓八千緡宰相右珽欲免輸其財詔百官集尚書省議多希意爲助參獨持法卒輸入之遷監察御史湖南判官馬彝發部令贓千萬令之子因權幸誣奏彝參往按直其侵蟣彝後佐曹王皐以幹直聞者也入爲御史中丞舉劾無所回忌德宗數召見語天下事或決大議帝器之然多與宰相駁異數爲排卻卒無以傷參由是無所憚或率情制事矣時定百官班稟參嘗爲大理司直故多其入使在丞上惡詹事李昪抑其班在諸府少尹下中外稍惡其專進兼戶部侍郎民家生豕二首四足有司欲以聞參曰此乃豕禍昪不奏陳少游死子請襲封參大署省門曰少游位將相以艱危易節上含垢不忍發其息容

得傳襲邪神策將軍孟華戰有功或誣以反龍武將軍李建玉陷吐蕃自拔歸部曲告與虜通皆論死參悉治出之人始屬望俄以中書侍郎同中書門下平章事領度支鹽鐵使每延英對它相罷參必留以度支為言實專政也然參無學術不能稽古立事惟樹親黨多所詗察四方畏之於是淄青李納厚饋參外示嚴畏實賂帝親近為間故左右爭毀短之申其族子也為給事中參親愛每除吏多訪申申因得招賂漏禁密語故申所至人目為喜鵲帝聞以戒參且曰是必為累不如斥之參以情訴曰臣無彊子姓申雖疏屬無它惡帝曰而雖自保如外言何參固陳丐初陸贄與參不平吳通玄兄弟皆在翰林與贄軒輕不得申舅嗣虢王則之與通微等善遂共譖贄帝得其姦逐申為道州司馬不浹日貶參郴州別駕宣武劉士寧餉參絹五千湖南觀察使李巽故與參隙以狀聞又中人為之驗左帝大怒以為外交戎臣欲殺參贄雖怨然亦以殺之太重乃貶驩州司馬逐其息景伯于泉州女尼于郴州沒

入貲產奴婢帝又欲殺申則之及屬人業贄固爭法有首從首原則從減榮與參雖善然初無邪僻數激憤有直言晚頗疏忌請貶榮遠官申則之除名流嶺南詔可時宦侍謗沮不已參竟賜死于邕州年六十而杖殺申免榮死諸竇並逐云

吳通玄者海州人與弟通微皆博學善文章父道瓘以道士詔授太子諸王經故通玄等皆得侍太子游太子待之甚善始通玄舉神童補秘書正字又擢文辭清麗科調同州司戶參軍德宗立弟兄踵召為翰林學士頃之通微遷職方郎中通玄起居舍人並知制誥凡帝有譔述非通玄筆未嘗慊與陸贄吉中孚韋執誼並位贄文高有謀特為帝器遇且更險難有功通玄等特以東宮恩舊進昵而不禮見贄驟擢頗媢恨贄自恃勁正屢短通玄於帝前欲斥遠之即建言承平時工藝書畫之冗皆待詔翰林而無學士至德以來命集賢學士入禁中草書詔待進止於翰林院因以名官今四方無事制書職分宜歸中書舍人請罷學士帝不許通玄怨曰結謀奪其內職會贄權知兵部侍郎主貢舉乃命為真貞元十年通玄拜諫議大夫自以久次當得中書舍人大怨望贄與竇參交惡參從子申從舅嗣虢王則之方為金吾將軍故申介之使結通玄兄弟共危贄而通玄以宗室女為外婦帝知未及責則之飛謗云贄試進士受賄謝帝惡誣搆大怒罷參宰相逐則之昭州司馬通玄泉州司馬又銜淫汙近屬事自詰之不敢荅賜死長城驛贄遂相矣通玄死通微白衣待罪於門帝宥之內懼禍不敢行喪服

贊曰元載楊炎各以才資奮適主暗庸故致位輔相若其翦闒丑城原州以謀西夏還左藏有司一租賦以檢制有亡誠有取焉然載本與輔國以利合險刻著諸心谿壑之欲發乎無猒炎舉連載勢興醜喬秉國維綱返為載復讎釋言於君卒與妻子併誅暴先骨殛命于道蓋自取之也夫姦人多才未始不為患故鄧郤以俊死而鄧析以辯亡若兩人者所謂多才者邪緇言福業報應豈得

君自私無可論者易稱鼎折足其刑剭諒哉

元王黎楊嚴竇列傳第七十

端明殿學士兼翰林侍讀學士龍圖閣學士朝散大夫行尚書吏部侍郎充史館修撰臣宋祁奉
敕撰

李栖筠字貞一世為趙人幼孤有遠度莊重寡言體貌軒特喜書
多所通曉為文章勁迅有體要不妄交游族子華每稱有王佐才
士多慕向始居汲共城山下華固請舉進士俄擢高第調冠氏主
簿太守李峴視若布衣交遷安西封常清節度府判官常清被
召表攝監察御史為行軍司馬肅宗駐靈武發安西兵栖筠料精
卒七千赴難擢殿中侍御史李峴為大夫以三司按羣臣陷賊者
表栖筠為詳理判官推原其人所以脅汙者輕重以情悉心助峴
故峴愛恕之譽一旦出呂諲崔器上三遷吏部員外郎判南曹時
大盜後選簿亡舛多偽冒栖筠判折有條吏氣奪號神明遷山南
防禦觀察使會峴去相栖筠坐所善除太子中允衆不直改河南
令李光弼守河陽高其才引為行軍司馬兼糧料使改絳州刺史

擢累給事中是時楊綰以進士不鄉舉但試辭賦浮文非取士之
實請置五經秀才科詔羣臣議栖筠與賈至李廙以綰所言為是
進工部侍郎關中舊仰鄭白二渠溉田而豪戚壅上游取磑利且
百所奪農用十七栖筠請皆徹毀歲得租二百萬民賴其入魁然
有宰相望元載忌之出為常州刺史歲仍旱編人死徙踵路栖筠
為浚渠斷江流溉田遂大稔宿賊張度保陽羨西山累年吏討不
克至是發卒捕斬支黨皆盡里無吠狗乃大起學校堂上畫孝友
傳示諸生為鄉飲酒禮登歌降飲人人知勸以治行進銀青光祿
大夫封贊皇縣子賜一子官人為刻石頌德蘇州豪士方清因歲
凶誘流殍為盜積數萬依黟歙間阻山自防東南厭苦詔李光
弼分兵討平之會平盧行軍司馬許杲恃功擅留上元有窺江
吳意朝廷以創殘重起兵即拜栖筠浙西都團練觀察使圖之栖
筠至張設武備遣辯士厚齎金幣抵杲軍賞勞使士歆愛奪其謀
杲懼悉衆度江掠楚泗而潰以功進兼御史大夫則又增學廬表

宿儒河南褚沖吳何員等超拜學官為之師身執經問義遠邇
趨慕至徒數百人又奏部豪姓多徙貫京兆河南規脫傜科請量
産出賦以杜姦謀詔可元載當國久益恣橫代宗不能堪陰引剛
鯁大臣自助欲收綱權以黜載會御史大夫敬括卒即召栖筠與
河南尹張延賞擇可為大夫者延賞先至遂代括會李少良陸珽
等上書劾載陰事詔御史問狀延賞稱疾不敢鞫少良珽覆得罪
死帝殊失望出延賞為淮南節度使引拜栖筠為大夫始栖筠見
帝敷奏明辯不阿附帝心善之故制麻自中以授朝廷莫知也中
外竦眙栖筠素方挺無所屈於是華原尉侯莫陳怤以優補長
安尉當參臺栖筠物色其勞怤色動不能對乃自言為徐浩杜濟
薛邕所引非眞優也始浩罷嶺南節度使以瓌貨數十萬餉載而
濟方為京兆邕吏部侍郎三人者皆載所厚栖筠并劾之帝未決
會月蝕帝問其故栖筠曰月蝕修刑今罔上行私者未得天若以
儆陛下邪繇是怤等皆坐貶故事賜百官宴曲江教坊倡顯雜侍

栖筠以任國風憲獨不往臺遂以為法帝比欲召相憚載輒止
然有進用皆密訪焉多所補助栖筠見帝倚遇不斷亦內憂憤
卒年五十八自為墓誌贈吏部尚書謚曰文獻栖筠喜獎善而
樂人攻己短為天下士歸重不敢有所斥稱贊皇公云子吉甫
吉甫字弘憲以蔭補左司禦率府倉曹參軍貞元初為太常博
士年尚少明練典故昭德皇后崩自天寶後中宮虛位禮廢缺吉
甫草具其儀德宗稱善李泌竇參器其才厚遇之陸贄疑有黨出
為明州長史贄之貶忠州宰相欲害之起吉甫為忠州刺史使甘
心焉既至置怨與結懽人益重其量坐是不徙者六歲改郴饒二州
會前刺史繼死咸言牙城有物怪不敢居吉甫命菑除其署以視
事吏由是安誅破姦盜窟究治稱流聞憲宗立以考功郎中召知
制誥俄入翰林為學士遷中書舍人劉闢拒命帝意討之未決吉
甫獨請無置宜絕朝貢以折姦謀時李錡在浙西厚賂貴幸請用
韓滉故事領鹽鐵又求宣歙問吉甫對曰昔韋皐蓄財多故劉

闢因以構亂李錡不臣有萌若益以鹽鐵之饒采石之險是趣其反也帝寤乃以李巽爲鹽鐵使高崇文圍鹿頭未下嚴礪請出弃州兵與崇文趨果閬以攻渝合吉甫以爲非是因言漢伐公孫述晉伐李勢宋伐譙縱梁伐劉季連蕭紀凡五攻蜀繇江道者四且宣洪鄿鄂彊弩號天下精兵爭險地兵家所長請起其兵擣三峽之虛則賊勢必分首尾不救崇文懼舟師成功人有鬭志矣帝從之礪復請大臣爲節度吉甫諫曰崇文功且成而又命帥不復盡力矣因請以西川授崇文而屬礪東川益資簡六州使兩川得以相制由是崇文悉力劉闢平吉甫謀居多吐蕃遣使請尋盟吉甫議德宗初未得南詔故與吐蕃盟自異牟尋歸國吐蕃不敢犯塞誠許盟則南詔怨望邊隙日生帝辭其使復請獻濱塞亭障南北數千里求盟吉甫謀曰邊境荒岨犬牙相吞邊吏按圖覆視且不能知今吐蕃縣山跨谷以數番紙而圖千里起靈武著劒門要險之地所亡二三百所有得地之名而實喪之陛下將安用此帝乃詔謝贊普不納張愔既得徐州帝又欲以濠泗二州還其軍吉甫曰泗負淮餉道所會濠有渦口之險前日授建封幾失形勢今愔乃兩廊壯士所立雖有善意未能制其衆又使得淮渦阨東南走集憂未艾也乃止中書史滑渙素厚中人劉光琦凡宰相議爲光琦持異者使渙請常得如素宦人傳詔或不至中書召渙於延英承旨迎附羣意即爲文書宰相至有不及知者由是通四方賂謝弟泳官至刺史鄭餘慶當國嘗一責怒數日即罷去吉甫請間劾其姦帝使簿渙家得貲數千萬貶死雷州又建言州刺史不得擅見本道使罷諸道歲終巡句以絕苛斂命有司舉材堪縣令者軍國大事以寶書易墨詔由是帝愈倚信元和二年杜黃裳罷宰相乃擢吉甫中書侍郎同中書門下平章事吉甫連蹇外遷十餘年究知閭里疾苦常病方鎮彊恣至是爲帝從容言使屬郡刺史得自爲政則風化可成帝然之出郎吏十餘人爲刺史自王叔文時選任猥冒吉甫始簿其負人得敘進官無留才又度李錡必反勸

帝召之使者三往以病解而多持金啗權貴至爲錡游說者吉甫曰錡庸材而所畜乃亡命羣盜非有鬭志討之必克帝意決復言昔徐州亂嘗敗吳兵江南畏之若起其衆爲先鋒可以絕佘後患韓弘在汴州多憚其威誠詔弘子弟率兵爲掎角則賊不戰而潰從之詔下錡衆聞徐梁兵興果斬錡降以功封贊皇縣侯徙趙國公德宗以來姑息藩鎮有終身不易地者吉甫爲相歲餘凡易三十六鎮殿最分明裴均以尚書右僕射判度支結黨傾執政會皇甫湜等對策指擿權彊用事者皆怨帝亦不悅均黨因宣言殆執政使然右拾遺獨孤郁李正辭等陳述本末帝乃解吉甫本善竇羣羊士諤呂溫薦羣爲御史中丞羣即奏士諤侍御史溫知雜事吉甫恨不先白持之久不決羣等銜之俄而吉甫病醫者夜宿其第羣捕醫者劾吉甫交通術士帝大駭訊之無狀羣等皆貶而吉甫亦固乞免因薦裴垍自代乃以檢校兵部尚書兼中書侍郎同中書門下平章事爲淮南節度使帝爲御通化門祖道賜御餌禁方居三歲奏蠲逋租數百萬築富人固本二塘溉田且萬頃漕渠庳下不能居水乃築隄閼以防不足洩有餘名曰平津堰江淮旱浙東西尤甚有司不爲請吉甫白以時救恤帝驚馳遣使分道賑貸吉甫雖居外每朝廷得失輒以聞六年裴垍病免復以前官召吉甫還秉政入對延英凡五刻罷帝尊任之官而不名吉甫疾吏員廣繇漢至隋未有多於今者乃奏曰方今置吏不精流品龐雜存無事之官食至重之稅故生人日困冗食日滋又國家自天寶以來宿兵常八十餘萬其去爲商販度爲佛老雜入科役者率十五以上天下常以勞苦之人三奉坐待衣食之人七而內外官仰奉稟者無慮萬員有職局重出名異事離者甚衆故財日寡而受祿多官有限而調無數九流安得不雜萬務安得不煩漢初置郡不過六十而文景化幾三王則郡少不必政紊郡多不必事治今列州三百縣千四百以邑設州以鄉分縣費廣制輕非致化之本願詔有司博議州縣有可併併之歲時入仕有可停停之則

吏寡易求官少易治國家之制官一品奉三千職田祿米大抵不
過千石大曆時權臣月奉至九千緡州刺史無大小皆千緡宰
相常袞始為裁限至李泌量閑劇稍增之使相通濟然有名在職
廢奉存額去閑劇之間厚薄頓異亦請一切商定乃詔給事中段
平仲中書舍人韋貫之兵部侍郎許孟容戶部侍郎李絳參閱
蠲減凡省冗官八百員吏千四百員又奏收都畿佛祠田磑租入以
寬貧民德宗時義陽義章二公主薨詔起祠堂于墓百二十楹費
數萬計會永昌公主薨有司以請帝命減義陽之半吉甫曰德宗
一切之恩不可為法昔漢章帝欲起邑屋於親陵東平王蒼以為
不可故非禮之舉人君所慎請裁置墓戶以充守奉帝曰吾固疑
其冗減之今果然然不欲取編民以官戶奉墳而已吉甫再拜謝
帝曰事不安者第言之無謂朕不能行也十宅諸王既不出閣諸
女嫁不時而選尚皆繇中人厚為財謝乃得遣吉甫奏自古尚主
必慎擇其人江左悉取名士獨近世不然帝乃下詔皆封縣主令有

司取門閥者配焉田季安疾甚吉甫請任薛平為義成節度使以
重兵控邢洺因圖上河北險要所在帝張於浴堂門壁每議河北
事必指吉甫曰朕日按圖信如卿料矣劉澭舊軍屯普潤數暴
掠近縣吉甫奏還涇原畿民賴之八年回鶻引兵自西城柳谷侵
吐蕃塞下傳言且入寇吉甫曰回鶻能為我寇當先絕和而後犯
邊今不足虞也因請起夏州至天德復驛候十一區以通緩急發
夏州精騎五百屯經略故城以護党項而已既而果邊吏妄言六
胡州在靈武部中開元時廢之置宥州以處降戶寓治經略軍居
中以制戎虜北援天德南捍夏州至德寶應間廢宥州以軍遥隸
靈武道里曠遠故党項孤弱虜數擾之吉甫始奏復宥州乃治經
略軍以隸綏銀道取鄜城神策屯兵九千實之以江淮甲三十
萬給太原澤潞軍增太原馬千匹由是戎備完輯自蜀平帝鋭
意欲取淮西方吉甫在淮南聞吳少陽立上下攜泮自請徙壽州
以天子命招懷之反間以撓其黨會討王承宗未及用後田弘正以

魏歸吉甫知魏人謂田進誠才而唐州乃蔡喉衿請拔進誠為刺
史以臨賊境且慰魏心烏重胤守河陽吉甫以汝州捍蔽東都聯唐
許當蔡西面兵寡不足憚寇而河陽乃魏博之津弘正歸國則為
內鎮不宜戍重兵示不信請徙屯汝州帝皆從之後弘正拜檢校
尚書右僕射賜其軍錢二千萬弘正曰吾未喜於移河陽軍也及
元濟擅立吉甫以內地無脣齒援因時可取不當用河朔故事與
帝意合又請自往招元濟苟逆志不悛得指授群帥俘賊以獻天
子不許固請至流涕帝慰勉之會暴疾卒年五十七帝震悼贈外
別賜縑五百匹其家自大斂至卒哭皆中人臨弔吉甫圖淮西地
未及上帝敕其子獻之及葬祭以少牢贈司空有司謚曰敬憲
度支郎中張仲方非之帝怒貶仲方更賜謚曰忠懿始吉甫當國
經綜政事衆職咸治引薦賢士大夫愛善無遺褒忠臣後以起義
烈與武元衡連位未幾節度劍南屢言元衡材宜還為相及再輔
政天下想望風采而稍脩怨罷李藩宰相而裴垍左遷皆其謀也

李正辭晚相失及與蕭俛同召為翰林學士獨用俛而罷正辭人
莫不疑憚帝亦知其専乃進李絳遂與有隙數辯爭殿上帝多直
絳然畏慎奉法不忮害顧大體左拾遺楊歸厚嘗請對日已旰帝
令它日見固請不肯退既見極論中人許遂振之姦又歷詆輔相
求自試又表假郵置院具婚禮帝怒其輕肆欲遠斥之李絳為
言不能得吉甫見帝謝引用之非帝意釋得以國子主簿分司東
都初政事堂會食有巨牀相傳徙者宰相輒罷不敢遷吉甫笑曰
世俗禁忌何足疑邪徹而新之吉甫居安邑里時號安邑李丞相
所論著甚多皆行于世前卒一歲熒惑掩太微上相吉甫曰天且
殺我再遜位不許子德脩亦有志操寶曆中為膳部員外郎張
仲方又為諫議大夫德脩不欲同朝出為舒湖楚三州刺史卒次
子德裕自有傳

李鄘字建侯北海太守邕之從孫第進士又以書判高等補祕書
省正字李懷光辟致幕府擢累監察御史懷光反河中鄘與母妻

陷焉因紿懷光以兄病臥洛且華母欲往視懷光許可戒妻子無偕行鄘私遣之懷光怒欲加罪謝曰鄘籍在軍不得爲毋觴奈何不使婦往懷光止不問後與高郢刺賊虛實及所以攻取者白諸朝德宗手詔襃答懷光覺嚴兵召二人問之鄘詞氣不撓三軍爲感動懷光不殺囚之河中平馬燧破械致禮表佐其府以言不用罷歸洛中召爲吏部員外郎徐州張建封卒兵亂囚監軍迫建封子愔主軍務帝以鄘剛敢拜宣慰使持節直入其軍大會士諭以禍福出監軍獄中脫桎梏使復位衆不敢動愔即上表謝罪稱兵馬留後鄘曰非詔命安得輒稱之削去乃受旣還稱旨遷郎中順宗時進御史中丞憲宗立爲京兆尹進尚書右丞元和初京師多盜賊復拜京兆以檢校禮部尚書爲鳳翔隴右節度使是鎮常兼神策行營前此用武將始受詔即詣軍修謁鄘以爲不可詔爲去神策行營號俄徙河東入爲刑部尚書諸道鹽鐵轉運使拜淮南節度使王師討蔡方急李師道謀撓沮之鄘以兵二萬分壁鄆境

貲餉不卬有司是時兵興天子憂財乏使程异馳驛江淮諷諸道輸貨助軍鄘素富彊即籍府庫留一歲儲餘盡納于朝諸道由是悉索以獻緊鄘倡之先是吐突承璀爲監軍貴寵甚鄘以剛嚴治相禮憚稍厚善承璀歸數稱薦之召拜門下侍郎同中書門下平章事鄘不喜由宦倖進及出祖樂作泣下謂諸將曰吾老安外鎮宰相豈吾任乎至京師不肯視事引疾固辭改戶部尚書俄檢校尚書左僕射兼太子賓客分司東都以太子少傅致仕卒贈太子太保諡曰肅鄘彊直無私與楊憑穆質許孟容王仲舒友善皆以氣自任而鄘當官以峭法操下所至稱治猛決少恩在淮南七年其生殺禽擿多委軍吏而參佐束手不得與人往往陷非法議者亦以此少之子拭仕歷宗正卿京兆尹河東鳳翔節度使以秘書監卒拭子磎字景望大中末擢進士累遷戶部郎中分司東都劾奏內園使郝景全不法事景全反摘磎奏犯順宗嫌名坐奪俸磎上言因事告事旁訟他人者咸通詔語也禮不諱嫌名律廟諱嫌名不坐豈臣所引詔書而有司輒論奏臣恐自今用格令者委曲回避旁緣爲姦也詔不奪俸黃巢陷洛磎挾尚書八印走河陽時留守劉允章爲賊脅遣人就磎索印拒不與允章悟亦不臣賊嗣襄王之亂轉側淮南高駢受僞命磎苦諫不納入爲中書舍人翰林學士辭職歸華陰復以學士召乾寧元年進禮部尚書同中書門下平章事崔昭緯素疾磎諷劉崇魯掠其麻哭之言磎懷姦與中人楊復恭昵款其弟爲時溥所殺不可相天子翌日下遷太子少傅磎乃自言爲崇魯誣汙書十一上不止初崇魯父坐受賕仰藥死故磎以醜語及之議者譏其非大臣體昭宗素所器遇決意復用之而李茂貞等上言深詆其非帝不獲已又罷爲太子少師於是茂貞及王行瑜韓建擁兵闕下列磎罪殺之于都亭驛行瑜誅有詔復官爵贈司徒諡曰文磎好學家有書至萬卷世號李書樓所著文章及註解諸書傳甚多子沇字東濟有俊才亦遇害贈禮部員外郎

贊曰剛者天德故孔子稱剛近仁骨彊四支故君有忠臣謂之骨鯁若栖筠鄘二子其剛者歟栖筠抗權邪不及相鄘得相不願拜非剛疇克勝之吉甫踐天宰謀謨是矣而鯁正有愧於父云

二李列傳第七十一

端明殿學士兼翰林侍讀學士龍圖閣學士朝請大夫尚書吏部侍郎充集賢殿脩撰臣宋　祁　奉
敕撰

王思禮高麗人入居營州父爲朔方軍將思禮習戰鬬從王忠嗣至河西與哥舒翰同籍麾下翰爲隴右節度使思禮與中郎將周佖事翰以功授右衛將軍關西兵馬使從討九曲後期當斬臨刑翰釋之思禮徐曰死固分也何復貸爲諸將壯之天寶十三載吐谷渾蘇毗王款附詔翰至磨環川應接思禮隊馬蹇其翰謂監軍李大宜曰思禮跛足尚欲何之俄加金城郡太守安祿山反翰爲元帥奏思禮赴軍玄宗曰河隴精銳悉在潼關吐蕃有釁唯倚思禮耳翰固請乃兼太常卿充元帥府馬軍都將翰委以軍事密勸翰表誅楊國忠翰不應復請以三十騎劫至潼關殺之翰曰此乃吾反何與祿山事潼關失守思禮與呂崇賁李承光同走行在肅宗責不堅守引至纛下將斬之宰相房琯諫以爲可收後効遂獨斬承光赦思禮等尋副房琯戰便橋不利更爲關內行營節度河西隴右伊西行營兵馬使守武功賊安守忠來戰思禮退保扶風賊分兵略大和關去鳳翔五十里李光進戰未利行在戒嚴從官潛出其孥帝使左右巡御史虞候識其姓名衆稍稍止命郭子儀以朔方兵擊之會崔光遠行軍司馬王伯倫判官李椿以兵二千屯扶風聞賊已西欲乘虛襲京師徑至高陵賊引軍還擊椿等椿巳至中渭橋殺守者千人進攻苑門伯倫戰死椿被執先是賊餘衆留武功既傳官軍入京師乃燒營遁自是賊不敢西長安平思禮先入清宮收東京戰數有功遷兵部尚書封霍國公食實戶五百尋兼潞沁等州節度乾元元年總關中潞州行營兵三萬騎八千與子儀圍賊相州軍潰惟李光弼思禮完軍還尋破史思明別將萬餘衆於直千嶺光弼徙河陽代爲河東節度副大使上元元年加司空自武德以來三公不居宰輔唯思禮而已二年薨贈太尉謚曰武烈思禮善守計短攻戰然持法嚴整士不敢犯在太原器甲

完精儲粟至百萬斛云

魯炅幽州薊人長七尺餘略通書史以蔭補左羽林長上隴右節度使哥舒翰引爲別奏顏眞卿嘗使隴右謂翰曰君興郎將揔節制亦嘗得人乎炅時立階下翰指曰是當爲節度使從破石堡城收河曲遷左武衛將軍後復以破吐蕃跳盪功除右領軍大將軍安祿山反拜上洛太守將行於帝前畫攻守勢遷南陽太守兼守捉防禦使封金鄉公尋爲山南節度使以嶺南黔中山南東道子弟五萬屯湼水南賊將武令珣畢思琛等擊之衆欲戰炅不可賊右趨乘風縱火鬱氣奔營士不可止負扉走賊矢如雨炅與中人薛道挺身走舉衆沒賊時嶺南節度使何履光黔中節度使趙國珍襄陽節度使徐浩未至其子弟半在軍挾金爲資糧至是與械偕棄與山等賊資以富炅收散兵保南陽潼關失守賊使哥舒翰招下不從使武令珣攻之令珣死田承嗣繼往潁川來瑱襄陽魏仲犀合兵援炅仲犀弟孟馹兵至明府橋望賊走炅城中食盡米斗五十千一鼠四百餓者相枕藉朝廷遣使者曹日昇宣慰加炅特進太僕卿不得入日昇請單騎致命仲犀不可會顏眞卿自河北至謂曰使者不顧死致天子命設爲賊獲是亡一使者脫能入城則萬心固矣中官馮廷瓌亦曰將軍必入我請以兩騎助仲犀益騎凡十輩賊望見知皆銳兵不敢擊遂入致命人心益固日昇復以騎趨襄陽領兵千由音聲道運糧餉炅故炅得與賊相持踰三月炅被圍凡一年晝夜戰人至相食卒無救至德二載五月乃率衆突圍走襄陽承嗣尾擊炅殊死戰二日斬獲甚衆賊引去俄拜御史大夫襄鄧十州節度使亦會二京平賊走河北時襄漢數百里鄉聚蕩然舉無樵煙初賊欲剽亂江湖賴炅適扼其衝故南夏以完策勳封岐國公實封二百戶乾元元年又加淮西節度鄧州刺史與九節度圍安慶緒於相州炅領淮西襄陽兩鎮步卒萬人騎三百明年與史思明戰安陽王師不利炅中流矢輒奔諸節度潰去所過剽奪而炅軍尤甚有詔來瑱節度淮西徙

昇鄭陳亳節度使至新鄭聞郭子儀整軍屯穀水李光弼還太原昇羞慚仰藥死年五十七

王難得沂州臨沂人父思敬少隸軍試太子賓客難得健于武工騎射天寶初爲河源軍使吐蕃贊普子郎支都者恃驕敏乘名馬寶鈿鞍略陣挑戰甚閑暇無敢校者難得怒挾矛騋馬馳支都不暇鬬直斬其首玄宗壯其果召見令殿前乘馬挾矛作刺賊狀大悅賜錦袍金帶累授金吾將軍從哥舒翰擊吐蕃至積石虜吐谷渾王子悉弄參及悉頰藏而還復收五橋拔樹惇城進白水軍使收九曲加特進肅宗在靈武軍賞乏難得上家貲助軍試衞尉卿俄領興平軍及鳳翔兵馬使收京師方戰麾下士失馬難得馳救矢著眉披膚鄣目乃拔箭斷膚殊死前鬬血濺面不已帝嘉之從郭子儀攻相州累封琅邪郡公爲英武軍使寶應二年卒贈潞州大都督子子顏少從父征討檢校衞尉卿生莊憲太后元和元年憲宗朝太后南宮乃褒贈思敬爲司徒難得太尉子顏太師唯子顏子用及封用字師柔拜太子詹事纔三月封太原郡公尋廢疾累遷檢校左散騎常侍兼右金吾大將軍謙良無過卒贈工部尚書

辛雲京蘭州金城人客籍京兆世爲將家雲京有膽決以禽生斬馘當冠軍積功遷特進太常卿史思明屯相州雲京以銳兵四千襲滏陽追破其衆至浪井錄多授開府儀同三司加代州都督鎮北兵馬使太原軍亂帝惡鄧景山繩下無漸以雲京性沈毅故授太原尹進封金城郡王雲京治謹于法下有犯雖絲毫比不肯貸及賞功亦如之故軍中畏而信回紇恃舊勳每入朝所在暴鈔至太原雲京以戎狄待之虜畏不敢惕息數年太原大治加檢校尚書右僕射同中書門下平章事大曆三年檢校左僕射卒年五十五代宗爲發哀流涕贈太尉謚曰忠獻它日郭子儀元載見上語及雲京帝必泣然及葬命中使弔祠時將相祭者至七十餘幄喪車移晷乃得去德宗時第至德以來將相雲京爲次從弟京杲字京杲信安王禕節度朔方京杲與弟杲以策干說禕評治加異後從李光弼出井陘督趫盜先驅戰嘉山尤力肅宗異之召見曰黥彭關張之流乎累遷鴻臚卿召爲英武軍使代宗立封肅國公遷左金吾衞大將軍進晉昌郡王歷湖南觀察使後爲工部尚書致仕朱泚盜京師以老病不能從西嚮慟而卒贈太子少保杲亦從光弼定恒趙後署太原三城使史思明屯相軍及滏陽杲逆擊走之東都陷退守河陽卒于屯雲京曾孫讜別傳

馮河清京兆人始隸郭子儀軍以戰多拜左衞大將軍後從涇原節度使馬璘充兵馬使數以偏師與吐蕃遇多效級名聞軍中建中時節度使姚令言率兵討關東以河清知留後幕府殿中侍御史姚況領州而行師過關有急變德宗走奉天河清況聞閤召諸將計事東向哭相勵以忠意象軒毅衆義其爲無敢異言即發儲鎧完仗百餘乘獻行在初帝之出六軍蒼卒無良兵士氣沮及河清輸械至被堅勒兵軍聲大振即拜河清涇原節度使安定郡王

況行軍司馬朱泚數遣諜人誅之河清輒斬以徇興元元年渾瑊以吐蕃兵敗賊韓旻等涇人妄傳吐蕃有功將以叛卒孥與貲歸之衆大恐且言不殺馮公吾等無類矣田希鑒遂害河清況挺身還鄉里京師平贈河清尚書左僕射拜況太子中舍人況性簡退未嘗言功屬歲凶奉稍不自給以飢死河清再贈太子少傅

李芃字茂初趙州人解褐上邽主簿嚴武爲京兆尹薦補長安尉李勉觀察江西表署判官永泰初宣饒劇賊方清陳莊西絕江劫商旅爲亂支黨盤結芃請以秋浦置州扼衿要使不得合從勉是其計奏以宣之秋浦青陽饒之至德置池州即詔芃行州事後魏少游代勉表署都團練副使攝江州刺史以母喪解勉之節度永平復辟幕府會李靈耀反署芃兼亳州防禦使詔陳頴饟道便軍興德宗立授河陽三城鎮遏使糧貲善者必先以給士士悅之達練事宜嚴備常若有敵未幾拜節度使以東畿汜水等五縣隸屬與馬燧等破田悅洹水上以功檢校兵部尚書實封百戶進圍悅於

將符璘以騎五百降芃大開壁門納之興元初檢校尚書右僕射以疾將請老謂所親曰歲方旱蝗上猷征伐天下城壘堅戈鋋利然務以力勝其可盡乎救敝者莫若德方鎮之臣宜先退讓死權錮祿吾敢哉言而不踐非吾志也固求罷歸東都卒年六十四贈太子太保

李叔明字晉卿閬州新政人本鮮于氏世為右族兄仲通字向天寶末為京兆尹劍南節度使兄弟皆涉學輕財務施叔明擢明經為楊國忠劍南判官乾元中除司勳員外郎副漢中王瑀使回紇回紇遇瑀慢叔明讓曰大國通好使賢王持節可汗唐之婿恃功而倨可乎可汗為加禮復命遷司門郎中東都平拜洛陽令招徠遺民號能吏擢商州刺史上津轉運使遷京兆尹長安歌曰前尹赫赫具瞻允若後尹熙熙具瞻允斯父之以疾辭除太子右庶子崔旰擾成都出為邛州刺史旰入朝即拜東川節度使遂州刺史徙治梓州大曆末或言叔明本嚴氏少孤養外家冒鮮于姓請還宗詔可叔

明初不知意醜之表乞宗姓列屬籍代宗從之建中初吐蕃襲火井掠龍州陷扶文遂三州叔明分五將邀擊走之以功加檢校戶部尚書梁崇義阻命詔引兵下峽戰荊門敗其衆襄州平遷檢校尚書左僕射德宗幸興元出家貲助軍悉衣幣獻宮掖加太子太傅封蜀國公初東川承兵盜鄉邑彫破叔明治之二十年撫接有方華裔遂安後朝京師以病足賜錦輦令官士肩舁以見拜尚書右僕射乞骸骨改太子太傅致仕貞元三年卒諡曰襄始叔明與仲通俱尹京兆及兼秩御史中丞並節制劍南又與子昇俱兼大夫蜀人推為盛門叔明素惡道佛之弊上言曰佛空寂無為者也道清虛寡欲者也今迷其內而飾其外使農夫工女墮業以避役故農桑不勸兵賦日屈國用軍儲為斁耗臣請本道定寺為三等觀為二等上寺留僧二十一上觀道士十四每等降殺以七皆擇有行者餘還為民德宗善之以為不止本道可為天下法乃下尚書省雜議於是都官員外郎彭偃曰王者之政變人心為上因人心次之不變不因為下今道士有名亡實俗鮮歸重於亂政輕僧尼拂穢皆天下不逞苟避征役於亂人甚今叔明之請雖善然未能變人心亦非因人心者夫天生蒸人必將有職游閑浮食王制所禁故賢者受爵祿不肖者出租稅古常道也今僧道士不耕而食不織而衣一僧衣食歲無慮三萬有五所不能致舉一僧以計天下其費不貲臣謂僧道士年未滿五十可令歲輸絹四尼及女官輸絹二雜役與民同之過五十者免凡人年五十嗜欲已衰況有戒法以檢其性情哉刑部員外郎裴伯言曰衣者蠶桑也食者耕農也男女者繼祖之重也而二教悉禁國家著令又從而助之是以夷狄不經法反制中夏禮義之俗也傳曰女子十四有為人母之道四十九絕生育之理男子十六有為人父之道六十四絕陽化之理臣請僧道士一切限年六十四以上尼女官四十九以上許終身在道餘悉還為編人官為計口授地收廢寺觀以為廬舍議雖上罷之子昇以少卿從德宗梁州叔明嚴敕以死報故昇有功擢禁軍將軍貞元初遷太子詹事坐郜國公主貶羅

州別駕叔明素豪侈在蜀殖財廣第舍田產殁數年子孫驕縱貲產皆盡世言多藏者以叔明為鑑云

曲環陝州安邑人客隴右少喜兵法資勇敢善騎射天寶中從哥舒翰討吐蕃拔石堡取黃河九曲洪濟等城授果毅別將安祿山反從魯炅守鄧州與賊武令珣戰尤力加左清道率從李抱玉屯河陽又自將兵守澤州破賊銳將安曉拜羽林將軍與諸將討史朝義平河北累轉金吾大將軍大曆中戍隴州數破吐蕃以功兼太常卿德宗初虜寇劍南詔環以邠隴兵五千馳救收七盤城威武軍維茂等州虜破走威名大振加太子賓客賜名馬豫討涇州劉文喜遷開府儀同三司封晉昌郡王邠隴兵馬使時李納逼徐州環與劉玄佐救之敗其衆功最建中三年擢邠隴行營節度使李希烈陷汴州環守寧陵戰陳州斬賊三萬五千級禽其將翟崇暉進檢校工部尚書兼陳州刺史希烈平改陳許節度賜封三百戶二州比為寇衝民苦剽鹵客他縣環勤身節用寬賦斂簡條教

不三歲歸者纔係訓農治兵穀食豐衍轉檢校尚書左僕射貞元
十五年卒年七十四贈司空
王虔休字君佐汝州梁人少涉學有材武以信義為鄉黨畏慕大
曆中刺史李深署為裨將澤潞李抱眞聞其名厚以幣招之授兵
馬使抱眞討河北戰雙岡臨洺虔休以多權步軍都虞候封同昌
郡王實封五十戶抱眞卒元仲經等謀樹其子緘一軍忠亂虔休
正色語衆曰軍王軍州王土也帥亡當稟天子何云云有妄謀衆服
其言得不亂德宗嘉之以邕王為昭義節度大使擢虔休潞州左
司馬領留後本名延貴至是賜名號令撫循軍中大治初抱眞之
喪軍司馬元誼據洺州叛虔休遣將李廷芝討之戰長橋斬級數
百次雞澤又破之守戍皆奔魏博即決水灌城將壞遣掌書記盧
項入見誼陳利害誼請朝即以項為洺州別駕使守洺誼出亦奔
魏治潞二歲遷昭義節度使檢校工部尚書始屬城州縣守宰多
署它職不親政故治苟簡虔休悉增俸稟遣就部人以安安卒

年六十三贈尚書左僕射諡曰敬虔休性恪敏節用度旣沒所部
帑廩皆可支數歲嘗得太常樂家劉玠撰繼天誕聖樂因帝誕
日以獻其樂以宮為均宗五聲有君也以土為德本五運在中也
奏二十五疊取二十四氣而成一歲奏十六節象元凱登庸于朝云
後中和樂本于此子麗成等十人並補太學生
盧羣字載初系出范陽少學於垂山淮南陳少游聞其名奏署
幕府已而薦諸朝李希烈反以監察御史為江西行營糧料使嗣
曹王皐節度江西奏為判官皐徙荊襄皆從其府以勁正聞入為
侍御史郭子儀家與嬖人張昆弟訟財不平又言嬖人宅匿珍寶
德宗促按之羣奏子儀有大勳德今所訟皆其家事且嬖人宅
子儀昔畀之非子弟所宜言請赦勿問從之人謂羣識大體累遷
兵部郎中淮西吳少誠擅決司洧水溉田使者止之不奉詔命羣臨
詰少誠曰是於人有利羣曰臣道貴順恭恪所以為順也專命廢
順雖利何有且怠於事上者固不能責其下矣少誠聽命羣又為

陳古今成敗事逆順禍福皆有效所以感動之少誠竦然旣置酒
與賦詩又歌以慰之少誠感悅不敢桀以奉使稱旨遷檢校秘書
監鄭滑節度行軍司馬姚南仲入朝即以羣代節度羣嘗客于鄭
貿良田以耕至是則出券貸直以田歸其人卒年五十九贈工部尚書
李元素字大朴邢國公密孫仕為御史東都留守杜亞惡大將令
狐運會盜劫輸絹於洛北運適與其下畋近郊亞疑而訊之幕府
穆員張弘請按鞫無狀亞怒更以愛將武金掠服之死者甚衆亞
請斥運醜士詔監察御史楊寧覆驗事皆不讎亞怒劾寧周上寧
抵罪又自以不失盜為功因忽其怒傳致而周内之若不可斷者德
宗信不疑宰相難之詔元素與刑部員外郎崔從質大理司直盧
士瞻馳按亞迎以獄告元素徐察其冤悉縱所囚以還亞大驚復
劾元素失有罪比元素還帝已怒奏獄未畢帝曰出元素曰臣言有
所未盡帝曰第去元素曰臣以御史按獄知冤不得盡辭是無容復
見陛下帝意解即道運冤狀帝感寤曰非卿孰能辨之然運猶以擅

捕人得罪流歸州死于貶武金流建州後歲餘齊抗得眞盜辭是
天下重之遷給事中後美官缺咸冀元素得其處會鄭滑節度使
盧羣卒拜元素檢校工部尚書節度其軍治有異績元和初召為
御史大夫自貞元後難其人不補而元素以夙望召拜中外企
聽風采旣而一不建為容容持祿內望作宰相久之不見用則謝賓
客曰無以官散外我見屬吏輒先拜人人失望李錡反拜浙西節度
使數月還為國子祭酒進戶部尚書判度支元素少孤奉長姊謹
悌及沒悲鯁成疾因辭職屏居其妻右泉公王方慶之孫前妻子
皆不肖而元素溺姬侍王不見荅元素久疾益昏惑遂出之王訴
諸朝詔免元素官且令畀王貲五百萬卒贈陝州大都督
盧士玫者山東人以文儒進端厚無競為吏部員外郎善于職再
遷知京兆尹劉總入朝與士玫故內姻乃請析瀛鄚兩州用士玫
為觀察使詔可俄而幽州亂朱克融襲之朝廷欲重其任就加節
度使士玫空家貲助軍然部卒多家幽州陰導克融入故士玫閫

府皆見囚幽州天子赦克融得還以太子賓客分司東都徐虢州
刺史復爲賓客卒贈工部尚書

三王會晉辛馮三李曲二盧列傳第七十二

令狐張康李劉田王牟史列傳第七十三

端明殿學士兼翰林侍讀學士龍圖閣學士朝請大夫尚書吏部侍郎兼集賢殿脩撰臣宋祁奉敕撰

令狐彰字伯陽京兆富平人其先自燉煌内徙父潓爲世善吏始尉范陽通民家女生彰罷歸留彰母所既長志膽沈果知書傳大義射命中從安祿山署左衛郎將與張通儒入長安又署左街使二京平走河朔史思明署博滑二州刺史屯滑臺時中人楊萬定監滑州軍彰欲以節自顯募死士夜度河悉籍士馬州縣獻款因萬定以聞肅宗大悅下書慰勞彰移壁杏園渡思明疑之遣薛岌以兵劫彰彰諭衆以大誼皆感附死力遂破岌兵潰圍出以麾下數百入朝賜甲第帷帳什器拜滑亳魏博節度使河朔平加兼御史大夫封霍國公檢校尚書右僕射始滑當寇衝城邑墟榛彰躬訓吏下檢軍力農法令嚴無敢犯者田疇大闢庫委豐餘歲時貢賦如期時吐蕃盜邊召防秋兵彰遣士三千自齎糧所過無秋毫犯供

擬讓不受時韙其能然猜阻忮忍忤者輒死怒潁州刺史李岵遣姚奭代之戒曰不時代殺之岵知其謀因殺奭死者百餘人奔汴州上書自言彰亦劾之河南尹張延賞畏彰留岵使故彰書先聞斥岵夷州殺之與魚朝恩有隙及用事彰不敢入朝會母喪失明卒方疾甚敕子建通運歸東都私第悉上軍府兵仗財用簿最表吏部尚書劉晏工部尚書李勉堪大事請以自代代宗得表咨悼下詔褒美其門閭贈太傅建累官右龍武軍使德宗幸奉天建方肄士射遂以四百人從且殿擢行在中軍鼓角使左神武軍大將軍其妻成德節度使李寶臣女也建將弃之誣與門下客郭士倫通榜殺士倫而逐其妻士倫母痛憤卒寶臣請劾按無狀建會赦免帝取常賸錢五十萬葬士倫母子并恤其家俄起建爲右領軍大將軍復坐專殺以勳被貸坐妄自陳貶施州別駕卒贈右領軍大將軍又加贈揚州大都督憲宗時宰相李吉甫奏言彰將死籍上土地兵甲遣諸子還第彰同時河朔諸鎮傳子孫熏灼數代惟彰忠義舊

發而長子建坐事幼子運無辜皆竄死今通幸存惟陛下用之因授贊善大夫時討蔡故連徙壽州團練使閻吉甫卒不自安每戰虛張首級敗則掩不奏露布上宰相武元衡卻之後爲賊攻焚營聚破屯柵通大懼重塹不敢出詔金吾大將軍李文通宣慰將至遂代之貶昭州司戶參軍事久乃召爲右衛將軍給事中崔植還其制帝使諭植以彰有功不忍弃其嗣制乃下終左衛大將軍運爲東都留守將爲杜亞所陷流死歸州

張孝忠字孝忠本奚種世爲乙失活酋長父謐開元中提衆納款授鴻臚卿孝忠始名阿勞以勇聞燕趙間共推張阿勞王沒諾干二人齊名沒諾干王武俊也孝忠魁偉長六尺性寬裕事親孝天寶末以善射供奉仗内安祿山奏爲偏將破九姓突厥以功擢漳源府折衝祿山史思明陷河洛常爲賊前鋒朝義敗乃自歸授左領軍將軍以兵屬李寶臣累加左金吾衛將軍賜今名寶臣以其沈毅謹詳遂爲姻家易州諸屯委以統制十餘年威惠休聞田承

嗣寇冀州寶臣付兵四千使出上谷屯貝丘承嗣見其軍整嚴歎曰阿勞在冀未可圖也即焚營去寶臣與朱滔戰瓦橋奏孝忠爲易州刺史分精騎七千當幽州擢太子賓客封符陽郡王寶臣晚節稍忌刻殺大將李獻誠等而召孝忠孝忠不往復使其弟孝節召之孝忠復命曰諸將無狀連頸受戮吾懼禍不敢往亦不敢叛猶公不覲天子也孝節泣曰即歸且僇死孝忠曰偕往則并命吾留無患也果不敢殺然寶臣素善孝忠及病不能語以手指北而死子惟岳擅立詔朱滔以幽州兵討之滔已以孝忠善戰慮師出爲己患使判官蔡雄往說曰惟岳孺子弄兵拒命吾奉詔伐罪公乃宿將安用助逆而不自求福也今昭義河東軍已破田悅而淮西軍下襄陽梁崇義尸出井中斬漢江上者五千人河南軍計日北首趙魏滅亡可見公誠去逆蹈順倡先歸國可以建不世功孝忠然之遣將程華報滔連和遣易州錄事參軍事董稹入朝德宗嘉之擢孝忠檢校工部尚書成德軍節度使令與滔并力孝忠子

弟在恒州者皆死孝忠重德滔爲子茂和聘其女締約益堅敗惟岳於東鹿滔欲乘勝襲恒州孝忠乃引軍西北壁義豐滔疑之孝忠將佐諫曰尚書推赤心於朱司徒可謂至矣今逆賊已潰元功不終後且悔之孝忠曰李朱破賊賊已破矣而恒州多宿將迫之則死闘緩之則改圖且滔言大而識淺可以慮始難與守成故吾堅壁于此以待賊之滅耳滔亦止屯束鹿月餘王武俊果斬惟岳以獻已而定州刺史楊政義以州降孝忠遂有易定時三分成德地詔定州置軍名義武以孝忠爲節度易定滄等州觀察使後滔與武俊叛復遣蔡雄說之荅曰吾既爲唐臣而天性樸彊業已効忠不復助惡矣吾與武俊少相狎然其心喜反覆不可信幸謝司徒志鄙言滔復啖以金帛皆不受易定介二鎮間乃浚溝壘脩器械感厲將士乘城固守滔悉兵攻之帝詔李晟賓文場率師援孝忠滔解去遂全其軍孝忠因與晟結婚天子出奉天孝忠遣將楊榮國以鋭卒六百佐晟赴難收京師興元初詔同中書門下平

章事貞元二年河北蝗民餓死如積孝忠與其下同粗淡日膳裁豆䭀而已人服其儉推爲賢將明年檢校司空詔其子茂宗尚義章公主孝忠遣妻入朝執親迎禮賞賚甚厚五年爲將佐所惑以兵襲蔚州入之奉詔還鎮有司劾擅興削司空六年還其官卒年六十二追封上谷郡王贈太師謚曰貞武子茂昭茂宗茂和

茂宗擢累光禄少卿左衛將軍元和中歷閑廏使初至德時西戎陷隴右故隴右監及七廏皆廢而閑廏私其地入寶應初始以其地給貧民茂宗恃恩奏悉收其賦又奏取麟游岐陽牧地三百餘頃民訴諸朝詔監察御史孫革按行還奏不可茂宗負左右助謗革所奏不實復遣侍御史范傳式覆實乃悉奪其田長慶初岐人列訴下御史盡以其地還民寶歷初遷兗海節度使終左龍武統軍茂和歷左武衛將軍裴度討蔡奏爲都押衙茂和數以膽勇求自試謂度無功辭不行度請斬之以令軍憲宗曰予以其家忠且孝爲卿遠斥後終諸衛將軍

茂昭本名昇雲德宗時賜今名字豐明少沈毅頗通書傳孝忠時累擢檢校工部尚書孝忠卒帝拜邕王諒爲義武軍節度大使以茂昭爲留後封延德郡王後二年爲節度使弟昇璘薄王武俊爲人座上嫚罵武俊怒襲義豐安喜無極掠萬餘人茂昭嬰城遣人厚謝乃止久之入朝爲帝從容言河朔事帝竦聽曰恨見卿晚召宴麟德殿賜良馬甲第器幣優具詔其子克禮尚晉康郡主帝方倚之經置北方會崩故茂昭每入臨輒哀不自勝順宗立進同中書門下平章事復遣之鎮賜女樂二人固辭車至第門茂昭引詔使辭曰天子女樂非臣下所宜見昔汾陽咸寧西平北平皆有大功故當是賜今下臣述職以朝奈何濫賞後日有立功之臣陛下何以加之復賜安仁里第亦讓不受憲宗元和二年請朝五奏乃聽願留不許加兼太子太保既還王承宗叛詔河東河中振武義武合軍爲恒州北道招討茂昭治廪廄列亭候平易道路以待西軍承宗以騎二萬踰木刀溝與王師薄戰茂昭躬擐甲爲前鋒令其子克

讓從子克儉與諸軍分左右翼繞賊大敗之承宗幾危會有詔班師加檢校太尉兼太子太傅乃請舉宗還朝表數上帝乃許北鎮遣客間說皆不納詔左庶子任迪簡爲行軍司馬乘馹往代茂昭奉兩州符節管鑰圖籍歸之先敕妻子上道戒曰吾使而曹出易庶後世不爲汙俗所染未半道迎拜兼中書令充河中晉絳慈隰節度使至京師雙日開延英對五刻罷又表遷墳墓于京兆許之明年疽發於首卒年五十册贈太師謚曰獻武帝思其忠擢諸子皆要職歲給絹二千匹少子克勤開成中歷左武衛大將軍有詔賜一子五品官克勤以息幼推與其甥吏部員外郎裴夷直劾曰克勤骫有司法引庇它族開後日賣爵之端不可許詔聽遂著于令夷直字禮卿亦婞亮第進士歷右拾遺累進中書舍人武宗立夷直視册牒不肯署乃出爲杭州刺史斥驩州司戶參軍宣宗初內徙復拜江華等州刺史終散騎常侍

陳楚者茂昭甥也字材卿定州人有武幹事茂昭歷牙將常統精

卒從征伐茂昭入朝擢諸衛大將軍封普寧郡王元和末義武節度使渾鎬喪師定州亂拜楚爲節度使馳傳赴軍及郊無迎者左右勸無入楚曰定軍不來迎以試我今不入正墮計中乃冒雪行四十里夜入其州然軍校部伍皆楚舊也由是衆心乃定徙河陽三城入爲左羽林統軍檢校司空卒年六十一贈司空子君奭亦至鳳翔節度使

康日知靈州人祖植當開元時縛康待賓平六胡州玄宗召見擢左武衛大將軍封天山縣男日知少事李惟岳擢累趙州刺史惟岳叛日知與別駕李濯及部將百人啐牲血共盟固州自歸惟岳怒遣先鋒兵馬使王武俊攻之日知使客謝武俊曰賊孱甚安足共安危哉吾城固士和雖引歲未可下且賊所恃者田悅耳悅兵血衊邢壕可浮不能殘半堞況吾城之完乎又紿爲臺檢示曰使者齎詔諭中丞中丞奈何負天子從小兒跳梁哉武俊悟引兵還斬惟岳以獻德宗美其謀擢爲深趙觀察使賜實封戶二百會武俊拒命遣將張鍾葵攻趙州日知破之上俘京師興元元年以深趙益成德徙日知奉誠軍節度使又徙晉絳加累檢校尚書左僕射封會稽郡王貞元初卒贈太子太師

子志睦字得衆資趫偉工馳射隸右神策軍遷累大將軍討張韶以多兼御史大夫進平盧軍節度使李同捷反放兵略千乘志睦挫其鋭不得逞遂下蒲臺盡奪其械加檢校尚書左僕射徙涇原封會稽郡公卒年五十七贈司空

子承訓字敬辭推門功進累左神武軍將軍宣宗擢爲天德軍防禦使軍中馬乏虜來戰數負承訓罷冗費市馬益軍軍乃奮張始党項破射鵰軍洛源鎮悉俘其人聞承訓威政皆還俘不敢謷詔檢校工部尚書封會稽縣男擢義武節度會南詔破安南詔徙嶺南西道城邕州合容管經略使隸之遂統諸軍行營兵馬南詔深入承訓分兵六道出以掩蠻戰不利士死十八唯天平卒二千還屯闔軍震於是節度副使李行素完城不出南詔圍之四日或請夜出兵襲蠻承訓意索不聽天平裨將陰募勇兒三百夜縋燒蠻屯斬首五百南詔恐明日解而去承訓謬言大破賊告于朝羣臣皆賀加檢校尚書右僕射籍子弟婣昵冒賞而士不及怨言讙流嶺南東道節度使韋宙白狀宰相承訓懼移疾授右武衛大將軍分司東都咸通中南詔復盜邊武寧兵七百戍桂州六歲不得代列校許佶趙可立因衆怒殺都將詣監軍使丐糧鎧北還不許即擅斧庫劫戰械推糧料判官龐勛爲長勒衆上道懿宗遣中人張敬思部送詔本道觀察使崔彥曾慰安之次潭州監軍詭奪其兵勛畏必誅篡舟循江下益裒兵招亡命收銀刀亡卒艚匿之及徐城謀曰吾等叩城大呼衆必應前日賞緡五十萬可得也衆喜牙健趙武等欲亡勛斬首送彥曾曰此搖亂者彥曾不能詰勛怨都押衙尹戡教練使杜璋兵馬使徐行儉又使白彥曾曰士負罪不敢釋甲請爲二屯且白退戡等府屬溫廷皓謂彥曾曰勛擅委戍一可殺專戕大將二可殺私置兵三可殺士不子弟即父兄振袂而唱內外必應銀刀亡命復在其中四可殺請分兩營脅去三將五可殺彥曾謂然乃禡蘄縣黃堂前選兵三千授都虞候元密屯任山須勛至劫取之遣邏子羸服覘賊比暮勛至捕覘者知其謀即葩偶人剚虛幟而詭路襲苻離密又乃諮回屯城南勛與宿將喬翔戰睢河翔大敗攝太守焦璐遁去勛入據州自稱兵馬留後初璐決汴水絕勛北道水未至勛度比密兵攻宿水大至涉而傳城不克攻勛劫百艘運糧趨泗州留婦弱持陴翌日密覺追之士未食賊伏兵于舟而陣汴上軍見密皆走密追躡伏發夾攻之密敗衆殲遂入徐州囚彥曾及官屬殺尹戡等又徇下邳漣水宿遷臨淮蘄虹諸縣皆下遣僞將屯柳子屯豐屯滕屯沛屯蕭以張其軍乃露章求節度使有周重者隱濠泗間號有謀勛迎爲上客問策所出因教勛赦囚徒據揚州北收兗鄆西舉汴宋東掠青齊拓境大河食敖倉可以持久勛無雄才不納僞將劉行及攻濠州執刺史盧望回自稱刺史帝遣中人康道隱

宣慰徐州勛郊迎旗鎧矛戟亘三十里使騎鳴鼙角聲動山谷置
酒毬場引道隱閱其衆給爲賊來降六十人妄戮平民上首級夸勝
道隱還固求節度即殘魚臺金鄉碭山單父十餘縣斬官吏出金
帛募兵游民多從之帝乃拜承訓檢校尚書右僕射義成軍節度
使徐泗行營都招討使以神武大將軍王晏權爲武寧軍節度使北
面行營招討使羽林將軍戴可師爲南面行營招討使率魏博鄜
延義武鳳翔沙陀吐渾兵二十萬討之勛好鬼道有言漢高祖廟
夜閱兵人馬流汗勛日往請命巫言毬場有隱龍得之可戰勝勛
大役徒鑿地不能得賊將李圓劉佶攻泗歐宗丁從實分徇舒盧
壽沂海諸道兵屯海州度賊至作機橋維以長絙賊半度絙絕士
溺死度者不得戰殲之賊別取和州破沭陽下蔡烏江巢諸縣揚
州大恐民悉度江淮南節度使令狐綯移書陳禍福許助求節度
勛按甲聽命淮南合宣潤兵戍都梁山勛夜度淮邀曙薄壘賊將
劉行立王弘立與勛合敗淮南將李湘屯淮口劫盱眙帝又詔將
軍宋威與淮南并力承訓屯新興賊挑戰時諸道兵未集承訓帳
下纔萬人退壁宋州勛益驕光蔡鉅賊陷滁州殺刺史高錫望應
勛戴可師引兵三萬奪淮口圍勛都梁山下降其衆可師恃勝不
戒弘立以兵襲之可師不克陣而潰士溺淮死逸者數百人賊取
可師首傳徐州詔以馬士舉爲淮南節度使南面行營諸軍都統
馳傳入揚州士舉曰城堅士多賊何能爲衆稍安始帝以晏權故
智興子節度武寧欲以怖賊及是返爲賊困不敢戰乃更以隴州刺
史曹翔爲兗海節度北面都統招討使屯滕沛魏博將薛尤屯蕭
豐賊首孟敬文欲絕勛自立陰刻鑑爲文曰天口云云錫爾將軍夜
瘞之野耕者得之以獻衆駭異乃齋三日授之勛知其謀使人襲
殺之於是承訓屯柳子右夾汴築壘連屬一舍勛籍城中兵止三
千劫民授甲皆穿窳冗遁去王弘立度睢圍新興鹿塘承訓縱沙
陀騎躪之弘立走士赴水死自鹿塘屬襄城伏尸五十里斬首二萬
獲器鎧不貲承訓攻柳子姚周度水戰又敗乘風火賊周提餘卒去

沙陀蹦之及芳亭死者枕藉斬劉豐而周以十騎走宿州守將斬
之勛懼乃害崔彥曾等謂其下曰上不許我節度與諸君負反矣
大索兵得三萬許佶趙可立勸勛稱天冊將軍勛謁漢高祖廟受
命以其父舉直爲大司馬守徐州或曰方大事不可私于父失上
下序舉直乃拜于廷勛坐受之引兵救豐刻木作婦人衣絳被髮
軍過斫而火之乃行勛夜入城外不知勛出銳軍擊援屯魏博軍
知勛自將驚而潰賊以所得送徐州以夸下曹翔退保兗州勛欲
乘勝攻承訓或曰今北兵敗西軍搖不足虞也方蠶月宜息衆力
農至秋士馬彊使可以取勝舉直曰時不重得願將軍無縱敵勛
曰然時承訓方攻臨渙聞勛計追還兵仗以待勛軍皆市人囂而
狂未陣即犇相蹈藉死者四萬勛釋甲服垢襦脫收夷瘢士三千
以歸遣張行實屯第城馬士舉救泗州賊解去進攻濠州是時
又詔黔中觀察使秦匡謀討賊下招義鍾離定遠勛遣吳迥屯北
津援濠士舉銳兵度淮盡碎其營初勛之遁懼衆不軍妄言有神
謼野中曰天符下國兵休勛使下相語符未降故敗北津帝恨魏博
軍不勝以宋威爲西北面招討使率兵三萬屯蕭豐約勛降者當
赦之始宿鄙人劉洪者被黃袍白馬使人封檄叩觀察府曰我當
王徐崔彥曾斬之遺黨匿山谷欲附勛承訓諭降之王師破臨渙
斬萬級收襄城留武小睢諸壁曹翔下滕賊將以蘄沛降賊李直
奔入徐州翔又破豐徐城下邳賊益蹙是勛以張玄稔守宿州張儒
劉景助之自稱統軍列壁相望承訓拔第城張行實奔宿州承訓
遂圍宿州行實數勛官軍盡銳于此西鄙虛單將軍直擣宋亳出
不意宿圍自解勛喜引而西使舉直許佶守徐承訓攻敗十遇
皆勝遣辯士以威動玄稔玄稔賊重將也以帛書射城外約誅勛
自歸使張皐獻期俄與二將會柳溪伏士於旁玄稔馳騎謼曰龐
勛首已梟僕射寨矣伏興斬劉景張儒玄稔率諸將肉袒見承
訓自陳陷賊不早奮久辱王師願禽賊贖死承訓許之復請詐
爲潰軍劫苻離苻離不知內之已入即斬守將得兵萬人北攻徐

州許佶等不敢出玄稔環城彥曾故吏路審中啓白門內玄稔兵許佶等啓北門走玄稔身追之士大崩皆赴水死斬舉直許佶李直等收叛卒親族悉夷之勛聞徐已拔氣喪無顧賴衆尚二萬自石山而西所在焚掠承訓悉兵八萬逐北沙陀將朱耶赤衷急追至宋州勛焚南城爲刺史鄭處沖所破將南趨亳承訓兵循渙而東賊走蘄縣官兵斷橋不及濟承訓乃縱擊之斬首萬級餘皆溺死閱三日得勛尸斬其子於京師吳迥守濠州糧盡食人驅女孺運薪塞隍弃塡之整旅而行馬士舉斬以獻勛之始得徐州貲儲蕩然乃四出剽取男子十五以上皆執兵舒鉏鉤爲兵號霍錐破十餘州凡二歲滅詔擢張玄稔右驍衛大將軍承訓遷檢校左僕射同中書門下平章事徙節河東於是宰相路巖韋保衡劾承訓討賊逗撓貪虜獲不時上功貶蜀王傅分司東都再貶恩州司馬僖宗立授左千牛衛大將軍卒年六十六子傳業嘗從父征伐終鄜坊節度使

李洧者淄青節度使正己從父兄也始署徐州刺史建中初正己卒子納叛攻宋州洧挈州自歸加兼御史大夫封溧陽郡王實封戶二百充招諭使初洧遣巡官崔程入朝且白宰相徐州不足獨抗賊得海沂爲節度可與成功洧素與二州刺史有約且不肯爲賊守程先咨張鎰而盧杞怒不先白故洧請中格及納攻徐劉玄佐與諸將擊退之既賊方張乃加洧徐海沂密觀察使時海密爲賊守不受命洧未有以取之遷檢校戶部尚書會疽發背少間肩輿過市市人叫歡洧驚疽潰卒贈尚書左僕射以洧將高承宗代之其弟淡險人也恥居下陰約納攻徐爲內應弃說滕將翟濟濟執以聞擢濟沂州刺史召淡入京師以洧赦不罪

劉澭盧龍節度使怦之次子濟母弟也涉書史有材武好施愛士能得人死力始事朱滔常陳君臣大分裁抑其凶及怦得幽州不三月病且死澭侍湯液未嘗離輒以父命召濟於莫州濟嗣總軍事德澭之讓以爲瀛州刺史有如不諱許代已久之濟自用其子爲副大使澭不能無恨因請以所部爲天子戍隴西發其兵千五百馳歸京師無一卒敢違令者德宗甚寵之拜秦州刺史屯普潤軍中不設音樂士卒病親存問所欲不幸死哭之憲宗立方士羅令則詣澭營妄言廢立以動澭命繫之辭曰吾之黨甚衆公無囚我約大行梓宮發兵無不濟澭械送闕下殺之錄功號其軍曰保義蕃戎畏憚不敢入寇常慨然有復河湟志屢爲朝廷言之未見省封彭城郡公及病籍士馬束代既還卒于道年四十九贈尚書右僕射謚曰景

田弘正字安道父廷玠尚儒學不樂軍旅與承嗣爲從昆弟仕爲平舒丞遷樂壽清池束城河間四縣令以治稱遷滄州刺史李寶臣朱滔與承嗣不協合兵圍滄州廷玠固守連年食雖盡無叛者朝廷嘉其節徙相州承嗣盜磁相廷玠無所回深及悅代立忌廷玠之正召爲節度副使廷玠至讓悅曰而承伯父緒業當守朝廷法度以保富貴何苦與恒鄆爲叛臣自兵興來叛天子能完宗族者誰邪而志不悛盡殺我無令我見田氏血汙人刀也遂稱疾不出悅過謝之

杜門不納憤而卒弘正幼通兵法善騎射承嗣愛之以爲必興吾宗名之曰興季安時爲衙內兵馬使同節度副使封沂國公季安俊汰銳殺罰弘正從容規切軍中賴之翕然歸重季安內忌出爲臨淸鎮將欲因罪誅之弘正陽痺痼臥家不出乃免季安死子懷諫襲節度召還舊職懷諫委政於家奴蔣士則措置不平衆怒咸曰兵馬使吾帥也牙兵即詣其家迎之弘正拒不納衆譁于門弘正出衆拜之脅還府弘正頓于地度不免即令于軍曰爾屬不以吾不肖使主軍今與公等約能聽命否皆曰惟公命因曰吾欲守天子法舉六州版籍請吏于朝苟天子未命敢有請吾旌節者死殺人及掠人者死皆曰諾遂到府殺士則及支黨十餘人於是圖魏博相衛貝澶之地籍其人以獻不敢署僚屬而待王官先時諸將出屯質妻子里民不得相往來弘正悉除其禁聽民通饋謝慶弔服玩僭侈者即日徹毀之承嗣時正寢華顯弘正避不敢居

東就採訪使堂皇聽事幽恒鄆蔡大懼遣客鐫說鉤深弘正皆拒遣之憲宗美其誠詔檢校工部尚書兗魏博節度使又遣司封郎中知制誥裴度宣慰賚其軍錢百五十萬緡六州民給復一年赦見囚存問高年惸獨廢疾不能自存者度明辯具陳朝廷厚意弘正不覺自失乃深相結納奉上益謹復請度徧行其部宣示天子恩詔因令節度僉謀布衣崔權奉表陳謝且言天寶以來山東奧壤化爲戎墟官封世襲刑賞自出國家含垢垂六十年臣若假天之齡奉陛下寢弄冀道揚太和洗濯僞風然後退歸丘園避賢者路死不恨制詔褒荅且賜今名錫與踵塗天子討蔡弘正遣子布以兵三千進戰數有功李師道疑其襲己不敢顯助蔡故元濟失援王師得致誅焉王承宗叛詔弘正以全師壓境破其衆南宮承宗懼歸窮於弘正弘正表諸朝遂獻德棣二州以謝納二子爲質俄而李師道拒命詔弘正與宣武等五節度兵進討弘正自楊劉度河距鄆四十里堅壁師道大將劉悟率精兵屯河東戰陽

穀再遇再北斬萬餘級賊勢蹙悟乃反兵斬師道首詣弘正降取十有二州以獻初悟既平賊大張飲軍中凡三日設角觝戲引魏博使至廷以爲歡悟盱衡攘臂助其決坐中皆憚悟勇容有白弘正者弘正曰鄆士疲於戰瘡者未起悟當卹亡弔死尉士大夫心柰何取快目前邪吾奉詔按軍伺悟去就今知其無能爲也既而詔悟爲義成軍節度使狼狽上道時稱知悟之明以功加弘正檢校司徒同中書門下平章事是歲來朝對麟德殿眷勞殊等引見僚佐將校二百餘人皆有班賜進兼侍中實封戶三百擢其兄融爲太子賓客東都留司弘正數上表固請留闕下帝勞曰昨韓弘以疾辭不就軍朕既從之矣今卿復爾我不應違但魏人樂卿之政四鄰畏卿之威爲朕長城又安用辭弘正遂還嘗欲變山東承襲舊風故悉遣子姓仕朝廷帝皆擢任之朱紫滿門榮冠當時穆宗立王承元以成德軍請帥帝詔弘正兼中書令爲節度使弘正以新與鎮人戰有父兄怨取魏兵二千自衛入其軍時天子賜

錢一百萬緡不時至軍有怨言弘正親加撫喻乃安仍請留魏兵爲紀綱以持衆心度支崔倰吝其稟沮卻之長慶元年七月歸衛卒於魏是月軍亂并家屬將吏三百餘人皆遇害年五十八帝聞震悼冊贈太尉謚曰忠愍弘正幼孤事融甚謹軍中嘗分曹習射弘正注矢聯中融退抶怒之故當李安猜暴時能自全及爲軍中推迫融不悅曰尒竟不自晦取禍之道也朝廷知其友愛詔拜相州刺史賜金紫不欲其相遠也弘正性忠孝好功名起樓聚書萬餘卷通春秋左氏與賓屬講論終日客爲著沂公史例行于世弘正之禍也其判官劉茂復獨免士相戒曰是人議事盡忠遇吾等信敢干其家者共殺之弘正子布羣牟

布字敦禮幼機悟弘正戍臨淸布知李安且危密白父請以衆歸朝弘正奇之及得魏使布總親兵王師誅蔡以軍隸嚴綬屯唐州帝以布大臣子或有罪且撓法弘正請以董晥代而士卒愛布願留帝乃止凡十八戰破淩雲柵下郾城以功授御史中丞裴度輕出觀

兵沱口賊將董重質以奇兵掩擊布伏騎數百突出薄之諸軍繼至賊驚引還蔡平入爲左金吾衛將軍諫官嘗論事帝前同列將靡卻之布止曰使天子容直臣毋輕進弘正徙成德以布爲河陽節度使父子同日受命時韓弘與子公武亦皆領節度而天下以忠義歸田氏布所至必省冗將募戰卒寬賦勸穡人皆安之長慶初徙涇原弘正遇害魏博節度使李愬病不能軍公卿議以魏彊而鎮弱且魏人素德弘正以布之賢而世其官可以成功穆宗遽召布解縗拜檢校工部尚書魏博節度使乘傳以行布號泣固辭不聽乃出伎樂與妻子賓客決曰吾不還矣未至魏三十里跣行被髮號哭而入居堊室屛節旄凡將士老者兄事之祿奉月百萬一不入私門又發家錢十餘萬緡頒士卒以牙將史憲誠出麾下可任乃委以精銳時中人屢趣戰而度支饋餉不繼布輒以六州租賦給軍引兵三萬進屯南宮破賊二壘於是朱克融據幽州與王廷湊脣齒河朔三鎮舊連衡桀驁自私而憲誠蓄異志陰欲乘釁又魏軍驕

憚格戰會大雪師寒糧乏軍中謗曰它日用兵圍粒米盡仰朝廷
今六州刲肉與鎮冀死生雖尚書瘠己肥國魏人何罪憲誠得
聞因以搖亂會有詔分布軍合李光顔救深州兵怒不肯東衆遂
潰皆歸憲誠唯中軍不動布以中軍還魏明日會諸將議事衆譁
曰公能行河朔舊事則生死從公不然不可以戰布度衆且亂歎曰
功無成矣即爲書謝帝曰臣觀衆意終且負國臣無功不敢忘死
願速救元翼毋使忠臣義士塗炭於河朔哭授其從事李石訖乃
入至几筵引刀刺心曰上以謝君父下以示三軍言訖而絕年三十八
贈尚書右僕射謚曰孝子鐬宣宗時歷銀州刺史坐以私鎧易邊馬
論死宰相崔鉉奏布死節於國可貸鐬以勸忠烈故貶爲州司馬羣
會昌中歷蔡州刺史坐贓且抵死兄羣聞之不食卒宰相李德裕
奏漢河間人尹次潁川人史玉坐殺人當死次兄初玉毋渾詣官請
代因縊物故於時皆赦其死於是武宗詔減死一等羣寬厚明吏
治爲神策大將軍開成初鹽州刺史王宰失羌人之和詔羣代之

累遷鄜坊節度使再徙天平三爲武寧一爲靈武軍官至檢校尚
書左僕射卒諸子皆有方面功以忠義爲當世所高
王承元者承宗弟也有沈謀年十六勸承宗亟引兵共討李師道承
宗少之不用然軍中往往指目之承宗死未發喪大將謀取帥它姓
參謀崔燧與諸校計以祖母涼國夫人李之命承元嗣承元泣且拜
不受諸將牢請承元曰上使中貴人監軍盍先請監軍至又如命
乃謝曰諸君不忘王氏以及孺子苟有令其從我乎衆曰惟所命乃
視事牙閾之偏約左右不得稱留後事一關參佐密表請帥于朝穆
宗詔起居舍人栢耆宣慰授承元檢校工部尚書義成軍節度使
比鎮以兩河故事脅誘承元不納諸將皆悔耆至士哭于軍承元
令曰諸君不欲我去意固善雖然格天子詔我獲罪柰何前李師
道有詔赦死欲舉族西諸將止弗遣他日乃共殺之今君等幸置
我無與師道比乃徧拜諸將諸將語塞承元即出家貲盡賜之斬
不從命者十輩軍乃定於是諫議大夫鄭覃宣慰賜其軍錢百萬

緡赦囚徒問孤獨廢疾不能自存者粟帛有差承元去鎮左右裒
器幣自隨承元使空褚毋留入朝昆弟拜刺史者四人位于朝者
四十人祖母入見帝命中宮禮賚異等徙承元鄜坊丹延節度俄
徙鳳翔鳳翔右扆涇原地平少巖險吐蕃數入盜承元據勝地爲
鄣置守兵千詔號臨汧城府郛左百賈州聚異時爲虜剽殺至燎
烽相警承元版堞繚之人乃告安以勞封岐國公大和初祖母喪詔
曰武俊當横流時拯定奔潰功在史官令李不幸贈卹宜加厚且
給儀仗以葬五年徙節平盧淄青始鹽禁未嘗行兩河承元請
歸有司由是兗鄆諸鎮皆奉法承元貲仁裕所至受利卒年三十
三贈司徒
牛元翼趙州人材果而謀王承宗時倚其計爲彊雄與傅良弼二
人冠諸將王廷湊叛穆宗以元翼在成德名出廷湊遠甚自深州
刺史擢爲深冀節度使以擕其軍廷湊怒遣部將王位以銳兵
攻元翼不勝乃合朱克融共圍之詔進元翼成德軍節度使以宣

武兵五百進援元翼固守長慶二年詔赦廷湊罪徙元翼山南東
道以深州賜廷湊使中人促元翼南廷湊恨之已受詔兵不解招
討使裴度詒書誚讓克融解而歸廷湊退舍詔並加檢校工部尚
書兩悅之奄月元翼率十餘騎冒圍跳德棣朝京師廷湊入盡殺
元翼親將臧平等百八十人元翼見延英賫問優縟命中人楊再
昌取其家弁迎田弘正喪廷湊辭以弘正殯亡在所元翼家須秋
遣魏博節度使史憲誠遣其弟入趙四返說廷湊曰田公非得罪
於趙尸尚何惜元翼去深州乃一孤將何利其家廷湊乃歸弘正
喪于京師元翼聞平等死憤恚卒悉還所賜于朝廷湊遂夷其
家良弼字安道清河人以射冠軍中初瀛之博野樂壽介范陽成
德間毋兵交先薄二城故常爲劇屯德宗以王武俊破朱滔功皆
隷成德故以良弼守樂壽李寰守博野廷湊之叛兩賊交誘之而
堅壁爲國固守有詔以樂壽爲左神策行營拜良弼爲都知兵馬
使寰所領士隷右神策號忻州營亦以寰爲都知兵馬使賜第京

師俄以良弼為沂州刺史良弼率衆出戰力乃得去寰引兵三千趨忻州延湊邀之寰斬三百級追者不敢前天子以良弼寰忠有狀乃更賜奴婢服馬召良弼為左神策軍將軍寶曆初擢夏綏銀節度使異時蕃帳亡命來者必償馬乃與良弼至皆執付其部酋種歡懷終橫海節度使寰擢累保義軍節度使王智興討李同捷未克而烏重胤卒詔寰可共立功請諸朝乃授橫海節度使師所過暴鈔至屯按軍不進遂身入朝盛陳賊勢請濟師欲大調發羣臣議寰兵太重且姦滄景未決而棣州平寰內愧不自安願留京師遂罷保義軍忻州營更授夏綏宥節度使卒寰再易鎮治無可言者然延湊之亂聯軍十五萬無成功賊鋒不可嬰而樂壽博野截然峙中者累歲梗其吞暴議者以為難敬宗世寰圖其事上之

史孝章字得仁資脩謹父憲誠以戰力奮賓客用挽彊擊刺相矜孝章獨退讓如諸生稱道皆詩書魏博節度使李愬閱大將子弟籍于軍孝章願以文署職愬奇之檄試都督府參軍憲誠得魏遷右曹參軍孝章見父數奸命內非之承間諫曰大河之北號富彊然而挻亂取地天下指河朔若夷狄然今大人身封侯家富不貲非痛洗濯竭節事上恐吾踵不旋禍且至因涕下沾衿父感寤武不盡聽文宗賢之擢孝章節度副使累遷檢校左散騎常侍父欲助李同捷孝章切爭憲誠稍憚其義又勸出師討同捷自明帝益嘉之進檢校工部尚書及兵出父敕孝章統之入朝勞予蕃厚憲誠亦上書求覲帝知非憲誠意特緣孝章悟發故分相衛澶而授孝章節度使未至魏人亂父卒死于軍帝念史氏禍而卹孝章故奪喪拜右金吾衛將軍徙節鄜坊進檢校戶部尚書久之自邠寧以病丐還卒于行年三十九贈尚書右僕射孝章本名唐後改今名

憲誠弟憲忠字元貞少為魏牙門將田弘正討齊蔡常為先鋒閱三十戰中流矢酣鬬不解由是著名憲誠表為貝州刺史魏亂奔京師加累檢校右散騎常侍隴州刺史增亭鄣徙客館于外戎諜無所伺會昌中築三原城吐蕃因之數犯邊拜憲忠涇原節度使以怖其侵吐蕃遣使來請墮城且願以嘗殺使者之人畀塞上憲忠使謝曰前吾未城尒犯我地安得禁吾城尒知殺吾使為負宜先取罪人謝我將無所不得今與尒約前節度使事一置之吐蕃情得而服憲忠疏涇于隍積緡錢十萬粟百萬斛戍人宜之會党項羌內寇又徙朔方有詔馳驛赴屯憲忠辭曰羌不得其心故不自安今亟往知吾為備闕益健請徐行許之乃移書與羌人示要約羌人乃皆喜奉酒湩迎道大中初突厥擾河東鈔漕米行賈徙節振武軍于是故帥荒沓使游弈兵覘戎有良馬牛彊取之歸直十一戎人怒因興盜掠憲忠廉儉少所欲嘗曰吾居河朔去此三千里乃乘五健馬今守邊發吾餘奉不患無馬何忍褭市哉故所至莫不懷德累封北海縣子檢校尚書左僕射兼金吾大將軍以病自丐改左龍武統軍卒年七十一贈司空

令狐張康李劉田王牛史列傳第七十三

劉第五班王李列傳第七十四　唐書一百四十九

端明殿學士兼翰林侍讀學士朝散大夫尚書吏部侍郎充集賢殿脩撰臣宋祁奉

敕撰

劉晏字士安曹州南華人玄宗封泰山晏始八歲獻頌行在帝奇其幼命宰相張說試之說曰國瑞也即授太子正字公卿邀請旁午號神童名震一時天寶中累調夏令未嘗督賦而輸無逋期舉賢良方正補溫令所至有惠利可紀民皆刻石以傳再遷侍御史祿山亂避地襄陽永王璘署晏右職固辭移書房琯論封建與古異今諸王出深宮一旦望桓文功不可致詔拜度支郎中兼侍御史領江淮租庸事晏至吳郡而璘反乃與採訪使李希言謀拒之希言假晏守餘杭會戰不利走依晏晏爲陳可守計因發義兵堅壁會王敗欲轉略州縣聞晏有備遂自晉陵西走終不言功召拜彭原太守徙隴華二州刺史遷河南尹時史朝義盜東都乃治長水進戶部侍郎兼御史中丞度支鑄錢鹽鐵等使京兆尹鄭叔清

周富

李齊物坐殘擊罷詔晏兼京兆尹總大體不苛號稱職會司農卿嚴莊下獄已而釋誣劾晏漏禁中語宰相蕭華亦忌之貶通州刺史代宗立復爲京兆尹戶部侍郎領度支鹽鐵轉運鑄錢租庸使晏以戶部讓顏眞卿改國子祭酒又以京兆讓嚴武即拜吏部尚書同中書門下平章事使如故坐與程元振善罷爲太子賓客俄進御史大夫領東都河南江淮轉運租庸鹽鐵常平使時大兵後京師米斗千錢禁膳不兼時甸農挼穗以輸晏乃自按行浮淮泗達於汴入于河右循底柱硤石觀三門遺迹至河陰鞏洛見宇文愷梁公堰廝河爲通濟渠視李傑新堤盡得其病利然畏爲人牽制乃移書於宰相元載以爲大抵運之利與害各有四京師三輔苦稅入之重淮湖粟至可減傜賦半爲一利東都彫破百戶無一存若漕路流通則聚落邑廛漸可還定爲二利諸將有不廷戎虜有侵盜聞我貢輸錯入軍食豐衍可以震耀夷夏爲三利若舟車旣通百貨雜集航海梯嶠可追貞觀永徽之盛爲四利起宜陽熊耳虎牢成皋五百里見戶纔千餘居無尺椽爨無盛煙獸游鬼哭而使轉車輓漕功且難就爲一病河汴自寇難以來不復穿治崩岸滅木所在廞淤涉泗千里如罔水行舟爲二病東垣底柱澠池北河之間六百里戍邏久絕奪攘姦宄夾河爲藪爲三病淮陰去蒲坂亘三千里屯壁相望中軍皆鼎司元侯每言衣無纊食半菽輓漕所至輒留以饋軍非單車使者折簡書所能制爲四病載方內擅朝權既得書即盡以漕事委晏故晏得盡其才歲輸始至天子大悅遣衛士以鼓吹迓東渭橋馳使勞曰卿朕酇侯也凡歲致四十萬斛自是關中雖水旱物不翔貴矣再遷吏部尚書又兼益湖南荊南山南東道轉運常平鑄錢使與第五琦分領天下金穀又知吏部三銓事推處最殿分明下皆慴伏元載得罪詔晏鞫之晏畏載黨盛不敢獨訊更敕李涵等五人與晏雜治王縉得免死晏請之也常衮執政忌晏有公望乃言晏舊德當師長百僚用爲左僕射實欲奪其權帝以計務方治詔以僕射領使如舊初晏分置諸道

章宇

租庸使愼簡臺閣士專之時經費不充停天下攝官獨租庸得補署積數百人皆新進銳敏盡當時之選趣督倚辦故能成功雖權貴干請欲假職仕者晏厚以稟入奉之然未嘗使親事是以人人勸職嘗言士有爵祿則名重於利吏無榮進則利重於名故檢劾出納一委士人吏惟奉行文書而已所任者雖數千里外奉教令如目前頻伸諧戲不敢隱惟晏能行之它人不能也代宗嘗命考所部官吏善惡刺史有罪者五品以上輒繫劾六品以下杖然後奏李靈耀反河南節帥或不奉法擅征賦州縣益削晏常以羨補乏人不加調而所入自如第五琦始榷鹽佐軍興晏代之法益密利無遺入初歲收緡錢六十萬末乃什之計歲入千二百萬而榷居太半民不告勤京師鹽暴貴詔取三萬斛以贍關中自揚州四旬至都人以爲神至湖嶠荒險處所出貨皆賤弱不償所轉晏悉儲淮楚間貿銅易薪歲鑄緡錢十餘萬其措置纖悉如此諸道巡院皆募駛足置驛相望四方貨殖低仰及它利害雖甚遠不數日

即知是能權萬貨重輕使天下無甚貴賤而物常平自言如見錢流地上每朝謁馬上以鞭算質明視事至夜分止雖休澣不廢事無閑劇即日剖決無留所居脩行里粗樸庳陋飲食儉狹室無媵婢然任職久勢軋宰相要官華使多出其門自江淮茗橘珍甘常與本道分貢競欲先至雖封山斷道以禁前發晏厚貲致之常冠諸府由是媢怨益多饋謝四方有名士無不至其有口舌者率以利啖之使不得有所訾言短故議者頗言晏任數固恩大曆時政因循軍國皆仰晏未嘗檢質德宗立言者屢請罷轉運使晏亦固辭不許又加關內河東三川轉運鹽鐵及諸道青苗使始楊炎為吏部侍郎晏為尚書盛氣不相下晏治元載罪而炎坐貶及炎執政銜宿怒將為載報仇先是帝居東宮代宗寵獨孤妃而愛其子韓王官人劉清潭與嬖幸請立妃為后且言王數有符異以搖東宮時妄言晏與謀至是炎見帝流涕曰賴祖宗神靈先帝與陛下不為賊臣所間不然劉晏黎幹搖動社稷凶謀果矣今幹伏辜而晏在

臣位宰相不能正其罪法當死崔祐甫曰陛下已廓然大赦不當究飛語致人於罪朱泚崔寧力相解釋寧尤切至炎怒斥寧于外遂罷晏使坐新故所交簿物抗謬貶忠州刺史中官護送炎必欲傅其罪知庾準與晏素憾乃擢為荊南節度使準即奏晏與朱泚書語言怨望又蒐卒擅取官物脅詔使謀作亂炎證成之建中元年七月詔中人賜晏死年六十五後十九日賜死詔書乃下且暴其罪家屬徙嶺表坐累者數十人天下以為冤時炎兼刪定使議籍沒衆論不可乃止然已命簿錄其家唯雜書兩乘米麥數斛人服其廉淄青節度使李正已表誅晏太暴不加驗實先誅後詔天下駭惋請還其妻子不報興元初帝寖寤乃許歸葬貞元五年遂擢晏子執經為太常博士宗經秘書郎執經還官求追命有詔贈鄭州刺史又加司徒晏歿二十年而韓洄元琇裴腆李衡包佶盧徵李若初繼掌財利皆晏所辟用有名於時晏既被誣而舊吏推明其功陳諫以為管蕭之亞著論紀其詳大略以開元天寶間天下

戶千萬至德後殘於大兵饑疫相仍十耗其九至晏充使戶不二百萬晏通計天下經費謹察州縣災害蠲除振救不使流離死亡初州縣取富人督漕輓謂之船頭主郵遞謂之捉驛稅外橫取謂之白著人不堪命皆去為盜賊上元寶應間如袁晁陳莊方清許欽等亂江淮十餘年乃定晏始以官船漕而吏主驛事罷無名之斂正鹽官法以裨用度起廣德二年盡建中元年黜陟使實天下戶收三百餘萬王者愛人不在賜與當使之耕耘織紝常歲平斂之荒年蠲救之大率歲增十之一而晏尤能時其緩急而先後之每州縣荒歉有端則計官所贏先令曰蠲某物貸某戶民未及困而奏報已行矣議者或譏晏不直賑救而多賤出以濟民者則又不然善治病者不使至危憊善救災者勿使至賑給故賑給少則不足活人活人多則闕國用國用闕則復重斂矣又賑給近僥幸吏下為姦彊得之多弱得之少雖刀鋸在前不可禁以為二害災沴之鄉所乏糧耳它產尚在賤以出之易其雜貨因人之力轉於豐

處或官自用則國計不乏多出菽粟恣之糶運散入村閭下戶力農不能詣市轉相沾逮自免阻飢不待令驅以為二勝晏又以常平法豐則貴取飢則賤與率諸州米嘗儲三百萬斛豈所謂有功於國者邪琇後以尚書右丞判度支國無橫斂而軍旅濟為韓滉所惡貶雷州司戶參軍坐私入廣州賜死腆以兵部侍郎判度支封聞喜縣公衡歷戶部侍郎佶字幼正潤州延陵人父融集賢院學士與賀知章張旭張若虛有名當時號吳中四士佶擢進士第累官諫議大夫坐善元載貶嶺南晏奏起為汴東兩稅使晏罷以佶充諸道鹽鐵輕貨錢物使遷刑部侍郎改秘書監封丹陽郡公徵幽州人晏薦為殿中侍御史晏得罪貶珍州司戶參軍元琇判度支薦為員外郎琇得罪貶秀州長史三遷給事中戶部侍郎竇參善之方倚以代己會同州刺史缺參請用尚書左丞趙憬德宗惡參欲間其腹心更用徵為之久乃徙華州厚結權近冀進用同華地迫而貧所獻嘗麤陋至徵厚賦斂有所奉入輒加常數人不

堪其求若初者事晏爲允職包佶稱之歷太康令勸刺史李芃斂
羨錢交權倖芃厚遇之累遷浙東觀察使代王緯爲浙西觀察諸
道鹽鐵使時天下錢少貨輕州縣禁錢不出境商賈不通若初始
奏縱錢以起萬貨詔可而持剛檢下吏民畏服卒贈禮部尚書宗
經終給事中華州刺史子濛字仁澤舉進士累官度支郎中會昌
初擢給事中以材爲宰相李德裕所知時回鶻衰朝廷經略河湟
建遣濛按邊調兵械糧餉爲宣慰靈夏以北党項使始議造木牛
運宣宗立德裕得罪濛貶朗州刺史終大理卿
晏兄暹爲汾州刺史天資疾惡所至以方直爲觀察使所畏建中
末召爲御史大夫宰相盧杞憚其嚴更薦前河南尹于頎代之暹
終潮州刺史頎字休明河南人初爲京兆士曹參軍尹史翽器之
翽鎮山南東道表爲判官翽死亂兵手頎挺出收葬之時稱其誼
累遷京兆尹任機譎爲政煩碎無大體元載昵厚之載得罪出鄭
州刺史從河南尹以佞柔故得爲大夫三遷工部尚書入朝仆金

吾仗下御史劾之以太子少師致仕卒暹孫瀍字子固擢進士第
杜悰判度支表爲巡官累遷祠部郎中大中初討党項羌軍食乏
宰相欲以瀍爲使難其選瀍見宰相曰上念邊餽議遣使瀍畏不
稱耳安敢憚行遂命爲供軍使會復河湟調師屯守以瀍判度支
河湟供軍案歷京兆少尹山南有劇賊依山爲剽宣宗怒欲討之
宰相崔鉉曰此陛下赤子迫於飢寒弄兵山谷閒不足討請遣使
喻釋之詔瀍馳往瀍挺身直叩其壘曰有詔赦爾罪盜皆列拜約
瀍就館而降會山南節度使封敖遣兵擊賊瀍罷歸數陳邊事擢
右諫議大夫出爲朔方靈武節度使坐累貶鄭州刺史改湖南觀
察使召爲左散騎常侍拜昭義節度使徙河東又徙西川時李福
討南詔兵不利瀍至塡以恩信蠻皆如約六姓蠻持兩端爲南詔
開候有甲籠部落者請討之瀍因出兵襲擊俘五千人南詔大懼
自是不敢犯邊以功加檢校尚書右僕射卒贈司空
第五琦字禹珪京兆長安人少以吏幹進頗能言彊國富民術天
寶中事韋堅堅敗不得調久之爲須江丞太守賀蘭進明才之安
祿山反進明徙北海奏琦爲錄事參軍事時賊已陷河閒信都進
明未戰玄宗怒遣使封刀趣之曰不亟進兵即斬首進明懼不知
所出琦勸厚以財募勇士出賊不意如其計復收所陷郡肅宗駐
彭原進明遣琦奏事既謁見即陳今之急在兵兵彊弱在賦賦所
出以江淮爲淵若假臣一職請悉東南寶貲飛餉函洛惟陛下命
帝悅拜監察御史句當江淮租庸使遷司虞員外郎河南等五道
支度使遷司金郎中兼侍御史諸道鹽鐵鑄錢使鹽鐵名使自琦
始進度支郎中兼御史中丞當軍興隨事趣辦人不益賦而用以
饒於是遷戶部侍郎判度支河南等道支度轉運租庸鹽鐵鑄錢
司農太府出納山南東西江西淮南館驛等使乾元二年進同中
書門下平章事初琦請鑄乾元重寶錢以一代十既當國又鑄重
規一代五十會物痛騰踊餓殣相望議者以爲非是詔貶忠州長
史會有告琦納金者遣御史馳按琦辭曰位宰相可自持金邪若

付受有狀請歸罪有司御史不曉以爲具服獄上之遂長流夷州
寶應初起爲朗州刺史有異政拜太子賓客吐蕃盜京師郭子儀
表爲糧料使兼御史大夫關內元帥副使改京兆尹俄加判度支
鑄錢鹽鐵轉運常平等使累封扶風郡公復以戶部侍郎兼京兆
尹坐與魚朝恩善貶括州刺史徙饒湖二州復爲太子賓客東都
留守德宗素聞其才將復用召之會卒年七十一贈太子少保子
峯婦鄭皆以孝著表闕于門
班宏衛州汲人父景倩國子祭酒以儒名家宏天寶中擢進士第
調右司禦胄曹參軍高適鎮劍南表爲觀察判官青城人以左道
惑衆謀作亂事覺誣引屯將規緩死衆兇懼宏驗治即殺之人心
大安郭英乂代適表維令以病解大曆中擢起居舍人四遷給事
中李寶臣死子惟岳匿喪求節度帝遣宏使成德諭其軍惟岳厚
獻遺宏不納還報稱旨擢刑部侍郎京官考使右僕射崔寧署兵
部侍郎劉迺爲上下考宏不從曰今軍在節度雖有尺籍伍符省

署不校也夫上多虛美則下趨之競上阿容則下朋黨因削之迺聞謝曰敢掠一美以邀二罪乎進吏部侍郎貞元初仍旱蝗賦調益急以戶部侍郎副度支使韓滉俄而竇參當國代滉使而參任大理司直時宏已爲刑部侍郎德宗以宏熟天下計故進宏尚書副參且曰朕藉宰相重而衆務一委卿無庸辭參亦以宏素貴私謂曰閱歲當歸使於公宏喜後參胖自安不念前語宏剛愎以參欺己議事稍不合揚子院鹽鐵轉運之委藏也宏任御史中丞徐粲主之粲以賄聞參讓所代宏固不可參選諸院吏未始訪宏宏數條參所用吏過惡以聞輒留中無何參以使勞加吏部尚書而封宏蕭國公恨參以虛寵加己銜之每制旨有所營建必撓壞麗親程役媚結權嬖以傾參張滂先善於宏薦爲司農少卿及參欲滂分掌江淮鹽鐵宏以滂疾惡且以法繩粲因譖曰滂彊戾不可用滂聞不喜又之參知帝遇已薄乃讓使然不欲宏專問策於京兆尹薛珏珏曰滂與宏交惡而滂剛決若分鹽鐵轉運必能制宏參

遂薦滂爲戶部侍郎鹽鐵轉運使而以宏判度支分滂關內河東劍南山南西道鹽鐵轉運隸宏以悅其意又還江淮兩稅置巡院官令宏滂共差擇滂欲得簿最宏不與及署院官更持可否不能定與劇官之不稱滂奏言臣職不修無逃死如國家大計何由是有詔分掌宏見宰相辭曰宏主漕歲得江淮米五十萬斛前年至七十萬今職移於人敢請罪滂在側僞曰公所言非也朝廷不奪公職乃公喪官緡縱姦吏自取咎爾凡爲度支使不一歲家輒鉅億僮馬產第侈王公非盜縣官財何以然上既知之故令滂分掌今公無乃歸怨上乎宏不荅於是移病歸第宰相白其狀詔許如劉晏韓滉故事以東都河南淮南江南山南東道兩稅滂主之東渭橋以東巡院隸焉關內河東劍南山南西道宏主之滂至揚州乃窮劾粲粲懼發其贓至鉅萬徙死嶺表宏清絜勤力晨入官署夕而出吏不堪其勞而已益恭參得罪宏爲有力卒年七十三贈尚書右僕射謚曰敬後二年滂亦罷爲衞尉卿

王紹本名純避憲宗諱改焉自太原徙京兆之萬年父端第進士有名天寶間與柳芳陸據殷寅友善據嘗言端之莊芳之辯寅之介可以名世終工部員外郎紹少爲顏眞卿所器字之曰德素奏爲武康尉再佐蕭復府包佶領租庸鹽鐵使署判官時李希烈阻兵江淮輸物留梗乃徙餉道自潁入汴紹及關德宗已西狩乃督輕貨趣間道走洋州紹先見行在帝勞之曰吾軍乏春服朕且衣裘柰何紹涕曰佶遣臣貢奉無慮五十萬當即至帝曰道回遠經費方急何可望邪後五日繼至由是紓難遷倉部員外郎是時兵旱無年詔戶部收闕官俸稅茶及無名錢以脩葺政紹由員外郎判務遷戶部兵部郎中皆專領進戶部侍郎判度支頃之遷尚書德宗臨御久益不假借宰相自竇參陸贄斥罷中書取充位惟紹謹密眷待殊厚主計凡八年每政事多所關訪紹亦未嘗一言漏于人順宗立王叔文奪其權拜兵部尚書出爲東都留守元和初檢校尚書右僕射爲武寧軍節度使復以濠泗二州隸其軍自

張愔後兵驕難治紹蒐輯軍政推誠示人裨將安進達唐重請謀亂紹以計取之出家貲賞士舉軍安賴復拜兵部尚書判戶部卒年七十二贈右僕射謚曰敬

李巽字令叔趙州贊皇人以明經補華州參軍事舉拔萃授鄠尉進累左司郎中常州刺史召拜給事中出爲湖南觀察使貞元五年徙江西巽銳於爲治持下以法察無遺私吏不敢少紿順宗立擢兵部侍郎杜佑表爲鹽鐵轉運副使俄代佑使任自劉晏後職廢不振賦入朘秏巽涖職一年較所入如晏最多之年明年過之又明年增百八十萬緡再遷吏部尚書天資長於吏事至治家亦句檢案牘簿書如公府史有過秋毫無所縱股慄脅息常如與巽對程异坐王叔文廢巽特薦引之异之計較精於巽故巽能善職蓋有助云元和四年疾革郎官省候巽言不及病但與商校程課功利是夕卒年六十三贈尚書右僕射巽爲人忌刻校怨在江西有所憎恨輒殺之始竇參爲相出巽常州促其行及參貶郴州巽

時觀察湖南宣武節度使劉士寧致絹數千匹於參巽即劾參交
通藩鎮以怒德宗遂殺參云
贊曰生人之本食與貨而已知所以取人不怨知所以予人不乏
道御之而王權用之而霸古今一也劉晏因平準法斡山海排商
賈制萬物低昂常操天下贏貲以佐軍興雖挐兵數十年斂不及
民而用度足唐中償而振晏有勞焉可謂知取予矣其經晏辟署
者皆用材顯循其法亦能富國云

劉第五班王李列傳第七十四

端明殿學士兼翰林侍讀學士龍圖閣學士朝請大夫尚書吏部侍郎充集賢殿修撰臣宋祁奉
敕撰

李揆字端卿系出隴西爲冠族去客滎陽祖玄道爲文學館學士
父成裕秘書監揆性警敏善文章開元末擢進士第補陳留尉獻
書闕下試中書遷右拾遺再轉起居郎知宗子表疏以考功郎中
知制誥扈衍劍南拜中書舍人乾元二年宗室請上皇后號曰翊
聖肅宗問揆對曰前代后妃終則有謚景龍不君韋氏專恣乃稱
翊聖今陛下動遵典禮柰何踵其亂哉帝驚曰幾誤我家事遂止
后即張氏有子數歲欲立爲太子而帝意未決時代宗以封成王
帝從容語揆曰成王長有功將定太子卿意謂何揆曰陛下此言
社稷福也因再拜賀帝曰朕計決矣俄兼禮部侍郎揆病取士不
考實徒露搜索禁所挾而迂學陋生䒸枕圖史且不能自措于詞
乃大陳書廷中進諸儒約曰上選士弟務得才可盡所欲言由是

人人稱美未卒事拜中書侍郎同中書門下平章事脩國史封姑
臧縣伯揆美風儀善奏對帝歎曰卿門地人物文學皆當世第一
信朝廷羽儀乎故時稱三絕於是京師多盜至驂衢殺人尸溝中
吏褫氣李輔國方橫請選羽林騎五百備徼捕揆曰漢以南北軍
相統攝故周勃因南軍入北軍以安劉氏本朝置南北衙文武區
別更相檢伺今以羽林代金吾忽有非常何以制之輔國議格揆
決事明當然銳於進且近名兄楷有時稱滯宂官不得遷呂諲政
事出揆遠甚以故宰相鎮荆南治聲尤高揆懼復用遣吏至諲所
構抉過失諲密訴諸朝帝怒貶揆袁州長史不三日以楷爲司門
員外郎揆累年乃徙歙州刺史初苗晉卿數薦元載揆輕載地寒
謂晉卿曰龍章鳳姿士不見用麞頭鼠目子乃求官邪載聞銜之
及秉政奏揆試秘書監江淮養疾家百口貧無祿丐食取給牧守
稍厭慁則去之流落凡十六年載誅始拜睦州刺史入爲國子祭
酒禮部尚書德宗幸山南揆素爲盧杞所惡用爲入蕃會盟使拜

尚書左僕射揆辭老恐死道路不能達命帝惻然杞曰和戎者當
練朝廷事非揆不可異時年少揆者不敢辭揆至蕃酋長曰聞唐
有第一人李揆公是否揆畏留因紿之曰彼李揆安肯來邪還卒
鳳州年七十四贈司空謚曰恭

常衮京兆人天寶末及進士第性狷潔不妄交游由太子正字累
爲中書舍人文采贍蔚長於應用譽重一時魚朝恩賴寵兼判國
子監衮奏成均之任當用名儒不宜以宦臣領職始回紇有戰功
者得留京師虜性易驕後乃創邸第佛祠或伏甲其間數出中渭
橋與軍人格鬭奪含光門魚契走城外衮建言今西蕃盤桓境上
數入寇若相連結以乘無備其變不細請早圖之又天子誕日諸
道爭以侈麗奉獻不則爲老子浮屠解禱事衮以爲漢文帝還千
里馬不用晉武帝焚雉頭裘宋高祖碎琥珀枕是三主者非有聰
明大聖以致治安謹身率下而已今諸道饋獻皆淫侈不急而節
度使刺史非能男耕而女織者類出於民是斂怨以媚上也請皆

還之今軍旅未寧王畿戶口十不一在而諸祠寺寫經造像焚幣
埋玉所以賞賚若比丘道士巫祝之流歲巨萬計陛下若以易芻
粟減貧民之賦天下之福豈有量哉代宗嘉納遷禮部侍郎時
宦者劉忠翼權震中外涇原節度使馬璘爲帝寵任有所干請
衮皆拒卻元載死拜門下侍郎同中書門下平章事弘文崇文館
大學士與楊綰同執政綰長厚通可而衮苛細以清儉自賢帝內
重綰而顓任之禮遇信愛衮弗及也每所恨忌會綰卒衮始當國
先是百官俸寡狹議增給之時韓滉使度支與衮皆任情輕重滉
惡國子司業張參衮惡太子少詹事趙㥁皆少給之太子文學爲
洗馬副參姻家任文學者其給乃在洗馬上其騁私崇怨類此故
事日出內廚食賜宰相家可十人具衮奏罷之又將讓堂封它宰
相不從乃止政事堂北門異時宰相過舍人院咨逮政事至衮乃
塞之以示尊大懲元載敗窒賣官之路然一切以公議格之非文
詞者皆擯不用故世謂之濌伯以其濌濌無賢不肖之辨云衮爲

相散官纔朝議而無封爵郭子儀言于帝遂加銀青光祿大夫封河内郡公德宗即位衮奏貶崔祐甫為河南少尹帝怒使與祐甫換秩再貶潮州刺史建中初楊炎輔政起為福建觀察使始閩人未知學衮至為設鄉校使作為文章親加講導與為客主鈞禮觀游燕饗與焉由是俗一變歲貢士與内州等卒于官年五十五贈尚書左僕射其後閩人春秋配享衮于學官云

趙憬字退翁渭州隴西人曾祖仁本仕為吏部侍郎同東西臺三品憬志行峻潔不自衒賈寶應中方營泰建二陵用度廣又吐蕃盜邊天下荐飢憬褐衣上疏請殺禮從儉士林歎美試江夏尉佐諸使府進太子舍人毋喪免有芝生壞樹建中初擢水部員外郎湖南觀察使李承表憬自副承卒遂代之召還闔門不與人交李泌薦之對殿中占奏明辯通古今德宗欽悅拜給事中貞元中咸安公主降回紇詔關播為使而憬以御史中丞副之異時使者多私賚以帀馬規利入獨憬不然使未還尚書左丞缺帝曰趙憬堪

此遂以命之考功歲終請如至德故事課殿最憬自言薦果州刺史韋証以貪敗請降考校考使劉滋謂憬知過更以考外賓參當國欲抑為刺史帝不許參罷進中書侍郎同中書門下平章事與陸贄同輔政贄於裁決少所讓又徙憬門下侍郎繇是不平自以不任職數稱疾時杜黃裳遭奄人譖詆穆贊韋武李宣盧雲等為裴延齡構擯勢危甚憬救護申解皆得免初贄約共執退延齡既對贄極言其姦帝色變憬不為助遂罷贄乃始當國憬精治道常以國本在選賢節用薄賦斂寬刑罰懇懇為天子言之又陳前世損益當時之變獻審官六議一議相臣曰中外知其賢者用之能者任之責材之備為不可得二議庶官曰臣嘗謂拔十得五賢愚猶半陛下曰何必五也十二可矣故廣任用明殿最舉大節略小瑕隨能試事用人之大要也三議京司闕官曰今要官闕多閑官員多要官以材行閑官以恩澤是選拔少優容眾也宜補缺員以育人材四議考課曰今内庶僚外刺史課最尤者擢以不次善矣

臣謂黜陟宜責歲限若任要重未皆選之著加爵或秩其餘進退宜示遲速之常若課在中考如限者平轉而歷試之即無苟且之心滯淹之慮五議遺滯曰陛下委宰輔舉才不偏知也則訪之庶僚又不偏知也訪之眾人眾聲翕然十與言之未信一毀之可疑臣謂宜采士論以譽多者先用非大故者勿棄六議藩府官屬曰諸使辟署務得才以重府望能否已試則引而置之朝無俾久滯帝皆然之下詔褒荅輔政五年卒年六十一其息上卒時蕢奏帝悼惜之贈太子太傅謚曰貞憲憬性清約位台宰而第室童獲猶儒先生家也得稟入先建家廟而身不營產其鎮湖南也令狐峘崔儆並為部刺史不守法憬以正彈治之皆遣客暴憬失於朝及為相乃擢儆自大理卿為尚書右丞峘方貶衢州別駕引為吉州刺史人以為賢

崔造字玄宰深州安平人永泰中與韓會盧東美張正則三人友善居上元好言當世事皆自謂王佐才故號四夔浙西觀察使李

栖筠辟為判官累遷左司員外郎與劉晏善晏得罪貶信州長史徙建州刺史朱泚亂造輒馳檄比州發所部兵二千以待命德宗嘉之京師平召還至藍田自以舅源休與賊同逆上疏請罪帝以為有禮下詔慰勉擢給事中貞元二年以給事中同中書門下平章事帝謂造敢言為能立事故不次用之造久在江左疾錢穀諸使罔上或干沒自私乃建言天下兩稅請委本道觀察使刺史選官部送京師諸道水陸轉運使度支巡院江淮轉運使請悉停以度支鹽鐵務還尚書省六曹皆宰相分領於是齊映判兵部李勉刑部劉滋吏禮二部造戶工二部又以戶部侍郎元琇判諸道鹽鐵榷酒事吉中孚度支諸道兩稅事而浙江東西歲入米七十五萬石方歲饑更以兩稅準米百萬豪壽洪潭二十萬責韓滉杜亞漕送東渭橋諸道有鹽鐵處仍置巡院歲盡宰相計最殿以聞造厚元琇故首命之時滉方領轉運有寵於帝朝廷仰其須滉持不可敗帝重違之復以滉為江淮轉運使餘如造請是秋江淮米大

集帝美滉功以滉專領度支諸道鹽鐵轉運等使造懼始託疾辭位乃罷爲太子右庶子貶琇雷州司戶參軍於是造所請悉罷以憂愧卒年五十一議者謂造舉不適時方用之乏不能權濟大事雖據舊典奚能抗一切之制云

齊映瀛州高陽人舉進士博學宏詞中之補河南府參軍事滑亳節度使令狐彰署掌書記彰疾甚引映託後事映因說彰納節歸諸子京師彰從之即以女妻映彰卒軍亂映間歸東都三城使馬燧辟爲判官盧杞薦授刑部員外郎又爲鳳翔張鎰判官映練軍事論奏數稱旨進行軍司馬會德宗出奉天鎰儒緩不知兵部將李楚琳者素慓悍欲介賊爲亂映與齊抗請先事誅之鎰不用更示寬大徐謂楚琳曰欲以君使外若何楚琳恐夜殺鎰以應賊映雅爲軍中慕賴故得免奔奉天授御史中丞從幸梁道險澀常爲帝御會馬駭突帝恐傷映詔捨轡固不去曰馬奔踶不過傷臣捨之或犯清蹕臣雖死不足償責帝嘉歎擢給事中映爲人白皙長

大言音鴻爽故帝常令侍左右或前馬臚傳詔旨進中書舍人貞元二年以舍人同中書門下平章事俄改中書侍郎封河間縣男與崔造劉滋並輔政滋端重寡言映謙不肯事否可一顓于造會造疾映乃當國吐蕃數入寇關輔震騷咸言帝欲避狄映入諫曰戎狄不懲臣之罪也然內外恟恟謂陛下具糗糧欲治行夫大幸不再奈何不與臣等計乎因俯伏流涕天子爲感寤後給事中袁高忤帝旨而映以爲尚書左丞御史大夫始映微時張延賞遇之善及映相而延賞爲左僕射數爲映畫事又爲所親求官映不荅延賞恚既復用即劾映非宰相器明年貶夔州刺史徙衡州久之爲桂管江西兩觀察使始映罷不以罪冀復進乃掊斂獻貢以中帝欲初諸藩銀大瓶止五尺李兼爲江西始獻六尺瓶至映乃八尺云卒年四十八贈禮部尚書謚曰忠

盧邁字子玄河南河南人性孝友舉明經入第補太子正字以拔萃調河南主簿集賢校理公卿交薦之擢右補闕三遷吏部員外郎以族屬客江介出爲滁州刺史召還再遷諫議大夫數條當世病利進給事中俄會考課邁以不滿歲固辭上考薦紳高其讓改尚書右丞將作監元亘攝祠以私忌不聽誓御史劾之帝疑其罰下尚書省議邁曰按大夫士將祭於公既視濯而父母死猶奉祭禮散齊有大功喪致齊有朞喪齊有疾病聽還舍不奉祭無忌日不受誓者雖今忌日與告且春秋不以家事辭王事今攝祭待命也亘以常令拒特命執非所宜遂抵罪以本官同中書門下平章事進中書侍郎時陸贄趙憬專大政邁居中治身循法無它過久之暴眩省中輿還第詔大臣即問固乞骸骨罷爲太子賓客卒年六十贈太子太傅邁每有功緦喪必容稱其服而情有加焉叔下邽令休沐過家邁終日與羣子姓均指使無位貌之異再娶無子或勸畜媵對曰兄弟之子猶子也可以主後所得稟賜皆賑姻舊之乏其從父弟迨喪還洛陽過都邁奏請往哭之盡哀時執政自以宰相尊五服皆不過從問弔而邁獨不徇時議者重其仁而亮云

贊曰楊綰之德陸贄之賢而袞憬以爲憎何哉士固蔽於媢前然主聽不一故乘以爲姦昔齊桓秦堅任管仲王猛興區區霸天下蓋不以不肖者參之君臣相諒果難哉

李常趙崔齊盧列傳第七十五

關董袁趙竇列傳第七十六

宋祁奉敕撰

關播字務元衛州汲人及進士第鄧景山節度淮南再署幕府遷右補闕與神策軍使王駕鶴爲姻家元載惡之出爲河南兵曹參軍事數試劇縣政異等陳少游鎮浙東淮南表爲判官攝滁州刺史李靈耀叛少游屯淮上所在盜賊蝟奮播儲偫饋運給軍興人無愁苦揚州富者皆善播引爲都官員外郎德宗初湖南峒賊王國良驚剽州縣不可制詔播宣輸因得請事對殿中帝問政治之要播曰爲政之本要得有道賢人乃治帝曰朕比下詔求賢又遣使黜陟搜逮所遺須能者用之若何播曰陛下雖求賢又使舉薦然止得求名文辭士焉有有道賢人肯奉牒丐舉選邪帝悅曰卿姑去還當更議播且言奉詔平賊有如不受命臣請發州兵剪定之帝曰善及還再遷給事中故事諸司甲庫以令史直曹刓脫爲姦播悉易以士人時韙其法遷吏部侍郎帝求宰相盧杞雅知播柔可制因從容言播材任宰相其儒厚可鎮浮動乃拜中書侍郎同中書門下平章事政一決於杞嘗論事帝前播意不可遽坐欲有所言杞目禁輒止退讓播曰以君寡言故至此奈何欲開口爭事邪播即喑畏毋敢與時李元平陶公達張茲劉承誡率輕薄子游播門下能侈言誕計以功名自喜播謂皆

將相材數請帝用之元平本宗室疏裔好論兵鄙天下士大夫無可者人人怨疾之李希烈叛帝以汝州擾賊衝刺史疲軟不勝任播盛稱元平帝召見拜右補闕不數日檢校吏部郎中兼汝州別駕知州事元平始至募工築郛浚隍希烈陰使亡命應募凡內數百人元平不寤賊遣將李克誠以精騎薄城募者內應縛元平馳見希烈遺矢於地希烈以其眇小無鬚戲克誠曰使爾取元平乃以其子來邪因嫚罵曰盲宰相使汝當我何待我淺邪僞署御史中丞播聞詫曰元平事濟矣謂必覆賊而建功也左右笑之無何僞署爲宰相有告其貳者元平斷一指自誓公達等以元平陷賊皆廢不用播從幸奉天盧杞白志貞已貶而播猶執政議者不平遂罷爲刑部尚書昊倫等曰宰相不善謀使天子播越尚可尚書邪相與泣諸朝未幾知刪定使初上元中詔擇古名將十人配享武成廟如十哲侑孔子播奏太公古賢臣今其下稱亞聖孔子十哲皆當時弟子今所配年世不同請罷之詔可貞元初檢校尚書右僕射持節送咸安公主降迴鶻虜人重其清還遷兵部尚書以太子少師致仕斥賣東騎闔門不要外事卒年七十九贈太子太保始希烈死或言元平雖陷賊然有謀不克發乃貸死流珍州會赦還住剡中觀察使皇甫政表其至以發帝怒遂流死賀州

董晉字混成河中虞鄉人擢明經第肅宗幸彭原上書行在拜秘書省校書郎待制翰林出從淮南崔圓府爲判官累遷祠部郎中大曆中李涵持節送崇徽公主於回紇署晉判官回紇恃有功見使者倨因問歲市馬而唐歸我賄不足何也涵懼未及對數目晉晉曰我非無馬而與爾爲市爲爾賜者不已多乎爾之馬歲五至而邊有司數皮償貲天子不忘爾勞敕吏無得問爾反用是望我邪諸戎以我之爾與也莫敢確爾父子寧畜馬蕃非我則誰使乎衆皆南面拜不敢有言還遷秘書少監德宗立授太府卿不旬日爲左散騎常侍兼御史中丞知臺事出爲華州刺史朱泚反遣兵攻之晉棄華走行在改國子祭酒宣慰恒州還至河中而李懷光反晉說之曰朱泚爲臣而背其君苟得志於公何有且公位太尉泚雖寵公亦無以加彼不能事君能以臣事公乎公能事彼而有不能事君乎公敵賊有餘力若襲取之清宮以迎天子雖有大惡猶將掩焉如公則誰敢議懷光喜且泣晉亦泣又語其將卒皆拜故懷光雖僭叛亦不助泚帝還京師遷左金吾衛大將軍改尚書左丞是時右丞元琇爲韓滉排擯得罪滉勢振朝廷晉見宰相誦元琇非罪士大夫壯其節貞元五年以門下侍郎同中書門下平章事方竇參得君裁可大事不關咨晉晉循謹無所駁異參欲以其弟申爲吏部侍郎諷晉以聞帝怒曰元乃參迫卿爲之邪晉謝且道所以然帝即問參過失晉無敢隱由是參罷宰相晉懼恐上疏固辭位九年罷爲禮

部尚書以兵部尚書爲東都留守會宣武李萬榮病且死詔晉檢校尚書左僕射同中書門下平章事爲宣武節度副大使知節度事萬榮死鄧惟恭攝其軍晉受命不召兵惟幕府騶傔從之即日上道至鄭逆者不至人勸止以觀便宜晉不聽直造汴及郊惟恭始出迎謁既入即委以軍政無所改更衆服晉有驕莫測其謀始惟恭謀代萬榮故不遣吏以疑晉令不敢入及晉至情得則懼勢不能平汴士素驕怙亂嘗以勇士伏幕下旦暮番休晉且罷之惟恭乃結大將相里重晏等謀亂晉覺之殺其黨械送惟恭京師帝錄其勳未忍迺貸死流汀州帝恐晉儒緩詔拜汝州刺史陸長源爲司馬以佐晉晉謙愿儉簡事多循仍故軍粗安長源持法峭刻數欲更張舊事晉初許之已而悉罷不用以財賦委孟叔度叔度爲人佻悅軍中惡之晉在軍凡五年卒年七十六贈太傅謚曰恭東晉爲相也五月朔天子會朝公卿在廷侍中贊群臣賀畢參攝中書令當傳詔疾作公卿相顧未有詔晉從容進曰攝中書令臣參病不能事臣請代參事南面宣致詔詞進退甚詳又金吾將軍沈房有期喪公除當服入閤帝疑以問晉對曰故事朝官朞以下喪服終絰不復衣淺色南北亦如之又問晉冠冕之制對曰古者服冠冕以佩玉節步堂上接武堂下布武君前趨進而已今或奔走以致顛仆在式朝臣皆綾袍五品而上金玉帶所以盡飾以奉上故漢尚書

郎舍香老萊采服君父一也若然服絕緦亦非礼也帝然其言詔入閤官毋趨
走期以下喪不得以𢇁服會令群臣衣本品綾袍金玉帶自晉而復子溪字惟
深亦擢明經三遷元年令討王承宗也擢度支郎中為東道行營糧料使坐
盜軍貲流封州至長沙賜死子居中善詩為張籍所稱
陸長源者吳人字泳祖餘慶天寶中為太子詹事有清譽長源贍於学始辟
昭義薛嵩幕府嵩修太常從容規切嵩曰非君安能為此歷建信二州刺史韓
滉兼領江淮轉運使辟署兼御史中丞以為副入遷都官郎中復出汝州刺史
遂從宣武政皆出司馬初欲峻法繩驕兵為晉所持不克行而判官楊凝孟叔
度等又苛細叔度淫縱數入倡家調笑嬉褻晉有所偷弛長源輒裁正之晉
卒長源總留後事大言曰將士久慢吾且以法治之衆始懼軍中請出財帛為
晉制服不許固請止給其直叔度希望又償直以塩高塩直賤帛估人得塩
二斤與軍大怒或勸長源曰故事有大變則厚賜士軍重乃安長源曰異時河
北賊以錢買戍卒取旌節吾不忍為衆怒益甚長源性剛不適變又不為備緣
八日軍乱殺長源及叔度等食其肉放兵大掠死之日有詔拜節度使遠近嗟
悵贈尚書右僕射長源好諧易无威儀而清白自將去汝州送車二乘曰吾祖
罷魏州有車一乘而圖書半之吾愧不及先人去長源死監軍俱文珍召宋

州刺史劉全諒使攝後務全諒至其夜軍復乱殺大將及部曲五百人乃定
帝即詔全諒檢校工部尚書宣武節度使全諒始名逸淮至是賜名本懷州武
涉人也父客奴以行伍留籍幽州事平盧軍以材力顯開元中室韋首領段普
洛數若邊節度使薛楚玉使客奴單騎襲之斬首以歸與卒伍拜左驍衛將軍
為遊奕使性謹樸數戰有功安祿山反詔以平盧節度副使呂知誨為使賊遣
韓朝陽誘之知誨即降賊害安東副都護馬靈詧客奴不平與諸將共殺知誨
遣使與安東將王玄志相聞天寶十五載以客奴為柳城郡太守攝御史大夫
平盧節度使賜名正臣以玄志為安東副大都護正臣遣使道海至平原与太
守顏真卿相結真卿喜以子為質而歸賊糧焉且請出師未至而真卿棄平原
乃還因襲范陽為史思明所敗奔還玄志酖殺之全諒事劉玄佐為牙將以勇
果善騎射為玄佐厚礼累兼御史中丞及玄佐子士寧代立疑宋州刺史翟良
佐不附己揚言行部至則以全諒代之故汴將士多歸心焉視事凡八月卒贈
尚書右僕射軍中立韓弘代節度云
袁滋字德深蔡州朗山人陳侍中憲之後彊學博記少依道州刺史元結讀書
自解其義結重之後客荊郢間起學廬講授建中初黜陟使趙贊薦于朝起
处士授試校書郎累辟張伯儀何士幹幕府進詹事府司直部官以盜金下獄

滋直其冤御史中丞韋貞伯聞之表為侍御史刑部大理覆罪人失其平憚滋
守法因權勢以請滋終不署奏遷工部員外郎韋皋始招來西南夷南詔異牟
尋內屬德宗選郎吏可撫循者皆憚行至滋不辭帝嘉之擢祠部郎中兼
御史中丞賜金紫持節往踰年還使有指進諫議大夫遷尚書右丞知吏部
選求外遷為華州刺史政清簡流民至者給地居之名其里曰義合然尊以慈
惠為本未嘗設條教民愛向之有犯令時時法外縱舍得盜賊或哀其窮出財
為償所亡召為左金吾衛大將軍以楊於陵代之滋行耆老遮道不得去於陵
使諭曰吾不敢易袁公政人皆羅拜乃得去莫不流涕憲宗監国進拜中書侍
郎同中書門下平章事劉闢反詔滋為劍南東西川山南西道安撫大使半道以
檢校吏部尚書平章事為劍南東西川節度使是時賊方熾又滋兄峯在蜀為
闢所劫滋畏不得全久不進貶吉州刺史未幾徙義成節度使滑用武地東有
淄青北魏博滋嚴備而推誠信務在懷柔李師道田季安畏服之居七年百姓
立祠祝祭以戶部尚書召改檢校兵部拜山南東道節度使徙荊南吳元濟之
反滋言蔡兵勁与下同欲非朝夕討可下宜廣方略離潰其心及宿兵三年調
發益屈詔出禁錢繼之滋揣天子且厭兵自表入朝欲議罷淮西事道聞蕭俛
錢徽坐沮議黜去滋翻其謀更言必勝順可天子意乃得還俛而高霞寓敗帝

思以因信傾賊且滋嘗云云乃授彰義節度使僑治唐州又以滋儒者拜陽旻
為唐州刺史將其兵滋先世墳墓在蔡吳少陽時為脩墓禁芻牧諸表多署
右職稟給之滋至治去斥候与元濟通好賊圍新興滋卑辭請解賊因是易滋
不為備時帝責戰急而滋至六月以無功貶撫州刺史未幾還湖南觀察使累
封淮陽郡公卒年七十贈太子少保滋既病作遺令勳後事訖三年皆有條次
性寬易与之接者皆自謂可見肺肝至家人不得見喜慍薄居处衣食能為春
秋嘗以劉惲悲甘陵賦褒善斥惡客春秋指然其文不可廢乃著後序工篆隸
有古法子均右拾遺郊翰林學士
趙宗儒字秉文鄧州穰人八代祖彤後魏征南將軍父驊字雲卿少嗜學復尚
清鯁開元中擢進士第補太子正字調雷澤河東丞採訪使韋陟器之表置其
府又為陳留採訪使郭納支使安祿山陷陳留驊沒於賊時江西觀察使韋儇
族妹坐其夫為賊官不供賊沒為婢驊哀之以錢贖嫁韋厚為資給賊平訪近
屬歸之時人高其義驊以嘗陷賊貶晉江尉久之召拜左補闕遷累尚書比部
員外郎建中初遷秘書少監敦交友行義不以夷險易操少与殷寅顏真卿
柳芳陸據蕭穎士李華邵軫善時為語曰殷顏柳陸李蕭邵趙謂能全其交
也驊位省郎衣食窶乏俸皆賙給諸子至徒步人為美涇原兵反驊竄鼠山谷

病死贈華州刺史宗儒第進士授校書郎判入等補陸渾主簿數月拜右拾遺翰林學士時父驊遷秘書少監德宗欲寵其門使一日並命再遷司勳員外郎貞元六年領考功事自至德後考績失實內外悉考中上殿最混淆至宗儒黜陟詳當无所回憚右司郎中獨孤良器殿中侍御史杜倫以過黜考右丞裴郁御史中丞盧佋降考中中凡入中上者纔五十人帝聞善之進考功郎中累遷給事中十二年以本官同中書門下平章事賜服金紫居二歲罷為太子右庶子屏居慎靜奉朝請而已遷吏部侍郎召見勞曰知卿杜門六年故有此拜累與先臣並命尚念之邪宗儒俯伏流涕元和初檢校禮部尚書充東都留守三遷至檢校吏部荊南節度使散冗食戍二千人歷山南西道河中二鎮拜御史大夫改吏部尚書穆宗立詔先朝所召賢良方正委有司試宗儒建言應制而來者當天子臨問試有司非國舊典請罷之詔可俄檢校右僕射守太常卿太常有五方師子樂非大朝會不作帝嗜聲色官領教坊者乃移書取之宗儒不敢違以訴宰相宰相以事專有司不應關白以儒不職罷為太子少師太和初進太子太傅文宗召訪政理對曰堯舜之化慈儉而已願陛下守之帝納其言六年授司空致仕卒年八十七冊贈司徒謚曰昭宗儒以文學歷將相位任崇劇然无儀矩以治生瑣碎失名

竇易直字宗玄京兆始平人擢明經補校書郎十年不應辟以判入等為藍田尉累遷吏部郎中元和六年進御史中丞繇陝虢觀察使入為京兆尹万年尉韓晤坐賕易直令官屬按之得贓三十万憲宗疑未盡詔覆治至三百万貶易直為金州刺史久之起為宣歙浙西觀察使長慶二年李㝏以汴州叛易直欲出庫財賞軍或謂給與无名必且生患乃止時江淮旱漕物淹積不能前軍士聞易直嚮言其部將王國清指漕貨激衆謀亂易直知之械國清送獄其黨數千群譟入獄篡取之欲大剽易直登樓令曰能誅亂者一級賞千万衆喜反縛為亂者三百餘人易直悉斬之入為戶部侍郎判度支四年同中書門下平章事轉門下侍郎封晉陽郡公郎讓度支罷其俸三月有詔停判文宗立檢校尚書右僕射同平章事為山南東道節度使入為左僕射判太常卿事頃之檢校司空為鳳翔節度以疾還京師卒贈司徒謚曰恭惠易直以公潔自喜方執政未嘗引用親黨初元和中鄭餘慶議僕射上儀不与隔品官亢礼易直為中丞奏駮之及為僕射乃自用隔品致恭為時鄙笑子紃仕至渭南尉集賢校理妻父王涯被禍官吕知易直子得不死貶循州司户參軍

贊曰關播舉李元平守汝州賊縛而臣之宰相不知人果可敗國德宗不以是責宰相幾喪天下習懦趨苟安然以忠信偵賊迂暗之人烏可語功名者哉。卷終。

張姜武李宋列傳第七十七　　唐書一百五十二

端明殿學士兼翰林侍讀學士龍圖閣學士朝請大夫守尚書吏部侍郎充集賢殿修撰臣宋祁奉
敕撰

張鎰字季權一字公度國子祭酒後胄五世孫也父齊丘朔方節度使東都留守鎰以蔭授左衛兵曹參軍郭子儀表爲元帥府判官遷累殿中侍御史乾元初華原令盧樅以公事譙責邑人齊令詵令詵官人也銜之構樅罪鎰按驗當免官有司承風以死論鎰不直之乃白其母曰今理樅樅免死而鎰坐貶嘿則負官貶則爲太夫人憂敢問所安母曰兒無累於道吾所安也遂執正其罪樅得流鎰貶撫州司戶參軍徙晉陵令江西觀察使張鎬表爲判官遷屯田右司二員外郎居母喪以孝聞不妄交游特與楊綰崔祐甫善大曆初出爲濠州刺史政條清簡延經術士講教生徒比去州升明經者四十人李靈耀反于汴鎰團閱鄉兵嚴守禦帝有詔襃美擢侍御史兼緣淮鎮守使以最遷壽州刺史歷江西河中觀察使不閱旬改汴滑節度使以病固辭詔留私第建中二年拜中書侍郎同中書門下平章事明年以兩河用兵詔省薄御膳及皇太子食物鎰因奏減堂飧錢及百官稾奉三分一以助用度時黜陟使裴伯言薦潞州處士田佐時詔除右拾遺集賢院直學士鎰以爲禮輕恐士不勸復詔州縣吏以絹百匹粟百石就家致聘佐時卒不至郭子儀壻太僕卿趙縱爲奴告下御史劾治而奴留內侍省鎰奏言貞觀時有奴告其主謀反者太宗曰謀反理不獨成尚當有佗人論之豈藉奴告耶乃著令奴告主者斬由是賤不得干貴下不得淩上教本旣脩悖亂不萌頃者長安令李濟以奴得罪萬年令霍晏因婢坐譴輿臺下類主反畏之悖慢成風漸不可長建中元年五月辛卯詔書奴婢告主非謀叛者同自首法並準律論由是獄訴衰息今縱事非叛逆而奴留禁中獨下縱獄情所不猒且將帥功孰大於子儀家士僅乾兩壻前已得罪縱復繼之不數月斥其三壻假令縱實犯法事不緣奴尚宜錄勳念亡以從

蕩宥況爲奴所愬耶陛下方貴武臣以討賊彼雖見寵一時不能忘懷於異日也帝納之貶縱循州司馬杖奴死鎰召子儀家僮數百暴示奴尸盧杞忌鎰剛直欲去之時朱泚以盧龍卒戍鳳翔帝擇人以代杞卽謬曰鳳翔將校班秩素高非宰相信臣不可鎮撫臣宜行帝不許杞復曰陛下必以臣容貌蕞陋不爲三軍所信恐後生變臣不敢自謀惟陛下擇之帝乃顧鎰曰文武兼資望重內外無易卿者其爲朕撫盧龍士乃以中書侍郎爲鳳翔隴右節度使鎰知爲杞陰中然辭窮因再拜受詔頃之與吐蕃相尚結贊盟清水約牛馬爲牲鎰恥與盟將殺其禮乃紿語吐蕃以羊豕犬代之帝幸奉天鎰罄家貲將自獻行在而營將李楚琳者嘗事朱泚得其心軍司馬齊映等謀曰楚琳必爲亂乃遣屯隴州楚琳知之稽故未行鎰以帝在外心憂感謂已亟去不爲備楚琳夜率其黨王汾李卓牛僧伽等作亂齊映自竇出齊抗託傭皆免鎰縋城走不及遠與二子爲候騎所執楚琳殺之屬官王沼張元度柳遇李溆皆死詔贈鎰太子太傅

姜公輔愛州日南人第進士補校書郎以制策異等授右拾遺爲翰林學士歲滿當遷上書以母老賴祿而養求兼京兆戶曹參軍事公輔有高材每進見敷奏詳亮德宗器之朱滔助田悅也以蠟裹書間道邀泚太原馬燧獲之泚不知也召還京師公輔諫曰陛下若不能坦懷待泚不如誅之養虎無自詒害不從俄而涇師亂帝自苑門出公輔叩馬諫曰泚嘗帥涇原得士心向以滔叛奪之兵居常怫鬱不自聊請馳騎捕取以從無爲羣凶得之帝倉卒不及聽旣行欲駐鳳翔倚張鎰公輔曰鎰雖信臣然文吏也所領皆朱泚部曲漁陽突騎泚若立涇軍且有變非萬全策也帝亦記桑道茂言遂之奉天不數日鳳翔果亂殺鎰帝在奉天有言泚反者請爲守備盧杞曰泚忠正篤實奈何言其叛傷大臣心請百口保之帝知羣臣多勸泚奉迎乘輿者乃詔諸道兵距城一舍止公輔曰王者不嚴羽衛無以重威靈今禁旅單寡而士馬處外爲陛下

危之帝曰善悉內諸軍洄兵果至如所言乃擢公輔諫議大夫同中書門下平章事帝徙梁唐安公主道薨主性仁孝許下嫁韋宥以播遷未克也帝悼之甚詔厚其葬公輔諫曰即平賊主必歸葬今行道宜從儉以濟軍興帝怒謂翰林學士陸贄曰唐安之葬不欲事塋壠令累甓爲浮圖費甚寡約不容宰相關預苟欲指朕過爾贄曰公輔官諫議職宰相獻替固其分本立輔臣朝夕納誨微而弼之乃其所也帝曰不然朕以公輔才不足以相而又自求解朕既許之內知且罷故賣直售名爾遂下遷太子左庶子以母喪解復爲右庶子久不遷陸贄爲相公輔數求官贄密謂曰竇丞相甞言爲公擬官屢矣上輒不悅公輔懼請爲道士未報它日又言之帝問故公輔隱贄言以參語對帝怒黜公輔泉州別駕遣使齎詔讓參順宗立拜吉州刺史未就官卒憲宗時贈禮部尚書

武元衡字伯蒼曾祖載德則天皇后之族弟祖平一有名元衡舉進士累爲華原令畿輔鎮軍督將皆驕橫撓政元衡移疾去德

宗欽其才召拜比部員外郎歲內三遷至右司郎中以詳整任職擢爲御史中丞甞對延英帝目送之曰是眞宰相器順宗立王叔文使人誘以爲黨拒不納俄爲山陵儀仗使監察御史劉禹錫求爲判官元衡不與叔文滋不悅數日改太子右庶子會冊皇太子元衡贊相太子識之及即位是爲憲宗復拜中丞進戶部侍郎元和二年拜門下侍郎同中書門下平章事兼判戶部事帝素知元衡堅正有守故睠禮信任異它相浙西李錡求入覲既又稱疾欲緩其期帝問宰相鄭絪請聽之元衡曰不可錡自請入朝詔既許之而復不至是可否在錡陛下新即位天下屬耳目若姦臣得遂其私則威令去矣帝然之遽追錡而錡計窮果反是時蜀新定高崇文爲節度不知吏治帝難其代詔元衡檢校吏部尚書兼門下侍郎同平章事爲劍南西川節度使繇蕭縣伯封臨淮郡公帝御安福門慰遣之崇文去成都盡以金帛帟幕伎樂工巧行蜀幾爲空元衡至綏靖約束儉己寬民比三年上下完實蠻夷懷歸雅性莊重雖淡於接物而開府極一時選八年召還秉政李吉甫李絳數爭事帝前不叶元衡獨持正無所違附帝稱其長者吉甫卒淮蔡用兵帝悉以機政委之王承宗上疏請赦吳元濟使人白事中書悖慢不恭元衡叱去承宗怨數上章誣詆未幾入朝出靖安里第夜漏未盡賊乘暗呼曰滅燭射元衡中肩復擊其左股徒御格鬬不勝皆駭走遂害元衡批顱骨持去邏司傳譟盜殺宰相連十餘里達朝堂百官恟懼未知主名少選馬逸還第中外乃審知是日仗入紫宸門有司以聞帝震驚罷朝坐延英見宰相哀慟爲再不食贈司徒謚曰忠愍詔金吾府縣大索或傳言曰無搜賊賊窮必亂又投書於道曰毋急我我先殺汝故吏卒不窮捕兵部侍郎許孟容言於帝曰國相橫尸路隅而盜不獲爲朝廷辱帝乃下詔能得賊者賞錢千萬授五品官與賊謀及舍賊能自言者亦賞有不如詔族之積錢東西市以募告者於是左神策將軍王士則左威衛將軍王士平以賊聞捕得張晏等十八人言爲承

宗所遣皆斬之踰月東都防禦使呂元膺執淄青留邸賊門察嘗嘉珍自言始謀殺元衡者會晏先發故藉之以告師道而竊其賞帝密誅之初京師大恐城門加兵誰何其偉狀異服燕趙言者皆驗訊乃遣公卿朝以家奴持兵呵衛宰相則金吾彀騎導翼之過里門搜索諠譁因詔寅漏上三刻乃傳點云從父弟儒衡

儒衡字廷碩姿狀秀偉不妄言與人交終始一節宰相鄭餘慶不事華潔門下客多垢衣敗服獨儒衡上謁未嘗有所易以莊詞正色見重於餘慶元衡歿帝待之益厚累遷戶部郎中知諫議大夫事俄兼知制誥皇甫鎛以宰相領度支剝下以媚天子儒衡跡其狀鎛自訴於帝曰乃欲報怨邪鎛不敢對儒衡論議勁正有風節且將大用宰相令狐楚忌之會以狄兼謨爲拾遺楚自草制引武后革命事盛推仁傑功以指切儒衡且沮止之儒衡泣見上曰臣祖平一當天后時避仕終老不涉於累帝慰勉之自是薄楚爲人也遷中書舍人時元稹倚宦官知制誥儒衡鄙猒之會食瓜蠅

集其上儒衡揮以扇曰適從何處來遽集於此一坐皆失色然以
疾惡太分明終不至大任以兵部侍郎卒年五十六贈工部尚書
李絳字深之系本贊皇擢進士宏辭補渭南尉拜監察御史元和
二年授翰林學士俄知制誥會李錡誅憲宗將輦取其貲絳與裴
垍諫曰錡僭侈誅求六州之人怨入骨髓今元惡傳首若因取其
財恐非遏亂略惠綏困窮者願賜本道代貧民租賦制可樞密使
劉光琦議遣中人持赦令賜諸道以裒饋餉絳請付度支鹽鐵急
遞以遣息取求之弊光琦引故事以對帝曰故事是耶當守之不
然當改可循舊哉帝嘗稱太宗玄宗之盛朕不佞欲庶幾二祖之
道德風烈無愧謚號不爲宗廟羞何行而至此乎絳曰陛下誠能
正身勵己尊道德遠邪佞進忠直與大臣言敬而信無使小人參
焉與賢者游親而禮無使不肖與焉去官無益於治者則材能出
斥宮女之希御者則怨曠銷將帥擇士卒勇矣官師公吏治輯矣
法令行而下不違教化篤而俗必遷如是可與祖宗合德號稱中

興夫何遠之有言之不行無益也行之不至無益也帝曰美哉斯
言朕將書諸紳即詔絳與崔羣錢徽韋弘景白居易等搜次君臣
成敗五十種爲連屏張便坐帝每閱視顧左右曰而等宜作意勿
爲如此事是時盛興安國佛祠倖臣吐突承璀請立石紀聖德焉
營構華廣欲使絳爲之頌將遺錢千萬絳上言陛下蕩積習之弊
四海延頸望德音忽自立碑示人以不廣易稱大人與天地合德
謂非文字所能盡若今可述是陛下美有分限堯舜至文武皆不
傳其事惟秦始刻嶧山揚暴誅伐巡幸之勞失道之君不足爲法
今安國有碑若敘游觀即非治要述崇飾又非政宜請罷之帝怒
絳伏奏愈切帝悟曰微絳我不自知命百牛倒石令使者勞諭絳
襄陽裴均違詔書獻銀壺甕數百具絳請歸之度支示天下以信
帝可奏仍赦均罪時議還盧從史昭義已而將復召之從史以軍
無見儲爲解李吉甫謂鄭絪漏其謀帝召絳議欲逐絪絳爲開白
乃免絳見浴堂殿帝曰比諫官多朋黨論奏不實皆陷謗訕欲黜

其尤者若何絳曰此非陛下意必憸人以此營誤上心自古納諫
昌拒諫亡夫人臣進言於上豈易哉君尊如天臣卑如地加有雷
霆之威彼晝度夜思始欲陳十事俄而去五六及將以聞則又懼
而削其半故上達者財十二何哉干不測之禍顧身無利耳雖開
納獎勵尚恐不至今乃欲譴訶之使直士杜口非社稷利也帝曰
非卿言我不知諫之益初承璀討王承宗議者皆言古無以宦人
統師者絳當制書固爭帝不能奪止詔宰相授敕承璀果無功還
加開府儀同三司絳奏承璀喪師當抵罪今寵以崇秩後有奉命
之將蹈利干賞陛下何以處之又數論宦官橫肆方鎮進獻等
事自知言切且斥去悉取內署所上疏稿焚之以俟命帝果怒絳
謝曰陛下憐臣愚處之腹心之地而惜身不言乃臣負陛下若上
犯聖顏旁忤貴倖因而獲罪乃陛下負臣於是帝動容曰卿告朕
以人所難言者疾風知勁草卿當之矣遂擢司勳郎中進中書舍
人翌日賜金紫親擇良笏與之且曰異時膺顧託南面當如此絳

頓首烏重胤縛盧從史而承璀牒署昭義留後絳曰澤潞據山東
要害磁邢洺跨兩河間可制其合從今孽豎就禽方收威柄遽以
偏將莅本軍綱紀大紊矣河南北諸鎮謂陛下啗以官爵使逐其
帥其肯默然哉宜以孟元陽爲澤潞而以重胤節度三城兩河諸
侯聞之必欣然帝從之張茂昭舉族入覲絳上言任迪簡既往代
則士之從茂昭皆爲定人宜亟授以官且遣使者詔其麾下皆聽
茂昭節度有詔拜河中節度使會迪簡以帑廥匱竭稍簡罷士
疲老者人情不安迪簡亦危絳請斥禁帑緡十萬以濟事機吳少
誠病甚絳建言淮西地不與賊接若朝廷命帥令乃其時有如阻
命則決可討矣然鎮蔡不可并取願赦承宗趣立蔡功時江淮大
旱帝下赦令有所蠲弛絳言江淮流亡所貸未廣而宮人猥積有
怨曠之思當大出之以省經費嶺南之俗鬻男子爲業可聽非券劑
取直者如掠賣法敕有司一切苛止帝皆順納後閱月不賜對絳
謂大臣持祿不敢諫小臣畏罪不敢言管仲以爲害霸最其今臣

等飽食不言無履危之患自爲計得矣顧聖治如何有詔明日對
三殿帝嘗畋苑中至蓬萊池謂左右曰絳嘗以諫我今可返也其
見禮憚如此帝嘗怪前世任賢以致治今無賢可任何耶對曰聖王
選當代之人極其才分自可致治豈借賢異代治今日之人哉天
子不以己能蓋人痛折節下士則天下賢者乃出帝曰何知其必
賢而任之對曰知人誠難堯舜以爲病然循其名驗以事所得十
七夫任官而辨廉措事不阿容無希望依違之辭無邪媚愉悅之
容此近於賢矣賢則當任任則當久賢者中立而寡助舉其類則
不肖者怨杜邪徑則懷姦者疾一制度則貴戚毀傷正過失則人
君跡忌夫然用賢豈容易哉帝曰卿言得之矣六年罷學士遷戶
部侍郎判本司帝以戶部故有獻而絳獨無有何哉荅曰凡方鎮
有地則有賦或嗇用度易羨餘以爲獻臣乃爲陛下謹出納烏有
羨羸哉若以爲獻是從東庫物實西庫進官物結私恩帝瞿然悟
帝毎有詢訪隨事補益所言無不聽欲遂以相而承璀寵方盛忌

其進陰有毀短帝乃出承璀淮南監軍翌日拜絳中書侍郎同中
書門下平章事封高邑男方江淮歲儉民荐飢有御史使還奏不
爲災帝以語絳荅曰方隅皆陛下大臣奏孰不實而御史苟悅陛
下耳凡君人者當任大臣無使小臣得以間願出其名顯責之李
吉甫嘗盛贊天子威德帝欣然絳獨曰陛下自視今日何如漢文
帝時帝曰朕安敢望文帝對曰是時賈誼以爲措火積薪下火未
及然因以爲安其憂如此今法令所不及者五十餘州西戎內訌
近以涇隴爲鄙去京師遠不千里烽燧相接也加比水旱無年倉
廩空虛誠陛下焦心銷志求濟時之略渠便高枕而卧哉帝入謂
左右曰絳言骨鯁眞宰相也遣使者賜酴醾酒魏博田季安死
子懷諫弱軍中請襲節度吉甫議討之絳曰不然兩河所懼者部
將以兵圖己也故委諸將揔兵皆使力敵任均以相維制不得爲
變若主帥彊則足以制其命今懷諫乳臭不能事必假權于人
權重則怨生向之權力均者將起事生患矣衆所歸必在寬厚簡

易軍中素所愛者彼得立不倚朝廷亦不能安惟陛下蓄威以俟
之俄而田興果立以魏博聽命帝大悅吉甫復請命中人宣慰因
刺其變徐議所宜絳獨謂不如推誠撫納即假旄節它日使者持
三軍表來請與興則制在彼不在上可奏與特授安得同哉然帝
重違吉甫故詔張忠順持節往而授興留後絳固請曰如興萬有
一不受命即姑息復如向時矣由是即拜興節度使絳復白王化
不及魏博久矣一日挈六州來歸不大犒賞人心不激請斥禁錢
百五十萬緡賜其軍有言太過者絳曰假令舉十五萬衆朞歲而
得六州計所轉給三倍于費今興天挺忠義首變汚俗破兩河之
膽可嗇小費隳機事哉從之帝患朋黨以問絳荅曰自古人君最
惡者朋黨小人揣知故常藉口以激怒上心朋黨者尋之則無跡
言之則可疑小人常以利動不顧忠義君子者遇主知則進疑則
退安其位不爲它計故常爲姦人所乘夫聖人同跡賢者求類是
同道也非黨也陛下奉遵堯舜禹湯之德豈謂上與數千年君爲

黨耶道德同耳漢時名節骨鯁者同心愛國而宦官小人疾之起
黨錮之獄訖亡天下趨利之人常爲朋比同其私也守正之人常
遭構毀違其私也小人多譖言常勝正人少直道常不勝可不戒
哉絳居中介特尤爲左右所不悅遂因以自明王播爲鹽鐵使而
事月進絳曰此禁天下正賦外不得有它獻而播妄名羨餘不出
祿稟家貲願悉付有司帝曰善訖絳在位獻不入禁中吐蕃犯涇
州掠人畜絳因言邊寨虛籍多實兵少今京西北神策鎮軍本防
盛秋坐仰衣食不使戰事至之日乃先稟中尉夫兵不內御要須
應變失毫氂差千里請分隸本道則號令齊一前戰不還踵矣然
士卒樂而軍姑息宦者以爲言議遂寢嘗盛夏對延英帝汗浹衣
絳欲趨出帝曰朕宮中所對惟宦官女子欲與卿講天下事乃其
樂也絳或無所論諍帝輒詰所以然又言公等得無有姻故冗食
者當爲惜官吉甫權德輿皆稱無有絳曰崔祐甫爲宰相不半歲
除吏八百人德宗曰多公姻故何耶祐甫曰所問當與不當耳非

臣親舊孰知其才其不知者安敢與官時以爲名言武后命官猥
多而開元中有名者皆出其選古人言拔十得五猶得其半若情
故自嫌非聖主責成意帝曰誠然在至當而已帝又問玄宗開元
時致治天寶則亂何一君而相反耶絳曰治生於憂危亂生於放
肆玄宗嘗歷試官守知人之艱難臨御初任用姚崇宋璟勵精聽
納故左右前後皆正人也洎林甫國忠得君專引傾邪之人分揔
要劇於是上不聞直言嗜欲日滋內則盜臣勸以興利外則武夫
誘以開邊天下騷動故祿山乘隙而奮此皆小人啓導從逸而驕
繫時主所行無常治亦無常亂帝曰凡人舉事病不通於理追咎其
失古人處此有道耶絳曰事或過差聖哲所不免天子有諫臣所
以救過上下同體猶手足之於心膂交相爲用但矜能護失常情
所蔽聖人改過不吝願陛下以此處之教坊使稱密詔閱良家子
及別宅婦人內禁中京師囂然絳將入言于帝吉甫曰此諫官所
論列絳曰公嘗病諫官論事此難言者欲移之耶吉甫乃欲諷詔
使止之絳以吉甫畏不敢諫遂獨上疏帝曰朕以丹王等無侍者
比命訪閭里以貲致之彼不諭朕意故至譁擾乃悉歸所取以足
疾求免罷爲禮部尚書帝乃召承璀於淮南絳雖去位猶懷不能
已因上言北虜方彊其憂有五彼蔑信重利歲入馬求直今則置
不取當貯佗謀一也乜士不足斥候不明城無完堞非可應卒二
也今之營築不詢衆謀遠規塞外城非要地虜一入寇應援艱阻
三也比年通好往來窺覘河山兵甲悉知之矣若寇掠驅脅援兵
非十日不至既至虜去兵罷復來四也北狄西戎久爲仇敵今回
鶻思叛脫相連約數道並進何以遏之五也十年出爲華州刺史
承璀田多在部中主奴擾民絳捕繫之會遣五坊使帝戒曰至華
宜自戢絳大臣有奏即行法矣州有捕鶉戶歲責貢限絳以爲言
并勸止畋獵有詔澤潞太原天威府并罷之入爲兵部尚書母喪
免還授河中觀察使河中故節制而皇甫鏄惡絳故薄其恩議
者不直鏄得罪復以兵部召遷御史大夫穆宗數游畋絳率其屬

叩延英切諫不納以疾辭還兵部尚書歷東都留守徙東川節度
使復爲留守寶曆初拜尚書左僕射絳偉儀質以直道進退望冠
一時賢不肖太分屢爲讒邪所中御史中丞王播遇絳於道不之避
絳引故事論列宰相李逢吉右播下遷絳太子少師分司東都文
宗立召爲太常卿以檢校司空爲山南西道節度使累封趙郡公
四年南蠻寇蜀道詔絳募兵千人往赴不半道蠻已去兵還監軍
使楊叔元者素疾絳遣人迎說軍曰將收募直而還爲民士皆怒
乃譟而入劫庫兵絳方宴不設備遂握節登陴或言縋城可以免
絳不從牙將王景延力戰歿絳遂遇害年六十七幕府趙存約薛
齊皆死事聞諫官崔戎等列絳寃冊贈司徒謚曰貞賻禮甚厚景
延亦贈官祿一子大中初詔史官差第元和將相圖形淩煙閣絳
在焉獨留中絳所論事萬餘言其甥夏侯孜以授蔣偕次爲七篇
子璋字重禮大中初擢進士第辟盧鈞太原幕府遷監察御史奏
太廟祫享復用宰相攝事進起居郎舊訓及丈郊丘太僕盤車載
樂召羣臣臨觀璋奏罷之咸通中累官尚書右丞湖南宣歙
觀察使

宋申錫字慶臣史失其何所人少而孤擢進士第累辟節度府後
頻遷起居舍人以禮部員外郎爲翰林學士敬宗時拜侍講學士
長慶寶曆間風俗囂薄驅煽朋黨申錫素孤直少與及進用議者
謂可以激浮競文宗即位再轉中書舍人復爲翰林學士帝惡宦
官權寵震主再致宮禁之變而王守澄典禁兵偃蹇放肆欲剟除
本根思可與決大議者察申錫忠厚因召對俾與朝臣謀去守澄
等且啇以執政申錫頓首謝未幾拜尚書右丞踰月進同中書
門下平章事乃除王璠京兆尹密諭帝旨璠漏言而守澄黨鄭
注得其謀大和五年遣軍候豆盧著誣告申錫與漳王謀反守澄
持奏浴堂將遣騎二百屠申錫家宦官馬存亮爭曰謀反者獨申
錫耳當召南司會議不然京師跋足亂矣守澄不能對時二月晦
羣司皆休中人馳召宰相馬奔之死於道易所乘以復命申錫與

牛僧孺路隋李宗閔至中書中人唱曰所召無宋申錫申錫始知
得罪望延英門以笏叩額還第僧孺等見上出著告牒皆駭愕不
知所對守澄捕申錫親吏張全真家人買子緣信及十六宅典史
脅成其罪帝乃罷申錫爲太子右庶子召三省官御史中丞大理
卿京兆尹會中書集賢院雜驗申錫反狀京師譁言相驚久乃定
翌日延英召宰相羣官悉入初議抵申錫死僕射竇易直率然對
曰人臣無將將而必誅聞者不然於是左散騎常侍崔玄亮給事
中李固言諫議大夫王質補闕盧鈞舒元褒羅泰蔣係裴休竇
宗直韋溫拾遺李羣韋端符丁居晦袁都等伏殿陛請以獄付外
帝震怒叱曰吾與公卿議矣卿屬第出玄亮固言執據愈切涕泣
懇到繇是議貸申錫於嶺表京兆尹崔琯大理卿王正雅苦請出
著與申錫劾正情狀帝悟乃貶申錫開州司馬從而流死者數十
百人天下以爲冤擢豆盧著兼殿中侍御史初申錫既歸易素服
俟命外舍其妻責謂曰公何負天子乃反乎申錫曰吾起孤生位

宰相蒙國厚恩不能鉏姦亂反爲所陷我豈反者乎初申錫以清
節進疾要位者納賕餉敗風俗故自爲近臣凡四方賂謝一不受
既被罪有司驗劾悉得所還問遺書朝野爲咨閔然在宰府無
它謀略七年感憤卒有詔歸葬開成元年李石因延英召對從容
言曰陛下之政皆承天心惟申錫之枉久未原雪帝慙曰我當時
亦悟其失而詐忠者迫我以社稷計故耳使逢漢昭宣時當不坐
此因追復右丞同中書門下平章事贈兵部尚書錄其子慎微爲
城固尉會昌二年賜謚曰貞

贊曰鎰元衡暴忠王室絳巨德大臣皆爲賊姦所乘不殁元身蓋
福善禍淫之訓有時而撓雖然賢者於忠誼寧以一不幸遽使慊
然於其心哉要躬可殞而名與岱崧等矣公輔隙開而猶納說焉
申錫謀小任大顚沛從之惜乎

張姜武李宋列傳第七十七

端明殿學士兼翰林侍讀學士龍圖閣學士朝請大夫守尚書吏部侍郎充集賢殿修撰臣宋祁奉
敕撰

段秀實字成公本姑臧人曾祖師濬仕為隴州刺史留不歸更為
汧陽人秀實六歲母疾病不勺飲至七日病間乃肯食時號孝童
及長沈厚能斷慨然有濟世意舉明經其友易之秀實曰搜章擿
句不足以立功乃棄去天寶四載從安西節度使馬靈詧討護蜜
有功授安西府別將靈詧罷又事高仙芝仙芝討大食圍怛邏斯
城會虜救至仙芝兵卻士相失秀實夜聞副將李嗣業聲識之因
責曰憚敵而奔非勇也免己陷衆非仁也嗣業慙乃與秀實收散
卒復成軍還安西請秀實為判官遷隴州大堆府果毅後從封常
清討大勃律次賀薩勞城與虜戰勝之常清逐北秀實曰賊出羸
師餌我也請大索悉得其伏虜師熸改綏德府折衝都尉肅
宗在靈武詔嗣業以安西兵五千走行在節度使梁宰欲逗留觀

變嗣業陰然可秀實責謂曰天子方急臣下乃欲晏然公常自稱
大丈夫今誠兒女耳嗣業因固請宰遂東師以秀實為副嗣業為
節度使而秀實方居父喪表起為義王友充節度判官安慶緒奔
鄴嗣業與諸將圍之以輜重委河內署秀實兼懷州長史知州事
兼留後時師老財乏秀實督餽係道募士市馬以助軍諸軍戰愁
思岡嗣業中流矢卒衆推荔非元禮代將其軍秀實聞之即遣白
孝德書使發卒護喪送河內親與將吏迎諸境傾私財葬之元
禮高其義奏擢試光祿少卿俄而元禮為麾下所殺將佐多死惟
秀實以恩信為士卒所服皆羅拜不敢害更推白孝德為節度
使秀實凡佐三府益知名時吐蕃襲京師代宗幸陝勸孝德即日
鼓行入援孝德徙邠寧署支度營田副使於是邠寧乏食乃請屯
奉天仰給畿內時公廩竭縣吏不知所出皆逃去軍輒散剽孝德
不能制秀實曰使我為軍候豈至是邪司馬王稷言之遂知奉天
行營事號令嚴壹軍中畏戢兵還孝德薦為涇州刺史封張掖

郡王時郭子儀以副元帥居蒲子晞以檢校尚書領行營節度使
屯邠州士放縱不法邠人之嗜惡者納賄竄名伍中因肆志吏不
得問白晝羣行丐頡於市有不嗛輒擊傷市人椎釜鬲甕盎盈
道至撞害孕婦孝德不敢劾秀實自州以狀白府願計事至則白
天子以生人付公治公見人被暴害恬然且大亂若何孝德曰願
奉教因請曰秀實不忍人無寇暴死亂天子邊事公誠以為都虞
候能為公已亂孝德即檄署付軍俄而晞士十七人入市取酒刺
酒翁壞釀器秀實列卒取之斷首置槊上植市門外一營大譟盡
甲孝德恐召秀實曰柰何秀實曰請辭於軍乃解佩刀選老躄一
人持馬至晞門下甲者出秀實笑且入曰殺一老卒何甲也吾戴
頭來矣甲者愕眙因曉之曰尚書固負若屬邪副元帥固負若屬
邪柰何欲以亂敗郭氏晞出秀實曰副元帥功塞天地當務始終
今尚書恣卒為暴使亂天子邊欲誰歸罪罪且及副元帥今邠惡
子弟以貨竄名軍籍中殺害人藉藉如是幾日不大亂亂由尚書

出人皆曰尚書以副元帥故不戢士然則郭氏功名其與存者有
幾晞再拜曰公幸教晞願奉軍以從即叱左右皆解甲令曰敢讙
者死秀實曰吾未晡食請設具已食曰吾疾作願宿門下遂臥軍
中晞大駭戒候卒擊柝衞之旦與俱至孝德所謝不能邠由是安
初秀實為營田官涇大將焦令諶取人田自占給與農約熟歸其
半是歲大旱農告無入令諶曰我知入不知旱也責之急農無以
償往訴秀實秀實署牒免之因使人遜諭令諶令諶怒召農責
曰我畏段秀實邪以牒置背上大杖擊二十輿致廷中秀實泣曰
乃我困汝即自裂裳裹瘡注藥賣己馬以代償淮西將尹少榮頗
剛鯁入罵令諶曰汝誠人乎涇州野如赭人飢死而爾必得穀擊
無罪者段公仁信大人惟一馬賣而市穀入汝汝取之不恥凡為
人傲天災犯大人擊無罪者尚不愧奴隸邪令諶聞大愧流汗曰
吾終不可以見段公一夕自恨死馬璘代孝德每所咨逮璘剽決
不當固爭之不從不止始璘城涇州秀實為留後以勞加御史中

丞大曆三年遂從涇州是軍自四鎮北庭赴難征伐數有功既驟
徙相與出怨言別將王童之謀作亂約曰聞警鼓而縱秀實知之
召鼓人陽怒失節戒曰每籌盡當報因延數刻盡四鼓而曙明日
復有告者曰夜焚芻稾積約救火則亂秀實嚴警備夜中果火發令
軍中曰敢救者斬童之居外請入不許明日捕之并其黨八人斬以
徇曰後從者族軍遂遷涇州于時倉無久儲郛無居人朝廷患之
詔璘領鄭頴二州以佐軍命秀實爲留後軍不乏資二州以治璘
嘉其績奏爲行軍司馬兼都知兵馬使吐蕃寇邊戰鹽倉師不
利璘爲虜隔未能還都將引潰兵先入秀實讓曰兵法失將麾下
斬公等忘死而欲安其家邪乃悉城中士使銳將統之依東原列
奇兵示賊將戰虜望之不敢逼俄而璘得歸久之璘有疾請秀
實攝節度副使秀實按甲備變璘卒命愿將馬頔主喪李漢惠
主賓客家人位於堂宗族位於廷實將位於牙內尉吏士卒位於
營次非其親不得居喪側朝夕臨三日止有族談離立者皆捕囚

之都虞候史廷幹裨將崔珍張景華欲謀亂秀實送廷幹京
師徙珍景華守外一軍遂安即拜四鎮北庭行軍涇原鄭頴節度
使數年吐蕃不敢犯塞又按格令官使二料取其一非公會不舉
樂飲酒室無妓媵無贏財賓佐至議軍政不及私十三年來朝對
蓬萊殿代宗問所以安邊者畫地以對件別條陳帝悅慰賚良
渥又賜第一區實封百戶還之鎮德宗立加檢校禮部尚書建中
初宰相楊炎追元載議欲城原州詔中使問狀秀實言方春不可
興土功請須農隙炎謂沮己遂召爲司農卿朱泚反以秀實失兵
必恨憤且素有人望使騎往迎秀實與子弟訣而入泚喜曰公來
吾事成矣秀實曰將士東征宴賜不豐有司過耳人主何與知公
本以忠義聞天下今變起蒼卒當諭衆以禍福掃清宮室迎乘輿
公之職也泚默然秀實知不可乃陽與合陰結將軍劉海賓姚令
言都虞候何明禮欲圖泚三人者皆秀實素所厚會源休教泚
僞迎天子遣將韓旻領銳師三千疾馳奉天秀實以爲宗社之危

不容喘乃遣人諭大吏岐靈岳竊取令言印不獲乃倒用司農印
追其兵旻至駱驛得符還秀實謂海賓曰旻之來吾等無遺類我
當直搏殺賊不然則死乃約事急爲繼而令明禮應於外翌日泚
召秀實計事源休姚令言李忠臣李子平皆在坐秀實戎服與休
並語至僭位勃然起執休腕奪其象笏奮而前唾泚面大罵曰狂
賊可磔萬段我豈從汝反邪遂擊之泚舉臂捍笏中顙流血𧖴面
匍匐走賊衆未敢動而海賓等無至者秀實大呼曰我不同反胡
不殺我遂遇害年六十五海賓明禮靈岳等皆繼爲賊害帝在奉
天恨用秀實不極乎垂涕悔悵初秀實自涇州被召戒其家曰若
過岐朱泚必致贈遺愼毋納至岐泚固致大綾三百家人拒不遂
至都秀實怒曰吾終不以汙吾第以置司農治堂之梁間吏後以
告泚泚取視其封帕完新秀實嘗以禁兵寡弱不足備非常言
於帝曰古者天子曰萬乘諸侯曰千乘大夫曰百乘蓋以大制小
以十制一今外有不廷之虜內有梗命之臣而禁兵寡少卒有患

難何以待之且猛虎所以百獸畏者爲爪牙也若去之則犬彘馬
牛皆能爲敵帝不用及涇卒亂召神策六軍無一人至者世多其
謀興元元年詔贈太尉諡曰忠烈賜封戶五百莊第各一區長子
三品諸子五品並正員官帝還都又詔致祭旌其門閭親銘其碑
云大和中子伯倫始立廟有詔給鹵簿賜度支綾絹五百以少牢
致祭伯倫累官福建觀察使終太僕卿時宰相李石請文宗加賻
襚鄭覃曰自古殺身利社稷未有如秀實者帝憫然爲罷朝可其
請孫嶷文楚珂知名嶷自鄭滑節度使入爲右金吾衛大將軍封
西平郡公甘露之變嶷當誅裴度奏忠臣後宜免死貶循州司馬
文楚咸通末爲雲州防禦使時李國昌鎭振武國昌子克用欲得
雲中引兵攻之殺於鬬鷄臺下沙陀之亂自此始珂僖宗時居潁
州黃巢圍潁刺史欲以城降珂募少年拒戰衆裹糧請從賊遂
潰拜州司馬劉海賓者彭城人以義俠聞爲涇原兵馬將與秀實
友善累戰功兼御史中丞劉文喜據涇州叛海賓與其子光國紿

以姦請及入對因言姦慝可誅狀既還光國手斬文喜獻闕下拜左驍衛大將軍封五原郡王海賓樂平郡王贈太子太保實封百戶

顏眞卿字清臣秘書監師古五世從孫少孤母殷躬加訓導既長博學工辭章事親孝開元中舉進士又擢制科調醴泉尉再遷監察御史使河隴時五原有冤獄久不決天且旱眞卿辨獄而雨郡人呼御史雨復使河東劾奏朔方令鄭延祚母死不葬三十年有詔終身不齒聞者聳然遷殿中侍御史時御史吉溫以私怨構中丞宋渾謫賀州眞卿曰柰何以一時忿欲危宋璟後乎宰相楊國忠惡之諷中丞蔣冽奏爲東都採訪判官再轉武部員外郎國忠終欲去之乃出爲平原太守安祿山逆狀牙孽眞卿度必反陽託霖雨增陴濬隍料才壯儲廥廩日與賓客泛舟飲酒以紓祿山之疑果以爲書生不虞也祿山反河朔盡陷獨平原城守具備使司兵參軍李平馳奏玄宗始聞亂歎曰河北二十四郡無一忠臣邪及平至帝大喜謂左右曰朕不識眞卿何如人所爲乃若此時平原有靜塞兵三千乃益募士得萬人遣錄事參軍李擇交統之以刀萬歲和琳徐浩馬相如高抗朗等爲將分總部伍大饗士城西門慷慨泣下衆感勵饒陽太守盧全誠濟南太守李隨清河長史王懷忠景城司馬李暐鄴郡太守王燾各以衆歸有詔北海太守賀蘭進明率精銳五千濟河爲助賊破東都遣段子光傳李憕盧弈蔣清首徇河北眞卿畏衆懼紿諸將曰吾素識憕等其首皆非是乃斬子光藏三首它日結芻續體斂而祭爲位哭之是時從父兄杲卿爲常山太守斬賊將李欽湊等清土門十七郡同日自歸推眞卿爲盟主兵二十萬絕燕趙詔即拜戶部侍郎佐李光弼討賊眞卿以李暐自副而用李銑賈載沈震爲判官俄加河北招討採訪使清河太守使郡人李崿來乞師崿曰聞公首奮裾唱大順河朔恃公爲金城清河西鄰也有江淮租布備北軍號天下北庫計其積足以三平原之有士卒可以二平原之衆公因而

撫有以爲腹心它城運之如臂之指耳眞卿爲出兵六千謂曰吾兵已出子將何以教我崿曰朝廷使程千里統衆十萬自太行而東將出崞口限賊不得前公若先伐魏郡斬賊守袁知泰以勁兵披崞口出官師使討鄴幽陵平原清河合十萬衆徇洛陽分犀銳制其衝公堅壁勿與戰不數十日賊必潰相圖死眞卿然之乃檄清河等郡遣大將李擇交副將范冬馥和琳徐浩與清河博平士五千屯堂邑袁知泰遣將白嗣深乙舒蒙等兵二萬拒戰賊敗斬首萬級知泰走汲郡史思明圍饒陽遣游弈兵絕平原救軍眞卿懼不敵以書招賀蘭進明以河北招討使讓之進明敗於信都會平盧將劉正臣以漁陽歸眞卿欲堅其意遣賈載越海遺軍資十餘萬以子頗爲質頗甫十歲軍中固請留之不從肅宗已即位靈武眞卿數遣使以蠟丸裹書陳事拜工部尚書兼御史大夫復爲河北招討使時軍費困竭李崿勸眞卿收景城鹽使諸郡相輸用度遂不乏第五琦方參進明軍後得其法以行軍用饒雄祿山乘虛遣思明尹子奇急攻河北諸郡復陷獨平原博平清河固守然人心危不復振眞卿謀於衆曰賊銳甚不可抗若委命辱國非計也不如徑赴行在朝廷若誅敗軍罪吾死不恨至德元載十月棄郡度河閒關至鳳翔謁帝詔授憲部尚書遷御史大夫方朝廷草昧不暇給而眞卿繩治如平日武部侍郎崔漪諫議大夫李何忌皆被劾斥降廣平王揔兵二十萬平長安辭曰當闕不敢乘趨出梐枑乃乘王府都虞候管崇嗣先王而騎眞卿劾之帝還奏慰荅曰朕子每出諄諄教戒故不敢失崇嗣老而躄卿姑容之百官肅然兩京復帝遣左司郎中李選告宗廟祝署嗣皇帝眞卿謂禮儀使崔器曰上皇在蜀可乎器遽奏改之帝以爲達識又建言春秋新宮災魯成公三日哭今太廟爲賊毀請築壇於野皇帝東向哭然後遣使不從宰相猒其言出爲馮翊太守轉蒲州刺史封丹楊縣子爲御史唐旻誣劾貶饒州刺史乾元二年拜浙西節度使劉展將反眞卿豫飭戰備都統李峘以爲生事非短眞卿因召爲

刑部侍郎展卒舉兵度淮而西李輔國遷上皇西宮眞卿
率百官問起居輔國惡之貶蓬州長史代宗立起爲利州刺史不
拜再遷吏部侍郎除荊南節度使未行改尚書右丞帝自陝還
眞卿請先謁陵廟而即宮宰相元載以爲迂眞卿怒曰用捨在公
言者何罪然朝廷事豈堪公再破壞邪載銜之俄以檢校刑部尚
書爲朔方行營宣慰使未行留知省事更封魯郡公時載多引私
黨畏羣臣論奏乃紿帝曰羣臣奏事多挾讒毀請每論事皆先
白長官長官以白宰相宰相詳可否以聞眞卿上疏曰諸司長官
者達官也皆得專達於天子郎官御史陛下腹心耳目之臣也故
出使天下事無細大得失皆俾訪察還以聞此古明四目達四聰
也今陛下欲自屏耳目使不聰明則天下何望焉詩曰營營青
蠅止于棘讒言罔極交亂四國以其能變白爲黑變黑爲白也詩
人疾之故曰取彼讒人投畀豺虎豺虎不食投畀有北昔夏之伯
明楚之無極漢之江充皆讒人也陛下惡之宜矣胡不回神省察其

言虛誣則讒人也宜誅殛之其言不誣則正人也宜獎勵之捨此
不爲使衆人謂陛下不能省察而倦聽覽以是爲辭臣竊惜之
昔太宗勤勞庶政其司門式曰無門籍者有急奏令監司與仗家
引對不得關礙防壅蔽也置立仗馬二須乘者聽此其平治天下
也天寶後李林甫得君羣臣不先咨宰相輒奏事者託以他故
中傷之猶不敢明約百司使先關白時閹人袁思藝日宣詔至中
書天子動靜必告林甫林甫得以先意奏請帝驚喜若神故
權寵日甚道路以目上意不下宣下情不上達此權臣蔽主不遵
太宗之法也陵夷至于今天下之敝皆萃陛下其所從來漸矣自
艱難之初百姓尚未凋竭太平之治猶可致而李輔國當權宰
相用事遞爲姑息開三司誅反側使餘賊潰將北走党項裒嘯不
逞更相驚恐思明危懼相挺而反東都陷没先帝由是憂勤
損壽臣每思之痛貫心骨今天下瘡痏未平干戈日滋陛下豈得
不博閒讜言以廣視聽而塞絕忠諫乎陛下在陝時奏事者不

限貴賤羣臣以爲太宗之治可跂而待且君子難進易退朝廷開
不諱之路猶恐不言況懷厭怠令宰相宣進止御史臺作條目不
得直進從此人不奏事矣陛下聞見止於數人耳目天下之士方
鉗口結舌陛下便謂無事可論豈知懼而不敢進即林甫國忠復
起矣臣謂今日之事曠古未有雖林甫國忠猶不敢公爲之陛下
不早覺悟漸成孤立後悔無及矣於是中人等騰布中外後攝事
太廟言祭器不飭載以爲誹謗貶峽州別駕改吉州司馬遷撫湖
二州刺史載誅楊綰薦之擢刑部尚書進吏部帝崩以爲禮儀
使因奏列聖謚繁請從初議爲定袁傪固排之罷不報時喪亂
後典法湮放眞卿雖博識今古屢建議釐正爲權臣沮抑多中格
云楊炎當國以直不容換太子少師然猶領使及盧杞益不喜改
太子太師并使罷之數遣人問方鎮所便將出之眞卿往見杞辭
曰先中丞傳首平原面流血吾不敢以衣拭親舌舐之公忍不見
容乎杞矍然下拜而銜恨切骨李希烈陷汝州杞乃建遣眞卿四

方所信若往諭之可不勞師而定詔可公卿皆失色李勉以爲失
一元老貽朝廷羞密表固留至河南河南尹鄭叔則以希烈反狀
明勸不行荅曰君命可避乎既見希烈宣詔旨希烈養子千餘
拔刃爭進諸將皆慢罵將食之眞卿色不變希烈以身扞麾其
衆退乃就館逼使上疏雪己眞卿不從乃詐遣眞卿兄子峴與從
吏數輩繼請德宗不報眞卿每與諸子書但戒嚴奉家廟恤諸孤
訖無它語希烈遣李元平說之眞卿叱曰爾受國委任不能致命
顧吾無兵戮汝尚說我邪希烈大會其黨召眞卿使倡優斥侮朝
廷眞卿怒曰公人臣柰何如是拂衣去希烈大慚時朱滔王武俊
田悅李納使者皆在坐謂希烈曰聞太師名德久矣公欲建大號
而太師至求宰相孰先太師者眞卿叱曰若等聞顏常山否吾
兄也祿山反首舉義師後雖被執詬賊不絕于口吾年且八十官
太師吾守吾節死而後已豈受若等脅邪諸賊失色希烈乃
拘眞卿守以甲士掘方丈坎於廷傳將阬之眞卿見希烈曰死生分

矣何多爲張伯儀敗希烈令齎旌節首級示眞卿眞卿慟哭投地會其黨周曾康秀林等謀襲希烈奉眞卿爲帥事洩曾死乃拘送眞卿蔡州眞卿度必死乃作遺表墓誌祭文指寢室西壁下曰此吾殯所也希烈僭稱帝使問儀式對曰老夫耄矣曾掌國禮所記諸侯朝覲耳興元後王師復振賊慮變遣將辛景臻安華至其所積薪于廷曰不能屈節當焚死眞卿起赴火景臻等遽止之希烈弟希倩坐朱泚誅希烈因發怒使閹奴等害眞卿曰有詔眞卿再拜奴曰宜賜卿死曰老臣無狀罪當死然使人何日長安來奴曰從大梁來罵曰乃逆賊耳何詔云遂縊殺之年七十六嗣曹王皐聞之泣下三軍皆慟因表其大節淮蔡平子頵碩護喪還帝廢朝五日贈司徒謚文忠賻布帛米粟加等眞卿立朝正色剛而有禮非公言直道不萌於心天下不以姓名稱而獨曰魯公如李正已田神功董秦侯希逸王玄志等皆眞卿始招起之後皆有功善正草書筆力遒婉世寶傳之貞元六年赦書授頵五品正員官開成初又以曾孫弘式爲同州參軍

贊曰唐人柳宗元稱世言段太尉大抵以爲武人一時奮不慮死以取名非也太尉爲人姁姁常低首拱手行步言氣卑弱未嘗以色待物人視之儒者也遇不可必達其志決非偶然者宗元不妄許人諒其然邪非孔子所謂仁者必有勇乎當祿山反哮噬無前魯公獨以烏合嬰其鋒功雖不成其志有足稱者晚節偃蹇爲姦臣所擠見殞賊手毅然之氣折而不沮可謂忠矣詳觀二子行事當時亦不能盡信於君及臨大節蹈之無貳色何耶彼忠臣誼士寧以未見信望於人要返諸己得其正而後慊於中而行之也嗚呼雖千五百歲其英烈言言如嚴霜烈日可畏而仰哉

段顔列傳第七十八

李晟列傳第七十九　宋祁奉　敕　撰　唐書一百五十四

李晟字良器洮州臨潭人世以武力仕然位不過裨將晟幼孤奉母孝身長六尺年十八往事河西王忠嗣從擊吐蕃悍酋乘城殺傷士甚衆忠嗣怒募射者晟挾一矢殪之三軍讙奮忠嗣撫其背曰萬人敵也鳳翔節度使高昇召署列將擊疊州叛羌於高當川又擊連狂羌於宰山破之累遷左羽林大將軍廣德初擊党項有功授特進試太常卿大曆初李抱玉署晟右軍將吐蕃寇靈州抱玉授以兵五千擊之辭曰以衆則不足以謀則多乃請千人踰大震關趨臨洮屠定秦堡執其帥慕容谷鍾虜乃解靈州去遷開府儀同三司以右金吾衛大將軍爲涇原四鎮北庭兵馬使馬璘與吐蕃戰鹽倉敗績晟率游兵拔璘以歸封合川郡王璘內忌晟威略歸之朝爲右神策都將德宗始立吐蕃寇劍南方崔寧未還蜀土大震詔晟將神策兵救之踰漏天拔飛越等三城絕大渡斬虜千級虜遁去建中二年魏博田悅反晟爲神策先鋒與河東馬燧昭義李抱眞合兵攻之斬楊朝光晟乘冰度洺水破悅又戰洹水悅大敗遂進攻魏加檢校右散騎常侍兼魏府左司馬朱滔王武俊圍康日知于趙州也抱眞分兵二千戍邢燧怒欲班師晟曰奉詔東討者吾三帥也邢趙比壤今賊以兵加趙是邢有晝夜憂李公分衆守之不爲過公奈何遽引去燧悟釋然卽遣抱眞與晟歡燧成建言以兵趨定州與張孝忠合以圖范陽則武俊等當捨趙帝壯之授御史大夫又俾神策三將軍莫仁擢等隸之晟自魏引而北武俊果解去晟留趙三日與孝忠連兵北略恒州圍朱滔將鄭景濟於清苑決水灌之悅武俊引兵戰白樓孝忠兵挫晟引步騎擊破之清苑益急滔武俊大懼悉起兵來救圍晟軍晟內攻景濟而外抗滔等自正月至五月不解會晟疾甚不能興軍中共計引還定州而賊猶不敢逼疾間將復進會帝出奉天有詔召晟卽日治嚴而孝忠以軍介二盜間倚晟爲重數止晟無西晟語衆曰天子播越人臣當百舍一息義武欲止吾吾當以子爲質乃以憑約昏幷貴良馬孝忠有親將謁晟晟解玉帶遺之使附孝忠乃得踰飛狐次代州詔迎拜神策行營節度使進臨渭北壁東渭橋所過雉蘇無犯時劉德信自扈澗敗歸亦次渭南軍賞無制德信入謁晟責所以敗斬之以數騎入壁士勢其軍無敢動晟已幷兵則軍益振於是朔方李懷光方軍咸陽不欲晟當一面請與晟合有詔從屯乃引趨陳濤斜與懷光聯壘晟每與賊戰必錦裘繡帽自表指顧陣前懷光望見惡之戒曰將務持重豈宜自表襮爲賊餌哉晟曰昔在涇原士頗相畏伏欲令見之奪其心

爾懷光不悅遷延有異志晟使間說懷光曰賊據京邑天子暴露于外公宜速進兵雖晟不肖願爲公先驅死且不悔懷光不納帝兵至都城下而懷光軍多囚掠晟軍整戢懷光使分所獲遺之又辭不敢受懷光譎詛撓其軍卽奏言神策兵給賜比方鎭獨厚今與逆未平軍不可以異且衆以爲言臣無以解惟陛下裁處懷光欲晟自削其軍則士怨易撓帝議諸軍與神策等力且不贍遣翰林學士陸贄臨詔懷光令與晟計所宜者懷光曰稟賜不均軍何以戰贄數顧晟晟曰公元帥軍政得專之晟將一軍唯所命其增損責調敢不聽懷光默然計塞顧刻削稟賜事出已乃止懷光屯咸陽凡八旬帝數促戰以伺賊隙爲言卒不出兵陰通朱泚反迹寖露晟懼爲所幷上言當先變制備請假裨佐趙光銑唐良臣張彧爲洋利劒三州刺史各勒兵以通蜀漢衿喉未報會吐蕃欲佐誅泚帝議幸咸陽督戰懷光大駭疑帝奪其軍圖反益急晟與李建徽陽惠元皆聯屯適有使者到晟軍晟乃令曰有詔從屯卽結陣趨東渭橋後數日懷光幷建徽惠元兵惠元死之是日帝進狩梁州駱谷道隘儲供不豫從官乏食帝歎曰早用晟言三蜀之利可坐有也顧渾瑊曰渭橋在賊腹中兵孤絕晟能辦勝邪瑊曰晟秉義挺忠卒然不可奪臣策之必破賊帝乃安自行在遣晟將張少弘口詔進晟尚書左僕射同中書門下平章事晟受命拜且泣曰京師天下本若皆執羈靮誰將復之乃繕甲兵治陴隍以圖收復是時晟提孤軍橫當寇鋒恐二盜合以軋之則卑詞厚幣僞致誠於懷光者時敕書單要乃使張彧假京兆少尹多署吏調畿內賦不淹旬芻米告具乃陳兵下令曰國家多難乘輿播遷身危死節自吾足之分公等此時不誅元凶取富貴非豪英也渭橋斷賊首尾吾欲與公戮力一心建不世之功可乎士皆感泣曰惟公命於是駱元光以華州之衆守潼關尚可孤以神策兵保七盤皆受晟節度戴休顏以奉天韓游瓌以邠寧軍從晟懷光始懼晟乃移書譙讓之使破賊自贖懷光不聽然其下益攜落畏爲晟襲乃奔河中其將孟涉段威勇以兵數千自拔歸晟皆表以要官帝遣使者間道詔晟兼河中晉絳慈隰節度使又兼京畿渭北鄜坊丹延節度招討使帝欲益西幸晟請駐梁漢以繫天下望又進京畿渭北鄜坊商華兵馬副元帥時京兆司錄參軍李勁仲自賊中來乃署節度府判官以諫議大夫鄭雲逵爲行軍司馬擢張彧自副神策軍及晟家皆爲賊質左右有言者晟泣拔行下曰陛下安在而欲恤家乎泚使晟吏王無忌婿款壁門曰公等家無恙晟怒曰爾乃與賊爲間乎叱斬之時輸餉不屬盛夏士有衣裘者晟能與下同甘苦以忠誼感發士心終無攜怨邏士得姚令言諜者晟命釋縛飯飲

之遺還教曰爲我謝令言等善爲賊守勿不忠于泚乃引兵叩都門賊不敢
出振旅而還明日會諸將圖所向衆對先拔外城然後清宮晟曰外城有里
閈之隘若設伏格戰居人囂潰非計也賊重兵精甲聚苑中今直擊之是披
其心腹將圖走不暇諸將曰善乃自東渭橋移軍光泰門以薄都城連溝柵
而賊將張庭芝李希倩求戰晟顧曰賊不出是吾憂也今乃冒死來天誘之
矣勒吳詵等縱兵擊賊攻華師急晟以精騎馳救中軍譟而從大破之乘
勝入光泰門再戰敗卻僵尸相藉餘衆走白華賊大哭終夜不息翌日將復
戰或請待西師晟曰賊既敗當乘機撲殄苟俟西軍是容其爲計豈吾利邪
乃悉軍軍光泰門使王佖李演將騎史萬頃將步抵苑北晟先夜隤苑垣爲
道二百步比兵至賊已伐木塞以拒戰晟叱諸將曰安得縱賊今先斬公矣
萬頃懼先登拔柵以入佖督騎繼之賊崩潰執其將段誠諫大兵分道進雷
噪震地令言庭芝希倩等殊死鬭晟令唐良臣等步騎奔突賊陣成輒北十
餘遇皆不勝蹴入白華賊伏千騎出官軍背晟以麾下百騎自馳之左右呼
曰相公來賊驚潰禽醜略盡泚率殘卒萬人西走田子奇追之餘黨悉降晟
引軍屯含元外廷舍右金吾次令軍中曰五日內不得輒通家問違者斬遣
京兆尹李齊運部長安萬年令分慰居人秋毫無所擾別將高明曜取賊妓

一司馬伷取賊馬二即斬以徇坊人之遠者宿昔乃知王師之入也明日孟
涉屯白華尚可孤屯望仙門駱元光屯章敬寺晟屯安國寺斬賊用事者及
臣賊宮豎于市表著節不屈者擇文武攝臺省官以俟乘輿絛磔于賊者
請以不死露布至梁帝感泣群臣上壽且言晟蕩夷兇醜而市不易廛宗廟
不震長安之人不識旗鼓雖三代用師不能加之帝曰天生晟爲社稷萬人
豈獨朕哉拜晟司徒兼中書令實封千戶晟遣大將吳詵以兵三千到寶鷄
清道自請迎扈不許帝至自梁晟以戎服見三橋帝駐馬勞之晟再拜頓首
賀兇殄大盜廟朝安復已即跪陳備爪牙臣不能指日破賊致乘輿再狩乃
臣不任職之咎敢請死伏道左帝爲擁涕命給事中齊映起之使就位有詔
賜第永崇里涇陽上田延平門之林園女樂一列晟入第京兆供帳教坊鼓
吹迎導詔將相送之帝紀其功自文于碑敕皇太子書立于東渭橋以示後
世云又令太子錄副以賜始晟屯渭橋也熒惑守歲久乃退府中皆賀曰熒
惑退國家之利速用兵者昌晟曰天子暴露人臣當力死勤難安知天道邪
至是乃曰前士大夫勸晟出兵非敢拒也且人可用而不可使之知也夫惟
五緯盈縮不常晟懼復守歲則我軍不戰自屈矣皆曰非所及也涇州倚邊
數戕其帥晟請治不龍命者因以訓耕積粟實塞下羈制西戎帝乃拜晟

鳳翔隴右涇原節度使兼行營副元帥徙王西平郡實封千五百戶晟請與
李楚琳俱行亦將治殺張鎰罪帝方務安反側不許晟至鳳翔亂將王斌等
十餘人以次伏誅時官者尹元貞持節到同華擅入河中諭慰李懷光晟劾
元貞矯使欲洗宥元惡請治罪又言赦懷光有五不可河中抵京師三百里
同州制其衝兵多則示未信少則力不足忽驚東偏何以待之一也今赦懷
光則必以晉絳慈隰還之渾瑊康日知又且還徙二也兵力未窮忽宥反逆
四夷聞之謂陛下兵屈而自罷耳今回紇拒北吐蕃梗西希烈僭淮蔡若棄
彊示弱以招窺覦三也懷光既赦則朔方將士宜復敘勳行賞追還繕廩今
府庫空殫物不酬滿是激其叛四也既解河中諸道還屯當有賜賚賞典不
舉必言必起五也今河中米斗五百芻藁且盡人餓死墻壁間其大將殺戮
幾盡圍之旬時力窮且潰願無養腹心疾爲後憂臣請選精兵五千約十日
糧可以破賊帝方以賊委馬燧渾瑊故不許晟至涇而田希鑒迎謁執之并
其黨石奇等悉伏誅表右龍武將軍李觀爲涇原節度使晟嘗曰河隴之陷
非吐蕃能取之皆將臣沓貪暴其種落不得耕稼日益東徙自棄之爾且土
無繒絮人苦役擾思唐之心豈有既乎因悉家貲懷輯降附得大酋浪息曩
表以王號每虜使至必召息曩坐衣大錦袍金帶夸異之虜皆指目歆豔

吐蕃君臣大懼相與議尚結贊者善計乃曰唐名將特李晟與馬燧渾瑊爾
不去之必爲吾患即遣使委辭因燧請和且求盟因盟誅執瑊以賣燧於是
結贊大興兵踰隴岐無所掠陽怒曰召吾來乃不牛酒犒軍徐引去以是間
晟晟選兵三千使王佖伏汧陽旁擊其中軍幾獲結贊晟又遣野詩良輔等
攻摧沙堡拔之結贊屢乞和會晟朝京師奏言戎狄無信不可許宰相韓滉
與晟合因請調軍食以給西師然天子內猒兵疑將臣生事亦會滉卒而張
延賞當國故與晟有隙後雖詔講解而陰不與也密言晟不可久持兵東薦
劉玄佐李抱真經略西北俾立功以間晟帝惑其言貞元三年帝坐宣政殿
引見晟備冊禮進拜太尉中書令罷其兵詔晟乘輅謁太廟視事尚書省賜
良馬錦綵千計是歲瑊與吐蕃盟平涼虜劫之瑊挺身免詔罷燧河東皆如
結贊計云通王府長史丁琉者嘗爲延賞擿抑內怨望乃見晟曰以公功乃
奪兵柄夫惟位高者難全盍爲圖之晟曰君安得不祥之言執以聞明年詔
爲晟立五廟追貴高祖芝以下祔其主給牲器牀幄禮官相事它日與馬燧
見延英帝嘉其勳下詔曰昔我烈祖乘乾坤蕩滌掃隋季荒茀體元御極作
人父母則有熊羆之士不二心之臣左右經綸參翊締構昭文德恢武功威
不若康不乂用端命于上帝付畀四方王業既成太階既平乃圖厥容列于

凌煙閣以昭績效表式儀形以弗忘朝夕永垂乎來裔君臣之義厚莫重焉歲在己巳秋九月我行西宮瞻望崇構見老臣遺像顒然肅然和敬在色想雲龍之協期感致業之艱難覩往思今取類非遠且功與時並才與世生苟蘊其才遇其時尊主庇人何代蔑有在中宗時有如桓彥範等著輔戴之績在玄宗時有如劉幽求等申翊翼之勳在肅宗時有如郭子儀掃除氛祲今顏晟等保寧朕躬咸宣力肆勤光復宗祏訂之前烈夫豈多謝闕而未錄孰旌厥賢況念功紀德文祖所為也在予其曷敢忘有司宜叙先後各圖其象于舊臣之次命皇太子書其文以賜晟晟刻石于門七年以臨洮未復請附貫萬年詔可九年薨年六十七帝聞流涕詔百官就第進弔比大斂帝手詔誓言以存保世嗣申告柩前冊贈太師謚曰忠武及葬又御望春門臨送遺謁者宣詔于柩車百官拜哭于道憲宗元和中詔其家與屬籍以晟配饗德宗廟廷僖宗狩蜀倉部員外郎袁皓采晟功烈為興元聖功錄偏賜諸將表勵之晟性疾惡臨下明每治軍必曰某有勞某長于是雖廝養小善必記姓名尤惡下為朋黨者篤於義隆於故舊嵐州刺史潭元澄嘗有德於晟後貶死晟既貴贖其枉詔贈元澄寧州刺史晟撫其二子為成就之在鳳翔嘗曰魏徵以直言致太宗于堯舜上忠臣也我誠慕焉行軍司馬李叔度曰彼

搢紳儒者事以勳德何希晟遽曰君失辭晟幸得備將相苟容身不言豈可謂有犯無隱邪是非惟上所擇爾叔度慙故晟每進對蹇蹇盡大臣節未嘗露于外治家以嚴子姪非晨昏不輒見所與言未嘗及公事正歲崔氏女歸寧讓曰爾有家而姑在堂婦當治酒食以待賓客即卻之不得進達禮敦教類若此與馬燧皆在朝每宴樂同賜使者相銜于道兩家日出無鐘鼓聲則金吾以聞必選使者至必曰今日何不舉樂既克城鹽州復故池以新鹽賜宰相帝思晟乃致鹽靈座其眷遇終始無與比者有十五子其聞者愿憲愬聽云

愿少謙謹晟立功時諸子未官宰相以聞即日召授太子賓客上柱國故事柱國門列戟遂父子皆賜元和初領夏綏銀宥節度使政簡而嚴部有失馬者愿署牒于道以金購之三日失馬并良馬一繫署下且曰逸而至不告罪當死謹以良馬贖愿歸失馬而縱其良境內肅然徙節武寧軍會伐青鄆數有功以久疾用愬代之召為刑部尚書俄檢校尚書左僕射節度鳳翔自是遂驕聲色而政衰矣長慶中徙宣武始張弘靖給其軍頗厚愿至府庫殫賞賚不及弘靖時而侈費過之以威刑擽下用婿家竇綬典帳中兵驕驁益沓牙將李臣則等因衆不忍夜斬綬首愿聞變不及市與左右數人縋而逸奪野人乘馳以免其家死於兵三子匿而免兵既亂因大掠推李㝏主後務請諸朝時責愿不職貶隨州刺史入為左金吾衛大將軍復拜河中晉絳等節度使雖貴以荒侈敗不能自悛軍政愈弛結納權近官賞隨賂輒盡蒲人怨且亂會卒贈司徒○憲與愬於諸子號最仁孝長喜儒以禮法自矜制調太原府參軍事醴泉尉于頔鎮襄陽辟署其府時吳少誠張淮西獨憚頔威彊時謂憲為之助又辟魏博田弘正幕府遷衛州刺史以治行稱徙絳州絳有幻人妖民以亂憲執誅之河中兵恃仰食于絳而汾晉輸河渭歲租與糴常數十萬石故數倍山為固民之輸者十牛不勝一車憲濱汾相地治新倉當費二百萬請留垣縣粟糶河南以錢還糴絳粟既免負載勞又權其贏以完新倉絳人賴利入為宗正少卿副金吾大將軍胡証為送太和公主使還獻回鶻道里記遷太府卿大和初繇江西觀察使遷嶺南節度使憲勳伐家子所歷皆以吏能顯政績暴著善治律令性明恕詳正大獄活無罪者數百人卒官下

愬字元直有籌略善騎射以蔭補協律郎遷累衛尉少卿早喪所生為晉國王夫人所鞠王卒晟以非嫡敕諸子服緦愬獨號慟不忍晟乃許服縗既練晟薨與憲廬墓側德宗敕遣歸第一夕復往帝許之服除授太子右庶子出

為坊晉二州刺史以治異等加金紫光祿大夫進詹事憲宗討吳元濟唐鄧節度使高霞寓既敗以袁滋代將復無功愬求自試宰相李逢吉亦以愬可用遂檢校左散騎常侍為隨唐鄧節度使愬以其軍初傷夷士氣未完乃不為斥候部伍或有言者愬曰賊方安袁公之寬吾不欲使震而備我乃令于軍曰天子知愬能忍恥故委以撫養戰非吾事也衆信而安之乃斥倡優未嘗嬉樂士傷夷病疾親為營護察人以嘗敗辱霞寓等又期必名非夙所畏者易之不為備愬所執為務推誠待士故能張其卑弱而用之賊來降輒聽其便或父母與孤未葬者給粟帛遣還勞之曰而亦王人也無棄親戚衆頗為愬死故山川險易與賊情僞一能曉之居半歲知士可用乃請濟師詔益河中鄜坊二千騎於是繕鎧厲兵攻馬鞍山下之拔道口柵戰嵖岈山以取鑪冶城入白狗汶港柵拔楚城襲朗山禽守將平青陵城禽賊將丁士良畏其才不殺署捉生將士良謝曰吳秀琳以數千兵不可破者陳光洽為之謀也我能為公取之乃禽以獻於是秀琳擧文城柵降遂以其衆攻吳房殘外垣始出攻吏曰往亡日法當避愬曰彼謂吾不來此可擊也既引還賊以精騎尾擊愬下馬據胡牀令軍曰退者斬衆決死戰射殺其將賊乃走或勸遂取吳房愬曰不可吳房拔則賊力專不若留之以分其力初秀琳降愬單騎抵

柵下與語親釋縛署以爲將秀琳爲愬策曰必破賊非李祐無與成功者祐賊健將也守興橋柵其戰背易官軍愬候祐護穫于野遣史用誠以壯騎三百伏其旁見羸卒若將燔聚者祐果輕出用誠禽而還諸將素苦祐請殺之愬不聽以爲客待間召祐及李忠義屏人語至夜艾忠義亦賊將所謂李憲者軍中多諫此二人不可近愬待益厚乃募死士三千人爲突將自教之會雨自五月至七月不止軍中以爲不殺祐之罰將吏雜然不解愬方不能獨完祐乃持以泣曰天不欲平賊乎何見奪者衆邪則械而送之朝表言必殺祐無與共誅蔡者詔釋以還愬愬乃令佩刀出入帳下署六院兵馬使六院者隋唐兵也凡三千人皆山南奇材銳士故委祐統之祐捧檄嗚咽諸將乃不敢言由是始定襲蔡之謀矣舊令敢舍諜者族愬刊其令一切撫之故諜者反効以情愬益悉賊虛實時李光顏戰數勝元濟悉銳卒屯洄曲以抗光顏愬知其隙可乘乃遣從事鄭澥見裴度告師期于時元和十一年十月己卯師夜起祐以突將三千爲前鋒李忠義副之愬率中軍三千田進誠以下軍殿出文城柵令曰引而東六十里止襲張柴殲其戍敕士少休益治鞍鎧發刃彀弓會大雨雪天晦風偃旗裂膚馬皆縮慄士抱戈凍死于道十一二張柴之東陂澤阻奧衆未嘗蹈也皆謂投不測始發吏請所向愬曰入蔡州取吳元濟士失色監軍使者泣曰果落祐計然業從愬人人不敢自爲計愬道分輕兵斷橋以絕洄曲道又以兵絕朗山道行七十里夜半至懸瓠城雪甚城旁皆鵝鶩池愬令擊之以亂軍聲賊恃吳房朗山戍晏然無知者祐等坎墉先登衆從之殺門者發關留持柝傳夜自如黎明雪止愬入駐元濟外宅蔡吏驚曰城陷矣元濟尚不信曰是洄曲子弟來索褚衣爾及聞號令曰常侍傳語始驚曰何常侍得至此率左右登牙城田進誠兵薄之愬計元濟且望救於董重質乃訪其家尉安之使無怖以書召重質重質以單騎白衣降愬待以禮進誠火南門元濟請罪梯而下檻送京師申光諸屯尚二萬衆皆降愬不戮一人其爲賊執事帳內廚廄厮役悉用其舊使不疑乃屯兵鞠場以俟裴度至愬以櫜鞬見度將避之愬曰此方廢上下分久矣請因示之度以宰相禮受愬謁蔡人聳觀乃還屯文城柵有詔進檢校尚書左僕射山南東道節度使封涼國公實封戶五百賜一子五品官帝方經略隴右故徙愬節鳳翔李師道反詔愬代原帥武寧軍旬日踐父兄兩鎮世以爲榮董重質得罪被斥愬請賜軍中自効許之乃署爲牙將愬與賊戰金鄉破之凡十一遇禽其隊帥五十俘馘萬計淄青平進同中書門下平章事徙昭義節度賜第與昭義軍會田弘正等鎮州乃以愬帥魏博長慶初幽鎮亂殺弘正愬素服以令軍曰魏人富庶而通于天化者田公力也上以其愛人使往治鎮且田公撫魏七年今鎮人不道而戕害之是無魏也父兄子弟食田公恩者何以報之衆皆哭又以玉帶寶劍遺牛元翼曰此劍吾先人嘗以揃大盜吾又以平蔡姦今鎮人逆天公宜用此夷之也元翼感動謝曰敢有不承而愛其死力乃下令軍中勒兵以俟會愬疾甚不能軍詔田布代之以太子少保還東都卒年四十九贈太尉諡曰武愬行已儉約其昆弟賴家勳貴飾輿馬第室廣愬所處乃父時故院無所增廣始晟克京師市不改肆愬平蔡亦如之功名之奇近世所未有晚雖忽于取士與鄭注善議者不以掩其賢

贊曰愬得李祐不殺付以兵不疑知可以破賊也祐受任不辭決策入死以愬能用其謀也祐之才待愬乃顯故曰平蔡功愬爲多

聽字正思七歲以蔭爲協律郎父吏少之不甚款聽輒使鞭之晟奇其才長乃辟佐于頔府吐突承璀討王承宗以聽爲神策行營兵馬使既戰斬賊驍將憲宗壯之詔圖狀以獻承璀數問聽計至縛盧從史遷左驍衛將軍出爲蔚州刺史州有銅冶自天寶後廢不治民盜鑄不禁聽乃開五鑪官鑄錢日五萬人無犯者徙安州會觀察使柳公綽方討蔡以聽典軍一二治之聲振賊中召爲羽林將軍帝討李師道出聽楚州刺史淮南兵驕弱鄆人素易之聽日教勒士皆奮即掩賊不虞趨漣水破沭陽絕龍沮堰遂取海州攻朐山降之懷仁東海兩城望風送款以功兼御史大夫晏綬銀青節度使又徙靈鹽部有光祿渠久廢聽始復屯田以省轉餉即引渠溉塞下地千頃後賴其饒進檢校工部尚書穆宗初立幽鎮反擇名臣節度太原者代裴度使統兵北討始聽爲羽林時有駿馬帝在東宮使左右諷取之聽自以身宿衛不敢獻於是帝曰李聽往在軍中不與朕馬是必可任乃授檢校兵部尚書充河東節度使敬宗嗣位改義成軍大和初討李同捷而魏博將丌志沼反擊其帥史憲誠詔聽出援擊殺志沼以功封涼國公拜一子五品官王廷湊之亂詔聽悉兵屯貝州史憲誠懼聽因取道襲之束甲候諸郊聽敕士櫜兵野次魏人乃安憲誠既請朝魏人殺之詔聽兼帥魏博聽還延不即赴魏遂亂殺憲誠共推大將何進滔乘城拒守聽不得入乃屯館陶又不設備魏人襲之師驚潰死失殆半輜械盡棄之聽晝夜馳以免於是御史中丞溫造等劾奏魏州亂憲誠死職繇于聽請論如法天子不罪也罷爲太子少師聽素以賂遺得權幸心故多爲助力未幾拜邠寧節度使邠署相傳不利治垣舍前刺史視其壞莫敢葺聽曰將出釁凶門何避治署邪亟使完新之卒無異故

帥武寧軍有故奴為徐將不喜聽來乃先殺親吏之使徐者以沮聽聽果還以疾解授太子少保踰歲節度鳳翔又徙陳許鄭注擿其過詔以太子太保分司東都開成初為河中晉絳慈隰節度使文宗嘆曰付之兵不疑置之散地不怨惟聽為可四年以疾求還復拜太子太保卒年六十一贈司徒聽治官苛細急於掊斂類極所欲盛飾車馬服玩或誡之聽曰家聲在人若示衰薄恐不見忠功之効吾欲李而勸之也好方書擇其驗者題於帷帟墻屋皆滿

聽子琢以家閥擢累義昌平盧鎮海三節度使無顯功不為士大夫稱道數免復還廣明時沙陀數盜邊於是琢為宿將拜檢校尚書右僕射蔚朔等州招討都統行營節度使從河陽三城坐逗撓下遷刺史卒

王佖者晟之甥武敢閑騎射晟在師佖無不從攻朱泚於光泰門賊方銳佖與李演孟涉戰破賊數北諸軍乘之遂大振以功擢神策將擊吐蕃有功晟視佖與子姓等其給與過之晟在龍佖亦不見用召為左衛上將軍元和中拜朔方靈鹽節度使吐蕃欲作烏蘭橋以邊師積材河曲朔方府常遣兵發其木吞于河故莫能成及佖至虜知其貪謀乃厚賂之而亟逐功築月城以守自是虜歲入為寇朔方乘障不暇人以咎佖在鎮檢下亡術猜忌多殺人召還為右衛將軍故事將相除從皆內出制故號白麻至佖以責罷遂中書進制久之卒

贊曰晟之屯東渭橋也朱泚盜京師李懷光反咸陽河北三叛相王李納僭河南李希烈訌鄭汲晟無積貲輸糧提孤軍抗群賊身佩安危而氣不少衰者徒以忠誼感人故豪英樂為之死耳至師入長安而人不知雖三王之佐無進其能可謂仁義將矣嗚呼功能存社稷不能見信於庸主奪其兵哀哉雖然功蓋天下者惟退禍可以免四子世似其勞是宜有後哉

列傳第七十九

馬渾列傳第八十　　唐書一百五十五

端明殿學士兼翰林侍讀學士龍圖閣學士朝請大夫守尚書吏部侍郎充集賢殿修撰臣宋祁奉
敕撰

馬燧字洵美系出右扶風徙為汝州郟城人父季龍舉孫吳倜儻
善兵法科仕至嵐州刺史燧姿度魁傑長六尺二寸與諸兄學輟
策歎曰方天下有事丈夫當以功濟四海渠老一儒哉更學兵書
戰策沈勇多算安祿山反使賈循守范陽燧說循曰祿山首亂今
雖舉洛陽猶將誅覆公盍斬向潤客牛廷玠傾其本根使西不得
入關退亡所據則坐受禽矣此不世功也循許之不時決會顏杲
卿招循舉兵祿山遣韓朝陽召循計事因縊殺之燧走西山間道
歸平原平原不守復走魏寶應中澤潞節度使李抱玉署為趙城
尉時回紇還國恃功恣睢所過皆剽傷州縣供餽不稱輒殺人抱
玉將饋勞賓介無敢往燧自請典辦具乃先賂其酋與約得其旗
章為信犯令者得殺之燧又取死囚給役左右小違令輒戮死虜
大駭至出境無敢暴者抱玉才之因進說曰屬與回紇接且得其
情觀僕固懷恩樹黨自重裂河北以授李懷仙張忠志薛嵩田承
嗣等其子瑒能勇不義將必窺太原公當備之既而懷恩與太原
將謀舉其城辛雲京覺之不克嵩自相衛歸懷恩糧以絕河津抱
玉令燧說嵩嵩告絕於懷恩即署燧左武衛兵曹參軍累進至鄭
州刺史勸督農力歲一稅人以為便徙懷州時師旅後歲大旱田
莽不及耕燧務勤教化止橫調將吏有親者必造之厚為禮瘞暴
骴止煩苛是秋稆生于境人賴以濟抱玉守鳳翔表燧隴州刺史
西山直吐蕃其上有通道虜常所出入者燧聚石種樹障之設二
門為譙櫓八日而畢虜不能暴從抱玉入朝代宗雅聞其才召見
授商州刺史兼水陸轉運使大曆中河陽兵逐其將常休明詔燧
檢校左散騎常侍為三城使汴將李靈耀反帝務息人即授以汴
宋節度留後靈耀不拜引魏博田承嗣為援詔燧與淮西李忠臣
討之師次鄭靈耀多張旗幟以犯王師忠臣之兵潰而西燧軍頓

滎澤鄭人震駭忠臣將遂歸燧止之益治軍忠臣乃還收亡卒復
振忠臣行汴南燧行汴北敗賊於西梁固靈耀以銳卒八千號饑
狼軍燧獨戰破之進至汝儀是時河陽兵冠諸軍田悅帥衆三萬
助靈耀破永平將杜如江等乘勝距汴一舍而屯忠臣合諸軍戰
不利燧為奇兵擊之悅單騎遁汴州平燧知忠臣暴欲讓其功出
舍板橋忠臣入汴果因會擊殺宋州刺史李僧惠燧還河陽秋大
雨河溢軍吏請具舟以避燧曰使城中盡魚而獨完其家吾不忍
既而水不為害遷河東節度留後進節度使太原承鮑防之敗兵
力衰單燧募廝役得數千人悉補騎士教之戰數月成精卒造鎧
必短長三制稱士所衣以便進趨為戰車冒以猊象列戟于後
行以載兵止則為陣遇險則制衝冒器用完銳居一年闢廣場羅
兵三萬以肆威震北方建中二年朝京師遷檢校兵部尚書封幽
國公還軍初田悅新有魏博恐下未附即輸款朝廷燧建言悅必
反既而悅果圍邢州身攻臨洺築重城絕內外援邢將李洪臨洺
將張伾固守詔燧以步騎二萬與昭義李抱真神策兵馬使李晟
合軍救之燧出嚹口未過險移書抵悅示之好悅以燧畏已大喜
既次邯鄲悅使至燧皆斬之遣兵破其支軍射殺賊將成炫之悅
聞使大將楊朝光以兵萬人據雙岡築東西二柵以禦燧燧率軍
營二壘間是夜東壘遁燧進營猶明山取棄壘置輜重悅計曰朝
光堅柵且萬人雖燧能攻未可以數日下且殺傷必衆則吾已拔
臨洺饗士以戰必勝術也即分恒州兵五千助朝光燧令大將李
自良等以騎兵守雙岡戒曰令悅得過者斬燧乃推火車焚朝光
柵自晨訖晡急擊大破之斬朝光禽其將盧子昌獲首五千執八
百人居五日進軍臨洺悅悉軍戰燧自以銳士當之凡百餘返士
皆決死悅大敗斬首萬級俘係千餘館穀三十萬斛邢圍亦解以
功遷尚書右僕射初將戰燧約衆勝則以家貲賞至是殫私財賜
麾下德宗嘉之詔出度支錢五千萬償其財進兼魏博招討使李
納李惟岳合兵萬三千人救悅悅裒散兵二萬壁洹水淄青軍其

左俉冀軍其右燧進屯鄴請益兵詔河陽李芃以兵會次于漳悅遣將王光進以兵守漳之長橋築月壘扼軍路燧於下流以鐵鎖維車數百絕河載土囊遏水而後度悅知燧食乏深壁不戰燧令士齎十日糧進營倉口與悅夾洹而軍造三橋逾洹日挑戰悅不出陰伏萬人將以掩燧燧令諸軍夜半食先雞鳴時鳴鼓角而潛師並洹趨魏州令曰聞賊至止為陣留百騎持火待軍畢發匿其旁須悅衆度即焚橋燧行十餘里悅率李納等兵踰橋乘風縱火譟而前燧乃令士無動命除榛莽廣百步為場募勇士五千人陣而待比悅至火止氣少衰燧縱兵擊之悅敗奔橋橋已焚衆赴水死者不可計斬首二萬級殺賊將孫晉卿安墨啜虜三千人尸相駢藉三十里淄青兵幾殲悅夜走魏州其將拒不納比明追不至悅乃得入抱真芃問曰糧少而深入何也燧曰糧少戰利速兵善於致人今悅與淄青恒三軍為首尾欲不戰以老我師若分擊左右未可必破悅且來助是腹背支敵也法有攻其必救故趨魏

以破之皆曰善悅嬰城自守於是李再春以博州悅兄昂以洺州王光進以長橋皆降悅使符璘李瑶衞還淄青殘兵璘等亦降魏導御溝貫城燧塞其上游魏人恐悅遣許士則侯臧間行告窮於朱滔王武俊會二人者怨望乃連和悅恃燕趙方至即出兵背城陣燧復與諸軍破之進同中書門下平章事北平郡王魏州大都督長史滔武俊聯兵五萬傅魏會帝遣李懷光以朔方軍萬五千助燧懷光勇于鬭未休士即與滔等戰不利悅決水灌軍燧兵亦屈退保魏縣滔等瀕河為壘會涇師亂帝幸奉天燧還軍太原初李抱真欲殺懷州刺史楊鉥鉥奔燧燧奏其非罪乃免抱真怒及共解邢圍獲軍糧燧自有之以餘給抱真軍抱真益怒洹之捷軍進薄魏悅以突騎犯燧營李芃救之抱真勒兵不出燧將攻魏取攻具於抱真營并請雜兩軍平其功抱真不聽請獨當一面繇是逗遛帝數遣使講解武俊略趙地抱真分麾下二千人戍邢燧怒謂抱真以兵還守其地我能獨戰死邪將引還李晟和之乃復與

抱真善及田昂降燧請以洺州隸抱真而用昭義副使盧玄卿為刺史兼魏博招討副使李晟兵前獨隸抱真抱真亦請兼隸于燧以示協一然議者咎燧私忿交惡卒不成大功至太原遣軍司馬王權以兵五千走奉天又遣子彙與諸將子壁中渭橋帝已幸梁乃還時天下方騷北邊數有警燧念晉陽王業所基宜固險以示敵乃引晉水架汾而屬之城潴為東隍省守陴萬人又釃汾環城樹以固隄詔兼保寧軍節度使帝還京李懷光反河中詔燧為河東保寧奉誠軍行營副元帥與渾瑊駱元光合兵討之時賊黨要廷珍守晉毛朝敭守隰鄭抗守慈燧移檄譙諭皆以州降因拜燧晉絳慈隰節度使武俊之圍趙也康日知不支將棄趙燧請詔武俊擊朱滔授以深趙以日知為晉慈隰節度使及三州降燧固讓日知且言因降受節恐後有功者踵以為利帝嘉許籍府庫兵仗以授日知日知大喜過望燧乃率步騎三萬次于絳略定諸縣降其將馮萬興任象玉遂圍絳拔外郛守將夜棄城去降四千人

遣李自良定六縣降其將辛殊收卒五千裨將谷秀違令掠士女斬以徇與賊戰寶鼎射殺賊將徐伯文斬首萬級獲馬五百于時天下蝗兵艱食物貨翔踊中朝臣多請宥懷光者帝未決燧以懷光逆計久反覆不可信河中近甸捨之屈威靈無以示天下乃捨軍入朝為天子自言之且得三十日糧足平河中許之乃與瑊元光韓游瓌之兵合賊將徐廷光守長春宮城燧度長春不下則懷光固守久攻所傷必衆乃挺身至城下見廷光廷光懼燧感拜城上燧顧其心已屈徐曰我自朝廷來可西嚮受命廷光再拜燧曰公等朔方士自祿山以來功高天下柰何棄之為族滅計若從吾言非止免禍富貴可遂也未對燧曰爾以吾為欺邪今不遠數步可射我披而示之心廷光感泣一軍皆流涕即率衆降燧以數騎入其城衆大呼曰吾等更為王人矣渾瑊亦自以為不及也歎曰嘗疑馬公能窘田悅今觀其制敵固有過人者吾不逮遠矣進營篤籬堡堡將降餘戍望風遁去燧濟河兵八萬陣城下是日賊將

牛名俊斬懷光降衆猶萬六千誅其黨閻晏孟寶張清吳冏等
它脅附悉赦之不閱月河中平遷光祿大夫兼侍中賜一子五品
官還太原帝賜宸扆台衡二銘以言君臣相成之美勒石起義
堂帝榜其顏以寵之貞元二年吐蕃尚結贊破鹽夏二州守之自
屯鳴沙及春畜產死糧乏詔燧爲綏銀麟勝招討使與駱元光韓
游瓌等會師擊虜燧次石州結贊懼乞盟帝不許乃遣將論頰熱
甘辭請于燧且重幣中勤勸明年燧還太原與論頰熱俱朝盛言
宜許以盟天子然之燧之朝結贊遽引去帝詔渾瑊與盟平涼虜
劫瑊僅得免吐蕃歸燧之兄子弇曰河曲之屯春草未生吾馬飢
公若度河我無種矣賴公許和今釋弇以報帝聞悔怒奪其兵拜
司徒兼侍中賜妓樂奉朝請而已與李晟皆圖象凌煙閣後病足
不任謁九年十月自力朝延英詔毋拜時晟已卒帝顧燧曰尚記
與太尉晟俱來邪今乃獨見公因悲涕燧亦疾而仆帝親掖之詔
左右扶去送至陛燧頓首泣謝固乞骸讓侍中不許卒年七十贈
太傅謚曰莊武子彙暢暢少以蔭至鴻臚少卿建中中燧討賊山
東暢留京師於是大旱朝廷議括商旅緡錢多亡命入南山爲盜
暢客單超俊李雲端等竊議以爲事且危暢是其言遣奴諫燧班
師燧怒執奴以聞使兄炫拘暢請罪帝方倚燧貸不問但誅其客
敕炫賜暢杖三十然亦罷括商人令燧没後以貲甲天下暢亦善
殖財家益豐晚爲貴幸牟侵又暴妻訟析產貞元末神策中尉楊
志廉諷使納田產至順宗時復賜之中官往往逼取暢畏不敢恡以
至困窮終少府監贈工部尚書諸子無室廬寓託奉誠園亭觀即其
安邑里舊第云故當世視暢以厚畜爲戒有司謚曰縱子繼祖生四
歲以門功爲太子舍人五遷至殿中少監燧兄炫字弱翁少以儒
學聞隱蘇門山不應辟召至德中李光弼鎮太原始署掌書記常
參軍謀光弼器焉遷刑部郎中田神功帥宣武署節度判官授連
潤二州刺史以清白顯燧爲司徒授刑部侍郎辭疾以兵部尚書
致仕卒

渾瑊本鐵勒九姓之渾部也世爲皐蘭都督父釋之有才武從朔
方軍積戰多遷累開府儀同三司試太常卿寧朔郡王廣德中與
吐蕃戰没瑊年十一善騎射隨釋之防秋朔方節度使張齊丘戲
曰與乳媪俱來邪是歲立跳盪功後二年從破賀魯部拔石堡城
龍駒島其勇常冠軍署折衝果毅節度使安思順授瑊偏師入葛
禄部略特羅斯山破阿布思與諸軍城永清及天安軍遷中郎將
禄山反從李光弼定河北射賊驍將李立節貫其左肩死之肅宗
即位瑊以兵趨行在至天德與虜軍遇敗之從郭子儀復兩京討
安慶緒勝之新鄉擢武鋒軍使從僕固懷恩平史朝義大小數十
戰功最改太常卿實封二百戶懷恩反瑊以所部歸子儀會釋之
喪起復朔方行營兵馬使從子儀擊吐蕃邠州留屯邠虜復入至
奉天瑊戰漠谷有功遷太子賓客屯奉天周智光反子儀令瑊以
步騎萬人下同州智光平以邠寧隸朔方軍瑊屯宜禄大曆七年
吐蕃盜塞深入瑊會涇原節度使馬璘討之次黃菩原瑊引衆據
險設槍壘自營遏賊奔突舊將史抗等內輕瑊顧左右去槍壘騎
馳賊既還虜躡而入遂大敗死者十八子儀召諸將曰朔方軍高
天下今敗于虜柰何瑊曰願再戰乃馳朝那與鹽州刺史李國臣
趨秦原吐蕃引去瑊邀擊破之悉奪所掠而還自是歲防長武城
盛秋領邠州刺史吐蕃入方渠懷安瑊擊走之子儀入朝留知邠
寧慶兵馬後務回紇侵太原破鮑防軍拜瑊都知兵馬使自石嶺
關而南督諸軍掎角虜引去進兼單于副都護振武軍使子儀爲
太尉德宗析所部爲三節度以瑊兼單于大都護振武東受降城
鎮北大都護府綏銀麟勝州節度副大使未幾崔寧領朔方故召
爲左金吾衛大將軍建中中李希烈詐爲瑊書若同亂者帝識其
謀用不疑更賜良馬錦幣普王爲荊襄元帥討希烈也以瑊爲中
軍都虞候帝狩奉天瑊率家人子弟以從授行在都虞候京畿渭
北節度使朱泚兵薄城戰譙門晨至日中不解或以雲車至瑊曳
車塞門焚以戰賊乃解泚治攻具矢石四集如雨晝夜不息凡浹

日敵益暫圍城城中死者可藉人心危惴或夜縋出掇蔬本供御帝與瑊相泣泚方據乾陵下瞰城聶翟紅袍左右官人趨走宴賜拜舞又縱慢辭戲斥天子以爲勝在景刻使騎環馳責大臣不識天命造雲梁廣數十丈施大輪濡氈及革冒之周布水囊爲鄣挾城東北構木廬蒙革周置之運薪土其下將塞隍帝召瑊授以詔書千餘自御史大夫實封五百戶而下募突將死士當賊賜瑊筆使量功署詔不足則署衣以授因曰朕與公訣矣今馬承倩往有急可奏瑊俯伏嗚咽帝撫而遣之瑊前與防城使侯仲莊揣雲梁所道掘大隧積馬矢及薪然之賊乘風推梁以進載數千人王師乘城者皆凍餒甲弊兵盬瑊但以忠義感率使當賊人憂不支羣臣號天以禱瑊中矢自拔去被血而戰愈厲雲梁及隧而陷風返悉焚賊皆死舉城歡譟是日詔授瑊二子官乃第賞將校泚攻城益急會李懷光奔難賊乃去進行在都知兵馬使實封戶五百乘輿進狩山南瑊以諸軍衞入谷口懷光追騎至後軍擊卻之遷檢校

尚書左僕射同中書門下平章事兼靈鹽豐夏定遠西城天德軍節度朔方邠寧振武道永平軍奉天行營副元帥帝臨軒授鉞用漢拜韓信故事制曰寇賊干紀授爾節鉞以戡多難往欽哉瑊頓首曰敢不畢力以對揚天子休命乃率諸軍趨京師賊韓旻拒武功瑊率吐蕃論莽羅兵破之武亭川斬首萬級遂屯奉天以抗西面李晟自東渭橋破賊瑊與韓游瓌戴休顏以西軍收咸陽進屯延秋門泚平論功以瑊兼侍中實封戶八百天子還宮授河中絳慈隰節度使河中同陝虢行營副元帥縣樓煩郡王徙咸寧賜大寧里甲第女樂五人將相送歸第與李晟鈞禮俄加朔方行營副元帥與馬燧同討李懷光懷光平檢校司空任一子五品官還屯河中吐蕃相尚結贊陷鹽夏陰覘京師而畏瑊與李晟馬燧欲以計勝之乃詭辭重禮請燧講好燧苦贊帝乃詔約盟平涼川以瑊爲會盟使爲結贊所劫副使崔漢衡以下皆陷惟瑊得免自奉天入朝嬴服待罪詔釋之會吐蕃復入盜使瑊鎮奉天虜罷還河中

貞元四年虜入涇邠授邠寧慶副元帥進檢校司徒兼中書令十五年卒年六十四羣臣奉慰延英贈太師謚曰忠武喪車至自鎮帝復廢朝瑊好書通春秋漢書嘗慕司馬遷自敘著行紀一篇其辭一不矜大天性忠謹功高而志益下歲時貢奉必躬閱視每有賜子下拜跽受常若在帝前世方之金日磾故帝終始信待貞元後天子常恐藩侯生事稍桀驁則姑息之惟瑊有所奏論不盡從可輒私喜曰上不疑我故治蒲十六年常持軍猜間不能入君子賢之夲名日進稍顯改焉五子鎬鐬爲達官

鎬謙謹喜交士大夫歷鄧唐二州刺史有政譽元和中延州沙陀部苦邊吏貪震擾不安李絳建言宜選才職稱者爲刺史乃任鎬延州會討王承宗而義武節度使任迪簡病不能軍以鎬將家可用乃遷檢校右散騎常侍義武軍節度副使俄代迪簡爲使治兵頗有法然短於計略不持重鎮定二軍間不百里鎬引兵壓鎮壍而屯距賊三十里鼓角聲相聞賊始亦畏見鎬無斥候乃潛師

入定境焚廬舍掠鄉聚鎬軍遂搖亦會中人督戰乃出薄賊大敗而還詔以陳楚代之時師飢東聞鎬方罷遂亂劫鎬之家至裸辱楚聞馳入城乃定令軍中斂所剽歸鎬以兵衞出之貶韶州刺史後代州刺史韓重華奏收鎬供軍金幣十餘萬乃復貶循州卒贈工部尚書

鐬以蔭補諸衞參軍累擢至豐州刺史坐贓七百萬文宗以勳臣子貶袁州司馬還爲袁王傅至太子詹事訓注亂或言鐬匿賈餗爲百騎所捕苦辨乃免然家爲兵剽皆盡文宗憐之授少府監還殿中宰相以瑊之裔擬刺史帝曰是豈可以牧民念其父功當之可也宰相言鐬嘗治郡有績從之拜壽州刺史終諸衞大將軍

贊曰唐史臣稱燧沈雄忠力常先計後戰每戰親令于衆無不感槩用命鬬必決死未嘗折北名蓋一時然力能得田悅而不取虜不可信而決信之故河北三盜卒不臣平涼大臣奔辱燧之罪也雖然燧賢者也天下以爲可責故責之不以功掩罪亦不可以罪

廢功賊親與結贊盟不能料虜詐但以如詔爲恭殆有猛志而無英才乎李晟謂虜不可與盟則燧賊固出晟下遠甚功名大小信其然乎

馬渾列傳第八十

楊戴陽二李韓杜邢列傳第八十一　唐書一百五十六

端明殿學士兼翰林侍讀學士龍圖閣學士朝請大夫守尚書吏部侍郎充史館修撰臣宋祁奉敕撰

楊朝晟字叔明夏州朔方人興行間以先鋒功授甘泉府果毅建中初從李懷光討劉文喜涇州斬獲多加驃騎大將軍李納寇徐州從唐朝臣往討常冠軍懷光赴難奉天屬朝晟兵千人下咸陽賜實封百五十戶懷光反韓游瓌退保邠寧賊黨張昕守邠州大索軍實多募士欲濟歸之朝晟父懷賓爲游瓌將夜以數十騎斬昕及同謀者游瓌遣懷賓告行在德宗勞問授兼御史中丞朝晟泣見懷光曰父立功於國子當誅不可以主兵懷光縶之及諸軍圍河中游瓌營長春宮而懷賓戰甚力懷光平帝原朝晟因爲游瓌都虞候父子皆開府賓客御史中丞軍中以爲榮吐蕃犯邊游瓌自將守寧州而御士寛軍驕及張獻甫來代軍遂亂朝晟逃於邠衆脅監軍請以范希朝爲節度使希朝時已在京師明日朝晟

出給衆曰子來賀所請之當也衆稍定朝晟結諸將謀誅首惡者居三日紿遣人自邠來曰前請報罷張公已舍邠矣反者皆當死吾不願盡誅也第取首惡者衆所讙指斬二百餘人獻甫遂入于軍帝以希朝爲節度副使而朝晟加御史大夫貞元九年城鹽州發卒護境朝晟屯木波堡會獻甫卒有詔代爲邠寧節度使朝晟請城方渠合道木波以遏吐蕃路詔問須兵幾何報曰部兵可辦帝問前日城五原興師七萬今何易邪對曰鹽州之役虜先知之今薄戎而城虜料王師不十萬勢難輕入若發部兵十日至塞下未三旬城畢積芻聚糧留卒守之寇至不可拔芟野剪夷虜且走此萬全計也若大發兵閱月乃至虜亦來來必戰戰則不暇城矣帝納其策師次方渠水乏有青蛇降險下走視其跡水從而流朝晟使築防環之遂爲渟淵士飲仰足圖其事以聞有詔置祠命泉曰應聖已城吐蕃悉衆至度不能害乃引去復城馬嶺而歸開地三百里十七年卒于屯

戴休顏字休顏夏州人家世尚武志膽不常郭子儀引爲大將諭平党項羌以安河曲試太常卿封濟陰郡公進封咸寧郡王兼朔方節度副使城邠州功最遷鹽州刺史朱泚反率兵三千晝夜馳奔問行在德宗嘉之賜實戶二百與渾瑊杜希全韓游瓌等扞禦有勞帝進狩梁洋留守奉天李懷光屯咸陽使人誘之休顏斬其使勒兵自守懷光眙駭自涇陽夜走遷檢校工部尚書奉天行營節度使合渾瑊兵破泚偏師斬首三千級追至中渭橋京師平又與瑊率兵趨岐陽邀泚殘黨加檢校尚書右僕射進戶四百從乘輿至京師賜女樂甲第拜左龍武軍統軍卒贈揚州大都督弟休璿歷開府儀同三司封東陽郡王休晏歷輔國大將軍封彭城郡公俱以將略稱

陽惠元平州人以趫勇奮事平盧軍從田神功李忠臣浮海入青州詔以兵隸神策爲京西兵馬使鎮奉天德宗初立稍繩諸節度跋扈者於是李正己屯曹州田悅增河上兵河南大擾詔移兵萬

二千戍關東帝御望春樓誓師因勞遣諸將酒至神策將士不敢飲帝問故惠元曰初發奉天臣之帥張巨濟與衆約是役也不立功毋飲酒臣不敢食其言既行有饋於道惟惠元軍瓶罍不發帝咨歎不已璽書慰勞俄以兵三千會諸將擊田悅戰御河奪三橋惠元功多以兵屬李懷光及朱泚反自河朔赴難解奉天圍加檢校工部尚書攝貝州刺史詔惠元與神策行營節度使李晟鄜坊節度使李建徽及懷光聯營便橋晟知懷光且叛移屯東渭橋翰林學士陸贄諫帝曰四將接壘晟等兵寡位下爲懷光所易勢不兩完晟既慮變請與惠元東徙則建徽孤立宜因晟行合兩軍皆往以備賊爲解趣裝進道則懷光計無所施帝不從使神策將李昇往伺還奏懷光反明甚是夕奪二軍惠元建徽走奉天懷光遣將冉宗馳騎追及於好畤惠元被髮呼天血流出皆袒裼戰而死三子晟昺暠匿井中皆及害建徽獨免詔贈惠元尚書左僕射晟殿中監昺暠邠州刺史少子昱字公素惠元之死被八創墮眢井或救

得免歷邢州刺史盧從史旣縛潞軍潰有驍卒五千從史嘗以子
視者奔于昱昱閉城不內衆皆哭曰奴失帥今公有完城又度支
錢百萬在府少賜之爲表天子求旌節昱開諭禍福遣之衆感悟
遂還軍憲宗嘉之遷易州刺史王師討吳元濟以唐州刺史提兵
深入二百里薄申州拔外郛殘其垣以功加御史中丞容州西原
蠻反授容州經略招討使擊定之進御史大夫合邕容兩管爲一
道卒贈左散騎常侍

李元諒安息人本安氏少爲宦官駱奉先養息冒姓駱名元光美
須髯鷙敢有謀以宿衞積勞試太子詹事李懷讓節度鎮國署奏
以自副居軍十年士心憚服德宗出奉天賊遣將何望之襲華州於
是刺史董晉棄城走望之欲聚兵以絕東道元諒自潼關引兵徑
薄其城拔之時兵興倉卒裹劂爲鎧剡葦爲矢募兵數日至萬
餘軍氣乃振賊來攻輒卻時尚可孤守藍田元諒屯昭應王權壁
中渭橋賊兵不能踰渭南未幾遷鎮國軍節度使封武康郡王先

是詔發幽隴兵東討李希烈師方出關泚使劉忠孝召還至華陰
華陰尉李夷簡說驛官捕之追及關元諒斬以徇所召兵不得入
由是華州獨完俄詔元諒與李晟收京師次滻西元諒先奮鏖賊
敗之進屯苑東晟使壞苑垣入泚連戰皆北遂大潰京師平讓功
於晟退壁近郊加檢校尚書左僕射實封戶五百賜甲第女樂一
子六品官李懷光反與馬燧渾瑊討之其將徐廷光素易元諒數
嫚罵爲優胡戲斥侮其祖又使約降曰我降漢將耳及馬燧至降
於燧元諒見韓游瓌曰彼詬吾祖今日斬之子助我乎許諾旣而
遇諸道即數其罪叱左右斬之詣燧謝燧大怒將殺元諒游瓌見
曰殺一偏裨尚爾即殺一節度法宜如何燧默然元諒請輸錢百
萬勞軍自贖瑊亦爲請燧赦之帝以專殺恐有司劾治前詔勿論
貞元三年吐蕃請盟詔以軍從瑊會平涼元諒軍潘原游瓌軍洛
口以爲援元諒曰潘原去平涼七十里虜詐不情如有急何以赴
請與公連屯瑊以違詔不聽瑊壁盟所二十里元諒密徙營次之

旣會元諒望雲物曰不祥虜必有變傳令約部伍出陣俄而虜劫
盟瑊奔還元諒兵成列出而涇原節度使李觀亦以精兵五千伏
險與元諒相表裏虜騎乃解元諒遣車重先而與瑊振旅徐還時
以爲有古良將風是會也微元諒觀二人瑊且不免帝嘉歎賜善
馬金幣良厚因賜姓及名更節度隴右治良原良原隍堞湮圮旁
皆平林薦草虜入寇常牧馬休徒於此元諒培高浚淵身執苦與
士卒均槎翳榛莽闢美田數十里勸士墾藝歲入粟菽數十萬斛
什具畢給又築連弩臺遠烽偵爲守備進據勢勝列新壁虜至
無所掠戰又輒北由是涇隴以安西戎憚之卒年六十二贈司空
謚曰莊威

李觀其先自趙郡徙洛陽故爲洛陽人少沈厚寡言以策干朔方
節度使郭子儀子儀遣佐坊州刺史吳伷爲防遏使以親衰解吐
蕃內寇代宗幸陝觀隱盩厔率鄉里子姓千人守黑水虜不敢侵
嶺南節度使楊慎微奏爲偏將徐浩李勉代節度常倚以軍政

數捕平劇賊遷大將試殿中監召爲右龍武將軍涇師叛觀適番
上即領兵千餘扈德宗奉天詔盡察諸軍整飭譙邏增募五千人
聲旝譁暨士氣益振賜封戶二百授二子八品官從至梁州帝還
詔總後軍擢四鎮北庭行軍涇原節度使在屯四年訓部伍儲藏
饒衍平涼之盟吐蕃不得志是年觀入朝前一日就道虜至期出
精騎狙擊不及去以少府監檢校工部尚書卒贈太子少傅

韓游瓌靈州靈武人始爲郭子儀裨將安祿山反使阿史那從禮
將同羅突厥五千騎僞降於朔方出塞門誘河曲九蕃府六胡叛
部落凡五十萬子儀使游瓌率辛京杲擊破之九蕃府還附累進
邠寧節度留後奉天之狩兵未集游瓌與慶州刺史論惟明以兵
三千來赴自乾陵北趣醴泉未至有詔引軍屯便橋次泥泉與泚
兵值游瓌欲還奉天監軍翟文秀曰吾壁于此賊敢踰我而西可
夾攻取之今入奉天賊亦隨至是引賊迫天子也游瓌曰不然我
寡賊衆彼能分以亢我餘衆猶能鼓而西也不如先入衞天子且

奉天無彊卒安得攻吾士之且寒賊以利誘之衆且潰遂還奉天泚兵躡攻之戰不利泚兵奪門游瓌殊死戰乃解泚大治戰棚雲橋士皆懼游瓌曰賊取佛祠乾木爲攻具可以火之旣而賊大譟攻南雉游瓌曰是分吾力也趣北雉遣將郭詢郭廷王以銳士三百傳滿直出火其棚投薪於中風返棚皆燼賊氣沮故諸將推游瓌赴難功第一帝以衞軍無職局軍置統軍一員以游瓌惟明賈隱林處之李懷光叛誘游瓌爲變游瓌白發其書帝曰卿可謂忠義矣對曰臣安知忠義但懷光誤臣使震驚乘輿後持臣自解帝嘉其誠從問計欲安出對曰懷光揔諸府兵怙以爲亂今邠有張昕靈武有寗景璿河中有呂鳴岳振武有杜從政潼關有李朝臣渭北有竇覦皆守將也陛下以其衆與地授之罷懷光權而尊以元功諸將仰首各聽其帥彼安能以亂帝曰罷懷光權而泚益張若何對曰陛下約士以不次之賞今責賊方至發而酬之其守自固邠有萬精甲臣得將之可以誅賊四方杖義而起賊不足慮

帝美其言會懷光誘復至渾瑊得書稍嚴卒以警游瓌不知發怒嫚罵瑊帝疑有變即日幸梁州游瓌使子從帝懷光檄假游瓌邠州刺史欲因張昕殺之游瓌既失兵不知所圖有客劉南金說曰邠有留甲可以立功殆天假也游瓌悟誘舊部兵八百馳入邠說昕曰懷光自蹈禍機公今可取富貴無共污不義也我願以麾下爲公先驅昕不聽游瓌移疾不出陰結其將高固等昕欲殺游瓌戒左右衷甲入昕小史李岌潛白游瓌伏甲先起高固等應之斬昕首以聞時懷光子玫在邠游瓌衞出之曰殺之祇以怒敵至必遽不如捨之玫至涇陽懷光遂走蒲州游瓌屯七盤受李晟節度詔拜邠寧節度使遂會渾瑊於奉天與瑊戴休顏分扼京西要險李晟入長安游瓌破泚兵咸陽泚走涇州游瓌使諭涇將楊澄澄拒不納泚遂敗京師平遷檢校尚書左僕射實封戶四百帝至自興元游瓌及瑊休顏從而李晟尚可孤李元諒奉迎論功與瑊等皆第一游瓌還屯邠寧懷光寇同州瑊元諒敗於乾坑詔游瓌率

兵幷力敗賊衆五千于屯遂會瑊馬燧圍蒲城師次焦籬堡守將尉珪降懷光見勢單蹙乃縊死貞元二年吐蕃入涇隴邠寧游瓌追至安化虜營合水北游瓌策曰賊行無人地必怠可襲取之使將史履澄夜領兵五百入其營斬數百級取馬五千遲明虜以兵尾擊游瓌羅幟自衞鼙鼓四發虜驚潰去是歲復圍鹽州刺史杜彥光約與之城吐蕃許之又取銀夏麟等州游瓌請收鹽州以斷戎人走集虜入漢食禾菽方春而病此天亡時也有詔李元諒韓全義率師一萬會游瓌收鹽州吐蕃請脩淸水盟以歸侵地馬燧爲之請詔問游瓌荅曰西戎弱則請盟彊則入寇今侵地益深而乞盟詐我也帝不從會盟平涼詔游瓌以軍屯洛口盟之日游瓌以勁騎五百待非常令曰即有變急趣柏泉以分虜勢瑊被劫馳以免虜見兵出即解去後吐蕃寇大回原游瓌方跱長武即選騎八百迎擊自引兵繼之監軍以爲戎不可易荅曰賊攻豐義今游騎先破則彼大衆不敢前豐義全矣戰南原敗之吐蕃夜遁會

子欽緒以射生將衞京師與妖人李廣弘謀反謀泄奔邠州中人捕斬以狀示游瓌游瓌懼求歸死京師帝不許又執欽緒二息送京師帝亦原之未幾入朝素服聽命有詔復位勞遇如故游瓌盛言城豐義以遏虜侵帝悅趣還軍初游瓌之朝衆謂且得罪故齎送殊薄既還與軍不自安大將范希朝善兵游瓌畏其偪欲誅之希朝奔鳳翔帝聞召入宿衞游瓌遣兵築豐義纔二板而潰寧卒數百大掠游瓌不能禁詔用張獻甫代之游瓌畏亂委軍輕出還京師拜右龍武統軍卒謚曰襄廣弘者自言宗室子始爲浮屠妄曰我嘗見岳瀆神當作天子可復冠男子董昌舍廣弘於資敬寺召相工唐郛視之教郛告人曰廣弘且大貴乃誘欽緒神策將魏循李傪越州參軍事劉昉等作亂昉家數具酒大會廣弘所陰相署置又妄曰神戒我十月十日趣舉約欽緒夜擊鼓譟凌霄門焚飛龍廄循等以神策兵迎廣弘事捷大剽三日循傪上變乃禽廣弘及支黨鞫仗內付三司訊實皆殊死廣弘臨刑色自如由是

禁人不得入觀祠

杜希全京兆醴泉人以裨將隷郭子儀積功勞至朔方節度使軍令整嚴士畏其威奉天之狩希全與鄜坊節度使李建徽鹽州刺史戴休顔夏州刺史時常春引兵赴難次漠谷爲賊邀擊乘高縱石下之彊弩雜發德宗使援之不克還保邠州賊平遷檢校尚書左僕射靈鹽豐夏節度使封餘姚郡王將即屯獻體要八章砭切政病帝嘉納賜君臣箴一篇尋兼夏綏銀節度都統建言鹽州據要會爲塞保鄜自平凉背盟城陷于虜於是靈武勢縣鄜坊單逼爲邊深患請復城鹽州乃詔希全及朔方邠寧銀夏鄜坊振武及神策行營諸節度合選士三萬五千屯鹽州又敕涇原劒南山南軍深入吐蕃牽橈其力使不得犯塞執築凡六千人閱二旬畢由是虜憚不輕入希全居河西久頗越法橫肆帝數容掩其短豐州刺史李景略名出希全上疑逼已遂排劾之帝爲斥以荅其意素苦風眩稍劇益忌忍遂誣殺判官李起吏下累息卒贈司空

邢君牙瀛州樂壽人少從幽薊平盧軍以戰功歷果毅折衝郎將安祿山反從侯希逸涉海入青州田神功爲兖鄆節度使使君牙將兵屯好時防盛秋吐蕃犯京師代宗出陝以邑從功累封河間郡公建中初李晟從馬燧討田悅以君牙爲都將在武安襄國間凡五戰斬馘功最德宗出奉天晟率君牙倍道赴難徙屯渭橋軍中便宜唯君牙得豫晟在鳳翔數行邊常以君牙守晟入朝代爲鳳翔觀察使俄領節度檢校尚書右僕射吐蕃歲犯邊君牙劭耕講戰以爲備戎不能侵又城隴州平戎川號永信城卒官贈司空初布衣張汾者無紹而干君牙軒然坐客上會吏擿簿書以盜没宴錢五萬君牙怒其欺汾不謝去曰吾在京師聞邢君牙一時豪俊今乃與設吏論錢云何君牙慙遽釋吏引爲上客留月餘以五百縑爲謝其屈已好士類此

揚戴陽二李韓杜邢列傳第八十一

端明殿學士兼翰林侍讀學士龍圖閣學士朝請大夫尚書吏部侍郎充集賢殿脩撰臣宋祁奉敕撰

陸贄字敬輿蘇州嘉興人十八第進士中博學宏辭調鄭尉罷歸壽州刺史張鎰有重名贄往見語三日奇之請爲忘年交既行餉錢百萬曰請爲母夫人一日費贄不納止受茶一串曰敢不承公之賜以書判拔萃補渭南尉德宗立遣黜陟使庾何等十一人行天下贄說使者請以五術省風俗八計聽吏治三科登儁乂四賦經財實六德保罷瘵五要簡官事五術曰聽謠誦審其哀樂納市賈觀其好惡訊簿書考其爭訟覽車服等其儉奢省作業察其趣舍八計曰視戶口豐耗以稽撫字視墾田贏縮以稽本末視賦役薄厚以稽廉冒視按籍煩簡以稽聽斷視囚繫盈虛以稽決滯視姦盜有無以稽禁禦視選舉衆寡以稽風化視學校興廢以稽教道三科曰茂異賢良幹蠱四賦曰閱稼以奠稅度產以衰征料丁

壯以計庸占商賈以均利六德曰敬老慈幼救疾恤孤賑貧窮任失業五要曰廢兵之冗食蠲法之撓人省官之不急去物之無用罷事之非要時皆韙其言遷監察御史帝在東宮已聞其名矣召爲翰林學士會馬燧討賊河北久不決請濟師李希烈寇襄城詔問策安出贄言勞於服遠莫若脩近多方以救失莫若改行今幽燕恒魏之勢緩而禍輕汝洛滎汴之勢急而禍重田悅覆敗之餘無復遠略王武俊有勇無謀朱滔多疑少決互相制劫急則合力退則背憎不能有越軼之患此謂緩也希烈果於奔噬忍於傷殘據蔡許富全之地而益以鄧襄虜獲之實東寇則饟道阻北窺則都邑震此謂急也代朔邠靈自昔之精騎上黨盟津今之選師而委之山東將多而勢分兵廣而財屈則屯戍失於太繁也李勉文吏也而當汴必爭地哥舒曜之衆烏合也扞襄城方銳之賊本非素習首鼠莫前則守禦失於不足也今若還李芃河陽以援東都李懷光解襄城之圍專以太原澤潞兵抗山東則梁宋安又言

立國之權在審輕重本大而末小所以能固故治天下者若身使臂臂使指小大適稱而不悖王畿者四方之本也京邑者王畿之本也其勢當京邑如身王畿如臂而四方如指此天子大權也是以前世轉天下租稅徙郡縣豪桀以實京師太宗列置府兵八百所而關中五百舉天下不敵關中則居重馭輕之意也方承平久武備微故祿山乘外重之勢一舉而覆兩京然猶諸牧有馬州縣有糧肅宗得以中興乾元後外虞踵發悉師東討故吐蕃乘虛而先帝莫與爲禦是失馭輕之權也既自陝還懲乂前事稍益禁衛故關中有朔方涇原隴右之兵以捍西戎河東有太原之兵以制北虜今朔方太原衆已屯山東而神策六軍悉戍關外將不能盡敵則請濟師陛下爲之輟邊軍缺環衛竭內廄之馬武庫之兵占將家子以益師賦私畜以增騎又告乏財則爲算室廬貸商人設諸榷之科日日以甚萬有一如朱滔李希烈負固邊壘窺發都甸者何以備之夫關中王業根本在焉豪桀之在關中者與籍於

營衛不殊車乘之在關中者與列於廄牧不殊財用之在關中者與貯於帑藏不殊一朝有急可取也陛下幸聽臣計使芃還軍援洛懷光救襄城希烈必走請神策軍及將家子占而東者追還之凡京師稅間架榷酒抽貫貸商點召之令一切停之則端本整勢之術帝不納後涇師急變贄言皆效從狩奉天機務填總遠近調發奏請報下書詔日數百贄初若不經思逮成皆周盡事情衍繹孰復人人可曉旁吏承寫不給它學士筆閣不得下而贄沛然有餘始帝蒼卒變故每自尅責贄曰陛下引咎堯舜意也然致寇者乃羣臣罪贄意指盧杞等帝護杞因曰卿不忍歸過朕有是言哉然自古興衰其亦有天命乎今之厄運恐不在人也贄退而上書曰自安史之亂朝廷因循涵養而諸方自擅壤地未嘗會朝陛下將一區宇乃命將興師以討四方一人征行十室資奉居者疲饋轉行者苦鋒鏑去留騷然而閭里不寧矣聚兵日衆供費日博常賦不給乃議蹙限而加斂焉加斂既殫乃別配之別配不足於是榷算

之科設率貸之法興禁防滋章吏不堪命農桑廢于追呼膏血竭于笞捶兆庶嗷然而郡邑不寧矣邊陲之戍以保封疆禁衛之旅以備巡警邦之大防也陛下悉而東征邊備空屈又搜私牧責將家以出兵籍馬夫私牧者元勳貴戚之門也將家者統帥岳牧之後也其復除征徭舊矣今奪其畜牧事其子孫丐假以給食裝破產以營卒乘元臣貴位孰不解體方且稅居室之廬筭裨販之緡貴不見僇近不見異羣情囂然而關畿不寧矣陛下又謂百度弛廢則持義以掩恩任法以成治斷失於太速察傷於太精斷速則寡恕于人而疑似不容辨也察精則多猜于物而億度未必然也寡恕而下懼禍故反側之釁生多猜而下防嫌故苟且之患作由是叛亂繼產怨讟竝興非常之虞惟人主獨不聞凶卒鼓行白晝犯闕重門無結草之禦環衛無誰何之人陛下雖有股肱之臣耳目之佐見危不能竭誠臨難不能効死是則羣臣之罪也陛下方以興衰諉之天命亦過矣書曰天視自我人視天聽自我人聽則

天所視聽皆因于人非人事外自有天命也紂之辭曰我生不有命在天此捨人事推天命必不可之理也易曰自天祐之仲尼以謂祐者助也天之所助者順也人之所助者信也履信思乎順是以祐之易論天人祐助之際必先履行而吉凶之報象焉此天命在人蓋昭昭矣人事治而天降亂未之有也人事亂而天降康亦未之有也尚恐有可疑者請以近事信之自比兵興物力耗竭人心驚疑如風濤然洶洶靡定族謀聚議謂必有變則京師之人固非悉通占術曉天命也則致寇之由豈運當然夫治或生亂亂或資治有以無難而亡多難而興治或生亂者恃治而不脩也亂或資治者遭亂而能治也無難而失者忽萬幾之重而忘憂畏也多難而興者涉庶事之艱而知敕慎也今生亂失序之事不可追矣其資治興邦之業在刻勵而謹脩之當至危之機得其道則興失則廢其間不容復有所悔也惟勤思而熟計之捨己以從衆違欲以遵道遠憸佞親忠直推至誠去逆詐斯道甚易知甚易行不耗神

不劬力第約之於心耳何憂乎亂人何畏乎厄運何患乎不寧哉帝又問贄事切於今者贄勸帝羣臣參日使極言得失若以軍務對者見不以時聽納無倦兼天下之智以為聰明帝曰朕豈不推誠然顧上封者惟譏斥人短長類非忠直往謂君臣一體故推信不疑至憸人賣為威福今茲之禍推誠之敝也又諫者不密要須歸曲於朕以自取名朕嗣位見言事多矣大抵雷同道聽加質則窮故頃不詔次對豈曰倦哉贄因是極諫曰昔人有因噎而廢食者又有懼溺而自沈者其為防患不亦過哉願陛下鑒之毋以小虞而妨大道也臣聞人之所助在信信之所本在誠一不誠心莫之保一不信言莫之行故聖人重焉傳曰誠者物之終始不誠無物物者事也言不誠即無所事矣匹夫不誠無復有事況王者賴人之誠以自固而可不誠於人乎陛下所謂誠信以致害者臣竊非之孔子曰可與言而不與之言失人不可與言而與之言失言智者不失人亦不失言陛下可審其言而不可不信可慎其所與而不

可不誠所謂民者至愚而神夫蚩蚩之倫或昏或鄙此似於愚也然上之得失靡不辨好惡靡不知所秘靡不傳所為靡不効驗以智則詐示以疑則偷接不以禮則其徇義輕撫不以情則其效忠薄上行則下從之上施則下報之若景附形若響應聲故曰惟天下至誠為能盡其性不盡於已而責盡於人不誠於前而望誠於後必紿而不信矣今方鎮有不誠於國陛下興師伐之臣有不信於上陛下下令誅之有司奉命而不敢赦者以陛下所有責彼所無也故誠與信不可斯須去已願陛下慎守而力行之恐非所以為悔也傳曰人誰無過過而能改善莫大焉仲虺歌成湯之德曰改過不吝吉甫美宣王之功曰袞職有闕仲山甫補之夫成湯聖君也仲虺聖輔也以聖輔贊聖君不稱其無過稱其改過周宣中興賢王也吉甫文武賢臣也歌誦其主不美其無闕而美其補闕則聖賢之意貴於改過較然甚明蓋過差者上智下愚所不免惟智者能改而之善愚者恥而之非也中古以降其臣尚諛其君亦

自聖德行小道乃有入則造膝出則詭辭姦由此滋善由此沮天子意由此惑爭臣罪由此生媚道行而害斯甚矣太宗有文武仁義之德治致太平之功可謂盛矣然而人到于今以從諫改過爲稱首是知諫而能從過而能改帝王之大烈也陛下謂諫官論事引善自予歸過於上者信非其美然於盛德未有虧焉納而不違傳之適足增美拒而違之又安能禁之勿傳不宜以此梗進言之路也聖人不忽細微不侮鰥寡參言無驗不必用質言當理不必違遜於志不必然逆於心不必否異於人不必是同於衆不必非辭拙而效迂者不必愚言甘而利重者不必智考之以實惟善所在則可以盡天下之心矣夫人情蔽於所信阻於所疑忽於所輕溺於所欲信偏則聽言不盡其實故有過當之言疑甚則雖實不聽其言故有失實之聽輕其人則遺可重之事欲其事則存可棄之人苟縱所私不考其實則是失天下之心矣故常情之所輕聖人之所重不必慕高而好異也陛下又以雷同道說加質則

窮臣謂陛下雖窮其辭而未窮其理能服其口而未服其心且下之情莫不願達於上上之情莫不求知於下然而下常苦上之難達上常苦下之難知若是者何九弊不去也所謂九弊者上有六下有三好勝人恥聞過騁辯給衒聰明厲威嚴恣彊愎上之弊也諂諛顧望畏懦下之弊也好勝而恥過必甘佞辭忌直言則諂諛者進而忠實之語不聞矣騁辯而衒明必折人以言虞人以詐則顧望者自便而切摩之益不盡矣厲威而恣愎必不能降情接物引咎在己則畏懦者至而情理之說不申矣人之難知堯舜所病胡可以一酬一詰而謂盡其能哉夫欲治天下而不務得人心則天下固不治矣務得人心而不勤接下則心固不得矣務接下而不辨君子小人則下固不可接矣務辨君子小人而惡直嗜諛則君子小人固不可辨矣趨和求媚人之甚利存焉犯顏冒禍人之甚害存焉居上者易其言而以美利利之猶懼忠告之不暨況跡隔而猜忌者乎是時賊未平帝欲明年遂改元而術家爭言數鍾百六宜有所變示天下復始帝乃議更益大號贄曰今乘輿播越大憝未去此人情向背天意去就之際陛下宜痛自貶勵不宜益美名以累謙德帝曰卿言固善然要當小有變革爲朕討之贄奏言古之人君德合於天曰皇合於地曰帝合於人曰王父天母地以養人治物得其宜者曰天子皆大名也三代而上所稱象其德不敢有加焉至秦乃兼曰皇帝流及後世昏僻之君始有聖劉天元之號故人主重輕不在稱謂視德何如耳若以時屯當有變革不若引咎降名以祇天戒且矯舊失至明也損虛飾大知也寧與加究號以受實患哉帝從之會興元赦令方具帝以稟付贄使商討其詳贄知帝執德不固困則思治泰則易驕欲激之使彌其意即建言履非常之危者不可以常道安解非常之紛者不可以常令諭陛下窮用兵甲竭取財賦變生京師盜據宮闕令假王者四凶僭帝者二豎其它顧瞻懷貳不可悉數而欲紓多難收羣心惟在赦令而已動人以言所感已淺言又不切人誰肯懷故誠不至者物不感

損不極者益不臻夫悔過不得不深引咎不得不盡招延不可不廣潤澤不可不弘使天下聞之廓然一變人人得其所欲安有不服哉其須改革科條已別封上臣聞知過非難改之難言善非難行之難易曰聖人感人心而天下和平夫感者誠發於心而形於事事或未諭故宣之於言言必顧心心必副事三者相合乃可求感惟陛下先斷厥志以施其辭度可行者而宣之不可者措之無苟於言以重取悔帝納之始帝播遷府藏委棄衞兵無褚衣至是天下貢奉稍至乃於行在夾廡署瓊林大盈二庫別藏貢物贄諫以爲瓊林大盈於古無傳舊老皆言開元時貴臣飾巧以求媚建言郡邑賦稅當委有司以制經用其貢獻悉歸天子私有之蕩心侈欲亦終以餌寇今師旅方殷瘡痛呻吟之聲未息遽以珍貢私別庫恐羣下有所觖望請悉出以賜有功今後納貢必歸之有司先給軍賞瓌怪纖麗無得以供是乃散小儲成大儲捐小寶固大寶也帝悟即撤其署李懷光有異志欲怒其軍使叛即上言兵稟薄

與神策不等難以戰李晟密言其變因請移屯帝遣贄見懷光議事贄還奏懷光寇奔不追師老不用羣帥欲進輒沮止其謀此必反宜有以制之因勸帝許晟移軍初贄與懷光語及晟懷光妄詑曰吾無所藉晟贄即美其彊雄使不得翻覆至是請下詔書如其意者且無辭歸短於朝又建遣李建徽陽惠元與晟幷屯東渭橋託言晟兵寡不足支賊俾爲犄角懷光雖不欲遣且辭窮無以沮解帝猶豫曰晟移屯懷光固怏怏若又遣建徽等俱東彼且爲辭少須之晟已徙營不閱旬懷光果奪兩節度兵建徽挺身免惠元死之行在震驚遂徙幸梁道有獻瓜果者帝嘉其意欲授以試官贄曰爵位天下公器不可輕也帝曰試官虛名且已與宰相議矣卿其無嫌贄奏信賞必罰霸王之資也輕爵褻刑衰亂之漸也非功而獲爵則輕非罪而肆刑則褻天寶之季嬖幸傾國爵以情授賞以寵加綱紀始壞矣羯胡乘之遂亂中夏財賦不足以供賜而職官之賞興焉職貧不足以容功而散試之號行焉今所病者爵輕也設法貴之猶恐不重若又自棄將何勸焉陛下謂試官爲虛名豈思之未熟邪夫立國惟義與權誘人惟名與利名近虛於教爲重利近實於德爲輕凡所以裁是非立法制則存乎其義參虛實揣輕重則存乎其權專實利而不濟之以虛則物有匱耗而不給矣專虛名而不副之以實則情有誕謾而不趨矣故錫貨財列寵秩以彰實也差品列異服章以飾虛也居上者達其變相須以爲表裏則爲國之權得矣按甲令有職事官有散官有勳官有爵號其賦事受奉者惟職事一官以敘才能以位勳德所謂施實利而寓虛名也勳散爵號止於服色資蔭以馭崇貴以甄功勞所謂假虛名佐實利者也今員外試官與勳散爵號同然而突銛鋒排禍難者以是酬之可謂重矣今獻瓜一器果一盛則受之彼忘軀命者有以相謂矣曰吾之軀命乃同瓜果瓜果草木也若草木然人何勸哉夫田父野人必欲得其歡心享賜之可也俄以勞遷諫議大夫仍爲學士時鳳翔節度使李楚琳殺張鎰得位雖數貢奉議

者頗言其挾兩端有所狙伺然帝亦不能容其使至皆不得召欲以渾瑊代之贄諫曰楚琳之罪舊矣今議者乃始紛紜不亦晚哉且勤王之師在畿內者急宣亟告晷刻不可差商嶺既回遠而駱谷又爲賊所扼通王命者唯褒斜爾若復阻則諸鎮之向背者我勝則來賊勝遂往此焉幾會不容差跌使楚琳遑憾敢爲倡狂南塞要衝東與賊合則我咽喉梗而心膂分矣豈不病哉今顧望兩端是乃天誘其衷通歸塗濟大業也帝釋然盡召見其使優詔勞安之帝欲以內外從官普號定難元從功臣贄曰宮官具寮將居奔走勞則有之何功之云難則嘗之何定之云今與奮命者齒恐沮戰士之心結勳臣之憤帝乃止京師已平帝欲詔渾瑊訪奔亡內人給裝使赴行在贄諫曰大難始平而百役疲瘵之甿重傷殘廢之卒皆忍死扶疾想聞德音蓋事有先後義有輕重重者宜先輕者宜後昔武王克殷有未下車而爲之者有下車而爲之者當今所務謂宜以大臣馳傳迎復神主脩飭郊丘展禋享之禮申告謝之意恤死義犒有功崇進忠直優問耆老定反側寬脅從官失職復廢業是皆宜先不可後也若宮室治服玩耳目之娛巾櫛之侍是皆宜後不可先也且內人當離潰之後或爲將士所私昔人掩絕纓飲盜馬者豈忘其愛邪知爲君之體然也天下固多褻人何必獨此帝不復下詔猶遣使諭瑊資遣初劉從一姜公輔等材下不逮贄遠甚徒以單言暫謀偶有合由下位建台宰而贄孤立一意爲左右權倖沮短又言事無所回諱陰失帝意久之不得宰相還京但爲中書舍人母韋猶在江東帝遣中人迎還京師俄以喪解官客東都諸方賵遺一不取惟韋皋以布衣交先以聞故所致輒稱詔受之又詔中人護父柩至自吳會葬洛陽服除以權知兵部侍郎復召爲學士入謝伏地鯁泣帝爲興改容慰撫眷遇彌渥天下屬以爲相而竇參素不平忌之贄亦數言參罪失貞元七年罷學士以兵部侍郎知貢舉明年參黜乃以中書侍郎同中書門下平章事帝始任楊炎盧杞引樹私黨排忠良天下怨疾貞元

後懲艾其失雖置宰相至除用庶官反覆參詰乃得下及贄秉政
始請臺閣長官得自薦其屬有不職坐舉者帝初許之或言諸
司所引皆親黨招賂遺無實才帝復詔宰相自擇贄奏言齊桓
公問管仲害霸對曰得賢不能任害霸也任賢不能固害霸也固
始而不終害霸也與賢人謀事而小人議之害霸也所謂小人者
非悉懷險詖以覆邦家也蓋趨向狹促以沮議為出衆自異為不
羣趣小利昧遠圖効小信傷大道爾所謂臺省長官僕射尚書丞
郎御史大夫中丞是也陛下擇輔相多出其中行實不能頓殊也
今乃謂不能進一二屬吏豈後位宰相則可擇天下材乎夫求才
者貴廣考課者貴精往武后收人心務拔擢非徒人得薦士亦許
自舉其才豈不易哉然而課責嚴進退速故當世稱知人之明累
朝賴多士之用陛下嘗鑒獨任難於公舉有登延之路無練覈之
方武后以易得人陛下以精失士今擇宰相以重於庶品選長官
以愈於下流及宰相獻言長吏薦士則又納橫議廢始謀是任以

重者輕其言待以輕者重其事也帝雖嘉之然卒停薦士詔舊制
吏部選以歲集乾元後天下兵興率三年一調吏員稽壅則案牒
叢淆偽冒蒙具吏緣以為姦廢置無綱至十年不被調者缺員或
累歲不補贄乃請以內外員三分之每歲計闕集人檢柅吏姦天
下便之當是時賈耽盧邁趙憬同輔政凡有司關白三人者更相
顧不肯判贄又請如故事旬一人秉筆所咨輒判又以西北邊歲
調河南江淮兵謂之防秋士不素練戰數敗將統制不一亡以應
敵乃上陳其弊曰自祿山構亂肅宗始撤邊備以靖中邦借外威
寧內難於是吐蕃乘釁回紇矜功中國不振四十餘年率傷耗之
民竭力以事西輸賄繒北償馬資尚不足備其意於是調斂四方
以屯疆陲又不能遏其侵故小入則驅略深入則戒嚴于時議安
邊者皆務所難忽所易勉所短略所長行之而要不精圖之而功
靡就夫勢有難易事有先後力大而敵脆則先所難是謂奪人
之心也力寡而敵堅則先所易是謂觀釁而動也今財匱於中

人勞未瘳而欲發師徒以犯獫寇境復其侵疆攻其堅城前有勝
負未必之虞後有餽運不繼之患萬一橈敗適所以啓戎心挫國
威也以此安邊可謂不量勢而務所難矣天之授有分地之產有
宜是以五方之俗長短各殊勉所短而敵長者殆用所長而乘短
者彊且以水草為居射獵為生便於馳突不恥敗亡此戎狄所長
中國之短也而欲益兵蒐乘爭驅角力交鋒原野之上決命尋常
之間以此禦寇可謂勉所短而校其長矣務所難勉所短勞費百
倍終無成功雖果成之不挫則廢誠以越天授違地產虧時勢以
反物宜者也胡不守所易用所長乎若乃擇將吏脩紀律訓齊師
徒耀德以佐威能邇以示遐禁侵暴以彰吾信抑攻取以昭吾仁
彼求和則善之而勿與盟彼為寇則備之而不報復此當今所易
也賤力貴智好生惡殺輕利重人忍小全大安其居而動俟其時
後行脩封疆守要害塹蹊隧列屯營謹禁防明斥候務農足食非
萬全不謀非百克不鬭寇小至則遏其入寇大至則邀其歸據險

以乘之多方以誤之使其勇無所加衆無所用掠則靡獲攻則不
能進有腹背支敵之虞退有首尾不相救之患是謂乘其弊不戰
而屈人兵此中國之長也我之所長戎狄之短也我之所易戎狄
之難也以長制短則用力寡而見功多以易敵難則財不匱而事
速成捨此不務而反為所乘斯謂倒持戈矛以鐏授寇者也今皆
務之矣尚且守封未固寇戎未懲者何邪病在謀無定用衆無適
從任者不必才才者不必任聞不必實實不必聞所信不必誠所
誠不必信行不必當當不必行又有六失焉夫兵有攻討有鎮守
權以紓難暫以應機事有便宜謀有奇詭不卹常制不徇衆情死
生進退唯將所命攻討之兵也人情者利焉則勸習焉則安保親
戚而後樂生顧家業而後忘死可以治術馭不可以法制驅鎮守
之兵也王者欲備封疆禦戎狄則選鎮守之兵以置之古之善選
置者必辨其土宜察其技能知其好惡用其力不違其性齊其俗
不易其宜引其善不責其所不能禁其非不處其所不欲類其部

伍安其家室然後能使之樂其居定其志以惠則感而不驕以威
則肅而不死靡督課而自用弛禁防而不攜故守則固戰則彊其
術無它便於人而已今遠調屯士以戍邊陲邀所不能彊所不欲
廣其數不考於用責其力不察其情斯可為羽衛之儀而無益備
禦之實也何者窮邊之地千里蕭條寒風裂膚狩狼為鄰晝則荷
戈以耕夜則倚烽以覘有剽害之慮無休暇之娛非生其域習其
風幼而視焉長而安焉則不能寧居而狎其敵也關東百物阜殷
士忕溫飽比諸邊隅不翅天地聞絕塞荒陬則辛酸動容聆彊蕃勁
虜則懾駭褫情又使去親族捨園廬甘所辛酸抗所懾駭將冀為
用不亦疏乎又有休代之期無統制之善資奉姑息譬如驕子進
不邀以成功退不處以嚴憲屈指計歸張頤待飼師一挫傷則乘
其危撓布路東潰平居殫資儲以奉浮冗臨難棄城鎮以搖彊場
其弊豈特無益哉謫徙之人本以增戶實邊立功自贖既無良之
人而思亂幸災又甚於戍卒適有防衛之煩而無立功之益雖前

代行之固非可遵者也師臣身不臨邊而以偏師戍守大抵士之犀
銳悉選以自奉委疲羸者以守要衝寇至而不支則劫執芟蹂恣
所欲得比都府聞之虜已旋返治兵若此斯可謂措置乖方一失
也賞以存勸罰以示懲以懋有庸以威不恪故賞罰之於馭眾譬
輗軏所以行車銜勒所以服馬也今將之號令不能行之軍國之
典刑不能施之將上下遵養以苟歲時欲襃一有功慮無功者怨
嫌疑而不賞欲責一有罪畏同惡者竦隱忍而不誅故忘身効節
者抵譟於眾僨軍緩救者畜姦不畏褒貶稱毀紛然相亂公者直
已不求諸人則罹困厄姦者行私苟媚於眾則取優崇此義士勇
夫所以痛心解體也又如遇敵而守不固陳謀而功不成責將帥
將帥曰資糧不足責有司有司曰須給無之更相為解而朝廷含
糊未嘗究詰故抱直者吞聲罔上者不慙馭眾若此可謂課責虧
度二失也以課責之虧措置之乖將不得竭其才卒不得盡其力
屯集雖眾無施戰陳虜常橫行以謂境無人焉吏習其常惟曰兵

少不敵朝廷莫省則又調發益師無裨於備禦而有弊於供億
閭井日耗斂求日繁傾家析產榷鹽稅酒無處所入半以事邊制用
若此可謂財匱於兵眾矣三失也今四夷最彊盛者莫如吐蕃舉
吐蕃眾未當中國十數大郡而內虞外備與中國不殊所以能寇
邊者無幾又器不犀利甲不精完材不趫敏動則中國懃其眾不
敢抗靜則憚其彊不敢侵何哉良以我之節制多而彼之統帥一也
且節制多則人心不一人心不一則號令不行號令不行則進退
難必進退難必則疾徐失宜疾徐失宜則機會不及機會不及則
氣勢自衰斯乃勇廢為怯眾失為弱開元天寶時制西北二蕃則
朔方河西隴右三節度而已尚慮權分或詔兼領之中興未遑外
討則僑四鎮隸安定以隴右附扶風所當二蕃則朔方涇原隴右
河東四節度而已以關東戍卒屬之雖任未得人而措置之法存
焉自賊泚亂以誘涇原懷光反以汙朔方則分朔方為三節度其
鎮軍且四十皆特詔任之各有中人監軍咸得相抗既無軍法臨

下莫能壹制邊書告急方使關白用兵是謂從容拯溺揖讓救
焚矣兵以氣若勢為用者也氣聚則盛散則消勢合則威析則弱
今之邊戍勢弱氣消建軍若此可謂力分於將多矣四失也治戎
之要在均齊而已故軍法無貴賤之差多少之異所以同其志盡
其力也彼邊長鎮之兵皆百戰傷夷角所能則習度所處則危考
服役則勞察臨敵則勇然衣稟止於當身又為家室所分居常凍
餒而關東戍士歲月更代怯於應敵懈於服勞然衣稟優厚繼以
茶藥資以蔬醬豐寡相縣勢則遠甚又有以邊軍詭為奏請遙
隸神策者稟賜之饒有三倍之益此士類所以忿恨經費所以褊
匱夫事業未異給養頓殊人情所不甘也不為戎首已可嘉者況
使協力同心以攘寇難臣知有所不能焉養士若此可謂怨生於
不均矣五失也凡任將帥必先考察行能然後指所授之方所委
之要令自揣可否以見要須某甲兵籍某眾屬用若干步騎計
若干資糧何所列屯何時成功觀其言校其實若曰不足取當艱

之於初不宜詒悔於後也若曰可任則當要之於終不宜掣肘於內也故疑者不使使者不疑勞神於拔選端拱於委任然後藪否臧信賞罰受賞者不爲濫當罰者不敢辭付授專則苟且之心息矣是以古之遣將者君推轂而命之又賜鈇鉞故軍容不入國國容不入軍機宜不以遠決號令不以兩從今陛下命帥先求易制者多其部使力分輕其任使心弱由是分閫責成之義廢死綏任咎之志衰一則聽命二則聽命止取承順可矣若有意乎靖難則不可兩疆相接兩軍相持事機所急鋒不留息況千里之遠九重之深陳述之難明聽覽之不專欲事無遺策雖聖亦有所不能焉守戍者以寡不敢抗分鎮者以無詔不敢救逗留之頃寇已奔逼牧馬屯牛鞠椎剽矣齊夫椎婦罄俘囚矣假令詔至發兵更相顧望莫敢遮擬敗者減百爲一獲者衍百爲千帥守以總制在朝不卹於罪陛下以權出已不究厥情用帥若此可謂機失於遙制矣六失也臣愚謂宜罷四方之防秋者以其數析而三之其一責本道

節度募壯士願屯邊者徙焉其一則第以本道衣廩責關內河東募用蕃夏子弟願傅軍者給焉其一以所輸資糧給應募者以安其業詔度支市牛召工就諸屯繕完器具至者家給牛一耕耨水火之器畢具一歲給二口糧賜種子勸之播蒔須一年則使自給有餘粟者縣官倍價以售既息調發之煩又無幸免之弊出則人自爲戰處則家自爲耕與夫暫屯遽罷豈同曰論哉然後建文武大臣一人爲隴右元帥自涇隴鳳翔薄長武城盡山南西道凡節度府之兵皆屬焉又詔一人爲朔方元帥由鄜坊邠寧捷靈夏凡節度府之兵屬焉又詔一人爲河東元帥舉河東極振武節度府之兵屬焉各以臨邊要州爲治所所部州若府遴柬良吏爲刺史外奉軍興內課農桑愼守中國所長謹行當今所易則八利可致六失可去矣帝愛重其言不從也班宏判度支卒官贄薦李巽帝漫許之而自用裴延齡贄言延齡僻戾躁妄不可用不聽俄而延齡姦佞得君天下仇惡無敢言贄上書苦諫帝不懌竟以太子賓

客罷贄本畏愼未嘗通賓客延齡揣帝意薄譏短百緒帝遂發怒欲誅贄賴陽城等交章論辨乃貶忠州別駕後稍思之會薛延爲刺史諭旨慰勞韋臯數上表請贄代領劍南帝猶銜之不肯與順宗立召還詔未至卒年五十二贈兵部尚書謚曰宣始贄入翰林年尚少以材幸天子常以輩行呼而不名在奉天朝夕進見然小心精潔未嘗有過由是帝親倚至解衣衣之同類莫敢望雖外有宰相主大議而贄常居中參裁可否時號內相嘗爲帝言今盜徧天下宜痛自咎悔以感人心昔成湯罪己以興楚昭王出奔以一言善復國陛下誠不吝改過以言謝天下使臣持筆亡所忌庶叛者革心帝從之故奉天所下制書雖武人悍卒無不感動流涕後李抱眞入朝爲帝言陛下在奉天山南時赦令至山東士卒聞者皆感泣思奮臣是時知賊不足平議者謂興元戡難功雖爪牙宣力蓋贄有助焉狩山南也道險澁與從官相失夜召贄不得帝驚且泣詔軍中得贄者賞千金久之上謁帝喜見顏閒自太子以

下皆賀及輔政不敢自顧重事有可否必言之所言皆剴拂帝短懇到深切或規其太過者對曰吾上不負天子下不負所學遑它恤乎既放荒遠常闔戶人不識其面又避謗不著書地苦瘴癘祇爲今古集驗方五十篇示鄉人云

贊曰德宗之不亡顧不幸哉在危難時聽贄謀及已平追仇盡言怫然以讒倖逐猶棄梗至延齡輩則寵任磐桓不移如山皆佞之相濟也世言贄白罷翰林以爲與吳通玄兄弟爭寵竇參之死贄漏其言非也夫君子小人不兩進邪諂得君則正士危何可訾耶觀贄論諫數十百篇譏陳時病皆本仁義可爲後世法炳炳如丹帝所用纔十一唐胙不競惜哉

陸贄列傳第八十二

端明殿學士兼翰林侍讀學士龍圖閣學士朝請大夫守尚書吏部侍郎充集賢殿脩撰臣宋祁奉敕撰

韋皋字城武京兆萬年人六代祖範有勳力周隋閒皋始仕爲建陵挽郎諸帥府更辟擢監察御史張鎰節度鳳翔署營田判官以殿中侍御史知隴州行營留事德宗狩奉天李楚琳殺鎰劫衆叛歸朱泚隴州刺史郝通奔降楚琳始泚以范陽軍鎮鳳翔既歸節而留兵五百戍隴上以部將牛雲光督之至是雲光謀請皋爲帥將劫以臣泚別將翟曄伺知以白皋雲光懼不克率衆出奔至汧陽遇泚奴使皋所謂雲光曰太尉已爲天子使我以御史中丞授皋若聽固吾人也不受可遂誅之請以兵俱許之皋迎勞先納奴僞受泚詔即讓雲光曰既去而復何也對曰向未知公之命故去今還願與公同生死皋曰大使固善苟無它圖請釋甲以安衆而後可入也雲光以皋諸生亡能爲乃命士委仗鎧皋受而內其卒明日置酒大會奴雲光與其下至皋伏甲左右廡酒行盡殺之以其首徇泚復使它奴拜皋鳳翔節度使皋亦斬之及從騎三人縱一人使報泚帝聞乃授皋隴州刺史置奉義軍拜節度使寵其功皋遣兄平及弇繼至奉天士氣益壯乃築壇血牲與士盟曰協力一心以誅元惡有渝此盟神其殛之又馳使吐蕃與連和隴坻遂安帝自梁洋還召爲左金吾衞將軍遷大將軍貞元初代張延賞爲劒南西川節度使初雲南蠻羈附吐蕃其盜塞必以蠻爲鄉道皋計得雲南則斬虜右支乃間使招徠之稍稍通西南夷明年蠻大首領苴那時以王爵讓其兄子烏星始烏星幼那時攝領其部故請歸爵皋上言禮讓行于殊俗則悖戾者化願皆封以示褒進詔可又明年雲南款邊求內屬約東蠻鬼主驃傍苴夢衝等絕吐蕃盟五年東蠻斷瀘水橋攻吐蕃請皋濟師皋遣精卒二千與蠻共破吐蕃於臺登殺青海大酋乞臧遮遮臘城酋悉多楊朱及論東柴等虜墜死崖谷不可計多獲牛馬鎧裝遮遮尚結贊之子虜貴將悍雄者也既敗酋長百餘行哭隨之悍將已亡則屯柵以次降定進檢校吏部尚書初東蠻地二千里勝兵常數萬南倚閤羅鳳西結吐蕃狙勢彊弱爲患皋能綏服之故戰有功詔以那時爲順政王夢衝懷化王驃傍和義王刻兩林勿鄧等印以賜之而夢衝復與吐蕃盟皋遣別將蘇峞召之詰其叛斬于琵琶川立次鬼主樣棄等蠻部震服乃建安夷軍於資州維制諸蠻城龍谿於西山保納降羌九年天子城鹽州策虜且來橈襲詔皋出師牽維之乃命大將董勔張芬分出西山靈關破峨和通鶴定廉城踰的博嶺遂圍維州搏棲雞攻下羊溪等三城取劒山屯焚之南道元帥論莽熱來援與戰破其軍進收白岸乃城鹽州詔皋休士以功爲檢校尚書右僕射扶風縣伯於是西山羌女訶陵南水白狗逋租弱水清遠咄霸八國酋長皆因皋請入朝乃遣幕府崔佐時由石門趣雲南而南詔復通石門者隋史萬歲南征道也天寶中鮮于仲通下兵南溪道遂閉至是蠻徑北谷近吐蕃故皋治復之繇黎州出邛部直雲南置青溪關號曰南道乃詔皋統押近界諸蠻西山八國雲南安撫使俄進同中書門下平章事十三年復巂州吐蕃怨完壘造舟謀擾邊皋輒破卻之自是屬貢臘城等九節度嬰籠官馬定德與大將舉落皆降昆明管些蠻又內附贊普怒遂北掠靈朔破麟州以取償焉帝詔皋深入以橈虜皋遣大將陳洎等出三奇崔堯臣趨石門仇冕董振走維州邢玭出黃崖略棲雞老翁城高倜王英俊繇峨和清溪道薄故松州元膺出濕山成溪臧守至道黎巂高韋良金趨平夷路惟明自靈關夏陽攻逋租偏松城王有道涉大度河陳孝陽率蠻苴那時等道西瀘攻昆明諾濟師無慮五萬以八月悉出塞十月大破吐蕃拔其保鎮捕候追奔轉戰千里遂圍維州吐蕃釋靈朔兵使論莽熱以內大相兼東境五節度大使率雜虜十萬來救師伏以待虜乘勝深入師譟而奮虜大潰生禽莽熱獻諸朝帝悅進檢校司徒兼中書令南康郡王帝製紀功碑褒賜之順宗立詔檢校太尉會王叔文等

于政皐遣劉闢來京師謁叔文曰公使私於君請盡領劍南則惟君之報不然惟君之怨叔文怒欲斬闢闢遁去皐知叔文多釁又自以大臣可與國大議即上表請皇太子監國又上牋太子暴叔文伾之姦且勸進會大臣繼請太子受禪因投殛姦黨是歲皐暴卒年六十一贈太師謚曰忠武皐治蜀二十一年數出師凡破吐蕃四十八萬禽殺節度都督城主籠官千五百斬首五萬餘級獲牛羊二十五萬收器械六百三十萬其功烈為西南劇善拊士至雖昏嫁皆厚資之壻給錦衣女給銀塗衣賜各萬錢死喪者稱是其僚掾官雖顯不使還朝即署屬州刺史自以俊橫務蓋藏之故劉闢階其厲卒以叛朝廷欲追繩其咎而不與皐者詆所進兵皆鏤定秦字有陸暢者上言臣向在蜀知定秦者匠名也繇是議息暢字達夫皐雅所厚禮始天寶時李白為蜀道難篇以斥嚴武暢更為蜀道易以美皐焉始皐務私其民列州互除租凡三歲一復皐役蜀人德之見其遺象必拜凡刻石著皐名者皆鑱其文尊諱之

兄聿弟平聿以蔭調南陵尉遷秘書郎以父嫌名換太子司議郎辟淮南杜佑府元和初為國子司業劉闢與盧文若反皐子行式娶文若女弟聿不以聞闢平行式妻當没掖庭有司并按聿或以道遠不應坐乃皆赦之終太子右庶子平與皐斬朱泚使者閒走奉天上功擢萬年尉平子正貫字公理少孤皐謂能大其門名曰臧孫推蔭為單父尉不得意棄官去改今名舉賢良方正異等除太子校書郎調華原尉後又中詳閑吏治科遷萬年丞薦擢累司農卿坐尚食乏供貶均州刺史久之進壽州團練使宣宗立以治當最拜京兆尹同州刺史俄擢嶺南節度使南海舶賈始至大帥必取象犀明珠上珍而售以下直正貫既至無所取吏咨其清南方風俗右鬼正貫毁淫祠教民毋妄祈會海水溢人爭咎撤祠事以為神不厭正貫登城沃酒以誓曰不當神意長人任其咎無逮下民俄而水去民乃信之居鎮三歲既病遺令無厚葬無用鼓吹無請謚卒年六十八贈工部尚書

劉闢者字太初擢進士宏詞科佐韋皐府遷累御史中丞度支副使皐卒闢主後務諷諸將徼旄節憲宗以給事中召之不奉詔時帝新即位欲靜鎮四方即拜檢校工部尚書劍南西川節度使闢意帝可動益驁褰吐不臣語求統三川欲以所善盧文若節度東川即以兵取梓州且以術家言五福太一舍于蜀乃造大樓以祈祥帝始重征討而宰相杜黃裳勸帝且言闢妄書生耳可鼓而俘也薦高崇文李元奕等將神策行營兵皆西使嚴礪李康掎角之詔許自新闢不聽崇文取東川帝乃下詔奪其官進破鹿頭關遂下成都闢從數十騎走至羊灌田自投水不能死騎將酈定進禽之文若先殺其族縋石自沈于江失其尸檻車送闢京師尚望不死食飲于道晏然將至都神策以兵迎之係其首曳而入驚曰何至是邪帝御興安樓受俘詔詰反狀闢曰臣不敢反五院子弟為惡不能制詔問遣使賜節何不受乃伏罪獻廟社徇于市斬于城西南獨柳下子超郎等九人與部將崔綱以次誅始闢嘗病見問疾者必以手行入其口闢即裂食之唯盧文若至如平常故益與之厚而皆夷族

張建封字本立鄧州南陽人客隱兖州父玠少任俠安祿山反使李廷偉脅徇山東魯郡太守韓擇木迎館之玠率豪桀段絳等集兵將斬以徇擇木不許唯司兵參軍張孚助其謀乃殺廷偉并其黨以聞擇木孚皆受賞而玠去之江南不自言功建封少喜文章能辯論慷慨尚氣自許以功名顯李光弼鎮河南盜起蘇常間殘掠鄉縣代宗詔中人馬日新與光弼麾下皆討建封見中人請前喻賊可不須戰因到賊屯開譬禍福一日降數千人縱還田里由是知名湖南觀察使韋之晉辟署參謀授左清道兵曹參軍不樂職輒去令狐彰節度滑亳奏署幕府彰不朝覲建封非之往見轉運使劉晏晏奏試大理評事使筦漕務歲餘罷時馬燧為三城鎮遏使雅知之表為判官擢監察御史燧伐李靈耀軍中事多所諏訪從鎮河東授侍御史即表其能於朝楊炎將任以要職盧杞

不喜出爲岳州刺史李希烈既破梁崇義跋扈不臣壽州刺史崔昭與相聞德宗召宰相選代昭者杞倉卒不暇取它吏即白用建封希烈數敗王師張甚遂僭即天子位淮南節度使陳少游陰附之希烈遣將楊豐齎僞赦二昇建封少游豐至建封縛致軍中會中人來對之斬其首因送僞書于行在少游聞之恚汗不自劾建封乃劾其附賊狀帝方蒙難不暇治也希烈又署杜少誠爲淮南節度使約破壽州以趣江都建封壁霍丘秋柵拒之賊不能東遷團練使帝還自梁少游卒憂死進兼御史大夫濠壽廬觀察使是時四方尚多故乃繕陴隍益治兵四鄰附悅希烈使票帥悍卒來戰建封皆沮衂之賊平進封階又任一子正員官貞元四年拜御史大夫徐泗濠節度使始李洧以徐降洧卒高承宗獨孤華代之地迫于寇常困縶不支於是李泌建言東南漕自淮達諸汴徐之埇橋爲江淮計口今徐州刺史高明應甚少脫爲李納所并以梗餉路是失江淮也請以建封代之益與濠泗二州夫徐地重而兵

勁若帥又賢即淄青震矣帝曰善繇是徐復爲雄鎮久之檢校尚書右僕射十三年來朝帝不待日召見延英殿詔會朝赴大夫班以示殊寵建封賦朝天行以獻帝眷遇異等賜名馬珍具是時宦者主宮市置數十百人閱物廛左謂之白望無詔文驗數但稱宮市則莫敢誰何大率與直十不償一又邀闍闥所奉及腳傭至有重荷趨肆而徒返者有農賣一驢薪宦人以數尺帛易之又取它費且驅驢入宮而農納薪辭帛欲亟去不許恚曰惟有死耳遂擊宦者有司執之以聞帝黜宦人賜農帛十匹然宮市不廢也諫臣交章列上皆不納故建封請閒爲帝言之帝頗順聽會詔書蠲民逋賦帝問何如荅曰殘逋積負決無可斂雖蠲除之百姓尚無所益又陳河東節度使李說華州刺史盧徵皆病不能事左右得以爲姦右金吾大將軍李翰好刺細事規寵人疾惡之帝悉嘉可未幾制詔官師過從人情之常自今金吾勿以聞元巳賜宴曲江特詔與宰相同榻食其還鎮帝賦詩以餞于時雖馬燧渾瑊劉玄佐

李抱眞等勳寵卓越未有以詩餞者帝又使左右以所持鞭賜之曰卿節誼歲寒弗渝故用此爲況建封又賦詩以自警勵十六年以病求代詔韋夏卿代之未至而建封卒年六十六冊贈司徒治徐凡十年躬於所事一軍大治善容人過至健黠亦未嘗曲法假之其言忠義感激故下皆畏悅性樂士賢不肖游其門者禮必均故其往如歸許孟容韓愈皆奏署幕府有文章傳于時子愔始以蔭補虢州參軍事建封卒府佐鄭通誠者攝留事畏其軍亂因浙西戍兵過徐謀引以爲援舉軍怒斧庫取兵環府大譟殺通誠及大將數人乃表于朝請愔爲留後假旄節帝不許披濠泗隸淮南詔杜佑討徐亂泗州刺史張伾以兵攻埇橋與徐軍确伾大敗帝未有以制乃授愔右驍衛將軍徐州刺史知留後以伾爲泗州留後杜兼爲濠州留後俄進愔武寧軍節度使元和初以疾求代召爲工部尚書以王紹節度武寧還濠泗隸徐徐人喜遂不敢亂而愔得行未踰境卒愔治徐七年其政稱治贈尚書右僕射

嚴震字遐聞梓州鹽亭人本農家子以財役里閭至德乾元中數出貲助邊得爲州長史西川節度使嚴武知其才署押衙遷恒王府司馬委以軍府衆務武卒罷歸會東川節度使李叔明表爲渝州刺史震以叔明姻家移疾去山南西道節度府又表爲鳳州刺史母喪解起爲興鳳兩州團練使好興利除害建中中劒南黜陟使韋楨狀震治行爲山南第一乃賜上下考封鄖國公治鳳十四年號稱清嚴遠邇谷美遷山南西道節度使朱泚反遣腹心穆廷光等賫帛書誘之震即斬以聞是時李懷光與賊連和奉天危蹙帝欲徙蹕山南震聞馳表奉迎遣大將張用誠以兵五千扞衞用誠至盩厔有反計帝憂之會震牙將馬勛嗣至帝告以故勛曰臣請歸取節度符召之即不受斬其首以復命帝悅使計日往勛還得符請壯士五人與偕出駱谷用誠以爲未知其謀以數百騎迓勛館之左右嚴侍勛未發隂令焚草館外士寒爭附火勛從容引符示之曰大夫召君用誠懼將走壯士自後禽之用誠子斫勛傷

首左右扞刀得免遂仆用誠而格殺其子勛即軍中士皆擐甲矣勛昌言曰若父母妻子在梁州今棄之而反何所利邪大夫取用誠爾若等無與衆乃服不敢動即縛用誠送於震杖殺之而拔其副以統師始勛赴行在踰半日期帝頗憂比至大喜翌日發奉天既入駱谷懷光以騎追襲賴山南兵以免尋加檢校戶部尚書馮翊郡王實封二百戶天子至梁州宰相以爲地貧無所仰給請進幸成都震曰山南密邇畿輔李晟銳於收復方藉六師爲聲援今引而西則諸將顧望責功無期帝未決會晟表至亦請駐蹕梁洋議遂定然梁漢閒刀耕火耨民采稆爲食雖領十五郡而賦入纔比東方數大縣自安史後山賊剽掠戶口流散震隨宜勸課鳩斂有法民不煩擾而行在供億具焉車駕將還加檢校尚書左僕射詔改梁州爲興元府即用震爲尹加實封二百戶久之進同中書門下平章事貞元十五年卒年七十六贈太保謚曰忠穆從孫譔與宰相楊收善咸通中繇桂管觀察使擢爲江西節度使改號鎮南軍時南蠻內寇詔譔募士三萬備之或言譔廣補卒擅納縑廩及收得罪韋保衡以譔素善收賕賄狼藉遣使按覆詔賜死

韓弘滑州匡城人少孤依其舅劉玄佐舉明經不中從外家學騎射由諸曹試大理評事爲宋州南城將事劉全諒署都知兵馬使貞元十五年全諒死軍中思玄佐以弘才武共立爲留後請監軍表諸朝詔檢校工部尚書充宣武節度副大使知節度事先是曲環死吳少誠與全諒謀襲陳許使數輩仍在館弘始得帥欲以忠自表於衆即驅出少誠使斬之選卒三千會諸軍擊少誠敗之汴自劉士寧以來軍益驕及殺陸長源主帥勢輕不可制弘察軍中素恣橫者劉鍔等三百人一日數其罪斬之牙門流血丹道弘言咲自如自是訖弘去無一敢肆者李師古屯曹州以謀鄭滑或告師古治道矣兵且至請備之弘曰師來不除道也師古情得乃引去累授檢校司空同中書門下平章事弘以官與太原王鍔等詒書宰相恥爲鍔下憲宗方用兵淮西藉其重更授檢校司徒班鍔上嚴綬以王師敗乃拜弘淮西諸軍行營都統使扞兩河而令李光顏烏重胤擊賊弘不親屯遣子公武領兵三千屬光顏然陰爲逗撓計以危國邀功者每諸將告捷輒數日不怡元濟平以功加兼侍中封許國公李師道誅弘大懼因請入朝冊拜司徒中書令以足疾命中人掖拜固願留京師帝以勞攝冢宰俄出爲河中節度使以病請還復拜司徒中書令卒年五十八贈太尉謚曰隱始弘自汴來朝獻馬三千絹五十萬它錦紈三萬而汴之庫廄錢尚百萬緡絹亦百餘萬馬七千糧三百萬斛兵械不可數弘爲人莊重寡言罪殺人問法何如不自爲輕重沈謀勇斷故少誠師道等皆憚之詔使至或驁侮不爲禮齊蔡平斂屈而後請覲然天子尊寵異等能以名位始終亦其天幸子公武字從偃起家衛尉主簿爲宣武行營兵馬使以討蔡功檢校左散騎常侍鄜坊等州節度使弘入朝爲右金吾將軍弘出河中弘弟充從宣武乃曰二父居重鎭我以孺子又當執金吾職乎因固辭改右驍衛大將軍性恭遜不以富貴自處卒贈戶部尚書謚曰恭

充李名璀少亦依舅家李元爲河陽節度使署牙將元改昭義又從之元嘗謂賓佐曰充後當貴諸君必善事之未幾弘領宣武召主親兵元曰我知君舊矣吾兒不才無足累君者二女方幼以爲託遂辭去累授御史大夫弘峻法人人不自保充謙愼無少懈念弘在鎭久不入見天子身又得士不自安因請入宿衛弘許之不即遣後因獵單騎走洛陽朝廷亮其節擢右金吾衛將軍轉大將軍斥軍士虛名不如令者七百人歷少府監鄜坊等州節度使穆宗立幽鎭魏復亂王承元以冀兵二千屯滑州朝廷恐冀兵相誅爲叛徙承元鄜坊而授充檢校尚書左僕射爲義成軍節度使會汴軍逐李愿以李㝏主留事帝謂充素爲汴士悅向詔節度宣武兼統義成兵討㝏戰郭橋破之會李質斬㝏遂入汴初陳許李光顏亦奉詔討㝏屯尉氏意先得汴欲俘掠以餌軍而汴監軍姚文壽亦欲內光顏充聞其謀馳至城下汴人望見充歡躍無復貳者始

帝遣人問破賊期充對汴天下咽喉臣頗習其人然王師臨之一月可破方二旬即克帝喜曰充料敵若神加檢校司空籍汴所脅爲兵者三萬悉縱之又責首亂者千餘斥出境令曰敢後者斬由是內外按堵汴人愛賴之卒年五十五贈司徒謚曰肅充雖將家性儉節歷三鎮居處服玩如儒先生乘機決策無餘悔世推善將李元沒充爲嫁二女周其家自弘去汴監軍選軍中敢士二千直閤下日秩酒肴物力幾屈然不敢廢充未入時李質揔軍事乃曰韓公至而頓去二千人食豈不失人心乎不去且無以繼可以弊事遺吾帥乎因悉罷之而後迎充李質者節士也始爲牙將及汴爲留後邀帥節勸之不從汴疽發于首委質以兵遂禽汴終金吾將軍

贊曰皐建封弘夲諸生震興田畝間未有以異人及投隙龍驤皆爲國梁楹光奮一時使不遭遇與庸夫汩汩並脊而腐可也皐弘雖陰慝卒能以誠言自解長沒天年宜哉

韋張嚴韓列傳第八十三

鮑李蕭薛樊王吳鄭陸盧柳崔列傳第八十四　唐書一百五十九

端明殿學士兼翰林侍讀學士龍圖閣學士朝請大夫守尚書吏部侍郎充集賢殿修撰臣宋祁奉敕撰

鮑防字子慎襄州襄陽人少孤窶彊志于學善辭章及進士第歷署節度府僚屬入爲職方員外郎薛兼訓帥太原被病代宗授防少尹節度行軍司馬召見慰遣之俄知留後兼太原尹節度使人樂其治詔圖形別殿入爲御史大夫歷福建江西觀察使召拜左散騎常侍從德宗奉天進禮部侍郎封東海郡公貞元元年策賢良方正得穆質裴復柳公綽歸登崔邠韋純魏弘簡熊執易等世美防知人時比歲旱策問陰陽祲沴質對漢故事免三公卜式請烹弘羊指當時輔政者右司郎中獨孤愐欲下質防不許曰使上聞所未聞不亦善乎卒置質高第帝見策嘉擢初防與知雜御史竇參遇導騎不引避參讁其僕及爲相防尹京兆迫使致仕授工部尚書防吒曰吾與蕭昕子齒而同昕老坐宰相餘怒邪不得志卒年六十九贈太子少保謚曰宣防於詩尤工有所感發以譏切世敝當時稱之與中書舍人謝良弼友善時號鮑謝

李自良兗州泗水人天寶亂往從兗鄆節度使能元皓以戰多累授右衛率從袁傪討賊袁晁積閥至試殿中監事浙東薛兼訓節度府兼訓從太原又爲牙將鮑防代揔節度事會回紇入寇防遣大將焦伯瑜等擊之自良曰寇遠來難與爭鋒請築二壘搤歸路堅壁勿出求戰不許師老而墮其勢易乘防不聽伯瑜戰百井大敗由是知名馬燧代防表爲軍候自良爲人勤且有謀燧倚信之從討田悅還攻李懷光河中數履鋒陷陣功在諸將右貞元三年燧來朝德宗罷燧兵以自良代之自良以事燧久不敢當議者多其讓乃授右龍武大將軍入謝帝終以河東近胡謂曰御於進退寧不有禮然守北門無易卿者勉爲朕行乃以檢校工部尚書充河東節度使居治九年舉不愆法簡儉易循民不知有軍上下諧附卒于官贈尚書左僕射

蕭昕字中明梁鄱陽王恢七世孫世居河南再中博學宏辭科調壽安尉累遷左補闕哥舒翰爲副元帥拒安祿山辟掌書記翰敗儳道走蜀肅宗立奉誥冊見行在歷中書舍人禮部侍郎代宗狩陝昕由武關從帝擢國子祭酒建崇請太學以樹教本帝寤其言詔羣臣有籍于朝及神策六軍子弟隸業者聽補生員大曆中持節弔回紇回紇恃功廷讓昕曰乃中國亂非我無以平柰何市馬不時歸我直衆失色昕徐曰國家龕定寇難功雖絲毫不遺賞況隣國乎僕固懷恩我之叛臣爾與連禍又引吐番暴我郊甸天含其衷吐番敗北回紇悔懼叩顙乞和非天子卹舊功則隻馬不得出塞下孰爲失信者回紇大慙因厚禮昕遣使者約和轉工部尚書封晉陵侯德宗出奉天昕年八十餘步出城賊求之急獨竄山谷間僅至奉天遷太子少傅爵郡公兼禮部尚書知貢舉久之以太子少師致仕卒年九十三贈揚州大都督謚曰懿昕始薦張鎬來瑱在禮部擢杜黃裳高郢裴垍其後鎬興布衣不數年位將相瑱爲將有威名黃裳等繼輔政並爲名宰云

薛播河中寶鼎人曾祖文思官中書舍人播早孤伯母林通經史善屬文躬授經諸子及播兄弟故開元天寶間播兄弟七人皆擢進士第衣冠光韙累授殿中侍御史遷武功萬年令溫敏而裕與人交有常李栖筠常袞崔祐甫並器之祐甫輔政拜中書舍人出爲汝州刺史坐小累貶泉州再遷至河南尹以禮部侍郎卒贈本曹尚書子公達擢進士第佐鳳翔軍會帥不文嘗集射設的高數十尺令曰中者酬錦與金一軍莫能中公達執弓矢揖曰請爲公歡射三發連中衆大呼突帥不喜乃自免去復佐河陽軍以國子助教居東都卒

樊澤字安時河中人少孤依外家客河朔相衛節度使薛嵩表爲堯山令舉賢良方正次潼關雨淖困不能前有熊執易者同舍逆旅哀之輟所乘馬傾褚以濟自罷所舉是歲澤上第楊炎善之擢左補闕澤有武力喜兵法議者謂有將帥器嘗召對延英德宗嘆

其論兵與我意合累遷山南東道司馬就拜節度使每射獵諸將
憚其材武數與李希烈确禽票將張嘉瑜杜文朝梁俊之等賊氣
沮縮遂取唐隋二州貞元三年爲荊南節度使會山南東道嗣曹
王皐卒軍亂剽居人以澤威惠著襄漢閒復從山南東道加檢校
尚書右僕射十四年卒年五十七贈司空謚曰成訃至帝爲撤宴
廢朝子宗師字紹述始爲國子主簿元和三年擢軍謀宏達科授
著作佐郎歷金部郎中綿州刺史徙絳州治有迹進諫議大夫未
拜卒始宗師家饒于財悉散施姻舊賓客妻子告不給宗師笑不
荅然力學多通解著春秋傳魁紀公樊子凡百餘篇別集尚多韓
愈稱宗師論議平正有經據嘗薦其材云
王緯字文卿并州太原人父之咸爲長安尉與弟之賁之奐皆有
文緯舉明經以書判入等歷長安尉大曆中與李泌俱爲路嗣恭
江西觀察判官泌見惡於元載嗣恭希意欲殺之緯護解僅免泌
執政奏於己有私恩德宗許爲泌報故進緯給事中浙西觀察使

鈌泌擬緯帝曰是朕爲君報德者乎黃門要地獨不留議事耶對
曰浙西賦入尤劇緯清而忠能惠養民故請遣之制可初州縣有
韓滉時罷錢未入者十八萬緡府史請裒爲進奉緯上疏願蠲以
紓民詔聽之貞元十年加御史大夫兼諸道鹽鐵轉運使裴延齡
以諸道負錢四百萬緡獻爲羨餘以圖寵緯奏此諸州經費大忤
延齡意改檢校工部尚書卒年七十一贈太子少保緯居官以清
白稱然好用刻深吏督察其下條約苛碎人不聊云
吳湊章敬皇后弟也繇布衣與兄溆一日賜官封皆等而湊畏太
盛乞解太子詹事換檢校賓客兼家令進累左金吾衛大將軍湊
才敏銳而謙畏自將帝數顧訪尤見委信是時令狐彰田神功等
繼沒其下乘喪挾兵輒偃蹇搖亂湊持節至汴滑委悉慰說裁所
欲爲奏各盡其情亦度朝廷可行者故軍中驩附帝才其爲重之
元載當國久復狀曰肆帝陰欲誅未發也顧左右無可與計即召
湊圖之俄而收載賜死於是王縉楊炎王昂韓會包佶等皆當坐

湊建言法有首從從不應死一用極刑虧德傷仁縉等繇是得減
死丁後母喪解職既除拜右衛將軍德宗初出爲福建觀察使
政勤清美聲四騰與宰相竇參有憾參數加短毀又言湊風痺不
良趨走帝召還驗其疾非是繇是不直參擢湊陝虢觀察使代李
巽巽參黨也宣武劉玄佐死以湊檢校兵部尚書領節度使馳代
未至汴軍亂立玄佐子士寧帝欲遣兵內湊而參請授士寧以沮
湊還爲右金吾衛大將軍貞元十四年夏大旱穀貴人流亡帝以
過京兆尹韓皐罷之即召湊代皐已謝督視事明日詔乃下湊爲
人彊力劬儉瞿瞿未嘗擾民上下愛向京師苦宮市彊估取物而
有司附媚中官率阿從無敢爭湊見便殿因言中人所市不便宵
民徒紛紛深議宮中所須責臣可辦若不欲外吏與聞禁中事宜
料中官高年謹信者爲宮市令平賈和售以息眾讙又言掌閑彍
騎飛龍內園芙容園禁兵諸司雜供役手資課太繁宜有蠲省帝
輒順可初府中易湊貴戚子不更簿領每有疑獄時其將出則遮

湊取決幸蒼卒得容欺湊叩鞍一視凡指擿盡中其弊初無留思
眾畏服不意湊精裁遣如此僚史非大過不榜責召至廷詰服原
去其下傳相訓勗舉無稽事文敬太子義章公主仍薨帝悼念厚
葬之車土治墳農事廢湊候帝閒徐言極爭不避或勸論事宜簡
約不爾爲上厭苦湊曰上明睿憂勞四海不以愛所鍾而疲民以
逞也顧左右鉗噤自安耳若反復啓寤幸一聽之則民受賜爲不
少橋舌阿旨固善有如窮民上訴亘云罪何以能進兼兵部尚書
及屬病門不內醫巫不嘗藥家人泣請對曰吾以庸謹起田畝位
三品顯仕四十年年七十尚何求自古外戚令終者可數吾得以
天年歸侍先人地下足矣帝知之詔侍醫敦進湯劑不獲已一飲
之卒年七十一贈尚書右僕射謚曰成先是街樹稀殘有司蒔榆
其空湊曰榆非人所蔭玩悉易以槐及槐成而湊已亡行人指樹
懷之唐興后族退居奉朝請者猶以事失職而湊任中外未嘗
以罪過罷爲世外戚表云溆子士矩文學蚤就喜與豪英游故人

人助爲談說開成初爲江西觀察使饗軍宴後縱一日費凡十數萬初至庫錢二十七萬緡晚年纔九萬軍用單匱無所仰事聞中外共申解得以親議文宗弗窮治也貶蔡州別駕諫官執處其罪不納於是御史中丞狄兼謩建言陛下擢任士矩非私也士矩負陛下而治之亦非私也請遣御史至江西即訊使杜江淮它鎭循習意帝聽乃流端州

鄭權汴州開封人擢進士第佐涇原節度劉昌府昌被病入朝度其軍必亂以權寬厚容衆檄主後務昌去軍果亂權挺身冒白刃明諭逆順殺首亂者一軍畏伏德宗方猒兵藩屯校佐得士心者皆就命之權自試參軍拜行軍司馬擢累河南尹進拜山南東道節度使徙領德棣滄景軍時討李師道權身將兵出屯奏置歸化縣綏納降附滄州刺史李宗奭數違命權劾奏詔追之宗奭以州兵留己自解憲宗更以烏重胤代權滄人懼共逐宗奭還京師有詔斬以徇從權節度邠寧或訟宗奭爲權所誣左遷原王傅改

右金吾衞大將軍穆宗立以左散騎常侍持節爲回鶻告哀使以足疾辭不許肩舁就道權識詣魁然有閎辯與可汗爭曲直持議明壯虜禮異之使還三遷工部尚書用度豪侈乃結權幸求鎭守於是檢校尚書右僕射嶺南節度使多裒貲珍使吏輸送凡帝左右助力者皆有納焉人嗤之卒于官

陸亘字景山蘇州吳人元和三年策制科中第補萬年丞再遷太常博士禮吏孟眞練容典博士降色訪逮吏倚以倨橫會將冊皇太子草儀具參議偃蹇亘榜逐之胥曹失色遷累戶部郎中太常少卿歷兗蔡虢蘇四州刺史浙東觀察使徙宣歙大和八年卒年七十一贈禮部尚書亘文明嚴重所到以善政稱初爲兗州對延英具陳節度分兵屯屬州刺史不能制故易亂帝因詔屯士得隸刺史溫州瀕海經賊亂奪官吏半祿代民租後相沿更以爲姦亘還官全稟繩贓罪吏畏而賴之

盧坦字保衡河南洛陽人仕爲河南尉時杜黃裳爲尹召坦立堂下曰某家子與惡人游破產蓋察之坦曰凡居官廉雖大臣無厚畜其能積財者必剝下以致之如子孫善守是天富不道之家不若恣其不道以歸於人黃裳驚其言自是遇加厚李復爲鄭滑節度使表爲判官監軍薛盈珍數干政坦每據理拒之有善笛者大將等悅之詣復請爲重職坦笑曰大將久在軍積勞亟遷乃及右職柰何自薄欲與吹笛少年同列邪諸將慙遽出就坦謝復病甚盈珍以甲士五百內牙中封府庫舉軍大恐坦勸止之軍乃安復卒詔姚南仲代之盈珍以南仲本書生易之曰是將材邪坦私謂人曰姚大夫外柔中剛監軍若侵之必不受我留恐及禍乃從復喪歸東都爲壽安令盈珍果與南仲不相中幕府多黜死者河南賦限已窮縣人訴機織未就坦詣府請申十日不聽坦諭縣人第輸勿顧限違之不過罰令俸爾由是知名累爲刑部郎中兼侍御史知雜事赤縣尉爲臺所按京兆尹密救之帝遣中人就釋坦白中丞請中覆中人走以聞帝曰吾固宜先命有司遂下詔乃

釋數月遷中丞初諸道長吏罷還者取本道錢爲進奉帝因赦令一切禁止而山南節度使柳晟浙西觀察使閻濟美格詔輸獻坦劾奏晟濟美白衣待罪帝諭坦曰二人所獻皆家財朕已許原不可失信坦曰所以布大信者赦令也今二臣違詔陛下柰何以小信失大信乎帝曰朕既受之柰何坦曰出歸有司以明陛下之德帝納之李錡誅有司將毀其祖墓坦上疏諫止裴均爲僕射將居諫議常侍上坦引故事及姚南仲舊比均曰南仲何人曰守正而不交權幸者均怒遂罷爲左庶子數月拜宣歙池觀察使初劉闢壻蘇彊坐誅彊兄弘官晉州自免去人莫敢用者坦奏弘有才行其弟從闢時距三千里宜不通謀今坐廢非用人意因請署判官帝曰使彊不誅尚錄其材況彼兄耶時江淮旱穀踊貴或請抑其價坦曰所部地狹穀來他州若直賤穀不至矣不如任之既而商以米至乃多貸兵食出諸市估遂平再遷戶部侍郎判度支或告泗州刺史薛謇爲代北水運時畜異馬不以獻事下度支坦遣

吏驗未反帝遲之更遣中人劉泰昕往坦曰事付有司而又遣宦
官豈有司不足信乎三奏帝乃止表韓重華爲代北水運使開廢
田列壁二十益兵三千人歲收粟二十萬石河毀西受降城宰相李吉
甫議徙天德坦以爲城當磧口得制北狄之要美水豐草邊郛
所利若避河流不過退徙數里柰何徇一時省費墮萬世策邪天
德故城地壤墝瘠北倚山去河遠烽候無所統接虜騎唐突孰不
容知是無故而蹙地二百里故曰非便城使周懷義亦以爲言吉甫
不悅出坦爲東川節度後數月懷義憂死燕重旰代之遂徙天
德師人怨殺重旰覆其家初坦與宰相李絳議多協絳藉爲已助
及坦出半歲而絳罷治東川盡𨷖山澤鹽井榷率之籍吳少誠之
誅詔以兵二千屯安州坦每朔望使人問其父母妻子視疾病醫
藥故士皆感慰無逃還者惟請收軍吏閏月糧助行營爲人所非
元和十二年卒年六十九贈禮部尚書舊制官階勳俱三品始聽
立戟後雖轉四品官非貶削者戟不奪坦爲戶部侍郎時階朝議

大夫勳護軍以嘗任宣州刺史三品請立戟許之時鄭餘慶淹練
舊章以爲非是爲憲司劾正詔罰一月俸奪戟自貞元以來立戟
十八家不應令並追正之

閻濟美者第進士有長者名貞元末繇婺州刺史爲福建觀察使
徙浙西爲治簡易居鎮未嘗增常賦罷浙西也方在道見詔而貢
獻無所還故帝爲言之壽出華州刺史入爲祕書監以工部尚書
致仕卒謚曰温

柳晟河中解人六世祖敏仕後周爲太子太保父潭尚和政公主
官太僕卿晟年十二居父喪爲閭孝代宗養宮中使與太子諸王
授學於吳大瓘并子通玄率十日輒上所學既長詔大瓘等即家
敎授拜檢校太常卿德宗立晟親信用事朱泚反從帝至奉天自請
入京師說賊黨以攜沮之帝壯其志得遣泚將右將軍郭常左將
軍張光晟皆晟雅故晟出密詔陳禍福逆順常奉詔受命約自拔歸
要籍朱旣昌告其謀泚捕繫晟及常外獄晟夜半坎垣毀械而亡斷

髮爲浮屠間歸奉天帝見爲流涕乘輿還京師擢原王府長史吳
通玄得罪晟上書理其辜其弟止旨天子方怒無詒悔不聽凡三上書
帝意解通玄得減死晟累遷將作少監以護作崇陵封河東縣子
授山南西道節度使府兵討劉闢還未叩城復詔戍梓州軍曹怒
脅監軍謀變晟聞疾驅入勞士卒既而問曰若等何爲成功曰誅驕
不受命者晟曰若知劉闢得罪天子而誅之柰何復欲使後人誅若
等耶士皆免冑拜從所從入爲將作監使回鶻奉冊立可汗逆謂曰
屬聞可汗無禮自大去信自彊夫禮信不能爲何足奉中國乎可汗
諸貴人愕然駭皆跪伏成禮還爲左金吾衛大將軍爵爲公卒年六
十九詔從官臨弔贈太子少保晟敏于辯下士樂施唯自興元入
朝貢獻不如詔爲御史中丞盧坦所劾憲宗以其賢置弗暴云

崔戎字可大玄暐從孫也舉明經補太子校書郎判入等調藍田
主簿辟淮南李鄘府衛次公代鄘憲宗稱戎才故次公倚成于職
裴度節度太原署參謀時王承宗以鎭叛度請戎往諭承宗至泣

下乃聽命入爲殿中侍御史擢累諫議大夫雲南蠻亂成都詔戎
持節劍南爲宣撫使奏罷稅外舊芋錢當賦錢者率三之以其一
準繒布優其估以與民綏招流亡凡廢若置公私莫不便之還拜
給事中出爲華州刺史吏以故事置錢萬緡爲刺史私用戎不取
及去召吏曰籍所置錢市軍吾重矯激以夸後人也徙兗海沂密
觀察使民擁留于道不得行乃休傳舍民至抱持取其鞾時詔使
尚在民泣詣使請白天子丐戎還使許諾戎恚責其下衆曰留公
而天子怒不過斬吾二三老人則公不去矣戎夜單騎亡去民追
不及乃止至兗州鉏滅姦吏十餘輩民大喜歲餘卒年五十五贈
禮部尚書子雍字順中由起居郎出爲和州刺史龐勛以兵劫烏
江雍不能抗遣人持牛酒勞之密表其狀民不知訴諸朝宰相路
巖素不平因是傳其罪賜死宣州

鮑李蕭薛樊王吳鄭陸盧柳崔列傳第八十四

端明殿學士兼翰林侍讀學士龍圖閣學士朝請大夫守尚書吏部侍郎充集賢殿脩撰臣宋祁奉

勑撰

徐浩字季海越州人擢明經有文辭張說稱其才繇魯山主簿薦爲集賢校理見喜雨五色鵠賦咨嗟曰後來之英也進監察御史裏行辟幽州張守珪幕府歷河陽令治有績東都留守王倕表署其府民有妄作符命者衆不爲疑浩獨按簿詰狀果詐爲之遷累都官郎中爲嶺南選補使又領東都選肅宗立繇襄州刺史召授中書舍人四方詔令多出浩手遣辭贍速而書法至精帝喜之又參太上皇誥冊寵絕一時授兼尚書右丞浩建言故事有司斷獄必刑部審覆自李林甫楊國忠當國專作威福許有司就宰相府斷事尚書以下未省即署乖慎卹意請如故便詔可故詳斷復自此始進國子祭酒爲李輔國譖貶廬州長史代宗復以中書舍人召遷工部侍郎會稽縣公出爲嶺南節度使召拜吏部侍郎與薛邕

分典選浩有妾弟冒優託之邕擬長安尉御史大夫李栖筠劾之帝怒黜邕歙州刺史浩明州別駕德宗初召授彭王傅進郡公卒年八十贈太子少師諡曰定始浩父嶠之善書以法授浩益工嘗書四十二幅屏八體皆備艸隸尤工世狀其法曰怒猊抉石渴驥奔泉云晚節治廣及領選頗嗜財惑於所嬖卒以敗

呂渭字君載河中人父延之終浙東節度使渭第進士從浙西觀察使李涵爲支使進殿中侍御史大曆末涵爲元陵副使渭又爲判官涵繇御史大夫擢太子少傅渭建言涵父名少康當避宰相崔祐甫善其言擢司門員外郎御史共劾渭昔涵再任少卿不以嫌今謂少傅爲慢官疑渭爲涵游說乃貶渭歙州司馬貞元中累遷禮部侍郎始中書省有古柳建中末枯死德宗自梁還復榮茂人以爲瑞柳渭令貢士賦之帝聞不以爲善又與裴延齡爲姻家擢其子操上第會入閤遺私謁之書于廷出爲潭州刺史卒贈陝州大都督四子溫恭儉讓

溫字和叔一字化光從陸質治春秋梁肅爲文章貞元末擢進士第與韋執誼厚因善王叔文再遷爲左拾遺以侍御史副張薦使吐蕃會順宗立薦卒於虜虜以中國有喪留溫不遣時叔文秉權與游者皆貴顯溫在絶域不得遷常自悲元和元年乃還而柳宗元等皆坐叔文貶溫獨免進戶部員外郎溫操翰精富一時流輩推尚性險躁譎詭而好利與竇羣羊士諤相昵羣爲御史中丞薦溫知雜事士諤爲御史宰相李吉甫持之久不報溫等怨時吉甫爲宦侍所抑溫乘其間謀逐之會吉甫病夜召術士宿于第即捕士掠訊且奏吉甫陰事憲宗駭異既詰辨皆妄言將悉誅羣等吉甫苦救乃免於是貶溫均州刺史士諤資州議者不猒再貶爲道州久之徙衡州治有善狀卒年四十恭字恭叔尚氣節喜縱橫孫吳術爲山南西道府掌書記進殿中侍御史終嶺南府判官儉亦爲御史讓太子右庶子皆美材

孟簡字幾道德州平昌人曾祖詵武后時同州刺史簡舉進士宏

辭連中累遷倉部員外郎王叔文任戶部簡以不附離見疾不敢顯黜宰相韋執誼爲從它曹元和中拜諫議大夫知匭事韓泰韓曄之復刺史吐突承璀爲招討使簡皆固爭詣延英言不可狀以悻切出爲常州刺史州有孟瀆久淤閼簡治導溉田凡四千頃以勞賜金紫召爲給事中代李遜爲浙東觀察使遜抑士族右編人至橫恣不檢及簡一反之農估兼受其弊時謂兩失之以工部侍郎召還初使府得代詔至署留後即行李脩觀察浙西始請留故使交政及簡還半道堂牒還之如例乃聽解進戶部加御史中丞戶部有二員判使按者居別一署謂之左戶元和後選委華重宰相多由此進崔羣既相而簡代之故簡意且柄任及出山南東道節度使內不樂政頗嚴峭時有詔置臨漢監以牧馬命簡兼使職簡以親吏陸翰主奏邸關通閹侍翰持之數傲很簡怒追還以土囊斃之家上變發簡姦贓御史劾驗得遺吐突承璀貲七百萬左授太子賓客分司東都再貶吉州司馬以赦令進睦州刺史復徙

常州仍太子賔客分司卒簡尤工詩聞江淮間尚節義與之交者雖歿視卹其孤不少衰晚路殊躁急佞佛過甚爲時所誚嘗與劉伯芻歸登蕭俛譯次梵言者

劉伯芻字素芝兵部侍郎迺之子行脩謹淮南杜佑奏署節度府判官府罷召拜右補闕遷主客員外郎數過友家飲噱爲韋執誼陰劾貶虔州參軍久乃除考功員外郎裴垍待之善擢累給事中李吉甫當國而垍卒不加贈伯芻爲申理乃贈太子少傅或言其妻垍從母也吉甫欲按之求補虢州刺史稍遷刑部侍郎左散騎常侍卒贈工部尚書伯芻風度高嚴善談確而動與時適論者少之子寬夫寶曆中爲監察御史奏言以王府官攝祠位輕非嚴恭意請以尚書省東宮三品若左右丞侍郎通攝俄轉左補闕陳岵注浮屠書因供奉僧以聞除濠州刺史寬夫劾狀敬宗怒謂宰相曰岵不繇僧得州諫臣安受此言寬夫曰衆劾岵獨臣草狀應伏誅推言所從恐累國體帝讜其言釋之子允章字蘊中咸通中爲

禮部侍郎請諸生及進士第並謁先師衣青衿介幘以還古制改國子祭酒又建言羣臣輸光學錢治庠序宰相五萬節度使四萬刺使萬詔可後爲東都留守黃巢至分司李磎挈尚書印走河陽允章寄治河清巢僭號輒受僞官文書盡用金縚遣取印磎所磎不與更悔愧移檄近鎮起兵扞賊磎持印還之後廢于家

楊憑字虛受一字嗣仁虢州弘農人少孤其母訓道有方長善文辭與弟凝凌皆有名大曆中踵擢進士第時號三楊憑重交游尚氣節然諾與穆質許孟容李鄘相友善一時歆慕號楊穆許李歷事節度府召爲監察御史不樂輒免去累遷太常少卿湖南江西觀察使性簡傲接下脫略人多怨之在二鎮尤侈忲入拜京兆尹與御史中丞李夷簡素有隙因劾憑江南姦贓及它不法詔刑部尚書李鄘大理卿趙昌即臺參訊于時憑治第永寧里功役叢煩又幽妓妾於永樂別舍謗議頗讙故夷簡藉之痛擿發欲抵以死既置對未得狀即逮捕故官屬推蹤簿憑家貲翰林學士李絳奏言憑所坐贓不當同逆人法乃止憲宗以憑治京兆有績但貶臨賀尉始德宗時假借方鎮習爲僭儗事夷簡首按憑時以爲宜而緣私怨論者亦不與俄徙杭州長史以太子詹事卒憑所善客徐晦者字大章第進士賢良方正擢櫟陽尉憑得罪姻友憚累無往候者獨晦至藍田慰餞宰相權德輿謂曰君送臨賀誠厚無乃爲累乎晦曰方布衣時臨賀知我今忍遽弃邪有如公異時爲姦邪譖斥又可爾乎德輿歎其直稱之朝李夷簡遽表爲監察御史晦過謝問所以舉之之由夷簡曰君不負楊臨賀肯負國乎後歷中書舍人彊直守正不沈浮於時嗜酒喪明以禮部尚書致仕卒

凝字懋功由協律郎三遷侍御史爲司封員外郎坐釐正嫡媵封邑爲權幸所忌徙吏部稍遷右司郎中宣武董晉表爲判官亳州刺史缺晉以凝行州事增墾田決汴堰築隄防水患訖息時孟叔度橫縱撓軍治而凝亦荒湎晉卒亂作凝走還京師闔門三年拜兵部郎中以痼疾卒凌字恭履最善文終侍御史子敬之

敬之字茂孝元和初擢進士第平判入等遷右衛胄曹參軍累遷屯田戶部二郎中坐李宗閔黨貶連州刺史文宗尚儒術以宰相鄭覃兼國子祭酒俄以敬之代未幾兼太常少卿是日二子戎戴登科時號楊家三喜轉大理卿檢校工部尚書兼祭酒卒敬之嘗爲華山賦示韓愈愈稱之士林一時傳布李德裕尤咨賞敬之愛士類得其文章孜孜玩諷人以爲癖雅愛項斯爲詩所至稱之繇是擢上第斯字子遷江東人敬之祖客灞上見閭人濮陽愿閱其文大推挹徧語公卿間會愿死敬之爲斂葬

潘孟陽史亡何所人父炎大曆末官右庶子爲元載所惡久不遷載誅進禮部侍郎以病免方劉晏任權炎乃其婿雖書疏報荅未嘗輒關時稱有古人節晏得罪坐貶澧州司馬時輿疾上道不自言于邵高其介申救不見聽孟陽少以蔭俄登博學宏辭科補渭南尉再遷殿中侍御史公卿多父行及外家賔客故被慰薦擢累兵部郎中貞元末王紹以恩倖進數稱孟陽才權知戶部侍郎杜

佑判度支奏以自副時憲宗新立詔孟陽馳驛江淮視財賦加鹽
鐵轉運副使并察諸使治否孟陽侍與主又氣豪倨從者數百人
所至會賓客留連倡樂招金錢多補吏輿訾望大喪使還罷爲大理
卿其後左司郎中鄭敬宣慰江淮帝誡曰朕宮中用尺寸物皆有
籍唯賑 民無所計卿是行宜諭朕意毋若潘孟陽殫財費酣飲游
山寺而已元和三年出爲華州刺史遷劍南東川節度使宰相武
元衡與孟陽舊復以戶部侍郎召判度支又兼京北五城營田使
太府王遂爲西北供軍使持營田不可至私忿恨更請閒論列帝
怒罷孟陽左散騎常侍明年復舊官盛葺第舍帝微行至樂游
原望見之以問左右孟陽懼輟不敢治而伎媵用度過侈汰人多
指怒之病風痺復改左散騎常侍卒贈兵部尚書諡曰康初孟陽
爲侍郎年未四十其母謂曰以爾之材而位丞郎使吾憂之
崔元略博州人父儆貞元時終尚書左丞元略第進士更辟諸府
遷累殿中侍御史以刑部郎中知御史雜事進拜中丞時李夷簡

召爲大夫故詔元略留司東臺改京兆少尹行府事數月遷爲尹
從左散騎常侍初中丞缺議者屬崔植而元略謬謂植入閣不如
儀使御史彈治及宰相以二人進元略果得之植恨悵旣當國以
元略爲宜撫党項使辭疾不行植奏不少責無以示羣臣乃出爲
黔南觀察使徙鄂岳久乃拜大理卿敬宗初還京兆尹兼御史大
夫收貸錢萬七千緡爲御史劾奏詔刑部郎中趙元亮大理正元
從質侍御史溫造以三司雜治元略素事宦人崔潭峻頗左右之
獄具削兼 秩而已俄授戶部侍郎譏謗大興諫官斥元略方劾
而遷有助力元略自解辨乃止京兆劉栖楚又劾元略前造東渭
橋繼吏增估物不償直取工徒贓二萬緡詔奪一月俸於是栖楚
規相位疑元略妨已路故舉疑似以蔑染之大和三年以戶部尚書
判度支出爲東都留守改義成節度使卒贈尚書左僕射子鉉
鉉字台碩擢進士第從李石荊南爲賓佐入拜司勳員外郎翰林
學士遷中書舍人學士承旨武宗好蹴鞠角抵鉉切諫帝褒納之

會昌三年拜中書侍郎同中書門下平章事鉉入朝凡三歲至宰
相而石猶在江陵澤潞平兼戶部尚書與李德裕不叶罷爲陝虢
觀察使宣宗初擢河中節度使以御史大夫召用會昌故官輔政
進尚書左僕射兼門下侍郎封博陵郡公鉉所善者鄭魯楊紹復
段瓌薛蒙頗參議論時語曰鄭楊段薛炙手可熱欲得命通魯紹
瓌蒙帝聞之題於扆是時魯爲刑部侍郎鉉欲引以相帝不許用
爲河南尹它日帝語鉉曰魯曾去矣事由卿否鉉惶懼謝罪久之出
爲淮南節度使帝餞太液亭賜詩寵之因宣州軍亂逐觀察使鄭
薰鉉出兵討擊詔兼宣歙池觀察使既平加檢校司空罷兼使居
九年條教一下無復改民以順賴咸通初徙山南東道荆南二鎭
封魏國公龐勛叛自桂管北還所過剽略鉉聞大募兵屯江湘邀
賊歸路賊懼更踰嶺自淮而北朝廷壯其忠卒官下子沆字內融
累遷中書舍人韋保衡逐于琮沆亦貶循州司戶參軍僖宗立召
爲永州刺史復拜舍人進禮部吏部二侍郎乾符五年以戶部侍

郎同中書門下平章事昕是日大霧塞廷中百僚就班脩慶大
風雨雹時謂不祥俄改中書侍郎兼工部尚書時王景崇進兼中
書令讓其兄景儒求易定節度沆謂魏博盧龍且相援執不可
盧攜專政而黃巢勢寖盛沆毎建裁遏多爲攜沮抑賊陷京師匿
張直方第遇害元略弟元受元式元儒皆舉進士第元受以高陵
尉直史館元和時于皐謩爲河北行營糧料使元受從之督供饋
皐謩得罪元受逐死嶺表
元式始署帥府僚佐累官湖南觀察使會昌中澤潞用兵遷河中
拜河東義成節度使宣宗初以刑部尚書判度支拜門下侍郎同
中書門下平章事進兼戶部尚書以疾罷卒贈司空諡曰莊大中
時又有宰相崔龜從字玄告初舉進士復以賢良方正拔萃三中
其科拜右拾遺大和初遷太常博士最明禮家洽革問不虛酬定
敬宗廟室祝辭皇帝不可云孝第九宮皆列星不容爲大祠大臣
議不於計日輟朝乃在數日外因引貞觀時任瓌卒有司對仗奏

太宗責其不知禮岑文本歿是夕罷警嚴張公謹亡哭不避辰日故閔悼之切不宜過時又言三品以上官非經任將相密近不宜輟朝詔皆可其議九宮遂爲中祠再遷至司勳郎中知制誥眞拜中書舍人歷戶部侍郎大中四年以中書侍郎同中書門下平章事再歲罷爲宣武軍節度使數徙鎭卒

韋綬字子章京兆萬年人有至性然好不經喪父鑱臂血寫浮屠書建中末爲長安尉朱泚亂羸服走奉天拜華陰令佐襄陽于頔府數譏詆刺頔橫恣頔不能容薦諸朝三遷職方郎中穆宗爲太子綬入侍讀遷諫議大夫太子書依字輒去人曰上以此可天下事烏得全書耶綬白之帝喜即賜綬錦綵方太子幼綬數爲俚言以悅太子它日侍太子爲帝道之帝怒曰綬當以經義輔導太子而反語此朕何賴焉外遷虔州刺史穆宗立召爲尚書右丞集賢院學士出入禁中怙寵甚建白帝誕日百官先詣光順門賀皇太后然後上皇帝千萬歲壽詔可久之宰相奏古無生日稱賀者綬議格時大臣論啓或未決綬居中助可否九月九日宴羣臣曲江綬請集賢學士得別會帝一順聽進位禮部尚書帝問所以振災邀福者對曰宋景公以善言退法星三舍漢文除祕祝敕有司祭而不祈此二君皆受自至之福書美前史如失德以卹災媚神以丐助神而有知且因以譴也時帝不德故託諷焉俄以檢校戶部尚書爲山南西道節度使入辭請門戟十二以行又乞賜錢二百萬官子元弼太常丞帝以舊恩許之綬耄而貪不能事軍政綱維亂弛卒贈尚書右僕射帝遣中人弔其家有司謚通醜故吏以爲言改謬醜不報罷

徐呂孟劉楊潘崔韋列傳第八十五

張趙李鄭徐王馮庾列傳第八十六　唐書一百六十一

端明殿學士兼翰林侍讀學士龍圖閣學士朝請大夫守尚書吏部侍郎充集賢殿脩撰臣宋祁奉

敕撰

張薦字孝舉深州陸澤人祖鷟字文成早惠絶倫爲兒時夢紫文大鳥五色成文止其廷大父曰吾聞五色赤文鳳也紫文鸑鷟也若壯殆以文章瑞朝廷乎遂命以名調露初登進士第考功員外郎騫味道見所對稱天下無雙授岐王府參軍八以制舉皆甲科再調長安尉遷鴻臚丞四參選判策爲銓府最員外郎員半千數爲公卿稱鷟文辭猶青銅錢萬選萬中時號鷟青錢學士證聖中天官侍郎劉奇以鷟及司馬鍠爲御史性躁卞儻蕩無檢罕爲正人所遇姚崇尤惡之開元初御史李全交劾鷟多口語訕短時政貶嶺南刑部尚書李日知訟斥太重得內徙鷟屬文下筆輒成浮豔少理致其論著率詆誚蕪猥然大行一時晚進莫不傳記武后時中人馬仙童陷默啜問文成在否荅曰近自御史貶官曰國有

此人不用無能爲也新羅日本使至必出金寶購其文終司門員外郎薦敏銳有文辭能爲周官左氏春秋初爲顏眞卿歎賞大曆中浙西觀察使李涵表薦才任史官詔授左司御率府兵曹參軍以母老辭不就喪除禮部侍郎于邵以聞召充史館脩撰兼陽翟尉眞卿爲李希烈所拘遣兄子峴及家僕奏事五輩皆留內客省不得出薦上疏曰去正月中眞卿奉使淮西期不先戒行無素備受命之後不宿於家親黨不遑告別介副不及陳請羸僮單騎即日載馳冒姦鋒於臨汝折元惡於許下捐軀杖義威詬羣凶遂令脅制者回慮忠勇者肆情周曾奮發於外韋清伺應於內希烈讋黃窘迫奔固舊穴蓋眞卿義風所激也眞卿逮事四朝爲國元老忠直孝友羽儀王室行年八十被羸老之疾拘囚環堵之間顧眄鋒戟之下呼嗟憤恚失寢忘食不知悲翁何以堪此伏聞希烈之母鍾念幼子目不絶泣求責希烈又希烈妻祖母郭及妻妹封並逮捕京師此三人留之無益請寘境上以贖眞卿先降詔書分明諭告且希烈知眞卿人望不敢加害既無嫌隙但因循未遣耳若歸其親愛賊亦何悋還一使哉臣又聞眞卿所遣兄子峴及家僮從官奉表來者五輩皆留中其子頵等拳拳實希一見望許休澣告以安否之跡奏盧杞持之不報朱泚反詭姓名伏匿城中著史遁先生傳京師平擢左拾遺詔復用杞爲刺史薦與陳京趙需等論杞姦惡傾覆不當用入對挺確德宗納之貞元元年帝親郊時更兵亂禮物殘替用薦爲太常博士參緝典儀略如舊章刑部尚書關播持節送咸安公主于回紇以薦爲判官還遷工部員外郎久之擢諫議大夫復爲史館脩撰方裴延齡用事中傷俊良建白無不當帝意薦將疏其惡延齡知之因言于帝曰諫議論朝政得失史官書人君善惡二者不可兼薦改祕書少監延齡必欲以罪斥廢之會遣使冊回鶻毗伽懷信可汗使薦至回鶻還爲監吐蕃贊普死擢薦工部侍郎爲弔祭使薦占對詳辯三使絶域始兼侍御史中丞後大夫次赤嶺被病卒年六十一吐蕃傳其柩以歸順宗

立問至贈禮部尚書謚曰憲薦自拾遺至侍郎凡二十年常兼史館脩撰初貞元時京師旱帝避正殿減膳薦白限日以應古制及定昭德皇后廟樂遷獻懿二祖定太儀位號大臣祔廟鼓吹法莫不參裁諸儒謂博而詳所著書百餘篇子又新別有傳孫讀字聖用幼穎解大中時第進士鄭薰辟署宣州幕府累遷禮部侍郎中和初爲吏部選牒精允調者丐留二年詔可榜其事曹門後兼弘文館學士判院事卒

趙涓冀州人幼有文天寶時第進士補鄢城尉稍歷臺省河南王縉引署副元帥府判官德宗初爲衢州刺史始永泰時禁中火近東宮代宗疑之涓以監察御史爲巡使驗治明諦迹火所來乃官人直舍帝在東宮頗德之及治衢不爲觀察使韓滉所容奏免官帝見其名問宰相曰是豈永泰時御史乎對曰然詔拜尚書左丞既至勞之曰卿正直朕所自知乃以罪聞不信也命典吏部選從狩梁興元元年卒贈戶部尚書子博宣亦擢進士第藻翰裒邁沈

於酒傲忽少檢陳許曲環辟署於府久不能堪乃誣受吳少誠金
爲反間數言休咎惑衆有詔杖四十流康州時人寃之
李紓字仲舒始仕爲校書郎大曆初李季卿薦爲左補闕遷累中
書舍人德宗居奉天縣禮部侍郎選爲同州刺史帝次梁紓委城
趨行在擢兵部侍郎高邑伯建言享武成王廟不宜與文宣王等
制從之紓性樂易喜接後進其自奉養頗華裕不爲齷齪崖檢官
雖貴而游縱自如奉詔爲興元紀功述及它郊廟樂章論譔甚多
進吏部侍郎年六十二卒贈禮部尚書
鄭雲逵系本滎陽父昈爲鄜城尉州刺史移職民之暴螫者遮道
留昈誅殺六七人採訪使奇之言狀擢北海尉安祿山反縣民孫
俊敺市人以應昈率衆擊殺之改登州司馬李光弼表爲武寧府
判官遷沂州刺史諭降賊李浩五千人終滁州刺史雲逵爲人誕
譎敢言已登進士第去客燕朔朱泚善之表爲掌書記妻以滔女
泚將朝使雲逵先入奏同府蔡廷玉譖于泚泚奏貶爲平州參軍滔

代泚將復辟雲逵爲判官廷玉與要藉官朱體微它日與泚從容
言滔非長者不可付以兵雲逵數漏其語以怒滔故滔論廷玉等
皆得罪死滔助田悅雲逵諫不從遂棄室自歸德宗悅擢諫議大
夫帝在梁雲逵依李晟晟表以禮部侍郎爲軍司馬時時咨逮戎
略元和初爲京兆尹卒弟方逵悖悍結徒剽劫父欲殺之不克雲
逵自劾不能教恐赤臣家詔錮死黔州
徐岱字處仁蘇州嘉興人世農家子於學無所不通辯論明銳座人
常屈大曆中劉晏表爲校書郎觀察使李栖筠欽其賢署所居爲
復禮鄉名達于朝擢偃師尉禮儀使蔣鎮薦爲太常博士專掌禮
事從德宗出奉天以膳部員外郎兼博士貞元初爲太子諸王侍
讀遷給事中史館脩撰帝以誕日歲歲詔佛老者大論麟德殿
幷召岱及趙需許孟容韋渠牟講說始三家若矛楯然卒而同
歸于善帝大悅賚予有差兩宮恩遇無比性篤愼至宮殿中語未
嘗近之不談人短宗族孤孺者皆爲婚嫁然吝嗇自持家筦鑰世所

譏云卒贈禮部尚書
王仲舒字弘中幷州祁人少客江南與梁肅楊憑游有文稱貞元
中賢良方正高第拜左拾遺德宗欲相裴延齡與陽城交章言不
可後入閤帝顧宰相指曰是豈王仲舒邪俄改右補闕遷禮部考
功員外郎奏議詳雅省中伏其能坐累爲連州司戶參軍再徙荊
南節度參謀元和初召爲吏部員外郎未幾知制誥楊憑得罪斥
去無敢過其家仲舒屢存之將直憑冤貶峽州刺史毋喪解服除
爲婺州刺史州疫旱人徙死幾空居五年里閭增完就加金紫服
徙蘇州隄松江爲路變屋瓦絕火災賦調嘗與民爲期不擾自辦
穆宗立每言仲舒之文可思最宜爲誥有古風召爲中書舍人既
至視同列率新進少年居不樂曰豈可復治筆研於其間哉吾久
棄外周知俗病利得治之不自愧宰相聞之除江西觀察使初江
西榷酒利多佗州十八民私釀歲抵死不絕穀數斛易斗酒仲舒罷
酤錢九十萬吏坐失官息錢三十萬悉產不能償仲舒焚簿書脫

械不問水旱民賦不入歎曰我當減燕樂他用可乎爲出錢二千
萬代之有爲佛老法與浮屠祠屋者皆驅出境卒于官年六十二
贈左散騎常侍謚曰成仲舒尚義槩所居急民廢置自爲科條切
若煩密久皆稱其便
馮伉魏州元城人徙貫京兆第五經宏辭調長安尉三遷膳部員
外郎爲睦王等侍讀李抱眞卒伉持節臨弔歸之帛不受又致京
師伉上表固拒於是醴泉令缺宰相高選德宗曰前使澤潞不受
幣者其人淸可用也遂以授伉縣多嚚猾數犯法伉爲著諭蒙書
十四篇大抵勸之務農進學而敎以忠孝鄉鄉授之使轉相敎督
居七年韋渠牟薦爲給事中皇太子諸王侍讀對殿中賜金紫服
進兵部侍郎出爲同州刺史以散騎常侍召領國子祭酒者再卒
年六十六贈禮部尚書
庾敬休字順之鄧州新野人祖光烈與弟光先不受安祿山僞官
遁去光烈終大理少卿光先吏部侍郎父何當朱泚反又與弟倬

逃山谷不臣賊官兵部郎中敬休擢進士第又中宏辭辟宣州幕府入拜右補闕起居舍人建言天子視朝宰相羣臣以次對言可傳後者承旨宰相示左右起居則載錄季送史官如故事詔可旣而執政以幾密有不可露罷之召爲翰林學士文宗將立魯王爲太子愼選師傅敬休以戶部侍郎兼魯王傅初劍南西川山南道歲征茶戶部自遣巡院主之募賈人入錢京師大和初崔元略奏責本道主當歲以四萬緡上度支久之逗留多不至敬休始請置院秭歸收度支錢乃無逋役又言蜀道米價騰踊百姓流亡請以本道闕官職田賑貧民詔可再爲尚書左丞卒贈吏部尚書敬休貞澹多容可不飲酒食肉不邇聲色弟簡休亦至工部侍郎

張趙李鄭徐王馮庾列傳第八十六

端明殿學士兼翰林侍讀學士龍圖閣學士朝請大夫守尚書吏部侍郎充集賢殿脩撰臣宋祁奉敕撰

姚南仲華州下邽人乾元初擢制科授太子校書遷累右補闕大曆十年獨孤皇后崩代宗悼痛詔近城爲陵以朝夕臨望南仲上疏曰臣聞人臣宅於家帝王宅於國長安乃祖宗所宅其可興鑿建陵其側乎夫葬者藏也欲人之不得見也今西近宮闕南迫大道使近而可視殁而復生雖宮以待之可也如令骨肉歸土魂無不之雖欲自近了復何益且王者必據高明燭幽隱先皇所以因龍首而建望春也今起陵目前心一感傷累日不能平且匹夫向隅滿堂不樂況萬乘乎天下謂何陛下謚后以貞懿而終以褻近臣竊惑焉今國人皆曰后陵在邇陛下將日省而時望焉斯有損聖德無益先后欲寵反辱惟陛下孰計疏奏帝嘉納進五品階以酬讜言坐善宰相常袞出爲海鹽令浙西觀察使韓滉表爲推官擢殿中侍御史內供奉召還四遷爲御史中丞改給事中陝虢觀察使拜義成節度使監軍薛盈珍恃權撓政不能逞因毀南仲於朝德宗惑之俄遣小使程務盈誣表以罪會南仲裨將曹文洽入奏知其語則晨夜追至長樂驛及之與同舍夜殺務盈投其誣于廁爲二書一抵南仲一治南仲冤且自言殺務盈狀乃自殺驛吏以聞帝駭異南仲不自安固請入朝帝勞曰盈珍撓卿政邪曰不撓臣政臣隳陛下法耳如盈珍輩所在有之雖使羊杜復生撫百姓御三軍必不能成愷悌之化而正師律也帝默然乃授尚書右僕射貞元十九年卒年七十五贈太子太保謚曰貞初崔位馬少微者俱在南仲幕府盈珍之譖也出位爲遂州別駕東川觀察使王叔邕希旨奏位殺之復出少微補外使宦官護送度江投之水云

獨孤及字至之河南洛陽人爲兒時讀孝經父試之曰兒志何語對曰立身行道揚名於後世宗黨奇之天寶末以道舉高第補華陰尉辟江淮都統李峘府掌書記代宗以左拾遺召既至上疏陳政曰陛下屢發德音使左右侍臣得直言極諫壬辰詔書召裴冕等十有三人集賢殿待制以備詢問此五帝盛德也然頃者陛下雖容其直而不錄其言所上封皆寢不報有容下之名無聽諫之實遂使諫者稍稍自鉗口飽食相招爲祿仕此忠鯁之人所以竊歎而臣亦恥之十室之邑必有忠信況朝廷之大卿大夫之衆陛下選授之精歟假令不能如文王之多士其中豈不有溫故知新可懸陳政要而億則屢中者陛下議政之際曾不採其一說堯之疇咨禹之昌言豈若是耶昔堯設謗木於五達之衢孔子曰以能問於不能以多問於寡然則多聞闕疑不恥下問聖人之心也願陛下以堯孔心爲心日降清問其不可者罷之可者議於朝與執事者共之使知之必言言之必行行之必公公則君臣無私論朝廷無私政陛下以此辨可否於獻替而建太平之階可也師興不息十年矣人之生產空於杼軸擁兵者第館亙街陌奴婢厭酒肉而貧人羸餓就役剝膚及髓長安城中白晝推剽吏不敢詰官亂職廢將惰卒暴百揆隳刺如沸粥紛麻民不敢訴於有司有司不敢聞陛下茹毒飲痛窮而無告今其心顒顒獨恃於麥麥不登則易子齩骨矣陛下不以此時厲精更始思所以救之之術忍令宗廟有累卵之危萬姓悼心失圖臣實懼焉去年十一月丁巳夜星隕如雨昨清明降霜三月苦熱錯繆顛倒沴莫大焉此下陵上替怨讟之氣取之也天意丁寧譴戒以警陛下宜反躬罪己旁求賢良者而師友之黜貪佞不肖者下哀痛之詔去天下疾苦廢無用之官罷不急之費禁止暴兵節用愛人兢兢乾乾以徼福于上下必能使天感神應反妖災爲和氣矣又言減江淮山南諸道兵以贍國用陛下初不以臣言爲愚然許即施行及今未有沛然之詔臣竊遲之今天下唯朔方隴西有吐蕃僕固之虞邠涇鳳翔兵足以當之矣自此而往東洎海南至番禺西盡巴蜀無鼠竊之盜而兵不爲解傾天下之貨竭天下之穀以給不用之軍爲無端之費臣不知其故假令居安思危以備不虞自可阨害之地俾置屯禦

悉休其餘以糧儲扉屨之資充疲人貢賦歲可以減國租半陛下豈遲疑於改作逡巡於舊貫使大議有所壅而率土之患日甚一日是益其弊而厚其疾也夫療癰者必決之使潰今兵之爲患猶癰也不以漸戢之其害滋大大而圖之必力倍而功寡豈易不俟終日之義邪俄改太常博士或言景皇帝不宜爲太祖及據禮條上謚呂諲盧弈郭知運等無浮美無隱惡得褒貶之正遷禮部員外郎歷濠舒二州刺史歲飢旱鄰郡庸二什四以上舒人獨安以治課加檢校司封郎中賜金紫徙常州甘露降其廷卒年五十三謚曰憲及喜鑒拔後進如梁肅高參崔元翰陳京唐次齊抗皆師事之性孝友其爲文彰明善惡長於論議晚嗜琴有眼疾不肯治欲聽之專也子郇郁

郇字用晦由處士辟署江西宣歙浙東三府元和中擢右拾遺建言宜用觀察使領本道鹽鐵罷場監管榷吏除百姓之患不聽盜殺武元衡郇請貶京兆尹誅捕賊吏因勸罷兵忤憲宗意貶興

元戶曹參軍久乃拜殿中侍御史兼史館修撰坐與李景儉飲景儉使酒慢宰相出爲韶州刺史召還再遷諫議大夫敬宗初宦官毆鄠令崔發繫于下郇請誅首惡以正常法王播賂權近還判鹽鐵郇連疏論執遷御史中丞故事選御史皆中丞自請是時崔晃鄭居中繇宰相力得監察御史郇拒不納晃居中卒改他官侍御史李道樞醉謁郇郇劾不虔下除司議郎會殿中王源植貶官郇直其枉書五上不報即自劾執法不稱願罷去帝遣中人尉諭不許文宗初遷工部侍郎出爲福建觀察使創發背卒贈右散騎常侍

郁字古風始生而孤與郇育於伯父汜擢進士第最爲權德輿所稱以女妻之元和初舉制科高等拜右拾遺俄兼史館脩撰進右補闕吐突承璀討王承宗郁執不可挺議鯁固號稱職擢翰林學士德輿輔政以嫌去內職拜考功員外郎仍兼脩撰憲宗歎德輿乃有佳壻詔宰相高選世族故杜悰尚岐陽公主然帝猶謂不如德輿之得郁也俄知制誥德輿去位還爲學士九年以疾辭禁近徙秘書少監屏居鄠卒年四十贈絳州刺史郁有雅名帝遇之厚議者亦謂當宰相共以早世惜之子庠字賢府喪父始十歲有至性聞呼父官及弔客來輒號慟幾絕後舉進士位至尚書丞

顧少連字夷仲蘇州吳人舉進士尤爲禮部侍郎薛邕所器擢上第以拔萃補登封主簿邑有虎孽民患之少連命塞陷穽獨移文獄神虎不爲害御史大夫于頎薦爲監察御史德宗幸奉天徒步詣謁授水部員外郎翰林學士再遷中書舍人閱十年以謹密稱嘗請從先兆于洛帝重遠去詔遣其子往且命中人護葬役歷吏部侍郎裴延齡方橫無敢忤者嘗與少連會田鎬第酒酣少連挺笏曰段秀實笏擊賊臣今吾笏將擊姦臣奮且前元友直在坐勸解之改京兆尹政尚寬簡不爲灼灼名先是京畿租賦薄厚不能一少連以法均之遷吏部尚書封本縣男徙兵部爲東都留守表禁苑及汝閑田募耕以便民閱武力利鎧仗號良吏卒年六十三贈尚書右僕射謚曰敬始少連携少子師閔奔行在有詔同止翰林院南焉還授同州參軍

韋夏卿字雲客京兆萬年人少邃於學善文辭大曆中與弟正卿同舉賢良方正皆策高等授高陵主簿累遷刑部員外郎時仍歲旱蝗詔以郎官宰畿甸授奉天令課第一改長安令轉吏部員外郎郎中擢給事中出爲常蘇二州刺史徐州節度使張建封疾甚詔夏卿爲徐泗行軍司馬且代之未至而建封卒徐軍立其子愔爲留後召夏卿爲吏部侍郎時從弟執誼在翰林嘗受人金有所干請密以金內夏卿懷中夏卿毀懷不受曰吾與爾賴先人遺德致位及此顧當是哉執誼大慙轉京兆尹太子賓客檢校工部尚書爲東都留守辭疾改太子少保卒年六十四贈尚書左僕射謚曰獻夏卿性通簡好古有遠韻談說多聞晚歲將罷歸署其居曰大隱洞與齊映穆贊贊弟員友善雖同游終年不見其喜怛撫孤姪恩踰己子爲政務通理不甚作條教所辟士如路隋張賈李景儉等至宰相達官故世稱知人正卿子瓘字茂弘及進士第仕累

中書舍人與李德裕善德裕任宰相罕接士唯瓘往請無間也李宗閔惡之德裕罷貶為明州長史會昌末累遷楚州刺史終桂管觀察使

段平仲字秉庸本武威人隋民部尚書達六世孫擢進士第杜佑李復之節度淮南連表掌書記擢監察御史磊落有氣節喜酒敢言是時德宗春秋高躬自聽斷天下事有所壅隔羣臣畏帝苛察無敢言平仲常曰上聰明神武但臣下畏怯自為循默爾使我一日得召見宜大有開納會京師旱詔擇御史郎官開倉振恤平仲與考功員外郎陳歸被選同得對粗陳振恤事帝察其意有所畜以歸在側未言事訖平仲方獨進帝乃并留歸正色問之雜以它語平仲錯愕不得言乃謬稱名帝怒叱去之衆君黃向喔後歸趨降招之乃得去由是坐廢七年然名由此顯元和初為諫議大夫憲宗使吐突承璀討鎮州亟踈爭不可及還無功又請斬之再遷尚書右丞朝廷有得失未嘗不論奏世推其敢直云終太子左庶子

贊曰君有常尊臣有定卑自然之勢也然臣不自通於上君不降而逮諸下則治不得成而功不彰返是而天下之務繫焉幾矣德宗察察欲折伏臣下自為聰明而治愈踈段平仲一忤上蒼惶失對而猶以取名何哉下知所職而上喪其所以為上也故聖王屈己從諫君臣兩得其美知道之本歟

呂元膺字景夫鄆州東平人姿儀瓌秀有器識始游京師謁故宰相齊映映歎曰吾不及識婁郝殆斯人類乎策賢良高第調安邑尉辟長春宮判官李懷光亂河中輒解去論惟明節度渭北表佐其府惟明卒王栖曜代之德宗敕栖曜留元膺自佐入拜殿中侍御史歷右司員外郎出為蘄州刺史嘗錄囚囚或白父母在明日歲旦不得省為恨因泣元膺惻然悉釋械歸之而戒還期吏白不可答曰吾以信待人人豈我違如期而至自是羣盜感愧悉避境去元和中累擢給事中俄為同州刺史既謝帝遠問政事所對詳諳明日謂宰相曰元膺直氣讜言宜留左右柰何出之李藩裴垍謝因言陛下及此乃宗社無疆之休臣等昧死請留元膺給事左右未幾兼皇太子侍讀進御史中丞拜鄂岳觀察使嘗夜登城守者不許左右曰中丞也對曰夜不可辨乃還明日擢守者為大將入拜尚書左丞度支使潘孟陽太府卿王遂交相惡乃除孟陽散騎常侍遂鄧州刺史詔辭無所輕重元膺上其詔請明枉直以顯褒懲江西裴堪按虔州刺史李將順受賕不覆訊而貶元膺曰觀察使奏部刺史不加覆雖當誅猶不可為天下法請遣御史按問宰相不能奪遂拜東都留守故事留守賜旗甲至元膺不給或上言用兵討淮西東都近賊損其儀沮威望請比華汝壽三州帝不聽并三州罷之留守不賜旗甲自此始都有李師道留邸邸兵與山棚謀竊發事覺元膺禽破之始盜發都人震恐守兵弱不足恃元膺坐城門指縱部分意氣閑舒人賴以安東畿西南通鄧虢川谷曠深多麋鹿人業射獵而不事農遷徙無常皆趫悍善鬭號曰山棚權德輿居守將羈縻之未克至是元膺募為山河子弟使衞宮城詔可改河中節度使時方鎮多姑息獨元膺秉正自將監軍及中人往來者無不嚴憚入拜吏部侍郎正色立朝有台宰望處事裁宜人服其有體以疾改太子賓客居官始終無訾言卒年七十二贈吏部尚書

許孟容字公範京兆長安人擢進士異等又第明經調校書郎辟武寧張建封府李納以兵拒境建封遣使諭止前後三輩往皆不聽乃使孟容見納敷引逆順納即悔謝為罷兵表為濠州刺史德宗知其能召拜禮部員外郎公主子求補崇文生者孟容固謂不可主訴之帝問狀以著令對帝嘉其守擢郎中累遷給事中京兆上言好時風雹害稼帝遣宦人覆視不實奪尹以下俸孟容曰府縣上事不實罪應罰然陛下遣宦者覆視案綱紀宜更擇御史一人參驗乃可不聽浙東觀察使裴肅諉判官齊總暴斂以厚獻歆天子所欲會肅卒帝擢總自大理評事兼監察御史為衢州刺史衢大州也孟容還制曰方用兵處有不待次而擢者今衢

不佗虞摠無功越進超授羣議謂何且摠本判官今詔書乃言權知留後攝都團練副使初無制授尤不見其可假令摠有可錄宜暴譟最解中外之惑會補闕王武陵等亦執爭於是詔中停帝召謂曰使百執事皆如卿朕何憂邪自表高爭盧杞後凡十八年門下無議可否者至孟容數論駮四方知天子開納多士浩然想見其風貞元十九年夏大旱上疏言陛下齋居損膳具牲玉走羣望而天意未荅豈豐歎有定陰陽適然乎竊惟天人交感之際繫教令順民與否今戶部錢非度支歲計本備緩急若取一百萬緡代京兆一歲賦則京圻無流亡振災爲福又應省察流移征防當還未還役作禁錮當釋未釋負逋饋送當免免之沈滯鬱抑當伸伸之以順人奉天若是而神弗祐歲弗稔未之聞也先是爲裴延齡李齊運泳斥者雖十年弗內移故孟容因旱及之帝始不悅改太常少卿元和初再遷尚書右丞京兆尹神策軍自興元後日驕恣府縣不能制軍吏李昱貸富人錢八百萬三歲不肯歸孟容遣吏

捕詰與之期使償曰不如期且死一軍盡驚訴於朝憲宗詔以昱付軍治之再遣使皆不聽奏曰不奉詔臣當誅然臣職司輦轂當爲陛下抑豪彊錢未盡輸昱不可得帝嘉其守正許之京師豪右大震累遷吏部侍郎盜殺武元衡孟容白宰相曰漢有一汲黯姦臣寢謀今朝廷無有過失而狂賊敢爾尚謂國有人乎願白天子起裴中丞輔政使主兵柄索賊黨罪人得矣後數日果相度俄以尚書左丞宣慰汴宋陳許河陽行營拜東都留守卒年七十六贈太子少保謚曰憲孟容方勁有禮學每所折衷咸得其正好提腋士天下清議上之弟季同始署西川韋皐府判官劉闢反棄妻子歸拜監察御史歷長安令再遷兵部郎中孟容爲禮部侍郎徙季同京兆少尹時京兆尹元義方出爲鄜坊觀察使奏劾宰相李絳與季同舉進士爲同年才數月輒徙帝以問絳絳曰進士明經歲大抵百人吏部得官至千人私謂爲同年本非親與舊也今季同以兄嫌徙少尹豈臣所助邪且忠臣事君不以私害公設有才雖親舊當白用避嫌不用乃臣下身謀非天子用人意帝然之終宣歙觀察使

薛存誠字資明河中寶鼎人中進士第擢累監察御史元和初討劉闢郵傳事叢詔以中人爲館驛使存誠以爲害體甚奏罷之轉殿中侍御史累遷給事中瓊林庫廣籍工徒存誠曰此姦人彝名以避征役不可許又神策軍與咸陽尉袁僭不平誣奏之僭被罰二數皆執不下憲宗悅遣使勞之拜御史中丞浮屠鑒虛者自貞元中關通賂遺倚官豎爲姦會坐于頔杜黃裳家事逮捕下獄存誠窮劾之得贓數十萬當以大辟權近更保救於帝有詔釋之存誠不聽明日詔使詣臺諭曰朕須此囚面詰非赦也存誠奏曰獄已具陛下必欲召赦之請先殺臣乃可不然臣不敢奉詔鑒虛卒抵死江西監軍高重昌妄劾信州刺史李位謀反追付仗內詰狀存誠一日三表請付位御史臺及按果無實未幾復爲給事中會御史中丞闕帝謂宰相曰持憲無易存誠者乃復命之會暴卒帝

悼惜贈刑部侍郎存誠性和易於人無所不容及當官毅然不可奪子廷老

廷老字商叟及進士第讜正有父風寶曆中爲右拾遺敬宗政僻嘗與舒元褒李漢入閤論奏曰比除拜不由宰司擬進恐綱紀寖壞姦邪放肆帝厲語曰更論何事元褒曰宮中興作太甚帝色變曰興作何所元褒不能對廷老曰臣等以諫爲職有聞即應論奏然見外輦材瓦絕多知有所營帝曰已諭時造清思院殿中用銅鑑三千薄金十萬餅故廷老等懇言之尋加史館脩撰鄭注用事嶺南節度使鄭權附之悉盜公庫寶貨輸注爲謝廷老表按權罪由是中人切齒又論李逢吉黨張權輿程昔範不宜居諫爭官逢吉怒會廷老告滿百日出爲臨晉令文宗立召爲殿中侍御史李讓夷數薦之拜翰林學士日酣飲不持檢操帝不悅并讓夷罷之開成三年遷給事中在公卿間偘偘不干虛譽推爲正人卒贈刑部侍郎子保遜第進士擢累給事中保遜子昭緯乾寧中至

禮部侍郎性輕率坐事貶磎州刺史
李遜字友道魏申公發之後趙郡所謂申公房者客居荆州始署
山南東道掌書記累遷濠州刺史初濠州兵謀殺其將楊騰騰走
揚州因滅騰家曹亡剽劫遜至譬諭利害衆釋鎧自歸觀察使皆
限外浮斂遜一不應入爲虞部郎中由衢州刺史以政最擢浙東
觀察使當貞元初福建軍亂前觀察使奏益兵三千屯于境以
折閩衝遜爲長戍幾三十年遜罷署事即停其兵入爲給事中故事
天子以晡日聽政對羣臣遜奏陛下求治而下有所陳當不時上
豈宜限以日如是畢歲得望天子者幾何憲宗恱從之遷戶部侍
郎代嚴綬爲山南東道節度使時方討蔡析山南東道爲兩節度
以唐鄧隋三州授高霞寓得專攻討而遜督襄復郢均房五州
賦饋之初襄陽兵隸霞寓者多逃還後霞寓戰衂不勝言爲遜所
撓帝欲按狀宰相請置不問下遷太子賓客中人誣之更貶恩王
傅久乃歷京兆尹國子祭酒以檢校禮部尚書爲忠武節度使時

吳元濟始平治條疏類遜召會大衆申嚴約束明諭賞罰上下皆
感畏衆遂安遜於爲政抑彊植弱貧富均一所至有績可紀長慶
初幽鎮繼亂遜首建誅討計不聽詔以兵萬人會行營即日上道
先諸軍至由是進檢校吏部尚書未幾徙節鳳翔過京師以疾求
解爲刑部尚書卒年六十三贈尚書右僕射謚曰貞子方玄字景
業第進士裴誼奏署江西府判官有大獄論死者十餘因方玄刺
審其寃悉平貸之累爲池州刺史鉤檢戶籍所以差量傜賦者皆
有科品程章吏不得私常曰沆約年八十手寫簿書蓋爲此云終
處州刺史

遜弟建字杓直與兄俱客荆州鄉人爭鬭不詣府而詣建平決無
頗母憐其孝每字之曰矮子勸吾食吾輒飽進藥吾意其瘳貞元
中補校書郎德宗思得文學者或以建聞帝問左右宰相鄭珣瑜
曰臣爲吏部時當補校書者八人它皆藉貴勢以請建獨無有帝
喜擢左拾遺翰林學士順宗立李師古以兵侵曹州建作詔諭還
之詞不假借王叔文欲更之建不可左除太子詹事改殿中侍御
史以兵部郎中知制誥宰相有寵定稾詔者亟請解職除京兆少
尹會遜被譏建申治之出爲澧州刺史召拜刑部侍郎卒贈工部
尚書初建爲學時家苦貧兄造知其賢爲營丐使成就之故遜建
皆舉進士後雖通顯未嘗治垣屋以清儉稱建子訥字敦止及進
士第遷累中書舍人爲浙東觀察使性跡卞遇士不以禮爲下所
逐貶朗州刺史召爲河南尹時久雨洛暴漲訥行水魏王堤懼漂
汨疾馳去水遂大毀民廬議者薄其材初訥居與宰相楊收接
欲市訥宂舍以廣第訥叱曰先人舊廬爲權貴優笑地邪凡三
爲華州刺史歷兵部尚書以太子太傅卒遺命葬不請鹵簿避贈
謚詔聽

姚獨孤顧韋段呂許薛李列傳第八十七

孔穆崔柳楊馬列傳第八十八　唐書一百六十三

端明殿學士兼翰林侍讀學士龍圖閣學士朝請大夫守尚書吏部侍郎充集賢殿修撰臣宋祁奉敕撰

孔巢父字弱翁孔子三十七世孫少力學隱徂來山永王璘稱兵江淮辟署幕府不應鏟蹟民伍璘敗知名廣德中李季卿宣撫江淮薦爲左衛兵曹參軍三遷庫部員外郎出爲涇原行軍司馬累拜湖南觀察使未行會普王爲荊襄副元帥署行軍司馬俄而德宗狩奉天行在擢給事中爲河中陝華招討使累上破賊方略帝嘉納未幾兼御史大夫爲魏博宣慰使巢父辯而才及見田悅與言君臣大義利害逆順開曉其衆是時悅久不臣下皆厭亂雜然喜曰不圖今日還爲王人酒中悅起自陳騎射工曰陛下見用何敵不摧巢父曰若爾不蚤自歸乃一劇賊耳悅曰能爲劇賊豈不能爲功臣乎巢父曰國方多虞待子而息悅謝焉數日田緒殺悅與大將邢曹俊等聽命巢父即以緒攉知軍務紓其難李懷光據

河中帝復令巢父宣慰罷其兵以太子太保授之懷光素服待命巢父不止衆忿曰太尉無官矣方宣詔乃譟而合害巢父并殺中人啖守盈初巢父至懷光以其使魏博而田悅死疑其謀出巢父故軍亂不肯救帝聞震悼贈尚書左僕射謚曰忠詔具禮收葬賜其家粟帛存卹之從子戣戡戢

戣字君嚴擢進士第鄭滑盧羣辟爲判官羣卒攝總留務監軍楊志謙雅自肆衆皆恐戣邀志謙至府與對榻卧起示不疑志謙嚴憚不敢動入爲侍御史累擢諫議大夫條上四事一多冗官二吏不奉法三百姓田不盡墾四山澤榷酤爲州縣弊憲宗異其言中人劉希光受賕二十萬緡抵死吐突承璀坐厚善逐爲淮南監軍太子舍人李涉知帝意投匭上言承璀有功不可棄戣得副章不肯受面質讓之涉更因左右以聞戣劾奏涉結近倖營罔上聽有詔斥涉峽州司馬宦寵側目人爲危之戣自以適所志軒軒甚得俄兼太子侍讀改給事中江西觀察使李少和坐贓獄寝不下博陵崔易簡殺從父兄鞫狀具京兆尹左右之翻其情戣慷慨論正貶少和殺易簡奪尹三月俸再遷尚書左丞信州刺史李位好黃老道數祠禱部將韋岳告位集方士圖不軌監軍高重謙上急變捕位劾禁中戣奏刺史有罪不容繫仗內請付有司詔還御史臺戣與三司雜治無反狀岳坐誣罔誅貶位建州司馬中人愈怒故出爲華州刺史明州歲貢淡菜蚶蛤之屬戣以爲自海抵京師道路役凡四十三萬人奏罷之歷大理卿國子祭酒會嶺南節度使崔詠死帝謂裴度曰嘗論罷蚶菜者誰歟今安在是可往爲朕求之度以戣對即拜嶺南節度使既至免屬州逋負十八萬緡米八萬斛黃金稅歲八百兩先是屬刺史俸率三萬又不時給皆取部中自衣食戣乃倍其俸約不得爲貪暴稍以法繩之南方鬻口爲貨掠人爲奴婢戣峻爲之禁親吏得嬰兒於道收育之戣論以死由是閭里相約不敢犯士之斥南不能北歸與有罪之後百餘族才可用用之稟無告者女子爲嫁遣之蕃舶泊步有下碇稅始至有閱貨

宴所餉犀琲下及僕隸戣禁絕無所求索舊制海商死者官籍其貲滿三月無妻子詣府則沒入戣以海道歲一往復苟有驗者不爲限悉推與自貞元中黃洞諸蠻叛久不平容桂二管利虜掠幸有功乃請合兵討之戣固言不可帝不聽大發江湖兵會二管入討士被瘴毒死者不勝計安南乘之殺都護李象古而桂管裴行立容管陽旻皆無功憂死獨戣不邀一旦功交廣晏然大治穆宗立以吏部侍郎召改右散騎常侍還爲左丞以老自乞雅善韓愈謂曰公尚壯上三留何去之果戣曰吾豈要君者吾年一宜去吾爲左丞不能進退郎官二宜去愈曰公無留資何恃而歸曰吾負二宜去尚奚顧子言愈嗟歎即上疏言臣與戣同在南省數與戣相見其爲人守節清苦論議正平年七十筋力耳目未衰憂國忘家用意至到如戣輩在朝不過三數人陛下不宜苟順其求不留自助也禮大夫七十致事若不得謝則賜之几杖安車不必七十盡許致事今戣據禮求退陛下若不聽許亦無傷義而有貪賢之美不

報以禮部尚書致仕歲致羊酒如漢徵士禮卒年七十三贈兵部尚
書謚曰貞子遵儒溫裕仕為天平節度使遵孺子緯
緯字化文少孤依諸父多與有名者游才譽蚤成擢進士第東川
崔慎由表置幕府從崔鉉淮南復從慎由守河中再遷觀察判官
宰相楊收薦以長安尉直弘文館遷監察御史進禮部員外郎兼
集賢直學士母喪解還為右司員外郎趙隱言其才拜翰林學士
俄知制誥頻遷戶部侍郎擢御史中丞緯方雅疾惡若讎中外聞
風未繩輒肅三遷吏部侍郎權要私謁至盈几一不省當路不悅改
太常卿從僖宗西到蜀以刑部尚書判戶部蕭遘雅不喜坐調度
不給改太子少保及帝避朱玫次陳倉惟黃門衛士數百扈乘輿詔
拜緯御史大夫令趣百官至行在時羣臣露次盩厔為盜剽脅衣囊
略盡緯謁宰相欲有所論遘與裴澈怨田令孜不欲行辭不見緯
召御史曰吾等身被恩誼不辭難今詔羣臣皆不至夫與人布衣
游猶緩急相卹況於君乎且泣下御史亦辭方寇殺丐衣食請辦

一日費而行緯曰吾妻疾且暮盡丈夫豈以家事後國事乎公善
自謀吾行決矣往見李昌符曰詔書再至而君羣臣顧未行僕大夫
也不敢後願假兵護送天子所昌符具資裝送之既及行在緯策
孜必反建言關邑阸狹不足駐六師請幸梁州即日去陳倉而孜兵
至微緯言幾不脫進拜兵部侍郎同中書門下平章事孜平從帝
還領諸道鹽鐵轉運使累遷尚書左僕射賜號持危啟運保乂
功臣鐵券恕十死又賜天興良田善和里第各一區兼京畿營田
使昭宗即位進司空以太學焚殘乃兼國子祭酒完治之加司徒
封魯國公帝將郊見中尉樞密使索宰相朝服有司白中人無衣
冠助祭事中尉怒責禮官必得緯言中人不朝服國典也陛下欲假
借之則請以所兼官為之服諫官固執帝召謂曰方舉大禮為我
容之進兼太保時天武都頭李順節疏暴人也以浙西節度使兼
平章事臺吏白已謝當班見百官緯判止之明日順節盛服至則
無班怏怏去他日見緯以為言緯曰固疑公見望也且百辟卿士

天子廷臣班見宰相以宰相為之長公提天武健兒據堂受禮安
乎必欲用之去都頭乃可順節慚縮不敢言張濬將伐太原帝不
決以問緯緯助濬請既濬敗坐傅會出為荊南節度使俄貶均州
刺史二人皆密結朱全忠全忠為請詔聽所便乃屏居華陰李茂
貞入殺韋昭度帝惡大臣朋比與藩臣交更召緯入朝再擢吏部
尚書以司空門下侍郎復輔政使者敦勸力疾到京師見帝嗚咽
流涕自陳衰疾不任事乞歸田里帝動容詔使者送緯至堂視事
會天子出次石門從至莎城以病還都家人召醫視緯曰天下方
亂何久求生不肯服藥卒贈太尉
戡字勝始進士及第補修武尉以大理評事佐昭義李長榮節度
府長榮死盧從史自別將代之留署掌書記從史稍得志益驕與
王承宗田緒陰相結欲久連兵以固其位戡始陰爭不從則於會
肆言以折之從史始若受其言後偃蹇不軌戡遂以疾歸洛陽未
幾李吉甫鎮揚州表置幕府戡未應從史曰是故舍我而從人

邪即誣以事奏三上詔以衛尉丞分司東都自貞元後帥鎮劾奏
僚佐不驗輒斥至是給事中呂元膺執不可憲宗遣使諭曰朕非
不知戡行用之矣未幾卒年五十七從史敗追贈司勳員外郎
戢字方舉初父死難詔與一子官補脩武尉不受以讓其兄戡擢
明經書判高等為校書郎陽翟尉累遷殿中侍御史分司東都昭
義判官徐玫故嘗助盧從史為跋扈者從史敗孟元陽代欲復用
之戢移書昭義前繫玫乃上列其狀帝怒流玫播州轉侍御史庫
部員外郎始朱泚以彭偃為中書舍人偃子充符得不死辟鄜坊府
或薦其能召還京師戢謂京兆尹裴武曰泚所下詔令皆偃為之悖
逆子不鳥竄獸伏乃干譽求進乎子盍效季孫行父逐莒僕以勉
事君者武即逐出充符拜京兆少尹再遷為湖南觀察使召授右
散騎常侍京兆尹歲旱文宗憂甚戢躬祠曲江池一夕大澍帝悅詔
兼御史大夫卒贈工部尚書子溫業字遜志擢進士第大中時為
吏部侍郎求外遷宰相白敏中顧同列曰吾等可少警孔吏部不

樂居朝矣後爲太子賓客

穆寧懷州河内人父元休有名開元閒獻書天子擢偃師丞世以儒聞寧剛正氣節自任以明經調鹽山尉安祿山反署劉道玄爲景城守寧募兵斬之檄州縣幷力捍賊史思明略境郡守召寧攝東光令禦之賊遣使誘寧寧斬以徇郡守恐怒賊令致死即奪其兵罷所攝始寧過平原見顏眞卿嘗商賊必反及是聞眞卿拒祿山即遺眞卿書曰夫子爲衞君乎眞卿喜署寧河北採訪支使寧以息屬其母弟曰苟不乏嗣足矣即馳謁眞卿曰先人有嗣矣我可從公死既而賊攻平原寧勸固守眞卿不從夜亡過河見肅宗行在帝問狀眞卿對不用穆寧言故至此帝異之馳驛召寧將以諫議大夫任之會眞卿以直忤旨寧亦罷上元初爲殿中侍御史佐鹽鐵轉運住埇橋李光弼屯徐州餉不至檄取貲糧寧不與光弼怒召寧欲殺之或勸寧去寧曰避之失守亂自我始何所逃辠乎即往見光弼光弼曰吾帥衆數萬爲天子討賊食乏則人散君

閉廩不救欲潰吾兵耶荅曰命寧主糧者敕也公可以檄取乎今公求糧而寧專饋寧有求兵而公亦專與乎光弼執其手謝曰吾固知不可聊與君議耳時重其能守官累遷鄂岳沔都團練及租庸鹽鐵轉運使當是時河漕不通自漢沔徑商山以入京師淮西節度使李忠臣不奉法設戍邏以征商賈又縱兵剽行人道路幾絕與寧夾淮爲治憚寧威掠劫爲衰漕賈得通坐杖死沔州別駕貶平集尉大曆初起爲監察御史三遷檢校祕書少監兼和州刺史治有狀後刺史疾之以天寶舊版校見戶妄劾寧多逋亡貶泉州司戶參軍事子贊訴其枉三年始得通詔御史覆視實增戶數倍召入拜太子右諭德寧性不能事權右毅然寡合執政者惡之雖直其誣猶置散位寧默不樂咄曰時不我容我不時徇又可以進乎遂移疾滿百日屢矣親友彊之輒復一朝德宗在奉天奔詣行在擢祕書少監改太子右庶子帝還京師乃曰可以行吾志矣即罷歸東都以祕書監致仕卒寧居家嚴事寡姊恭甚嘗譔家令訓諸子人一通又戒曰君子之事親養志爲大吾志直道而已苟枉而道三牲五鼎非吾養也疾病不嘗藥時稱知命四子贊質員賞寧之老贊爲御史中丞質右補闕員侍御史賞監察御史皆以守道行誼顯先是韓休家訓子姓至嚴貞元閒言家法者尚韓穆二門云

贊字相明擢累侍御史分司東都陝虢觀察使盧岳妻分貲不及妾子妾訴之中丞盧佋欲重妾辠贊不聽佋與宰相竇參共誣贊受金捕送獄弟賞上冤狀詔三司覆治無之猶出爲郴州刺史參敗召爲刑部郎中對延英擢御史中丞裴延齡判度支屬吏受財具獄欲曲貸吏贊執不可延齡白贊深文貶饒州別駕久之拜州刺史憲宗立進宣歙觀察使卒于官贈工部尚書質性彊直舉賢良方正條對詳切頻擢至給事中政事得失未嘗不盡言元和時鹽鐵轉運諸院擅繫囚笞掠嚴楚人多死質奏請與州縣吏參決自是不寃後論吐突承璀不宜爲將憲宗不悅改太子左庶子坐

與楊憑善出爲開州刺史卒員字與直工爲文章杜亞留守東都署佐其府蚤卒兄弟皆和粹世以珍味目之贊少俗然有格爲酪質美而多入爲酥員爲醍醐賞爲乳腐云

崔邠字處仁貝州武城人父倕三世一爨當時言治家者推其法至德初獻賦行在肅宗異其文位吏部侍郎邠第進士復擢賢良方正授渭南尉遷補闕上疏論裴延齡姦以鯁亮知名由中書舍人再遷吏部侍郎性溫裕沈密行己又簡儉憲宗器之裴垍亦薦邠材可宰相會病遂不拜久乃爲太常卿知吏部尚書銓故事太常始視事大閱四部樂都人縱觀邠自第去帽親導母輿公卿見者皆避道都人榮之以母喪解卒于喪年六十贈吏部尚書謚曰文簡弟酆郾郇鄯鄲

郾字廣略姿儀偉秀人望而慕之然不可狎也中進士第補集賢校書郎累遷吏部員外郎下不敢欺每擬吏親挾格褒黜必當寒畯遠無留才三遷諫議大夫穆宗立荒于游畋内酣蕩昕曙不能朝

絪進曰十一聖之功德四海之大萬國之衆其治其亂繫於陛下
自山以東百城地千里昨日得之今日失之西望戎壘距宗廟十舍
百姓憔悴畜積無有願陛下親政事以幸天下帝動容慰謝遷給
事中敬宗嗣位拜翰林侍講學士旋進中書舍人謝曰陛下使臣
侍講歷半歲不一問經義臣無功不足副厚恩帝慙曰朕少間當
請益高釴適在旁因言陛下樂善而無所咨詢天下之人不知有
嚮儒意帝重咨謝咸賜錦幣絪與高重類六經要言爲十篇上
之以便觀省遷禮部侍郎出爲虢州觀察使先是上供財乏則奪
吏奉助輸歲率八十萬絪曰吏不能贍私安暇卹民吾不能獨治
安得自封即以府常費代之又詔賦粟輸太倉者歲數萬石民困
於輸則又輦而致之河絪乃旁流爲大敖受粟賨而注諸艚民
悅忘輸之勞改鄂岳等州觀察使自蔡人叛鄂岳常苦兵江湖盜
賊顯行絪修治鎧仗造蒙衝駛追窮躡上下千里歲中悉捕平又
觀察浙西遷檢校禮部尚書卒于官贈吏部尚書諡曰德絪不

藏貲有輒周給親舊爲治其昏喪居家怡然不訓子弟子弟自化
室處庳漏無步廡至霖淖則客蓋而後以就外伍治呼以寬經月
不笞一人及涖鄂則嚴法峻誅一不貸或問其故曰陝土瘠而民勞
吾撫之不暇猶恐其擾鄂土沃民剽雜以夷俗非用威莫能治政
所以貴知變者也聞者服焉五子瑤現瓘珮璆瑤任禮部侍郎浙
西鄂岳觀察使瓘禮部侍郎湖南觀察使璆珮俱達官
鄯擢進士累遷至左金吾衛大將軍暴卒以韓約代之不閱旬李
訓亂約死於難世謂鄯之亡崔氏積善報也贈禮部尚書
鄲及進士第補渭南尉累除刑部郎中出副杜元穎西川節度府
召入爲工部侍郎集賢殿學士再遷吏部侍郎由宣歙觀察使入
爲太常卿文宗未擢同中書門下平章事改中書侍郎罷爲劍
南西川節度使宣宗初以檢校尚書右僕射同平章事節度淮南
卒于軍崔氏四世緦麻同爨兄弟六人至三品邠郾鄲凡爲禮部
五吏部冉唐興無有也居光德里構便齋宣宗聞而歎曰鄲一門

孝友可爲士族法因題曰德星堂後京兆民即其里爲德星社云
柳公綽字寬京兆華原人始生三日伯父子華曰興吾門者此兒
也因小字起之幼孝友性質嚴重起居皆有禮法屬文典正不讀
非聖書舉賢良方正直言極諫補校書郎閱一年再登其科授渭
南尉歲歉饉其家雖給而每飯不過一器歲豐乃復或問之荅曰
四方病飢獨能飽乎累遷開州刺史地接夷落寇常逼其城吏
曰兵力不能制願以右職署渠帥公綽曰若同惡邪何可撓法立
誅之寇亦引去遷侍御史吏部員外郎時武元衡節度劍南與裴
度俱爲判官尤相引重召爲吏部郎中憲宗喜武功且數出游畋
公綽奏太醫箴以諷曰天布寒暑不私於人品類既一高卑以均人
謹好愛能保其身清靜無瑕輝光以新寒暑滿天地決肌膚於外
好愛在耳目誘心知於內端繫爲限奔射猶敗氣行無間隙不在
大謂天高矣氛蒙晦之謂地厚矣橫流潰之飲食資身過則生患
衣服稱德侈則生慢唯過與侈心必隨之氣與心流疾乃伺之畋游

恣樂流情蕩志馳騁勞形叱咤傷氣不養其外前脩所忌人乘氣
生嗜慾以萌氣離有患氣完則成巧必喪眞智實誘情醫之上者
理於未然患居慮後防觚事先心靜樂行體和道全克施萬物以
享億年聖人在上各有攸處臣司太醫敢告諸御天子高其才遣
使謂曰卿言氣行無間隙不在大愛朕深者當置之坐隅踰月拜
御史中丞公綽本與裴垍善李吉甫復當國出爲湖南觀察使以
地卑濕不可迎養求分司東都不聽後徙鄂岳觀察使時方討吳
元濟詔發鄂岳卒五千隸安州刺史李聽公綽曰朝廷謂吾儒生
不知兵邪即請自行許之引兵度江抵安州聽以軍禮迎謁公綽
謂曰公所以屬鞬負弩豈非兵事邪若櫜戎容則兩郡守耳何所
統壹哉以公世將曉兵吾且欲署職以兵法從事聽曰唯命即以
都知兵馬使中軍先鋒行營都虞候三牒授之選卒六千屬聽戒
諸校曰行營事一決都將聽被用畏威遂盡力當時服其知權軍
出公綽數省問其家疾病生死厚給之婦人敖蕩者沈之江軍中

感服曰中丞爲我知家事敢不死戰故鄆軍每戰輒克元和十一年爲李道古代還除給事中李師道平遣宣諭鄆州復命拜京兆尹方赴府有神策校乘馬不避者即時搒死帝怒其專殺公綽曰此非獨試臣乃輕陛下法帝曰旣死不以聞可乎公綽曰臣不當奏在市死職金吾在坊死職左右巡使帝乃解以母喪去官服除爲刑部侍郎領鹽鐵轉運使轉兵部兼御史大夫長慶元年復爲京兆尹時幽鎭用兵補置諸將使馹係道公綽奏曰比館遞匱乏驛置多闕敕使衣緋紫者所乘至三四十騎黃綠者不下十數吏不得視券隨口輒供驛馬盡乃掠奪民馬怨嗟驚擾行李殆絕請著定限以息其弊有詔中書條檢定數由是吏得紓罪宦官共惡疾之改吏部侍郎遷御史大夫韓弘病自河中還詔百官問疾弘遣子辭不能見公綽謂曰上使百司省候是謂異禮宜力疾以見公卿安可臥令子姓傳言耶弘懼挾扶以出改禮部尚書以祖諱換左丞俄檢校戶部尚書山南東道節度使行部至鄧縣吏有

納賄舞文二人同繫獄縣令以公綽素持法謂必殺貪者公綽判曰贓吏犯法法在姦吏壞法法亡誅舞文者其廄馬害圉人公綽殺之或言良馬可愛曰安有良馬而害人乎寶曆元年就遷檢校左僕射牛僧孺罷政事爲武昌節度使公綽具軍容伏謁左右諫止之荅曰奇章始去台宰方鎭重宰相所以尊朝廷也有道士獻丹藥問所從來曰自薊門時朱克融方叛遽曰惜哉藥自賊境來雖驗何益即棄藥而逐道士入爲刑部尚書俄拜邠寧節度使先時神策諸鎭列屯部中不聽本道節制故虜得窺間公綽論所宜因詔屯營緩急悉受節度復爲刑部尚書京兆獄有姑鞭婦至死者府欲殺之公綽曰尊毆卑非鬭也且子在以妻而戮其母不順遂減論大和四年爲河東節度遭歲惡撙節用度輟宴飲衣食與士卒鈞北虜遣梅祿將軍李暢以馬萬匹來市所過皆厚勞飭兵以防襲奪至太原公綽獨使牙將單騎勞問待以至意闢牙門令譯官引謁宴不加常暢德之出涕徐驅道中不妄馳獵陘北有沙陀部勇

武喜鬭爲九姓六州所畏公綽召其酋朱邪執宜治廢柵十一募兵三千留屯塞上其妻母來太原者令夫人飲食問遺之沙陀感恩故悉力保鄣以病乞代授兵部尚書不任朝請忽顧左右召故吏韋長衆謂屬讒以家事及長至乃曰爲我白宰相徐州專殺李聽親吏非用高瑀不能安因瞑目不復語後二日卒年六十八贈太子太保謚曰元公綽居喪毀慕三年不澡沐事後母薛謹甚雖姻屬不知非薛所生外兄薛宮早卒爲育其女嫁之嘗曰吾莅官未嘗以私喜怒加於人子孫其昌乎與錢徽蔣乂杜元穎薛存誠善取士如許康佐鄭朗盧簡辭崔璵夏侯孜李拭韋長皆知名顯貴云

子仲郢

仲郢字諭蒙母韓即皋女也善訓子故仲郢幼嗜學嘗和熊膽丸使夜咀嚥以助勤長工文著尚書二十四司箴爲韓愈咨賞元和末及進士第爲校書郎牛僧孺辟武昌幕府有父風矩僧孺歎曰非積習名教安及此邪入爲監察御史遷侍御史有禁卒誣里人

斫父墓柏射殺之吏以專殺論而中尉護免其死右補闕蔣係爭不省仲郢監罰執曰賊不死是亂典刑有詔御史蕭傑監之傑復爭遂獨詔京兆杖之不監朝廷嘉其守會昌初累轉吏部郎中時詔減官冗長者仲郢條簡浹日損千二百五十員議者猒伏遷右諫議大夫武宗延方士築望仙臺累諫諄切帝遣中人慨諭御史崔元藻以覆按吳湘獄得罪仲郢切諫宰相李德裕不爲嫌奏拜京兆尹置權量於東西市使貿易用之禁私製者北司吏入粟違約仲郢殺而尸之自是人無敢犯政號嚴明會廢浮屠法盡壞銅象爲錢仲郢爲鑄錢使吏請以字識錢者不荅既淮南鑄會昌字文之僧反取爲鍾鈸云中書舍人紇干泉訴甥劉詡毆其母詡爲禁軍校仲郢不待奏即捕取之死杖下宦官以爲言改右散騎常侍知吏部銓德裕頗抑進士科仲郢無所徇是時以進士選無受惡官者又當調者持闕簿令自閱即擬唱吏無能爲姦宣宗初德裕罷政事坐所厚善出爲鄭州刺史周墀鎭滑而鄭爲屬郡高其

績及入相薦授河南尹召拜戶部侍郎墀罷它宰相惡仲郢左遷秘書監數月復出河南尹以寬惠爲政或言不類京兆時荅曰輦轂之下先彈壓郡邑之治本惠養烏可類乎擢劒南東川節度使大吏邊章簡挾勢肆貪前帥不能制仲郢因事殺之官下肅然居五年召爲吏部侍郎俄改兵部領鹽鐵轉運使有劉習者以藥術進詔署鹽官仲郢以爲醫有本色官若委錢穀名分不正帝悟乃賜縑遣還大中十二年辭疾以刑部尚書罷使轉戶部封河東縣男爲山南西道節度使南鄭令權弈以罪仲郢杖之六日死貶雷州刺史頃之以太子賓客分司東都起爲虢州刺史以檢校尚書左僕射東都留守會盜發父墓棄官歸華原徙華州刺史不拜咸通五年爲天平節度使初仲郢爲諫議大夫後每遷必烏集升平第庭樹戟架皆滿五日乃散及是不復集卒於鎮仲郢方嚴尚氣義事親甚謹李德裕貶死家無祿不自振及領鹽鐵遂取其兄子從質爲推官知蘇州院宰相令狐綯持不可乃移書開諭綯綯感寤從之每私居內齋束帶正色服用簡素父子更九鎮五爲京兆再爲河南皆不奏瑞不度浮屠急於摘貪吏濟單弱每旱潦必貸匱蠲負里無逋家衣冠孤女不能自歸者斥官稟爲婚嫁在朝非慶弔不至宰相第其迹略相同家有書萬卷所藏必三本上者貯庫其副常所閱下者幼學焉仲郢嘗手鈔六經司馬遷班固范曄史皆一鈔魏晉及南北朝史再又類所鈔它書凡三十篇號柳氏自備旁錄仙佛書甚衆皆楷小精真無行字子璞珪璧玭

璞字韜玉學不營仕著春秋三氏異同義又述天祚長曆斷自漢武帝紀元爲編年以大政大祥異侵叛戰伐隨著之閏位者附見其左常謂杜征南春秋後序述紀甲曆爲得實自餘史家皆差舛係以爲然終著作郎

珪字交玄大中中與璧繼擢進士皆秀整而文杜牧李商隱稱之杜悰鎮西川表在幕府久乃至會悰徙淮南歸其積俸珪不納悰舉故事爲言卒辭之以藍田尉直弘文館遷右拾遺而給事中蕭

倣鄭裔綽謂珪不能事父封還其詔仲郢訴其子冒處諫職爲不可謂不孝則誣詔勸就養詔可始公綽治家埒韓滉及珪被廢士人愧悵終衛尉少卿

璧字賓玉馬植鎮汴州辟管書記又從李瓚桂州規止其不法瓚不聽乃拂衣去未幾軍亂擢右補闕再轉屯田員外郎僖宗幸蜀授翰林學士累遷右諫議大夫

玭以經明補秘書正字由書判拔萃累轉左補闕高湜再鎮昭義皆表爲副擢刑部員外郎湜貶高要尉玭三疏申理湜後得還嗟歎以爲其言雖自辨不加也出爲嶺南節度副使廨中橘熟既食乃納直於官黃巢陷交廣逃還除起居郎巢入京師奔行在再遷中書舍人御史中丞文德元年以吏部侍郎脩國史拜御史大夫直清有父風昭宗欲倚以相中官譖玭煩碎非廊廟器乃止坐事貶瀘州刺史卒光化初帝自華還詔復官爵玭常述家訓以戒子孫曰夫門地高者一事墜先訓則異它人雖生可以苟爵位死不可見祖先地下門高則自驕族盛則人窺嫉實藝懿行人未必信纖瑕微累十手爭指矣所以修己不得不至爲學不得不堅夫士君子生於世已無能而望它人用已無善而望它人愛猶農夫鹵莽種之而怨天澤不潤雖欲弗餒可乎余幼聞先公僕射言立已以孝悌爲基恭默爲本畏怯爲務勤儉爲法肥家以忍順保交以簡恭廣記如不及求名如儻來莅官則絜已省事而後可以言家法家法備然後可以言養人直不近禍廉不沽名憂與禍不偕絜與富不並董生有云弔者在門賀者在閭言憂則恐懼恐懼則福至又曰賀者在門弔者在閭言受福則驕奢驕奢則禍至故世族遠長與命位豐約不假問龜蓍星數在處心行事而已昭國里崔山南琯子孫之盛仕族罕比山南曾祖母長孫夫人年高無齒祖母唐夫人事姑孝每旦櫛縱笄拜階下升堂乳姑長孫不粒食者數年一日病言無以報吾婦冀子孫皆得如婦孝然則崔之門安得不大乎東都仁和里裴尚書寬子孫衆盛實爲名閥天后時

宰相魏玄同選尚書之先為壻未成婚而魏陷羅織獄家徙嶺表及北還女已踰笄其家議無以為衣食資願下髮為尼有一尼自外至曰女福厚豐必有令匹子孫將徧天下宜北歸家人遂不敢議及荊門則裴齋裝以迎矣今勢利之徒捨信誓如返掌則裴之蕃衍乃天之報施也余舊府高公先君兄弟三人俱居清列非速客不二羹栽夕食齕蔔瓠而已皆保重名於世永寧王相國涯居位竇氏女歸請曰玉工貨釵直七十萬錢王曰七十萬錢豈於女惜但釵直若此乃妖物也禍必隨之女不復敢言後釵為馮球外郎妻首飾涯曰為郎吏妻首飾有七十萬錢其可久乎馮為賈相國餗門人賈有奴頗橫馮愛賈召奴責之奴泣謝未幾馮晨謁賈賈未出有二青衣齎銀罌出曰公恐君寒奉地黃酒三杯馮悅盡舉之俄病渴且咽因暴卒賈為歎息出涕卒不知其由明年王賈皆遘禍噫王以珍玩為物之妖信知言矣而不知恩權隆赫之妖甚於物邪馮以卑位貪貨不能正其家忠於所事不能保其身不

足言矣賈之奴害客于牆廡間而不知欲終始富貴其得乎舒相國元輿與李繁有隙為御史鞫譙獄窮致繁罪後舒亦及禍今世人盛言宿業報應曾不思視履考祥事歟夫名門右族莫不由祖考忠孝勤儉以成立之莫不由子孫頑率奢傲以覆墜之成立之難如升天覆墜之易如燎毛余家本以學識禮法稱於士林比見諸家於吉凶禮制有疑者多取正焉喪亂以來門祚衰落基構之重屬於後生夫行道之人德行文學為根株正直剛毅為柯葉有根無葉或可俟時有葉無根膏雨所不能活也至於孝慈友悌忠信篤行乃食之醯醬可一日無哉其大槩如此

公權字誠懸公綽弟也年十二工辭賦元和初擢進士第李聽鎮夏州表為掌書記因入奏穆宗曰朕嘗於佛廟見卿筆蹟思之久矣即拜右拾遺侍書學士再遷司封員外郎帝問公權用筆法對曰心正則筆正筆正乃可法矣時帝荒縱故公權及之帝改容悟其以筆諫也公綽嘗寓書宰相李宗閔言家弟本志儒學先朝以侍書見用頗類工祝願徙散秩乃改右司郎中弘文館學士文宗復召侍書遷中書舍人充翰林書詔學士嘗夜召對子亭燭窮而語未盡宮人以蠟液濡紙繼之從幸未央宮帝駐輦曰朕有一喜邊戍賜衣久不時今中春而衣已給公權為數十言稱賀帝曰當賀我以詩宮人迫之公權應聲成文婉切而麗詔令再賦復無停思天子甚悅曰子建七步爾乃三焉常與六學士對便殿帝稱漢文帝恭儉因舉袂曰此三澣矣學士皆賀獨公權無言帝問之對曰人主當進賢退不肖納諫諍明賞罰服澣濯之衣此小節耳非有益治道者異日與周墀同對論事不阿墀為惴恐公權益不奪帝徐曰卿有諍臣風可屈居諫議大夫乃自舍人下遷仍為學士知制誥開成三年轉工部侍郎召問得失因言郭旼領邠寧而議者頗有臧否帝曰旼尚父從子太皇太后季父官無玷郵自大金吾位方鎮何所更議公權曰旼誠勳舊然人謂獻二女乃有是除信乎帝曰女自參承太后豈獻哉公權曰疑嫌間不可戶曉因引王珪諫廬

江王妃事是日帝命中官自南內送女還旼家其忠益多類此遷學士承旨武宗立罷為右散騎常侍宰相崔珙引為集賢院學士判知院事李德裕不悅左授太子詹事改賓客累封河東郡公復為常侍進至太子少師大中十三年天子元會公權稍耄忘先群臣稱賀占奏忽謬御史劾之奪一季俸議者恨其不歸事咸通初乃以太子太保致仕卒年八十八贈太子太師公權博貫經術於詩書左氏春秋國語莊周書尤邃每解一義必數十百言通音律而不喜奏樂曰聞之令人驕忘其書法結體勁媚自成一家文宗嘗召與聯句帝曰人皆苦炎熱我愛夏日長公權屬曰薰風自南來殿閣生餘涼它學士亦屬繼帝獨諷公權者以為詞情皆足命題於殿壁字率徑五寸帝歎曰鍾王無以尚也其遷少師宣宗召至御坐前書帋三番作真行草三體奇秘賜以器幣且詔自書謝章無限真行當時大臣家碑誌非其筆人以子孫為不孝外夷入貢者皆別署貨貝曰此購柳書嘗書京兆西明寺金剛經有鍾王歐

賁諸陸諸家法自爲得意凡公卿以書貺遺蓋鉅萬而主藏奴或
盜用嘗貯盃盂一笥縢識如故而器皆亡奴妄言叵測者公權笑
曰銀盃羽化矣不復詰唯研筆圖籍自鐍秘之
子華公綽諸父也始辟嚴武劍南府累遷池州刺史代宗將幸華
清宮先命完葺欲以子華爲京兆少尹尹惡其剛方沮解之遂爲
昭應令檢校金部郎中脩宮使設棘圍於市徇邑中曰民有得華
清瓦石材用投圍中踰三日不還者死不終日已山積矣營辦略
足宰相元載有別墅以奴主務自稱郎將怙勢縱暴租賦未嘗入
官子華因奴入謁收付獄劾發宿罪杖殺之一邑震伏載不敢怨
道吏厚謝預知其終自爲墓銘子公器公度善攝生年八十餘有
彊力常云吾初無術但未嘗以氣海煖冷物熟生物不以元氣佐
喜怒耳位光祿少卿公器生遵遵生璨別有傳
楊於陵字達夫本漢太尉震之裔父太清僊官容河朔死安祿山
之亂於陵始六歲間關至江左遠長有奇志十八擢進士調句容

主簿節度使韓滉剛嚴少許可獨奇於陵謂妻柳曰吾求佳壻無
如於陵賢因以妻之辟鄂岳江西使府滉居宰相領財賦權震中
外於陵隨府罷避親不肯調退廬建昌以文書自娛樂滉卒乃入
爲膳部員外郎以吏部判南曹選者恃與宰相親文書不如式於
陵駮其還宰相怒以南曹郎出使弔宣武軍未幾還右司郎中換
吏部出爲絳州刺史德宗雅聞其名留拜中書舍人時京兆李實
恃恩暴橫於陵與所善許孟容不離附爲所譖短徙祕書少監帝
崩宣遺詔於太原幽州節度獻遺無所納拜華州刺史遷浙東觀
察使越人飢請出米三十萬石拼贍貧民政聲流聞入爲京兆尹
先是編民多竄北軍籍中倚以橫閭里於陵請限丁制減三丁者
不得著籍姦人無所影賴京師豪右大震遷戶部侍郎元和初牛
僧孺等以賢良方正對策於陵被詔程其文居第一宰相惡其言
出爲嶺南節度使辟韋詞李翺等在幕府咨訪得失教民陶瓦易
蒲屋以絕火患監軍許遂振者悍戾貪肆憚於陵不敢撓以私則

爲飛語聞京師憲宗不能無惑有詔罷歸遂振領留事皆吏劾抉
其贓吏呼曰楊公尚拒他方賂遺肯私官錢邪宰相裴垍亦爲帝
別白言之乃授吏部侍郎而遂振終得罪初吏部程判別詔官參
考齊抗當國罷之至是尚書鄭餘慶移疾乃循舊制於陵建言他
官但第判能否不知限員有司計員爲留遺之格事不相謀莫如
勿置於是有詔三考官止較科目選至常調悉還吏部又請修甲
曆南曹置別簿相檢實吏不能爲姦始奏選者納直給符告居四
年凡調三千員時謂爲適以兵部兼御史大夫判度支王師討淮
西於陵用所親爲供軍使主唐鄧而高霞寓騰牒度支以餉道乏
及戰敗詔責之指以爲言帝怒貶於陵郴州刺史徙原王傅復以
戶部侍郎知吏部選李師道平詔宣慰淄青朝廷始議分其地而
劉悟節度支滑州未出鄆於陵趣使上道還奏帝悅其能會浙西
觀察使李翛死皇甫鎛素忌於陵薦以代翛帝不之可穆宗立還
戶部尚書爲東都留守數上疏乞身不許授太子少傅封弘農郡

公俄以尚書左僕射致仕詔賜實俸讓不受於陵器量方峻進止
有常度節操堅明始終不失其正時人尊仰之大和四年卒年七
十八冊贈司空謚曰貞孝四子景復仕至同州刺史紹復中書舍
人師復大理卿中子嗣復位宰相自有傳
馬揔字會元系出扶風少孤窶不妄交游貞元中辟署滑州姚南
仲幕府監軍薛盈珍誣南仲不法揔坐貶泉州別駕盈珍入用事
福建觀察使柳冕希旨欲誅之會刺史穆贊保護乃免徙恩王傅
元和中以虔州刺史遷安南都護廉清不撓用儒術教其俗政事
嘉美獠夷安之建二銅柱於漢故處鑱著唐德以明伏波之裔徙
桂管經略觀察使入爲刑部侍郎十二年兼御史大夫副裴度宣
慰淮西吳元濟禽爲彰義節度留後蔡人習僞惡相掉訐獷戾有
夷貊風揔爲設教令明賞罰磨治洗汰其俗一變始奏改彰義爲
淮西尋擢拜淮西節度使徙忠武改華州防禦鎮國軍使李師道
平析鄆曹濮等爲一道除揔節度賜號天平軍長慶初劉總上

幽鎭地詔總從天平而詔總還將大用之會總卒穆宗以鄆人附賴總復詔還鎭二年檢校尚書左僕射入爲戶部尚書總篤學雖吏事倥傯書不去前論著頗多卒贈右僕射謚曰懿

贊曰巢父恃正義觸暴不肖謀不以權遂喪其身寧邳皆所謂邦之司直者後世卒蕃衍公綽仁而勇於陵方重總沈懿皆有大臣風才堪宰相而用不至果時有不幸邪穆崔柳代爲孝友聞家君子之澤遠哉

孔穆崔柳楊馬列傳第八十八

歸奚三崔盧二薛衛胡丁二王殷列傳第八十九

唐書一百六十四

端明殿學士兼翰林侍讀學士龍圖閣學士朝請大夫尚書吏部侍郎充集賢殿脩撰臣宋祁奉
敕撰

歸崇敬字正禮蘇州吳人治禮家學多識容典擢明經遭父喪孝
聞鄉里調國子直講天寶中舉博通墳典科對策第一遷四門博
士有詔舉才可宰百里者復策高等授左拾遺肅宗次靈武再遷
起居郎贊善大夫史館脩撰兼集賢殿校理脩國史儀注以貧求
解歷同州長史潤州別駕未幾有事橋陵建陵召還參掌儀典改
主客員外郎復兼脩撰代宗幸陝召問得失崇敬極陳生人疲敝
當以儉化天下則國富而兵可用時百官朝朔望皆服袴褶崇敬
非之建言三代遠漢無其制隋以來始有服者事不稽古宜停詔
可又言東都太廟不當置木主按禮虞主用桑練主用栗作栗主
則瘞桑主猶天無二日土無二王也東都太廟本武后所建以祀

諸武中宗去主存廟以備行幸遷都之置且商遷都前八後五不
必每都別立神主也若曰神主已經奉祀不得一日而廢則桑主
以虞至練祭而埋之明是不然時有方士巨彭祖建言唐家土德
請以四季月郊祀天地詔禮官儒者雜議崇敬議禮以先立秋十八
日迎黃靈祀黃帝黃帝於五行爲土而火爲母故火用事之末而
祭之三季月則否彭祖牽緯候說事詭不經不可用又議五人帝
於國家爲前後無君臣義天子祭宜毋稱臣祭而稱臣於天帝無
異又春秋釋奠孔子祝版皇帝署北面揖以爲太重宜准武王受
丹書於師尚父行東面之禮事皆施行大曆初授倉部郎中充弔
祭冊立新羅使海道風濤舟幾壞衆驚謀以單舸載而免答曰今
共舟數十百人我何忍獨濟哉少選風息先是使外國多齎金帛
貿舉所無崇敬囊橐惟衾衣東夷傳其清德還授國子司業兼集
賢學士八年遣祀衡山未至而哥舒晃亂廣州監察御史憚之請
望祀而還崇敬正色曰君命豈有畏邪遂往皇太子欲臨國學行

齒胄禮崇敬以學與官名皆不正乃建議古天子學曰辟雍以制
言之雍水環繚如璧然以誼言之以禮樂明和天下云爾在禮爲
澤宮故前世或曰璧池或曰璧沼亦言學省漢光武立明堂辟雍
靈臺號三雍宮晉武帝臨辟雍行鄉飲酒禮別立國子學以殊士
庶永嘉南遷唯有國子學隋大業中更名國子監今聲明之盛辟
雍獨闕請以國子監爲辟雍省祭酒司業之名非學官所宜業者
栒簴大版令學不教樂於義無當請以祭酒爲太師氏位三品司
業爲左師右師位四品近世明經不課其義先取帖經顓門廢業
傳受義絶請以禮記左氏春秋爲大經周官儀禮毛詩爲中經尚
書周易爲小經各置博士一員公羊穀梁春秋共準一中經通置
博士一員博士兼通孝經論語依章疏講解德行純絜文詞雅正
形容莊重可爲師表者委四品以上各舉所知在外給傳七十者
安車蒲輪敦遣國子太學四門三館各立五經博士品秩生徒有
差舊博士助教直講經直律館算館助教請皆罷教授法學生謁

師贄用服脩一束酒一壺衫布一裁色如師所服師出中門延入
與坐割脩酌酒三爵止乃發篋出經摳衣前請師爲說經大略然
後就室朝晡請益師二時堂上訓授道義示以文行忠信孝悌睦
友旬省月試時考歲貢眡生徒及第多少爲博士考課上下有不
率教者檟楚之國子移禮部爲太學生太學又不變徙之四門四
門不變徙本州之學復不變縣役如初終身不齒雖率教九年學
不成者亦歸之本州禮部考試法請罷帖經於所習經問大義二
十而得十八論語孝經十得八爲通策三道以本經對通二爲及
第其孝行聞鄉里者舉解具言試日義闕一二許兼收焉天下鄉
貢如之習業考試並以明經爲名得第授官與進士同有詔尚書
省集百官議皆以習俗久制度難分明省禁非外司所宜名周官
出職者稱氏國學非世官不得名辟雍省太師氏大抵憚改作故
無施行者坐史給稟錢不實貶饒州司馬德宗立召還復拜國子
司業稍遷翰林學士左散騎常侍充皇太子侍讀又兼晉王元帥

參謀封餘姚郡公田悅李納稟命持節宣慰稱旨表歸上冢寵賜繒帛儒先以爲榮遷工部尚書仍前職年老以兵部尚書致仕卒年八十八贈尚書左僕射謚曰宣論撰數十篇子登

登字沖之事繼母篤孝大曆中舉孝廉高第貞元初策賢良爲右拾遺裴延齡得幸德宗欲遂以相右補闕熊執易疏論之以示登登動容曰願竄吾名雷霆之下君難獨處故同列有所諫正輒聯署無所回諱轉右補闕起居舍人凡十五年僚類有出其下而進趨自喜得顯官惟登與右拾遺蔣武退然遠權勢終不以淹晚槩懷遷兵部員外郎順宗爲皇太子登父子侍讀及即位以東宮恩超拜給事中遷工部侍郎復爲皇太子諸王侍讀獻龍樓箴以諷徙左散騎常侍入謝憲宗問政所先登知帝睿而果于斷勸順納諫爭内外傳爲讜言後判國子祭酒事進工部尚書累封長洲縣男卒年六十七贈太子少師謚曰憲登性温恕家僮爲馬所踶笞折馬足登知不加責有遺金石不死藥者紿曰已嘗及登服幾死

訊之乃未之嘗人皆爲怒而登不爲愠常慕陸象先爲人世亦許其類云子融

融字章之元和中及進士第累遷左拾遺事文宗爲翰林學士進至户部侍郎開成初拜御史中丞湖南觀察使盧周仁以南方羨火取羨錢億萬進京師融劾奏天下一家中外之財皆陛下府庫周仁陳小利假異端公違詔書徇私希恩恐海内效之因緣漁刻生人受弊罪始周仁請重責還所進代貧民租入詔不從置錢河陰院以虞水旱初户部員外郎盧元中左司員外郎判户部案姚康受平糴官秦季元絹六千匹貸乾没錢八千萬俱貶嶺南尉數年金部員外郎韓益判度支子弟受賕三百萬未入者半帝問融益所犯與盧元中姚康孰甚對曰元中等枉失庫錢益所坐子弟受賕事異法輕故益止貶梧州參軍融遷京兆尹李固言爲相惡之徙秘書監固言罷擢權知兵部侍郎歲間出爲山南西道節度使徙東川還歷兵部尚書累封晉陵郡公會昌後儒臣少朝廷禮典多本融議辭疾以太子少傅分司東都大中七年卒贈尚書左僕射

奚陟字殷卿其先自譙亳西徙故爲京兆人少篤志通羣書大曆末擢進士文辭清麗科授弘文館校書郎德宗立諫議大夫崔河圖持節使吐蕃表陟自副以親老辭不拜楊炎輔政召授左拾遺居親喪毀瘠過禮朱泚反走間道及車駕于興元拜起居郎翰林學士不就職賊平改太子司議郎歷金部吏部員外會左右丞缺轉左司郎中貞元八年遷中書舍人於是江南淮西皆大水詔陟勞問循尉所至人人便安中書史倚宰相勢常姑息獨陟遇之無假借先是右省雜給眂職田稟主事與拾遺等陟以奉稍爲率由是吏官有差中書令李晟有紙筆猥料積于省它日以遺舍人而雜事舍人常私有之陟均給寮無厚薄雖細務皆身親其勞久益彊力人以爲難遷刑部侍郎京兆尹李充有美政裴延齡惡之誣劾充比陸贄數遺金帛當抵罪又乾没京兆錢六十八萬緡請付

比部鉤校時郎中崔元翰怨贄揣延齡指逮繫搒掠甚急内以險文陟持平無所上下具獄上且言京兆錢給縣館傳餘以度支符用度略盡充既免元翰不得意以恚死陟尋知吏部選事遷侍郎銓綜平允時謂與李朝隱略等不能擿發清明如裴行儉盧從愿也十五年病癰帝遣醫療視敕曰陟賢臣爲我善治之卒年五十五贈禮部尚書陟少自厎厲著名節常薦權德輿爲起居舍人知制誥楊於陵爲郎中其後皆有名子敬玄位左補闕

崔衍字著深州安平人父倫字叙居父喪跣護柩行千里道路爲流涕廬冢彌年服除及進士第歷吏部員外郎安祿山反陷于賊不汙僞官使子弟間表賊事賊平下遷晉州長史李齊物訟其忠擢長安令封武邑縣男寶應二年以右庶子使吐蕃虜背約留二歲執倫至涇州逼爲書約城中降倫不從更囚邏娑城閱六歲終不屈乃許還代宗見之爲感動嗚咽即具陳虜情僞山川險易指畫帝前人服其詳遷尚書左丞以疾改太子賓客卒年七十一贈

工部尚書謚曰敬衍天寶末擢明經調富平尉繼母李不慈倫自吐蕃歸李弊衣以見問故曰衍不吾給倫怒召衍將袒而鞭之衍涕泣無所陳倫弟殷趨白衍所稟舉送夫人所尚何云倫悟繇是譖無入調清源令勸民力田懷附流亡觀察使馬燧表其能徙美原父卒事李益謹歲爲李子部償負不勝計故官刺史妻子僅免飢寒歷蘇虢二州虢居陝華閒而賦數倍入衍白太重裴延齡領度支方聚斂私謂衍前刺史無發明公當止衍不聽復奏州部多巖田又鄜傳劇道屬歲無秋民舉流亡不蠲減租額人無生理臣見長吏之患在因循不以聞不患陛下不憂卹也患申請不實不患朝廷不矜貸也陛下拔臣大州寧欲視民困而顧望不言哉德宗公其言爲詔度支減賦還宣歙池觀察使簡靜爲百姓所懷幕府奏聘皆有名士後多顯于時卒年六十九贈工部尚書衍儉約畏法室無妾媵祿稍周於親族葬埋嫁娶倚以濟者數十家及卒不能藏喪表諸朝賜賻帛三百段米粟稱之先是天下以進奉結

主恩州藏耗竭韋皐劉贊裴肅爲之倡贊死衍代之舊貢金錫凡十八品皆倍直市于州民置多逃去衍至蠲革之居十年畜用度府庫充衍及穆贊代州以錢四十萬緡假民賦故雖旱人不流捎由衍蓄積有素也路應爲觀察使以衍有惠在民言狀元和元年詔書褒美賜一子官云謚曰懿

盧景亮字長晦幽州范陽人少孤學無不覽第進士宏辭授祕書郎張延賞節度荊南表爲枝江尉掌書記入遷右補闕朱泚反景亮勸德宗曰陛下罪已不至則感人不深帝然之景亮志義犖然多激發與穆質同在諫爭地書數上鯁毅無所回宰相李泌劾景亮等嘗衆會漏所語言引善在已即有惡歸之君帝怒貶爲朗州司馬質亦斥去廢抑二十年至憲宗時由和州別駕召還再遷中書舍人景亮善屬文根於忠仁有經國志嘗謂人君足食足兵而又得士天下可爲也乃興軒頊以來至唐劉治道之要著書上下篇號三足記又作答問言輓運大較及陳西戎利害切指當世公卿伏其

達古今云元和初卒贈禮部侍郎憲宗時以直諫知名者又有王源中字正蒙擢進士宏辭累遷左補闕是時中官領禁兵數亂法捕臺府吏屬繫軍中源中上言臺憲者紀綱地府縣責成之所設吏有罪宜歸有司無令北軍亂南衙麾下重於仗內帝納之累轉戶部郎中侍郎擢翰林學士進承旨學士源中嗜酒帝召之醉不能見及寤憂其慢不悔不得進也他日又如之遂失帝意以疾自言出爲山南西道節度使入拜刑部侍郎未幾領天平節度使開成三年卒贈尚書右僕射源中澹名利率身治人約而簡當時洽美

薛苹河中寶鼎人七世祖道實爲隋禮部尚書父順爲奉天尉與楊國忠有舊及用事將引之輒謝絕苹以吏最拜長安令歷虢州刺史憲宗時奏最擢湖南觀察使徙浙東以治行遷浙西加御史大夫累封河東郡公所居守法度務在安人治身觳薄所衣綠袍更十年至緋衣乃易居三鎮聲樂不聞于家所得祿即分散親屬故人而無餘藏除左散騎常侍年七十致仕是時有年過苹不肯

去故論者高苹居四年卒贈工部尚書謚曰宣苹於文章中長於詩兄芳有器幹萊與苹其母代宗從母也以外戚奉朝請皆贊善大夫苹子膺大和初爲右補闕內供奉其弟齊佐興元李絳幕府絳遇害齊死于難膺聞不及請馳赴之哀甚聞者垂泣後歷工部員外郎

衞次公字從周河中河東人舉進士禮部侍郎潘炎異之曰國器也高其第調渭南尉嚴震在興元辟佐其府累遷殿中侍御史貞元中擢左補闕翰林學士德宗崩與鄭絪皆召至金鑾殿時皇太子久疾禁中或傳更議所立衆失色次公曰太子雖久疾冢嫡也內外係心久矣必不得已宜立廣陵王絪隨贊之議乃定順宗立王叔文等用事輕弄威柄次公與絪多所持正知禮部貢舉斥華取實不爲權力侵撓由中書舍人充史館脩撰改兵部侍郎絪以宰相罷坐與善下除太子賓客久乃爲陝虢州觀察使蠲橫租錢歲三百萬復入爲兵部侍郎故英公李勣大理卿徐有功之孫皆

以貧不得調次公召見曰子之祖勳在王府寧限常格乎即優補而遣進尚書左丞時方討蔡數建請罷兵帝將相之制稾具而蔡捷書至乃追止以檢校工部尚書爲淮南節度使久之召還道病卒年六十六贈太子少傅謚曰敬次公本善琴方未顯時京兆尹李齊運使子與游請授之法次公拒絕因終身不復鼓其節尚終始完潔子洙舉進士尚臨眞公主檢校祕書少監駙馬都尉文宗曰洙起名家以文進宜諫官寵之乃爲左拾遺歷義成節度使咸通中卒

薛戎字元夫河中寶鼎人客毗陵陽羨山年四十餘不仕江西觀察使李衡辟署幕府三返乃肯應故宰相齊映代衡奏留之府罷復歸陽羨福建觀察使柳冕辟佐其府先是馬摠佐鄭滑府監軍官人誣劾之貶泉州別駕冕欲除摠以附倖家即使戎攝刺史按置其辠戎曰以是待我耶我始不願仕正謂此爾不肯從還白其狀冕怒據案引戎入戎叱引者曰見賓客乃爾乎由東廂進冕度未可屈揖而去因之它館環兵脅辱之累月戎終不爲屈淮南節度使杜佑聞之書責冕會冕亦病死得解自放江湖間復爲藩府交奏稍遷河南令吐突承璀討鎮州所過吏迎廷畏不及治道前驅惟戎境內按故無所治廷留府卒犯令者縛置獄留守怒遣將略出之不與累遷浙東觀察使所部州觸酒禁者罪當死橘未貢先鬻者死戎弛其禁卒治下年七十五贈左散騎常侍戎爲吏不尚約束詭名譽其有善歸之所部故居官時無灼灼可驚者已罷則懷之悉奉稟賙濟內外親無疏遠皆歸之既病以所有分遺之曰吾死矣可持爲歸資衆皆哭而去弟放端厚寡言第進士擢累兵部郎中穆宗爲太子拜侍讀及即位參贊機命帝謂曰小子新立懼不克荷先生宜相以輔不逮放叩頭曰臣庸淺不足塵大任自有賢能處之帝美其誠進工部侍郎集賢學士寵待尤至改刑部侍郎帝甞問朕欲學經與史何先放曰六經者聖人之言孔子所發明天人之極也史記道成敗得失亦足以鑒然謬於是非非

六經比帝曰吾聞學者白首不能通一經安得其要乎對曰論語六經之菁華也孝經人倫之本也漢時論語首立於學官光武令虎賁士皆習孝經玄宗爲注訓蓋人知孝慈則氣感和樂也帝曰聖人以孝爲至德要道信然終江西觀察使謚曰簡

胡証字啓中河中河東人舉進士第渾瑊美其才又以鄉府奏寘幕下爲殿中侍御史爲韶州刺史以母老辭爲太子舍人更從襄陽于頔署掌書記入爲戶部郎中田弘正以魏博內屬請使自副詔兼御史中丞爲弘正副使入還諫議大夫元和九年党項屢擾邊而單于都護府累更武將職事廢証以儒而勇選拜振武軍節度使道河中時趙宗儒爲帥以州民入謁里人榮之居四年召任金吾大將軍又充京西京北巡邊使太和公主降回鶻以檢校工部尚書爲和親使舊制行人有私覿禮縣官不能具召富人子納貲於使而命之官証請儉受省費以絕鬻官之濫次漠南虜人欲屈脅之且言使者必易胡服又欲主便道疾驅者証固不從以唐官儀自將訖不辱命還拜工部侍郎改京兆尹左散騎常侍寶曆初以戶部尚書判度支固辭拜嶺南節度使卒年七十一贈尚書右僕射廣有舶貝奇寶証厚殖財自奉養奴數百人營第脩行里彌亘閭陌車服器用珍侈遂號京師高貲素與賈餗善李訓敗衛軍利其財聲言餗匿其家爭入剽劫執其子溵內左軍至斬以徇証膂力絕人晉公裴度未顯時羸服私飲爲武士所窘証聞突入坐客上引觥三釂客皆失色因取鐵燈檠摘枝葉擽合其跗橫膝上謂客曰我欲爲酒令飲不釂者以此擊之衆唯唯証一飲輒數升次授客客流離盤杓不能盡証欲擊之諸惡少叩頭請去証悉驅出故時人稱其俠

丁公著字平子蘇州吳人三歲喪母甫七歲見隣媼抱子哀感不肯食請於父緒願絕粒學老子道父聽之稍長父勉敕就學舉明經高第授集賢校書郎不滿秩輒去侍養于家父喪負土作冢貌力癯憊見者憂其死孝觀察使薛苹表上至行詔刺史弔問賜粟

帛旌闕其閭淮南節度使李吉甫表授太子文學兼集賢校理會入輔政擢爲右補闕遷直學士充皇太子諸王侍讀因著太子諸王訓十篇穆宗立未聽政召居禁中條詢治理且許以相公著陳談牟切乃擢給事中遷工部侍郎知吏部選事公著內知帝欲進用故辭疾求外遷授浙西觀察使徙爲河南尹治以清靜聞四遷禮部尚書翰林侍講學士長慶中浙東災癘拜觀察使詔賜米七萬斛使賑饑捐乂之入爲太常卿大和中以病丐身還鄉里卒年六十四贈尚書右僕射公著清約守道每進一官輒憂見顏閒四十喪妻終身不畜妾及卒天下惜之

崔弘禮字從周系出博陵北齊左僕射懷遠六世孫磊磊有大志通兵略過宣武從劉玄佐獵夷門玄佐酒酣顧曰崔生獨不知此樂邪弘禮咲曰我固喜武請爲公歡玄佐臂鷹與弘禮馳逐急緩在手一軍驚曰安得此奇客玄佐大悅欲留之固辭厚爲資餉至京師所善李觀病且死弘禮彈褚衣治喪葬畢乃去及進士第平判異等靈武李欒表爲判官以親老不應更署東都留守呂元膺參謀時天子討蔡李師道謀襲洛脅沮朝廷以釋蔡危弘禮爲描揣賊情部分設張東都卒無患遷留守判官擢忻汾二州刺史田弘正請朝表弘禮從衞州兼魏博節度副使伐李師道弘正多所咨逮還魏博又表爲相州刺史長慶初張弘靖鎭幽州詔弘禮往副未及行軍亂改絳州刺史李㝏反于汴詔徙河南尹倚以扞賊還河陽節度使治河內秦渠溉田千頃歲收八萬斛徙華州刺史改天平節度使李同捷叛與李聽合師討之至濮州大將李萬瑀刘寀擁兵自固弘禮表萬瑀守沂州寀守黃州奪其兵擊于賊禹城破之獲鎧裝數十萬時徐泗節度使王智興檄兗海鄆曹淄青當徐道者出軍五千乘轉粟餉軍弘禮度道遠乃自兗開盲山故渠自黃隊抵青丘師人大濟李祐以鄆滑兵三千入齊而潰弘禮悉斬之爲出鄆兵二千祐遂大破賊尸藉十餘里祐望鄆拜曰活我者崔公也加檢校尚書左僕射徙東都留守召還以病自乞改刑部尚書復爲留守卒年六十五贈司空弘禮短於治民少愛利晚頗務多積素議訿之

崔玄亮字晦叔磁州昭義人貞元初擢進士第累署諸鎭幕府父喪客高郵臥苦終制地下濕因得痺病不樂進取元和初召爲監察御史累轉駕部員外郎清慎介特澹如也稍遷密歙二州刺史歙人馬牛生駒犢官籍蹄噭故吏得爲姦玄亮焚其籍一不問民處輸租者苦之下令許計斛輸錢民賴其利歷湖曹二州辭曹不拜大和四年繇太常少卿改諫議大夫朝廷推爲宿望拜右散騎常侍每遷官輒讓形於色鄭注構宋申錫捕逮倉卒內外震駭玄亮率諫官叩延英苦諍反復數百言文宗未諭玄亮置笏在陛曰孟軻有言衆人皆曰殺之未可也卿大夫皆曰殺之未可也天下皆曰殺之然後察之乃寘於法今殺一凡庶當稽典律況欲誅宰相乎臣爲陛下惜天下法不爲申錫言也俯伏流涕帝感悟衆亦服其不橈繇此名重朝廷頃之移疾歸東都召爲虢州刺史卒年六十六贈禮部尚書玄亮晚好黃老清靜術故所居官未久輒去遺言山東士人利便近皆葬兩都吾族未嘗還當歸葬滏陽正首丘之義諸子如命

王質字華卿五世祖通爲隋大儒質少孤客壽春力耕以養母講學不勸諸生從授業者甚衆年逾四十偃蹇無進取意姻友苦勸以仕乃舉進士中甲科繇秘書省正字累佐帥府五遷侍御史繇山南西道節度副使再轉諫議大夫宋申錫之得罪質與諫官伏閤文宗開延英召見泣涕陳諫帝稍寤申錫得不死爲宦豎所惡出虢州刺史李德裕素器之擢給事中河南尹從宣歙觀察使卒年六十八贈左散騎常侍謚曰定質清白畏慎爲政必先究風俗所至有惠愛雖與德裕厚善而中立自將不爲黨奏署幕府者若河東裴夷直天水趙晳隴西李行方梁國劉蕡皆一時選云

殷侑陳州人幼有志於學不治貲產長通經術以講道爲娛貞元末及五經第其學長於禮擢太常博士元和八年回鶻請和親朝

廷以仰費廣劇欲紓以期詔侑宗正少卿李孝誠使回鶻可汗驕
甚盛陳甲兵欲臣使者侑不爲屈已傳命虜責其倨言欲留不
遣衆色怖侑徐曰可汗唐婿欲坐屈使者拜乃可汗無禮非使臣
倨也虜憚其言不敢逼還遷虞部員外郎王承宗叛遣侑招諭承
宗聽命進諫議大夫侑論朝廷治亂得失前後凡八十四通以語
切出爲桂管觀察使寶曆元年從江西所至以絜廉稱入爲衞尉
卿文宗即位李同捷叛而王庭湊陰爲脣齒兵久不解詔五品以上
官議尚書省帝銳欲討賊羣臣無敢異論者獨侑請舍廷湊而專
事同捷且言願以宗社安危爲計善師攻心爲武含垢安人爲遠
圖網漏吞舟爲至誠帝不納然內嘉尚同捷平以侑嘗爲滄州行
軍司馬遂拜義昌軍節度使於時痍荒之餘骸骨蔽野墟里生荆
棘侑單身之官安足麤淡與下共勞苦以仁惠爲治歲中流戶襁
屬而還遂爲營田丐耕牛三萬詔度支賜帛四萬匹佐其市初州
兵三萬仰稟度支侑始至一歲自以賦入贍其半二歲則周用乃

奏罷度支所賜戶口滋饒廥儲盈腐上下便安請立石紀政以勞
加檢校吏部尚書六年徙天平節度自李師道亂朝廷雖析三鎮
然務安反側賦入盡爲軍貲無輸王府者侑以餉軍有羸當上送
官乃裁制經費歲以錢十五萬緡粟五萬石歸有司加檢校尚書
右僕射御史大夫溫造劾侑遵制擅賦歛民爲無名之獻詔以庚
承宣代還會濮州掾崔元武受吏賕又率屬邑奉錢增私馬估售
官疊三罪計絹百二十四匹大理以入私馬一重削三官刑部覆訊
當流未決侑奏三犯不同坐所重律頻贓者累論元武犯皆枉法
當死詔用覆訊流元武賀州帝嘉侑守法進刑部尚書以造所奏
不直復用爲天平節度開成元年再召爲刑部尚書時李訓鄭注
已誅帝問侑治安術侑言朝廷宜任耆德毋輕用新進帝善之賜
緜三百匹初鹽鐵度支使屬官悉得以罪人繫在所獄或私置牢
院而州縣不聞知歲千百數不時決侑奏許州縣糾列所繫申本
道觀察使幷具獄上聞許之賜黃金十斤以酬直言涇原節度使朱

叔夜坐侵牟士卒贓數萬家畜兵器罷爲左武衞大將軍侑薄其
罪天子由是疏之賜叔夜死出侑爲山南東道節度使坐減兵不
先論啓左遷太子賓客分司東都俄領忠武節度卒年七十二
贈司空侑以經術進臨事銳敢有彊直名晚節內巽台輔稍務交
結而素望少衰云孫盈孫

盈孫廣明初爲成都諸曹參軍僖宗至蜀聞有禮學擢太常博士
光啓三年帝將還京而七廟焚殘告享無所盈孫白宰相始乘輿
西有司盡載神主以行至鄠悉爲盜奪今天子還宮宜前具其禮
宰相建言脩復宗廟功費廣請與禮官議時佗博士不在獨盈孫
從議曰故廟十一室二十三楹楹十一梁垣墉廣袤稱之今朝廷
多難宜少變禮按至德時作神主長安殿饗告如宗廟廟成乃祔
今正衙外無它殿伏聞詔旨以少府監寓太廟請因增完爲十一
室其三太后廟權舍西南夾廡須廟成議遷詔可自是神主樂縣
皆所創定舊學禮家當其議龍紀元年昭宗郊祠兩中尉及樞密

皆以宰相服侍上盈孫奏言先世典令無內官朝服侍祠必欲之
當隨所攝資品雖無援據猶免僭逼詔可時喪亂後制度彫紊追
補容典皆盈孫折衷焉終大理卿贈吏部尚書

王彥威其先出太原少孤家無貲自力於學舉明經甲科淹識古
今典礼未得調求爲太常散吏卿知其經生補檢討官彥威采獲
隋以來下訖唐凡禮沿革皆條次彙分號元和新禮上之有詔拜
博士憲宗以正月崩有司議葬用十二月下宿彥威建言天子之
葬七月春秋之義志崩不志葬必其時也舉天下葬一人故過期
不葬則譏之高祖中宗葬皆六月太宗四月高宗九月睿代二宗
皆五月德宗十月順宗七月惟玄肅二宗皆十二月有爲爲之非
常典也且葬畢而虞虞而卒哭卒哭而祔皆卜日今葬卜歲暮則
畢祔在明年正月是改元慶賜皆廢矣有詔更用五月淮南李夷
簡上言大行皇帝功高宜稱祖穆宗下其議彥威奏古者始封爲太
祖由太祖而降則又祖有功宗有德故夏人祖顓頊而宗禹商

人祖契而宗湯周人祖文王而宗武王魏晉而下務欲推美自始祖外並建列祖之議叔世亂象不可以爲訓唐本周禮以景皇帝爲太祖祖神堯而宗太宗自高宗後咸稱宗以爲成法不然太宗致升平玄宗清內難肅宗收復兩都皆撥亂反正猶不稱祖今當本三代之制黜魏晉亂法大行廟號宜稱宗制可又舊事祔廟必告于太極殿然後奉主入廟既事則已而有司祔主畢又還告太極殿彥威以爲不可執政怒坐視辭誤奪三季俸削一階彥威終不回屈後累擢司封郎中弘文館學士諫議大夫李師道既平其十二州賦法未均詔彥威爲勘定兩稅使差量纖悉人不爲煩還兼史館脩撰與平民上官興殺人亡命吏囚其父興聞自首請罪京兆尹杜悰御史中丞宇文鼎以自歸死免父之囚可勸風俗議減死彥威上言殺人者死百王共守原而不殺是教殺人有詔貸死彥威詣宰相據法爭論下遷河南少尹俄改司農卿李宗閔執政雅善之進拜平盧節度使開成初召爲戶部侍郎判度支彥威

於儒學固該邃亦善吏事但經總財用出入米鹽非所長也而性剛訐自恃嘗見文宗顯奏曰百口家知有歲計而軍用一切可不謹邪臣按見財量入以爲出隨色占費終歲用之無毫氂差假令臣一旦迷愚欲自欺沒亦不可得因上占額圖又言至德訖元和天下觀察者十節度者二十有九防禦者四經略者三大都通邑皆有兵最凡八十餘萬長慶籍戶三百五十萬而兵乃九十九萬率三戶資一兵今舉天下之入歲三千五百萬上供者三之一又三之二則衣賜仰給焉自留州留使外餘四十萬衆皆仰度支又爲供軍圖上之彥威雖自謂楗柅姦冒著定其費於利害無益也始神策軍多以稟縑於度支取直吏私增賈厚給之經用益秏開成初有詔禁止時宦者仇士良魚弘志方用事彥威乃奏復與直悅媚士良等又劾王播貢羨贏以冀速進會邊兵訴所賜不時縑皆敝惡擕吏送臺獄而彥威視事自如及詔停務始惶恐就第貶衞尉卿俄檢校禮部尚書爲忠武節度使毀山房三千餘所盜無所容徙節宣武封北海縣子性彊敏善著書頗行于時卒贈尚書右僕射謚曰靖

贊曰韓愈稱郡邑通得祀社稷孔子獨孔子用王者事以門人爲配天子以下北面拜跪薦祭禮如親弟子者句龍棄以功孔子則以德固自有次第崇敬乃請東捐以殺太重方是時公卿無韓愈之賢無有折其非是者道州刺史薛伯高嘗謂夫子稱顏回爲庶幾其從於陳蔡者亦各有號出於一時後世坐祀十人以爲哲豈夫子志哉觀七十子之賢未有加於十人坐而祀之始於開元非特牽於一時之稱號記曰祭有其舉之莫敢廢也如崇敬誠不知禮尊君以媚世歷朝循而不改矣伯高之語柳宗元志之於其書必有辨其妄者

歸奚三崔盧二薛衞胡丁二王殷列傳第八十九

三鄭高權崔列傳第九十　唐書一百六十五

宋祁　奉　敕　撰

鄭餘慶字居業鄭州滎陽人三世皆顯官餘慶少善屬文擢進士第嚴震帥山南西道奏置幕府貞元初還朝擢庫部郎中爲翰林學士以工部侍郎知吏部選浮屠法湊以罪爲民訴闕下詔御史中丞宇文邈刑部侍郎張彧大理卿鄭雲逵爲三司與功德判官諸葛述參按述故史也餘慶劾述猥賤不宜與三司雜治時韙其言貞元十四年拜中書侍郎同中書門下平章事每奏對多傅經義素善度支使于頔凡所陳必左右之頔坐事貶又歲旱飢朝廷議賑禁衛十軍爲中書吏漏言疊三忤故貶郴州司馬順宗以尚書左丞召會憲宗立即其官復拜同中書門下平章事時主書滑渙與宦人劉光琦相倚爲姦每宰相議爲光琦俎礙者令渙往請必得由是四方賕餉奔委之弟泳至官刺史杜佑鄭絪執政頗姑息而佑常行輩待不名也至餘慶議事渙傲然指畫諸宰相前餘慶叱去未幾罷爲太子賓客後渙以贓敗帝償聞叱去事善之改國子祭酒累遷吏部尚書醫工崔環者自淮南小將除黃州司馬餘慶執奏諸道散將無功受五品正員開徼幸路不可權者不悅改太子少傅兼判太常卿事自朱泚亂都輦數驚太常肄樂禁用鼓餘慶以時久平奏復舊制出爲山南西道節度使入拜太子少師請老不許時數赦官多汎階又帝親郊陪祠者授三品五品不計考使府賓吏以軍功借賜朱紫率十八近臣謝郎官出使多所賜與每朝會朱紫滿廷而少衣綠者品服大濫人不以爲貴帝亦惡之始詔餘慶條奏懲革遷尚書左僕射僕射比非其人及餘慶以宿德進公論浩然歸重帝患典制不倫謂餘慶諳該前載乃詔爲詳定使俾參裁訂正餘慶引韓愈李程爲副崔郾陳佩楊嗣復庾敬休爲判官凡損增儀矩號稱詳衷俄拜鳳翔尹節度鳳翔復爲太子少師封滎陽郡公兼判國子祭酒事建言兵興以來學校廢諸生離散今天下承平臣願率文吏月俸百取一以資完葺詔可穆宗立加檢校司徒卒年七十五贈太保謚曰貞帝以其貧特給一月奉料爲賵襚餘慶少砥礪行已完絜仕四朝其祿悉賙所親或濟人急而自奉廉狹至官府乃開肆廣大常語人曰祿不及親友而侈僕妾者吾鄙之大抵中外姻嫁其禮獻皆親閱之後生內謁必引見諄諄教以經義務成就儒學自至德後方鎮除拜必遣內使持幢節就第宣賜則多饋金帛且以媚天子唯恐不厚故一使者納至數百萬緡憲宗每命餘慶必誡使曰是家貧不可妄求取議者或詆其沽激餘慶不屑也奏議類用古言如仰給縣官馬萬蹄有司不曉何等語人皆其不適時與

從父絪家昭國坊絪第在南餘慶第在北世謂南鄭相北鄭相子澣

澣本名涵避文宗故名改焉第進士累遷右補闕敢言無所諱憲宗謂餘慶曰涵卿令子而朕直臣也可更相賀遷起居舍人考功員外郎時刺史或迫吏下紀功愛涵請責觀察使以杜其欺餘慶爲僕射避除國子博士史館脩撰文宗立入翰林爲侍講學士帝使秘撮經史爲要錄愛其博而精試舉諸條摘問之隨即酬析無留否因賜金紫服累進尚書左丞出爲山南西道節度使始餘慶在興元創學廬澣嗣完之養生徒風化大行以戶部尚書召未拜卒年六十四贈尚書右僕射謚曰宣四子處晦從讜尤知名

處晦字廷美文辭秀拔仕歷刑部侍郎浙東觀察宣武節度使卒先是李德裕次柳氏舊聞處晦謂未詳更撰明皇雜錄爲時盛傳

從讜字正求及進士第補校書郎遷累左補闕令狐綯魏扶皆澣門生數進譽之遷中書舍人咸通中爲吏部侍郎銓次明允出爲河東節度使從宣武以善最聞改嶺南東道節度先是林邑蠻內侵召天下兵進援會龐勛亂不復遣而北兵寡弱從讜募士豪署其酋右職爲約束使相捍禦與交廣晏然僖宗立召爲刑部尚書久之擢同中書門下平章事進門下侍郎沙陀都督李國昌間邊多虞又擾振武雲朔等州南略太谷河東節度使康傳圭遣大將伊釗張彥球蘇弘軫引兵拒之戰數負傳圭斬軫以徇彥球所部反攻傳圭殺之劫府庫爲亂朝廷以爲憂帝欲大臣臨制乃拜從讜檢校司徒以宰相秩復爲河東節度兼行營招討使詔自擇參佐從讜即表長安令王調自副兵部員外郎劉崇龜司勳員外郎趙崇爲節度觀察府判官前進士劉崇魯推官左拾遺李渥掌書記長安尉崔澤支使皆一時選京師士人比太原爲小朝廷言得才多也時承軍亂剽敚日夸千從讜既視事姦無度情乃推捕反賊誅其首惡以彥球本善意且才可任釋不問而付以兵曠無餘猜故得其死力梟凶宿狡不敢發發又輒得士皆寒毛惕伏會黃巢犯京師帝駐梁漢詔從讜發部兵屬北面招討副使諸葛爽入討從讜團士五千遣將論安從爽而李克用謂太原可乘以沙陀兵奄入其地壁汾東釋言討賊須索繁仍從讜以餼醪犒軍克用喻謂曰我且引而南欲與公面約從讜登城開勉感槩使立功報天子厚恩克用辭窮再拜去然陰縱其下肆掠以撼人心從讜追安使與將王蟾高弁等踵擊以會振武契苾通至與沙陀戰沙陀大敗引還即遣安等屯北百井安擅還從讜合諸將命持安出斬之鞠場中和二年朝廷赦沙陀使擊賊自贖兵不敢道太原繇嵐石並河而南獨克用從數百騎過辭城下從讜以名馬器幣歸之明年賊平詔克用代領河東

克用使來曰方省親鴈門願公徐行從讜即日以監軍周從寓知兵馬留後
掌書記劉崇魯知觀察留後敕克用至按籍效之乃行黃頭軍以糧少劫其
貲從讜間走絳州方道梗不通數月乃拜司空復秉政進太傅兼侍中從帝
至興元以疾乞骸骨拜太子太保還第卒謚文忠從讜進止有禮法性不矜
肅沈毅有謀在汴時以勳誨殁於鎮訖代不奏樂牙中識陸扆於後生數稱
譽之扆後位宰相張彥球者奉摯善斷累破虜有功奏為行軍司馬後署
金吾將軍初盜流中原沙陀彊悍而卒收其用者蓋從讜為太原重也時鄭
畋以宰相鎮鳳翔移檄討賊兩人以忠義相提衡賊尤憚之號二鄭云

鄭珣瑜字元伯鄭州滎澤人少孤值天寶亂退耕陸渾山以養母不干州里
轉運使劉晏奏補寧陵宋城尉山南節度使張獻誠表南鄭丞皆謝不應大
曆中以諷諫主文科高第授大理評事調陽翟丞以拔萃為萬年尉崔祐甫
為相擢左補闕出為涇原帥府判官入拜侍御史刑部員外郎以母喪解訖
喪遷吏部貞元初詔擇十省郎治畿赤珣瑜檢校本官兼奉先令明年進饒
州刺史入為諫議大夫四遷吏部侍郎為河南尹未入境會德宗生日尹當
獻馬吏欲前取印白珣瑜視事且內贄珣瑜徐曰未到官而遽事獻禮歟不
聽性嚴重少言未嘗以私託人而人亦不敢謁以私既至河南清靜惠下賤

斂貴發以便民方是時韓全義將兵伐蔡河南主餽運珣瑜治儲之陽翟以
給官軍百姓不知餽運勞凡迎送敕使皆有常處吏密識其馬進退不數步
差也全義與監軍別檄有所取非詔約者珣瑜輒拄壁不酬至軍罷凡數百
封有諫者曰軍須期會為急公可不報珣瑜曰武士統戎多恃以取求苟以
為罪尹宜坐之終不為萬人產殄也故下無怨讟時謂治河南比張延賞而
重厚堅正過之復以吏部侍郎召進門下侍郎同中書門下平章事李實為
京兆尹剝下務進奉珣瑜顯詰曰留府繒帛有素餘者應內度支今進奉
乃出何色邪且以對實方幸依違以免順宗立即遷吏部尚書王叔文起州
吏為翰林學士鹽鐵副使內交奄人攘撓政機韋執誼為宰相居外奉行叔
文一日至中書見執誼直吏白方宰相會食百官無見者叔文恚叱吏吏走
入白執誼起就閤與叔文語珣瑜與杜佑高郢輟饔以待須之吏白二公同
飯矣珣瑜喟曰吾可復居此乎命左右取馬歸臥家不出七日罷為吏部尚
書亦會有疾數月卒年六十八贈尚書左僕射太常博士徐復謚文獻兵部
侍郎李巽言文者經緯天地用二謚非春秋之正請更議復謂二謚周漢以
來有之威烈愼靜周也文終文成漢也況珣瑜名臣二謚不嫌巽曰謚一正
也堯舜是也二謚非古也法所不載詔從復議子覃

覃以父蔭補弘文校書郎擢累諫議大夫穆宗取五坊官為和糴使覃奏罷
之穆宗立不卹國事數荒昵吐蕃方彊覃與崔郾等廷對曰陛下新即位宜
側身勤政而內耽宴嬉外盤游畋今吐蕃在邊狙伺中國假令緩急臣下乃
不知陛下所在不敗事乎夫金繒所出固民膏血可使倡優無功濫被賜與
願節用之以所餘備邊毋令有司重取百姓天下之幸也帝不懌顧宰相蕭
俛曰是皆何人俛曰諫官也帝意解乃曰朕之闕下能盡規忠也因詔覃曰
閤中殊不款款後有為我言者當見卿延英時閤中奏及廢至是士相慶王
承元從鄭滑節度使鎮人固留不出承元請以重臣勞安其軍詔覃為宣諭
使起居舍人王璠副之始鎮人慢甚及覃傳詔開曉大義軍遂安承元乃得
去寶曆初擢京兆尹文宗召為翰林侍講學士進工部侍郎覃於經術該深
謹篤守正帝尤重之李宗閔牛僧孺知政以覃與李德裕厚忌其親近為助
力陽遷工部尚書罷侍講欲推遠之帝雅向學頗思覃復召為侍講學士德
裕既相以為御史大夫帝嘗謂殷侑善言經其為人鄭覃比也宗閔猥曰二
人誠通經然其議論不足取德裕曰覃侑之言它人不欲聞惟陛下宜聞之
俄德裕罷宗閔復用覃繇戶部尚書下除祕書監宗閔得罪還刑部尚書進
尚書右僕射判國子祭酒李訓誅帝召覃視詔禁中遂拜同中書門下平章

事封滎陽郡公不喜文辭病進士浮薄建廢其科曰南北朝所以不治文采
勝質厚也士惟用才何必文辭又言文人多佻薄帝曰純薄以賦性之異奚
特進士且設是科二百年未可易乃止帝嘗謂百司不可使一日弛惰因指
香案鑪曰此始華好用久則晦不治飾何由復新覃曰救世之敝在先責實
比皆不攝職事至奠王夷甫以不及為嘆此本于治平人人無事安逸致然
帝曰要在謹法度而已進門下侍郎弘文館大學士帝坐延英論詩工不覃
曰孔子所刪三百篇是已其非雅正者烏足為天子道哉夫風大小雅皆下
刺上之變非上化下為之故王者采詩以考風俗得失若陳後主隋煬帝特
能詩之章解而不知王術故卒歸於亂章什詭譎願陛下不取也帝每言順
宗事不詳實史臣韓愈豈當時屈人邪昔漢司馬遷與任安書辭多怨懟故
武帝本紀多失實覃曰武帝中年大發兵事邊生人耗瘁府庫殫竭遷所述
非過言李石曰覃所陳因武帝以諫欲陛下終究盛德帝曰誠然靡不有初
鮮克有終覃曰陛下樂觀書然要義不過一二陛下所道是矣宜寢饋以之
覃既名儒故以宰相領祭酒請太學五經經置博士祿廩比王府官再遷太
子太師開成三年旱帝多出宮人李玨入賀曰漢制八月選人晉武帝平吳
多采擇仲尼所謂未見好德者陛下以為無益放之盛德也覃又推贊曰晉

以采擇之失舉天下為左衽宜陛下以為殷鑒帝善其將美以病乞去位有詔解太子太師許五日一入中書商量政事俄罷為尚書左僕射武宗初李德裕復用欲援覃共政固辭乃授司空致仕卒覃清正退約與人未嘗串狎位相國所居第不加飾內無妾媵女孫適崔皐官裁九品衛佐帝重其不昏權家覃之侍講每以厚風俗黜朋比再三為天子言故終為相然疾惡多所不容世以為太過憚之始覃以經籍刓繆博士陋淺不能正建言願與鉅學鴻生共力讎刊準漢舊事鏤石太學示萬世法詔可覃乃表周墀崔球張次宗孔溫業等是正其文刻于石子裔綽

裔綽峭立有父風以門蔭進為李德裕所知擢渭南尉直弘文館累遷諫議大夫宣宗初劉潼繇鄭州刺史授桂管觀察使裔綽固爭潼被責未久不宜付廉察帝已遣使者頒詔追罷之遷給事中楊漢公為荊南節度使坐貪沓貶秘書監尋拜同州刺史裔綽與鄭公輿封還制書帝自即位諫臣規正無不納至是有為漢公地者遂終不易會賜宴禁中天子擊毬至門下官謂二人曰近論漢公事類朋黨者裔綽曰同州太宗興王地陛下為人子孫當慎所付且漢公墨沒敗官奈何以重地私之帝變色翌日貶商州刺史時猶衣綠因詔賜緋魚後繇秘書監遷浙東觀察使終太子少保覃弟朗

朗字有融始辟柳公綽山南幕府入遷右拾遺開成中擢起居郎文宗與宰相議政適見朗執筆螭頭下謂曰向所論事亦記之乎朕將觀之朗曰臣執筆所書者史也故事天子不觀史昔太宗欲觀之朱子奢曰史不隱善不諱惡自中主而下或飾非護失見之則史官無以自免且不敢直筆褚遂良亦稱史記天子言動雖非法必書庶幾自飭帝怳謂宰相曰朗援故事不畀朕見起居注可謂善守職者然人君之為善惡必記朕恐平日言之不叶治體為將來羞庶一見得以自改朗遂上之累遷諫議大夫為侍講學士由華州刺史入拜御史中丞戶部侍郎為鄂岳浙西觀察使進義武宣武二節度歷工部尚書判度支御史大夫復為工部尚書同中書門下平章事中人李敬寔排朗騶導馳去朗以聞宣宗詰敬寔自言供奉官不避道帝曰傳我命則絕道行可也而私出不避宰相邪即斥敬寔右拾遺鄭言者故在幕府朗以諫臣與輔相爭得失不論則廢職奏徙它官久之以疾自陳罷為太子少師卒贈司空始朗舉進士有相者言君當貴然不可以科第進俄而有司擢朗第一既又覆實被放相者賀曰安之已而果相

高郢字公楚其先自渤海徙衛州遂為衛州人九歲通春秋工屬文著語默賦諸儒稱之父伯祥為好畤尉安祿山陷京師將誅之郢尚幼解衣請代賊義并貰之寶應初及進士第代宗為太后營章敬寺郢以白衣上書諫曰陛下大孝因心與天罔極烝烝之思要無以加臣謂悉力追孝誠為有益妨時勸人不得無損捨人就寺何福之為昔魯莊公丹桓公廟楹而刻其桷春秋書之為非禮漢孝惠孝景孝宣令郡國諸侯立高祖文武廟至元帝與博士議郎斟酌古禮一罷之夫廟猶不越禮而立況寺非宗祏所安神靈所宅乎殫萬人之力邀一切之報其為不可亦明矣間者昆吾孔熾荐食生人百姓懍懍無日不揚遺將攘却亡尺寸功隴外壤地委諸豺狼太宗艱難之業傳之陛下一夫不獲尺土見侵告成之時猶恐有闕況用武以來十三年傷者不救死者不收繕卒補乘于今未已夫興師十萬日費千金計十三年舉百萬之衆資糧扉屨取足於人芻稾轉十不一在父子兄弟相視無聊延頸歎以役王命縱未能出禁財賙鰥寡猶當稍息勞弊以噢休之奈何戎虜未平侵地未復金革未戢疲人未撫太倉無終歲之儲大農有榷酤之斂欲以此時興力役哉比八月雨不潤下菽麥失時黔首很顧憂在艱食若遂不給將何以救之無寺猶可無人其可乎然土木之勤功用之費不虛府庫將焉取之府庫既竭則又誅求若人不堪命盜賊相挺而興戎狄乘間以為風塵得不為陛下深憂乎臣聞聖人受命於天以人為主苟功濟于天天人同和則宗廟受福子孫蒙慶傳曰德教加於百姓刑于四海天子之孝也又曰無念爾祖聿脩厥德既受帝祉施于孫子是知王者之孝在於承順天地嚴配宗考恭慎德教以臨兆民俾四海之內懽心助祭延福流祚永永無窮未聞崇樹梵宮彫琢金玉之為孝者夏禹卑宮室盡力溝洫人到于今稱之梁武帝窮土木飾塔廟人無稱焉陛下若節用愛人當與夏后齊美何必勞人動衆踵梁武遺風乎及制作之初伎費尚淺人貴量力不貴必成事貴相時不貴必遂陛下若回思慮從人心則聖德孝思格于天地千福萬祿先后受之曾是一寺較功德邪書奏未報復上言王者將有為也將有行也必藉于衆而順于人則自然之福不求而至未然之禍不除而絕臣聞神人無功者不為有功之功聖人無名者不為可名之名不為有功之功故功莫大不為有名之名故名莫厚古之明王積善以致福不費財以求福脩德以銷禍不勞人以攘禍陛下之營作臣竊惑之若以為功則天覆地載陰施陽化未曾有為也若以為名則至德要道以順天下未曾有待也若以致福則通于神明光于四海不在費財若以攘禍則方務厥德固有天災不在勞人今興造趣急人徒竭作土木並起日課萬工不遑食息搒笞愁痛盈於道路以此望福臣恐不然陛下戡定多難勵精思治務行寬仁以幸天下今固違群情徇左右過計臣竊為陛下惜之

不納以茂才異行高第索擢咸陽尉郭子儀取為朔方掌書記子儀怒判官張曇奏抵死郢引救甚力忤子儀意下徙猗氏丞李懷光引佐邠寧府懷光將還河中郢勸不如西迎乘輿懷光反方欲不聽既又欲悉兵鼓而西時渾瑊提孤軍抗賊群將未集郢恐為懷光所乘與李鄘固止之會懷光子璀候郢郢因脅說曰君視天寶以來稱兵者今尚誰在且國家固有天命人力不豫焉今若恃衆而動自絕于天十室之小必得忠信安知三軍不有奔潰而助順者乎璀大懼流汗不能語郢因與其將呂鳴岳張延英謀間道歸國事洩懷光先斬二將然後引郢詰誚郢抗詞無所愧隱觀者為泣下懷光慙赦之孔巢父遇害郢撫屍而哭懷光已誅李晟表其忠馬燧奏管書記召拜主客員外郎遷中書舍人久之進禮部侍郎時四方士務朋比更相譽薦以動有司徇名亡實郢疾之乃謝絕請謁顓行藝實司貢部凡三歲甄幽獨抑浮華流競之俗為一衰還太常卿貞元末擢中書侍郎同中書門下平章事順宗立病不能事王叔文黨根據朝廷帝始詔皇太子監國而郢以刑部尚書罷明年為華州刺史政尚仁靜初駱元光自華引軍戍良原元光卒軍入神策而州仍歲餉其糧民困輸入累刺史憚不敢白郢奏罷之復召為太常卿除御史大夫數月改兵部尚書固乞骸骨以尚書右僕射致仕卒年七十

二贈太子太保謚曰貞郢恭慎不與人交常掌制誥家無留稾或勸蓋如前人傳制集者荅曰王言不可藏私家生平不治產有勸營之者荅曰祿稟雖薄在我則有餘田莊何所取乎郢之相也與鄭珣瑜同拜既叔文用事珣瑜憂甚爭不能得乃稱疾不出郢未有所建白俄與珣瑜免故議者賢珣瑜而咎郢子定

贊曰王叔文雖內連姻尹冰倚姦回以據天權然是時太子已長朝無嫌釁若珣瑜郢與杜佑等毅然引東宮監國執退叔文輩其力不難顧循嘿苟安所謂焉用彼相者矣珣瑜一怒卧第與郢佑固位二者亦不足相輕重云

子定辯惠七歲讀尚書至湯誓跪問郢曰奈何以臣伐君郢曰應天順人何云伐邪對曰用命賞于祖不用命戮于社是順人乎郢異之小字董二世重其早惠以字顯長通王氏易為圖合八出上圓下方合則重轉則演七轉而六十四卦六甲八節備焉仕至京兆府參軍

鄭絪字文明餘慶從父行也幼有奇志善屬文所交皆天下有名士擢進士宏辭高第張延賞帥劍南奏署掌書記入為起居郎翰林學士累遷中書舍人德宗自興元還置六軍統軍視六尚書以處功臣除制用白麻付外又發宣威軍益左右神策以監軍為中尉竇文場恃功陰諷宰相進擬如統軍比絪當作制奏言天子封建或用宰相以白麻署制付中書門下今以命中尉不識陛下特以寵文場邪遂著為令也帝悟謂文場曰武德貞觀時中人止內侍諸衛將軍同正賜緋者無幾自魚朝恩以來無復舊制朕因用爾不謂私若麻制宣告天下謂爾脅我為之文場叩頭謝更命中書作詔并罷統軍用麻矣明日帝見絪曰宰相不能拒中人得卿言乃悟順宗病不得語王叔文與牛美人用事權震中外憚廣陵王雄睿欲危之帝召絪草立太子詔絪不請輒書曰立嫡以長跪白之帝頷乃定憲宗即位拜中書侍郎同中書門下平章事遷門下侍郎始盧從史陰與王承宗連和有詔歸潞從史辭糧請留軍山東李吉甫密譖絪漏言於從史帝怒坐浴堂殿召學士李絳語其故且曰若何而處絳曰誠如是罪當族然誰以聞陛下者曰吉甫為我言絳曰絪任宰相識名節不當如犬彘梟鏡與姦臣外通恐吉甫勢軋內造為醜辭以怒陛下帝良久曰幾誤我先是杜黃裳方為帝夷削節度彊王室建議裁可不關決于絪絪常默默居位四年罷為太子賓客久乃檢校禮部尚書出為嶺南節度使後東還河中節度入為御史大夫檢校尚書左僕射兼太子少保文宗大和中年老乞骸骨以太子太傅致仕卒年七十八贈司空諡曰宣絪本以儒術進守道寡欲所居不為煩赫事以篤實稱善名理

學世以耆德推之孫顥擢進士以起居郎尚萬壽公主拜駙馬都尉有器識宣宗時恩寵無比終檢校禮部尚書河南尹

權德輿字載之父皐見卓行傳德輿七歲居父喪哭踊如成人未冠以文章稱諸儒間韓洄黜陟河南辟署幕府復從江西觀察使李兼府為判官杜佑裴胄交辟之德宗聞其材召為太常博士改左補闕貞元八年關東淮南浙西州縣大水壞廬舍漂殺人德輿建言江淮田一善熟則旁資數道故天下大計仰於東南今淫雨二時農田不開庸亡日衆宜擇群臣明識通方者持節勞徠問人所疾苦蠲其租入與連帥守長講求所宜賦取於人不若藏於人之固也帝乃遣奚陟等四人循行慰撫裴延齡以巧佞進判度支德輿上疏斥言延齡以常賦正額用度未盡者為羨利以奉己功用官錢售常平雜物還取其直號別貯羨錢因以困上邊軍乏不稟糧召禍彊場其事不細陛下疑為流言胡不以新利召延齡質賦本末擇中朝臣按覆邊資如言者不謬則邦國之務不宜委非其人疏奏不省遷起居舍人歲中兼知制誥進中書舍人當是時帝親覽庶政重除拜凡命諸朝皆手制中下始德輿知制誥而徐岱給事中高郢為舍人居數歲岱卒郢知禮部德輿獨直兩省數旬一還舍乃上書言左右掖垣承天子詔命奉行詳覆各有攸司舊制分曹十員

以相防檢大抵事有所壅則吏得爲非四方聞者或以朝廷爲乏士要重之司不宜久廢帝曰非不知卿之勞但擇如卿者未得其人耳久之知禮部貢舉眞拜侍郎凡三歲甄品詳諦所得士相繼爲公卿宰相取明經初不限員十九年大旱德輿因是上陳闕政曰陛下齋心減膳閔惻元元告于宗廟禱諸天地一物可祈必致其禮一士有請必聽其言憂人之心可謂至已臣聞銷天災者脩政術感人心者流惠澤和氣洽則祥應至矣畿甸之内大率赤地而無所望轉徙之人斃踣道路慮種麥時種不得下宜詔在所裁留經用以種貸民今玆租賦及宿逋遠貸一切蠲除設不蠲除亦無可斂之理不如先事圖之則恩歸於上去十四年夏旱吏趣常賦至縣令爲民毆辱者不可不察又言漕運本濟關中若轉東都以西緣道倉廩米入京師督江淮所輸以備常數然後約太倉一歲計斥其餘者以糴于民則時價不踊而蓄藏者出矣又言大曆中一縑直錢四千今止八百税入加舊則出於民者五倍其初四方銳於上獻爲國掊怨廣軍實之求而兵有虛籍剥取多方雖有心計巧曆能商功利其於割股啖口困人均也又言比經紬放者自謂拔拭無期坐爲匪人以動和氣而冬薦官踰三年未受命衣食既空溘然就斃此亦窮人之一端也近陛下洗宥紬放者或起爲二千石其徒更相勉知善復可望

惟因而弘之使人人自效帝頗采用之憲宗元和初歷兵部侍郎坐累徙太子賓客俄還前官時澤潞盧從史跋扈寖不制其父虔卒京師而成德王承宗父死求襲德輿諫以爲欲變山東先擇昭義之帥從史拔自軍校偃蹇不法今可因其喪選守臣代之成德習俗既久當制以漸許成德之請則可許昭義則不可帝不聽及王承宗叛從史乃詭計以撓王師兵老無功德輿復請赦承宗從從史後皆略如所料會裴垍病德輿自太常卿拜禮部尚書同中書門下平章事王鍔繇河中入朝求兼宰相李藩以爲不可德輿亦奏平章事非序進宜得比方鎭帶宰相必有大忠若勳否則彊不制者不得已與之今鍔無功又非姑息時一假此名以開後人不可帝乃止董溪于皐謩以運糧使盜軍興流嶺南帝悔其輕詔中使半道殺之德輿諫溪等方山東用兵乾沒庫財死不償責陛下以流斥太輕當責臣等繆誤審正其罪明下詔書與衆同棄則人人懼法臣知已事不諍然異時或有此比要須有司論報罰一勸百孰不甘心帝深然之嘗問政之寬猛孰先對曰唐家承隋苛虐以仁厚爲先太宗皇帝見明堂圖始禁鞭背列聖所循皆尚德教故天寶大盜竊發俄而夷滅蓋本朝之化感人心之深也帝曰誠如公言德輿善辨論開陳古今本末以覺悟人主爲輔相寬和不爲察察名李吉甫再秉政帝又

自用李絳參贊大機是時帝切于治事鉅細悉責宰相吉甫絳議論不能無持異至帝前還言亟辯德輿從容不敢有所輕重坐是罷爲本官以檢校吏部尚書留守東都進扶風郡公子頵以子殺人自囚親戚莫敢過門朝廷無爲請者德輿將行言于帝曰頵之罪既貸不責宜因賜寛詔帝曰然卿爲吾過諭之復拜太常卿從刑部尚書先是詔許孟容蔣乂刊彙格敕既成上之留禁中德輿請出其書與侍郎劉伯芻參復研考定三十篇奏上復檢校吏部尚書出爲山南西道節度使後二年以病乞還卒於道年六十贈尚書左僕射謚曰文德輿生三歲知變四聲四歲能賦詩積思經術無不貫綜自始學至老未曾一日去書不觀嘗著論辨漢所以亡西京以張禹東京以胡廣大指有補於世其文雅正贍縟當時公卿侯王功德卓異者皆所銘紀十常七八雖動止無外飾其醖藉風流自然可慕貞元元和間爲搢紳羽儀云子璩字大圭元和初擢進士歷監察御史有美稱宰相李宗閔乃父門生故薦爲中書舍人時李訓挾寵以周易博士在翰林璩與舍人高元裕給事中鄭肅韓佽等連章劾訓傾覆陰巧且亂國不宜出入禁中不聽及宗閔貶璩屢表辨解貶閬州刺史文宗憐其母病徙鄭州訓誅時人多璩明禍福大體能世其家

崔群字敦詩貝州武城人未冠舉進士陸贄主貢舉梁肅薦其有公輔才擢甲科舉賢良方正授秘書省校書郎累遷右補闕翰林學士中書舍人數陳讜言憲宗嘉納因詔學士凡奏議待群署乃得上群以禁密之言人人當自陳一爲故事後或有惡直醜正則它學士不得上言矣固讓見聽惠昭太子薨是時遂王嫡而澧王長多內助帝將建東宮詔群爲澧王作讓表群奏凡已當得則讓不當得之烏用讓今遂王嫡宜爲太子帝從其議魏博田季安以五千縑助營開業佛祠群以爲無名之獻不當受有詔却之進戶部侍郎元和十二年以中書侍郎同中書門下平章事李師道既誅師古等妻子沒入掖廷帝疑以問群群請釋之并還其奴婢貲產鹽鐵院官權長孺坐罪抵死其母老丐子以養帝惻然欲赦之以問宰相群對陛下幸憐其老宜即遣使諭旨若須出敕無及矣於是免死群凡啓奏平恕如此帝嘗語宰相聽受之際不亦難乎比詔學士集前世事爲辨謗略以自鑒其要云何群對無情曲直辨之至易有情則欺爲難審也故孔子有衆好衆惡浸潤膚受之說以其難辨也若陛下擇賢而任待之以誠糾之以法則人自歸正而不敢以欺帝韙其言處州刺史苗稷進羨錢七百萬群以受之失信天下請還賜其州以紓下戶之賦是時皇甫鎛言利幸於帝陰藉左右求宰相群數言其佞邪不可用既入對及開

元天寶事群因推言其極曰安危在出令存亡繫所任昔玄宗少歷屯險更民間疾苦故初得姚崇宋璟盧懷慎輔以道德蘇頲李元紘孜孜守正則開元為治其後安于逸樂遠正士昵小人故宇文融以言利進李林甫楊國忠怙寵朋邪則天寶為亂願陛下以開元為法以天寶為戒社稷之福也又言世謂祿山反為治亂分時臣謂罷張九齡相林甫則治亂固已分矣左右為感動群以是諷帝故鎛銜之帝卒自相鎛會群臣上帝號鎛欲兼用孝德為號群獨以為有睿聖則孝德幷見帝聞不樂會度支所賜邊士不時物多弊惡李光顏憂甚至欲引佩刀自決中外皆恐鎛奏邊鄙無事乃群鼓動欲以買直歸怨天子於是罷為湖南觀察使穆宗立以吏部侍郎召之勞曰我為太子卿力也群曰此先帝意臣何力焉且陛下向為淮西節度使臣起制草其言有能辨南陽之績允符東海之貴先帝然之則傳付久矣俄拜御史大夫未幾檢校兵部尚書兼武寧節度使群以其副王智興得士心不若假以節度不報智興討幽鎮還藉兵逐群群失守左遷秘書監分司東都改華州刺史歷宣歙池觀察使進兵部尚書出為荊南節度使召拜吏部尚書卒年六十一贈司空

贊曰聖人不畏多難畏無難何哉多難之世人人長慮而深謀日惕于中猶以為未也曰吾覆亡不暇又何以安故能舉天下付之興長之也禍難已平上恬下嬉施施自如曰賢難得雖無賢尚可治也使可去雖存使不遽亂也視偏弗填忽傾弗支偃然自慰曰我焉以喪故能舉天下付之亡不畏也常人所畏聖人易之所不畏聖人難之觀孝明皇帝本中主遭變可與謀始持成不可與共終崔群以為相李林甫則治亂已分其言信哉是扁鵲所以誚桓侯也

列傳第九十

端明殿學士兼翰林侍讀學士龍圖閣學士朝請大夫尚書吏部侍郎充集賢殿修撰臣宋祁奉
敕撰

賈耽字敦詩滄州南皮人天寶中舉明經補臨清尉上書論事徙太平河東節度使王思禮署為度支判官累進汾州刺史治凡七年政有異績召授鴻臚卿兼左右威遠營使俄為山南西道節度使梁崇義反東道耽進屯穀城取均州建中三年徙東道德宗在梁耽使司馬樊澤奏事澤還耽大置酒會諸將俄有急詔至以澤代耽召為工部尚書耽內詔于懷飲如故既罷召澤曰詔以公見代吾且治行敕將吏謁澤大將張獻甫曰天子播越而行軍以公命問行在乃擁旄鉞利公土地可謂事人不忠矣軍中不平請為公殺之耽曰是何謂邪朝廷有命即為帥矣吾今趣覲得以君俱乃行軍中遂安俄為東都留守故事居守不出城以耽善射優詔許獵近郊還義成節度使淄青李納雖削偽號而陰蓄姦謀冀有以逞其兵數千自行營還道出滑或請館于外耽曰與我鄰道柰何疑之使暴于野命館城中宴廡下納士皆心服耽每畋從數百騎往往入納境納大喜然畏其德不敢謀貞元九年以尚書右僕射同中書門下平章事俄封魏國公常以方鎮帥缺當自天子命之若謀之軍中則下有背向人固不安帝然之不用也順宗立進檢校司空左僕射時王叔文等干政耽病之屢移疾乞骸骨不許卒年七十六贈太傅謚曰元靖耽嗜觀書老益勤尤悉地理四方之人與使夷狄者見之必從詢索風俗故天下地土區產山川夷岨必究知之方吐蕃盛彊盜有隴西異時州縣遠近有司不復傳耽乃繪布隴右山南九州且載河所經受為圖又以洮湟甘涼屯鎮額籍道里廣狹山險水原為別錄六篇河西戎之錄四篇上之詔賜幣馬珍器又圖海內華夷廣三丈從三丈三尺以寸為百里并譔古今郡國縣道四夷述其中國本之禹貢外夷本班固漢書古郡國題以墨今州縣以朱刊落疏舛多所釐正帝善之賜予加

等或指圖問其邦人咸得其真又著貞元十道錄以貞觀分天下隸十道在景雲為按察開元為採訪廢置升降備焉至陰陽雜數罔不通其器恢然蓋長者也不喜臧否人物為相十三年雖安危大事亡所發明而檢身厲行自其所長每歸第對賓客無少倦家人近習不見其喜慍世謂淳德有常者

杜佑字君卿京兆萬年人父希望重然諾所交游皆一時俊桀為安陵令都督宋慶禮表其異政坐小累去官開元中交河公主嫁突騎施詔希望為和親判官信安郡王禕表署靈州別駕關內道支度判官自代州都督召還京師對邊事玄宗才之屬吐蕃攻勃律勃律乞歸右相李林甫方領隴西節度故拜希望鄯州都督知留後馳傳度隴破烏莽衆斬千餘級進拔新城振旅而還擢鴻臚卿於是置鎮西軍希望引師部分塞下吐蕃懼遺書求和希望報曰受和非臣下所得專虜悉衆爭樝泉希望大小戰數十俘其大酋至莫門焚積蓄卒城而還授二子官時軍屢興府庫虛寡希望居數歲芻粟金帛豐餘宦者牛仙童行邊或勸希望結其驩答曰以貨藩身吾不忍仙童還奏希望不職下遷恒州刺史徙西河而仙童受諸將金事泄抵死畀金者皆得罪希望愛重文學門下所引如崔顥等皆名重當時佑以蔭補濟南參軍事剡縣丞嘗過潤州刺史韋元甫元甫以故人子待之不加禮它日元甫有疑獄不能決試訊佑佑為辨處契要無不盡元甫奇之署司法參軍府徙浙西淮南皆表置幕府入為工部郎中充江淮青苗使再遷容管經略使楊炎輔政歷金部郎中為水陸轉運使改度支兼和糴使於是軍興餽漕佑得剸決以戶部侍郎判度支建中初河朔兵挐戰民困賦無所出佑以為救敝莫若省用省用則省官乃上議曰漢光武建武中廢縣四百吏率十署一魏太和時分遣使者省吏員正始時并郡縣晉太元省官七百隋開皇廢郡五百貞觀初省內官六百員設官之本以治衆庶故古者計人置吏不肯虛設自漢至唐因征戰艱難以省吏員誠救弊之切也昔咎繇作士今刑

部尚書大理卿則二咎繇也垂作共工今工部尚書將作監則二垂也契作司徒今司徒戶部尚書則二契也伯夷為秩宗今禮部尚書禮儀使則二伯夷也伯益為虞今虞部郎中都水使者則二伯益也伯冏為太僕今太僕卿駕部郎中尚輦奉御閑廄使則四伯冏也古天子有六軍漢前後左右將軍四人今十二衛神策八軍凡將軍六十員舊名不廢新資日加且漢置別駕隨刺史巡察猶今觀察使之有副也參軍者參其府軍事猶今節度判官也官名職務宜遷易不同爾詎有事實哉誠宜斟酌繁省欲致治者先正名神龍中官紀蕩然有司大集選者既無闕員則置員外官二千人自是以為常當開元天寶中四方無虞編戶九百餘萬籍藏豐溢雖有浮費不之為憂今黎苗凋瘵天下戶百三十萬陛下詔使者按比纔得三百萬比天寶三分之一就中浮寄又五之二出賦者已耗而食之者如舊安可不革議者以天下尚有跛扈不廷一省官吏被罷者皆往托焉此常情之說類非至論且才者薦用

不才者何患其亡又況顧姻戚家產哉建武時公孫述隗囂未滅太和正始太元時吳蜀鼎立開皇時陳尚割據皆羅取俊乂猶不慮失人以資敵今田悅輩繫刑暴賦惟軍是卹遇士人如奴固無范雎業秦賈季適狄之患若以習久不可以遽改且應權省別駕參軍司馬州縣額內官約戶置尉當罷者有行義在所以聞不如狀舉者當坐不為人舉者任參常調亦何患哉如魏置柱國當時宿德盛業者居之貴寵第一周隋間授受已多國家以為勳級纔得地三十頃耳又開府儀同三司光祿大夫亦官名以其太多回作階級隨時立制遇弊則變何必因循憚改作耶議入不省盧杞當國惡之出為蘇州刺史前刺史母喪解佑母在辭不行改饒州俄還嶺南節度使佑為開大衢疏析廛閈以息火災朱崖黎民三世保險不賓佑討平之召拜尚書右丞俄出為淮南節度使以母喪解詔不許徐州節度使張建封卒軍亂立其子愔請于朝帝不許乃詔佑檢校尚書左僕射同中書門下平章事節度徐泗討定之

佑具舟艦遣屬將孟準度淮擊徐不克引還佑於出師應變非所長因固境不敢進乃詔授愔徐州節度使析濠泗二州隸淮南初佑決雷陂以廣灌溉斥海瀕棄地為田積米至五十萬斛列營三十區士馬整飭四鄰畏之然寬假僚佐故南宮僔李亞鄭元均至爭權亂政帝為佑斥去之十九年拜檢校司空同中書門下平章事德宗崩詔攝冢宰進檢校司徒兼度支鹽鐵使於是王叔文為副佑既以宰相不親事叔文遂專權後叔文以母喪還第佑有所按決郎中陳諫請須叔文佑曰使不可專耶乃出諫為河中少尹叔文欲搖東宮冀佑為助佑不應乃謀逐之未決而敗佑更薦李巽以自副憲宗在諒闇復攝冢宰盡讓度支鹽鐵於巽始度支裔用度多署吏權攝百司繁而不綱佑以營繕還將作木炭歸司農涑染還少府職務簡脩明年拜司徒封岐國公党項陰導吐蕃為亂諸將邀功請討之佑以為無良邊臣有為而叛即上疏曰昔周宣中興獫狁為害追之太原及境而止不欲弊中國怒遠夷也秦

恃兵力北拒匈奴西逐諸羌結怨階亂實生謫戍蓋聖王之治天下惟欲綏靜生人西至于流沙東漸于海在北與南止存聲教豈疲內而事外耶昔馮奉世矯詔斬莎車王傳首京師威震西域宣帝議加爵土蕭望之獨謂矯制違命雖有功不可為法恐後奉使者為國家生事夷狄比突厥默啜寇害中國開元初郝靈佺捕斬之自謂功莫與二宋璟慮邊臣由此邀功但授郎將而已繇是訖開元之盛不復議邊中國遂安此成敗鑒戒之不遠也党項小蕃與中國雜處間者邊將侵刻利其善馬子女斂求繇役遂致叛亡與北狄西戎相誘盜邊傳曰遠人不服則脩文德以來之管仲有言國家無使勇猛者為邊境此誠聖哲識微知著之略也今戎醜方彊邊備未實誠宜慎擇良將使之完輯禁絕誅求示以信誠來則懲禦去則謹備彼當懷柔革其姦謀何必亟興師役坐取勞費哉帝嘉納之歲餘乞致仕不聽詔三五日一入中書平章政事佑每進見天子尊禮之官而不名後數年固乞骸骨帝不得已許之

仍拜光禄大夫守太保致仕俾朝朔望遣中人錫予備厚元和七年卒年七十八冊贈太傅謚曰安簡佑貧嗜學雖貴猶夜分讀書先是劉秩摭百家侔周六官法爲政典三十五篇房琯稱才過劉向佑以爲未盡因廣其闕參益新禮爲二百篇自號通典奏之優詔嘉美儒者服其書約而詳爲人平易遜順與物不違忤人皆愛重之方漢胡廣然練達文采不及也朱坡樊川頗治亭觀林芿鑿山股泉與賓客置酒爲樂子弟皆奉朝請貴盛爲一時冠天性精於吏職爲治不皦察數斡計賦相民利病而上下之議者稱佑治行無缺惟晚年以妾爲夫人有所蔽云子式方

式方字考元以蔭授揚州參軍事再遷太常寺主簿考定音律卿高郢稱之佑既相出爲昭應令遷太僕卿子悰尚公主式方以右戚輒病不視事穆宗立授桂管觀察使弟從郁痼疾躬爲營方藥羞膳及死朞而泣世稱其篤行卒贈禮部尚書從郁元和初爲左補闕崔羣等以宰相子爲嫌再徙祕書丞終駕部員外郎子牧

悰字永裕以門蔭三遷太子司議郎權德輿爲相其婿翰林學士獨孤郁以嫌自白憲宗見郁文雅歎曰德輿有婿乃爾時岐陽公主帝愛女舊制選多戚里將家帝始詔宰相李吉甫擇大臣子皆辭疾唯悰以選召見麟德殿禮成授殿中少監駙馬都尉大和初由澧州刺史召爲京兆尹遷鳳翔忠武節度使入爲工部尚書判度支會公主薨悰久不謝文宗怪之戶部侍郎李珏曰比駙馬都尉皆爲公主服斬衰三年故悰不得謝帝矍然始詔杖而朞著于令會昌初爲淮南節度使武宗詔揚州監軍取倡家女十七人進禁中監軍請悰同選又欲閱良家有姿相者悰曰吾不奉詔而輒與罪也監軍怒表于帝帝以悰有大臣體乃詔罷所進伎有意倚悰爲相矣踰年召拜檢校尚書右僕射同中書門下平章事仍判度支劉稹平進左僕射兼門下侍郎未幾以本官罷出爲劍南東川節度使徙西川復鎮淮南時方旱道路流亡藉藉民至漉漕渠遺米自給呼爲聖米取陂澤茭蒲實皆盡悰更表以爲祥獄囚積數百千人而荒湎宴適不能事罷兼太子太傅分司東都踰歲起爲留守復節度劍南西川召爲右僕射判度支進兼門下侍郎同平章事始宣宗世夔王以下五王處大明宮內院而鄆王居十六宅帝大漸樞密使王歸長馬公儒等以遺詔立夔王而左軍中尉王宗實等入殿中以爲歸長等矯詔乃迎鄆王立之是爲懿宗久之遣樞密使楊慶詣中書獨揖悰它宰相畢諴杜審權蔣伸不敢進乃授悰中人請帝監國奏因諭悰劾大臣名不在者抵罪悰遽封授使者復命謂慶曰上踐祚未久君等秉權以愛憎殺大臣公屬禍無日矣慶色沮去帝怒亦釋大臣遂安未幾冊拜司空封邠國公以檢校司徒爲鳳翔荊南節度使加兼太傅會黔南觀察使秦匡謀討蠻兵敗奔于悰悰囚之劾不能伏節有詔斬之悰不意其意駭愕得疾卒年八十贈太師葬曰詔宰相百官臨奠悰於大議論往往有所合然才不周用雖出入將相而厚自奉養未嘗薦進幽隱佑之素風衰焉故時號禿角犀子裔休懿宗時歷翰林學

士給事中坐事貶端州司馬弟孺休字休之累擢給事中大順初錢鏐遣弟銶率兵擊徐約於蘇州破之以海昌都將沈粲行刺史事而昭宗更命孺休爲之以粲爲制置指揮使鏐不悅密遣粲害焉始孺休見攻也曰勿殺我當與爾金粲曰殺爾金焉往與兄述休同死悰弟慆

慆咸通中爲泗州刺史會龐勛反圍城處士辛讜自廣陵來見慆勸出家屬獨以身守慆曰吾出百口求生衆心搖矣不如與將士生死共之衆聞皆泣下慆之聞難完濬城隍閱器械無不具賊將李圓易慆馳勇士百人欲入封府庫慆爲好言厚禮迎勞賊不虞慆之謀也明日伏甲士三百宴毬場賊皆殲焉圓怒傅城戰慆殺數百人圓退壁城西勛聞益其兵而以書射城中促降會夜慆擊皷乘城大呼圓氣奪奔還徐州未幾賊焚淮口晝夜戰不息讜乃請救於戍將郭厚本賊解去浙西節度使杜審權遣將以兵千人來援反爲圓軍所包一軍盡沒慆促人間道走京師詔戴可師以

沙陀吐渾兵二萬招討淮南節度使令狐綯遣牙將李湘屯淮口與郭厚本合爲圍所敗湘等並沒於是援絶賊乃以鐵鎖絶淮流梯衝乘城糧盡爲薄饘以給懿宗遣使加慆檢校右散騎常侍勉以堅守勛遣圜入城見慆約降慆怒殺之勛復遺之書慆答書言安祿山朱泚等終底覆滅者以陰攜其黨勛累攻不得志招討使馬舉率兵至遂解去圍凡十月慆拊循士皆殊死奮而辛讜冒圍出入糾輯援師卒完一州時稱爲難賊平慆遷義成軍節度使檢校兵部尚書卒

牧字牧之善屬文第進士復舉賢良方正沈傳師表爲江西團練府巡官又爲牛僧孺淮南節度府掌書記擢監察御史移疾分司東都以弟顗病棄官復爲宣州團練判官拜殿中侍御史內供奉是時劉從諫守澤潞何進滔據魏博頗驕蹇不循法度牧追咎長慶以來朝廷措置亡術復失山東鉅封劇鎮所以繫天下輕重不得承襲輕授皆國家大事嫌不當位而言實有罪故作罪言其辭

曰生人常病兵兵祖於山東羨於天下不得山東兵不可死山東之地禹畫九土曰冀州舜以其分太大離爲幽州爲并州程其水土與河南等常重十弌二故其人沈鷙多材力重許可能辛苦魏晉以下工機纖雜意態百出俗益卑弊人益脆弱唯山東敦五種本兵矢他不能蕩而自若也產健馬下者日馳二百里所以兵常當天下冀州以其恃彊不循理冀其必破弱雖已破冀其復彊大也并州力足以并吞也幽州幽陰慘殺也聖人因以爲名黃帝時蚩尤爲兵階自後帝王多居其地周劣齊霸不一世晉大常傭役諸侯至秦萃銳三晉經六世乃能得韓遂折天下脊復得趙因拾取諸國韓信聯齊有之故蒯通知漢楚輕重在信光武始於上谷成於鄗魏武舉官渡三分天下有其二晉亂胡作至宋武號英雄得蜀得關中盡有河南地十分天下之八然不能使一人度河以窺胡至高齊荒蕩宇文取之隋文因以滅陳五百年間天下乃一家隋文非宋武敵也是宋不得山東隋得山東故隋爲王宋爲霸

由此言之山東王者不得不爲王霸者不得不爲霸猾賊得之足以致天下不安天寶末燕盜起出入成皋函潼間若涉無人地郭李輩兵五十萬不能過鄴自爾百餘城天下力盡不得尺寸人望之若回鶻吐蕃義無敢窺者國家因之畦河脩障戍塞其街蹊齊魯梁蔡被其風流因亦爲寇以裏拓表以表撐裏混澒回轉顛倒橫邪未常五年間不戰生人日頓委四夷日日熾天子因之幸陝幸漢中焦焦然七十餘年運遭孝武澣衣一肉不畋不樂自卑冗中拔取將相凡十三年乃能盡得河南山西地洗削更革罔不能適唯山東不服亦再攻之皆不利豈天使生人未至於怗泰邪豈人謀未至邪何其艱哉今日天子聖明超出古昔志於平治若欲悉使生人無事其要先去兵不得山東兵不可去今者上策莫如自治何者當貞元時山東有燕趙魏叛河南有齊蔡叛梁徐陳汝白馬津盟津襄鄧安黃壽春皆戍厚兵十餘所纔足自護治所實不輟一人以他使遂使我力解勢弛熟視不軌者無可奈何階此

蜀亦叛吳亦叛其他未叛者迎時上下不可保信自元和初至今二十九年間得蜀得吳得蔡得齊收郡縣二百餘城所未能得唯山東百城耳土地人户財物甲兵較之往年豈不綽綽乎亦足自以爲治也法令制度品式條章果自治乎賢才姦惡搜選置捨果自治乎障戍鎮守干戈車馬果自治乎井閭阡陌倉廩財賦果自治乎如不果自治是助虜爲虜環土三千里植根七十年復有天下陰爲之助則安可以取故曰上策莫如自治中策莫如取魏魏於山東最重於河南亦最重魏在山東以其能遮趙也既不可越魏以取趙固不可越趙以取燕是燕趙常取重於魏魏常操燕趙之命故魏在山東最重黎陽距白馬津三十里新鄉距盟津一百五十里陴壘相望朝駕暮戰是二津虜能潰一則馳入成皋不數日間故魏於河南亦最重元和中舉天下兵誅蔡誅齊頓之五年無山東憂者以能得魏也昨日誅滄頓之三年無山東憂亦以能得魏也長慶初誅趙一日五諸侯兵四出潰解以失魏也昨日誅

趙罷如長慶時亦以失魏也故河南山東之輕重在魏非魏彊大地形使然也故曰取魏為中策最下策為浪戰不計地勢不審攻守是也兵多粟多歐人使戰者便於守兵少粟少人不歐自戰者便於戰故我常失於戰虜常困於守山東叛且三五世後生所見言語舉止無非叛也以為事理正當如此沈酣入骨髓無以為非者至有圍急食盡啖屍以戰以此為俗豈可與決一勝一負哉自十餘年凡三收趙食盡且下郗士美敗趙復振杜叔良敗趙復振李聽敗趙復振故曰不計地勢不審攻守為浪戰最下策也累遷左補闕史館修撰改膳部員外郎宰相李德裕素奇其才會昌中黠戛斯破回鶻回鶻種落潰入漠南牧說德裕不如遂取之以為兩漢伐虜常以秋冬當匈奴勁弓折膠重馬免乳與之相校故敗多勝少今若以仲夏發幽并突騎及酒泉兵出其意外一舉無類矣德裕善之會劉稹拒命詔諸鎮兵討之牧復移書於德裕以河陽西北去天井關彊百里用萬人為壘窒其口深壁勿與戰成德

軍世與昭義為敵王元逵思一雪以自奮然不能長驅徑擣上黨其必取者在西面今若以忠武武寧兩軍益青州精甲五千宣潤弩手二千道絳而入不數月必覆賊巢昭義之食盡仰山東常日節度使率留食邢州山西兵單少可乘虛襲取故兵聞拙速未睹巧之久也俄而澤潞平略如牧策歷黃池睦三州刺史入為司勳員外郎常兼史職改吏部復乞為湖州刺史踰年以考功郎中知制誥遷中書舍人牧剛直有奇節不為齪齪小謹敢論列大事指陳病利尤切至少與李甘李中敏宋邧善其通古今善處成敗甘等不及也牧亦以疏直時無右援者從兄悰更歷將相而牧困躓不自振頗怏怏不平卒年五十初牧夢人告曰爾應名畢復夢書皎皎白駒字或曰過隙也俄而炊甑裂牧曰不祥也乃自為墓誌悉取所為文章焚之牧於詩情致豪邁人號為小杜以別杜甫云

顗字勝之幼病目毋禁其為學舉進士禮部侍郎賈餗語人曰得杜顗足敵數百人授祕書省正字李德裕奏為浙西府賓佐德裕貴盛賓客無敢忤惟顗數諫正之及謫袁州歎曰門下愛我皆如顗吾無今日大和末召為咸陽尉直史館常語人曰李訓鄭注必敗行未及都聞難作即辭疾歸顗亦善屬文與牧相上下竟以喪明卒

令狐楚字殼士德棻之裔也生五歲能為辭章逮冠貢進士京兆尹將薦為第一時許正倫輕薄士有名長安間能作蜚語楚嫌其爭讓而下之既及第桂管觀察使王拱愛其材將辟楚懼不至乃先奏而後聘雖在拱所以父官并州不得奉養未嘗豫宴樂滿歲謝歸李說嚴綬鄭儋繼領太原高其行引在幕府由掌書記至判官德宗喜文每省太原奏必能辨楚所為數稱之儋暴死不及占後事軍大讙將為亂夜十數騎挺刃邀取楚使草遺奏諸將圜視楚色不變秉筆輒就以徧示士皆感泣一軍乃安由是名益重以親喪解既除召授右拾遺憲宗時累擢職方員外郎知制誥其為文於箋奏制令尤善每一篇成人皆傳諷皇甫鎛以言利幸與楚蕭俛皆厚善故薦于帝帝亦自聞其名召為翰林學士進中書舍

人方伐蔡久未下議者多欲罷兵帝獨與裴度不肯赦元和十二年度以宰相領彰義節度使楚草制其辭有所不合度得其情時宰相李逢吉與楚善皆不助度故帝罷逢吉停楚學士但為中書舍人俄出為華州刺史後它學士比比宣事不切旨帝抵其草思楚之才鎛既相擢楚河陽懷節度使代烏重胤始重胤徙滄州以河陽士三千從士不樂半道潰歸保北城將轉掠旁州楚至中潬以數騎自往勞之衆甲而出見楚不疑乃皆降楚斬其首惡衆遂定度出太原鎛薦楚為中書侍郎同中書門下平章事穆宗即位進門下侍郎鎛得罪時謂楚緣鎛以進且嘗逐裴度天下所共疾會蕭俛輔政乃不敢言方營景陵詔楚為使而親吏韋正牧奉天令于翬等不償傭錢十五萬緡楚獻以為羨餘怨訴係路詔捕翬等下獄誅出楚為宣歙觀察使俄貶衡州刺史再徙以太子賓客分司東都長慶二年擢陝虢觀察使諫官論執不置楚至陝一日復罷還東都會逢吉復相力起楚以李紳在翰林沮之不克敬宗

立逐出紳即拜楚爲河南尹遷宣武節度使汴軍以驕故而韓弘
弟兄務以峻法繩治士偷于安無華心楚至解去酷烈以仁惠鐫
諭人人悅喜遂爲善俗入爲戶部尚書俄拜東都留守徙天平節
度使始汴鄆帥每至以州錢二百萬入私藏楚獨辭不取又毀李
師古園檻僭制者久之徙節河東召爲吏部尚書檢校尚書右僕
射故事檢校官重則從其班楚以吏部自有品固辭有詔嘉允俄
兼太常卿進拜左僕射彭陽郡公會李訓亂將相皆繫神策軍文
宗夜召楚與鄭覃入禁中楚建言外有三司御史不則大臣雜治
內仗非宰相繫所也帝頷之既草詔以王涯賈餗寃指其罪不切
仇士良等怨之始帝許相楚乃不果更用李石而以楚爲鹽鐵轉
運使先是鄭注奏建榷茶使王涯又議官自治園植茶人不便楚
請廢使如舊法從之元和中出禁兵界左右街使衞宰相入朝至
建福門及是亂乃罷楚即奏鎮帥初拜必戎服屬仗詣省謁辭本
於鄭注實爲亂兆故王璠郭行餘驅將吏蹀血京師所宜停止詔

可開成元年上巳賜羣臣宴曲江楚以新誅大臣暴骸未收怨沴
感結稱疾不出乃請給衣衾櫘櫝以斂刑骨順陽氣是時政在宦
豎數上疏辭位拜山南西道節度使卒年七十二贈司空謚曰文
楚外嚴重不可犯而中寬厚待士有禮客以星步鬼神進者一不
接爲政善撫御治有績人人得所宜疾甚諸子進藥不肯御曰士
固有命何事此物邪自力爲奏謝天子召門人李商隱曰吾氣魄
且盡可助我成之其大要以甘露事誅譴者衆請霈威普見昭洗
辭致曲盡無所謬脫書已敕諸子曰吾生無益於時無請謚勿求
鼓吹以布車一乘葬銘誌無擇高位是夕有大星霣寢上其光燭
廷坐與家人訣乃終有詔停鹵簿以申其志子緒綯顯于時緒以
蔭仕歷隋壽汝三州刺史有佳政汝人請刻石頌德緒以綯當國
固讓宣宗嘉其意乃止

綯字子直舉進士擢累左補闕右司郎中出爲湖州刺史大中初
宣宗謂宰相白敏中曰憲宗葬道遇風雨六宮百官皆避獨見頎

而騁者奉梓宮不去果誰耶敏中言山陵使令狐楚帝曰有子乎
對曰緒少風痺不勝用綯今守湖州因曰其爲人宰相器也即召
爲考功郎中知制誥入翰林爲學士它夜召與論人間疾苦帝出
金鏡書曰太宗所著也卿爲我舉其要綯擿語曰至治未嘗任不
肖至亂未嘗任賢任賢享天下之福任不肖罹天下之禍帝曰善
朕讀此常三復乃已綯再拜曰陛下必欲興王業捨此孰先詩曰
惟其有之是以似之進中書舍人襲彭陽男遷御史中丞再遷兵
部侍郎還爲翰林承旨夜對禁中燭盡帝以乘輿金蓮華炬送還
院吏望見以爲天子來及綯至皆驚俄同中書門下平章事輔政
十年懿宗嗣位由尚書左僕射門下侍郎冊拜司空未幾檢校司
徒平章事爲河中節度使徙宣武又徙淮南副大使安南平以饋
運勞封涼國公龐勛自桂州還道浙西白沙入濁河剽舟而上綯
聞遣使慰撫且餽之稗將李湘曰徐兵擅還畏反矣雖未有詔一
切制亂我得專之今其兵不二千而廣舟艦張旗幟示侈於人其

畏我甚高郵厓峭水狹若使荻艚火其前勁兵乘其後一舉可覆
不然使得絕淮泗合徐之不逞禍亂滋矣綯懦緩不能用又自以
不奉詔因曰彼不爲暴聽其度淮何豫我哉勛還果盜徐州其衆
六七萬徐之食分兵攻滁和楚壽陷之糧盡啖人以飽詔綯爲徐
州南面招討使賊方攻泗州杜慆堅守綯命湘率兵五千救之勛
謾辭謝綯曰數蒙赦所以未即降者一二將爲異耳願圖去之以
身聽命綯喜即請假勛節而敕湘曰賊已降第謹戍淮口無庸戰
湘乃徹警釋械日與勛衆歡言後賊乘閒直襲湘壘悉俘而食之
醢湘及監軍郗厚本時浙西杜審權使票將翟行約率千兵與湘
會未至而湘覆賊僞建淮南旌幟誘之亦皆陷綯旣師敗乃以左
衞大將軍馬舉代之以綯爲太子太保分司東都僖宗初拜鳳翔
節度使頃之就加同平章事徙封趙卒年七十八贈太尉子滈渙涸

滈避嫌不舉進士綯輔政而滈與鄭顥爲姻家怙勢驕偃通賓
客招權以射取四方貨財皆側目無敢言懿宗嗣位數爲人白發

其罪故綯去宰相因丐滈與羣進士試有司詔可是歲及第諫議大夫崔瑄劾奏綯以十二月去位而有司解牒盡十月屈朝廷取士法爲滈家事請委御史按實其罪不聽滈乃以長安尉爲集賢校理稍遷右拾遺史館脩撰詔下左拾遺劉蜕起居郎張雲交疏指其惡且言綯用李琢爲安南都護首亂南方贓虐流著使天下兵戈調斂不給琢本進賂于滈滈爲人子陷綯於惡顧可爲諫臣乎又劾綯大臣當調護國本而大中時乃引諫議大夫豆盧籍刑部侍郎李鄴爲夔王等侍讀亂長幼序使先帝貽厥之謀幾不及陛下且滈居當時謂之白衣宰相滈未嘗舉進士而妄言已解使天下謂無解及第不已悶乎滈亦懼求換它官改詹事府司直綯方守淮南上奏自治帝爲貶雲爲興元少尹蜕華陰令滈亦湮泥不振死渙渢皆舉進士渙終中書舍人

定字履常楚弟及進士第大和末以駕部郎中爲弘文館直學士李訓亂王遐休方以是日就職定往賀爲神策軍并收欲殺者屢矣已而免終桂管觀察使

贊曰眈佑楚皆惇儒大衣高冠雍容廟堂道古今處成務可也以大節責之蓋瘖中而玉表歟悰綯世當國亦無足譏牧論天下兵曰上策莫如自治賢矣哉

賈杜令狐列傳第九十一

端明殿學士兼翰林侍讀學士龍圖閣學士朝請大夫尚書吏部侍郎充集賢殿脩撰臣宋祁奉
敕撰

白志貞者本名琇珪故太原史也事節度使李光弼硜硜自力有
智數光弼善之使與帳下議代宗素聞及光弼卒擢累司農卿在
官十年德宗以爲敏遂倚腹心進授神策軍使賜今名有所建白
善窺億帝指故言無不從從狩奉天以爲行在都知兵馬使懼李
懷光暴其惡乃與趙贊盧杞等抑懷光不使朝懷光反論斥其姦
貶恩州司馬贊播州司馬稍徙閬州別駕貞元二年起爲果州刺
史宰相李勉固諫不許明年拜浙西觀察使死于官

裴延齡河中河東人乾元末爲汜州尉賊陷東都去客江夏華州
刺史董晉表署判官稍遷太常博士盧杞秉政引爲膳部貟外郎
集賢院直學士崔造表知東都度支院召爲祠部郎中不待命輒
還集賢院宰相張延賞疾其易出爲昭應令與尉交訴所賕京兆

尹鄭叔則佑尉而御史中丞竇參善延齡卒逐尹德宗用參輔政即
擢延齡司農少卿會班宏卒假領度支延齡素不善財計乃廣鉤
距取宿姦老吏與謀以固帝幸因建言左藏天下歲入不貲耗登
不可校請列別舍以檢盈虛於是以天下宿負八百萬緡析爲負
庫抽貫三百萬緡爲賸庫樣物三十萬緡爲季庫帛以素出以色
入者爲月庫帝皆可之然天下負皆窮人償入無期抽貫與給皆
盡樣物與帛固有籍延齡但多其簿最吏貟以詭帝於財用無所
加也俄以戶部侍郎爲貟又請以京兆苗錢市草千萬俾民輸諸
苑宰相陸贄等以爲非是不從京右偏故有萑葦地數頃延齡妄
言長安咸陽間得陂芿數百頃願以爲內廏牧地水甘草薦與苑
廏等帝信之以問宰相皆曰當無有帝遣使按覆果詐延齡大慙
帝不責也京兆積歲和市不得直尹李充請之官延齡誣其妄反
令還輸號曰底折錢嘗請歛財以實府帝曰安得而實之延齡曰
開元天寶間戶口繁息百司務殷官且有闕者比兵興戶一不半在

今一官治數司足矣請後官闕不即補收其稟以實帑簿它日帝
謂延齡曰朕所居浴堂殿一棟將壓念易之未能也延齡曰宗廟
至重殿棟微矣且陛下本分錢用之亡窮何所難哉帝驚曰本分
錢柰何對曰此在經誼愚儒不能知臣能言之按禮天下賦三之
一以充乾豆一以事賓客一君之庖廚陛下奉宗廟能竭天下賦
三之一乎鴻臚禮賓勞予四夷用十一爲有贏陛下所御饔餼簡
儉以所餘爲百官稟料殘錢未盡也則所不盡者爲本分錢以治
殿數十尚不乏況一棟哉帝領曰人未嘗爲朕言之又造神龍佛
祠須材五十尺者延齡妄奏同州得大谷木數千章度皆八十尺
帝曰吾聞開元時近山無巨木求之嵐勝間今何地之近材之良
邪延齡曰異材瑰産處處有之待聖主乃出今生近輔豈開元所
當得也帝悅是時陸贄爲宰相帝素所信重極論其譎妄不可任
帝以爲排媢愈益厚延齡贄上疏列其狀具言延齡嘗奏句獲乾
隱二千萬緡請舍別庫爲羨餘供天子私費故上之興作廣宣索

多矣延齡欲實其言乃大搜市廛奪所入獻逮捕匠徒迫脅就功
號曰敕索弗讎其直名曰和雇弗與之庸又度支出納與太府交
相關制出物句計見物月計符按覆數有御史以監董之則財用
不得回隱延齡乃言掊糞土得銀十三萬兩它貨且百萬已棄而
獲皆羨餘也悉移舍以供別敕太府卿韋少華劾其妄陛下縱之
不爲治此乃侵削兆民爲天子取怨于下又引建中橫歛多積致
播遷者其言甚深切帝得奏不悅會鹽鐵使張滂京兆尹李充司
農卿李銛皆指延齡專以險僞罔上帝怒乃罷贄宰相左除滂等官
時大旱人情愁惴延齡言贄等失權怨望顯言歲饑民流度支糧
芻乏以激怒衆士它日帝畋苑中而神策軍訴度支不賦廄芻者
天子惑延齡言乃下詔斥逐贄等朝廷震恐延齡又捕充所善吏
張忠榜掠之誣充没官錢五十萬緡以餌結權幸令妻以犢車載
金餉贄忠具獄其母投訴光順門亟有詔御史審劾一夕得狀乃
釋忠延齡不得逞復奏充妄用京兆錢穀願下有司比句以比部

郎中崔元翰欲釋憾於贄也賴刑部侍郎奚陟辨治充等得不冤延齡資苛刻又劫于利專剝下附上肆騁譎怪其進對皆他人莫敢言而延齡言之不疑亦人之所未聞者帝頗知其詐但以其不隱欲聞外事故斷用不疑延齡恃得君謂必輔政少所降下至嫚罵通臣時人側目屬疾臥第載度支官物輸之家無敢言帝念之使者日三輩往死年六十九人語以相安唯帝悼不已冊贈太子太傅上柱國永貞初度支建言延齡曩列別庫分藏正物無實益而有吏文之煩乃詔復以還左藏元和中有司謚曰繆

崔損字至無系本博陵大曆末中進士博學宏辭補校書郎咸陽尉避親改大理評事累勞至右諫議大夫于時宰相趙憬卒盧邁屬疾裴延齡素善損薦之德宗貞元十二年以本官同中書門下平章事始中書虛位十日議者謂選有德及用損中外悵失而損性齪齪能自將延英進見不敢出一言及天下事踰年進門下侍郎嘗以疾臥家久賜絹三百爲醫藥費損無卓卓稱于人者而歷

二省華要至宰相毋殯而不葬亦不展殯女兄爲尼沒不臨喪建中後宰相無久任者損以便柔遜愿中帝意乃留八年帝亦知公議病其持祿然憐遇彌渥卒贈太子太傅謚曰靖

韋渠牟京兆萬年人工部侍郎述從子也少警悟工爲詩李白異之授以古樂府去爲道士不終更爲浮屠已而復冠浙西韓滉表試校書郎進至四門博士貞元十二年德宗誕日詔給事中徐岱兵部郎中趙需禮部郎中許孟容與渠牟及佛老二師並對麟德殿質問大趣渠牟有口辯雖於三家未究解然答問鋒生帝聽之意動遷祕書郎進詩七百言未浹旬擢右補闕內供奉始同列易之後數遣中人專召渠牟由是皆屬目歲中至諫議大夫大抵延英對雖大臣率漏下二三刻止渠牟每奏事輒五六刻乃罷天子歡甚渠牟爲人佻躁志向浮淺不根於道德仁義特用憸巧中帝意非有嘉謨正辭感悟得君也自陸贄免帝躬攬庶政不復委權于下宰相取充位行文書而已至守宰御史皆自推簡然處深宮

所倚而信者裴延齡李齊運王紹李實韋執誼與渠牟等其權侔人主延齡實皆姦虐紹無所建明渠牟後出望最輕張恩勢以動天下召崔芊于茅山超鄭隨布衣至補闕引醴泉令馮伉爲給事中太子侍讀帝既偏于任聽士之浮競甘進者爭出其門赫然勢熖可炙再擢太常卿卒年五十三贈刑部尚書謚曰忠所論著甚多傳于時

李齊運者蔣王惲孫始補寧王府東閤祭酒擢累監察御史復辟江淮都統李峘府由工部郎中爲長安令政頗脩辦宗正少卿李瀚從子有所訟齊運於瀚爲卑行而不禮訟者瀚怒辱諸朝齊運以聞代宗貶瀚由是稍擢京兆少尹出爲河中尹晉絳慈隰觀察使德宗出狩李懷光還兵奔難晝夜馳及河中士罷困乃休三日齊運悉所賦勞軍牛酒豐甘人人喜悅及懷光反還守河中齊運弃城走詔拜京兆尹時李晟壁渭橋齊運發民築城保督芻粟以餉晟賊平頗有助萬年丞源邃不事齊運怒捽辱之死於廷邃

家告冤御史大夫崔縱請窮治帝不許御史聯章深劾齊運訴于帝言爲朋黨所擠天子使宰相諭諫官御史後毋得羣署章以劾然卒不直邃冤父之大蝗旱齊運不能政乃以韓洄代之改宗正卿閑廄宮苑使進至禮部尚書宰相內殿對已齊運常次進帝與參決大事既無學暗于大體第以甘言阿匿而已嘗薦李錡爲浙西受賂數十萬又薦李詞爲湖州刺史人告其贓帝置不問齊運臥疾滿歲不能謁每除吏往往遣使即家咨逮晚以妾爲妻具冕服行禮士人嗤之卒年七十二贈尚書左僕射

李實道王元慶四世孫以蔭仕嗣曹王臯辟署江西府判官遷蘄州刺史臯節度山南東道復從之臯卒實知後務刻薄軍費士怨怒欲殺之夜縋亡歸京師累進司農卿擢拜京兆尹封嗣道王怙寵而愎不循法度貞元二十年旱關輔飢實方務聚斂以結恩民訴府上一不問德宗訪外疾苦實詭曰歲雖旱不害有秋乃峻責租調人窮無告至徹舍鬻苗輸于官優人成輔端爲俳語諷帝實

怒奏賤工謗國帝爲殺之或言古者瞽誦箴諫雖詼諧託諭何誅焉帝悔然不罪實故事京兆避臺官實嘗與御史王播遇而騶唱爭道播詢責從者實怒奏播爲三原令廷辱之惡萬年令李衆誣逐虔州司馬以所善虞部員外郎房啓代之其怙權作威若此公卿爲讒短遷斥者甚衆專情謷己見顏閒權德輿爲禮部而實私薦士二十人迫語曰應用此第不爾君且外遷德輿雖拒之然常憚其誣吏部每奏科目頗嚴密以杜請託實公詣曹劫請趙宗儒無所畏詔書蠲人逋租實格詔固斂畿民大困官吏皆被榜罰掊取三十萬緡吏乞貸豪驁輒死按之無罪者猥曰死亦非枉復殺之專以殘忍爲政順宗在諒闇不踰月實殺數十人于府貶通州長史市人爭懷瓦石邀劫之實懼夜遁去長安中相賀以赦令內移死虢州

皇甫鎛涇州臨涇人貞元初第進士又擢制科爲監察御史居喪游處不度下除詹事府司直久之遷吏部員外郎典南曹鈐制吏姦稍知名進郎中遷累司農卿判度支改戶部侍郎憲宗方伐蔡急於用度鎛裒會嚴亟以辦濟師帝悅進兼御史大夫蔡平之明年遂同中書門下平章事猶領度支鎛以吏道進既由聚斂句剝爲宰相至雖市道皆嗤之崔羣裴度以聞帝怒不聽度乃表罷政事極論鎛姦邪苛刻天下怨之將食其肉且言天下安否繫朝廷朝廷輕重在輔相今承宗削地程權赴闕韓弘輿疾討賊非力能制之顧朝廷處置能服其心也若相鎛則四方解矣請授以浙西觀察使其辭切至帝以天下略平亦欲崇臺沼宮觀自娛樂鎛與程异知帝意故數貢羨財陰佐所欲又賂吐突承璀爲與援故帝排衆論決任之反以度爲朋黨不內其言鎛乃益以巧媚自固建損內外官稟佐國用給事中崔植上還詔書乃止帝斥內帑所餘詔度支評直鎛責售之以給邊兵故繒陳綵觸手輒壞士怨怒聚焚之裴度以其事聞鎛指所著鞾曰此內府所出牢韌可服彼言不可用詐也帝信之鎛銜度乃與李逢吉令狐楚合擠之出度太

原又以崔羣有天下重望勁正敢言後議帝號鎛乃譖羣抑損徽稱帝怒逐羣湖南鎛罷度支進門下侍郎平章事嘗與金吾將軍李道古共薦方士柳泌浮屠大通爲長年藥帝惑之穆宗在東宮聞其姦妄始聽政集羣臣於月華門貶鎛崖州司戶參軍死其所泌者本楊仁晝也習方伎道古薦于鎛召入禁中自云能致藥爲不死者因言天台山靈仙所舍多異草願官天台求采之起徒步拜天台刺史賜金紫諫臣固爭以爲列聖亦有寵方士未嘗使牧民帝曰煩一州而致長年于君父何愛哉後不敢言泌驅吏民采藥山谷間鞭笞苛急歲餘無所獲懼詐窮舉族逃去浙東觀察使捕得鎛與道古營解乃復待詔翰林帝餌泌藥寖躁怒不常宦侍懼以弒崩大通自言百五十歲鎛敗與泌皆誅初吏責泌妄荅曰皆道古教我解衣即刑卒無它異鎛之貶前坊州刺史班肅以嘗僚獨餞於野朝廷義之擢爲司封員外郎鎛弟鏞字鯀卿第進士鎛爲相時任河南少尹見權寵太盛每極言之鎛不悅乃求分司爲太子右庶子鎛敗朝廷賢之授國子祭酒開成初以太子少保卒鏞能屬文工詩爲人寡言正色衣冠甚偉不屑世務所交皆知名士著書數十篇

王播字明敭其先太原人父恕爲揚州倉曹參軍遂家焉播貞元中與弟炎起皆有名並擢進士而播舉賢良方正異等補盩厔尉以善治獄御史中丞李汶薦爲監察御史雲陽丞源咸季坐贓免賂有司復得調播劾解其官歷侍御史李實爲京兆尹與播遇諸衢故事尹當避道揖實不肯播移文詆之實大怒表播爲三原令將折之播受命趨府謝如禮邑中豪彊犯法未嘗輒貸歲終課最實重其才更薦之德宗將擢以要近會母喪解還除駕部員外郎長安令于頔奴客與民盜馬吏繫民而縱奴播捕取均其罰遷工部郎中知御史雜事刺舉不阿有能稱關中饑諸鎮或閉糴播以爲言三輔不乏歷虢州刺史李巽領鹽鐵奏以副己擢御史中丞歲終改京兆尹時禁屯列畿內者出入屬鞬佩劍姦人冒之以

剽刦又勳戚家馳獵近郊播請一切苛止盜賊不能隱皆走出境
憲宗以爲能進刑部侍郎領諸道鹽鐵轉運使是時天下多故大理
議讞科條叢繁播悉置格律坐隅商處重輕剖決如流吏不能竄
其私帝討淮西也切於饋餉播引程异自副异尤通萬貨盈虛使
馳傳江淮裒財用以給軍興兵得無乏帝嘉其功超拜禮部尚書
稍以貲賄結宦要中外以爲言播薦皇甫鎛及鎛用事更忌播而以
异代使播罷守本官久之檢校戶部尚書爲劒南西川節度使穆
宗立逐鎛播求還長慶初召爲刑部尚書復領鹽鐵進中書侍郎
同中書門下平章事時權倖競進播賴其力至宰相專務將迎居
位無所裨益復失河北衆望不猒乃以檢校尚書右僕射出爲淮
南節度使仍領使職不肯易印詔聽自隨是時南方旱歉人相食
播掊斂不少衰民皆怨之然浚七里港以便漕引後賴其利敬宗
即位即拜檢校司空以王涯代使播失職見王守澄方得君厚以
金謝守澄乘閒薦之天子有意復用播於是諫議大夫獨孤朗張
仲方起居郎孔敏行柳公權宋申錫補闕韋仁實劉敦儒拾遺李
景讓薛廷老等見延英言播傾邪闚逼帝左右狀帝沖闇不內其
言遂復領使天下公議益不與文宗立就進檢校司徒大和元年
入朝拜左僕射復輔政累封太原郡公時韋處厚當國以獻替自
任天子嚮之播專以錢穀進不甚與事居位四年卒年七十二贈
太尉謚曰敬播少孤貧自刻苦至成立居官以彊濟稱天性勤吏
職每視簿領紛積於前人所不堪者播反用爲樂所署吏苟無大
罪以歲勞增秩而已卒不易所職雅善占奏雖數十事未嘗書于
笏再領鹽鐵嗜權利不復初操重賦取以正額月進爲羨餘歲百
萬緡自淮南還獻玉帶十有三銀盌數千綾絹四十萬遂再得相
云

起字舉之釋褐校書郎補藍田尉李吉甫辟爲淮南掌書記以殿
中侍御史入兼集賢殿直學士元和末累遷中書舍人數上疏諫
穆宗畋游事歲中考第一錢徽坐貢舉失實貶詔起覆核起建言

以所試送宰相閱可否然後付有司詔可議者謂起爲失職拜禮
部侍郎李夵叛與播俱上疏請詔王智興討之卒定其亂賜金紫
拜河南尹進吏部侍郎方播以僕射居相避選曹改兵部爲集賢
殿學士拜陝虢觀察使時亳州刺史李繁以擅誅賊抵罪起言繁
父有功而二千石不宜償賊死不報入拜尚書左丞以戶部尚書
判度支靈武邠寧多曠土奏爲營田以省餽輓歷河中節度使方
蝗旱粟價騰踊起下令家得儲三十斛斥其餘以市否者死神策
士怙勢不從寘于法由是廥積咸出民賴以生召授兵部尚書以
檢校尚書右僕射爲山南東道節度使濱漢塘堰聯屬吏弗完治
起至部先脩復與民約爲水令遂無凶年李訓爲宰相起門生也
欲引與共政即加銀青光祿大夫復以兵部尚書召判戶部訓敗
起素長厚人不以訓諉之止罷其判俄加皇太子侍讀文宗上文好
古學是時鄭覃以經術進起以敦博顯帝數訪逮時政因積雨願
寬逐臣過惡又短鮑叔終身不忘人過以解帝錮人意俄兼太常
卿禮儀使帝題詩太子笏以賜詔畫像便殿號當世仲尼其寵遇
如此又使廣五位圖俾太子知古今治亂開成三年入翰林爲侍
講學士改太子少師起治生無檢所得祿賜爲僮婢盜有貧不能
自存帝知之詔月益仙韶院錢三十萬議者謂與玩臣分給可恥
也起賴其入不克讓武宗立爲章陵鹵簿使東都留守召爲吏部
尚書判太常卿帝患選士不得才特命起典貢舉進尚書左僕射
封魏郡公凡四舉士皆知名者人伏其鑒擢山南西道節度使同
中書門下平章事以夙儒兼宰相秩前世所罕入辭帝勞曰宰相
無內外公國耆老朕有闕當以聞宴賜備厚宣宗初檢校司空以
疾願代不許卒年八十八贈太尉謚曰文懿喪還命使者弔其家
葬及祥亦如之起性友悌播喪哀戚加於人嗜學非寢食不輟廢
天下之書無不讀一經目弗忘也莊恪太子薨詔爲哀冊詞情悽
惋當世稱之帝嘗以疑事令使者口質起具牓子附使者上凡成
十篇號曰寫宣它譔集亦多炎終太常博士子鐸鐐自有傳起子

龜式

龜字大年性高簡博知書傳無貴冑氣常以光福第賓客多更往來達里林木窮僻構半隱亭以自適侍父至河中廬中條山朔望一歸省州人號郎君谷未始以人事自嬰武宗雅知之以左拾遺召入謝自陳病不任職詔許終父喪召爲右補闕再擢屯田員外郎稱疾去崔璵觀察宣歙表爲副龜樂宛陵山水故從之入爲祠部郎中史館脩撰咸通中知制誥鐸爲相改太常少卿同州刺史牙將白約素暴橫嘗譁言月稟薄以動士心爲亂龜捕殺之人皆震慄徙浙東觀察使初式臨州有惠政人聞其至歡迎之卒贈工部尚書子蕘力學有文辭以鐸當國不貢進士終右司員外郎

式以蔭爲太子正字擢賢良方正科累遷殿中侍御史少節檢巧于官因鄭注以交王守澄中丞歸融劾之出爲江陵少尹大中中爲晉州刺史飾郵傳器用畢給會河曲大歉民流徙佗州不納獨式勞卹之活數千人時特峨胡亦饑將入寇汾澮聞式嚴備不敢道境報其種落曰晉州刺史當避之以善最稱徙安南都護故都護田早作木柵歲率緡錢既不時完而所責益急式取一年賦市芀木豎周十二里罷歲賦外率以紓齊人浚壕繚柵外植刺竹寇不可冒後蠻兵入掠錦田步式使譯者開諭一昔去謝曰我自縛叛獠非爲寇也忠武戍卒服短後褐以黃冒首南方號黃頭軍天下銳卒也初交阯數有變懼式威不自安譁曰黃頭軍將度海襲我矣相率夜圍城合譟請都護北歸我當抗黃頭軍式徐被甲引家僮乘城責讓矢檐交發叛者走翌日盡捕斬之初容管災歉不歲貢式始上輸大犒宴軍中歸賀外蕃而占城眞臘慕義悉入獻亦還所掠王民寧國劇賊仇甫亂明越觀察使鄭祗德不能討宰相選式往代詔可因至京師懿宗問方略對曰第假臣兵寇不足平也左右宦要皆曰兵衆則餽多當惜天下費式奏盜若倡狂天誅不亟決東南征賦闕矣寧得以億萬計之乎兵多則功速費寡二者孰利帝顧左右曰宜與兵於是詔益許滑淮南兵式發自光福里第麾幟皆東靡獵獵有聲喜曰是謂得天時矣聞賊用騎兵乃閱所部得吐蕃回鶻遷隸數百發龍陂監牧馬起用之集土團諸兒爲向導擒甫斬之加檢校右散騎常侍餘姚民徐澤專魚鹽之利慈溪民陳瑊冒名仕至縣令皆豪縱州不能制式曰甫竊發不足畏若澤瑊乃巨猾也窮治其姦皆榜死咸通三年徐州銀刀軍亂以式檢校工部尚書徙武寧節度使詔許滑兵自隨視事三日悉以計誅亂兵會詔降武寧爲團練罷歸終左金吾大將軍

贊曰裴延齡引經誼惑其主以不忠爲忠德宗倚延齡韋渠牟等商天下成敗自謂明而卒蹈不明君臣回沉可不戒哉憲宗銳於立功而皇甫鎛以聚斂取宰相夫宰相者乃天下選彼暫勞一功烏足勝任哉中興之不終有爲而然

白裴崔韋二李皇甫王列傳第九十二

端明殿學士兼翰林侍讀學士龍圖閣學士朝請大夫尚書吏部侍郎充集賢殿脩撰臣宋祁奉

敕撰

韋王陸劉柳程列傳第九十三

韋執誼京兆舊族也幼有才及進士第對策異等授右拾遺年踰
冠入翰林爲學士便敏側媚得幸於德宗使㩦詩歌屬和被詔稱
旨與裴延齡韋渠牟等寵相埒出入備顧問帝誕日皇太子獻畫
浮屠象帝使執誼贊之太子賜以帛詔執誼到東宮謝太子卒見
無所藉言者乃曰君知王叔文乎美才也執誼由是與叔文善以
母喪解終喪爲吏部郎中數召至禁中補闕張正一以上書召見
所善王仲舒韋成季劉伯芻裴茝常仲孺呂洞往賀之或謂執誼
曰彼將論君與叔文鉤黨事執誼即白成季等朋比有所窺望帝
詔金吾伺得相過食飲狀悉逐出之順宗立以疾不親政叔文用
事乃擢執誼爲尚書左丞同中書門下平章事叔文與王伾居中
竊命欲執誼据以奉行因用迷奪朝權執誼既爲所引然外迫公

議欲示天下非黨與者乃時時異論相可否而密謝叔文曰不敢
負約欲共濟國家事爾叔文數爲所梗遂詬怒反成仇怨及憲宗
受內禪流叔文伾分北支黨貶執誼爲崖州司戶參軍帝以宰相
杜黃裳之婿故最後貶執誼已失形勢知禍且及雖尚在位而臨
事奄奄無氣聞人足聲輒悸動至于敗始未顯時不喜人言嶺南
州縣既爲郎嘗詣職方觀圖至嶺南輒瞑目命左右徹去及爲相
所坐堂有圖不就省既易旬試觀之崖州圖也以爲不祥惡之果
貶死

王叔文越州山陰人以棋待詔頗讀書班班言治道德宗詔直東
宮太子引以侍讀因論政及宮市之弊太子曰寡人見上將極言
之坐皆趣贊叔文獨嘿然既罷太子曰向君無言何哉叔文曰太
子之事上非視膳問安無與也且陛下在位久有如小人間之謂
殿下收氂群情則安解乎太子謝曰非先生不聞此言由是重之
宮中事咸與參訂叔文淺中浮表遂肆言不疑曰某可爲相某可
爲將它日幸用之陰結天下有名士而士之欲速進者率諂附之
若韋執誼陸質呂溫李景儉韓曄韓泰陳諫柳宗元劉禹錫爲死
友而凌準程异又因其黨進出入詭祕外莫得其端彊藩劇帥或
陰相賂遺以自結順宗立不能聽政深居施幄坐以牛昭容宦人
李忠言侍側群臣奏事從幄中可其奏王伾密語諸黃門陛下素
厚叔文即繇蘇州司功參軍拜起居郎翰林學士大抵叔文因伾
伾因忠言忠言因昭容更相依仗伾主傳受叔文主裁可乃授之
中書執誼作詔文施行焉時景儉居親喪溫使吐蕃惟質泰諫準
曄宗元禹錫等倡譽之以爲伊周管葛復出憪然謂天下無人叔
文每言錢穀者國大本操其柄可因以市士乃白用杜佑領度支
鹽鐵使已副之實專其政不淹時遷戶部侍郎宦人俱文珍忌其
權罷叔文學士詔出駭悵曰吾當數至此議事不然無由入禁中
伾復力請乃聽三五日一至翰林然不得舊職矣在省不事所職
日引其黨謀取神策兵制天下之命乃以宿將范希朝爲西北諸

鎮行營兵馬使韓泰爲司馬副之於是諸將移書中尉告且去宦人
始悟奪其權大怒曰吾屬必死其手乃諭諸鎮慎毋以兵屬人希
朝泰到奉天諸將不至乃還叔文母死匿不發置酒翰林忠言文
珍等皆在褭金以餉因揚言曰天子適射兔苑中跨鞍若飛敢異
議者斬又自陳親疾病以身任國大事朝夕不得侍今當請急宜
聽然向之悉心勠力難易亡所避報天子異知爾今一去此則百
謗至孰爲吾助者又言羊士諤毀短我我將杖殺之而執誼懦不
果劉闢來爲韋皐求三川吾生平不識闢便欲前執吾手非凶人
邪掃木場將斬之而執誼持不可每念失此二賊令人悵恨又陳
領度支所以興利去害者爲已勞文珍隨語詰折叔文不得對左
右竊語曰母死已腐方留此將何爲邪明日乃發喪執誼益不用
其語乃謀起復斬執誼與不附已者聞者恟懼廣陵王爲太子群
臣皆喜獨叔文有憂色誦杜甫諸葛祠詩以自況歔欷泣下太子
已監國貶渝州司戶參軍明年誅死

王伾者杭州人始以書待詔翰林入太子宮侍書順宗立遷左散
騎常侍待詔伾本闒茸皃蓬陋楚語無它大志帝褻寵之不如叔
文任氣好言事爲帝所禮至出處又不及伾之無間也叔文入止
翰林而伾至柿林院見牛昭容等嘗其黨盛門皆若沸羹而伾尤
通天下賕謝日月不闋爲巨匱裁竅以受珍使不可出則寢其上
叔文既居喪伾日請中人及杜佑起叔文爲宰相且揔北軍不許
又請以威遠軍使同中書門下平章事復不可乃一日三表皆不
報憂悸行且卧至夕大呼曰吾疾作輿歸第貶開州司馬死其所
支黨皆逐惟質以前死免曄者滉族子有俊才以司封郎中貶饒
州司馬終永州刺史諫警敏嘗覽染署歲簿悉能言其尺寸所治
一閱籍終身不忘自河中少尹貶台州司馬終循州刺史準字宗
一有史學自翰林學士貶連州司馬死于貶泰字安平有籌畫伾
叔文所倚重能決大事以戶部郎中神策行營節度司馬貶虔州
司馬終湖州刺史

陸質字伯沖七代祖澄仕梁爲名儒世居吳明春秋師事趙匡匡
師啖助質盡傳二家學陳少游鎮淮南表在幕府薦之朝授左拾
遺累遷左司郎中歷信台二州刺史質素善韋執誼方執誼附叔
文竊威柄用其力召爲給事中憲宗爲太子詔侍讀質本名淳避
太子名故改時執誼懼太子怒已專故以質侍東宮陰伺意解釋
左右之質伺間有所言太子輒怒曰陛下命先生爲寡人講學何
可及它質惶懼出執誼未敗時質病甚太子已即位爲臨問加禮
卒門人以質能文聖人書通于後世私共諡曰文通先生所著書
甚多行于世

劉禹錫字夢得自言系出中山世爲儒擢進士第登博學宏辭科
工文章淮南杜佑表管書記入爲監察御史素善韋執誼時王叔
文得幸太子禹錫以名重一時與之交叔文每稱有宰相器太子
即位朝廷大議秘策多出叔文引禹錫及柳宗元與議禁中所言
必從擢屯田員外郎判度支鹽鐵案頗馮藉其勢多中傷士若武
元衡不爲柳宗元所喜自御史中丞下除太子右庶子御史竇羣
劾禹錫挾邪亂政羣即日罷韓皋素貴不肯親叔文等斥爲湖南
觀察使凡所進退視愛怒重輕人不敢指其名號二王劉柳憲宗
立叔文等敗禹錫貶連州刺史未至斥朗州司馬州接夜郎諸夷
風俗陋甚家喜巫鬼每祠歌竹枝鼓吹裴回其聲傖儜禹錫謂屈
原居沅湘間作九歌使楚人以迎送神乃倚其聲作竹枝辭十餘
篇於是武陵夷俚悉歌之始坐叔文貶者八人憲宗欲終斥不復
乃詔雖後更赦令不得原然宰相哀其才且困將澡濯用之會程
异復起領運務乃詔禹錫等悉補遠州刺史而元衡方執政諫官
頗言不可用遂罷禹錫久落魄鬱鬱不自聊其吐辭多諷託幽遠
作問大鈞謫九年等賦數篇又叙張九齡爲宰相建言放臣不宜
與善地悉徙五谿不毛處然九齡自內職出始安有瘴癘之歎罷
政事守荊州有拘囚之思身出遐陬一失意不能堪矧華人士族
必致醜地然後快意哉議者以爲開元良臣而卒無嗣豈忮心失

恕陰責最大雖它美莫贖邪欲感諷權近而憾不釋久之召還宰
相欲任南省郎而禹錫作玄都觀看花君子詩語譏忿當路者不
喜出爲播州刺史詔下御史中丞裴度爲言播極遠猿狖所宅禹
錫母八十餘不能往當與其子死訣恐傷陛下孝治請稍內遷帝
曰爲人子者宜慎事不貽親憂若禹錫望它人尤不可赦度不敢
對帝改容曰朕所言責人子事終不欲傷其親乃易連州又徙夔
州刺史禹錫嘗歎天下學校廢乃奏記宰相曰言者謂天下少士
而不知養材之道鬱堙不揚非天不生材也是不耕而歎廩庾之
無餘可乎貞觀時學舍千二百區生徒三千餘外夷遣子弟入附
者五國今室廬圮廢生徒衰少非學官不振病無貲以給也凡學
官春秋釋奠于先師斯止辟雍頖宮非及天下今州縣咸以春秋
上丁有事孔子廟其禮不應古甚非孔子意漢初羣臣起屠販故
孝惠高后間置原廟於郡國逮元帝時韋玄成遂議罷之夫子孫
尚不敢違禮饗其祖況後學師先聖道而欲違之傳曰祭不欲數

又曰祭神如神在與其煩於薦饗孰若行其教今教頹靡而以非禮之祀媚之儒者所宜疾竊觀歷代無有是事武德初詔國學立周公孔子廟四時祭貞觀中詔脩孔子廟兗州後許敬宗等奏天下州縣置三獻官其他如立社玄宗與儒臣議罷釋奠牲牢薦酒脯時王孫林甫爲宰相不涉學使御史中丞王敬從以明衣牲牢著爲令遂無有非之者今夔四縣歲釋奠費十六萬舉天下州縣歲凡費四千萬適資三獻官飾衣裳飴妻子於學無補也請下禮官博士議罷天下州縣牲牢衣幣春秋祭如開元時籍其資半畀所隸州使增學校舉半歸太學猶不下萬計可以營學室具器用豐饔食增掌故以備使令儒官各加稍食州縣進士皆立程督則貞觀之風粲然可復當時不用其言由和州刺史入爲主客郎復作游玄都詩且言始謫十年還京師道士植桃其盛若霞又十四年過之無復一存唯兔葵燕麥動搖春風耳以詆權近聞者益薄其行俄分司東都宰相裴度兼集賢殿大學士雅知禹錫薦爲禮

部郎中集賢直學士度罷出爲蘇州刺史以政最賜金紫服徙汝同二州遷太子賓客復分司禹錫恃才而廢褊心不能無怨望年益晏偃蹇寡所合乃以文章自適素善詩晚節尤精與白居易酬復頗多居易以詩自名者嘗推爲詩豪又言其詩在處應有神物護持會昌時加檢校禮部尚書卒年七十二贈戶部尚書始疾病自爲子劉子傳稱漢景帝子勝封中山子孫爲中山人七代祖亮元魏冀州刺史遷洛陽爲北部都昌人墳墓在洛北山後其地陿不可依乃葬滎陽檀山原德宗棄天下太子立時王叔文以善弈得通籍因間言事積久衆未知至起蘇州掾超拜起居舍人翰林學士陰薦丞相杜佑爲度支鹽鐵使翌日自爲副貴震一時叔文北海人自言猛之後有遠祖風東平呂溫隴西李景儉河東柳宗元以爲信然三子者皆予厚善日夕過言其能叔文實工言治道能以口辯移人既得用所施爲人不以爲當太上久疾宰臣及用事者不得對宮掖事祕建桓立順功歸貴臣由是及貶其自辯解大略如此

柳宗元字子厚其先蓋河東人從曾祖奭爲中書令得罪武后死高宗時父鎮天寶末遇亂奉母隱王屋山常間行求養後徙於吳肅宗平賊鎮上書言事擢左衛率府兵曹參軍佐郭子儀朔方府三遷殿中侍御史以事觸竇參貶夔州司馬還終侍御史宗元少精敏絕倫爲文章卓偉精緻一時輩行推仰第進士博學宏辭科授校書郎調藍田尉貞元十九年爲監察御史裏行善王叔文韋執誼二人者奇其才及得政引內禁近與計事擢禮部員外郎欲大進用俄而叔文敗貶邵州刺史不半道貶永州司馬既竄斥地又荒癘因自放山澤間其堙厄感鬱一寓諸文倣離騷數十篇讀者咸悲惻雅善蕭俛詒書言情曰僕嚮者進當臲卼不安之勢平居閉門口舌無數又久與游者岌岌而操其間其求進而退者皆聚爲仇怨造作粉飾蔓延益肆非的然昭晰自斷于內孰能了僕於冥冥間哉僕當時年三十三自御史裏行得禮部員外郎超取

顯美欲免世之求進者怪怒媢疾可得乎與罪人交十年官以是進辱在附會聖朝寬大貶黜甚薄不塞衆人之怒謗語轉侈囂囂嗷嗷漸成怪人飾智求仕者更言僕以悅仇人之心日爲新奇務相悅可自以速援引之路僕輩坐益困辱萬罪橫生不知其端悲夫人生少六七十者今三十七矣長來覺日月益促歲歲更甚大都不過數十寒暑無此身矣是非榮辱又何足道云云不已秪益爲罪居蠻夷中久慣習炎毒昏眊重膇意以爲常忽遇北風晨起薄寒中體則肌革慘懍毛髮蕭條瞿然注視怵惕以爲異候意緒殆非中國人也楚越間聲音特異鴂舌啅譟今聽之恬然不怪已與爲類矣家生小童皆自然嘵嘵晝夜滿耳聞北人言則啼呼走匿雖病夫亦怛然駭之出門見適州閭市井者其十八九杖而後興自料居此尚復幾何豈可更不知止言說長短重爲一世非笑哉讀易困卦至有言不信尚口乃窮往復益喜曰嗟乎余雖家置一喙以自稱道詬益甚耳用是更樂瘖默與木石爲徒不復致意

今天子興教化定邪正海內皆欣欣怡愉而僕與四五子者淪陷如此豈非命歟命乃天也非云云者所制又何恨然居治平之世終身爲頑人之類猶有少耻未能盡忘儻因賊平慶賞之際得以見白使受天澤餘潤雖朽枿敗腐不能生植猶足蒸出芝菌以爲瑞物一釋廢錮移數縣之地則世必曰罪稍解矣然後收召魂魄買土一廛爲耕甿朝夕謌謠使成文章庶木鐸者采取獻之法宮增聖唐大雅之什雖不得位亦不虛爲太平人矣又詒京兆尹許孟容曰宗元早歲與負罪者親善始奇其能謂可以共立仁義裨教化過不自料勤勤勉勵唯以忠正信義爲志興堯舜孔子道利安元元爲務不知愚陋不可以彊其素意如此也末路阨塞臲卼事既壅隔很忤貴近狂疎繆戾蹈不測之辜今其黨與幸獲寬貸各得善地無公事坐食奉祿德至渥也尚何敢更俟除棄廢痼希望外之澤哉年少氣銳不識幾微不知當否但欲一心直遂果陷刑法皆自所求取又何怪也宗元於衆黨人中罪狀最甚神理降

罰又不能即死猶對人語言飲食自活迷以知耻日復一日然亦有大故自以得姓來二千五百年代爲冢嗣今抱非常之罪居夷獠之鄉卑濕昏霧恐一日塡委溝壑曠墜先緖以是怛然痛恨心骨沸熱煢煢孤立未有子息荒陬中少士人女子無與爲婚世亦不肯與罪人親暱以是嗣續之重不絕如縷每春秋時饗孑立捧奠顧盼無後繼者懍懍然歔欷惴惕恐此事便已摧心傷骨若受鋒刃此誠丈人所共閔惜也先墓在城南無異子弟爲主獨託村鄰自譴逐來消息存亡不一至鄉閭主守固以益怠晝夜哀憤懼便毀傷松栢芻牧不禁以成大戾近世禮重拜埽今闕者四年矣每遇寒食則北向長號以首頓地想田野道路士女徧滿皁隷庸丐皆得上父母丘墓馬醫夏畦之鬼無不受子孫追養者然此已息望又何以云哉城西有數頃田樹果數百株多先人手自封植今已荒穢恐便斬伐無復愛惜家有賜書三千卷尚在善和里舊宅宅今三易主書存亡不可知皆付受所重常繫心腑然無可爲

者立身一敗萬事瓦裂身殘家破爲世大僇是以當食不知辛鹹節適洗沐盥漱動逾歲時一搔皮膚塵垢滿爪誠憂恐悲傷無所告愬以至此也自古賢人才士秉志遵分被謗議不能自明者以百數故有無兄盜嫂娶孤女撾婦翁者然賴當世豪桀分明辨列卒光史冊管仲遇盜升爲功臣匡章被不孝名孟子禮之今已無古人之實爲而有詬欲望世人之明已不可得也直不疑買金以償同舍劉寬下車歸牛鄉人此誠知疑似之不可辯非口舌所能勝也鄭詹束縛於晉終以無死鍾儀南音卒獲返國叔向囚虜自期必免范痤騎危以生蒯通據鼎耳爲齊上客張蒼韓信伏斧鑕終取將相鄒陽獄中以書自治賈生斥逐復召宣室兒寬擯厄後至御史大夫董仲舒劉向下獄當誅爲漢儒宗此皆瓌偉博辯奇壯之士能自解脫今以恇怯淟涊下才末伎又嬰痼病雖欲慷慨攘臂自同昔人愈疏闊矣賢者不得志於今必取貴於後古之著書者皆是也宗元近欲務此然力薄志劣無異能解欲秉筆

覼縷神志荒耗前後遺忘終不能成章往時讀書自以不至觝滯今皆頑然無復省錄讀古人一傳數紙後則再三伸卷復觀姓氏旋又廢失假令萬一除刑部囚籍復爲士列亦不堪當世用矣伏惟興哀於無用之地垂德於不報之所以通家宗祀爲念有可動心者操之勿失雖不敢望歸掃塋域退託先人之廬以盡餘齒姑遂少北益輕瘴癘就婚娶求胄嗣有可付託即冥然長辭如得甘寢無復恨矣然衆畏其才高懲刈復進故無用力者宗元久汨振其爲文思益深嘗著書一篇號貞符曰臣所貶州流人吳武陵爲臣言董仲舒對三代受命之符誠然非邪臣曰非也何獨仲舒爾司馬相如劉向揚雄班彪彪子固皆沿襲嗤嗤推古瑞物以配受命其言類淫巫瞽史誑亂後代不足以知聖人立極之本顯至德揚大功甚失厥趣臣爲尚書郎時嘗著貞符言唐家正德受命於生人之意累積厚久宜享無極之義本末閎闊會貶逐中輟不克備究武陵即叩頭邀臣此大事不宜以辱故休缺使聖王之典不

立無以抑詭類拔正道表覈萬代臣不勝奮激即具爲書念終泯
没蠻夷不聞于時獨不爲也苟一明大道施于人世死無所憾用
是自決臣宗元稽首拜手以聞曰孰稱古初朴蒙空侗而無爭厥
流以訛越乃奮敚鬬怒振動專肆爲淫威曰是不知道惟人之初
揔揔而生林林而羣雪霜風雨雷雹暴其外於是乃知架巢空穴
挽草木取皮革飢渴牝牡之欲毆其内於是乃噬禽獸咀果穀合
偶而居交焉而爭睽焉而鬬力大者搏齒利者齧爪剛者決羣衆
者軋兵良者殺披披藉藉草野塗血然後强有力者出而治之往
往爲曹於險阻用號令起而君臣什伍之法立德紹者嗣道怠者
奪於是有聖人焉曰黃帝游其兵車交貫乎其内一統類齊制量
然猶大公之道不克建於是有聖人焉曰堯置州牧四岳持而綱
之立有德有功有能者参而維之運臂率指屈伸把握莫不統率
年老舉聖人而禪焉大公乃克建由是觀之厥初罔匪極亂而後
稍可爲也而非德不樹故仲尼叙書於堯曰克明俊德於舜曰濬
哲文明於禹曰文命祗承于帝於湯曰克寛克仁章信兆民於武

王曰有道曾孫稽揆典誓貞哉惟兹德實受命之符以奠永祀後
之祆淫囂昏好怪之徒乃始陳大電大虹玄鳥巨跡白狼白魚流
火之烏以爲符斯皆詭譎闊誕其可羞也莫知本于厥貞漢用大
度克懷于有氓登能庸賢濯痍煦寒以瘳以熙兹其爲符也而其
妄臣乃下取虺蛇上引天光推類號休用夸誣于無知氓增以騶
虞神鼎脅驅縱踴俾東之泰山石閭作大號謂之封禪皆尚書所
無有莽述承效卒奮驁逆其後有賢帝曰光武克綏天下復承舊
物猶崇赤伏以玷厥德魏晉而下尨亂鉤裂厥符不貞邦用不靖
亦罔克久駮乎無以議爲也積大亂至于隋氏環四海以爲鼎跨
九垠以爲鑪爨以毒燎煽以虐焰其人沸湧灼爛號呼騰蹈莫有
救止於是大聖乃起丕降霖雨濬滌盪沃蒸爲清氛疏爲冷風人
乃漻然休然相睎以生相持以成相彌以寧琢斮屠剔膏流節離
之禍不作而人乃克完平舒愉尸其肌膚以達于夷途焚坼抵掎

奔走轉死之害不起而人乃克鳩類集族歌舞悅懌用祗于元德
徒奮袒呼犒迎義旅讙動六合至于麾下大盜豪據阻命遏德義
威殄戮咸墜厥緒無劉于虐人乃並受休嘉去隋氏克歸于唐躑
躅謳歌灝灝和寧帝庸威栗惟人之爲敬奠厥賦積藏于下是謂
豐國鄉爲義廩斂發謹飭歲丁大侵人以有年簡于厥刑不殘而
懲是謂嚴威小屬而支大生而孥愷悌祗敬用底于治凡其所欲
不謁而獲凡其所惡不祈而息四夷稽服不作兵革不竭貨力丕
揚于後嗣用垂于帝式十聖濟厥治孝仁平寛惟祖之則澤久而
逾深仁增而益高人之戴唐永永無窮是故受命不于天于其人
休符不于祥于其仁惟人之仁匪祥于天匪祥于天兹惟貞符哉
未有喪仁而久者也未有恃祥而壽者也商之王以桑穀昌以雉
雊大宋之君以法星壽鄭以龍衰魯以麟弱白雉亡漢黃犀死莽
惡在其爲符也不勝唐德之代光紹明濬深鴻尨大保人斯無疆
宜薦于郊廟文之雅詩祗告于德之休帝曰諶哉乃黜休祥之奏
究貞符之奥思德之所未大求仁之所未備以極于邦治以敬于

人事其詩曰於穆敬德黎人皇之惟貞厥符浩浩將之仁函于膚
刃莫畢屠澤熯于爨濡炎以澣勃厥凶德乃毆乃夷懿其休風是
喣是吹父子熈熈相寧以嬉賦徹而藏厚我糗粻刑輕以清我完
靡傷貽我子孫百代是康十聖嗣于治仁后之子子思孝父易患
于已拱之戴之神其爾宜載揚于雅承天之嘏天之誠神宜鑒于
仁神之曷依宜仁之歸濮鉛于北祝栗于南幅員西東祗一乃心
祝唐之紀後天罔墜祝皇之壽與地咸久曷徒祝之心誠篤之神
協人同道以告之俾彌億萬年不震不危我代之延永永毗之仁
增以崇曷不爾思有號于天僉曰嗚呼咨爾皇靈無替厥符宗元
不得召内閔悼悔念往咎作賦自儆曰懲咎愆以本始兮孰非余
心之所求處卑汙以閔世兮固前志之爲尤始余學而觀古兮怪
今昔之異謀惟聰明爲可考兮追駿步而遐游絜誠之既信直兮
仁友藹而萃之日施陳以繫縻兮邀堯舜與之爲上睢盱而混茫

兮下駿詭而懷私兮羅列以交貫兮求大中之所宜曰道有象兮而無其形推變乘時兮與志相迎不及則殆兮過則失貞謹守而中兮與時偕行萬類芸芸兮率由以寧剛柔弛張兮出入綸經登能抑枉兮白黑濁清蹈乎大方兮物莫能嬰奉訏謨以植內兮欣余志之有獲再明信乎策書兮謂耿然而不惑愚者果於自用兮惟懼夫誠之不一不顧慮以周圖兮專茲道以爲服讒妬構而不戒兮猶斷斷於所執哀吾黨之不淑兮遭任遇之卒迫勢危疑而多詐兮逢天地之否隔欲圖退而保己兮悼乖期乎曩昔欲操術以致忠兮衆呀然而互嚇進與退吾無歸兮甘脂潤兮鼎鑊幸皇鑒之明宥兮纍郡印而南適惟罪大而寵厚兮宜夫重仍乎禍謫既明懼乎天討兮又幽慄乎鬼責惶惶乎夜寤而晝駭兮類麏麚之不息凌洞庭之洋洋兮泝湘流之沄沄飄風擊以揚波兮舟摧抑而迴邅日霾曀以昧幽兮黝雲涌而上屯暮屑窣以淫雨兮聽嗷嗷之哀猨衆鳥萃而啾號兮沸洲渚以連山漂遙逐其詎止兮

逖莫屬余之形魂攢巒奔以紆委兮束洶涌之崩湍畔尺進而尋退兮盪洄汩乎淪漣際窮冬而止居兮羈纍棼以縈纏哀吾生之孔艱兮循凱風之悲詩罪通天而降酷兮不亟死而生爲逾再歲之寒暑兮猶貿貿而自持將沈淵而隕命兮詎蔽罪以塞禍惟滅身而無後兮顧前志猶未可進路呀以劃絕兮退伏匿又不果爲孤囚以終世兮長拘攣而轗軻曩余志之脩蹇兮今何爲此戾也豈貪食而盜名兮不混同於世也將顯身以直遂兮衆之所宜蔽也不擇言以危肆兮固羣禍之際也御長轅之無橈兮行九折之峩峩卻驚棹以橫江兮泝淩天之騰波幸余死之已緩兮完形軀之既多苟餘齒之有懲兮蹈前烈而不頗死蠻夷固吾所兮雖顯寵其焉加配大中以爲偶兮諒天命之謂何元和十年徙柳州刺史時劉禹錫得播州宗元曰播非人所居而禹錫親在堂吾不忍其窮無辭以白其大人如不往便爲母子永決即具奏欲以柳州授禹錫而自往播會大臣亦爲禹錫請因改連州柳人以男女質錢

過期不贖子本均則沒爲奴婢宗元設方計悉贖歸之尤貧者令書庸視直足相當還其質已沒者出己錢助贖南方爲進士者走數千里從宗元游經指授者爲文辭皆有法世號柳柳州十四年卒年四十七宗元少時嗜進謂功業可就既坐廢遂不振然其才實高名蓋一時韓愈評其文曰雄深雅健似司馬子長崔蔡不足多也既沒柳人懷之託言降于州之堂人有慢者輒死廟於羅池愈因碑以實之云

程异字師舉京兆長安人居鄉以孝稱第明經再補鄭尉精吏治爲叔文所引由監察御史爲鹽鐵揚子院留後叔文敗貶郴州司馬李巽領鹽鐵薦异心計可任請拔擢用之乃授侍御史復爲揚子留後稍遷淮南等道兩稅使异起痕廢能厲己竭節悉矯革征利舊弊入遷累衛尉卿鹽鐵轉運副使方討蔡异使江表調財用因行諭諸帥府以羨贏貢故异所至不剝下不加歛經用以饒遂兼御史大夫爲鹽鐵使元和十三年以工部侍郎同中書門下平

章事猶領鹽鐵异以錢穀奮而至宰相自以非人望久不敢當印秉筆明年西北軍政不治議置巡邊使憲宗問孰可者乃自請行會卒贈尚書左僕射謚曰恭身歿官第無留貲世重其廉云

贊曰叔文沾沾小人竊天下柄與陽虎取大弓春秋書爲盜無以異宗元等橈節從之徼幸一時貪帝病昏抑太子之明規權遂私故賢者疾不肖者媢一僨而不復宜哉彼若不傳匪人自勵材猷不失爲名卿才大夫惜哉

韋王陸劉柳程列傳第九十三

杜裴李韋列傳第九十四　　唐書一百六十九

端明殿學士兼翰林侍讀學士龍圖閣學士朝請大夫守尚書吏部侍郎充集賢殿脩撰臣宋祁奉

敕撰

杜黃裳字遵素京兆萬年人擢進士第又中宏辭郭子儀辟佐朔方府子儀入朝使主留事李懷光與監軍陰謀矯詔誅大將等以動衆心欲代子儀黃裳得詔判其非以質懷光懷光流汗服罪於是諸將狠驕難制者黃裳皆以子儀令易置衆不敢亂入為侍御史為裴延齡所惡十朞不遷貞元末拜太子賓客居韋曲時中人欲請其地賜公主德宗曰城南杜氏鄉里不可易遷太常卿時王叔文用事黃裳未嘗過其門壻韋執誼輔政黃裳勸請太子監國執誼曰公始得一官遽開口議禁中事黃裳怒曰吾受恩三朝豈以一官見賣即拂衣出皇太子總軍國事擢黃裳門下侍郎同中書門下平章事於是夏綏銀節度使韓全義愞佞無功因其來朝白罷之俄而劉闢叛議者以闢恃險討之或生事唯黃裳固勸不赦因奏罷中人監軍而專委高崇文凡兵進退黃裳自中指授無不切于機崇文素憚劉澭黃裳使人謂曰公不奮命者當以澭代崇文懼一死力縛賊以獻蜀平羣臣賀憲宗目黃裳曰時卿之功始德宗創艾多難務姑息藩鎮每帥臣死遣中人伺其軍觀衆所欲立者故大將私金幣結左右以求節制晏年尤甚方鎮選不出朝廷黃裳每從容具言陛下宜鑒貞元之弊整法度朘損諸侯則天下治帝嘗問前古王者所以治亂云云黃裳知帝鋭於治恐不得其要因推言王者之道在脩己任賢而已操執綱領要得其大者至簿書獄訟百吏能否本非人主所自任昔秦始皇帝親程決事見嗤前世魏明帝欲按尚書事陳矯不從隋文帝日昃聽政衛士傳飡太宗笑之故王者擇人任而責成見功必賞有罪信罰孰敢不力孔子之稱帝舜恭己南面以其能舉十六相去四凶而至無為豈必刓神疲體勞耳目之察然後為治哉帝以黃裳言忠嘉納之由是平夏翦齊滅蔡復兩河以機秉還宰相紀律設張赫然

號中興自黃裳啓之元和二年以檢校司空同中書門下平章事為河中晉絳節度使俄封邠國公明年卒年七十贈司徒謚曰宣獻黃裳達權變有王佐大略性雅澹未始忤物初不為執誼所禮及敗悉力營救既死表還其柩葬焉嘗被疾醫者誤進藥疾遂甚終不怒譴然除吏不甚别流品通饋謝無絜白名當大政未久不究其才及處外天下常所屬意卒後數年御史劾奏黃裳納邠寧節度使高崇文錢四萬五千緡按故吏吳憑及黃裳子載辭服帝念舊功但流憑昭州原載不問載終太僕少卿載弟勝字斌卿寶曆初擢進士第楊嗣復數薦材堪諫官不為鄭覃所佑宣宗感章武舊事元和時大臣子若孫在者多振拔之帝嘗問勝勝具道黃裳首建憲宗監國議帝嘉歎拜給事中遷戶部侍郎判度支欲倚為宰相及蕭鄴罷為中人沮毀而更用蔣伸以勝檢校禮部尚書出為天平節度使不得意卒

裴垍字弘中絳州聞喜人擢進士第以賢良方正對策第一補美原尉藩府交辟不就四遷考功員外郎吏部侍郎鄭珣瑜委垍校辭判研覈精密皆值才實憲宗元和初召入翰林為學士再遷中書舍人李吉甫始執政以情謂垍曰吾落魄遠裔更十年始相天子比日人物吾懵不及知且宰相職當進賢任能君精鑒為我言之垍即崖略疏三十許人吉甫藉以薦于朝天下翕然稱得人坐覆視皇甫湜牛僧孺等對策非是罷學士為戶部侍郎帝器垍方直以為任公卿薄其過眷館彌厚吉甫罷乃拜垍中書侍郎同中書門下平章事加集賢殿大學士監脩國史垍始承旨翰林天子新翦蜀亂厲精致治中外機筦垍多所參與以小心慎默稱帝意既當國請繩不軌課吏治分明淑慝帝降意順納吐突承璀自東宮得侍恩顧親渥承間欲有闢説帝憚垍誠使勿言帝在殿中常呼垍官而不名嶺南節度使楊於陵為監軍許遂振所誣詔授冗官垍曰以一中人罪藩臣陛下之法安在更授美官嚴綏守太原政一出監軍李輔光垍劾其懦以李鄘代之王承宗擅襲節度方

帝屢削叛族意必取之又吐突承璀每欲橈垍權因探帝意自請往于時澤潞盧從史詭獻征討計垍固爭以爲從史苞逆節内連承宗外請興師以圖身利且武俊有功於國陛下前以地授李師道而今欲奪承宗地有之賞罰不一沮勸廢矣帝猶違不能決久之卒用承璀謀會兵討承宗從史果反覆兵久暴無功王師告病既而從史遣部將王翊元奏事垍從容以語動之翊元因言從史惡稔可圖狀垍比遣往得其大將烏重胤等要領垍乃爲帝陳從史暴戾不君視承璀若小兒往來神策軍不甚戒可因其機致之後無興師之勞帝初矍然徐乃許之垍請秘其計帝曰惟李絳梁守謙知之俄而承璀縛從史獻于朝因班師垍奏承璀首謀無功陛下雖詘法人心不厭請流斥以謝天下乃罷所領兵先是天下賦法有三曰上供曰送使曰留州建中初釐定常賦而物重錢輕其後輕重相反民輸率一倍其初而所在以留州送使之入捨公估更實私直以自潤故賦益苛齊民重困垍奏禁之一以公估準

物觀察使得用所治州租調至不足乃取支郡以贍故送使之財悉爲上供自是起淮江而南民少息矣垍器局峻整持法度雖宿貴前望造詣不敢干以私諫官言得失大抵執政多忌之惟垍奬勵使盡言初拾遺獨孤郁李正辭嚴休復三人皆還又過謝垍垍獨讓休復曰君異夫二人孜孜獻納者前日進擬上固爲疑休復大慙垍爲學士時引李絳崔羣與同列及相又擢韋貫之裴度知制誥李夷簡御史中丞皆踵躡爲輔相號名臣自它選任罔不精明人無異言士大夫不以垍年少柄用爲嫌故元和之治百度脩舉稱朝無幸人五年暴風痺帝悵惜遣使致問藥膳進退輒疏聞居三月益痼乃罷爲兵部尚書垍之進李吉甫薦頗力及居中多變更吉甫時約束吉甫復用銜之會垍與史官蔣武等上德宗實録吉甫以垍引疾解史任不宜冒奏乃徙垍太子賓客罷武等史官會卒不加贈給事中劉伯芻表其忠帝乃贈太子太傅垍始相建言集賢院官登朝自五品上爲學士下爲直學士餘皆校理史館以登朝者爲脩撰否者直史館以準六典遂著于令京兆少尹裴武使王承宗還得德棣二州已而地不入或言武還先見垍明日乃朝帝怒召學士李絳議斥武絳言垍身備宰相明練時事勢不容先見武帝悟釋之議者謂帝知垍明倚任方篤尚不免疑嫌以信處位之難云

李藩字叔翰其先趙州人父承仕爲湖南觀察使有名于時藩少沈靖有檢局姿制閑美敏于學居父喪家本饒財姻屬來弔有持去者未嘗問益務施與居數年略盡年四十餘困廣陵間不自振妻子追咎藩晏如也杜亞居守東都表致府中亞嘗疑牙將令狐運爲盜掠服之藩爭不從輒去後果獲真盜稍知名徐州張建封辟節度府未嘗察苛細建封卒濠州刺史杜兼疾驅至陰有覬望藩泣謂曰公今喪君宜謹守土何棄而來宜速還否則以法劾君兼錯忤去恨之因誣奏建封死藩撼其軍有非望德宗怒密詔徐泗節度使杜佑殺之佑雅器藩得詔十日不發召見藩曰世謂生

死報應驗乎藩曰殆然曰審若此君宜遇事無恐因出詔示藩藩色不變曰信乎杜兼之報也佑曰愼毋畏吾以闔門保君矣帝未之信亟追藩既入帝望其狀貌曰是豈作亂人邪釋之拜祕書郎時王紹得君邀藩與相見當即用終不詣王仲舒與同舍郎韋成季呂洞日置酒邀賓客相樂慕藩名彊致之仲舒等爲俳說廋語相狎昵藩一見謝不往曰吾與終日不曉所語何哉後仲舒等果坐斥廢憲宗爲皇太子王紹避太子諱始改名時議以爲諂藩曰自古故事由不識體之人敗之不可復正雖紹何誅累擢吏部郎中坐小累左授著作郎再遷給事中制有不便就敕尾批卻之吏驚請聯它紙藩曰聯紙是牒豈曰敕邪裴垍白憲宗謂藩有宰相器會鄭絪罷因拜門下侍郎同中書門下平章事藩忠謹好醜必言帝以爲無隱嘗問前世所以家給或國匱乏者何致而然及祈禳之數藩具對儉則足用敦本則百姓富反是則匱又言孔子病止子路之禱漢文帝每祭敕有司敬而不祈使神無知則不能降

福有知固不可私已求媚而悅之也且義於人者和於神人乃神之主人安而福至帝悅曰當與公等上下相勗以保此言後復問神仙長年事藩知帝且有所惑極陳荒妄譎誕不可信後入柳泌等語果爲累云河東節度使王鍔賂權近求兼宰相密詔中書門下曰鍔可兼宰相藩遽取筆滅宰相字署其左曰不可還奏之宰相權德輿失色曰有不可應別爲奏可以筆塗詔邪藩曰勢迫矣出今日便不可止既而事得寢李吉甫復相藩頗沮止會吳少陽襲淮西節度吉甫已見帝潛欲中藩即奏曰道逢中人假印節與吳少陽臣爲陛下恨之帝變色不平翌日罷藩爲太子詹事後數月帝復思藩召對殿中事寢釋明年爲華州刺史未行卒年五十八贈戶部尚書謚曰貞簡藩材能不及韋貫之裴垍然人物清整是其流亞云

韋貫之名純避憲宗諱以字行後周柱國敻八世孫父肇大曆中爲中書舍人累上疏言得失爲元載所惡左遷京兆少尹久之改

祕書少監載曰肇若過我當擇善地處之終不肯詣載誅除吏部侍郎代宗欲相之會卒謚曰貞貫之及進士第爲校書郎擢賢良方正異等補伊闕渭南尉河中鄭元澤潞郗士美以厚幣召皆不應居貧啜豆糜自給再遷長安丞或薦之京兆尹李實實舉笏示所記曰此其姓名也與我同里素聞其賢願識之而進於上或者喜以告曰子今日詣實而明日賀者至矣貫之唯唯不往官亦不遷永貞時始爲監察御史舉其弟纁自代及爲右補闕纁代爲御史議者不謂之私宰相杜佑子從郁爲補闕貫之與崔羣持不可換左拾遺復奏拾遺補闕爲諫官等宰相政有得失使從郁議是子而議父殆不可訓卒改它官遷禮部員外郎新羅人金忠義以工巧幸擢少府監廕子補齋郎貫之不與曰是將奉郊廟祠祭階爲守宰者安可以賤工子爲之又劾忠義不宜汙朝籍忠義竟罷於是權幸側目進吏部員外郎坐考賢良方正牛僧孺等策獨署奏出爲果州刺史半道貶巴州久之召爲都官郎中知制誥進中書舍人宰相裴垍嘗三奏事憲宗不從貫之曰公亦以進退決請乎垍曰奉教事果見聽垍因曰君異時當位於此改禮部侍郎所取士抑浮華先行實于時流競爲息嘗從容奏曰禮部侍郎重於宰相帝曰侍郎是宰相除安得重曰然爲陛下柬宰相者得無重乎帝美其言改尚書右丞俄同中書門下平章事遷中書侍郎討吳元濟也貫之請釋鎮州專力淮西且言陛下豈不知建中事乎始於蔡急而魏應也齊趙同起德宗引天下兵誅之物力殫屈故朱泚乘以爲亂此非它速於撲滅也今陛下獨不能少忍俟蔡平而誅鎮邪時帝業已討鎮不從終之蔡平鎮乃服初討蔡以宣武韓弘爲都統又詔河陽烏重胤忠武李光顏合兵以進貫之諫諸將戰方力今若置都統又令二帥連營則各持重養威未可歲月下也亦不從後四年乃克蔡皆如貫之策云帝以段文昌張仲素爲翰林學士貫之謂學士所以備顧問不宜專取辭藝奏罷之皇甫鎛張宿皆以幸進宿使淄青裴度欲爲請銀緋貫之曰宿姦佞

吾等縱不能斥柰何欲假以寵乎由是宿等怨嗾構之又與度論兵帝前議頗駁故罷爲吏部侍郎於是翰林學士左拾遺郭求上疏申理詔免求學士出貫之爲湖南觀察使不三日韋顗李正辭薛公幹李宣韋處厚崔韶坐與貫之厚善悉貶爲州刺史顗正辭處厚皆清正以鉤黨去由是中外始大惡宿時國用不足遣鹽鐵副使程异督諸道賦租异諷州縣厚斂以獻貫之不忍橫賦而所獻不中异意因取屬內六州留錢繼之左遷太子詹事分司東都穆宗立即拜河南尹以工部尚書召未行卒年六十二贈尚書右僕射謚曰貞後更謚曰文貫之沈厚寡言與人交終歲無款曲不爲偶辭以悅人爲右丞時內僧造門曰君且相貫之命左右引出曰此妄人也居輔相嚴身律下以正議裁物室居無所改易裴均子持萬縑請撰先銘答曰吾寧餓死豈能爲是哉生平未嘗通饋遺故家無羨財子澳字子斐第進士復擢宏辭方靜寡欲十年不肯調御史中丞高元裕與其兄溫善欲薦用之諷澳謁已溫歸以

告澳不荅溫曰元裕端士若輕之邪澳曰然恐無呈身御史周墀節度鄭滑表署幕府會墀入相私謂曰何以教我澳曰願公無權墀愕眙澳曰爵賞刑罰人主之柄公無以喜怒行之俾庶官各舉其職則公斂衽廟堂上天下治矣烏用權墀歎曰吾先居此得無愧乎擢考功員外郎史館脩撰歲中知制誥召爲翰林學士累遷兵部侍郎進學士承旨與蕭寘皆爲宣宗禮遇每兩人直必偕召問政得失常夜被旨草詔書事有不安者即還延須見帝開陳可否未嘗不順納一日召入屏左右問曰朕於敕使如何澳陳帝威制前世無比帝搖首曰未也策安出澳倉卒荅曰若謀之外廷則大和事可用追鑒不若就擇可任者與計事帝曰朕固行之矣自黃至綠自綠至緋猶可衣紫即合爲一矣澳愧汗不能對乃罷改京兆尹帝舅鄭光主墅吏豪肆積年不輸官賦澳逮繫之它日延英帝問其故澳具道姦狀且言必寘以法帝曰可貸否荅曰陛下自內署擢臣尹京邑安可使畫一法獨行於貧下乎帝入白太后

曰是不可犯后爲輸租乃免由是豪右斂跡會戶部闕判使帝以問澳澳三不對帝曰任卿可乎曰臣老矣力疲氣耗煩劇非所任者帝默不樂出謂其甥柳玼曰吾本不爲宰相知上便委以使務脫謂吾他岐而得卒無以自白今時事寖惡皆吾輩貪爵位致然未幾授河陽節度使入辭帝曰卿自便而遠我非我去卿懿宗立徙平盧軍入爲吏部侍郎復出爲邠寧節度使宰相杜審權素不悅澳坐吏部時史盜簿書爲姦貶祕書監分司東都就遷河南尹辭疾不拜丐歸樊川逾年以吏部侍郎召不起卒贈戶部尚書謚曰貞澳在河陽累年宣宗遣使至魏博道出澳所帝以薄紙手作詔賜澳曰密飭裝秋當見卿蓋將以爲相也因問輔養術澳具言金石非可御方士怪妄宜斥遠之其八月帝崩不果相爲學士時帝嘗曰朕每遣方鎮刺史欲各悉州郡風俗者卿爲朕撰一書澳乃取十道四方志手加紬次題爲處分語後鄧州刺史薛弘宗中謝帝敕戒州事人人驚服

綬貫之兄舉孝廉又貢進士禮部侍郎潘炎將以爲舉首綬以其友楊凝親老故讓之不對策輒去凝遂及第後擢明經辟東都幕府德宗時以左補闕爲翰林學士密政多所參逮帝嘗幸其院韋妃從會綬方寢學士鄭絪欲馳告之帝不許時大寒以妃蜀纈袍覆而去其待遇若此每入直踰月不得休以母老屢丐解職每請帝輒不悅出入八年而性謹畏甚晚乃感心疾罷還第不極於用九月九日帝爲黃花歌顧左右曰安可不示韋綬即遣使持往綬遽奉和附使進帝曰爲文不已豈頤養邪敕自今勿復爾終左散騎常侍弟纁有精識爲士林器許兄弟皆名重當時綬子溫

溫字弘育方七歲日誦書數千言十一舉兩經及第以拔萃高等補咸陽尉父愕然疑假權謁進召而試諸廷文就無留意喜曰兒無愧矣入爲監察御史以臺制苛嚴不可以省養不拜換著作郎既謝輒解歸侍親疾調適湯劑彌二十年衣不弛帶既居喪毀瘠不支服除李逢吉辟置宣武府頻還右補闕宰相宋申錫被構罪

不測溫倡曰丞相操履有初不宜反乃姦人陷之吾等豈避雷霆使上蒙霧谷邪率同舍伏閤切爭由是益知名大和五年太廟室漏壞詔宗正將作營治不時畢文宗怒責卿李銳監王堪奪其稟自敕中人葺之溫諫吏舉其職國以治事歸於正法以脩夫設制度立官司度經費則宗廟最重也比詔下閱月有司弛墮不力正可黜慢官懲不恪擇可任者繕完之則吏舉職事歸正矣今慢吏奪稟而易以中人是許百司公廢職以宗廟之重爲陛下所私臣竊惜之請還將作則官脩業矣帝乃罷宦人會羣臣請上尊號溫固諫今河南水江淮旱歉京師雪積五尺老稚凍仆此非崇飾虛名時帝順納乃謝羣臣改侍御史李德裕入輔擢禮部員外郎或言雅爲牛僧孺厚德裕曰是子堅正可以私廢乎鄭注節度鳳翔表爲副溫曰拒則遠黜從之禍不測吾焉能爲注起邪注誅由考功員外郎拜諫議大夫未幾爲翰林學士先是綬在禁廷積憂畏病廢故誡溫不得任近職至是固辭帝怒曰寧綬治命邪禮部侍

郎崔蠡曰温用亂命益所以爲孝帝意釋換知制誥引疾從太常少卿宰相李固言薦温給事中帝曰温素避事肯爲我論駁乎須太子長以爲賓客久之卒爲給事中初兼莊恪太子侍讀晨詣宮日中見太子諫曰殿下盛年宜鷄鳴蚤作問安天子如文王故事太子不悦辭侍讀見聽王晏平罷靈武節度使以馬及鎧仗自隨貶康州司戶參軍厚賂貴近浹日改撫州司馬樂工尉遲璋授光州長史温悉封上詔書太子得罪詔諭羣臣温曰陛下訓之不早非獨太子罪時頗直其言遷尚書右丞鹽鐵推官姚勗按大獄帝以爲能擢職方員外郎將趨省温使戶止即上言郎官清選不可賞能吏帝命中人諭送温執議不移詔改勗檢校禮部郎中帝問故於楊嗣復對曰勗名臣後治行無疵若吏材幹而不入清選佗日孰肯當劇事者此衰晉風不可以法帝素重温出爲陝虢觀察使民當輸租而麥未熟吏白督之温曰使民貨田中穗以供賦可乎爲緩期而賦辦武宗立擢吏部侍郎李德裕欲引同輔政温苦言李漢可釋德裕悵然出宣歙觀察使池民訟刺史劾無狀榜殺之威行部中既疾召親屬賦綬詩在室愧屋漏因泣下曰今知沒身不負斯誡矣卒年五十八贈工部尚書謚曰孝温性剛峻人望見無敢戲慢者與楊嗣復李珏善嘗勸與李德裕平故憾二人不從及皆譴温歎曰用吾言孰至是邪一女歸薛蒙女工屬文續曹大家女訓行于世温少合所善惟蕭祐祐者字祐之夷澹君子也少貧窶隱居以孝養聞司農卿李實督官租祐居喪未及輸召至將責之會有賜與倩祐爲奏實稱善即薦于朝終制以處士拜左拾遺累遷諫議大夫終桂州觀察使贈右散騎常侍精書及畫自鍾王蕭張以來皆能識其眞贋然不以屢事自蒙故温號山林友云

贊曰杜黃裳善謀裴垍能持法李藩鯁挺韋貫之忠實皆足穆天緯經國體援衰奮王畧攘四方憲宗中興寧不謂得人而致然邪昔子貢孔堂高第而貨殖韓安國漢名宰而資貪黃裳亦以受餉見疵至於忠烈審然則不可掩已

杜裴李韋列傳第九十四

宋　祁　奉　敕　撰
高崇文字崇文其先自渤海徙幽州七世不異居開元中再表其
閭崇文性樸重寡言少籍平盧軍貞元中從韓全義鎮長武城治
軍有聲累官金吾將軍吐蕃三萬寇寧州崇文率兵三千往救戰
佛堂原大破之封渤海郡王全義入朝留知行營節度後務遷長
武城都知兵馬使劉闢反宰相杜黃裳薦其才詔檢校工部尚書
左神策行營節度使俾統左右神策麟游奉天諸屯兵討闢時顯
功宿將人人自謂當選及詔出皆大驚始崇文選兵五千常若寇
至至是卯漏受命辰巳出師器良械完無一不具過興元士有折
逆旅匕箸者即斬以徇乃西自閬中出卻劒門兵解梓潼之圍賊
將邢泚退守梓州詔拜崇文東川節度使初闢陷東川執節度使
李康不殺也至是歸康以丐雪崇文數康失守罪斬之鹿頭山南
距成都百五十里扼二川之要闢城之旁連八屯以拒東兵崇文

始破賊二萬于城下會雨不克攻明日戰萬勝堆堆直鹿頭左使
驍將高霞寓鼓之士扳緣上矢石如雨募死士奪而有之盡殺戍
者焚其柵下瞰鹿頭城人可頭數凡八戰皆捷賊心始搖大將阿
跌光顏與崇文約後期懼罪請深入自贖乃軍鹿頭西斷賊糧道
賊大震其將李文悅以兵三千自歸仇良輔舉鹿頭城二萬衆降
執闢子方叔婿蘇彊遂趣成都餘兵皆面縛送款闢走追禽之檻
送京師入成都也師屯大逵市井不移珍貨如山無秋豪之犯邢
泚已降而貳斬于軍衣冠脅汙者詣牙請命崇文爲條上全活之
進檢校司空西川節度副大使南平郡王實封三百戶刻石紀功于
鹿頭山崇文不通書厭案牘諮判以爲繁且蜀優富無所事請扞
邊自力乃詔同中書門下平章事邠寧慶節度使爲京西諸軍都
統崇文恃功而侈舉蜀帑藏百工之巧者皆自隨又不曉朝廷儀
憚於覲謁有詔聽便道之屯居邠三年戎備整脩卒年六十四贈
司徒謚曰威武會昌六年詔配享憲宗廟子承簡少事忠武軍後

更隸神策以崇文平蜀功除嘉王傅裴度征蔡奏署牙將蔡平詔析
上蔡郾城遂平西平四縣爲溵州拜承簡刺史治郾城始開屯田
列防庸瀕溵綿地二百里無復水敗皆爲腴田先是賊築武宮以
夸戰勞承簡夷其丘庀家財以葬葺儒宮備俎豆歲時行禮野有
菽實民得以食將吏立石頌功遷邢州刺史觀察府責賦尤急承
簡代下戶數百輸租遷宋州會宣武將李㝏反遣使責財于宋承
簡囚之前後數輩輒繫獄一日幷出斬于牙門威震部中㝏悉兵
攻之宋有三城南城陷承簡保北兩城數爲賊確會徐州救至㝏
爲李質所執兵遂潰拜兗海沂密節度使遷義成軍檢校尚書左
僕射入拜右金吾衛大將軍復節度邠寧先是虜多以盛秋犯邊
承簡請屯寧州以制其侵屬疾還朝道卒贈司空謚曰敬崇文孫
駢自有傳
伊愼字寡悔兗州人通春秋戰國策天官五行書用善射爲折衝
都尉喪母將合葬而不知父墓晝夜哭忽若有導者既發之舊志

可按也乃得葬江西路嗣恭討哥舒晃以愼爲先鋒疾戰破賊斬
首三千級下韶州戰把江口水湍駃乃爲桴筏薪焉乘風縱火賊
焚且溺不可計與諸將追斬晃沺溪授連州長史知團練副使三
遷江州別駕討梁崇義也愼以江西牙兵屬李希烈希烈署漢南
北兵馬使不受獨率所部破崇義於蠻水斿俘三萬襄漢平功多
希烈愛其材數饋遺欲縻止之卒以計免明年希烈果反嗣曹王
皐至鍾陵得而壯之拔爲大將希烈恐爲皐所任遺以七屬甲詐
爲愼書行反間帝遣使即軍中斬之皐表列其誣來報賊泝江徇
地皐授愼兵勞而遣與賊大戰破之收黃梅次長平殺賊將斬級千
餘拔蔡山尤力遂下蘄州即拜刺史封南兗郡王天子在梁州包
佶轉東南財糧次蘄口賊遣饒將杜少誠以兵萬人過江道不得
西愼選士七千列三屯相望偃旗以待少誠分圍之未合愼自中
屯鼓之諸屯悉出奮擊賊亂少誠走斬別將許少華封其尸爲京
冢漕無留艱進圍安州希烈之甥劉戒虛以兵八千來援愼逆擊

于應山禽之示城下州開門降以功爲安州刺史實封百戶改隋州戰厲鄉斬首五千級喻降李惠登即薦惠登爲刺史拜愼安黃州節度使吳少誠反詔領步騎五千兼統荆南湖南江西兵當一面遇賊于三州港營義陽戰于申斬首數千加檢校刑部尚書貞元末詔安黃爲奉義軍即爲奉義節度憲宗即位以兵付其子宥身入朝拜尚書右僕射改金吾衛大將軍以錢三千萬賂官人求帥河中事暴帝没其半黜貶右衛將軍明年念舊勞復檢校右僕射兼右衛上將軍卒贈太子太保謚曰壯繆乾符中盜發其墓賜絹二百脩瘞云

朱忠亮字仁輔汴州浚儀人舉明經不中從事昭義節度使薛嵩爲裨將屯普潤開田峙糧以功擢太子賓客朱泚亂率麾下四十騎至奉天封東陽郡王爲定難功臣邑汾梁州爲賊鈔獲繫長安獄賊平李晟釋之奏隸本軍累遷定平軍使憲宗立加御史大夫涇州將楊琦謀拒詔爲亂方集諸校計事屋壞琦壓死乃授忠亮

涇原四鎮節度使本名士明至是賜今名隱覈軍籍得冗名者三千人歲收乾没十萬緡吏白耄卒不任戰者可罷答曰古於老馬不棄況戰士乎聞者莫不感奮涇俗舊多賣子忠亮以財贖免者前後數百築潘原城有勞改封丹楊卒贈尚書右僕射謚曰靈

劉昌裔字光後太原陽曲人幼重遲不好戲常若有所思度及壯策說邊將不售去入蜀楊惠琳亂昌裔說之惠琳順命拜瀘州刺史署昌裔州佐惠琳死客河朔間曲環方攻濮州表爲判官爲環檄李納剴曉大誼環上其豪德宗異之環領陳許軍又從府遷累進營田副使環卒上官涚知後務吳少誠引兵薄城涚欲遁去昌裔止曰受詔而守死其職也況士馬完奮足支賊若堅壁不戰七日賊氣必衰我以全制之可也涚許諸賊攻堞壞不得脩昌裔密造飛棚聯柵即募突將千人鑿城以出擊賊走之比還柵已立守陴遂安兵馬使安國寧謀應賊昌裔以計斬之召其麾下千人爲饗人賞二縑乃伏兵于道令持縑者斬一不能脫賊聞解去以功擢涚陳許節度使昌裔陳州刺史韓全義敗于溵水引軍走陳求入保昌裔登陴揖曰天子命君討蔡何爲來陳且賊不敢至我城下君其舍外無恐明日從十餘騎持牛酒抵全義營勞軍全義不自意迎拜歎服改陳許行軍司馬涚卒軍中推昌裔有詔檢校工部尚書代節度命境上吏不得犯蔡人少誠吏有來犯者捕得縛送使自治之少誠慙其軍亦禁境上暴掠者封彭城郡公元和八年大水壞廬舍溺居人以檢校尚書左僕射兼左龍武統軍召還京師始憲宗惡昌裔自立欲召之而重生變宰相李吉甫曰陛下乘人心愁苦可召也遂以韓皐代之至長樂驛知帝意因稱風眩臥第歲中卒贈潞州大都督謚曰威

范希朝字致君河中虞鄉人初從邠寧軍爲別將事節度使韓游環德宗在奉天以戰守功累兼御史中丞治軍整毅游環畏其才將伺隙殺之希朝懼奔鳳翔帝聞召寘左神策軍貞元四年以游環政無狀使代之希朝曰始偪而來終代其任非所以防覬覦安

反仄也固讓左金吾衛將軍張獻甫軍中憚獻甫嚴以兵脅監軍使請於帝必得希朝乃止詔拜寧州刺史邠寧節度副使俾佐獻甫俄遷振武節度使部有党項室韋雜居暴掠放肆日入慝作謂之刮城門希朝度要害置屯保斥邏嚴密鄙民以安至小竊取亦殺無赦虜人憚伏相謂曰是必張光晟紿姓名來也邊州每長帥至必效橐它駿馬雖甚廉者猶受之以結其歡希朝一不納積十四年虜保塞不敢橫初單于城池不樹希朝命蒔柳數歲成林貞元末請朝時諸鎮不以事自述職者希朝而已帝悅拜右金吾衛大將軍王叔文用事謂其易制用爲右神策統軍充左右神策京西諸城鎮行營節度使屯奉天以韓泰爲副因欲使泰代之會不能得神策軍而罷憲宗立檢校尚書左僕射復爲右金吾衛大將軍俄檢校司空出爲朔方靈鹽節度使遷河東率師討王承宗敗之木刀溝然老病不能有大功還朝改左龍武統軍以太子太保致仕卒贈太子太師謚忠武改曰宣武希朝號當世善將或比之

趙充國在朔方時招突厥別部沙陀千落衆萬餘有之其後用沙
陀戰者所至有功

王鍔字昆吾自言太原人始隸湖南團練府爲裨將楊炎道潭與
語異其才嗣曹王皐爲團練使俾鍔誘降武岡叛將王國良以功
擢邵州刺史皐之節度江西也李希烈南侵皐與鍔兵三千使屯
潯陽而皐全軍臨九江襲蘄州遂以衆濟表鍔江州刺史兼御史
中丞充都虞候鍔小心善刺軍中情僞事無細大皐悉知之因推
以腹心雖家人燕居或預焉皐攻安州使伊愼盛兵圍之而遣鍔
入城中約降使殺不從者翌日城開愼以賊降乃已功不下鍔鍔
稱疾避之皐爲荆南節度使欲署府少尹而上佐鄙其人乃復檄
都虞候從皐朝京師皐奏鍔文用雖不足而它可試德宗擢爲鴻
臚少卿先是天寶末西域朝貢酋長及安西北廷校吏歲集京師
者數千人隴右既陷不得歸皆仰稟鴻臚礼賓月四萬緡凡四十
年名田養子孫如編民至是鍔悉籍名王以下無慮四千人畜馬
二千奏皆停給宰相李泌盡以隸左右神策軍以酋長署牙將歲
省五十萬緡帝嘉其公擢容管經略使凡八年谿落安之遷嶺南
節度使廣人與蠻雜處地征薄多牟利於市鍔租其廛榷所入與
常賦埒以爲時進裒其餘悉自入諸蕃舶至盡有其稅於是財蓄
不貲日十餘艘載皆犀象珠琲與商賈雜出于境數年京師權家
無不富鍔之財召爲刑部尚書淮南節度使杜佑數請代乃以鍔
檢校兵部尚書爲佑副厚事佑以悅之坐必就司馬聽事不數日
遂代佑久之入拜尚書左僕射又檢校司徒爲河中節度使進兼
太子太傅徙河東河東自范希朝討鎭無功兵才三萬騎六百府
庫殘耗鍔能補完畜貲未幾兵至五萬騎五千財用豐餘會回鶻
并摩尼師入朝鍔欲示威武傾駭之乃悉軍迎廷列五十里旗幟
光鮮戈鎧犀密回鶻恐不敢仰視鍔偃然受其禮帝聞嘉之即除
檢校司空同中書門下平章事鍔自見居財多且懼謗納錢二千
萬李絳奏言鍔雖有勞然僉望不屬恐天下議以爲宰相可市而

取帝曰鍔當太原殘破後成雄富之治官爵所以待功功之不圖何
以爲勸王播所獻數萬萬亦可以平章政事乎不聽卒贈太尉謚
曰魏鍔初附太原王翃爲從子以婚閥自高翃子弟亦藉鍔多得
官又常讀春秋自稱儒者士頗笑之善任數持下在淮南時嘗得
無名書內鞾中俄取它書焚之人信其無名者異日因小罪并以
所告窮驗示衆以神明性纖嗇有所程作雖碎瑣無所遺官曹簾
壞吏將易之鍔取壞者付船坊以鍼箬每燕饗輒錄其餘賣之以
收利故鍔家錢徧天下子稷歷鴻臚少卿鍔在藩稷常留京師視
勢高下輕重以納貲爲嘗請籍坊以廣第舍作複垣洞穴實金錢
其中鍔卒奴告稷更遺占沒所獻裴度爲言乃論殺奴長慶二年
用稷爲德州刺史悉金寶媵侍以行節度使李全略利其貲因軍
亂殺稷納其女爲媵開成中滄州節度使劉約奏稷子叔泰生五
歲値全略亂爲郡人匿養得不死送叔泰京師文宗憫焉詔授九
品官使奉鍔祀

孟元陽史失其何所人起陳許軍中以嚴整稱曲環領節度使時
巳爲大將使董作西華屯盛夏芻而立于塗役休乃就舍故田輒
歲稔而軍食常足環卒吳少誠來寇元陽嬰城守壘甚急然終不
能傳城韓全義敗五樓列將多私去獨元陽與神策將蘇元策宣
州將王幹以所部屯溵水破賊二千詔拜陳州刺史憲宗立遷河
陽節度使五年盧從史敗檢校尚書右僕射徙帥昭義軍入爲右
羽林統軍封趙國公改右金吾大將軍復拜統軍卒贈揚州大都
督

王栖曜濮州濮陽人安祿山反尚衡裒義兵討賊署牙將徇兗鄆
諸縣下之進牙前捴管賊將邢超然守曹州乘城指顧栖曜曰彼
可取也一矢殪之遂拔曹州累授試金吾衛將軍袁晁亂浙東御
史中丞袁傪討之表爲偏將與賊戰日十餘遇生禽晁收州縣十
六授常州別駕浙西都知兵馬使時江介未定詔內常侍馬日新
以汴滑軍五千鎭之中人暴橫賊蕭廷蘭乘衆怨逐日新劫其衆

栖曜方游弈近郊賊脅取之與圍蘇州栖曜乘賊怠挺身登城率城中兵出戰賊衆大敗遷試金吾大將軍李靈曜反汴州浙西觀察使李涵使提兵四千爲河南掎角有功李希烈陷汴州也乘勝東略次寧陵將襲宋州浙西節度使韓滉使栖曜以彊弩三千涉水夜入寧陵希烈不之知晨朝矢集帳前驚曰江淮弩士入矣遂不敢東貞元初拜左龍武大將軍出爲鄜坊節度使十九年卒贈尚書右僕射謚曰成栖曜性謹厚善騎射始將兵時涉寇境遇游騎環合乃規百步立表而射每射破的虜相顧懼引去子茂元少好學德宗時上書自薦擢試校書郎改太子賛善大夫吕元膺留守東都署防禦判官淄青留邸卒謀亂元膺率兵圍之士無敢先者茂元取一人斬之衆乃進賊遂出奔累遷嶺南節度使蠻落安之家積財交煽權貴鄭注用事遷涇原節度使注敗悉出家貲餉兩軍得不誅封濮陽郡侯召爲將作監領陳許節度使又徙河陽討劉稹也李德裕以茂元兵寡詔王宰領陳許合義成兵援之以

河陰所貯兵械內庫甲弓矢陌刀賜之會病以宰兼河陽行營攻討使卒贈司徒謚曰威

劉昌字公明汴州開封人善騎射天寶末從河南防禦使張介然討安祿山授易州遂城府左果毅史朝義兵圍宋州城中食盡且降昌說刺史李岑曰李光弼在河陽江淮足兵埶必來援今廪麴尚多若屑以食可支二十日則救至岑聽之昌乃被鎧登城以忠義諭賊賊不敢攻俄而光弼援兵至賊夜潰光弼聞其謀召置軍中將用之會光弼卒還爲宋州牙門將李靈曜以汴州反刺史李僧惠欲應之昌請見陳逆順計且泣僧惠悟即馳奏請自將討賊故靈曜失助不得逞汴州平李忠臣疾僧惠攻殺之昌遁去劉玄佐領宣武節度使擢昌左廂兵馬使李納反以偏師收考城充行營諸軍馬步都虞候玄佐攻濮州以昌攝刺史李希烈取汴玄佐別將高翼提精卒守襄邑城陷翼赴水死江淮大震昌以兵三千守寧陵希烈衆五萬攻之昌塹以遏地道相拒凡四十餘日賊數敗乃解圍去更攻陳州昌從玄佐以浙西兵三萬救之西去陳五十里昌薄其軍大戰破之禽賊將翟暉希烈奔還蔡州加檢校工部尚書累實封二百戶貞元三年入朝詔以宣武兵八千北出五原士卒有逗留沮事者斬三百人乃行舉軍慴伏尋授京西行營節度使歲餘改四鎮北廷行營兼涇原節度七年城平涼開地二百里扼彈箏峽又西築保定扞青石嶺凡七城二堡旬日就以功檢校尚書右僕射累封南川郡王十四年歸化堡軍亂逐大將張國誠詔昌經略昌悉誅數百人復使國誠統之昌在邊凡十五年身率士墾田三年而軍有羨食兵械銳新邊障妥寧及感疾詔赴京師未行卒年六十五贈司空初城平涼當刼盟後將士骸骨不藏昌始命瘞之夕夢若詣昌厚謝者昌具以聞德宗下詔哀痛出衣數百稱官爲賫具斂以棺櫬分建二冢大將曰旌義冢士曰懷忠冢葬淺水原詔翰林學士爲銘識其所昌盛陳兵衛具牢醴率諸將素服臨之邊兵莫不感泣子士涇尚雲安公主拜駙馬都

尉累遷少卿家積財內結權近善胡琴故得幸於貴人後遷太僕卿給事中韋弘景等封還制書以士涇交通近倖不當居九卿憲宗曰昌有功於邊士涇又尚主官少卿已十餘年制書宜下弘景等乃奉詔

贊曰唐杜牧稱寧陵之圍解劉玄佐召昌問曰君以孤城用一當十何以能守昌泣曰始昌令守陴內顧者斬昌孤甥張俊守西北未嘗內顧捽下斬之士有死志故能守因伏地流涕玄佐亦泣曰國家將富貴汝史臣謂不然且勒兵乘城與賊抗所賴惟賞罰耳今無罪而斬其甥士心且離不祥莫大焉寧好事者傳此以益其美非昌志也牧以爲張巡許遠陷睢陽其名傳昌全寧陵而事不得暴于世寧牧未之思邪

趙昌字洪祚天水人始爲昭義李承昭節度府屬累遷虔州刺史安南酋獠杜英翰叛都護高正平以憂死拜昌安南都護夷落嚮化毋敢桀居十年足疾請還朝以兵部郎中裴泰代之入爲國子

祭酒未幾州將逐泰德宗召昌問狀時年逾七十占對精明帝奇之復拜安南都護詔書至人相賀叛兵即定憲宗初立檢校戶部尚書遷嶺南節度使降輯陬荒以勞徙節荊南召入再遷工部尚書兼大理卿出爲華州刺史對麟德殿趨拜強駃帝訪其所以頤養遷太子少保卒年八十五贈揚州大都督謚曰成

李景略幽州良鄉人父承悅檀州刺史密雲軍使景略以蔭補幽州府功曹參軍大曆末客河中闔門讀書李懷光爲朔方節度使署巡官五原將張光殺其妻以貲市獄前後不能決景略覈實論殺之既而有若女厲者進謝廷中如光妻云遷大理司直懷光屯咸陽將襲東渭橋召幕府計議景略曰殺朱泚還軍諸道杖策詣行在此轉禍爲福也不聽既出軍門慟哭曰豈意此軍乃陷不義乎遂遁歸靈武節度使杜希全表置于府累轉侍御史豐州刺史豐州當回紇道前刺史軟柔每虜使至與抗禮時梅錄將軍入朝景略欲折之因郊勞前遣人謂曰可汗新沒欲弔使者乃坐高

壠待之梅錄俯僂前哭景略即撫之曰可汗棄代助爾號慕於是虜容氣沮索不敢抗以父行呼景略自此回紇使至者皆拜于廷威名顯聞希全忌之誣奏貶袁州司馬希全死還左羽林將軍對德宗延英殿論奏衎衎有大臣風會河東節度使李說病以景略爲太原少尹行軍司馬時方鎮既重故少召還者惟不幸則司馬代之自說有疾人心固屬景略矣會梅錄復入朝說大會虜人爭坐說不敢遏景略叱之梅錄識其聲驚拜曰非李豐州邪遂就坐將吏相顧嚴憚說愈不平賂中尉竇文場謀毀去之歲餘塞下傳言回紇將南寇文場方侍帝傍即言豐州當得良將且舉景略乃拜豐州刺史天德軍西受降城都防禦使窮塞苦寒地瘠鹵邊戶勞悴景略至節用約己與士同甘苦鑿咸應永清二渠溉田數百頃儲粟器械畢具威令肅然聲雄北疆回紇畏之卒于屯年五十五天下惜用景略才有所未盡贈工部尚書

任迪簡京兆萬年人擢進士第天德李景略表佐其軍嘗宴客而行酒者誤進醯景略用法嚴迪簡不忍其死飲爲醉徐以宅辭請易之歸絡血不以聞軍中悅其長者景略卒舉軍請爲帥監軍使拘迪簡不聽衆大呼破戶出之德宗遣使者察變具得所以然乃授豐州刺史天德軍使由殿中侍御史授兼大夫散騎常侍入爲太常少卿太子左庶子張茂昭以易定歸擢迪簡行軍司馬代之大將楊伯玉據牙不納衆殺之別將張佐元復叛迪簡斬以徇乃入以檢校工部尚書爲節度使承茂昭奢縱後公私匱乏欲饗士無所給至與下同糲食身居戟戶踰月軍中感其公請安卧內迪簡乃許三年上下完充以疾入除工部侍郎不能朝改太子賓客卒贈刑部尚書謚曰襄

張萬福魏州元城人三世明經止縣令州佐萬福以儒業不顯乃學騎射從王斛斯以別校征遼東有功李峘代劉展署爲部將攻首萬級累攝壽州刺史舒廬壽都團練使州送租賦詣都至潁爲盜所奪萬福領輕兵尾襲賊倉卒不得戰悉禽之盡得所亡并先

掠人妻女財畜萬計還其家不能自致者給船車以遣眞拜刺史兼淮南節度副使而節度崔圓忌之失刺史改鴻臚卿使將千人鎭壽州不以爲恨時許杲以平盧行軍司馬將卒三千駐濠州陰窺淮南圓使萬福攝濠州刺史杲聞即移戍當塗賊陳莊陷舒州圓又令攝舒州刺史督淮南盜賊窮破株黨大曆三年召見代宗曰欲一識卿面且將以許杲累卿萬福辭謝因前曰陛下以一許杲召臣如河北諸將叛欲屬何人帝笑曰始爲我了杲事且當大用乃拜和州刺史兼行營防禦使督盜淮南萬福至州杲懼徙屯上元過楚州大掠節度使韋元甫使萬福追討未至杲爲其將康自勸所逐自勸循淮紗而東萬福倍道追殺之免者十三盡還所剽於民元甫將厚賞士萬福曰官健坐仰衣食無所事今一小煩之不足過賞請用三之一帝下詔褒美賜具衣宮錦十雙又之詔以本鎭兵千五百人防秋京西萬福詣揚州還所領兵會元甫死諸將頗得萬福爲帥監軍使邀請之對曰我非幸人勿以此待我

遂去以利州刺史鎮咸陽且留宿衞李正己反屯兵埇橋江淮漕
船積千餘不敢踰渦口德宗乃以萬福爲濠州刺史召謂曰先帝
改爾名正者所以褒也朕謂江淮草木亦知爾威名若從所改恐
賊不曉是卿也復賜舊名萬福因馳至渦口駐馬于岸悉發漕船
相銜進賊兵倚岸熟視不敢動改泗州刺史魏州饑父子相賣萬
福曰魏州吾鄉里安忍其困令兄子將米百車餉之贖魏人自賣
者給資遣之爲杜亞所忌召拜右金吾將軍及見帝驚曰亞乃言
爾昏耄何邪詔圖形凌烟閣數賜與并敕度支籍口畜給其費陽
城等詣延英門論裴延齡事伏閤不去帝震怒左右懼不測萬福
大言曰國有直臣天下無慮矣吾年八十與見盛事徧揖城等勞
之天下益重其名以工部尚書致仕卒年九十萬福自始終祿食
七十年未嘗一日言病在凡九州皆有惠愛初在泗州遇李希烈
反陳少游悉以部刺史妻子質揚州萬福獨不遣謂使者爲我白
公妻老且醜不足溷公意卒不行人稱其直

高固不知何許人或言四世祖侃永徽中爲北廷安撫使禽車鼻
可汗以功爲安東都護固生微賤爲家所賣轉爲渾瑊童奴字黃
芩性敏惠有旅力善騎射能讀左氏春秋瑊愛養之以齊有高固
因以名以乳媪女女固從瑊屯朔方德宗在奉天固仍從瑊賊突
入東雍門固引鋭士長刀殺賊數十人曳車塞闔賊不能入封渤
海郡王李懷光反使邠寧留後張昕將兵萬人先趣河中固在行
乃伺間入帳下斬昕首以徇拜檢校右散騎常侍前軍兵馬使貞
元十七年邠寧節度使楊朝晟卒詔將并邠寧朔方爲一軍議以李
朝寀爲節度劉南金副之以諭邠軍咸曰如詔數日復劫固爲帥
固曰然能聽吾言乃可衆唯唯固徇曰毋殺人毋肆掠三軍皆順
悅帝亦念固功乃拜邠寧節度使固本宿將且寛厚人皆安之然
久在散位數爲儕類輕㗛及受命衆多懼固一釋不問憲宗時檢
校尚書右僕射入爲右羽林統軍卒贈陝州大都督

郝玼不記其鄉里貞元中爲臨涇鎮將嘗從數百騎出野還說節
度使馬璘曰臨涇扼洛口其川饒衍利畜牧其西走戎道曠數百
里皆流沙無水草願城之爲休養便地玼出或謂璘曰玼言信然
雖然公所以蒙恩大幸以邊防未固也上心日夜念此故厚於公
今若用玼言則邊已安尚何事爲璘遂不聽及段佑代節度玼又
說曰天寶時天下以兵爲防獨西戎耳而塞至京師且萬里自祿
山反西隴盡亡寰內爲邊郡每虜入寇驅井閭父子與馬牛焚積
聚殘室廬邊人耗盡今若築臨涇以折虜勢便甚佑唯許請于朝
卒詔城臨涇爲行原州以玼爲刺史戍之自是虜不敢過臨涇玼
在邊積三十年每討賊不持糗糧取之於敵獲虜必刳剔而歸其
尻虜大畏道其名以怖啼兒遷檢校左散騎常侍涇原行營節度
使封保定郡王贊普常等玼身鑄金象令于國曰得生玼者以金
玼償之朝廷畏失名將徙爲慶州刺史卒佑本郭子儀牙將從征
伐有功貞元末爲涇原節度使虜畏憚之終右神策大將軍

史敬奉者靈州人事朔方軍爲牙將元和中吐蕃數犯塞十四年

敬奉白節度使杜叔良請兵三千齎一月糧深入虜地分賊勢叔
良以二千兵予之行十餘日不聞問皆謂已歿敬奉乃由間道繞
出虜後部落奔駭因大破之驅其餘衆於鵽盧河獲馬牛雜畜迨
萬數賜實封五十戶敬奉遂陋類不勝衣其走逐奔馬挾鞍勒以
上而後羈帶之矛矢在手前無彊敵甥姪部曲二百人每出輒分
其隊爲四五隨水草數日不相知及相遇已皆有獲與鳳翔將野
詩良輔及郝玼皆以名雄邊良輔者後爲隴州刺史朝廷遣使至
吐蕃虜輒言唐家稱和好豈棄郝不爾安得任良輔爲隴州刺史

二高伊朱二劉范二王孟趙李任張列傳第九十五

李烏王楊曹高劉石列傳第九十六　唐書一百七十一

端明殿學士兼翰林侍讀學士龍圖閣學士朝散大夫行尚書吏部侍郎充集賢殿修撰臣宋祁奉
敕撰

李光進其先河曲諸部姓阿跌氏貞觀中內屬以其地為雞田州
世襲刺史隸朔方軍光進與弟光顏少依舍利葛旃葛旃妻其女
兄也初葛旃殺僕固瑒歸河東辛雲京遂與光進俱家太原以沈
果稱從馬燧救臨洺戰洹水有功歷前後軍牙門將兼御史大夫
代州刺史元和四年王承宗叛范希朝引師救易定表光進為都將
時光顏亦至大夫故軍中呼大小大夫俄檢校工部尚書為振武
節度使賜姓以光寵之別詔光顏拜洺州刺史弟兄榮冠當時光
進徙靈武卒年六十五贈尚書左僕射有至性居母喪三年不歸
寢光顏先娶而母委以家事及光進娶母已亡弟婦籍貲貯納管
鑰於姒光進命反之曰婦逮事姑且嘗命主家事不可改因相持
泣乃如初

光顏字光遠葛旃少教以騎射每歎其天資票健已所不逮長從
河東軍為裨將節度使馬燧謂曰若有奇相終必光大解所佩劍
贈之討李懷光楊惠琳戰有功從高崇文平劍南數搴旗蹈軍出
入若神益知名進兼御史大夫歷代洺二州刺史元和九年討蔡
以陳州刺史充忠武軍都知兵馬使始踰月擢本軍節度使詔以
其軍當一面光顏乃壁溵水明年大破賊時曲初賊晨壓其營以
陣衆不得出光顏毀其柵將數騎突入賊中反往一再衆識光顏
矢集其身如蝟子攬馬鞅諫無深入光顏挺刃叱之於是士爭奮
賊乃潰比當此時諸鎮兵環蔡十餘屯相顧不肯前獨光顏先敗
賊始裴度宣慰諸軍還為憲宗言光顏勇而義必立功俄又與烏重
胤破賊小溵河初都統韓弘約諸軍攻賊賊先薄重胤壘重胤中
矛創甚請救於光顏光顏策賊既出則小溵橋之堡可乘且重胤
不可破遣大將田穎宋朝隱襲其城夷之賊失贄聚弘怒不救重
胤違節度取穎等將戮之舉軍惜其材光顏不敢拒會中人景忠

信至知其然即矯詔械繫在所馳以聞有詔釋之弘及光顏更以
表言帝謂弘使曰違都統令當死但以功可贖赦之以為後圖弘
不悅自是與弘有隙十一年屢困賊遂拔凌雲柵捷奏入帝大悅
厚賚其使進檢校尚書左僕射十二年四月敗賊於郾城死者什
三斂其甲凡三萬悉畫雷公符斗星署曰破城北軍郾守將鄧懷
金大恐其令董昌齡因是勸懷金降且來請曰城中兵父母妻子
皆質賊有如不戰而屈且赤族請公攻城我舉火求援援至公迎
破之我以城下光顏許之賊已北昌齡奉偽印懷金率諸將素服
開門待光顏入之城自壞者五十版弘素寠欲陰挾賊自重且惡
光顏忠力思有以橈沮之乃飾名姝教歌舞六博襦襪珠琲舉止
光麗費百鉅萬遣使以遺光顏曰公以君暴露於外恭進侍者慰
君征行之勤光顏約且日納焉乃大合將校置酒引使者以侍姝
至秀曼都雅一軍驚視光顏徐曰我去室家久以為公憂誠無以
報德然戰士皆棄妻子蹈白刃柰何獨以女色為樂為我謝公天

子於光顏恩厚誓不與賊同生指心曰雖死不貳因嗚咽泣下將卒
數萬皆感激流涕乃厚賂使者還之於是士氣益勵裴度築赫連
城於沲口率輕騎觀之賊以奇兵自五溝至大呼薄戰城為震壞
度危甚光顏力戰却之先是光顏策賊必至密遣田布伏精騎溝
下扼其歸賊敗棄騎去顛死溝中者千餘由是賊悉銳士當光顏
而李愬得乘虛入蔡矣董重質棄洄曲軍降愬光顏躍馬入賊營
大呼衆萬餘人投甲請命賊平加檢校司空入朝召對麟德殿賜
與蕃渥命宴其第歸芻米二十車帝討李師道徙義成節度使許
以忠武兵自隨不三旬再敗賊濮陽拔斗門斬數千級上言許鄭
兵合不可用遂復鎮忠武吐蕃入寇從邠寧軍時虜毀鹽州城使
光顏復城之亦以忠武兵從初田縉鎮夏州以叨沓闕邊廩故党
項引吐蕃圍涇州郝玼力戰破之光顏聞賊至料兵以赴邠人慢
言恟恟騰謗不肯行光顏為陳說大義感慨流涕聞者亦泣下遂
即路虜走出塞穆宗立召還賜開化里第加同中書門下平章事

還軍齎況不貲以寵示羣臣俄從鳳翔帝將伐鎮州復還忠武又
兼深冀行營節度使宰相百官班餞帝御通化門臨送賜珍器良
馬玉帶光顏提軍深入而餽運不至有詔以滄景德棣州益之光
顏以宰相處置失宜辭兼領亦會赦王廷湊復所治李㝏亂汴州
詔總軍出討朝受命暮即戎翌日拔尉氏與汴人戰琵琶溝未陣
薄之賊走㝏平進兼侍中敬宗初眞拜司徒河東節度寶歷二年
卒年六十六贈太尉謚曰忠武賻賜良厚及葬文宗以其功高復賜
帛二千匹光顏性忠義善撫士其下樂爲用許師勁悍常爲諸軍
鋒故數立勳王仙芝黄巢反諸道告急多請以助守大校曹師罕
以千五百人隸招討使宋威張貫以四千人隸副使曾元裕僖宗倚
許軍以屏蔽東都有請以爲援率不報大將張自勉討雲南党項
龐勛亂解圍壽州戰淮口以功累擢右威衛上將軍至是表請討
賊詔乘傳赴軍解宋州圍威忌自勉成功請以隸麾下且欲殺之
宰相得其謀不聽以自勉代元裕

烏重胤字保君河東將承玼子也少爲潞牙將兼左司馬節度使
盧從史奉詔討王承宗陰與賊連吐突承璀將圖之以告重胤乃
縛從史帳下士持兵合譟重胤叱曰天子有命從者賞違者斬士
歛手還部無敢動憲宗嘉其功擢河陽節度使封張掖郡公帝討
淮蔡詔重胤以兵壓賊境割汝州隸其軍與李光顏相掎角大小
百餘戰凡三年賊平再遷檢校司空進邠國公徙橫海軍建言河
朔能拒朝命者蓋刺史失權鎮將領軍能作威福也使刺史得職
大帥雖有祿山思明之姦能據一州爲叛哉臣所管三州輒還刺
史職各主其兵因請廢景州法制脩立時以爲宜討王廷湊也出
屯深州方朝廷號令乖迕賊寖不制重胤久不敢進穆宗以爲觀
望詔杜叔良代之以重胤爲太子太保長慶末以檢校司徒同中
書門下平章事爲山南西道節度使召至京師改節天平軍文宗
初眞拜司徒李同捷請襲父位帝方務靜安授同捷兗海以重胤
耆將兼節度滄景以齊州隸軍未幾卒年六十七贈太尉謚懿穆

重胤出行伍善撫士與下同甘苦蔡將李端降重胤蔡人執其妻
殺之妻呼曰善事烏僕射得士心大抵如此待官屬有禮當時有
名士如温造石洪皆在幕府既殁士二十餘人刲股以祭子漢弘
嗣爵居母喪奪爲左領軍衛將軍固辭帝嘉許之

石洪者字濬川其先姓烏石蘭後獨以石爲氏有至行舉明經爲
黄州録事參軍罷歸東都十餘年隱居不出公卿數薦皆不荅重
胤鎮河陽求賢者以自重或薦洪重胤曰彼無求於人其肯爲我
來邪乃具書幣邀辟洪亦謂重胤知己故欣然戒行重胤喜其至
禮之後詔書召爲昭應尉集賢校理又有李珙者世儒家珙獨尚
材武有崖岸嘗至澤潞見李抱眞欲署牙將聞其使酒不用都將
王虔休曰珙奇士不能用即殺之無爲它人得也抱眞不納虔休
代節度引爲將重胤禽從史珙將救之既聞謀出朝廷乃止重胤
愛其才討淮西也表爲行營都將終右武衛上將軍

王沛許州許昌人少勇決爲節度使上官涗所器妻以女署牙門

將涗卒它壻田偁脅涗子襲領其軍謀殺監軍沛知其計密告之
支黨悉禽德宗嘉美即拜行軍司馬而劉昌裔領節度奏沛爲監
察御史有詔護涗喪還京師帝召見歎息以爲功異等嫌昌裔所
請薄謂沛曰吾意殊未厭爾歸矣方使別奏沛未至許拜兼御史
中丞李光顏討吳元濟奇沛風槩署行營兵馬使使將勁兵別屯
數破賊有功時詔書趣戰諸將觀望不敢度溵以壁沛引兵五千
夜濟合流扼賊衝遂城以居於是河陽宣武太原魏博等軍繼度
圍郾城沛先結壘與賊對蔡將鄧懷金遂降蔡平加兼大夫復從
光顏定淄青及光顏鎮邠詔分許兵往戍沛又爲都將救鹽州敗
吐蕃以功擢寧州刺史徙陳州李㝏之亂以忠武節度副使率師
討㝏加檢校右散騎常侍進拜兗海沂密節度使是時新建府俗
獷鷙沛明示法制蒐閱以時軍政大治以檢校工部尚書從忠武
大和元年卒贈尚書右僕射子逢從父征伐累功署忠武都知兵
馬使大和中入爲諸衛將軍從劉沔石雄破回鶻於天德有士二

千人未嘗戰欲冒常賜逢不與或爲請之荅曰士奮死取賞若無
功而賞何哉武宗以逢用法嚴使宰相李德裕讓之逢曰戰者前
蹈白刃不以法人孰用命討劉稹也爲太原道行營將領陳許兵
七千屯翼城稹平加檢校右散騎常侍後亦至忠武節度使云
楊元卿史失其何所人少孤慷慨有術略客江海上時時高論人
謂狂生吳少誠跋扈蔡州元卿以褐衣見署劇縣俄召入幕府又
事少陽每奏事至京師頗爲宰相李吉甫慰納元卿還與少陽言
君臣大義以動其心賊黨惡而共構之判官蘇肇保救乃免然元
卿陰撓少陽事而輸欵朝廷及元濟擅襲節度元卿欲困其財使
不振謬說曰先公叅于財諸將至寒餒府之有亡我具知之君若
大賜將士以自固又卑辭厚禮邀事諸鎮則諸將悅庶幾助我吾
爲君持表見天子安有不從者元濟許之既至則具條賊虛實請
敕諸道執元濟誅之元濟覺乃殺其妻并四子圬爲一堋射之肇
亦被害憲宗拜元卿岳王府司馬與李愬議僑置蔡州以元卿爲

刺史優納降附壞賊黨與元卿入見願假度支錢及它奏請不合
旨又裴度以諸將討蔡三年功且成若又以州與元卿恐觖望生
事議格更授光祿少卿蔡平超拜左金吾衛將軍建言淮西多怪
珍寶帶徃取必得帝曰我討賊爲人除害賊平我求得矣焉用寶
止勿復言出爲汾州刺史復入爲金吾長慶初鎮魏易帥元卿具道
所以成敗事穆宗久乃悟賜白玉帶擢涇原渭節度使元卿墾發
屯田五千頃屯築高垣牢鍵閉寇至耕者保垣以守居六年涇人
德之徙節河陽何進滔亂魏博元卿請自鬻三月糧舉軍出討文
宗嘉美加檢校司空獻粟二十萬石助天子經費進光祿大夫徙
宣武軍大和七年以疾歸東都授太子太保卒贈司徒然性憸巧
所至聚歛諂結權近故累更方任云子延宗開成中爲磁州刺史
與河陽兵謀逐帥自立事敗詔以元卿嘗毀家歸忠全其宗杖死
延宗於京兆府賜還田產
曹華宋州楚丘人始從宣武軍縛亂將李廼送闕下節度使董晉

署爲牙將後避仇奔東都會吳少誠叛留守王翃署華襄城戍將
華浚隍埤堞曰與賊搏數禽馘賊憚之憲宗初累拜檢校右散騎
常侍召至京師賜矛甲縿錦還屯拜寧州刺史未行屬吳元濟不
受命詔河陽懷汝節度使烏重胤討之重胤請華自副戰青陵城
賊大奔拔凌雲柵以功封陳留郡王蔡平進棣州刺史州與鄆比
時賊略定滴河華遽逐賊斬二千級復其縣又募羣盜可用者貸
死補屯卒使據孔道賊至輒擊卻之不敢北擢橫海節度副使時
朝廷披鄆爲三鎮其明年兗海軍亂殺觀察使王遂詔華徃代視
事三日合軍大饗幕甲士千廡酒中令曰天子以鄆人叅别而戍
有轉徙勞欲厚賞之請鄆人右州兵左旣而出州兵乃闔門大言曰
天子有命誅殺帥者甲起于幕環之凡斬千二百人血流殷渠赤
氛冒門高丈餘海沂之人重足屏息華惡沂地褊請治兗許之自
李正己盜齊魯俗益汙驁華下令曰鄒魯禮義鄉不可忘本乃身
見儒士春秋祀孔子祠立學官講誦斥家貲佐贍給人乃知教成

就諸生仕諸朝鎮人害田弘正華亟請以本軍進討不從進華檢
校工部尚書就充節度使李夼叛以兵取宋州華不待命以兵逆
擊破之夼平檢校尚書右僕射從鎮義成軍盜殺商賈吏捕得
乃華嬖人華怒斷其頸以祭死者卒年六十九贈左僕射華雖出
戎伍而動必由禮愛重士大夫不以貴倨人至廝豎必待以誠信
人以爲難
高瑀冀州蓨人少沈遂喜言兵釋褐右金吾胄曹參軍累遷陳蔡
二州刺史入爲太僕卿忠武節度使王沛死衛軍諸將多自謂得
之宰相裴度韋處厚以瑀治陳蔡素有狀習軍中情僞欲任之會
其軍表丐瑀乃檢校左散騎常侍領忠武節度使自大曆後擇帥
悉出宦人中尉所輸貨至鉅萬貧者假貸富人旣得所欲則椎斂
膏血倍以酬息十常六七及瑀有命士相告曰韋裴作相天下無
債帥州比水旱無年瑀相地宜築隄庸百八十里時其鍾減民賴
不飢再加檢校尚書右僕射六年徙節武寧軍以刑部尚書召辭

疾拜太子少傅不閱月復詔節度忠武卒于鎮贈司空瑀寬和居官無赫然譽所至稱治士人懷之

劉沔字子汪徐州彭城人父廷珍以羽林軍扈德宗奉天以戰功官左驍衛大將軍東陽郡王沔少孤客振武節度使范希朝署牙將軍中大會沔挺刀立堂下希朝奇之召謂曰後日必處吾坐希朝卒入爲神策將大和末遷累大將軍擢涇原節度使徙振武開成三年突厥劫營田沔發吐渾契苾沙陀部萬人擊之賊一轡無返者悉頒所獲馬羊于戰卒策勳都護府西北四壘進檢校戶部尚書武宗立遷檢校尚書左僕射回鶻寇天德詔以兵據雲伽關虜引去會昌二年又掠太原振武天子使兵部郎中李拭調兵食因視諸將能否拭獨稱沔乃拜河東節度兼招撫回鶻使進屯鴈門關虜寇雲州沔擊之斬七裨將敗其衆以還太和公主功加檢校司空議者恨其薄又進金紫光祿大夫賜一子官虜殘衆走詔沔追北仍錄李靖平頡利事賜之軍還次代州歸義軍降虜三千使隸食諸道不受詔據滹沱河叛沔悉禽誅之劉稹阻命詔沔南討屯榆社沔素與張仲武不協時方追幽州兵故徙義成會王宰逗留宰相李德裕表沔鎮河陽以滑兵二千壁萬善居宰肘腋下激之俾出軍稹平進檢校司徒徙忠武節度使以病改太子少保不任謁拜太子太傅致仕卒年六十五贈司徒

石雄徐州人系寒不知其先所來少爲牙校敢毅善戰氣蓋軍中王智興討李同捷收棣州使雄先驅度河鼓行無前初徐軍惡智興苛酷謀逐之而立雄智興懼變因立功奏除州刺史詔以爲壁州刺史智興由是殺雄素所善百餘人誣雄陰結士搖亂請以軍法論文宗素知其能不殺流白州徙爲陳州長史党項擾河西召雄隸振武劉沔軍破羌有勞帝難智興父不擢會昌初回鶻入寇連年掠雲朔牙五原塞下詔雄爲天德防禦副使兼朔州刺史佐劉沔屯雲州沔召雄謀曰虜離散當掃除久矣國家以公主故不欲亟攻我若徑趨其牙彼不及備必棄公主走我當迎主歸有如不捷吾則死之雄曰諾即選沙陀李國昌及契苾拓拔雜虜之者騎夜發馬邑亘登振武城望之見氈車十餘乘從者朱碧衣諜者曰公主帳也雄潛使諭之曰天子取公主兵合第無動雄穴城夜出縱牛馬鼓譟直擣烏介帳可汗大駭單騎走追至殺胡山斬首萬級獲馬牛羊不貲迎公主還進豐州防禦使武寧李彥佐討劉稹逗留以雄爲晉絳行營諸軍副使助彥佐是時王宰屯萬善劉沔屯石會關顧望莫先進雄受命即勒兵越烏嶺破賊五壁斬獲千計賊大震雄臨財廉每朝廷賜與輒置軍門自取一匹餘悉分士伍由是衆感發無不奮武宗喜曰今將帥義而勇罕雄比者就拜行營節度使代彥佐徙河中稹危蹙其大將郭誼密獻款請斬稹首自歸衆疑其詐雄大言曰稹之叛誼爲謀主今欲殺稹乃誼自謀又何疑雄以七千人徑薄潞受誼降進檢校兵部尚書徙河陽初雄討稹水次見白鷺謂衆曰使吾射中其目當成功一發如言帝聞下詔褒美宣宗立徙鎮鳳翔雄素爲李德裕識拔王宰者智興子於雄故有隙潞之役雄功最多宰惡之欲沮陷會德裕罷宰相因代歸白敏中猥曰黑山天井功所酬已厭拜神武統軍失勢怏怏卒

贊曰世皆謂李愬提孤旅入蔡縛賊爲奇功殊未知光顏於平蔡爲多也是時賊戰日窘盡取銳卒抗光顏憑空堞以居故愬能乘一切勢出賊不意然則無光顏之勝愬烏能奮哉

李烏王楊曹高劉石列傳第九十六

端明殿學士兼翰林侍讀學士龍圖閣學士朝散大夫尚書吏部侍郎提舉集賢殿脩撰臣宋祁奉
敕撰

于頔字允元後周太師謹七世孫蔭補千牛調華陰尉累勞遷侍御史爲吐蕃計會使有專對材擢長安令駕部郎中出爲湖州刺史部有湖陂異時溉田三千頃久廢頔行縣命脩復隄閼歲獲秔稻蒲魚無慮萬計州地庳薄葬者不掩櫃頔爲坎瘞枯骨千餘人賴以安未幾改蘇州罷淫祠濬溝澮端路衢爲政有績然暴橫少恩杖前部尉以逞憾觀察使王緯以聞德宗不省俄遷大理卿爲陝虢觀察使慢言謝緯曰始足下劾我三進官矣益自肆峻罰苛懲官吏惴恐皆重足一迹參軍事姚峴不勝虐自沈于河貞元十四年拜山南東道節度使是時吳少誠叛頔率兵白唐州戰吳房朗山取之禽其將李璨又勝之濯神溝於是請升襄州爲大都督府廣募戰士儲良械　然有專漢南意所牾者類治以軍法帝

晩務姑息頔所奏建無不開允公斂私輸持下益急而慢於奉上誣劾鄧州刺史元洪朝廷重違爲流端州命中人護送至棗陽頔遣兵刼洪還拘之表責洪太重改吉州長史遣使厚諭乃已嘗怒判官薛正倫奏貶陝州長史比詔下頔中悔奏復署舊職正倫死以兵圍其居逼使孽子與婚眂吏高洪縱使剟下別將陳儀不勝忿剌殺洪一府驚潰累遷檢校尚書左僕射同中書門下平章事封燕國公俄擅以兵取鄧州天子未始誰何初襄有髤器天下以爲法至頔驕蹇故方帥不法者號襄樣節度憲宗立權綱自出頔稍懼願以子尚主帝許之遂入朝拜司空同中書門下平章事請凖杜佑月三奉朝詔可時宦者梁守謙幸於帝頗用事有梁正言者與頔子敏善敏因正言厚賂守謙求頔出鎭久不報敏怒其紿責所饋誘正言家奴支解之棄溷中家童上變詔捕頔吏沈壁及它奴送御史獄命中丞薛存誠刑部侍郎王播大理卿武少儀雜問之頔與諸子素服待罪建福門門史不内屏營負牆立更遣人上章有司拒不聞翌日復往宰相諭使還第貶爲恩王傅子敏竄雷州至商山賜死次子季友奪二官正及方免官流壁封州正言誅死久之拜戶部尚書帝討蔡頔獻家財以助國帝卻之又坐季友居喪荒宴削金紫光祿大夫帝初欲頔告老宰相李逢吉謂得謝乃優禮非所以示責明年乃致仕宰司將以太子少保官之帝改署賓客鬱鬱不得意卒贈太保太常謚曰厲頔嘗制順聖樂舞獻諸朝又教女伎爲八佾聲態雄侈號孫吳順聖樂云季友尚憲宗永昌公主拜駙馬都尉從穆宗獵苑中求改頔謚會徐泗節度使李愬亦爲請更賜謚曰思尚書右丞張正甫封還詔書右補闕高釴博士王彦威持不可謂頔文吏倔彊犯命擅軍襄鄧欲脅制朝廷殺不辜留制囚遮使者僭正樂勢迫而朝非其宿心得全首領而歿猶以爲幸不宜更謚帝不從方長慶時以勳家子通豪俠欲事河朔以策干宰相元稹而李逢吉黨謀傾執政乃告稹結客刺裴度事下有司驗無狀方坐誅

王智興字匡諫懷州溫人少驍銳爲徐州牙兵事刺史李洧洧棄李納挈州自歸納怒急攻洧智興能駛步奉表不數日至京師告急德宗出朔方軍五千擊納解去自是爲徐特將討吳元濟也李師道謀橈王師數侵徐救蔡節度使李愬遣智興率步騎拒賊其將王朝晏方攻沛智興逆擊敗之朝晏脫身保沂州進破姚海兵五萬於豐北獲美妾三人智興曰軍中有女子安得不敗即斬以徇朝晏自沂以輕兵襲沛夜戰狄丘復破之累遷侍御史元和十三年伐師道智興以步騎八千次胡陵與忠武軍會以騎畀其子晏平晏宰爲先鋒自率軍繼之壞河橋收黃隊攻金鄉拔魚臺俘斬萬計賊平進御史中丞四年召還爲沂州刺史長慶初河朔用兵加檢校左散騎常侍充武寧軍副使河北行營諸軍都知兵馬使帥兵三千度河屬朝廷用崔羣爲武寧節度使羣畏智興難制密請追還京師未報會赦王廷湊諸節度班師智興還羣遣寮屬迎之令士委甲而入智興心不悅因勒兵斬關入殺異己者十餘

輩然后謁羣謝曰此軍情也羣乃治裝去智興以兵衞送還朝至埇橋掠鹽鐵院及貢物劫商旅遂濠州刺史侯弘度朝廷甫罷兵不能討即詔檢校工部尚書充本軍節度使智興由是擎索財賂交權幸以貫虛名用度不足始稅泗口以佐軍須李㝏攻宋州智興悉銳師出宋西鄙破之漳口㝏平加檢校尚書左僕射李同捷以滄德叛智興請悉師三萬齎五月糧討賊詔拜檢校司徒同中書門下平章事滄德行營招撫使既戰降其將十輩銳士三千遂拔棣州諸將聞戰愈力遂有功入朝燕麟德殿賜予備厚冊拜太傅封鴈門郡王進兼侍中改忠武河中宣武三節度卒年七十九贈太尉子九人晏平宰知名

晏平幼從父軍以討同捷功檢校右散騎常侍朔方靈鹽節度使父喪擅取馬四百兵械七千自衞歸洛陽御史劾之有詔流康州不即行陰求援於河北三鎮三鎮表其困改撫州司馬給事中韋溫薛廷老盧弘宣等還詔不敢下改永州司戶參軍溫固執文宗諭而止

晏宰後去晏獨名宰少拳果長隸神策軍甘露之變以功兼御史大夫為光州刺史有美政觀察使段文昌薦之朝除鹽州刺史持法嚴人不甚便累擢邠寧慶節度使回鶻平徙忠武軍討劉稹也詔宰以兵出魏博趨磁州當是時何弘敬陰首鼠閱宰至大懼即引軍濟漳水宰相李德裕建言河陽兵寡以忠武為援既以捍洛則并制魏博遂詔宰以兵五千推鋒兼統河陽行營進取天井關賊黨離沮德裕以宰乘破竹勢不遂取澤州以其子晏實守磁為觀望計帝有詔切責宰懼急攻陵川破賊石會關進攻澤州其將郭誼殺稹降宰傳稹首京師遂節度太原宣宗初入朝厚結權幸求宰相周墀劾之乃還軍吐蕃引党項回鶻寇河西詔統代北諸軍進擊以疾不任事徙河陽罷為太子少保分司東都進少傅卒晏實幼機警智興自養之故名與諸父齒稹平擢淄州刺史終天雄節度使

杜兼字處弘中書令正倫五世孫初正倫無子故以兄子志靜為後父廙為鄭州錄事參軍事安祿山亂逃去賊索之急宋州刺史李岑以兵迎之為追騎所害兼尚幼逃入終南山伯父存介為賊執臨刑兼號呼願為奴以贖遂皆免建中初進士高第徐泗節度使張建封表置其府積勞為濠州刺史性浮險尚豪侈德宗既厭兵大抵刺史重代易至歷年不徙兼探帝意謀自固即脩武備募占勁兵三千帝以為才遂橫恣僚官韋賞陸楚皆聞家子有美譽論事忤兼誣劾以罪帝遣中人至兼廷勞畢出詔執賞等殺之二人無罪死衆莫不寃又妄繫令狐運而陷李藩欲殺之不克元和初入為刑部郎中改蘇州刺史比行上書言李錡必反留為吏部郎中擢河南尹杜佑素善兼終始倚為助力所至大殺戮裒蓺財貲極耆欲適奉其時未嘗敗卒年六十家聚書至萬卷署其末以墜鬻為不孝戒子孫云

從弟羔貞元初及進士第有至性父死河北母更兵亂不知所之羔憂號終日及兼為澤潞判官鞫獄有媼辨對不凡乃羔母因

得奉養而不知父墓區處晝夜哀慟它日舍佛祠觀柱間有文字乃其父臨死記墓所在羔奔往亦有耆老識其壠因是得葬元和中為萬年令時許季同為長安令京兆尹元義方責租賦不時繫二縣吏將罪之羔等辯列尤苦尹不為縱羔乃謁宰相請移散官憲宗遣中使問狀具對府政苛細力不堪奉詔皆免官奪尹三月俸議者以羔為直未幾授戶部郎中後歷振武節度使以工部尚書致仕卒贈尚書右僕射謚曰敬子中立字無為以門廕歷太子通事舍人開成初文宗欲以真源臨真二公主降士族謂宰相曰民間脩昏姻不計官品而上閥閱我家二百年天子顧不及崔盧耶詔宗正卿取世家子以聞中立及校書郎衛洙得召見禁中拜著作郎月中遷光祿少卿駙馬都尉尚真源長公主中立數求自試憒憒不樂因言朝廷法令備具吾若不任事何賴貴戚撓天下法耶帝聞異之轉太僕衛尉二少卿歷左右金吾大將軍京師惡

少優戲道中具騶唱珂衛自謂盧言京兆驅放自如中立部從吏捕繫立箠死遷司農卿繩吏急反爲中傷左徙慶王傅久之復拜司農卿入謝帝曰卿用法深信乎荅曰轂下百司養名不肯事如司農尤叢劇陛下無遽信流言假臣數月事可濟帝許之初度支度六宮飧錢移司農司農季一出付吏大吏盡舉所給於人權其子錢以給之既不以時黃門來督責慢罵中立取錢納帑舍率五日一出吏不得爲姦後遂以爲法加檢校右散騎常侍京兆尹乘宣宗將用之宰相以年少欲歷試其能更出爲義武節度使舊侶車三千乘歲輓鹽海瀕民苦之中立置飛雪將數百人具舟以載自是民不勞軍食足矣大中十二年大水汎徐兗青鄆而滄地積卑中立自按行引御水入之毛河東注海州無水災卒年四十八贈工部尚書中立居官精明吏下寒慄畏伏中雖坐累免及復用亦不爲寶假其天資所長云

杜亞字次公自云本京兆人肅宗在靈武上書論當世事擢校書郎杜鴻漸節度河西奏署幕府入朝歷吏部員外郎鴻漸爲山南劒南副元帥亞與楊炎並爲判官再遷諫議大夫亞自以當衡柄悒悒不悅李栖筠風望高時謂當宰相故亞厚結納元載得罪亞與劉晏等劾治載死遷給事中常衮惡之出爲江西觀察使德宗立召還亞意必任台宰倍道進與人語皆天下大政或以事祈謁輒相然可帝知不悅也既又建奏跡闊不稱旨罷爲陝虢觀察兼轉運使徙河中劉晏抵罪貶睦州刺史興元初入遷刑部侍郎又拜淮南節度使至則治漕渠引湖陂築防庸入之渠中以通大舟夾隄高卬田因得溉灌跡啓道衢徹壅通堙人皆悅賴然承陳少游後裒率煩重用度無藝又冀有所矯革而亞雅意丞弼厭外官往往不親事日夜召賓客言遨遊連方春南民爲競度戲亞欲輕駛乃髹船底使篙人衣油綵衣沒水不濡觀沼華邃費皆千萬隴西李衡在坐曰使桀紂爲之不是過也既泛九曲池曳繡爲颿詫曰要當稱是林沼衡曰未有錦纜云何亞大慙自是府財耗竭貞元中

罷歸宰相竇參憚其宿望以檢校吏部尚書留守東都病風痺且廢猶欲固寵奏墾苑中爲營田可減度支歲稟詔許之先是苑地可耕者皆留司中人及屯士占假亞計窘更舉軍帑錢與佃人至秋取菽粟償息輸軍中貧不能償者發囷窖略盡流亡過半又賂中人求兼河南尹帝審其妄使禮部尚書董晉代之賜亞還病不能謁卒年七十四贈太子少傅謚曰肅

范傳正字西老鄧州順陽人父倫爲戶部員外郎與趙郡李華善有當世名傳正舉進士宏辭皆高第授集賢殿校書郎歷歙湖蘇三州刺史有殊政進拜宣歙觀察使代還坐治第過制憲宗薄不用改光祿卿以風痺卒贈左散騎常侍傳正好古性精悍初自整飭官益達用度益奢侈傾貲貨市權貴驩私公府如家帑亦幸素有名得不敗云

于王二杜范列傳第九十七

端明殿學士兼翰林侍讀學士龍圖閣學士朝請大夫守尚書吏部侍郎充集賢殿脩撰臣宋祁奉
敕撰

裴度字中立河東聞喜人貞元初擢進士第以宏辭補校書郎舉賢良方正異等調河陰尉遷監察御史論權嬖梗切出爲河南功曹參軍武元衡帥西川表掌節度府書記召爲起居舍人元和六年以司封員外郎知制誥田弘正效魏博六州于朝憲宗遣度宣諭弘正知度爲帝高選故郊迎趨跽受命且請徧至屬州布揚天子德澤魏人由是歡服還拜中書舍人久之進御史中丞宣徽五坊小使方秋閱鷹狗所過橈官司厚得餉謝乃去下邽令裴寰才吏也不爲禮因構寰出醜言送詔獄當大不恭宰相武元衡婉辭諍帝怒未置度見延英言寰無辜帝恚曰寰誠無罪杖小使小使無罪且杖寰度曰責若此固宜第寰爲令惜陛下百姓安可罪帝色霽乃釋寰王師討蔡以度視行營諸軍還奏攻取策與帝意合

且問諸將才否度對李光顏義而勇當有成功不三日光顏破賊時曲兵帝歎度知言進兼刑部侍郎王承宗李師道謀緩蔡兵乃伏盜京師刺用事大臣已害宰相元衡又擊度刃三進斷鞾刜背裂中單又傷首度冒氈得不死哄導騶伏獨騶王義持賊大呼賊斷義手度墜溝賊意已死因亡去議者欲罷度安二鎮反側帝怒曰度得全天也若罷之是賊計適行吾倚度足破三賊矣度亦以權紀未張王室陵遲常憤愧無死所自行營歸知賊曲折帝益信杖及病創一再旬分衛兵護第存候踵路疾愈詔毋須宣政衙即對延英拜中書侍郎同中書門下平章事時方連諸道兵環絮不解內外大恐人累息及度當國外內始安由是討賊益急始德宗時尚何伺中朝士相過金吾輒飛啟宰相至闔門謝賓客度以時多故宜延天下髦英咨籌策乃建請還第與士大夫相見詔可會莊憲太后崩爲禮儀使帝不聽政議置冢宰度曰冢宰商周六官首秉統百僚王者諒闇有權聽之制歷世官廢故國朝置否不常不宜徇

空名稽樞務乃詔百司權聽中書門下處可王鍔死家奴告鍔子稷易父奏未冒遺獻帝留奴仗內遣使者如東都按責其貲度諫曰自鍔死數有獻今因告訐而檢省其私臣恐天下將帥聞之有以家爲計者帝悟殺二奴還使者于時討蔡數不利羣臣爭請罷兵錢徽蕭俛尤確苦度奏病在腹心不時去且爲大患不然兩河亦將視此爲逆順會唐鄧節度使高霞寓戰卻它相揣帝厭兵欲赦賊鉤上指帝曰一勝一負兵家常勢若兵常利則古何憚用兵耶雖累聖亦不應留賊付朕今但論帥臣勇怯兵彊弱處置何如耳渠一敗便沮成計乎於是左右不能容其間十二年宰相逢吉涯建言餉億煩匱宜休師唯度請身督戰帝獨目度留曰果爲朕行乎度俯伏流涕曰臣誓不與賊偕存即拜門下侍郎平章事彰義軍節度淮西宣慰招討處置使度以韓弘領都統乃上還招討以避弘然實行都統事又制詔有異辭欲激賊怒弘者意弘快快則度無與共功度請易其辭室疑間之嫌於是表馬揔爲宣慰副

使韓愈行軍司馬李正封馮宿李宗閔備兩使幕府入對延英曰主憂臣辱義在必死賊未授首臣無還期帝壯之爲流涕及行御通化門臨遣賜通天御帶發神策騎三百爲衛初逢吉忌度帝惡居中橈沮出之外度屯郾城勞諸軍宣朝廷厚意士奮于勇是時諸道兵悉中官統監自處進退度奏罷之使將得顓制號令一戰氣倍未幾李愬夜入懸瓠城縛吳元濟以報度遣馬揔先入蔡明日統洄曲降卒萬人持節徐進撫定其人初元濟禁偶語於道夜不然燭酒食相饋遺者以軍法論度視事下令唯盜賊鬬死抵法餘一蠲除行來不限晝夜民始知有生之樂度以蔡牙卒侍帳下或謂反側未安不可去備度笑曰吾爲彰義節度元惡已擒人皆吾人也衆感泣既而申光平定以馬揔爲留後度入朝會帝以二劒付監軍梁守謙使悉誅賊將度遇諸郾城復與入蔡商罪議誅守謙請如詔度固不然騰奏申解全宥者甚衆策勳進金紫光祿大夫弘文館大學士上柱國晉國公戶三千復知政事程异皇甫

鑄以言財賦幸俄得宰相度三上書極論不可帝不納自上印又
不聽織人始得乘鑄初蔡平王承宗懼度遣辯士柏耆脅說乃獻
德棣二州納質子又諭程權入覲始判滄景德棣爲一鎮朝廷命
帥而承宗勢乃離李師道怙彊度密勸帝誅之乃詔宣武義成武
寧橫海四節度會田弘正致討弘正請自黎陽濟合諸節度兵宰
相皆謂宜度曰魏博軍度黎陽即叩賊境封畛比聯易生顧望是
自戰其地弘正光顏素少斷士心盤桓果不可用不如養威河北
須霜降水落絕陽劉深抵鄆以營陽穀則人人殊死賊勢窮矣上
曰善詔弘正如度言弘正奉詔師道果禽大賈張陟負五坊息錢
亡命坊使楊朝汶收其家簿閱貸錢雖已償悉鉤止根引數十百
人列華挺脅不承又獲盧大夫逋券捕盧坦家容責償久乃悟盧
羣券坦子上訴朝汶讕語錢入禁中何可得御史中丞蕭俛及諫
官列陳中人橫恣度亦極言之時方討鄆帝曰姑議東軍此細事
我自處辦度曰兵事不理止山東中人橫暴將亂都下帝不悅徐

乃悟讓朝汶曰以爾使我羞見宰相命殺之而原繫者縣是京師
澄肅帝嘗語臣事君當勵善底公朕惡夫樹黨者度曰君子小人
以類而聚未有無徒者君子之徒同德小人之徒同惡外甚類中
實遠在陛下觀所行則辨帝曰言者大抵若此朕豈易辨之度退
喜曰上以爲難辨則易以爲易辨則難君子小人行判矣已而卒
爲异鎛所構以檢校尚書右僕射兼門下侍郎平章事爲河東節
度使穆宗即位進檢校司空朱克融王庭湊亂河朔加度鎮州行
營招討使時帝以李光顏烏重胤爪牙將倚以擊賊兵十餘萬有
所畏無尺寸功度既受命入賊境數斬將以聞俄兼押北山諸蕃
使時元稹顯結宦官魏弘簡求執政憚度復當國因經制軍事數
居中持梗不使有功度恐亂作即上書痛暴稹過惡帝不得已罷
弘簡稹近職俄擢稹宰相以度守司空平章事東都留守諫官叩
延英言不可罷度兵據衆心帝不召於是交章極論未之省會中
人使幽鎮還言軍中謂度在朝而兩河諸侯忠者懷彊者畏今居

東人人失望帝悟詔度由太原朝京師及陛見始陳二賊畔渙受
命無功并陳所以入覲意感槩流涕伏未起謁者欲宣旨帝遽曰
朕當延英待卿始議者謂度無援與且久外爲姦憸根抑慮帝未
能其忠及進見辭切氣怡卓然當天子意在位聞者皆竦毅將貴
臣至齎咨出涕舊儀閤中羣臣未退宰相不奏事稱賀則謁者合
帝以度勳德故待以殊禮度之行移克融庭湊書開說諄悉傳以
大誼二人不敢詘皆願罷兵帝方憂深州圍欲必出牛元翼更使
度騰書布旨或曰賊知度失兵柄必背約顧望帝釋然乃拜度守
司徒領淮南節度使會昭義監軍劉承偕慢劉悟舉軍譁怒執承
偕悟拘以聞帝怒問度何施而可度頓首謝藩臣不與政辭不對
帝彊之度曰臣素知承偕怙寵悟不能堪嘗以書訴臣是時中人
趙弘亮在行營知狀欲持悟書以奏陛下亦知之邪帝曰我不及
知顧悟誠惡之胡不自聞何哉度曰雖悟得聞恐陛下不必聽且
臣視天顏不咫尺比尚未能決千里單言可悟聖聽哉帝亟曰前語

姑置直謂今日奈何度曰必欲收忠義心使帥臣死節獨斬承偕
則四方羣盜隱然破膽矣帝曰顧太后養爲子且我何愛更言其
次度曰投諸荒裔可乎帝曰可悟果出承偕昭義遂安是時徐州
王智興逐崔羣諸軍盤互河北進退未一議者交口請相度乃以
本官兼中書侍郎平章事權倖側目謂李逢吉險賊善謀可以構
度共諷帝自襄陽召逢吉還拜兵部尚書度居位再閱月果爲逢
吉所間罷爲左僕射帝暴風眩中外不聞問者凡三日度數請到
內殿求立太子翼日乃見帝遂立景王爲嗣逢吉既代相思有以
牙孽之引所厚李仲言張又新李續張權輿等內結宦官種支黨
醜沮日聞乃出度山南西道節度使奪平章事長慶四年王廷湊
屠元翼之家敬宗嗟惋歎宰輔非其人使兇賊縱肆學士韋處厚
上疏曰臣聞汲黯在朝淮南寢謀干木處魏諸侯息兵王霸之理
以一士止百萬之師一賢制千里之難裴度元勳巨德文武兼備
若位巖廟委參決必使戎虜畏威幽鎮自臣管仲曰人離而聽之

則愚合而聽之則聖治亂之本非有他術陛下當饋而歎恨無蕭曹今一裴度擯棄于外所以馮唐知漢文帝有頗牧不能用也帝感悟謂𠫊厚曰度累爲宰相而官無平章事謂何𠫊厚具道其由帝於是復度兼平章事帝雖儒蒙然注意度中人至度所必丁寧尉安且示召期寶曆二年度請入朝逢吉黨大懼權輿作僞謠云非衣小兒坦其腹天上有口被驅逐以度平元濟也都城東西岡六民間以爲乾數而度第平樂里直第五岡權輿乃言度名應圖讖第據岡原不召而來其意可見欲以傾度天子獨能明其誣詔復使輔政先是帝將幸東都大臣切諫不納帝恚曰朕意決矣雖從官宮人自挾糗無擾百姓趣有司檢料行宮中外莫敢言度從容奏國家建别都本備巡幸自艱難以來宮闕署屯百司之區荒圮弗治假歲月完新然後可行倉卒無備有司且得罪帝悅曰羣臣諫朕不及此如卿言誠有未便安用往邪因止行汴宋觀察使令狐楚言亳州聖水出飲者疾輒愈度判曰妖由人興水不自作命在所禁塞朱克融執賜衣使者楊文端詭言慢已并訴所賜濫惡又丐假度支帛三十萬匹不者軍必有變且請遣工五千助治東都須天子東巡帝怒患之欲遣重臣臨慰度曰克融無恙而悖是將亡譬猛虎自哮躍山林憑窟穴則然勢不得離其處人亦不爲懼陛下無庸遣重使第以詔書言中人倨驕須還我自責譴春服不謹方詰有司所上工宜即遣已詔在所供擬此則賊謀窮矣陛下若未能然則荅宮室營繕既有序毋遣工爲重勞朝廷緣召發乃有賜與朕無所愛獨與范陽體不可爾帝曰善用度次策克融聽命歸文端未幾軍亂殺克融帝縱弛日晏坐朝度諫曰比陛下月率六七臨朝天下人知勤政河朔賊臣皆聳畏近開延英益稀恐萬機奏稟有所壅閼夫頤養之道當順適時候則六氣和平萬壽可保道家法春夏蚤起取鷄鳴時秋冬晏起取日出時蓋在陽勝之以陰在陰勝之以陽今方居盛夏謂宜詰旦數坐廣加延問漏及巳午則炎赫可畏聖躬勞矣帝嘉納爲數視朝未幾判度支帝

崩定策誅劉克明等迎立江王是爲文宗加門下侍郎李全略死子同捷求襲滄景軍度奏討平之即陳調兵食非宰相事請罷度支歸有司奏可進階開府儀同三司賜實封戶三百度懇讓不得可乃受實封大和四年數引疾不任機重願上政事帝擇上醫護治中人日勞問相躡乃詔進司徒平章軍國重事須疾已三日若五日一至中書度讓免冊禮度自見功高位極不能無慮稍詭迹避禍於是牛僧孺李宗閔同輔政媢度勳業久居上欲有所逞乃共訾其跡損短之因度辭位即白帝進兼侍中出爲山南東道節度使白罷元和所置臨漢監收千馬納之校以善田四百頃還襄人頃之固請老不許八年徙東都留守俄加中書令李訓之禍宦官肆威以逞凡訓注宗婭賓客悉收逮訊報苛慘度上疏申理全活數十姓武德縣王藏史盜錢亡命捕不得河陽節度使溫造獄其令王賞責負繫三年毋死弗許裴度爲帝言之賞得釋時閹竪擅威天子擁虛器搢紳道喪度不復有經濟意乃治第東都集賢里沼石林叢岑繚幽勝午橋作别墅具燠館涼臺號綠野堂激波其下度野服蕭散與白居易劉禹錫爲文章把酒窮晝夜相歡不問人間事而帝知度年雖及神明不衰每大臣自洛來必問度安否開成二年復以本官節度河東度牢辭老疾帝命吏部郎中盧弘宣諭意曰爲朕卧護北門可也趣上道度乃之鎮易定節度使張璠卒軍中將立其子元益度乃遣使曉譬禍福元益懼束身歸朝三年以病丐還東都真拜中書令卧家未克謝有詔先給俸料上巳宴羣臣曲江度不赴帝賜詩曰注想待元老識君恨不早我家柱石衰憂來學丘禱别詔曰方春慎疾爲難勉醫藥自持朕集中欲見公詩故示此異日可進使者及門而度薨年七十六帝聞震悼以詩置靈几冊贈太傅謚文忠賵禮優縟命京兆尹鄭復護喪度臨終自爲銘誌帝怪無遺奏敕家人索之得半槀以儲貳爲請無私言會昌元年加贈太師大中初詔配享憲宗廟廷度退然纔中人而神觀邁爽操守堅正善占對既有功名震四夷使外國者其君

長必問度年今幾狀貌孰似天子用否其威譽德業比郭汾陽而用不用常為天下重輕事四朝以全德始終及歿天下莫不思其風烈葬管城逮今廟食五子識諗知名

識字通理性敏晤凡經目未始忘推蔭補京兆參軍擢累大理少卿王師討劉稹為供軍使稹平改司農卿進湖南觀察使入拜大理卿襲晉國公半封為涇原節度使時蕃酋尚恐熱上三州七關列屯分守宣宗擇名臣以識帥涇原畢諴帥邠寧李福帥夏州帝親臨遣識至治堡障整戎器開屯田初將士守邊或積歲不得還識與立戍限滿者代親七十近戍由是人感悅加檢校刑部尚書徙鳳翔忠武天平邠寧靈武等軍進檢校尚書右僕射靈武地斥鹵無井識禱神而鑿之果得泉歷六節度所涖皆有可述卒贈司空謚曰昭

諗有文藉蔭累官考功員外郎宣宗訪元和宰相子思度勳望故待諗有加為翰林學士累遷工部侍郎詔加承旨適會帝幸其院

諗即稱謝帝曰可歸與妻子相慶取御奩果以賜諗舉衣跽受帝顧宮人取巾裹賜之後為太子少師封河東郡公黃巢盜國迫以偽官不從遇害

贊曰憲宗討蔡出入四年元濟外連姦臣刺宰相反用事者沮駭朝謀惟天子赫然排羣議任度政事倚以討賊身督戰遂平淮西非度破賊之難任度之為難也韓愈頌其功曰凡此蔡功惟斷乃成其知言哉穆宗不君憸人腐夫乘釁鑴詆而度遂無顯功非前智後愚用不用勢當然矣前史稱度晚沉浮為自安計是不然大雅曰既明且哲以保其身度何訾云

裴度列傳第九十八

端明殿學士兼翰林侍讀學士龍圖閣學士朝請大夫守尚書吏部侍郎[illegible]

敕撰

李逢吉字虛舟系出隴西父顏有痼疾逢吉自料醫劑遂通方書舉明經又擢進士第范希朝表爲振武掌書記薦之德宗拜左拾遺元和時遷給事中皇太子侍讀改中書舍人知禮部貢舉未已事拜門下侍郎同中書門下平章事詔禮部尚書王播署榜逢吉性忌前險譎多端及得位務償好惡裴度討淮西逢吉慮成功密圖沮止趣和議者請罷諸道兵憲宗知而惡之出爲劍南東川節度使穆宗即位徙山南東道緣講侍恩陰結近倖長慶二年召入爲兵部尚書時度與元稹知政度嘗條稹憸佞逢吉以爲其隙易乘遂兼中之遣人上變言和王傅于方結客欲爲稹剌度帝命尚書左僕射韓臯給事中鄭覃與逢吉參鞫方無狀稹度坐是皆罷逢吉代爲門下侍郎平章事因以恩爵動詭薄者更相挺以誣傷度於是李紳韋處厚等誦言度爲逢吉排迮度初得留時已失河朔王智興以徐叛李介以汴叛國威不振天下延頸俟相度而中外交章言之帝訖不省度遂外遷介平進尚書右僕射帝暴疾中外阻遏逢吉因中人梁守謙劉弘規王守澄議請立景王爲皇太子帝不能言頷之而已明日下詔皇太子遂定鄭注得幸於王守澄逢吉遣從子訓賂注結守澄爲奧援自是肆志無所憚其黨有張又新李續張權輿劉栖楚李虞程昔範姜洽及訓八人而傅會者又八人皆任要劇故號八關十六子有所求請先賂關子後達於逢吉無不得所欲未幾封涼國公敬宗新立度求入覲逢吉不自安張權輿爲作讖言以沮度而韋處厚亟爲帝言之計卒不行有武昭者陳留人果敢而辯度之討蔡遣說吳元濟元濟臨以兵辭不橈厚禮遣還度署以軍職從鎮太原除石州刺史罷歸不得用怨望與太學博士李涉金吾兵曹參軍茅彙居長安中以氣俠相許逢吉與李程同執政不叶程族人仍叔謂昭曰丞相欲用君顧逢

吉持不可昭愈憤酒所語其友劉審欲刺逢吉審竊語權輿逢吉因彙召見昭厚相結納忿隙得解逢吉素厚待彙嘗與書曰足下當以自求宇僕吾當以利見字君辭頗猥昵及度將還復命人發昭事由是昭彙皆下獄命御史中丞王播按之訓諷彙使誣昭與李程同謀不然且死彙不可曰誣人以自免不爲也獄成昭榜死彙流崖州涉康州仍叔貶道州司馬訓流象州擢審長壽主簿而逢吉謀益露昭死人皆寃之初逢吉興昭獄以止度入而不果天子知度忠卒相之逢吉於是寖疎以檢校司空平章事爲山南東道節度使表李續自副張又新行軍司馬頃之檢校司徒初門下史田伾倚逢吉親信顧財利進婢嬖之伾坐事匿逢吉家名捕弗獲及出鎮表隨軍滿歲不敢集使人僞過門下省調房州司馬爲有司所發即襄州捕之詭謂不遣御史劾奏詔奪一季俸因是貶續爲涪州刺史又新汀州刺史又乃徙宣武以太子太師爲東都留守及訓用事召拜尚書左僕射足病不能朝以司徒致仕卒年七十八贈太尉謚曰成無子以從弟子植嗣

元稹字微之河南河內人六代祖巖爲隋兵部尚書稹幼孤母鄭賢而文親授書傳九歲工屬文十五擢明經判入等補校書郎元和元年舉制科對策第一拜左拾遺性明銳遇事輒舉始王叔文王伾蒙幸太子宮而橈國政稹謂宜選正人輔導因獻言曰伏見陛下降明詔脩廢學增胄子然而事有先於此臣敢昧死言之賈誼有言三代之君仁且久者教之然也周成王本中才近管蔡則讒入任周召則善聞豈天聰明哉而克終于道者教也始爲太子也太公爲師周公爲傅召公爲保伯禽唐叔與游目不閱淫豔耳不聞優笑居不近庸邪玩不備珍異及爲君也血氣既定游習既成雖有放心不能奪已成之性則彼道德之言固吾所習聞陳之者易諭焉回佞庸違固吾所積懼諂之者易辨焉人之情莫不耀所能黨所近苟得志必快其所蘊物性亦然故魚得水而游鳥乘風而翔火得薪而熾夫成王所蘊道德也所近聖賢也快其蘊則

興禮樂朝諸侯措刑罰教之至也秦則不然滅先王之學黜師保之位胡亥之生也詩書不得聞聖賢不得近彼趙高刑餘之人傳之以殘忍戕賊之術日恣睢天下之人未盡愚而亥不能分馬鹿矣高之威懾天下而亥自幽深宮矣若秦亡則有以致之也太宗為太子選知道德者十八人與之游即位後雖間宴飲食十八人者皆在上之失無不言下之情無不達不四三年而名高盛古斯游習之致也貞觀以來保傅皆宰相兼領餘官亦時重選故馬周恨位高不為司議郎其驗也母后臨朝剪棄王室中睿為太子雖有骨鯁敢言之士不得在調護保安職及讒言中傷惟樂工剖腹為證豈不哀哉比來茲弊尤甚師資保傅不疾廢眊聵即休戎罷帥者處之又以僻滯華首之儒備侍直侍讀越月踰時不得召夫以匹士之愛其子猶求明哲慈惠之師豈天下元良而反不及乎臣以為高祖至陛下十一聖生而神明長而仁聖以是為屑屑者故不之省設萬世之後有周成中才生於深宮無保助之

教則將不能知喜怒哀樂所自況稼穡艱難乎頃令皇太子洎諸王齒胄講業行嚴師問道之禮輟禽色之娛資游習之善豈不美哉又自以職諫諍不得數召見上疏曰臣聞治亂之始各有萌象容直言廣視聽躬勤庶務委信大臣使左右近習不得蔽疏遠之人此治象也大臣不親直言不進抵忌諱者殺犯左右者刑與一二近習決事深宮中群臣莫與此亂萌也人君始即位萌象未見必有狂直敢言者上或激而進之則天下君子望風曰彼狂而容於上其欲來天下士乎吾之道可以行矣其小人則諫利曰彼之直得幸於上吾將直言以徼利乎由是天下賢不肖各以所忠貢於上上下之志霈然而通合天下之智治萬物之心人人樂得其所戴其上如赤子之親慈母也雖欲誘之為亂可得乎及夫進計者入而直言者戮則天下君子內謀曰與其言不用而身為戮吾寧危行言遜以保其終乎其小人則擇利曰吾君所惡者拂心逆耳吾將苟順是非以事之由是進見者華而不內言事者寢而不聞若

此則十步之事不得見況天下四方之遠乎故曰聾瞽之君非無耳目左右前後者屏蔽之不使視聽欲不亂可得哉太宗初即位天下莫有言者孫伏伽以小事持諫厚賜以勉之自是論事者唯懼言不直諫不極不能激上之盛意曾不以忌諱為虞於是房杜王魏議可否於前四方言得失於外不數年大治豈文皇獨運聰明於上哉蓋下盡其言以宣揚發暢之也夫樂全安惡戮辱古今情一也豈獨貞觀之人輕犯忌諱而好戮辱哉蓋上激而進之也喜順從怒謇犯亦古今情一也豈獨文皇甘逆耳怒從心哉蓋以順從之利輕而危亡之禍大思為子孫建永安計也為後嗣者其可順一朝意而蔑文皇之天下乎陛下即位已一歲百辟卿士天下四方之人曾未有獻一計進一言而受賞者左右前後拾遺補闕亦未有奏封執諫而蒙勸者設諫鼓置匭函曾未聞雪寃決事明察幽之意者以陛下睿博洪深勵精求治豈言而不用哉蓋下不能有所發明耳承顧問者獨一二執政對不及頃而罷豈暇陳

治安議教化哉它有司或時召見僅能奉簿書計錢穀登降耳以陛下之政視貞觀何如哉貞觀時尚有房杜王魏輔翊之智日有獻可替否者今陛下當致治之初而言事進計者歲無一人豈非羣下因循竊位之罪乎稹昧死條上十事一教太子正邦本二封諸王固磐石三出宮人四嫁宗女五時召宰相講庶政六次對羣臣廣聰明七復正衙奏事八許方幅糾彈九禁非時貢獻十省出入游畋于時論僇高弘本豆盧靖等出為刺史閱旬追還詔書稹諫詔令數易不能信天下又陳西北邊事憲宗悅召問得失當路者惡之出為河南尉以母喪解服除拜監察御史按獄東川因劾奏節度使嚴礪違詔過賦數百萬沒入塗山甫等八十餘家田產奴婢時礪已死七刺史皆奪俸礪黨怒俄分司東都時浙西觀察使韓皋杖安吉令孫澥數日死武寧王紹護送監軍孟昇喪乘驛內喪郵中吏不敢止內園擅縶人踰年臺不及知河南尹誣殺諸生尹大階飛龍使誘亡命奴為養子田季安盜取洛陽衣冠女汴

州没入死賈錢千萬凡十餘事悉論奏會河南尹房式坐罪稹擧劾按故事追攝移書停務詔薄式罪召稹還次敷水驛中人仇士良夜至稹不讓中人怒擊稹敗面宰相以稹年少輕樹威失憲臣體貶江陵士曹參軍而李絳崔羣白居易皆論其枉久乃徙通州司馬改虢州長史元和末召拜膳部員外郎稹尤長於詩與居易名相埒天下傳諷號元和體往往播樂府穆宗在東宮妃嬪近習皆誦之宮中呼元才子稹之謫江陵善監軍崔潭峻長慶初潭峻方親幸以稹歌詞數十百篇奏御帝大悅問稹今安在曰為南宮散郎即擢祠部郎中知制誥變詔書體務純厚明切盛傳一時然其進非公議為士類訾薄稹內不平因誠風俗詔歷詆羣有司以逞其憾俄遷中書舍人翰林承旨學士數召入禮遇益厚自謂得言天下事中人爭與稹交魏弘簡在樞密尤相善裴度出屯鎮州有所論奏共沮卻之度三上疏劾弘簡稹傾亂國政陛下欲平賊當先清朝廷乃可帝迫羣議乃罷弘簡而出稹為工部侍郎然眷倚不衰

未幾進同中書門下平章事朝野雜然輕笑稹思立奇節報天子以厭人心時王廷湊方圍牛元翼於深州稹所善于方言王昭于友明皆豪士雅游燕趙間能得賊要領可使反間而出元翼願以家貲辦行得兵部虛告三十以便宜募士稹然之李逢吉知其謀陰令李賞誅裴度曰于方為稹結客將刺公度隱不發神策軍中尉以聞詔韓皐鄭覃及逢吉雜治無刺度狀而方計暴聞遂與度偕罷宰相出為同州刺史諫官爭言度不當免而黜稹輕帝獨憐稹但削長春宮使初獄未具京兆劉遵古遣吏羅禁稹第稹訴之帝怒責京兆免捕賊尉使使者慰稹再朞徙浙東觀察使明州歲貢蚶役郵子萬人不勝其疲稹奏罷之大和三年召為尚書左丞務振綱紀出郎官尤無狀者七人然稹素無檢望輕不為公議所右王播卒謀復輔政甚力訖不遂俄拜武昌節度使卒年五十三贈尚書右僕射所論著甚多行于世在越時辟竇鞏鞏天下工為詩與之酬和故鏡湖秦望之奇益傳時號蘭亭絕唱稹始言事峭直欲以

立名中見斥廢十年信道不堅乃喪所守附宦貴得宰相居位纔三月罷晚彌沮喪加廉節不飾云

牛僧孺字思黯隋僕射奇章公弘之裔幼孤下杜樊鄉有賜田數頃依以為生工屬文第進士元和初以賢良方正對策與李宗閔皇甫湜俱第一條指失政其言鯁訐不避宰相宰相怒故楊於陵鄭敬韋貫之李益等坐考非其宜皆謫去僧孺調伊闕尉改河南還監察御史進累考功員外郎集賢殿直學士穆宗初以庫部郎中知制誥徙御史中丞按治不法內外澄肅宿州刺史李直臣坐贓當死賂宦侍為助具獄上帝曰直臣有才朕欲貸而用之僧孺曰彼不才者持祿取容耳天子制法所以束縛有才者祿山朱泚以才過人故亂天下帝異其言乃止賜金紫服以戶部侍郎同中書門下平章事始韓弘入朝其子公武用財賂權貴杜塞言者俄而弘公武卒孫弱不能事帝遣使者至其家悉收貲簿校計出入所以餉中朝臣者皆在至僧孺獨注其左曰某月日送錢千萬不納帝善之謂左右曰吾不謬知人繇是遂以相尋遷中書侍郎敬

宗立進封奇章郡公是時政出近倖僧孺數表去位帝為於鄂州置武昌軍授武昌節度使同平章事鄂城土惡亟圮歲增築賦蔂茭於民吏倚為擾僧孺陶甓以城五年畢鄂人無復歲費又廢沔州以省冗官文宗立李宗閔當國屢稱僧孺賢不宜弃外復以兵部尚書平章事幽州亂楊志誠逐李載義帝不時召宰相問計僧孺曰是不足為朝廷憂夫范陽自安史後國家無所繫休戚前日劉總挈境歸國荒財耗力且百萬終不得范陽尺帛斗粟入天府俄復失之今志誠繇向載義也第付以節使扞奚契丹彼且自力不足以逆順治也帝曰吾初不計此公言是也因遣使慰撫之進門下侍郎弘文館大學士是時吐蕃請和約弭兵而大酋悉怛謀擧維州入之劍南於是李德裕上言韋皐經略西山至死恨不能致今以生羌二千人燒十三橋擣虜之虛可以得志帝使羣臣大議請如德裕策僧孺持不可曰吐蕃縣地萬里失一維州無害其

彊令脩好使者尚未至遽反其言且中國禦戎守信爲上應敵次之彼來責曰何故失信贊普牧馬蔚茹川若東襲隴坂以騎綴回中不三日抵咸陽橋則京師戒嚴雖得百維州何益帝然之遂詔返降者時皆謂僧孺挾素怨橫議沮解之帝亦以爲不直會中人王守澄引織人竊議朝政它日延英召見宰相曰公等有意於太平乎何道以致之僧孺曰臣待罪宰相不能康濟然太平亦無象今四夷不內擾百姓安生業私室無彊家上不壅蔽下不怨讟雖未及至盛亦足爲治矣而更求太平非臣所及退謂它宰相曰上責成如是吾可久處此耶固請罷乃檢校尚書左僕射平章事爲淮南節度副大使天子既急於治故李訓等投隙得售其妄幾至亡國開成初表解劇鎮以檢校司空爲東都留守僧孺治第洛之歸仁里多致嘉木美石與賓客相娛樂三年召爲尚書左僕射僧孺入朝會莊恪太子薨既見陳父子君臣人倫大經以悟帝意帝泫然流涕以足疾不任謁檢校司空平章事爲山南東道節度使

賜彝樽龍勺詔曰精金古器以比況君子卿宜少留僧孺固請乃行會昌元年漢水溢壞城郭坐不謹防下遷太子少保進少師明年以太子太傅留守東都劉稹誅而石雄軍吏得從諫與僧孺李宗閔交結狀又河南少尹呂述言僧孺聞稹誅恨歎之武宗怒黜爲太子少保分司東都累貶循州長史宣宗立徙衡汝二州還爲太子少師卒贈太尉年六十九謚曰文簡諸子蔚叢最顯蔚字大章少擢兩經又第進士繇監察御史爲右補闕大中初屢條切政宣宗喜曰牛氏果有子差尉人意出金州刺史還累吏部郎中失權倖意貶國子博士分司東都復以吏部召兼史館脩撰咸通中進至戶部侍郎襲奇章侯坐累免未一歲復官久之檢校兵部尚書山南西道節度使治梁三年徐州盜起神策兩中尉諷諸藩悉財助軍蔚索府帛三萬以獻中人嫌其吝用吳行魯代之黃巢入京師遁山南故吏民喜蔚至爭迎候因請老以尚書右僕射致仕卒子徽

徽舉進士累擢吏部員外郎乾符中選濫吏多姦歲調四千員徽治以剛明抗杜干請法度復振蔚避地于梁道病徽與子扶籃輿歷閣路盜擊其首血流面持輿不息盜迫之徽拜曰人皆有父令親老而疾幸無驚盜感之乃止及前谷又逢盜輒相語曰此孝子也共舉輿舍之家進帛累創以饘飲奉蔚留信宿去抵梁徽趨蜀謁行在丐歸侍親疾會拜諫議大夫固辭見宰相杜讓能曰上還幸當從親有疾當侍而徽兄在朝廷身乞還營醫藥時兄循已位給事中許之父喪客梁漢終喪以中書舍人召辭疾改給事中留陳倉張濬伐太原引爲判官敕在所敦遣徽太息曰王室方復脅藏殫耗當協和諸侯以爲藩屏而又濟以兵諸侯離心必有後憂不肯起濬果敗復召爲給事中楊復恭叛山南李茂貞請假招討節伐之未報而與王行瑜輒出兵昭宗怒持奏不下茂貞亟請帝召羣臣議無敢言徽曰王室多難茂貞誠有功今復恭阻兵而討之罪在不俟命爾臣聞兩鎮兵多殺傷不早有所制則梁益之

人盡矣請假以節明約束則軍有所畏帝曰然乃以招討使授茂貞果有功然益偃蹇帝使宰相杜讓能將兵誅討徽諫曰岐國西門茂貞憑其衆而暴若令萬分一不利屈威重柰何願徐制之不聽師出帝復召徽曰今伐茂貞彼衆烏合取必萬全卿計何日有捷對曰臣職諫爭所言者軍國大體如賊平之期願陛下考蓍龜責將帥非臣職也既而師果敗遂殺大臣王室益弱俄繇中書舍人爲刑部侍郎襲奇章男崔胤忌徽之正換左散常侍從太子賓客以刑部尚書致仕歸樊川卒贈吏部尚書

叢字表齡第進士繇藩帥幕府任補闕數言事會宰相請廣諫員宣宗曰諫臣惟能舉職爲可奚用衆耶今張符趙璘牛叢使朕聞所未聞三人足矣以司勳員外郎爲睦州刺史帝勞曰卿非得怨宰相乎對曰陛下比詔不由刺史縣令不任近臣宰相以是擢臣非嫌也即賜金紫謝曰臣今衣刺史所假緋即賜紫爲越等乃賜銀緋咸通末拜劍南西川節度使時蠻犯邊抵大渡進略黎雅叩

卭峽關謬書求入朝且曰假道叢因其使四十人釋二人還之蠻懼即引去僖宗幸蜀授太常卿以病求爲巴州刺史不許還京爲吏部尚書嗣襄王亂叢客死太原

李宗閔字損之鄭王元懿四世孫擢進士調華州參軍事舉賢良方正與牛僧孺詆切時政觸宰相李吉甫恐之補洛陽尉久流落不偶去從藩府辟署入授監察御史禮部員外郎裴度伐蔡引爲彰義觀察判官蔡平遷駕部郎中知制誥穆宗即位進中書舍人時翰爲華州刺史父子同拜世以爲寵長慶初錢徽典貢舉宗閔託所親於徽而李德裕李紳元稹在翰林有寵於帝共白徽納干丐取士不以實宗閔坐貶劒州刺史由是嫌忌顯結樹黨相磨軋凡四十年搢紳之禍不能解俄復爲中書舍人典貢舉所取多知名士若唐沖薛庠袁都等世謂之玉筍寶曆初累進兵部侍郎父喪解大和中以吏部侍郎同中書門下平章事時德裕自浙西召欲以相而宗閔中助多先得進即引僧孺同秉政相唱和去異已

者德裕所善皆逐之遷中書侍郎久之德裕爲相與宗閔共當國德裕入謝文宗曰而知朝廷有朋黨乎德裕曰今中朝半爲黨人雖後來者趨利而靡往往陷之陛下能用中立無私者黨與破矣帝曰衆以楊虞卿張元夫蕭澣爲黨魁德裕因請皆出爲刺史帝然之即以虞卿爲常州元夫爲汝州蕭澣爲鄭州宗閔曰虞卿位給事中州不容在元夫下德裕居外久其知黨人不如臣之詳虞卿日見賓客於第世號行中書故臣未嘗與美官德裕質之曰給事中非美官云何宗閔大沮不得對俄以同平章事爲山南西道節度使李訓鄭注始用事疾德裕共訾短之乃罷德裕復召宗閔知政事進封襄武縣侯恣肆附託會虞卿以京兆尹得罪極言營解帝怒叱曰爾嘗以鄭覃爲妖氣今自爲妖耶即出爲明州刺史貶處州長史訓注乃劾宗閔異時陰結駙馬都尉沈𥫗內人宋若憲宦者韋元素王踐言等求宰相且言頃上有疾密問術家呂華迎考命曆曰惡十二月而踐言監軍劒南受德裕賂復與宗閔交私乃貶宗閔潮州司戶參軍事𥫗逐柳州元素等悉流嶺南親信並斥時訓注欲以權市天下凡不附己者皆指以二人黨逐去之人人駭栗連月雺晦帝乃詔宗閔德裕姻家門生故吏自今一切不問所以慰安中外嘗歎曰去河北賊易去此朋黨難開成初幽州刺史元忠河陽李載義累表論洗乃徙爲衢州司馬楊嗣復輔政與宗閔善欲復用而畏鄭覃乃托宦人諷帝帝因紫宸對覃曰朕念宗閔久斥應授一官覃曰陛下徙令少近則可若再用臣請前免陳夷行曰宗閔之罪不即死爲幸寶曆時李續張又新等號八關十六子朋比險妄朝廷幾危李珏曰此李逢吉罪今續喪闋不可不任以官夷行曰不然舜逐四凶天下治朝廷何惜數憸人使亂紀綱嗣復曰事當適宜不可以憎愛奪帝曰州刺史可乎覃請授洪州別駕夷行曰宗閔始庇鄭注階其禍幾覆國嗣復曰陛下向欲官鄭注而宗閔不奉詔尚當記之覃曰嗣復黨宗閔者彼其惡似李林甫嗣復曰覃言過矣林甫妬賢忌功夷滅十餘族宗閔

固無之始宗閔與德裕俱得罪德裕再徙鎮而宗閔故在貶地夫懲勸宜一不可謂黨因折覃曰比殷侑爲韓益求官臣以其昔坐贓不許覃託臣勿論是豈不爲黨乎遂擢宗閔杭州刺史遷太子賓客分司東都既而覃夷行去位嗣復謀引宗閔復輔政未及而文宗崩會昌中劉稹以澤潞叛德裕建言宗閔素厚從諫今上黨近東都乃拜宗閔湖州刺史稹敗得交通狀貶漳州長史流封州宣宗即位徙郴州司馬卒宗閔性機警始有當世令名既寖貴喜權勢初爲裴度引拔後度薦德裕可爲相宗閔遂與爲怨韓愈爲作南山猛虎行規之而宗閔崇私黨薰熾中外卒以是敗子琨瓚皆擢進士令狐綯作相而瓚以知制誥歷翰林學士綯罷亦爲桂管觀察使不善禦軍爲士卒所逐貶死宗閔弟宗冉其子湯累官京兆尹黃巢陷長安殺之

楊嗣復字繼之父於陵始見識於浙西觀察使韓滉妻以其女歸謂妻曰吾閱人多矣後貴且壽無若生者有子必位宰相既而生

嗣復混撫其頂曰名與位皆踰其父楊氏之慶也因字曰慶門八
歲知屬文後擢進士博學宏辭與裴度柳公綽皆爲武元衡所知
表署劒南幕府進右拾遺直史館尤善禮家學改太常博士再遷
禮部員外郎時於陵爲戶部侍郎嗣復避同省換它官有詔同司
親大功以上非聯判句檢官長皆勿避官同職異雖父子兄弟無
嫌遷累中書舍人嗣復與牛僧孺李宗閔雅相善二人輔政引之
然不欲越父當國故權知禮部侍郎凡二期得士六十八人多顯
官文宗嗣位進戶部侍郎於陵老求侍不許喪除擢尚書左丞大
和中宗閔罷嗣復出爲劒南東川節度使宗閔復相徙西川開成
初以戶部侍郎召領諸道鹽鐵轉運使俄與李珏並拜同中書門下
平章事弘農縣伯仍領鹽鐵後紫宸奏事嗣復爲帝言陸洿屛居
民間而上書論兵可勸以官珏和曰士多趍競能獎洿貪夫廉矣
比竇洵直以論事見賞天下釋然況官洿耶帝曰朕賞洵直褒其
心爾鄭覃不平曰彼苞藏固未易知嗣復曰洵直無邪臣知之覃

曰陛下當察朋黨嗣復曰覃疑臣黨臣應免即再拜祈罷珏見言
切繆曰朋黨固少弭覃曰附離復生帝曰向所謂黨與不已盡乎
覃曰楊漢公張又新李續故在珏乃陳邊事欲絕其語覃曰論邊
事安危臣不如珏嫉朋比珏不如臣嗣復曰臣聞左右佩劒彼此
相笑未知覃果謂誰爲朋黨邪因當香案頓首曰臣位宰相不能
進賢退不肖以朋黨獲譏非所以重朝廷固乞罷帝方委以政故
尉安之它日帝問符讖可信乎何從而生嗣復曰漢光武以讖決
事隋文帝亦喜之故其書蔓天下班彪王命論有所引述特以止
賊亂非重之也珏曰治亂宜直推人事耳帝曰然又問天后時有
起布衣爲宰相者果可用乎嗣復曰天后重用刑輕用官自爲之
計耳必責能否要待歷試乃可是時延英訪對史官不及知嗣復建
言故事正衙起居注在前便坐無所紀錄姚璹趙璟皆請置時政
記不能行臣請延英對宰相語闗道德刑政者委中書門下直
日紀錄月付史官它宰相議不同止久之帝史問延英政事孰當

記之珏監修國史對曰臣之職也陳夷行曰宰相所錄恐掩蔽聖
德自益美名臣向言不欲威權在下者此也珏曰夷行疑宰相賣
威權貨刑賞不然何自居位而爲此言邪臣得罷爲幸覃曰陛下
開成初政甚善三年後日不逮前嗣復曰開成初覃夷行當國三
年後臣與李珏同進臣不能悉心奉職使政事日不逮前臣之罪
也縱陛下不忍加誅當自殄滅即叩頭請從此辭不敢更至中書
乃趍出帝使使者召還曰覃言失何及此邪覃起謝曰臣愚不知
忌諱近事雖善猶未盡公臣非專斥嗣復而遽求去乃不使臣言
耳嗣復曰陛下月費俸稟數十萬時新異賜必先及將責臣輔聖
功求至治也使不及初豈臣當死累陛下之德柰何惟陛下別求
賢以自輔帝曰覃偶及之奚執咎嗣復闔門不肯起帝乃免覃夷
行相而嗣復專天下事進門下侍郎建言使府官屬多宜省帝曰
無反滯才乎對曰才者自異汰去粃滓者菁華乃出帝曰昔蕭復
秉政難言者必言卿其志之未幾帝崩中尉仇士良廢遺詔立武

宗帝之立非宰相意故內薄執政臣不加禮自用李德裕而罷嗣
復爲吏部尚書出爲湖南觀察使會誅薛季稜劉弘逸中人多言
嘗附嗣復珏不利於陛下帝剛急即詔中使分道誅嗣復等德裕
與崔鄲崔珙等詣延英言故事大臣非惡狀明白未有誅死者昔
太宗玄宗德宗三帝皆嘗用重刑後無不悔願徐思其宜使天下
知盛德有所容不欲人以爲冤帝曰朕纘嗣之際宰相何嘗比數
且珏等各有附會若珏季稜屬陳王猶是先帝意如嗣復弘逸屬
安王乃內爲楊妃謀且其所詒書曰姑何不數天后德裕曰飛語
難辨帝曰妃昔有疾先帝許其弟入侍得通其謀禁中證左尤具
我不欲暴于外使安王立肯容我耶言畢戚然乃曰爲卿赦之因
追使者還貶嗣復潮州刺史宣宗立起爲江州刺史以吏部尚書
召道岳州卒年六十六贈尚書左僕射謚曰孝穆嗣復領貢舉時
於陵自洛入朝乃率門生出迎置酒第中於陵坐堂上嗣復與諸
生坐兩序始於陵在考功擢浙東觀察使李師稷及第時亦在焉

人謂楊氏上下門生世以為美嗣復五子其顯者授損授字得符於昆弟最賢由進士第遷累戶部侍郎以母病求為秘書監後以刑部尚書從昭宗幸華從太子少保卒贈尚書左僕射子贊字公隱累擢左拾遺昭宗初立數遊宴上疏極諫歷戶部員外郎崔胤招朱全忠入京師贊挈族客湖南終諫議大夫損字子默黜蔭補藍田尉至殿中侍御史家新昌里與路巖第接巖方為相欲易其廐以廣第損族仕者十餘人議曰家世盛衰繫權者喜怒不可拒損曰今尺寸土皆先人舊貲非吾等所有安可奉權臣邪窮達命也卒不與巖不悅使損按獄黔中踰年還三遷絳州刺史巖罷去召為給事中遷京兆尹與宰相盧攜雅不叶復除給事中陝虢軍亂逐觀察使崔蕘命損代之至則盡誅有罪者拜平盧節度使徙天平未赴復留卒官下

贊曰夫口道先王語行如市人其名曰盜儒僧孺宗閔以方正敢言進既當國反奮私昵黨排擊所憎是時權震天下人指曰牛李

非盜謂何逢吉險邪稹浮躁訕復辯給固無足言幸主孱昏不底於戮治世之罪人歟

二李元牛楊列傳第九十九

竇劉二張楊熊柏列傳第一百　　唐書一百七十五

宋　祁　奉　敕　撰

竇羣字丹列，京兆金城人。父叔向，以詩自名，代宗時位左拾遺。羣兄弟皆擢進士第，獨羣以處士客隱毗陵。母卒，齧一指置棺中，廬墓次終喪。從盧庇傳啖助春秋學，著書數十篇。蘇州刺史韋夏卿薦之朝，并表其書，報聞，不召。後夏卿入為京兆尹，復言之德宗，擢為左拾遺。時張薦持節使吐蕃，乃遷羣侍御史，為薦判官。入見帝曰：「陛下即位二十年，始自草茅擢臣為拾遺，何其難也；以二十年難進之臣，為和蕃判官，一何易！」帝壯其言，不遣。王叔文黨盛，雅不喜羣，羣亦悻悻不肯附，欲逐之，韋執誼不可，乃止。羣往見叔文，曰：「事有不可知者。」叔文曰：「奈何？」曰：「去年李實伐恩恃權，震赫中外，君此時逡巡路傍，江南一吏耳。今君又處實之勢，豈不思路傍復有如君者乎？」叔文悚然，亦卒不用。憲宗立，轉膳部員外郎，兼侍御史知雜事，出為唐州刺史。節度使于頔聞其名，與語，奇之，表以自副。武元衡、李吉甫皆所厚善，故召拜吏部郎中。元衡輔政，薦羣代為中丞。羣引呂溫、羊士諤為御史，吉甫以二人躁險，持不下。羣忮很，反怨吉甫。吉甫節度淮南，羣謂失恩，因擿之陳登者善術，夜過吉甫家，羣即捕登掠考，上言吉甫陰事。憲宗面覆登，得其情，大怒，將誅羣，吉甫為救解，乃免，出為湖南觀察使，改黔中。會水壞城郛，調谿洞羣蠻築作，因是羣蠻亂，貶開州刺史。稍遷容管經略使。召還，卒于行，年五十五，贈左散騎常侍。羣很自用，果於復怨，始召，將大任之，衆皆懼，及聞其死，乃安。兄常、牟，弟庠、鞏，皆為郎，工詞章，為聯珠集行於時，義取昆弟若五星然。常字中行，大曆中及進士第，不肯調，客廣陵，多所論著，隱居二十年。鎮州王武俊聞其才，奏辟，不應。杜佑鎮淮南，署為參謀，歷朗、夔、江、撫四州刺史，國子祭酒，致仕。卒，贈越州都督。牟字貽周，累佐節度府，晚從昭義盧從史，從史寖驕，牟度不可諫，即移疾歸東都。從史敗，不以覺微避去自賢。位國子司業。庠字胄卿，終登州刺史。鞏字友封，雅裕，有名于時，平居與人言，若不出口，世號「囁嚅翁」。元稹節度武昌，奏鞏自副，卒。

劉棲楚，其出寒鄙，為鎮州小史，王承宗奇之，薦於李逢吉，繇鄧州司倉參軍擢右拾遺。逢吉之罷裴度，逐李紳，皆嗾而為斯者。敬宗立，視朝常晏，數游畋失德，棲楚諫曰：「惟前世王者，初嗣位，皆親庶政，坐以待旦。陛下新即位，安卧寢內，日晏乃作，大行殯宮密邇，鼓吹之聲日聞諸朝。且憲宗及先帝皆長君，朝夕恪勤，四方猶有叛者。陛下以少主踐祚，未幾，惡德流布，恐福祚之不長也。臣以諫為官，使陛下負天下譏，請碎首以謝。」遂頓叩龍墀，血被面。李逢吉傳詔毋叩頭，待詔旨。棲楚捧首立，帝動容，揚袂使去。棲楚曰：「不聽臣言，臣請死于此。」有詔尉喻乃出。遷起居郎，辭疾歸洛。後諫官對延英，帝問向廷爭者在邪，以諫議大夫召，未幾，宜授刑部侍郎。故事，侍郎无宜授者，逢吉喜助己，故不次任之。數月，改京兆尹，峻誅罰，不避權豪。先是，諸惡少竄名北軍，凌藉衣冠，有罪則逃軍中，无敢捕。棲楚一切窮治，不閱旬，宿姦老蠹為斂迹。一日，軍士乘醉[illegible]諸少年從旁譟曰：「癡男子不記頭上尹邪？」然其性詭激，敢為怪行，乘險抵巇，若无顧藉。內實恃權怙寵，以干進諂宰相，厲色慢辭，韋處厚惡之，出為桂管觀察使，卒，贈左散騎常侍。

張又新字孔昭，工部侍郎薦之子。元和中及進士高第，歷左右補闕，性傾邪。李逢吉用事，惡李紳，冀得其罪，求中朝凶果敢言者厚之，以危中紳。又新與拾遺李續、劉棲楚等為逢吉搏吠所憎，故有「八關十六子」之目。敬宗立，紳貶端州司馬，朝臣過宰相賀，閽者曰：「止！宰相方與補闕語，姑伺之。」及又新出，流汗揖百官曰：「端溪之事，鄙不敢讓。」人皆辟易畏之。尋轉祠部員外郎，嘗買婢遷約，為牙儈搜索，陵突御史，劾舉，逢吉庇之，事不窮治。及逢吉罷，領山南東道節度，表又新為行軍司馬。坐田伾事，貶汀州刺史。李訓有寵，又新復見用，遷刑部郎中，為申州刺史。訓死，復坐貶，終左司郎中。又新善文辭，再以諂附敗，喪其家聲云。

楊虞卿字師皐，虢州弘農人。父寧，有高操，談辯可喜，擢明經，調臨渙主簿，棄官還夏，與陽城為莫逆交。德宗以諫議大夫召城，城未拜，詔寧即諭與俱來，陝虢觀察使李齊運表置幕府。齊運入為京兆尹，表奉先主簿，拜監察御史，坐畱系免。順宗初，召為殿中侍御史，終國子祭酒。虞卿第進士、博學宏辭，為校書郎。抵淮南委婚幣，會陳商葬其先，貧不振，虞卿未嘗與游，悉所齎助之，擢累監察御史。穆宗初立，逸游荒恣，虞卿上疏曰：「鳥鳶遭害，仁鳥逝；誹謗不誅，良臣進。臣敢冒誅獻替言。臣聞堯舜以天下為憂，不以位為樂。況今北虜方梗，西戎弗靖，兩河有瘡痏之虞，五嶺罹氛厲之役，今之疾苦積于朝之制度莫脩，邊之見儲國用寡匱，固未可以高枕而息也。陛下初臨萬幾，宜有憂天下心，當日見輔臣、公卿、百執事，垂意以問，使四方內外灼有所聞。而聽政六十日，入對延英獨三數大臣承聖問而已，它內朝臣皆入齊出，無所咨詢，諫臣盈廷，忠言不聞，臣竊羞之。蓋主恩疏而正路塞也。公卿大臣宜朝夕燕見，則君臣情接而治道得矣。今宰臣四五人或須刻侍坐，鞠躬隕越，隨旨上下，无能往來，此繇君太尊、臣太卑故也。公卿列位，雖陟降清地，曾未奉優睠、承下問，雖陛下神聖如五帝，猶宜周爰顧逮，惠以氣色，使支體相成，君臣昭明。陛下求治於宰相，宰相求治於臣等，進忠若趨利，論政若訴冤，此而不治，無有也。自古天子居危思安之心同，而居安慮危之心則異，故不得皆為聖明也。」時又有衡山布衣趙知微亦上書指言帝倡優在側馳騁无度內作色荒外作禽荒辭頗危切帝詔宰相尉諭宰相因是賀天子納諫然不能用也俄詔行勞西北邊還遷侍御史改禮部員外郎史館脩撰進吏部會曹史李賨等盜用偽告調官凡十五員贓千六百万以去虞卿發其姦賨等繫御史府而虞卿親吏肯受三百万未命私奴受三十万虞卿縛奴送獄三司嚴休復高釴韋景休雜推賨等皆誅死虞卿坐不檢下免官李宗閔牛僧孺輔政引為右司郎中弘文館學士再遷給事中虞卿佞柔善諧麗權幸倚為姦利歲舉選者皆走門下署第注員无不得所欲升沈在牙頰間當時有蘇景胤張元夫而虞卿兄弟汝士漢公為人所奔向故語曰欲趨舉場問蘇張蘇張猶可三楊殺我宗閔待之尤厚就黨中為最能唱和者以口語軒輊事機故時號黨魁德裕之相出為常州刺史宗閔復入以工部侍郎召還遷京兆尹大和九年京師訛言鄭注為帝治丹剔小兒肝心用之民相驚扃護兒曹帝不悅注亦內不安而雅與虞卿有怨即約李訓奏言語出虞卿家因京兆騶伍布都下御史大夫李固言素嫉虞卿周比因傅左端倪帝大怒下虞卿詔獄於是諸子弟自囚闕下稱冤虞卿得釋貶虔州司戶參軍死子知退知權塤堪漢公皆擢進士第漢公最顯

漢公字用乂始辟興元李絳幕府絳死不與其禍遷累戶部郎中史館脩撰轉司封郎中坐虞卿下除舒州刺史徙湖亳蘇三州擢桂管浙東觀察使繇戶部侍郎拜荊南節度使召為工部尚書或劾漢公治荊南有貪贓降秘書監稍遷國子祭酒宣宗擢為同州刺史於是給事中鄭裔綽鄭公輿共奏漢公冒猥无廉槩不可莅近輔三還制書帝它日凡門下論執駁正未嘗卻漢公素結左右有與助至是帝惑不從制卒行會寒食宴近臣帝自擊毬為樂巡勞從臣裔綽等白省中議无不從唯漢公事為有黨裔綽獨對同州太宗興王地陛下為人子孫當精擇守長付之漢公既以墨敗陛下容可舉劇部私貪人帝恚見顏間翌日斥裔綽為商州刺史漢公自同州更宣武天平兩節度使卒子籌能仕亦顯汝士字慕巢中進士第又擢宏辭牛李待之善引為中書舍人開成初繇兵部侍郎為東川節度使時嗣復鎮西川乃族昆弟對擁旄節世榮其門終刑部尚書子知溫知至悉以進士第入官知溫終荊南節度使知至為宰相劉瞻所善以比部郎中知制誥瞻得罪亦貶瓊州司馬擢累戶部侍郎楊氏自汝士後貴赫為冠族所居靜恭里兄弟並列門戟咸通後在臺省方鎮率十餘人

張宿者本寒人自名諸生憲宗為廣陵王時因張茂宗薦得出入邸中誕譎敢言及監撫自布衣授左拾遺交通權幸四方賂遺滿門數召對不能慎密坐漏禁中語貶郴丞十餘年累遷比部員外郎宰相李逢吉數言其佼譎不可信曰為濠州刺史宿疏臯言留與遺帝欲以為諫議大夫逢吉言諫議職要重當待賢者宿細人不可使汙是官陛下必用之請先去臣乃可帝不悅後逢吉罷詔權知諫議大夫宰相崔羣王涯同議曰諫議大夫前世或自山林擢行伍任之者然皆道義卓異於時今宿望輕若待以不次未足以寵適以累之也請授它官不聽使中人宣授焉宿挖勢執政不與已乃日肆譖甚與皇甫鎛相附離多中傷正人君子元和末持節至淄青李師道願割地遣子入侍既而悔復遣宿往暴卒于道贈秘書監

熊望者字原師擢進士第性險躁以辯說游公卿間劉栖楚為京兆尹樹權埶望日出入門下為刺取事機陰佐計畫敬宗喜為歌詩議置東頭學士以備燕狎栖楚薦望未及用帝崩文宗立韋處厚秉政詔望因緣險薄營密職闕數幸讙沸衆議貶漳州司戶參軍

柏耆者有縱橫學父良器為時威名將耆負志健而望高急于立名是時王承宗以常山叛朝廷厭兵耆杖策詣淮西行營謁裴度且言願得天子一節馳入鎮可掉舌下之度為言乃以左拾遺往既至以大誼動承宗至泣下乃請獻二州以二子入質真擢耆左拾遺由是聲震時遷起居舍人王承元從義成軍遣諫議大夫鄭覃往慰成德軍賚緡錢百万賚未至軍中譁議穆宗遣耆諭天子意衆乃信悅轉兵部郎中諫議大夫大和初李同捷反詔兩河諸鎮出兵久无功乃授耆德州行營諸軍計會使與判官沈亞之諭旨會橫海節度使李祐平德州同捷窮請降祐使大將萬洪代守滄州同捷未出也耆以三百騎馳入滄以事誅洪與同捷朝京師既行諜言王廷湊欲以奇兵劫同捷耆遂斬其首以獻諸將嫉耆功比奏攢詆文宗不獲已貶耆循州司戶參軍亞之南康尉官人馬國亮譖耆受同捷先所得王稷妾及奴婢珍貲初祐聞耆見殺洪大驚疾遂劇帝曰祐若死是耆殺之至是積前怒詔長流愛州賜死

贊曰詩人斥譖人最甚投之豺虎有北不置也如羣栖楚輩則然肆訐以示公構黨以植私其言纚纚若可聽卒而入于敗亂也孔子所謂順非而澤者歟利口覆邦家者歟耆掩衆取功自速其死哀哉

列傳第一百

端明殿學士兼翰林侍讀學士龍圖閣學士朝請大夫尚書吏部侍郎充集賢殿脩撰臣宋祁奉　敕撰

韓愈字退之鄧州南陽人七世祖茂有功於後魏封安定王父仲卿爲武昌令有美政既去縣人刻石頌德終秘書郎愈生三歲而孤隨伯兄會貶官嶺表會卒嫂鄭鞠之愈自知讀書日記數千百言比長盡能通六經百家學擢進士第會董晉爲宣武節度使表署觀察推官晉卒愈從喪出不四日汴軍亂乃去依武寧節度使張建封建封辟府推官操行堅正鯁言無所忌調四門博士遷監察御史上疏極論宮市德宗怒貶陽山令有愛在民民生子多以其姓字之改江陵法曹參軍元和初權知國子博士分司東都三歲爲眞改都官員外郎即拜河南令遷職方員外郎華陰令柳澗有辠前刺史劾奏之未報而刺史罷澗諷百姓遮索軍頓役直後刺史惡之按其獄貶澗房州司馬愈過華以爲刺史陰相黨上疏治之既御史覆問得澗贓再貶封溪尉愈坐是復爲博士既才高數黜

官又下遷乃作進學解以自諭曰國子先生晨入太學召諸生立館下誨之曰業精于勤荒于嬉行成于思毀于隨方今聖賢相逢治具畢張拔去凶邪登崇畯良占小善者率以録名一藝者無不庸爬羅剔抉刮垢磨光蓋有幸而獲選孰云多而不揚諸生業患不能精無患有司之不明行患不能成無患有司之不公言未既有笑于列者曰先生欺予哉弟子事先生于兹有年矣先生口不絶吟於六藝之文手不停披於百家之編記事者必提其要纂言者必鉤其玄貪多務得細大不捐燒膏油以繼晷常矻矻以窮年先生之業可謂勤矣觝排異端攘斥佛老補苴罅漏張皇幽眇尋墜緒之茫茫獨旁搜而遠紹障百川而東之回狂瀾於既倒先生之於儒可謂有勞矣沈浸醲郁含英咀華作爲文章其書滿家上規姚姒渾渾亡涯周誥商盤佶屈聱牙春秋謹嚴左氏浮夸易奇而法詩正而葩下迨莊騷太史所録子雲相如同工異曲先生之於文德可謂閎其中而肆其外矣少始知學勇於敢爲長通於方左右其宜先生之於爲人可謂成矣然而公不見信於人私不見助於友跋前躓後動輒得咎暫爲御史遂竄南夷三年博士冗不見治命與仇謀其敗幾時冬煖而兒號寒年豐而妻啼飢頭童齒豁竟死何裨不知慮此而反教人爲先生曰吁子來前夫大木爲杗細木爲桷欂櫨侏儒椳闑扂楔各得其宜施以成室者匠氏之工也玉札丹砂赤箭青芝牛溲馬勃敗鼓之皮俱收並蓄待用無遺者醫師之良也登明選公雜進巧拙紆餘爲妍卓犖爲傑校短量長惟器是適者宰相之方也昔者孟軻好辯孔道以明轍環天下卒老于行荀卿宗王大倫以興逃讒于楚廢死蘭陵是二儒者吐詞爲經擧足爲法絶類離倫優入聖域其遇於世何如也今先生學雖勤而不繇其統言雖多而不要其中文雖奇而不濟於用行雖脩而不顯於衆猶且月費俸錢歲靡廩粟子不知耕婦不知織乘馬從徒安坐而食踵常途之促促窺陳編以盜竊然而聖主不加誅宰臣不見斥兹非其幸歟動而得謗名亦隨之投閑置散乃

分之宜若夫商財賄之有無計班資之崇庳忘己量之所稱指前人之瑕疵是所謂詰匠氏之不以杙爲楹而訾醫師以昌陽引年欲進其豨苓也執政覽之奇其才改比部郎中史館脩撰轉考功知制誥進中書舍人初憲宗將平蔡命御史中丞裴度使諸軍按視及還且言賊可滅與宰相議不合愈亦奏言淮西連年脩器械防守金帛糧畜耗於給賞執兵之卒四向侵掠農夫織婦餉於其後得不償費比聞畜馬皆上槽櫪此譬有十夫之力自朝抵夕跳躍叫呼勢不支久必自委頓當其已衰三尺童子可制其命況以三州殘弊困劇之餘而當天下全力其敗可立而待也然未可知者在陛下斷與不斷耳夫兵不多不足以取勝必勝之師不在速戰兵多而戰不速則所費必廣疆場之上日相攻劫近賊州縣賦役百端小遇水旱百姓愁苦方此時人人異議以惑陛下陛下持之不堅半塗而罷傷威損費爲弊必深所要先決於心詳度本末事至不惑乃可圖功又言諸道兵羇旅單弱不足用而界賊州縣

百姓習戰鬬知賊深淺若募以內軍教不三月一切可用又欲四道置兵道率三萬畜力伺利一日俱縱則蔡首尾不救可以責功執政不喜會有人詆愈在江陵時為裴均所厚均子鍔素無狀愈為文章字命鍔謗語讙暴由是改太子右庶子及度以宰相節度彰義軍宣慰淮西奏愈行軍司馬愈請乘遽先入汴說韓弘使叶力元濟平遷刑部侍郎憲宗遣使者往鳳翔迎佛骨入禁中三日乃送佛祠王公士人奔走膜唄至為夷法灼體膚委珍貝騰沓係路愈聞惡之乃上表曰佛者夷狄之一法耳自後漢時始入中國上古未嘗有也昔黃帝在位百年年百一十歲少昊在位八十年年百歲顓頊在位七十九年年九十歲帝嚳在位七十年年百五歲堯在位九十八年年百一十八歲帝舜在位及禹年皆百歲此時天下太平百姓安樂壽考然而中國未有佛也其後湯亦年百歲湯孫太戊在位七十五年武丁在位五十年書史不言其壽推其年數蓋不減百歲周文王年九十七歲武王年九十三歲穆王

在位百年此時佛法亦未至中國非因事佛而致然也漢明帝時始有佛法明帝在位纔十八年其後亂亡相繼運祚不長宋齊梁陳元魏以下事佛漸謹年代尤促唯梁武帝在位四十八年前後三捨身施佛宗廟祭不用牲牢晝日一食止於菜果後為侯景所逼餓死臺城國亦尋滅事佛求福乃更得禍由此觀之佛不足信亦可知矣高祖始受隋禪則議除之當時羣臣識見不遠不能深究先王之道古今之宜推闡聖明以救斯弊其事遂止臣常恨焉伏惟睿聖文武皇帝陛下神聖英武數千百年以來未有倫比即位之初即不許度人為僧尼道士又不許別立寺觀臣當時以為高祖之志必行於陛下今縱未能即行豈可恣之令盛也今陛下令羣僧迎佛骨於鳳翔御樓以觀昇入大內又令諸寺遞加供養臣雖至愚必知陛下不惑於佛作此崇奉以祈福祥也直以豐年之樂徇人之心為京都士庶設詭異之觀戲玩之具耳安有聖明若此而肯信此等事哉然百姓愚冥易惑難曉苟見陛下如此將

謂真心信佛皆云天子大聖猶一心信向百姓微賤於佛豈合更惜身命以至灼頂燔指十百為羣解衣散錢自朝至暮轉相倣效唯恐後時老幼奔波棄其生業若不即加禁遏更歷諸寺必有斷臂臠身以為供養者傷風敗俗傳笑四方非細事也佛本夷狄之人與中國言語不通衣服殊製口不道先王之法言身不服先王之法服不知君臣之義父子之情假如其身尚在奉其國命來朝京師陛下容而接之不過宣政一見禮賓一設賜衣一襲衛而出之於境不令惑於衆也況其身死已久枯朽之骨凶穢之餘豈宜以入宮禁孔子曰敬鬼神而遠之古之諸侯行弔於其國必令巫祝先以桃茢祓除不祥然後進弔今無故取朽穢之物親臨觀之巫祝不先桃茢不用羣臣不言其非御史不舉其失臣實恥之乞以此骨付之水火永絕根本斷天下之疑絕前代之惑使天下之人知大聖人之所作為出於尋常萬萬也佛如有靈能作禍祟凡有殃咎宜加臣身上天鑒臨臣不怨悔表入帝大怒持示宰相將抵

以死裴度崔羣曰愈言訐牾罪之誠宜然非內懷至忠安能及此願少寬假以來諫爭帝曰愈言我奉佛太過猶可容至謂東漢奉佛以後天子咸夭促言何乖剌邪愈人臣狂妄敢爾固不可赦於是中外駭懼雖戚里諸貴亦為愈言乃貶潮州刺史既至潮以表哀謝曰臣以狂妄戇愚不識禮度陳佛骨事言涉不恭正名定罪萬死莫塞陛下哀臣愚忠恕臣狂直謂言雖可罪心亦無它特屈刑章以臣為潮州刺史既免刑誅又獲祿食聖恩寬大天地莫量破腦刳心豈足為謝臣所領州在廣府極東過海口下惡水濤瀧壯猛難計期程颶風鱷魚患禍不測州南近界漲海連天毒霧瘴氛日夕發作臣少多病年纔五十髮白齒落理不久長加以罪犯至重所處遠惡憂惶慚悸死亡無日單立一身朝無親黨居蠻夷之地與魑魅同羣苟非陛下哀而念之誰肯為臣言者臣受性愚陋人事多所不通維酷好學問文章未嘗一日暫廢實為時輩所

見推許臣於當時之文亦未有過人者至於論述陛下功德與詩書
相表裏作為歌詩薦之郊廟紀太山之封鏤白玉之牒鋪張對
天之宏休揚厲無前之偉蹟編於詩書之策而無愧措於天地
之間而無虧雖使古今人復生臣未肯讓伏以皇唐受命有
天下四海之內莫不臣妾南北東西地各萬里自天寶以後政
治少懈文致未優武剋不剛孽臣姦隸蠹居棊處搖毒自防
外順內悖父死子代以祖以孫如古諸侯自擅其地不朝不貢六七十年
四聖傳序以至陛下陛下即位以來躬親聽斷旋乾轉坤關機闔開
雷厲風飛日月清照天戈所麾無不從順宜定樂章以告神明
東巡泰山奏功皇天具著顯庸明示得意使永永年服我成烈
當此之際所謂千載一時不可逢之嘉會而臣負罪嬰釁自
拘海島戚戚嗟嗟日與死迫曾不得奏薄伎於從官之內隸
御之間窮思畢精以贖前過懷痛窮天死不閉目伏惟陛下天
地父母哀而憐之帝得表頗感悔欲復用之持示宰相曰愈前

所論是天愛朕然不當言天子事佛乃年促耳皇甫鎛素忌
愈直即奏言愈終狂疏可且內移乃改袁州刺史初愈至潮問
民疾苦皆曰惡溪有鱷魚食民畜產且盡民以是窮數日愈
自往視之令其屬秦濟以一羊一豚投谿水而祝之曰昔先王既有
天下烈山澤罔繩擉刃以除蟲蛇惡物為民物害者驅而出之四
海之外及德薄不能遠有則江漢之間尚皆棄之以與蠻夷楚越
況湖嶺之間去京師萬里哉鱷魚之涵淹卵育於此亦固其所今
天子嗣唐位神聖慈武四海之外六合之內皆撫而有之況禹跡所
揜揚州之近地刺史縣令之所治出貢賦以供天地宗廟百神之祀
之壤者哉鱷魚其不可與刺史雜處此土也刺史受天子命守
此土治此民而鱷魚睅然不安溪潭據處食民畜熊豕鹿麞以肥
其身以種其子孫與刺史抗拒爭為長雄刺史雖駑弱亦安肯為鱷
魚低首下心伈伈睍睍為吏民羞以偷活於此也承天子命來為吏固其
勢不得不與鱷魚辨鱷魚有知其聽刺史潮之州大海在其南鯨鵬之大蝦蟹

之細無不容歸以生以食鱷魚朝發而夕至也今與鱷魚約盡三
日其率醜類南徙于海以避天子之命吏三日不能至五日五日
不能至七日七日不能是終不肯徙也是不有刺史聽從其言也
不然則是鱷魚冥頑不靈刺史雖有言不聞不知也夫傲天子之
命吏不聽其言不徙以避之與頑不靈而為民物害者皆可殺刺
史則選材技民操強弓毒矢以與鱷魚從事必盡殺乃止其無悔
祝之夕暴風震電起谿中數日水盡涸西徙六十里自是潮無鱷
魚患袁人以男女為隸過期不贖則沒入之愈至悉計庸得贖所
沒歸之父母七百餘人因與約禁其為隸召拜國子祭酒轉兵部
侍郎鎮州亂殺田弘正而立王廷湊詔愈宣撫既行眾皆危之元
稹言韓愈可惜穆宗亦悔詔愈度事從宜無必入愈至廷湊嚴兵
迓之甲士陳廷既坐廷湊曰所以紛紛者乃此士卒也愈大聲曰
天子以公為有將帥材故賜以節豈意同賊反邪語未終士前奮
曰先太師為國擊朱滔血衣猶在此軍何負乃以為賊乎愈曰以

為爾不記先太師也若猶記之固善天寶以來安祿山史思明李
希烈等有子若孫在乎亦有居官者乎眾曰無愈曰田公以魏博
六州歸朝廷官中書令父子受旗節劉悟李祐皆大鎮此爾軍所
共聞也眾曰弘正刻故此軍不安愈曰然爾曹亦害田公又殘其
家矣復何道眾讙曰善廷湊慮眾變疾麾使去因曰今欲廷湊何
所為愈曰神策六軍將如牛元翼者為不乏但朝廷顧大體不可
棄之公久圍之何也廷湊曰即出之愈曰若爾則無事矣會元
翼亦潰圍出廷湊不追愈歸奏其語帝大悅轉吏部侍郎時宰相
李逢吉惡李紳欲逐之遂以愈為京兆尹兼御史大夫特詔不臺
參而除紳中丞紳果劾奏愈愈以詔自解其後文刺紛然宰相以
臺府不協遂罷愈為兵部侍郎而出紳江西觀察使紳見帝得留
愈亦復為吏部侍郎長慶四年卒年五十七贈禮部尚書諡曰文
愈性明銳不詭隨與人交終始不少變成就後進士往往知名經
愈指授皆稱韓門弟子愈官顯稍謝遣凡內外親若交友無後者

爲嫁遣孤女而卹其家嫂鄭喪爲服朞以報每言文章自漢司馬相如太史公劉向楊雄後作者不世出故愈深探本元卓然樹立成一家言其原道原性師說等數十篇皆奥衍閎深與孟軻楊雄相表裏而佐佑六經云至它文造端置辭要爲不襲蹈前人者然惟愈爲之沛然若有餘至其徒李翺李漢皇甫湜從而效之遽不及遠甚從愈游者若孟郊張籍亦皆自名於詩

孟郊者字東野湖州武康人少隱嵩山性介少諧合愈一見爲忘形交年五十得進士第調溧陽尉縣有投金瀨平陵城林薄蒙翳下有積水郊閒往坐水旁裴回賦詩而曹務多廢令白府以假尉代之分其半奉鄭餘慶爲東都留守署水陸轉運判官餘慶鎭興元奏爲參謀卒年六十四張籍謚曰貞曜先生郊爲詩有理致最爲愈所稱然思苦奇澁李觀亦論其詩曰高處在古無上平處下顧二謝云

張籍者字文昌和州烏江人第進士爲太常寺太祝久次遷秘書郎愈薦爲國子博士歷水部員外郎主客郎中當時有名士皆與游而愈賢重之籍性狷直嘗責愈喜博簺及爲駁雜之說論議好勝人其排釋老不能著書若孟軻楊雄以垂世者愈最後答書曰吾子不以愈無似意欲推之納諸聖賢之域拂其邪心增其所未高謂愈之質有可以至於道者浚其源道其所歸漑其根將食其實此盛德之所辭讓況於愈者哉抑其中有宜復者故不可遂已昔者聖人之作春秋也旣深其文辭矣然猶不敢公傳道之口授弟子至於後世其書出焉其所以慮患之道微也今夫二氏之所宗而事之者下及公卿輔相吾豈敢昌言排之哉擇其可語者誨之猶時與吾悖其聲譊譊若遂成其書則見而怒之者必多矣必且以我爲狂爲惑其身之不能恤書於何有夫子聖人也而曰自吾得子路而惡聲不入於耳其餘輔而相者周天下猶且絶糧於陳畏於匡毀於叔孫奔走於齊魯宋衛之郊其道雖尊其窮亦至矣賴其徒相與守之卒有立於天下嚮使獨言之而獨書之其存也可冀乎今夫二氏行乎中土也蓋六百年有餘矣其植根固其流波漫非所以朝令而夕禁也自文王沒武王周公成康相與守之禮樂皆在及乎夫子未久也自夫子而至乎孟子未久也自孟子而至乎楊雄亦未久也然猶其勤若此其困若此而后能有所立吾豈可易而爲之哉其爲也易則其傳也不遠故余所以不敢也然觀古人得其時行其道則無所爲書爲書者皆所爲不行乎今而行乎後世者也今吾之得吾志失吾志未可知則俟五十六十爲之未失也天不欲使茲人有知乎則吾之命不可期如使茲人有知乎非我其誰哉其行道其爲書其化今其傳後必有在矣吾子其何遽戚戚於吾所爲哉前書謂吾與人論不能下氣若好勝者雖誠有之抑非好己勝也好己之道勝也非好己之道勝也己之道乃夫子孟軻楊雄之道傳者若不勝則無所爲道吾豈敢避是名哉夫子之言曰吾與回言終日不違如愚則其與衆人辯也有矣駁雜之譏前書盡之吾子其復之昔者夫子猶有所戲詩

不云乎善戲謔兮不爲虐兮記曰張而不弛文武不爲也惡害於道哉吾子其未之思乎籍爲詩長於樂府多警句仕終國子司業

皇甫湜字持正睦州新安人擢進士第爲陸渾尉仕至工部郎中辨急使酒數忤同省求分司東都留守裴度辟爲判官度修福先寺將立碑求文於白居易湜怒曰近捨湜而遠取居易請從此辭度謝之湜即請斗酒飲酣援筆立就度贈以車馬繒綵甚厚湜大怒曰自吾爲顧況集序未常許人今碑字三千字三縑何遇我薄邪度笑曰不羈之才也從而酬之湜嘗爲蜂螫指購小兒斂蜂擣取其液一日命其子録詩一字誤詬躍呼杖杖未至嚙其臂血流

盧仝居東都愈爲河南令愛其詩厚禮之仝自號玉川子嘗爲月蝕詩以譏切元和逆黨愈稱其工時人有賈島劉乂皆韓門弟子

島字浪仙范陽人初爲浮屠名无本來東都時洛陽令禁僧午後不得出島爲詩自傷愈憐之因教其爲文遂去浮屠擧進士當其苦唫雖逢值公卿貴人皆不之覺也一日見京兆尹跨驢不避誶

詰之父乃得釋累舉不中第文宗時坐飛謗貶長江主簿會昌初以普州司倉參軍遷司戶未受命卒年六十五○劉乂者亦一節士少放肆爲俠行因酒殺人亡命會赦出更折節讀書能爲歌詩然恃故時所負不能俛仰貴人常穿屐破衣聞愈接天下士步歸之作冰柱雪車二詩出盧仝孟郊右樊宗師見爲獨拜能面道人短長其服義則又彌縫若親屬然後以爭語不能下賓客因持愈金數斤去曰此諛墓中人得耳不若與劉君爲壽愈不能止歸齊魯不知所終

贊曰唐興承五代剖分王政不綱文弊質窮䴥俚混并天下已定治荒剔蠹討究儒術以興典憲薰釀涵浸殆百餘年其後文章稍稍可述至貞元元和間愈遂以六經之文爲諸儒倡障隄末流反刓以樸剗僞以眞然愈之才自視司馬遷揚雄至班固以下不論也當其所得粹然一出於正刊落陳言橫騖別驅汪洋大肆要之無抵捂聖人者其道蓋自比孟軻以荀況揚雄爲未淳寧不信然

至進諫陳謀排難卹孤矯拂媮末皇皇於仁義可謂篤道君子矣自晉汔隋老佛顯行聖道不斷如帶諸儒倚天下正議助爲怪神愈獨喟然引聖爭四海之惑雖蒙訕笑跲而復奮始若未之信卒大顯於時昔孟軻拒楊墨去孔子才二百年愈排二家乃去千餘歲撥衰反正功與齊而力倍之所以過況雄爲不少矣自愈沒其言大行學者仰之如泰山北斗云

列傳第一百一

錢崔二韋二高馮三李盧封鄭敬列傳第一百二　唐書一百七十七

端明殿學士兼翰林侍讀學士龍圖閣學士朝請大夫尚書工部侍郎兼集賢殿修撰臣宋祁奉　敕撰

錢徽字蔚章父起附見盧綸傳徽中進士第居穀城穀城令王郢善接僑士游客以財貸饋坐是得辠觀察使樊澤視其簿獨徽無有乃表署掌書記蔡賊方熾澤多募武士于軍澤卒士頗希賞周澈主留事重擅發軍賚不敢給時大雨雪士寒凍徽先冬頒衣絮士乃大悅又辟宣歙崔衍府王師討蔡檄遣采石兵會戰戍還頗驕蹇會衍病亟徽請召池州刺史李遜署副使遜至而衍死一軍賴以安入拜左補闕以祠部員外郎爲翰林學士三遷中書舍人加承旨憲宗嘗獨召徽從容言它學士皆高選宜預聞機密廣參決帝稱其長者是時内積財圖復河湟然禁無名貢獻而至者不甚郤徽懇諫罷之帝密戒後有獻毋入右銀臺門以避學士梁守謙爲院使見徽批監軍表語簡約歎曰一字不可益邪銜之以論淮西事忤旨罷職徙太子右庶子出虢州刺史入拜禮部侍郎宰

相段文昌以所善楊渾之學士李紳以周漢賓並諉徽求致第籍渾之者憑子也多納古帖祕畫於文昌皆世所寶徽不能如二人請自取楊殷士蘇巢巢者李宗閔壻殷士者汝士之弟皆與徽厚文昌怒方帥劒南西川入辭即奏徽取士以私訪紳及元稹時稹與宗閔有隙因是共擿其非有詔王起白居易覆試而黜者過半遂貶江州刺史汝士等勸徽出文昌紳私書自直徽曰苟無愧於心安事辨證邪敕子弟焚書初州有盜劫貢船捕吏取濱江惡少年二百人繫訊徽按其枉悉縱去數日鄂州得眞盜州有牛田錢百萬刺史以給宴飲贈餉者徽曰此農耕之備可佗用哉命代貧民租入轉湖州時宣歙旱左丞孔戣請徙徽領宣歙宰相以其本文辭進不用戣曰相君宜知天下事徽江號之治不及知況其它邪還遷工部侍郎出爲華州刺史文宗立召拜尚書左丞會宣墨麻羣臣在廷方大寒稍稍引避徽素恭謹不去位久而仆因上疏告老不許大和初復爲華州俄以吏部尚書致仕卒年七十五贈

尚書右僕射徽與薛正倫魏弘簡善二人前死徽撫其孤至婚嫁成立任庶子時韓公武以賂結公卿遺徽錢二十萬不納或言非當路可無讓徽曰取之在義不在官時稱有公望子可復方義可復死鄭注時方義終太子賓客子珝字瑞文善文辭宰相王摶薦知制誥進中書舍人摶得罪珝貶撫州司馬

崔咸字重易博州博平人元和初擢進士第又中宏辭鄭餘慶李夷簡皆表在幕府與均禮入朝爲侍御史處正特立風采動一時敬宗將幸東都裴度在興元憂之自表求覲與章偕來於是李逢吉當國畏度復相使京兆尹劉栖楚等十餘人悉力根郄之雖度門下賓客皆有去就意它日度置酒延客栖楚曲意自解附耳語咸嫉其矯舉酒讓度曰丞相乃許所由官囁嚅耳語願上罰爵度笑受而飲栖楚不自安趨出坐上莫不壯之累遷陝虢觀察使日與賓客僚屬痛飲未嘗醒夜分輙決事裁剖精明無一毫差吏稱爲神入拜右散騎常侍祕書監大和八年卒咸素有高世志造詣

嶄遠間游終南山乘月吟嘯至感慨泣下諸文中歌詩最善

韋表微字子明隋鄖城公元禮七世孫羈丱能屬文毋訓諭稍厲輙不敢食以是未嘗讓責韋皐鎮西川王緯司空曙獨孤良弼裴況居幕府皆厚相推挹況嘗謂表微似衛玠自以不能及也擢進士第數辟諸使府久之入授監察御史裏行不樂曰爵祿譬滋味也人皆欲之吾年五十拭鏡攦白冐游少年間取一班一級不見其味也將爲松菊主人不愧陶淵明云俄爲翰林學士是時李紳忤宰相貶端州龐嚴蔣防皆謫去學士缺人人爭薦丞相所善者表微獨薦韋處厚人服其公進知制誥後與處厚議增選學士復薦路隋處厚以諸父事表微因曰隋位崇入且翁右柰何答曰選德進賢初不計私也久之遷中書舍人敬宗嘗語左右欲相二韋會崩文宗立獨相處厚進表微戶部侍郎丌志沼叛詔李聽率師討之次河上天子憂無成功表微曰以聽軍勢不十五日必破賊及捷書上止浹日志沼殘兵六千奔昭義宰相請推處首惡

者誅之歸脅從宥于魏表微上言逆子降又殺之非好生也請
以聽代史憲誠于魏志沼之徒可使招納不聽以病痼罷學
士卒年六十贈禮部尚書始被病醫藥不能具所居堂寢隘
陋既没弔客洽嗟篤故舊雖庸下與攜手語笑無間然尤
好春秋病諸儒執一槩是非紛然著三傳總例完會經趣又
以學者薄師道不如聲樂賤工能尊其師著九經師授譜
詆其違
高釴字翹之史失其何所人與弟銖鍇俱擢進士第累遷
右補闕史館脩撰元和末以中人爲和糴使釴繼疏論執
轉起居郎數陳政得失穆宗嘉之面賜緋魚召入翰林爲
學士張韶變與倉卒釴從敬宗夜駐左軍翌日進知制誥
拜中書舍人入見帝因勸躬聽擥以示憂勤帝納其言賜
錦綵俄罷學士累進吏部侍郎人善其振職出爲同州刺
史卒贈兵部尚書遺命薄葬釴少孤窶介然無黨援以致

官達諸弟皆檢愿友愛爲搢紳景重子湜字澄之第進士累
官右諫議大夫咸通末爲禮部侍郎時士多繇權要干請湜
不能裁既而抵帽于地曰吾決以至公取之得譴固吾分乃取
公乘億許棠聶夷中等以兵部侍郎判度支出爲昭義節度使爲
下所逐貶連州司馬以太子賓客分司東都卒億字壽仙棠字文
化夷中字坦之皆有名當時銖字權仲既擢第署太原張弘靖幕
府入遷監察御史大和時擢累給事中文宗得李訓驟拜侍講學
士銖率諫官伏閤言訓素行憸邪不可任必亂天下帝遣使者諭
曰朕留訓時時講繹前命不可改當是時已旱而水彗繼作未息鄭
注權震赫人情危駭既銖等弗見省羣臣失色明年訓當國
出銖爲浙東觀察使歷義成節度使大中初遷禮部尚書判
戶部從太常卿眘罰禮生博士李慤慍見曰故事禮院不關白
太常故卿莅職博士不參集不宜罰小史隳舊典銖歎曰吾
老不能退乃爲小兒所辱卒

鍇字弱金連中進士宏辭科辟河東府參謀歷吏部員外郎遷中
書舍人開成元年權知貢舉文宗自以題畀有司鍇以籍上帝語
侍臣曰比年文章卑弱今所上差勝於前鄭覃曰陛下矯革近制
以正頹俗而鍇乃能爲陛下得人帝曰諸鎮表奏太浮華宜責掌
書記以誠流宕李石曰古人因事爲文今人以文害事懲弊抑末
誠如聖訓即以鍇爲禮部侍郎閱三歲頗得才實始歲取四十人
才益少詔減十人猶不能滿還吏部侍郎出爲鄂岳觀察使卒贈
禮部尚書子湘字濬之擢進士第歷長安令右諫議大夫從兄湜
與路巖親善而湘厚劉瞻巖既逐瞻貶湘高州司馬僖宗初召爲
太子右庶子終江西觀察使
馮宿字拱之婺州東陽人父子華廬親墓有靈芝白兔號孝馮家
宿貞元中與弟定從弟審寬並擢進士第徐州張建封表掌書記
建封卒子愔爲軍中脅主留事李師古將乘喪復故地愔大懼於
是王武俊攤兵觀釁宿以書說曰張公[illegible]與公爲兄弟欲共力驅

兩河歸天子天下莫不知今張公不幸幼兒爲亂兵所脅內則誠
款隔絕外則彊寇侵逼公安得坐視哉誠能奏天子不忘舊勳赦
愔辠使束身自歸則公有靖亂之功繼絕之德矣武俊悅即以表
聞遂授愔留後宿不樂佐愔更從浙東賈全觀察府愔憾其去奏
貶泉州司戶參軍召爲太常博士王士眞死子承宗阻命不得謚
宿謂世勞不可遺乃上佳謚示不忘忠再遷都官員外郎裴度節
度彰義軍表爲判官淮西平除比部郎中長慶時進知制誥牛元
翼從節山南東道爲王廷湊所圍以宿摠留事還進中書舍人出華州刺史避
諱不拜徙左散騎常侍兼集賢殿學士拜河南尹洛苑使姚文壽縱部
曲奪民田匿于軍吏不敢捕府大集部曲輒與文壽偕來宿掩取榜殺之
歷工部刑部二侍郎脩格後敕三十篇行于時累封長樂縣公擢東川節度使
完城郛增兵械十餘萬詔分餘甲賜黔巫道涪水數壞民廬舍宿脩利防庸
方便賴疾革斷重刑家人請宥之宿曰命脩短天也撓法以求祐吾不敢
卒年七十贈吏部尚書謚曰懿治命薄葬悉以平生書納墓中子圖

字昌之連中進士宏辭科大中時終戶部侍郎判度支實為起居
郎
定字介夫偉儀觀與宿齊名人方漢二馮于頔素善之頔在襄陽
定徒步上謁吏不肯白乃亟去頔聞斥吏歸錢五十萬及諸境定
返其遺以書讓頔不下士頔大慙第進士異等辟浙西薛苹府以
鄠尉為集賢校理始定居喪號毀甚故數移疾大學士疑其簡怠
奪職三遷祠部員外郎出為郢州刺史吏告定略民妻乾沒庫錢
御史鞫治無狀坐游宴不節免官起為國子司業再遷太常少卿
文宗嘗詔開元霓裳羽衣舞奏以雲韶肄于廷定部諸工立縣間
端凝若植帝異之問學士李玨玨以定對帝喜曰豈非能古章句
者邪親誦定送客西江詩召升殿賜禁中瑞錦詔悉所著以上遷
諫議大夫是歲訓注敗多誅公卿中外危惴及改元天子御前殿
仇士良請以神策仗衛殿門定力爭罷之又請許左右史從宰相
至延英記所言執政不悅改太子詹事鄭覃兼太子太師上日欲

會尚書省定據禮當集詹事府詔可論者多其正換衛尉卿以左
散騎常侍致仕卒贈工部尚書謚曰節初源寂使新羅其國人傳
定黑水碑畫鶴記韋休符使西蕃所館寫定商山記於屏其名播
戎夷如此
審字退思開成中為諫議大夫拜桂管觀察使歷國子祭酒監有
孔子碑武后所立睿宗署額審請琢周著唐終祕書監子緘字宗
之乾符初歷京兆河南尹
李虞仲字見之父端附見文藝傳虞仲第進士宏辭累遷太常博
士建言謚者所以表德懲惡春秋褒貶法也茆土爵祿僇辱流放
皆緣一時非以明示百代然而後之所以知其行者惟謚是觀古
者將葬請謚今近或二三年遠乃數十年然後請謚人歿已久風
績湮歇採諸傳聞不可考信誄狀雖在言與事浮臣請凡得謚者
前葬一月請考功刺太常定議其不請與請而過時者聽御史劾
舉居京師不得過半朞居外一考若善惡著而不請許考功察行

謚之節行卓異雖無官及官卑者在所以聞詔可寶曆初以兵部
郎中知制誥進中書舍人出為華州刺史歷吏部侍郎簡儉寡欲
時望歸重卒年六十五贈吏部尚書
李翺字習之後魏尚書左僕射沖十世孫中進士第始調校書郎
累遷元和初為國子博士史館脩撰常謂史官紀事不得實乃建
言大氐人之行非大善大惡暴於世者皆訪於人人不周知故取
行狀謚牒然其為狀者皆故吏門生苟言虛美溺于文而忘其理
臣請指事載功則賢不肖易見如言魏徵但記其諫爭語足以為
直言段秀實但記倒用司農印追逆兵笏擊朱泚足以為忠烈不
者願敕考功太常史館勿受如此可以傳信後世矣詔可又條興
復太平大略曰陛下即位以來懷不廷臣誅畔賊刷五聖憤恥自
古中興之盛無以加臣見聖德所不可及者若淄青生口夏侯澄
等四十七人為賊逼脅質其父母妻子而驅之戰陛下俘之赦不
誅詔田弘正隨材授職欲歸者縱之澄等得生歸轉以相謂賊衆

莫不懷盛德無肯拒戰劉悟所以能一昔斬師道者以三軍皆苦
賊而思就陛下故不淹日成大功一也今歲關中麥不收陛下哀
民之窮下明詔蠲賦十萬石羣臣動色百姓歌樂遍畎畝二也昔
齊遺魯以女樂季桓子受之君臣共觀三日不朝孔子行今韓弘
獻女樂陛下不受遂以歸之三也又出李宗奭妻女於掖廷以田
宅賜沈遵師聖明寬恕億兆欣感臣愚不能盡識若它詔令一皆
類此武德貞觀不難及太平可覆掌而致臣聞定禍亂者武功也
復制度興太平者文德也今陛下既以武功定海內若遂革弊事
復高祖太宗舊制用忠正而不疑屏邪佞而不邇改稅法不督錢
而納布帛絕進獻寬百姓租賦厚邊兵以制蕃戎侵盜數引見待
制官問以時事通壅蔽之路此六者政之根本太平所以興陛下
既已能行其難若何而不為其易者乎以陛下資上聖如不惑近
習容悅之辭任骨鯁正直與之脩復故事以興大化可不勞而成
也若一日不事臣恐大功之後逸樂易生進言者必曰天下既平

矣陛下可以高枕自安逸如是則高祖太宗之制度不可以復制度不復則太平未可以至臣竊惜陛下當可興之時而謙讓未爲也再遷考功員外郎初諫議大夫李景儉表翺自代景儉斥翺下除朗州刺史久之召爲禮部郎中翺性峭鯁論議無所屈仕不得顯官怫鬱無所發見宰相李逢吉面斥其過失逢吉詭不校翺恚懼即移病滿百日有司白免官逢吉更表爲廬州刺史時州旱遂疫逋捐係路亡籍口四萬權豪賤市田屋牟厚利而窶戶仍輸賦翺下教使以田占租無得隱收豪室稅萬二千緡貧弱以安入爲諫議大夫知制誥改中書舍人柏耆使滄州翺盛言其才耆得罪由是左遷少府少監後歷遷桂管湖南觀察使山南東道節度使卒翺始從昌黎韓愈爲文章辭致渾厚見推當時故有司亦謚曰文

盧簡辭字子策父綸別傳與兄簡能弟弘止簡求皆有文並第進士歷佐帥府入遷侍御史習知法令及臺閣舊事寶曆中黎幹子煟詣臺請復葉縣故田有司莫能知簡辭獨請曰按幹坐黨魚朝

恩誅貲田皆沒大曆後數十年比有赦令無原洗之言煟安得冒論不爲治福建鹽鐵院官盧昂坐贓簡辭窮按乃得金牀瑟瑟枕大如斗敬宗曰禁中無此昂爲吏可知矣李程鎮太原表爲節度判官入授考功員外郎累擢湖南浙西觀察使以檢校工部尚書爲忠武節度使徙山南東道坐事貶衢州刺史卒簡能見鄭注傳其子知猷字子謩中進士第登宏辭補祕書省正字蕭鄴鎮荊南劒南再辟掌書記入遷右補闕出爲饒州刺史以政最聞累進中書舍人朱玫亂避難不出僖宗還京召拜工部侍郎史館脩撰歷太常卿戶部尚書至太子太師昭宗爲劉季述所幽感憤卒贈太尉知猷器量渾厚世推爲長者善書有楷法文辭贍麗子文度亦貴顯

弘止字子强佐劉悟府累擢監察御史充傳師表爲江西團練副使入拜侍御史華州刺史宇文鼎戶部員外盧允中坐贓詔弘止按訊文宗將殺鼎弘止執據罪由允中鼎乃連坐不應死帝釋之

累遷給事中會昌中詔河北三節度討劉稹何弘敬王元逵先取邢洺磁三州宰相李德裕畏諸帥有請地者乃以弘止爲三州團練觀察留後制未下稹平即詔爲三州及河北兩鎮宣慰使還拜工部侍郎以戶部領度支初兩池鹽法弊得賞不相償弘止使判官司空輿檢鉤釐正條上新法即表輿兩池使自是課入歲倍用度賴之踰年出爲武寧節度使徐自王智興後吏卒驕沓銀刀軍尤不法弘止戮其尤無狀者終弘止治不敢譁優詔襃勞弘止羸病丐身還東都不許徙宣武卒于鎮贈尚書右僕射子虔灌有美才終祕書監

簡求字子臧始從江西王仲舒幕府兩爲裴度元稹所辟又佐牛僧孺鎮襄陽入遷戶部員外郎會昌中討劉稹以忠武節度使李彥佐爲招討使表選簡求副之俾知後務歷蘇壽二州刺史大中九年党項擾邊拜涇原渭武節度使徙義武鳳翔河東三鎮簡求爲政長權變文不害居邊善綏御人皆安之太原統退渾契苾

沙陀三部難馴制它帥或與詛盟質子弟然寇掠不爲止簡求歸所質開示至誠虜憚其恩信不敢亂久之辭疾以太子少師致仕還東都治園沼林苑與賓客置酒自娛卒年七十六贈尚書左僕射子嗣業汝弼皆中進士第汝弼以祠部員外郎知制誥從昭宗遷洛方柳璨斷喪王室汝弼懼移疾去客上黨後依李克用克用表爲節度副使太原府子亭簡求所署多在每宴亭中未嘗居賓位西向俛首人美其有禮嗣業子文紀後貴顯

高元裕字景圭其先蓋渤海人第進士累辟節度府以右補闕召道商州會方士趙歸眞擅乘驛馬元裕詆曰天子置驛爾敢疾驅邪命左右奪之還具以聞敬宗視朝不時稍稍決事禁中宦豎恣放大臣不得進見元裕諫曰今西頭勢乃重南衙樞密之權過宰相帝頗寤而不能有所檢制人皆危之俄換侍御史內供奉士始相賀李宗閔高其節擢諫議大夫進中書舍人鄭注入翰林元裕當書命乃言以醫術侍注慨憾及宗閔得辠元裕坐出餞貶閬州

刺史注死復授諫議大夫翰林侍講學士莊恪太子立擇可輔導
者乃兼賓客進御史中丞即建言紀綱地官屬須選有不稱職者
請罷之於是監察御史杜宣猷柳瓌崔郢侍御史魏中庸高弘簡
並奪職故事三司監院官帶御史者號外臺得察風俗舉不法元
和中李夷簡因請按察本道州縣後益不職元裕請監院御史隷
本臺得專督察詔可累擢尚書左丞領吏部選出爲宣歙觀察使
入授吏部尚書拜山南東道節度使封渤海郡公奏錮逋賦甚衆
在鎭五年復以吏部尚書召卒于道年七十六贈尚書右僕射元
裕性勤約通經術敏於爲吏嵒巖有風采推重于時自侍講爲
中丞文宗難其代元裕表言兄少逸才可任因以命之世榮其遷
少逸長慶末爲侍御史坐失舉劾貶賛善大夫累遷諫議大夫乃
代元裕稍進給事中出爲陝虢觀察使中人責峽石驛吏供餅惡
鞭之少逸封餅以聞宣宗怒召使者責曰山谷間是餅豈易具邪
謫隷恭陵中人皆斂手以兵部尚書致仕卒元裕始名允中大和

中改今名元裕子璩字瑩之第進士累佐使府以左拾遺爲翰林
學士擢諫議大夫近世學士超省郎進官者惟鄭顥以尚主而璩
以寵升云懿宗時拜劍南東川節度使召拜中書侍郎同中書門
下平章事閱月卒贈司空太常博士曹鄴建言璩宰相交游醜雜
取多蹊徑論法不思妄愛曰刺請諡爲刺從之
封敖字碩夫其先蓋冀州蓨人元和中署進士第江西裴堪辟置
其府轉右拾遺雅爲宰相李德裕所器會昌初以左司員外郎召
爲翰林學士三遷工部侍郎敖屬辭贍敏不爲奇澀語切而理勝
武宗使作詔書慰邊將傷夷者曰傷居爾體痛在朕躬帝善其如
意出賜以宮錦劉稹平德裕以定策功進太尉時敖草其制曰謀
皆予同言不它惑德裕以能明專任己以成功謂敖曰陸生恨文
不迨意如君此等語豈易得邪解所賜玉帶贈之未幾拜御史中
丞與宰相盧商應囚誤縱死辠復爲工部侍郎大中中歷平盧興
元節度使初鄭涯開新路水壞其棧敖更治斜谷道行者告便蓬

果賊依雞山寇三川敖遣副使王贄捕平之加檢校吏部尚書還
爲太常卿始視事廷設九部樂敖宴私第爲御史所劾徙國子祭
酒復拜太常進尚書右僕射然少行檢士但高其才故不至宰相
卒子彥卿望卿從子特卿皆第進士
鄭薰字子溥亡鄉里世系擢進士第歷考功郎中翰林學士出爲
宣歙觀察使前人不治薰頗以清力自將牙將素驕共謀逐出之
薰奔揚州貶棣王府長史分司東都懿宗立召爲太常少卿擢累
吏部侍郎時數大赦階正議光祿大夫者得蔭一子門施戟於是
官人用階請蔭子薰却之不肯敘宰相杜悰才其人擬判度支辭
又擬刑部兼御史中丞固辭乃免久之進左丞性愛友糾族百口
稟不克求外遷擬華州刺史輒留中爲倖侍酬沮後以太子少師
致仕薰端勁再知禮部舉引寒俊士類多之既老號所居爲隱巖
蒔松于廷號七松處士云

敬晦字日彰河中河東人祖括字叔弓進士及第遷殿中侍御史
楊國忠惡不諧己外除果州刺史進累兵部侍郎志簡淡在職不
求名周智光已誅議者健括才選爲同州刺史拜御史大夫隱然
持重弗以私害公大曆中卒晦進士及第辟山南東道節度府與
馬曙聯舍於是帥不政法制陵頹曙引大吏廷責之吏負兼軍職
不引咎走訴諸府牙將且十輩方雜語以申吏枉晦讓諸將曰吏
冒軍名公等不能詰反引與爲伍柰何衆愧謝闔府咨美擢累諫
議大夫武宗時趙歸真以詐營罔天子御史平吳湘獄得辠宰相
晦上疏極道非是不少回繼大中中歷御史中丞刑部侍郎諸道
鹽鐵轉運使浙西觀察使時南方連饑有詔弛榷酒茗官用告覂
晦躬身儉勤貲力遂完徙兗州節度使以太子賓客分司卒贈兵
部尚書諡曰肅晦兄昕暭弟昈煦俱第進士籍昕爲河陽節度使
暭右散騎常侍世寵其家
韋博字大業京兆萬年人祖黃裳浙西節度觀察使博取進士第
寖遷殿中侍御史開成中蕭本詐窮得辠詔與中人籍其財中人

利寶玉欲竊取去博奪還籌無遺貲回鶻入寇以符澈爲河東節度使拜博爲判官久之進主客郎中時詔毀佛祠悉浮屠隸主客博言令太暴宜近中宰相李德裕惡之會羌渾叛以何清朝爲靈武節度使詔博副之擢右諫議大夫召對賜金紫因行西北邊商虜彊弱還奏有旨進左大夫爲京兆尹與御史中丞嚚競不平皆得辠下除博衛尉卿出爲平盧節度使檢校禮部尚書徙昭義卒年六十二贈兵部尚書

李景讓字後己贈太尉憕孫也性方毅有守寶曆初遷右拾遺淮南節度使王播以錢十萬市朝廷懽求領鹽鐵景讓詣延英亟論不可遂知名沈傳師觀察江西表以自副歷中書舍人禮部侍郎商華虢三州刺史母鄭治家嚴身訓勒諸子始貧乏時治牆得積錢僮婢奔告母曰士不勤而祿猶菑其身況無妄而得我何取亟使閉坎景讓自右散騎常侍出爲浙西觀察使母問行日景讓率然對有日鄭曰如是吾方有事未及行蓋怒其不嘗告也且曰已貴何庸母行景讓重請辠乃赦故雖老猶加箠敕已起欣欣如初嘗怒牙將杖殺之軍且謀變母欲息衆讙召景讓廷責曰爾塡撫方面而輕用刑一夫不寧豈特上負天子亦使百歲母銜羞泉下何面目見先大夫乎將鞭其背吏大將再拜請不許皆泣謝廼罷一軍遂定景讓家行脩治閨門唯謹入爲尚書左丞拜天平節度使徙山南東道封酒泉縣男大中中進御史大夫甫視事劾免侍御史孫玉汝監察御史盧栯威肅當朝爲大夫三月蔣伸輔政景讓名素出伸右而宣宗擇宰相盡書羣臣當選者以名內器中禱憲宗神御前射取之而景讓名不得世謂除大夫百日有佗官相者謂之辱臺景讓愧艴不能平見宰相自陳考深當代即拜西川節度使以病丐致仕或諫公廉潔亡素儲不爲諸子謀邪景讓笑曰兒曹詎餓死乎書聞輒還東都以太子少保分司卒年七十二贈太子太保謚曰孝性獎士類拔孤仄如李蔚楊知退皆所推引始爲左丞蔣伸坐宴所酌酒語客曰有孝於家忠於國者飲此客肅

然景讓起卒爵伸曰無宜於公所善蘇滌裴夷直皆爲李宗閔楊嗣復所擢故景讓在會昌時抑厭不遷宣宗銜穆宗舊怨景讓建請遷敬文武三主以猶子行爲嫌請還代宗以下主復入廟正昭穆事下百官議不然乃罷德望稍衰矣然清素寡欲門無雜賓李琢罷浙西以同里訪之避不見及去命斲其騎石焉元和後大臣有德望者以居里顯景讓宅東都樂和里世稱清德者號樂和李公云弟景溫字德己歷諫議大夫福建觀察使徙華州刺史以羨政聞累遷尚書右丞盧攜當國弟隱繇博士遷水部員外郎材下資淺人疾其冒無敢繩景溫不許赴省時故事久廢景溫既舉職人皆韙其正弟景莊亦至顯官

列傳第一百二

劉蕡列傳第一百三　　　　唐書一百七十八

端明殿學士兼翰林侍讀學士龍圖閣學士朝請大夫守尚書吏部侍郎充集賢殿修撰臣宋祁奉
敕撰

劉蕡字去華幽州昌平人客梁汴閒明春秋能言古興亡事沈健于謀浩然有救世意擢進士第元和後權綱弛遷神策中尉王守澄負弒逆罪更二帝不能討天下憤之文宗即位思洗元和宿恥將翦落支黨方宦人握兵横制海內號曰北司凶醜朋挻外脅羣臣內掣侮天子蕡常痛疾大和二年舉賢良方正能直言極諫帝引諸儒百餘人于廷策曰朕聞古先哲王之治也玄默無為端拱司契陶甿心以居簡凝日用於不宰厚下以立本推誠而建中繇是天人通陰陽和俗躋仁壽物無疵癘噫盛德之所臻夐乎其不可及已三代令王質文迭救百氏滋熾風流寖微自漢以降足言蓋寡朕顧唯昧道祗荷丕構奉若謨訓不敢怠荒任賢惕厲宵衣旰食詎追三五之遐軌庶紹祖宗之鴻緒而心有未達行有未孚由中及外闕政斯廣是以人不率化氣或堙厄災旱竟歲播植愆時國廩罕蓄之九年之儲吏道多端微三載之績京師諸夏之本也將以觀治而豪猾踰檢太學明教之源也期於變風而生徒惰業列郡在乎頒條而干禁或未絕百工在乎按度而淫巧或未息俗恬風靡積訛成蠹其擇官濟治也聽人以言則枝葉難辨御下以法則恥格不形其阜財發號也生之寡而食之衆煩於令而鮮於治思所以究此繆盭致之治平茲心浩然若涉淵水故前詔有司博延羣彥佇啓宿懵冀臻時雍子大夫皆識達古今志在康濟造廷待問副朕虛懷必當箴治之闕辨政之疵明綱條之致紊稽富庶之所急何施革於前弊何澤惠於下土何脩而治古可近何道而和氣克充推之本源著於條對至若夷吾輕重之權孰輔於治嚴尤底定之策孰叶於時元凱之考課何先叔子之克平何務惟此龜鑑擇乎中庸斯在洽聞朕將親覽蕡對曰臣誠不佞有正國致君之術無位而不得行有犯顏敢諫之心無路而不得達懷憤鬱抑

思有時而發常欲與庶人議於道商賈謗於市得通上聽一悟主心雖被祆言之罪無所悔況逢陛下詢求過闕咨訪嘉謀制詔中外舉直言極諫臣辱斯舉專承大問敢不悉意以言至於上所忌時所禁權幸所諱惡有司所與奪臣愚不識伏惟陛下少加優容不使聖時有讜言受戮者天下之幸也謹昧死以對伏以聖策有思古先之治念玄默之化將欲通天地以濟俗和陰陽以煦物見陛下慮道之深也臣以為哲王之治其則不遠惟致之之道何如耳伏以聖策有祗荷丕構而不敢荒寧奉若謨訓而罔有怠忽見陛下夏勞之至也若夫任賢惕厲宵衣旰食宜黜左右之纖佞進股肱之大臣若夫追蹤三五紹復祖宗宜鑒前古之興亡明當代之成敗心有未達以下情蔽而不得上通行有未孚以上澤壅而不得下浹欲人之化在脩己以先之欲氣之和在遂性以導之救災旱在致精誠廣播殖在視食力國廩罕蓄本乎宂食尚繁吏道多端本乎選用失當豪猾踰檢繇中外之法殊生徒惰業繇學校之官廢列郡干禁繇授任非人百工淫巧繇制度不立伏以聖策有擇官濟治之心阜財發號之歎見陛下教化之本也且進人以行則枝葉安有難辨乎防下以禮則恥格安有不形乎念生寡而食衆可罷斥惰游念令煩而治鮮要察其行否博延羣彥願陛下必納其言造廷待問則小臣安敢愛死伏以聖策有求賢箴闕之言審政辨疵之令見陛下咨訪之勤也遂小臣斥姦豪之志則弊革于前守陛下念康濟之心則惠敷于下邪正之道分而治古可近禮樂之方著而和氣克充至若夷吾之法非皇王之權嚴尤所陳無最上之策元凱之所先不若唐堯考績叔子之所務不若虞舜舞干且非大德之中庸上聖之龜鑒又何足為陛下道之哉或有以繫安危之機兆存亡之變者臣請披肝膽為陛下別白而重言之臣前所謂哲王之治其則不遠者在陛下慎思之力行之始終不懈而已謹按春秋元者氣之始也春者歲之元也春秋以元加于歲以春加于王明王者當奉若天道以謹其始也又舉時以終

歲舉月以終時春秋雖無事必書首月以存時明王者當承天之道以謹其終也王者動作終始必法於天者以其運行不息也陛下能謹其始又能謹其終懋而脩之勤而行之則執契而居簡無爲而不宰廣立本之大業崇建中之盛德安有三代循環之弊百僞滋熾之漸乎臣故曰雖致之之道何如耳臣前所謂若夫任賢惕厲宵衣旰食宜黜左右之纖佞進股肱之大臣實以陛下憂勞之至也臣聞不宜憂而憂者國必衰宜憂而不憂者國必危陛下不以國家存亡社稷安危之策而降於清問臣未知陛下以布衣之臣不足與定大計耶或萬機之勤有所未至也不然何宜憂而不憂乎臣以爲陛下所先憂者宮闈將變社稷將危天下將傾四海將亂此四者國家已然之兆故臣謂聖慮宜先及之夫帝業艱難而成之固不可容易而守之太祖肇其基高祖勤其績太宗定其業玄宗繼其明至于陛下二百餘載其間聖明相因擾亂繼作未有不用賢士近正人而能興者或一日不念則顛覆大器宗廟

之恥萬古爲恨臣謹按春秋人君之道在體元以居正昔董仲舒爲漢武帝言之略矣有未盡者臣得爲陛下備論之夫繼故必書即位所以正其始也終必書所終之地所以正其終也故爲君者所發必正言所履必正道所居必正位所近必正人春秋閽弒吳子餘祭書其名譏疏遠賢士昵刑人有不君之道伏惟陛下思祖宗開國之勤念春秋繼故之誡明法度之端則發正言履正道杜篡弒之漸則居正位近正人遠刀鋸之殘親骨鯁之直輔相得以顯其任庶寮得以守其官奈何以褻近五六人總天下大政外專陛下之命內竊陛下之權威懾朝廷勢傾海內羣臣莫敢指其狀天子不得制其心禍稔蕭牆姦生帷幄臣恐曹節侯覽復生於今日此宮闈將變也臣謹按春秋定公元年春王不言正月者春秋以爲先君不得正其終則後君不得正其始故曰定無正也今忠賢無腹心之寄閽寺專廢立之權陷先帝不得正其終致陛下不得正其始況太子未立郊祀未脩將相之職不歸名器之宜不定

此社稷將危也臣謹按春秋王札子殺召伯毛伯春秋之義兩下相殺不書此書者重其顓王命也夫天之所授者在命君之所存者在令操其命而失之者是不君也侵其命而專之者是不臣也君不君臣不臣此天下所以將傾也臣謹按春秋晉趙鞅以晉陽之兵叛入于晉書其歸者能逐君側之惡以安其君故春秋善之今威柄陵夷藩臣跋扈有不達人臣大節而首亂者將以安君爲名不究春秋之微稱兵者以逐惡爲義則典刑不赦天子征伐必自諸侯此海內之將亂也故樊噲排闥而雪涕袁盎當車而抗辭京房發憤以殞身竇武不顧而畢命此皆陛下明知之矣臣謹按春秋晉狐射姑殺陽處父書襄公殺之者以其君漏言也襄公不能固陰重之機處父所以及殘賊之禍故春秋非之夫上漏其情則下不敢盡意上泄其事則下不敢盡言故傳有造膝詭辭之文易有失身害成之戒今公卿大臣非不欲爲陛下言之慮陛下不能用也忽而不用必泄其言臣下既言而不行必嬰其禍適足鉗直

臣之口而重姦臣之威是以欲盡其言則有失身之懼欲盡其意則有害成之憂裴回鬱塞以須陛下感悟然後盡其啓沃陛下何不聽朝之餘時御便殿召當世賢相老臣訪持變扶危之謀求定傾撥亂之術塞陰邪之路屏褻狎之臣制侵陵迫脅之心復門户掃除之役戒其所宜戒憂其所宜憂既不得治其前當治於後不得正其始當正其終則可以虔奉典謨克承丕構終任賢之效無宵旰之憂矣臣前所謂追蹤三五紹復祖宗宜鑒前古之興亡明當時之成敗者臣聞堯禹之爲君而天下大治者以能任九官四岳十二牧不失其舉不貳其業不侵其職居官惟其能左右惟其賢元凱在下雖微而必舉四凶在朝雖彊而必誅考其安危明其取捨至秦二世漢元成咸願措國如唐虞致身如堯舜而終敗亡者以其不見安危之機不知取捨之道不任大臣不辨姦人不親忠良不遠讒佞也伏惟陛下察唐虞之所以興而景行於前鑒秦漢之所以亡而戒懼於後陛下無謂廟堂無賢相庶官無賢士今

紀綱未絶典刑猶在人誰不欲致身爲王臣致時爲升平陛下何忽而不用邪又有居官非其能左右非其賢惡如四凶詐如趙高姦如恭顯陛下何憚而不去邪神器固有歸天命固有分祖宗固有靈忠臣固有心陛下其念之哉昔秦之亡也失於彊暴漢之亡也失於微弱彊暴則姦臣畏死而害上微弱則彊臣竊權而震主臣伏見敬宗不虞亡秦之禍不翦其萌伏惟陛下深軫亡漢之憂以杜其漸則祖宗之洪業可紹三五之遐軌可追矣臣前所謂陛下心有所未達以下情塞而不能上通行有所未孚以上澤壅而不得下浹且百姓有塗炭之苦陛下無繇而知陛下有子惠之心百姓無繇而信臣謹按春秋書梁亡不書取者梁自亡也以其思慮昏而耳目塞上出惡政人爲寇盜皆不知其所以終自取其滅亡也臣聞國君之所以尊者重其社稷也社稷之所以重者存其百姓也苟百姓不存則雖社稷不得固其重社稷不重則人君不得保其尊故治天下者不可不知百姓之情夫百姓者陛下之赤子

陛下宜令慈仁者視育之如保傅焉如乳哺焉如師之教導焉故人之於上也恭之如神明愛之如父母今或不然陛下親近貴倖分曹建署補除卒吏召致賓客因其貨賄假以聲勢大者統藩方小者爲守牧居上無清惠之政而有饕餮之害居下無忠誠之節而有姦欺之罪故人之於上也畏之如豺狼惡之如讎敵今海內困窮處處流散飢者不得食寒者不得衣鰥寡孤獨不得存老幼疾病不得養加以國權兵柄顓於左右貪臣聚斂以固寵姦吏因緣而弄法寃痛之聲上達於九天下入於九泉鬼神爲之怨怒陰陽爲之愆錯君門萬重不得告訴士人無所歸化百姓無所歸命官亂人貧盜賊並起土崩之勢憂在旦夕即不幸因之以病癘繼之以凶荒陳勝吳廣不獨起於秦赤眉黃巾不獨生於漢臣所以爲陛下發憤扼腕痛心泣血也如此則百姓有塗炭之苦陛下何繇而知之乎陛下有子惠之心百姓安得而信之乎使陛下行有所未孚心有所未達固其然也臣聞漢元帝即位之初更制七十餘事其心甚誠其稱甚美然綱紀日紊國祚日衰姦宄日彊黎元日困繇不能擇賢明而任之失其操柄也自陛下即位憂勤兆庶屢降德音四海之內莫不抗首而長息自喜復生於死亡之中也伏惟陛下愼終如始以塞四方之望誠能揭國柄以歸于相持兵柄以歸于將去貪臣聚斂之政除姦吏因緣之害惟忠賢是近惟正直是用內寵便僻無所聽焉選清愼之官擇仁惠之長敏之以利煦之以和教之以孝慈導之以德義去耳目之塞通上下之情俾萬國懽康兆庶蘇息即心無不達而行無不孚矣臣前所謂欲人之化也在脩己以先之臣聞德以脩己教以導人脩之也則人不勸而自至導之也則人不教而率從君子欲政之必行也故以身先之欲人之從化也故以道御之今陛下先之以身而政未必行御之以道而人未從化豈立教之旨未盡其方邪夫立教之方在乎君以明制之臣以忠行之君以知人爲明臣以正時爲忠知人則任賢而去邪正時則固本而守法賢不任則重賞不足

以勸善邪不去則嚴刑不足以禁非本不固則人搖法不守則政散而欲教之必至化之必行不可得也陛下能斥姦邪而不私其左右舉賢正而不遺其疏遠則化洽朝廷矣愛人而敦本分職而奉法脩其身以及其人始於中而成於外則化行天下矣臣前所謂欲氣之和也在遂其性以導之者當納人於仁壽也夫欲人之仁壽也在立制度脩教化夫制度立則財用省財用省則賦斂輕賦斂輕則人富矣教化脩則爭競息爭競息則刑罰清刑罰清則人安矣既富矣則仁義興焉既安矣則壽考至焉仁義之心感於下和平之氣應於上故災害不作休祥荐臻四方底寧萬物咸遂矣臣前所謂救災旱在乎致精誠者臣謹按春秋魯僖公一年之中三書不雨者以其人君有恤人之志也文公三年之中一書不雨者以其人君無閔人之心也故僖致誠而旱不害物文無卹閔而變則成災陛下有閔人之志則無成災之變矣臣前所謂廣播殖在乎視食力者臣謹按春秋君人者必時視人之所勤人勤於

力則功築罕人勤於財則貢賦少人勤於食則百事廢今財食與力皆勤矣願陛下廢百事之用以省三時之務則播植不愆矣臣前所謂國廩罕蓄本乎冗食尚繁者臣謹按春秋臧孫辰告糴于齊春秋譏其無九年之蓄一年不登而百姓飢臣願斥游惰之人以篤耕殖省不急之費以贍黎元則廩蓄不乏矣臣前所謂吏道多端本乎選用失當者繇國家取人不盡其材任人不明其要故也今陛下之用人也求其聲而不求其實故人之趨進也務其末而不務其本臣願覈考課之實定遷序之制則多端之吏息矣臣前所謂豪猾踰檢繇中外之法殊者以其官禁不一也臣謹按春秋齊桓公盟諸侯不日而葵丘之盟特以日者美其能宣明天子之禁率奉王官之法故春秋備而書之然則官者五帝三王之所建也法者高祖太宗之所制也法宜畫一官宜正名今又分外官中官之員立南司北司之局或犯禁於南則亡命于北或正刑于外則破律於中法出多門人無所措繇兵農勢異而中外法殊也臣聞古者因井田以制軍賦閒農事以脩武備提封約卒乘之數命將在公卿之列故兵農一致而文武同方以保乂邦家式遏亂略太宗置府兵臺省軍衞文武參掌閑歲則櫜弓力穡有事則釋耒荷戈所以脩復古制不廢舊物今則不然夏官不知兵籍止於奉朝請六軍不主武事止於養階勳軍容合中官之政戎律附內臣之職首一戴武弁疾文吏如仇讎足一蹈軍門視農夫如草芥謀不足以翦除姦宄而詐足以抑揚威福勇不足以鎮衞社稷而暴足以侵害閭里羈紲藩臣干陵宰輔隳裂王度汩亂朝經張武夫之威上以制君父假天子之命下以御英豪有藏姦觀釁之心無仗節死難之誼豈先王經文緯武之旨邪臣願陛下貫文武之道均兵農之功正貴賤之名一中外之法還軍衞之職脩省署之官近崇貞觀之風遠復成周之制自邦畿以形下國始天子而達諸侯可以制猾姦之彊無踰檢之患矣臣前所謂生徒惰業繇學校之官廢者蓋國家貴其祿賤其能先其事後其行故庶官乏通

經之學諸生無脩業之心矣臣前所謂列郡干禁繇授任非人者臣以爲刺史之任治亂之根本繫焉朝廷之法制在焉權可以御豪彊恩可以惠孤寡彊可以禦姦寇政可以移風俗其將校曾更戰陣及功臣子弟請隨宜酬賞苟無治人之術者不當任此官則絕干禁之患矣臣前所謂百工淫巧繇制度不立者臣請以官位祿秩制其器用車服禁以金銀珠玉錦繡雕鏤不蓄於私室則無蕩心之巧矣臣前所謂辨枝葉者繇考言以詢行也臣前所謂形于恥格者繇道德而齊禮也臣前所謂念生寡而食衆可罷斥惰游者已備於前矣臣前所謂令煩而治鮮要察其行否者臣聞號令者治國之具也君審而出之臣奉而行之或虧益止留罪在不赦今陛下令煩而治鮮得非持之者有所蔽欺乎臣前謂博延羣彥願陛下必納其言造廷待問則小臣其敢愛死者昔晁錯爲漢削諸侯非不知禍之將至忠臣之心壯夫之節苟利社稷死無悔焉臣非不知言發而禍應計行而身僇蓋痛社稷之危哀生人之悔豈忍姑息時忌竊陛下一命之寵哉昔龍逢死而啓商比干死而啓周韓非死而啓漢陳蕃死而啓魏今臣之來也有司或不敢薦臣之言陛下又無以察臣之心退必戮於權臣之手臣幸得從四子游於地下固臣之願也所不知殺臣者臣死之後將孰爲啓之哉至如人主之闕政教之疵前日之弊臣既言之矣若乃流下土之惠脩近古之治而致和平者在陛下行之而已然上之所陳者實以臣親承聖問敢不條對雖臣之愚以爲未極教化之大端皇王之要道伏惟陛下事天地以教人恭奉宗廟以教人孝養高年以教人悌長字百姓以教人慈幼調元氣以煦育扇大和以仁壽可以消搖無爲垂拱成化至若念陶鈞之道在擇宰相以任之使權造化之柄念保定之功在擇將帥以任之使脩閫外之寄念百度之求正在擇庶官而任之使顓職業之守念百姓之怨痛在擇良吏以任之使明惠養之術自然言足以爲天下教動足以爲天下法仁足以勸善義足以禁非又何必宵衣旰食勞神惕慮然後

致治哉是時第策官左散騎常侍馮宿太常少卿賈餗庫部郎中龐嚴見蕡對嗟伏以爲過古晁董而畏中官眦睚不敢取士人讀其辭至感槩流涕者諫官御史交章論其直於時被選者二十有三人所言皆冗齪常務類得優調河南府參軍事李郃曰蕡逐我留吾顏其厚邪乃上疏曰陛下御正殿求直言使人得自奮臣才志懦劣不能質今古是非使陛下聞未聞之言行未行之事忽忽内思愧羞神明今蕡所對敢空臆盡言至皇王之成敗陛下所防閑時政之安危不私所料又引春秋爲據漢魏以來無與蕡比有司以言涉訐忤不敢聞自詔書下萬口籍籍歎其誠鯁至於垂泣謂蕡指切左右畏近臣銜怨變興非常朝野惴息誠恐忠良道窮綱紀遂絕李漢之亂復興于今以陛下仁聖近臣故無害忠良之謀以宗廟威嚴近臣故無速敗亡之禍指事取驗何懼直言且陛下以直言召天下士蕡以直言副陛下所問雖訐必容雖過當獎書于史策千古光明使萬有一蕡不幸死天下必曰陛下陰殺讜直結舌海內忠義之士皆憚誅夷人心一搖無以自解況臣所對不及蕡遠甚內懷愧恥自謂賢良奈人言何乞回臣所授以旌蕡直臣逃苟且之慙朝有公正之路陛下免天下之疑顧不美哉帝不納郃字子玄後歷賀州刺史蕡對後七年有甘露之難令狐楚牛僧孺節度山南東西道皆表蕡幕府授秘書郎以師禮禮之而宦人深嫉蕡誣以罪貶柳州司戶參軍卒始帝恭儉求治志除凶人然懦而不睿臣下畏禍不敢言故蕡對極陳晉襄公殺陽處父以戒帝又引閽殺吳子陰贊帝決帝後與宋申錫謀誅守澄不克守澄廢帝弟漳王而斥申錫帝依違其間不敢主也賈餗與王涯李訓舒元輿位宰相以謀敗皆爲中官夷其宗而宦者益橫帝以憂崩及昭宗誅韓全誨等左拾遺羅衮上言蕡當大和時宦官始熾因直言策請奪爵土復掃除之役遂罹譴逐身死異土六十餘年正人義夫切齒飲泣比陛下幽東內幸西州王室幾喪使蕡策蚤用則杜漸防萌逆節可消寧殷憂多難遠及聖世耶今天地反正枉鬼憤尚有望於陛下帝感悟贈蕡左諫議大夫訪子孫授以官云

贊曰漢武帝三策董仲舒仲舒所對陳天人大槩綫而不切也蕡與諸儒偕進獨譏切宦官然亦太疏直矣戒帝漏言而身誦語于廷何邪其後宋申錫以謀泄貶李訓以計不臧死宦者遂彊可不戒哉意蕡之賢當先以忠結上後爲帝謀天下所以安危者庶其紓患邪

唐書列傳第一百三

端明殿學士兼翰林侍讀學士龍圖閣學士朝請大夫守尚書吏部侍郎充集賢殿脩撰臣宋祁奉
敕撰

李訓字子垂始名仲言字子訓故宰相揆族孫質狀魁梧敏于辯論多大言自標置擢進士第補太學助教辟河陽節度府從父逢吉爲宰相以仲言陰險善謀事厚暱之坐武昭獄流象州文宗嗣位更赦還以母喪居東都鄭注佐昭義府仲言慨然曰當世操權力者皆齪齪吾聞注好士有中助可與共事因往見注相得甚歡時逢吉方留守怏怏不樂思復用知與注善付金幣百萬使西至京師厚結注注喜介之謁王守澄守澄善遇之即以注術仲言經義并薦於帝仲言持詭辯激卬可聽善鉤揣人主意又以身儒者海內望族既見識擢志望不淺始宋申錫謀誅守澄不克死宦尹益橫帝愈憤恥而憲祖之弒罪人未得雖外假借內不堪欲夷絕其類顧在位臣持祿取安無伏節死難者注陰知帝指屢建密計

引仲言叶力帝外託講勸又皆以守澄進故與之謀則其黨不疑仲言尚縗麤帝使衣戎服號王山人與注出入禁中服除起爲四門助教賜緋袍銀魚時大和八年也其十月遷周易博士兼翰林侍講學士入院詔法曲弟子二十人侑宴示優寵於是給事中鄭肅韓佽諫議大夫李珝郭承嘏中書舍人高元裕權璩等共劾仲言憸人天下共知不宜在左右帝不聽仲言數進講至闔寺必感憤申重以激帝心帝見其言縱橫謂果可任遂不疑而待遇莫與比因改名訓帝猶慮宦人猜忌乃蹤易五義示羣臣有能異訓意者賞欲天下知以師臣待訓明年秋七月進翰林學士兵部郎中知制誥居中倚重實行宰相事宦人陳弘志時監襄陽軍訓啓帝召還至青泥驛遣使者杖殺之復以計白罷守澄觀軍容使賜鴆死又逐西川監軍楊承和淮南韋元素河東王踐言於嶺外已行皆賜死而崔潭峻前物故詔剖棺鞭尸元和逆黨幾盡訓本挾奇進及大權在己銳意去惡故與帝言天下事無不如所欲挾注相朋比務報恩復讎素忌李德裕宗閔之寵乃因楊虞卿獄指爲黨人嘗所惡者悉陷黨中遷貶無闕日班列幾空中外震畏帝爲下詔開諭羣情稍安不踰月以禮部侍郎同中書門下平章事賜金紫服仍詔三日一至翰林以終易義訓起流人一歲至宰相謂遭時其志可行欲先誅宦豎乃復河湟攘夷狄歸河朔諸鎮意果而謀淺天子以爲然俄賜第勝業里賞賚旁午每進見它宰相備位天子傾意宦官衞兵皆慴憚迎拜天下險怪士徼取富貴皆憑以爲資訓時時進賢才偉望以悅士心人皆惑之嘗建言天下浮屠避傜賦耗國衣食請行業不如令者還爲民既執政自白罷因以市恩始注先顯訓藉以進及勢相埒賴寵爭功不兩立然方事未集乃出注使鎮鳳翔外爲助援內實猜克待還且殺之擢所厚善分總兵柄於是王璠爲太原節度使郭行餘爲邠寧節度使羅立言權京兆尹韓約金吾將軍李孝本權御史中丞陰許璠行餘多募士及金吾臺府卒劫以爲用十一月壬戌帝御紫宸殿約奏甘露降

金吾左仗樹羣臣賀訓元輿奏言甘露近在禁中陛下宜親往以承天祉許之即輦如含元殿詔宰相羣臣往視還訓奏言非甘露帝曰豈約妄邪顧中尉仇士良魚志弘等驗之訓因欲閉止諸宦人使無逸者時璠行餘皆辭赴鎮兵列丹鳳門外彀而待訓傳呼曰兩鎮軍入受詔聞者趨入邠寧軍不至璠懼弗能前獨行餘拜殿下宦人至仗所約流汗不能舉首士良等怪之曰將軍何爲爾會風動廡幕見執兵者士良等驚走出閤者將闔扉爲宦侍叱爭不及閉訓急連呼金吾兵曰衞乘輿者人賜錢百千於是有隨訓入者宦人曰急矣上當還內即扶輦決罘罳下殿趨訓攀輦曰陛下不可去士良曰李訓反帝曰訓不反士良手搏訓而躓訓壓之將引刀鞾中救至士良免立言孝本領衆四百東西來上殿與金吾士縱擊宦官死者數十人訓持輦愈急至宣政門宦人郗志榮揕訓仆之輦入東上閤即閉宮中呼萬歲元輿雖知謀不以告涯曰上將開延英邪而羣臣見宰相問故會士良遣神策副使劉

泰倫陳君奕等率衛士五百挺兵出所值輒殺涯等惶遽易服步
出殺諸司史六七百人復分兵屯諸宮門捕訓黨千餘人斬四方
館流血成渠宦竪知訓事連天子相與怨嘖帝懼僞不語故宦人
得肆志殺戮俄而元輿涯皆爲兵所執涯實不知謀士良榜笞急
乃自署反狀詔出衛騎千餘馳咸陽奉天捕亡者大索都城分掩
涯訓等第兵遂大掠入黎埴羅讓渾鐵胡証等家及賈餗廟貲産
一空兩省印簿書輒持去祕館圖籍蕩然無餘者明日召羣臣朝
至建福門從者不得入光範門尚閉列兵誰何乃縣金吾右伏至
宣政衙兵皆露持是時無宰相御史中丞父之閤門使馬元贄啓
宣政扉傳詔張仲方可京兆尹而吏皆前死羣臣不能班帝初未
知涯等被繫猶遲其不朝既而士良白涯與訓謀逆將立鄭注遽
召僕射令狐楚鄭覃兵部尚書王源中吏部侍郎李虞仲等至帝
對悲憤因付涯訊牒曰果涯書邪楚曰然涯誠有謀罪應死是日
京師兵剽刼未止民乘亂往往復私怨相戕擊人死甚衆帝遣楊

鎮靳遂良等屯兵大衢皷而儆之兵乃止帝逼宦官於是下詔暴
訓涯等罪孝本易緑袴猶金帶以帽幛面奔鄭注至咸陽追騎及
之餗匿民間羸服乘驢自歸璠聚河東兵環第自衛弘志使偏將
攻之呼曰王涯等得罪起尚書爲相璠喜啓關納之既行知見紿
泣曰李訓累我俄行餘立言皆得自涯十餘族幷奴婢悉繫左右
軍璠見涯恚曰公何見引涯曰君昔漏宋丞相謀於守澄今焉逃
死訓既敗被緑衣詭言黜官走終南山依浮屠宗密宗密欲匿之
其徒不可乃奔鳳翔爲盩厔將所執械而東訓恐爲宦人酷辱祈
監者曰得我者有賞不如持首去乃斬之傳其首餘黨悉禽後一
日兩神策兵將涯等赴郊廟過兩市皆腰斬梟首以徇餗臨刑憤
叱獨元輿曰鼂錯張華尚不免豈特吾屬哉約最後捕得責以反
狀不服斬之殺訓弟仲褒元臯始元臯以屬疏自解得去士良訊
奴言事前一昔宿訓第遣人追斬之訓死士良捕宗密將殺之怡然
曰與訓游久浮屠法遇困則救死固其分乃釋之是時暴尸旁午有詔

棄都外男女孩嬰相雜廁淹旬許京兆府瘞斂作二大冢葬道左
右它日帝頗思訓數爲李石鄭覃稱其才而宦竪益熾帝末以制
居常忽忽不懌每游燕雖倡樂雜沓未嘗歡顔慘不展往往瞋目
獨語或裴回眺望賦詩以見情自是感疢至棄天下云

鄭注絳州翼城人世微賤以方伎游江湖間元和末至襄陽依節
度使李愬爲愬煑黄金餌之寖親遇署衙推從至徐州稍參處軍
政注多藝詭譎陰狡億探人意隱輒中所欲爲愬籌事未嘗不用
挾邪市權舉軍患之監軍王守澄白愬愬曰然彼奇士也將軍試
與語守澄始拒不納既坐機辯横生鉤得其意守澄大驚引至後
堂語終夕恨相見晚謝愬曰誠如公言即署巡官守澄入總樞密
與俱至京師厚加贍卹日夜爲守澄計議因陰通賂遺初士纖巧
者附離後要官貴人亦趨往既陷宋申錫搢紳側目金吾將軍孟
文亮鎮邠寧取爲司馬不肯行御史中丞宇文鼎劾奏乃上道過
奉天輒還御史復言注姦狀請付有司治罪始王涯用注力再輔

政又憚守澄遏其奏更擢通王府司馬右神策判官士議讙駭劉
從諫惡其人欲因斥去之即表副昭義節度至府不旬月文宗暴
眩守澄復薦注即日召入對浴堂門賜賚至渥是夜彗出東方長
三尺芒耀怒急俄進太僕卿兼御史大夫注資貪沓既藉權寵專
鬻官射利貲積鉅萬不知止起第善和里通永巷飛廡複壁聚京
師輕薄子方鎮將吏以熇聲焰閒入神策與守澄語必終日或夜
艾乃罷險人躁夫有所干謁日走門李訓既附注進於是兩人權
震天下矣尋擢工部尚書翰林侍講學士時訓已在禁中日日議
論帝前相倡和謀鉏翦中官自謂功在晷刻帝惑之乘是進退士
大夫撓亂朝法賢不肖淆亂以爲弛張當然衆策其必亂帝問富
人術以榷茶對其法欲置茶官籍民圃而給其直工自擷暴則利
悉之官帝始詔王涯爲榷茶使又言秦雍災當興役猒之帝嘗詠
杜甫曲江辭有宮殿千門語意天寶時環江有觀榭宮室聞注言
即詔兩神策治曲江昆明作紫雲樓采霞亭詔公卿得列舍隄上

注本姓魚冒爲鄭故當時號魚鄭及用事人廋謂曰水族貌寢陋不能遠視常衣䴥裘外示質素始李愬病痿注治之有狀守澄神其術故中人皆昵愛俄檢校尚書左僕射鳳翔隴右節度使詔月入奏事請賚屬於訓訓與舒元輿謀終殺注慮其豪俊爲助更擇臺閣長厚者以錢可復爲副李敬彝爲司馬盧簡能蕭傑爲判官盧弘茂爲掌書記舊制節度使受命戎服詣兵部謁後寖廢注請復之而王璠郭行餘皆踵爲常是日度支京兆等供帳入辭帝賜通天犀帶出都門旗干折注惡之先是守澄死以十一月葬滻水注奏言守澄國勞舊願身護喪因羣宦者臨送欲以鎮兵悉禽誅之訓畏注專其功乃先五日舉事注率五百騎至扶風令韓遼知其謀奔武功注聞訓敗乃還其屬魏弘節勸注殺監軍張仲清及大將賈克中等十餘人注驚撓不暇聽仲清與前少尹陸暢用其將李叔和策訪注計事斬其首兵皆潰去注妻兄魏逢尤佻險贊注爲姦數顧賕爲率吏令鳳翔少尹遣逢至京師與訓約被誅可復

等及親卒千餘人皆族矣擢仲清內常侍遼咸陽令叔和檢校太子賓客賜錢千萬暢鳳翔行軍司馬梟注首光宅坊三日瘞之羣臣皆賀乃夷其家初未獲注京師戒嚴涇原鄜坊節度使王茂元蕭弘皆勒兵備非常及是人相慶藉其貲得絹百萬匹它物稱是注敗前菌生所服帶上褚中藥化爲蠅數萬飛去可復徽子也爲禮部郎中簡能者簡辭弟駕部員外郎傑者俛弟也主客員外郎弘茂右拾遺可復將死女年十四爲祈免女曰殺我父何面目以生抱可復求死亦斬之弘茂妻蕭臨刑詬曰我太后妹奴輩可來殺兵皆斂手乃免弘節勇而多謀始在鄜坊趙儋節度府爲注所辟敬彝爲路隋所辟隋卒客江淮以未赴免因擢兵部員外郎終衢州刺史

王涯字廣津其先本太原人魏廣陽侯冏之裔祖祚武后時諫罷萬象神宮知名開元時以大理司直馳傳決獄所至仁平父晃歷左補闕溫州刺史涯博學工屬文往見梁肅肅異其才薦於陸贄

擢進士又舉宏辭再調藍田尉久之以左拾遺爲翰林學士進起居舍人元和初會其甥皇甫湜以賢良方正對策異等忤宰相涯坐不避嫌罷學士再貶虢州司馬徙爲袁州刺史憲宗思之以兵部員外郎召知制誥再爲翰林學士累遷工部侍郎封清源縣男涯文有雅思永貞元和間訓誥溫麗多所稾定帝以其孤進自樹立數訪逮以私居遠或召不時至詔假光宅里官第諸學士莫敢望俄拜中書侍郎同中書門下平章事坐循默不稱職罷再遷吏部侍郎穆宗立出爲劍南東川節度使時吐蕃寇邊西北騷然又略雅州涯調兵拒之上言蜀有兩道直擣賊腹一繇龍川清川以抵松州一繇綿州威蕃柵抵棲雞城皆虜險要地臣願不愛金帛使信臣持節與北虜約曰能發兵深入者殺某人取其地受其賞開懷以示之所以要約諄熟異它日者則匈奴之銳可出西戎之力衰矣帝不報長慶三年入爲御史大夫遷戶部尚書鹽鐵轉運使寶曆時復出領山南西道節度使文宗嗣位召拜太常卿以吏

部尚書代王播復統鹽鐵政益刻急歲中進尚書右僕射代郡公而御史中丞宇文鼎以涯兼使職恥爲之屈奏僕射視事日四品以上官不宜獨拜涯怒即建言與其廢禮不如審官請避位以存舊典帝難之詔尚書省雜議工部侍郎李固言謂禮君於士不荅拜非其臣則荅不臣人之臣也大夫於其臣雖賤必荅拜避正君也大夫於獻不親君有賜不面拜爲君之荅己也古者列國君猶與大夫荅拜所以尊事天子別嫌明微也議者謂僕射代尚書令禮當重凡百司州縣皆有副貳缺則攝總至著定之禮則不可越僕射由是也按令凡文武三品拜一品四品拜二品開元禮京兆河南牧州刺史縣令上日丞以下荅拜此禮令相戾不可獨據又言受冊官始上無不荅拜者而僕射亦受冊禮不得異雖相承爲故事然人情難安者安得弗改請如禮便帝不能決涯竟用舊儀自李師道平三道十二州皆有銅鐵官歲取冶賦百萬觀察使擅有之不入公上涯始建白如建中元年九月戊辰詔書收隸天子

鹽鐵詔可父之以本官同中書門下平章事合度支鹽鐵爲一使
兼領之乃奏罷京畿榷酒錢以悅衆俄檢校司空兼門下侍郎罷
度支眞拜司空始變茶法益其稅以濟用度下益困而鄭注亦議
榷茶天子命涯爲使心知不可不敢爭李訓敗乃及禍初民怨茶
禁苛急涯就誅皆羣詬詈抵以瓦礫涯質狀頎省長上短下動舉
詳華性嗇儉不畜妓妾惡卜祝及它方伎別墅有佳木流泉居常
書史自怡使客賀若夷鼓琴娛賓文宗惡俗侈靡詔涯懲革涯條
上其制凡衣服室宇使略如古貴戚皆不便謗訕讙然議遂格然
涯年過七十嗜權固位偷合訓等不能絜去就以至覆宗是時十
一族貲貨悉爲兵掠而涯居永寧里乃楊憑故第財貯鉅萬取之
彌日不盡家書多與秘府侔前世名書畫嘗以厚貨鉤致或私以
官鬻垣納之重複秘固若不可窺者至是爲人破垣剔取奩軸金
玉而棄其書畫於道籍田宅入于官子孟堅爲工部郎中集賢殿
學士仲翔太常博士季琰校書郎皆死仲翔始匿侍御史裴鐇家

鐇執以赴軍仲翔曰業不見容當自求生柰何反相噬邪聞者哀
之後令狐楚見帝從容言向與臣並列者既族滅矣而露胔不藏
深可悼痛帝惻然詔京兆尹薛元賞葬涯等十一人各賜襲衣仇
士良使盜發其冢投骨渭水涯女爲竇紃妻以痼病免家人給
告涯當死忽夢涯自提首告曰族滅矣惟若存歲時無忘我女驚
號墮地乃以實告涯從弟沐客江南困窮來京師謁涯二歲乃得
見許以祿仕難作亦死昭宗天復初大赦明涯訓之冤追復爵位
官其後裔

賈餗字子美河南人少孤客江淮間從父全觀察浙東餗往依之
全尤器異收卹良厚舉進士高第聲稱籍甚又策賢良方正異等
授渭南尉集賢校理擢累考功員外郎知制誥餗美文辭開敏有
斷然褊急氣陵輩行李渤爲諫議大夫惡其人爲宰相言之而李
逢吉實易直愛餗才得不斥穆宗崩告哀江淅道拜常州刺史舊
制兩省官出使得朱衣吏前導餗赴州猶用之觀察使李德裕敕
吏還怏怏爲憾入爲太常少卿復知制誥歷禮部侍郎凡三典貢
舉得士七十五人多名卿宰相再遷京兆尹兼御史大夫姑臧縣
男大和九年上巳詔百官會曲江故事尹自門步入揖御史餗自
矜大不徹扇蓋騎而入御史楊儉蘇特固爭餗曰黃面兒敢爾儉
曰公爲御史能嘿嘿耶大夫溫造以聞坐奪俸不勝恚求出爲浙
西觀察使未行拜中書侍郎同中書門下平章事俄爲集賢殿大
學士監脩國史既得位會李宗閔得罪而指儉特爲黨斥去之少
與沈傳師善傳師前死嘗夢云君可休矣餗寤而祭諸寢復夢曰
事已爾叵柰何劉蕡以賢良方正對策指中人爲禍亂根本而餗
與馮宿龐嚴爲考官畏避不敢聞竟罹其禍餗本中立不肯身犯
顏排姦倖以及誅與王涯實不知謀人寃之

舒元輿婺州東陽人地寒不與士齒始學即警悟去客江夏節度
使郗士美異其秀特數延譽元和中舉進士見有司鉤校苛切既
試尚書雖水炭脂炬飡具皆人自將吏一倡名乃得入列棘圍席

坐廡下因上書言古貢士未有輕於此者且宰相公卿繇此出夫
宰相公卿非賢不在選而有司以隸人待之誠非所以下賢意羅
棘遮截疑其姦又非所以求忠直也詩賦微藝斷離經傳非所以
觀人文化成也臣恐賢者遠辱自引去而不肖者爲陛下用也今
貢珠貝金玉有司承以棐笥皮幣何輕賢者重金玉邪又言取士
不宜限數今有司多者三十少止二十假令歲有百元凱而曰吾
格取二十謂求賢可乎歲有才德纔數人而曰必取二十謬進者
乃過半謂合令格可乎俄擢高第調鄠尉有能名裴度表掌興元
書記文檄豪健一時推許拜監察御史劾按深害無所縱再遷刑
部員外郎元輿自負才有過人者銳進取大和五年獻文闕下不
得報上書自言馬周張嘉貞代人作奏起逆旅卒爲名臣今臣備
位于朝自陳文章凡五晦朔不一報竊自謂才不後周嘉貞而無
因入又不露所緼是終無振發時也漢主父偃徐樂嚴安以布衣
上書朝奏暮召而臣所上八萬言其文鍛鍊精粹出入今古數千

百年披剔刮抉有可以輔教化者未始遺拔羣之角擢象之齒豈
主父等可比哉盛時難逢竊自愛惜文宗得書賞其自激印出示
宰相李宗閔以浮躁誕肆不可用改著作郎分司東都時李訓居
喪尤與元輿善及訓用事再遷左司郎中御史大夫李固言表知
雜事固言輔政權知御史中丞會帝錄囚元輿奏辨明審不三月
即眞兼刑部侍郎專附鄭注注所惡舉繩逐之月中以本官同中
書門下平章事詭謀譎算日與訓比敗天下事二人爲之也然加
禮舊臣外釣人譽先時裴度令狐楚鄭覃皆爲當路所軋致閑處
至是悉還高秩元輿爲牡丹賦一篇時稱其工死後帝觀牡丹凭
殿闌誦賦爲泣下弟元褒元肱元迥皆第進士元褒又擢賢良方
正終司封員外郎餘及誅

王璠字魯玉元和初舉進士宏辭皆中遷累監察御史儀寓峻整
著稱于時以起居舍人副鄭覃宣慰鎮州長慶末擢職方郎中知
制誥時李逢吉秉政特厚璠驟拜御史中丞璠挾所恃頗橫恣道
直左僕射李絳交騎不避絳上言左右僕射師長庶官開元時名
左右丞相雖去機務然猶總百司署位不著姓上日班見百官而
中丞御史在廷元和中伊愼爲僕射太常博士韋謙以愼位緣恩
進削其禮至僕射就臺見中丞或立廷中中丞乃至憲度倒置不
可爲法逢吉憚絳正遏其事不奏但罷璠爲工部侍郎而絳亦用
太子少師分司東都議者不直之初璠按武昭獄意逢吉德己及
罷中丞乃大望久之出爲河南尹時內廏小兒頗擾民璠殺其尤
暴者遠近畏伏入爲尚書右丞再遷京兆尹自李諒後政條隳斁
姦豪寖不戢璠頗脩舉政有名鄭注姦狀始露宰相宋申錫御史
中丞宇文鼎密與璠議除之璠反以告王守澄而注由是傾心於
璠進左丞判太常卿事出爲浙西觀察使李訓得幸璠於逢吉舊
故故薦之復召爲左丞拜戶部尚書判度支封祁縣男李宗閔得
罪璠亦其黨見注求解乃免訓將誅官人乃授河東節度使已而
敗璠子遐休直弘文館所善學士令狐定及劉軻劉軿仲無頗柳

喜集其所皆被縛定等自解辯得釋遐休誅璠繫潤州外隍得石
刻曰山有石石有玉玉有瑕術家謂璠祖名崟生礎礎生璠盡瑕
休蓋其應云

郭行餘者元和時擢進士河陽烏重胤表掌書記重胤葬其先
使誌冢辭不爲重胤怒即解去擢累京兆少尹嘗值尹劉栖楚不
肯避栖楚捕導從繫之自言宰相裴度頗爲諭止行餘移書曰
京兆府在漢時有尹有都尉有丞皆詔自除後循而不改開元時
諸王爲牧故尹爲長史司馬即都尉丞耳今尹總牧務少尹副焉
未聞道路間有下車望塵避者故事猶在栖楚不能荅遷楚汝二
州刺史大理卿擢邠寧節度使李訓在東都與行餘善故用之

韓約朗州武陵人本名重華志勇決略涉書有吏幹歷兩池榷鹽
使虔州刺史交趾叛領安南都護再遷大府卿大和九年代崔鄯
爲左金吾衛大將軍居四日起事約繇錢穀進更安南富饒地聚
貲尤多

羅立言者宣州人貞元末擢進士魏博田弘正表佐其府改陽武
令以治劇遷河陰立言始築城郭地所當者皆富豪大賈所占下
令使自築其處吏籍其闊陿號於衆曰有不如約爲我更完民憚
其嚴數旬畢民無田者不知有役設鎖絶汴流姦盜屛息河南尹
丁公著上狀加朝散大夫然倨下傲上出具弓矢呵道宴賓客列
倡優如大府人皆惡之以是稀遷然自放不衰改度支河陰留後
坐平糴非實沒萬九千緡鹽鐵使惜其幹止奏削兼侍御史繇盧
州刺史召爲司農少卿以財事鄭注亦與李訓厚善訓以京兆多
吏卒擢爲少尹知府事以就其謀

李孝本宗室子元和時第進士累遷刑部郎中依訓得進於是御
史中丞舒元輿引知雜事元輿入相擢權知中丞事

顧師邕字睦之少連子性恬約喜書晏游以第進士累遷監察御
史李訓薦爲水部員外郎翰林學士訓遣官田全操劉行深周
元稹薛士幹似先義逸劉英誗按邊既行命師邕爲詔賜六道殺

之會訓敗不果師邕流崖州至藍田賜死

李貞素嗣道王實子性和裕衣服喜鮮明漢陽公主妻以季女累遷宗正少卿由將作監改左金吾衛將軍韓約之詐貞素知之流儋州至商山賜死

贊曰李訓浮躁寡謀鄭注斬斬小人王涯暗沓舒元輿險而輕邀幸天功寧不殆哉李德裕嘗言天下有常勢北軍是也訓因王守澄以進此時出入北軍若以上意說諸將易如靡風而返以臺府抱關游徼抗中人以搏精兵其死宜哉文宗與宰相李石李固言鄭覃稱訓稟五常性服人倫之教不如公等然天下奇才公等弗及也德裕曰訓曾不得齒徒隸尚才之云世以德裕言爲然傳曰國將亡天與之亂人若訓等持腐株支大廈之顛天下爲寒心豎毛文宗偃然倚之成功卒爲閹謁所乘天果猒唐德哉

李鄭二王賈舒列傳第一百四

李德裕列傳第一百五

宋祁奉敕撰

李德裕字文饒元和宰相吉甫子也少力于學既冠卓犖有大節不喜與諸
生試有司以廕補校書郎河東張弘靖辟為掌書記府罷召拜監察御史穆
宗即位擢翰林學士帝為太子時已聞吉甫名由是顧德裕厚凡號令大典
冊皆更其手數召見賚獎優華帝怠荒于政故戚里多所請丐挾宦人詗禁
中語關託大臣德裕建言舊制駙馬都尉與要官禁不往來開元中詗督尤
切今乃公至宰相及大臣私第是等無佗材直洩漏禁密交通中外耳請白
事宰相者聽至中書無輒詣第帝然之再進中書舍人未幾授御史中丞始
吉甫相憲宗牛僧孺李宗閔對直言策痛詆當路條失政吉甫訴於帝且泣
有司皆得罪遂與為怨吉甫又為帝謀討兩河叛將李逢吉沮解其言功未
既而吉甫卒裴度實繼之逢吉以議不合罷去故追銜吉甫而怨度擯德裕
不得進至是間帝暗庸詆度使與元稹相怨奪其宰相而已代之欲引僧孺
益樹黨乃出德裕為浙西觀察使俄而僧孺入相由是牛李之憾結矣初潤
州承王國清亂竇易直傾府庫賚軍貲用空殫而下益驕德裕自檢約以
留州財贍兵雖儉而均故士無怨再期則賦物儲牣南方信禨巫雖父母癘
疾子棄不敢養德裕擇長老可語者諭以孝慈大倫患難相收不可棄之
義使歸相曉敕違約者顯寘以法數年惡俗大變又按屬州非經祠者毀千
餘所撤私邑山房千四百舍寇無所廋蔽天子下詔褒揚敬宗立侈用無度
詔浙西上脂盝妝具德裕奏比年旱災物力未完乃三月壬子赦令常貢之
外悉罷進獻此陛下恐聚斂之吏緣以成姦彫窶之人不勝其弊也本道素
號富饒更李錡薛苹皆榷酒於民供有羨財元和詔書停榷酤又赦令禁諸
州羨餘無送使今存者惟留使錢五十萬緡率歲經費常少十三萬軍用褊
急今所須脂盝妝具度用銀二萬三千兩金百三十兩物非土產雖力營索
尚恐不逮願詔宰相議何以俾臣不違詔言不乏軍興不疲人不斂怨則前
敕後詔咸可遵承不報方是時罷進獻不閱月而求貢使者足相接于道故
德裕推一以諷它又詔索盤條繚綾千匹復奏言太宗時使至涼州見名鷹
諷李大亮獻之大亮諫止賜詔嘉歎玄宗時使者抵江南捕鵁鶄翠鳥汴州
刺史倪若水言之即見褒納皇甫詢織半臂造琵琶捍撥鏤牙合於益州蘇
頲不奉詔帝不加罪夫鵁鶄鏤牙微物也二三臣尚以勞人損德為言豈二
祖有臣如此今獨無之蓋有位者蔽而不聞非陛下拒不納也且立鵝天馬
盤條掬豹文彩怪麗惟乘輿當御今廣用千匹臣所未諭昔漢文身衣弋綈

元帝罷輕纖服故仁德慈儉至今稱之願陛下師二祖容納遠思漢家恭約
裁賜節減則海隅蒼生畢受賜矣優詔為停自元和後天下禁毋私度僧徐
州王智興紿言天子誕月請築壇度人以資福詔可即顧募江淮間民皆曹
輩奔走因牟擷其財以自入德裕劾奏智興為壇泗州募願度者人輸錢二
千則不復勘詰普加髡落自淮而右戶三丁男必一男剔髮規影傜賦所度
無算臣閱度江者日數百蘇常齊民十固八九若不加禁遏則前至誕月江
淮失丁男六十萬不為細變有詔徐州禁止時帝昏荒數游幸狎比群小聽
朝簡忽德裕上丹扆六箴表言心乎愛矣遐不謂矣此古之賢人篤於事君
者也夫迹疏而言親者危地遠而意忠者忤臣竊惟念拔自先聖偏荷寵私
不能竭忠是負靈鑒臣在先朝嘗獻大明賦以諷頗蒙嘉採今日盡節明主
亦由是也其一曰宵衣諷視朝希晚也二曰正服諷服御非法也三曰罷
獻諷斂求怪珍也四曰納誨諷侮棄忠言也五曰辨邪諷任群小也六曰防
微諷偽游輕出也辭皆明直婉切帝雖不能用其言猶敕韋處厚諄諄作詔
厚謝其意然為逢吉排笮訖不內徙時亳州浮屠詭言水可愈疾號曰聖水
轉相流聞南方之人率十戶僦一人使往汲既行若飲病者不敢近葷血危
老之人率多死而水斗三十千取者益它汲轉鬻於道互相欺訹往者日數
十百人德裕嚴勒津邏捕絕之且言昔吳有聖水宋齊有聖火皆本妖祥古
人所禁請下觀察使令狐楚填塞以絕妄源從之帝方惑佛老禱福祈年浮
屠方士並出入禁中狂人杜景先上言其友周息元壽數百歲帝遣宦者至
浙西迎之詔在所馳驛敦遣德裕上疏曰道之高者莫若廣成玄元人之聖
者莫若軒轅孔子昔軒轅問廣成子治身之要曰無視無聽抱神以靜形將
自正無勞子形無搖子精乃可長生慎守其一以處其和故我脩身千二
百歲矣形未嘗衰又曰得吾道者上為皇下為王玄元語孔子曰去子之驕
氣與多欲態色與淫志是皆無益於子之身陛下脩軒黃之術物色異人若
使廣成玄元混迹而至告陛下之言亦無出於此臣慮今所得者皆迂怪之
士使物淖冰以小術欺聰明如文成五利者也又前世天子雖好方士未有
御其藥者故漢人稱黃金可成以為飲食器則壽高宗時劉道合玄宗時孫
甑生皆能作黃金二祖不之服豈非以宗廟為重乎儻必致真隱願止師保
和之術慎毋及藥則九廟尉悅矣息元果誕譎不情自言與張果葉靜能游
帝詔畫工肖狀為圖以觀之終帝世無它驗文宗即位乃逐之大和三年召
拜兵部侍郎裴度薦材堪宰相而李宗閔以中人助先秉政且得君出德裕
為鄭滑節度使引僧孺協力罷度政事二怨相濟凡德裕所善悉逐之於是

二人權震天下黨人牢不可破矣踰年徙劍南西川蜀自南詔入寇敗杜元穎而郭釗代之病不能事民失職無聊生德裕至則完殘奮怯皆有條次成都既南失姚協西亡維松由清溪下沫水而左馬爲蠻有始韋臯招來南詔復嶲州傾內資結蠻好示以戰陣文法德裕以臯啓戎資盜其策非是養成癰疽第未決耳至元穎時遇隙而發故長驅深入蹂剔千里蕩無孑遺今瘢夷尚新非痛矯革不能刷一方恥乃建籌邊樓按南道山川險要與蠻相入者圖之左西道與吐蕃接者圖之右其部落衆寡饋餫遠邇曲折咸具乃召習邊事者與之指畫商訂凡虜之情僞盡知之又料擇伏瘴舊獠與州兵之任戰者廢遣獰耄什三四士無敢怨又請甲人於安定弓人河中弩人浙西繇是蜀之器械皆犀銳率戶二百取一人使習戰貸勿事緩則農急則戰謂之雄邊子弟其精兵曰南燕保義保惠兩河慕義左右連弩騎士曰飛星鷙擊奇鋒流電霆聲突騎總十一軍築杖義城以制大度青溪關之阻作禦侮城以控滎經犄角勢作柔遠城以阨西山吐蕃復邛崍關徙嶲州治臺登以奪蠻險舊制歲杪運內粟贍黎嶲州起嘉眉道陽山江而達大度乃分餉諸戍常以盛夏至地苦瘴毒輦夫多死德裕命轉邛雅粟以十月爲漕始先夏而至以佐陽山之運饋者不涉炎月遠民乃安蜀人多鬻女爲人妾德裕爲

著科約凡十三而上執三年勞下者五歲及期則歸之父母毀屬下浮屠私廬數千以地予農蜀先主祠旁有猱村其民剔髮若浮屠者畜妻子自如德裕下令禁止蜀風大變於是二邊浸懼南詔請還所俘掠四千人吐蕃維州將悉怛謀以城降維距成都四百里因山爲固東北繇索叢嶺而下二百里地無險走長川不三千里直吐蕃之牙異時戍之以制虜入者也德裕既得之即發兵以守且陳出師之利僧孺居中沮其功命返悉怛謀於虜以信所盟德裕終身以爲恨會監軍使王踐言入朝盛言悉怛謀死拒遠人向化意帝亦悔之即以兵部尚書召俄拜中書門下平章事封贊皇縣伯故事丞郎詣宰相須少間乃敢通郎官非公事不敢謁李宗閔時往往通賓客李聽爲太子太傅招所善載酒集宗閔閤酣醉乃去至德裕則喻御史有以事見宰相必先白臺乃聽凡罷朝繇龍尾道趨出遂無輒至閤者又罷京兆築沙隄兩街上朝衛兵嘗建言朝廷惟邪正二途正必去邪邪必害正然其辭皆若可聽願審所取舍不然二者並進雖聖賢經營無繇成功俄宗閔罷德裕代爲中書侍郎集賢殿大學士始二省符江淮大賈使主堂廚食利因是挾貲行天下所至州鎮爲右客富人倚以自高德裕一切罷之後帝暴感風害語言鄭注始因王守澄以藥進帝少間又薦李訓使待詔帝欲

授諫官德裕曰昔諸葛亮有言親賢臣遠小人漢所以興隆也親小人遠賢士後漢所以傾頹也今訓小人頃咎惡暴天下不宜引致左右帝曰人誰無過當容其改且逢吉嘗言之對曰聖賢則有改過若訓天資姦邪尚何能改逢吉位宰相而顧愛凶回以累陛下亦罪人也帝語王涯別與官德裕搖手止涯帝適見不懌訓注皆怨即復召宗閔輔政拜德裕爲興元節度使入見帝自陳願留闕下復拜兵部尚書宗閔奏命已行不可止更徙鎮海軍以代王璠先是大和中漳王養母杜仲陽歸浙西有詔在所存問時德裕被召乃檄留後使如詔書璠入爲尚書左丞而漳王以罪廢死因與戶部侍郎李漢共譖德裕賞賂仲陽導王爲不軌帝惑其言召王涯李固言路隋質之璠漢二人者語益堅獨隋言德裕大臣不宜有此讒焰少衰遂貶德裕爲太子賓客分司東都復貶袁州長史隋亦免宰相未幾宗閔以罪斥而注訓等亂敗帝追悟德裕以誣構逐乃徙滁州刺史又以太子賓客分司東都開成初帝從容語宰相朝廷豈有遺事乎衆進以宋申錫對帝俛首涕數行曰當此時兄弟不相保況申錫邪有司爲我褒顯之又曰德裕亦申錫比也起爲浙西觀察使後對學士禁中黎埴頓首言德裕與宗閔皆逐而獨三進官帝曰彼嘗進鄭注而德裕欲殺之今當以官與何人埴懼而出又指坐扆前示

宰相曰此德裕爭鄭注處德裕三在浙西出入十年遷淮南節度使代牛僧孺僧孺聞之以軍事付其副張鷺即馳去淮南府錢八十萬緡德裕奏言止四十萬爲張鷺用其半僧孺訴于帝而諫官姚合魏謩等共劾奏德裕挾私怨沮傷僧孺帝置章不下詔德裕覆實德裕上言諸鎮更代例殺半數以備水旱助軍費因索王播段文昌崔從相授簿最具在惟從死官下僧孺代之其所殺數最多即自劾始至鎮失於用例不敢妄遂待罪有詔釋之武宗立召爲門下侍郎同中書門下平章事既入謝即進戒帝辨邪正專委任而後朝廷治臣嘗爲先帝言之不見用夫正人既呼小人爲邪小人亦謂正人爲邪何以辨之請借物爲諭松柏之爲木孤生勁特無所因倚蘿蔦則不然弱不能立必附它木故正人一心事君無待於助邪人必更爲黨以相蔽欺君人者以是辨之則無惑矣又謂治亂繫信任引齊桓公問管仲所以害霸者仲對琴瑟笙竽弋獵馳騁非害霸者惟知人不能舉舉不能任任而又雜以小人害霸也太宗德宗憲宗皆盛朝其始臨御自視若堯舜浸久則不及初陛下知其然乎始一委輔相故賢者得盡心久則小人並進造黨與亂視聽故上疑而不專政去宰相則不治矣在德宗最甚晚節宰相惟奉行詔書所與圖事者李齊運裴延齡韋渠牟等訖今謂之亂政夫輔相有欺罔不忠當亟免

忠而材者屬任之政無它門天下安有不治先帝任人始皆回容積纖微以至誅貶誠使雖小過必知而改之君臣無猜則讒邪不干其間矣又言開元初輔相率三考輒去雖姚崇宋璟不能踰至李林甫秉權乃十九年遂及禍敗是知亟進罷宰相使政在中書誠治本也帝嘗疑揚嗣復李玨顧望不忠遣使殺之德裕知帝性剛而果於斷即率三宰相見延英嗚咽流涕曰昔太宗德宗誅大臣未嘗不悔臣欲陛下全活之無異時恨使二人罪惡暴著天下共疾之帝不許德裕伏不起帝曰為公等赦之德裕降拜升坐帝曰如令諫官論爭雖千疏我不赦德裕重拜因追還使者嗣復等乃免時帝數出畋游暮夜乃還德裕上言人君動法於日故出而視朝入而燕息傳曰君就房有常節惟深察古誼毋繼以夜側聞五星失度恐天以是勤勤儆戒詩曰敬天之渝不敢馳驅願節田游承天意尋冊拜司空回鶻自開成時為黠戛斯所破會昌後烏介可汗挾公主牙塞下種族大飢以弱口重器易粟於邊退渾党項利虜掠因天德軍使田牟上言願以部落兵擊之議者請可其奏德裕曰回鶻嘗有功以窮來歸未輒擾邊遽伐之非漢宣帝待呼韓之義不如與之食以待其變陳夷行曰資盜糧非計也不如擊之便德裕曰沙陀退渾不可恃也夫見利則進遇敵則走雜虜之常態孰肯為國家用邪天德兵素弱以一城與勁虜確無不敗請詔牟毋聽諸戎計帝於是貸粟三萬斛會嗢沒斯殺赤心以降赤心兵潰去於是回鶻勢窮數丐羊馬欲藉兵復故地又願假天德城以舍公主帝不許乃進逼振武保大栅杷頭峯以略朔川轉戰雲州刺史張獻節嬰城不出回鶻乃大掠党項退渾皆保險莫敢拒帝益知向不許田牟用二部兵之效乃復問以計德裕曰杷頭峯北皆大磧利用騎不可以步當之今烏介所恃公主爾得健將出奇奪還之王師急擊彼必走今欲將無易石雄者請以藩渾勁卒與漢兵銜枚夜擊之勢必得帝即以方略授劉沔令雄邀擊可汗於殺胡山敗之迎公主還回鶻遂敗進位司徒黠戛斯遣使來自言攻取安西北廷帝欲從黠戛斯求其地德裕曰不可安西距京師七千里北廷五千里異時繇河西隴右抵玉門關皆我郡縣往往有兵故能緩急調發自河隴入吐蕃則道出回鶻回鶻今破滅未知黠戛斯果有其地邪假令安西可得即復置都護以萬人往戍何所興發何道饋輓彼天德振武於京師近力猶苦不足況七千里安西哉臣以為縱得之無用也昔漢魏相請罷田車師賈捐之請棄珠崖近狄仁傑亦請棄四鎮又安東皆不願貪外以耗內此三臣者當全盛時尚欲棄割以肥中國況衰殘甚遠之地乎是持實費市虛事滅一回鶻而又生之帝乃止澤潞劉從諫死其從子稹擅留事以邀節度德裕曰澤潞內地非河朔比昔皆儒術大臣守之李抱眞始建昭義軍最有功德宗尚不許其子繼及劉悟死敬宗方怠於政遂以符節付從諫大和時擅兵長子陰連訓注外託効忠請除君側及有狗馬疾詔醫拒使便以兵屬稹捨而不討無以示四方帝曰可勝乎對曰河朔稹所恃以脣齒也如令魏鎮不與則破矣夫三鎮世嗣列聖許之請使近臣明告以澤潞命帥不得視三鎮今朕欲誅稹其各以兵會帝然之乃以李回持節諭王元逵何弘敬皆聽命始議用兵中外交章固爭皆曰悟功高不可絕其嗣又從諫畜兵十萬粟支十年未可以破也宰相亦婾阿趨和德裕獨曰諸葛亮言曹操善為兵猶五攻昌霸三越巢湖況其下哉然嬴縮勝負兵家之常惟陛下堅決先定不以小利鈍為浮議所搖則有功矣有如不利臣請以死塞責帝忿然曰為我語於朝有沮吾軍議者先誅之群論遂息元逵兵已出而弘敬逗留持兩端德裕建遣王宰以陳許精甲假道於魏以伐磁弘敬聞遽勒兵請自涉漳取磁洺會橫水戍兵叛入太原逐其帥李石奉裨將楊弁主留事方是時稹未下朝廷益為憂議者頗言兵皆可罷帝遣中人馬元實如太原偵其變弁厚賄中人帳飲三日還謬曰弁兵多屬明光甲者十五里德裕詰曰李石以太原無兵故調橫水卒千五百使戍榆社弁因以亂退能列卒如此多邪則曰晉人勇皆兵也募而得之德裕曰募士當以財李石以欠一縑故兵亂石無以索之弁何得邪太原一鎧一戟舉送行營安致十五里明光乎使者語塞德裕即奏弁賊伍不可赦如力不足請捨稹而誅弁遽趣王逢起榆社軍詔元逵趨土門會太原河東監軍呂義忠聞即日召榆社卒入斬弁獻首京師德裕每疾貞元大和間有所討伐諸道兵出境即仰給度支多遷延以困國力或與賊約令懈守備得一縣一屯以報天子故師無大功因請敕諸將令直取州勿攻縣故元逵等下邢洺磁而稹氣索矣俄而高文端歸命稱稹糧乏皆女子按礲哺兵未幾郭誼持稹首降帝問何以處誼德裕曰稹豎子安知反職誼為之今三州已降而稹窮蹙又賊其族以邀富貴不誅後無以懲惡帝曰朕意亦爾因詔石雄入潞盡取誼等及嘗為稹用者悉誅之策功拜太尉進封趙國公德裕固讓言唐興太尉惟七人尚父子儀乃不敢拜近王智興李載義皆超拜保傅蓋重惜此官裴度為司徒十年亦不遷臣願守舊秩足矣帝曰吾恨無官酬公毋固辭德裕又陳先臣封於趙家孫寬中始生字曰三趙意將傳嫡不及支庶臣前益封已改中山臣先世皆嘗居汲願得封衛從之遂改衛國公帝嘗從容謂宰相曰有人稱孔子其徒三千亦為黨信乎德裕曰昔劉向云孔子與顏回子貢

更相稱舉不爲朋黨禹稷與皐陶轉相汲引不爲比周無邪心也臣嘗以共鯀驩兜與舜禹雜處堯朝共工驩兜則爲黨舜禹不爲黨小人相與比周迭爲掩蔽也賢人君子不然忠於國則同心聞於義則同志退而各行其已不可交以私趙宣子隨會繼而納諫司馬侯叔向比以事君不爲黨也公孫弘每與汲黯請閒黯先發之弘推其後武帝所言皆聽黯弘雖並進然廷詰齊人少情譏其布被爲詐則先發後繼不爲黨也太宗與房玄齡圖事則曰非杜如晦莫能籌之及如晦在焉亦推玄齡之策則同心圖國不爲黨也漢朱博陳咸相爲腹心背公死黨周福房植各以其黨相傾議論相軋故朋黨始於甘陵二部及其甚也謂之鉤黨繼受誅夷以王制言之非不幸也周之衰列國公子有信陵平原孟嘗春申游談者以四豪爲稱首亦各有客三千務以譎詐勢利相高仲尼之徒唯行仁義今議者欲以比之罔矣臣未知所謂黨者爲國乎爲身乎誠爲國邪隨會叔向汲黯房杜之道可行不必黨也今所謂黨者誣善蔽忠附下罔上車馬馳驅以趨權勢晝夜合謀美官要選悉引其黨爲之否則抑壓以退仲尼之徒有是乎陛下以是察之則姦偽見矣

時韋弘質建言宰相不可兼治錢穀德裕奏言管仲明於治國其語曰國之重器莫重於令令重君尊君尊國安治人之本莫要於令故曰虧令者死

益令者死不行令者死留令者死不從令者死五者無赦又曰令在上而論可否在下是主威下繫於人也大和後風俗寖弊令出於上非之在下此敝不止無以治國臣衡曰大臣者國家股肱萬姓所瞻仰明主所慎擇也傳曰下輕其上爵賤人圖柄臣則國家搖動而人不靜今弘質爲人所教而言是圖柄臣者也且蕭望之漢名儒爲御史大夫奏云歲首日月少光咎在臣等宣帝以望之意輕丞相下有司詰問貞觀中監察御史陳師合上言人之思慮有限一人不可總數職太宗曰此欲離間我君臣斥之嶺外臣謂宰相有姦謀隱慝則人人皆得上論至於制置職業人主之柄非小人所得干古者朝廷之士各守官業思不出位弘質賤臣豈得以非所宜言妄觸天聽是輕宰相陛下照其邪計從黨人中來當遏絶之德裕大意欲朝廷尊臣下肅而政出宰相深疾朋黨故感憤切言之又嘗謂省事不如省官省官不如省吏能簡冗官誠治本也乃請罷郡縣吏凡二千餘員衣冠去者皆怨時天下已平數上疏乞骸骨而星家言熒惑犯上相又懇丐去位皆不許當國凡六年方用兵時決策制勝它相無與故威名獨重於時宣宗即位德裕奉册太極殿帝退謂左右曰向行事近我者非太尉邪每顧我毛髮爲森豎翌日罷爲檢校司徒同中書門下平章事荆南節度使俄徙東都留守白敏中令狐綯崔鉉皆素仇大中元年使黨人李咸斥德裕陰事故以太子少保分司東都再貶潮州司馬明年又導吳汝納訟李紳殺吳湘事而大理卿盧言刑部侍郎馬植御史中丞魏扶言紳殺無罪德裕徇成其冤至爲黜御史罔上不道乃貶爲崖州司戶參軍事明年卒年六十三德裕既沒見夢令狐綯曰公幸哀我使得歸葬綯語其子滈滈曰執政皆其憾可乎既夕又夢綯懼曰衛公精爽可畏不言禍將及白于帝得以喪還德裕性孤峭明辯有風采善爲文章雖至大位猶不去書其謀議援古爲質袞袞可喜常以經綸天下自爲武宗知而能任之言從計行是時王室幾中興先是韓全義敗於蔡杜叔良敗於深皆監軍宦人制其權將不得專進退詔書一日三四下宰相不豫又諸道銳兵票士皆監軍取以自隨每督戰乘高建旗自表師小不勝輒卷旗去大兵隨以北繇是王師所向多負至討回鶻澤潞德裕建請詔書付宰司乃下監軍不得干軍要率兵百人取一以爲衛自是號令明壹將乃有功元和後數用兵宰相不休沐或繼火乃得罷德裕在位雖遽書警奏皆從容裁決率午漏下還第休沐輒如令沛然若無事時其處報機急帝一切令德裕作詔德裕數辭帝曰學士不能盡吾意伐劉稹也詔王元逵何弘敬曰勿爲子孫之謀存輔車之勢元逵等情得皆震恐思效已而三州降賊遂

平帝每稱魏博功則顧德裕道詔語咎其切於事而能伐謀也三鎮每奏事德裕引使者戒敕爲忠義指意丁寧使歸各謂其帥道之故河朔畏威不敢慢後除浮屠法僧亡命多趣幽州德裕召邸吏戒曰爲我謝張仲武劉從諫招納亡命令視之何益仲武懼以刀授居庸關吏曰僧敢入者斬帝既數討叛有功德裕慮忕于武不可戢即奏言曹操破袁紹於官度不追奔自謂所獲已多恐傷威重養由基古善射者柳葉雖百步必中觀者曰不如少息若弓撥矢鉤前功皆棄陛下征伐無不得所欲願以兵爲戒乃可保成功帝嘉納其言方士趙歸真以術進德裕諫曰是嘗敬宗時以詭妄出入禁中皆不願至陛下前帝曰歸真我自識顧無大過召與語養生術爾對曰小人於利若蛾赴燭向見歸真之門車轍滿矣帝不聽于是挾術詭時者進帝志衰焉所居安邑里第有院號起草亭曰精思每計大事則處其中雖左右侍御不得豫不喜飲酒後房無聲色娛生平所論著多行于世云子燁仕汴宋幕府貶象州立山尉懿宗時以赦令徙郴州餘子皆從死貶所燁子延古乾符中爲集賢校理擢累司勳員外郎還居平泉昭宗東遷坐不朝謫貶衛尉主簿德裕之斥中書舍人崔嘏字乾錫誼士也坐書制不深切貶端州刺史嘏舉進士復以制策歷邢州刺史劉稹叛使其黨裴問戍于州嘏說使

聽命改考功郎中時皆謂逵賞至是作詔不肯巧傳以罪吳汝納之獄朝廷公卿無為辨者惟淮南府佐魏鉶就逮吏使誣引德裕雖痛楚掠終不從竟貶死嶺外又丁柔立者德裕當國時或薦其直清可任諫爭官不果用大中初為左拾遺既德裕被放柔立內愍傷之為上書直其冤坐阿附貶南陽尉懿宗時詔追復德裕太子少保衛國公贈尚書左僕射距其沒十年

賛曰漢劉向論朋黨其言明切可為流涕而主不悟卒陷亡辜德裕復援向言指質邪正再被逐終嬰大禍嗟乎朋黨之興也殆哉根夫主威奪者下陵聽弗明者賢不肖兩進進必務勝而後人人引所私以所私乘狐疑不斷之隙是引桀跖孔顏相鬬于前而以衆寡為勝負矣欲國不亡得乎身為名宰相不能損所憎顯擠以仇使比周勢成根株牽連賢智播奔而王室亦衰寧明有未哲歟不然功烈光明佐武中興與姚宋等矣

列傳第一百五

端明殿學士兼翰林侍讀學士龍圖閣學士朝散大夫尚書吏部侍郎充集賢殿修撰臣宋祁奉
敕撰

陳夷行字周道其先江左諸陳也世客潁川由進士第擢累起居郎史館脩撰以勞遷司封員外郎凡再歲以吏部郎中爲翰林學士莊恪太子在東宮夷行兼侍讀五日一謁爲太子講說數遷至工部侍郎開成二年進同中書門下平章事而楊嗣復李珏相次輔政夷行介特雅不與合每議論天子前往往語相侵短夷行不能堪輒引疾求去文宗遣使者尉勞起之會以王彥威爲忠武節度使史孝章領邠寧議皆出嗣復及夷行對延英帝問除二鎮當否對曰苟自聖擇無不當者嗣復曰若用人盡出上意而當固善如小不稱下安得嘿然夷行曰比姦臣數干權願陛下無倒持大阿以鐏授人嗣復曰古者任則不疑齊桓公器管仲於讎虜豈有倒持虖邪帝以其面相觸頗不悅仙韶樂工尉遲璋授王府率右

六百九十 拾遺竇洵直當衙論奏鄭覃嗣復嫌以細故謂洵直近名夷行曰諫官當衙正須論宰相得失彼賤工安足言者然亦不可置不用帝即徙璋光州長史以百縑賜洵直進門下侍郎帝常怪天寶政事不善問姚元崇宋璟于時在否李珏曰姚亡而宋罷珏因推言玄宗自謂未嘗殺一不辜而任李林甫種夷數十族不亦惑乎夷行曰陛下今亦宜戒以權屬人嗣復曰夷行失言太宗易暴亂爲仁義用房玄齡十有六年任魏徵十有五年未嘗失道人主用忠良久益治用邪佞一日多矣時用郭遂爲坊州刺史右拾遺宋邧論不可遂果坐贓敗帝欲賞邧夷行曰諫官論事是其職若一事善輒進官恐後不免有私夷行蓋專詆嗣復又素善覃陰助其力以排折朋黨是時雖天子亦惡其太過恩禮遂衰罷爲吏部尚書尋拜華州刺史武宗即位召爲御史大夫俄還門下侍郎平章事進位尚書左僕射夷行與崔珙俱拜乃奏僕射始視事受四品官拜無著令比日左右丞吏部侍郎御史中丞皆爲僕射拜階下謂之陽品致敬準禮皇太子見上臺群官群官先拜而後答以無二上也僕射與四品官並列朝廷不容獨優前日鄭餘慶著僕射上儀謂陽品官無亢禮時竇易直任御史中丞議不可及易直自爲僕射乃忘前議當時鄙厭之臣等不願以失禮速謗於時且開元元年以左右僕射爲左右丞相位次三公三公上日答拜而僕射受之非是望敕所司約三公上儀著定令詔可始累朝紛議不決至夷行遂定以足疾乞身罷爲太子太保以檢校司空爲河中節度使卒

李紳字公垂中書令敬玄曾孫世宦南方客潤州紳六歲而孤哀等成人母盧躬受之學爲人短小精悍於詩最有名時號短李蘇州刺史韋夏卿數稱之葬母有烏銜芝墜輤車元和初擢進士第補國子助教不樂輒去客金陵李錡愛其才辟掌書記錡寖不法賓客莫敢言紳數諫不入欲去不許會使者召錡稱疾留後王澹爲具行錡怒陰教士臠食之即脅使者爲衆奏天子幸得留錡召

六百九十 紳作疏坐錡前紳陽怖栗至不能爲字下筆輒塗去盡數紙錡怒罵曰何敢爾不憚死邪對曰生未嘗見金革今得死爲幸即注以刃令易紙復然或言許縱能軍中書紳不足用召縱至操書如所欲即囚紳獄中錡誅乃免或欲以聞謝曰本激于義非市名也乃止久之從辟山南觀察府穆宗召爲右拾遺翰林學士與李德裕元稹同時號三俊累擢中書舍人稹爲宰相而李逢吉教人告于方事稹遂罷欲引牛僧孺懼紳等在禁近沮解乃授德裕浙西觀察使僧孺輔政以紳爲御史中丞顧其氣剛下易疵累而韓愈勁直乃以愈爲京兆尹兼御史大夫免臺參以激紳紳愈果不相下更持臺府故事論詰往反詆訐紛然繇是皆罷之以紳爲江西觀察使帝素厚遇紳遣使者就第勞賜以爲樂外遷紳泣言爲逢吉中傷入謝又自陳所以然帝悟改戶部侍郎逢吉終欲陷之紳族子虞有文學名隱居華陽自言不願仕時來省紳雅與栢耆程昔範善及耆爲拾遺虞以書求薦紳惡其無立操痛誚之虞失望後

至京師悉暴紳所言於逢吉逢吉滋怒乃用張又新李續等計擢虞昔範與劉栖楚皆爲拾遺以伺紳隙內結中人王守澄自助會敬宗立逢吉知紳失勢可乘使守澄從容奏言先帝始議立太子杜元穎李紳勸立深王獨宰相逢吉請立陛下而李續李虞助之逢吉乘間言紳嘗不利於陛下請逐之帝初即位不能辨乃貶紳爲端州司馬栖楚等怒得善地皆切齒詔下百官賀逢吉唯右拾遺吳思不往逢吉斥思令告大行喪於吐蕃此時人無敢言者惟韋處厚屢言紳枉折逢吉之姦後天子於禁中得先帝手緘書一笥發之見裴度元穎紳三疏請立帝爲嗣始大感悟悉焚逢吉黨所上謗書始紳南逐歷封康間湍瀨險澁惟乘漲流乃濟康州有媼龍祠舊傳能致雲雨紳以書禱俄而大漲寶曆赦令不言左降官與量移處厚執爭詔爲追定得徙江州長史遷滁壽二州刺史霍山多虎擷茶者病之治機穽發民跡射不能止紳至盡去之虎不爲暴以太子賓客分司東都大和中李德裕當國擢紳浙東觀察使李宗閔方得君復以太子賓客分司開成初鄭覃以紳爲河南尹河南多惡少或危帽散衣擊大毬戶官道車馬不敢前紳治剛嚴皆望風遁去遷宣武節度使大旱蝗不入境武宗即位徙淮南召拜中書侍郎同中書門下平章事進尚書右僕射門下侍郎封趙郡公居位四年以足緩不任朝謁辭位以檢校右僕射平章事復節度淮南卒贈太尉謚文肅始澧人吳汝納者韶州刺史武陵兄子也武陵坐贓貶潘州司戶參軍死汝納家被逐久不調時李吉甫任宰相汝納怨之後遂附宗閔黨中會昌時爲永寧尉弟湘爲江都尉部人訟湘受贓狼籍身娶民顏悅女紳使觀察判官魏鉶鞫湘罪明白論報殺之時議者謂吳氏世與宰相有嫌疑紳內顧望織成其罪諫官屢論列詔遣御史崔元藻覆按元藻言湘盜用程糧錢有狀娶部人女不實按悅嘗爲青州衙推而妻王故衣冠女不應坐德裕惡元藻持兩端奏貶崖州司戶參軍宣宗立德裕去位紳已卒崔鉉等久不得志導汝納使爲湘訟言湘素

直爲人誣蔑大校重牢五木被體吏至以娶妻資媵結贓且言顏悅故士族湘罪皆不當死紳枉殺之又言湘死紳令即瘞不得歸葬按紳以舊宰相鎮一方恣威權凡戮有罪猶待秋分湘無辜盛夏被殺崔元藻銜德裕斥已即翻其辭因言御史覆獄還皆對天子別白是非德裕權軋天下使不得對具獄不付有司但用紳奏而寘湘死是時德裕已失權而宗閔故黨令狐綯崔鉉白敏中皆當路因是逞憾以利誘動元藻等使三司結紳杖鉞作藩虐殺良平準神龍詔書酷吏殁者官爵皆奪子孫不得進宦紳雖亡請從春秋戮死者之比詔削紳三官子孫不得仕貶德裕等擢汝納左拾遺元藻武功令始紳以文藝節操見用而屢爲怨仇所根卻卒能自伸其才以名位終所至務爲威烈或陷暴刻故雖没而坐湘冤云

李讓夷字達心系本隴西擢進士第辟鎮國李絳府判官又從西川杜元穎幕府與宋申錫善申錫爲翰林學士薦讓夷右拾遺俄拜學士素善薛廷老廷老不飭細檢數飲酒不治職罷去坐是亦奪職累進諫議大夫開成初起居舍人李褒免文宗謂李石曰諸遂良以諫議大夫兼起居郎今諫議誰歟可言其人石以馮定孫簡蕭俶李讓夷對帝曰讓夷可也李固言請用崔球張次宗鄭覃曰球故與李宗閔善且記注操筆在赤墀下所書爲後世法不可用黨人若裴中孺李讓夷臣不敢有言乃決用讓夷進中書舍人既而李珏揚嗣復以覃之薦終帝世不得遷武宗初李德裕復入三遷至尚書右丞拜中書侍郎同中書門下平章事潞州平檢校尚書右僕射宣宗立進司空門下侍郎爲大行山陵使未復土拜淮南節度使以疾願還卒于道贈司徒讓夷廉介不妄交位雖顯劇以儉約自將爲世咨美

曹確字剛中河南河南人擢進士第歷踐中外官累拜兵部侍郎懿宗咸通中以本官同中書門下平章事俄進中書侍郎確邃儒術器識方重動循法度時帝薄於德昵寵優人李可及可及者能新聲自度曲辭調悽折京師媮薄少年爭慕之號爲拍彈同昌公

主喪畢帝與郭淑妃悼念不已可及爲帝造曲曰歎百年教舞者數百皆珠翠褖飾刻畫魚龍地衣度用繒五千倚曲作辭哀思裴回聞者皆涕下舞闋珠寶覆地帝以爲天下之至悲愈寵之家嘗娶婦帝曰第去吾當賜酒俄而使者負二銀榼與之皆珠珍也可及憑恩横甚人無敢斥遂擢爲威衛將軍確曰太宗著令文武官六百四十三謂房玄齡曰朕設此待天下賢士工商雜流假使技出等夷正當厚給以財不可假以官與賢者比肩立同坐食也文宗欲以樂工尉遲璋爲王府率拾遺竇洵直固爭卒授光州長史今而位將軍不可帝不聽至僖宗立始貶死方幸時惟確屢言之而神策中尉西門季玄者亦剛鯁謂可及曰汝以巧佞惑天子當族滅嘗見其受賜謂曰今載以官車後籍沒亦當爾確居位六年進尚書右僕射以同平章事出爲鎮海節度使徙河中卒始畢誠與確同宰相俱有雅望世謂曹畢云弟汾以忠武軍節度使入爲户部侍郎判度支卒

劉瞻字幾之其先出彭城後徙桂陽舉進士博學宏詞皆中徐商辟署鹽鐵府案遷太常博士劉瑑執政薦爲翰林學士拜中書舍人進承旨出爲河東節度使咸通十一年以中書侍郎同中書門下平章事同昌公主薨懿宗捕太醫韓宗紹等送詔獄逮繫宗族數百人瞻喻諫官皆依違無敢言即自上疏固爭宗紹窮其術不能效情有可矜陛下徇愛女囚平民忿不顧難取肆暴不明之謗帝大怒即日賜罷以檢校刑部尚書同平章事爲荆南節度使路巖韋保衡從爲惡言聞帝俄斥廉州刺史於是翰林學士鄭畋以責詔不深切御史中丞孫瑝諫議大夫高湘等坐與瞻善分貶嶺南巖等殊未慊按圖視驩州道萬里即貶驩州司户參軍事命李庾作詔極詆將遂殺之天下謂瞻鯁正特爲讒擠舉以爲冤幽州節度使張公素上疏申解巖等不敢害僖宗立徙康虢二州刺史以刑部尚書召復以中書侍郎平章事居位三月卒瞻爲人廉約所得俸以餘濟親舊之窶困者家不留儲無第舍四方獻饋不及

門行己終始完潔弟助字元德性仁孝幼時與諸兄游至食飲取最下者及長能文辭喜黄老言年二十卒

李蔚字茂休系本隴西舉進士書判拔萃皆中拜監察御史擢累尚書右丞懿宗惑浮屠常飯萬僧禁中自爲贊唄蔚上疏切諫引狄仁傑姚元崇辛替否所言譏病時弊帝不聽但以虚禮褒荅俄拜京兆尹太常卿出爲宣武節度使徙淮南代還民詣闕請留詔許一歲僖宗乾符初以吏部尚書同中書門下平章事罷爲東都留守河東亂殺其帥崔季康用邠寧李侃代之士不附以蔚嘗在太原府有惠政爲人所懷拜河東節度使同平章事至鎮三日卒始懿宗成安國祠賜寶坐二度高二丈構以沈檀塗髹鏤龍鳳葩蘤金釦之上施複坐陳經几其前四隅立瑞鳥神人高數尺磴道以升前被繡囊錦襜珍麗精絶咸通十四年春詔迎佛骨鳳翔或言昔憲宗嘗爲此俄晏駕帝曰使朕生見之死無恨乃以金銀爲刹珠玉爲帳孔鷸周飾之小者尋丈高至倍刻檀爲檐注陛墄塗黄

金每一刹數百人舉之香輿前後係道綴珠瑟瑟幡蓋殘綵以爲幢節費無貲限夏四月至長安綵觀夾路其徒導衛天子御安福樓迎拜至泣下詔賜兩街僧金幣京師耆老及見元和事者悉厚賜之不逞小人至斷臂指流血滿道所過鄉聚皆裒土爲刹相望于塗爭以金翠技飾傳言刹悉震搖若有光景云京師高貲相與集大衢作繒臺縵闕注水銀爲池金玉爲樹木聚桑門羅像考鼓鳴螺繼日夜錦車繡輿載歌舞從之秋七月帝崩方人主甘心篤向如蔚言者甚多皆不能救僖宗立詔歸其骨都人耆耋辭餞或嗚咽流涕

贊曰人之惑怪神也甚哉若佛者特西域一槁人耳裸顛露足以乞食自資癯辱其身屏營山樊行一槩之苦本無求于人徒屬稍稍從之然其言荒茫漫靡夷幻變現善推不驗無實之事以鬼神死生貫爲一條據之不疑掊嗜欲棄親屬大抵與黄老相出入至漢十四葉書入中國蹟夫生人之情以耳目不際爲奇以不可知

爲神以物理之外爲畏以變化無方爲聖以生而死死復生回復
償報歆艷其間爲或然以賤近貴遠爲意譯差殊不可研詰華
人之譎誕者又攘莊周列禦寇之說佐其高層累架騰直出其表
以無上不可加爲勝妄相夸脅而倡其風於是自天子逮庶人皆
震動而祠奉之初宰相王縉以緣業事佐代宗於是始作內道場
晝夜梵唄異禳寇戎大作盂蘭肖祖宗像分供塔廟爲賊臣嘻笑
至憲宗世遂迎佛骨於鳳翔內之宮中韓愈指言其弊帝怒竄愈
瀕死憲亦弗獲天年幸福而禍無亦左乎懿宗不君精爽奪迷復
陷前車而覆之興哀無知之場丐庇百解之胔以死自誓無有顧
藉流淚拜伏雖事宗廟上帝無以進焉屈萬乘之貴自等太古胡
數千載而遂以身爲徇嗚呼運痝祚殫天告之矣懿不三月而徂
唐德之不競厥有來哉悲夫

列傳第一百六

二百九十二字

林茂承

唐書一百八十二

端明殿學士兼翰林侍讀學士龍圖閣學士朝請大夫守尚書吏部侍郎充集賢殿脩撰臣宋祁奉
敕撰

李固言字仲樞其先趙人擢進士甲科江西裴堪劒南王播皆表署幕府累官戶部郎中溫造爲御史中丞表知雜事進給事中將作監王堪坐治太廟不謹改太子賓客固言上還制書曰陛下當以名臣左右太子堪以慢官斥勳調護地非所宜詔改它王傅固言再遷尚書右丞李德裕輔政出固言華州刺史俄而李宗閔復用召爲吏部侍郎州大豪何延慶橫猾讙衆遮道使不得去固言怒捕取杖殺之尸諸道旣領選按籍自擬先收寒素柅吏姦進御史大夫大和九年宗閔得罪李訓鄭注用事訓欲自取宰相乃先以固言爲門下侍郎同中書門下平章事旋坐黨人出爲山南西道節度使訓自代其勳訓敗文宗頗思之復召爲平章事仍判戶

部羣臣請上徽號帝曰今治道猶鬱羣臣之請謂何比州縣多不治信乎固言因白鄧州刺史王堪隋州刺史鄭襄尤無狀帝曰貞元時御史獨王堪爾鄭覃本舉堪疑固言抵巳即曰臣知堪故用爲刺史舉天下不職何獨二人帝識其意不主前語因稱詩曰濟濟多士文王以寧聞德宗時多闕官寧乏才邪固言曰用人之道隨所保任覈稱與否而升黜之無乏才矣帝曰宰相用人毋計親疏竇易直爲宰相未嘗用姻戚使己才不足任天下重自宜引去尚公舉雖親何嫌用所長耳帝不欲大臣有黨故語兩與之俄以門下侍郎平章事爲西川節度使詔雲韶雅樂即臨皋館送之讓還門下侍郎乃檢校尚書左僕射始置䮐軍千匹又募銳士三千武備雄完武宗立召授右僕射會崔珙陳夷行以僕射爲宰相改檢校司空兼太子少師領河中節度使蒲津歲河水壞梁吏撤笮用舟邀丐行人固言至悉除之帝伐回鶻詔方鎮獻財助軍上疏固諫不從以疾復爲少師遷東都留守宣宗初還右僕射後以太子太傅分司東都卒年七十八贈太尉固言吃接賓客頗謇緩然每議論人主前乃更詳辯

李珏字待價其先出趙郡客居淮陰幼孤事母以孝聞甫冠舉明經李絳爲華州刺史見之曰日角珠廷非庸人明經碌碌非子所宜乃更舉進士高第河陽烏重胤表置幕府以拔萃補渭南尉擢右拾遺穆宗即位荒酒色景陵始復土即召李光顏子弈寧李愬于徐州期九月九日大宴羣臣珏與宇文鼎溫畬韋瓘馮約同進曰道路皆言陛下追光顏等將與百官高會且元朔未改陵土新復三年之制天下通喪今同軌之會適去遠夷之使未還遏密弛禁本爲齊人鐘鼓合饗不施禁內夫王者之舉爲天下法不可不慎且光顏愬忠勞之臣方盛秋屯邊如令訪謀猷付疆事召之可也豈以酒食之歡爲厚邪帝雖置其言然厚加勞遣鹽鐵使王播增茶稅十之五以佐用度珏上疏謂榷率本濟軍興而稅茶自貞元以來有之方天下無事忽厚斂以傷國體一不可茗爲人飲

與鹽粟同資若重稅之售必高其敝先及貧下二不可山澤之產無定數程斤論稅以售多爲利若價騰踊則市者稀其稅幾何三不可陛下初即位詔懲聚斂今反增茶賦必失人心帝不納方是時禁中造百尺樓土木費鉅萬故播亟斂陰中帝欲珏以數諫不得留出爲下邽令武昌牛僧孺辟署掌書記還爲殿中侍御史宰相韋處厚曰清廟之器豈擊搏才乎除禮部員外郎僧孺還相以司勳員外郎知制誥爲翰林學士加戶部侍郎始鄭注以醫進文宗一日語珏曰卿亦知有鄭注乎宜與之言珏曰臣知之姦回人也帝愕然曰朕疾愈注力也可不一見之注由是怨珏及李宗閔以罪去珏爲申辨貶江州刺史徙河南尹復爲戶部侍郎開成中楊嗣復得君引珏同中書門下平章事與李固言皆善三人者居中秉權乃與鄭覃陳夷行等更持議一好惡相影和朋黨益熾矣珏數辭位不許帝嘗自謂臨天下十四年雖未至治然視今日承平亦希矣珏曰爲國者如治身及身康寧調適以自助如恃安而

忽則疾生天下當無事思所關禍亂可至哉杜悰領度支有勞帝欲拜戶部尚書以問宰相陳夷行答曰恩權子奪願陛下自斷珏曰祖宗倚宰相天下事皆先平章故官曰平章事君臣相須所以致太平也苟用一吏勲一事皆決於上將焉用彼相哉隋文帝勞於小務以疑待下故二世而亡陛下嘗謂臣曰竇易直勸我凡宰相啓擬五取三二取一彼宜勸我擇宰相不容勸我疑宰相帝曰易直此言殊可鄙帝又語貞元初政事誠善珏曰德宗晚喜聚財方鎮以進奉市恩吏得賦外求索此其敝也帝曰人君輕所賦節所用可乎珏曰貞觀時房杜王魏爲文皇帝謀固此耳帝頗向納進封贊皇縣男始莊恪太子薨帝意屬陳王既而帝崩中人引宰相議所當立珏曰帝既命陳王矣已而武宗即位人皆爲危之珏曰臣下知奉所言安與禁中事帝新聽政珏數稱道無逸篇以勸時潞州劉從諫獻大馬滄州劉約獻白鷹珏請卻之以示四方遷門下侍郎爲文宗山陵使會秋大雨梓宮至安上門陷于濘不前罷

爲太常卿終以議所立貶江西觀察使再貶昭州刺史宣宗立內徙郴舒二州以太子賓客分司東都遷河陽節度使罷橫賦宿逋百餘萬以吏部尚書召珏去鎮而府庫十倍於初俄檢校尚書右僕射淮南節度使珏顧已大臣誼不以內外自異表請立皇太子維天下心江淮旱發倉廩賑流民以軍羨儲糓半價與人卒年六十九贈司空謚曰貞穆始淮南三節度皆卒於鎮人勸易署寢珏曰上命我守揚州是實正寢若何去之及疾亟官屬見卧內惟以州有税酒直而神策軍常爲豪商占利方論奏未見報爲恨一不及家事性寡欲早喪妻不置妾侍門無餽餉淮南之人德之珏已歿叩闕下願立碑刻其遺愛云

贊曰天子待宰相以不疑是矣雖然於賢不肖當別白分明乃可與言治文宗無知人之明但以不疑責宰相是時善惡混淆故黨人成於下主聽亂於上王室之衰由此爲之階劉向所云持不斷之慮者開羣枉之門殆文宗爲邪

崔珙其先博陵人父頲官同州刺史生八子皆有才世以擬漢荀氏八龍珙爲人有威重精吏治以拔萃異等累擢至泗州刺史由太府卿爲嶺南節度使入對延英文宗訪治撫後先珙對精亮有理趣帝咨嗟迓久時徐州以王智興後軍驕數犯法節度使高瑀未能制天子思材望威烈者檢革其弊見珙意慷慨又知治泗得士心即謂宰相曰欲武寧節度使者無易珙才更詔王茂元帥嶺南而以珙代瑀居二歲徐人戢畏入爲右金吾大將軍遷京兆尹會大旱奏析滻入禁中者取十九溉民田仇士良使盜擊宰相李石於親仁里迹出禁軍珙坐不能捕以爲負望少衰開成末累進刑部尚書諸道鹽鐵轉運使俄同中書門下平章事仍領鹽鐵即拜中書侍郎會昌二年進位尚書左僕射明年以兄琯喪被疾求解以所守官罷與崔鉉故有怨及鉉宰相代爲使即奏珙妄費宋滑院鹽鐵錢九十萬緍又劾與劉從諫厚數護其姦貶澧州刺史再斥恩州司馬宣宗立徙商州刺史以太子賓客分司東都起爲鳳翔節度使鉉復執政珙懼

以疾自乞方是時西戎歸故地邊奏係驛議所以綏接珙坐不自力避事下除太子少師分司東都就拜留守復節度鳳翔卒于官子涓性開敏爲杭州刺史受署未盡識卒史乃以紙各署姓名傅襟上過前一閱後數百人呼指無誤終御史大夫琯字從律珙兄舉進士賢良方正皆高第累辟諸使府入朝稍歷吏部員外郎李德裕任御史中丞引知雜事進給事中大和初持節宣慰盧龍使有指及興元殺李絳復往尉撫軍皆按堵還遷工部侍郎京兆尹宋申錫爲讒所危宦豎切齒時罕敢辨者琯與大理卿王正雅固請出獄付外與衆治之天下重其賢以尚書右丞出爲荊南節度使進左丞時弟珙任京兆尹並據顯劇勳世以爲榮俄判兵部西銓吏部東銓從東都留守以吏部尚書召辭疾不拜會昌中終山南西道節度使贈尚書左僕射琯行方介有器蘊人屬以爲相而卒不至當時共咨云弟璪璵尤顯璪位刑部尚書璵河中節度使璵子澹舉止秀峙時謂玉而冠者擢進士第累進禮部員外郎當時

士大夫以流品相尚推名德者爲之首咸通中世推李都爲大龍甲消豪放不得預雖自栁下惜不許而澹與焉終吏部侍郎子遠有文而風致整峻世慕其爲目白釘座衆言座所珍也乾寧中以兵部侍郎同中書門下平章事遷中書侍郎從遷洛罷爲尚書右僕射柳璨忌衣冠有望者貶爲白州長史被殺於白馬驛家没掖庭諸崔自咸通後有名歷臺閣藩鎮者數十人天下推士族之冠始其曾王母長孫春秋高無齒祖母唐事姑孝每旦乳姑一日病召長幼言吾無以報婦願後子孫皆若爾孝世謂崔氏昌大有所本云

蕭鄴字啓之梁長沙宣王懿九世孫及進士第累進監察御史翰林學士出爲衡州刺史大中中召還翰林拜中書舍人遷戶部侍郎判本司以工部尚書同中書門下平章事懿宗初罷爲荆南節度使仍平章事進檢校尚書左僕射徙劒南西川南詔內寇不能制下遷檢校右僕射山南西道觀察使歷戶部吏部二尚書拜右僕射還以平章事節度河東在官無足稱道卒

鄭肅字乂敬其先榮陽人以儒世家肅力于學有根柢第進士書判拔萃補興平尉累擢太常少卿博士有疑議往咨必據經條答文宗高擇魯王府屬肅以諫議大夫兼長史王爲皇太子遷給事中進尚書右丞出爲陝虢觀察使開成二年召拜吏部侍郎帝以肅嘗輔導東宮詔兼賓客爲太子授經既而太子母愛弛爲讒所乘廢斥有端肅因入見言天下大本不可輕動意致深切帝爲動容然內寵方煽太子終以憂死出爲檢校禮部尚書河中節度使武宗知太子無罪特困於讒而朝廷謂肅臨義不可奪侹侹有大臣節召爲太常卿遷山南東道節度使五年以檢校尚書右僕射同中書門下平章事與李德裕叶心輔政宣宗即位遷中書侍郎罷爲荆南節度使卒贈司空謚曰文簡子洎仕至州刺史洎子仁規仁表皆豪爽有文仁規位中書舍人

仁表累擢起居郎嘗以門閥文章自高曰天瑞有五色雲人瑞有

鄭仁表傲縱多所陵藉人畏薄之劉鄴未仕往謁洎而仁表等鄙詆其文鄴爲相因罪貶仁表死嶺外始鄴罷政事帝以盧商代之

商字爲臣蚤孤家窶困能以學自奮舉進士拔萃皆中由校書郎佐宣歙西川幕府入朝累十餘遷至大理卿爲蘇州刺史吏以鹽法求贏貲民愈困商令計口售鹽無常額人便之歲貲返增宰相上其勞進浙西觀察使召爲刑部侍郎京兆尹方伐潞芻糧踰太行餉軍環六七鎮詔商以戶部侍郎判度支又詔杜悰兼鹽鐵度支幷二使財以贍兵乃不乏出爲東川節度使以兵部侍郎還判度支擢中書侍郎同中書門下平章事范陽郡公大中元年春旱詔商與御史中丞封敖理囚繫於尚書省誤縱死罪罷爲武昌軍節度使以疾解拜戶部尚書卒

盧鈞字子和系出范陽徙京兆藍田舉進士中第以拔萃補秘書正字從李絳爲山南府推官調長安尉又從裴度爲太原觀察支使遷監察御史爭宋申錫獄知名進吏部郎中出爲常州刺史遷給事中有大詔令必反覆省審駮奏无私拜華州刺史關輔驛馬疲耗鈞爲市健馬率三歲一易自是無乏事擢嶺南節度使海道商舶始至異時帥府爭先往賤售其珍鈞一不取時稱絜廉專以清靜治蕃獠與華人錯居相婚嫁多占田營第舍吏或橈之則相挺爲亂鈞下令蕃華不得通婚禁名田產闔部肅壹無敢犯貞元後流放衣冠其子姓窮弱不能自還者爲營棺槥還葬有疾若喪則經給醫藥殯斂孤女稚兒爲立夫家以奉稟資助凡數百家南方服其德不懲而化又除采金稅華蠻數千走闕下請爲鈞生立祠刻石頌德鈞固辭以戶部侍郎召判戶部會昌中漢水害襄陽拜鈞山南東道節度使築隄六千步以障漢暴王師伐劉稹武宗以鈞寬厚能得衆詔兼節度昭義軍會稹死敕乘馹往進檢校兵部尚書專領昭義鈞及潞石雄兵已入而稹將白惟信率餘卒三千保潞城未下雄召之使往十餘輩皆死鈞次高平惟信獻款且曰不即降者畏石尚書爾鈞與約而遣方雄欲盡夷潞兵鈞不聽

坐治堂上左右皆雄親卒擊鼓傳漏鈞自居甚安雄引去乃召惟信至送闕下餘衆悉原俄而興士五千戍代北鈞坐城門勞遣惟家人以觀戍卒驕顧家屬不欲去酒酣反攻城迫大將李文矩爲帥鈞倉卒奔潞城文矩投地僵卧稍諭叛者衆乃悔服即相與謝鈞迎還府斬首惡乃定詔趣戍者行密使盡戮之鈞請徐乘其變而使者不發須報時戍人已去潞一舍鈞選牙卒五百壯騎百以騎載兵夜趨遅明至太平驛盡斬之即拜檢校尚書左僕射宣宗即位改吏部尚書會劉約自天平徙宣武未至暴死家僮五百無所仰衣食思亂乃授鈞宣武節度使人情妥然召入復爲吏部尚書遷檢校司空太子少師封范陽郡公節度河東大中九年召爲左僕射鈞宿齒數外遷而後來多至宰相始被召自以當輔政既失志故內怨望數移病不事事遨游林墅累日一還令狐綯惡之罷僕射以檢校司空守太子太師帝元日大饗含元殿鈞年八十升降如儀音吐鴻暢舉朝咨歎以鈞耆碩長者顧不任職斜綯爲

媢賢綱聞言于帝即以鈞同中書門下平章事爲山南西道節度使俄檢校司徒爲東都留守懿宗初復節度宣武辭不拜以太保致仕卒年八十七贈太傅謚曰元鈞與人交始若澹薄既久乃益固所居官必有績大抵根仁恕至誠而施於事玩服不爲鮮明位將相没而無贏財

盧簡方失其系世不知所以進盧鈞鎮太原表爲節度府判官會党項羌叛鈞使簡方督兵乘邊旁河相險集樹堡鄣自神山至鹿泉縣三百里邑過其衝賊不得騁候邏使之累遷江州刺史徙大同軍防禦使大開屯田練兵修關沙陀畏附擢義昌節度使入拜太僕卿領大同節度久之徙振武軍道病卒

韋琮字禮玉世顯仕琮進士及第稍進殿中侍御史坐訊獄不得實改太常博士擢累户部侍郎翰林學士承旨以中書侍郎同中書門下平章事遷門下侍郎兼禮部尚書無功罷爲太子賓客分司卒

周墀字德升本汝南人少孤事母孝及進士第辟湖南團練府巡官入爲監察御史集賢殿學士長史學屬辭高古文宗雅重之李宗閔鎮山南表行軍司馬閲歲召還大和末訓注亂政以黨語汙搢紳付名士分逐之獨墀雖嘗爲宗閔所禮不能以罪誣也遷起居舍人改考功員外郎兼舍人事帝御紫宸與宰相語事已或召左右史咨質所宜墀最爲天子欽矚俄知制誥入翰林爲學士武宗即位以疾改工部侍郎出爲華州刺史徙江西觀察使劾舉部刺史翦捕劇賊出兵戍彭蠡湖禁止剽刼進拜義成節度使封汝南縣男宿將暴驁不循令者墀命鞭其背一軍大治以兵部侍郎召判度支進同中書門下平章事遷中書侍郎建言故宰相德裕重定元和實録竄寄它事以廣父功凡人君尚不改史取必信也遂削新書河東節度使王宰重賂權幸求同平章事領宣武墀言天下大鎮如并汴者纔幾宰之求何可厭宣宗納之駙馬都尉韋讓求爲京兆持不與繇是妄進者少衰會吐蕃微弱以三州七關

自歸帝召宰相議河湟事墀對不合旨罷爲劍南東川節度使駙馬都尉鄭顥言于帝曰世謂墀以直言相亦以直言免帝悟加拜檢校尚書右僕射卒年五十九贈司徒

裴休字公美孟州濟源人父肅貞元時爲浙東觀察使劇賊栗鍠誘山越爲亂陷州縣肅引州兵破禽之自記平賊一篇上之德宗嘉美生三子休仲子也操守嚴正方兒童時兄弟偕隱家墅晝講經夜著書終年不出户有饋鹿者諸生共薦之休不食曰蔬食猶不足今一啖肉後何以繼擢進士第舉賢良方正異等歷諸府辟署入爲監察御史更內外任至大中時以兵部侍郎領諸道鹽鐵轉運使六年進同中書門下平章事即奏言宰相論政上前知印者次爲時政記所論非一詳己辭略它議事有所缺史氏莫得詳請宰相人自爲記合付史官詔可進中書侍郎大和後歲漕江淮米四十萬斛至渭河倉者纔十三舟檝僨敗吏乘爲姦冒没百端劉晏之法盡廢休分遣官詢按其弊乃命在所令長兼董漕褒

能者謫怠者由江抵渭舊歲率雇緡二十八萬休悉歸諸吏敕巡院
不得輒侵牟著新法十條又立稅茶十二法人以為便居三年粟
至渭倉者百二十萬斛无留壅時方鎮設邸閣居茶取直因視商
人它貨橫賦之道路苛擾休建言許收邸直毋擅賦商人又收山
澤寶治悉歸鹽鐵秉政凡五歲罷為宣武軍節度使封河東縣子
久之由太子少保分司東都復起歷昭義河東鳳翔荊南四節度
卒年七十四贈太尉休不為皦察行所治吏下畏信能文章書楷
遒媚有體法為人醞藉進止雍閑宣宗嘗曰休真儒者然嗜浮屠
法居常不御酒肉講求其說演繹附著數萬言習歌唄以為樂與
紇干泉素善至為桑門號以相字當世嘲薄之而所好不衰
劉瑑字子全高宗宰相仁軌五世孫第進士鎮國陳夷行表為判
官入遷左拾遺諫罷武宗方士言多懇愊大中初擢翰林學士宣
宗始復關隴裁處叢繁書詔夜數十雖挺筆遽成辭皆允切會伐
党項詔為行營宣慰使遷刑部侍郎乃裒彙敕令可用者由武德

訖大中凡二千八百六十五事類而析之參訂重輕號大中刑律
統類以聞法家推其詳繇河南尹進宣武軍節度使先時大饗雜
進倡舞瑑曰豈軍中樂邪取壯士千人被鎧擁矛盾習擊刺與吏
士臨觀又下令不何止夜行使民自便境內以安徙河東節度使
未幾以戶部侍郎召判度支始瑑在翰林帝素器遇至是手詔追
還外无知者既發太原人方大驚後請間帝視案上曆謂瑑為朕
擇一令日瑑跪曰其日良帝笑曰是日卿可遂相即詔同中書門
下平章事仍領度支嘗與崔慎由議帝前慎由請甄別流品瑑質
曰王夷甫相晉崇尚浮虛以述流品卒致淪夷今日不循名責實
使百吏各稱職而先流品未知所以致治也慎由不得對繇是罷
宰相俄而瑑大病加工部尚書拜臥內猶手疏陳政事居位半歲
卒年六十三贈尚書左僕射瑑以名節自將凡議論處事不私趨
於當乃止未嘗以言色借貴近與瑑同知政者夏侯孜孜字好學
亳州譙人累遷婺絳等州刺史繇兵部侍郎諸道鹽鐵轉運使為

同中書門下平章事仍領鹽鐵懿宗立進門下侍郎譙郡侯俄以
同平章事出為西川節度使召拜尚書左僕射還執政進司空為
真陵山陵使坐隧壞出為河中節度使猶同平章事初堂史署制
什孜懷中即死不數日孜罷咸通時蠻犯蜀深入士乏糧追責孜
治蜀無素備以太子少保分司東都卒
趙隱字大隱京兆奉天人祖植當德宗出狩變倉卒羽衛單寡朱
泚攻城急植率家人奴客以死拒守獻家財勞軍帝嘉之賊平渾
瑊引在幕府累擢鄭州刺史鄭滑節度使李融奏以自副融疾病
委以軍政大將宋朝晏火其營夜為亂植列卒不動須之遲明而
潰捕斬皆盡優詔嘉慰累擢嶺南節度使終于官父存約辟署興
元李絳府值軍亂方與絳燕閒吏報賊至絳麾存約使去對曰苟
公德厚詎不當獨免即部勒左右捍之而同被害隱以父死難與
兄騭廬墓幾十年闔門誦書不應辟召親友更敦勉令仕會昌中
擢進士第歷州刺史河南尹以兵部侍郎領鹽鐵轉運使咸通末

進同中書門下平章事遷中書侍郎封天水縣伯性仁悌不敢以
貴權自處始布衣時家無貲與騭同耕以養雖姻宗之富未嘗干
以財宦寖顯還家易衣侍左右由布衣也騭終宣歙觀察使既輔
政它宰相及百官皆詣第升堂慶母歲時公卿必參訊懿宗誕日宴
慈恩寺隱侍母以安輿臨觀宰相方率百官拜恩於廷即回班候
夫人起居搢紳以為榮後崔彥昭張濬當國皆有母遂踵其禮僖
宗初罷為鎮海軍節度使王郢之亂坐撫御失宜下除太常卿廣
明初為吏部尚書居母喪卒子光逢光裔光胤皆第進士歷臺省
華劇光逢尤規矱自持以中書舍人為翰林學士時光裔由膳部
郎中知制誥對掌內外命書士歆羨之
裴坦字知進隋勞州都督世節裔孫父乂福建觀察使坦及進士
第沈傳師表置宣州觀察府召拜左拾遺史館脩撰歷楚州刺史
令狐綯當國薦為職方郎中知制誥而裴休持不可不能奪故事
舍人初詣省視事四丞相送之施一榻堂上壓角而坐坦見休重

愧謝休勃然曰此令狐丞相之舉休何力顧左右索肩輿亟出省吏貽駭以爲唐興無有此辱人爲坦羞之再進禮部侍郎拜江西觀察使華州刺史召爲中書侍郎同中書門下平章事不數月卒坦性簡儉子娶楊收女齎具多飾金玉坦命撤去曰亂我家法世清其槩從子贄

贄字敬臣及進士第擢累右補闕御史中丞刑部尚書昭宗引拜中書侍郎兼本官同中書門下平章事尋兼戶部尚書帝疑其外風檢而暱帷薄遠問翰林學士韓偓偓曰贄咸通大臣坦從子內雍友合疏屬以居故臧獲猥衆出入无度殆此致謗言者帝每聞咸通事必肅然斂衽故偓稱之爲贄地帝幸鳳翔爲大明宮留守罷俄進尚書左僕射以司空致仕朱全忠將篡貶青州司戶參軍殺之

鄭延昌字光遠咸通末得進士第遷監察御史鄭畋鎮鳳翔表在其府黃巢亂京師畋倚延昌調兵食且諭慰諸軍畋再秉政擢司

勳員外郎翰林學士進累兵部侍郎兼京兆尹判度支拜戶部尚書以中書侍郎同中書門下平章事兼刑部尚書無它功以病罷拜尚書左僕射卒

王溥字德潤失其何所人第進士擢累禮部員外郎史館脩撰崔胤鎮武安表署觀察府判官胤不赴鎮溥留充集賢殿直學士御史中丞趙光逢奏爲刑部郎中知雜事昭宗蒙難東內溥與胤說衞軍執劉季述等殺之帝反正驟拜翰林學士戶部侍郎以中書侍郎同中書門下平章事判戶部不能有所裨益罷爲太子賓客分司東都未幾召拜太常卿工部尚書會朱温侵逼貶淄州司戶參軍賜自盡與裴樞等投尸于河

盧光啓字子忠不詳何所人第進士爲張濬所厚擢累兵部侍郎昭宗幸鳳翔宰相皆不從以光啓權惣中書事兼判三司進左諫議大夫參知機務俄拜兵部侍郎同中書門下平章事俄罷爲太子少保改吏部侍郎初光啓執政韋貽範蘇檢相繼爲宰相貽範字垂憲以龍州刺史貶通州檢爲洋州刺史二人奔行在貽範遷給事中用李茂貞薦閱旬爲工部侍郎同中書門下平章事判度支倚權臣恣驁不恭會母喪免踰月奪服不數月卒檢初拜中書舍人貽範薦於茂貞即拜工部侍郎同中書門下平章事茂貞與朱全忠通好乃求尚主取檢女爲景王妃以固恩帝還京師檢長流環州光啓賜死

列傳第一百七

畢崔劉陸鄭朱韓列傳第一百八

唐書一百八十三

端明殿學士兼翰林侍讀學士龍圖閣學士朝請大夫守尚書吏部侍郎充集賢殿脩撰臣宋祁奉

敕撰

畢諴字存之黃門監構從孫構弟栩生凌凌生匀世失官爲鹽佑匀生諴蚤孤夜然薪讀書毋衈其疲奪火使寐不肯息遂通經史工辭章性端慤不妄與人交大和中舉進士書判拔萃連中辟忠武杜悰幕府悰領度支表爲巡官又從辟淮南入拜侍御史李德裕始與悰同輔政不恊故出悰劒南東川節度使故吏惟諴餞訊如平日德裕忌之出爲慈州刺史累官駕部員外郎倉部郎中故事要家勢人以倉駕二曹爲辱諴沛然如處美官無異言宰相知之以職方郎中兼侍御史知雜事召入翰林爲學士党項擾河西宣宗嘗召訪邊事諴援質古今條破羌狀甚悉帝悦曰吾將擇能帥者孰謂頗牧在吾禁署卿爲朕行乎諴唯唯即拜刑部侍郎出爲邠寧節度河西供軍安撫使諴到軍遣吏懷諭羌人皆順向時戍兵常苦調饟乏諴募士置屯田歲收穀三十萬斛以省度支經費詔書嘉美俄徙昭義又遷河東河東尤近胡復脩杷頭七十烽謹候虜寇不敢入懿宗立遷宣武節度使召爲户部尚書判度支罷旋兼平章事節度河中卒年六十二諴於吏術尤所長既貴所得禄奉養護宗屬之乏無閒然始諴被知於宣宗嘗許以相令狐綯忌之自邠寧凡三徙不得還諴思有以結綯至太原求麗姝盛飾使獻綯曰太原於我無分今以是餌將破吾族矣不受使者留于郎諴亦放之太醫李玄伯者帝所喜以錢七十萬聘之夫婦日自進食得其歡心乃進之帝嬖幸冠後宮玄伯又治丹劑以進帝餌之疽生於背懿宗立收玄伯及方士王岳虞紫芝等俱誅死

崔彦昭字思文其先清河人淹貫儒術擢進士第數應帥鎮辟奏於吏治精明所至課最累進户部侍郎繇河陽節度使徙河東先

是沙陀諸部多犯法彦昭撫循有威惠三年境内大治耆老叩闕願留詔可僖宗立授兵部侍郎諸道鹽鐵轉運使俄同中書門下平章事仍判度支初楊收路巖韋保衡皆坐朋比賄賂得罪死蕭倣秉政矯革之而彦昭協力故百職脩舉察不至苛不六月遷門下侍郎帝因下詔暴收等過惡申勵丁寧以成其美彦昭雖宰相退朝侍母膳與家人齒順色柔聲在左右無違士人多其孝與王凝外昆弟也凝大中初先顯而彦昭未仕嘗見凝凝倨不冠帶嫚言曰不若從明經舉彦昭爲憾至是凝爲兵部侍郎母聞彦昭相敕婢多製履襪曰王氏妹必與子皆逐吾將共行彦昭聞之泣且拜不敢爲怨而凝竟免伶人李可及爲懿宗所寵橫甚彦昭奏逐死嶺南累拜兼尚書右僕射以疾去位授太子太傅卒

劉鄴字漢藩潤州句容人父三復以善文章知名少孤母病廢三復丏粟以養李德裕爲浙西觀察使奇其文表爲掌書記德裕三領浙西及劒南淮南未嘗不從會昌時位宰相擢三復刑部侍郎弘文館學士鄴六七歲能屬辭德裕憐之使與其子共師學德裕旣斥鄴無所依去客江湖閒陝虢高元裕表署推官高少逸又辟鎮國幕府咸通初擢左拾遺召爲翰林學士賜進士第歷中書舍人還承旨鄴傷德裕以朋黨抱誣死海上令狐綯久當國更數赦不爲還官爵至懿宗立綯去位鄴乃申直其寃復官爵世高其義進户部侍郎諸道鹽鐵轉運使以禮部尚書同中書門下平章事判度支僖宗嗣位再遷尚書左僕射初韋保衡路巖與鄴同秉政爲逰覩俄而蕭倣崔彦昭得相罷鄴爲淮南節度使同平章事黄巢方熾詔高駢代之徙節度鳳翔固辭還左僕射帝西狩追乘輿不及與崔沆豆盧瑑匿將軍張直方家賊捕急三人不肯臣俱見殺豆盧瑑者字希真河南人仕歷翰林學士户部侍郎與崔沆皆拜同中書門下平章事是日宣告于廷大風雷雨拔樹未幾及禍初咸通中有治歷者工言禍福或問比宰相多不至四五謂何答曰紫微方炎然其人又將不免後楊收韋保衡路巖盧攜劉鄴于

琮瑑與沆皆不得終云
陸扆字祥文宰相贄族孫客於陝遂爲陝人光啓二年從僖宗幸
山南擢進士第累進翰林學士中書舍人扆工屬辭敏速若注射
然一時書命同僚自以爲不及昭宗優遇之帝嘗作賦詔學士皆
和獨扆最先就帝覽之嘆曰貞元時陸贄吳通玄兄弟善內廷文
書後無繼者今朕得之始其舉進士時方遷幸而六月牓出至是
每甚暑它學士輒戲曰造牓天也以譏扆進非其時累爲尚書左
丞封嘉興縣男徙戶部侍郎同中書門下平章事故事自三省得
宰相有光署錢留爲宴資學士院未始有至扆送光院錢五十萬
以榮近司進中書侍郎判戶部嗣覃王以兵伐鳳翔扆諫曰國步
方安不宜加兵近輔必爲它盜所乘無益也且親王而屬軍事必
有後害帝顧軍興責扆沮撓貶峽州刺史師果敗久之授工部尚
書從天子自華州還以兵部尚書復當國封吳郡公天復初帝密
語韓偓曰陸扆裴贄孰忠於我偓曰扆等皆宰相安有它腸帝曰

外言扆不喜我復位元日易服奔啓夏門信不偓曰孰爲陛下言
此曰崔胤令狐渙偓曰設扆如是亦不足責且陛下反正扆素不
知謀忽聞兵起欲出奔耳陛下責其不死難則可以爲不喜乃讒
言也帝遂悟累兼戶部尚書帝至自鳳翔大赦天下諸道皆賜詔
獨不及李茂貞扆曰國西鳳翔爲最近迹其罪固不可赦然尚脩
職貢朝廷未之絕無宜於詔書有以異也始崔胤罷相扆代之胤
內怨望及是議以爲陰有黨附貶沂王傅分司東都胤死復授吏
部尚書從遷洛柳璨始附朱全忠謀去朝廷衣冠有望者貶扆濮
州司戶參軍殺之白馬驛年五十九扆初名允迪後改云
鄭綮字蘊武及進士第歷監察御史擢累左司郎中因寠甚丐補
廬州刺史黃巢掠淮南綮移檄請無犯州境巢笑爲斂兵州獨完
僖宗嘉之賜緋魚歲滿去贏錢千緡藏州庫後它盜至終不犯鄭
使君錢及楊行密爲刺史送都還綮王徽爲御史大夫以兵部郎
中表知雜事遷給事中杜弘徽任中書舍人綮以其兄讓能輔政

不宜處禁要上還制書不報輒移病去召爲右散騎常侍往往條
摘失政衆讙傳之宰相怒改國子祭酒議者不直復還常侍大順
後王政微綮每以詩謠託諷中人有誦之天子前者昭宗意其有
所蘊未盡因有司上班簿遂署其側曰可禮部侍郎同中書門下
平章事綮本善詩其語多俳諧故使落調世共號鄭五歇後體至
是省史走其家上謁綮笑曰諸君誤矣人皆不識字宰相亦不及
我史言不妄俄聞制詔下歎曰萬一然笑殺天下人既視事宗戚
諸慶搔首曰歇後鄭五作宰相事可知矣固讓不聽立朝偘然無
復故態自以不爲人所瞻望纔三月以疾乞骸拜太子少保致仕卒
朱朴襄州襄陽人以三史舉繇荊門令進京兆府司錄參軍改著
作郎乾寧初太府少卿李元實欲取中外九品以上官兩月俸助
軍興朴上疏執不可而止擢國子毛詩博士上書言當世事議遷
都曰古王者不常厥居皆觀天地興衰隨時制事關中隋家所都
我實因之凡三百歲文物資貨奢侈僭僞皆極焉廣明巨盜陷覆

宮闕局署帑藏里閈井肆所存十二比幸石門華陰十二之中又
亡八九高祖太宗之制蕩然矣夫襄鄧之西夷漫數百里其東漢
輿鳳林爲之關南菊潭環屈而流屬於漢西有上洛重山之險北
有白崖聯絡乃形勝之地沃衍之墟若廣浚漕渠運天下之財可
使大集自古中興之君去已衰之衰就未王而王今南陽漢光武
雖起而未王也臣視山河壯麗處多故都已盛而衰難可興已江
南土薄水淺人心囂浮輕巧不可以都河北土厚水深人心彊愎
狠戾不可以都惟襄鄧實惟中原人心質良去秦咫尺而有上洛
爲之限求無夷狄侵軼之虞此建都之極選也不報朴爲人木彊
無它能方是時天子失政思用特起士任之以中興而朴所善方
士許巖士得幸出入禁中言朴有經濟才又水部郎中何迎亦表
其賢帝召與語擢左諫議大夫同中書門下平章事以素無聞人
人大驚俄判戶部進中書侍郎帝益治兵所處可一委朴朴移檄
四方令近者出甲士資饋饟遠者以羨餘上後數月巖士爲韓建

所殺朴罷爲秘書監三貶郴州司户參軍卒與朴皆相者
孫偓字龍光父景商爲天平軍節度使偓第進士歷顯官以户部侍郎同中書門下平章事遷門下爲鳳翔四面行營都統俄兼禮部尚書行營節度諸軍都統招討處置等使始家第堂柱生槐枝朞而茂既而偓秉政封樂安縣侯與朴皆貶衡州司馬卒偓性通簡不矯飭嘗曰士苟有行不必以已長形彼短已清彰彼濁每對客奴童相詬曳仆諸前不之責曰若持怒心即自撓矣兄儲歷天雄節度使終兵部尚書
韓偓字致光京兆萬年人擢進士第佐河中幕府召拜左拾遺以疾解後遷累左諫議大夫宰相崔胤判度支表以自副王溥薦爲翰林學士遷中書舍人偓嘗與胤定策誅劉季述昭宗反正爲功臣帝疾宦人驕横欲盡去之偓曰陛下誅季述時餘皆赦不問今又誅之誰不懼死含垢隱忍須後可也天子威柄今散在方面若上下同心攝領權綱猶皆冀天下可治宦人忠厚可任者假以恩倖

使自翦其黨蔑有不濟今食度支者乃八千人公私牽屬不減二萬雖誅六七巨魁未見有益適固其逆心耳帝前膝曰此一事終始屬卿中書舍人令狐渙任機巧帝嘗欲以當國俄又悔曰渙作宰相或誤國朕當先用卿辭曰渙再世宰相練故事陛下業已許之若許渙可改許臣獨不可移乎帝曰我未嘗面命亦何憚偓因薦御史大夫趙崇勁正雅重可以準繩中外帝知偓崇門生也歎其能讓初李繼昭等以功皆進同中書門下平章事時謂三使相後稍稍更附韓全誨周敬容皆忌胤胤聞召鳳翔李茂貞入朝使留族子繼筠宿衛偓聞以爲不可胤不納偓又語令狐渙渙曰吾屬不惜宰相邪無衛軍則爲閹豎所圖矣偓曰不然無兵則家與國安有兵則家與國不可保胤聞憂未知所出李彦弼見帝倨甚帝不平偓請逐之赦其黨許自新則狂謀自破帝不用彦弼譖偓及渙漏禁省語不可與圖政帝怒曰卿有官屬日夕議事奈何不欲我見學士邪繼昭等飲殿中自如帝怒偓曰三使相有功不如厚與金帛官爵毋使豫政事今宰相不得顓決事繼昭輩所奏必聽它日遽改則人人生怨初以衛兵檢中人今敕使衛兵爲一臣竊寒心願詔茂貞還其衛軍不然兩鎮兵鬬闕下朝廷危矣及胤召朱全忠討全誨汴兵將至偓勸胤督茂貞還衛卒又勸表暴内臣罪因誅全誨等若茂貞不如詔即許全忠入朝未及用而全誨等已刼帝西幸偓夜追及鄠見帝慟哭至鳳翔遷兵部侍郎進承旨宰相韋貽範母喪詔還位偓當草制上言貽範處喪未數月遽使視事傷孝子心今中書事一相可辦陛下誠惜貽範才俟變縗而召可也何必使出衰冠廟堂入泣血柩側毁瘠則廢務勤恪則忘哀此非人情可處也學士使馬從皓逼偓求草偓曰腕可斷麻不可草從皓曰君求死邪偓曰吾職内署可默默乎明日百官至而麻不出宦侍合譟茂貞入見帝曰命宰相而學士不草麻非反邪艴然出姚洎聞曰使我當直亦繼以死既而帝畏茂貞卒詔貽範還相洎代草麻自是宦黨怒偓甚從皓讓偓曰南司輕北司甚

君乃崔胤王溥所薦今日北司雖殺之可也兩軍樞密以君周歲無奉入吾等議救接君知之乎偓不敢對茂貞疑帝間出依全忠以兵衛行在帝行武德殿前因至尚食局會學士獨在宮人招偓偓至再拜哭曰崔胤甚健全忠軍必濟帝喜偓曰願陛下還宮無爲人知帝賜以麪豆而去全誨誅宮人多坐死帝欲盡去餘黨偓曰禮人臣無將將必誅宮婢負恩不可赦然不三十年不能成人盡誅則傷仁願去尤者自内安外以静群心帝曰善崔胤請以輝王爲元帥帝問偓它日累吾兒否偓曰陛下在東内時天陰雺王聞鳥聲曰上與后幽困鳥雀聲亦悲陛下聞之惻然有是否帝曰然是兒天生忠孝與人異意遂決偓議附胤類如此帝反正勵精政事偓處可機密率與帝意合欲相者三四讓不敢當蘇檢復引同輔政遂固辭初偓侍宴與京兆鄭元規威遠使陳班並席辭曰學士不與外班接主席者固請乃坐既元規班至終絶席全忠胤臨陛宣事坐者皆去席偓不動曰侍宴無輒立二公將以我爲知

禮全忠怒偓薄己悻然出有譖偓喜侵侮有位胤亦與偓貳會逐王溥陸扆帝以王贊趙崇爲相胤執贊崇非宰相器帝不得已而罷贊崇皆偓所薦爲宰相者全忠見帝斥偓罪帝數顧胤胤不爲解全忠至中書欲召偓殺之鄭元規曰偓位侍郎學士承旨公無遽全忠乃止貶濮州司馬帝執其手流涕曰我左右無人矣再貶榮懿尉徙鄧州司馬天祐二年復召爲學士還故官偓不敢入朝挈其族南依王審知而卒兄儀字羽光亦以翰林學士爲御史中丞偓貶之明年帝宴文思毬塲全忠入百官坐廡下全忠怒貶儀棣州司馬侍御史歸藹登州司户參軍

贊曰懿僖以來王道日失厥序腐尹塞朝賢人遁逃四方豪英各附所合而奮天子塊然所與者惟佞愎庸奴乃欲鄣横流支已顛寧不殆哉觀綮朴輩不次而用捭豚臑拒貙牙趣亡而已一韓偓不能容况賢者乎

列傳第一百八

馬楊路盧列傳第一百九

唐書一百八十四

宋 祁 奉 敕 撰

馬植字存之鳳州刺史勛子也第進士又擢制策科補校書郎累壽州團練副使三遷饒州刺史開成初為安南都護精吏事以文雅緣飾其政清淨不煩洞夷便安羈縻諸首領皆來納款遣子弟詣府請賦租約束植奏以武陸縣為陸州即柬首領為刺史既而州部廢池珠復生以政最檢校左散騎常侍徙黔中觀察使會昌中召拜光祿卿遷大理植自以譽望在當時諸公右久補外還朝不得要官為宰相李德裕所抑內怨望宣宗嗣位白敏中當國凡德裕所不善悉不次用之故植以刑部侍郎領諸道鹽鐵轉運使遷戶部俄同中書門下平章事進中書侍郎初左軍中尉馬元贄最為帝寵信賜通天犀帶而植素與元贄善至通昭穆元贄以賜帶遺之它日對便殿帝識其帶以詰植植震恐具言狀於是罷為天平軍節度使既行詔捕親吏下御史獄盡得交私狀貶常州刺史以太子賓客分司東都起為忠武宣武節度使卒初植兼集賢殿大學士校理楊收道與三院御史遇不肯避朝長馮緘錄其騶僕辱之植怒奏言開元中麗正殿賜酒大學士張說以下十八人不知先舉者說以學士德行相先遂同舉酒今緘辱收與大學士等請斥之中丞令狐綯援故事論救宣宗釋不問因著令三館學士不避行臺自植始臺制三院還臺以一人為朝長云

楊收字藏之自言隋越國公素之裔世居馮翊父遺直德宗時以上書闕下仕為濠州錄事參軍客死姑蘇收七歲而孤處喪若成人母長孫親授經十三通大義善屬文所賦輒就吳人號神童里人多造門觀賦詩至壓敗其藩收嘲之曰爾非羝角者奚用觸吾藩切當率類此及壯長六尺二寸廣顙深頤蹻眉目寡言笑博學彊記至它藝無不通解貧甚以母奉浮屠法自幼不食肉約曰爾得進士第乃可食涔陽耕得古鐘高尺餘收扣之曰此姑洗角也既劀拭有刻在兩欒果然嘗言琴通黃鐘姑洗無射三均側出諸調由羅蔦附灌木然時有安洗者世稱善琴且知音收問五弦外其二云何洗曰世謂周文武二王所加者收曰能為文王操乎洗即以黃鐘為宮而奏之以少商應大絃收曰止如子之言少商武絃也且文世安得武聲乎洗大驚因問樂意收曰樂之亡久矣上古祀天地宗廟皆不用商周人歌大呂舞雲門以俟天神歌太蔟舞咸池以俟地祇大呂黃鐘之合陽聲之首而雲門黃帝樂也咸池堯樂也不敢用黃鐘而以太蔟次之然則祭天者圜鐘為宮黃鐘為角太蔟為徵姑洗為羽祭地者函鐘為宮太蔟為角姑洗為徵南呂為羽訖不用商及二少蓋商聲剛而二少聲下所以取其正裁其繁也漢祭天則用商而宗廟不用謂鬼神畏商之剛西京諸儒惑圜鍾函鍾之說故其自受命郊祀宗廟樂唯用黃鍾一均章帝時太常丞鮑業始旋十二宮夫旋宮以七聲為均均言韻也古無韻字猶言一韻聲也始以某律為宮某律為商某律為角某律為徵某律為羽某律少宮某律少徵亦曰變曰比一均成則五聲為之節族此旋宮也乃取律次之以示洗洗時七十餘以為未始聞而收未冠也以兄假未仕不肯舉進士既假褫褐乃入京師明年擢進士杜悰表署淮南推官悰領度支又節度劍南東西川輒隨府三遷宰相馬植表為渭南尉集賢校理議補監察御史收又以假方外遷誼不可先固辭植嗟美為止復為悰節度府判官蜀有可縣直嶲州西南地寬平多水泉可灌秔稻或謂悰計興屯田省轉饋以飽邊士悰將從之收曰田可致兵不可得且地當蠻衝本非中國今輟西南屯士往耕則姚嶲兵少賊得乘間若調兵捍賊則民疲士怨假令大穰繇得長驅是資賊糧豈國計耶乃止始周墀罷宰相節度東川表其弟嚴掌書記俄而墀卒悰辟為觀察使判官兄弟並在幕府未幾假自浙西判官擢監察御史而收亦自西川還兄弟同臺世榮其友以詳禮學改太常博士而嚴亦自揚州召為監察御史收因建言漢制總群官而聽曰省分務而專治曰寺太常分務專治者也所以藏天子之旂常今旂常因事飾隸太僕非是未及行以母喪免服除從淮南崔鉉府為支使還拜侍御史夏侯孜以宰相領度支引判度支按遷長安令懿宗時擢累中書舍人翰林學士承旨以中書侍郎同中書門下平章事始南蠻自大中以來火邕州掠交阯調華人往屯涉氛瘴死者十七戰無功蠻勢益張收議豫章募士三萬置鎮南軍以拒蠻悉教蹋張戰必注滿蠻不能支又峙食泛舟餉南海天子嘉其功進尚書右僕射封晉陽縣男既益貴稍自盛滿為夸侈門吏童客倚為姦中尉楊玄价得君而收與之厚收之相玄价實左右之乃招四方賕餉數干請收不能從玄价以負已大恚陰加毀短知政凡五年罷為宣歙觀察使不敢當兩使稟料但受刺史俸留公藏錢七百萬葺侈衛又劾收前用嚴譔為江西節度使受謝百萬及它隱盜明年貶端州司馬吏具大舟以須收不從曰方謫去可乎以二小舸趨官又明年流驩州俄詔內養追賜死收得詔謝曰輔政無狀固且死今獨一弟嚴以奉先人之祀使者能假須臾使秉筆乎使者從之收自作書謝天子丐弟嚴死奉先白後以書授使者即仰鴆死帝見書惻然乃有嚴坐收流死者十一人後三年詔追雪其罪復官爵子鉅鐸鉅乾寧初為翰林學士從入洛終散騎常侍鐸至戶部尚書收兄發字

至之登進士又中拔萃累官左司郎中宣宗追加順憲二宗尊號有司議改造廟主署新謚詔百官議發與都官郎中盧搏以為改作主求古無文執不可知禮者韙之改太常少卿為蘇州刺史治以恭長慈幼為先徙福建觀察使又以能政聞朝廷意有治劇才拜嶺南節度使承前寬弛發擿下剛嚴軍遂怨起為亂囚傳舍貶婺州刺史假字仁之仕終常州刺史收與兄弟護喪葬復師會者千人嚴字凜之舉進士時王起選士三十人而楊知至竇緘源重鄭朴及嚴五人皆世胄起以聞詔獨收嚴累遷至工部侍郎翰林學士收知政請補外拜浙東觀察使收貶嚴亦斥為邵州刺史徙吉王傅乾符中以兵部侍郎判度支卒子涉注涉昭宗時仕至吏部侍郎哀帝時進同中書門下平章事為人端重有禮法方賊臣陵慢王室殘蕩賢人多罹患涉受命與家人泣語其子凝式曰世道方極吾嬰網羅不能去將重不幸禍且累汝然以謙靖終免于禍注為翰林學士涉已相辭內職為戶部侍郎

路巖字魯瞻魏州冠氏人父群字正夫通經術善屬文性志純絜親歿終身不肉食累官中書舍人翰林學士承旨文宗優遇之居循循謙飭若不在勢位者所與交雖褐衣之賤待以禮始終一節巖幼惠敏過人及進士第父時故人在方鎮者交辟之久乃答懿宗咸通初自屯田員外郎入翰林為學士以兵部侍郎同中書門下平章事年三十六居位八歲進至尚書左僕射於是王政秕僻宰相得用事巖顧天子荒闇且以政委己乃通賂遺奢肆不法俄與韋保衡同當國二人勢動天下時目其黨為牛頭阿旁言如鬼陰惡可畏也既權侔則爭故與保衡還相惡俄罷巖為劍南西川節度使承蠻盜邊後巖力拊循置定邊軍於邛州扼大度治故關取壇丁子弟教擊刺使補屯籍由是西山八國來朝以勞遷兼中書令封魏國公始為相時委事親吏邊咸會至德令陳蟠叟奏書願請間言財利帝召見則曰臣願破邊咸家可佐軍興帝問咸何人對曰宰相巖親吏也帝怒斥蟠叟自是人無敢言咸乃與郭籌者相依倚為姦巖不甚制軍中惟邊將軍郭司馬酣妄給與以結士志嘗閱武都場咸籌莅之其議事以書相示則焚之軍中驚以有異圖恟恟遂聞京師巖坐是徙荊南節度使道貶新州刺史至江陵免官流儋州籍入其家巖體貌偉麗美須髯至江陵兩昔皆白捕誅咸籌等巖至新州詔賜死剔取喉上有司或言巖嘗密請三品以上得罪誅殛剔取喉驗其已死俄而自及

保衡者京兆人字蘊用父慤宣宗時終武昌軍節度使保衡咸通中以右拾遺尚同昌公主遷起居郎駙馬都尉主郭淑妃所生懿宗所愛而妃有寵故恩禮最異悉宮中珍玩資主之俄歷翰林學士承旨以兵部侍郎同中書門下平章事自尚主至是裁再期又進門下侍郎尚書右僕射性浮淺既恃恩據權以嫌愛自肆所悅即擢不悅擠之保衡舉進士王鐸第主禮部蕭遘同升以嘗薄于己皆見斥逐揚收傾路巖人益畏之主薨而寵遇不衰僖宗立進司徒俄為怨家白發陰罪貶賀州刺史再貶澄邁令遂賜死弟保乂自兵部侍郎貶賓州司戶參軍而劉瞻等坐主薨見貶者皆復起

盧攜字子升其先本范陽世居鄭擢進士第被辟浙東府入朝為右拾遺歷臺省累進戶部侍郎翰林學士承旨乾符五年進同中書門下平章事俄拜中書侍郎刑部尚書弘文館大學士攜姿陋而語不正與鄭畋俱李翺甥同位宰相然所處議多駁初王仙芝起河南攜表宋威齊克讓曾袞皆善將為招討使及威殺尚君長賊熾結益不制乃以王鐸鎮荊南為諸道都統攜不悅是時黃巢已破廣州勢張甚表求天平節度使詔宰相百官議攜素厚高駢屬令立功乃固不可巢請又欲激巢使戰而敗鐸因授率府率又徇駢與南詔和親與畋爭相恨詈繇是罷為太子賓客分司東都俄為兵部尚書會駢將張璘破賊帝復召攜以門下侍郎同平章事及鐸失守以駢代之即按關東諸將為鐸畋所任者悉易置內倚田令孜而外寄戎政於駢與奪惟所愛惡後病風足蹇神智瞑塞事多決於親吏楊溫李脩賄賂顯行及巢破淮南璘戰死忠武兵亂天下危懼人皆咎攜始下詔以巢為天平節度使詔下賊已破潼關明日以太子賓客罷分司東都是夜仰藥死巢入京師斲棺磔尸於長安市子晏天祐初為河南尉柳璨殺之

贊曰盧攜之敗王鐸私高駢賊遂卷咸鎬而西易若舉毛可謂朝無人焉唐將亡攜為之鴟梟宜天之假手於賊而磔其枯胔也

馬楊路盧列傳第百九

鄭畋字台文系出滎陽父亞字子佐爽邁有文舉進士賢良方正書判拔萃三中其科李德裕為翰林學士高其才及守浙西辟署幕府擢監察御史李回任中丞薦為刑部郎中知雜事拜給事中德裕罷宰相出為桂管觀察使坐吳湘獄不能直冤貶循州刺史死于官畋舉進士時年甚少有司上第籍武宗疑索所試自省乃可奏為宣武推官以書判拔萃擢渭南尉父喪免宣宗時白敏中令狐綯繼當國皆怨德裕其賓客並廢斥故畋不調幾十年外吏帥鎮幕府綯去位始為虞部員外郎右丞鄭薰詆畋罪不可任郎官出之久乃入為刑部員外郎劉瞻為宰相薦授戶部郎中入翰林為學士俄知制誥會討徐州賊龐勛書詔紛委畋思不淹晷成文粲然無不切機要當時推之勛平以戶部侍郎進學士承旨瞻以諫迕懿宗賜罷畋草制書多褒言韋保衡等怨之以為附下罔上貶梧州刺史僖宗立內徙郴絳二州以右散騎常侍召還故事兩省轉對延英獨常侍不與畋建言宜備顧問詔可遂著于令以兵部侍郎進同中書門下平章事故時宰相騶哄聯數坊呵止行人畋敕道者止百步禁百官僕史不得擅至宰相府及廣邕南兵舊取嶺北五道

米往餉之船多敗沒畋請以嶺南鹽鐵委廣州節度使韋荷歲煑海取鹽直四十萬緡市虔吉米以贍安南罷荊洪等漕役軍食遂饒後以王師甫為嶺南供軍副使師甫請兼總兵而歲加獻錢二十萬緡畋曰苟且有功而師甫以利啖朝廷謀奪其兵不可寵之再遷門下侍郎封滎陽郡侯以星變求去位不許乾符六年黃巢勢浸盛據安南騰書求天平節度使帝令群臣議咸請假節以紓難畋欲因授嶺南節度使而盧攜方倚高駢使立功乃曰駢才略無雙淮南天下勁兵又諸道之師方至蕞爾賊奈何捨之令四方解體邪畋曰不然巢之亂本於饑其衆以利合故能興江淮根蔓天下國家久平士忘戰所在閉壘不敢出如以恩釋罪使及歲豐其下思歸衆一離即巢机上肉耳法謂不戰而屈人兵也今不伐以謀而怖以兵恐天下豪桀未艾也僕射于琮言南海以寶產富天下如與賊國藏竭矣天子內亦屬駢乃然攜議畋曰安危屬吾等而公倚淮南用兵吾不知所稅駕會駢奏南蠻方彊請如西戎以公主下嫁攜又議從之畋以為損國威靈不可即抗論至相詬媢攜怒拂衣去裾罥於硯因抵之帝以大臣爭口語無以示百官乃俱罷以畋為太子賓客分司東都俄召拜吏部尚書明年為鳳翔隴西節度使募銳兵五百號疾雷將境中盜不敢發發輒得會巢陷東都遣兵戍京師以家財勞行妻

自紉戎衣給戰士帝出梁洋畋上謁斜谷泣曰將相負國臣請死以懲無狀帝勞遣之且曰公謹扼賊衝無令得西向畋曰方艱虞時事有機急不可中覆請便宜從事臣當以死報國帝曰利社稷無不可畋還悉士卒繕器械濬城隍使于梁者道相屬俄而賊使至諸將皆欲附賊畋開諭不可即悉出金帛請得脫身去復不聽而使以偽赦令示軍中乃去明日詔使至畋召監軍袁敬柔以逆順曉諸將乃聽命刺血以盟畋遣子凝績從帝有詔進同中書門下平章事賊將又至畋斬于東餘黨數百人皆捕誅之遷檢校尚書右僕射西面行營都統軍中承制除拜乃以前靈武節度使唐弘夫為行軍司馬中和元年賊將王璠率衆二萬來攻畋使弘夫設伏以待璠內輕畋儒柔縱步騎鼓而前畋以銳卒數千當賊疏陣而多旗幟乘高伐鼓賊不測衆寡陣未整伏發衆皆奮日暮軍四合鏖戰龍尾坡殺賊二萬級積尸數十里多獲鎧仗璠遁去為璠子斬之威動京師時諸鎮兵在寰內尚數萬無所歸畋招來之厚加慰結乃與涇原程宗楚秦州仇公遇鄜延李孝恭夏州拓拔思恭約盟傳檄天下時王命不出劍門四方謂王室微不能復興及畋檄至遠近感聳各治兵思立功奔問行在巢大懼不敢西謀當此時微畋天子幾殆帝聞捷曰朕知畋不盡儒者之勇乃爾弘夫取咸陽以桴濟兵渭水賊伏甲偽

走弘夫與宗楚乘勝入都門為賊所覆畋數敕毋輕進二人不聽果敗以鄜夏兵屯東渭橋冊進司空兼門下侍郎京城四面行營都統賜御袍犀帶拜而不賀行軍司馬李昌言者屯興平遣麾下求為南面都統輒引兵趨府畋不意負囊登城好語曰吾方入朝公能戢兵愛人為國滅賊乎能則守此矣遂委軍去昌言自為留後衞畋出境既半道內慙負即辭疾詔授太子少傅分司東都使醫於興元明年召至行在以王鐸將兵復拜畋司空門下侍郎平章事軍務一以咨決興州戍將孫鄴坐贓抵死畋奏言方關輔失守鄴護褒斜有功請免死陳秋兒保嵯峨山拒賊農不廢耕請以檢校散騎常侍隸奉天軍制皆可舊制使府校書郎以上滿三歲遷監察御史裏行至大夫常侍滿二十月遷雖節度兼宰相亦不敢越自軍興有歲內數遷者畋以為不可請行營節度錄衆行至大夫許滿二十月遷校書郎以上滿二歲乃奏非軍興者如故事從之時田令孜恃權有所干請畋不應陳敬瑄欲以官品居宰相上畋曰外宰相安得論品乎卒不肯處其下令孜敬瑄內常銜之賊平帝將還而李昌言自以襲畋而奪之鎮今畋當國內不喜故三人相結而遣客上畋過咎帝得其情不許畋乃引疾去位入見帝曰乘輿東還縣大散關幸鳳翔供張頓峙一委昌言乃可安臣若以宰相從彼且猜阻非所以靖反側

也請以散官養疾或群臣有疑頗出臣章示之使知天子於臣無纖芥者帝以其誠乃授檢校司徒太子太保罷政事以凝績為壁州刺史留養從龍州卒年六十三贈太尉後帝思畋忠力又贈太傅凝績數歲亦卒始李茂貞以博野神將戍奉天畋召隸麾下委以游邏厚禮之茂貞感其飾擢及畋還葬鄭表為請謚曰文昭天復初與李忠恭配饗僖宗廟建又贈宗楚弘夫官畋為人仁恕姿采如峙玉凡與布衣交至貴無少易鄭殺者董子也方畋秉政擢為給事中至侍郎其徇死類如此巢之難先諸軍破賊雖功不終而還相天子坐籌帷幄終能復國云

王鐸字昭範宰相播昆弟子也會昌初擢進士第累遷右補闕集賢殿直學士白敏中辟署西川幕府咸通後仕寖顯歷中書舍人禮部侍郎所取多才實士為世稱挹拜御史中丞以戶部侍郎判度支十二年繇禮部尚書進同中書門下平章事加門下侍郎尚書左僕射超拜司徒韋保衡緣恩倖輔政始由鐸得進士故謹事之雖竊政權將大斥不附者病鐸持其事不得肆搢紳賴焉鐸亦上疏祈解乃以檢校左僕射出為宣武節度使僖宗初以左僕射召始鐸當國練制度智慮周密時論推允會河南盜起天下跂鐸入輔又鄭畋數言其賢復拜門下侍郎平章事乾符六年賊破江陵宋威無功諸將觀望不進天下大震朝廷議置統帥鐸因請自率諸將督群盜帝即以鐸為侍中荊南節度使諸道行營都統封晉國公綏納流冗葺兵事完器鎧武備張設以李係者西平王晟諸孫敏辯善言兵然中無有鐸信之舉為將分精兵使守湖南俄而賊掠廣州鼓而北係望風未戰輒潰鐸退營襄陽於是以高駢代之貶太子賓客分司東都未幾召拜太子少師從天子入蜀拜司徒門下侍郎平章事加侍中復以太子太保平章事是時誅討大計悉屬駢駢內幸多難數偃蹇而外逗撓鐸感慨王室每入對必噫嗚流涕固請行時中和二年也乃以檢校司徒中書令為義成節度使諸道行營都統判延資戶部租庸等使於是表崔安潛自副鄭昌圖裴贄袁樞王摶等在幕府以周岌王重榮諸葛爽康實安師儒時溥六節度為將佐而中尉西門思恭為監軍率衛兵自梁蜀師三萬壁盩厔移檄天下先是諸將雖環賊莫肯先及鐸檄至號令肅然士氣皆起爭欲破賊故巢戰數敗宦人田令孜策賊必破欲使功出於己乃構鐸於帝罷為檢校司徒以義成節度還屯鐸功危就而讒見奪然卒因其勢困賊後數月復京師策勳居闕東諸鎮第一四年徙義昌節度使鐸世貴出入裘馬鮮明妾侍且衆過魏樂彥禎子從訓心利之李山甫者數舉進士被黜依魏幕府內樂禍且怨中朝大臣導從訓以詭謀使伏兵高雞

泊劫之鐸及家屬吏佐三百餘人皆遇害朝廷微弱不能治其冤天下痛之弟鐐累官汝州刺史乾符中王仙芝來攻鐐拒之自督男士與別將董漢勳守南北門城陷漢勳力戰死鐐貶韶州司馬終太子賓客

王徽字昭文京兆人第進士授校書郎沈詢判度支徐商領鹽鐵皆辟署使府始宣宗詔宰相選可尚主者或以徽聞徽本澹聲利聞不喜往見宰相劉瑑曰徽年過四十又多病不應在選瑑為言乃罷能從令狐綯署宣武淮南掌書記召授右拾遺書三十餘上言無回忌公議浩然歸重徐商罷政事守江陵亦欲表徽在幕府恐其不樂外忍不言徽自往曰公知徽安得不從商大喜表為殿中侍御史署節度府判官御史中丞高湜薦知雜事進考功員外郎故事考簿以朱注上下為殿最歲久易漫吏輒竄易為姦徽始用墨姦遂絕妻欺擢翰林學士廣明元年盧攜罷宰相以徽為戶部侍郎同中書門下平章事是日黃巢入關僖宗西狩冒夜出徽與崔沆豆盧瑑僕射于琮詰朝乃知追帝不及墮崖巇間為賊所執迫還將汙以官徽陽瘖不答以刃環脅卒不動賊令歸第使醫護視久之守者懈乃奔河中裂縑書章遣人間走蜀詔拜兵部尚書京城四面宣慰催陣使昭義高潯與賊戰石橋敗績其將劉廣擅還據潞州別將孟方立殺廣因取邢洺磁三州貳于己昭義所隸唯澤一州帝以兵部侍郎鄭昌圖權守潞士心多附方立昌圖不能制朝議以大臣鎮撫即授徽檢校尚書左僕射同中書門下平章事領昭義節度使是時李克用亦爭澤潞徽商朝廷力未能以兵抗之奉表固辭詔可更為諸道租庸供軍使因說行營都監楊復光請赦沙陀罪令赴難其夏沙陀會諸軍遂平京師徽助為多遷右僕射大亂之後宮觀焚殘園陵皆發掘徽為幷莽乘輿未有東意詔徽充大明宮留守京畿安撫制置脩奉使徽外調兵食內撫綏流亡踰年稍稍完聚興復殿寢裁制有宜即奉表請帝東還又進檢校司空御史大夫仍權京兆尹宦豎要家爭遣人治第侵冒齊民訟訴滿前徽不屈勢倖一平以法繇是為帝左右所憎以其黨薛杞為少尹輕其權杞方居喪徽奏止不使到府衆忿共譖罷徽令赴行在俄授太子少師徽遂移疾河中滿百日免帝還京師復申前授稱疾不任奉謁宰相疾其怨望貶集州刺史會帝避沙陀出次寶雞帝令徽無罪拜吏部尚書封琅邪郡侯未行而嗣襄王熅作亂帝進次漢中熅逼召徽以疾自言及熅僭號迫署自作誓牒徽託手弱卒不肯署熅平帝至鳳翔召徽為御史大夫固辭足疾復拜太子少師昭宗立見便殿進對詳洽帝顧宰相曰徽神氣尚彊可用乃復授吏部尚書是時銓選失序吏肆為姦補調重複不可檢徽為手籍一驗實之遂無姦滯進

右僕射大順元年卒贈司空謚曰貞譜言其先本魏諸公子秦滅魏至漢從
關中覇陵以其故王家號爲王氏十卅祖羆仕周爲同州刺史死葬咸陽鳳政
原子孫因家杜陵曾祖擇從昆弟四人曰易從朋從言從皆擢進士第至鳳
閣舍人者三人故號鳳閣王氏自是訖大中時登進士者十八人位臺省牧
守者三十餘人徽有雅望拜宰相一日而京師亂故其設施無可道者

韋昭度字正紀京兆人擢進士第踐歷華近累遷中書舍人僖宗西狩以兵
部侍郎翰林學士承旨從未幾同中書門下平章事還京授司空再狩山南
還次鳳翔李昌符亂與替卒昭度質家族於禁軍誓共討賊士感動乃平昌
符遷太保兼侍中昭宗即位守中書令封岐國公閬州刺史王建攻陳敬瑄
於成都以昭度爲西川節度使敬瑄不內詔東川顧彥朗與建合兵以討拜
昭度兼行營招撫使乃建幢節行城下諭其衆曰毋久閉壘敬瑄遣人詈曰
鐵券先帝所命若何違之淹半歲始拔漢州建紿昭度曰公暴師遠出事蠻
夷地方山東兵連禍結朝廷不能治腹心疾也宜亟還定之敬瑄小醜當責
建等可辦昭度信之請還未半道建以重兵守劍門急攻成都因敬瑄自稱
留後罷昭度爲東都留守杜讓能既被害以司徒門下侍郎復爲平章事進
太傅王行瑜求爲尚書令昭度建言太宗由是即位後人臣無復拜者郭子

儀有大功嘗授之固辭免況行瑜乎乃更號尚父行瑜怨會用李磎輔政而
崔昭緯密語行瑜曰前公已爲尚書令昭度持不可今又引磎叶力此姦人
務立黨與惑上聽恐事復有如杜太尉時行瑜乃與李茂貞數上書譏詆朝
政昭度懼稱疾罷爲太傅致仕行瑜茂貞韓建連兵至闕下言昭度伐蜀失
謀請貶之未及報而行瑜收昭度於都亭驛殺之天子不得已下詔暴其罪
行瑜誅乃追復官爵許其家收葬贈太尉

張濬字禹川本河間人性通脫無檢汎知書史喜高論士友擯薄之不得志
乃羸服屛居金鳳山學從橫術以捭闔干時樞密使楊復恭遇之以處士薦
爲太常博士進度支員外郎黃巢之亂稱疾挾其母走商山僖宗西出衞士
食不給漢陰令李康獻糗餌數百馱士皆飫給帝異之曰爾乃及是乎對曰
臣安知爲此張濬教臣也乃急召濬至行在再進諫議大夫宰相王鐸任行
營都統奏署都統判官時王敬武在平盧軍最彊衆不肯應濬往說之而
敬武已臣賊不迎使者濬責之曰公爲天子守藩今使者齎詔至不北面俯
伏而敢侮慢公乃未識君臣大分何以長吏民哉敬武慚眙愧謝濬宣詔已
士按兵默默濬召將佐至鞠場倡言忠義之士當審利害黃巢販鹽虜耳捨
天子而臣之何利邪今諸侯勤王者踵相接公等獨一州以觀成敗後賊平

將安往誠能此時共誅大盜迎天子功名富貴可反手而取吾憐公等捨安
而蹈危也諸將雜然曰諫議語是敬武即引軍從濬西擢濬爲會軍使賊平
以戸部侍郎判度支後再狩山南拜同中書門下平章事乃判度支濬始以
復恭進復恭中失權更依田令孜故復恭銜之及爲中尉數被離間昭宗即
位復恭恃援立功專任事帝稍不平當時多言濬有方略善處大計乃復見
委信嘗問致治之要對曰在彊兵兵彊天下服矣天子繇是甘心於武功後
與論古今事濬輒曰漢晉之遂無可道陛下春秋鼎富英資特內偪宦臣
外迫彊臣故不能安此臣所以痛心而泣血也是時朱全忠威振關東而安
居受殺李克恭以潞州歸全忠全忠乃與幽州李匡威雲州赫連鐸上言先
帝幸梁繇李克用與朱玫連和請舉兵誅之願帥兵爲掎角帝詔文武四品
以上議皆言王室未寧雖得太原猶非所有濬固爭先帝時身播乜亂蓋克
用全忠不相下也請因其弱討之斷兩雄勢帝曰平巢克用功第一今乘危
伐之天下其謂我何久不決孔緯曰濬言萬世之利陛下所顧一時事爾臣
見師度河賊必破今軍中費尚足支數年幸聽勿疑既濬緯相倡和帝乃決
出師詔濬爲河東行營兵馬招討制置使京兆尹孫揆爲昭義節度使副之
韓建爲供軍使以全忠匡威鐸並爲招討使樞密使駱全瓘爲行營都監以

汴甲三千爲帳下發五十二軍邠寧鄜夏雜虜合五萬帝置酒安喜樓臨餞
濬飲酣泣下曰陛下偪於賊臣願以死除之復恭聞不懌率中尉等餞長樂
坂以酒屬濬濬不肯舉是役也濬外幸成功而內制復恭故銜之先是汴華
邠岐兵地河會晉陽汴將朱崇節已戍潞濬慮汴人遂據有之乃令揆分兵
趨潞以中人韓歸範持節護送至軍會太原將李存孝方攻潞揆至長子爲
存孝所禽汴人亦棄城去濬次陰地關諸軍壁平陽存孝擊之皆大北委伏
械去濬斂衆夜遁比明軍失太半存孝進掠晉絳慈隰其鋒甚盛濬間道出
王屋奔河清捋而濟麾下略盡全瓘飲藥死建遁去克用上書請罪其辭侍
慢因韓歸範以聞朝廷震動即日下詔罷濬爲武昌軍節度使三貶繡州司
戸參軍全忠爲申請詔聽使便濬乃至藍田依韓建及韋昭度死復用緯爲
宰相故濬亦拜兵部尚書領天下租庸使將復用克用上言若朝以濬爲相
暮請以兵見乃止乾寧中罷使拜尚書右僕射上疏乞骸骨還左僕射致仕
居洛長水墅雖自屛斂然朝廷得失時時言之劉季述亂濬徒步入洛泣諭
張全義并致書諸藩請謀王室之難王師範起兵青州欲取濬爲謀主不克
全忠脅帝東遷濬聞曰乘輿卜洛則大事去矣蓋知其將篡也全忠畏濬構
它鎮兵使全義遣牙將如盜者夜圍墅殺之屠其家百餘人實天復二年十

二月始濬素厚永寧吏葉彥彥知其謀以告濬子格濬度不免父子相持泣
曰留則俱死不如去以存吾嗣格拜而辭彥率士三十人送之泝漢入蜀後
事王建少子播間道走淮南依楊行密時行密得承制除拜播請每除吏必
紫極宮玄宗像前致制誥于按乃出之示不忘朝廷且欲雪家冤而不克終
廣陵

贊曰唐之季嗣君暗庸天殲其德久矣纖人柄朝厥謀不垂如畋鐸皆社稷
之才當大過之世為天下唱扶支王室幾致中興俄而為孽豎亂官所乘
功業無所成就濬以亂上亂悖繆慇悲夫

鄭二王韋張列傳第一百一十

宋祁奉敕撰

周寶字上珪，平州盧龍人。曾祖待選為曹城令，安祿山反，率縣人拒戰死之。祖光濟事平盧節度希逸為牙將，每戰得攻曹城者必手屠之，歷左贊善大夫，從李洧以徐州歸天子。父懷義通書記，擢累檢校工部尚書、天德西城防禦使，以從城事不為宰相李吉甫所助，以憂死。寶籍蔭為千牛備身，天平節度使與俱，寶為懷義參軍，寶從之為部將。會昌時，選方鎮才校入宿衛，與高駢皆隸右神策軍，歷良原鎮使，以善擊毬俱補軍將。駢以兄事寶。寶彊毅，未嘗詘意於人，官不進，自請以毬見，武宗稱其能，擢金吾將軍。以毬喪一目，進檢校工部尚書、涇原節度使，務耕力，聚糧二十萬斛，號良將。黃巢據宣歙，從寶鎮海軍節度兼南面招討使。巢閒出采石，略揚州。僖宗入蜀，加檢校司空。時群盜所在蟻結，柳超據常熟，王敖據昆山，王騰據華亭，宋可復據無錫。寶練卒自守，發杭州兵戍縣鎮，判八都：石鏡都董昌主之，清平都陳晟主之，於潛都吳文舉主之，鹽官都徐及主之，新登都杜稜主之，唐山都饒京主之，富春都文禹主之，龍泉都凌文舉主之。中和二年，進同中書門下平章事，兼天下租庸副使，封汝南郡王。寶和裕喜接士，以京師陷賊，將起難，益募兵，號後

樓都。明年，董昌據杭州，柳超自常熟入睦州，刺史韋諸殺之。四年，餘杭鎮使陳晟攻諸，諸以州授晟。寶子璵統後樓都，厚給不能馭軍，部伍橫肆，寶亦稍惑色，不卹事，以婿楊茂實為蘇州刺史，重斂，人不聊。田令孜以趙載代之，茂實不受命，寶表留，不聽，乃殘郛署，浮堀牖去。詔以王蘊代載，載留潤州。初，鎮海將張郁以擊毬事寶。光啓初，劇賊剽昆山，寶遣郁鎮兵三百戍海上，郁醉而叛。王蘊謂州兵還休，不設備，郁遂大掠，蘊嬰城守。寶遣將拓拔從討定之。郁保常熟，因攻常州，刺史劉革迎降，張稍集衆。寶遣將丁從實督兵攻之，郁走海陵，依鎮遏使高霸，霸從實遂據常州。及董昌從義勝軍節度使，寶承制擢杭州都將錢鏐領州事。宣州賊李君旺陷義興，守之。是時右散騎常侍沈詢使至江南，負田令孜勢，震暴州縣。嗣襄王下令搜令孜黨，寶收詢及趙載殺之。高駢領鹽鐵，辟寶子信為支使，寶亦表駢從子在幕府。駢為都統，寢不禮寶，寶銜之。帝在蜀，淮南絕貢賦，讒言道斷，西為寶劃阻，帝知其誣，不直駢，自是顯隙。駢出屯東塘，約西取京師，寶嘗將赴之。或曰：「高氏欲圖公地。」寶未信。駢遣人請會金山，謀執寶。寶答曰：「平時且不聞境上會，況上蒙塵，宗廟焚辱，寧高會時耶？我非李康，不能為人作功勳欺朝廷也。」駢遣人切讓，寶亦詬絕之。會部將劉浩、刁頵與度支催勘使、太子左庶子薛朗叛寶，寶夜奔，外兵格鬭，火照城中，寶驚出，諭曰：「爲吾用則吾兵，否則寇也。六州皆我鎮，何往不適。」乃自青陽門出奔，士大掠，官屬貲縉、陸鍔、田倍皆死。浩奉朗領府事。寶至奔牛埭，駢饋以齏葛，諷其且亡也。寶抵于地曰：「公有呂用之難方作，無誚我。」即奔常州依丁從實，召後樓都，無一士至者。錢鏐遣杜稜、成及攻薛朗，稜子建徽攻從實，親書言迎寶，擊破賊君旺，取船八百艘，遂圍常州。從實奔海陵，鏐具櫜鞬迎寶，舍樟亭，未幾殺之。不淹月，而駢為畢師鐸所囚。寶死，年七十四，贈太保。鏐以杜稜守常州。文德元年，拔潤州，劉浩亡，不知所在，執朗，剖其心祭寶，使阮結守潤州。楊行密殺高霸，而張郁、丁從實皆死。初，黃巢平，時溥遣小史李師悅上符璽，拜湖州刺史。昭宗時，還忠國軍節度使。董昌反，師悅連和，與鏐有隙，而結好於行密。安仁義攻潤州，復助之。乾寧三年卒，子繼徽代，以地附行密。其將沈攸謂不可，繼徽乃奔揚州。陳晟據睦州十八年死，弟詢代立，畏鏐忌己，因徐綰亂，與田頵通。鏐割桐廬隸杭州，詢遂絕鏐，攻成溪。鏐使方永珍擊詢。天祐元年，行密遣將闕暉、陶雅救之，執鏐弟鎰、大將王求、顧全武等。未幾，鏐將楊習攻婺州，詢乃奔楊渥，渥以金師會守之。及鏐破衢州，師會走，鏐取其地。

王處存，京兆萬年人。世籍神策軍，家勝業里，為天下高貲。父宗，巧射利，侈靡自奉，僮千人，以此奮，官累除檢校司空、金吾大將軍，遙領興元節度使。

處存自右軍鎮使，歷檢校刑部尚書、定州制置使，累遷義武節度使。黃巢陷京師，處存號哭，不俟詔，分麾下兵二千間道至山南衛乘輿，外約王重榮連盟，進屯渭橋，而涇州行軍司馬唐弘夫亦屯渭北。詔處存檢校尚書右僕射，督戰，俄拜東南面行營招討使。中和二年，授京城東面都統。每痛國難未夷，語輒流涕，軍中多處存義，愈為之用。素善李克用，又故婚好，遣使十輩曉譬，迎勸卒共平京師。王鐸差興復功，以勤王舉義，處存為第一；收城破賊，克用為第一。遷檢校司空，復出兵三千屬大張公慶，會諸軍捕巢泰山，滅之。進檢校司徒、同中書門下平章事。田令孜討王重榮，徙處存節度河中，上書言重榮有大功，不可改易，搖諸侯之心，不納。趣上道，軍次晉州，刺史冀君武閉門不內，而重榮拒詔，處存臨事通便宜，有大將風。幽、鎮兵悍馬彊，其地埶也，而易定介於其間，侵軼歲至。及李匡威得志，謀并取之。處存善脩鄰驩，內撫民有恩，痛折節下賢，協穆太原以自助，遠近同心，歲時講兵，與諸鎮抗，無能侵軋者。累加侍中、檢校太尉。卒，年六十五，贈太子太師，諡曰忠肅。三軍迹河朔舊事，推子郜由副使為留後，昭宗從之，累拜節度使，加檢校司空、同中書門下平章事，又進太保。光化三年，朱全忠使張存敬攻幽州，以瓦橋淖潦，道祁溝關，郜

方與劉守光厚，乃畀叔處直兵援其壘，令騎將甄瓊章以義豐而存節遊奕騎已至，且戰且引十餘里，執瓊章。而氐叔琮下深澤，執大將馬少安，圍祁州，屠之，斬刺史楊約。休兵十日，處直壁沙河，存節軍河北挑戰，處直不出。涉河乃戰，處直大敗，亡大將十五，士死者數萬。存節收械甲以賦戰士，而焚其餘，遂圍定州。郜斬親吏梁汶，移書存節具請盟。俄而外郛陷，郜以其族奔太原，使處直主留後。全忠亦至，處直辭曰：「弊邑事上未嘗不忠，事鄰未嘗不禮，弗虞君之見攻也。」全忠責何故事克用，荅曰：「太原藉兄弟之舊，修好往來，常道也。君苟為罪，請改圖。」全忠許之。處直以從孫為質，上所持節，即獻絹三十萬，具牛酒犒師。存節取成而還。全忠表處直為節度留後、檢校尚書左僕射。郜至太原，克用表為檢校太尉，卒。處直字允明，天復初，為太原郡王。

鄧處訥字沖韞，邵州龍潭人。少從江西人閔頊防秋安南。中和元年還，道潭州，逐觀察使李裕，召諸州戍校徇曰：「天下未定，今與君等安護州邑以待天子命，若何？」眾稱善，乃推頊為留後，請諸朝。僖宗方在蜀，遣使者撫慰。是時撫州刺史鍾傳據洪州，議者欲二盜相噬，即復置鎮南軍，擢頊節度使。頊悟，不受命，更為檢校尚書右僕射、欽化軍節度使，以處訥為邵州刺史。朗州武陵人雷滿者，本漁師，有勇力。時武陵諸蠻數叛，荊南節度使高駢擢滿為裨

將，將鎮蠻軍，從駢淮南。駢北歸，與里人區景思獵大澤中，嘯亡命少年千人，署伍長，自號朗團軍，推滿為帥，景思為司馬。襲州，殺刺史崔翥，詔授朗州兵馬留後。咸略江陵，焚廬落，劫居人。俄進武貞軍節度使。先是，陬溪人周岳與滿狎，因獵宰肉不平而鬬，欲殺滿，不克。見滿已據州，忿甚，襲衡州，逐刺史徐顥，詔授衡州刺史。石門峒酋向瓌聞滿得志，亦集夷獠數千，屠牛勞眾，操長刀柘弩，寇州縣，自稱朗北團，陷澧州，殺刺史呂自牧，自稱刺史。頊既彊大，且治人有恩，哀徐顥窮，率兵納之。向瓌召梅山十峒獠斷邵州道，頊擁其營。周岳嘗誘戰，頊惰，伏中，故大敗。淮西將黃皓殺頊，岳聞亂，以輕兵入潭州，自稱欽化軍節度使。處訥聞之，哭，諸將入弔，處訥曰：「與君等荷僕射恩，若合一州之兵問周岳罪，奈何？」衆曰：「善。」於是礪甲訓兵，積八年，結雷滿為援，攻岳，斬之，自稱留後。昭宗詔拜武安軍節度使。不三日，會劉建鋒、馬殷兵至，攻醴陵。處訥遣邵州豪桀蔣勛、鄧繼崇率兵三千斷龍回關。勛以牛酒犒師，殷說勛曰：「劉公勇智絕人，術家言當興翼軫間，今精兵十萬，攻必下，戰必克，收敗衆以餉軍。公哀鄉兵扞關，殆矣，不如下之，富貴可得也。」勛謂然。又其下畏建鋒虐，夜棄甲走。建鋒至關，曰：「此天意也。」盡用邵旗鎧趨潭州，守者以為勛軍，納之。既入，處訥方宴，執而殺之。建鋒許勛賞，未及行，遣請，弗許。勛怒，率鄧繼崇攻湘鄉，取邵州，進壁定勝。武安建鋒使殷督諸將擊之，殷大敗，走江滸。鄉人夏侯陟教殷以奇兵出迪田，踰澗山，據江為壁，伏兵千莽，誘勛度江。勛見士未陣，爭出鬬，殷分兵襲其壁，焚其營，瀕江軍亦擊，勛大敗，拔定勝一壁，進圍邵州，未下而建鋒死，殷代為節度使。勛請和，不許，卒禽勛，斬之。是時，道州蠻酋蔡結、何庾，衡人楊師遠，各據州叛。宿人曾景仁從黃巢為盜，至廣州，病不能去，以千騎留連州，衆飢，從蔡結求糧，乃相倚杖，與州戍將黃行存誘工商四五千人據連州。郴人陳彥謙殺刺史董岳，發官帑募士，自稱都統，勝兵四千。零陵人唐行旻乘巢亂，裒衆自防盜，永州殺刺史鄭蔚，與景仁合從，數遣諜殷虛實。蠱首守。殷遣將李瓊攻永州，殺行旻。李瓊攻道州，蔡結約峒獠為援，久不勝，謀曰：「蠻所恃林藪耳。」乃屯大川，伐山焚林，獠驚走，城陷，執蔡結、何庾，殷斬之。李瓊出耒陽、常寧，攻郴州，陳彥謙出戰，軍亂不能陣，斬彥謙。進圍連州，曾景仁乘城守，三日不下，夜焚其門入之，景仁自刺死。頊字公謹，滿字秉仁，岳字峻昭，行旻字昌圖。滿不脩飭，每宴使客，抵寶器潭中，曰：「此水府也，蛟龍所憑，吾能沒焉。」乃裸入水，俄取器以出。累遷檢校太尉、同中書門下平章事。天復元年卒，子彥威自立。間荊南節度使成汭兵出，襲江陵，入之，焚樓船，殘墟落數千里，無人跡。弟彥恭結忠義節度趙匡凝以逐彥威，據江陵，匡凝弟

匡明擊之，還走朗州。

陳儒，江陵人，世為牙右職。廣明元年，以鄭紹業為荊南節度使，時朗州刺史段彥謨據荊南，紹業憚之，踰半歲乃至。僖宗入蜀，召紹業還行在，以彥謨代節度。彥謨與監軍朱敬玫不平，謀殺之，敬玫覺，先率兵入其府，彥謨方寢，拔劍縋城，奔親軍壘，不得入，彥謨曰：「而等負我！」俄見害，親屬僚佐皆死。敬玫以少尹李燧為留後，且誣彥謨以罪。帝遣中人似先元錫、王曾琪慰撫，密戒曰：「若敬玫可誅，誅之，以爾代，而曾琪為副。」敬玫盛兵出迎，元錫等不敢發而還。復詔鄭紹業為節度使，逗留不進，敬玫署儒領府事。明年，遷檢校工部尚書，為節度使，進檢校右僕射。敬玫有悍卒三千，號忠勇軍，暴甚，儒不能制。初，紹業將申屠琮率兵五千援京師，既歸，儒告以忠勇橈治，琮請除之。大將程君從聞之，率衆奔澧州，琮追斬百餘人，軍乃潰。已而琮復領軍。雷滿三以兵薄城，儒厚啖以利，乃去。淮南將張瓌、韓師德據復、岳二州，自署刺史，儒請瓌攝行軍司馬，師德攝節度副使，共擊滿。師德兵上峽大略去，瓌引兵逐儒，儒將奔行在，既又劫還，囚之。瓌，滑州人，暴勇而殘，荊故將夷戮幾盡。時以楊玄晦代敬玫監軍，召敬玫還成都，擢帝治荊非，稱疾自解。前此數殺大將富商，故積賄，每曝衣，紈繡不可計。瓌見心動，遣卒賊之，敬玫衣黃衣，溢刺其腹死。

秦宗言來寇馬步使趙匡欲奉儒出環覺之殺匡而絶儒食七日死環固壘二歲樵蘇皆盡米斗錢四十千計杯而食號為通腸瘦死者爭啗其尸縣首于戶以備餧軍中申皷无遺夜擊鼙為號宗言不能下乃解去二年宗權遣趙德諲攻環環求救於歸州刺史郭禹禹率峽州刺史滿章解圍明年德諲又至諸將困于戰城遂陷環死人无識者併尸于井復州長史陳瑤從環至江陵密斷環首置橐中走京師獻之授安州刺史

劉巨容徐州人為州大將龐勛之反自拔歸授埇橋鎮遏使浙西突陣將王郢反攻明州巨容以筒箭射郢死拜明州刺史徙楚州團練使黃巢亂淮授蘄黃招討副使徙襄州行軍司馬檢校右散騎常侍巢據荊南俄遷山南東道節度使以扞巢屯團林江西招討使曹全晸與巨容守荊門關與賊戰巨容偽北巢追之伏興林樾間賊大敗執賊將十三人轉鬬一舍虜獲不可計巢浮江東奔巨容追之率十俘八以功遷檢校禮部尚書諸將欲乘勝追斬巢巨容止曰朝家多負人有危難不愛官賞事平即忘之不如留賊為富貴地諸將謂然故巢復熾及陷兩京巨容合諸道兵討之授南面行營招討使累兼天下兵馬先鋒開道供軍糧料使檢校司空封彭城縣侯巨容明吏治時僖宗在蜀公卿多因巨容護赴行在山南西道節度使鹿晏弘為禁軍所逐引麾下東出襄鄧秦宗權遣趙德諲會晏弘兵攻襄州巨容不能守奔成都始揚州人申屠生能化黃金高駢客之為呂用之所譖亡奔襄漢駢遣吏捕得生見巨容自言其術巨容留不遣田令孜之弟道襄州巨容出金夸之及在蜀匿生使術不得傳令孜恨之龍紀元年殺巨容夷其宗生并死巨容部將馮行襲者均州武當人以謀勇稱里中中和初鄉豪孫喜聚衆數千人謀攻城行襲伏士江陝以單舟迎喜曰州人思得將軍久矣願將軍兵多必剽掠若留衆江北以輕騎進我為鄉道一城可下喜信之既度江吏出迎伏甲興行襲擊喜斬之衆皆潰行襲乘勝逐刺史呂燁據均州巨容因表為刺史帝在蜀均之右有長山當襄漢貢道有劇賊據險劫獻物行襲平之武定節度使楊守忠表為行軍司馬使領兵扼谷口以通秦蜀鳳翔李茂貞養子繼臻據金州行襲攻拔之昭宗即授金州防禦使時山南西道節度使楊守亮將襲京師道金商行襲逆戰破之就擢戎昭軍節度使朱全忠圍鳳翔神策中尉韓全誨遣中人二十輩督江淮兵過其州行襲方附全忠盡殺之收詔書送全忠天祐二年王建遣將王思綰攻行襲敗其兵州大將金行全出降行襲奔均州建以行全為子更名宗朗授觀察使以渠巴開三州隸之宗朗不能守焚郭邑去全忠以行襲不足禦建遣別將屯金州行襲議從戎昭軍於均州以金房為隸全忠以金人不樂行襲以馮恭領州罷防禦使而廢戎昭軍

趙德諲蔡州人從秦宗權為右將以討黃巢功授申州刺史光啓初與秦誥鹿晏弘合兵攻襄州節度使劉巨容奔成都宗權假德諲山南東道節度留後進攻荊南志收寶貨留裨將王建肇守之遺人纔數百室明年歸州刺史郭禹來討建肇納之奔黔州德諲失荊南又度宗權必敗舉地附朱全忠全忠方為蔡州四面行營都統即表以自副加忠義軍節度使宗權平加中書令封淮安郡王卒子匡凝嗣字光儀由唐州刺史自為山南東道節度留後昭宗即授節度使不三年以威惠聞累遷檢校太尉兼中書令匡凝矜嚴盛飾前後持鑑自照全忠之敗清口匡凝與奉國節度使崔洪河東李克用淮南楊行密約合兵攻全忠會方城鎮遏使趙彰奔全忠發其謀全忠移書切責使氏叔琮攻唐州執刺史趙匡璠降進圍隋州執刺史趙匡璘斬首五千級拔鄧州執刺史國湘匡凝懼乞盟全忠使親將陳俊王紳入叔琮軍崔洪留之紳亡歸洪與行密欲邀友恭軍不克會河東客伊超使淮南還過蔡洪亦留之因是并俊送全忠以部將苛拘為辭遣兄賢入質全忠還之質洪子於汴全忠使賢調蔡卒二千出戍將行大將崔景思不悅殺賢以濮驅民趨申州遂奔行密麾皷畢昌百餘里武昌杜洪邀之弗及蔡士多亡去從者纔二千人天祐元年封匡凝為楚王時諸道不上供惟匡凝獻貢賦天子全忠方圖天下遣人諭止之匡凝流涕曰吾為國守藩敢有他志副使王矜勸絶全忠全忠怒出兵攻之弟匡明大破汴軍於鄧州因勸匡凝與王建連和及荊南成汭敗匡凝取江陵表匡明為荊南節度留後有詔拜檢校司徒荊南節度行軍司馬全忠以其兵分可圖也乃使楊師厚攻匡凝自將中軍繼之屯臨漢匡凝遣客謝因不遣敗荊南救兵俘其將全忠循江而南師厚繇陰谷伐木為梁匡凝以兵二萬瀕江戰大敗乃燔州單舸夜奔揚州行密見之曰君在鎮輕車重馬輸於賊今敗乃歸我邪鶩自殺全忠以師厚為山南東道節度留後遂趨江陵匡明亦謀奔淮南子承規諫曰昔諸葛兄弟分仕三國若適揚州是自取疑也匡明謂然乃趨成都王建待以賓礼授武信軍節度使分其衆為崇義勇義順義廣義四都全忠遂有荊南

楊守亮曹州人本姓訾名亮與弟信俱從王仙芝為盜亮身長七尺餘色如鐵仙芝死又事徐唐莒劫剽洪饒二州楊復光平江西得其兄弟養為假子以信養於弟復恭家曰守亮守信復恭收京師守亮以戰多拜山南西道節度使檢校太保守信興平軍節度使並同中書門下平章事復恭又以假子

守貞爲龍劍節度使守忠爲武定軍節度使守厚爲綿州刺史初朱玫取興
鳳州號州刺史滿存以兵赴行在復收二州昭宗擢爲感義軍節度使累檢
校司徒同中書門下平章事與復恭四假子及利閬觀察使席儔等共攻王
建建軍巳圍楊晟分軍逼守厚軍未成列而敗先是守貞守忠聞建兵出拔
飛奔綿州并力共攻東川弗勝建將華洪以兵萬人壁綿州之郊敗守忠守
厚二人分道行收兵趨閬州始復恭敗依守亮而鳳翔李茂貞邠寧王行瑜
鎮國韓建等共劾守亮納叛人請以鎮兵討之茂貞自爲興元節度使以書
詔責宰相帝爲削守亮官爵因詔茂貞問罪滿存來救不克以兵入興元茂
貞拔興鳳洋三州破守亮於西乘勝入興元復恭挾諸假子及存奔閬州洪
進圍之帝以徐彥若帥鳳翔以興元授茂貞茂貞不肯拜帝乃以其子繼密
爲興元節度使俄而洪拔閬州守亮等皆挺身走將北奔太原趨商山飢甚
丐食于野爲邏戍所縛見韓建守亮視建左右八百人皆常隸巳語建曰此
屬吾養之素厚无一爲我死公无費衣食不如殺之建許諾復曰公幸貸我
俾生見天子陳先人功萬有一不死建檻車送京師吏縛以帛内毬于口帝
御延喜樓問反狀守亮不得語頷而已左右白服罪即執獻太廟斬獨柳下
梟于市守厚死巴州麾下兵多歸王建存奔京師爲左武衛大將軍

楊晟不詳宗系隸鳳翔軍節度使李昌符畏其勇欲殺之妾周擿使亡去隸
神策軍爲都校僖宗在陳倉邠寧朱玫遣萬騎合昌符追行在乃擢晟感義
軍節度使檢校司空守大散關玫兵攻關晟數卻戰潘氏遂大敗内外无固
志帝更徙興元晟西奔玫取興鳳二州晟襲文州逐刺史據成龍茂等州王
建攻成都田令孜以晟故將與連和假威戎軍節度使守彭州晟擊建无功
引還且畏建圖已乃約山南西道節度使楊守亮兄弟合謀拒建掠新繁焚
漢州又攻東川顧彥暉爲建兵所逐建使王宗裕率騎五萬圍晟食四郊麥
掠民貲産晟假子實以騎八千降於建建以奇兵襲楊守厚等皆亡去晟開
門決戰大敗遂約降建饋十羊晟曰以我爲机上肉乎不出建築壘用道蠶煇
以入斬晟首晟有仁心下懷其恩雖城中食盡無叛者初昌符死晟得其妾
周毋事之周請爲妻晟固辭旦夕問省乃視事愛將安師建者勇而有禮既
就執建饋曰爾報楊司徒足矣能從我乎謝曰司徒許同死生不忍復戴日
月三謂不回乃戮之

顧彥朗彥暉者豐州人並爲天德軍小校其使蔡京以兄弟有封侯相每厚
礼之使子贈與貲稍稍進秩黃巢亂長安率軍同復京師彥朗遷累右衛大
將軍光啓中擢拜東川節度使檢校太保同中書門下平章事至劍門陳
敬瑄使吏奪其節彥朗不得入保利州敬瑄誣劾彥朗擅興兵掠西境僖宗
下詔申曉講和乃得到軍署彥暉漢州刺史初楊守亮忌壁州刺史王建凶
暴欲逐之建間合溪洞豪酋取閬州擊利州刺史走即據二州守亮不能制
彥朗與建雅舊陰助貲饟建攻成都彥朗挾故憾與并力道路鄣梗敬瑄告
難于朝帝詔和解又敕李茂貞鐫諭會彥朗卒彥暉自知留後明年爲節度
使中人送節爲綿州刺史楊守厚所留守厚發兵攻梓州彥暉告急于建建
使李簡救之戒曰賊破并取彥暉无須再往也簡破守厚軍彥暉辭疾不克
取建素有吞噬心以彥朗與婚婭久未忍及彥暉則交好愈疏而境上鬩賊
相聱詆建怒景福元年遂攻彥暉彥暉請救於楊守亮遣楊子彥戍梓執建
大將王宗弼彥暉責曰王公何以見討君爲大將不諫云何宗弼謝罪即解
縛使就館恣幕參服皆具更養爲子改名琛明年建將華洪破綿州守厚走
督彥暉建赴行在建率兵二十萬次綿州即劾彥暉刼輜運回襲之彥暉不
敢出但遣人塞建舟路建遂擊取巴閬蓬渠通果龍利八州帝遣中人爲兩
川宣諭協和使建奉詔還而兵不解彥暉謀官因大略漢眉資簡邛州李茂
貞亦欲爭其地使子興元節度使繼密引軍救彥暉以窺東川四年華洪率

兵五萬攻彥暉取渝昌普三州壁梓州南敗彥暉兵奪鎧馬八百凡五十戰
圍遂固帝仍遣左諫議大夫李洵諭止建拒命帝以嗣郯王戒丕鎮鳳翔從
茂貞代建皆不奉詔梓有錦堂世稱其麗彥暉嘗會諸將堂上養子琛尤親
信彥暉以所佩劍號於虜賓佩之使侍左右嘗語諸將曰與公等生死同之
違者先齒於虜賓衆曰諾及圍急瑤請聚親信飲得同死彥暉顧王琛曰爾
非我舊可自求生指頰垣令逸彥暉手殺妻子乃自刎宗族諸將皆死麾下
兵猶七萬初韋昭度爲招討使彥暉建皆爲大校彥暉詳緩有儒者風建左
右髠髮黥面若鬼見者皆笑至是錄笑者皆殺之私署洪爲東川節度留後

贊曰詩云戎狄是膺荆舒是懲嫉其爲中國之害也春秋之世楚滅陳鄭而
卒復其祀聖人善之勳存乎黃巢寇京師功冠諸將昭宗嘗有意都襄陽依
趙凝以自全大抵唐室厈翰皆爲朱溫所翦覆過於夷狄荆舒之爲害也甚
矣

周王鄧陳劉趙二楊顧列傳第一百十一

二王諸葛李孟列傳第一百一十二　唐書一百八十七

宋祁奉敕撰

王重榮，太原祁人。父縱，大和末為河中騎將，從石雄破回鶻，終鹽州刺史。重榮以父任為列校，與兄重盈皆以毅武冠軍，擢河中牙將，主何察。時兩軍士干夜禁，捕而鞭之，士還，訴於中尉楊玄寔，玄寔怒，執重榮讓曰：「天子爪士，而藩校辱之。」答曰：「夜半執者，姦盜孰知天子爪士？」具言其狀，玄寔嘆曰：「非爾明辨，孰由知之。」更諉於府，擢右署。重榮多權詭，衆所嚴憚，雖主帥莫不下之。稍遷行軍司馬。黃巢陷長安，分兵略蒲，節度使李都不能支，乃臣賊。然內憚重榮，表以自副。地邇京師，賊調取橫數，使者至百輩，坐傳舍，益發兵，吏不堪命。重榮發說都曰：「我所詭謀紆難，以外援未至。今賊裒責日急，又收吾兵以困我，則亡無日矣。請絕橋嬰城自守，不然，變生何以制之？」都曰：「吾兵寡，謀不足絕之，禍且至，願以節假公。」遂奔行在。重榮乃悉驅出賊使，斬之，因大掠居人以悅其下。天子使前京兆尹竇潏間道慰其軍，因詔代都。重榮率官屬奉迎潏至，大饗士。潏言曰：「天子以大臣守土，誰得逐之？為我跣首惡者。」衆無敢對。重榮佩刀歷階曰：「首謀者我也，尚誰索？」自潏吏趣具騎，潏即奔還。重榮遂主留後。賊使健將朱溫以舟師下馮翊，黃鄴率衆自華陰合攻重榮，重榮感勵士衆大戰，敗之，賊輦糧仗四十餘艘，即拜檢校工部尚書，為節度使。會忠武監軍楊復光率陳蔡兵萬人屯武功，重榮與連和，擊賊將李詳於華州，執以徇。賊使尚讓來攻，而朱溫將勁兵居前，敗重榮兵於西關門，於是出兵夏陽，掠河中漕米數十艘。重榮選兵三萬攻溫，溫懼，悉鑿舟沈于河，遂舉同州降。復光欲斬之，重榮曰：「今招賊，一切釋罪，且溫武銳可用，殺之不祥。」表為同華節度使，有詔即副河中行營招討，賜名全忠。巢喪二州，怒甚，自將精兵數萬壁梁田，重榮軍華陰，復光軍渭北，掎角攻之，賊大敗，執其將趙璋，巢中流矢走。重榮兵亦死耗相當，懼巢復振，憂之，與復光計，復光曰：「我世與李克用共憂患，其人忠不顧難，死義如己，若乞師焉，事蔑不濟。」乃遣使者約連和克用使陳景斯摠兵自嵐石赴河中，親率師從之，遂平巢，復京師。以功檢校太尉、同中書門下平章事，封琅邪郡王，累加檢校太傅。中人田令孜怒重榮據鹽池之饒，于時巨盜甫定，國用大覂，諸軍無所仰，而令孜為神策軍使，建請二池領屬鹽鐵，佐軍食，重榮不許，奏言故事歲輸鹽三千乘于有司，則斤所餘以濟軍。天子遣使者諭旨，不聽。令孜徙重榮兗海節度使，以王處存代之，詔克用將兵援河中。重榮上書劾令孜離間方鎮，令孜遣邠寧朱玫進討。壁沙苑，重榮詒克用書，且言奉密詔須公到，使我圖公，此令孜、朱全忠、朱玫之惑上也。因示僞詔，克用方與全忠有隙，信之，請討全忠及玫。帝數詔和解，克用合河中兵戰沙苑，玫大敗，奔邠州，神策軍潰還京師，遂大掠。克用乘勝西，天子走鳳翔。俄嗣襄王熅僭位，重榮不受命，與克用謀定王室，楊復恭代令孜領神策，故與克用善，遣諫議大夫劉崇望齎詔諭天子意，兩人聽命，即獻縑十萬，願討玫自贖。崇望還，群臣皆賀。重榮遂斬熅，長安復平。然性悍酷，多殺戮，少縱舍，嘗植大木河上，內設機軸，有忤意者輒置其上，機發皆溺，嘗辱部將常行儒，行儒怨之。光啓三年，引兵夜攻府，重榮亡出外舍，詰旦殺之，推立重盈。重盈前此已歷汾州刺史，黃巢度淮，擢陝虢觀察使。重榮據河中，遷檢校尚書右僕射，即拜節度使。未幾，同中書門下平章事。及代重榮，留長子珙領節度事，入殺行儒，軍復安。昭宗立，進太傅，兼中書令，封琅邪郡王。父子兄弟相繼帥守，而從子瑤亦為忠武節度使。乾寧二年，重盈死，軍中以其兄重簡子珂出繼重榮，故推為留後。珙與弟絳州刺史瑤爭河中，上言珂本家蒼頭，請選大臣鎮河中，又與朱全忠書言之。珂急，乃遣使請婚於李克用，克用薦之，天子許嗣鎮。然猶以崔胤為河中節度使。珙復構珂於王行瑜、李茂貞，曰：「珂不受代，且晉親也，將不利於公。」行瑜等約韓建共薦珙，詔曰：「吾量重已授珂矣，重榮有大功，不可廢。」行瑜怒，使其弟行約攻珂，克用遣李嗣昭援之，敗珙於猗氏，獲其將李璠。三鎮銜帝之却其請也，連兵犯京師，謀廢帝，誅執政，而立吉王。固請授珙河中，克用聞之怒，以師討三鎮。瑤、珙兵引去，克用拔絳州，斬瑤，而屯渭北，敗行約於朝邑。行約走京師，弟行實在左軍，共說樞密使駱全瓘謀挾帝幸邠，右軍李繼鵬以告中尉劉景宣，二人茂貞黨也，欲以兵劫全瓘等，請帝幸鳳翔。兩軍更合謀承天門街，帝登樓諭和之，繼鵬怒，輒射帝，縱火焚門。帝率諸王及衛兵戰，繼鵬矢及帝冑，軍乃退。帝出幸定州將李筠軍，嗣延王戒丕、嗣冊王允以鹽州六都兵從。帝出啓夏門，次于郊西。軍憚鹽州兵銳，各走其軍。帝次莎城，百官繼至，士民從者亦數萬。帝欲入谷中自固，以谷有沒唐石惡之，從石門，民匿保山谷間。帝每出，或獻飴餅，帝駐馬為嘗，民皆流涕。既而遣嗣薛王知柔及劉光裕還京師。克用遣使者奔問行在，帝因詔克用、珂以兵趨新平，又詔涇州張鐇會克用軍，以扼岐陽。克用在河中，未出也。帝懼茂貞之逼，復使嗣延王戒丕以御服玉器賜之，督其兵，乃壁渭北，進營渭橋，於是行瑜壁興平，茂貞壁鄠。行瑜兵數卻，茂貞懼，斬繼鵬傳首以謝。繼鵬姓閻，名珪，左神策軍拍張人，為茂貞養子云。詔削行瑜官爵，以克用為邠寧四面行營都招討使，珂為糧料使。克用遣子存貞請天子還宮。詔以騎三千戍三橋。帝既還，加珂檢校司空，為節度使，克用以女妻之，珂親迎太原，以李嗣昭助守河中，因攻珙。珙戰敗，比珙任威虐殺人斷首置前而顏色泰定下恐不敢叛然稍弱無鬬志光化二年為部將李璠所殺自為留後詔代珙節度又失衆九五月為牙將朱簡所殺挈其地入朱全忠表授節度使同中書門下平章事更名友謙珙殺給事中王柷等十餘人幕府遭戮辱甚衆人有罪輒刳斮以逞柷者故為常州刺史避難江湖帝聞剛鯁以給事中召道出陝珙謂且柄任厚禮之柷鄙其武暴不降意既宴盛列珍器音樂珙請於柷曰僕今日得在子弟列大賜也三請柷不荅珙勃然曰天子召公公不可留此遂罷遣吏就道殺之族其家投諸河以溺死聞帝不能詰珙死贈太師詔陝州究死者有司弔祭存問其家

始全忠輕楊行密不能克諷荊襄青徐等道請己為都統以討行密帝猶違未報而珂與太原鎮定等道亦請加行密都統以討全忠繇是兩罷之全忠怨珂不忘也帝為劉季述所廢珂憤見言色屢陳討賊謀既反正首獻方物帝甚倚之而全忠以克用方彊不敢加兵及王鎔詘服拔定州而克用兵折乃謂其將張存敬曰珂恃太原侮慢我爾持一繩縛之存敬以兵數萬度河由含山襲絳州刺史陶建釗晉州刺史張漢瑜皆降以何絪戍之進攻珂全忠率師繼進即劾珂交構克用為方鎮生事不可赦珂乞師太原為絪所迮不能進珂急使妻遣克用書曰賊攻我朝夕見俘乞食大梁矣克用荅曰道且斷往救必俱亡不如歸朝廷珂窮遣使告李茂貞曰上初反正詔藩鎮無相疑而朱公不顧約以攻敝邑敝邑亡則邠岐非君所保天子神器敝手付人矣宜與華州韓公出精銳固潼關以張兵勢僕不武公其惠我西偏地以為拜守蒲請公自有之關西安危國祚長短繫公此舉也茂貞不荅珂益蹙會橋毀潛具舟將道夜諭守兵無肯為用者牙將劉訓叩寢門珂疑有變叱之訓自袒其衣曰苟有它請斷臂自明珂出問計所宜荅曰若夜出人將爭舟一夫鬨張禍繫其手如旦日以情諗軍中宜有樂從者可則濟否則召諸將行成以緩敵徐圖所向上策也珂然之明日登城語存敬曰吾於朱公有父子驩君姑退舍須公至吾自聽命乃執太原諸將并秦節印內存敬軍暨大幡城上遣兄璘與諸將樊洪等見存敬存敬解圍而戍以兵全忠自洛至全忠王出也始背賊事重榮約為甥舅德其全己指日月曰我得志凡氏王者皆事之至是亡誓言過重榮墓偽哭而祭以虞卿珂欲面縛牽羊以見全忠報曰舅之恩無日可忘君若以亡國禮見黃泉其謂我何珂出迎握手泣下聯轡以入居旬日以存敬守河中舉珂室徙于汴後令入覲遣人賊之於華州自重榮傳珂凡二十年

諸葛爽青州博昌人為縣伍伯令笞辱之乃亡命沈浮里中龐勛反入盜中為小校勛勢蹙率百餘人與泗州守將湯群歸累遷汝州防禦使李琢討沙陀於雲州表為北面招討副使徙夏綏銀節度使檢校尚書右僕射黃巢犯京師詔爽代北行營兵入衛次同州降賊偽署河陽節度使代羅元杲元杲者本神策將狀短陋倚中官勢剽財輸京師凡鉅萬人怨之爽至募州人戮殺不從相率迎爽元杲奔行在爽間道奉表僖宗以自明詔拜節度使李克用援陳許道天井關爽壘不肯假道出屯萬善克用自河中趨汝洛爽累授京師東南面招討諸行營副都統左先鋒使兼中書門下平章事朱溫為賊守同州爽率輕兵入之溫偃旗設伏以待爽謂賊遁去解甲就舍伏發爽悉棄鎧馬奔還至脩武為魏博韓簡擊敗之不敢入簡留將趙文玠戍河陽自攻鄆時中和二年也河陽人誘爽自金商馳復入之厚禮文玠及戍人還之魏於是爽攻新鄉簡自鄆來戰獲嘉西簡陰殞闚中其下不悅裨將樂彥禎間衆之隙引其軍先還故簡兵八萬自潰相藉溺清水至不流明年詔爽為東南面招討使伐秦宗權表李罕之自副爽雖出廝養善吏治法令澄壹人無愁咨擢累檢校司空光啓二年卒其將劉經與澤州刺史張言共立爽子仲方為留後為蔡賊孫儒所攻奔于汴儒取孟州

李罕之陳州項城人少拳捷初為浮屠行丐市窮日無得者抵鉢褫祇祓去聚衆攻剽五臺下先是蒲絳民壁摩雲山避亂群賊往攻不克罕之以百人徑拔之衆號李摩雲隨黃巢度江降于高駢駢表知光州事為秦宗權所迫奔項城收餘衆依諸葛爽署懷州刺史爽伐宗權即表以自副屯睢陽無功又表為河南尹東都留守使捍蔡河東李克用脫上源之難喪氣還罕之迎謁謹甚勞饋加等厚相結罕之因府為屯會孫儒來攻罕之不出數月走保澠池東都陷儒焚宮闕剽居民去爽遣將收東都罕之逐出之爽不能制俄而爽死其將劉經張言共立爽子仲方欲去罕之而罕之故與郭璆有隙擅殺璆軍中不悅經間衆怒襲其壁罕之退保乾壕經追擊反為所敗乘勝入屯洛陽苑中經戰不勝還河陽罕之屯鞏將度已經遣張言拒河上反與罕之合攻經不克屯懷州孫儒逐仲方取河陽自稱節度使俄而宗權敗棄河陽走罕之言進收其衆乞援河東克用遣安金俊率兵助之得河陽克用表罕之為節度使同中書門下平章事有詔與屬籍又表言為河南尹東都留守罕之與言甚篤然性猜暴是時大亂後野無遺耕部卒日剽人以食又攻絳州下之復擊晉州王重盈欲出汴兵救罕之解圍還而言善積聚勸民力耕儲偫稍集罕之食乏士仰以給求之無厓言不能猒罕之拘河南官吏笞督之又東方貢輸行在者多為罕之邀頡重盈反間於言文德元年罕之悉兵

攻晉州，言夜襲河陽，俘罕之家，罕之窮，奔河東。克用復表為澤州刺史，領河陽節度使，遣李存孝、薛阿檀、安休休率師三萬攻言，城中食盡，言納孥於汴求救。全忠遣丁會、葛從周、牛存節來援，戰沇河，敗休休，休休不利，降全忠。存孝還，全忠更以丁會為河陽節度使，言歸洛陽。罕之保澤州，數出鈔懷、孟、晉、絳，無休歲，人匿保山谷，出為樵汲者，罕之俘斬略盡，數百里無舍煙。克用遣罕之、存孝攻孟方立，方立戍將馬溉兵數萬，戰琉璃陂，罕之禽溉，敗其衆。大順初，汴將李讜、鄧季筠攻罕之，罕之告急於克用，遣存孝以騎五千救之。汴士呼罕之曰：「公倚沙陀，絕大國，今太原被圍，葛司空入上黨，不旬日沙陀無穴處矣。」存孝怒，引兵五百薄讜營，呼曰：「我沙陀求穴者，須爾肉以飽吾軍，請肥者出鬭。」季筠引兵決戰，存孝奮矟馳，直取季筠，讜夜走，追至馬牢川，敗之。克用討王行瑜，表罕之副都統、檢校侍中。行瑜誅，封隴西郡王、檢校太尉，兼侍中。罕之恃功多，嘗私克用愛將蓋寓，求一鎮，寓為請，克用不許，曰：「鷹鸇飽則去矣，我懼其翻覆也。」光化初，昭義節度使薛志勤卒，罕之夜襲潞，入之，自稱留後，報克用曰：「志勤死，懼它盜至，不俟命輒屯于潞。」克用遣李嗣昭先擊澤州，拘罕之家屬送太原。罕之攻沁州，執刺史，守將遂款于汴。全忠表罕之昭義節度使，命丁會援之，與嗣昭戰含口，嗣昭不利。葛從周取澤州，嗣昭

又攻罕之，罕之暴得病，不能事。會代戍，全忠更以罕之節度河陽三城，卒于行，年五十八。未幾，嗣昭復取澤州，以李存璋為刺史，進收懷州，攻河陽，汴將閻寶引兵至，嗣昭還。始，儒去東都也，井閭不滿百室。言治數年，人安賴之，占籍至五六萬，繕池壘，作第署，城闕復完。全忠擢言異己，乃徙節天平，以韋震為河南尹，奏諸將無傳地者。言後賜名全義。

王敬武，青州人，隸平盧軍為偏校，事節度使安師儒。中和中，盜發棣、齊間，遣敬武擊定，已還，即逐師儒，自為留後。時王鐸方督諸道行營軍，復京師，因承制授敬武平盧節度使，趣其兵使西。及京師平，進檢校太尉、同中書門下平章事。龍紀元年卒，子師範年十六，自稱留後，嗣領軍。昭宗自以太子少師崔安潛領節度，師範拒命。時棣州刺史張蟾迎安潛，師範遣部將盧弘攻之。弘與蟾連和，師範以金啗之，曰：「君若顧先人，使不絕其祀，君之惠也；不然，願死墳墓。」弘少之，不為備。師範伏兵迎于路，部將劉鄩斬弘，遂攻棣州，蟾請救於朱全忠，全忠馳使諭解。師範拔其城，斬蟾，而安潛不敢入。師範喜儒學，謹孝于法，無所私。舅醉殺人，其家訴之，師範厚賂謝，訴者不置。師範曰：「法非我敢亂。」乃抵舅罪。母恚之，師範立堂下，日三四至，不得見，三年拜省戶外，不敢懈。以青州，父母所籍，每縣令至，具威儀入謁，令固辭，師範道吏挾坐，拜廷中，乃

出。或諫不可，答曰：「吾恭先世，且示子孫不忘本也。」全忠已并鄆州，遣兵攻師範，師範下之。會全忠圍鳳翔，昭宗詔方鎮赴難，以師範附全忠，命楊行密部將朱瑾攻青州，且欲代為平盧節度。師範聞之，哭曰：「吾為國守藩，君危不持，可乎？」乃與行密連盟，遣將張居厚、李彥威以甲輿二百與給為獻者，入華州，先內十輿，閽人覺，衆擐甲譟，殺全忠守將婁敬思。是時崔胤方在華，閉門拒戰，執居厚還。全忠劉鄩襲兗州，入之。師範亦潛兵入河南，徐、沂、鄆等十餘州同日竝發。全忠使從子友寧率軍東討。是時帝還長安，故全忠并魏博軍屯齊州。王茂章方以兵二萬合師範弟師誨攻密州，破之，以張訓為刺史，進攻沂州，敗其兵，還青州半舍而屯。友寧方攻博昌，未下，全忠督戰急，友寧驅民十萬負木石築山臨城中，城陷，屠老少，投尸清水。遂圍登州，茂章欲啗友寧，不肯救。未幾，城破，友寧負勝，攻別屯。茂章度汴軍怠，與師範合擊友寧於石樓，斬其首，傳於行密。全忠怒，悉軍二十萬倍道至。茂章閉營伺軍懈，毀壁出鬭，還與諸將飲，訖，復戰。全忠望見，歎曰：「吾有將如是，天下不足平。」於是退屯臨淄。茂章畏全忠，乃斂軍而南，使李虔裕以五百人後拒。茂章解衣寐，虔裕譁曰：「追至，將軍速去。」茂章曰：「吾共決死。」虔裕固請，茂章乃去。已而追至，虔裕一軍覆，茂章免。全忠見虔裕，欲釋之，瞋目大罵而死。張訓召諸將謀曰：「汴人

至，師少，何以待之？」衆請焚城而亡。訓曰：「不然。」即封府藏，下縣門，密引兵去。汴軍見府庫完，德之，不追。全忠留楊師厚圍青州，敗師範兵於臨朐，執諸將，又獲其弟師克。是時師範衆尚十餘萬，諸將請決戰，而師範以弟故，乃請降。全忠歸其弟，假師範知節度留後事。師範獻錢二十萬緡以謝軍。汴將劉重霸執棣州刺史邵播，得其書八百紙，皆教師範戰守，全忠憚而殺之。葛從周圍兗州，劉鄩不肯下，從周以師範命招之，乃盡出將士，開門降，從周為辦裝，使詣汴。鄩但素服乘驢而往，全忠賜冠帶，辭曰：「因請就執。」不許。既見，慰之，飲以酒，固辭。全忠笑曰：「取兗州，量何大邪！」擢署都押衙，在諸舊將上，諸將趨入，鄩一無讓。全忠奇之。歲餘，徙師範于汴，亦縞素請罪，全忠見以禮，表為河陽節度使。既受唐禪，友寧妻訴讎人于朝，乃族師範于洛陽。先是有司坎第左，告之故。師範乃與家人宴，少長列坐，語使者曰：「死固不免，予懼坑之，則昭穆失序，不可見先人地下。」酒行，以次受戮者二百人。

孟方立，邢州人。始為澤州天井戍將，稍遷游弈使。中和元年，昭義節度使高潯擊黃巢，戰石橋，不勝，保華州，為裨將成鄰所殺，還據潞州。衆怒，方立率兵攻鄰，斬之，自稱留後，擅裂邢、洺、磁為鎮，治邢，為府，號昭義軍。潞人請監軍使吳全勗知兵馬留後。時王鐸領諸道行營都統，以潞未定，墨制假方立檢校

左散騎常侍兼御史大夫知邢州事方立不受因全勗以書請鐸願得儒臣守潞鐸使參謀中書舍人鄭昌圖知昭義留事欲遂為帥僖宗自用舊宰相王徽領節度時天子在西河關雲擾方立擅地而李克用窺潞州徽度朝廷未能制乃固讓昌圖昌圖治不三月輒去方立更表李殷鋭為刺史謂潞險而人悍數賊大帥為亂欲銷懦之乃徙治龍岡州豪桀重遷有怨言會克用為河東節度使昭義監軍祁審誨乞師求復昭義軍克用遣賀公雅李筠安金俊三部將擊潞州為方立所破又使李克脩攻取之殺殷鋭遂幷潞州表克脩為節度留後初昭義有潞邢洺磁四州至是方立自以山東三州為昭義而朝廷亦命克脩以潞州舊軍畀之昭義有兩節自此始克脩字崇遠克用從父弟精馳射常從征伐自左營軍使擢留後進檢校司空方立倚朱全忠為助故克用擊邢洺磁無虛歲地為鬭場人不能稼光啓二年克脩擊邢州取故鎮進攻武安方立將呂臻馬爽戰焦岡為克脩所破斬首萬級執臻等拔武安臨洺邯鄲沙河克用以安金俊為邢州刺史招撫之方立丐兵於王鎔鎔以兵三萬赴之克脩還後二年方立督部將奚忠信兵三萬攻遼州以金啖赫連鐸與連和會契丹攻鐸師失期忠信三分其兵鼓而行克用伏兵于險忠信前軍沒既戰大敗執忠信餘衆走脫歸者纔十二龍紀元年克

用使李罕之李存孝擊邢攻磁洺方立戰琉璃陂大敗禽其二將被斧鑕徇邢壘呼曰孟公速降有能斬其首者假三州節度使方立力屈又屬州殘墮人心恐性剛急持下少恩夜自行陴兵皆倨告勞自顧不可復振乃還引酖自殺從弟遷素得士心衆推為節度留後請援於全忠全忠方攻時溥不即至命王虔裕以精甲數百赴之假道羅弘信不許乃趨間入邢州大順元年存孝復攻邢遷挈邢洺磁三州降執王虔裕三百人獻之遂遷太原表安金俊為邢洺磁團練使以遷為汾州刺史

贊曰以亂救亂跋扈者能之以亂不能救亂險賊者能之蓋救亂似霸然而似之耳故不足與共功觀王重榮寧不信哉破黃巢佐李克用平京師若有為當世者俄而耆私隙逼天子出奔雖藏朱玫仆偽襄王謂曰定王室實畢之也身死部將手救亂而卒于亂重榮兩得之不殺朱全忠而為全忠誅絶其嗣宜矣餘皆庸奴下材無所訾貶云

二王諸葛李孟列傳第一百一十二

楊時朱孫列傳第一百一十三　　唐書一百八十八

宋　祁　奉　敕　撰

楊行密字化源廬州合淝人少孤與羣兒戲常為旗幟戰陣狀年二十亡入盜中刺史鄭棨捕得異其貌曰而且富貴何為作賊縱之與里人田頵陶雅劉威蔡儔善僖宗在蜀刺史遣通章行在日走三百里如約而還秦宗權寇廬壽間刺史募殺賊差首級為賞行密以功補隊長都將忌之俾出戍將行都將問所乏對曰我須公頭即斬之自為八營都知兵馬使刺史走淮南節度使高駢因表為廬州刺史乃以田頵為八營都將陶雅為左衝山將討定鄉盜駢將呂用之恐行密不可制遣俞公楚以兵五千屯合淝名討黃巢而陰圖之行密擊殺公楚秦宗權遣弟彥淮取舒城行密破走之時張敖據壽州許勍據滁州與行密挐戰又舒人陳儒攻刺史高澞澞來告難行密未能定賊吳迥李本遂逐澞據其城行密屬之取舒州為勍所奪光啓二年張敖遣將魏虔攻廬州大將李神福田頵破之諸城畢師鐸秦彥攻高駢呂用之以駢命署行密行軍司馬督其兵進援客袁襲說行密曰高公耄昏妖人用權彥乃以逐除暴熾其亂公亟應必得其地行密乃檄部州衆兵而東次天長而揚州陷行密傅城而屯用之以兵屬之彥以騎兵背城戰行密卧帳中令曰賊近報我我而陷一屯別將李宗禮入曰兵相百戰且不利請堅壁徐引歸可也李濤怒曰以順去逆何衆寡為今尚何歸願以所部前死行密喜益甲出戰俘殺如藉彥軍不出會駢死龔勸行密舉軍縞素大臨三日進攻城未能下用之將張審晟詭伏西壕殺閽者啓外兵彥軍疲守陴皆潰去行密入據揚州未閱月孫儒奄至兵銳甚龔見行密曰公之入以少擊衆室家未完若外被重圍情見勢殆不如避之行密執海陵鎮遏使高霸殺之并其衆輦所收財歸于廬於是朱全忠自為淮南節度使遣將張廷範致命而授行密副使以行軍司馬李璠知留後行密大怒廷範璠不敢入全忠更請以行密知觀察留後當此時孫儒彊赫然有吞吳越意行密欲遁保海陵龔勸還廬州治兵為後計行密乃還既又謀趨洪州龔不可曰鍾傳新興兵附食多未易圖也孫端據和州趙暉屯上元結此二人以圖宣州我綽綽有餘力矣行密從之端暉次采石行密自糝潭濟端等戰不勝龔勸行密速趨曷山堅壁以須宣人求戰示以弱待其怠一舉可禽宣將蘇瑭兵二萬對屯行密不戰分奇兵伐木開道四出瑭驚圮遂圍宣州刺史趙鍠糧盡親將多出降初行密有銳士五千衣以黑繒黑甲號黑雲都又幷盱眙曲溪二屯籍其士為黃頭軍以李神福為左右黃頭都尉兵鋭甚曲溪將劉金策鍠必遁紿曰將軍若出

願自吾壘而偕鍠喜多遺之金許妻以女明日譟城上曰劉郎不為爾壻鍠宵遁獲之鍠全忠故人也發使求之襲曰斬首送之無後患乃歸鍠首于汴昭宗詔行密檢校司徒宣歙池觀察使時韓守威以功拜池州刺史行密表徙湖州以兵護送而李師悅在湖州與杭州刺史錢鏐戰不解蘇湖常潤亂甚行密雖得宣州而蔡儔為孫儒所破以廬州降儒進攻行密行密復入揚州北結時溥扞儒全忠遣龐師古將兵十萬自穎度淮助行密敗於高郵行密懼退還宣州遣安仁義襲成及取潤州自將三萬屯丹楊仁義又取常州殺錢鏐將杜稜儒亦使劉建鋒奪潤常帝以杭州為防禦使授鏐以宣州號寧國軍授行密節度使大順二年儒屯溧水循山構壁行密遣李神福屯廣德計曰兵倍不戰當避其銳驕之乃退舍儒衆以為怯守者懈神福夜襲走之儒將康旺取和州安景思取滁州神福擊降旺逐景思攻青山屯破之禽儒將李弘章儀而田頵劉威為儒所敗行密欲守銅官神福曰儒掃境以來利速戰宜堅壁老其師則我無敵矣又出輕騎絕賊糧道使前不得戰退無所儲不亡何待於是行密以神福為宣池都游弈使儒始乏食常孰名賊陳可兒間儒行密之闕竊入常州自稱制置使行密遣陶雅守潤州張訓入揚州因執楚州刺史以輕兵襲常州斬可兒孫儒圍行密宣州凡五月不解臺濛作魯陽五堰拕輕舸饋糧故行密軍不困卒破儒即表田頵守宣城長驅入揚州戰凡七年定八州生人將盡行密勞隱休息其下遂安議出鹽茗畀民輸帛幕府高勖曰殘破之餘不可以加斂且帑貲何患不足若悉我所有易四鄰所無不積日財有餘矣行密納之始選吏綏勸所部蔡儔以廬州叛附朱全忠納孫儒將張顥而倪章據舒州與儔連和行密遣李神福攻儔破其將儔堅壁不出顥超堞降行密以隸袁稹稹請戮之行密愛其勇更置于親軍未幾儔自殺行密先冢皆為儔發掘吏請亦發儔世墓不許表劉威為刺史遣田頵攻歙州於是刺史裴樞有美政民愛之為拒戰頵兵數却樞朝廷所命者食盡欲降遺行密書請還京師行密以魯郃代樞州人不肯下請陶雅代雅於諸將最寬厚以禮歸樞于朝是歲李神福拔舒州倪章亡以神福為舒州刺史乾寧二年行密襲濠州李簡重甲絕水縋而入執刺史張璲以劉金守之進取壽州下將劉知俊儲穀石碭將南襲張訓屯漣水遺兵浮海掩得其畜知俊戰不勝因攻漣水大敗身僅免詔拜行密淮南節度副大使知節度事檢校太傅同中書門下平章事封弘農郡王董昌為錢鏐所攻來告窮行密遣臺濛攻蘇州安仁義田頵攻杭州身督戰別將張崇為鏐執行密欲嫁其妻答曰崇不負公願少待俄而還自是行密終身倚愛明年

五月破蘇州執錢鏐將成及以朱黨守之朱延壽拔蘄光二州行密以霍丘當南北走集以邑豪朱景為鎮將景驍毅絕人諸盜莫敢犯汴將寇彥卿以騎三千襲之致全忠厚意景不許苦戰彥卿敗而去田頵魏約張宣共圍嘉興錢鏐大將顧全武救之執宣約逐頵於驛亭埭未幾泰寧節度使朱瑾率部將侯瓚來歸太原將李承嗣史儼史建章亦來奔行密推赤心不疑皆以為將於是兵銳甚彊天下帝惡武昌節度使杜洪與全忠合手詔授行密江南諸道行營都統討洪汴將朱友恭聶金率騎兵萬人與張崇戰四州金敗瞿章守黃州聞友恭至南走武昌柵行密遣將馬珣以樓船精兵助章守友恭次樊港章據險不得前友恭鑿崖開道以彊弩叢射殺章別將遂圍武昌章率軍薄戰不勝友恭斬章拔其壁全忠率葛從周萬騎攻光州柴再用遣小校王稔以輕騎覘賊汴兵圍之候者請救再用曰稔必殺賊弟無往稔解鞍自如暮依檝步戰殺傷多汴兵乃解時士馬法峻稔追汴軍得馬乃還從周涉淮圍壽州而龐師古聶金以衆七萬壁清口朱延壽擊從周軍敗之行密欲汴圍解乃擊師古李承嗣曰公能潛師趨清口破其衆則從周不擊而潰行密出軍西門繇北門去以銳士萬二千衝雪馳迫清口不進壅淮上流灌師古軍張訓自漣水來行密使將羸兵千人為前鋒師古易之方圍棋軍中不

顧朱瑾侯瓚以百騎持汴旌幟直入師古壘舞槊而馳訓亦啓壁超其柵汴軍大駭即斬師古士死十八全忠聞之與從周皆遁走追及壽陽大破之叩渒水方涉為瑾所乘溺死萬餘瑾徙屯安豐汴將牛全節苦鬬後軍乃得度會大雪士多凍死潁州刺史王敬蕘燎薪屬道汴軍免者數千人未幾復圍壽州七日走馬珣收散卒三百自黃州間道趨分寧絕山谷襲撫州鍾將危全諷列四壁皆万人珣謂諸將曰為諸君擊中壁食其穀以歸乃夜擊之全諷走明日珣高會豎旗幟伐鼓循山而下連營潰既還行密罵曰豎子不遂據其城邪光化元年秦裴取鏐崑山鎮顧全武圍之行密諸將數敗全武遂圍蘇州臺濛固守鏐自以舟師至濛食盡行密遣李簡將勳迎之敗全武兵濛得還後軍潰裴援絕全武勸其降決水灌城城壞裴乃降鏐喜具千人食以待既至士不及百鏐曰軍寡何拒之久裴曰糧盡歸死非僕素也初成及之執行密閱其室唯圖書藥劑將辟為行軍司馬固辭引刃欲自刺行密乃止厚礼而歸之鏐亦遣魏約等還全忠攻兗州奉國節度使崔洪來丐師明年遣朱瑾率兵萬人攻徐州屯呂梁洪遂來奔會雨霖瑾引還行密攻徐州汴將李禮壁宿州以援全忠自將次輝州行密戰不勝乃解青州將陳漢賓擁兵送款行密王綰張訓周本率兵迎之漢賓中悔綰詒入見漢賓約麾下

饗我不過日中若不至可攻城漢賓釋甲聽命光州叛行密自攻之汴將朱友裕來救撤圍還全忠諭馬殷成汭雷滿合兵攻行密汭滿猶豫汭惡殷事全忠掠其境滿來結好行密壁黃鄂間杜洪寘鴆于酒于井棄城去行密知不入全忠又遣使者督殷汭滿連兵解圍行密還詔加檢校太尉兼侍中天復元年傳言盜殺錢鏐李神福急攻臨安顧全武列八壁相望神福伏軍青山僞若引去諜奔告全武悉衆躡之神福返鬬與伏夾攻斬首五千級執全武明日遂圍臨安鏐將秦昶以步兵三千降神福乃令軍中護鏐先墓禁樵采鏐遣使者厚謝神福以鏐不死臨安未可下納犒而還明年大將劉存率兵三萬戰艦七百伐湖南殷伏軍長磧洲以樓艓據上流乘風颺沙彊弩射之存軍熾行密歸顧全武於鏐鏐亦釋秦裴以報帝在鳳翔以左金吾大將軍李儼為江淮宣諭使授行密東面諸道行營都統檢校太師守中書令封吳王承制封拜且告難時已削奪全忠封爵詔西川河東忠義幽州保大橫海義武大同八道攻之詔朱瑾為平盧節度使繇海州取青齊馮弘鐸為感化節度使出漣水攻徐宿使朱延壽圍蔡州田頵捍錢鏐行密討杜洪馬殷以分全忠勢行密乃以李神福為鄂岳招討使劉存副之遣冷業攻馬殷杜洪戰屢敗嬰城請救於全忠全忠使韓勍率步兵萬人屯灄口荊南節度使

成汭亦悉衆救洪神福逆戰敗之汭溺死勍引衆走冷業屯平江為三壁殷將許德勳以銳卒號定南刀夜襲業擊三壁皆破禽業掠上高唐年而去是時杜洪困甚且禽會田頵安仁義絕行密行密召神福存還計事洪復振頵之敗更以臺濛為宣州觀察使復遣神福存攻鄂州順義軍使汪武與頵連和歙州刺史陶雅攻鍾傳兵過武所迎謁縛武於軍無錫當浙衝行密使票將張可悰守之鏐勁兵三千夜襲城可悰以百騎擊走之吏皆賀答曰未也方勞諸軍一戰乃蔽火斂旗以須覘者以告鏐兵復至可悰大破之臺濛卒行密以子渥為宣州觀察使天祐二年王彥章李德誠拔潤州殺安仁義以王茂章為潤州團練使聶彥章等率舟師復伐殷攻岳州許德勳啓信以舟千二百柁入蛤子湖琲山之南為木龍鎖舟夜從三百舸斷楊林岸彥章入荊江將趨江陵信躡之德勳以梅花海鶻迅舸進斷木龍舟蔽江軍弩亂發執彥章溺死萬人殷釋彥章還德勳謂曰為我謝吳王僕等數人在湖湘不可襲也行密寬易善遇下能得士死力每宴使人負劍侍陳人張洪因以劍擊行密不中近將李友禽斬之佗日侍劍如故行密發出有盜斷馬鞦不之問以故人人懷恩始乘孫儒亂府庫殫空能約己省費不三年而軍富雄嘗過楚州臺濛盛供帳待之行密一夕去遺衣卧內皆紉補完濛還之行密曰

吾與細微不敢忘本君笑我邪蒙大勳登城見王茂章營第曰天下未定而
茂章居寢鬱然渠肯為我忘身乎茂章遽毀損方帝困鳳翔再遣使督兵以
為行密可亢全忠者然兵至宿州給言糧盡乃還全忠脅帝東遷行密恥憤
被病全忠亦知天子倚行密為重乃弒帝以絕人望行密聞之發喪不視事
三日因是病篤召將吏付家事問嗣於其佐周隱對曰宣州司徒易而信讒
嗜酒酗是好不可以嗣不如擇賢者時劉威以宿將有威名隱意屬威行密
不荅因以王茂章代渥使亟還行密召所親嚴求曰我使周隱召吾兒而不
至柰何求往見隱召檄仍在几始渥守宣州押牙徐溫王令謀約渥曰王且
疾而君出外此殆姦人計它日有召非我二人勿應也及是二人以符召渥
渥至行密承制授檢校太尉同中書門下平章事淮南節度留後行密諗渥曰
左衙都將張顥王茂章李遇皆恬亂不得為兒除之卒年五十四遺令穀葛
為衣桐瓦為棺夜葬山谷人不知所在諸將謚曰武忠張顥議歸都統印於
宣諭使李儼行節度事諸將畏顥無敢對渥流涕騎軍都尉李濤曰都統印
先帝所以賜王父子安得授人諸將唯唯顥投袂去乃共請於儼承制授渥
兼侍中淮南節度副大使東面諸道行營都統封弘農郡王渥好騎射初與
許玄膺為刎頸交及嗣位事皆決之諸將莫敢忤渥求王茂章親兵不得及

去宣輦帷帝以行茂章嫚罵不與踰年遣兵五千襲之茂章奔杭州秦裴執
鍾匡時渥授以江西制置使朱思勍范師從陳璠以兵戍洪州渥為張顥所
制三人者渥腹心也顥脅以為有異謀遣陳祐疾馳懷短兵微服入秦裴帳
中裴大驚命飲召三將入皆色動酒行祐數其罪皆斬之渥召周隱曰君嘗
以孤為不可嗣何也隱不對遂殺之

贊曰行密興賤微及得志仁恕善御衆治身節儉無大過失可謂賢矣然所
據淮楚士氣剽而不剛行密無霸材不能提兵為四方倡以興王室勳視朱
温劫天子而東諆窮意沮憤死牖下可為長太息矣

時溥徐州彭城人為州牙將黃巢亂京師節度使支詳遣溥與陳璠率兵五
千西討次河陰軍亂剽居人溥招戢其衆引還屯境上疑不敢歸詳以牛酒
犒士約悉貰其罪軍乃入共推溥為留後逐詳客館溥厚具貲裝遣璠護還
京師夜駐七里亭璠擅殺詳屠其家溥怒署璠宿州刺史俄殺之別遣將引
銳兵三千入關僖宗因以武寧節度命之巢敗東走圍陳州營溵水秦宗權
方據淮西相聯結溥地介於賊乃悉師討之軍鋒甚盛連戰輒克授東面兵
馬都統遂合許兗鄆兵逐尚讓於太康斬首數萬級讓以所部萬人降溥遣
將李師悅等追尾巢至萊蕪大破之諸將爭得巢首而林言斬之持歸溥以

獻天子故破賊溥功第一加檢校司徒同中書門下平章事進檢校太尉兼
中書令鉅鹿郡王宗權阻兵拜溥蔡州行營兵馬都統賊平與朱全忠爭功
嫌甚日構孫儒方與楊行密爭揚州詔全忠為淮南節度使平其亂溥自以
先起功名顯朝廷位都統顧不得而全忠得之頗悵恨全忠使司馬李璠郭
言等東兵道宿州遺溥書請假道溥辭不可間其境以兵襲之言戰甚力解
而還全忠怨自是連歲略徐泗師不弛甲全忠自將及其郊未得志引去溥
窮乞師於李克用克用為攻碭山朱友裕救之各亡其大將友裕進攻宿州
不能拔時大順元年也明年丁會築堤閼汴水灌宿郛三月拔之使劉瓚守
而溥將劉知俊引兵二千降全忠軍益不振民失田作又大水荐飢死喪十
七以上乃請和於全忠全忠約徙地而罷兵昭宗以宰相劉崇望代之授溥
太子太師溥慮去徐且見殺惶惑不受命諭軍中固留有詔聽可泗州刺史
張諫聞溥已代即上書請隷全忠納質子焉溥既復留諫大懼全忠為表徙
鄭州刺史諫畏兩怨集已乃奔楊行密行密以諫為楚州刺史并其民徙之
以兵屯四朱友裕率軍攻溥嬰城不出有語全忠曰軍行非吉日故師無功
全忠遣參謀徐璠至軍責諭友裕荅曰溥困且破乃徇妖辭士心惰矣焚其
書督饟饋急攻之溥將徐汶出降溥求救於朱瑾全忠自以兵屯曹將去留

精騎數千授霍存曰事急可倍道趨之瑾兵二萬與溥合攻友裕存引兵疾
戰瑾溥還壁明日復戰霍存敗死之進逼友裕友裕堅營不出瑾食盡還兗
州全忠使龐師古代友裕溥分兵固保石佛山師古攻拔之自是完壘不戰
王重師牛存節等梯其堞以入溥從金玉與妻子登燕子樓自焚死實景福
二年全忠遂有其地私置守焉

朱宣宋州下邑人父以豪猾聞里中坐鬻鹽抵死宣亡命去青州為王敬武
牙軍黃巢之亂敬武遣將曹存實率兵西入關而宣為軍候道鄆州是時節
度使薛崇拒王仙芝戰死其將崔君裕攝州事存實揣知兵寡襲殺之據其
地遂稱留後以宣功多署濮州刺史留總帳下兵中和初魏博韓簡東窺曹
鄆引兵濟河存實迎戰死于陣宣收殘卒嬰城簡圍之六月不能拔引兵去
僖宗嘉其守拜宣天平節度使累加同中書門下平章事宣有衆三萬弟瑾
勇冠三軍陰有爭天下心瑾嗜殘殺光啓中求婚於兗州節度使齊克讓詐
親迎載兵竊發逐克讓據府自稱留後天子即授以帥節兄弟雄張山東時
秦宗權悉兵攻朱全忠使秦賢列三十六壁自將督戰全忠大恐求救于宣
宣與瑾身率師往擊宗權宗權敗走全忠厚德宣兄事之情好篤密而內忌
其雄且所據皆勁兵地欲造怨乃圖之即聲言宣納汴亡命移書詆讓宣以

新有功於全忠故吞噉未厭全忠由是顧結其隙使朱珍先攻瑾取曹州壁乘氏宣救曹不克奔還珍圍濮州宣使弟罕救濮全忠自將擊罕斬之拔濮州朱裕奔歸鄆使珍薄鄆挑戰宣不出裕為書紿降導珍入信之夜以兵數千傅城裕開門軍入縣門發死者數千縱轟石擊未入者殺裨將百餘人復取曹以郭詞為刺史大將郭銖斬詞奔全忠瑾謀悉兵襲汴全忠乃自攻瑾瑾以兵掠單父與全忠將丁會轉戰不勝去景福初復伐宣令從子友裕先驅自繼之次衛南宣以輕兵夜掩友裕軍走之據其營全忠未知運糧以入乃覺走瓠河與友裕相失距濮十五里舍明日友裕乃至宣留濮州全忠令友裕馳壯騎諜鄆虛實身將而北會宣引還縱兵戰全忠南走絕塹去幾不脫大將多死乃謀持久徼極取宣歲一再暴其稼奪之食俘其工織勸有存者宣令賀瓌守濮州為友裕所攻委城走友裕進擊徐州時溥求援於宣戰不勝而還溥遂亡全忠即遣龐師古攻齊州宣瑾皆戍以兵久不下乾寧元年全忠身往營清河結壘宣瑾三分其兵出擊之全忠迎戰東阿南風急汴軍居下甚懼俄而風返全忠得縱火焚其旁熛薰漲天宣等大北是夏全忠壁曹州南宣薄戰喪其將二人全忠還明年使朱友恭擊兗州瑾堅壁乃塹而守宣饋瑾友恭奪其糧全忠自軍單父會宣求救于李克用友恭退壁曹南數月全忠自伐宣刈其麥敗克用將李承嗣史儼等乃還宣追之大鈔曹州其秋全忠復攻鄆壁梁山宣克用挑戰全忠設伏破之斬首數千級引而南克用躡全忠後至柏和大寒全忠軍多死不閱月復圍兗州因略地龔丘賀瓌以奇兵擊全忠輜重不及戰鉅野東瓌大敗見禽師無孑餘軍道大陂風暴起全忠曰豈殺人有遺邪乃搜軍中復斬數千人風亦止執瓌示城下瑾之兄瓊守齊州見勢屈以州歸全忠結同姓懽全忠許之輕騎至軍全忠勞苦加禮因使招瑾瑾領精騎度池笑語如平生歡乃使將胡規偽送款欲得瓊躬上符節全忠不之虞瑾伏壯士橋下瓊單騎至方交語士突起擒瓊以入斬其首棄城下汴軍大震全忠恚數日乃去三年克用使其將李瑭以兵屯莘援宣為羅弘信所破全忠大喜度宣可困遣龐師古伐宣宣逆戰敗于馬頰河師古迫其西門兵不出全忠之攻宣凡十興師四敗績宣才將皆盡益內沮度不能與全忠确則固守增堞深塹為不可逼明年葛從周密造舟于塹師夜踰而升宣出奔為民所縛追至執以獻全忠斬之而納其妻使師古攻兗州二月食盡瑾自出督芻粟轉掠豐沛間而子用貞及大將康懷英等舉城降瑾引麾下走沂州刺史尹懷賓不納乃趨海州刺史朱用芝以其眾與瑾奔楊行密行密迎之高郵解玉帶以賜表領徐州節度使畀以兵師古從周以兵七萬討行密瑾敗之清口擊殺師古而從周還師至淠水方涉瑾追及殺傷溺死幾盡瑾事行密尤盡力

孫儒河南河南人以趫卞橫里中隸忠武軍為裨校與劉建鋒善黃巢亂以兵屬秦宗權為都將光啓初宗權遣儒攻東都留守李罕之出奔儒焚宮闕屠居人河陽節度使諸葛爽與儒戰洛水爽敗儒亦東圍鄭州朱全忠屯中牟救之不敢前儒乘夜登城刺史李璠走儒進拔河橋遂取河陽留後諸葛仲方出奔全忠壁河陰儒掠汴鄆全忠兵卻屯胙城東南列偽旗鼓疑之儒乃還會全忠與宗權戰宗權敗走儒閒殺孟人不可尸於河焚井邑乃去宗權又遣儒鈔淮南乘高駢之亂儒留濠州會楊行密得揚州宗權使弟宗衡率淮南以儒為副建鋒為前鋒儒常曰大丈夫不能苦戰萬里賞罰己出奈何居人下生不能富貴死得廟食乎未幾汴兵攻蔡宗權召之儒稱疾不往宗衡督之即大會帳下酒酣斬宗衡并其衆與建鋒許德勳等略騎七千因略定傍州不淹旬兵數萬號土團白條軍文德元年破揚州自為淮南節度使與時溥連和初全忠嘗以書招儒故又納款於汴且送宗衡秦彥畢師鐸首全忠藉以聞昭宗授儒檢校司空全忠署為招討副使龍紀初悉兵攻宣州行密取淮南儒還行密走始得潤常蘇三州兵益彊使建鋒守潤常全忠約行密圖之儒謀定江南乃北爭天下畏全忠擣虛乃遣人卑辭厚賄全忠為求朝詔授淮南節度使大順元年行密取潤州以安仁義守之常州以李友守之儒怒三分其軍度江建鋒復拔常潤仁義走全忠遣將龐從等軍十萬擁至高郵儒悉師禦之故仁義間取潤州劉威田頵等敗建鋒於武進取常州杭州錢鏐將沈粲自蘇州奔儒行密諸將在潤常者皆為建鋒所逐仁義頵棄潤州走明年儒引兵自京口轉戰召建鋒皆行行密諸將屯險者聞儒至皆走頵威等合兵三萬邀儒黃池儒遣馬殷擊走之儒營廣德乘勝至東溪淮人大恐行密遣臺濛屯西溪自引軍逆戰儒軍圍之數重黑雲將李簡以騎馳之行密乃免儒遂圍宣州行密乞師於錢鏐鏐會兵絡濟暴湧廣德黃池諸壁皆沒儒分兵取和滁二州其秋儒焚揚州引而西傳檄遠近號五十萬旌旗相屬數百里所過燒廬舍殺老弱以給軍行密懼將遁去戴規曰儒軍數敗今掃地而至決死於我若吾遺降者間至揚州撫慰衣食使儒軍聞其家尚完人人思歸不戰可禽也行密乃遣親將入揚州取儒營糧數十萬斛以稟飢民儒屯廣德陶雅以騎軍破儒前鋒屯戟公臺十二月頵威與儒決戰皆大敗儒運屯稍西行密使陶雅屯潤州扼其歸路景福元年儒復圍宣州屯陵陽行密戰不利謀出奔時劉威方繫獄且死行密躬更召問計對曰儒林食饋

壘以米糧盡將為我禽若勁兵背城坐制其困李神福亦請據險邀儒糧行密乃分兵攻廣德壁而絕儒饟道會軍適大疫儒病痁遣建鋒殷鈔諸縣行密知城下兵寡乃晨出率仁義頵背城決戰破五十壁會暴澍且冥儒軍大敗儒病甚股弁不能興頵執儒獻行密諸將皆降儒就刑于市見劉威曰中君之謀儒首引鑑搔首曰此頭不久當入京師至是傳首闕下建鋒殷哭之相語曰公常有志廟食吾等有土當廟以報德及殷據湖南表儒贈司徒樂安郡王立廟以祀

楊時朱孫列傳第一百一十三

高趙田朱列傳第一百一十四　　唐書一百八十九

端明殿學士兼翰林侍讀學士龍圖閣學士朝請大夫守尚書吏部侍郎充集賢殿修撰臣宋祁奉
敕撰

高仁厚亡其系出初事劒南西川節度使陳敬瑄爲營使黃巢陷京
師天子出居成都敬瑄遣黃頭軍部將李鋋鞏咸以兵萬五千戍興
平數敗巢軍賊號蜀兵爲鵶兒每戰輒戒曰毋與鵶兒鬬敬瑄喜其
兵可用益選卒二千使仁厚將而東先是京師有不肖子皆著疊帶
冒持挺剽閭里號閑子京兆尹始視事輒殺尤者以怖其餘竇潏治
京兆至殺數十百人稍稍憚戢巢入京師人多避難寶雞閑子掠之吏
不能制仁厚素知狀下約入邑閭縱擊軍入閑子聚觀嗤侮於是殺
數千人坊門反閉欲亡不得故皆死自是閭里乃安會邛州賊阡能
衆數萬略諸縣列壁數十涪州刺史韓秀昇等亂峽中韓求反蜀州
諸將不能定敬瑄召仁厚還使督兵四討屯求安阡能遣諜者入軍
中吏執以獻諜自言父母妻子囚於賊約不得軍虛實且死仁厚哀

之曰爲我報賊明日我且戰有能釋甲迎我者署背曰歸順皆得復
農矣縱諜去命諸將毀柵鼓而前賊渠羅渾擎設伏詐降仁厚遣將不
持兵入諭其衆皆真降渾擎詐窮而逸吏執之仁厚曰愚人不足語
降衆署皆得免則告諸壁大軍至賊帥句胡僧大驚斬之莫能禁衆
執胡僧以降韓求知大賊已禽徇諸壁曰敢出者斬衆罵之求赴水
死衆鉤出斬以徇餘柵皆下仁厚按轡裴回視賊壘吏請焚之仁厚命
取財糧乃縱火尸賊成都仁厚還天子御樓勞軍授仁厚檢校尚書
左僕射眉州刺史敬瑄與仁厚謀曰秀昇未禽貢輸梗奪百官乏奉
民不釃食公能破賊當以東川待公仁厚許之詔拜行軍司馬仁厚
聞賊儲械子女皆在屯乃以銳兵瀕江伐木穨水礙舟道負岸而陣
使游軍逼賊久不戰則夜以千卒持短刀彊弩直薄營火而譟之秀
昇率舟兵救火仁厚遣人鶩沒鑿舟皆沈衆懼多潰秀昇斬潰兵欲
脅止之衆怒執秀昇以降仁厚問狀對曰天子蒙塵反者何獨我仁
厚檻車送行在斬於市東川節度使楊師立初隸神策軍累遷檢

校司空同中書門下平章事聞敬瑄以仁厚代已有望言敬瑄諷
帝召師立以本官兼尚書右僕射師立益怒移檄言敬瑄十罪殺
監軍田繪屯涪城遣兵攻綿州不克又檄劒州刺史姚卓文共攻
成都假卓文爲指揮應接使卓文不應帝乃下詔削官爵敬瑄即
表仁厚爲東川節度留後揚茂言爲行軍副使楊棠爲諸軍都虞
候率兵二萬討之師立遣大將張士安鄭君雄守鹿頭關仁厚次
漢州前軍戰德陽師立嬰城閱四旬夜出兵擾北柵仁厚設兩翼
而伏披柵門列炬賊不敢進伏發擊走之楊茂言謂仁厚且敗引
兵走久乃還明日會諸將仁厚曰副使當以死報天子斬而徇於
是士安不敢出師立自督士十戰皆北仁厚約城中斬首惡者賞
君雄譁于軍曰天子所討反者耳吾等何與乃與士安譁而進以
仁厚書示師立曰請以死謝衆自沈于池死君雄悉誅其家獻首
天子仁厚入府縱繫囚賑貧絕詔拜劒南東川節度使光啓二年
遂據梓州絕敬瑄君雄時爲遂州刺史亦陷漢州攻成都敬瑄使

部將李順之逆戰君雄死又發維茂州羌軍擊仁厚斬之乾寧中
皆追贈司徒

趙犫陳州宛丘人世爲忠武軍牙將犫資警健兒弄時好爲營陣
行列自號令指顧羣兒無敢亂父叔文見之曰是當大吾門稍長
喜書學擊劒善射會昌中從伐潞州收天井關又從征蠻忠武軍
功多遷大校黃巢入長安所在盜興陳人詣節度府請犫爲刺史
表于朝授之既視事會官屬計曰巢若不死長安必東出關陳其
衝也乃培城疏塹實倉庫峙薪蒭爲守計民有貲者悉內之繕甲
兵募悍勇悉補子弟領兵巢敗果東奔賊將孟楷以萬人寇項犫
擊禽之僖宗嘉其功遷累檢校司空巢聞楷死驚且怒悉軍據溵
水與秦宗權合兵數十萬絳長壕五周百道攻之州人大恐犫令
曰士貴建功立名節今雖衆寡不敵男子當死地求生徒懼無益
也且死國不愈生爲賊乎吾家食陳祿誓破賊以保陳異議者斬
衆聽命引銳士出戰屢破賊巢益怒將必屠之乃起八仙營於州

左僭象宮闕列百官曹署儲糧爲持久計宗權輸鎧仗軍須賊益
張犨小大數百戰勝負相當故人心固乃間道乞師於朱全忠未
幾汴軍至壁西北陳人思奮犨引兵急擊賊破之圍凡三百日而
解中和五年擢彰義軍節度使巢雖敗宗權始熾略地數千里屠
二十餘州唯陳賴犨獨完以功檢校司徒加泰寧浙西兩節度
皆在陳并領之龍紀初進同中書門下平章事忠武軍節度仍
治陳州流亡踵還與弟昶至友愛後將老悉以軍事付之乃卒
贈太尉犨悉忠力以孤城抗賊巢卒敗亡然附全忠亦賴其力復
振故委輸調發助全忠常先它鎮云昶字大東神采軒異而內沈
厚有法度破孟楷功多巢之圍昶夜㧑師疲而寢如有神相之者
犂曙決戰士爭奮死鬭禽賊酋數人斬級千餘犨領泰寧以昶爲
州刺史檢校尚書右僕射當時方鎮言忠壯吏治舉言犨昶之
老乃授留後還忠武節度使亦留陳進檢校司徒勸農桑於人
有恩惠加同中書門下平章事乾寧二年卒年五十三贈太尉犨

子珝字有節雄毅喜書善騎射巢之難激勵麾下約皆死以先家
遁賊畏見殘鬭即夜縋死士取柩以入庫有巨弩機牙壞不能張
珝以意調治激矢至五百步人馬皆洞賊畏不敢逼以勞檢校尚
書右僕射遥領虔州刺史昶帥忠武珝還行軍司馬昶之喪知忠
武留後政簡濟上下安之全忠表爲忠武軍節度使陳土惡善圮
珝壘甓表墉遂無患三加檢校太保光化二年同中書門下平章
事進兼侍中封天水郡公按鄧艾故蹟決翟王渠溉稻以利農一
家三節度相繼二十餘年陳人宜之天復初韓建帥忠武以珝知
同州節度留後昭宗還長安詔入朝賜號迎鑾功臣以檢校太傅
爲右金吾衛上將軍從東遷歲餘以疾免卒年五十五贈侍中陳
人爲罷市

田頵字德臣廬州合肥人略通書傳沈果有大志與楊行密同里
約爲兄弟應州募屯邊還主將行密據廬州頵謀爲多攻趙鍠於
宣州鍠出東溪乘暴流以逸阻水解甲謂追騎不能及頵乘輕舸

追之鍠驚遂見禽行密表頵爲馬步軍都虞候沙陀叛將安仁義
奔淮南行密大喜屬以騎兵使在頵右兩人名冠軍中共攻常州
殺刺史杜稜錢鏐方屯潤州一夕潰會孫儒南略頵等屯丹陽儒
以揚州壁廣德頵破其屯與戰頵走行密怒奪其兵或諫行密曰
彊敵傳壘不用頵非計也行密復將頵儒詒書仁義通好以疑行
密行密待益厚署行軍副使卒用此二人功禽儒乃表仁義爲潤
州刺史頵寧國軍節度使累遷檢校太保同中書門下平章事仁
義至檢校太保頵已平馮弘鐸至揚州謝行密左右求貲不已獄
吏亦有請頵怒曰吏覬吾入獄邪又求池歙爲屬州行密不許頵
始怨將還指府門曰吾不復入此是時錢鏐部將徐綰叛鏐入杭
州逐綰綰屯靈隱山迎頵頵遣客何曉見鏐曰王宜東保會稽無
爲虛屠士衆也鏐曰軍中小叛常然公爲人長何助逆耶頵攻北
門鏐登城與語射中麾下頵築壘絕往來道鏐患之出金幣十甖
募能奪地者陳璋以死士三百免冑馳擊奪其地鏐授璋衢州刺

史頵攻城未能克將濟江絕西陵爲鏐將所却圍益急先是行密
欲女鏐子鏐急乃遣元璙迎女且告行密曰頵得志爲患必大請
以子爲質願召還頵行密使人謂頵曰不還我遣人代守宣州頵
不從鏐輸錢二百萬緡犒軍頵又請鏐子元瓘出質乃與綰引兵
還然內怨行密與鏐因移書曰侯王守方以奉天子譬百川不朝
于海雖狂奔澶漫終爲涸土不若順流無窮也東南揚爲大刀布
金玉積如阜願公上天子常賦頵請悉儲峙單車以從行密答曰貢
賦繇汴而達適足資敵爾於是頵絕行密大募兵李神福白行密
頵必叛宜先圖之行密曰頵有大功而反狀未明殺之諸將不爲
用頵遣其佐杜荀鶴至汴通好全忠喜屯宿州須變行密以康儒
在頵所故授廬州刺史以間之頵怒族其家儒曰公不用吾謀死
無地矣頵與安仁義連和攻昇州劫刺史李神福妻息厚養之神
福方與劉存攻鄂州行密召之神福謂諸將曰頵反此心腹疾宜
速攻之頵遣李皋詒書神福曰公家在此苟從我當分地以王答

曰吾以一卒從吳王任上將終不以妻子易意乃斬皐破頵兵於曷山始頵將王壇等以舟師躡神福後至吉陽磯不戰會日暮壇掩神福軍半濟神福反舟順流急擊大破之因縱火士多死明日壇復戰敗於皖口頵乃自將來戰神福曰賊棄城而來此天亡也乃瀕水堅壁不出請行密以兵塞頵走道仁義焚東塘戰艦夜攻常州不克轉戰至夾岡立二幟解甲而息追兵莫敢嚮頵陳舟蕪湖行密遣將王茂章攻潤州仁義以善射冠軍中當時稱朱瑾槊米志誠弩皆爲第一仁義常曰志誠弩十不當瑾槊之一瑾槊十不當五弓之一人以爲然又其治軍嚴善得士心戰卒數百濠梁不毀開門闞先告所當中然後射之茂章等不敢與確行密遣使謂曰吾不忘公功能自歸當復爲行軍副使但不可處兵仁義欲降其子固諫乃止行密召其將臺濛泣語曰人皆告頵必反我不忍負人頵果負我吾思爲將者非公莫可濛頓首謝率騎度江爲陣以行士笑其法濛曰頵宿將多謀備之何害與王壇等戰廣德濛以行密書遺壇諸將皆再拜氣奪濛麾兵擊之壇走神福既以不戰困頵頵紿言毋病還至蕪湖聞壇敗留精兵二萬屬郭行琮身走城濛之行爲狹營小舍覘者以爲怯容二千人頵輕之不復召兵與戰黃池矢石始交而濛遁兵爭逐北遇伏頵大敗召蕪湖兵不得入行琮及壇皆歸行密頵恚自料死士數百號爪牙都身薄戰濛退軍示弱士超隍濛殊死戰軍潰頵奔城橋陷爲亂兵所殺年四十六其下猶鬪示頵首乃潰頵始以元璀歸戰不勝輒欲殺之頵母護免及鏐與行密合頵曰今日不勝必殺元璀已而頵死傳首至淮南行密泣下葬以庶人禮亦葬康儒還元璀於杭頵善爲治資寬厚通利商賈民愛之善遇士若楊夔康軿夏侯淑殷文圭王希羽等皆爲上客文圭有美名全忠鏐交辟不應頵置田宅迎其母以甥事之故文圭爲盡力夔知頵不足亢行密著溺賦以戒頵不用行密使王茂章穴地取潤州安仁義以家屬保城樓兵不敢登召李德誠曰汝可以委命乃抵弓矢就縛父子斬揚州市濛字頂雲亦合肥人頵破行密表爲檢校太保宣州觀察使天祐初卒

朱延壽者廬州舒城人事行密破秦彥畢師鐸趙鍠孫儒功居多行密欲以寬恕結人心而延壽敢殺時揚州多盜捕得者行密輒賜所盜遣之戒曰勿使延壽知已而陰許延壽殺之初壽州刺史高彥溫擧州入朱全忠行密襲之諸將憚城堅不可拔延壽鼓之拔其城即表爲淮南節度副使全忠猶屯壽春延壽以新軍出每旗五伍爲列遣李厚以十旗擊西偏不勝將斬之厚請益五旗殊死戰全忠引去於是取黃蘄光三州以功遷壽州團練使昭宗在鳳翔詔延壽團蔡以披全忠勢擢奉國軍節度使全忠兵每至延壽開門不設備而不敢逼也延壽用軍常以寡鬪兼敗還者盡斬之田頵之附全忠延壽陰約曰公有所爲我願執鞭頵喜二人謀絶行密行密憂甚紿病目行觸柱僵妻延壽姊也掖之行密泣曰吾喪明諸子幼得舅代我無憂矣遣辯士召之延壽疑不肯赴姊遣婢報故延壽疾走揚州拜未訖士禽殺之而廢其妻

贊曰全忠唐之盜也行密志梟其元而後已田頵使出軍賦而助之此其謀貴難而絶之非忠於唐也棄所附而覬尊大亦已妄矣孔子稱孟公綽爲趙魏老則優不可以爲滕薛大夫如仁厚田朱材不足爲吳蜀之老可與事天子哉

高趙田朱列傳第一百十四

三劉成杜鍾張王列傳第一百一十五　　唐書一百九十

端明殿學士兼翰林侍讀學士龍圖閣學士朝請大夫守尚書吏部侍郎充集賢殿修撰臣宋　祁奉敕撰

劉建鋒字銳端蔡州朗山人爲忠武軍部將與孫儒馬殷同事秦宗權儒之敗建鋒殷收散卒轉寇江西有衆七千推建鋒爲主殷爲前鋒張佶爲謀主略洪虔數州衆遂十餘萬乾寧元年取潭州殺武安節度使鄧處訥自稱節度留後奉表京師詔即拜檢校尚書左僕射武安軍節度使建鋒已得志即嗜酒不事事新息小史陳贍爲建鋒御者妻美且豔乃私之贍怒袖鐵檛擊建鋒死斷其喉衆推張佶爲帥佶固辭馬踶傷佶左髀下令曰吾非而主時馬殷攻邵州未克於是遣人迎殷磔贍于市殷至佶坐受其謁既而率將吏推殷爲留後詔即除檢校太傅潭州刺史殷以成汭楊行密劉隱皆養士以圖王霸謂其屬高郁曰吾欲重幣以奉四鄰而固吾境計安出郁曰荊南闇弱焉能患我淮南我讎也固不吾援公

若置邸京師歸天子職貢王人來錫命四方畏服然後按兵討不廷霸業成矣殷悟厚結宣武朱全忠以請于朝乃拜湖南節度兵馬留後郁又教殷鑄鉛鐵錢十當銅錢一民得自摘山收茗筭募高戶置邸閣居茗號八牀主人歲入筭數十萬用度遂饒於是收邵衡永道郴連六州進攻桂州執留後劉士政諸城望風奔潰盡得昭賀梧象柳宜蒙等州又攻容管執寧遠節度使龐巨曦虜其衆及貴昭宗在鳳翔難方亟遣中人間道賜朱書密詔使殷與楊行密攻汴州殷兵訖不出殷弟賨沈勇知書史從孫儒爲盜晚事楊行密爲黑雲軍使與錢鏐戰數有功夜臥常有光怪行密知之曰吾今歸汝于兄辭曰賨一敗卒公待以不死湖南在宇下朝亡夕至但誼不忍舍公行密具齎償以遣曰爾還與兄共食湘楚然何以報我荅曰願通二國好使商賈相資行密喜既至殷表以自副每勸殷與行密連和殷畏全忠卒不克殷與建鋒同里人凡宗權黨散爲盜者皆以酷烈相矜時通名蔡賊云

成汭青州人少無行使酒殺人亡爲浮屠後入蔡賊中爲賊帥假子更姓名爲郭禹嘗戍江陵亡爲盜保火門山後詣荊南節度使陳儒降署裨校久之張瓌囚儒以禹凶慓欲殺之禹結千人奔入峽夜有蛇環其所祝曰有所負者死生唯命既而蛇亡禹乃襲歸州入之自稱刺史招還流亡訓士伍得勝兵三千秦宗權故將許存奔禹禹以青州剽卒三百畀之使討荊南部將牟權于清江禽權取其衆禹又破其將王建肇建肇奔黔州昭宗拜禹荊南節度留後始改名汭復故姓宗權餘黨常厚攻夔州是時西川節度使王建遣將屯忠州與夔州刺史毛湘相脣齒厚屯白帝汭率存乘二軍之間攻之二軍使人誶辱汭汭恥之曰有如禽賊當支解以逞會存夜斬營襲厚破之厚奔萬州爲刺史張造所拒走綿州存入夔州楚言妻李語夫曰君常辱軍且支解不如前死楚言不決李礪刀席下方共食復語之夫曰未可知李取刀斷其首并殺三子乃自剄汭畏其烈禮葬之刻石表曰烈女

即使司馬劉昌美守夔率存泝江略雲安建將皆奔存按兵渝州盡下瀕江州縣時王建肇據黔州自守帝以建肇爲武泰軍節度使汭遣將趙武率存攻之建肇走汭乃以武爲留後存爲萬州刺史存不得志汭遣客伺之方蹴毬汭曰存必叛自試其力矣遣將襲之存夜率左右超堞走與王建肇皆降於王建汭頗知吏治嘗錄囚盡其情墊江賊陰殺令其主簿疑小史道之訊不承臨刑曰我且訟地下踰月吏果死汭聞益詳於獄始治州民版無幾未再期自占者萬餘帝數詔刻石頌功輒固辭時鎮國節度使韓建亦以治顯號北韓南郭汭進累檢校太尉中書令上谷郡王雲安榷鹽本隸鹽鐵汭擅取之故能畜兵五萬初任賀隱隱賢者也故汭所舉少過晚得妻父任之譖害諸子汭皆手殺之至絕嗣澧朗本荊南隸州爲雷滿所據別爲節度汭數請之宰相徐彥若不許及彥若罷道江陵汭出怨言彥若曰公專一面自視桓文一賊不能取而怨朝廷乎汭大慙晚喜術士餌藥瀕死而蘇天復三年帝詔淮

南節度使楊行密圍鄂州朱全忠使韓勍救之諷汭與馬殷雷彥威掎角汭身自將而行下知汭不足亢行密無敢諫唯親吏楊師厚勸之汭爲巨艦堂皇悉備行至公安卜不吉欲還師厚曰公舉全軍中道還何以見百姓汭乃行彥威潛師略江陵汭諸將念私無鬭志淮南將李神福壁沙橋望汭軍曰戰艦雖盛首尾斷絕可取也擊汭君山敗之火其舩衆大潰汭投江死士民皆爲彥威所劫韓勍走還王建遂取夔施忠萬四州天祐中全忠表汭死國事請與杜洪皆立廟云

杜洪鄂州人爲里俳兒乾符末黃巢亂江南永興民皆亡爲盜刺史崔紹募民彊雄者爲土團軍賊不敢侵於是人人知兵杭州刺史路審中爲董昌所拒走安黃州中和末聞紹卒募士三千入鄂州以守洪爲州將有功亦逐岳州刺史居之光啓二年安陸賊周通率兵攻審中審中亡去洪乘虛入鄂自爲節度留後僖宗即拜本軍節度使是時永興民吳討據黃州駱殷據永興二人皆隸土

團者也故軍剽甚洪雖得節制而附朱全忠絕東南貢路乾寧初身自將擊討乞師淮南楊行密遣朱延壽助之洪引還延壽拔黃州俘討獻京師駱殷棄永興走行密取其地洪得駱殷倚爲腹心間取永興守之全忠方圍鳳翔昭宗遣使者東出道武昌洪皆殺之時行密略光州詔洪出兵與忠義趙匡凝武安馬殷襲安州行密使李神福劉存率舟師萬人討洪駱殷棄永興走縣民方詩以待命神福已得詔大喜以永興壯縣饋餉所仰既得鄂半矣遂進圍鄂州洪嬰城請救於汴全忠率兵五萬營霍丘行密撓之汴兵不利引還使別將吳章以三千兵解圍神福迎破之時全忠方與河東軍薄戰故不能救洪洪乃求助於馬殷殷不答洪計窮復走全忠全忠遣曹延祚合吳章兵萬三千救洪淮南將劉存濬塹傅城殷爲洪謀曰淮兵深入仰永興以濟若奇兵取之賊不戰而潰洪以精兵合汴人間道掩永興三十里而舍存以方詔苗璘當之汴亡卒走淮壁言軍虛實曰鄆軍懦可取閒道軍不可當也璘曰

殺彊則弱者擒矣乃自擊閒道軍敗之禽汴士三百人徇城下洪軍氣沮存使辯士臨說洪恃汴方彊無降意或勸存急擊援兵則城自下存曰擊之賊入則城固矣若縱其道城可取也俄而汴軍走是日城陷執洪及曹延祚窮斬其餘行密見洪責曰爾同逆賊弑主與孤爲仇吾軍還而復爲賊後拒今定何如洪謝曰不忍負朱公與延祚皆斬揚州市以劉存守鄂州行密死馬殷遂取其地

鍾傳洪州高安人以負販自業或勸其爲盜必大顯時王仙芝猖狂江南大亂衆推傳爲長乃鳩夷獠依山爲壁至萬人自稱高安鎮撫使仙芝之遺柳彥璋掠撫州不能守傳入據之言諸朝詔即拜刺史中和二年逐江西觀察使高茂卿遂有洪州撫民危全諷閒傳之去竊撫州以叛使弟仔昌據信州僖宗擢傳江西團練使俄拜鎮南節度使檢校太保中書令爵潁川郡王又徙南平傳率兵圍撫州天火其城士民讙譟諸將請急攻之傳曰乘人之險不可乃祝曰全諷罪無害民者火即止全諷聞謝罪聽命以女女傳子

匡時傳以匡時爲袁州刺史擊馬殷又以彭玕爲吉州刺史玕健將也傳倚以爲重廣明後州縣不鄉貢惟傳歲薦士行鄉飲酒禮率官屬臨觀資以裝齎故士不遠千里走傳府傳少射獵醉遇虎與鬭虎搏其肩而傳亦持虎不置會人斬虎然後免既貴悔之戒諸子曰士處世尚智與謀勿效吾暴虎也乃畫搏虎狀以示子孫凡出軍攻戰必禱佛祠積餌餅爲犀象高數尋晚節重斂商人至棄其貨去天祐三年卒匡時自立爲節度觀察留後次子匡範爲江州刺史怨兄立挈州附淮南因言兄結汴人圖揚州楊渥使秦裴攻匡時圍洪州匡時城守不出凡三月城陷淮軍大掠三日止執匡時及司馬陳象歸揚州渥切責匡時頓首請死渥哀赦之斬象于市彭玕既失援厚結馬殷且覘虛實使者還曰殷將校輯睦未可圖也遂歸款玕通左氏春秋嘗募求西京石經厚賜以金揚州人至相語曰十金易筆百金償一篇況得士乎故士人多往依之始危全諷聞匡時立喜曰聽鍾郎爲節度三年我自取之及

渥兵盛不敢救潛謀攻渥會淮南亡將王茂章過州請曰聞公欲大舉願見諸將才否全諷蒐衆十萬邀茂章觀之對曰揚州有士三等公衆正當其下盍更益之全諷不能答後爲楊氏所幷

劉漢宏本兗州小史從大將擊王仙芝劫輜重叛去乾符末略江陵焚民室廬墟無完家於是都統王鐸遣將崔鍇降之表爲宿州刺史漢宏恨賞薄有望言會浙東觀察使柳瑫得罪乃授漢宏觀察使代之僖宗在蜀貢輸踵驛而西帝悅寵其軍爲義勝軍即授節度使漢宏既有七州志侈大輒曰天下方亂卯金刀非吾尚誰哉鴟嘷諸廷命斫樹或曰巨木不可伐怒曰吾能斬白蛇何畏一木中和二年遣弟漢宥率諸將攻杭州壁西陵爲董昌所敗復遣兵七萬瀕江而屯昌使錢鏐宵濟襲破之明年漢宏屯黃嶺發洞獠同攻昌鏐出富陽擊諸營多潰去漢宏大沮悉軍十萬列艦西陵謀宵濟襲昌擣於江有一矢墜前惡之俄與鏐遇鏐俘馘五千漢宏羸服走或執之紿而免明日復戰鏐斬其弟漢容將辛約

時鍾季文守明州盧約處州蔣瓌婺州杜雄台州朱褒溫州褒兵最彊故漢宏使褒治大艦習戰以史惠施聖實韓公汶將其軍帝聞抗越拏戰遣中人焦居璠持節詔通好皆不奉詔光啓二年鏐率諸將攻越自趨導山破公汶於曹娥埭與褒戰燒其艦進屯豐山聖實詣鏐降漢宏率麾下六百人走台州鏐斬其母妻子屯杜雄饗其軍皆醉執漢宏以見董昌漢宏曰自古豈有不亡國邪昌使斬于市叱刑者曰吾節度使非庸人可殺我嘗夢持金殺我者必錢鏐也昌命鏐斬之

張雄泗州漣水人與里人馮弘鐸皆爲武寧軍偏將弘鐸爲吏辱雄爲辯數幷見疑於節度使時溥二人懼禍乃合兵三百度江壁白下取蘇州據之稍稍嘯會戰艦千餘兵五萬乃自號天成軍鎮海節度使周寶之敗奔常州聞高駢將徐約兵鋭甚誘之使擊雄與之蘇州雄匿衆海中使別將趙暉據上元貲以舟械寶兵散多降暉衆數萬雄即以上元爲西州負其才欲治臺城爲府旌旗衣服僭王者楊行密圍揚州畢師鐸厚齎寶幣啗雄連和雄率軍浮海屯東塘是時揚州圍久皮囊革帶食無餘軍中殺人代糧纔千錢聞雄至間道挾珍走軍以銀二斤易斗米逮穅粃以差爲直雄軍富過所欲即不戰去暉數剽江道雄擊殺之坑其衆自屯上元大順初以上元爲昇州詔授雄刺史未幾卒雄善馭衆人思之爲立廟弘鐸代爲刺史弘鐸善騎射侃侃若儒者行密已得淮南弘鐸納好然倚兵艦完利謀取潤州遣客尚公廼進說行密行密不從客曰公不見聽未知勝幾樓船時行密大將田頵在宣州陰圖弘鐸募工治艦工曰上元爲舟市木遠方堅緻可勝數十歲頵曰我爲舟於一用不計其久取木於境可也弘鐸介宣揚間不自安而州數有怪天復二年大風發屋巨木飛舞州人駭曰州且易主大將馮暉等勸弘鐸悉軍南嚮聲言討鍾傳實襲頵行密知之遣客說止不聽頵逆擊於曷山弘鐸大敗收殘士欲入海行密懼復振遣人迎犒東塘好謂曰兵有勝負今衆尚彊乃自棄于

海柰何吾府雖隘尚可以居若欲揚州我且讓公弘鐸舉軍盡哭行密拏飛艫不持兵入其軍執弘鐸手尉勉遂以歸表爲淮南節度副使見尚公廼曰頗憶爲馮公求潤州否何多尚邪謝曰臣爲君恨其未遂行密笑曰吾得君尚何憂徐約者曹州人已得蘇州有詔授刺史錢鏐遣弟銶攻之約驅民墨鑱其面曰願戰南都從事或曰都者國稱杭終有國乎約後窮與其下哭而別入海死鏐使沈粲守蘇州約衆降潤州阮結結不能定鏐以成及討之盡殲其衆

王潮字信臣光州固始人五代祖曄爲固始令民愛其仁留之因家焉世以貲顯僖宗入蜀盜與江淮壽春亡命王緒劉行全合羣盜據壽州未幾衆萬餘自稱將軍復取光州劫豪桀置軍中潮自縣史署軍正主廥庾士推其信緒提二州籍附秦宗權宅曰賦不如期宗權切責緒懼與行全拔衆南走略潯陽贛水取汀州自稱刺史入漳州皆不能有也初以糧少故兼道馳約軍中曰以老孺

從者斬潮與弟審邽審知奉母以行緒切責潮曰吾聞軍行有法無不法之軍對曰人皆有母不聞有無母之人緒怒欲斬其母三子同辭曰事母猶事將軍也殺其母焉用其子緒赦之會母死不敢哭夜殯道左時望氣者言軍中當有暴興者緒潛視魁梧雄才皆以事誅之衆懼次南安潮語行全曰子美須眉才絕衆吾不知子死所而行全怪寤亦不自安與左右數十人伏叢翳狙縛緒以徇衆呼萬歲推行全為將軍辭曰我不及潮請以爲主潮苦讓不克乃除地劃劍祝曰拜而劍三動者我以爲主至審知劍躍於地衆以為神皆拜之審知讓潮自爲副緒歎曰我不能殺是子非天乎潮令于軍曰天子蒙難今當出交廣入巴蜀以幹王室於是悉師將行會泉州刺史廖彥若貪暴聞潮治軍有法故州人奉牛酒迎潮乃圍城歲餘克之殺彥若遂有其地初黃巢將竊有福州王師不能下建人陳巖率衆拔之又逐觀察使鄭鎰自領州詔即授刺史久之巖卒其婿范暉擁兵自稱留後巖舊將多歸潮

言暉可取潮乃遣從弟彥復將兵審知監之攻福州審知乘白馬屢行陣望者披靡號白馬將軍暉守彌年不下潮令曰兵盡益兵將盡益將兵將盡則吾至矣於是彥復急攻暉亡入海追斬之建汀二州皆舉籍聽命潮乃盡有五州地昭宗假潮福建等州團練使俄遷觀察使乃作四門義學還流亡定賦斂遣吏勸農人皆安之乾寧中寵福州爲威武軍即拜潮節度使檢校尚書左僕射卒贈司空潮病以審知權節度讓審邽不許詔審知檢校刑部尚書節度觀察留後厚事朱全忠全忠薦爲節度使同中書門下平章事帝在鳳翔賜審知朱詔自三品皆得承制除授天祐初進琅邪郡王審邽字次都爲泉州刺史檢校司徒喜儒術通書春秋善吏治流民還者假牛犂興完廬舍中原亂公卿多來依之振賦以財如楊承休鄭璘韓偓歸傳懿楊贊圖鄭戩等賴以免禍審邽遣子延彬作招賢院以禮之

劉知謙壽州上蔡人避亂客封州爲清海牙將節度使韋宙以兄女妻之衆謂不可宙曰若人狀貌非常吾以子孫託之黃巢自嶺表北還湖湘閒羣盜蝟結知謙因據封州有詔即授刺史兼賀水鎮使以遏梧桂知謙撫納流亡愛嗇用度養士卒未幾得精兵萬人多具戰艦境內肅然久之疾病召諸子曰今五嶺盜賊方興吾有精甲犀械爾勉建功時哉不可失也知謙卒共推其子隱爲嗣清海軍節度使劉崇龜表爲封州刺史嗣薛王知柔代領節度未至而牙將盧琚叛隱率兵奉迎知柔直趨廣州禽琚獻之於是知柔以聞昭宗拜隱本軍行軍司馬俄遷副使天復初節度徐彥若死隱自稱留後虔人盧光稠者有衆數萬據州自爲留後又取韶州隱與爭之戰不勝悉師攻虔州光稠伏軍掉戰隱縱騎伏發挺身免天祐初始詔隱權節度留後乃遣使者入朝重賂朱全忠以自固是歲光稠死子延昌自稱刺史爲其下所殺吏推李圖領州事圖死鍾傳盡劫其衆欲遣子匡時守之不克州人自立譚全播爲刺史附全忠云

三劉成杜鍾張王列傳第一百十五

宋祁奉敕撰

夫有生所甚重者身也，得輕用者忠與義也。後身先義仁也身可殺名不可死志也大凡捐生以趣義者寧豫期垂名不朽而爲之雖一世成敗亦未必濟也要爲重所與終始一操雖頹萬仞不吾貽也夷齊排周存商商不害亡而周以興兩人至餓死不肯屈卒之武王蒙慚德而夷齊爲得仁仲尼變色言之不敢少損焉故忠義者眞天下之大閑歟姦鈇逆鼎搏人而肆其毒然殺一義士則四方解情故亂臣賊子𢤱然疑沮而不得逞向哉欲所以爲彼者而爲我也義在與在義亡與亡故王者常推而褒之所以砥礪生民而窒不軌也雖然非列丈夫曷克爲之彼委靡輭孰偷生自私者眞畏人也哉故次敘夏侯端以來凡三十三人于左方

夏侯端壽州壽春人梁尚書左僕射詳孫也仕隋爲大理司直高祖微時與相友大業中討賊河東表端爲副端邃數術密語高祖曰玉牀搖帝坐不安晉得歲眞人將興安天下之亂者其在公乎但上性忌內惡諸李金才已誅公且取之宜蚤爲計帝感其言義師興端在河東吏捕送長安帝入京師釋囚引入臥內擢秘書監李密之降關東地未有所屬端請假節招諭乃拜大將軍爲河南道招慰使即傳檄州縣東薄海南據淮二十餘州遣使順附次譙州會亳汴二州刺史已降王世充道塞無所歸計窮彷徨麾下二千人糧盡不忍委端去端乃殺馬宴大澤中謂衆曰我奉王命義無屈公等有妻子徒死無益吾若首持與賊以取富貴衆號泣不忍視端亦泣欲自刎爭持之乃止行五日餓死十四三遇賊衆潰從者纔三十餘人遂東走擷豈豆以食端持節臥起歎曰平生不知死地乃在此縱其下令去毋俱沒會李公逸守杞州勒兵迎端時河南地悉入世充公逸感端之節亦固守世充遣人以淮南郡公尚書吏部印綬召端解所服衣以贈端曰吾天子使寧汙賊官邪非持首去不可見即焚書及衣因解節毛懷之間道走宜陽歷崖峭榛莽比到其下僅有在者皆體髮癯焦人不堪視端入謁自謝無功不及危困狀帝閔之復拜秘書監出爲梓州刺史散祿稟周孤窮不爲子孫計貞觀元年卒

劉感岐州鳳泉人後魏司徒豐生孫也武德初以驃騎將軍戍涇州爲薛仁杲所圍糧盡殺所乘馬以士而煮骨自飲至和木屑以食城垂陷長平王叔良救之賊乃解與叔良出戰爲賊執還圍涇州令感紿城中降感紿諾至城下大呼曰賊大飢亡在朝暮秦王數十萬衆且至勉之無苦仁杲怒執感埋其半中馳射之至死詈不絕賊平高祖購得其尸祭以少牢贈瀛州刺史爵平原郡公封戶二千謚忠壯詔其子嗣封爵賜田宅焉

常達陝州陝人仕隋爲鷹擊郎將嘗從高祖征伐與宋老生戰霍邑軍敗自匿帝意已死久乃自歸帝大悅命爲統軍拜隴州刺史時薛舉方彊達敗其子仁杲斬首千級舉遣將仵士政紿降達不疑厚加撫接士政伺隙劫之并其衆二千歸賊舉指其妻謂達曰識皇后乎荅曰彼癭老嫗何所道舉奴張貴又曰亦識我否達瞋目曰若乃奴耳貴怒舉笏毆擊其面達不爲懾亦拔刀逐之趙弘安爲救得免仁杲平帝見達勞曰君守節正可求之古人爲執士政殺之賜達布帛三百段以達并劉感事授史臣令狐德棻云終隴西刺史

敬君弘絳州絳人北齊尚書右僕射顯儁曾孫世累功府驃騎將軍封黔昌侯以屯營兵守玄武門隱太子之死左右解散其車騎將軍馮立者有材武歎曰生賴其寵死不共難我無以見士大夫乃與巢王親將謝叔方率兵攻玄武門殊死鬭君弘挺身出或曰事未可判當按兵待變成列而鬭可也不從與中郎將呂世衡呼而進皆戰殁立顧其下曰足以報太子矣遂解兵走君弘等敗秦府兵不振尉遲敬德擲巢王首示叔方叔方下馬慟亦出奔明日自歸太宗曰義士也置之俄而立又至帝讓曰汝離我兄弟罪一也殺我將士罪二也何所逃死荅曰出身事主當戰之日不知其它因伏地悲不自勝帝亦勞遣之詔贈君弘左屯衞大將軍世衡右驍衞將軍立已蒙貸歸語人曰上赦吾罪吾當以死報未幾突厥犯便橋立引數百騎與虜薄敗之咸陽帝喜授廣州都督前日牧守苛肆爲蠻夷患故數叛立至不事家產衣食弗求贏嘗見貪泉曰此吳隱之所酌邪吾雖日汲庸易吾性哉遂極飲去在職不三年有惠愛卒于官叔方歷伊州刺史善治軍戎華愛之累加銀青光祿大夫從洪廣二州都督卒謚曰勤本萬年人從巢王征討有功王表爲屈咥直府左車騎云

呂子臧蒲州河東人剛直健于吏隋大業末爲南陽郡丞捕擊盜賊有功高祖入京師遣馬元規慰輯山南獨子臧堅守元規遣士諷曉子臧殺之及煬帝已弑帝更使其壻薛君倩齎詔言隋所以亡諭子臧子臧爲故君發喪訖即送款就拜鄧州刺史封南陽郡公武德初朱粲新衄子臧率兵與元規并力元規軍不進子臧曰乘賊新敗上下惶沮一戰可禽若遷延其衆稍集吾食盡致死於我不可當也不納子臧請以所部兵獨進又不許俄而粲得衆復張元規嬰城子臧拊髀曰謀不見用坐公死矣賊圍固會霖雨雉堞崩或勸其降子臧曰我天子方伯且降賊乎乃率麾下數百人赴敵死城亦陷

元規死之元規安陸人初以隊正從帝征伐持節下南陽得兵萬餘然無謀
至于敗

王行敏并州樂平人隋末爲盜長高祖興來降拜潞州刺史遷屯衛將軍劉武周入并州寇上黨取長子壺關或言刺史郭子武懦不支且失潞帝遣行敏馳往既至與子武不叶賊圍急儲偫空乏衆恫懼行敏患之會有告子武謀反遂斬之州民陳正謙者以信義稱鄉里出粟千石濟軍由是人自奮賊乃去行敏又敗竇建德兵於武陟武德四年督兵徇譙趙與劉黑闥戰厤亭破之既而釋甲不設備爲黑闥所掩縛致麾下終不屈賊遂斬之且死西向跪曰臣之忠惟陛下知之帝聞而悼惜黑闥之亂死事者又有盧士叡李玄通士叡客韓城隋亂結納英豪高祖與之舊及兵興率數百人上謁汾陰又使兄子諭降劉賊孫華與劉弘基敗隋將桑顯和於飲馬泉擢累右光祿大夫爲瀛州刺史黑闥遣輕騎破其郭拒戰半日士見親屬係虜乃潰士叡爲賊擒欲使說下城保不從見殺玄通藍田人爲隋鷹揚郎將高祖入關率所部自歸拜定州總管爲黑闥所破愛其才欲以爲將玄通曰吾當守節以報烏能降志賊邪不聽囚之故吏有餉飲饌者玄通曰諸君見哀吾能一醉遂縱飲謂守者曰吾能劍舞可借刀守者與之曲終仰天大息曰大丈夫撫方

面不能保所守尚何視息邪乃潰腹死帝爲流涕擢其子伏護大將軍

羅士信齊州歷城人隋大業時長白山賊王薄左才相孟讓攻齊郡通守張須陁率兵擊賊士信以執衣年十四短而悍請自効須陁疑其不勝甲少之士信怒被重甲左右鞬上馬顧眄須陁許之擊賊濰水上陣纔列執長矛馳入賊營刺殺數人取一級擲之承以矛戴而行賊皆駘懼無敢亢須陁乘之大破賊士信逐北每殺一賊輒劓鼻納諸懷既還驗以代級須陁歎伏遺以所乘馬凡戰須陁先登士信副以爲常煬帝遣使圖須陁士信陣法上內史後須陁爲李密所殺士信與裴仁基歸密署總管俾統所部討王世充身被重創見獲於世充世充愛其才厚遇之與同寢食後得密將邴元真等故士信稍稍疏斥士信恥與伍率所部千餘人來降高祖拜陝州道行軍總管因謀世充士信行則先鋒反則殿有所獲悉散麾下有功者或脫衣解馬賜之士以故用命然持法嚴至親舊無少貸其下亦不甚附師次洛陽攻千金堡有惡言詬軍士信怒夜遣百人載嬰兒啼譟堡下若自東都出奔者既而陽悟曰非也此千金堡耳因散去堡中開門追掠士信伏入屠之無類賊平授絳州總管封郯國公從秦王擊劉黑闥洺水上得一城王君廓戍之賊急攻潰而出王語諸將孰能守此士信曰願以守乃命之士信已入賊悉衆攻方雨雪救兵不得進城陷爲黑闥欲用之不屈而死年二十八王隱悼購其尸以葬謚曰勇初士信爲仁基所禮及東都平出家財斂葬仁基以報德且曰我死當墓其側至是如所志

張道源并州祁人名河以字顯年十四居父喪士人賢其孝縣令郭湛署所居曰復禮鄉至孝里道源嘗與客夜宿客暴死道源恐主人忽怖臥尸側至曙乃告又徒步護送還其家隋末政亂辭監察御史歸閭里高祖興署大將軍府戶曹參軍至賈胡堡復使守并州京師平遣撫慰山東下燕趙有詔褒美封累范陽郡公淮安王神通略定山東令守趙州爲竇建德所執會建德寇河南間遣人詣朝請兵盡據賊心膂即詔諸將率兵影接俄而賊平還大理卿時何稠得罪籍其家屬賜群臣道源曰禍福何常安可利人之亡取其子女自奉仁者不爲也更資以衣食遣之天子見其年耆賁拜綿州刺史卒贈工部尚書謚曰節道源雖官九卿無產貲比亡餘粟二斛詔賜帛三百段族孫楚金有至行與兄越石皆舉進士州欲獨薦楚金固辭請俱罷都督李勣歎曰士求才行者也既能讓何嫌皆取乎乃並薦之累進刑部侍郎儀鳳初彗見東井上疏陳得失高宗欽納賜物二百段武后時歷秋官尚書封南陽侯有清鑒然尚文刻當時亦少之爲酷吏所構流死嶺表

李育德趙州人祖諤仕隋通州刺史爲名臣世富于財家僮百人天下亂乃私完械甲與武陟城自保人多從之遂爲長剽賊來掠不能克隋亡與柳燮等歸李密私署總管密爲王世充所破以郡來降即拜陟州刺史兄厚德自賊所逃歸度河復被執賊使招育德陽許之故兄不死賊帥段大師令裨校以兵守厚德陰得其驩乃與州人賈慈行謀逐賊慈行夜登城呼曰唐兵登矣厚德自獄擁群囚譟而出斬長史衆不敢動大師縋城走即拜殷州刺史厚德省親留育德以守引兵拔賊河內堡三十一所世充怒悉銳士攻之城陷猶力戰與三弟皆歿時死節者又有李公逸張善相凡三人公逸者與族弟善行居雍丘以材雄爲衆所歸始附王世充世充策其必敗乃獻款高祖因其地置杞州即拜總管封陽夏郡公以善行爲刺史世充遣其弟將徐亳兵攻之公逸請援未報因使善行守身入朝言狀至襄城爲賊邏送洛陽世充曰君越鄭臣唐何哉答曰我於天下唯聞有唐賊怒斬之善行亦死帝悼惜封其子襄邑縣公善相襄城人大業末爲里長督兵逐盜爲衆附賴乃據許州奉李密密敗挈州以來詔即授伊州總管王世充攻之糧盡賊遣使二輩請救朝廷未暇也會糧盡衆饑死善相謂僚屬曰吾爲唐臣當効命君等無庸死斬吾首以下賊可也衆泣不肯曰與公同死愈於獨生城陷被執罵賊

見殺高祖歎曰吾不負善相善相不負我乃封其子襄城郡公

高叡京兆萬年人隋尚書左僕射熲孫也舉明經稍遷通義丞有治勞人刻石載德歷趙州刺史平昌縣子聖曆初突厥默啜入寇叡嬰城拒虜攻益急長史唐波若度且陷即與虜通叡覺之力不能制即自經不得死為虜執使降諭諸縣不肯應見殺初虜至有為叡計者突厥鋒鋭所向無完公不能亢且當下之荅曰我刺史不戰而降罪大矣武后歎惜贈冬官尚書謚曰節詔誅波若籍其家下制暴叡忠節波若臣賊使天下知之子仲舒通故訓學擢明經為相王府文學王所欽器開元初宋璟蘇頲當國多咨訪焉時舍人崔琳練達政宜璟等禮異之嘗語人曰古事問高仲舒時事問崔琳何復疑終太子右庶子

安金藏京兆長安人在太常工籍睿宗為皇嗣少府監裴匪躬中官范雲仙坐私謁皇嗣皆殊死自是公卿不復見唯工優給使得進俄有誣皇嗣異謀者武后詔來俊臣問狀左右畏慘楚欲引服金藏大呼曰公不信我言請剖心以明皇嗣不反也引佩刀自剚腹中腸出被地眩而仆后聞大驚轝致禁中命高醫內腸褫桑白紩之閱夕而蘇后臨視歎曰吾有子不能自明不如爾之忠也即詔停獄睿宗乃安當是時朝廷士大夫翕然稱其誼自以為弗及也神龍初母喪葬南闕口營石墳晝夜不息地本印燥泉忽涌流廬之側李冬有華犬鹿相擾本道使盧懷慎上其事詔表闕于閭景雲時遷右武衛中郎將玄宗屬其事於史官擢右驍衛將軍爵代國公詔鐫其名於泰華二山碑以為榮卒配饗睿宗廟廷大曆中贈兵部尚書謚曰忠以子承恩為廬州長史中和中又擢其遠孫敬則為太子右諭德

王同皎相州安陽人陳駙馬都尉寬曾孫也陳亡徙河北長安中尚太子女安定郡主拜典膳郎太子中宗也桓彥範等誅二張遣同皎與李湛李多祚即東宮迎太子請至玄武門指授諸將太子拒不許同皎進曰逆豎反道顯肆不軌諸將與南衙執事刻期誅之須殿下到以係衆望太子曰上方不豫得無不可乎同皎曰將相毀家族以安社稷柰何欲內之鼎鑊乎太子能自出諭之衆乃止太子猶豫同皎即扶上馬從至玄武門斬關入兵趨長生殿太后所環侍嚴定因奏誅易之等狀帝復位擢右千牛將軍封琅邪公食實戶五百主進封公主拜同皎駙馬都尉遷光祿卿神龍後武三思烝濁王室同皎惡之與張仲之祖延慶周憬李悛冉祖雍謀須武后靈駕發伏弩射殺三思會播州司兵參軍宋之遜以外妹妻延慶延慶辭之遜固請乃成昏延慶忘厚之不復疑故之遜子曇得其實之遜兄之問舍仲之家亦得其謀令曇密語三思三思遣悛上急變且言同皎欲擁兵闕下廢皇后帝殊不曉大怒斬同皎於都亭驛籍其家同皎且死神色自如仲之延慶皆死憬遁入比干廟自剄將死謂人曰比干古忠臣神而聰明其知我乎后三思亂朝虐害忠良滅亡不久可干吾頭國門見其敗也憬壽春人後太子重俊誅三思天下共傷同皎之不及見也睿宗立詔復官爵謚曰忠壯誅祖雍悛等先是許州司戶參軍燕欽融再上書斥韋后擅政且逆節已萌后怒勸中宗召至廷撲殺之宗楚客復私令衛士極力故死又博陵人郎岌亦表后及楚客亂被誅至是俱贈諫議大夫備禮改葬賜欽融一子官同皎子繇尚永穆公主生子潛字弘志生三日賜緋衣銀魚幼莊重不喜兒弄以帝外孫補千牛復選尚公主固辭元和中擢累將作監吏或籍名北軍輒驕惰者不事潛悉奏罷之故不戒而辦監無公食而息錢舊皆私有至潛取以具食遂為故事遷左散騎常侍拜涇原節度使憲宗與對大悅曰吾知而善職我自用之潛至鎮繕壁壘積粟搆高屋偫兵利甲敵遂引師自原州踰硤石取虜將一人斥烽候築歸化潘原二壘請復城原州度支沮議故原州復陷穆宗即位封琅邪郡公更節度荊南跡吏惡榜之里閭殺冗縱者分射二等課士習之不能者罷故無冗軍大和初檢校尚書左僕射卒于官贈司空

吳保安字永固魏州人氣挺特不俗睿宗時姚巂蠻叛拜李蒙為姚州都督宰相郭元振以弟之子仲翔託蒙蒙表為判官時保安罷義安尉未得調以仲翔里人也不介而見曰願因子得事李將軍可乎仲翔雖無雅故哀其窮力薦之蒙表掌書記保安後往蒙已深入與蠻戰沒仲翔被執蠻之俘華人必厚責財乃肯贖聞仲翔貴胄也求千縑會元振物故保安留巂州營贖仲翔苦無貲乃力居貨十年得縑七百妻子客遂州間關求保安所在困姚州不能進都督楊安居知狀異其故資以行求保安得之引與語曰子棄家急朋友之患至是乎吾請貸官貲助子之乏保安大喜即委縑于蠻得仲翔以歸始仲翔為蠻所奴三逃三獲乃轉鬻遠酋酋嚴遇之晝役夜囚沒凡十五年乃還安居亦丞相故吏嘉保安之誼厚禮仲翔遺衣服儲用擬鎮近縣尉久乃調蔚州錄事參軍以優遷代州戶曹母喪服除喟曰吾賴吳公生吾死今親歿可行其志乃求保安時保安以彭山丞客死其妻亦沒喪不克歸仲翔為服縗絰囊其骨徒跣負之歸葬魏州廬墓三年乃去後為嵐州長史迎保安子為娶而讓以官

李憕并州文水人或言其先出興聖皇帝譜系疏晦不復傳父希倩神龍初右臺監察御史憕少秀敏舉明經高第授成安尉張說罷宰相為相州刺史

坐有善相者說倫問官屬後孰當貴工指憕及臨河尉鄭巖說以女妻巖而
歸其甥陰於憕會母喪免自武功尉以政尤異遷主簿說在幷州引憕置幕
府及執政爲長安尉宇文融括天下田高選官屬多致賢以重其柄表假憕
監察御史分道檢覈以課真拜御史坐小累下除晉陽令三遷給事中力于
治有仕事稱明簿最下無敢紿失李林甫意出爲河南少尹尹蕭炅內倚權
勢法殖私憕裁抑其謬吏下賴之道士孫甑生以左道幸託祠事往來嵩少
間干請亂吏治憕不爲應故挾以譖諸朝天寶初除清河太守舉美政遷廣
陵長史民爲立祠賽祝歲時不絕以捕賊負徙彭城太守封酒泉縣侯連
徙襄陽河東並兼採訪處置使入爲京兆尹楊國忠惡之改光祿卿東京留
守安祿山反玄宗遣封常清募兵東京憕與留臺御史中丞盧奕河南尹達
奚珣繕城壘綏勵士卒將遏賊西鋒帝聞擢禮部尚書祿山度河號令嚴密
候詗不能知已陷陳留滎陽殺張介然崔無詖不敢數日薄城下常清兵皆白
徒戰不勝輒北憕收殘士數百東斷弦折矢堅守人不堪鬬憕約奕吾曹荷
國重寄雖力不敵當死官部校皆夜縋去憕坐留守府奕守臺城陷祿山鼓
而入殺數千人矢著闕門執憕奕及官屬蔣清害之有詔贈司徒謚曰忠懿
河洛平再贈太尉拜一子五品官憕通左氏春秋頗殖產伊川膏腴自都

至闕口疇野彌望時謂地癖藏仕終少府監產利埒憕去憕十餘子江涵渢
瀛等同遇害唯源彭脫
源八歲家覆俘爲奴轉側民間及史朝義敗故吏識源於洛陽者贖出之歸
其宗屬代宗聞授河南府參軍遷司農主簿以父死賊手常悲憤不仕不娶
絕酒葷惠林佛祠者憕舊墅也源依祠居闔戶日一食祠毀其先寢也每過
必趨未始踐階自營墓爲終制時時偃臥埏中長慶初年八十矣御史中丞
李德裕表源曰賈誼稱守圉扞敵之臣死城郭封疆天寶時士卒伏節逆
羯始興委符組棄城郭者不爲恥而憕約義同列守位自如抵刃就戮臣節
之光由憕始而源天與至孝絕心祿仕五十餘年常守沈默理契深要一辭
開析百慮洗然抱此真節棄於清世臣竊爲陛下惜之穆宗下詔曰昔盜起
幽陵振蕩河洛贈太尉憕處難居首正色就死兩河聞風再固危壁殊節卓
焉到今稱之源有曾參之行巢父之操泊然無營況此高年夫褒忠所以勸
臣節也旌孝所以敦人倫也鎮澆浮莫如尚義厚風俗莫如尊老舉是四者
大儆于時其以源守諫議大夫賜緋魚袋委河南尹遣官敦諭上道帝自遣使
者持詔書袍笏即賜又賜絹二百匹源頓首授詔謂使者伏疾年耄不堪趨
拜即附表謝辭吐哀愨一無受尋卒敬宗時擢憕孫爲河南兵曹參軍

彭擢明經第天寶中選名臣子可用者自咸寧丞遷右補闕從天子入蜀後
陞數年卒有孫景讓景莊曾孫溫別傳

武德功臣十六人貞觀功臣五十三人至德功臣二百六十五人德宗即位錄
武德以來宰相及實封功臣子孫賜一子正員官史館考勳名特高者九十
二人以三等條奏第一等以其歲授官第二等以次年第三等子孫數訟於朝
有詔差爲二等增至百八十七人每等武德以來宰相爲首功臣次之至德以
來將相又次之大中初又詔求李峴王珪戴胄馬周褚遂良韓瑗郝處俊婁
師德王及善朱敬則魏知古陸象先張九齡裴寂劉文靜張柬之袁恕己崔玄
暐桓彥範劉幽求郭元振房琯袁履謙李嗣業張巡許遠盧弈南霽雲蕭
華張鎬李勉張鎰蕭復柳渾賈耽馬燧李憕三十七人畫像續圖凌煙閣云

司空太子太傅知門下省事梁國公房玄齡
尚書右僕射檢校侍中萊國公杜如晦
太子太保同中書門下三品宋國公蕭瑀
開府儀同三司同中書門下三品知政事上柱國申國公高士廉
太子太師知政事特進鄭國公魏徵
侍中永寧郡公王珪
吏部尚書參豫朝政道國公戴胄
中書令江陵縣子岑文本

中書令兼太子左庶子檢校吏部尚書高唐縣公馬周
侍中兼太子左庶子檢校吏部禮部民部尚書事清苑縣男劉洎
尚書右僕射同中書門下三品河南郡公褚遂良
太子太師同中書門下三品燕國公于志寧
尚書右僕射同中書門下三品兼太子少傅北平縣公張行成
中書令行侍中兼太子少保蓨縣公高季輔
侍中兼太子賓客潁川縣公韓瑗
中書令兼太子詹事南陽縣侯來濟
侍中兼太子賓客張文瓘
侍中甑山縣公郝處俊
中書侍郎同中書門下三品兼太子右庶子酒泉縣公李義琰
內史河東縣侯裴炎
文昌左相同鳳閣鸞臺三品溫國公蘇良嗣
內史梁國公狄仁傑
納言檢校幷州大都督府長史天兵軍大總管隴右諸軍大使譙縣子婁師德
鳳閣侍郎同鳳閣鸞臺平章事石泉縣公王方慶
文昌左相同鳳閣鸞臺三品襲邢國公王及善
尚書右僕射兼中書令知兵部尚書事齊國公魏元忠
紫微令梁國公姚崇
正諫大夫同鳳閣鸞臺平章事朱敬則

尚書左僕射同中書門下平章事許國公蘇瓌
吏部尚書兼侍中廣平郡公宋璟　黃門監梁國公魏知古
中書侍郎同中書門下平章事兗國公陸象先
紫微侍郎同紫微黃門平章事許國公蘇頲
中書令河東縣侯張嘉貞
中書侍郎同中書門下平章事清水縣公李元紘
黃門侍郎同中書門下平章事宜陽縣子韓休
中書令始興縣伯張九齡　司空河東郡公裴寂
納言上柱國魯國公劉文靜
太尉檢校中書令同中書門下三品揚州大都督趙國公長孫无忌
禮部尚書河間郡王孝恭
尚書右僕射檢校中書令行太子左衛率上柱國衛國公李靖
司空兼太子太師英國公李勣
開府儀同三司鄜州都督鄂國公尉遲敬德
左光祿大夫洛州都督蔣國公屈突通
陝東道大行臺吏部尚書鄖國公殷開山

衛尉卿夔國公劉弘基　澤州刺史邳國公長孫順德
民部尚書上柱國莒國公唐儉　右驍衛大將軍駙馬都尉譙國公柴紹
右驍衛大將軍褒國公段志玄　洪州都督渝國公劉政會
左武候將軍相州都督郯國公張公謹　右武衛大將軍盧國公程知節
左武衛大將軍上柱國胡國公秦叔寶
弘文館學士秘書監永興縣公虞世南
右衛大將軍兼太子右衛率工部尚書武陽縣公李大亮
左武衛大將軍邢國公蘇定方
夏官尚書同中書門下三品清邊道行軍總管耿國公王孝傑
中書令漢陽郡公張柬之　中書令博陵郡公崔玄暐
侍中平陽郡公敬暉　侍中譙國公桓彥範
中書令南陽郡公袁恕己
右武衛大將軍同中書門下三品韓國公張仁愿
尚書左丞相兼黃門監徐國公劉幽求
黃門侍郎參知機務脩文館學士齊國公崔日用
兵部尚書同中書門下三品代國公郭元振

尚書左丞相兼中書令集賢院學士燕國公張說
紫微侍郎上柱國趙國公王琚
兵部尚書同中書門下三品持節朔方軍節度大使中山郡公王晙
尚書左僕射同中書門下平章事兼河南江淮副元帥東都留守冀國公裴冕
文部尚書同中書門下平章事清河縣公房琯
門下侍郎同中書門下平章事衛國公杜鴻漸
鎮西北庭行營節度使開府儀同三司衛尉卿兼懷州刺史虢國公李嗣業
平盧軍節度使柳城郡太守劉正臣
恒州刺史衛尉少卿兼御史中丞顏杲卿　常山郡太守袁履謙
河南節度副使左金吾衛將軍檢校主客郎中兼御史中丞張巡
睢陽郡太守兼御史中丞許遠　御史中丞留臺東都知武部選盧弈
睢陽郡太守特進左金吾衛將軍南霽雲
右第一　內史令延安郡公竇威
將作大匠判納言陳國公竇抗　侍中兼太子左庶子江國公陳叔達
納言觀國公楊恭仁　判吏部尚書參議朝政安吉郡公杜淹
中書令虞國公溫彥博　中書侍郎檢校刑部尚書參知機務崔仁師

中書令兼檢校太子詹事上柱國安國公崔敦禮
戶部尚書平恩縣公許圉師
兵部尚書同中書門下三品浿江道行軍總管任雅相
度支尚書同中書門下三品范陽郡公盧承慶
西臺侍郎同東西臺三品兼弘文館學士楚國公上官儀
右相廣平郡公劉祥道　左侍極兼檢校左相嘉興縣子陸敦信
文昌左相同鳳閣鸞臺三品樂城縣公劉仁軌
荊州大都督府長史安平郡公李安期
尚書右僕射同中書門下三品兼太子賓客襲道國公戴至德
司列少常伯太子右中護兼正諫大夫同東西臺三品趙仁本
中書令趙國公李敬玄　中書令兼太子左庶子薛元超
中書令同中書門下三品崔知溫
侍中同中書門下三品襲廣平郡公劉齊賢
納言樂平縣男王德真　地官尚書檢校納言鉅鹿縣男魏玄同
文昌左相同鳳閣鸞臺三品特進輔國大將軍鄧國公岑長倩
鳳閣侍郎同鳳閣鸞臺三品臨淮縣男劉禕之

納言博昌縣男韋思謙　地官尚書同鳳閣鸞臺平章事格輔元
司禮卿判納言事渤海縣子歐陽通　內史李昭德
鸞臺侍郎同鳳閣鸞臺平章事陸元方
鳳閣侍郎同鳳閣鸞臺三品杜景佺
尚書右僕射兼太子賓客同中書門下三品鄖國公韋安石
左散騎常侍同中書門下三品知東都留守趙郡公李懷遠
中書令逍遙公韋嗣立
守侍中同中書門下三品兼太子右庶子常山縣男李日知
檢校黃門監漁陽縣伯盧懷慎
中書令左丞相兼侍中安陽郡公源乾曜
黃門侍郎同紫微黃門平章事魏縣侯杜暹
侍中趙城侯裴耀卿　左武衛大將軍開府儀同三司淮安王神通
特進太常卿江夏王道宗　荊州都督周國公武士彠
右屯衛大將軍檢校晉州都督揔管譙國公竇琮
少府監莒國公劉義節　右光祿大夫羅國公張平高
洛州都督右衛大將軍鄧國公竇軌　夔州都督息國公張長遜

金紫光祿大夫夷國公李子和
左監門衛大將軍檢校右武候將軍榮國公樊興　右驍衛大將軍歸國公安興貴
左監門衛大將軍巢國公錢九隴　殿中監郢國公宇文士及
右武衛大將軍申國公安脩仁　荊州都督懷寧郡公杜君綽
右武衛大將軍汭陽郡公公孫武達　代州都督同安郡公鄭仁泰
右驍衛將軍濮國公龐卿惲　幽州都督歷陽郡公獨孤彥雲
右翊衛將軍遂安郡公李安遠
始州刺史左屯衛大將軍襄武郡公劉師立
右威衛大將軍河東郡公李孟嘗　右監門衛大將軍河南縣公元仲文
右監門衛將軍廬陵郡公秦師行　左鎮軍大將軍新興公馬三寶
右衛大將軍駙馬都尉畢國公阿史那社尒
鎮軍大將軍虢國公張士貴　左衛大將軍琅邪郡公牛進達
鎮軍大將軍嘉川郡公周護　陝州刺史天水郡公丘行恭
潭州都督吳興郡公沈叔安　散騎常侍豐城縣男姚思廉
太子少師同中書門下三品特進朔方道行軍大摠管宋國公唐休璟
左羽林軍大將軍遼陽郡王李多祚

左領軍大將軍趙國公李湛　刑部尚書太子賓客魏國公楊元琰
殿中監兼知揔監汝南郡公翟無言
冠軍大將軍左羽林軍大將軍光祿卿天水縣公趙承恩
將作大匠裴思諒　右羽林軍將軍弘農郡公楊執一
左衛將軍河東郡公薛思行　光祿卿駙馬都尉琅邪郡公王同皎
中書令越國公鍾紹京　太僕卿立節郡王薛崇簡
右金吾衛大將軍京國公李延昌　太子中允同正冀國公馮道力
少府監趙國公崔諤之　左監門衛中候光祿卿申國公許輔乾
左金吾大將軍鄧國公張暐
朔方道行軍大摠管左羽林軍大將軍平陽郡公薛訥
河南副元帥太尉兼侍中臨淮郡王李光弼
河東節度副大使守司空兼兵部尚書霍國公王思禮
左相豳國公韋見素　太保韓國公苗晉卿
中書令趙國公崔圓
太原節度使檢校尚書左僕射同中書門下平章事金城郡王辛雲京
河西隴右副元帥兵部尚書同中書門下平章事涼國公李抱玉

太子太師檢校尚書右僕射知省事信都郡王田神功
四鎮北庭涇原節度使檢校尚書左僕射知省事扶風郡王馬璘
左羽林軍大將軍檢校戶部尚書兼御史大夫薛景仙
右散騎常侍檢校禮部尚書兼御史大夫尚衡
太原尹兼御史大夫北都留守河東節度副大使南陽郡公鄧景山
河東節度副使兼鴈門郡太守光祿卿賈循
禮部尚書東京留守酒泉縣侯李憕　東平郡太守姚誾

右第二

盧弈黃門監懷慎少子也踈眉目豐下謹重寡欲亡亡自脩與兄奐名相上下而剛毅過之天寶初爲鄠令所治輒最積功擢給事中拜御史中丞自懷慎與奐及弈三居其官清節似之時傳其美俄留臺東都兼知武部選安祿山陷東都吏士散弈前遣妻子懷印間道走京師自朝服坐臺被執將殺之卽數祿山罪徐顧賊徒曰爲人臣者當識逆順我不蹈失節死何恨觀者恐懼弈臨刑西向再拜而辭罵賊不空口逆黨爲變色肅宗詔贈禮部尚書有司謚時以爲洛陽亡操兵者任其咎執法吏去之可也委身寇讎以死誰懟博士獨孤及曰荀息殺身於晉不食其言也玄冥勤其官水死守位忘軀也

伯姬待姆而火死先禮後身也彼死之日皆於事無補然則祿山亂大秋里
丕弃廉察之任切於玄具之官以命所繫不啻保姆逆黨兵威烈於冰火于
斯時也能與執干戈者同其戮力挽之不來推之不去全撑白刃之下孰與
夫懷安偷生者同其風請謚曰貞烈詔可子杞別有傳杞子元輔
元輔字子望少以清行聞擢進士補崇文校書郎杞死德宗念之不忘拜元
輔左拾遺歷杭常絳三州刺史課當最召授吏部郎中進累兵部侍郎為華
州刺史卒元輔端靜介正能紹其祖故歷顯劇而人不以杞之惡為累云
張介然者猗氏人本名六朗性謹愿長計畫始為河隴支郡太守王忠嗣皇
甫惟明哥舒翰連領節度並署營田支度等使入奏稱旨賜與良渥介然啓
曰臣位三品當給棨戟若列於京師雖富貴不為鄉人知願得列戟故里玄
宗許之別賜戟京師第門仍賜絹五百匹宴閭里長老本鄉得列戟自介然
始翰薦為少府監歷衞尉卿祿山反授河南節度採訪使守陳留據水
陸劇居民驚駭而太平久不知戰介然到屯不三日賊已度河車騎蹂騰煙
塵亘數十里日為奪色士聞鉦鼓聲皆褫氣不能授甲凡旬六日城陷初有
詔購賊首而暴誅慶宗狀祿山入陳留見詔書拊膺大哭曰我何罪吾子亦
何罪乃殺之即大恚憤殺陳留降者萬人以逞血流成川斬介然於軍門以

偽將李庭望為節度使守陳留祿山已拔陳留則鼓而前無敢亢中宿攻滎
陽太守崔無詖率衆乘城聞師譟自隊如雨無詖與官屬皆死賊手以偽將
武令珣戍焉無詖者本韋后外家博陵舊望也始無詖娶蕭至忠女至忠敗
被斥久乃為益州司馬素善楊國忠既用事引為少府監守滎陽有詔贈禮
部尚書謚曰毅勇

忠義列傳上一百一十六

端明殿學士兼翰林侍讀學士龍圖閣學士朝請大夫守尚書吏部侍郎充集賢殿修撰臣宋　祁　奉
敕撰

顏杲卿字昕與眞卿同五世祖以文儒世家父元孫有名垂拱間
爲濠州刺史杲卿以䕃調遂州司法參軍性剛正莅事明濟嘗爲
刺史詰讓正色別白不爲屈開元中與兄春卿弟曜卿並以書判
超等吏部侍郎席豫咨嗟推伏再以最遷范陽戶曹參軍安祿山
聞其名表爲營田判官假常山太守祿山反杲卿及長史袁履謙
謁于道賜杲卿紫袍履謙緋袍令與假子李欽湊以兵七千屯土
門杲卿指所賜衣謂履謙曰與公何爲著此履謙悟乃與眞定令
賈深內丘令張通幽定謀圖賊杲卿稱疾不視事使子泉明往返
計議陰結太原尹王承業爲應使平盧節度副使賈循取幽州謀
泄祿山殺循以向潤客牛廷玠守杲卿陽不事事委政履謙潛召
處士權渙郭仲邕定策時眞卿在平原素聞賊逆謀陰養死士爲

拒守計李憕等死賊使段子光傳首徇諸郡眞卿斬子光遣甥盧
逖至常山約起兵斷賊北道杲卿大喜以爲兵掎角可挫賊西鋒
乃矯賊命召欽湊計事欽湊夜還杲卿辭城門不可夜開舍之外
郵使履謙及參軍馮虔郡豪翟萬德等數人飲勞既醉斬之并殺
其將潘惟慎賊黨殲投尸滹沱水履謙以首示杲卿則喜且泣先
是祿山遣將高邈召兵范陽未還杲卿使藁城尉崔安石圖之邈
至滿城虔萬德皆會傳舍安石紿以置酒邀捨馬虔叱吏縛之而
賊將何千年自趙來虔亦執之日未中送二賊杲卿乃遣萬德深
通幽傳欽湊首械兩賊送京師與泉明偕至太原王承業欲自以
爲功厚遣泉明還陰令壯士翟喬賊於路喬不平告之故乃免玄
宗擢承業大將軍送吏皆被賞已而事顯乃拜杲卿衛尉卿兼御
史中丞履謙常山太守深司馬即傳檄河北言王師二十萬入土
門遣郭仲邕領百騎爲先鋒馳而南曳柴揚塵望者謂大軍至日
中傳數百里賊張獻誠方圍饒陽棄甲走於是趙鉅鹿廣平河間

並斬僞刺史傳首常山而樂安博陵上谷文安信都魏鄴諸郡皆
自固杲卿兄弟兵大振祿山至陝聞兵興大懼使史思明等率平
盧兵度河攻常山蔡希德自懷會師不浹旬賊急攻城兵少未及
爲守計求救于河東承業前已攘殺賊功兵不出杲卿晝夜戰井
竭糧矢盡六日而陷與履謙同執賊脅使降不應取少子季明加
刃頸上曰降我當活而子杲卿不荅遂并盧逖殺之杲卿至洛陽
祿山怒曰吾擢爾太守何所負而反杲卿瞋目罵曰汝營州牧羊
羯奴耳竊荷恩寵天子負汝何事而乃反乎我世唐臣守忠義恨
不斬汝以謝上乃從爾反耶祿山不勝忿縛之天津橋柱節解以
肉噉之詈不絕賊鉤斷其舌曰復能罵否杲卿含胡而絕年六十
五履謙既斷手足何千年弟適在傍咀血噴其面賊臠之見者垂
泣杲卿宗子近屬皆被害杲卿已虜諸郡復爲賊守張通幽以兄
相賊譖杲卿於楊國忠故不加贈肅宗在鳳翔眞卿表其枉會通
幽爲普安太守上皇杖殺之李光弼郭子儀收常山出杲卿履謙

二家親屬數百人於獄厚給遺令行喪乾元初贈杲卿太子太保
謚曰忠節封其妻崔清河郡夫人初博士裴郁以杲卿不執政但
謚曰忠議者不平故以二惠謚焉逖季明及宗子等皆贈五品官
建中中又贈杲卿司徒初杲卿被殺徇首于衢莫敢收有張湊者
得其髮持謁上皇是昔見夢帝寤爲祭後湊歸髮于其妻妻疑之
髮若動云後泉明購尸將葬得刑者言死時一足先斷與履謙同
坎瘞指其域得之乃葬長安鳳棲原季明逖同塋泉明有孝節喜
振人之急既爲承業所遣未至而常山陷故客壽陽史思明圍李
光弼獲泉明裹以革送幽州閒關得免思明歸國而眞卿方爲蒲
州刺史令泉明到河北求宗屬始一女及姑女並流離賊中及是
并得之悉錢三萬贖姑女還取貲復往則己女復失之履謙及父
故將妻子奴隸尚三百餘人轉從不自存泉明悉力贍給分多勻
薄相扶挾度河託眞卿眞卿隨所歸資送之泉明之殯父與履謙
分柩護還長安履謙妻疑斂具儉狹發視之與杲卿等乃號踊待

泉明如父肅宗拜泉明郫令政化淸明誅宿盜人情翕然成都尹
舉其課第一遷彭州司馬家貧居官廉而孤藐相從百口飦粥不
給無慍歎居母喪毁骨立其行義當世以爲難
春卿倜儻美姿儀通當世務十六舉明經拔萃高第調犀浦主簿
嘗送徒於州亡其籍至廷口記物色凡千人無所差長史陸象先
異之轉蜀尉蘇頲代爲長史被譖繫獄爲欃櫚賦自託頲遽出之
魏徵遠孫瞻罪抵死春卿爲請玉眞公主得不死時人高其節終
偃師丞臨終捉眞卿臂曰爾當大吾族顧我不得見以諸子諉汝
後眞卿主其昏嫁沆盈者亦杲卿甥有行義明黃老學解褐博野
尉與杲卿同死難贈大理正官其二子遙達
賈循者京兆華原人其先家常山父會有高節嘗稱疾不荅辟署
里中號一龍親亡負土成墓廬其左手蒔松栢時號關中曾子卒
縣人私謚曰廣孝徵君循有大略禮部尚書蘇頲嘗謂令頗牧及
爲益州表署列將敗吐蕃於西山三遷靜塞軍營田使張守珪北

伐次灤河屬凍泮欲濟無梁循揣廣狹爲橋以濟破虜而還以功
擢游擊將軍榆關守捉使地南負海北屬長城林埌岑翳寇所蔽
伏循調士斬木開道賊遁去范陽節度使李適之薦爲安東副大
都護安祿山兼平盧節度表爲副遷博陵太守祿山欲擊奚契丹
復奏循光祿卿自副使知留後九姓叛祿山兼節度河東而循亦
兼鴈門副之母亡將葬宅有枯桑一夕再生芝出壖人以爲瑞
玄宗以循有功詔贈其父常山太守祿山反使循守幽州故杲卿
招之以傾賊巢宄循許可爲向潤客等發其謀賊縊之建中二年贈
太尉謚曰忠從子隱林爲永平兵馬使當入衞屬朱泚難率衆扈
行在德宗見隱林偉其貌問家世荅曰故范陽節度副使循臣從
父也帝異之引至卧內以手板畫地陳攻守計即奏曰臣嘗夢日
墜以首承之帝曰非朕邪因令糾察行在遷檢校右散騎常侍封
武威郡王賊圍急隱林與侯仲莊冒矢石死戰已而解從臣稱慶
隱林流涕前曰泚巳奔羣臣大慶宗社無疆之休然陛下資性急

不能容掩若不悛雖今賊亡憂未艾也帝不以爲忤拜神策統軍
卒帝思其質直贈尚書左僕射以實戶三百封其家
張巡字巡鄧州南陽人博通羣書曉戰陣法氣志高邁略細節所
交必大人長者不與庸俗合時人叵知也開元末擢進士第時兄
曉巳位監察御史皆以名稱重一時巡繇太子通事舍人出爲清
河令治績最而負節義或以困阨歸者傾貲振護無吝秩滿還都於
是楊國忠方專國權勢可炙或勸一見且顯用荅曰是方爲國怪
祥朝官不可爲也更調眞源令土多豪猾大吏華南金樹威恣肆
邑中語曰南金口明府手巡下車以法誅之赦餘黨莫不改行遷
善政簡約民甚宜之安祿山反天寶十五載正月賊酋張通晤陷
宋曹等州譙郡太守楊萬石降賊逼巡爲長史使西迎賊軍巡率
吏哭玄元皇帝祠遂起兵討賊從者千餘初靈昌太守嗣吳王祇
受詔合河南兵拒祿山有單父尉賈賁者閬州刺史璿之子率吏
稱吳王兵擊宋州通晤走襄邑爲頓丘令盧謨所殺賁引軍進至

雍丘巡與之合有衆二千是時雍丘令令狐潮舉縣附賊遂自將
東敗淮陽兵虜其衆反接在廷將殺之暫出行部淮陽囚更解縛
起殺守者迎賁等入潮不得歸巡乃屠其妻子磔城上祇聞承制
拜賁監察御史潮怨賁還攻雍丘賁趨門爲衆躪死巡馳騎決戰
身被創不顧士乃奉巡主軍間道表諸朝騰牋祇府祇乃舉兗以
東委巡經略潮以賊衆四萬薄城人大恐巡諭諸將曰賊知城中
虛實有輕我心今出不意可驚而潰也乘之勢必折諸將曰善巡
乃分千人乘城以數隊出身前驅直薄潮軍軍却明日賊攻城設
百樓巡柵城上東芻灌膏以焚焉賊不敢向巡伺隙擊之積六旬
大小數百戰士帶甲食裹瘡鬭潮遂敗走追之幾獲潮怒復率衆
來然素善巡至城下情語巡曰本朝危蹙兵不能出關天下事去
矣足下以羸兵守危堞忠無所立盍相從以苟富貴乎巡曰古者
父死於君義不報子乃銜妻孥怨假力于賊以相圖吾見君頭干
通衢爲百世笑柰何潮赧然去當此時王命不復通大將六人白

巡以勢不敵且上存亡莫知不如降六人者皆官開府特進巡陽許諾明日堂上設天子畫像率軍士朝人人盡泣巡引六將至責以大誼斬之士心益勸會糧乏潮餉賊鹽米數百艘且至巡夜壁城南潮悉軍來拒巡遣勇士銜枚濱河取鹽米千斛焚其餘而還城中矢盡巡縛藁爲人千餘被黑衣夜縋城下潮兵爭射之久乃藁人還得箭數十萬其後復夜縋人賊笑不設備乃以死士五百斫潮營軍大亂焚壘幕追奔十餘里賊慙益兵圍之薪水竭巡紿潮欲引衆走請退軍二舍使我逸潮不知其謀許之遂空城四出三十里撤屋發木而還爲備潮怒圍復合巡徐謂潮曰君須此城歸馬三十匹我得馬且出奔請君取城以藉口潮歸馬巡悉以給驍將約曰賊至人取一將明日潮責巡荅曰吾欲去將士不從柰何潮怒欲戰陣未成三十騎突出禽將十四斬百餘級收器械牛馬潮遁還陳留不復出七月潮率賊將瞿伯玉攻城遣僞使者四人傳賊命招巡巡斬以徇餘縶送祗所圍凡四月賊常數萬而巡

衆纔千餘每戰輒克於是河南節度使嗣號王巨屯彭城假巡先鋒俄而魯東平陷賊濟陰太守高承義舉郡叛巨引兵東走臨淮賊將楊朝宗謀趨寧陵絕巡餉路巡外失巨依拔衆保寧陵馬載三百兵三千至睢陽與太守許遠城父令姚誾等合乃遣將雷萬春南霽雲等領兵戰寧陵北斬賊將二十殺萬餘人投尸于汴水爲不流朝宗夜去有詔拜巡主客郎中副河南節度使巡籍將士有功者請于巨巨纔授折衝果毅巡諫曰宗社尚危園陵孤外渠可吝賞與貴巨不聽至德二載祿山死慶緒遣其下尹子琦將同羅突厥奚勁兵與朝宗合凡十餘萬攻睢陽巡勵士固守日中二十戰氣不衰遠自以材不及巡請稟軍事而居其下巡受不辭遠專治軍糧戰具前此遠將李滔救東平遂叛入賊大將田秀榮潛與通或以告遠曰晨出戰以碧帽爲識視之如言盡覆其衆還輒曰我誘之也請以精騎往易錦帽遠以告巡巡召登城讓之斬首示賊因出薄戰子琦敗獲車馬牛羊悉分士秋豪無入其家有詔

拜巡御史中丞遠侍御史誾吏部郎中巡欲乘勝擊陳留子琦聞復圍城巡語其下曰吾蒙上恩賊若復來正有死耳諸君雖捐軀而賞不直勳以此痛恨聞者感槩乃椎牛大饗悉軍戰賊望兵少大笑巡遠親鼓之賊潰追北數十里其五月賊刈麥乃濟師巡夜鳴鼓嚴隊若將出賊申警俄息鼓賊覘城上兵休乃弛備巡使南霽雲等開門徑抵子琦所斬將拔旗有大酋被甲引拓羯千騎麾幟乘城招巡巡陰縋勇士數十人隍中持鉤陌刀彊弩約曰聞鼓聲而奮酋恃衆不爲備城上譟伏發禽之弩注矢外向救兵不能前俄而縋士復登陴賊皆愕眙乃按甲不出巡欲射子琦莫能辨因剡蒿爲矢中者喜謂巡矢盡走白子琦乃得其狀使霽雲射一發中左目賊還七月復圍城初睢陽穀六萬斛可支一歲而巨發其半餫濮陽濟陰遠固爭不聽濟陰得糧卽叛至是食盡士日賦米一勺齕木皮鬻紙而食才千餘人皆癯劣不能彀救兵不至賊知之以雲衝傅堞巡出鉤干拄之使不得進篝火焚梯賊以鉤車

木馬進巡輒破碎之賊服其機不復攻穿壕立柵以守巡士多餓死存者皆痍傷氣乏巡出愛妾曰諸君經年乏食而忠義不少衰吾恨不割肌以啖衆寧惜一妾而坐視士飢乃殺以大饗坐者皆泣巡彊令食之遠亦殺奴僮以哺卒至羅雀掘鼠煑鎧弩以食賊將李懷忠過城下巡問君事胡幾何曰二朞巡曰君祖父官乎曰然君世受官食天子粟柰何從賊關弓與我確懷忠曰不然我昔爲將數死戰竟歿賊此殆天也巡曰自古悖逆終夷滅一日事平君父母妻子並誅何忍爲此懷忠掩歸去俄率其黨數十人降巡前後說降賊將甚多皆得其死力御史大夫賀蘭進明代巨節度屯臨淮許叔冀尚衡次彭城皆觀望莫肯救巡使霽雲如叔冀請師不應遺布數千端霽雲嫚罵馬上請决死鬬叔冀不敢應巡復遺如臨淮告急引精騎三十冒圍出賊萬衆遮之霽雲左右射皆披靡既見進明進明曰睢陽存亡已決兵出何益霽雲曰城或未下如已亡請以死謝大夫叔冀者進明麾下也房琯本以牽制進

明亦兼御史大夫勢相埒而兵精進明懼師出且見襲又忌巡聲威恐成功初無出師意又愛霽雲壯士欲留之爲大饗樂作霽雲泣曰昨出睢陽時將士不粒食已彌月今大夫兵不出而廣設聲樂義不忍獨享雖食弗下咽今主將之命不達霽雲請置一指以示信歸報中丞也因拔佩刀斷指一座大驚爲出涕卒不食去抽矢回射佛寺浮圖矢著甎曰吾破賊還必滅賀蘭此矢所以志也至眞源李賁遺馬百匹次寧陵得城使廉坦兵三千夜冒圍入賊覺拒之且戰且引兵多死所至才千人方大霧巡聞戰聲曰此霽雲等聲也乃啓門驅賊牛數百入將士相持泣賊知外援絕圍益急衆議東奔巡遠議以睢陽江淮保障也若棄之賊乘勝鼓而南江淮必亡且師飢衆行必不達十月癸丑賊攻城士病不能戰巡西向拜曰孤城備竭弗能全臣生不報陛下死爲鬼以癘賊城遂陷與遠俱執巡衆見之起且哭巡曰安之勿怖死乃命也衆不能仰視子琦謂巡曰聞公督戰大呼輒眥裂血面嚼齒皆碎何至是

答曰吾欲氣吞逆賊顧力屈耳子琦怒以刀抉其口齒存者三四巡罵曰我爲君父死爾附賊乃犬彘也安得久子琦服其節將釋之或曰彼守義者烏肯爲我用且得衆心不可留乃以刃脅降巡不屈又降霽雲未應巡呼曰南八男兒死爾不可爲不義屈霽雲笑曰欲將有爲也公知我者敢不死亦不肯降乃與姚誾雷萬春等三十六人遇害巡年四十九初子琦議生致一人慶緒所或曰用兵拒守者巡也乃送遠洛陽至偃師亦以不屈死巨之走臨淮巡有姊嫁陸氏遮王勸勿行不納賜百縑弗受爲巡補縫行間軍中號陸家姑先巡被害巡長七尺須髯每怒盡張讀書不過三復終身不忘爲文章不立槀守睢陽士卒居人一見問姓名其後無不識更潮及子琦大小四百戰斬將三百卒十餘萬其用兵未嘗依古法勒大將教戰各出其意或問之答曰古者人情敦樸故軍有左右前後大將居中三軍望之以齊進退今胡人務馳突雲合鳥散變態百出故吾止使兵識將意將識士情上下相習人自爲戰爾其摠甲取之於敵未嘗自脩每戰不親臨行陣有退者巡已立其所謂曰我不去此爲我決戰士感其誠皆一當百待人無所疑賞罰信與衆共甘苦寒暑雖廝養必整衣見之下爭致死力故能以少擊衆未嘗敗被圍久初殺馬食既盡而及婦人老弱凡食三萬口人知將死而莫有畔者城破遺民止四百而已始肅宗詔中書侍郎張鎬代進明節度河南率浙東李希言浙西司空襲禮淮南高適青州鄧景山四節度掎角救睢陽巡亡三日而鎬至十日而廣平王收東京鎬命中書舍人蕭昕誄其行時議者或謂巡始守睢陽衆六萬既糧盡不持滿按隊出再生之路與夫食人寧若全人於是張澹李紓董南史張建封樊晃朱巨川李翰咸謂巡蔽遮江淮沮賊勢天下不亡其功也翰等皆有名士由是天下無異言天子下詔贈巡揚州大都督遠荆州大都督霽雲開府儀同三司再贈揚州大都督並寵其子孫睢陽雍丘賜徭稅三年巡子亞夫拜金吾大將軍遠子玫婺州司馬皆立廟睢陽歲時致祭德

宗差次至德以來將相功效尤著者以顏杲卿袁履謙盧弈及巡遠霽雲爲上又贈姚誾潞州大都督官一子貞元中復官巡它子去疾遠子峴贈巡妻申國夫人賜帛百自是訖僖宗求忠臣後無不及三人者大中時圖巡遠霽雲像于凌煙閣睢陽至今祠享號雙廟云

許遠者右相敬宗曾孫寬厚長者明吏治初客河西章仇兼瓊辟署劍南府欲以子妻之固辭兼瓊怒以事劾貶高要尉更赦還會祿山反或薦遠於玄宗召拜睢陽太守遠與巡同年生而長故巡呼爲兄大曆中巡子去疾上書曰孽胡南侵父巡與睢陽太守遠各守一面城陷賊所入自遠分尹子琦分郡部曲各一方巡及將校三十餘皆割心剖肌慘毒備盡而遠與麾下無傷巡臨命歎曰嗟乎人有可恨者賊曰公恨我乎答曰恨遠心不可得誤國家事若死有知當不赦於地下故遠心向背梁宋人皆知之使國威喪衄巡功業墮敗則遠於臣不共戴天請追奪官爵以刷冤恥詔下

尚書省使去疾與許峴及百官議皆以去疾證狀最明者城陷而
遠獨生也且遠本守睢陽凡屠城以生致主將爲功則遠後巡死
不足惑若曰後死者與賊其先巡死者謂巡當叛可乎當此時去
疾尚幼事未詳知且艱難以來忠烈未有先二人者事載簡書若
日星不可妄輕重議乃罷然議者紛紜不齊元和時韓愈讀李翰
所爲巡傳以爲闕遠事非是其言曰二人者守死成名先後異耳
二家子弟材下不能通知其父志使世疑遠畏死而服賊遠誠畏
死何苦守尺寸地食其所愛之肉抗不降乎且見援不至人相食
而猶守雖其愚亦知必死矣然遠之不畏死甚明又言城陷自所
守此與兒童之見無異且人之將死其臟腑必有先受病者引繩
而絕之其絕必有處今從而尤之亦不達於理矣愈於褒貶尤慎
故著之

南霽雲者魏州頓丘人少微賤爲人操舟祿山反鉅野尉張沼起
兵討賊拔以爲將尚衡擊汴州賊李廷望以爲先鋒遣至睢陽與

張巡計事退謂人曰張公開心待人眞吾所事也遂留巡所巡固
勸歸不去衡齎金帛迎霽雲謝不受乃事巡巡厚加禮始被圍築
臺募萬死一生者數日無敢應俄有嘈鳴而來者乃霽雲也巡對
泣下霽雲善騎射見賊百步內乃發無不應弦斃子承嗣歷涪州
刺史劉闢叛以無備謫永州

雷萬春者不詳所來事巡爲偏將令狐潮圍雍丘萬春立城上與
潮語伏弩發六矢著面萬春不動潮疑刻木人諜得其實乃大驚
遥謂巡曰向見雷將軍知君之令嚴矣潮壁雍丘北謀襲襄邑寧
陵巡使萬春引騎四百壓潮先爲賊所包巡突其圍大破賊潮遁
去萬春將兵方略不及霽雲而彊毅用命每戰巡任之與霽雲鈞

姚誾者開元宰相崇從孫父弇楚州刺史誾性豪蕩好飲謔善絲
竹歷壽安尉素善巡及爲城父令遂同守睢陽累加東平太守巡
之遣霽雲萬春敗賊於寧陵也別將二十有五石承平李辭陸元
鍠朱珪宋若虛楊振威耿慶禮馬日昇張惟清廉坦張重孫景趨
趙連城王森喬紹俊張恭默祝忠李嘉隱翟良輔孫廷皎馮顏其
後皆死巡難四人逸其姓名

贊曰張巡許遠可謂烈丈夫矣以疲卒數萬嬰孤墉抗方張不制
之虜鯁其喉牙使不得搏食東南牽掣首尾豗潰梁宋間大小數
百戰雖力盡乃死而唐全得江淮財用以濟中興引利償害以百
易萬可矣巡先死不爲遽遠後死不爲屈巡死三日而救至十日
而賊亡天以完節付二人畀名無窮不待留生而後顯也惟宋三
葉章聖皇帝東巡過其廟留駕裴回咨巡等雄挺盡節異代著金
石刻贊明歐忠與夷齊餓踣西山孔子稱仁何以異云

忠義列傳中第一百一十七

程千里，京兆萬年人。長七尺，魁岸有力。應募磧西，累官安西副都護。天寶末，兼北庭都護、安西北庭節度使。突厥首領阿布思內附，本隸朔方，賜氏李，名獻忠，度屬幽州。素與安祿山有怨，內懼，故叛，還磧外，數盜邊。玄宗患之，詔千里將兵討捕。千里諭葛邏祿使縛之，并妻子帳下數千人送千里所，乃獻俘勤政樓，詔斬以徇。擢千里右金吾衛大將軍，留宿衛。祿山反，詔募兵河東，即拜節度副使、雲中太守，遷上黨長史。賊來攻，麾戰多，累加開府儀同三司、禮部尚書。至德二載，賊將蔡希德圍上黨，輕騎挑戰，千里恃勇開縣門，率百騎欲直取希德，幾得而救至，乃退。會橋壞，馬顛，為賊執。仰首敕諸騎使還，曰：「為我報諸將，可失帥，不可失城。」軍中皆為泣下，增備固守，賊不能下。乃還囚千里至東都，安慶緒偽署特進，囚客省。慶緒敗，為嚴莊所害。後赦令數下，追褒死難者，惟千里生見執，不及云。初，祿山構難，西北戍兵悉入援，故河、隴郡縣皆陷吐蕃，惟河西戍將袁光廷為伊州刺史，固守歷年，雖游說百端，終不降。諸下同心，無攜畔者。乃糧竭，手殺妻子，自焚死。建中初，贈工部尚書。

龐堅，京兆涇陽人。四世祖玉，事隋為監門直閤。李密據洛口，玉以關中銳兵屬王世充擊之，百戰不衄。世充歸東都，奏玉東徇洛，玉率萬騎降高祖。以隋舊臣禮之。玉魁梧有力，明軍法，久宿衛，習知朝廷制度。帝顧諸將多不閑儀檢，故授玉領軍、武衛二大將軍，使衆觀以為模矱。出為梁州總管。巴山獠叛，玉梟其首，餘黨尚奔屬縣，獠與反者州里親戚，為賊游說，言不可窮躡。玉不聽，下令軍中曰：「秋穀熟，吾悉收以饋軍，非盡賊，吾不反。」聞者懼，相謂曰：「軍不止，吾穀盡且餓死。」乃共入賊營，與所親相結，斬渠長以降，衆遂潰。徙越州都督，召為監門大將軍。太宗以其舊，厚之，令主東宮兵。雖耄，不忘小大之務，無不親。卒，帝為廢朝，贈幽州都督、工部尚書。堅歷潁川太守。安祿山反，南陽節度使魯炅表堅為長史，兼防禦副使，以薛愿為潁川太守。潁川時陳留、榮陽已陷賊，南陽被圍，而潁川當往來劇。賊將阿史那承慶悉銳攻之，傅城百里，樹木皆刊。城中士單寡，糧少，而愿、堅晝夜戰，諸郡無援者。自正月盡十一月，賊設木鵝、衝車、飛梯，薄城，矢如雨。士皆雷譟，夜半踰城入。二人不肯降，賊縛致東京，將磔解之。有說祿山曰：「義士也，彼為其主，殺之不祥。」乃縛于樹，比旦死，見者哭之。愿，汾陰人。父紹，太常卿。兄崇一，娶惠宣太子女。其女弟為太子瑛妃，瑛廢，貶愿嶺外，久乃得還。

張興者，東鹿人。長七尺，一飯至斗米、肉十斤，悍趫而辯。為饒陽裨將。祿山反，攻饒陽，興開張禍福，譬曉敵人，而嬰城彌年，衆心遂固。滄、趙已陷，史思明引衆傅城。興擐甲持陌刀，重十五斤，乘城。賊將入，興一舉刀，輒數人死，賊皆氣懾。城破，思明縛之馬前，好謂曰：「將軍壯士，能屈節，當受高爵。」對曰：「昔嚴顏一巴郡將，猶不降張飛；我大郡將，安能委身逆虜？今日幸得死，然願以一言為誡。」思明曰：「云何？」興曰：「天子遇祿山如父子，今乃反。大丈夫不能為國掃除，反為其下，何哉？」思明曰：「將軍不觀天道邪？吾上起兵二十萬，直趣洛陽，天下大定。以偏師叩函谷，守將面縛，唐亡固矣。」興曰：「桀、紂、秦、隋窮人力，舉四海與為怨，故商、周、漢、唐因得代之而有神器。皇帝無違德，祿山非數帝賢，具奇延歲月，終即禽耳。」思明怒，鋸解之。且死，罵曰：「吾能鬼彊死，兵敗賊衆。」軍中哀然為改容。

○蔡廷玉，幽州昌平人。事安祿山，未有聞。與朱泚同里閈，少相狎。近泚為幽州節度使，奏署幕府。廷玉有沈略，善與人交，內外愛附，泚多所叩咨，數遣至京師。當是時，幽州兵最彊，財雄士驕，悍日思吞并，不知有上下禮法。廷玉間語泚曰：「古未有不臣而能推福及子孫者。公南聯趙、魏，共奚虜，兵多地險，然非求安計。一日趙、魏反噬，公乃沸鼎魚耳。不如奉天子，刻多難，可勤動鼎彝著。」何泚善之。廷玉陰欲耗其力，則諷泚出金幣禮士，又勸歸貢賦助天子經費，獻牛馬係道，儲會為單。因勸泚入朝，泚將聽，諸校怒，縛廷玉辱之。廷玉無橈辭，泚不忍殺，囚歲餘，出之，謂曰：「而亦悔乎？」廷玉曰：「導公為逆，即悔；勉公以義，何悔為？」後縶滿歲，閒曰：「能省過否？不爾且死。」對曰：「不殺我，公得名；殺我，吾得名。」泚不能屈，待如初。又有朱體微者，亦泚腹心，廷玉有建白，體微輒左右之，故泚愈信，桀傲稍革。廷玉逐藏朝事，泚乃奏涿州為永泰軍，薊州靜塞軍，瀛州請夷軍，莫州唐興軍，置團練使，以支郡隸屬盧龍軍，稍削。而泚內畏弟滔偪己，滔亦勸泚入朝，乃以軍屬滔。廷玉、體微共白泚：「公入朝為功臣首，後務至重，須誠信者乃可付。滔雖大弟，多變不情，如假以兵，是嫁之禍也。」泚不聽。二人隨泚到朝，德宗為太子時知廷玉名，及見，禮眷殊屋。泚統幽州行營，為涇原、鳳翔節度使，詔廷玉以大理少卿為司馬，體微為要籍。滔有請於泚，或不順，廷玉必折之，俾循故法。滔已破田悅，寖縱肆自用，左右有惡廷玉者，妄云素毀滔，欲四分燕，廷玉倡之，體微和之。滔表言二人離間骨肉，請殺於有司，亦遺泚書云云。泚恚滔奪其軍，不從。會滔以幽州叛，帝示滔表，而泚亦白發其書，乃歸罪於二人，貶廷玉柳州司戶參軍，體微南浦尉，以慰滔。滔使諜伺諸朝，曰：「上若不殺廷玉，當謫去，得東出洛，我且縛致麾下支解之。」將行，帝勞廷玉曰：「爾姑行，為國受屈，歲中當還。」廷玉至藍田驛，人白左巡使鄭詹商於道險不可往詧追使趣潼關廷玉告子少誠少良曰我爲天子不血刃下幽十一城欲裂其壤使不得絆而敗於將成天助逆邪今吏使我出東都此殆陷計吾不可以辱國比至靈寶自投于河宰相盧杞方疾御史大夫嚴郢欲逐之得廷玉死狀即抵詧死而斥出郢帝閔廷玉忠歸其柩厚賻之李晟平朱泚少誠等適終喪晟表丐追贈廷玉并官二子而帝方招來滔寢其奏遂已

符令奇沂州臨沂人初爲盧龍軍裨將會幽州亂挈子璘奔昭義節度使薛嵩署爲軍副嵩卒田承嗣盜其地引令奇爲右職田悅拒命馬燧敗之洹水令奇密語璘曰吾閱世事多矣自安史干紀無噍類吾觀田氏覆亡無時安用苟且久係縲京師宗族暴地汝能委質朝廷爲唐忠臣吾亦名揚後世矣璘泣曰悅忍人也近禍可畏荅曰今王師四合吾屬俎中醢兒今行吾死不朽不行吾亦死尸疊逆地云何璘俯泣不能對初悅與李納會濮陽因乞師納分麾下隨之至是納兵歸齊使璘以三百騎護送璘與父嚙臂別乃以衆降燧璘之出與三子同降悅怒引令奇切讓令奇罵曰爾忘義背主旦夕死吾教子以順殺身庸何悔釣死愈爾遠矣悅怒奮而起令奇臨刑色不變年七十九夷其家燧署璘爲軍副詔釋特進封義陽郡王既聞父見害號絕泣

血燧表其冤加檢校左散騎常侍賜晉陽第一區祁田五十頃贈令奇戶部尚書璘字元亮李懷光反詔燧討之璘介五千兵先濟河與西師合從燧入朝爲輔國大將軍賜靖恭里第一區藍田田四十頃璘之降母匿里中獨免及悅死詔迎於魏賜宴別殿璘居環衛十三年卒年六十五贈越州都督

劉迺字永夷河南伊闕人少警穎聞誦經日數千言善文詞爲時推目天寶中擢進士第喪父以孝聞服終中書舍人宋昱知銓事迺方調因進書曰書稱知人則哲能官人則惠此唐虞以爲難今文部始掄材終授位是知人官人兩任其責昔禹稷皐陶之聖猶曰載采有九德考績以九載今有司獨委一二小宰察言於一幅之判觀行於一揖之內何其易哉夫判者以狹詞短韻爲體是以小冶鼓衆金雖欲爲鼎鏞不可得已故雖有周公尼父圖書易象之訓以判責之曾不及徐庾雖有至德以喋喋取之曾不若嗇夫故干霄蔽日巨樹也求尺寸之材必後於椽杙龍吟虎嘯希聲也尚頰舌之感必下於蛙黽豈不悲乎執事誠能先政事次文學退觀其治家進察其臨節則厖鴻深沈之事亦可窺其門閾矣昱甚嘉之補剡尉劉晏在江西奏使巡覆充留後大曆中召拜司門員外郎德宗初進郎中儀爲尚父時冊禮廢視詔文者不適所宜宰相崔祐甫召迺至閣草之少選成文詞義典裁俄擢給事中權知兵部侍郎楊炎盧杞當國五歲不遷建中四年眞拜兵部侍郎帝狩奉天迺臥疾私第朱泚遣人召之固稱篤復遣僞相蔣鎭慰誘迺佯瘖不荅炎無完膚鎭再至知不可脅乃太息曰我嘗忝曹郎不能死寧以自辱羶腥復欲汙賢哲乎遂止迺聞車駕如梁州自投於牀搏膺呼天不食卒年六十帝聞其忠贈禮部尚書謚曰貞惠子伯芻別傳

孟華史失其何所人初事李寶臣爲府官屬論議婞婞不回同舍疾之王武俊斬李惟岳遣華至京師陳事德宗問河朔利害華對稱旨擢檢校兵部郎中兼侍御史朱滔與武俊謀解田悅之圍帝詔華還諭欲亂其謀華至諫武俊曰安史未覆滅時大夫觀其兵自謂天下可取今日何旧旧且上於大夫恩甚厚將還康中丞他州而歸我深趙自古忠臣未有不先大功而後得高官者大夫何望於失地邪夫藥苦口者利病大夫後日思愚言悔無逮或曰華入朝私奏便宜欲傾我故得顯職武俊惑之然以華舊人未忍奪其職卒進援悅華從至臨清稱病還恒州武俊令子察所爲乃闔門謝賓客武俊知不足忌無殺華意既僭稱王授禮部侍郎不肯起嘔血死

張伾者本爲澤潞將守臨洺田悅攻之乘城固守累月士死糧且盡救不至伾悉召部將立軍門命女出徧拜因曰諸君戰良苦吾無貲爲賞願以是女

賣貲爲衆士一日費士皆哭曰請死戰會馬燧自河東將兵擊悅城下敗之伾乘勝出戰無不一當百以功遷泗州刺史居州十年擢右金吾衛大將軍未拜卒贈尚書右僕射軍中議立其子重政母徐及兄號訴不肯從奔告淮南節度使王鍔乃免詔嘉其忠起爲金吾衛大將軍委鍔處以劇職封徐曾國夫人

周曾者本李希烈部將與王玢姚憺韋清志相善號四公子希烈反曾密得其計一二以告李勉玢爲許州鎭遏使會哥舒曜拔汝州希烈遣曾往拒曾欲引軍據蔡使玢爲應憺清居中謀取希烈密求舜毒希烈不死曾之行希烈使假子十人從次襄城知其謀以告希烈使李克誠率騾軍千人劫曾殺之而收其兵幷殺玢憺始約事覺毋相引清懼陽說希烈曰今兵寡恐不能就事請乞師朱滔希烈然之至襄邑奔劉洽德宗贈曾太尉玢司徒憺工部尚書擢清安定郡王實封戶二百又有呂賁康秀琳梁興朝曹繼卿侯仙欽皆死希烈之難贈賁秀琳尚書左右僕射興朝等皆秩尚書遣蕭昕致祭墳上命李勉哥舒曜訪其家子孫詔雖三世有罪當降一等曾無後貞元中女及曾兄子鄖爭襲封有司奏曾首謀歸順身死賊手陛下錫眞食不幸絕嗣宜令鄖以五十戶奉祀女亦封五十戶

張名振本事李懷光為都將始懷光已立功德宗賜鐵券奉詔居其名振到軍門大言曰太尉見賊不擊使到不迎將反邪且安史僕固等今皆族滅公欲何為是負忠義士立功耳懷光召見諭以賊彊須蓄銳俟時誘為不反及引軍入咸陽又曰公不反來此何邪不急攻賊收京城欲以賊誰遺懷光怒曰病狂人也使左右拉殺之

石演芬者本西域胡人事懷光至都將光親信畜為假子懷光軍三橋將與朱泚連和演芬使客郜成義到行在言懷光無破賊意請罷其總統成義走告懷光子璀懷光召演芬罵曰爾為我子奈何欲破吾家今日負我宜即死對曰天子以公為股肱公以我為腹心公乃負天子我何不負公且我胡人無異心惟知事一人不呼我為賊死固吾分懷光使士臠食之皆曰烈士也可令快死以刀斷其頸德宗聞贈演芬兵部尚書賜其家錢三百萬斬成義於朔方

吳溆者章敬皇后之弟代宗立詔贈后祖神泉為司徒父令珪太尉擢叔父令瑤太子家令濮陽郡公令瑜太子諭德濟陽郡公溆太子詹事濮陽郡公並開府儀同三司令瑤兄弟故為縣令郎將矣而溆用盛王府參軍進假遷鴻臚少卿金吾將軍建中初遷大將軍溆循循有禮讓無倨氣矜色見重朝廷時以為材當所位不自戚屬者朱泚反盧杞白志貞皆謂泚有功不宜首難得大臣一人持節尉曉慈且悛德宗顧左右無敢行溆曰陛下不以臣亡能願至賊中諭天子意帝大悅溆退謂人曰吾知死無益而決見賊者人臣食祿死其難所也方危時安得自計且不使陛下恨下無犯難者即日齎詔見泚具道帝待以不疑者而泚業僭逆故留溆客省不遣卒被害帝悲悼甚贈太子太保諡曰忠賜其家實戶二百一子五品正員官京師平官尤其華子士矩別傳

高沐者渤海人父憑事宣武李靈耀假守曹州靈耀反憑密遣人奏賊纖悉有詔即拜曹州刺史會李正已盜有曹濮憑不能自通朝廷死官下沐貞元中擢進士第以家託鄆故李師古辟署判官師道叛沐率其僚郭盱郭航李公度引古今成敗前後鐫說不能入師道所厚吏李文會林英等乘間訴曰比悉心憂公家事而為沐等所疾公奈何舉十二州地成沐輩千載名乎由是疏斥沐令守濮州沐上書盛夸山東煮海之饒得其地可以富國師道謀皆露後英奏事京師會邸史言沐以誠款結天子師道怒誅沐而囚盱濮州守衛苛嚴九十年吳元濟拒命師道引兵攻彭城敗蕭沛數縣而還以緩王師盱為繒書藏衣縫間使郭航間道走武寧軍見李愿請奇兵三千浮海擣萊淄賊倚海不為備且居皆罪人無與守始盱畏事泄署師道所信吏劉諒名以遣原白諸朝議者疑師道使為之不得報航不敢循故道間關回遠還盱所未幾師道召航盱疑事露欲引決航曰事覺吾獨死君無患航卒自殺遂絕及王師討師道諸節度兵四入而彭城兵下魚臺金鄉李聽軍取海州若拾遺頫用盱策初淮西平師道勢蹙內其權李公度與大將李英曇教獻三州使長子入侍師道然可俄中悔欲殺英曇賈直言諷師道嬖奴曰高沐冤氣在天禍且至英曇復死是益其禁也乃止逐于萊州俄殺之又有崔承寵楊偕陳佑崔清皆抗節忤賊李文會指為沐黨沐之死皆被囚劉悟既平師道拊盱背歔欷流涕辟置義成節度府亦請公度為僚屬元和十四年贈沐吏部尚書委篤摠備禮收葬卹其家航萊州人以氣聞師道署右職與盱世居齊初盱舉進士權德輿將取之聞其家賊中乃罷遂為賊聘二人卒能以忠顯

賈直言河朔舊族也史失其地父道沖以藝待詔代宗時坐事賜鴆將死直言紿其父曰當謝四方神祇使者少怠輒取鴆代飲迷而踣明日毒潰足而出父乃蘇帝憐之減父死俱流嶺南直言由是躄後署師道府屬及師道不軌提刀負棺入諫曰願前死不見城之破又書縛檻車狀而妻子係纍者以獻師道怒囚之劉悟既入釋其禁辟署義成府後從路亦隨府遷監軍劉承偕與悟不平陰與慈州刺史張汶謀縛悟送闕下以汶代節度事洩悟以兵圍承偕殺小使直言遽入責曰司空縱兵脅天子使者是欲効李司空邪它日復為軍中所指笑悟聞感悔匿承偕於第以免悟每有過必爭故悟能以臣節光明於朝穆宗召為諫議大夫辭情灑然稱允而悟固留得聽始悟子從諫貴甚見直言輒不樂擁笏以兵自衛直言諫悟曰郎少年毋使襲山東態朝服可擅著邪悟死從諫不發喪召大將劉武德等矯悟遺言與隣道使共表求襲位直言入讓曰父死不哭何顏面見山東義士乎從諫曰欲反耳直言仰天哭曰爾父提十二州地歸朝廷為功自然以張汶故自謂不絜淋頭卒蓄死即今日乃欲反邪從諫起抱直言項哭曰計窮而然直言曰君何憂無土地今脅朝廷正速死耳若從武德謀吾見劉氏為元濟矣從諫拜曰唯大夫救之直言乃自攝留後使從諫居喪初從諫推鄭兵二千同謀直言既折之軍中遂安大和九年卒贈工部尚書

辛讜者太原尹雲京孫也學詩書能擊劍重然諾赴人所急初事李蠙主錢穀性廉勁遇事不顧文法皆與之合罷居揚州年五十不肯仕而慨然常有濟時意龐勛反攻杜慆於泗州讜聞之挐舟趨泗口貫賊柵以入慆素聞其

名握手曰吾儕李延樞嘗為吾道夫子為人何意臨教吾無憂矣讜亦謂滔可用事乃請還與妻子訣同滔生死時賊張甚衆皆南走獨讜北行讜未至滔憂之延樞知必來曰讜至可表為判官滔許諾俄而至滔喜曰圍急飛鳥不敢過君乃冒白刃入危城古人所不能乃勸解白衣被甲賊將李圓焚淮口讜曰事棘矣獨出可以求援乃與楊文播李行實夜踰淮坎岸登馳三十里至洪澤見戍將郭厚本告急厚本許出兵大將袁公弁等曰賊衆我寡不可往讜拔劒瞋目呼曰泗州陷在旦夕公等被詔來乃逗留不進欲何為大丈夫孤國恩雖生可羞且失泗則淮南為寇場君尚能獨存吾今斷左臂殺君去推劒直前厚本持之公弁等僅免讜望泗慟哭帳下皆流涕厚本決許付兵五百讜曰足矣徧問士曰能行乎皆曰諾讜仆面于地泣以謝衆既叩淮有人語曰賊破城矣讜將斬之衆為請讜曰公等登舟吾赦其死士遽登已濟滔亦出兵表裏擊賊大敗讜入人心遂固浙西杜審權遣將翟行約赴援壁蓮塘滔欲遣人廷勞諸吏憚不敢出讜獨往犒而還圍三月救兵外敗城益危讜復請乞兵淮南與壯士徐珍十人持斧夜斬賊柵出見節度使令狐綯復詣浙西見審權時皆傳泗州已陷疑讜為賊計囚之讜引李嶧自明嶧時為大同防禦使稱其忠可信審權乃許救合淮南兵五千鹽粟直抗淮路梗不得進讜引兵決戰斬賊六百級乃克入城上讙叫滔與下迎泣表其功于朝授監察御史圍凡十月乃解全一州初讜求救也過家千餘未嘗見妻子得糧累二十萬讜子及兄子客廣陵託滔曰使先人不乏祀公之惠也後以功第一拜亳州刺史徙曹泗二州乾符末終嶺南節度使方讜之少耕于野有牛鬭衆畏奔踐讜直前兩持其角牛不能動久而引觸脅折其角里人駭異屠牛以飯讜然讜癯短才及中人後賁力亦少衰云

黃碣閩人也初為閩小將喜學問軒然有志向同列有假其筆者碣怒曰是筆它日斷大事不可假後戰安南有功高駢表其能為漳州刺史徙婺州治有績劉漢宏遣兵攻之兵寡不可守棄州去客蘇州董昌為威勝軍節度使表碣自副久乃應及昌反碣諫曰大王拔田畝席貢輸之勤位將相非有勳業可紀今不能盡忠王朝乃自尊大一日誅滅無種矣桓文不侮周室曹操弗敢危漢今王辟嬰一城乃為大逆何邪碣請舉族先死不能見王之滅昌怒曰碣不順我邪什出之碣移書昌幕府李滔曰順天建元以愚策之奸可為禍邪或竊其書示昌昌令使者斬之使以首至昌詬曰賊負我三公不肯為而求死邪抵溷中夷其家百口坎鏡湖之南同瘞焉昌敗有詔贈司徒求其後不能得昌已殺碣滔亦遇害乃召會稽令吳鐐問策鐐曰王為真諸侯遺葉子孫而不為乃作偽天子自取滅亡昌叱斬之族其家又召山陰令張遜知御史臺固辭曰王自棄為天下笑且六州勢不助逆王據孤州以速死謂何遜不敢以身許王也昌惡之曰遜不知天意以邪說拒我囚之它日謂人曰我無碣鐐遜何之事即害之

孫揆字聖圭刑部侍郎逖五世從孫也第進士辟戶部巡官歷中書舍人刑部侍郎京兆尹昭宗討李克用以揆為兵馬招討制置宣慰副使既而更授昭義軍節度使以本道兵會戰克用伏兵刀黃嶺執揆厚禮而將用之曰公輩當從容廟堂何為自履行陣也揆大罵不詘克用怒使以鋸解之鋸齒不行揆謂曰死狗奴解人當束之以板汝輩安知行刑者如其所言罵聲不輟至死昭宗憐之贈左僕射

忠義列傳下第一百一十八

卓行列傳第一百十九　唐書一百九十四

端明殿學士兼翰林侍讀學士[illegible]

敕撰

元德秀字紫芝河南河南人質厚少緣飾少孤事母孝舉進士不忍去左右自負母入京師既擢第母亡廬墓側食不鹽酪藉無茵席服除以窶困調南和尉有惠政黜陟使以聞擢補龍武軍錄事參軍德秀不及親在而娶不肯婚人以為不可絕嗣荅曰兄有子先人得祀吾何娶為初兄子襁褓喪親無資得乳媪德秀自乳之數日湩流能食乃止既長將為娶家苦貧乃求為魯山令前此墮車足傷不能趨拜太守待以客禮有盜繫獄會虎為暴盜請格虎自贖許之吏白彼詭計且亡去無乃為累乎德秀曰許之矣不可負約即有累吾當坐不及餘人明日盜尸虎還舉縣嗟歎玄宗在東都酺五鳳樓下命三百里縣令刺史各以聲樂集是時頗言帝且第勝負加賞黜河內太守輦優伎數百被錦繡或作犀象瓌譎光麗德秀惟樂工數十人聯袂歌于蔿于于蔿于者德秀所為歌也帝聞異之歎曰賢人之言哉謂宰相曰河內人其塗炭乎乃黜太守德秀益知名所得奉祿悉衣食人之孤遺者歲滿笥餘一縑駕柴車去愛陸渾佳山水乃定居不為牆垣扃鑰家無僕妾歲飢日或不爨嗜酒陶然彈琴以自娛人以酒肴從之不問賢鄙為酣飫是時程休邢宇宇弟宙張茂之李萼萼族子丹叔惟岳喬潭楊拯房垂柳識皆號門弟子德秀善文辭作蹇士賦以自況房琯每見德秀歎息曰見紫芝眉宇使人名利之心都盡蘇源明常語人曰吾不幸生衰俗所不恥者識元紫芝也天寶十三載卒家惟枕屨簞瓢而已潭時為陸渾尉庀其葬族弟結哭之慟或曰子哭過哀禮歟結曰若知禮之過而不知情之至大夫弱無固性無專老無在死無餘人情所耽溺喜愛可惡者大夫無之生六十年未嘗識女色視錦繡未嘗求足苟辭佚色未嘗有十畝之地十尺之舍十歲之僮未嘗完布帛而衣具五味而食吾哀之以戒荒淫貪

佞綺紈粱肉之徒耳李華兄事德秀而友蕭穎士劉迅及卒華諡曰文行先生天下高其行不名謂之元魯山華於是作三賢論或問所長華曰德秀志當以道紀天下迅當以六經諧人心穎士當以中古易今世德秀欲齊愚智迅感一物不得其正穎士呼吸折節而獲重祿不易一刻之安易於孔子之門皆達者與使德秀據師保之位瞻形容乃見其仁迅被卿佐服居賓友謀治亂根原參乎元精乃見其妙穎士若百鍊之剛不可屈使當廢興去就一生一死間而後見其節德秀以為王者作樂崇德天人之極致而辭章不稱是無樂也於是作破陣樂辭以訂商周迅世史官述禮易書春秋詩為古五說條貫源流備古今之變穎士尤罪子長不編年而為列傳後世因之非典訓也自春秋三家後非訓齊生人不錄然各有病元病酒劉病賞物蕭病貶惡太亟獎能太重若取其節皆可為人師也世謂篤論休字士美廣平人宇字紹宗宙字次宗河間人茂之字季豐南陽人萼字伯高丹叔字南誠惟岳字謨道趙人潭字源梁人垂字翼明清河人拯字齊物晴觀王雄後舉進士終右驍衛騎曹參軍萼擢制科遷南華令大水它縣飢人至相屬萼為具餐鬻及去糗糧送之吏為立碑安祿山亂萼客清河為乞師平原太守顏真卿一郡獲全歷虔廬州刺史拯與萼名最著潭識以文傳後

權皋字士繇秦州略陽人徙潤州丹徒晉安丘公翼十二世孫父倕與席豫蘇源明以藝文相友終羽林軍參軍皋擢進士第為臨清尉安祿山藉其名表為薊尉署幕府皋度祿山且叛以其猜虐不可諫欲行慮禍及親天寶十四載使獻俘京師還過福昌尉仲謩謩妻皋妹也密約以疾召之謩來皋陽喑直視謩而瞑謩為盡哀自含斂之皋逸去人無知者吏以詔書還皋母母謂實死慟哭感行路故祿山不之虞歸其母皋潛候於淇門奉侍晝夜南奔客臨淮為驛亭保以詗北方既度江而祿山反天下聞其名爭取以為屬蜀高適表試大理評事淮南採訪判官永王舉兵脅士大夫皋

詭姓名以免玄宗在蜀聞之拜監察御史會母喪得風痺疾客洪州南北梗否踰年詔命不至有中人過州頗求取無猒南昌令王遘欲按之謀於阜阜良久不荅泣曰今何由致天子使而遽欲治之掩面去遘悟厚謝浙西節度使顏眞卿表爲行軍司馬召拜起居舍人固辭嘗曰吾潔身亂世以全吾志欲持是受名耶李季卿爲江淮黜陟使列其高行以著作郎召不就自中原亂士人率度江李華柳識韓洄王定皆仰阜節與友善洄定常評阜可爲宰輔師保華亦以爲分天下善惡一人而已卒年四十六洄等制服行哭詔贈秘書少監元和中謚爲貞孝子德輿至宰相別傳

甄濟字孟成定州無極人叔父爲幽涼二州都督家衛州宗屬以伉俠相矜濟少孤獨好學以文雅稱居靑巖山十餘年遠近伏其仁環山不敢畋漁採訪使苗晉卿表之諸府五辟詔十至堅臥不起天寶十載以左拾遺召未至而安祿山入朝求濟於玄宗授范陽掌書記祿山至衛使太守鄭遵意致謁山中濟不得已爲起祿山下拜鈞禮居府中論議正直久之察祿山有反謀不可諫濟素善衛令齊玘因謁歸具告以誠密置羊血左右至夜若歐血狀陽不支舁歸舊廬祿山反使蔡希德封刀召之曰即不起斷其頭見我濟色不動左手書曰不可以行使者持刀趨前濟引頸待之希德歔欷嗟歎止刀以實病告後慶緒復使彊輿至東都安國觀會廣平王平東都濟詣軍門上謁泣涕王爲感動肅宗詔館之三司署使汙賊官羅拜以媿其心授秘書郎或言太薄更拜太子舍人來瑱辟爲陝西襄陽參謀拜禮部員外郎宜城楚昭王廟壖地廣九十畝濟立墅其左瑱死舁居七年大曆初江西節度使魏少游表爲著作郎兼侍御史卒濟生子因其官字曰禮闈曰憲臺而禮闈死憲臺更名逢幼而孤及長耕宜城野自力讀書不謁州縣歲飢節用以給親里大穰則振其餘於鄉黨貧狹者朋友有緩急輒出家貲周贍以義聞逢常以父名不得在國史欲詣京師自言元和中袁滋表濟節行與權皐同科宜載國史有詔贈濟秘書少監而逢與元稹善稹移書於史館脩撰韓愈曰濟棄去祿山及其反有名號又逼致之執不起卒不汙其名夫辨所從於居易之時堅直操於利仁之世而猶選懦者之所不爲蓋佛人之心難而害己之避深也至天下大亂死忠者不必顯從亂者不必誅而眷眷本朝甘心白刃難矣哉若甄生弁冕不加其身祿食不進其口直布衣一男子耳及亂則延頸受刃分死不回不以不必顯而廢忠不以不必誅而從亂在古與今蓋百一焉愈嘗逢能行身幸於方州大臣以標白其先人事載之天下耳目徹之天子追爵其父第四品赫然驚人逢與其父俱當得書矣由是父子俱顯名

陽城字元宗定州北平人徙陝州夏縣世爲官族好學貧不能得書求爲吏隸集賢院竊院書讀之晝夜不出戶六年無所不通及進士第乃去隱中條山與弟堦域常易衣出年長不肯娶謂弟曰吾與若孤惸相育既娶則閒外姓雖共處而益疏我不忍弟義之亦不娶遂終身城謙恭簡素遇人長幼如一遠近慕其行來學者跡接于道閭里有爭訟不詣官而詣城決之有盜其樹者城過之慮其恥退自匿嘗絕糧遣奴求米奴以米易酒醉臥于路城怪其故與弟迎之奴未醒乃負以歸及覺痛咎謝城曰寒而飲何責焉寡妹依城居其子四十餘癡不知人城常負以出入始妹之夫客死遠方城與弟行千里負其柩歸葬歲飢屛跡不過鄰里屑榆爲粥講論不輟有奴都兒化其德亦方介自約或哀其餒與之食不納後致糠覈數杯乃受山東節度府聞城義者發使遺五百縑戒使者不令返城固辭使者委而去城置之未嘗發會里人鄭俶欲葬親貸於人無得城知其然舉縑與之俶既葬還曰蒙君子之施願爲奴以償德城曰吾子非也能同我爲學乎俶泣謝即教以書俶不能業城更徙遠阜使顯其習學如初慚縊而死城驚且哭厚自咎爲服緦麻瘞之陝虢觀察使李泌數禮餉城受之泌欲辟致之府不起乃薦諸朝詔以著作佐郎召并賜緋魚泌使參軍事韓傑奉詔至其家城封還詔自稱多病老憊不堪奔奉惟哀憐泌

不敢彊及爲宰相又言之德宗於是召拜右諫議大夫遣長安尉楊寧齎束帛詣其家城褐衣到闕下辭讓帝遣中人持緋衣衣之召見賜帛五十匹初城未起搢紳想見風采既興草茅處諫諍官士以爲且死職天下益憚之及受命它諫官論事苛細紛紛帝厭苦而城寖聞得失且熟猶未肯言韓愈作爭臣論譏切之城不屑方與二弟延賓客日夜劇飲客欲諫止者城揣知其情彊飲客客辭即自引滿客不得已與酬酢或醉仆席上城或先醉臥客懷中不能聽客語無得關言常以木枕布衾質錢人重其賢爭售之每約二弟吾所俸入而可度月食米幾何薪菜鹽幾錢先具之餘送酒家無留也服用無贏副客或稱其佳可愛輒喜舉授之有陳長者候其得俸常往稱錢之美月有獲焉居位八年人不能窺其際及裴延齡誣逐陸贄張滂李充等帝怒甚無敢言城聞曰吾諫官不可令天子殺無罪大臣乃約拾遺王仲舒守延英閤上疏極論延齡罪慷慨引誼申直贄等累日不止聞者寒懼城愈厲帝大怒

召宰相抵城罪順宗方爲皇太子爲開救良久得免敕宰相諭遣然帝意不已欲遂相延齡城顯語曰延齡爲相吾當取白麻壞之哭於廷帝不相延齡城力也坐是下遷國子司業引諸生告之曰凡學者所以學爲忠與孝也諸生有久不省親者乎明日謁城還養者二十輩有三年不歸侍者斥之簡孝秀德行升堂上沈酗不率教者皆罷躬講經籍生徒斤斤皆有法度薛約者狂而直言事得罪謫連州吏捕迹得之城家城坐吏於門引約飲食訖步至都外與別帝惡城黨有罪出爲道州刺史太學諸生何蕃季償王魯卿李讜等二百人頓首闕下請留城柳宗元聞之遺蕃等書曰詔出陽公道州僕聞悒然幸生不諱之代不能論列大體聞下執事還陽公之南也今諸生愛慕陽公德懇悃乞留輒用撫手喜甚昔李膺嵇康時太學生徒仰闕執訴僕謂訖千百年不可復見乃在今日誠諸生見賜甚厚將亦陽公漸漬導訓所致乎意公有博厚恢大之德并容善僞來者不拒有狂惑小生依託門下飛文陳

愚論者以爲陽公過於納汙無人師道仲尼吾黨狂狷南郭獻譏曾參徒七十二人致禍負芻孟軻館齊從者竊屨彼聖賢猶不免如之何其拒人也俞削扁之門不拒病夫繩墨之側不拒枉材師儒之席不拒曲士且陽公在朝四方聞風貪冒苟進邪薄之夫沮其志雖微師尹之位而人實瞻望焉與其化一州其功遠近可量哉諸生之言非獨爲己也於國甚宜蕃等守闕下數日爲吏遮抑不得上既行皆泣涕立石紀德至道州治民如治家宜罰罰之宜賞賞之不以簿書介意月俸取足則已官收其餘日炊米二斛魚一大鬻置瓯杓道上人共食之州產侏儒歲貢諸朝城哀其生離無所進帝使求之城奏曰州民盡短若以貢不知何者可供自是罷州人感之以陽名子前刺史坐罪下獄吏有幸於刺史者拾不法事告城欲自脫城輒榜殺之賦稅不時觀察使數誚責州當上考功第城自署曰撫字心勞追科政拙考下下觀察府遣判官督賦至州怪城不迎以問吏吏曰刺史以爲有罪自囚於獄判官驚馳入

謁城曰使君何罪我奉命來候安否耳留數日城不敢歸仆門閤寢館外以待命判官遽辭去府復遣官來按舉義不欲行乃載妻子中道逃去順宗立召還城而城已卒年七十贈左散騎常侍賜其家錢二十萬官護喪歸葬蕃和州人事父母孝學太學歲一歸父母不許閒二歲乃歸復不許凡五歲慨然以親且老不自安揖諸生去乃共閉蕃空舍中衆共狀蕃義行白城請留會城罷亦止初朱泚反諸生將從亂蕃正色叱不聽故六館士無受汙者蕃居太學二十年有死喪無歸者皆身爲治喪償魯人魯卿第進士有名

司空圖字表聖河中虞鄉人父輿有風幹當大中時盧弘止管鹽鐵表爲安邑兩池榷鹽使先是法䟽闊吏輕觸禁輿爲立約數十條莫不以爲宜以勞再遷戶部郎中圖咸通末擢進士禮部侍郎王凝特所獎待俄而凝坐法貶商州圖感知己往從之凝起拜宣歙觀察使乃辟置幕府召爲殿中侍御史不忍去凝府臺劾左遷

光祿寺主簿分司東都盧攜以故宰相居洛嘉圖節常與游攜還朝過陝虢屬於觀察使盧渥曰司空御史高士也渥即表爲僚佐會攜復執政召拜禮部員外郎尋遷郎中黃巢陷長安將奔不得前圖弟有奴段章者陷賊執圖手曰我所主張將軍喜下士可往見之無虛死溝中圖不肯往章泣下遂奔咸陽間關至河中僖宗次鳳翔即行在拜知制誥遷中書舍人後狩寶雞不獲從又還河中龍紀初復拜舊官以疾解景福中拜諫議大夫不赴後再以戶部侍郎召身謝闕下數日即引去昭宗在華召拜兵部侍郎以足疾固自乞會遷洛陽柳璨希賊臣意誅天下士望助喪王室詔圖入朝圖陽墯笏趣意野耄璨知無意於世乃聽還圖本居中條山王官谷有先人田遂隱不出作亭觀素室悉圖唐興節士文人名亭曰休休作文以見志曰休美也既休而美具故量才一宜休揣分二宜休耄而聵三宜休又少也惰長也率老也迂三者非濟時用則又宜休因自目爲耐辱居士其言詭激不常以免當時

禍災云豫爲冢棺遇勝日引客坐壙中賦詩酌酒裴回客或難之圖曰君何不廣邪生死一致吾寧暫游此中哉每歲時祠禱鼓舞圖與閭里耆老相樂王重榮父子雅重之數饋遺弗受嘗爲作碑贈絹數千圖置虞鄉市人得取之一日盡時寇盜所過殘暴獨不入王官谷士人依以避難朱全忠已篡召爲禮部尚書不起哀帝弒圖聞不食而卒年七十二圖無子以甥爲嗣嘗爲御史所劾昭宗不責也

贊曰節誼爲天下大閑士不可不勉觀皐濟不汙賊據忠自完而亂臣爲沮計天下士知大分所在故傾朝復支不有君子果能國乎德秀以德城以鯁峭圖知命其志凜凜與秋霜爭嚴眞丈夫哉

卓行列傳第一百一十九

孝友列傳第一百二十　唐書一百九十五

端明殿學士兼翰林侍讀學士龍圖閣學士朝請大夫守尚書吏部侍郎充集賢殿修撰臣宋祁奉敕撰

唐受命二百八十八年，以孝悌名通朝廷者，多閭巷刺草之民，皆得書于史官。萬年王世貴、長安嚴待封、涇陽田伯明、華原韓難陀、華州王瞿曇、鄭縣辛法汪、鄭士舉、張長、鄭士度、鄭迪、柳仁忠、能君德、劉崇宗、甘元爽、韓子尚、韓思約、下邽張萬徹、朝邑申屠思恭、呂昂、鶉觚張元亮、靈臺孫智和、新平馮猛將、宜川司馬芬、洛交周崇後、洛川何善宜、博陵崔定仁、冀州燕遺倩、貝州馬衡、滄州鄭士才、清池孫楚信、劉賢、渤海邊鳳舉、瀛州朱寶積、樂陵蘇伏念、邯鄲章徵、雞澤馮仁海、郭守素、文安董相、武邑王達多、張丘感、張藝勛暨孫師才、張義節、沙河趙君惠、南樂谷感德、魏縣毛仁、武城茹智達、歷亭王師威、李肆仁、臨河李文綱、湯陰后斤奴、鼓城彭思義、陳屺、田堤岳、太原盧遺仁、王知道、蒲州賈孝才、解縣衞文表、南丘張利見、

安邑曹文行、孫懷應、相里志降、楊主操、邵玄同、張衡、曹存勳、李文褒、董文海、李文秀、張仙兒、張公恚、虞鄉董敬直、河東張金城、呂神通、呂雲、呂志挺、呂元光、趙舉、張祐、姚熾、張師德、馮巨源、杜山藏、河西郭文政、伊闕任仲、濟源榮壁、汴州張士巖、陳留家師諒、董允恭、尉氏楊思貞、中牟潘良瑗暨子季通、陽武時惠珣、封丘楊嵩珪、許田李頤道、胙城蔡洪、石善雄暨孫彥威、郾山胡君才、徐州皇甫恒、彭城尹務榮、荆州劉寶、長壽史摶、益州焦懷肅、郭景華、鄢縣曹少微、涪城趙煙、資陽趙光寓、黃巨昇、梓潼馬冬、王秦舉、王興嗣、依政樊濔、巴西韋士宗、文博榮暨子詮、南鄭李貞古、巢縣張進昭、萬載廖洪、南陵蘇仲方、鄱陽張讚、樂平謝惟勤、沈晉、姜崌、上饒鮑嘉福、虞鎔眞、句容張常洧、弋陽張球、李營暨子疑、孫楚、貴溪黃舟、建昌熊士贍、臨江袁鳴、贛縣謝俊、餘杭何公弁、章成緬、方宗、建德何起門、桐廬祝希進、諸暨張萬和、蕭山李渭、許伯會、戴恭、俞僅、信安徐知新、徐惠謜、東陽應先、唐君祐、睦州許利川、建陽劉常、邵武黃旦、張巨籛、吳海、泉山黃嘉猷、永泰王頭，皆事親居喪著至行者。萬年宋興貴、奉先張邪、澧陽張仁興、櫟陽董思寵、湖城閻昊、高平雍仙高、湖城閻酆、正平周思藝、張子英、曲沃張君密、秦德方、馬玄操、李君則、太平趙德儼、隴西陳嗣、北海呂元簡、絳城宋洸之、單父劉九江、無棣徐文亮、樂陵吳正表、河間劉宣、董永、安邑任君義、衞開、龍門梁神義、賀見涉、張奇異、鄭縣王元緒、寇元童、舒城徐行周、睦州方良琨、桐廬戴元益、高安宋練、涇縣萬昊安、弋陽李植、繁昌王丕，皆數世同居者。天子皆旌表門閭，賜粟帛，州縣存問，復賦稅，有授以官者。唐時陳藏器著本草拾遺，謂人肉治羸疾，自是民間以父母疾多刲股肉而進。又有京兆張阿九、趙言、奉天趙正言、滑清泌、羽林飛騎啖榮祿、鄭縣吳孝友、華陰尹義華、潞州張光玭、解縣南鍛、河東李忠孝、韓放、鄢陵任客奴、絳縣張子英、平原楊仙朝、樂工段日昇、河東將陳涉之、襄陽馮子、城固雍孫八、虞鄉張抱玉、胥英秀、榆次馮秀誠、封丘楊嵩珪、劉皓、清池朱庭玉、弟庭金、歙昌朱俯、歙縣黃

芮、左千牛薛鋒及河陽劉士約，或給帛，或旌表門閭，皆名在國史。善乎韓愈之論也，曰：「父母疾，烹藥餌，以是爲孝，未聞毀支體者也。苟不傷義，則聖賢先衆而爲之。是不幸因而且死，則毀傷滅絕之罪有歸矣，安可旌其門以表異之？」雖然，委巷之陋，非有學術禮義之資，能忘身以及其親，出於誠心，亦足稱者，故列十七八焉。廣明後，方鎭凌法，夸地千里，事不上聞，孝悌篤行之士，旌命所不及，載小說者，名字不參見它書，某不可錄。若李知本、張志寬之屬，承上順下，有禮讓君子之風，故輯而序之。

張士巖，父病，藥須鯉魚，冬月冰合，有獺銜魚至前，得以供父，父遂愈。母病癰，士巖吮血。父亡，廬墓，有虎狼依之。

焦懷肅，母病，每嘗其唾，若味異，輒悲號幾絕。母終，水漿不入口五日，負土成墳，廬守，日一食，杖然後起。繼母沒，亦如之。

張進昭，母患狐刺左手，墮而終。及殯，進昭截左骯，廬于墓。

張公藝，九世同居，北齊東安王永樂、隋大使梁子恭躬慰撫，表其門。高宗有事太山，臨幸其居，問本末，書忍字以對，天子爲流涕，賜縑帛而去。

四人名頗著詳見于篇

李知本趙州元氏人元魏洛州刺史靈六世孫父孝端仕隋爲獲嘉丞與族弟太沖俱有世閥而太沖官婚最高鄉人語曰太沖無兄孝端無弟知本涉經術事親篤至與弟知隱雍順子孫百餘至貲用僮僕無間也大業末盜賊過閭不入相戒曰無犯義門往依者五百餘室皆以免貞觀初知隱爲伊闕丞知本夏津令開元中孫瑱爲給事中揚州長史知隱孫顒有文辭至太常少卿從祖兄弟位給事中凡四人

張志寬蒲州安邑人居父喪而毀州里稱之王君廓兵略地不暴其閭倚全者百許姓後爲里正忽詣縣稱母疾求急令問狀對曰母有疾志寬輒病是以知之令謂其妄繫於獄馳驗如言乃慰遣之母終負土成墳手蒔松柏高祖遣使者就弔拜員外散騎常侍賜物四十段表其閭

劉君良瀛州饒陽人四世同居族兄弟猶同產也門內斗粟尺帛無所私隋大業末荒饉妻勸其異居因易置庭樹鳥鶵令鬬且鳴家人怪之妻曰天下亂禽鳥不相容況人邪君良即與兄弟別處月餘密知其計因斥去妻曰爾破吾家召兄弟流涕以告更復同居天下亂鄉人共依之衆築爲堡因號義成堡武德中深州別駕楊弘業至其居凡六院共一庖子弟皆有禮節歎挹而去貞觀六年表異門閭

王少玄博州聊城人父隋末死亂兵遺腹生少玄甫十歲問父所在母以告即哀泣求尸時野中白骨覆壓或曰以子血漬而滲者父骼也少玄鑱膚閱旬而獲遂以葬創甚彌年乃興貞觀中州言狀拜徐王府參軍

任敬臣字希古棣州人五歲喪母哀毀天至七歲問父英曰君何可以報母英曰揚名顯親可也乃刻志從學汝南任處權見其文驚曰孔子稱顏回之賢以爲弗如也吾非古人然見此兒信不可及十六刺史崔樞欲舉秀才自以學未廣遯去又三年卒業舉孝廉授著作局正字父亡數殞絕繼母曰而不勝喪謂孝可乎敬臣更進饘粥服除遷祕書郎休休闔門誦書監虞世南器其人歲終書上考固辭召爲弘文館學士俄授越王府西閣祭酒當代王再表留進朝請郎舉制科擢許王文學復爲弘文館學士終太子舍人

支叔才定州人隋末荒饉夜丐食野中還進母爲賊執欲殺之告以情賊閔其孝爲解縛母病癰叔才吮瘡注藥及亡廬墓有白鵲止廬傍高宗時表異其家至德間有常州人王遇弟遐俱爲賊執將釋一人兄弟相讓死賊感其意盡縱之

程袁師宋州人母病十旬不褫帶藥不嘗不進代弟戍洛州母終聞計日走二百里因負土築墳號癯人不復識改葬曾門以來閱二十年乃畢常有白狼黃蛇馴墓左每哭群鳥鳴翔永徽中刺史狀諸朝詔吏敦駕既至不願仕授儒林郎還之

武弘度士彠兄之子補相州司兵參軍永徽中父卒自徐州被髮徒跣趨喪所負土築塋晨夕號日一溢米素芝產廬前狸擾其旁

高宗下詔襃美旌其門

宋思禮字過廷事繼母徐爲聞孝補蕭縣主簿會大旱井池涸母羸疾非泉水不適口思禮憂懼且禱忽有泉出諸廷味甘寒日不乏汲縣人異之尉柳晃爲刻石頌其感

鄭潛曜者父萬鈞駙馬都尉滎陽郡公母代國長公主開元中主寢疾潛曜侍左右造次不去累三月不靧面主疾侵刺血爲書請諸神丐以身代火書而神許二字獨不化翌日主愈戒左右無敢言後尚臨晉長公主歷太僕光祿卿

元讓雍州武功人擢明經以母病不肯調侍膳不出閭數十年母終廬墓次廢櫛沐飯菜飲水咸亨中太子監國下令表闕于門永淳初巡察使表讓孝悌卓越擢太子右內率府長史歲滿還鄉里人有所訟皆詣讓判中宗在東宮召拜司議郎入謁武后望謂曰卿孝於家必能忠於國宜以治道輔吾子尋卒

裴敬彝絳州聞喜人曾祖子通隋開皇中以太中大夫居母喪哭

喪明有白烏巢冢樾兄弟八人皆爲名孝詔表門闕世謂義門

裴氏敬彝七歲能文章性謹敏宗族重之號甘露頂父智周補臨黃令爲下所訟敬彝年十四詣巡察使唐臨直枉臨奇之試命作賦賦工父罪已釋表敬彝于朝補陳王府典籤一日忽泣涕謂左右曰大人病痛吾輒然今心悸而痛事叵測乃請急倍道歸而父已卒羸毀踰禮乾封初遷累監察御史母病醫許仁則者躄不能乘敬彝自爲輿往迎既居喪詔贈縑帛官爲作靈轝終服以著作郎兼脩國史歷中書舍人太子左庶子武后時爲酷吏所陷死嶺南

梁文貞虢州閿鄉人少從軍守邊遠還親已亡自傷不得養即穿壙爲門晨夕汛掃廬墓左瘖默三十年家人有所問畫文以對會官改新道出文貞廬前行旅見之皆爲流涕有甘露降塋木白兔馴擾縣令刊石紀之開元中刺史許景先表文貞孝絕倫類詔付史官

沈季詮字子平洪州豫章人少孤事母孝未嘗與人爭皆以爲怯季詮曰吾怯乎爲人子者可遺憂於親乎哉貞觀中侍母度江遇

暴風母溺死季詮號呼投江中少選持母臂浮出水上都督謝叔方具禮祭而葬之

許伯會越州蕭山人或曰玄度十二世孫舉孝廉上元中爲衡陽博士母喪負土成墳不御絮帛嘗滋味野火將逮塋樹悲號于天俄而雨火滅歲旱泉湧廬前靈芝生

陳集原瀧州開陽人世爲酋長父龍樹爲欽州刺史有疾即集原輒不食及亡嘔血數升即塋作廬盡以田貲讓兄弟里人高之武后時歷右豹韜衞大將軍

陸南金蘇州吳人祖士季從同郡顧野王學左氏春秋司馬史班氏漢書仕隋爲越王侗記室兼侍讀侗稱制擢著作郎時王世充將篡逆侗謂士季曰隋有天下三十年朝果無忠臣乎士季對曰見危授命臣宿志也請因啓事爲陛下殺之謀洩停侍讀乃不克貞觀初終太學博士兼弘文館學士南金仕爲太常奉禮郎開元初少卿盧崇道抵罪徙嶺南逃還東都南金居母喪崇道僞稱弔客入而道其情南金匿之俄爲讎人跡告詔侍御史王旭捕按南金當重法弟趙璧詣旭自言匿崇道者我也請死南金固言弟自誣不情旭怪之趙璧曰母未葬妹未歸兄能辦之我生無益不如死旭驚上狀玄宗皆宥之南金知書史履操謹完張說陸象先以賢謂之由庫部員外以痼疾改太子洗馬卒

張琇河中解人父審素爲巂州都督有陳纂仁者誣其冒戰級私庸兵玄宗疑之詔監察御史楊汪即按纂仁復告審素與總管董堂禮謀反於是汪收審素繫雅州獄馳至巂州按反狀堂禮不勝忿殺纂仁以兵七百圍汪脅使露章雪審素罪既而吏共斬堂禮汪得出遂當審素實反斬之沒其家琇與兄瑝尚幼徙嶺南久之逃還汪更名萬頃瑝時年十三琇少二歲夜狙萬頃於魏王池瑝斫其馬萬頃驚不及鬭爲琇所殺條所以殺萬頃狀繫于斧奔江南將殺構父罪者然後詣有司道汜水吏捕以聞中書令張九齡等皆稱其孝烈宜貸死侍中裴耀卿等陳不可帝亦謂然謂九

齡曰孝子者義不顧命殺之可成其志赦之則虧律凡爲子孰不願孝轉相讎殺遂無已時卒用耀卿議議者以爲冤帝下詔申諭乃殺之臨刑賜食瑝不能進琇色自如曰下見先人復何恨人莫不閔之爲誄揭于道斂錢爲葬北邙尚恐仇人發之作疑冢使不知其處太宗時有即墨人王君操父隋末爲鄉人李君則所殺亡命去時君操尚幼至貞觀時朝世更易而君操窶孤仇家無所憚詣州自言君操密挾刃殺之刳其心肝噉立盡趨告刺史曰父死凶手歷二十年不克報乃今刷憤願歸死有司州上狀帝爲貸死高宗時絳州人趙師舉父爲人殺師舉幼母改嫁仇家不疑師舉長爲人庸夜讀書久之手殺讎人詣官自陳帝原之永徽初同官人同蹄智壽父爲族人所害智壽與弟智爽候諸塗擊殺之相率歸有司爭爲首有司不能決者三年或言弟始謀乃論死臨刑曰讎已報死不恨智壽自投地委頓身無完膚舐智爽血盡乃已見者傷之武后時下邽人徐元慶父爽爲縣尉趙師韞所殺

元慶變姓名爲驛家保父之師韞以御史舍亭下元慶手殺之自
囚詣官后欲赦死左拾遺陳子昂議曰先王立禮以進人明罰以
齊政枕干讎敵人子義也誅罪禁亂王政綱也然無義不可訓
人亂綱不可明法聖人脩禮治內飭法防外使守法者不以禮
廢刑居禮者不以法傷義然後暴亂銷廉恥興天下所以直道
而行也元慶報父讎束身歸罪雖古烈士何以加然殺人者死
畫一之制也法不可二元慶宜伏辜傳曰父讎不同天勸人之教
也教之不苟元慶宜赦臣聞刑所以生遏亂也仁所以利崇德也
今報父之仇非亂也行子之道仁也仁而無利與同亂誅是曰能
刑未可以訓然則邪由正生治必亂作故禮防不勝先王以制刑
也今義元慶之節則廢刑也跡元慶所以能義動天下以其忘生
而及於德也若釋罪以利其生是奪其德虧其義非所謂殺身
成仁全死忘生之節臣謂宜正國之典寘之以刑然後旌閭墓可
也時韙其言後禮部員外郎柳宗元駁曰禮之大本以防亂也若

曰無爲賊虐凡爲子者殺無赦刑之大本亦以防亂也若曰無爲
賊虐凡爲治者殺無赦其本則合其用則異旌與誅不得並也誅
其可旌茲謂濫黷刑甚矣旌其可誅茲謂僭壞禮甚矣若師韞獨
以私怨奮吏氣虐非辜州牧不知罪刑官不知問上下蒙冒籲號
不聞而元慶能處心積慮以衝讎人之胸介然自克即死無憾是
守禮而行義也執事者宜有慚色將謝之不暇而又何誅焉其
或父不免於罪師韞之誅不愆於法是非死於吏也是死於法也
法其可讎乎讎天子之法而戕奉法之吏是悖驁而凌上也執而
誅之所以正邦典而又何旌焉禮之所謂讎者冤抑沉痛而號無
告也非謂抵罪觸法陷于大戮而曰彼殺之我乃殺之不議曲直
暴寡脅弱而已春秋傳曰父不受誅子復讎可也父受誅子復讎
此推刃之道復讎不除害今若取此以斷兩下相殺則合於禮矣
且夫不忘讎孝也不愛死義也元慶能不越於禮服孝死義是必
達理而聞道者也夫達理聞道之人豈其以王法爲敵讎者哉議

者反以爲戮黷刑壞禮其不可以爲典明矣請下臣議附于令有
斷斯獄者不宜以前議從事憲宗時衢州人余常安父叔皆爲里
人謝全所殺常安八歲已能謀復仇十有七年卒殺全刺史元錫
奏輕比刑部尚書李鄘執不可卒抵死又富平人梁悅父爲秦果
所殺悅殺仇詣縣請罪詔曰在禮父讎不同天而法殺人必死禮
法王教大端也二說異焉下尚書省議職方員外郎韓愈曰子復
父讎見于春秋于禮記周官子若史不勝數未有非而罪者最宜
詳于律而律無條非闕文也蓋以爲不許復讎則傷孝子之心許
復讎則人將倚法顓殺無以禁止夫律雖本於聖人然執而行之
者有司也經之所明者制有司者也丁寧其義於經而深沒其文
於律者將使法吏一斷於法而經術之士得引經以議也周官曰
凡殺人而義者令勿讎讎之則死義者宜也明殺人而不得其宜
者子得復讎也此百姓之相讎者也公羊子曰父不受誅子復讎
可也不受誅者罪不當誅也誅者上施下之辭非百姓相殺也周

官曰凡報仇讎者書於士殺之無罪言將復讎必先言於官則無
罪也復讎之名雖同而其事各異或百姓相讎如周官所稱可議
於今者或爲官吏所誅如公羊所稱不可行於今者周官所稱將
復讎先告於士若孤稚羸弱抱微志而伺敵人之便恐不能自
言未可以爲斷於今也然則殺之與赦不可一宜定其制曰有復
父讎者事發具其事下尚書省集議以聞酌處之則經無失指
矣有詔以悅申冤請罪詣公門流循州穆宗世京兆人康買得年
十四父憲責錢於雲陽張蒞蒞醉拉憲危死買得以蒞趫悍度救
不足解則舉鍤擊其首三日蒞死刑部侍郎孫革建言買得救
父難不爲暴度不解而擊不爲凶先王制刑必先父子之親春秋原
心定罪周書諸罰有權買得孝性天至宜賜矜宥有詔減死
侯知道程俱羅者靈州靈武人居親喪穿壙作冢皆身執其勞
鄉人助者卽哭而卻之廬壙次哭泣無節知道七年俱羅三年不
止知道垢塵積首率夜半傳壙踴而哭鳥獸爲悲號李華作二孝

賛表其行曰厥初生人有君有親孝親爲子忠君爲臣兆自天命降及人倫背死不義忘生不仁過及智就爲之禮文至哉侯氏創巨病刲手足胼胝以成高墳夜黑飈動如臨鬼神哭無常聲迴徹蒼旻苴斬三年爾獨終身嗟嗟程生其哀也均顧後絕配瞻前無鄰又有何澄粹者池州人親病日錮俗尚鬼病者不進藥澄粹刲股肉進親疾爲瘳後親沒伏于墓哭踊無數以毀卒當時號青陽孝子士爲作誄甚衆壽州安豐李興亦有至行柳宗元爲作孝門銘曰壽州刺史臣承思言九月丁亥安豐令上所部編戶甿興父被惡疾歲月就亟興自刃股肉假託饋獻父老病已不能啖宿而死興號呼撫臆口鼻垂血捧土就墳沾漬涕洟墳左作小廬蒙以苫茨伏匿其中扶服頓踊晝夜哭訴孝誠幽達神爲見異廬上產紫芝白芝廬中醴泉湧此皆陛下孝治神化陰中其心而克致斯事謹按興匹庶賤陋循習淺下性非文字所導生與耨耒爲業而能鍾彼醇孝超出古烈天意神道猶錫瑞物以表殊異伏惟陛下

有唐堯如神之德宜加旌褒合于上下請表其里閭刻石明白宣延風美觀示後祀永永無極臣昧死請制曰可銘曰懿厥孝思茲惟淑靈稟承粹和篤守天經泣侍羸疾默禱隱冥引刃自嚮殘肌敗形羞膳奉進憂勞孝誠惟時高高曾不視聽創巨痛仍號于穹昊捧土濡涕頓首成墳搯膺腐眦寒暑在廬草木悴死鳥獸踟蹰殊類異族亦相其哀肇有二位孝道爰興克脩厥猷載籍是登在帝有虞以孝烝烝仲尼述經以教于曾惟昔魯侯見命夷宮亦有考叔寤莊稱純顯顯李氏寔與之倫哀嗟道路涕慕里鄰神錫秘祉三秀靈泉帝命薦加亦表其門統合上下交贊天人建此碑號億齡揚芬

許法愼滄州淸池人甫三歲已有知時母病不飲乳慘慘有憂色或以珍餌詭悅之輒不食還以進母後親喪常廬于塋有甘露嘉禾靈芝木連理白兔之祥天寶中表異其閭

林攢泉州莆田人貞元初仕爲福唐尉母羸老未及迎而病攢聞棄官還及母亡水漿不入口五日自埏甓作冢廬其右有白烏來甘露降觀察使李若初遣官屬驗實會露晞里人失色攢哭曰天所降露禍我邪俄而露復集烏亦回翔詔作二闕于母墓前又表其閭蠲徭役時號闕下林家

陳饒奴饒州人年十二親併亡窶弱居喪又歲飢或教其分弟妹可全性命饒奴流涕身丐訴相全養刺史李復異之給貲儲署其門曰孝友童子

王博武許州人會昌中侍母至廣州及沙涌口暴風母溺死博武自投于水嶺南節度使盧貞俾吏沈罟獲二屍焉乃葬之表其墓曰孝子墓詔爲刻石

萬敬儒廬州人三世同居喪親廬墓刺血寫浮屠書斷手二指輒復生州改所居曰成孝鄉廣孝聚大中時表其家

章全益梓州涪城人少孤爲兄全啓所鞠母病全啓刲股膳母而愈及全啓亡全益服斬衰斷手一指以報不畜妻僮僕處一室晝貫

藥自業世傳能作黃金居成都四十年號章孝子卒年九十八

贊曰聖人治天下有道曰要在孝弟而已父父也子子也兄兄也弟弟也推而之國國而之天下建一善而百行從其失則以法繩之故曰孝者天下大本法其末也至匹夫單人行孝一槩而凶盜不敢凌天子喟而旌之者以其教孝而求忠也故哀而著于篇

孝友列傳第一百二十

隱逸列傳第一百二十一　　唐書一百九十六

端明殿學士兼翰林侍讀學士龍圖閣學士朝請大夫守尚書吏部侍郎充集賢殿修撰臣宋祁奉敕撰

古之隱者大抵有三槩上焉者身藏而德不晦故自放草野而名往從之雖萬乘之貴猶尋軌而委聘也其次挈治世具弗得伸或持峭行不可屈于俗雖有所應其於爵祿也汎然受悠然辭使人君常有所慕企怊然如不足其可貴也末焉者資槁薄樂山林内審其才終不可當世取捨故逃丘園而不返使人常高其風而不敢加訾焉且世未嘗無隱有之未嘗不旌賁而先焉者以孔子所謂舉逸民天下之人歸焉唐興賢人在位衆多其遁戢不出者纔班班可述然皆下槩者也雖然各保其素非託默于語足崖壑而志城闕也然放利之徒假隱自名以詭祿仕肩相摩於道至號終南嵩少爲仕塗捷徑高尚之節喪焉故裒可喜慕者類于篇

王績字無功絳州龍門人性簡放不喜拜揖兄通隋末大儒也聚徒河汾閒倣古作六經又爲中説以擬論語不爲諸儒稱道故書不顯惟中説獨傳通知績誕縱不嬰以家事鄉族慶弔冠昏不與也與李播呂才善大業中舉孝悌廉絜授秘書省正字不樂在朝求爲六合丞以嗜酒不任事時天下亦亂因劾遂解去歎曰網羅在天吾且安之乃還鄉里有田十六頃在河渚閒仲長子光者亦隱者也無妻子結廬北渚凡三十年非其力不食績愛其眞徙與相近子光瘖未嘗交語與對酌酒懽甚績有奴婢數人種黍春秋釀酒養鳧鴈蒔藥草自供以周易老子莊子置牀頭佗書罕讀也欲見兄弟輒度河還家游北山東皋著書自號東皋子乘牛經酒肆留或數日高祖武德初以前官待詔門下省故事官給酒日三升或問待詔何樂邪荅曰良醞可戀耳侍中陳叔達聞之日給一斗時稱斗酒學士貞觀初以疾罷復調有司時太樂署史焦革家善釀績求爲丞吏部以非流不許績固請曰有深意竟除之革死妻送酒不絶歲餘又死績曰天不使我酣美酒邪棄官去自是太樂丞爲清職追述革酒法爲經又采杜康儀狄以來善酒者爲譜李淳風曰君酒家南董也所居東南有盤石立杜康祠祭之尊爲師以革配著醉鄉記以次劉伶酒德頌其飲至五斗不亂人有以酒邀者無貴賤輒往著五斗先生傳刺史崔喜悅之請相見荅曰奈何坐召嚴君平邪卒不詣杜之松故人也爲刺史請績講禮荅曰吾不能揖讓邦君門談糟粕棄醇醪也之松歲時贈以酒脯初兄凝爲隋著作郎撰隋書未成死績續餘功亦不能成豫知終日命薄葬自誌其墓績之仕以醉失職鄉人靳之託無心子以見趣曰無心子居越越王不知其大人也拘之仕無喜色越國法曰穢行者不齒俄而無心子以穢行聞王黜之無慍色退而適茫蕩之野過動之邑而見機士機士撫髀曰嘻子賢者而以罪廢邪無心子不應機士曰願見教曰子聞蜚廉氏馬乎一者朱鬣白毳龍骼鳳臆驟馳如舞終日不釋轡而以熱死一者重頭昂尾駝頸貉膝踶齧善蹶棄諸野終年而肥夫鳳不憎山棲龍不羞泥蟠君子不苟絜以羅患不避穢而養精也其自處如此

朱桃椎益州成都人澹泊絶俗被裘曳索人莫能測其爲長史竇軌見之遺以衣服鹿幘麂鞾逼署鄉正委之地不肯服更結廬山中夏則贏冬緝木皮葉自蔽贈遺無所受嘗織十芒屩置道上見者曰居士屩也爲鬻米茗易之置其處輒取去終不與人接其爲屩草柔細環結促密人爭躡之高士廉爲長史備禮以請降階與之語不荅瞪視而出士廉拜曰祭酒其使我以無事治蜀邪乃簡條目薄賦斂州大治屢遣人存問見輒走林草自匿云

孫思邈京兆華原人通百家説善言老子莊周周洛州總管獨孤信見其少異之曰聖童也顧器大難爲用爾及長居太白山隋文帝輔政以國子博士召不拜密語人曰後五十年有聖人出吾且助之太宗初召詣京師年已老而聽視聰瞭帝歎曰有道者欲官之不受顯慶中復召見拜諫議大夫固辭上元元年稱疾還山高宗賜良馬假鄱陽公主邑司以居之思邈於陰陽推步醫藥無

不善孟詵盧照鄰等師事之照鄰有惡疾不可爲感而問曰高醫愈疾柰何答曰天有四時五行寒暑迭居和爲雨怒爲風凝爲雪霜張爲虹蜺天常數也人之四支五藏一覺一寐吐納往來流爲榮衛章爲氣色發爲音聲人常數也陽用其形陰用其精天人所同也失則烝生熱否生寒結爲瘤贅陷爲癰疽奔則喘乏竭則燋槁發乎面動乎形天地亦然五緯縮贏孛彗飛流其危診也寒暑不時其蒸否也石立土踊是其瘤贅山崩土陷是其癰疽奔風暴雨其喘乏川瀆竭涸其燋槁高醫導以藥石救以鍼劑聖人和以至德輔以人事故體有可愈之疾天有可振之災照鄰曰人事柰何曰心爲之君君尚恭故欲小詩曰如臨深淵如履薄冰小之謂也膽爲之將以果決爲務故欲大詩曰赳赳武夫公侯干城大之謂也仁者靜地之象故欲方傳曰不爲利回不爲義疚方之謂也智者動天之象故欲圓易曰見機而作不俟終日圓之謂也復問養性之要答曰天有盈虛人有屯危不自慎不能濟也故養性必

先知自慎也慎以畏爲本故士無畏則簡仁義農無畏則墮稼穡工無畏則慢規矩商無畏則貨不殖子無畏則忘孝父無畏則廢慈臣無畏則勳不立君無畏則亂不治是以太上畏道其次畏天其次畏物其次畏人其次畏身憂於身者不拘於人畏於己者不制於彼慎於小者不懼於大戒於近者不侮於遠知此則人事畢矣初魏徵等脩齊梁周隋等五家史屢咨所遺其傳最詳永淳初卒年百餘歲遺令薄葬不藏明器祭去牲牢孫處約嘗以諸子見思邈曰俊先顯侑晚貴佺禍在執兵後皆驗太子詹事盧齊卿之少也思邈曰後五十年位方伯吾孫爲屬吏願自愛時思邈之孫溥尚未生及溥爲蕭丞而齊卿徐州刺史

田游巖京兆三原人永徽時補太學生罷歸入太白山母及妻皆有方外志與共棲遲山水間自蜀歷荊楚愛夷陵青溪止廬其側長史李安期表其才召赴京師行及汝辭疾入箕山居許由祠旁自號由東鄰頻召不出高宗幸嵩山遣中書侍郎薛元超就問其母賜藥物絫帛帝親至其門游巖野服出拜儀止謹樸帝令左右扶止謂曰先生比佳否答曰臣所謂泉石膏肓煙霞痼疾者帝曰朕得君何異漢獲四皓乎薛元超贊帝曰漢欲廢嫡立庶故四人者爲出豈如陛下親降巖穴邪帝悅因敕游巖將家屬乘傳赴都拜崇文館學士帝營奉天宮游巖舊宅直宮左詔不聽毀天子自書榜其門曰隱士田游巖宅進太子洗馬裴炎死坐素厚善放還山蠶衣耕食不交當世惟與韓法昭宋之問爲方外友云時又有史德義者崑山人居虎丘山騎牛帶瓢出入廛野高宗聞其名召至洛陽俄稱疾歸天授初江南宣勞使周興薦之復召赴都擢朝散大夫興死免官歸素與譽頓衰

孟詵汝州梁人擢進士第累遷鳳閣舍人它日至劉褘之家見賜金曰此藥金也燒之火有五色氣試之驗武后聞不悅出爲台州司馬頻遷春官侍郎相王召爲侍讀拜同州刺史神龍初致仕居伊陽山治方藥睿宗召將用之以老固辭賜物百段詔河南春秋給

羊酒糜粥尹畢構以詵有古人風名所居爲子平里開元初卒年九十三詵居官頗刻斂然以治稱其閒居嘗語人曰養性者善言不可離口善藥不可離手當時傳其當

王友貞懷州河內人父知敬善書隸武后時仕爲麟臺少監友貞少爲司經局正字母病醫言得人肉啖良已友貞剔股以進母疾愈詔旌表其門素好學訓誨子弟如嚴君口不語人過重然諾時以爲君子歷長水令罷歸中宗在東宮召爲司議郎不就神龍初以太子中舍人徵固辭疾詔致珍饌給全祿終身四時遣其所州縣存問玄宗在東宮表以蒲車召不至卒年九十九贈銀青光祿大夫敕縣令弔祭

王希夷徐州滕人家貧父母喪爲人牧羊取傭以葬隱嵩山師黃頤學養生四十年頤卒更居兗州徂來與劉玄博友善喜讀周易老子餌松柏葉雜華年七十餘筋力柔彊刺史盧齊卿就謁問政答曰己所不欲勿施於人此言足矣玄宗東巡狩詔州縣敦

勸見行在時九十餘帝令張說訪以政事宦官扶入宮中與語甚說拜國子博士聽還山敕州縣春秋致束帛酒肉仍賜絹百衣一稱

李元愷邢州人博學善天步律曆性恭慎未嘗敢語人宋璟嘗師之既當國厚遺以束帛將薦之朝拒不荅洛州刺史元行沖邀致之問經義畢贈衣服辭曰吾軀不可服新麗懼不稱以速咎也行沖垢污復與之不得已而受俄報身所織素絲曰義不受無妄財也先是定州崔元鑒善禮學用張易之力授朝散大夫家居給半祿元愷誚曰無功而祿災也卒年八十餘

衛大經蒲州解人卓然高行口無二言武后時召之固辭疾素善魏夏矦乾童聞其母卒盛暑步往弔或止之曰方夏涉遠不如致書荅曰書能盡意邪比至乾童以事行乃設席行弔禮不詣其家而還開元初畢構為刺史使縣令孔慎言就謁辭不見大經邃于易人謂之易聖豫筮死日鑿墓自為誌如言終

武攸緒則天皇后兄惟良子也恬淡寡欲好易莊周書少變姓名賣卜長安市得錢輒委去後更授太子通事舍人累遷揚州大都督府長史鴻臚少卿后革命封安平郡王從封中岳固辭官願隱居后疑其詐許之以觀所為攸緒廬巖下如素遁者后遣其兄攸宜敦諭卒不起后乃異之盤桓龍門少室間冬蔽茅椒夏居石室所賜金銀鐺鬲野服王公所遺鹿裘素障癭栝塵皆流積不御也市田潁陽使家奴雜作自混於民晚年肌肉銷眥瞳有紫光晝能見星中宗初降封巢國公遣國子司業杜慎盈齎璽書以安車召拜太子賓客苦祈還山詔可安樂公主出降又遣通事舍人李邈以璽書迎之將至帝敕有司即兩儀殿設位行問道禮詔見日山帔葛巾不名不拜攸緒至更冠帶仗入通事舍人贊就位攸緒趨就常班再拜帝愕然禮不及行朝廷歎息賜予無所受親貴來謁道寒溫外默無所言及還中書門下學士朝官五品以上並祖城東俄而諸韋誅武氏連禍唯攸緒不及睿宗恐其不自安下詔慰諭復召拜太子賓客不就譙王重福之亂攸緒以評被繫張說表置廬山中書令姚元崇奏攸緒在武后時未嘗輒出今州縣逼遣士為驚嗟願詔賜嵩山舊居令州縣存問詔可開元十一年卒

白履忠汴州浚儀人貫知文史居古大梁城時號梁丘子景雲中召為校書郎棄官去開元十年刑部尚書王志愔薦履忠博學守操可代褚无量馬懷素入閤侍讀國子祭酒楊瑒又表其賢召赴京師辭病老不任職詔拜朝散大夫乞還手詔許游京師徐返里閭履忠留數月乃去吳兢其里人也謂曰子素貧不霑斗米匹帛雖得五品亦何益履忠曰往契丹入寇家取排門夫吾以讀書縣為免今終身高臥寬傜役豈易得哉

盧鴻字顥然其先幽州范陽人徙洛陽博學善書籀廬嵩山玄宗開元初備禮徵再不至五年詔曰鴻有泰一之道中庸之德鉤深詣微確乎自高詔書屢下每輒辭託使朕虛心引領于今數年雖得素履幽人之介而失考父滋恭之誼豈朝廷之故與生殊趣

邪將縱欲山林往而不能反乎禮有大倫君臣之義不可廢也今城闕密邇不足為勞有司其齎束帛之具重宣茲旨想有以翻然易節副朕意焉鴻至東都謁見不拜宰相遣通事舍人問狀荅曰禮者忠信所薄臣敢以忠信見帝召升內殿置酒拜諫議大夫固辭復下制許還山歲給米百斛絹五十府縣為致其家朝廷得失其以狀聞將行賜隱居服官營草堂恩禮殊渥鴻到山中廣學廬聚徒至五百人及卒帝賜萬錢鴻所居室自號寧極云

吳筠字貞節華州華陰人通經誼美文辭舉進士不中性高鯁不耐沈浮於時去居南陽倚帝山天寶初召至京師請隸道士籍乃入嵩山依潘師正究其術南游天台觀滄海與有名士相娛樂文辭傳京師玄宗遣使召見大同殿與語甚悅敕待詔翰林獻玄綱三篇帝嘗問道對曰深於道者無如老子五千文其餘徒喪紙札耳復問神仙治鍊法對曰此野人事積歲月求之非人主宜留意筠每開陳皆名教世務以微言諷天子天子重之羣沙門嫉其

見遇而高力士素事浮屠共短筠於帝筠亦知天下將亂懇求還嵩山詔爲立道館安祿山欲稱兵乃還茅山而兩京陷江淮盜賊起因東入會稽剡中大歷十三年卒弟子私諡爲宗元先生始筠見惡於力士而斥故文章深詆釋氏筠所善孔巢父李白歌詩略相甲乙云

潘師正者貝州宗城人少喪母廬墓以孝聞事王遠知爲道士得其術居逍遥谷高宗幸東都召見問所須對曰茂松清泉臣所須也既不乏矣帝尊異之詔即其廬作崇唐觀及營奉天宮又敕直逍遥谷作門曰仙游北曰尋眞時太常獻新樂帝更名祈仙望仙翹仙曲卒年九十八贈太中大夫諡體玄先生又有劉道合者亦與師正同居嵩山帝即所隱立太一觀使居之時將封太山雨不止帝令道合禳祝俄而霽乃令馳傳先行太山祈祓得賞賜輒散貧乏無所蓄咸亨中爲帝作丹劑成而卒帝後營宮遷道合墓開其棺見骸坼若蟬蛻者帝聞恨曰爲我合丹而自服去然所

餘丹無它異

司馬承禎字子微洛州温人事潘師正傳辟穀道引術無不通師正異之曰我得陶隱居正一法逮而四世矣因辭去徧游名山廬天台不出武后嘗召之未幾去睿宗復命其兄承禕就起之既至引入中掖廷問其術對曰爲道日損損之又損以至於無爲夫心目所知見每損之尚不能已況攻異端而增智慮哉帝曰治身則爾治國若何對曰國猶身也故游心於淡合氣於漠與物自然而無私焉而天下治帝嗟味曰廣成之言也錫寶琴霞紋帔還之開元中再被召至都玄宗詔於王屋山置壇室以居善篆隸帝命以三體寫老子刋正文句又命玉眞公主及光祿卿韋縚至所居按金籙設祠厚賜焉卒年八十九贈銀青光祿大夫諡貞一先生親文其碑自師正道合與承禎等語言詼譎似方士眾之不録直取其隱槩云

賀知章字季眞越州永興人性曠夷善譚說與族姑子陸象先善象先嘗謂人曰季眞清譚風流吾一日不見則鄙吝生矣證聖初擢進士超拔羣類科累遷太常博士張說爲麗正殿脩書使表知章及徐堅趙冬曦入院撰六典等書累年無功開元十三年遷禮部侍郎兼集賢院學士一日併謝宰相源乾曜語說曰賀公兩命之榮足爲光寵然學士侍郎孰爲美說曰侍郎衣冠之選然要爲具員吏學士懷先王之道經緯之文然後處之此其爲間也玄宗自爲贊賜之遷太子右庶子充侍讀申王薨詔選挽郎而知章取捨不平廕子喧訴不能止知章梯牆出首以決事人皆靳之坐徙工部肅宗爲太子知章遷賓客授秘書監而左補闕薛令之兼侍讀時東宮官積年不遷令之書壁望禮之薄帝見復題聽自安者令之即棄官徒步歸鄉里知章晚節尤誕放遨嬉里巷自號四明狂客及秘書外監每醉輒屬辭筆不停書咸有可觀未始刊飭善草隸好事者具筆研從之意有所愜不復拒然紙纔十數字世傳以爲寶天寶初病夢游帝居數日寤乃請爲道士還鄉

里詔許之以宅爲千秋觀而居又求周宮湖數頃爲放生池有詔賜鏡湖剡川一曲既行帝賜詩皇太子百官餞送擢其子曾子爲會稽郡司馬賜緋魚使侍養幼子亦聽爲道士卒年八十六肅宗乾元初以雅舊贈禮部尚書令之長谿人肅宗亦以舊恩召而令之已前卒

秦系字公緒越州會稽人天寶末避亂剡溪北都留守薛兼訓奏爲右衛率府倉曹參軍不就客泉州南安有九日山大松百餘章俗傳東晉時所植系結廬其上穴石爲研注老子彌年不出刺史薛播數往見之歲時致羊酒而系未嘗至城門姜公輔之謫見系輒窮日不能去築室與相近忘流落之苦公輔卒妻子在遠系爲葬山下張建封聞系之不可致請就加校書郎與劉長卿善以詩相贈荅權德輿曰長卿自以爲五言長城系用偏師攻之雖老益壯其後東度秣陵年八十餘卒南安人思之爲立子亭號其山爲高士峯云

張志和字子同婺州金華人始名龜齡父游朝通莊列二子書爲象罔白馬證諸篇佐其說母夢楓生腹上而產志和十六擢明經以策干肅宗特見賞重命待詔翰林授左金吾衛錄事參軍因賜名後坐事貶南浦尉會赦還以親既喪不復仕居江湖自稱煙波釣徒著玄真子亦以自號有韋詣者爲撰內解志和又著太易十五篇其卦三百六十五兄鶴齡恐其遁世不還爲築室越州東郭茨以生草椽棟不施斤斧豹席椶屩每垂釣不設餌志不在魚也縣令使浚渠執畚無忤色嘗欲以大布製裘嫂爲躬績織及成衣之雖暑不解觀察使陳少游往見爲終日留表其居曰玄真坊以門隘爲買地大其閎號回軒巷先是門阻流水無梁少游爲構之人號大夫橋帝嘗賜奴婢各一志和配爲夫婦號漁童樵青陸羽常問孰爲往來者對曰太虛爲室明月爲燭與四海諸公共處未嘗少別也何有往來顏眞卿爲湖州刺史志和來謁眞卿以舟敝漏請更之志和曰願爲浮家泛宅往來苕霅間辯捷類

如此善圖山水酒酣或擊鼓吹笛舐筆輒成嘗撰漁歌憲宗圖眞求其歌不能致李德裕稱志和隱而有名顯而無事不窮不達嚴光之比云

孔述睿越州山陰人梁侍中休源八世孫高祖德紹事竇建德爲中書侍郎嘗草檄毀薄太宗賊平執登汜水樓責曰爾以檄謗我云何對曰犬吠非其主帝怒曰賊乃主邪命壯士捽殞樓下曾祖昌寓字廣成貞觀中對策高第歷魏州司馬有治狀帝爲不置刺史爲政三年璽書襃美進膳部郎中祖舜字奉先爲監察御史以累下除成武令雉馴于廷述睿少與兄克符弟克讓篤孝已孤偕隱嵩山而述睿資嗜學大曆中劉晏薦於代宗以太常寺協律郎召擢累司勳員外郎史館修撰述睿每一遷即至朝謝俄而辭疾歸以爲常德宗立拜諫議大夫命河南尹趙惠伯齎詔書束帛備禮敦遣既至對別殿賜第宅給廏馬兼皇太子侍讀固辭弗許久乃改秘書少監兼右庶子復爲史館修撰述睿重次地里志本末最詳性退讓未始忤物雖親朋燕集至嚴默終日人皆畏之與令狐峘同職峘數抵侮然卒不校也時稱長者貞元四年帝念平涼之難尤惻怛以述睿精愨而誠故遣持祠具稱詔臨祭又以疾乞解久乃許以太子賓客還鄉賜帛五十匹衣一襲故事致仕不給公驛帝特命給焉卒年七十一贈工部尚書子敏行字至之元和初擢進士第岳鄂呂元膺表在節度府元膺徙東都河中輒隨府遷入拜右拾遺四遷司勳郎中集賢殿學士諫議大夫李絳遇害事本監軍楊叔元時無敢言敏行上書極論之叔元乃得罪以名臣子少脩絜及仕官能交當時豪俊有名一時而雅操不逮父矣卒年三十九贈工部侍郎

陸羽字鴻漸一名疾字季疵復州竟陵人不知所生或言有僧得諸水濱畜之既長以易自筮得蹇之漸曰鴻漸于陸其羽可用爲儀乃以陸爲氏名而字之幼時其師教以旁行書答曰終鮮兄弟而絕後嗣得爲孝乎師怒使執糞除圬塓以苦之又使牧牛三十

羽潛以竹畫牛背爲字得張衡南都賦不能讀危坐效羣兒囁嚅若成誦狀師拘之令薙草莽當其記文字懵懵若有遺過日不作主者鞭苦因歎曰歲月往矣奈何不知書嗚咽不自勝因亡去匿爲優人作詼諧數千言天寶中州人酺吏署羽伶師太守李齊物見異之授以書遂廬火門山貌侻陋口吃而辯聞人善若在己見有過者規切至忤人朋友燕處意有所行輒去人疑其多嗔與人期雨雪虎狼不避也上元初更隱苕溪自稱桑苧翁闔門著書或獨行野中誦詩擊木裴回不得意或慟哭而歸故時謂今接輿也久之詔拜羽太子文學徙太常寺太祝不就職貞元末卒羽嗜茶著經三篇言茶之原之法之具尤備天下益知飲茶矣時鬻茶者至陶羽形置煬突間祀爲茶神有常伯熊者因羽論復廣著茶之功御史大夫李季卿宣慰江南次臨淮知伯熊善煮茶召之伯熊執器前季卿爲再舉杯至江南又有薦羽者召之羽衣野服挈具而入季卿不爲禮羽愧之更著毀茶論其後尚茶成風時回紇

入朝始驅馬市茶

崔觀梁州城固人以儒自業身耕耨取給老無子乃以田宅財貲分給奴婢各爲業而身與妻隱南山約奴婢過其舍則給酒食夫婦嘯詠相視爲娛山南西道節度使鄭餘慶辟爲參謀敦趣就職不曉吏事餘慶稱長者文宗時左補闕王直方其里中人也上書論事見便殿訪遺逸直方薦觀高行詔以起居郎召辭疾不至

陸龜蒙字魯望元方七世孫也父賓虞以文歷侍御史龜蒙少高放通六經大義尤明春秋舉進士一不中往從湖州刺史張摶游摶歷湖蘇二州辟以自佐嘗至饒州三日無所詣刺史蔡京率官屬就見之龜蒙不樂拂衣去居松江甫里多所論撰雖幽憂疾痛貲無十日計不少輟也文成竄稾篋中或歷年不省爲好事者盜去得書熟誦乃錄讎比勤勤朱黃不去手所藏雖少其精皆可傳借人書篇秩壞舛必爲輯褫刊正樂聞人學講論不倦有田數百畝屋三十楹田苦下雨潦則與江通故常苦飢身畚鍤茠刺無休

時或譏其勞荅曰堯舜黴瘠禹胼胝彼聖人也吾一褐衣敢不勤乎嗜茶置園顧渚山下歲取租茶自判品第張又新爲水說七種其二慧山泉三虎丘井六松江人助其好者雖百里爲致之初病酒再朞乃已其後客至絜壺置杯不復飲不喜與流俗交雖造門不肯見不乘馬升舟設蓬席齎束書茶竈筆牀釣具往來時謂江湖散人或號天隨子甫里先生自比涪翁漁父江上丈人後以高士召不至李蔚盧攜素與善及當國召拜左拾遺詔方下龜蒙卒光化中韋莊表龜蒙及孟郊等十人皆贈右補闕陸氏在姑蘇其門有巨石遠祖績嘗事吳爲鬱林太守罷歸無裝舟輕不可越海取石爲重人稱其廉號鬱林石世保其居云

隱逸列傳第一百二十一

循吏列傳卷第一百二十二　唐書一百九十七

宋　祁　奉　敕　撰

治者君也求所以治者民也推君之治而濟之民吏也故吏良則法平政成不良則王道弛而敗矣在堯舜時曰九德咸事也百工惟時也在周文武時曰棫樸能官人也南山有臺樂得賢也是循吏之效也堯舜五帝之盛帝文武三王之顯王不能去是而治後世可乎哉唐興承隋亂離剗祓荒荼始擇用州刺史縣令太宗嘗曰朕思天下事丙夜不安枕永惟治人之本莫重刺史故錄姓名於屏風臥興對之得才否狀輒疏之下方以擬廢置又詔內外官五品以上舉任縣令者於是官得其人民去歎愁就安安都督刺史其職察州縣間遣使者循行天下劾舉不職始都督刺史皆天子臨軒冊授後不復冊然猶受命日對便殿賜衣物乃遣玄宗開元時已辭仍詣側門候進止所以光寵守臣以責其功初刺史準京官得佩魚品卑者假緋魚開元中又錮廢酷吏懲無良羣臣化之革苛嬈之風爭以惠利顯復詔三省侍郎缺擇嘗任刺史者郎官缺擇嘗任縣令者至宰相名臣莫不孜孜言長人不可輕授亟易是以授受之間雖不能皆善而所得十五故叶氣嘉生薰爲太平垂祀三百與漢相埒致之之術非循吏謂何故條次治宜以著廐庸若將相大臣兼以勛閥著者各見本篇不列於茲

韋仁壽京兆萬年人隋大業末爲蜀郡司法書佐斷獄平得罪者皆自以韋君所論死無恨高祖入關遣使者徇定蜀承制擢仁壽嶲州都督府長史南寧州納款朝廷歲遣使撫按至率貪沓邊人苦之多畔去帝素聞仁壽治理詔檢校南寧州都督寄治越嶲詔歲一按行慰勞仁壽將兵五百人循西洱河開地數千里稱詔置七州十五縣酋豪皆來賓見即授以牧宰威令簡嚴人人安悅將還酋長泣曰天子藉公鎮撫奈何欲去我仁壽以池壁未立爲解諸酋即相率築城起廨再旬略具仁壽乃告以實曰吾奉詔第撫循庸敢擅留異日父老乃悲啼祖行遣子弟隨貢方物天子大悅仁壽請從治南寧州假兵遂撫定詔可救益州給兵護送刺史竇軌疾其功詠言山獠方叛未可以遠略不時遣歲餘卒

陳君賓陳鄱陽王伯山子也仕隋爲襄國通守武德初挈郡聽命封東陽郡公遷邢州刺史貞觀初從鄧州州承喪亂後百姓流亡君賓加意勞徠不朞月皆還自業明年四方霜潦獨君賓所治有年儲倉充羨蒲虞二州民就食其境太宗下詔勞之曰去年關內六州穀不登糇糧少令析民房逐食聞刺史與百姓識朕此懷務相安養還有贏糧出布帛贈遺行者此知水旱常數更相拯贍禮讓興行海內之人皆爲兄弟變澆薄之風朕顧何憂已命有司錄刺史以下功最百姓養戶免今年調物是歲入爲太府少卿轉少府少監坐事免起爲虔州刺史卒

張允濟青州北海人仕隋爲武陽令以愛利爲行元武民以牸牛依婦家者久之孳十餘犢將歸而婦家不與牛民訴縣縣不能決乃詣允濟允濟曰若自有令吾何與爲民泣訴其抑允濟因令左右縛民蒙其首過婦家云捕盜牛者命盡出民家牛質所來婦家不知遽曰此婿家牛我無豫即遣左右撤蒙曰可以此牛還婿婦家叩頭服罪元武吏大慚允濟過道旁有姥廬守所蒔蔥因敎曰弟還舍脫有盜當告令姥謝歸俄大亡蔥允濟召十里內男女盡至物色驗之果得盜者有行人夜發遺袍道中行十餘里乃寤人曰吾境未嘗拾遺可還取之既而得袍擧政尤異遷高陽郡丞郡缺太守獨統郡事吏下畏悅賊帥王須拔攻郡於是糧匱吏食槐葉藁節無叛者貞觀初累遷刑部侍郎封武城縣男擢幽州刺史卒時又有李桐客者亦以治稱初仕隋爲門下錄事煬帝在江都以四方日亂謀徙都丹楊召羣臣議左右希意以爲江左且望幸若巡狩勒石紀功復禹舊跡顧不甚然桐客獨曰吳會卑濕而陋不足奉萬乘給三軍吳人力屈無以堪命且踰越險阻非社稷福御史劾以訕毀幾得罪而免爲宇文化及脅將至聊陽又陷竇建德賊平授秦王府法曹參軍貞觀初累爲通巴二州刺史治尚清平民呼爲慈父桐客冀州衡水人

李素立趙州高邑人曾祖義深仕北齊爲梁州刺史父政藻爲隋水部郎使淮南死于盜素立仕武德初擢監察御史民犯法不及死高祖欲殺之素立諫曰三尺法天下所共有一動搖則人無以措手足方大業經始奈何輦轂下先棄刑書乎帝嘉納由是恩顧特異以親喪解官起授七品清要有司擬雍州司戶參軍帝曰要而不清復擬秘書郎帝曰清而不要乃授侍御史貞觀中轉揚州大都督府司馬初突厥鐵勒部內附即其地爲瀚海都護府詔素立領之於是闕泥熟別部數梗邊素立以不足用兵遣使諭降夷人感其惠率馬牛以獻素立止受酒一桮歸其餘乃開屯田立署次虜益畏威歷太僕鴻臚卿累封高邑縣侯出爲綿州刺史永徽初從蒲州將行還所餘儲糒并什器于州齎家書就道會卒高宗特廢朝一日謚曰平孫至遠始名鵬而素立方奉使謂家人曰古有待事名子吾此役可命子孫矣遂以名之少秀晤能治尚書左氏春秋未見杜預釋例而作編記大趣略同復撰周書起后稷至赧爲傳紀令狐德棻許其良史始調蒲州參軍累補乾封尉上元時制策高第授明堂主簿以喪解既除調鴻臚主簿奏戎狄簿領高宗悅擢監察御史裏行忤貴倖外遷久乃歷司勳吏部員外郎中遷天官侍郎知選事疾令史受賄謝多所紲易吏肅然斂手有王忠者被放史謬書其姓爲士欲擬訖增成之至遠曰調者三萬無士姓此必

王忠吏叩頭服罪。至遠之知選，以內史李昭德進人，或勸其往謝，答曰：公以公用我，李何欲謝以私？卒不詣，故昭德銜之，出為壁州刺史，卒年四十八。至遠父休烈，亦有文，終鄭令，年四十九，世歎其父子材不盡云。至遠見桓彥範，力言其賢，處從惠尚高，以評目許弟從遠，且冀像言其位，以驗所至。蘇頲其出也，少失母，至遠愛視甚謹，以女妻之，友兄弟，事寡姊有禮，世稱其德。從遠清密有學，神龍初，歷中書令、太府卿，累封趙郡公，謚曰懿。兄弟皆德望相埒。又從父游道，武后時冬官尚書、同鳳閣鸞臺三品。至遠子畬，字玉田，少聰警，初歷汜水主簿，遇事蠭銳，雖斷豎一閱輒記姓名居業。黜陟使路敬潛薦其清白，擢右臺監察御史裏行，臺廢，授監察御史，累轉國子司業。事母謹，累世同居，長幼有禮。畬妻物故，時母病，恐悲傷，約家人無以哭聞母所，朝夕省侍無憂色。母終，毀而卒。從遠子巖，年十餘歲，會中宗祀明堂，以近臣子弟執籩豆，巖進止中禮，授右宗衛兵曹參軍，歷洛陽尉，累遷兵部郎中，發扶風兵應姚嶲，捕盜還，諫議大夫，封贊皇縣伯，終兵部侍郎。巖善草隸，為衆重。時製一裘，服終身。

薛大鼎字重臣，蒲州汾陰人。父粹，為隋介州長史，與漢王諒同反，誅。大鼎貫為官奴，流辰州。用戰功得還。高祖兵興，謁見龍門，因說帝絕龍門，軍永豐倉，就食傳檄遠近，據天府，示豪桀，為拊背扼喉計。帝奇之。時諸將已決策先攻河東，故議置。授大將軍府察非掾，出為山南道副大使，開屯田以實倉廩。趙郡王孝恭討輔公祏，以大鼎為饒州道軍師，引兵度彭蠡湖，以功遷浛州刺史，累徙滄州。無棣渠久歛塞，大鼎浚治屬之海，商賈流行，里民歌曰：「新溝通，舟檝利，屬滄海，魚鹽至。昔徒行，今騁駟。美哉薛公德滂被！」又䟡長蘆、漳、衡三渠，泄汙潦，水不為害。是時，鄭德本在瀛州，賈敦頤為冀州，皆有治名，故河北稱「鐺腳刺史」。永徽中，遷銀青光祿大夫，行荆州大都督長史。卒，謚曰恭。子克構，有器識，永隆初，歷戶部郎中。族人黃門侍郎顗以弟紹尚太平公主，問於克構，答曰：「至有傲婦，善士所惡。夫惟淑德以配君子，無患可矣。」顗不敢沮，而紹卒誅。陳思忠居父喪，詔奪服，客往弔，思忠辭以辰日不見。克構曰：「事親者避嫌可也，既孤矣，則無不哭。」世服其言。天授中，遷麟臺監，坐弟為酷吏所陷，流死嶺南。

賈敦頤，曹州冤句人。貞觀時，數歷州刺史，資廉絜，入朝，常盡室行，車一乘，弊甚，羸馬繩羈，道上不知其刺史也。久之，為洛州司馬，以公累下獄，太宗貰之，有司執不貰，帝曰：「人孰無過？吾去太甚者，若悉繩以法，雖子不得於父，況臣得事其君乎！」遂獲原。從瀛州刺史，州瀕滹沱、滱二水，歲溢，益壞室廬，浸淤數百里，敦頤為立堰庸，水不能暴，百姓利之。時弟敦實為饒陽令，政清靜，吏民嘉美。舊制，大功之嫌不連官，朝廷以其兄弟治行相高，故不從，以示寵。永徽

中，遷洛州。洛多豪右，占田類踰制，敦頤舉沒者三千餘頃，以賦貧民，發姦擿伏，下無能欺。卒于官。咸亨初，敦實為洛州長史，亦寬惠，人心懷向。洛陽令楊德幹矜酷烈，杖殺人以立威，敦實喻止曰：「政在養人，傷生過多，雖能不足貴也。」德幹為衰減。始，洛人為敦頤刻碑大市旁，及敦實入為太子右庶子，人復為立碑其側，故號「常棣碑」。歷懷州刺史，有美迹。永淳初，致仕。病篤，子孫迎醫，敦實不肯見，曰：「未聞良醫能治老也。」卒，年九十餘。子膺福，左散騎常侍、昭文館學士，以竇懷貞黨誅。德幹歷澤、齊、汴、相四州刺史，有威嚴，時語曰：「寧食三斗炭，不逢楊德幹。」天授初，子神讓與徐敬業起兵，皆及誅。

田仁會，雍州長安人。祖軌，隋幽州刺史，封信都郡公。父弘，襲封，至陵州刺史。仁會擢制舉，仕累左武候中郎將。太宗征遼東，而薛延陀以數萬騎擾河內，詔仁會與執失思力率兵擊敗之，尾逐數百里，延陀幾生得。璽書嘉尉。永徽中，為平州刺史，歲旱，自暴以祈，而雨大至，穀遂登。人歌曰：「父母育我兮田使君，挺精誠兮上天聞，中田致雨兮山出雲，倉廩實兮禮義申，願君常在兮不患貧。」遷勝州都督，境有風賊，依山剽行人，仁會發騎捕格，夷之，城門夜開，道無寇迹。入為太府少卿，遷右金吾將軍，所得祿估有贏，輒入之官，人以為尚名。然資彊鷙疾惡，晝夜循行，有絲毫姦必發，廷中謫罰日數百，京師無貴賤舉憚之。巫偶鬼道惑衆，自言能活死人，市里尊神。仁會劾徙于邊。轉右衛將軍，以年老乞骸骨。卒，年七十八，謚曰威。子歸道，明經及第，累擢通事舍人、內供奉、左衛郎將。突厥默啜請和，武后詔將軍閻知微冊可汗號，持節往。默啜又遣使謝，知微過諸道，即與緋袍、銀帶，因表使者即到，請備禮。廷賜，歸道諫曰：「虜背惠且積年，今悔過入朝，解辮削衽，宜待天旨，而知微擅賜，使朝廷何以加之？宜敕初服，須天子命。小國使者不足備禮逆之。」后從焉。默啜將至單于都護府，詔歸道攝司賓卿往勞。默啜請六胡州及都護府地，不得，大怨望，執歸道將害之。歸道色不橈，詈且讓，為陳禍福，默啜亦悔。會有詔賜默啜粟三萬石、綵五萬段、農器三千具，許結婚，於是更以禮遣歸道。既還，具陳默啜不臣狀，請備邊。已而果叛，乃擢歸道夏官侍郎，益親信。遷左金吾將軍、司膳卿，押千騎宿衛玄武門。桓彥範等誅二張，而歸道不豫聞，及索騎士，拒不應。事平，彥範欲誅之，以辭直免，還私第。然中宗壯其守，召拜太僕少卿，遷殿中少監、右金吾將軍。卒，贈輔國大將軍，追封原國公，謚曰烈，帝自為文以祭。子賓庭，開元時至光祿卿。

裴懷古，壽州壽春人。儀鳳中，上書闕下，補下邽主簿，頻遷監察御史。姚嶲道蠻反，命懷古馳驛往懷輯之，申明誅賞，歸者日千計。俄縛首惡，遂定南方。蠻夏立石著功。恒州浮屠為其徒誣告祝詛不道，武后怒，命按誅之。懷古得其

枉爲后申析，不聽，因曰：「陛下法與天下畫一，豈使臣殺無辜以希盛旨哉？即其人有不臣狀，臣何情寬之？」后意解，得不誅。閻知微之使突厥，懷古監其軍。默啜脅知微稱可汗，又欲官懷古，不肯拜，將殺之，辭曰：「守忠而死，與毀節以生，孰與？請就斬，不避也。」遂囚軍中，因得亡，而素尪弱，不能騎，宛轉山谷間，僅達并州。時長史武重規縱暴，左右妄殺人取賞，見懷古，爭執之。有果毅嘗識懷古，疾呼曰：「裴御史也。」遂免。還，祠部員外郎。姚巂首領叩闕下，願得懷古鎮安遠夷，拜姚州都督，以疾辭。始，安賊歐陽倩衆數萬，剽没州縣，以懷古爲桂州都督、招慰討擊使。未踰嶺，逆以書諭禍福，賊迎降，自陳爲吏侵而反。懷古知其誠，以爲示不疑可破其謀，乃輕騎赴之。或曰：「獠夷難親，備之且不信，況易之哉？」答曰：「忠信可通神明，況爲人邪？」身至壁撫諭，倩等大喜，悉歸所掠，出降。雖諸洞素飜覆者，亦率連根附，嶺外平。從相州刺史，并州大都督長史，所至，吏民懷愛。神龍中，召爲左羽林大將軍，未至，官還爲并州，人知其還，攜扶老稚出迎。崔宣道始代爲長史，亦野次，懷古不欲厚愧宣道，使人驅迎者還，而來者愈衆，得人心類如此。俄轉幽州都督，綏懷兩蕃，將舉落內屬。會以左威衛大將軍召，而孫佺代之。佺不知兵，遂敗其師，壯于官懷古清介審愼，在幽州時，韓琬以監察御史監軍，稱其馭士信，臨財廉，國名將云。

韋景駿，司農少卿弘機孫。中明經。神龍中，歷肥鄉令。縣北瀕漳，連年泛溢，人苦之。舊防迫漕渠，雖峭岸，隨即壞決。景駿相地勢，益南千步，因高築鄣，水至堤趾輒去，其北燥爲腴田。又維艚以梁其上，而廢長橋，功少費約，後遂爲法。方河北飢，身巡閭里，勸人通有無，教導撫循，縣民獨免流散。及去，人立石著其功。後爲貴鄉令，有母子相訟者，景駿曰：「令少不天，常自痛。爾幸有親，而忘孝邪？教之不孚，令之罪也。」因嗚咽流涕，付授孝經，使習大義。於是母子感悟，請自新，遂爲孝子。當時治有名者，景駿與清漳令馮元淑、臨洺令楊茂謙三人。景駿後數年爲趙州長史，道出肥鄉，民喜，爭奏酒食迎犒。有小兒亦在中，景駿曰：「方兒曹未生，而吾去邑，非有舊恩，何故來？」對曰：「耆老爲我言，學廬、館舍、橋鄣，皆公所治，意公爲古人，今幸親見，所以來。」景駿爲留終日。後遷房州刺史。州窮險，有蠻夷風，無學校，好祀淫鬼。景駿爲諸生貢舉，通隘道，作傳舍，罷祠房無名者。景駿之治，民求所以便之，類如此。轉奉天令，未行，卒。茂謙擢制舉，授左拾遺、內供奉，爲吏介而勤。歷秘書郎，始竇懷貞雅重其材，及執政，薦爲大理正、左臺御史中丞。開元初，出爲魏州刺史、河北道按察使，與司馬張懷玉同鄉長，相善，洎晚有隙，捭訐短長，左遷桂州都督，徙廣州，卒。景駿子述，自有傳。

李惠登，營州柳城人。爲平盧軍裨將，安祿山亂，從董秦泛海，略定滄、棣等州，輕兵遠鬭，賊不支，戰輒北。史思明反，惠登陷賊，以計拔身走山南，依來瑱，表試金吾衛將軍。李希烈反，授以兵二千，使屯隋州。惠登挈州以歸，即拜刺史。州數被亂，野如赭，人無鬭業。惠登雖朴素無學術，而視人所謂利者行之，所謂害者去之，率心所安，暗與古合。政清靜，居二十年，田畝闢，戶口日增，人歌舞之。於是節度使于頔狀其績，詔加御史大夫，升隋爲上州。俄檢校國子祭酒，卒，贈洪州都督。

○羅珦，越州會稽人。寶應初，詣闕上書，授太常寺太祝。曹王皋領江西、荊襄節度使，常署幕府，還累副使。皋卒，軍亂，劫府庫，珦取首惡十餘人斬以徇，環棘廷中，俾投所劫庫物，一日皆滿，乃貰餘黨。召爲奉天令，中官出入，倚道吏緣以犯禁，珦榜笞之，雖死不置。自是屏息。擢廬州刺史。民間病者，捨醫藥，禱淫祀，珦下令止之，修學官，政教簡易，有芝草、白雀。淮南節度使杜佑上治狀，賜金紫服。再遷京兆尹，請減平糴半以常賦充之，人賴其利。以老病求解，從太子賓客，累封襄陽縣男，卒，諡曰威。子讓，字景宣，以文學蚤有譽，舉進士，宏辭、賢良方正，皆高第。爲咸陽尉，父喪，幾毀滅。服除，布衣糲飯，不應辟署十餘年。淮南節度使李鄘即所居敦請，署幕府，除監察御史，從給事中，累遷福建觀察使，兼御史中丞。有仁惠名。或以婢遺讓者，問所從，答曰：「女兄九人皆爲官所賣，留者獨老母耳。」讓慘然，爲焚券，召母歸之。入爲散騎常侍，拜江西觀察使，卒，年七十一，贈禮部尚書。

○韋丹，字文明，京兆萬年人，周大司空孝寬六世孫。高祖琨，以洗馬事太子承乾，諫不聽。太宗才之，擢給事中。高宗在東宮，爲中舍人，封武陽縣侯，孝敬爲太子，琨以右中護爲詹事，卒，贈秦州都督，諡曰貞。丹蚤孤，從外祖顏眞卿學，擢明經，調安遠令，以讓庶兄，入紫閣山，事從父熊，復舉五經高第，歷咸陽尉。張獻甫表佐邠寧幕府。順宗爲太子，以殿中侍御史召爲舍人。新羅國君死，詔拜司封郎中往弔。故事，使外國，賜州縣十官，賣以取貲，號私覿官。丹曰：「使外國不足于貲，宜上請，安有賀官受錢？」即具疏所宜費，帝命有司與之，因著令。未行而新羅立君死，還爲容州刺史。教民耕織，止惰游，興學校，民貧自鬻者，贖歸之，禁吏不得掠爲隸。始城州，周十三里，屯田二十四所，教種茶麥，仁化大行。遷河南少尹，未至，徙義成軍司馬，以諫議大夫召，有直名。劉闢反，議者欲釋不誅，丹上疏以爲孝文世法廢，人慢，當濟以威，今不誅，闢則可使者唯兩京耳。憲宗褒美。會闢圍梓州，乃授丹劍南東川節度使，代李康，至漢中，上言：「康守方盡力，不可易。」召還，議蜀事，闢去梓，因以讓高崇文。乃拜晉慈隰州觀察使，封武陽郡公。閱歲，自陳所治三州，非要害地，不足張職，爲國家費，不如屬之河東。帝從之。徙爲江南西道觀察使。丹計口受俸，委餘於官，罷八州冗食者，收其財。始，民不知爲瓦屋，草茨竹椽，久燥則戛而焚。丹召工教爲

陶聚材於場度其費為估不取贏利人能為屋者受材瓦于官免半賦徐取
其償逃未復者官為為之貧不能者畀以財身往勸督置南北市為營以舍
軍歲中旱募人就功厚與直給其食為衢南北夾兩營東西七里以廢倉為
新廏馬息不死築堤扞江長十二里竇以疏漲凡為陂塘五百九十八所灌
田萬二千頃有吏主倉十年丹覆其糧亡三千斛丹曰吏豈自費邪籍其家
盡得文記乃權吏所奪召諸吏曰若恃權取於倉罪也與若期一月還之皆
頓首謝及期無敢違有卒違令當死釋不誅去上書告丹不法詔丹解官待
辨會卒年五十八驗卒所告皆不實丹治狀愈明大和中裴誼觀察江西上
言為丹立祠堂刻石紀功不報宣宗讀元和實錄見丹政事卓然它日與宰
相語元和時治民孰第一周墀對臣嘗守江西韋丹有大功德被八州歿四
十年老幼思之不忘乃詔觀察使紇干臮上丹功狀命刻功于碑子宙推蔭
累調河南府司錄參軍李珏表河陽幕府宣宗謂宰相墀曰丹有子否以宙
對帝曰與好官乃拜侍御史三遷度支郎中盧鈞節度太原表宙為副是時
回鶻已破諸部入塞下剽殺吏民鈞欲得信重吏視邊宙請往自定襄鴈門
五原絕武州塞略雲中踰句注徧見酋豪鐫諭之視亭障守卒增其稟約吏
不得擅以兵侵諸戎犯者死於是三部六蕃諸種皆信悅召拜吏部郎中出

為永州刺史州方災歉乃斥官下什用所以供刺史者得九十餘萬錢為市
糧餉俗不知法多觸罪宙為書制律并種植為生之宜戶給之州負嶺轉餉
艱險毋饑人輒莩死宙始築常平倉收穀羨餘以待之罷冗役九百四十四
員縣舊置吏督賦宙俾民自輸家十相保常先期湘源生零陵香歲市供
人苦之宙為奏罷民貧無牛以力耕宙為置社二十家月會錢若干探名得
者先市牛以是為準久之牛不乏立學官取仕家子弟十五人充之初俚民婚
出財會賓客號破酒晝夜集多至數百人貧者猶數十力不足則
不迎至淫奔者宙條約使略如禮俗遂改邑中少年常以七月擊鼓群入民家
號行盜皆迎為辦具謂之起盆後為解素喧呼疫癘宙至一切禁之還為大理
少卿久之拜江西觀察使政簡易南方以為世官遷嶺南節度使南詔陷交趾
撫兵積備以幹聞加檢校尚書左僕射同中書門下平章事咸通中卒宙弟
岫字伯起亦有名宙在嶺南以從女妻小校劉謙或諫止之岫曰吾子孫或
當依之謙後以功為封州刺史生二子即隱龑盧攜舉進士陋甚岫獨謂攜
必大用攜執政岫自四州刺史擢福建觀察使云
盧弘宣字子章元和中擢進士第鄭權帥襄陽辟署幕府李愬代權又留公交
愬弘宣始謁愬愬敕左右謹衛既與語見其沖遠不覺洗然裴度留守東都

表為判官遷累給事中駙馬都尉韋處仁拜虢州刺史弘宣謂非所宜詔
不下開成中出[illegible]水詔弘宣與吏部郎中崔瑨分道賑卹使有指還
還京兆尹刑部侍郎拜劍南東川節度使時歲饑盜群結酋豪自為僞署官
吏發教　會招亡命聯逮瀘嘉榮諸州訴蠻落搖亂根株盤熾弘宣下檄發
諭賊黨稍降其黠彊者署軍中籍無能還之農魁長逃入峽中吏捕誅之徙
義武節度使弘宣性寬厚政自簡省人便安之然犯者不甚貸河朔故法偶
語軍中則死弘宣始除之初詔賜其軍粟三十萬斛貯飛狐弘宣計輓費不
能滿直敕吏守之明年春大旱教民隨力往取時幽魏饑其獨易定自如至
秋悉收所貸軍食以饒歷工部尚書秘書監以太子少傅致仕卒年七十七
贈尚書右僕射弘宣患士庶人家祭無定儀乃合十二家法損益其當次以
為書子告字子有及進士第終給事中
薛元賞亡里系所來大和初自司農少卿出為漢州刺史時李德裕為劍南
西川節度使會維州降德裕受之以聞牛僧孺沮其議執還之元賞上書極言
可因撫之瀆虜膺腹不可失不省段文昌代德裕狀元賞治當最遷累司農
卿京兆尹出為武寧節度使罷泗口裒稅人以為便俄徙邠寧會昌中德裕
當國復拜京兆尹都市多俠少年以黛墨鑱膚夸詭力剽敓坊閭元賞到府

三日收惡少杖死三十餘輩陳諸市餘黨懼爭以火滅其文元賞長吏事能
推言時弊件白之禁屯軍恃勢擾府縣元賞數與爭不少縱由是軍暴折戢百
姓賴安就加檢校吏部尚書閱歲進工部尚書領諸道鹽鐵轉運使德裕用
元賞弟元龜為京兆少尹知府事宣宗立罷德裕而元龜坐貶崖州司戶參
軍元賞下除袁王傅久之復拜昭義節度使卒
何易于不詳何所人及所以進為益昌令縣距州四十里刺史崔朴常乘春
與賓屬泛舟出益昌旁索民挽繂易于身引舟朴驚問狀易于曰方春百姓
耕且蠶惟令不事可任其勞朴愧與賓客疾驅去鹽鐵官榷取茶利詔下所
在毋敢隱易于視詔書曰益昌人不征茶且不可活矧厚賦毒之乎命吏閣
詔吏曰天子詔何敢拒吏坐死公得免竄邪對曰吾敢愛一身移暴于民乎
亦不使罪爾曹即自焚之觀察使素賢之不劾也民有死喪不能具葬者以
俸敕吏為辦召高年坐以問政得失凡鬬民在廷易于丁寧指曉枉直杖楚
遣之不以付吏獄三年無囚督賦役不忍迫下戶或以俸代輸饋給往來傳
符外一無所進故無異稱以中上考遷羅江令刺史裴休嘗至其邑導侍不
過三人廉約蓋資性云

列傳第一百二十二

儒學列傳上第一百二十三　唐書一百九十八

端明殿學士兼翰林侍讀學士龍圖閣學士朝請大夫守尚書吏部侍郎充集賢殿脩撰臣宋祁奉
敕撰

高祖始受命鉏類夷荒天下略定即詔有司立周公孔子廟于國學四時祠求其後議加爵土國學始置生七十二員取三品以上子弟若孫爲之太學百四十員取五品以上四門學百三十員取七品以上郡縣三等上郡學置生六十員中下以十爲差上縣學置生四十員中下亦以十爲差又詔宗室功臣子孫就祕書外省別爲小學太宗身櫜鞬風纚露沐然銳情經術即王府開文學館召名儒十八人爲學士與議天下事既即位殿左置弘文館悉引內學士番宿更休聽朝之間則與討古今道前王所以成敗或日昃夜艾未嘗少怠貞觀六年詔罷周公祠更以孔子爲先聖顏氏爲先師盡召天下惇師老德以爲學官數臨幸觀釋菜命祭酒博士講論經義賜以束帛生能通一經者得署吏廣學舍千二百區三學益生員并置書算二學皆有博士大抵諸生員至三千二百自玄武屯營飛騎皆給博士受經能通一經者聽入貢限四方秀艾挾策負素坌集京師文治煟然勃興於是新羅高昌百濟吐蕃高麗等羣酋長並遣子弟入學鼓笥踵堂者凡八千餘人紆侈袂曳方履誾誾秩秩雖三代之盛所未聞也帝又讎正五經繆缺頒天下示學者與諸儒稡章句爲義疏俾久其傳因詔前代通儒梁皇侃褚仲都周熊安生沈重陳沈文阿周弘正張譏隋何妥劉炫等子孫並加引擢二十一年詔左丘明卜子夏公羊高穀梁赤伏勝高堂生戴聖毛萇孔安國劉向鄭衆杜子春馬融盧植鄭玄服虔何休王肅王弼杜預范甯二十一人用其書行其道宜有以褒大之自今並配享孔子廟廷於是唐三百年之盛稱貞觀寧不其然高宗尚吏事武后矜權變至諸王駙馬皆得領祭酒初孔穎達等始署官發五經題與諸生酬問及是惟判祥瑞案三牒即罷玄宗詔羣臣及府郡舉通經士而褚无量馬懷素等勸講禁中天子

尊禮不敢盡臣之置集賢院部分典籍乾元殿博彙羣書至六萬卷經籍大備又稱開元焉禄山之禍兩京所藏一爲炎埃官牘私褚喪脫幾盡章甫之徒劫爲縵胡於是嗣帝區區救亂未之得安暇語貞觀開元事哉自楊綰鄭餘慶鄭覃等以大儒輔政議優學科先經誼黜進士後文辭亦弗能克也文宗定五經鑱之石張參等是正訛文寥寥一二可紀由是觀之始未嘗不成于艱難而後敗於易也嘗論之武爲救世砭劑文其膏粱歟亂已定必以文治之否者是病損而進砭劑其傷多矣然則武得之武治之不免霸且盜聖人反是而王故曰武創業文守成百世不易之道也若乃舉天下一之於仁義莫若儒儒待其人乃能光明厥功宰相大臣是已至專誦習傳授無它大事業者則次爲儒學篇

徐曠字文遠以字行南齊司空孝嗣五世孫父徹梁祕書郎尚元帝女安昌公主江陵陷俘以西客偃師貧不能自給兄文林鬻書于肆文遠日閱之因博通五經明左氏春秋時耆儒沈重講太學授業常千人文遠從之質問不數日辭去或問其故荅曰先生所說紙上語耳若奧境彼有所未見者尚何觀重知其語召與反復研辯嗟歎其能性方正舉動純重賈威楊玄感李密王世充皆從受學隋開皇中累遷太學博士詔與漢王諒授經會諒反除名爲民大業初禮部侍郎許善心薦文遠及包愷褚徽陸德明魯達爲學官擢國子博士愷等爲太學博士世稱左氏有文遠禮有褚徽詩有魯達易有陸德明皆一時冠云文遠說經徧舉先儒異論分明是非乃出新意以折衷聽者忘勞越王侗署國子祭酒時洛陽飢文遠自出城樵拾爲李密所得密使文遠南向坐備弟子禮拜之文遠謝曰前日以先王之道授將軍今將軍擁兵百萬威振四海猶能屈體老夫此盛德也安敢不盡將軍若欲爲伊霍繼絕扶傾吾雖老猶願盡力如爲莽卓乘危迫險則僕耄矣無能爲也密頓首曰幸得位上公思所以竭力先征化及剸國恥然後入見天子請罪于有司惟先生敎之荅曰將軍名臣子累世盡節前陷玄

感黨迷未遠而復今若終之以忠天下之人所望於將軍者密頓首曰恭聞命俄而世充專制密又問焉對曰彼殘忍而意褊促必速於亂將軍非破之不可以朝密曰常謂先生儒者不學軍旅至籌大計乃明略過人密敗復入東都世充給稍異等而文遠見輒先拜或問君踞見李密而下王公何邪答曰密君子能受酈生之揖世充小人無容故人義相時而動可也世充僭號以爲國子博士子士會奔長安世充怒絶其稟文遠餓幾死數矣身出樵爲羅士信所獲送京師仍爲國子博士高祖幸國學觀釋奠文遠發春秋題論難鋒生隨方占對莫能屈帝異之封東莞縣男卒年七十四孫有功自有傳

陸元朗字德明以字行蘇州吳人善名理言受學於周弘正陳太建中後主爲太子集名儒入講承光殿德明始冠與下坐國子祭酒徐孝克敷經倚貴縱辯衆多下之獨德明申荅屢奪其說舉坐咨賞解褐始興國左常侍陳亡歸鄉閈隋煬帝擢祕書學士大業

間廣召經明士四方踵至於是德明與魯達孔褒共會門下省相酬難莫能詘遷國子助教越王侗署爲司業入殿中授經王世充僭號封子玄恕爲漢王以德明爲師即其廬行束脩禮德明恥之服巴豆劑僵偃東壁下玄恕入拜牀垂德明對之遺利不復開口遂移病成皐世充平秦王辟爲文學館學士以經授中山王承乾補太學博士高祖已釋奠召博士徐文遠浮屠慧乘道士劉進喜各講經德明隨方立義徧析其要帝大喜曰三人者誠辯然德明一舉輒蔽可謂賢矣賜帛五十匹遷國子博士封吳縣男卒論撰甚多傳于世後太宗閱其書嘉德明博辯以布帛二百段賜其家子敦信麟德中爲左侍極檢校右相累封嘉興縣子以老疾致仕終大司成

曹憲揚州江都人仕隋爲祕書學士聚徒教授凡數百人公卿多從之游於小學家尤邃自漢杜林衞宏以後古文亡絶至憲復興煬帝令與諸儒撰桂苑珠叢規正文字又注廣雅學者推其該藏于祕書貞觀中揚州長史李襲譽薦之以弘文館學士召不至即家拜朝散大夫當世榮之太宗嘗讀書有奇難字輒遣使者問憲憲具爲音注援驗詳複帝咨尚之卒年百餘歲憲始以梁昭明太子文選授諸生而同郡魏模公孫羅江夏李善相繼傳授於是其學大興句容許淹者自浮屠還爲儒多識廣聞精故訓與羅等並名家羅官沛王府參軍事無錫丞模武后時爲左拾遺子景倩亦世其學以拾遺召後歷度支員外郎善見子邕傳

顏師古字籀其先琅邪臨沂人祖之推自高齊入周終隋黃門郎遂居關中爲京兆萬年人父思魯以儒學顯武德初爲秦王府記室參軍事師古少博覽精故訓學善屬文仁壽中李綱薦之授安養尉尚書左僕射楊素見其年弱謂曰安養劇縣子何以治之師古曰割雞未用牛刀素驚其言大後果以幹治聞時薛道衡爲襄州總管與之推舊佳其才每作文章令指摘疵短俄失職歸長安不得調寠甚資教授爲生高祖入關謁見長春宮授朝散大夫拜

燉煌公府文學累遷中書舍人專典機密師古性敏給明練治體方軍國務多詔令一出其手冊奏之工當時未有及者太宗即位拜中書侍郎封琅邪縣男以母喪解服除還官歲餘坐公事免帝嘗歎五經去聖遠傳習寖訛詔師古於祕書省考定多所釐正既成悉詔諸儒議於是各執所習共非詰師古師古輒引晉宋舊文隨方曉荅援據該明出其悟表人人歎服尋加通直郎散騎常侍帝因頒所定書於天下學者賴之俄拜祕書少監專刊正事古篇奇字世所惑者討析申孰必暢本源然多引後生與讎校抑素流先貴勢雖商賈富室子亦竄選中由是素議薄之斥爲郴州刺史未行帝惜其才讓曰卿之學信可稱者而事親居官朕無聞焉今日之行自誰取之念卿曩經任使朕不忍棄後宜自戒師古謝罪復留爲故官師古性簡峭視輩行傲然罕所推接既負其才早見驅策意望甚高及是頻被譴仕益不進罔然喪沮乃闔門謝賓客巾褐裹帔放情蕭散爲林墟之適多藏古圖畫器物書帖亦性

所篤愛與撰五禮成進爵爲子又爲太子承乾注班固漢書上之賜物二百段良馬一時人謂杜征南顏秘書爲左丘明班孟堅忠臣帝將有事泰山詔公卿博士雜定其儀而論多爭爲異端師古奏臣撰定封禪儀注書在十一年于時諸儒謂爲適中於是以付有司多從其說遷秘書監弘文館學士十九年從征遼道病卒年六十五謚曰戴其所注漢書急就章大顯于時永徽三年子揚庭爲符璽郎表上師古所撰匡謬正俗八篇初思魯與妻不相宜師古苦諫父不聽情有所偏故帝及之師古弟相時字睿亦以學聞爲天策府參軍事貞觀中累遷諫議大夫有爭臣風轉禮部侍郎羸瘠多病師古死不勝哀而卒師古叔游秦武德初累遷廉州刺史封臨沂縣男時劉黑闥初平人多還暴比游秦至禮讓大行邑里歌之高祖下璽書獎勞終鄆州刺史撰漢書決疑師古多資取其義

孔穎達字仲達冀州衡水人八歲就學誦記日千餘言闇記三禮義宗及長明服氏春秋傳鄭氏尚書詩禮記王氏易善屬文通步曆嘗造同郡劉焯焯名重海內初不之禮及請質所疑遂大畏服隋大業初舉明經高第授河內郡博士煬帝召天下儒官集東都詔國子秘書學士與論議穎達爲冠又年最少老師宿儒恥出其下陰遣客刺之匿楊玄感家得免補太學助教隋亂避地虎牢太宗平洛授文學館學士遷國子博士貞觀初封曲阜縣男轉給事中時帝新即位穎達數以忠言進帝問孔子稱以能問於不能以多問於寡有若無實若虛何謂也對曰此聖人教人謙耳已雖能仍就不能之人以咨所未能已雖多仍就寡少之人更資其多內有道外若無中雖實容若虛非特匹夫君德亦然故易稱蒙以養正明夷以莅衆若其據尊極之位衒聰耀明恃才以肆則上下不通君臣道乖自古滅亡莫不由此帝稱善除國子司業歲餘以太子右庶子兼司業與諸儒議曆及明堂事多從其說以論撰勞加散騎常侍爵爲子皇太子令穎達撰孝經章句因文以盡箴諷帝

知數爭太子失賜黃金一斤絹百匹久之拜祭酒侍講東宮帝幸太學觀釋菜命穎達講經畢上釋奠頌有詔褒美後太子稍不法穎達爭不已乳夫人曰太子既長不宜數面折之對曰蒙國厚恩雖死不恨剴切愈至後致仕卒陪葬昭陵贈太常卿謚曰憲初穎達與顏師古司馬才章王恭王琰受詔撰五經義訓凡百餘篇號義贊詔改爲正義云雖包貫異家爲詳博然其中不能無謬冗博士馬嘉運駁正其失至相譏詆有詔更令裁定功未就永徽二年詔中書門下與國子三館博士弘文館學士考正之於是尚書左僕射于志寧右僕射張行成侍中高季輔就加增損書始布下穎達子志終司業志子惠元力學寡言又爲司業擢累太子諭德三世司業時人美之王恭者滑州白馬人少篤學教授鄉閭弟子數百人貞觀初召拜太學博士講三禮別爲義證甚精博蓋文懿文達皆當時大儒每講徧舉先儒義而必暢恭所說馬嘉運魏州繁水人少爲沙門還治儒學長論議貞觀初累除越王東閤祭酒退隱白鹿山諸方來授業至千人十一年召拜太學博士弘文館學士以孔穎達正義繁釀故擿摭其疵當世諸儒服其精高宗爲太子引爲崇賢館學士數與洗馬秦暐侍講宮中終國子博士

歐陽詢字信本潭州臨湘人父紇陳廣州刺史以謀反誅詢當從坐匿而免江總以故人子私養之貌寢侻敏悟絕人總教以書記每讀輒數行同盡遂博貫經史仕隋爲太常博士高祖微時數與游既即位累擢給事中詢初倣王羲之書後險勁過之因自名其體尺牘所傳人以爲法高麗嘗遣使求之帝歎曰彼觀其書固謂形貌魁梧邪嘗行見索靖所書碑觀之去數步復返及疲乃布坐至宿其傍三日乃得去其所嗜類此貞觀初歷太子率更令弘文館學士封渤海男卒年八十五子通儀鳳中累遷中書舍人居母喪詔奪哀每入朝徒跣及門夜直藉藁以寢非公事不語還家輒號慟年饑未克葬居廬四年不釋服冬月家人以氊絮潛置席下通覺即徹去遷累殿中監封渤海子天授初轉司禮卿判納言事

輔政月餘會鳳閣舍人張嘉福請以武承嗣為太子通與岑長倩等固執忤諸武意及長倩下獄坐大逆死來俊臣并引通同謀通雖被慘毒無異詞俊臣代占誅之神龍初追復官爵通蚤孤母徐教以父書懼其惰嘗遺錢使市父遺跡通乃刻意臨倣以求售數年書亞於詢父子齊名號大小歐陽體褚遂良亦以書自名嘗問虞世南曰吾書何如智永荅曰吾聞彼一字直五萬君豈得此曰孰與詢曰吾聞詢不擇紙筆皆得如志君豈得此遂良曰然則何如世南曰君若手和筆調固可貴尚遂良大喜通晚自矜重以狸毛為筆覆以兔毫管皆象犀非是未嘗書

朱子奢蘇州吳人從鄉人顧彪授左氏春秋善文辭隋大業中為直祕書學士天下亂辭疾還鄉里後從杜伏威入朝授國子助教太宗貞觀初高麗百濟同伐新羅連年兵不解新羅告急帝假子奢員外散騎侍郎持節諭旨平三國之憾子奢有儀觀夷人尊畏之二國上書謝罪贈遺甚厚初子奢行帝戒曰海夷重學卿為講

大誼然勿入其幣還當以中書舍人處卿子奢唯唯至其國為發春秋題納其美女帝責違旨而猶愛其才以散官直國子學累轉諫議大夫弘文館學士始武德時太廟享止四室高祖崩將祔主于廟帝詔有司詳議子奢建言漢丞相韋玄成奏立五廟劉歆議當七鄭玄本玄成王肅宗歆於是歷代廟議不能一且天子七廟諸侯五降殺以兩禮之正也若天子與子男同則間無容等非德厚游廣德薄游狹之義臣請依古為七廟若親盡則以王業所基為太祖虛太祖室以俟無窮迭遷乃處之於是尚書共奏自春秋以來言天子七廟諸侯五大夫三士二推親親顯尊尊為不可易之法請建親廟六詔可乃祔弘農府君高祖神主為六室及帝崩禮部尚書許敬宗議弘農府君廟應毀按玄成說毀廟主當瘞且四海常所宗享矣舉而瘞之非神理所憾晉范宣議別廟以奉毀廟之主或言當藏天府天府瑞異所舍也禮去祧有壇有墠臣皆所未安唐家宗廟共殿異室以右為首若奉遷主納右夾室而得

尊處祈之禱之未絕也有詔如敬宗議然言七廟者本之子奢帝嘗詔起居紀錄臧否朕欲見之以知得失若何子奢曰陛下所舉無過事雖見無嫌然以此開後世史官之禍可懼也史官全身畏死則悠悠千載尚有聞乎泌陽令崔文康坐事櫟陽尉魏禮臣劾治獄成御史言其枉禮臣訴御史阿黨乞下有司雜訊不如所言請死鞫報禮臣不實詔如請子奢曰在律上書不實有定罪今抵以死死者不可復生雖欲自新弗可得且天下惟知上書獲罪欲自言者皆懼而不敢申矣詔可子奢為人樂易能劇談以經誼緣飾每侍宴帝令論難羣臣恩禮甚篤卒于官

張士衡瀛州樂壽人父文慶北齊國子助教士衡九歲居母喪哀慕過禮博士劉軌思見之為泣下奇其操謂文慶曰古不親教子吾為君成就之乃授以詩禮又從熊安生劉焯等受經貫知大義仕隋為餘杭令以老還家大業兵起諸儒廢學唐興士衡復講教鄉里幽州都督燕王靈夔以禮邀聘北面事之太子承乾慕風迎

致謁太宗洛陽宮帝賜食擢朝散大夫崇賢館學士太子以士衡齊人也問高氏何以亡士衡曰高阿那瓌之凶險駱提婆之佞韓長鸞之虐皆奴隸才是信是使忠良外誅骨肉內離剝喪黎元故周師臨郊人莫為之用此所以亡復問事佛營福其應奈何對曰事佛在清靜仁恕爾如貪惏驕虐雖傾財事之無損於禍且善惡必報若影赴形聖人言之備矣為君仁為臣忠為子孝則福祚永反是而殃禍至矣時太子以過失聞士衡因是規之然不能用也太子廢給傳罷歸鄉里卒士衡以禮教諸生當時顯者永平賈公彥趙李玄植公彥終太學博士撰次章句甚多子大隱儀鳳中為太常博士會太常仲春告瑞太廟高宗問禮官何世而然大隱對曰古者祭以首時薦以仲月近世元日奏瑞則二月告廟告者必有薦本于始不得其時焉遷累中書舍人垂拱中博士周悰請武氏廟為七室唐廟為五下比諸侯大隱奏言秦漢母后稱制未有戾古越禮者悰損國廟斅勑大義不可以訓武后不獲已僞聽之

時皆服大隱沇正不詭從有大臣體終禮部侍郎公彥傳業玄植玄植又受左氏春秋於王德韶受詩於齊威該覽百家記書貞觀間爲弘文館直學士高宗時數召見與方士浮屠講說玄植以帝闇弱頗箴切其短帝禮之不篤坐事遷巴令卒

張後胤字嗣宗蘇州崑山人祖僧紹梁零陵太守父沖陳國子博士入隋爲漢王諒幷州博士後胤甫冠以學行禪其家高祖鎮太原引爲客以經授秦王義寧初爲齊王文學封新野縣公武德中擢員外散騎侍郎賜宅一區太宗即位進燕王諮議從王入朝召見初帝在太原嘗問隋運將終得天下者何姓答曰公家德業天下係心若順天而動自河以北指撝可定然後長驅關右帝業可成至是自陳所言帝曰是事未始忘之乃賜燕月池帝從容曰今日弟子何如後胤曰昔孔子門人三千達者無子男之位臣翼贊一人乃王天下計臣之功過於先聖帝爲之笑令羣臣以春秋酬難帝曰朕昔受大誼于君今尚記之後胤頓首謝曰陛下乃生知

臣叨天功爲已力罪也帝大悅遷燕王府司馬出爲睦州刺史乞骸骨帝見其彊力問欲何官因陳謝不敢帝曰朕從卿授經卿從朕求官何所疑後胤頓首願得國子祭酒授之遷散騎常侍永徽中致仕加金紫光祿大夫朝朔望祿賜防閤如舊卒年八十三贈禮部尚書諡曰康陪葬昭陵孫齊丘歷監察御史朔方節度使終東都留守諡曰貞獻子鎰別有傳

蓋文達冀州信都人博涉前載尤明春秋三家刺史竇抗集諸生講論於是劉焯劉軌思孔穎達並以耆儒開門受業是日悉至而文達依經辯舉皆諸儒意所未叩一坐駭歎抗奇之問安所從學焯曰若人岐嶷出自天然以多問寡則焯爲之師抗曰冰生於水而寒於水其謂此邪武德中授國子助教爲秦王文學館直學士貞觀初擢諫議大夫兼弘文館學士爲蜀王師王有罪文達免官拜崇賢館學士卒宗人文懿亦以儒學稱當時號二蓋高祖於祕書省置學以教王公子文懿爲國子助教既升席公卿更相質問文懿闢譬曉密微遠近宗仰終國子博士

谷那律魏州昌樂人貞觀中累遷國子博士淹識羣書褚遂良嘗稱爲九經庫遷諫議大夫兼弘文館學士從太宗出獵遇雨沾漬因問曰油衣若爲而無漏那律曰以瓦爲之當不漏帝悅其直賜帛二百段卒孫倚相仕爲祕書省正字讎覆圖書多所刊定子崇義天寶末爲幽州大將以雄敢聞歷左金吾衛大將軍遂客薊門生子從政略涉儒學有風操事李寶臣歷定州刺史封清江郡王寶臣及張孝忠妻其女兄弟也寶臣初倚任晚稍疏忌從政乃闔門謝交游不事及惟岳知節度與田悅謀拒天子命從政諫曰上神斷紿諸侯欲致太平爾考與燕有切骨恨天子致討命帥莫先於燕燕誅怨復仇必盡力後已前日而考誅大將百餘子弟存者常不平乘危相覆誰不能爾昔魏有洺相之圍王師四集身投零陵仰天垂泣不知所出賴爾考保佑頓兵不進而先帝寬厚塵獲赦貸不然田氏尚有種乎今悅兇猶孰與承嗣爾又幼富貴

不出戶廷便欲旅拒且人心難知天道難欺軍中諸將乘危投隙自古豈少哉今圖久安計莫若令而兄惟誠攝留後爾速入宿衞則福祿可保矣不納從政塞門移疾不出惟岳所信王他奴等疑其怨望日伺之從政懼乃吐血即仰藥五日死曰吾不恨死而痛張覆宗矣後惟岳被殺于王武俊如其揣云

蕭德言字文行陳吏部郎引子也系出蘭陵明左氏春秋甫冠以國子生爲岳陽王賓客陳亡徙關中詭浮屠服亡歸江南州縣部送京師仁壽中授校書郎貞觀時歷著作郎弘文館學士太宗欲知前世得失詔魏徵虞世南褚亮及德言裒次經史百氏帝王所以興衰者上之帝愛其書博而要曰使我稽古臨事不惑者公等力也賚賜尤渥德言晚節學愈苦每開經輒祓濯束帶危坐妻子諫曰老人何終日自苦答曰對先聖之言何復憚勞詔以經授晉王時許叔牙爲侍讀同勸講王爲太子德言又兼侍讀而叔牙亦兼弘文館學士德言請致仕太宗不許下詔敦勉封武陽縣侯進

祕書少監久乃得謝高宗立拜銀青光祿大夫全給其祿遣通事舍人即家致問乘輿至肅章門引見禮遇隆重由是晉府及東宮舊臣子孫並增秩賜金卒年九十七贈太常卿謚曰博叔牙字延基句容人貞觀時遷晉王府參軍事弘文館直學士於詩禮尤邃獻詩纂義十篇太子寫付司經御史大夫高智周見之曰欲明詩者宜先讀此子子儒字文舉高宗時為奉常博士初太尉長孫无忌等議祠令及禮用鄭玄六天說圜丘祀昊天上帝南郊太微感帝明堂太微五帝直據緯為說不指蒼昊為天而以昊天帝當北辰耀魄寶郊明堂當太微五帝唐家祀圜丘太史所上圖昊天上帝外自有北辰令李淳風曰昊天上帝位于壇北辰斗列第二垓與緯書駁異司馬遷天官書太微宮五精之神五星所奉有人主象故名曰帝猶房心有天王象安得盡為天乎日月麗于天草木麗于地以日月為天草木為地昧者不信也周官兆五帝四郊又有祀五帝皆不言天知太微之神非天也經稱郊祀后稷王肅以郊圜丘為一玄析而二之曰圜丘曰郊非聖人意今祠令固守玄說與著式相違宜有刊正且經嚴父莫大於配天宗祀文王於明堂以配上帝明堂之祀天也星不足配之矣月令孟春祈穀上帝春秋啟蟄而郊郊而後耕故郊后稷以祈農詩春夏祈穀于上帝皆祭天也著之感帝尤為不稽請四郊迎氣祀太微五帝郊明堂罷六天說止祀昊天方丘既祭地又祭神州北郊皆不載經請止一祠詔曰可乾封初帝已封禪復詔祀感帝神州以正月祭北郊司禮少常伯郝處俊等奏言顯慶定禮廢感帝祀而祈穀昊天以高祖配舊祀感帝神州以元皇帝配今改祈穀為祀感帝又祀神州還以高祖配何升降紛紛焉虞氏禘黃帝郊嚳夏禘黃帝郊鯀殷禘嚳郊冥周禘嚳郊稷玄謂禘者祭天圜丘郊者祭上帝南郊崔靈恩說夏正郊天王者各祭所出帝所謂王者禘祖之所自出以其祖配之則禘遠祖郊始祖也今禘郊同祖禮無所歸神州本祭十月以方陰用事也玄說三王之郊一用夏正靈恩謂祭神州

北郊以正月諸儒所言猥互不明臣願合官奉常司成博士普議於是子儒與博士陸遵楷張統師權無二等共白北郊月不經見漢光武正月建北郊咸和中議北郊以正月武德以來用十月請循武德詔書明年詔圜方二丘明堂感帝神州宜奉高祖太宗配仍祭昊天上帝及五天帝於明堂子儒長壽中歷天官侍郎弘文館學士封潁川縣男以選事委令史句直日偃臥不下筆時人語曰句直平配既而補授失序傳為口實德言曾孫至忠自有傳

敬播蒲州河東人貞觀初擢進士第時顏師古孔穎達撰次隋史詔播詣祕書內省參纂再遷著作佐郎兼修國史從太宗伐高麗而帝名所戰山為駐蹕播謂人曰鑾輿不復東矣山所以名蓋天意也其後果然遷太子司議郎時初置是官尤清近中書令馬周歎曰恨資品妄高不得歷此職又與令狐德棻等撰晉書大抵凡例皆播所發也有司建言謀反大逆惟父子坐死不及兄弟請更議詔羣臣大議播曰兄弟雖孔懷之重然比於父子則輕故生有異室死有別宗今高官重爵本蔭唯逮子孫而不及昆季烏得榮隔其蔭而罪均其罰詔從播議永徽後仕益貴歷諫議大夫給事中始播與許敬宗撰高祖實錄興創業盡貞觀十四年至是又撰太宗實錄訖二十三年坐事出為越州長史徙安州卒房玄齡嘗稱播陳壽之流乎玄齡患顏師古注漢書文繁令掇其要為四十篇是時漢書學大興其章章者若劉伯莊秦景通兄弟劉訥言皆名家伯莊者彭城人為弘文館學士遷國子博士與許敬宗等論譔甚多終崇賢館學士自所著書亦百餘篇子之宏世其學武后時以著作郎兼修國史終相王府司馬睿宗立贈祕書監景通者晉陵人與弟暐俱有名皆精漢書號大秦君小秦君當時治漢書非其授者以為無法云景通仕至太子洗馬兼崇賢館學士暐後復踐其官及職訥言乾封中歷都水監主簿以漢書授沛王王為太子擢訥言洗馬兼侍讀嘗集俳諧十五篇為太子歡太子廢高宗見怒除名為民復坐事流死振州

羅道琮蒲州虞鄉人慷慨尚節義貞觀末上書忤旨徙嶺表有同斥者死荆襄間臨終泣曰人生有死獨委骨異壤邪道琮曰吾若還終不使君獨留此瘞路左去歲餘遇赦歸方霖潦積水失其殯處道琮慟諸野波中忽若湓沸者道琮曰若屍在可再沸祝已水復湧乃得屍負之還鄉尋擢明經仕至太學博士爲時名儒

儒學列傳上第一百二十三

儒學列傳中第一百二十四　唐書一百九十九

端明殿學士兼翰林侍讀學士龍圖閣學士朝請大夫尚書吏部侍郎充集賢殿修撰臣宋祁奉
敕撰

郎餘令定州新樂人祖穎字楚之與兄蔚之俱有名隋大業中爲尚書民曹郎蔚之位左丞煬帝語稱二郎武德時楚之以大理卿封常山郡公與李綱陳叔達定律令持節諭山東爲竇建德所獲脅以白刃終不屈賊平以老乞身諡曰平餘令博于學擢進士第授霍王元軌府參軍事從父知年亦爲王友元軌每曰郎家二賢皆入府不意培塿而松栢爲林也徙幽州録事參軍有爲浮屠者積薪自焚長史裴照率官屬將觀焉餘令曰人好生惡死情也彼違蔑教義反其所欲公當察之毋輕往照試廉按果得其姦孝敬在東宮餘令以梁元帝有孝德傳更撰後傳數十篇獻太子太子嗟重改著作佐郎卒兄餘慶爲吏清而刻於法高宗時爲萬年令道無擾遺累遷御史中丞務謙謹下人引御史坐與論議吏部侍郎

楊思玄倨貴視選者不以禮餘慶劾免其官久之出爲蘇州刺史坐累下遷交州都督驩州司馬裴思敷與餘慶雅故以事咎餘慶婢父婢方嬖譖思敷死獄中又裒貨無藝民詣闕訴之使者十輩臨按餘慶謾讕不能得其情最後廣州都督陳善弘按之餘慶自恃在朝廷久明法令輕善弘不置對善弘怒曰舞文弄法吾不及君今日以天子命治君吾力有餘矣欲搒械之餘慶懼服罪高宗詔放瓊州會赦當還朝廷惡其暴徙春州始餘慶治萬年父知運嫌其酷將杖之餘慶避免父歎曰國家用之矣吾尚柰何及爲御史中丞復歎曰郎氏危矣以憂死餘慶卒以貪殘廢

徐齊聃字將道湖州長城人世客馮翊梁慈源侯整四世孫八歲能文太宗召試賜所佩金削刀舉弘文生調曹王府參軍高宗時爲潞王府文學崇文館學士侍皇太子講修書于芳林門時姑爲帝婕妤嫌以恩進故求出爲桃林令召爲沛王侍讀再遷司議郎皆不就累進西臺舍人咸亨初詔突厥酋長子弟得事東宮齊聃上書諫以爲氈裘冒頓之裔解辮削衽使在左右非所謂恭慎威儀以近有德任官惟賢才左右惟其人之義又長孫无忌以讒死家廟毀頓齊聃言於帝曰齊獻公陛下外祖雖後嗣有罪不宜毀及先廟今周忠孝公廟反崇飾踰制恐非所以示海內帝寤有詔復獻公官以无忌孫延主其祀齊聃善文誥帝愛之令侍皇太子及諸王屬文以職樞劇許間日一至坐漏禁中事貶蘄州司馬又流欽州卒年四十四睿宗時贈禮部尚書子堅

堅字元固幼有敏性沛王聞其名召見授紙爲賦異之十四而孤及壯寬厚長者舉秀才及第爲汾州參軍事遷萬年主簿天授三年上言書有五聽令有三覆慮失情也比犯大逆詔使者勘當得實輒決人命至重萬有一不實欲訴無由以就赤族豈不痛哉此不足肅下之姦亂適長使人威福耳臣請如令覆奏則死者無恨又古者罰不逮嗣故郤芮亂國而缺升諸朝嵇康戮而紹死于難則於它親不復致疑今選部廣責逆人親屬至無服者尚數

十條且詔書與逆同堂親不任京畿緦麻親不得侍衞臣請如詔書外一切不禁以申曠蕩聖曆中東都留守楊再思王方慶共引爲判官方慶善禮學嘗就質疑晦堅爲申釋常得所未聞屬文典厚再思每目爲鳳閣舍人樣與徐彥伯劉知幾張說與脩三教珠英時張昌宗李嶠揔領彌年不下筆堅與說專意撰綜條彙粗立諸儒因之乃成書累遷給事中封慈源縣子中宗惡韋月將欲即斬之堅奏盛夏生長請須秋乃決時申救者亦衆得以搒死俄以禮部侍郎爲脩文館學士睿宗即位授太子左庶子兼崇文館學士脩史進東海郡公遷黃門侍郎時監察御史李知古兵擊姚州渳河蠻降之又請築城使輸賦役堅議蠻夷羈縻以屬不宜與中國同法恐勞師遠伐益不償損不聽詔知古發劍南兵築城堡列州縣知古因是欲誅其豪酋入子女爲奴婢蠻懼殺知古相率潰叛姚嶲路閉不通者數年初太平公主用事武攸暨屢邀請堅堅不許又以妻岑羲女弟固辭機務轉太子詹事曰吾非求高逃禍

耳義敗不深於惡出爲絳州刺史數外徙久乃遷祕書監左散騎常侍玄宗改麗正書院爲集賢院以堅充學士副張說知院事帝大酺集賢幄舍在百司上說令揭大牓以侈其寵堅見遽命撤之曰君子烏取多尚人從上泰山以參定儀典加光祿大夫堅於典故多所諳識凡七當譔次高選卒年七十餘帝悼惜遣使就弔贈太子少保謚曰文齊聃姑爲太宗充容仲爲高宗婕妤皆明圖史議者以堅父子如漢班氏子嶠字巨山開元中爲駕部員外郎集賢院直學士遷中書舍人內供奉河南尹封慈源縣公父子相次爲學士自祖及孫三世爲中書舍人

沈伯儀湖州吳興人武后時爲太子右諭德初太常少卿韋萬石議明堂大享事上言鄭玄說祀五天帝王肅謂祀五行帝貞觀禮從玄至顯慶禮祀昊天上帝乾封詔書祀五天帝兼祀昊天上元詔書從貞觀禮儀鳳初詔祀事一用周制今應何樂高宗乃詔尚書省集諸儒議未能定於是大享參用貞觀顯慶二禮垂拱元年成均助教孔玄義奏嚴父莫大配天天於萬物爲最大推父偶天孝之大尊之極也易稱先王作樂崇德殷薦之上帝以配祖考上帝天也昊天之祭宜祖考並配請以太宗高宗配上帝於圓丘神堯皇帝配感帝南郊祭法祖文王宗武王祖始也宗尊也一名而有二義經稱宗祀文王文王當祖而云宗包武王以言也知明堂以祖考配與二經合伯儀曰有虞氏禘黃帝而郊嚳祖顓頊而宗堯夏后氏禘黃帝而郊鯀祖顓頊而宗禹殷人禘嚳而郊冥祖契而宗湯周人禘嚳而郊稷祖文王而宗武王鄭玄曰禘郊祖宗皆配食也祭昊天圓丘曰禘祭上帝南郊曰郊祭五帝五神明堂曰祖宗此爲最詳虞夏退顓頊郊嚳殷捨契郊冥去取違舛惟周得禮之序至明堂始兩配焉文王上配五帝武王下配五神別父子也經曰嚴父莫大於配天又曰宗祀文王於明堂以配上帝不言嚴武王以配天則武王雖在明堂未齊於配雖同祭而終爲一主也緯曰后稷爲天地主文王爲五帝宗若一神而兩祭之則薦

獻數瀆此神無二主也貞觀永徽禮實專配由顯慶後始兼尊焉今請以高祖配圓丘方澤太宗配南北郊高宗配五天帝鳳閣舍人元萬頃范履冰等議今禮昊天上帝等五祀咸奉高祖太宗兼配以申孝也詩昊天章二后受之易薦上帝配祖考有兼配義高祖太宗既先配五祀當如舊請奉高宗歷配焉自是郊丘三帝並配云伯儀歷國子祭酒脩文館學士卒

路敬淳貝州臨清人父文逸遇隋季大亂閭門死於盜文逸遁免流離辛苦自傷家多難閉口不食行者哀其窮遺飲食之更負以行乃得脫貞觀末官申州司馬敬淳少志學足不履門居親喪倚廬不出者三年服除號慟入門形容癯毀妻不之識後擢進士第天授中再遷太子司議郎兼脩國史崇賢館學士數受詔纂輯慶卹儀典武后稱之尤明姓系自魏晉以降推本其來皆有條序著姓略衣冠系錄等百餘篇後坐綦連耀交通下獄死神龍初贈祕書少監弟敬潛少與敬淳齊名歷懷州錄事參軍亦坐耀事繫獄免死後爲遂安令先是令多死敬潛欲辭妻曰君不死獄而得全非生死有命邪從之到官有梟嘯其屏鼠數十走于前左右驅之擁杖而號敬潛不爲懼久之遷衞令位中書舍人唐初姓譜學推敬淳名家其後柳沖韋述蕭穎士孔至各有撰次然皆本之路氏

王元感濮州鄄城人擢明經高第調博城丞紀王慎爲兗州都督厚加禮敕其子東平王續往受業天授中稍遷左衞率府錄事兼直弘文館武后時已郊遂享明堂封嵩高山詔與韋叔夏等草儀衆推其練洽轉四門博士仍直弘文館年雖老讀書不廢夜所撰書糾謬春秋振滯禮繩愆等凡數十百篇長安時上之丐官筆楮寫藏祕書有詔兩館學士成均博士議可否祝欽明郭山惲李憲等本章句家見元感詆先儒同異不懌數沮詰其言元感緣鋒申釋音不詘魏知古見其書歎曰五經指南也而徐堅劉知幾張思敬等惜其異聞每爲助理聯疏薦之遂下詔褒美以爲儒宗拜太子司議郎兼崇賢館學士中宗以東宮官屬加朝散大夫卒元感

初著論三年之喪以三十有六月譏詆諸儒鳳閣舍人張柬之破
其說曰三年之喪二十五月由古則然春秋僖公三十三年十二月
乙巳公薨文公二年冬公子遂如齊納幣左氏曰禮也杜預謂僖
喪終是年十一月納幣在十二月故謂之禮公羊傳納幣不書此
何以書譏何以譏三年之內不圖婚何休曰僖以十二月薨未終
二十五月故譏云杜預推曆乙巳乃在十一月經書十二月爲誤
文公元年四月葬僖公傳曰緩夫諸侯之葬五月若十二月薨五
月不得云緩則十一月明甚然二家所競乃一月非一歲則二十
五月其一驗也書稱成湯既沒太甲元年曰惟元祀十有二月伊
尹祀于先王奉嗣王祇見厥祖孔安國曰湯以元年十一月崩此
則明年祥又明年大祥故下言惟三祀十有二月朔伊尹以冕服奉
嗣王歸于亳是十一月服除而冕顧命四月哉生魄王不懌翌日
乙丑王崩丁卯命作冊度越七日癸酉伯相命士須材則成王崩
至康王麻冕黼裳凡十日康王始見廟明湯崩在十一月比殯訖

以十二月祇見其祖顧命見廟訖諸侯出廟門俟伊訓言祇見厥
祖侯甸羣后咸在則崩及見廟周因於殷也非元年前復有一歲
此二十五月之二驗禮三年之喪二十五月而畢哀痛未盡然而
以是爲斷者送死有已服生有節又曰朞而小祥食菜果又朞而
大祥有醯醬中月而禫食酒肉又曰再朞之喪三年朞之喪二年
九月七月之喪三時五月之喪二時三月之喪一時此二十五月
之三驗儀禮朞而小祥又朞而大祥中月而禫是月也吉祭此二
十五月之四驗書春秋禮皆周公尼父所定敢問此可爲法否昔
鄭玄以中月而禫者内容一月自喪至禫凡二十七月今旣用之
而二十五月初無疑論大抵子於親喪有終身之痛創巨者日久
痛深者愈遲何歲月而止乎故練而慨然悲慕未盡而踊擗之情
差未祥而廓然哀傷已除而孤藐之懷更劇此情之所致寧外飾
哉故先王立其中制使情文兩稱是以祥則縞帶素紕禫則無不
佩夫去衰麻襲錦縠行道之人皆不忍直爲節之以禮叵如之何

故仲由不能過制爲姊服孔鯉不能過朞哭母彼豈不懷恩名教
之嚴也當世謂柬之言不詭聖人而元感論遂廢
王紹宗字承烈梁左民尚書銓曾孫系本琅邪徙江都云少貧狹
嗜學工草隸客居僧坊寫書取庸自給凡三十年庸足給一月即
止不取贏人雖厚償輒拒不受徐敬業起兵聞其行以幣劫之稱
疾篤復令唐之奇彊遣不肯赴敬業怒將殺之之奇曰彼人望也
殺之沮士心不可由是免事平大總管李孝逸表其節武后召赴
東都謁殿中褒慰良厚擢太子文學累進祕書少監侍皇太子
紹宗雅脩飭當時公卿莫不慕悅其風張易之兄弟亦頗結納易
之誅坐廢卒于家嘗與人書曰鄙夫書無工者特由水墨之積習
耳常精心率意虛神靜思以取之吳中陸大夫常以余比虞君以
不臨寫故也聞虞被中畫腹與余正同虞即世南也紹宗兄玄宗
隱嵩山號太和先生傳黃老術
彭景直瀛州河間人中宗景龍末爲太常博士時獻昭乾三陵皆

日祭景直上言在禮陵不日祭宗廟有月祭故王者設廟祧壇墠
爲親疏多少之殺立七廟一壇一墠曰考廟曰王考廟曰皇考廟
曰顯考廟皆月祭遠廟爲祧享嘗乃止去祧爲壇去壇爲墠有禱
祭之無禱乃止譙周曰天子始祖高祖曾祖祖考之廟皆朔加薦
以象生時朔食號曰祭二祧廟不月祭則古無日祭者今諸陵朔
望進食近古之殷事諸節進食近古之薦新鄭玄曰殷事月之朔
半薦新奠也於儀禮朔半曰猶常日朝夕也旣大祥即四時焉此
其祭皆在廟云近世始以朔望諸節祭陵寢唯四時及臘五享于
廟尋經質禮無日祭於陵之文漢時京師自高祖下至宣帝與太
上皇悼皇考陵旁立廟園各有寢便殿故日祭諸寢月祭諸便殿
貢禹以禮節煩數白元帝願罷郡國廟丞相韋玄成等後因議七
廟外寢園皆無復脩議者亦以祭不欲數宜復古四時祭於廟劉
歆引春秋外傳曰祖禰日祭曾高月祀二祧時享壇墠歲貢魏晉
以降不祭墓唐家擇古作法臣謂宜罷諸陵日祭如禮便帝不從

因下詔有司言諸陵不當日進食夫禮以人情爲之㳂革何專古而泥所聞乾陵宜朝晡進奠昭獻陵日一進或所司乏于費可減朕常膳爲之帝崩葬定陵有司議以和思皇后祔葬后爲武后所殺不得其喪所將以招魂合諸梓宫景直曰招魂古無傳不可請如橋山藏衣冠故事納后褘衣復寢宫舉衣魂輅告以太牢内之方中奉帝梓棺右覆以夷衾衆當其言制曰可景直後歷禮部郎中卒

盧粲幽州范陽人後魏侍中陽烏五世孫祖彦卿亦善著書粲始冠擢進士第神龍中累遷給事中時節愍太子立韋后疾之諷中宗以衛府封物給東宫粲駁奏太子匕鬯主歲時服用宜取於百司周禮諸用財器歲終則會唯王及太子不會今乃與諸王等衷非所謂憲章古昔者詔可武崇訓死詔墓視陵制粲曰凡王公主墓無稱陵者唯永泰公主事出特制非後人所援比崇訓塋兆請視諸王詔曰安樂公主與永泰不異崇訓於主當同穴爲陵不疑

粲固執以陵之稱本施尊極雖崇訓之親不及雍王雍墓不稱陵崇訓緣主而得假是名哉詔可主大怒出粲陳州刺史粲曰尚所論得行雖遠何憚開元初爲祕書少監其從父行嘉仕爲雍王記室亦以學聞粲累封固安縣侯終邠王傅謚曰景

尹知章絳州翼城人少雖學未甚通解忽夢人持巨鑿破其心内若劘焉驚悟志思開徹遂徧明六經諸生嘗講授者更北面受大義長安中擢定王府文學遷太常博士中宗時或建言以涼武昭王爲七廟始祖知章議武昭遠世非王業所因乃止出爲陸渾令坐事輒棄官去時散騎常侍解琬亦罷歸與知章譚思經術擧訢訢然張說表諸朝擢禮部員外郎轉國子博士馬懷素繕定秘書奏知章是正文字每休沐講授未始輟於易老莊書尤縣解弟子貧者賙給之性和厚人不見有喜慍未嘗問産業其子欲廣市樵米爲歲中計知章曰如而計則貧人何以取資且吾尚應奪民利邪卒官所注傳頗多行於時門人孫季良等頌其德刻著東都國子監門外季良偃師人一名翌仕歷左拾遺集賢院直學士

張齊賢陜州陜人聖曆初爲太常奉禮郎武后詔百官議告朔于明堂讀時令布政事京官九品以上四方朝集使皆列於廷太常博士辟閭仁諝曰經無天子月告朔唯玉藻天子聽朔南門之外周太宰正月之吉布政於邦國都鄙干寶曰建子月告朔日也此玉藻聽朔同誼今元日讀時令合古聽朔事獨鄭玄以秦制月令有五帝五官因言聽朔必以特牲告時帝及神以文王武王配其言非是月令曰其帝太昊其神句芒謂宣令告人使奉時務業月皆有令故云非天子月朔以配帝祭也告朔者諸侯禮也春秋既視朔遂登臺玄又說人君月告朔於廟其祭爲朝享魯自文公始不視朔明非天子所行玄謂告帝即人帝神即重黎五官不言天子拜祭臣請罷告朔月祭以應古禮齊賢不韙其說質曰穀梁氏稱閏月天子不告朔它月故告朔矣左氏言魯不告閏朔爲棄時政則諸侯雖閏告朔矣周太史頒朔于邦國玉藻閏月王居門是

天子雖閏亦告朔二家去聖不遠載天子諸侯告朔事顯顯弗繆今議者乃以太宰正月之吉布治邦國而言天子元日一告朔殊失其旨一歲之元六官自布所職之典干寶謂吉爲朔故世人繆吉爲告據繆失經不得爲法議者又引左氏說專在諸侯不知玉藻與左說正同而獨於天子言歲首一告何去取之恣也又謂時帝五人帝也玄於時帝包天人故以文武作配是並告兩五帝爲不疑諸侯受朔天子藏於廟天子受朔于天宜在明堂故告時帝配祖考議者曰天子月告祭須朔則諸侯安得藏之故太宰歲首布一歲事太史頒之也是不然周太史頒朔邦國是摠頒十二朔於諸侯天子猶月告者須官府都鄙也内外異言之也禮不可罷鳳閣侍郎王方慶又推言明堂布政之宫所以明天氣統萬物也漢儒以明堂太廟爲一宗祀其祖而配上帝取宗祀曰淸廟正室爲太室向陽爲明堂建學爲太學圜水爲辟雍異名同事古之制也天子以正月上辛摠受十二月政於南郊還藏于祖廟月取一

政班之明堂諸侯則受於天子藏之祖廟月取一政行之于國王者以其禮告廟謂之告朔視月之政謂之視朔玉藻玄冕而朝日東門之外聽朔南門之外鄭玄說明堂在國陽就其時之堂而聽朔焉卒事宿路寢今元日通天宮受朝有司遂讀時令布政古之禮也舊說天子歲入明堂者十八大享一月告朔十二四時迎氣四巡狩之歲一今議者唯許歲首一入不以臨乎陛下幸建明堂遵用告朔事若月一聽則近于煩每孟月視朔惟制定其禮臣下不敢專成均博士吳揚吾等共言秦滅學告朔禮廢今用四孟月季夏至明堂告五時帝堂上請兼如齊賢方慶議不數歲禮亦廢久之齊賢遷博士時東都置太社禮部尚書祝欽明問禮官博士周家田主用所宜木今社主石柰何齊賢與太常少卿韋叔夏國子司業郭山惲尹知章等議春秋君以軍行祓社釁鼓祝奉以從故曰不用命戮于社社稷主用石以可奉而行也崔靈恩曰社主用石以地產最實歟呂氏春秋言殷人社用石後魏天平中遷太

社石主其來尚矣周之田主用所宜木其民間之社歟非太社也於是舊主長尺有六寸方尺七寸問博士云何齊賢等議社主之制禮無傳天子親征載以行則非過重禮社祭土主陰氣韓詩外傳天子太社方五丈諸侯半之五土數社主宜長五尺以準數五方二尺以準陰偶剡其上以象物生方其下以象地體埋半土中本末均也請度以古尺云又問社稷壇隨四方用色而中不數尺冒黃土謂何齊賢等曰天子太社度廣五丈分四方上冒黃土象王者覆被四方然則當以黃土覆壇上舊壇上不數尺覆被之狹乖於古於是以方色飾壇四面及陛而黃土全覆上焉祭牲皆太牢其後改先農曰帝社又立帝稷皆齊賢等參定中宗即位因武后東都廟改為唐廟議滿七室以涼武昭王為始祖齊賢上議禮天子七廟尊始封君曰太祖百代不遷始祖無聞焉殷自玄王至湯周后稷至武王皆出太祖後合食有序景皇帝始封唐實為太祖以世數近故尚在昭穆今乃上引武昭王為始祖異乎殷周之本

卨稷也卨稷與非景皇帝是也昭王國不世傳後嗣失守景帝實始封唐子孫是承若近捨唐遠引涼不見其可且魏不祖曹參晉不祖司馬卬宋不祖楚元王齊梁不祖蕭何陳隋不祖胡公楊震今謂昭王為祖可乎漢以周郊后稷議欲郊堯杜林以為周興自后稷漢業特起功不緣堯卒不果郊武德初定去昭王尤近不託祖者不可故也今而立之非祖宗意景皇失位神弗臨享殆非詒厥孫謀者博士劉承慶尹知章又言受命之君王迹有淺深代系有遠邇祖以功昭穆以親有功者不遷親盡者毀今不宜以廟數未備引當遷之主於昭穆上苟充七室也景皇帝既號太祖以世淺猶在六室位則室未當有七非天子廟不當七也大帝神主既祔宣皇帝當遷宣非始祖又無宗號親盡而遷不可復立請仍為六室詔宰相詳裁於是祝欽明等上言博士等三百人為兩說齊賢等不祖武昭王劉承慶等請遷宣皇帝臣等欲皆可其奏詔可俄以孝敬皇帝為義宗列於廟為七室西京太廟亦如之齊賢遷

累諫議大夫卒

柳沖蒲州虞鄉人隋饒州刺史莊曾孫父楚賢大業中為河北縣長高祖兵興堯君素據郡固守楚賢說曰隋之亡天下共知唐公名在圖籙動以誠信豪英景赴天所贊也君子見幾而作俟終日邪君素不從楚賢潛行自歸授侍御史貞觀中持節冊拜突厥辭其遺不受歷交桂二州都督杭州刺史皆有名沖好學多所研總天授初為司府寺主簿詔遣安撫淮南使有指封河東縣男中宗景龍中遷左散騎常侍脩國史初太宗命諸儒撰氏族志甄差羣姓其後門胄興替不常沖請改脩其書帝詔魏元忠張錫蕭至忠岑羲崔湜徐堅劉憲吳兢及沖共取德功時望國籍之家等而次之夷蕃酋長襲冠帶者析著別品會元忠等繼物故至先天時復詔沖及堅兢與魏知古陸象先劉子玄等討綴書乃成號姓系錄歷太子賓客宋王師昭文館學士以老致仕開元初詔沖與薛南金復加刊竄乃定後柳芳著論甚詳今刪其要著之左方芳之

言曰氏族者古史官所記也昔周小史定繫世辯昭穆故古有世本錄黃帝以來至春秋時諸侯卿大夫名號繼統左丘明傳春秋亦言天子建德因生以賜姓胙之土而命之氏諸侯以字爲氏以謚爲族昔堯賜伯禹姓曰姒氏曰有夏伯夷姓曰姜氏曰有呂下及三代官有世功則有官族邑亦如之後世或氏於國則齊魯秦吳氏於謚則文武成宣氏於官則司馬司徒氏於爵則王孫公孫氏於字則孟孫叔孫氏於居則東門北郭氏於志則三烏五鹿氏於事則巫乙匠陶於是受姓命氏粲然衆矣秦既滅學公侯子孫失其本系漢興司馬遷父子乃約世本脩史記因周譜明世家乃知姓氏之所由出虞夏商周昆吾大彭豕韋齊桓晉文皆同祖也更王迭霸多者千祀少者數十代先王之封既絕後嗣蒙其福猶爲彊家漢高帝興徒步有天下命官以賢詔爵以功誓曰非劉氏王無功侯者天下共誅之先王公卿之胄才則用不才弃之不辨士與庶族然則始尚官矣然猶徙山東豪傑以實京師齊諸田楚屈

景皆右姓也其後進拔豪英論而錄之蓋七相五公之所由興也魏氏立九品置中正尊世冑卑寒士權歸右姓已其州大中正主簿郡中正功曹皆取著姓士族爲之以定門冑品藻人物晉宋因之始尚姓已然其別貴賤分士庶不可易也于時有司選舉必稽譜籍而考其眞僞故官有世冑譜有世官賈氏王氏譜學出焉由是有譜局令史職皆具過江則爲僑姓王謝袁蕭爲大東南則爲吳姓朱張顧陸爲大山東則爲郡姓王崔盧李鄭爲大關中亦號郡姓韋裴柳薛楊杜首之代北則爲虜姓元長孫宇文于陸源竇首之虜姓者魏孝文帝遷洛有八氏十姓三十六族九十二姓八氏十姓出於帝宗屬或諸國從魏者三十六族九十二姓世爲部落大人並號河南洛陽人郡姓者以中國士人差第閥閱爲之制凡三世有三公者曰膏粱有令僕者曰華腴尚書領護而上者爲甲姓九卿若方伯者爲乙姓散騎常侍太中大夫者爲丙姓吏部正員郎爲丁姓凡得入者謂之四姓又詔代人諸冑初無族姓其穆陸

奚于下吏部勿充猥官得視四姓北齊因仍舉秀才州主簿郡功曹非四姓不在選故江左定氏族凡郡上姓第一則爲右姓太和以郡四姓爲右姓齊浮屠曇剛類例凡甲門爲右姓周建德氏族以四海通望爲右姓隋開皇氏族以上品茂姓則爲右姓唐貞觀氏族志凡第一等則爲右姓路氏著姓略以盛門爲右姓柳沖姓族系錄凡四海望族則爲右姓不通歷代之說不可與言譜也今流俗獨以崔盧李鄭爲四姓加太原王氏號五姓蓋不經也夫文之弊至于尚官官之弊至于尚姓姓之弊至于尚詐隋承其弊不知其所以弊乃反古道罷鄉舉離地著尊執事之吏於是乎士無鄉里里無衣冠人無廉恥士族亂而庶人僭矣故善言譜者繫之地望而不惑質之姓氏而無疑綴之婚姻而有別山東之人質故尚婚婭其信可與也江左之人文故尚人物其智可與也關中之人雄故尚冠冕其達可與也代北之人武故尚貴戚其泰可與也及其弊則尚婚婭者先外族後本宗尚人物者進庶孽退嫡長尚

冠冕者略伉儷慕榮華尚貴戚者徇勢利亡禮教四者俱弊則失其所尚矣人無所守則士族削士族削則國從而衰管仲曰爲國之道利出一孔者王二孔者彊三孔者弱四孔者亡故冠婚者人道大倫周漢之官人齊其政一其門使下知禁此出一孔也故王魏晉官人尊中正立九品鄉有異政家有競心此出二孔也故彊江左代北諸姓紛亂不一其要無歸此出三孔也故弱隋氏官人以吏道治天下人之行不本鄉黨政煩於上人亂於下此出四孔也故亡唐承隋亂宜救之以忠忠厚則鄉黨之行修鄉黨之行修則人物之道長人物之道長則冠冕之緒崇冠冕之緒崇則教化之風美乃可與古參矣晉太元中散騎常侍河東賈弼譔姓氏簿狀十八州百十六郡合七百一十二篇甄析士庶無所遺宋王弘劉湛好其書弘每日對千客可不犯一人諱湛爲選曹譔百家譜以助銓序文傷寡省王儉又廣之王僧孺演益爲十八篇東南諸族自爲一篇不入百家數弼傳子匪之匪之傳子希鏡希鏡譔姓氏

要狀十五篇尤所諳究希鎬傳子執執更作姓氏英賢一百篇又著百家譜廣兩王所記執傳其孫冠冠撰梁國親皇太子序親簿四篇王氏之學本於賈氏唐興言譜者以路敬淳為宗柳沖韋述次之李守素亦明姓氏時謂肉譜者後有李公淹蕭穎士殷寅孔至為世所稱初漢有鄧氏官譜應劭有氏族一篇王符潛夫論亦有姓氏一篇宋何承天有姓苑二篇譜學大抵具此魏太和時詔諸郡中正各列本土姓族次第為舉選格名曰方司格人到于今稱之

馬懷素字惟白潤州丹徒人客江都師事李善貧無資晝樵夜輒然以讀書遂博通經史擢進士第又中文學優贍科補鄠尉積勞遷左臺監察御史長安中大夫魏元忠為張易之構謫嶺表太僕崔貞愼東宮率獨孤禕之祖道易之怒使人上急變告貞愼等與元忠謀反武后詔懷素按之使者促迫懷素執不從曰貞愼餞流人當得罪以為謀反則非昔彭越以逆誅欒布奏事尸下漢不坐

罪今元忠罪非越比不宜坐餞闕之人且陛下操生殺柄欲加之罪自當處使聖心既付臣按狀惟知守陛下法爾后意解貞愼等乃免宰相李迥秀藉易之勢斂賕諉法懷素劾罷之轉禮部員外郎以十道使黜陟江西處決平恕遷考功覈取實才權貴謁請不能阿撓擢中書舍人內供奉為脩文館直學士開元初為戶部侍郎封常山縣公進兼昭文館學士篤學手未嘗廢卷謙恭愼畏推為長者玄宗詔與褚无量同為侍讀更日番入既叩閤肩轝以進或行在遠聽乘馬宮中每宴見帝自送迎以師臣禮有詔句校祕書是時文籍盈漫皆炱朽蟫斷籤縢紛舛懷素建白願下紫微黃門召宿學巨儒就校繆缺又言自齊以前舊籍王儉七志已詳請採近書篇目及前志遺者續儉志以藏祕府詔可即拜懷素祕書監乃召國子博士尹知章四門助教王直直國子監趙玄默陸渾丞吳綽桑泉尉韋述扶風丞馬利徵湖州司功參軍劉彥直臨汝丞宋辭玉恭陵令陸紹伯新鄭尉李子釗杭州參軍殷踐猷梓潼尉解崇質四門直講余欽進士王愜劉仲丘右威衞參軍侯行果邢州司戶參軍袁暉海州錄事參軍晁良右率府胄曹參軍毋煚滎陽主簿王灣太常寺太祝鄭良金等分部撰次踐猷從弟祕書丞承業武陟尉徐楚璧是正文字懷素奏祕書少監盧俌崔沔為脩圖書副使祕書郎田可封康子元為判官然懷素不善著述未能有所緒別會卒帝舉哀洛陽南城門贈潤州刺史謚曰文給鑾還鄉里喪事官辦懷素卒後詔祕書官並號脩書學士草定四部人人意自出無所統一踰年不成有司疲於供擬太僕卿王毛仲奏罷內料又詔右常侍褚无量大理卿元行沖考絀不應選者无量等奏脩撰有條宜得大儒綜治詔委行沖乃令煚述欽總緝部分踐猷愜治經述欽治史煚彥直治子灣仲丘治集八年四錄成上之學士無賞擢者行沖知麗正院又奏紹伯利徵彥直踐猷行果子釗直煚述灣玄默欽良金與朝邑丞馮朝隱冠氏尉權寅獻祕書省校書郎孟曉揚州兵曹參軍韓覃王嗣琳福昌令張悱

進士崔藏之入校麗正書由是祕書省罷撰緝而學士皆在麗正矣愜仲丘老病還鄉里紹伯卒于官直終岐王府記室參軍事玄默集賢直學士利徵出為山茌令儒緩無治術免官終于家子釗坐保任非人終德州長史欽至太學博士集賢院學士灣洛陽尉良金右補闕京兆府倉曹參軍事寅獻臨淮太守曉左補闕覃萊州別駕坐誣告刺史流遠方藏之膳部員外郎明年以將仕郎梁令瓚文學直書院後以右率府兵曹參軍而罷終恒王府司馬祕書省校書郎源幼良代利徵從以協律郎罷

殷踐猷字伯起陳給事中不害五世從孫博學尤通氏族曆數醫方與賀知章陸象先韋述最善知章嘗號為五總龜謂龜千年五聚問無不知也初為杭州參軍舉文儒異等科授祕書省學士用曹州司法參軍兼麗正殿學士以叔父喪哀慟歐血而卒年四十八少子寅舉宏辭為太子校書出為永寧尉吏侮謾甚寅怒殺之貶澄城丞病且死以母蕭老不忍訣及斂其子亮斷指剪髮置棺

中自誓事祖母如寅在其後侍蕭疾不脫衣者數年有白鷰巢其楣後終給事中杭州刺史踐猷弟季友歷秘書郎善畫從父仲容終冬官郎中有重名子承業以謹樸稱歷太子左諭德右威衛將軍族子成己晉州長史初母顏叔父吏部郎中敬仲爲酷吏所陷率二妹割耳訴冤敬仲得減死及成己生而左耳缺云

孔若思越州山陰人陳吏部尚書奐四世孫祖紹安與兄紹新蚤知名陳亡客居鄠勵志于學外兄虞世南曰本朝淪覆吾分湮滅有弟若此知不亡矣紹安與孫萬壽皆以文辭稱時謂孫孔隋大業末爲監察御史高祖討賊河東紹安與夏侯端同監軍禮遇尤密帝受禪端先歸拜秘書監已而紹安間道走長安帝悅擢內史舍人賜宅一區良馬二四若思早孤其母躬訓教長以博學聞有遺以褚遂良書者納一卷焉其人曰是書貴千金何取之廉荅曰審爾此爲多矣更還其半擢明經歷庫部郎中常曰仕宦至郎中足矣座右置止水一石明自足意中宗初敬暉桓彥範當國以若思多識古今凡大政事必咨質後行三遷禮部侍郎出爲衛州刺史故事以宗室爲州別駕見刺史驁放不肯致恭若思劾奏別駕李道欽請訐狀有詔別駕見刺史致恭自若思始以清白擢銀青光祿大夫賜絹百匹累封梁郡公開元七年卒謚曰惠從父楨第進士歷監察御史門無賓謁時識其介高宗時再遷絳州刺史封武昌縣子謚曰溫子季詡字季和永昌初擢制科授校書郎陳子昂常稱其神清韻遠可比衛玠終左補闕若思子至字惟微歷著作郎明氏族學與韋述蕭穎士柳沖齊名撰百家類例以張說等爲近世新族剟去之說子均方有寵怒曰天下族姓何豫若事而妄紛紛邪均弟素善至以實告初書成示韋述述謂可傳及聞均語懼欲更增損述曰止丈夫奮筆成一家書柰何因人動搖有死不可改遂罷時述及穎士沖皆撰類例而至書稱工

儒學列傳中第一百二十四

儒學列傳下第一百二十五　　唐書二百

宋祁　奉　敕　撰

褚无量字弘度杭州鹽官人幼授經於沈子正曹福刻意墳典家瀕臨平湖有龍出人皆走觀无量尚幼讀書若不聞衆異之尤精禮司馬史記擢明經第累除國子博士遷司業兼脩文館學士中宗將南郊詔定儀典時祝欽明郭山惲建言皇后為亞獻无量與太常博士唐紹蔣欽緒固爭以為郊祀國大事其折衷莫如周禮周禮冬至祭天圜丘不以地配唯始祖為主亦不以妣配故后不得與又大宗伯凡大祭祀王后不與則攝而薦豆籩徹是后不應助祭又內宰職大祭祀后祼獻則贊瑤爵祭天無祼知此乃宗廟祭耳巾車內司服掌后六服與五路無后祭天之服與路是后不助祭天也惟漢有天地合祭皇后參享事末代黷神事不經見不可為法時左僕射韋巨源佐欽明故无量議格以母老解官玄宗為太子復拜國子司業兼侍讀撰翼善記以進厚被禮答太子釋奠國學令講經建端樹義博敏而辯進銀青光祿大夫錫予蕃渥及即位遷左散騎常侍兼國子祭酒封舒國公母喪解詔州刺史薛瑩弔祭賜物加等廬墓左鹿犯所植松柏无量號訴曰山林不乏忍犯吾塋樹邪自是羣鹿馴擾不復枨觸无量為終身不御其肉喪除召復故官以耆老隨仗聽徐行又為設腰輿許乘入殿中頻上書陳得失開元五年帝將幸東都而太廟壞姚崇建言廟本苻堅故殿不宜罷行无量鄙其言以為不足聽乃上疏曰王者陰盛陽微則先祖見變今後宮非御幸者宜悉出之以應變異擧賢良擇方正斥不急省冗食輕賦慎刑納諫爭察諂諛繼絕世則天人和會災異訖息帝是崇語遂東幸无量又上言昔虞舜之狩秩山川徧羣神漢孝景祠黃帝橋山孝武祠舜九疑高祖過魏祭信陵君墓過趙封樂毅後孝章祠桓譚冢願陛下所過名山大川丘陵墳衍古帝王賢臣在祀典者並詔致祭自古受命之君必興滅繼絕崇德報功故存人之國大於救人之災立人之後重於封人之墓願到東都收敘唐初逮今功臣世絕者雖在支庶咸得承襲帝納其言即詔无量祠堯平陽宋璟祠舜蒲坂蘇頲祠禹安邑在所刺史參獻又求武德以來勳臣苗裔紹續其封初內府舊書自高宗時藏宮中甲乙叢倒无量建請繕錄補第以廣秘籍天子詔於東都乾元殿東廂部彙整比无量為之使因表聞喜尉盧僎江陽尉陸去泰左監門率府胄曹參軍王擇從武陟尉徐楚璧分部讎定衛尉設次光祿給食又詔祕書省司經局昭文崇文二館更相檢讎采天下遺書以益闕文不數年四庫完治帝詔羣臣觀書賜无量等帛有差无量又言貞觀御書皆宰相署尾臣位卑不足以辱請與宰相聯名跋尾不從帝西還徙書麗正殿更以脩書學士為麗正殿直學士比京官預朝會復詔无量就麗正纂續前功皇太子及郯王嗣直等五十人就學无量以孝經論語五通獻帝帝曰朕知之矣乃選郗常亨郭謙光潘元祚等為太子諸王侍讀七年太子齒胄于學詔无量升坐講勸百官觀禮厚賚賜八年卒年七十五病困語人以麗正書未畢為恨帝聞悼痛詔宰相曰无量朕師今其永逝宜用優典於是贈禮部尚書謚曰文所譔述百餘篇歿後有於書殿得講史記至言十二篇上之帝歎息以絹五百匹賜其家始无量與馬懷素為侍讀後祕書少監康子元國子博士侯行果亦踐其選雖賞賚㲼加而禮遇衰矣陸去泰終左右補闕內供奉王擇從京兆人終汜水令徐楚璧初應制舉三登甲科開元時為中書舍人集賢院學士帝屬意令視草終中書侍郎東海縣子在中書省久是時李林甫用事或言計議多所參助後更名安貞

元澹字行沖以字顯後魏常山王素連之後少孤養於外祖司農卿韋機及長博學尤通故訓及進士第累遷通事舍人狄仁傑器之嘗謂仁傑曰下之事上譬富家儲積以自資也脯臘膎胰以供滋膳參朮芝桂以防疾疢門下充旨味者多矣願以小人備一藥石可乎仁傑笑曰君正吾藥籠中物不可一日無也景雲中授太常少卿行沖以系出拓拔恨史無編年乃撰魏典三十篇事詳文約學者尚之初魏明帝時河西柳谷出石有牛繼馬之象魏收以晉元帝乃牛氏子冒司馬姓以著石符行沖謂昭成皇帝名犍繼晉受命獨此可以當之有人破古冢得銅器似琵琶身正圓人莫能辨行沖曰此阮咸所作器也命易以木絃之其聲亮雅樂家遂謂之阮咸開元初罷太子詹事出為岐州刺史兼關內按察使自以書生非彈治才固辭入為右散騎常侍東都副留守嗣彭王志謙坐仇人告變考訊自誣株蔓數十人行沖察其枉列奏見原四遷大理卿不樂法家固謝所居官改左散騎常侍封常山縣公充使檢校集賢再遷太子賓客弘文館學士先是馬懷素撰書呂褚无量校麗正四部書業未卒相次物故詔行沖并代之玄宗自註孝經詔行沖為疏立于學官以老罷麗正校書事初魏光乘請用魏徵類禮列于經帝命行沖與諸儒集義作疏將立學乃引國子博士范行恭四門助教施敬本采獲刊綴為五十篇上于官於是右丞相張說建言戴聖所錄向已千載與經並立不可罷魏孫炎始因舊書摘類相比有如鈔掇諸儒共非之至徵更加整次乃為訓注恐不可用帝然之書留中不出行沖意諸儒聞已因著論自辯名曰釋疑曰客問主人小戴之學康成之注魏氏乃有刊易二經孰優主人曰小戴禮行於漢末馬融為傳盧植合二十九

篇而為之解世所不傳鉤黨獄起康成於竄伏之中理紛拏之典雖存探究咎
謀靡所且鄭志者百有餘科章句之徒曾不是省王肅因之或多攻詆而鄭學
有孫炎雖扶鄭義條例支分箴石間起增暨華百篇魏氏病羣言之冗脞采衆說
之精簡刊正芟礱書畢以聞太宗嘉賞錄賜儲貳陛下纂業宜所循襲製諸
儒數分舊義悟章句之士堅持昔言擯壓不申疑於知新果於仍故若問當
局稱迷傍觀必審何所為疑而不申列答曰改易章句是有五難漢孔安國注
古文尚書族兄臧與書曰相如常忿俗儒淫詞冒義欲撥亂反正而未能也浮
學守株衆非非是自古而然恐此道未信而獨智為讁也昔孔季產專古學
有孔扶者與俗浮沈每誡產曰今朝廷率章句內學君獨脩古義古義非章句
內學危身之道也獨善不容於世君其殆哉二也劉歆好左氏欲建學官哀帝
納之諸儒遷延不肯置對歆移書誚讓諸博士皆忿恨龔勝時為光祿大夫見
歆議乃乞骸骨司空師丹因大發怒詆歆改亂前志非毀先帝所立歆懼出為
五原太守以君賢之學公仲之博猶迫同門朋黨之議卒令子駿負謗三世三也
肅規鄭玄數千百條鄭學馬昭詆劾肅短詔遣博士張融按經問詰融推
處是非而肅酬對疲於歲時四也王粲曰世稱伊雒以東淮漢以北康成一人而已
咸言先儒多闕鄭氏道備粲竊嗟怪因求所學得尚書注退思其意意

皆盡矣所疑猶未諭焉凡有二篇王邵曰魏晉浮華古道湮替歷載三百士大
夫恥為章句唯草野生專經自許不能博究擇從其善徒欲父康成兄子慎
寧道孔聖誤諱言鄭服非然則鄭服之外皆讎矣五世夫物極則變比及百年
當有明哲君子恨不與吾同世者道之行廢必有其時著欲何遽速近名
之嫌邪俄乞致仕十七年卒年七十七贈禮部尚書謚曰獻
陳貞節潁川人開元初為右拾遺初隱章懷懿德節愍四太子並建陵廟分八
署置官列吏卒四時祠官進饗貞節以為非是上言王者制祀以功德者猶親
盡而毀四太子廟皆別祖無功於人而園祠時薦有司守衛與列帝侔奏登
歌所以頌功德詩曰鐘鼓既設一朝饗之使無功而頌不曰舞詠非度邪周制
始祖乃稱小廟未知四廟欲何名乎請罷卒吏祠官無領屬以應禮典著
別子為祖故有大小宗若謂祀未可絕宜許所後子孫奉之詔有司博議都
官員外郎裴子餘曰四太子皆先帝冢嗣列聖懿屬而為之享春秋書曹世子
曰將以晉畀秦秦將祀子此不祀也又言神不歆非類君祀無乃殄乎此有廟
也魯定公元年立煬宮煬伯禽子季氏遠祖尚不為限況天子篤親親以及旁
朞誰不曰然太常博士段同昌陵廟皆天子睦親繼絕也逝者錫類猶
生者之開茅土古封建子弟詎皆有功生無所議死乃按禮停祠人其謂何

隱於上伯祖也服緦章懷伯父也服朞懿德節愍堂昆弟也服大功親未盡廟
不可廢禮部尚書鄭惟忠等二十七人亦附其言於是四陵廟惟減吏卒半它
如舊遷太常博士玄宗奉昭成皇后祔睿宗室又欲肅明皇后并焉貞節奏
言廟必有配一帝一后禮之正也昭成皇后有太姒之德宜升配睿宗肅明皇
后既非子貴宜在別廟周人奏夷則歌小呂以享先妣先妣姜嫄也以生后稷
故特立廟曰閟宮晉簡文帝鄭宣皇后不配食築宮於外以歲時致享肅明請
準周姜嫄晉宣后納主別廟時享如儀於是留儀坤廟詔隸太廟毋置官屬
貞節又與博士蘇獻上言睿宗於孝和弟也按賀循說兄弟不相為後故殷盤
庚不序陽甲而上繼先君漢光武不嗣孝成而上承元帝晉懷帝繼世祖不繼
惠帝故陽甲孝成出為別廟又言兄弟共世昭穆位同則毀二廟有天子不得
禰而上事七廟尊者所統廣故及遠祖若容兄弟則上毀祖考天子不得全事
七世矣請以中宗為別廟大祫則合食太祖奉睿宗繼高宗則禰獻承序
乃奉中宗別廟升睿宗為第七室五年大廟壞天子舍神主太極殿營新廟素
服避正寢三日不朝猶幸東都伊闕男子孫平子上書曰乃正月太廟毀此躋
二帝之驗也春秋君薨卒哭而祔祔而作主特祀於主烝嘗禘於廟今皆違之
魯文公之二年躋僖公於閔上後大室壞春秋書其災說曰僖雖閔兄嘗為之

臣居君上是謂失禮故大室壞且兄臣於弟猶不可躋弟嘗臣兄乃可躋乎莊
公薨閔公二年而禘春秋非之況大行夏崩而太廟冬禘不亦亟乎太室尊所
若曰魯自是陵夷墮周公之祀太廟今壞意者其將陵夷墮先帝之祀乎陛
下未祭孝和先祭太上皇先臣後君昔躋兄弟大今弟先兄祭昔大室壞今太
廟毀與春秋正同不可不察武后篡國孝和中興有功今內主別祠不得列
于世亦已薄矣夫功不可棄君不可下長不可輕且臣繼君猶子繼父故禹不
先鯀周不先不窋宋鄭不以帝乙厲王不肖猶尊之也況中興邪晉太康時宣
帝廟地陷梁折又三年太廟殿陷而及泉更營之梁又折太史所譴非必朽而
壞也晉不承天故及于亂臣謂宜遷孝和還廟何必違禮下同魯晉哉帝
異其言詔有司復議貞節獻與博士馮宗賀之曰天子七廟三昭三穆與太祖而
七父昭子穆兄弟不與焉殷自成湯至帝乙十二君其父子世六易乾鑿度曰
殷之帝乙六世王則兄弟不為世矣殷人六廟親廟四并湯而六殷兄弟四君
若以為世方上毀四室乃無祖禰是必不然古者繇禰極祖雖迭毀迭遷而三
昭穆未嘗闕也禮大宗無子則立支子又曰為人後者為之子無兄弟相為後
者故捨至親取遠屬父子曰繼兄弟曰及兄弟不相入廟尚矣借有兄弟代立
承統告享不得稱嗣子嗣孫乃言伯考伯祖何統序乎殷士二君惟三祖三宗

明兄弟自為別廟。漢世祖列七廟而惠帝不與文武子孫昌衍文為漢太宗。晉景帝亦文帝兄，景絕世，不列于廟，及告謚，世祖稱景為從祖，今謂晉武帝越崇其父而廟毀，及何美出惠帝而享世長久乎？七廟五廟，明天子諸侯世，父子相繼一統也，昭穆列序，重繼也。禮，兄弟相繼不得稱嗣。孝明睿宗不父孝和，必上繼高宗者，偶室於廟，則為二穆，於禮可乎？禮所不可，而使天子旁紹伯考，棄已親，正統哉？孝和中興，別建園寢，百世不毀，尚何議哉？平子猥引僖公逆祀為比，殊不知孝和升新寢，聖真方祔廟，則未嘗一日居上也。帝語宰相召平子與博士詳論，博士護前言，各軋平子，平子援經辯數分明，獻等不能屈，蘇頲右博士，故平子坐貶都城尉。然諸儒以平子孤挺見疑於禮官，不平。帝亦知其直，久不決，然卒不復中宗於廟。明年，帝將大享明堂，貞節與武后所營非古所謂不鏤，土不文之制，乃與馮宗上言：明堂必直丙巳，以憲房心，布政太微，上帝之所。武后始以乾元正寢占陽午地，先帝所以聽政，故毀殿作堂，撤之日有音如雷，燕民譁訕，以為神靈不悅，堂成災，從之后不悛，德俄復營構，彈用極侈，詭禳厭變文猷嚴配上帝神安肯臨，且密邇接近，人神雜擾，是謂不可放物者也。二京上都，四方是則，天子聽政乃居便坐，無以尊示羣臣，願以明堂復為乾元殿，使人識其舊，不亦愈乎？詔所司詳議，刑部尚書王志愔等僉謂明堂瓌怪不法，天燼之餘，不容大享，請因舊循制，還署乾元正寢，至天子御以朝會，若大享，復寓圜丘。制曰可。貞節以壽卒。

施敬本，潤州丹陽人。開元中，為四門助教。玄宗將封禪，詔有司講求典儀，舊制盥手洗爵皆侍中主之。詔祀天神，太祝主之。敬本上言曰：周制，大宗伯攝人下士三掌祼事；漢無攝人，用近臣。漢世侍中微，其籍孺、閎孺等幸臣為之，後漢部閤自侍中遷步兵校尉，秩千石，其職省起居、執虎子，蓋褻臣也。今侍中位宰相，非攝人比。祝者薦主人意於神，非賤職也。古二君相見，卿為上擯，況天人際哉？周太祝下大夫二、上士四，下大夫今郎中、太常丞之比，上士員外郎、博士之比，漢太祝令秩六百石，今太祝乃下士，以下士接天，以大臣奉天子，輕重不倫，非禮也。舊制，謁者引太尉升壇，謁者位下，升壇禮重。漢尚書、御史屬有謁者僕射一，秩六百石，銅印青綬。謁者三十五，以郎中滿歲稱給事，中未滿歲稱謁者。光祿勳屬有謁者，掌賓贊，員七十，秩比六百石，則古謁者名秩差異等。今謁者班微，循空名，忘實事，非所以事天也。帝詔中書令張說，引敬本執悉其議，故侍中祝謁者視禮輕重，以它官攝領。敬本以太常博士為集賢院脩撰，踰年遷右補闕、秘書郎，卒。

盧履冰，幽州范陽人，元魏都官尚書義僖五世孫。開元五年，仕歷右補闕，建

言：古者父在為母朞，撤靈而心喪。武后始請同父三年，非是，請如禮。便玄宗疑之，又以舅嫂叔服未安，并下百官議。刑部郎中田再思曰：會禮之家，比聚訟，循古不必是，而行今未必非。父在為母三年，高宗實行之，著令已久，何必乖先帝之旨，闕人子之情，變一朞服，於其親使與伯叔母、姑姊妹同，嫂叔舅甥服，太宗實制之，閱百年無異論，不可改。履冰因言：上元中，父在為母三年，后雖請，未用也。逮垂拱始行之。至有祖父母在，而子孫婦沒，行服再朞，不可謂禮。女子無專道，故曰家無二尊。父在為母服朞，統一尊也。今不正其失，恐後世復有婦奪夫之政，不可不察。書留未下，履冰即極陳：父在為母立几筵者一朞，心喪者再朞，父必三年而後娶，以達子之志。夫聖人豈薄情於所生，固有意於天下。昔武后陰儲篡謀，豫自光崇，升朞齊，抗斬衰，俄而乘陵唐家，以啟釁階。孝和僅得反正，韋氏復出，酖殺天子，幾亡宗社，故皆將以正夫婦之綱，非特母子間也。議者或言降母服非詩所謂罔極者，而又與伯叔母姑姊妹等，是齊斬已有升降，則歲月不容異也。此迂生鄙儒未習先王之旨，安足議夫禮哉？罔極者，春秋祭祀以時思之，君子有終身之憂之謂，何限一朞、三朞服哉？聖人之於禮，必建中制，使賢不肖共成文理，而後釋。彼伯叔姑姊為有禫杖之制，三年心喪乎？母齊父斬，不易之道也。左散騎常侍元行沖議曰：古緣情制服，女天父，妻天夫，斬衰三年，情禮俱盡者，因心立極也。妻喪杖朞，情禮俱殺者，遠嫌疑，尊乾道也。為嫡子三年斬衰而不去官，尊祖重嫡，崇其禮，殺其情也。孝莫大於嚴父，故父在為母免官，齊而朞，心喪三年，情已申而禮殺也。自堯、舜、周公、孔子所同，而令捨尊厭之重，虧嚴父之義，謂之禮可乎？姨兼從母之名，以母之女黨加於舅服，不為允理。嫂叔不服，則遠嫌也，請據古為適。帝弗報，是時言喪服各以所見奮，交口紛騰，七年乃下詔：服紀一用古制。自是人間父在為母服，或朞而禫，禫而釋心喪三年，或朞而禫終三年，或齊衰三年。後履冰以官卒。

王仲丘，沂州琅邪人。祖師順，仕高宗，議漕輸事有名當時，終司門郎中。仲丘開元中，歷左補闕內供奉、集賢脩撰、起居舍人。時典章差駁，仲丘欲合貞觀、顯慶二禮，據有其舉之，莫可廢之，誼即上言：貞觀禮正月上辛祀感帝於南郊，顯慶禮祀昊天上帝於圜丘以祈穀。臣謂詩春夏祈穀于上帝，禮上辛祈穀于上帝，則上帝當昊天矣。鄭玄曰：天之五帝遞王，王者必感一以興，故夏正月祭所生於郊，以其祖配之，因以祈穀。感帝之祀，貞觀用之矣，請因祈穀之壇徧祭五方帝。五帝者，五行之精，九穀之宗也。請二禮皆用。貞觀禮雩祀五方上帝、五人帝、五官于南郊，顯慶禮祀昊天上帝于圜丘。臣謂雩上帝為百穀祈甘雨，故月令大雩帝用盛樂，鄭玄謂帝上帝也，乃天別號，祀于圜丘，尊天位也。顯慶祀

昊天與月令合而貞觀嘗祀五帝矣請二禮皆用貞觀禮季秋祀五方帝五官於明堂顯慶禮祀昊天上帝於明堂臣謂周郊祀后稷以配天宗祀文王於明堂以配上帝先儒以天為感帝引大微五帝著之上帝則屬之昊天鄭玄稱周官旅上帝祀五帝各文而異禮不容并而為一故於孝經天上帝申之曰上帝亦天也神無二主但異其處以避后稷今顯慶享上帝合於經然貞觀嘗祀五方帝矣請二禮皆用詔可遷禮部員外郎卒贈秘書少監

康子元越州會稽人仕歷獻陵令開元初詔中書令張說舉能治易老莊者集賢直學士侯行果薦子元及平陽敬會真於說說藉以聞並賜衣幣得侍讀子元擢累秘書少監會真四門博士俄皆兼集賢侍講學士玄宗將東之太山說引子元行果徐堅韋縚商裁封禪儀初高宗之封中書令許敬宗議周人尚臭故前祭而燔柴說堅子元白奏周官樂六變天神降是降神以樂非緣燔也宋齊以來皆先嚌福酒乃燎請先祭後燔如貞觀禮便行果與趙冬曦議以為先燎降神常先祭已而燔神無由降子元議挺不從說曰康子獨出冢輪以當一隊邪議未判說請決于帝帝詔後燔乘輿自位還燎從官先次東都唯子元毋煚韋述以學士從分乃從宗正少卿以疾授秘書監致仕卒贈汴州刺史帝嘗制贊賜說子元命工圖其象詔冬曦述煚分為傳行果者上谷人歷國子司

業侍皇太子讀卒贈慶王傅始行果會真及長樂馮朝隱同進講朝隱能推索老莊秘義會真亦善老子每啓篇先薰盥乃讀帝曰我欲更求善易者然無賢行果云朝隱終太子右諭德會真太學博士

趙冬曦定州鼓城人進士擢第歷左拾遺神龍初上書曰古律條目千餘隋時姦臣侮法著律曰律無正條者出罪舉重以明輕入罪舉輕以明重一辭而廢條目數百自是輕重沿愛憎被罰者不知其然使賈誼見之慟哭必矣夫法易知則下不敢犯而遠機穽文義深則吏乘便而朋附盛律令格式謂宜刊定科條直書其事其以準加減比附量情及舉輕以明重不應為之類皆勿用使愚夫愚婦相率而遠罪犯者雖貴必坐律明則人信法一則主尊當時稱是開元初遷監察御史坐事流岳州召還復官與秘書少監賀知章校書郎孫季良大理評事咸廙業入集賢院修撰是時將仕郎王嗣琳四門助教范仙厦為校勘翰林供奉呂向東方顥為校理未幾冬曦知史官事遷考功員外郎諭德與季良廙業知章呂向皆為直學士冬曦俄遷中書舍人內供奉以國子祭酒卒冬曦性放達不循世事兄夏日弟和璧安貞居貞頤貞彙貞皆擢進士第安貞給事中居貞吳郡採訪使頤貞安西都護居貞子昌別傳王嗣琳以太子校書郎罷東方顥上書忤旨左遷高安丞廙業亦坐事左遷餘杭令仙厦善講論後

為道士開元集賢學士又有尹愔陸堅鄭欽說盧僎名稍著

尹愔秦州天水人父思貞字季弱明春秋擢高第嘗受學於國子博士王道珪稱之曰吾門人多矣尹子可洞也以親喪哀毀除喪不仕左右史張說尹元凱薦為國子大成每釋奠講辨三教聽者皆得所未聞遷四門助教撰諸經義樞續史記皆未就夢天官麟臺交辟寤而會親族敘訣言且卒年四十惜博學尤通老子書初為道士玄宗尚玄言有薦愔者召對喜甚厚禮之拜諫議大夫集賢院學士兼修國史固辭不起有詔以道士服視事乃就職顓領集賢史館圖書開元末卒贈左散騎常侍

陸堅河南洛陽人初為汝州參軍以安堵李慈愍伏誅貶涪州參軍再遷通事舍人有詔起復遣中官敦諭不就以給事中兼學士善書初名友悌玄宗去其悌正更賜名從封泰山封建安男帝待之甚厚圖形禁中親製贊以秘書監卒年七十一贈吏部尚書謚曰懿

鄭欽說後魏濮陽太守敬叔八世孫開元初繇新津丞請試五經擢第授鞏縣尉集賢院校理歷右補闕內供奉通曆術博物初梁太常任昉大同四年七月於鍾山壙中得銘曰龜言土蓍言水甸服黃鍾啓靈址瘞在三上庚隨遇七中巳六千三百浹辰交二九重三四百圯當時莫能辨者因藏之戒諸子曰世世

以銘訪通人有知之者吾死無恨昉五世孫升之隱居商洛寫以授欽說欽說出使得之於長樂驛至敷水三十里而悟曰此卜宅者廋葬之歲月而先識墓圯以日辰甸服五百也黃鍾十一也繇大同四年卻求漢建武四年凡五百一十年葬以三月十日庚寅三上庚也圯以七月十二日巳巳七中巳也浹辰十二也建武四年三月至大同四年七月六千三百一十二月月一交故曰六千三百浹辰交二九十八也重三六也建武四年三月十日距大同四年七月十二日十八萬六千四百日故曰二九重三四百圯升之大驚服其智欽說雅為李林甫所惡韋堅死欽說時位殿中侍御史當為堅判官貶夜郎尉卒子克鈞為都官郎中吐蕃圍靈州軍餉匱竭德宗以克鈞為靈夏河西運糧使轉米峙塞下守者遂安盧僎吏部尚書從愿之從父也自聞喜尉為學士終吏部員外郎兄備中宗時歷右補闕默啜入寇敗沙吒忠義詔百官陳破賊勝策備上疏以為治內可以及外賞罰明則士盡節鳴沙之役主將先遁中軍猶能死戰正法紀功則我行可勸若忠義驍將材不可當大任宜因古法募人從邊免行役次盧伍明教令賞虜獲近戰則守家遠戰則利貨賕辯勇然諾者以圖攻取擇邊州刺史蒐乘積粟謹烽燧以備守中宗善其言然無施行者備終秘書少監

啖助字叔佐趙州人後徙關中淹該經術天寶末調臨海尉丹楊主簿秩滿屏
居甘足疏糲善為春秋考三家短長縫綻漏闕號集傳凡十年乃成復攝其綱
條為例統其言孔子脩春秋意以為夏政忠忠之敝野商人承之以敬敬之敝
鬼周人承之以文文之敝僿救僿莫若以忠復當從夏政夫文者忠之末也設教於本其敝且
末設教於末敝將奈何武王周公承商之敝不得已用之周公沒莫知所以改
故其敝甚於二代孔子傷之曰虞夏之道寡怨於民商周之道不勝其敝故曰
後代雖有作者虞帝不可及已蓋言唐虞之化難行於季世而夏之忠當變而
致焉故春秋以權輔用以誠斷禮而以忠道原情云不拘空名不尚狷介從宜
救亂因時黜陟古語曰商變夏周變商春秋變周而公羊子亦言樂道堯舜
之道以擬後聖是知春秋用二帝三王法以夏為本不壹守周典明矣又言幽厲
雖衰雅未為風逮平王之東人習餘化苟有善惡當以周法正之故斷自平
王之季以隱公為始所以拯薄勉善救周之敝革禮之失也助愛公穀二家
以左氏解義多謬其書乃出於孔氏門人且論語孔子所引率前世人老彭伯
夷等類非同時而言左丘明恥之丘亦恥之丘明者蓋如史佚遲任者又左氏傳
國語屬綴不倫序事乖剌非一人所為蓋左氏集諸國史以釋春秋後人謂
左氏便傳著丘明非也助之鑿意多此類助門人趙匡陸質其高第也助卒

年四十七質與其子異裒錄助所為春秋集注總例請匡損益質纂會之號纂
例匡者字伯循河東人歷洋州刺史質所稱為趙夫子者大曆時助匡質以春
秋施士匄以詩仲子陵袁彝韋彤韋茝以禮蔡廣成以易強蒙以論語皆自
名其學而士匄子陵最卓異士匄吳人兼善左氏春秋以三經教授擢四門助教
為博士秩滿當去諸生封疏乞留凡十九年卒于官弟子共誌其墓士匄撰春秋
傳未甚傳後文宗喜經術宰相李石因言士匄春秋可讀帝曰朕見之矣穿鑿
之學徒為異同但學者如浚井得美水而已何必勞苦旁求然後為得邪子陵
蜀人好古學舍峨眉山舉賢良方正擢太常博士言通后蒼大小戴禮有司請
正太祖東鄉位而遷獻懿二主子陵議藏主德明興聖廟其言典正後異
論紛然復為通難示諸儒諸儒不能詘久之典黔中選補乘傳過家因以
為榮終司門員外郎子陵以文義自怡及其家所存惟圖書及酒數斛而已
贊曰春秋詩易書由孔子時師弟子相傳歷暴秦不斷如系至漢興剗挾書令
則儒者肆然講授經典寖興左氏與孔子同時以魯史附春秋作傳而公羊高
穀梁赤皆出子夏門人三家言經各有回舛然猶悉本之聖人其得與失蓋十
五義或謬誤先儒畏聖人不敢輒改也啖助在唐名治春秋摭訕三家不本所
承自用名學憑私臆決尊之曰孔子意也趙陸從而唱之遂顯于時嗚呼孔子

沒乃數千年助所推著果其意乎其未可必也以未可必而必之則固持一已
之固而倡茲世則誣誣與固君子所不取助果謂可乎徒令後生穿鑿詭辨詬
前人捨成說而自為紛紛助所階已
韋彤京兆人四世從祖方質為武后時宰相彤名治禮德宗時為太常博士
先此天寶中詔尚食朔望進食太廟天子使中人侍祠有司不與也貞元十二
年帝始詔朔望食畀宗正太常合供於是彤與博士裴堪議曰禮宗廟朔望不
祭園寢則有之貞觀開元間在禮著令不敢變至天寶中始有進食事殆王璵
緣生事用燕具褻饌參瀆禮薦不可示遠傳曰祭非外至生於心者也是故
聖人等牲牢布籩豆昆蟲草木可薦者莫不咸在所以享宗廟交神明今孝
敬之繁膳羞八珍百品可嗜之饌美膬甘旨謂之褻味所以燕賓客接人情示慈
惠也是則薦與宴聖人為二物不可亂也今若孰褻食而享非以異為敬之意且
祭不欲數亦不欲疏感時致享以制中也今園寢月二祭不為疏廟歲五享不
為數有司奉承得盡其恭若又加盛饌於朔望是失禮之中有司不得盡其恭
也故王者稽古弗敢以孝思之極而溢禮弗敢以有品之多而瀆味願罷天寶
所增奉園寢以珍奉宗廟以禮兩得所宜帝曰是禮先帝裁定遽更之其謂朕
何徐議其可而朔望食卒不廢會昭陵寢宮為原火延燔而客祭瑤臺佛寺又

故宮在山上乏水泉作者憚勞欲即行宮作寢詔宰相百官議吏部員外郎楊
於陵議曰園寢非三代制自秦漢以來附陵置寢或遠若邇則無聞焉韋玄成
等議園陵欲興廢初無適語且寢宮所占在柏城中距陵不遠使諸陵寢皆
有區限故不可徙若止柏城則故寢已燔行宮已久因以完飾亦復何嫌或曰
太宗創業寢宮不輒易是不然夫陵域宅神神本靜今大興荒廢鄰役震響非
幽安所安改之便彤曰先王建都邑不利則為之遷況有故邪今文寢火從
而宮之非無故也神安乎從因而建寢於禮至順又它陵皆在柏城隨便營作
不越封兆省易從帝重改先帝制遂宮山巔彤不予後武宗會昌五年詔京城
不許羣臣作私廟宰相李德裕等引彤所議古制廟必中門之外吉凶皆告以
親而尊之不自專也今俾立廟京外不能得其意於禮宮之南九坊三坊皆闤
外地荒左立廟無嫌餘六坊可禁詔不許聽準古即居所立廟
陳京字慶復陳宜都王叔明五世孫父兼為右補闕翰林學士京善文辭常袞
稱之妻以兄子擢進士第遷累太常博士德宗在奉天聞段秀實為賊所害七
日不朝宰相以為方多難時不宜廢萬機天下其謂何京白丞相之言非也夫
褒大節卹賢臣天下所以安況卓卓特異者乎帝曰善還京師擢左補闕帝以
盧杞為饒州刺史京與趙需裴佶宇文炫盧景亮張薦共劾杞輔政要在大白

諭時月不得對百官懍懍常若兵在頸陛下復用之姦賊噬善復興帝不聽京
與爭帝大怒左右辟易諫者稍引卻京正色曰臣等毋遽退極道不可以
死請祀遂廢帝之立迎訪太后久不得意且怠京密白弟遣使物色以求帝大
悟終代不敢置初玄宗既祔室遷獻懿二祖于西夾室引太祖位東嚮禮
儀使于休烈議獻懿當尊於太祖諸食則太祖位不得正請藏二祖神主以太
宗中宗睿宗肅宗從世祖南向高宗玄宗從高祖北向禘祫不及二祖凡十年
建中初代宗喪畢當大祫京以太常博士上言春秋之義毀廟之主陳於太祖
未毀廟之主合食乎祖無毀廟遷主不享之言唐家祀制與周異周以后稷為
始封祖而毀主皆在后稷下故太祖東向常統其尊司馬晉以高皇大皇征西
四府君為別廟大禘祫則正太祖位無所屈別廟祭高太以降所以叙親也唐
家宜別為獻懿二祖立廟禘祫則祭太祖遂正東向位德明興聖二帝向已有
廟則藏祔二祖為宜詔百官普議禮儀使太子少師顏真卿曰今議者有三一
謂獻懿親遠而遷不當祫宜藏主西室二謂二祖宜祫食與太祖並昭穆缺東
向位三謂引二祖祫禘即太祖不得全其始宜以二主祔德明廟雖然於人
神未猒也景帝既受命始封矣百代不遷矣而又配天尊無與上至禘祫時數
屈昭穆以申孝尊先實明神之意所以教天下之孝也況晉蔡謨等有成議不

為無據請大祫享奉獻主東向懿主居昭景主居穆重本尚順為萬代法夫祫
合也有如別享德明是乃分食非合食也時議者翕然於是還獻懿主祫於
廟如真卿議貞元七年太常卿裴郁上言商周以禼稷為祖上無餘尊故合食
有序漢受命祖高皇帝故太上皇不以昭穆合食魏祖武帝晉祖宣帝故高皇
處士征西等君亦不以昭穆合食景皇帝始封唐唐推祖焉而獻懿親盡廟
遷猶居東向非禮之祀神所不享願下羣臣議於是太子左庶子李嵘等上言謹
按晉孫欽議大祖以前雖有主禘祫所不及其所及者大祖後未毀已升藏於二
祧者故雖百代及之獻懿在始封前親盡主遷上擬三代則禘祫所不及大祖
而下若世祖則春秋所謂陳於大祖者漢議罷郡國廟丞相韋玄成議太上皇
孝惠親盡宜毀太上主宜瘞于園惠主遷高廟太上皇在大祖前主瘞於園不
及禘祫獻懿比也惠遷高廟在大祖後而及禘祫世祖比也魏明帝遷處士主
置園邑歲時以令丞奉薦東晉以征西等祖遷入西除同謂之祧皆不及祀故
唐初下詔開元禘祫猶虛東向位洎立九廟追祖獻懿然祝於三祖不稱臣至
德時復作九廟遂不為弘農府君主以祀不及也廣德中始以景皇帝當東向
位以獻懿兩主親盡罷祫而藏顏真卿引蔡謨議復奉獻主東向懿昭景穆不
記謨義晉未嘗用而唐一王法容可準乎臣等謂嘗禘郊社無二尊瘞毀遷

藏各以義斷景皇帝已東向一日改易不可謂禮宜復藏獻懿二主於西室以
本祭法遠廟為祧去祧而壇去壇而墠壇墠有禱祭無禱止之義太祖得伸正無
所屈吏部郎中柳冕等十二人議曰天子以受命之君為太祖諸侯以始封之
主為祖故自太祖祖以下親盡迭毀洎秦滅學漢不暇禮晉失宋因故有違室
廟之制有虛太祖之位且不列昭穆非所謂有序不建迭毀非所謂有殺違室廟
非所謂有別虛太祖位非所謂一尊此禮所由廢也傳曰父為士子為天子祭以
天子葬以士今獻懿二祖在唐未受命時猶士也故高祖太宗以天子之禮祭
之而不敢奉以東向位今而易之無乃亂先帝序乎周有天下追王太王王季
以天子禮及其祭則親盡而毀漢有天下尊太上皇以天子之禮及祭也親盡
而毀唐家追王獻懿二祖以天子禮及其祭也親盡而毀復何所疑周官有
先公之祧先王之祧先公遷主藏后稷之廟其周未受命之祧乎先王遷主藏文
武之廟其周已受命之祧乎故有二祧所以異廟也今自獻而下猶先公也自景
而下猶先王也請別廟以居二祖則行周道復古制便工部郎中張薦等請
獻而降悉入昭穆虛東向位司勳員外郎裴樞曰禮親親故尊祖尊祖故敬宗
敬宗故收族收族故宗廟嚴宗廟嚴故社稷重太祖之上復追尊焉則尊祖之義
乖太廟之外別祭廟焉則社稷不重漢韋玄成請瘞主於園晉虞喜請瘞廟兩階

間喜據左氏自謚曰先王日祭祖考月祀曾高時享及二祧歲祫及壇墠終禘
及郊宗石室是謂郊宗之祖喜請夾室中為石室以處之是不然何者夾室所
以居太祖下非太祖上藏主所居未有卑處正尊居傍也若建石室于園寢安
遷主采漢晉舊章祫禘率一祭庶乎春秋得變之正是時京以考功員外郎
又言興聖皇帝則獻之曾祖懿之高祖以曾孫祔曾高之廟人情大順也京
兆少尹韋武曰祫則大合禘則序祧當祫之歲常以獻東向率懿而後以昭穆
極親親及禘則太祖延于西列衆主左右是於太祖不為降獻無所厭時諸儒以
左氏子齊聖不先父食請迎獻主權東向太祖暫還穆位同官尉仲子陵曰所
謂不先食者正明文公逆祀儒者安知魯居世數未足時言禹不先鯀乎魏
晉始祖率近始祖上皆有遷主引閟宮詩則永閟可也因虞主則瘞園可也緣
遠祧則築宮可也以太祖實卑則虛位可也然永閟與瘞園臣子所不安若虛
正位則太祖之尊無時而申請奉獻懿二祖遷于德明興聖廟為順或曰祖
別廟非合食且德明興聖二廟禘祫之年皆有薦饗是已分食矣獨疑二祖
國子四門博士韓愈質衆議自申其說曰謂獻懿二主宜永藏夾室臣不謂
可且禮祫祭毀主皆合食今藏夾室至祫得不食太廟乎若二祖不祿不謂之合
矣二謂兩主宜毀而瘞之臣不謂可禮天子七廟一壇一墠遷主皆藏於祧雖

百代不毀，祫則太廟尊焉。魏、晉以來，始有毀瘞之議，不見于經。唐家九廟，以周制推之，獻、懿猶在壇墠，可毀瘞而不禘祫乎？二謂二祖之主，宜各遷諸陵，臣不謂可。二祖尊于太廟二百年，一日遷之，恐眷顧依違，不即尊於下國。四謂宜奉主祔興聖廟而不禘祫，臣不謂可。禮，祭如在，景皇帝雖太祖，於獻、懿子孫也，今引子東向，廢父之祭，不可為典。五謂獻、懿宜別立廟京師，臣不謂可。凡禮，有降者殺，故去廟為祧，去祧為壇，去壇為墠，去墠為鬼，漸而遠者，祭益希。昔魯煬宮，春秋非之，謂不當取已毀之廟，既藏之主，復築宮以祭。今議正同，故臣皆不謂可。古者，殷祖玄王，周祖后稷，太祖之上皆自為帝，又世數已遠，不復祭，之故始祖得東向也。景皇帝雖太祖，於獻、懿子孫也，當禘祫，獻祖居東向，景皇帝從昭若穆，是祖以孫尊，孫以祖屈，神道人情，其不相遠。又常祭眾，合祭寡，則太祖所屈少，而所伸多，與其伸孫尊，廢祖祭，不以順乎？」京又上禘祫義證十四篇。帝詔尚書省會百官、國子儒官明定可否。左司郎中陸淳奏：「按禮及諸儒議，復太祖之位正也。太祖位正，則獻、懿二主宜有所安。今議者有四：曰藏夾室，曰置別廟，曰各遷於園，曰祔興聖廟。臣謂藏夾室，則享獻無期，非周人藏二祧之義。置別廟，論始晉魏，禮無傳焉，司馬晉議而不用。遷諸園，亂宗廟之制。唯祔興聖廟，禘若祫祭，庶乎得禮。」帝依違未決。十九年，將禘祭，京復奏禘祭太合祖宗，必尊太

祖位正昭穆，請詔百官議。尚書左僕射姚南仲等請奉獻、懿主祔德明、興聖廟。鴻臚卿王權申衍之曰：「周人祖文王，宗武王，故詩清廟章曰祀文王也，胡不言大王、王季？則大王、王季而上皆祔后稷，故清廟得祀文王也。大王、王季之尊，私禮也；祔后稷廟，不敢以私奪公也。古者先王遷廟主以昭穆合藏于祖廟，獻、懿主宜祔興聖廟，則太祖東向，得其尊；獻、懿主歸，得其所。」是時言祔興聖廟什七八矣。于尚太孫未剛定，至是，群臣稍顯言二祖本追崇，非有受命開國之鴻構，又權根援詩禮明白，帝泮然，於是定遷二祖于興聖廟。凡禘祫享，詔增廣興聖二室，會祀日薄，廟未成，張帟為室，內神主廟垣間，奉興聖、德明主居之。廟成而祔，自是景皇帝遂東向。京自博士獻議，彌二十年乃決，諸儒無後言。帝賜京緋衣、銀魚。昭陵寢占山上，宮侍憚執汲之勞，請更其所，宰相未能抗，京白：「此太宗之廟，其儉足以為後世法，不可改。」議者多附官人，帝曰：「京議善。」卒不從。帝器京，謂有宰相才，欲用之，會病狂易，自刺，弗殊。又言中書舍人崔邠、御史中丞李汶訕己，帝使詰辨，無狀，然猶自考功員外再遷給事中，皆兼集賢殿學士。帝疑京為已者中傷，中人問勞相繼，後對延英，帝諭遣京，泊駭，走出，罷為祕書少監，卒。初，帝討李希烈，財用屈，京與戶部侍郎趙贊請稅民屋架、籍貲產，貸力以率貸之書。憲宗嘗問宰相李吉甫：「我在藩邸，聞德宗播遷，泚、滔發，復

誰實召亂，為我言之。」對曰：「德宗始即位，躬行恭儉，引崔祐甫輔政，四方翕望。治。祐甫歿，宰相非其人，姦佞營蠱，謂河北叛臣可以力服，其語先入，主聽惑焉。而陳京、趙贊為帝稅屋架，貸賈緡，內究外忿，身及大亂，發由信宵人剝下佐上，賴天之靈，敢不抵亡。」帝悵惋曰：「京與贊，真賊臣。」京無子，以從子褒嗣。褒孫伯宣，辭著作佐郎，不拜。

贊曰：德宗敝政，稅間架、借商錢、宮市為最甚。順宗為太子，欲極陳之，微王叔文之諫而止，其畏如此。區區之臣，冒顏而關說，難哉！其卿食國，曰戍士，不在民矣。憲宗聞暴斂之令，首於賊臣，感憤大息，愛人之至也。及任程异、皇甫鎛，諫者不聽，興利之臣敗君之德，甚矣。

暢當，河東人。父璀，左散騎常侍。代宗時，與裴冕、賈至、王延昌待制集賢院，終戶部尚書。當擢進士第，貞元初，為太常博士。昭德皇后崩，中外服除，皇太子諸王將服三年，詔太常議太子服。當與博士張薦、柳冕、李吉甫曰：「子為母齊衰三年，蓋通喪也。太子為皇后服，古無文。晉元皇后崩，亦疑太子服，杜預議古天子之喪既葬除服，魏亦以既葬為節，皇太子與國為體者，不變除，則東宮臣僕亦以不衰麻出入殿省。太子遂以卒哭除服。貞觀十年六月文德皇后崩，十月而葬，太子喪服之節，國史不書。至明年正月，以晉王為并州都督，既命官，當已除矣。今皇太子

宜如魏晉制，既葬而虞，虞而卒哭而除。」喪三年，宰相劉滋、齊映以為當。等子食於有喪者之側，未嘗飽也。今太子以衰服侍膳，葬可乎？今羣臣齊衰三十日，公除，宜約以為服限。乃請如宋、齊皇后為其父母服三十日除，又謂則服黑，去慘，還宮，衰麻。右補闕穆質上疏曰：「三年之喪，自天子達于庶人，漢文帝以宗廟社稷之重，自貶，乃以日易月，後世所不能革。太子人臣也，不得如人君之制。母喪宜無厭降，惟晉既葬公除，議者詭辭以並時主，不足師法。今有司之議，虧化敗俗，常情所鬱。夫政以德為本，德以孝為大，後世記禮之失自今而始，顧不重哉！父在為母期，古禮也；國朝服之三年，臣謂三年則大重，唯行古為得禮。」德宗遣內常侍馬欽溆謂質曰：「太子有撫軍監國問安侍膳之事，有司以三十日除，既葬釋服，以墨衰終喪，何疑邪？」質又奏疏曰：「太子於陛下，子道也；臣道也，君臣以義，則撫軍監國有權奪，父子問安侍膳，固無服衰之嫌。古未有服衰而廢者，自王以下服三年，將不得問安侍膳邪？太子自封王，皆臣子也，不宜其異。且皇后天下之母，其父母，士庶也，以天下之母為士庶降服，可也；太子，臣子也，以臣子為母降，可乎？公除非古也，入公門變服，今其有喪以下慘制，是也。太子朝夕侍，非公除比，黑衰奪情，事緣金革。今不監國撫軍，何抑奪邪？子之於父母，禮無二情均，太子奉君父多日遠，報母之日少，忍使失名哉！」乃詔羣臣與有司更議。

當等曰禮有所脫齊衰開元禮皇后父母服十三月從朝官則十三日而除皇太子外祖父母服五月從朝官則五日而除恐喪服侍傷至尊之意非特以金革奪也太子除以墨衰修奉朝歸宮衰麻酌禮爲制可也宰相乃令太常卿鄭叔則草奏既葬卒哭十一月小祥十三月大祥十五月禫內謁即墨服復詔問質質以爲雖不能循古禮猶愈於魏晉之文遠甚宰相乃言太子居皇后喪至朝則抑哀承慈寶旨至行唯與服內外且稱令賀請降詔於外無害墨衰於內曰謂言行於外而服異於內事非至誠乖於德教請下明詔如叙則議天子從之又董晉代叔則爲太常卿帝曰皇太子服朞繇諫官初非朕意暢當等請循魏晉故事至論世當以果州刺史卒

林蘊字復夢泉州莆田人父披字茂彥以臨汀多山鬼淫祠民厭苦之撰無鬼論刺史樊晃奏署臨汀令以治行遷別駕蘊世通經西川節度使韋皋辟推官劉闢反蘊曉以逆順不聽復貽書切諫闢怒械于獄且殺之將就刑大呼曰危邦不入亂邦不居得死爲幸矣闢惜其直陰戒刑人抽劍磨其頸以脅服之蘊叱曰死即死我項豈頑奴砥石邪闢知不可服捨之斥爲唐昌尉及闢敗蘊名重京師李吉甫李絳武元衡爲相蘊貽書諷以國家有西蕃猶右臂也今臂不附體脈絡阻鄭邠西極汧隴不數百里爲外域涇原鳳翔邠寧三鎮皆右臂大蕃

擁旄鉞數十百人唯李抱玉請復河湟命將不得其人宜拔行伍之長使守秦隴王者功成作樂治定制禮有權臣制樂曲自立喪紀舜命契百姓弗親五品不遜汝作司徒唐以皐佑鍔李安爲司徒官不擇人盧從史于皐謨言罪大而刑輕農桑無百分之一農夫一人給百口蠶婦一人供百身竭力於下者飢不得食寒不得衣邊兵衰色而將帥縱侈自養中人士卒不足以給一無功之卒且卒不足奉一騎將六事皆當時極敝蘊亦韋皐所引重嫉其專制感憤闕說然嗜酒多忤物宰相置其不用也滄景程權辟掌書記既而權上四州版籍請吏而軍中習熟擅地畏內屬拔權拒命不得出蘊陳君臣大誼諭首將人人釋然於是權得去蘊遷禮部員外郎刑部侍郎劉伯芻薦之於朝出爲邵州刺史坐杖殺客陶玄之投尸江中籍其妻爲倡復坐贓杖流儋州而卒蘊辯給有姓崔者矜氏族蘊折之曰崔杼弒齊君林放問禮之本優劣何如邪其人俯首不能對

韋公肅晉儀同觀城公約十世孫元和初爲太常博士兼脩撰憲宗將耕耤詔公肅草具儀典容家善之太子少傅判太常卿事鄭餘慶廟有二祖妣疑於祔祭請諸有司公肅議古諸侯一娶九女故廟無二嫡自秦以來有再娶前娶後繼皆嫡也兩祔無嫌晉驃騎大將軍溫嶠繼室三疑並爲夫人以問太學博士陳舒舒曰妻雖先沒榮辱並從夫禮祔於祖姑祖姑有三則各祔舅之所生是皆夫人也生以正禮沒不可貶於是遂用舒議且嫡繼於古有殊制於今無異等祔配之典安得不同鄉士之喪禮祭二妻廟享可異乎古繼以媵妾今以嫡妻宜援一娶爲比使子孫榮享不逮也或曰春秋魯惠公元妃孟子卒繼室以聲子聲子孟姪娣也不入惠廟宋武公生仲子歸於魯生桓公而惠公薨立宮而奉之不合于惠公而別宮者何追全也然其氏祭何曰晉南昌府君廟有荀氏薛氏景帝廟有夏侯羊兩氏唐家睿宗室則昭成肅明二后故太師顏真卿祖室有殷柳兩氏二夫人並祔故事則然諸儒不能異初睿宗祥月太常奏朔望弛朝尚食進蔬具樂餘日御便殿具供奉仗中書門下官得侍它非奏事毋謁前已與晦三日後三日皆不聽事忌晦之明日百官叩側門通慰後遂爲常及是公肅上言禮忌日不樂而無忌月唯晉穆帝將納后疑康帝忌月下其議有司於是荀納夫令等引忌時忌歲議破其言今有司承前所禁在二十五月限有弛朝徹樂事喪除則禮章王者尊不以私懷踰禮節故禮從月樂漸吉其情也不容追遠而立禮又重今茲太常雖郊廟樂具侍習亦謂又重以慢神也有司悉禁中外作樂是謂無故而徹也願依經誼裁正其違有詔中書門下召禮官學官議咸曰宜如公肅所請制可以官壽卒

許康佐貞元中舉進士宏辭連中之家苦貧母老求爲知院官人譏其不擇祿

及母喪已除凡辟命皆不答人乃知其爲親屈由是有名遷侍御史以中書舍人爲翰林侍講學士與王起皆爲文宗寵禮帝讀春秋至閽弒吳子餘祭問閽何人邪康佐以中官方彊不敢對帝嘻笑罷後觀書蓬萊殿召李訓問之對曰古閽寺今宦人也君不近刑臣以爲輕死之道孔子書之以爲戒帝曰朕邇刑臣多矣得不慮哉訓曰列聖知而不能遠惡而不能去陛下念之宗廟福也於是內謀翦除矣康佐知帝指因辭疾罷爲兵部侍郎遷禮部尚書卒贈吏部諡曰懿諸弟皆擢進士第而堯佐最先進又舉宏辭爲太子校書郎八年康佐繼之堯佐位諫議大夫

列傳第一百二十五

宋　祁　奉　敕　撰

唐有天下三百年文章無慮三變高祖太宗大難始夷沿江左餘風絺句繪
章揣合低卬故王楊為之伯玄宗好經術羣臣稍厭雕瑑索理致崇雅黜浮
氣益雄渾則燕許擅其宗是時唐興已百年諸儒爭自名家大曆正元間美
才輩出擩嚌道真涵泳聖涯於是韓愈倡之柳宗元李翶皇甫湜等和之排
逐百家法度森嚴抵轢晉魏上軋漢周唐之文完然為一王法此其極也若
侍從酬奉則李嶠宋之問沈佺期王維制冊則常衮楊炎陸贄權德輿王仲
舒李德裕言詩則杜甫李白元稹白居易劉禹錫譎怪則李賀杜牧李商隱
皆卓然以所長為一世冠其可尚已然嘗言之夫子之門以文學為下科何
哉蓋天之付與於君子小人無常分惟能者得之故號一藝自中智以還恃
以取敗者有之朋姦飾偽者有之怨望訕國者有之若君子則不然自能以
功業行實光明于時亦不一于立言而垂不腐有如不得試固且闡繹優游
異不及排郄不及誹而不忘納君於善故可貴也今但取以文自名者為文
藝篇若韋應物沈亞之閻防祖詠薛能鄭谷等其類尚多皆班班有文在人
間史家逸其行事故弗得而述云

袁朗其先雍州長安人父樞仕陳為尚書左僕射朗在陳為秘書郎江揔尤
器之後主聞其才詔為月賦一篇洒然無留思後主曰謝莊不得獨美於前
矣復詔為芝草嘉蓮二頌歎賞尤厚累遷太子洗馬德教殿學士陳亡入隋
歷尚書儀曹郎武德初隱太子與秦王齊王相傾爭致名臣以自助太子有
詹事李綱竇軌庶子裴矩鄭善果友賀德仁洗馬魏徵中舍人王珪舍人徐
師謩率更令歐陽詢典膳監任璨直典書坊唐臨隴西公府祭酒韋挺記室
參軍事庾抱左領大都督府長史唐憲秦王有友于志寧記室參軍事房玄
齡虞世南顏思魯諮議參軍事竇綸蕭景兵曹杜如晦鎧曹褚遂良士曹戴
胄閻立德參軍事薛元敬蔡允恭主簿薛收李道玄典籤蘇幹文學姚思廉
褚亮敦煌公府文學顏師古右元帥府司馬蕭瑀行軍元帥府長史屈突通
司馬竇誕天策府長史唐儉司馬封倫軍諮祭酒蘇世長兵曹參軍事杜淹
倉曹李守素參軍事顏相時齊王有記室參軍事榮九思戶曹武士逸典籤
裴宣儼朗為文學從父弟承序亦有名王召為文學館學士朗累封汝南縣
男再轉給事中卒太宗為廢朝一日謂高士廉曰朗任茂而性謹厚使人悼
惜詔給喪費存問其家朗遠祖滂為漢司徒自滂至朗凡十二世其間位司徒
司空者四世淑顗粲昂皆死宋難昂著節齊梁時朗自以中外人物為海內冠

雖琅邪王氏踵為公卿特以累朝佐命有功鄙不為伍朗孫誼神功中為蘇
州刺史司馬張沛者侍中文瓘子嘗白誼曰州得一長史隴西李亶天下甲
門也誼曰夫門戶者歷世名節為天下所高老夫是也山東人尚婚媾求祿
利其至見危受命則無人焉何足尚邪沛大慚承序為齊王元吉府學士府
廢補建昌令治尚慈簡吏民懷德高宗之為晉王也太宗選僚屬問梁
陳名臣子弟誰可者岑文本白昔陳亡百司奔散有袁憲者朝服立後主傍
白刃不避也王世充篡隋羣臣表勸進而憲子給事中承家稱疾不肯署
名其少子承序風操清亮無愧先烈帝乃召拜晉王友兼侍讀加弘文館學
士卒朗從祖弟利貞陳中書令敬孫高宗時為太常博士周王侍讀及王立為
太子百官上禮帝欲大會羣臣命婦合宴宣政殿設九部伎散樂利貞上疏
諫以為前殿路門非命婦宴會之所請從命婦別殿九部伎從左
右門入罷散樂不進帝納之既會帝傳詔利貞曰卿弈葉忠鯁能抗疏規朕
之失不厚賜無以勸能者乃賜物百段擢祠部員外郎卒中宗立以舊恩追
贈秘書少監

賀德仁越州山陰人父朗終陳散騎常侍德仁與從兄德基師事周弘正
以文辭稱人為語曰學行可師賀德基文質彬彬賀德仁兄弟八人時比漢荀
氏太守鄱陽王伯山改所居甘滂里為高陽云始德仁在陳為吳興王友入
隋楊素薦其材授豫章王記室王遇之厚從封齊復為府屬王廢官吏抵罪
而德仁以忠謹獲貰補河東司法參軍素與隱太子善高祖起兵太子封隴
西公以德仁為友庾抱為記室俄並遷中舍人以年耆不吏職徙洗馬與
蕭德言陳子良皆為東宮學士貞觀初遷趙王友卒從子紀敳亦博學高宗
時紀為太子洗馬豫脩五禮敳率更令兼太子侍讀皆為崇賢館學士抱者
陳御史中丞衆孫開皇中為延州參軍入調吏部尚書牛弘給筆札令自序
援筆而成為元德太子學士會嫡皇孫生大宴坐中獻頌太子嗟賞及在隴
西府文檄皆出其手

蔡允恭荊州江陵人後梁左民尚書大業子美姿容工為詩仕隋歷起居舍
人煬帝有所賦必令諷誦遣教宮人允恭恥之數稱疾授內史舍人俾入宮固
辭繇是踈斥帝遇弑從宇文化及竇建德歸國為秦王府參軍文學館
學士貞觀初除太子洗馬卒著後梁春秋

謝偃衛州衛人本姓直勒氏祖孝政仕北齊改為散騎常侍改姓謝偃仕隋為
散從正員郎貞觀初應詔對策高第歷高陵主簿太宗幸東都方穀洛壞
洛陽宮詔求直言偃上書陳得失帝稱善引為弘文館直學士遷魏王府功曹

嘗爲鹿鳴賦一篇帝美其文召見欲偃作賦先爲序若篇頗言天下乂安功德茂盛意援偃使賦偃緣帝指名篇曰述聖帝悅賜帛數十初帝即位直中書省張蘊古上大寶箴諷帝以民畏而未懷其辭挺切擢大理丞偃又獻惟皇誡德賦其序大略言治忘亂安忘危逸忘勞得忘失四者人主莫不然桀以瑤臺爲麗而不悟南巢之禍紂以象箸爲華而不知牧野之敗是以聖人處宮室則思前王所以亡朝萬國則思已所以尊巡府庫則思今所以得視功臣則思其輔佐之始見名將則思用力之初如此則人無易心天下何患乎不化哉且行之堯舜暮失之桀紂豈異人哉其賦蓋規帝成功而自處至難云又撰玉牒眞紀以勸封禪時李百藥工詩而偃善賦時人稱李詩謝賦府廢終湘潭令蘊古洹水人敏書傳曉世務文擅當時後坐事誅

崔信明青州益都人高祖光伯仕後魏爲七兵尚書信明之生五月五日日方中有異雀鳴集庭樹太史令史良爲占曰五月爲火火主離離爲文日中文之盛也雀五色而鳴此兒將以文顯然雀類微位殆不高邪及長彊記美文章鄉人高孝基嘗語人曰崔生才富爲一時冠但恨位不到耳隋大業中爲堯城令竇建德僭號而信明族弟敬素者爲賊鴻臚卿自謂得意語信明曰夏王英武有擧天下心士女襁負而至不可數兄不以此時立功立事豈所謂

見機不俟終日乎答曰昔申胥海隅釣師能固其節爾欲吾屈身賊中求斗筲邪遂踰城去隱太行山貞觀六年有詔即家拜興勢丞遷秦川令卒信明蹇亢以門望自負嘗矜其文謂過李百藥議者不許揚州錄事參軍鄭世翼者亦驁倨數輕忤物遇信明江中謂曰聞公有楓落吳江冷願見其餘信明欣然多出衆篇世翼覽未終曰所見不逮所聞投諸水引舟去世翼鄭州榮陽人周儀同大將軍敬德孫貞觀時坐怨謗流死巂州譔交遊傳行於世信明子冬日武后時位黃門侍郎爲酷吏誣死

劉延祐徐州彭城人伯父胤之少志學與孫萬壽李百藥相友善武德中杜淹薦爲信都令有惠政永徽初以著作郎弘文館學士與令狐德棻陽仁卿等撰次國史并實錄以勞封陽城縣男終楚州刺史延祐擢進士補渭南尉有吏能治第一李勣戒之曰子春秋少而有美名宜稍自抑無爲出人上延祐欽納後檢校司賓少卿封薛縣男徐敬業敗詔延祐持節到軍時吏議敬業所署五品官殊死六品流延祐謂誣脅可察以情乃論援五品官當流六品以下除名全宥甚衆拜箕州刺史轉安南都護舊俚戶歲半租延祐責全入衆始怨謀亂延祐誅其渠李嗣仙而餘黨丁建等遂叛合衆圍安南府城中兵少不支嬰壘待援廣州大族馮子猷幸立功按兵不出延祐遇害桂州司馬曹玄靜進兵討建斬之延祐從弟藏器高宗時爲侍御史衛尉卿尉遲寶琳脅人爲妾藏器劾還之寶琳私請帝詔還凡再劾再止藏器曰法爲天下縣衡萬民所共陛下用捨繇情法何所施今寶琳私請陛下從之臣公劾陛下亦從之今日從明日改下何所遵彼匹夫匹婦猶憚失信況天子乎帝乃詔可然內銜之不悅也稍遷比部員外郎監察御史魏元忠稱其賢帝欲擢任爲吏部侍郎魏玄同沮曰彼守道不篤者安用之遂出爲宋州司馬卒子知柔性儉靜美風儀居親喪廬墓側詔築闕表之歷國子司業累遷工部尚書開元六年河南大水詔知柔馳驛察民疾苦及吏善惡所表陳州刺史韋嗣立汝州刺史崔日用兗州刺史韋元珪符離令綦毋頊等止二十七人有治狀久之遷太子賓客封彭城縣侯致仕給全祿終身遺令薄葬祖載服用皆自處其事贈太子少保謚曰文弟知幾別有傳

張昌齡冀州南宮人與兄昌宗皆以文自名州欲擧秀才昌齡以科廢久固讓更擧進士與王公治齊名皆爲考功員外郎王師旦所絀太宗問其故答曰昌齡等華而少實其文浮靡非令器也取之則後生勸慕亂陛下風雅帝然之貞觀末翠微宮成獻頌闕下召見試息兵詔少選成文帝大悅戒之曰昔禰衡潘岳矜已傲物不得死卿才不減二人宜鑒于前副朕所求乃敕於通

事舍人裏供奉俄爲崑山道記室平龜茲露布爲士所稱賀蘭敏之奏豫北門脩撰卒昌宗官至太子舍人脩文館學士撰古文紀年新傳數十篇

崔行功恒州井陘人祖謙之仕北齊終鉅鹿太守徙占鹿泉少好學唐儉愛其才妻以女因倩作文奏高宗時累轉吏部郎中以善占奏常兼通事舍人內供奉坐事貶游安令又召爲司文郎中與蘭臺侍郎李懷儼並主朝廷大典冊初太宗命秘書監魏徵寫四部羣書將藏內府置讎正二十員書工百員徵徙職又詔虞世南顏師古踵領功不就顯慶中罷讎正員聽書工寫于家送官取直使散官隨番刊正至是詔東臺侍郎趙仁本舍人張文瓘及行功懷儼相次充使檢校置詳正學士代散官以勞遷蘭臺侍郎卒孫銑尚定安公主爲太府卿初主降王同皎後降銑主卒皎子繇請與父合葬給事中夏侯銛駁奏主與王氏絕喪當還崔詔可銛猶出爲瀘州都督行功兄子玄暐別有傳

杜審言字必簡襄州襄陽人晉征南將軍預遠裔擢進士爲隰城尉恃才高以傲世見疾蘇味道爲天官侍郎審言集判出謂人曰味道必死人驚問故答曰彼見吾判且羞死又嘗語人曰吾文章當得屈宋作衙官吾筆當得王羲之北面其矜誕類此累遷洛陽丞坐事貶吉州司戶參軍司馬周季重司

司戶郭若訥構其罪繫獄將殺之季重等酒酣審言子并年十三袖刃刺季重
於坐左右殺并季重將死曰審言有孝子吾不知若訥故誤我審言免官還
東都蘇頲傷并孝烈誌其墓劉允濟祭以文後武后召審言將用之問曰卿
喜否審言蹈舞謝后令賦歡喜詩歎重其文授著作佐郎遷膳部員外郎神
龍初坐交通張易之流峯州入為國子監主簿加修文館直學士卒大學士李
嶠等奏請加贈詔贈著作郎初審言病甚宋之問武平一等省候何如答曰甚
為造化小兒相苦尚何言然吾在久壓公等今且死固大慰但恨不見替人云
少與李嶠崔融蘇味道為文章四友世號崔李蘇杜融之亡審言為服緦云
從祖兄易簡九歲能屬文長博學為岑文本所器擢進士補渭南尉咸亨初
歷殿中侍御史嘗道遇吏部尚書李敬玄不避敬玄恨召為考功員外郎屈
之而侍郎裴行儉與敬玄不平故易簡上書言敬玄罪敬玄曰襄陽兒輕薄
乃爾因奏易簡險躁高宗怒貶開州司馬審言生子閑閑生甫
甫字子美少貧不自振客吳越齊趙間李邕奇其材先往見之舉進士不中
第困長安天寶十三載玄宗朝獻太清宮饗廟及郊甫奏賦三篇帝奇之使
待制集賢院命宰相試文章擢河西尉不拜改右衛率府胄曹參軍數上賦
頌因高自稱道且言先臣恕預以來承儒守官十一世迨審言以文章顯中
宗時臣賴緒業自七歲屬辭且四十年然衣不蓋體常寄食於人竊恐轉死
溝壑伏惟天子哀憐之若令執先臣故事拔泥塗之久辱則臣之述作雖不
足鼓吹六經至沉鬱頓挫隨時敏給揚雄枚皋可企及也有臣如此陛下其
忍棄之會祿山亂天子入蜀甫避走三川肅宗立自鄜州羸服欲奔行在為
賊所得至德二年亡走鳳翔上謁拜右拾遺與房琯為布衣交琯時敗陳濤
斜又以客董廷蘭罷宰相甫上疏言罪細不宜免大臣帝怒詔三司雜問宰
相張鎬曰甫若抵罪絕言者路帝乃解甫謝且稱琯宰相子少自樹立為醇
儒有大臣體時論許琯才堪公輔陛下果委而相之觀其深念主憂義形於
色然性失於簡酷嗜鼓琴廷蘭託琯門下貧疾昏老依倚為非琯愛惜人
情一至玷汙臣歎其功名未就志氣挫衄覬陛下棄細錄大所以冒死稱述涉
近訐激違忤聖心陛下赦臣百死再賜骸骨天下之幸非臣獨蒙然帝自是
不甚省錄時所在寇奪甫家寓鄜彌年艱窶孺弱至餓死因許甫自往
省視從還京師出為華州司功參軍關輔饑輒棄官去客秦州負薪採橡栗
自給流落劍南結廬成都西郭召補京兆功曹參軍不至會嚴武節度劍南東
西川往依焉武再帥劍南表為參謀檢校工部員外郎武以世舊待甫甚善親
入其家甫見之或時不巾而性褊躁傲誕嘗醉登武牀瞪視曰嚴挺之乃

有此兒武亦暴猛外若不為忤中銜之一日欲殺甫及梓州刺史章彝集吏
於門武將出冠鉤於簾三左右白其母奔救得止獨殺彝武卒崔旰等亂甫
往來梓夔間大曆中出瞿唐下江陵泝沅湘以登衡山因客耒陽游嶽祠
大水遽至涉旬不得食縣令具舟迎之乃得還令嘗饋牛炙白酒大醉一昔
卒年五十九甫曠放不自檢好論天下大事高而不切少與李白齊名時號
李杜嘗從白及高適過汴州酒酣登吹臺慷慨懷古人莫測也數嘗寇亂
挺節無所汙為歌詩傷時橈弱情不忘君人憐其忠云
贊曰唐興詩人承陳隋風流浮靡相矜至宋之問沈佺期等研揣聲音
浮切不差而號律詩競相襲沿逮開元間稍裁以雅正然恃華者質
麗者壯違人得一概皆自名所長至甫渾涵汪茫千彙萬狀兼古今而有之
它人不足甫乃厭餘殘膏賸馥沾丐後人多矣故元稹謂詩人以來未有如
子美者甫又善陳時事律切精深至千言不少衰世號詩史昌黎韓愈於文
章慎許可至歌詩獨推曰李杜文章在光焰萬丈長誠可信云
王勃字子安絳州龍門人六歲善文辭九歲得顏師古注漢書讀之作指瑕
以擿其失麟德初劉祥道巡行關內勃上書自陳祥道表于朝對策高第年
未及冠授朝散郎數獻頌闕下沛王聞其名召署府脩撰論次平臺秘略書
成王愛重之是時諸王鬬雞勃戲為文檄英王雞高宗怒曰是且交構斥出
府勃既廢客劍南嘗登葛憒山曠望慨然思諸葛亮之功賦詩見情聞虢
州多藥草求補參軍倚才陵藉為僚吏共嫉官奴曹達抵罪匿勃所懼事泄
輒殺之事覺當誅會赦除名父福畤繇雍州司功參軍坐勃故左遷交阯
令勃往省度海溺水痵而卒年二十九初道出鍾陵九月九日都督大宴滕王閣
宿命其婿作序以夸客因出紙筆徧請客莫敢當至勃汎然不辭都督怒起
更衣遣吏伺其文輒報一再報語益奇乃矍然曰天才也請遂成文極歡罷
勃屬文初不精思先磨墨數升則酣飲引被覆面臥及寤援筆成篇不
易一字時人謂勃為腹稿尤喜著書初祖通隋末居白牛溪教授門人甚眾
嘗起漢魏盡晉作書百二十篇以續古尚書後亡其序有錄無書者十篇勃
補完缺逸定著二十五篇嘗謂人子不可不知醫時長安曹元有祕術勃從
之游盡得其要嘗讀易夜夢若有告者曰易有太極子勉思之寤而作易發
揮數篇至晉卦會病止又謂王者乘土王世五十數盡千年乘金王世四十九數
九百年乘水王世二十數六百年乘木王世三十數八百年乘火王世二十數七百
年天地之常也自黃帝至漢五運適周土復歸唐唐應繼周漢不可承周
隋短祚乃斥魏晉以降非真主正統皆五行沴氣遂作唐家千歲曆武后時

李嗣眞請以周漢爲二王後而廢周隋中宗復用周隋天寶中太平久上言者多以詭異進有崔昌者采勃舊說上五行應運曆請承周漢廢周隋爲閏右相李林甫亦贊佑之集公卿議可否集賢學士衛包起居舍人閻伯璵上表曰都堂集議之夕四星聚於尾天意昭然矣於是玄宗下詔以唐承漢黜隋以前帝王廢介酅公尊周漢爲二王後以商爲三恪京城起周武王漢高祖廟授崔昌太子贊善大夫衛包司虞員外郎楊國忠爲右相自稱隋宗建議復用魏爲三恪周隋爲二王後酅介二公復舊封貶崔昌烏雷尉衛包夜郎尉閻伯璵涪川尉勃兄勮弟助皆第進士勮長壽中爲鳳閣舍人壽春等五王出閤有司具儀忘載冊文羣臣已在乃悟其闕宰相失色勮召五吏執筆分占其辭粲然皆畢人人嗟服尋加弘文館學士兼知天官侍郎始裴行儉典選見勮與蘇味道曰二子者皆銓衡才至是語驗勮素善劉思禮用爲箕州刺史與綦連耀謀反勮與兄涇州刺史勔及助皆坐誅神龍初詔復官助字子功七歲喪母哀號隣里爲泣居父憂毀骨立服除爲監察御史裏行初勔勮勃皆著才名故杜易簡稱三珠樹其後助劼又以文顯劼蚤卒福畤少子勸亦有文福畤嘗詫韓思彥思彥戲曰武子有馬癖君有譽兒癖王家癖何多邪使助出其文思彥曰生子若是可夸也勃與楊炯盧照鄰駱

賓王皆以文章齊名天下稱王楊盧駱號四傑炯嘗曰吾媿在盧前恥居王後議者謂然炯華陰人舉神童授校書郎永隆二年皇太子已釋奠表豪俊充崇文館學士中書侍郎薛元超薦炯及鄭祖玄鄧玄挺崔融等詔可遷詹事司直俄坐從父弟神讓與徐敬業亂出爲梓州司法參軍遷盈川令張說以箴贈行戒其苛至官果以嚴酷稱吏稍忤意搒殺之不爲人所多卒官下中宗時贈著作郎照鄰字昇之范陽人十歲從曹憲王義方授蒼雅調鄧王府典籤王愛重謂人曰此吾之相如調新都尉病去官居太白山得方士玄明膏餌之會父喪號嘔丹輒出由是疾益甚客東龍門山布衣藜羹裴瑾之韋方質范履冰等時時供衣藥疾甚足攣一手又廢乃去具茨山下買園數十畝疏潁水周舍復豫爲墓偃臥其中照鄰自以當高宗時尚吏已獨儒武后尚法已獨黃老后封嵩山屢聘賢士已廢著五悲文以自明病既久與親屬訣自沈潁水賓王義烏人七歲能賦詩初爲道王府屬嘗使自言所能賓王不答歷武功主簿裴行儉爲洮州總管表掌書奏不應調長安主簿武后時數上疏言事下除臨海丞鞅鞅不得志棄官去徐敬業亂署賓王爲府屬爲敬業傳檄天下斥武后罪后讀但嘻笑至一抔之土未乾六尺之孤安在矍然曰誰爲之或以賓王對后曰宰相安得失此人敬業敗賓王

亡命不知所之中宗時詔求其文得數百篇它日崔融與張說評勃等曰勃文章宏放非常人所及炯照鄰可以企之說曰不然盈川文如縣河酌之不竭優於盧而不減王恥居王後信然愧在盧前謙也開元中說與徐堅論近世文章說曰李嶠崔融薛稷宋之問之文如良金美玉無施不可富嘉謨之孤峯絕岸壁立萬仞濃雲鬱興震雷俱發誠可畏也若施於廊廟則駭矣閻朝隱如麗服靚粧燕歌趙舞觀者忘疲若類之風雅則罪人矣堅問今世奈何說曰韓休之文如大羹玄酒有典則薄滋味許景先如豐肌膩理雖穠華可愛而乏風骨張九齡如輕縑素練實濟時用而窘邊幅王翰如瓊杯玉斝雖爛然可珍而多玷缺堅謂篤論云

元萬頃後魏京兆王子推裔祖白澤武德中仕至梁利十一州都督封新安公萬頃起家爲通事舍人從李勣征高麗管書記勣命別將郭待封以舟師赴平壤馮師本載糧繼之不及期欲報勣而恐爲諜所得萬頃爲作離合詩遺勣勣怒曰軍機切遽何用詩爲欲斬待封萬頃言狀乃免又使萬頃草檄讓高麗而譏其不知守鴨淥之險莫離支報曰謹聞命徙兵固守軍不得入高宗聞之投萬頃嶺外會赦還爲著作郎武后諷帝召諸儒論譔禁中萬頃與周王府戶曹參軍范履冰苗神客太子舍人周思茂右史胡

楚賓與選凡撰列女傳臣軌百寮新戒樂書等九千餘篇至朝廷疑議表疏皆密使參處以分宰相權故時謂北門學士思茂履冰神客供奉左右或二十餘年萬頃敏文辭然放達不治細檢无儒者風武后時累遷鳳閣侍郎坐誅履冰者河內人垂拱中歷鸞臺天官二侍郎春官尚書同鳳閣鸞臺平章事兼脩國史載初初坐舉逆人被殺神客東光人終著作郎思茂漳南人與弟思鈞早知名累遷麟臺少監崇文館學士垂拱中下獄死楚賓秋浦人屬文敏甚必酒中然後下筆高宗命作文常以金銀柘觶酒飲之文成輒賜焉家居率沈飲無留賄費盡復入得賜類爲常性重慎未嘗語禁中事人及其醉問之亦熟視不答尋兼崇賢直學士卒萬頃孫正脩名節擢明經高第授監門衛兵曹參軍舅孫逖與譚物理數已不逮肅宗初吏部尚書崔寓典選正以書判第一召詣京師以父詢倩老辭疾免河南節度使崔光遠表署其府史思明陷洛挈父匿山中賊以名購正度事急謂弟曰賊祿不可養親彼利吾名難免矣然不汙身而死吾猶生也賊既得誘以高位瞋目固拒兄弟皆遇害父聞仰藥死路人爲哭事平詔錄伏節十一姓而正爲冠贈秘書少監以其子義方爲華州參軍義方歷京兆府司錄韋夏卿李實繼爲尹

事必咨之歷虢商二州刺史福建觀察使中官吐突承璀閩人也義方用其親屬為右職李吉甫再當國陰欲承璀奧助即召義方為京兆尹李絳惡其黨出為鄜坊觀察使一切擀治然苛刻人多怨之卒贈左散騎常侍弟季方舉明經調楚丘尉歷殿中侍御史兵部尚書王紹表為度支員外郎遷金膳二部郎中號能職王叔文用事憚季方不為用以兵部郎中使新羅新羅聞中國喪不時遣供饋之季方正色責之閉戶絕食待死夷人悔謝結驩乃還卒年五十一贈同州刺史

列傳第一百二十六

端明殿學士兼翰林侍讀學士龍圖閣學士朝請大夫尚書吏部侍郎兼集賢殿脩撰臣宋祁奉敕撰

李適字子至京兆萬年人舉進士再調猗氏尉武后脩三教珠英書以李嶠張昌宗爲使取文學士綴集於是適與王無競尹元凱富嘉謨宋之問沈佺期閻朝隱劉允濟在選書成遷戶部員外郎俄兼脩書學士景龍初又擢脩文館學士睿宗時待詔宣光閣再遷工部侍郎卒年四十九贈貝州刺史嘗夢與人論大衍數寤而曰吾壽盡此乎勑其子曰霸陵原西視京師吾樂之可營墓樹十松焉及未病時衣冠往寢石榻　置所譔九經要句及素琴于前士貴其達子季卿亦能文舉明經博學宏辭調鄠尉肅宗時爲中書舍人以累貶通州別駕代宗立還爲京兆少尹復授舍人進吏部侍郎河南江淮宣慰使振拔幽滯號振職大曆中終右散騎常侍遺命以布車一乘葬贈禮部尚書季卿在朝薦進才髦與人交有

終始恢博君子也初中宗景龍二年始於脩文館置大學士四員學士八員直學士十二員象四時八節十二月於是李嶠宗楚客趙彥昭韋嗣立爲大學士適劉憲崔湜鄭愔盧藏用李乂岑羲劉子玄爲學士薛稷馬懷素宋之問武平一杜審言沈佺期閻朝隱爲直學士又召徐堅韋元旦徐彥伯劉允濟等滿員其後被選者不一凡天子饗會游豫唯宰相及學士得從春幸梨園並渭水祓除則賜細柳圈辟癘夏宴蒲萄園賜朱櫻秋登慈恩浮圖獻菊花酒稱壽冬幸新豐歷白鹿觀上驪山賜浴湯池給香粉蘭澤從行給翔麟馬品官黃衣各一帝有所感即賦詩學士皆屬和當時人所歆慕然皆狎猥佻佞忘君臣禮法惟以文華取幸若韋元旦劉允濟沈佺期宋之問閻朝隱等無它稱附篇左方

韋元旦京兆萬年人祖澄越王府記室撰女誡傳于時元旦擢進士第補東阿尉遷左臺監察御史與張易之有姻屬易之敗貶感義尉俄召爲主客員外郎遷中書舍人舅陸頌妻韋后弟也故元旦憑以復進云

劉允濟字允濟河南鞏人其先出沛國齊彭城郡丞瓛六世孫少孤事母尤孝工文辭與王勃齊名舉進士補下邽尉遷累著作佐郎采魯哀公後十二世接戰國爲魯後春秋獻之遷左史兼直弘文館武后明堂成奏賦述功德手詔褒咨除著作郎爲來俊臣飛構當死以母老丏餘年繫獄會赦免貶大庾尉復爲著作佐郎脩國史常曰史官善惡必書使驕主賊臣懼此權顧輕哉而班生受金陳壽求米僕乃視如浮雲耳遷鳳閣舍人坐二張貶俄除青州長史有清白稱巡察使路敬潛言狀以內憂去官服除召爲脩文館學士既久斥喜甚與家人樂飲數日卒

沈佺期字雲卿相州內黃人及進士第由協律郎累除給事中考功受賕劾未究會張易之敗遂長流驩州稍遷台州錄事參軍事入計得召見拜起居郎兼脩文館直學士既侍宴帝詔學士等舞回波佺期爲弄辭悅帝還賜牙緋尋歷中書舍人太子少詹事

開元初卒弟全交全宇皆有才章而不逮佺期

宋之問字延清一名少連汾州人父令文高宗時爲東臺詳正學士之問偉儀貌雄于辯甫冠武后召與楊炯分直習藝館累轉尚方監丞左奉宸內供奉武后游洛南龍門詔從臣賦詩左史東方虬詩先成后賜錦袍之問俄頃獻后覽之嗟賞更奪袍以賜之時張易之等烝昵寵甚之問與閻朝隱沈佺期劉允濟傾心媚附易之所賦諸篇盡之問朝隱所爲至爲易之奉溺器及敗貶瀧州朝隱崖州並參軍事之問逃歸洛陽匿張仲之家會武三思復用事仲之與王同晈謀殺三思安王室之問得其實令兄子曇與冉祖雍上急變因丏贖罪由是擢鴻臚主簿天下醜其行景龍中遷考功員外郎諂事太平公主故見用及安樂公主權盛復往諧結故太平深疾之中宗將用爲中書舍人太平發其知貢舉時賕餉狼藉下遷汴州長史未行改越州長史頗自力爲政窮歷剡溪山置酒賦詩流布京師人人傳諷睿宗立以獪險盈惡詔流欽州祖

雍歷中書舍人刑部侍郎倡飲省中爲御史劾奏貶蘄州刺史至是亦流嶺南並賜死桂州之問得詔震汗東西步不引決祖雍請使者曰之問有妻子幸聽訣使者許之而之問荒悸不能處家事祖雍怒曰與公俱負國家當死柰何遲回邪乃飲食洗沐就死祖雍江夏王道宗甥及進士第有名于時魏建安後迄江左詩律屢變至沈約庾信以音韻相婉附屬對精密及之問沈佺期又加靡麗回忌聲病約句準篇如錦繡成文學者宗之號爲沈宋語曰蘇李居前沈宋比肩謂蘇武李陵也初之問父令文富文辭且工書有力絶人世稱三絶都下有牛善觸人莫敢嬰令文直往拔取角折其頸殺之既之問以文章起其弟之悌以驍勇聞之遜精草隸世謂皆得父一絶之悌長八尺開元中歷劒南節度使太原尹嘗坐事流朱鳶會蠻陷驩州授摠管擊之募壯士八人被重甲大呼薄賊曰獠動即死賊七百人皆伏不能興遂平賊之遜爲連州參軍刺史聞其善歌使教婢日執笏立簾外唱吟自如

閻朝隱字友倩趙州欒城人少與兄鏡幾弟仙舟皆著名連中進士孝悌廉讓科補陽武尉中宗爲太子朝隱以舍人幸性滑稽屬辭奇詭爲武后所賞累遷給事中仗内供奉后有疾令往禱少室山乃沐浴伏身俎盤爲犧請代后疾還奏會后亦愈大見褒賜其資佞譎如此景龍初自崖州遇赦還累遷著作郎先天中爲秘書少監坐事貶通州別駕卒

尹元凱瀛州樂壽人由慈州司倉參軍坐事免棲遲不出者三十年與張說盧藏用厚詔起爲右補闕時又有富嘉謨吳少微皆知名嘉謨武功人舉進士長安中累轉晉陽尉少微新安人亦尉晉陽尤相友善有魏谷倚者爲太原主簿並負文辭時稱北京三傑天下文章尚徐庾浮俚不競獨嘉謨少微本經術雅厚雄邁人爭慕之號吳富體豫脩三教珠英韋嗣立薦嘉謨少微並爲左臺監察御史已而嘉謨死少微方病聞之爲慟亦卒

劉憲字元度宋州寧陵人父思立在高宗時爲名御史于時河南北大旱詔遣御史中丞崔謐等分道賑贍思立建言蠶務未畢而遣使撫巡所至不能無勞餞又賑給須立簿最稽出入往返停滯妨廢且廣若無驛處馬須豫集以一馬勞數家今農事待雨興作輟日役破歲計本欲安存更煩擾之望且責州縣給貸須秋遣使便詔聽罷謐等行憲遷考功員外郎始議加明經帖進士雜文卒官下憲擢進士調河南尉累進左臺監察御史天授中奉詔按來俊臣罪憲疾其酷欲痛繩之反爲所構貶潾水令俊臣死召爲給事中轉中書舍人坐善張易之出爲渝州刺史除太僕少卿脩國史兼脩文館學士遷太子詹事時玄宗在東宮雅意墳史憲啓曰殿下位副君有絶人之才非以尋擿章句要通大意而已侍讀褚无量經明行脩耆年宿望宜數召問以察其言太子順納會卒贈兗州都督武后時敕吏部糊名考判求高才惟憲與王適司馬鍠梁載言入第二等適幽州人終雍州司功參軍鍠河南人神龍初以中書侍郎卒事繼母孝奉祿不入私舍與弟銓伯父希象皆歷殿中

侍御史希象剛直不諂終主爵員外郎載言聊城人歷鳳閣舍人專知制誥終懷州刺史

李邕字泰和揚州江都人父善有雅行淹貫古今不能屬辭故人號書簏顯慶中累擢崇賢館直學士兼沛王侍讀爲文選注敷析淵洽表上之賜賚頗渥除潞王府記室參軍爲涇城令坐與賀蘭敏之善流姚州遇赦還居汴鄭間講授諸生四遠至傳其業號文選學邕少知名始善注文選釋事而忘意書成以問邕邕不敢對善詰之邕意欲有所更善曰試爲我補益之邕附事見義善以其不可奪故兩書並行既冠見特進李嶠自言讀書未徧願一見秘書嶠曰秘閣萬卷豈時日能習邪邕固請乃假直秘書未幾辭去嶠驚試問奧篇隱帙了辯如響嶠歎曰子且名家嶠爲內史與監察御史張廷珪薦邕文高氣方直才任諫諍乃召拜左拾遺御史中丞宋璟劾張昌宗等反狀武后不應邕立階下大言曰璟所陳社稷大計陛下當聽后色解即可璟奏邕出或讓曰子位卑一忤

旨禍不測邕曰不如是名亦不傳中宗立鄭普思以方伎幸擢秘書
監邕諫曰陛下躬政日淺有九重之嚴未聞道路橫議今藉藉皆
言普思憑詭惑說妖祥陛下不知猥見驅使孔子曰詩三百一言以
蔽之曰思無邪陛下誠以普思術可致長生則爽鳩氏且因之永
有天下非陛下乃今可得能致神人邪秦漢且因之永有天下非
陛下乃今可得能致佛法邪梁武帝且因之永有天下非陛下
乃今可得能鬼道邪墨翟干寶且各獻其主永有天下非陛下
乃今可得自古堯舜稱聖者臣觀所以行皆在人事敦睦九族平
章百姓不聞以鬼神道治天下惟陛下省察不納五王誅坐善
張柬之出爲南和令貶富州司戶參軍事韋氏平召拜左臺殿
中侍御史彈劾任職人頗憚之譙王重福謀反邕與洛州司馬崔
日知捕支黨遷戶部員外郎岑羲崔湜惡曰用而邕與之交玄宗
在東宮邕及崔隱甫倪若水同被禮遇羲等忌之貶邕舍城丞玄
宗即位召爲戶部郎中張廷珪爲黃門侍郎而姜皎方幸共援邕

爲御史中丞姚崇疾邕險躁左遷括州司馬起爲陳州刺史帝封
太山還邕見帝汴州詔獻辭賦帝悅然矜肆自謂且宰相邕素輕
張說與相惡會仇人告邕贓貸枉法下獄當死許昌男子孔璋上書
天子曰明主舉能而捨過取才而棄行烈士抗節勇者不避死故
晉用林父不以過漢任陳平不以行禽息殞身不祈生北郭碎首
不愛死向若林父誅陳平死百里不用晏嬰見逐是晉無赤狄之
土漢無天子之尊秦不彊齊不霸矣伏見陳州刺史邕剛毅忠烈
難不苟免往者折二張之角挫韋氏之鋒雖身受謫屈而姦謀
沮解即邕有功於國且邕所能者拯孤恤窮救乏賙惠家無私聚
今聞坐贓下吏死在旦夕臣聞生無益於國者不若殺身以明賢臣
願以六尺之軀膏鈇鉞以代邕死臣與邕生平不款曲臣知有邕
邕不知有臣臣不逮邕明矣夫知賢而舉仁也任人之患義也獲
二善以死臣又何求伏惟陛下寬邕之死使率德改行興林父曲
逆之功臣得瞑目附禽息北郭之迹大願畢矣若以陽和方始重

行大戮則臣請伏剟不敢煩有司皇天后土實聞臣言昔吳楚反
漢得劇孟則不憂夫以一賢而敵七國之衆伏惟數含垢之道棄瑕
之義遠思劇孟近取於邕況告成岱宗天地更新赦而復論人誰
無罪惟明主圖之臣聞士爲知己者死臣不爲死者所知而甘之
死者非特惜邕賢亦以成陛下矜能之慈疏奏邕得減死貶遵
化尉流璋嶺南邕妻溫復爲邕請戍邊自贖曰邕少習文章疾
惡如讎不容於衆邪佞切齒諸儒側目頻謫遠郡削跡朝端不齒十
載歲時歎戀聞者傷懷屬國家有事泰山法駕旋路邕獻牛酒
例蒙恩私妾聞正人用則佞人憂邕之禍端故自此始且邕比任
外官卒無一毀天意暫顧罪過旋生讒曰士無賢不肖入朝見疾
惟陛下明察邕初蒙訊責便繫牢戶水不入口者踰五日氣息奄
奄惟吏是聽事生吏口迫邕手書貸人蠶種以爲枉法市羅貢
奉指爲姦贓于時勳使朝堂守捉嚴固號天訴地誰肯爲聞泣血
去國投骨荒裔永無還期妾願使邕得充一卒效力王事膏塗朔

邊骨糞沙壤成邕夙心表入不省邕後從中人楊思勗討嶺南
賊有功徙澧州司馬開元二十三年起爲括州刺史喜興利除害
復坐誣枉且得罪天子識其名詔勿劾後歷淄滑二州刺史上計
京師始邕蚤有名重義愛士久斥外不與士大夫接既入朝人間傳
其眉目瓌異至阡陌聚觀後生望風內謁門巷塡隘中人臨問索
所爲文章且進上以讒媢不得留出爲汲郡北海太守天寶中左
驍衛兵曹參軍柳勣有罪下獄邕嘗遺勣馬故吉溫使引邕嘗以
休咎相語陰賂遺宰相李林甫素忌邕因傳以罪詔刑部員外郎
祁順之監察御史羅希奭就郡杖殺之時年七十代宗時贈秘書監
邕之文於碑頌是所長人奉金帛請其文前後所受鉅萬計邕雖
詘不進而文名天下時稱李北海盧藏用嘗謂邕如干將莫邪難
與爭鋒但虞傷缺耳後卒如言杜甫知邕負謗死作八哀詩讀者
傷之邕資豪放不能治細行所在賄謝畋游自肆終以敗云
呂向字子回亡其世貫或曰涇州人少孤託外祖母隱陸渾山工草

隷能一筆環寫百字若縈髮然世號連錦書彊志于學每賣藥即
市閱書遂通古今玄宗開元十年召入翰林兼集賢院校理侍太
子及諸王爲文章時帝歲遣使采擇天下姝好內之後宮號花鳥
使向因奏美人賦以諷帝善之擢左拾遺天子數校獵渭川向又
獻詩規諷進左補闕帝自爲文勒石西嶽詔向爲鐫勒使以起居
舍人從帝東巡帝引頡利發及蕃夷酋長入仗內賜弓矢射禽向
上言鵰梟不鳴未爲瑞鳥豺虎雖伏弗曰仁獸況突厥安忍殘賊
莫顧君父陛下震以武義來以文德勢不得不廷故稽顙稱臣奔
命遣使陛下引內從官陪封禪盛禮使飛鏃於前同獲獸之樂是
狎昵太過或荆卿詭動何羅竊發逼嚴蹕冒淸塵縱醢單于汙穹
廬何以塞責帝順納詔蕃夷出仗久之遷主客郞中專侍皇太子
眷賚良異始向之生父岌客遠方不還少喪母失墓所在將葬巫
者求得之不知父在亡招魂合諸墓後有傳父猶在者訪索累年
不獲一日自朝還道見一老人物色問之果父也下馬抱父足號

慟行人爲泣涕帝聞咨歎官岌朝散大夫賜錦綵給內教坊樂工
娛懌其心卒贈東平太守向終喪再遷中書舍人改工部侍郞卒
贈華陰太守嘗以李善釋文選爲繁醲與呂延濟劉良張銑李周
翰等更爲詁解時號五臣注

王翰字子羽并州晉陽人少豪健恃才及進士第然喜蒱酒張嘉
貞爲本州長史偉其人厚遇之翰自歌以舞屬嘉貞神氣軒舉自
如張說至禮益加復舉直言極諫調昌樂尉又舉超拔羣類方說
輔政故召爲秘書正字擢通事舍人駕部員外郞家畜聲伎目使
頤令自視王侯人莫不惡之說罷宰相翰出爲汝州長史徙仙州
別駕日與才士豪俠飮樂游畋伐鼓窮歡坐貶道州司馬卒

孫逖博州武水人後魏光祿大夫惠蔚其先也祖希莊爲韓王府
典籤四世傳一子故無近屬父嘉之少孤依外家客涉鞏閒垂拱
初詣洛陽獻書不報第進士終襄邑令逖幼有文屬思警敏年十
五見雍州長史崔日用令賦土火爐援筆成篇理趣不凡日用駭
歎遂與定交舉手筆俊拔哲人奇士隱淪屠釣及文藻宏麗等科
開元十年又舉賢良方正玄宗御洛城門引見命戶部郎中蘇晉
等第其文異等擢左拾遺張說命子均垍往拜之李邕負才自陳
州入計裒其文示逖李暠鎮太原表置幕府以起居舍人入爲集
賢院脩撰時海內少事帝賜羣臣十日一燕宰相蕭嵩會百官賦
天成玄澤維南有山楊之華三月英英有蘭和風嘉木等詩八篇
繼雅頌體使逖序所以然改考功員外郎取顏眞卿李華蕭穎士
趙驊等皆海內有名士俄遷中書舍人是時嘉之且八十猶爲令
逖求降外官增父秩帝嘉納拜嘉之宋州司馬聽致仕父喪歿復
拜舍人開元間蘇頲齊澣蘇晉賈曾韓休許景先及逖典詔誥爲
代言最而逖尤精密張九齡視其草欲易一字卒不能也居職八
年判刑部侍郎以病風乞解徙太子左庶子遂縣廢累年徙少詹
事上元中卒贈尚書右僕射謚曰文諸子成最知名

成字思退推蔭仕累洛陽長安令兄宿爲華州刺史因悸病痞成

請告往視不待報輒行代宗嘉其悌不責也稍遷倉部郎中京兆
少尹爲信州刺史歲大旱發倉以賤直售民故飢而不亡再朞增
戶五千詔書褒美徙蘇州改桂管觀察使卒成通經術奏議据正
嘗有朞喪弔者至成不易縗而見客疑之請故荅曰縗者古居喪
常服去之則廢喪也今而巾幞失矣子公器亦至邕管經略使公
器子簡字樞中元和初登進士第辟鎭國荆南幕府累遷左司吏
部二郎中繇諫議大夫知制誥進中書舍人初逖掌詔至代宗時
宿又居職逮簡凡三世會昌初遷尚書左丞建言班位以品秩爲
等差今官兼臺省位置遷誤不可爲法元和元年御史臺奏常
參官兼大夫中丞者視檢校官居本品同類官上其後侍郎兼大
夫者皆在左右丞上當時侍郎兼大夫少唯京兆尹兼之京兆尹
從三品今位乃在本品同類官從三品卿監上太常宗正卿正三
品下左丞乃正四品上戶部侍郎正四品下今戶部侍郎兼大夫
當在本品同類正四品下諸曹侍郎上不宜居正四品丞郎上又

右丞正四品下吏部侍郎正四品上今吏部侍郎位右丞之下蓋
以丞有繩轄之重雖吏部品高猶居其下然則戶部侍郎雖兼大
夫安得居其上哉今散官自將仕郎至開府特進每品正從有上
有下名級各異則正從上下不得謂之同品京兆河南司錄及諸
府州錄事參軍事皆操紀律正諸曹與尚書省左右丞紀綱六曹
略等假使諸曹掾因功勞加臺省官安得位在司錄錄事參軍上
且左丞糾射入坐主省內禁令宗廟祠祭事御史不當得彈奏之
良以臺官所奏拘牽成例不揣事之輕重使理可循雖無往比自
宜行之否者雖曰舊章正可改也武宗詔兩省官詳議皆從簡請
歷河中興元宣武節度使檢校尚書右僕射東都留守而弟範亦
爲淄青節度使世推顯家

李白字太白興聖皇帝九世孫其先隋末以罪徙西域神龍初遁
還客巴西白之生母夢長庚星因以命之十歲通詩書既長隱岷
山州舉有道不應蘇頲爲益州長史見白異之曰是子天才英特
少益以學可比相如然喜縱橫術擊劍爲任俠輕財重施更客任
城與孔巢父韓準裴政張叔明陶沔居徂來山日沈飲號竹溪
六逸天寶初南入會稽與吳筠善筠被召故白亦至長安往見賀
知章知章見其文歎曰子謫仙人也言於玄宗召見金鑾殿論當
世事奏頌一篇帝賜食親爲調羹有詔供奉翰林白猶與飲徒
醉于市帝坐沈香亭子意有所感欲得白爲樂章召入而白已醉左
右以水頮面稍解授筆成文婉麗精切無留思帝愛其才數宴見
白嘗侍帝醉使高力士脫鞾力士素貴恥之擿其詩以激楊貴妃
帝欲官白妃輒沮止白自知不爲親近所容益驁放不自脩與知
章李適之汝陽王璡崔宗之蘇晉張旭焦遂爲酒八仙人懇求還
山帝賜金放還白浮游四方嘗乘月與崔宗之自采石至金陵著
宮錦袍坐舟中旁若無人安祿山反轉側宿松匡廬間永王璘辟
爲府僚佐璘起兵逃還彭澤璘敗當誅初白游幷州見郭子儀奇
之子儀嘗犯法白爲救免至是子儀請解官以贖有詔長流夜郎

會赦還尋陽坐事下獄時宋若思將吳兵三千赴河南道尋陽釋
囚辟爲參謀未幾辭職李陽冰爲當塗令白依之代宗立以左拾
遺召而白已卒年六十餘白晚好黃老度牛渚磯至姑孰悅謝家
青山欲終焉及卒葬東麓元和末宣歙觀察使范傳正祭其冢禁
樵採訪後裔惟二孫女嫁爲民妻進止仍有風範因泣曰先祖志
在青山頃葬東麓非本意傳正爲改葬立二碑焉告二女將改妻
士族辭以孤窮失身命也不願更嫁傳正嘉歎復其夫徭役文宗
時詔以白歌詩裴旻劍舞張旭草書爲三絕旭蘇州吳人嗜酒每
大醉呼叫狂走乃下筆或以頭濡墨而書既醒自視以爲神不可
復得也世呼張顚初仕爲常熟尉有老人陳牒求判宿昔又來旭
怒其煩責之老人曰觀公筆奇妙欲以藏家爾旭因問所藏盡出
其父書旭視之天下奇筆也自是盡其法旭自言始見公主擔夫
爭道又聞鼓吹而得筆法意觀倡公孫舞劍器得其神後人論書
歐虞褚陸皆有異論至旭無非短者傳其法惟崔邈顏眞卿云旻

嘗與幽州都督孫佺北伐爲奚所圍旻舞刀立馬上矢四集皆迎
刀而斷奚大驚引去後以龍華軍使守北平北平多虎旻善射一
日得虎三十一休山下有老父曰此虎也稍北有眞虎使將軍遇
之且敗旻不信怒馬趨之有虎出叢薄中小而猛據地大吼旻馬
辟易弓矢皆墜自是不復射

王維字摩詰九歲知屬辭與弟縉齊名資孝友開元初擢進士調
太樂丞坐累爲濟州司倉參軍張九齡執政擢右拾遺歷監察御
史母喪毀幾不生服除累遷給事中安祿山反玄宗西狩維爲賊
得以藥下利陽瘖祿山素知其才迎置洛陽迫爲給事中祿山大
宴凝碧池悉召梨園諸工合樂諸工皆泣維聞悲甚賦詩悼痛賊
平皆下獄或以詩聞行在時縉位已顯請削官贖維罪肅宗亦自
憐之下遷太子中允久之遷中庶子三遷尚書右丞縉爲蜀州刺
史未還維自表已有五短縉五長臣在省戶縉遠方願歸所任官
放田里使縉得還京師議者不之罪久乃召縉爲左散騎常侍上

元初卒年六十一疾甚縉在鳳翔作書與別又遺親故書數幅停筆而化贈秘書監維工草隸善畫名盛於開元天寶間豪英貴人虛左以迎寧薛諸王待若師友畫思入神至山水平遠雲勢石色繪工以為天機所到學者不及也客有以按樂圖示者無題識維徐曰此霓裳第三疊最初拍也客未然引工按曲乃信兄弟皆篤志奉佛食不葷衣不文綵別墅在輞川地奇勝有華子岡欹湖竹里館柳浪茱萸沜辛夷塢與裴迪游其中賦詩相酬為樂喪妻不娶孤居三十年母亡表輞川第為寺終葬其西寶應中代宗語縉曰朕嘗於諸王座聞維樂章今傳幾何遣中人王承華往取縉裒集數十百篇上之

鄭虔鄭州滎陽人天寶初為協律郎集綴當世事著書八十餘篇有窺其稾者上書告虔私撰國史虔蒼黃焚之坐謫十年還京師玄宗愛其才欲置左右以不事事更為置廣文館以虔為博士虔聞命不知廣文曹司何在訴宰相宰相曰上增國學置廣文館以居賢者令後世言廣文博士自君始不亦美乎虔乃就職久之雨壞廡舍有司不復修完寓治國子館自是遂廢初虔追紬故書可誌者得四十餘篇國子司業蘇源明名其書為會粹虔善圖山水好書常苦無紙於是慈恩寺貯柿葉數屋遂往日取葉肄書歲久殆遍嘗自寫其詩并畫以獻帝大署其尾曰鄭虔三絕遷著作郎安祿山反遣張通儒劫百官置東都偽授虔水部郎中因稱風緩求攝市令潛以密章達靈武賊平與張通王維並囚宣陽里三人者皆善畫崔圓使繪齋壁虔等方悸死即極思祈解於圓卒免死貶台州司戶參軍事維止下遷後數年卒虔學長於地里山川險易方隅物產兵戍眾寡無不詳嘗為天寶軍防錄言典事該諸儒服其善著書時號鄭廣文在官貧約甚澹如也杜甫嘗贈以詩曰才名四十年坐客寒無氈云有鄭相如者自滄州來師事虔虔未之禮問問何所業相如曰聞孔子稱繼周者百世可知僕亦能知之虔駭然即曰開元盡三十年當改元盡十五年天下亂賊臣僭位公當汙偽官願守節可以免虔又問自謂云何答曰相如有官三年死衢州是年及進士第調信安尉既三年虔詢吏部則相如果死故虔念其言終不附賊

蕭穎士字茂挺梁鄱陽王恢七世孫祖晶賢而有謀任雅相伐高麗表為記室越王貞舉兵杖策詣之陳三策王不用晶度必敗乃亡去客死廣陵穎士四歲屬文十歲補太學生觀書一覽即誦通百家譜系書籀學開元二十三年舉進士對策第一父旻以莒丞抵罪穎士往訴於府佐張惟一惟一曰旻有佳兒吾以旻獲譴不憾乃平宥之天寶初穎士補秘書正字于時裴耀卿席豫張均宋遙韋述皆先進器其材與鈞禮由是名播天下奉使括遺書趙衛間淹久不報為有司劾免留客濮陽於是尹徵王恒盧異盧士式賈邕趙匡閻士和柳并等皆執弟子禮以次授業號蕭夫子召為集賢校理宰相李林甫欲見之穎士方父喪不詣林甫嘗至故人舍邀穎士穎士前往哭門內以待林甫不得已前弔乃去怒其不

下已調廣陵參軍事穎士急中不能堪作伐櫻桃樹賦曰擢無庸之瑣質蒙本枝以自庇雖先寢而或薦非和羹之正味以譏林甫云君子恨其褊會母喪免流播吳越嘗謂仲尼作春秋為百王不易法而司馬遷作本紀書表世家列傳敘事依違失褒貶體不足以訓乃起漢元年訖隋義寧編年依春秋義類為傳百篇在魏書高貴崩曰司馬昭弒帝於南闕在梁書陳受禪曰陳霸先反又自以梁枝孫而宣帝逆取順守故武帝得血食三紀昔曲沃篡晉而文公為五伯仲尼弗貶也乃黜陳閏隋以唐土德承梁火德皆自斷諸儒不與論也有太原王緒者僧辯裔孫撰永寧公輔梁書黜陳不帝穎士佐之亦著梁蕭史譜及作梁不禪陳論以發緒義例使光明云史官韋述薦穎士自代召詣史館待制穎士乘傳詣京師而林甫方威福自擅穎士遂不屈愈見疾俄免官往來鄠杜間林甫死更調河南府參軍事倭國遣使入朝自陳國人願得蕭夫子為師者中書舍人張漸等諫不可而止安祿山寵恣穎士陰語

柳并曰胡人負寵而驕亂不久矣東京其先陷乎即託疾游太室山已而祿山反穎士往見河南採訪使郭納言禦守計納忽不用歎曰肉食者以兒戲禦劇賊難矣哉聞封常清陳兵東京往觀之不宿而還因藏家書於箕穎間身走山南節度使源洧辟掌書記賊別校攻南陽洧懼欲退保江陵穎士說曰官兵守潼關財用急必待江淮轉餉乃足餉道由漢沔則襄陽乃今天下喉襟一日不守則大事去矣且列郡數十人百萬訓兵攘寇社稷之功也賊方專崤陝公何遽輕土地欲取笑天下乎洧乃按甲不出亦會祿山死賊解去洧卒往客金陵永王璘召之不見時盛王爲淮南節度大使留蜀不遣副大使李承式玩兵不振穎士與宰相崔圓書以爲今兵食所資在東南但楚越重山複江自古中原擾則盜先起宜時遣王以扞鎭江淮餓而劉展果反賊圍雍丘脅泗上軍承式遣兵往救大宴賓客陳女樂穎士曰天子暴露豈臣下盡歡時邪夫投兵不測乃使觀聽華麗一旦思歸誰致其死哉弗納崔圓聞

之即授揚州功曹參軍至官信宿去後客死汝南逆旅年五十二門人共謚曰文元先生穎士樂聞人善以推引後進爲己任如李陽李幼卿皇甫冉陸渭等數十人由獎目皆爲名士天下推知人稱蕭功曹嘗兄事元德秀而友殷寅顏眞卿柳芳陸據李華邵軫趙驊時人語曰殷顏柳陸李蕭邵趙以能全其交也所與遊者孔至賈至源行恭張有略族弟季遐劉穎韓拯陳晉孫益韋建韋收獨華與齊名世號蕭李嘗與華據游洛龍門讀路旁碑穎士即誦華再閱據三乃能盡記聞者謂三人才高下此其分也有奴事穎士十年笞楚嚴慘或勸其去答曰非不能愛其才耳穎士數稱班彪皇甫謐張華劉琨潘尼能尚古而混流俗不自振曹植陸機所不逮也又言裴子野善著書所許可當世者陳子昂富嘉謩盧藏用之文辭董南事孔述睿之博學而已子存字伯誠亮直有父風能文辭與韓會沈既濟梁肅徐岱等善浙西觀察使李栖筠表常孰主簿顏眞卿在湖州與存及陸鴻漸等討撫古今韻字所原作書數百篇建中初由殿中侍御史四遷比部郎中張滂主財賦辟存留務京師裴延齡與滂不叶存疾其姦去官風痺卒韓愈少爲存所知自袁州還過存廬山故居而諸子前死唯一女在爲經贍其家殷寅者陳郡人邵軫者汝南人陸據河南人字德鄰後周上庸公騰六世孫神寓警邁善物理年三十始到京師公卿愛其文交譽之天寶十三載終司勳員外郎

柳并者字伯存大曆中辟河東府掌書記遷殿中侍御史喪明終於家初并與劉太眞尹徵閻士和受業於穎士而并好黃老穎士常曰太眞吾入室者也斯文不墜寄是子云徵博聞彊識士和鉤深致遠吾弗逮已并不受命而尚黃老子亦何誅并弟談字中庸穎士愛其才以女妻之士和字伯均著蘭陵先生誄蕭夫子集論因權歷世文章而盛推穎士所長以爲聞蕭氏風者五尺童子羞稱曹陸

皇甫冉字茂政十歲便能屬文張九齡歎異之與弟曾皆善詩

天寶中踵登進士授無錫尉王縉爲河南元帥表掌書記遷右補闕卒曾字孝常歷監察御史其名與冉相上下當時比張氏景陽孟陽云

蘇源明京兆武功人初名預字弱夫少孤寓居徐兗工文辭有名天寶間及進士第更試集賢院累遷太子諭德出爲東平太守是時濟陽郡太守李倰以郡瀕河請增領宿城中都二縣以紓民力二縣隸東平魯郡者也於是源明議廢濟陽析五縣分隸濟南東平濮陽詔河南採訪使會濮陽太守崔季重魯郡太守李蘭濟南太守田琦及源明倰五太守議于東平不能決既而卒廢濟陽以縣皆隸東平召源明爲國子司業安祿山陷京師源明以病不受僞署肅宗復兩京擢考功郎中知制誥是時承大盜之餘國用覂屈宰相王璵以祈禬進禁中禱祀窮日夜中官用事給養繁靡羣臣莫敢切諍昭應令梁鎭上書勸帝罷淫祀其它不暇及也源明數陳政治得失及史思明陷洛陽有詔幸東京將親征源

明因上跡極諫曰淫雨積時道路方梗甚不可一也自春大旱秋苗秏半斂穫未畢先之以清道之役申之以供頓之苦甚不可二也每立殿廊見旌旗之下餓夫執殳仆于行間日見二三市井餧餒求食死于路旁日見四五甚不可三也姦夫盜兒連牆接棟磨礪以須陛下之出御史大夫必不能澄清禁止甚不可四也聖皇巡蜀之初都内財貨吏民資產糜散于道路之手至有乘馬騾驢入宣政紫宸者況陛下初有四海威制不及曩時遠矣今茲東行殆賊臣誘掖陛下而已詩曰三星在罶謂危亡在於須臾臣不勝嗚咽爲陛下痛之願速罷幸不然窮黷禍已扼腕於下甚不可五也方今河洛驛騷江湖叛換詩曰中原有菽庶民采之彼思明楚元皆采菽之人也陛下何遽輕萬乘而速成之邪甚不可六也大河南北舉爲寇盜王公以下廩稍匱絕將士糧賜僅支日月而中官冗食不減往年棃園雜伎愈盛今日陛下未得穆然高枕殆懸此也自非中書指使太常正樂外願一切放歸給長牒勿事須五六年後隨事蠲省今聚而仰給甚不可七也李光弼拔河陽王思禮下晉原衛伯玉拂焉耆過析支不日可至御史大夫王玄志壓巫閭臨幽都汝州刺史田南金踰關口遏二室鄧景山淩淮泗㯹然而西狂賊失勢蹙于緱山之下北不敢逾孟津東不敢過嬰子計日反接而至矣陛下不坐而受之乃欲親征徇一朝之怒甚不可八也王者之於天地神祇享之以牲幣而已記曰不祈方士彼淫巫愚祝妄有關說甚不可九也天子順動人皆幸之之謂幸人皆病之之謂不幸臣等曩拂視聽聯伏赤墀之下頓顙流涕而出雖陛下優容貸罪凡百之臣必昌言于朝萬口謗于外甚不可十也臣聞子不諍於父不孝也臣不諍於君不忠也不孝不忠爲苟榮冒祿圈牢之物不若也臣雖至賤不能委身圈牢之中將使樵夫指而笑之帝嘉其切直遂罷東幸後以祕書少監卒源明雅善杜甫鄭虔其最稱者元結梁肅肅字敬之一字寬中隋刑部尚書毗五世孫世居陸渾建中初中文辭清麗科擢太子校書郎蕭復薦其材授右拾遺脩史以母羸老不赴杜佑辟淮南掌書記召爲監察御史轉右補闕翰林學士皇太子諸王侍讀卒年四十一贈禮部郎中

文藝列傳中第一百二十七

端明殿學士兼翰林侍讀學士龍圖閣學士朝散大夫行尚書吏部侍郎充史館修撰臣宋祁奉敕撰

李華字遐叔趙州贊皇人曾祖太沖名冠宗族閒鄉人語曰太沖無兄太宗時擢祠部郎中華少曠達外若坦蕩內謹重尚然許每慕汲黯爲人累中進士宏辭科天寶十一載遷監察御史宰相楊國忠支婭所在橫猾華出使劾按不橈州縣肅然爲權幸見疾徙右補闕安祿山反上誅守之策皆留不報玄宗入蜀百官解竄華母在鄴欲閒行輦母以逃爲盜所得僞署鳳閣舍人賊平貶杭州司戶參軍華自傷踐危亂不能完節又不能安親欲終養而母亡遂屏居江南上元中以左補闕司封員外郎召之華喟然曰烏有隳節危親欲荷天子寵乎稱疾不拜李峴領選江南表置幕府擢檢校吏部員外郎苦風痺去官客隱山陽勒子弟力農安於窮槁晚事浮圖法不甚著書惟天下士大夫家傳墓版及州縣碑頌時

時齎金帛往請乃彊爲應大曆初卒初華作含元殿賦成以示蕭穎士穎士曰景福之上靈光之下華文辭緜麗少宏傑氣穎士健爽自肆時謂不及穎士而華自疑過之因著弔古戰場文極思研摧已成汙爲故書雜置梵書之庋它日與穎士讀之稱工華問今誰可及穎士曰君加精思便能至矣華愕然而服華愛奬士類名隨以重若獨孤及韓雲卿韓會李紓柳識崔祐甫皇甫冉謝良弼朱巨川後至執政顯官華觸禍衒悔及爲元德秀權皐銘四皓贊稱道深婉讀者憐其志宗子翰從子觀皆有名翰擢進士第調衞尉天寶末房琯韋陟俱薦爲史官宰相不肯擬翰所善張巡死節睢陽人媢其功以爲降賊肅宗未及知翰傳巡功狀表上之曰臣聞聖主褒死難之士養死事之孤或親推轜車或追建邑封厚死以慰生撫存以荅亡君不遺於臣臣亦不背其君世自逆胡構亂據雒陽引幽朔以吞河南故御史中丞贈揚州大都督張巡忠誼奮發率烏合守雍丘潰賊心腹及魯炅棄甲宛葉哥舒翰敗績潼

闕賊遂盜神器鴟峙二京南臨漢江西逼岐雍羣帥列城望風出奔巡守孤城不爲却賊欲繞出巡後以擾江淮巡退軍睢陽扼東南咽領自春訖冬大戰數十小戰數百以弱制彊出奇無窮殺馘凶醜凡十餘萬賊不敢越睢陽取江淮江淮以完巡之力也城孤糧盡外救不至猶奮羸起病摧鋒陷堅三軍啾膚而食知死不叛城陷見執卒無橈詞慢叱凶徒精貫白日雖古忠烈無以加焉議者罪巡以食人愚巡以守死臣竊痛之夫忠者臣之教恕者法之情巡握節而死非虧教也析骸以爨非本情也春秋以功覆過書赦過宥刑在易遏惡揚善爲國者錄用棄瑕今者乃欲議巡之罪是廢教絀節不以功掩過不以刑恕情善可遏惡可揚瑕錄而用棄非所以奬人倫明勸戒也且祿山背德大臣將相比肩從賊巡官不朝宴不坐無一伍之士一節之權徒奮身死節以動義旅不謂忠乎以數千卒橫挫賊鋒若無巡則無睢陽無睢陽則無江淮有如賊因江淮之資兵廣而財積根結盤據西向以拒雖終殲滅

其曠日持久必矣今陝鄢一戰犬羊駭北王師震其西巡扼其東此天使巡舉江淮以待陛下師至而巡死不謂功乎古者列國侵伐猶分災救患諸將同受國恩奉辭伐罪巡固守亦待外援援不至而食盡食盡而及人則巡之情可求矣假巡守城之初已計食人損數百衆以全天下臣尚謂功過相揜況非素志乎夫子制春秋明褒貶齊桓公將封禪略不書晉文公召王河陽書而諱之巡蒼黃之罪輕於僭禪興復之功重於糾合今巡子亞夫雖得官不免飢寒江淮既巡所保戶口充完宜割百戶俾食其子且彊死爲厲有所歸則不爲災巡身首分裂將士骸骼不掩宜於睢陽相擇高原起大冢招魂而葬旌善之義也臣少與巡游哀巡死難不覩休明唯令名其榮祿也若不時紀錄日月寖悠或掩而不傳或傳而不實巡生死不遇誠可悲悼謹撰傳一篇昧死上償得列于史官死骨不朽帝繇是感悟而巡大節白於世義士多之翰累遷左補闕翰林學士大曆中病免客陽翟卒翰爲文精密而思遲常從

令皇甫曾求音樂思涸則奏之神逸乃屬文族弟紓自有傳

觀字元賓貞元中舉進士宏辭連中授太子校書郎卒年二十九觀屬文不旁沿前人時謂與韓愈相上下及觀少夭而愈後文益工議者以觀文未極愈老不休故卒擅名陸希聲以爲觀尚辭故辭勝理愈尚質故理勝辭雖愈窮老終不能加觀之辭觀後愈死亦不能逮愈之質云

孟浩然字浩然襄州襄陽人少好節義喜振人患難隱鹿門山年四十乃游京師嘗於太學賦詩一座嗟伏無敢抗張九齡王維雅稱道之維私邀入內署俄而玄宗至浩然匿牀下維以實對帝喜曰朕聞其人而未見也何懼而匿詔浩然出帝問其詩浩然再拜自誦所爲至不才明主棄之句帝曰卿不求仕而朕未嘗棄卿奈何誣我因放還採訪使韓朝宗約浩然偕至京師欲薦諸朝會故人至劇飲歡甚或曰君與韓公有期浩然叱曰業已飲遑恤佗卒不赴朝宗怒辭行浩然不悔也張九齡爲荊州辟置于府府罷開

元末病疽背卒後樊澤爲節度使時浩然墓庳壞符載以箋叩澤曰故處士孟浩然文質傑美殞落歲久門裔陵遲丘隴頹沒永懷若人行路慨然前公欲更築大墓闔州搢紳聞風竦動而今外迫軍旅內勞賓客牽耗歲時或有未遑誠令好事者乘而有之負公夙志矣澤乃更爲刻碑鳳林山南封寵其墓初王維過郢州畫浩然像于刺史亭因曰浩然亭咸通中刺史鄭誠謂賢者名不可斥更署曰孟亭開元天寶閒同知名者王昌齡崔顥皆位不顯昌齡字少伯江寧人第進士補秘書郎又中宏辭遷汜水尉不護細行貶龍標尉以世亂還鄉里爲刺史閭丘曉所殺張鎬按軍河南兵大集曉最後期將戮之辭曰有親乞貸餘命鎬曰王昌齡之親欲與誰養曉默然昌齡工詩緒密而思清時謂王江寧云崔顥者亦擢進士第有文無行好蒱博嗜酒娶妻惟擇美者俄又棄之凡四五娶終司勳員外郎初李邕聞其名虛舍邀之顥至獻詩首章曰十五嫁王昌邕叱曰小兒無禮不與接而去

劉太眞宣州人善屬文師蘭陵蕭穎士舉高第進士淮南陳少游表爲掌書記嘗以少游擬桓文爲義士所訾興元初爲河東宣慰賑給使累遷刑部侍郎德宗以天下平貞元四年九月詔羣臣宴曲江自爲詩敕宰相擇文人賡和李泌等請羣臣皆和帝自第之以太眞李紓等爲上鮑防于邵等次之張濛等爲下與擇者四十一人惟泌李晟馬燧三宰相無所差次遷禮部掌貢士多取大臣貴近子弟坐貶信州刺史卒

邵說相州安陽人已擢進士第未調陷史思明逮朝義敗歸郭子儀子儀愛其才留幕府遷累長安令秘書少監大曆末上言天道三十年一小變六十年一大變祿山思明之難出入二紀多難漸平向之亂今將變而之治宜建徽號承天意而方謁郊廟大赦各一誠恐雲雨之施未普鬱結之氣未除願因此時脩享獻欽郊廟褒有德錄賢人與天下更始振災益壽之術也不聽德宗立擢吏部侍郎說因自陳家本儒先祖長白山人貞一以武后革命終身

不肯仕先臣殿中侍御史瓌之遠事玄宗臣十六即孤長育母手天寶中始仕會喪亂客河洛祿山亂喪紀當終臣不褫衰絰又再朞懼終不免陰走洺魏慶緒遁保西城搜脅儒者爲己用以兵迫臣遂陷醜逆俄而史思明順附欲間道歸北闕下肅宗拜臣左金吾衛騎曹參軍許留思明所會烏承恩事路絕不得歸朝義之敗欲固守河陽臣知回紇利野戰陰勸其行以破賊計朝義已走臣西歸獻狀先帝詔翰林索臣所上言與王伷偕召先帝謂誠節白著故擢伷侍御史臣爲殿中侍御史使者宣旨制詔盡言其狀則疇昔本末先帝知之今又擢以不次雖自天斷尚恐受誘輿人傷陛下之明今吏員未乏而調者多益以功優進平格以判留人去者十七彼且鼓譏說以投疑于上此臣所大懼也因薦戶部郎中蕭定司農卿庾準自代不許說在職以才顯或言且執政金吾將軍裴儆謂柳載曰說事賊爲劇官掌其兵大小百戰掠名家子爲奴婢不可計得宥死而無厚顏乃崇第產附貴倖欲以相邦其能

久乎建中三年逐嚴郢說與郢善微諷朱泚訟其冤爲草奏貶歸州刺史卒

于邵字相門其先自代來爲京兆萬年人天寶末第進士以書判超絶補崇文校書郎縣比部郎中爲道州刺史未行徙巴州會歲饑部獠亂薄城下邵勵兵拒戰且遣使諭曉獠丐降邵儒服出賊見皆拜即引去節度使李抱玉以聞遷梓州辭疾不拜授兵部郎中崔寧帥蜀表爲度支副使俄以諫議大夫知制誥進禮部侍郎朝有大典冊必出其手爲三司使治薛邕獄失德宗旨貶桂州長史復爲太子賓客與宰相陸贄不平出杭州刺史久疾求告貶衢州別駕徙江州卒年八十一邵孝悌有行晚塗益修絜獎譔始舉賢良邵望見曰將相材也崔元翰舉進士年五十矣邵以其文擢異等曰後當司詔令已而皆然獨孤授舉博學宏辭吏部考當乙邵覆之置甲科人咨其公

崔元翰名鵬以字行父良佐與齊國公日用從昆弟也擢明經甲

科補湖城主簿以母喪遂不仕治詩易書春秋譔演範忘象渾天等論數十篇隱共北白鹿山之陽卒門人共謚曰貞文孝父元翰舉進士博學宏辭賢良方正皆異等義成李勉表在幕府馬燧更表爲太原掌書記召拜禮部員外郎竇參秉政引知制誥其訓辭溫厚有典誥風然性剛褊不能取容於時孤特自恃掌誥凡再朞不遷罷爲比部郎中時已七十餘卒其好學老不倦用思精緻馳騁班固蔡邕間以自名家怨陸贄李充乃附裴延齡延齡表鉤校京兆妄費持吏甚急而充等自無過訖不能傳致以罪云

于公異蘇州吳人進士擢第李晟表爲招討府掌書記朱泚平露布於德宗曰臣既肅清宮禁祗奉寢園鍾簴不移廟貌如故帝覽泣下曰誰爲之辭或以公異對帝咨歎再始公異與陸贄故有隙時贄在翰林聞不喜世多言公異不能事後母既仕不歸省及贄當政乃奏其狀詔賜孝經罷歸田里盧邁坐舉非其人奪俸兩月時中書舍人高郢嘗薦御史元敦義及公異被譴郢亦劾敦義無美行詔免敦義官公異黜是不自振而卒

李益故宰相揆族子於詩尤所長貞元末名與宗人賀相埒每一篇成樂工爭以賂求取之被聲歌供奉天子至征人早行等篇天下皆施之圖繪少癡而忌克防閑妻妾苛嚴世謂妬爲李益疾同輩行稍稍進顯益獨不調鬱鬱去游燕劉濟辟置幕府進爲營田副使嘗與濟詩語怨望憲宗雅知名召爲祕書少監集賢殿學士自負才凌藉士衆不能堪諫官因暴幽州時怨望語詔降秩俄復舊官累遷右散騎常侍大和初以禮部尚書致仕卒時又有太子庶子李益同在朝故世言文章李益以辨云

盧綸字允言河中蒲人避天寶亂客鄱陽大曆初數舉進士不入第元載取綸文以進補閿鄉尉累遷監察御史輒稱疾去坐與王縉善久不調渾瑊鎮河中辟元帥判官累遷檢校戶部郎中嘗朝京師是時舅韋渠牟得幸德宗表其才召見禁中帝有所作輒使賡和異日問渠牟盧綸李益何在荅曰綸從渾瑊在河中驛召之

會卒綸與吉中孚韓翃錢起司空曙苗發崔峒耿湋夏侯審李端皆能詩齊名號大曆十才子憲宗詔中書舍人張仲素訪集遺文文宗尤愛其詩問宰相綸文章幾何亦有子否李德裕對綸四子簡能簡辭弘止簡求皆擢進士第在臺閣帝遣中人悉索家笥得詩五百篇以聞中孚鄱陽人官戶部侍郎翃字君平南陽人侯希逸表佐淄青幕府府罷十年不出李勉在宣武復辟之俄以駕部郎中知制誥時有兩韓翃其一爲刺史宰相請孰與德宗曰與詩人韓翃終中書舍人起吳興人天寶中舉進士與郎士元齊名時語曰前有沈宋後有錢郎終考功郎中曙字文初廣平人從韋皋於劍南終虞部郎中發晉卿子終都官員外郎峒終右補闕湋右拾遺審侍御史端趙州人始郭曖尚昇平公主主賢明有才思尤招納士故端等多從曖游曖嘗進官大集客端賦詩最工錢起曰素爲之請賦起姓端立獻一章又工于前客乃服主賜帛百後移疾江南終杭州司馬

歐陽詹字行周泉州晉江人其先皆為本州州佐縣令閩越地肥衍有山泉禽魚雖能通文書吏事不肯北宦及常衮罷宰相為觀察使始擇縣鄉秀民能文辭者與為賓主鈞禮觀游饗集必與里人矜耀故其俗稍相勸仕初詹與羅山甫同隱潘湖往見衮衮奇之辭歸送舟飲餞舉進士與韓愈李觀李絳崔羣王涯馮宿庾承宣聯第皆天下選時稱龍虎榜閩人第進士自詹始詹事父母孝與朋友信義其文章切深回復明辯與愈友善詹先為國子監四門助教率其徒伏闕下舉愈博士卒年四十餘崔羣哭之甚愈為詹哀辭自書以遺羣初徐晦舉進士不中詹數稱之明年高第仕為福建觀察使語及詹必流涕從子秬字降之亦工為文陸洿自右拾遺除司勳郎中棄官隱吳中詔召之既在道秬遺書讓出處之遠洿不至還秬名益聞開成中擢進士第而里人蕭本妄言與貞獻太后近屬恩寵赫然秬恥之會澤潞劉從諫表秬在幕府秬為辯質本之僞本終得罪其子稹拒命秬方休假還家稹表斥擯

時政或言秬為之詔流崖州賜死臨刑色不撓為書徧謝故人自誌墓人皆憐之

李賀字長吉系出鄭王後七歲能辭章韓愈皇甫湜始聞未信過其家使賀賦詩援筆輒就如素構自目曰高軒過二人大驚自是有名為人纖瘦通眉長指爪能疾書每旦日出騎弱馬從小奚奴背古錦囊遇所得書投囊中未始先立題然後為詩如它人牽合程課者及暮歸足成之非大醉弔喪日率如此過亦不甚省母使婢探囊中見所書多即怒曰是兒要嘔出心乃已耳以父名晉肅不肯舉進士愈為作諱辨然卒亦不就舉辭尚奇詭所得皆驚邁絕去翰墨畦逕當時無能效者樂府數十篇雲韶諸工皆合之絃管為協律郎卒年二十七與游者權璩楊敬之王恭元每譔著時為所取去賀亦早世故其詩歌世傳者鮮焉

吳武陵信州人元和初擢進士第淮西吳少陽聞其才遣客鄭平邀之將待以賓友武陵不荅俄而少陽子元濟叛武陵遺以書自稱東吳王孫曰夫勢有不必得事有不必疑徒取暴逆之名而殄物敗俗不可謂智一日亡破平生親愛連頭就戮不可謂仁支屬繁衍因緣磨滅先魂傷餒不可謂孝數百里之內拘若檻穽常疑死於左右手低回姑息不可謂明且三皇以來數千萬載何有勃理亂常而能自畢者哉貞元時德宗以函容御天下河北諸鎮專地不臣朝廷資以爵號桀黠者自謂得計以反為利於是楊惠琳劉闢李錡盧從史等又亂皇帝即位赫然命偏師討之盡伏其辜所謂時也曰者張太尉猷垣捍之勤謝易定為國老田尚書知慮絕俗又以魏博來歸幽檀滄景皆為信臣然而與足下者獨齊趙耳夫齊安可為恃哉徐壓其首梁薄其翼魏斮其脛滑鍼其腹淮南承其衝分兵不足相救全舉則曹魯東平非其有也彼何苦而自棄哉若趙則固豎子耳前日主上以澤潞為之導既斥從史姑赦罪復爵祿之天下之人欲討者十八無何殘丞相御史朝廷以足下故未加斧鉞也然則中山搏藁城之險太原乘井陘之隘燕徇樂壽

邢扼臨城清河絕其南弓高斷其北孤雛腐鼠求責不暇又曷以救人哉二鎮不敢動亦明矣足下何待而窮處邪昔僕之師裴道明嘗言唐家二百載有中興主當其時佷傲者盡滅河湟之地復矣今天子英武任賢同符太宗寬仁厚物有玄宗之度罰無貸罪賞無遺功諸侯奉齊趙以稔其釁羣帥築室礪兵進窺房蔡屯田繼漕前鋒扼喉後陣撫背左排右掖其幾何而不踣邪足下勿謂部曲勿我欺人心與足下一也足下反天子人亦欲反足下易地而論則嬰兇橫之命不若奉大君官守矣枕戈持矛死不得地不若坐兼爵命而保胥嗣矣足下苟能挺知幾之烈莫若發一介籍士馬土疆歸之有司上以覆載之仁必保納足下滌垢洗瑕以倡四海將校官屬不失寵且貴何哉為國者不以纖惡蓋大善也且貳而伐服而捨寵榮可厚骨肉可保何獨不為哉三州至狹也萬國至廣也力不相侔判然可知假使官軍百敗而行陣未嘗乏足下一敗則成禽矣夫一壯士不能當十夫者以其左右前後咸

敵也矧以一卒欲當百人哉昏迷不返諸侯之師集城下環壘刳
塹灌以浹潦主將怨攜士卒崩離田儋呂興發於肘腋屍不得裹
宗不得祀臣僕以爲誡子孫所不祖生爲暗愎之人没爲幽憂之
鬼何其痛哉元濟得書不悟會裴度東討而韓愈爲司馬武陵勸
愈爲度謀取中官常所不快者爲監軍歸素所快者於内爲吾地
以傾諸侯出帛百萬以給士大夫則孰不爲丞相之人然後分三大
將環賊而屯明斥候牛酒高會潛以實期授潁蔡諸將而以三期
紿賊令辯士持尺書劫元濟及將士約降彼無所竄謀矣時度部
分已定故不見用元濟未破數月武陵自硤石望東南氣如旗鼓
矛楯皆顛倒横斜少選黄白氣出西北盤蜿相交武陵告愈曰今西
北王師所在氣黄白喜象也敗氣爲賊日直木舉其盈數不閱六
十日賊必亡夫天見其祥宜脩事應之且洄曲守將急緩不可使
吳城賊將趙曄詐而輕若以兵誘之伏以待一舉可奪其城則右臂
斷矣武陵之奇謀類如此長慶初竇易直以戶部侍郎判度支表

武陵主鹽北邊易直以不職薄其遇會表置和糴貯備使擇郎中
爲之武陵諫曰今緣邊膏壤鞠爲榛杞父母妻子不相活前在朔
方度支米價四十而無踰月積皆先取商人而後求牒還都受錢
脱有寇薄城不三旬便當餓死何所取財而云和糴哉天下不治
病權不歸有司也臨鹽鐵度支一戶部郎事今三分其務吏萬員財
賦日蹙西北邊院官皆御史員外郎爲之始命若責可信今又加
使權其務是御史員外久於事返不可信也今更旬月又將以郎
中之爲不可信即更時歲明公之爲亦又不可信上下相阻一國
交疑誰爲可信者況一使之建胥徒走卒殆百輩督責騰呼數
千里爲不忍誠欲邊隅完實獨募浮民徙罪人發沃土何必加使
而增吏也易直不納久之入爲太學博士大和初禮部侍郎崔郾
試進士東都公卿咸祖道長樂武陵最後至謂郾曰君方爲天子
求奇材敢獻所益因出袖中書搢笏郾讀之乃杜牧所賦阿房
宮辭既警拔而武陵音吐鴻暢坐客大驚武陵請曰牧方試有司
請以第一人處之郾謝已得其人至第五郾未對武陵勃然曰不
爾宜以賦見還郾曰如教牧果異等後出爲韶州刺史以贓貶潘
州司戶參軍卒初柳宗元謫永州而武陵亦坐事流永州宗元賢
其人及爲柳州刺史武陵北還大爲裴度器遇每言宗元無子說
度曰西原蠻未平柳州與賊犬牙宜用武人以代宗元使得優游江
湖又遺工部侍郎孟簡書曰古稱一世三十年子厚之斥十二年殆
半世矣霆砰電射天怒也不能終朝聖人在上安有畢世而怒人
臣邪且程劉二韓皆已拔拭或處大州劇職獨子厚與猿鳥爲
伍誠恐霧露所嬰則柳氏無後矣度未及用而宗元死始李愬
節度唐鄧武陵薦李景儉王湘健智沈敏可表以自副時號知人

李商隱字義山懷州河内人或言英國公世勣之裔孫令狐楚
帥河陽奇其文使與諸子游楚徙天平宣武皆表署巡官歲具資
裝使隨計開成二年高鍇知貢舉令狐綯雅善鍇奬譽甚力故
擢進士第調弘農尉以活獄忤觀察使孫簡將罷去會姚合代簡

諭使還官又試拔萃中選王茂元鎮河陽愛其才表掌書記以子
妻之得侍御史茂元善李德裕而牛李黨人蚩謫商隱以爲詭薄
無行共排笮之茂元死來游京師久不調更依桂管觀察使鄭亞
府爲判官亞謫循州商隱從之凡三年乃歸亞亦德裕所善綯以爲
忘家恩放利偷合謝不通京兆尹盧弘止表爲府參軍典箋奏綯
當國商隱歸窮自解綯憾不置弘止鎮徐州表爲掌書記久之還
朝復干綯乃補太學博士柳仲郢節度劍南東川辟判官檢校工
部員外郎府罷客滎陽卒商隱初爲文瓌邁奇古及在令狐楚府
楚本工章奏因授其學商隱儷偶長短而繁縟過之時溫庭筠段
成式俱用是相夸號三十六體

薛逢字陶臣蒲州河東人會昌初擢進士第崔鉉鎮河中表在幕
府鉉復宰相引爲萬年尉直弘文館歷侍御史尚書郎持論鯁切
以謀略高自標顯初與彭城劉瑑及瑑文辭出逢數人下常易之
瑑稍親近逢不得意遂相怨恨會瑑當國有薦逢知制誥者瑑猥

言先朝以兩省官給事舍人先治州縣乃得除逢未試州執不可乃出爲巴州刺史而楊收王鐸同牒署第收輔政逢有詩微辭譏訕收銜之復斥蓬縣二州刺史收罷以太常少卿召還歷給事中鐸爲宰相逢又以詩訾鐸鐸怒中外亦鄙逢褊傲故不見齒遷秘書監卒子廷珪進士及第大順初以司勳員外郎知制誥遷中書舍人從昭宗次華州引拜左散騎常侍稱疾免客成都光化中復爲舍人累尚書左丞朱全忠兼四鎮廷珪以官告使至汴客將先見諷其拜廷珪佯不曉曰吾何德敢受令公拜乎及見卒不肯加禮

李頻字德新睦州壽昌人少秀悟逮長廬西山多所記覽其屬辭於詩尤長與里人方干善給事中姚合名爲詩士多歸重頻走千里丐其品合大加獎挹以女妻之大中八年擢進士第調秘書郎爲南陵主簿判入等再遷武功令於是畿民多籍神策軍吏以其橫類假借不敢繩以法頻至有神策士尚君慶逋賦六年不送睥然出入閭里頻密擿比伍與競君慶叩縣廷質頻即械送獄盡條宿惡請於尹殺之督所負無少貸豪猾大讋屏息奉法縣大治有六門堰者廞廢百五十年方歲饑頻發官廥庸民浚渠按故道廝水溉田穀以大稔懿宗嘉之賜緋衣銀魚俄擢侍御史守法不阿徇遷累都官員外郎表丐建州刺史既至以禮法治下更布條教時朝政亂盜興相椎敓而建賴頻以安卒官下喪歸父老相與扶柩葬永樂州爲立廟棃山歲祠之天下亂盜發其冢壽昌人隨加封掩云

吴融字子華越州山陰人祖翥有名大中時觀察府召以署吏不應師高其槩言諸朝賜號文簡先生融學自力富辭調龍紀初及進士第韋昭度討蜀表掌書記遷累侍御史坐累去官流浪荆南依成汭久之召爲左補闕以禮部郎中爲翰林學士拜中書舍人昭宗反正御南闕羣臣稱賀融最先至于時左右歡駭帝有指授疊十許稾融跪作詔少選成語當意詳帝咨賞良厚進戶部侍郎

鳳翔劫遷融不克從去客閿鄉俄召還翰林遷承旨卒官

文藝列傳下第一百二十八

宋　祁　奉　敕　撰

凡推步卜相醫巧皆技也能以技自顯於一世亦悟之天非積習致然然士君子能之則不迂不泥不矜不神小人能之則迂而入諸拘礙泥而弗通大方矜以夸衆神以誣人故前聖不以為教蓋吝之也若李淳風諫太宗不濫誅許胤宗不著方劑書嚴譔諫不合乾陵乃卓然有益于時者茲可珍也至遠知果撫等詭行幻怪又技之下者焉

李淳風岐州雍人父播仕隋高唐尉棄官為道士號黃冠子以論譔自見淳風幼爽秀通羣書明步天曆筭貞觀初與傅仁均爭曆法議者多附淳風故以將仕郎直太史局制渾天儀詆摭前世得失著法象書七篇上之擢承務郎遷太常博士改太史丞與諸儒脩書遷為令太宗得祕讖言唐中弱有女武代王以問淳風對曰其兆既成已在宮中又四十年而王王而夷唐子孫且盡帝曰我求而殺之柰何對曰天之所命不可去也而王者果不死徒使疑似之戮淫及無辜且陛下所親愛四十年而老老則仁雖受終易姓而不能絕唐若殺之復生壯者多殺而逞則陛下子孫無遺種矣帝采其言止淳風於占候吉凶若節契然當世術家意有鬼神相之非學習可致終

不能測也以勞封昌樂縣男奉詔與筭博士梁述助教王真儒等是正五曹孫子等書刊定注解立於學官撰麟德曆代戊寅曆候者推最密自祕閣郎中復為太史令卒所撰典章文物志乙巳占等書傳於世子諺孫仙宗並擢太史令唐初言曆者惟傅仁均仁均滑州人終太史令

甄權許州扶溝人以母病與弟立言究習方書遂為高醫仕隋為祕書省正字稱疾免魯州刺史庫狄嶔風痺不得挽弓權使彀矢鄉堋立鍼其肩隅一進曰可以射矣果如言貞觀中權已百歲太宗幸其舍視飲食訪逮其術擢朝散大夫賜几杖衣服尋卒年百三歲所撰脈經鍼方明堂等圖傳于時立言仕為太常丞杜淹苦流腫帝遣視曰去此十日午漏上且死如之有道人心腹懣煩彌二歲診曰腹有蠱誤食髮而然令餌雄黃一劑少選吐一蛇如拇無目燒之有髮氣乃愈後以醫顯者若清漳宋俠義興許胤宗洛陽張文仲李虔縱京兆韋慈藏俠官朝散大夫藥藏監胤宗仕陳為新蔡王外兵參軍王太后病風不能言脈沈難對醫家告術窮胤宗曰餌液不可進即以黃耆防風煮湯數十斛置牀下氣如霧熏薄之是夕語擢義興太守武德初累進散騎侍郎關中多骨蒸疾轉相染得者皆死胤宗療視必愈或勸其著書貽後世者答曰醫特意耳思慮精則得之脈之候幽而難明吾意所解口莫能宣也古之上醫要在視脈病乃可識病與藥值唯用一物攻之氣純而愈速今之人不善為脈以情度病多其物以幸有功譬獵不知兔廣絡原野冀一人獲之術亦疏矣一藥偶得它味相制弗能專力此難愈之驗也脈之妙處不可傳虛著方劑終無益於世此吾所以不著書也卒年七十餘文仲武后時至尚藥奉御特進蘇良嗣方朝疾作仆廷中文仲診曰憂憤而成若脅痛者殆未可救頃告脅痛又曰及心則殆俄心痛而死文仲論風與氣尤精后集諸言方者與共著書詔王方慶監之文仲曰風狀百二十四氣狀八十治不以時則死及之惟頭風與上氣足氣藥可常御病風之人春秋末月可使洞利乃不困劇自餘須發則治以時消息乃著四時輕重術凡十八種上之虔縱官侍御醫慈藏光祿卿

袁天綱益州成都人仕隋為鹽官令在洛陽與杜淹王珪韋挺游天綱謂淹曰公蘭臺學堂全且博將以文章顯謂珪法令成天地相臨不十年官五品謂挺面如虎當以武處官然三君久皆得譴吾且見之淹以侍御史入天策為學士珪太子中允挺善隱太子薦為左衛率武德中俱以事流巂州見天綱曰公等終且貴杜位三品難與言壽王韋亦三品後於杜而壽過之但晚節皆困見竇軌曰君伏犀貫玉枕輔角完起十年且顯立功其在梁益間邪

軌後為益州行臺僕射天綱復曰赤脈干瞳方語而浮赤入大宅公為將必多殺願自戒軌果坐事見召天綱曰毋憂右輔澤而動不久必還果還為都督貞觀初太宗召見曰古有君平朕今得爾何如對曰彼不逢時臣固勝之武后之幼天綱見其母曰夫人法生貴子乃見二子元慶元爽曰官三品保家主也見韓國夫人曰此女貴而不利夫后最幼姆抱以見紿以男天綱視其步與目驚曰龍瞳鳳頸極貴驗也若為女當作天子帝在九成宮令視岑文本曰學堂瑩夷眉過目故文章振天下首生骨未成自前而視法三品肉不稱骨非壽兆也張行成馬周見曰馬君伏犀貫腦背若有負貴驗也近古君臣相遇未有及公者然面澤赤而耳無根後骨不隆壽不長也張晚得官終位宰相其術精類如此高士廉曰君終作何官謝曰僕及夏四月數既盡如期以火山令卒子客師亦傳其術為廩犧令高宗置一鼠于奩令術家射皆曰鼠客師獨曰雖實鼠然入則一出則四發之鼠生三子嘗度江叩舟而還左右請故曰舟中人鼻下氣皆墨不可以濟俄有一男子跛而負直就舟客師曰貴人在吾可以濟江中風忽起幾覆而免跛男子乃婁師德也時有長社人張憬藏技與天綱埒太子詹事蔣儼有所問答曰公厄在三尺土下盡六年而貴六十位蒲州刺史無有祿矣儼使高麗為莫離支所囚居土室六年

還及爲蒲州歲如期則召掾史妻子告當死俄詔聽致仕劉仁軌與鄉人
請賢請占憬藏荅曰劉公當五品而譴終位冠人臣謂賢曰君法客死仁軌
爲尚書僕射賢猥曰我三子皆富田宅吾何客死俄喪三子盡鬻田宅寄
死友家魏元忠尚少往見憬藏問之久不荅元忠怒曰窮通有命何預君邪
拂衣去憬藏遽起曰君之相在怒時位必卿相姚崇李迥秀杜景佺從之游
憬藏曰三人者皆宰相然姚最貴郎中裴珪妻趙見之憬藏曰夫人目脩緩
法曰豕視淫又曰目有四白五夫守宅夫人且得罪俄坐姦沒入掖廷裴光廷
當國憬藏以紙大署台字投之光廷曰吾既台司矣尚何事後三日貶台州
剌史隋末又有高唐人乙弗弘禮當煬帝居藩召見弘禮賀曰大王爲萬乘
主所戒在德而已及即位悉詔諸術家坊處之使弘禮總攝海內寖亂帝曰
而昔言朕既驗然終當奈何弘禮逡巡帝知之乃曰不言且死弘禮曰臣觀
人臣相與陛下類者不長然聖人不相故臣不能知由是敕有司監視毋得
與外語薛大鼎坐事沒爲奴及貞觀時有請於弘禮荅曰君奴也欲何事請
解衣視之弘禮指腰而下曰位方岳玄宗時有金梁鳳者頗言人貴賤夭壽
裴冕爲河西留後梁鳳輒言不半歲兵起君當以御史中丞除宰相又言一
日向雒一日向蜀一日向朔方此時公當國冕妖其言絕之俄而祿山反冕
以御史中丞召因問三日荅曰雒日即滅蜀日不能久朔方日愈明肅宗即
位而冕遂相薦于帝拜都水使者梁鳳謂呂諲曰君且輔政須大怖乃得諲
責驛吏搒之吏突入射諲兩矢幾中走而免明年知政事李揆盧允毀服給
謁梁鳳不許二人語以情梁鳳曰李自舍人閱歲而相盧不過郎官揆已相
擢允吏部郎中王遠知系本琅邪後爲揚州人父曇選爲陳揚州刺史母晝
寢夢鳳集其身因有娠浮屠寶誌謂曇選曰生子當爲世方士遠知少警
敏多通書傳事陶弘景傳其術爲道士又從臧兢游陳後主聞其名召入重陽
殿辯論超詣甚見咨挹隋煬帝爲晉王鎮揚州使人介以邀見少選鬢白俄
復鬢青帝懼遣之後幸涿郡詔遠知見臨朔宮帝執弟子禮咨仙事詔
京師作玉清玄壇以處之及幸揚州遠知謂帝不宜遠京國不省高祖尚微
遠知密語天命武德中平王世充秦王與房玄齡微服過之遠知未識迎語
中有聖人非秦王乎乃以實告遠知曰方爲太平天子願自愛太宗立欲官之苦辭
貞觀九年詔潤州即茆山爲觀俾居之璽詔曰省所奏願還舊山已別詔不違
雅素并敕立祠觀以伸曩懷未知先生早晚至山外祠舍何當就功令太史
令薛頤等往宣朕意遠知多怪言詭其弟子潘師正曰吾少也有累不得上
天今署少室伯且將行即沐浴加冠衣若寢者遂卒或言壽蓋百二十六歲

云遺命子紹業曰爾年六十五見天子七十見女君調露中紹業表其言高
宗召見嗟賞追贈遠知太中大夫謚昇真先生武后時復召見皆如其年又
贈金紫光祿大夫天授中改謚昇玄

薛頤者滑州人當隋大業時爲道士善天步律曆武德初追直秦王府密
語曰德星舍秦分王當帝天下王表爲太史丞稍遷令貞觀時太宗將封泰
山彗星見頤因言內省天意陛下未可東亦會大臣上議帝遂罷固丐爲道
士帝爲築觀九嵕山號曰紫府拜頤太中大夫往居之即祠建清臺候辰次災
祥以聞所上與太史李淳風合數歲卒高宗時又有葉法善者括州括蒼人
世爲道士傳陰陽占繇符架之術能厭劾怪鬼帝聞之召詣京師欲寵以
官不拜留內道場禮賜殊縟時帝悉召方士化黃金治丹法善上言丹不
可遽就徒費財與日請覈真僞帝許之凡百餘人皆罷嘗在東都凌空祠
爲壇以祭都人悉往觀有數十人自奔火中衆大驚救而免法善笑曰此爲
魅所馮吾以法攝之耳問而信病亦皆已其譎幻類若此歷高中睿宗朝五
十年往來山中時時召入禁內雅不喜浮屠法常力詆毀議者浸其好憎然
以術高卒亘之則睿宗立或言陰有助力先天中拜鴻臚卿員外置封越國
公舍景龍觀追贈其父歙州刺史寵映當世開元八年卒或言生隋大業丙子
死庚子蓋百七歲云玄宗下詔褒悼贈越州都督

明崇儼洛州偃師人梁國公寀四世孫少隨父恪令安喜吏有能召
鬼神者盡傳其術乾封初應岳牧舉調黃安丞以奇技自名高宗召見甚悅
擢冀王府文學試爲窟室使宮人奏樂其中召崇儼問何祥邪爲我止之
崇儼書桃木爲二符剌室上樂即止曰向見怪龍怖而止盛夏帝思雪崇儼
坐頃取以進自云往陰山取之四月帝憶瓜崇儼索百錢須臾以瓜獻曰得
之緱氏老人圃中帝召老人問故曰埋一瓜失之土中得百錢累遷正諫大夫
帝令入閤供奉每謁見陳時政多託鬼神爲言至爲武后作厭勝事又
言章懷太子不德儀鳳四年爲盜所剌於東都好事者爲言崇儼役鬼勞
苦爲鬼所殺而太后疑太子使客殺之故贈侍中謚曰莊擢子珪爲祕書郎命
御史中丞崔謐等雜治誣服者甚衆及太子廢死狀乃明

尚獻甫衛州汲人善占候武后召見由道士擢太史令辭曰臣梗野不
可以事官長后改太史局爲渾儀監以獻甫爲令不隸祕書省數問災
異又於上陽宮集術家撰方域等篇長安二年熒惑犯五諸侯獻甫自
陳五諸侯太史位臣命納音金也火金之仇臣且死后曰朕爲卿厭之
遷水衡都尉謂曰水生金卿無憂至秋卒后嗟異損以渾儀監爲太史局云

嚴善思名譔同州朝邑人以字行父延與河東裴玄證隴西李真象靜皆通儒術該曉圖讖善思傳延業稍遷良上官儀擧奇其能高宗封太山舉銷聲幽藪科及第調襄陽尉居親喪廬墓因隱居十年武后時擢監察御史兼右拾遺內供奉數言天下事方酷吏構大獄以善思爲詳審使平活八百餘人原千餘姓長壽中按囚司刑寺罷疑不實者百人來俊臣等疾之誣以罪謫交趾五歲得還是時李淳風死候家皆不效乃詔善思以著作佐郎兼太史令聖曆二年熒惑入輿鬼后問其占對曰大臣當之是年王及善卒長安中熒惑入月鎮犯天關善思曰法當亂臣伏罪而有下謀上之象歲餘張柬之等起兵誅二張遷給事中后崩將合葬乾陵善思建言尊者先葬卑者不得入今啓乾陵是以卑動尊術家所忌且玄闕石門冶金錮隙非攻鑿不能開神道幽靜多所驚黷若別攻隧以入其中即往昔葬時神位前定更且有害曩營乾陵國有大難易姓建國二十餘年今又營之難且復生合葬非古也況事有不安豈足循據漢世皇后別起陵墓魏晉始合葬漢積祀四百魏晉祚率不長亦其驗也今若更擇吉地附近乾陵取從葬之義使神有知無所不通若其無知合亦何益山川精氣上爲列星葬得其所則神安而後嗣昌失其宜則神危而後嗣損願割私愛使社稷長久中宗不納神龍中武后喪公除太常請大習樂供郊廟詔未許善思奏曰樂者氣化所以感天地調五行漢魏喪禮以日易月蓋三年不爲禮禮必壞三年不爲樂樂必崩禮陰也樂陽也樂崩陽伏禮廢陰從故變以適時孝道之大安人神公也茹哀戚私也王者不以私害公請如太常奏帝從之遷禮部侍郎表皇后擅政爲社稷憂求汝州刺史嘗語姚崇曰韋氏禍且除地相王所居有華蓋紫氣必位九五公善護之及睿宗立崇以語聞召拜右散騎常侍初譙王重福從均州過汝善思爲刺史及謀反爲除禮部尚書重福敗坐關通論死吏部尚書宋璟戶部郎中李邕薄其罪給事中韓思復固請乃流靜州始善思爲御史中書舍人劉允濟爲酷吏所陷且死善思力訟其冤得免戶部尚書王本立見之曰祁奚之救叔向嚴公有之後見允濟語未嘗及之思復之解善思也亦不自德時稱長者之報後遇赦還開元十六年卒子向乾元中爲鳳翔尹三世皆年八十五云

杜生者許州人善易占有亡奴者問所從追杜曰自此行逢使者懇丐其鞭若不可則以情告其人果值使者於道如生語使者異之曰去鞭吾無以進馬可折道傍葼代之乃往折葼見亡奴伏其下獲之它日又有亡奴者生戒持錢五百伺於道見進鷂使者可市其一必得奴俄而使至其人以情告使者以一與之忽飛集灌莽上往取之而得亡奴衆以爲神時有浮屠泓者黃州人與天官侍郎張敬之善敬之以武后在位常指所服示子冠宗曰吾朝服且餓冠宗必應入三品詣有司言狀泓忽曰君無煩求三品也敬之大驚已而知出冠宗意敬之弟訥之疾殆泓曰公弟當位三品不足憂也已而愈嘗爲燕國公張說市宅戒曰無穿東北王隅也它日見說曰宅氣索然云何與說共視隅有三坎丈餘泓驚曰公富貴一世而已諸子將不終說懼將平之泓曰客土無氣與地脉不連譬身瘡痏補它肉無益也說子均垍皆汙賊死云

張果者晦鄉里世系以自神隱中條山往來汾晉間世傳數百歲人武后時遣使召之即死後人復見居恒州山中開元二十一年刺史韋濟以聞玄宗令通事舍人裴晤往迎見晤輒氣絕仆久乃蘇晤不敢逼馳白狀帝更遣中書舍人徐嶠齎璽書邀禮乃至東都舍集賢院肩輿入宮帝親問治道神仙事語祕不傳果善息氣能累日不食數御美酒嘗云我生堯丙子歲位侍中其貌實年六七十時有邢和璞者善知人夭壽師夜光者善視鬼帝令和璞推果生死懵然莫知其端帝召果密坐使夜光視之不見果所在帝謂高力士曰吾聞飲堇無苦者奇士也時天寒因取以飲果三進頹然曰非佳酒也乃寢頃視齒燋縮顧左右取鐵如意擊墮之藏帶中更出藥傅其齗良久齒已生粲然駢絜帝益神之欲以玉真公主降果未言也果忽謂秘書少監王迥質太常少卿蕭華曰諺謂娶婦得公主平地生公府可畏也二人怪語不倫俄有使至傳詔曰玉真公主欲降先生果笑固不奉詔有詔圖形集賢院懇辭還山詔可擢銀青光祿大夫號通玄先生賜帛三百匹給扶侍二人至恒山蒲吾縣未幾卒或言尸解帝爲立棲霞觀其所夜光者薊州人少爲浮屠至長安因九仙公主得召見溫泉帝奇其辯賜冠帶授四門博士賜緋衣銀魚金繒千數得侍左右如辛臣和璞喜黃老作頻陽書世傳之天寶中有孫甑生者以伎聞能使石自鬬草爲人騎馳走楊貴妃喜觀之數召入宮中又有羅思遠能自隱帝學不肯盡其術試自隱常餘衣帶及思遠共試則驗厚錫金帛然終不得帝怒裹以幞壓殺之數日有中使者自蜀還逢思遠驢而西笑曰上爲戲何虐也

姜撫宋州人自言通僊人不死術隱居不出開元末太常卿韋縚祭名山因訪隱民還白撫已數百歲召至東都舍集賢院因言服常春藤使白髮還鬒則長生可致藤生太湖最良終南往往有之不及也帝遣使者至太湖多取以賜中朝老臣因詔天下使自求之宰相裴耀卿奉觴上千萬歲壽帝悅御花萼樓宴羣臣出藤百奩徧賜之擢撫銀青光祿大夫號沖和先生撫

又言終南山有旱藕餌之延年狀類葛粉帝作湯餅賜大臣右驍衛將軍甘守誠能銘藥石曰常春者千歲藟也旱藕杜蒙也方家久不用撫易名以神之民間以酒漬藤飲者多暴死乃止撫內慚悸請求藥牢山遂逃去

桑道茂者寒人失其系望善太一遁甲術乾元初官軍圍安慶緒於相州勢危甚道茂在圍中密語人曰三月壬申西師潰至期九節度兵皆敗後召待詔翰林建中初上言國家不出三年有厄會暴且有兵宜高垣堞為王者居使可容萬乘者德宗素驗其數詔京兆尹嚴郢發衆數千及神策兵城之時盛夏趣功人莫知其故及朱泚反帝蒙難奉天賴以濟李晟為右金吾大將軍道茂齎一縑見晟再拜曰公貴盛無比然我命在公手能見赦否晟大驚不領其言道茂出懷中一書自具姓名署其左曰為賊逼汙固請晟判晟笑曰欲我何語道茂曰第言準狀赦之晟勉從已又以縑願易晟衫請題衿膺曰它日為信再拜去道茂果汙朱泚偽官晟收長安與逆徒縛旗下將就刑出晟衫及書以示晟為奏原其死是時藩鎮擅地無寧時道茂曰年號元和寇盜翦滅矣至憲宗乃驗道茂居有二栢甚茂曰人居而木蕃者去之木盛則土衰土衰則人病乃以鐵數十鈞埋其下復曰後有發其地而死者大和中溫造居之發藏鐵而造死杜佑與楊炎善盧杞疾之佑懼以問道茂荅曰君歲中補外則福壽叵涯矣俄拜饒州刺史後終司徒李泌病道茂署於紙曰厄三月一日就卿食國與家吉而身危會是中和日泌雖篤彊入德宗見泌不能步詔歸第卒是日北軍謀亂伏士禽斬之李鵬為盛唐令道茂曰君位止此而家息位宰相次息亦大鎮子孫百世鵬卒後石至宰相福歷七鎮諸孫通顯云

列傳第一百二十九

列女列傳第一百三十　唐書二百五

宋　祁　奉　敕　撰

女子之行，於親也孝，婦也節，母也義而慈，止矣。中古以前，書所載后妃夫人事天下化之。後世史職廢，婦訓姆則不及於家，故賢女可紀者千載間寥寥相望。唐興，風化陶淬且數百年，而聞家令姓窈窕淑女，至臨大難，守禮節，白刃不能移，與哲人烈士爭不朽名，寒如霜雪，亦可貴矣。今采獲尤顯行者著之篇，以緒正父父子子夫夫婦婦之懿云。

李德武妻裴字淑英，安邑公矩之女，以孝聞鄉黨。德武在隋坐事從嶺南，時嫁方踰歲，矩表離婚。德武謂裴曰：我方貶，無還理，君必儷它族，于此長決矣。答曰：夫，天也，可背乎？願死無它。欲割耳誓，保姆持不許。夫姻婣歲時朔望，裴致禮惟謹。居不御薰澤。讀列女傳，見述不更嫁者，謂人曰：不踐二廷，婦人之常，何異而載之書？後十年，德武未還，矩決嫁之，斷髮不食，矩知不能奪，聽之。德武更娶尒朱氏，遇赦還，中道聞其完節，乃遣後妻，為夫婦如初。

楊慶妻王者，世充兄之女。慶以何間王子為郇王，守滎陽，陷於世充，故世充妻之，用為管州刺史。太宗攻洛陽，慶謀與王歸唐。謝曰：鄭以我奉箕箒者，繫公之心。今負恩背義，自為身謀，可若何？至長安，則公家婢耳。願送我還東都。慶不聽。王謂左右曰：唐勝則鄭滅，鄭安則吾夫死，若是，生何益？乃飲藥死。慶入朝，官宜州刺史。

房玄齡妻盧，失其世。玄齡微時，病且死，諉曰：吾病革，君年少，不可寡居，善事後人。盧泣入帷中，剔一目示玄齡，明無它。會玄齡良愈，禮之終身。

王蘭英者，獨孤師仁之姆。師仁父武都謀歸唐，王世充殺之。師仁始三歲，免死禁錮。蘭英請髡鉗得保養，許之。時喪亂，餓死者藉藉，蘭英丐道路以食師仁，身啖土飲水。後詐為採薪，竊師仁歸京師。高祖嘉其義，詔封蘭英永壽鄉君。

楊三安妻李，京兆高陵人。舅姑亡，三安又死，子幼孤窶，晝田夜紡，凡三年，葬舅姑及夫兄弟凡七喪，遠近嗟歎。太宗聞而異之，賜帛二百段，遣州縣存問，免其繇役。

樊會仁母敬，蒲州河東人，字象子。笄而生會仁。夫死，事舅姑祥順。家以其少，欲嫁之，潛約婚於里人。至期，陽為母病，使歸視。敬至，知見紿，乃外為不知者，私謂會仁曰：吾孀處不死者，以母老兒幼。今舅將奪吾志，汝云何？會仁泣。敬曰：兒毋啼。乃伺隙遁去，家追及半道，以死自守，乃罷。會仁未冠卒，時敬母又終，既葬，謂所親曰：母死子亡，何生為？不食數日死。聞者憐之。

衛孝女，絳州夏人，字無忌。父為鄉人衛長則所殺，無忌甫六歲，無兄弟，母改嫁。逮長，志報父仇。會從父大延客，長則在坐，無忌抵以甓殺之，詣吏稱父冤已報，請就刑。巡察使褚遂良以聞，太宗免其罪，給驛徙雍州，賜田宅，州縣以禮嫁之。

○鄭義宗妻盧者，范陽士族也。涉書史，事舅姑恭順。夜有盜持兵劫其家，人皆匿竄，惟姑不能去，盧冒刃立姑側，為賊捽捶幾死。賊去，人問何為不懼，荅曰：人所以異鳥獸者，以其有仁義也。今鄰里急難尚相赴，況姑可委棄邪？若百有危，我不得獨生。姑曰：歲寒然後知松柏後凋，吾乃今見婦之心。

劉寂妻夏侯，滑州胙城人，字碎金。父長雲為鹽城丞，喪明。時劉已生二女矣，求與劉絕，歸侍父疾，又事後母以孝稱。五年，父亡，毀不勝喪，被髮徒跣，身負土作冢，廬其左，寒不綿，日一食者三年。詔賜物二十段、粟十石，表異門閭。後其女居母喪，亦如母行，官又賜粟帛，表其門。○于敏直妻張者，皖城公儉女也。生三歲，每父母病，已能晝夜省侍，顏色如成人。及長，愈恭順仁孝。儉病篤，聞之號踊絕；儉死，一慟遂卒。高宗歎其行，賜物百段，以狀屬史官。○楚王靈龜妃上官者，下邽士族也。靈龜出繼哀王後，而舅姑在，妃朝夕侍奉謹甚，凡珍美非經獻不先嘗。靈龜卒，將葬，前妃無近族，議者欲不舉，妃曰：逝者有知，魂可無託乎？乃備禮合葬，聞者嘉歎。喪除，兄弟共諭妃少又無子，可不有行。泣曰：丈夫以義，婦人以節，我未能殉溝壑，尚可御粧澤、祭他胙乎？將自劓耳。衆遂不敢彊。○楊紹宗妻王，華州華陰人。在褓而母亡，繼母鞠愛。父征遼歿，繼母又卒，王年十五，乃舉二母柩而立父象，招魂以葬，廬墓左。永徽中，詔楊氏婦在隋時父歿遼西，能招魂克葬，至祖父母塋隧，親服板築，哀感行路，因賜物段并粟，以闕表門。○賈孝女，濮州鄄城人。年十五，父為族人玄基所殺。孝女弟彊仁尚幼，孝女不肯嫁，躬撫育之。彊仁能自樹立，教伺玄基殺之，取其心告父墓。彊仁詣縣言狀，有司論死。孝女詣闕請代弟死，高宗閔歎，詔并免之，內徙洛陽。

李氏妻王阿足，深州鹿城人。早孤，無兄弟，歸李氏，數歲夫死，無子，以嫠姊高年無供養，乃不忍嫁，晝耕夜織，能辦生事。餘二十年，姊乃亡，葬送如禮。鄉人服其義，爭遣女妻往師其風訓。壽終于家。

樊彥琛妻魏者，揚州人。彥琛病，魏曰：公病且篤，不忍公獨死。彥琛曰：死生，常道也。幸養諸孤使成立，相從而死，非吾取也。彥琛卒，值徐敬業難，陷兵中。聞其知音，令鼓箏。魏曰：夫亡不死，而逼我管絃，禍由我發。引刀斬其指。軍伍欲彊妻之，固拒不從，乃刃擬頸曰：從我者不死。魏厲聲曰：狗盜乃欲辱人！速死，吾志也。乃見害，聞者傷之。

李畬母者，失其氏，有淵識。畬為監察御史，得稟米，量之三斛而贏，問于史，曰：御史米不槩也。又問車庸有幾，曰：御史不償也。母怒，敕歸餘米，償其庸，因切責畬。畬乃劾倉官，自言狀，諸御史聞之有慚色。

汴女李者年八歲父亡殯于堂十年朝夕臨及笄母欲嫁之斷髮自誓終養居母喪哀號過人自庀葬具州里送葬千餘人廬于墓蓬頭跣足負土以完園塋蒔松數百武后時按察使薛季昶表之詔樹闕門閭

崔繪妻盧者鸞臺侍郎獻之女獻有美名繪喪盧年少家欲嫁之盧稱疾不許女兄適工部侍郎李思沖早亡思沖方顯重表求繼室詔許家內外姻皆然可思沖歸幣三百輿盧不可曰吾豈再辱於人乎寧沒身為婢是夕出自竇糞穢蔑面還崔舍斷髮自誓思沖以聞武后不奪也詔為浮屠尼以終

堅貞節婦李者年十七嫁為鄭廉妻未踰年廉死常布衣蔬食夜忽夢男子求為妻初不許後數數夢之李自疑容貌未衰醜所召也即截髮麻衣不薰飾垢面塵膚自是不復夢刺史白大威欽其操號堅貞節婦表旌門闕名所居曰節婦里○符鳳妻某氏字玉英尤姝美鳳以罪徙儋州至南海為獠賊所殺脅玉英私之對曰婦人不足事衆男子請推一長者賊然之乃請更衣有頃盛服立於舟罵曰受賊辱不如死自沈於海○高叡妻秦叡為趙州刺史為默啜所攻州陷叡仰藥不死至默啜所示以寶帶異袍曰降我賜爾官不降且死叡視秦秦曰君受天子恩當以死報賊一品官安足榮自是皆瞑目不語默啜知不可屈乃殺之○王琳妻韋者士族也琳為眉州司功參軍俗僭侈盛飾韋不知有簪珥訓二子堅冰有條後皆名聞琳卒時韋年二十五家欲彊嫁之韋固拒至不聽音樂處一室或終日不食卒年七十五著女訓行於世

盧惟清妻徐者濮州人世客陳留惟清仕歷校書郎徐兄之夫李宜得以罪斥惟清坐療姻貶播川尉徐還鄉里糲食斥鉛膏采綵不御會大赦將關迎惟清至荊州聞惟清死一婢奴將劫徐歸下江徐知之數其罪奴不敢逼劫其貲去徐倍道行至播川足繭流血得惟清尸以喪還閱歲至洛陽既葬以無子終服還陳留汴州刺史齊澣高其節頌而詩之

饒娥字瓊真饒州樂平人生小家勤織紝頗自脩整父勤漁于江遇風濤舟覆屍不出娥年十四哭水上不食三日死俄大震電水蟲多死父尸浮出鄉人異之歸賵具禮葬父娥鄱水之陰縣令魏仲光碣其墓建中初黜陟使鄭淑則表其閭河東柳宗元為立碑云

竇伯女仲女京兆奉天人永泰中遇賊行剽二女自匿山谷賊迹而得之將逼以私行臨大谷伯曰我豈受汙於賊乃自投下賊大駭俄而仲亦躍而墜京兆尹第五琦表其烈行詔旌門閭免其家繇役官為庀葬

盧甫妻李秦州成紀人父瀾永泰初為蘄令梁宋兵興瀾諭降劇賊數千人刺史曹昇襲賊敗之賊疑瀾賣己執瀾及其弟渤兄弟爭相代死李見父被執亦請代父遂皆遇害又有王氏妻裴者亦得賊中欲汙之罵曰吾衣冠子豈愛生受汙邪賊臨以兵罵不止乃支解焉宣慰使李季卿聞狀詔贈李蘄縣君裴河東縣君瀾渤並贈官

鄒待徵妻薄者從待徵官江陰袁晁亂薄為賊所掠將汙之不從譎紿使報待徵曰我義不辱即死於水賊去得其尸義聲動江南聞人李華作哀節婦賦

金節婦者安南賊帥陶齊亮之母也常以忠義誨敕亮頑不受遂絕之自田而食紡而衣州里矜法焉大曆初詔賜兩丁侍養本道使四時存問終身

高愍女名妹妹父彥昭事李正己及納拒命質其妻子使守濮陽建中二年挈城歸河南都統劉玄佐納屠其家時女七歲母李憐其幼請免死為婢許之女不肯曰母兄皆不免何賴而生母兄將被刑偏拜四方女問故答曰神可祈也女曰我家以忠義誅神尚何知而拜之問父在所西嚮哭再拜就死德宗駭歎詔太常謚曰愍諸儒爭為之誄彥昭從玄佐救寧陵復汴州累功授穎州刺史朝廷錄其忠居州二十年不徙卒贈陝州都督

楊烈婦者李侃妻也建中末李希烈陷汴謀襲陳州侃為項城令希烈分兵數千略定諸縣侃以城小賊鋭欲逃去婦曰寇至當守力不足則死焉君而逃尚誰守侃曰兵少財乏若何婦曰縣不守則地賊地也倉廩府庫皆其積也百姓皆其戰士也於國家何有請重賞募死士尚可濟侃乃召吏民入廷中曰令誠若主也然滿歲則去非如吏民生此土也墳墓存焉宜相與死守忍失身北面奉賊乎衆泣許諾乃徇曰以瓦石擊賊者賞千錢以刀矢殺賊者萬錢得數百人侃率以乘城婦身自爨以享衆報賊曰項城父老義不賊得吾城不足為威宜亟去徒失利無益也賊大笑侃中流矢還家婦責曰君不在人誰肯固死于外猶愈於牀也侃遽登城會賊將中矢死遂引去縣卒完詔遷侃太平令先是万歲通天初契丹攻平州鄒保英為刺史城且陷妻奚率家僮女丁乘城不下賊詔封誠節夫人默啜攻飛狐縣令古玄應妻高能固守虜引去詔封徇忠縣君史思明之叛衛州女子侯滑州女子唐青州女子王相與歃血赴行營討賊滑濮節度使許叔冀表其忠皆補果毅雖敢決不忘於國然不如楊烈婦抗虜知君臣大義云

賈直言妻董直言坐事貶嶺南以妻少乃訣曰生死不可期吾去可亟嫁無須也董不荅引繩束髮封以帛使直言署曰非君手不解直言貶二十年乃還署帛宛然及湯沐髮墮無餘

李孝女者名妙法瀛州博野人安祿山亂被劫從它州聞父亡欲間道奔喪一子不忍去割一乳留以行既至父已葬號踊請開父墓以視宗族不許復持刀刺心乃為開見棺舌去塵髮拭之結廬墓左手植松柏有異鳥至後母

病或不食飲女終日未嘗視匕箸及亡刺血書于母壁且而葬廬墓終身
李湍妻某氏湍籍吳元濟軍元和中自拔歸烏重胤妻爲賊縛而臠食之
將死猶號湍曰善事烏僕射觀者歎泣重胤請以其事屬史官詔可
董昌齡母楊世居蔡昌齡更事吳少陽至元濟時爲吳房令母常密戒曰逆
順成敗兒可圖之昌齡未決徙郾城楊復曰逆賊欺天神所不福當速降無以
我累兒爲忠臣吾死不慊會王師逼郾城昌齡乃降憲宗喜即拜郾城令兼
監察御史昌齡謝曰母之訓也臣何能帝嗟嘆元濟囚楊欲殺者屢矣蔡平
而母在陳許節度李遜表之封北平郡太君
王孝女徐州人字和子元和中父兄皆防秋屯涇州吐蕃寇邊並戰死和子
年十七單身被髮徒跣縗裳抵涇屯日丐貸護二喪還葬于鄉植松栢翦髮
壞容廬墓所節度使王智興以狀詔旌其門
段居貞妻謝字小娥洪州豫章人居貞本歷陽俠少年重氣決娶歲餘與謝
父同賈江湖上並爲盜所殺小娥赴江流傷腦折足人救以免轉側丐食至
上元夢父及夫告所殺主名離析其文爲十二言持問內外姻莫能曉隴西李公佐
隱占得其意曰殺若父者必申蘭若夫必申春試以是求之小娥泣謝諸申乃
名盜亡命者也小娥詭服爲男子與傭保雜物色歲餘得蘭於江州春於獨樹

浦蘭與春從兄弟也小娥託傭蘭家日以謹信自効蘭浸倚之雖包苴無不委
小娥見所盜段謝服用故在益知所夢不疑出入二稘伺其便它日蘭盡集羣
偷釀酒蘭與春醉臥廬小娥閉戶拔佩刀斬蘭首因大呼捕賊鄉人牆救禽春得
贓千萬其黨數十小娥悉疏其人上之官皆抵死乃始自言狀刺史張錫嘉其
烈白觀察使使不爲請還豫章人爭娉之不許祝髮事浮屠道垢衣糲飯終身
楊含妻蕭父歷爲撫州長史以官卒母亦亡蕭年十六與婢皆韶齔毀貌載二
喪還鄉里貧不能給舟庸次宣州戰鳥山舟子委柩去蕭結廬水濱與婢穿壙
納棺成墳蒔松栢朝夕臨有馴烏縞兔菌芝之祥長老等爲立舍歲時進粟纁
喪備不釋縗人高其行或請昏女曰我弱不能北還君誠爲我致二柩葬故里請
事君子於是含以高安尉罷歸聘之且請如素蕭以親未葬許其載斷辭其家
已葬乃釋服而歸楊云
韋雍妻蕭張弘靖鎮幽州也表雍在幕府朱克融亂雍被劫蕭聞難與雍皆
出左右格之不退雍臨刃蕭呼曰我苟生無益願今日死君前刑者斷其臂乃
殺雍蕭意象晏然觀者哀歎是夕死大和中楊志誠表其烈詔贈蘭陵縣君
雍字和叔擢進士第
衡方厚妻程大和中方厚爲邕州錄事參軍招討使董昌齡治無狀方厚
數爭事昌齡怒將執付吏辭以疾不免即以死告臥棺中昌齡知之使闔棺
甚牢方厚悶久以爪攫棺爪盡乃絕程懼并死不敢哭昌齡悍不疑聽遣其
喪程徒行至闕下叩右銀臺門自刵陳冤下御史鞫治有實昌齡乃得罪文
宗詔封程武昌縣君賜一子九品正員官
鄭孝女兗州瑕丘人父神佐爲官兵戍戰死慶州時母已亡又無兄弟女時年二
十四即翦髮毀服身護喪還鄉里與母合葬廬墓下手樹松柏成林初許適牙
兵李玄慶至是謝不嫁大中中兗州節度使蕭俶狀于朝有詔旌表其閭
李廷節妻崔乾符中廷節爲郟城尉王仙芝攻汝州廷節被執賊見崔姝美將
妻之詬曰我士人妻死自有命柰何受賊汙賊怒刳其心食之
殷保晦妻封敖孫也名絢字景文能文章草隸保晦歷校書郎黃巢入長
安共匿蘭陵里明日保晦逃賊悅封色欲取之固拒賊誘說萬詞不答賊怒
勃然曰從則生不然正膏我劒封罵曰我公卿子守正而死猶生也終不辱
逆賊手遂遇害保晦歸左右曰夫人死矣保晦號而絕
竇烈婦者河南人朝邑令畢某妻初同州軍亂逐節度使李璠走河中令
匿望仙里不知所舍乃仇家也夜半盜入捽令首欲殺之竇泣蔽捍苦持賊袂
至中刀不解令得脫走不死賊亦去京兆聞之歸酒帛醫藥幾死而愈

李拯妻盧者美姿能屬文拯字昌時咸通末擢進士第累遷考功郎中黃巢
亂避地平陽僖宗召爲翰林學士帝出寶雞陷于嗣襄王熅熅敗拯死
盧伏尸哭王行瑜兵逼之不從脅以刃斷臂死
山陽女趙者父盜鹽當論死女詣官訴曰迫飢而盜救死爾情有可原能
原之邪否則請俱死有司義之許減父死女曰身今爲官所賜願毀服依浮
屠法以報即截耳自信侍父疾卒不嫁
周迪妻某氏迪善賈往來廣陵會畢師鐸亂人相掠賣以食迪飢將絕妻
曰今欲歸不兩全君親在不可并死願見賣以濟君行迪不忍妻固與詣肆
售得數千錢以奉迪至城門守者誰何疑其紿與迪至肆問狀見妻首已
在枅矣迪裹餘體歸葬之
朱延壽妻王者當楊行密時延壽事行密爲壽州刺史惡行密不臣與
寧國節度使田頵謀絕之以歸唐事泄行密以計召延壽欲與揚州延壽
信之將行王曰今若得揚州成宿志是興衰在時非繫家也然願日一介爲
驗許之及爲行密所殺介不至王曰事敗矣即部家僕授兵器方闔扉而捕騎
至遂出私帑施民發百燎焚牙居呼天曰我誓不爲讎人辱赴火死

列傳第一百三十

宋祁奉敕撰

凡外戚成敗視主德何如主賢則共其榮主否則先受其禍故太宗檢責倖戚賞賜貞觀時內里無敗家高中二宗柄移豔私產亂朝廷武韋諸族蓁嬰頸血一日同汙鈇刃玄宗初年法行近親裹表脩敕天寶奪明委政妃宗階召反虜遂喪天下楊氏之誅噍類不遺蓋數十年之寵不償一日之慘甲第厚貲无救同坎之悲寧不哀哉代德而降闈門寖燮後宮雖多无赫赫顯門亦無刀鋸大戮故用福甚者得禍酷取名少者蒙責輕理所固然若乃長孫无忌之功武平一之識吳溆之忠弗緣內寵者自見別傳云

獨孤懷恩元貞皇后弟也父整仕隋為涿郡太守懷恩之幼隋文帝獻皇后以姪養宮中逮長稍學記書而居財不訾喜六夭豪猾博徒為鄠令以疾免高祖平京師拜長安令頗嚴明如職而辦帝受禪擢工部尚書初虞州刺史韋義節擊堯君素於蒲州不克帝遣懷恩代將性貪寡筭略數戰无功士喪沮詔書切責而懷恩稍怨望帝嘗與戲曰弟姑子悉有天下次當爾邪懷恩內喜以為天命既而居忽忽咤曰我家豈獨女子富貴也因謀亂是時虞鄉南山多宿盜而劉武周使宋金剛略澮州帝發關中軍屬秦王屯柏壁繇是懷恩與麾下元君寶解令榮靜謀引王行本軍與武周連和割河東以啗之引群賊取永豐倉絕秦王餉道長驅三輔會君素死而行本得其兵部書已定而夏人呂崇茂殺縣令應武周帝敕懷恩與永安王孝基陝州總管于筠內史侍郎唐儉擊夏為金剛所掩諸將皆沒于賊君寶與開府劉讓私侮懷恩曰不早舉大事以及斯辱也故謀寖露及秦王敗武周於美良川懷恩逃歸帝命率師攻蒲州君寶聞曰王者不死果其然唐儉知狀會武周還劉讓求罷兵因白發懷恩等姦于時行本舉蒲州降懷恩勒兵入城帝方濟河而讓至具得反狀帝召之懷恩不知也單舟以來即縛之窮索黨與縊死于獄以首徇華陰市籍入其家

武士彠字信世殖貲喜交結高祖嘗領屯汾晉休其家因被顧接後留守太原引為行軍司鎧參軍募兵既集以劉弘基長孫順德統之王威高君雅私謂士彠曰弘基等皆背征三衛罪當死柰何授之兵吾且劾繫之士彠曰此皆唐公客若爾必大有嫌故威等疑不發會司兵參軍田德平欲勸威劾募人狀士彠脅謂曰討捕兵悉隸唐公威君雅無與徒寄坐耳何能為德平亦止兵起士彠不與謀也以大將軍府鎧曹參軍從平京師為光祿大夫義原郡公自言嘗夢帝騎而上天帝笑曰爾故王威黨也以能罷繫劉弘基等其意可錄且嘗礼我故酬汝以官今胡迂妄媢我邪累遷工部尚書進封應國公歷利荊二州都督卒贈禮部尚書謚曰定高宗永徽中以士彠仲女為皇后故崇贈并州都督司徒周國公咸亨中加贈太尉兼太子太師太原郡王配享高祖廟廷列功臣上后臨朝尊為忠孝太皇建崇先府置官屬追王五世后革命更祔東都立武氏七廟追冊為帝諸妣皆隨帝號曰皇后先天中有詔削士彠偽號仍為太原王廟遂廢始士彠娶相里氏生子元慶元爽又娶楊氏生三女元女妻賀蘭氏早寡季女妻郭氏不顯士彠卒後諸子事楊不盡礼銜之后立封楊代國夫人進為榮國后姊韓國夫人於時元慶已官宗正少卿元爽少府少監兄子惟良衛尉少卿楊諷后上疏出元慶等于外以示退讓由是元慶斥龍州元爽濠州惟良始州元慶死元爽流振州乾封時惟良及弟淄州刺史懷運與岳牧集泰山下於是韓國有女在宮中帝尤愛幸后欲并殺之即導帝幸其母所惟良等上食后寘堇焉賀蘭食之暴死后歸罪惟良等誅之諷有司改姓蝮氏絕屬籍元爽緣坐死家屬投嶺外后取賀蘭敏之為士彠後賜氏武襲封擢累左侍極蘭臺太史令與名儒李嗣真等參與刊撰敏之韶秀自喜烝於榮國挾所愛佻橫多過失榮國卒后出珍幣建佛廬徼福敏之乾匿自用司衛少卿楊思儉女選為太子妃告婚期矣敏之聞其美彊私焉楊喪未畢褫衰麤奏音樂太平公主往來外家宮人從者敏之悉逼亂之后曡數怒至此暴其惡流雷州表復故姓道中自經死乃還元爽之子承嗣奉士彠後宗屬悉原士彠兄士稜士逸

士稜字彥威少柔願力于田官司農少卿宣城縣公常主苑囿農稼事卒贈潭州都督陪葬獻陵

士逸字逸有戰功為齊王府戶曹參軍六安縣公從王守太原為劉武周所執嘗遣間人陳破賊計賊平擢授益州行臺左丞數言當世得失高祖嘉納之終韶州刺史

承嗣既還擢尚衣奉御襲周國公遷祕書監禮部尚書俄以太常卿同中書門下三品未幾辭位垂拱初以春官尚書同鳳閣鸞臺平章事改納言代蘇良嗣為文昌左相性暴輕忍禍聞左司郎中喬知之婢窈娘美且善歌奪取之知之作綠珠篇以諷婢得詩恨死承嗣怒告酷吏殺之殘其家初后擅政中宗幽逐承嗣自謂傳國及己武氏當有天下即諷后革命去唐家子孫誅大臣不附者倡議追王先世立宗廟又王元慶曰梁王謚憲元爽魏王謚德后從父士讓楚王謚僖士逸蜀王謚節又贈兄子承業陳王而承嗣為魏王元慶子三思為梁王士讓之孫攸寧為建昌王攸歸九江王攸望會稽王

士逸孫懿宗河內王嗣宗臨川王仁範河間王仁範子載德潁川王士稜孫攸暨千乘王攸望會稽王攸宜建安王攸緒安平王從子攸止恒安王重規高平王承嗣子延基南陽王延秀淮陽王三思子崇訓高陽王崇烈新安王承業子延暉嗣陳王延祚咸安王承嗣實封千戶監脩國史密諭后黨鳳閣舍人張嘉福使洛州人上書請立已為皇太子以觀后意后問岑長倩格輔元皆執不宜承嗣不得已奏請責諭嘉福等不罪也怨長倩等皆以罪誅以特進罷未幾復同鳳閣鸞臺三品承嗣為左相而攸寧為納言故皆罷又與三思同三品不及月俱免復拜特進后史意還太子矣久之遷太子太保不得志鞅鞅憤死贈太尉并州牧謚曰宣延基襲爵后嫌斥其名更曰繼魏王長安初与妻永泰郡主及邵王私語張易之兄弟事後分弟語聞后怒令自殺以延義代王中宗復位侍中敬暉等言諸武不當王與群臣白奏事不兩大武家諸王宜皆免帝未答不斷又素畏太后且欲悅安之更言攸暨三思皆與去二張功以折暉等繇降封一級三思王德靜郡攸暨壽春懿宗為耿國公攸寧江國攸望鄴國嗣宗管國攸宜息國重規鄶國延義魏國攸緒巢國崇訓鄷國延祿為咸安郡公直臣宋務光蘇安恒上書言武諸王饗封不猒人心帝不悟載德終湖州刺史謚武烈攸歸歷司屬少卿至齊州刺史事毋孝姊元年春不嘗五辛語輒流涕攸止絳州刺史三人死太后時不及削封攸宜歷同州刺史萬歲通天初為清邊道行軍大總管討契丹后親餞白馬寺師無功還拜左羽林大將軍景龍時遷右羽林卒總禁兵前後十年嗣宗終司衛卿重規為汴鄭二州刺史未至役人營繕后怒貶廬州刺史自是訾令諸王為州不得擅營治突厥之叛以重規為天兵中道大總管與沙吒忠義張仁亶引衆三十萬討之左羽林大將軍閻敬容為西道後軍兵十五萬後援還為左金吾衛大將軍終衛尉卿延秀毋本帶方人坐其家沒入奚官以姝惠賜承嗣生延秀突厥默啜請女和親后令延秀納之詔右豹韜大將軍閻知微右武衛郎將楊鸞莊齎金幣送至突厥所知微等潛約默啜執延秀進寇媯檀故延秀不得歸神龍初默啜請和因延秀送款還封桓國公左衛中郎將宗兄崇訓尚安樂公主數與宴昵頗通突厥語倣虜謳舞姿度閑冶主愛悅會崇訓死遂私侍主後因尚焉以太常卿兼右衛將軍封恒國公三思死韋后復私延秀故延秀益自肆主府倉曹參軍何鳳說曰今天下係心武家庶幾再興且讖曰黑衣神孫被天裳神孫非公尚誰哉因勸服皁衣感衆韋后敗尚與主居禁中同斬肅章門攸望以太府卿貶死春州諸武屬坐延秀誅從者略盡獨載德子平一以文章顯與攸緒常避盛滿故免自有傳攸寧天授中擢累納言踰年以左羽林衛大將軍罷俄遷納言久乃罷為文官尚書聖曆初同鳳閣鸞臺平章事自承嗣三思罷政事間一年攸寧三思復當國置司使苛取民貲産毀族者凡十七八呼天自焚築大庫百餘舍聚所得財一昔火不遺一錢以冬官尚書罷神龍初終歧州刺史贈尚書右僕射

○三思當太后時累進夏官春官尚書監脩國史爵為王契丹陷營州以榆關道安撫大使屯邊還同鳳閣鸞臺三品踰月去位又檢校內史罷為太子少保遷賓客仍監國史三思性傾諛善迎諧主意鉤探隱微故后頗信任數幸其第賞予尤渥辟二張方烝蠱三思痛屈節為懷義御馬倡言昌宗為王子晉後身引公卿歌咏淫汙醜然如人而不恥也后春秋高猒居宮中三思欲因此市權誘脅群不肖即建營三陽宮於嵩山興泰宮於万壽山請太后歲臨幸已與二張扈侍馳騁竊威福自私云工役鉅萬百姓愁歎崇訓之尚主也三思方輔政中宗居東宮欲寵燿其下乃令具親迎禮宰相李嶠蘇味道等及沈佺期宋之問諸有名士造作文辭慢泄相矜示復禮法中宗復位擢崇訓駙馬都尉太常卿兼左衛將軍三思進位司空同中書門下三品加實戶五百固辭進開府儀同三司會降封裁減實戶俄以太后遺詔還所減而封崇訓鎬國公初桓彥範等已誅二張薛季昶劉幽求勸并誅三思等不從翌日三思因韋后潛入宮中反易國政數日而彥範等皆失柄所斥去者悉還詔群臣復循太后法三思建言大帝封泰山則天皇后建明堂封嵩山二聖之美不可廢帝韙其言遂更名五縣曰乾封合宮永昌登封告成云明年春大旱帝遣三思攸暨禱乾陵而雨帝悅三思因主請復崇恩廟昊順二陵皆置令丞其黨鄭愔上聖感頌帝為刻石補闕張景源建言母子承業不可言中興所下制書皆除之於是天下名祠改唐興龍興云補闕權若訥又言制詔如貞觀故事且太后遺訓毋儀也太宗舊章祖德也誼當遵崇自近者始帝疑答是時起毬場苑中詔文武三品分朋為都帝與皇后臨觀崇訓與駙馬都尉楊慎交注膏築場以利其澤用功不貲人苦之三思既私韋后又與上官昭容亂內忌節愍太子即與主謀廢之太子懼故發羽林兵圍三思第并崇訓斬之殺其黨十餘人時疾三思姦亂竊國比司馬懿其忌阻正人特甚嘗曰我不知何等名善人唯與我者殆是哉與宗楚客兄弟紀處訥崔湜甘元柬相驅煽王同皎周憬張仲之等不勝憤謀殺之為冉祖雍宋之遜李悛所白皆坐死因逮流五王而崔湜遣周利貞就殺之故祖雍與御史姚紹之等五人號三思五狗司農少卿趙履溫中書舍人鄭愔長安令馬搆司勳郎中崔日用監察御史李悛託其權熏灼中外其尤干政事者天下語

曰崔冉鄭亂時政以爵賞自相崇樹凡構大獄汙黜善良破壞其宗天下為蕩然始韋月將高軫上疏極言三思過惡有司殺月將逐軫惡地黃門侍郎宋憬執奏俄見斥其權大抵如此既死帝為舉哀廢朝五日贈太尉復封梁王謚曰宣追封崇訓魯王謚曰忠主以太子首祭三思柩睿宗立以父子皆逆節斲棺暴尸夷其墓

懿宗以司農卿爵為郡王歷懷洛二州刺史神功元年孫萬榮敗王孝傑兵詔懿宗為神兵道大總管討之而婁師德沙吒忠義並為總管兵凡二十萬次趙州懿宗聞賊且至懼不知所出欲棄軍走或勸曰賊雖衆無輜重以鈔剽為命若按兵老之勢其歸可成大功懿宗不暇計退保相州賊遂進屠趙州後萬榮死懿宗復與婁師德撫循河北人有自賊中歸者一切抵死先劇取膽乃殺之血流前而舉動自如始萬榮入寇也別帥何阿小陷冀州殺人無餘種以懿宗暴忍似之故號稱兩何相語曰唯此兩何殺人最多初懿宗天授間受詔訊大獄誅大臣王公皆深排巧引內刑塹中死有脫者其險酷雖周來等不能繼也神龍初還太子詹事終懷州刺史

攸暨自右衛中郎將尚太平公主拜駙馬都尉累遷右衛大將軍天授中自千乘郡王進封定王實封戶六百遷麟臺監司禮卿長安中降王壽春加特

進中宗時拜司徒復王定加戶千固辭進開府儀同三司延秀之誅降楚國公攸暨沈謹和厚於時無忤專自奉養而已景龍中卒贈太尉并州大都督還定王謚曰忠簡坐公主大逆夷其墓

韋溫者中宗廢后庶人從父兄也后父玄貞歷普州參軍事以女為皇太子妃故擢累豫州刺史帝幽廬陵玄貞流死欽州妻崔為蠻酋甯承所殺四子洵浩洞泚同死容州后二女弟逃還京師帝復政是日詔贈玄貞上洛郡王太師雍州牧益州大都督溫父玄儼曾國公特進并州大都督遣使者迎玄貞喪詔廣州都督周仁軌討甯承斬其首祭崔柩官仁軌左羽林大將軍汝南郡公柩至帝與后登長樂宮望而哭贈酆王謚文獻號廟曰褒德陵曰榮先置令丞給百戶掃除贈洵吏部尚書汝南郡王浩太常卿武陵郡王洞衛尉卿淮陽郡王泚太僕卿上蔡郡王並葬京師溫初試吏坐贓斥神龍初擢宗正卿遷禮部尚書封魯國公弟湑自洛州戶曹參軍事連拜左羽林大將軍曹國公后大妹嫁陸頌進國子祭酒仲妹嫁嗣虢王邕湑子捷尚成安公主溫從弟濯尚定安公主並拜駙馬都尉捷為右羽林將軍景龍三年溫以太子少保同中書門下三品遷領揚州大都督溫既見天下事在手欲自殖以牢其權引用支黨不相一公卿雖畏伏然溫無能不如諸武凶而熾也湑初兼脩文館大學士時熒惑久留羽林后惡之方湑從至溫泉后毒殺之以塞變厚贈司徒并州大都督湑兄弟頗以文詞進帝方盛選文章侍從與賦詩相娛樂湑雖為學士常在北軍無所造作有富商抵罪乃先令李令質按之湑馳救令質不從毀於帝帝召令質至左右為恐令質從容曰湑於賊非親但以貨為請湑雖勢重不如守陛下法死無恨帝釋不責帝崩后專政與有變敕溫盡揔內外兵守省中又以從子播捷從子璿高嵩分領左右羽林軍溫與宗楚客武延秀等說后託圖讖韋氏當受命謀殺少帝內禪相王太平公主屬尊欲先除之然後發其謀而玄宗兵夜起將軍葛福順攻玄武門入羽林斬播璿高嵩梟首以徇軍中相率而應无敢後后死還且斬溫分捕諸韋子弟无少長皆斬周仁軌者京兆萬年人后母族也方為并州長史殘酷嗜殺戮異日見堂下有斷臂惡之送于野數昔往視故在是月韋后敗使者誅仁軌刑人舉刃仁軌承以臂墮地乃悟睿宗夷玄貞洵墳墓民盜取寶玉略盡天寶九載復詔發掘長安尉薛榮先往視冢銘載葬日月與發冢日月正同而陵与尉名合云

王仁皎字鳴鶴玄宗廢后父也景龍中以將帥舉授甘泉府果毅遷左衛中郎將帝即位以后故擢將作大匠進累開府儀同三司封祁國公食戶三百

仁皎避職不事委遠名譽厚奉養積媵妾貲貨而已卒年六十九贈太尉益州大都督謚昭宣官為治葬柩行帝御望春亭過喪詔張說文其碑帝為題石子守一與后孿生帝微時與雅舊後詔尚清陽公主從討太平主有功由尚乘奉御遷殿中少監晉國公累進太子少保襲父爵被遇良渥后廢貶柳州別駕至藍田賜死守一吝嗇無顧藉財貲巨萬皆籍入于官

楊國忠太真妃之從祖兄張易之之出也嗜飲博數丐貸于人无行檢不為姻族齒年三十從蜀軍以屯優當遷節度使張宥惡其人笞屈之然卒以優為新都尉罷去益困蜀大豪鮮于仲通頗資給之從父玄琰死蜀州國忠護視其家因與妹通所謂虢國夫人者裒其貲至成都樗蒲一日費輒盡乃亡去久之調扶風尉不得志復入蜀劍南節度使章仇兼瓊与宰相李林甫不平聞楊氏新有寵思有以結納之為奧助使仲通之長安仲通辭以國忠見幹貌頎峻口辯給兼瓊喜表為推官使部春貢長安將行告曰郫有一日糧君至可取之也國忠至乃得蜀貨百萬即大喜至京師見群女弟致贈遺於時虢國新寡國忠多分賂宣淫不止諸楊日為兼瓊譽而言國忠善樗蒲玄宗引見擢金吾兵曹參軍閑廄判官兼瓊入為戶部尚書兼御史大夫用其力也國忠稍入供奉常後出專主蒱簿計算鉤畫分銖不誤帝悅曰度支

郎才也累遷監察御史李林甫興韋堅等獄欲危太子獄事畏卻以國忠怙
寵搏鷙可用倚之使按劾國忠乃擿丈峭詆逮繫連年誣蔑被誅者百餘族
度可以危太子者先林甫意陷之皆中所欲林甫方深阻固位陰爲指嚮故
國忠乘以爲姦肆意无所憚虢國居中用事帝所好惡國忠必探知其微帝
以爲能擢兼度支員外郎遷不淹年領十五餘使林甫始惡之天寶七載擢
給事中兼御史中丞專判度支會三妹封國夫人兄銛擢鴻臚卿與國忠皆
列棨戟而第舍華僭彌跨都邑時海內豐熾州縣粟帛舉巨萬國忠因言
古者二十七年耕餘九年食今天下太平請在所出滯積變輕齎內富京師
又悉天下義倉及丁租地課易布帛以充天子禁藏明年帝詔百官觀庫物
積如丘山賜群臣各有差錫國忠紫衣金魚知太府卿事初楊慎矜引王鉷
爲御史中丞已而有隙鉷挾國忠共劾慎矜抵不道誅由是權傾中外吉溫
爲國忠謀奪林甫政國忠即誣奏京兆尹蕭炅御史中丞宋渾逐之皆林甫
所厚善林甫不能救遂結怨鉷寵方渥位勢在國忠右國忠忌之因邢縡事
構鉷誅死已代爲京兆尹悉領其使即窮劾支黨引林甫交私狀牽連左逮
數以聞帝始猒林甫疏薄之先此南詔質子閤羅鳳亡去帝欲討之國忠薦
鮮于仲通爲蜀郡長史率兵六萬討之戰瀘川舉軍沒獨仲通挺身免時國

忠兼兵部侍郎素德仲通爲匿其敗更敘戰功使白衣領職因自請兼領劒
南詔拜劒南節度支度營田副大使知節度事俄加本道兼山南西道採訪
處置使開幕府引竇華張漸宋昱鄭昂魏仲犀等自佐而留京師帝再幸左
藏庫班賚百官出納判官魏仲犀言鳳集通訓門門直庫西有詔改爲鳳皇
門進仲犀殿中侍御史屬吏率以鳳凰優得調俄拜國忠御史大夫因引仲
通爲京兆尹已兼領吏部國忠恥雲南无功知爲林甫揣擿欲自解於帝乃
使麾下請已到屯外示憂邊以合上旨實杜禁言路林甫果奏遣之及辭泣
訴爲林甫中傷者妃又爲言故帝益親之豫計召日然國忠既道惴惴不自
安帝在華清宮驛追國忠還林甫病已困入見牀下林甫曰死矣公且入相
以後事累公國忠懼其詐不敢當流汗被顏林甫果死遂拜右相兼文部尚
書集賢院大學士監脩國史崇賢館大學士太清太微宮使而節度採訪等
使判度支不解也國忠已得志則窮擿林甫姦事斲其家帝以爲功封魏國
公固讓魏徙封衛國忠既以宰相領選始建罷長名於銓日即定留放故事
歲揭版南院爲選式選者自通一辭不如式輒不得調故有十年不官者國
忠創押例无賢不肖用選深者先補官牒丈謬缺得再通衆議翕然美之先
天以前諸司官知政事者午漏盡還本司視事兵吏部尚書侍郎分案注擬

開元末宰相負少任益尊不復視本司事吏部銓故常三注三唱自春止夏
乃訖而國忠陰使吏到第預定其員集百官尚書省注唱一日畢以夸神明
駭天下耳目者自是資格紛謬无復綱序虢國居宣陽坊左國忠在其南自
臺禁還趣虢國第郎官御史白事者皆隨以至居同第出駢騎相調笑施
施若禽獸然不以爲羞道路爲恥駭明年大選因就第唱補帷女兄弟觀之
士之醜野蹇傴者呼其名輒笑于堂聲徹諸外士大夫詬恥之先是有司已
定注則過門下侍中給事中按閱有不可黜之國忠則召左相陳希烈偶坐
給事中在旁既對注曰已過門下矣希烈不敢異侍郎韋見素張倚与本曹
郎趨走堂下抱案牒國忠顧女弟曰紫袍二主事何如皆大噱鮮于仲通等
諷選者鄭怤願立碑省戶下以頌德詔仲通爲頌帝爲易數字因以黃金識
其處帝常歲十月幸華清宮春乃還而諸楊湯沐館在宮東垣連蔓相照帝
臨幸必徧五家賞賚不訾計出有賜曰餞路返有勞曰軟腳遠近餽遺閹稚
歌兒狗馬金貝踵疊其門國忠由御史至宰相凡領四十餘使而度支吏部
事自叢脞第署一字不能盡故吏得輕重顯賕謝无所忌國忠性疏侻捷
給硜硜敢決樞務自任不疑盛氣驕慢百僚莫敢相可否官屬釆苛督句剝
相其意又便佞專徇帝嗜欲不顧天下成敗帝雅意事邊故身調兵食取習文

簿惡吏任之重凡須索快成其手又不能省視也始李林甫給帝天下无事
請已漏出休許之文書填委坐家裁決既成敕吏持案詣左相陳希烈聯署
左相不敢詰署惟謹至國忠時韋見素代希烈循以爲常七年大雨敗稼帝
憂之國忠擇善禾以進曰雨不爲災扶風太守房琯上郡災國忠怒遣御史
按之後乃无敢以水旱聞皆前伺國忠意乃敢啓子暄舉明經不中禮部侍
郎達奚珣遣子撫往見國忠國忠方朝見撫喜已而聞暄當黜詬曰生子不
富貴耶豈以一名爲鼠輩所賣珣大驚即致暄高第俄与珣同列猶吒官不
進國忠雖當國常領劒南召募使遣戍瀘南餉路險多舉无還者舊勳戶免
行所以寵戰功國忠令當行者先取勳家故士无鬭志凡募法願奮者則籍
之國忠歲遣宋昱鄭昂韋儇以御史迫促郡縣吏窮无以應乃詭設餉召貧
弱者密縛置室中衣絮衣械而送屯亡者以送吏代之人人思亂尋遣劒南
留後李宓率兵十餘万擊閤羅鳳敗死西洱河國忠矯爲捷書上聞自再興
師傾中國驍卒二十萬蹈屨无遺天下冤之安祿山方有寵挾重兵于邊偃
蹇不奉法帝護之下莫敢言國忠知終不出己下又恃內援獨暴發反狀帝
疑以位相媢不之信祿山雖逆久以帝遇之厚故隱忍伺帝一日晏駕則稱
兵及見帝疑國忠甚畏不利己故謀日急俄而祿山授尚書右僕射帝恐國

忠不悅，故冊拜司空。祿山還幽州，覺國忠圖己，反謀遂決。國忠令客何盈、蹇昂刺求反狀，諷京兆尹李峴圍其第，捕祿山所善李超、安岱、李方來、王岷，殺之。貶其黨吉溫於合浦。祿山上書自陳，而條上國忠大罪二十。帝歸過於峴，貶零陵太守，以尉祿山意。國忠度其謀詘，請祿山跋扈不足圖，故數怒之，使必反以取信於帝，帝卒不悟。乃建言請以祿山為平章事，追入輔政，以賈循為使節度范陽，呂知誨節度平盧，楊光翽節度河東。已草詔，帝使謁者輔璆琳覘祿山，未還，帝致詔坐側。而璆琳納金，固言不反。帝謂國忠曰：「祿山無二心，前詔焚之矣。」祿山反，以誅國忠為名。帝欲自將而東，使皇太子監國，謂左右曰：「我欲行一事。」國忠揣帝且禪太子，歸謂女弟等曰：「太子監國，吾屬誅矣。」因聚泣入訴于貴妃，妃以死邀帝，遂寢。祿山既發范陽，數咤曰：「國忠頭來！」何遽哥舒翰守潼關，按兵守險，國忠聞，欲反己，疑之，乃從中督戰。翰不得已出關，遂大敗，降賊。書聞，是日帝自南內移仗未央宮。國忠見百官，鯁咽不自勝。監察御史高適請率吉官子弟及募豪傑十萬拒守，衆以為不可。初，國忠聞難作，自以身帥劍南，豫置腹心梁、益間，為自完計。至是，帝召宰相計事，國忠曰：「幸蜀便。」帝然之。明日遲明，帝出延秋門，群臣不知，猶上朝，唯三衛彍騎立仗，尚聞刻漏聲。國忠與韋見素、高力士及皇太子、諸王數百人護帝，右龍武大

將軍陳玄禮謀殺國忠，不克。進次馬嵬，將士疲乏食，玄禮懼亂，召諸將曰：「今天子震蕩，社稷不守，使生人肝腦塗地，豈非國忠所致？欲誅之以謝天下，云何？」衆曰：「念之久矣。事行，身死固所願。」會吐蕃使有請於國忠，衆大呼曰：「國忠與吐蕃謀反！」衛騎合，國忠突出，或射中其頞，殺之，爭啖其肉，且盡，梟首以徇。帝驚曰：「國忠遂反耶？」時吐蕃使亦殲矣。御史大夫魏方進責衆曰：「何故殺宰相？」衆怒，又殺之。四子：暄、朏、曉、晞。暄位太常卿、戶部侍郎，聞亂，下馬走，衆射之，身貫百矢乃踣。朏尚萬春公主，位鴻臚卿，陷賊見殺。曉奔漢中，為漢中王瑀榜死。晞及國忠妻裴柔同奔陳倉，為追兵所斬。柔故蜀倡也。併坎而瘞。其黨翰林學士張漸、竇華、中書舍人宋昱、吏部郎中鄭昂俱走山谷，民爭其貲，富埒國忠。昱戀貲產，竊入都，為亂兵所殺。餘坐誅。國忠本名釗，以圖讖有卯金刀，當位御史中丞時，帝為改今名。

李翛子翛，起寒賤，繇莊憲太后姻婿得進。歷坊、絳二州刺史，無它才。為政粗辦，性纖巧，飾廚傳，結納閹寺，求善譽。憲宗以為才，拜司農卿，進京兆尹，專聚斂以固恩寵，數譖毀近臣，一時側目。太后崩，詔翛為橋道置頓使，畜官貲物，物裁損為可喜者，柱宮至灞橋，從官多不得食。始議更造渭城門，計錢三萬，翛以為勞，不聽，使鑿軌道深之。柩危不支，方過喪而門壞，輼輬僅免。徹門乃得行。翛妄奏車軸折，山陵使李逢吉劾罔上，請免官。方帝用兵，而翛屢有所獻，得不坐，纔詔奪粟。逢吉持之，乃削銀青一階，翌日加賜黃金。帝以浙西富饒，欲掊擯遺利，以翛為觀察使。被疾，還京師。元和十四年卒，士有相賀者。

鄭光，孝明皇太后弟也。會昌末，夢御大車，載日月行，中衢光耀洪洞，照六合。寤而占之，工曰：「君且暴貴。」不閱月，宣宗即位，光興民伍，拜諸衛將軍，還累平盧軍節度使，徙河中、鳳翔。又賜鄠、雲陽二縣良田。大中四年，詔除其租賦。宰相言：「國常賦，寵人下戶不免，柰何以外戚發法？」帝悟，追格前詔。俄封其妻為夫人，光曉帝意，還詔不敢拜，帝嘉之。七年，來朝，對延英，占奏俚近，帝失所望，不悅，留為右羽林統軍，兼太子太保。太后言其家空短，帝厚賜金繒，終不復委方鎮。卒，贈司徒，詔罷三日朝。群臣奏慰，御史大夫李景讓曰：「禮，外祖父母舅服小功五月，伯叔父若兄弟齊縗期，所以疏外密內也。王者不可使外戚逾，按王公主喪不過三日，光宜少降。」詔罷二日。子漢卿，終義昌軍節度使。

外戚列傳第一百三十

宦者列傳上第一百三十二　唐書二百七

宋　祁　奉　敕　撰

唐制內侍省官有內侍四內常侍六內謁者監內給事各十謁者十二典引十八寺伯寺人各六又有五局一曰掖廷主宮嬪簿最二曰宮闈主門閤三曰奚官主宮中疾病死喪四曰內僕主供帳鐙燭五曰內府主中藏給納局有令有丞皆宦者為之太宗詔內侍省不立三品官以內侍為之長階第四不任以事惟門閤守禦廷內埽除稟食而已武后時稍增其人至中宗黃衣乃二千員七品以上員外置千員然衣朱紫者尚少玄宗承平財用富足志大事奢不愛惜賞賜爵位開元天寶中宮嬪大率至四萬宦官黃衣以上三千員衣朱紫千餘人其稱旨者輒拜三品將軍列戟于門其在殿頭供奉委任華重持節傳命光焰殷殷動四方所至郡縣奔走獻遺至萬計脩功德市禽鳥一為之使猶且數千緡監軍持權節度反出其下於是甲舍名園上腴之田為中人所名者半京畿矣肅代庸弱倚為扞衛故輔國以尚父顯元振以援立奮朝恩以軍容重然猶未得常主兵也德宗懲艾泚賊故以左右神策天威等軍委宦者主之置護軍中尉中護軍分提禁兵是以威柄下遷政在宦人舉手伸縮便有輕重至慓士奇材則養以為子巨鎮彊藩則爭出我門小人之情猥險無顧藉又日夕侍天子狎則無威習則不疑故昏君蔽於所昵英主禍生所忽玄宗以遷崩憲敬以弒殞文以憂僨至昭而天下亡矣禍始開元極於天祐凶愎參會黨類殲滅王室從而潰喪譬猶灼火攻蠹蠹盡木焚詎不哀哉跡其殘氣不剛柔情易遷褻則無上怖則生怨借之權則專為禍則迫而近緩相攻急相一此小人常勢也噫梟狐不神天與之昏末如亂何故取中葉以來宦人之大者粹之篇

楊思勗羅州石城人本蘇氏冒所養姓以給事內侍省從玄宗討內難擢左監門衛將軍帝倚為爪牙開元初安南蠻渠梅叔鸞叛號黑帝舉三十二州之衆外結林邑真臘金鄰等國據海南衆號四十萬思勗請行詔募首領子弟十萬與安南大都護光楚客繇馬援故道出不意賊駭眙不暇謀遂大敗封尸為京觀而還十二年五溪首領覃行章亂詔思勗為黔中招討使率兵六萬往執行章斬首三萬級以功進輔國大將軍給祿俸防閤從封大山進驃騎大將軍封虢國公邕州封陵獠梁大海反破賓橫等州思勗又平之禽大海等三千人討斬支黨皆盡瀧州蠻陳行範自稱天子其下何遊魯號定國大將軍馮璘南越王破州縣四十詔思勗發永道連三州兵淮南弩士十萬襲斬遊魯璘於陣行範走盤遼諸洞思勗乘衆窮追生縛之阬其黨六萬獲馬金銀鉅萬計卒年八十餘思勗鷙忍敢殺戮所得俘必剝面皦腦撅髮皮以示人將士憚服莫敢視以是能立功內給事牛仙童納張守珪賂詔付思勗殺之思勗縛于格揕心截手足剔肉以食肉盡乃得死楚客者樂安人後歷桂州都督致仕封松滋縣侯

高力士馮盎曾孫也聖曆初嶺南討擊使李千里上二閹兒曰金剛曰力士武后以其彊悟敕給事左右坐累逐出之中人高延福養為子故冒其姓善武三思歲餘復得入禁中稟食司宮臺既壯長六尺五寸謹密善傳詔令為宮闈丞玄宗在藩力士傾心附結已平韋氏乃啓屬內坊擢內給事先天中以誅蕭岑等功為右監門衛將軍知內侍省事於是四方奏請皆先省後進小事即專決雖洗沐未嘗出眠息殿帷中徼倖者願一見如天人然帝曰力士當上我寢乃安當是時宇文融李林甫蓋嘉運韋堅楊慎矜王鉷楊國忠安祿山安思順高仙芝等雖以才寵進然皆厚結力士故能踵至將相自餘承風附會不可計皆得所欲中人若黎敬仁林昭隱尹鳳翔韓莊牛仙童劉奉廷王承恩張道斌李大宜朱光輝郭全邊令誠等並內供奉或外監節度軍脩功德市鳥獸皆為之使使還所裒獲動巨萬計京師甲第池園良田美產占者什六寵與力士略等然悉藉力士左右輕重乃能然肅宗在東宮兄事力士它王公主呼為翁戚里諸家尊曰爹帝或不名而呼將軍力士幼與母麥相失後嶺南節度使得之瀧州迎還不復記識母曰胸有七黑子在否力士袒示之如言母出金環曰兒所服者乃相持號慟帝為封越國夫人而追贈其父廣州大都督延福與妻亦力士貴時故在侍養與麥均金吾大將軍程伯獻約力士為兄弟後麥亡伯獻衰絰受弔河間男子呂玄晤吏京師女國姝力士娶之玄晤擢刀筆史至少卿子弟仕皆王傅玄晤妻死中外贈賻送葬自第至墓車徒背相望不絕始李林甫牛仙客知帝倦幸東都而京師漕不給乃以賦粟助漕及用和糴法數年國用稍充帝齋大同殿力士侍帝曰我不出長安且十年海內無事朕將吐納導引以天下事付林甫若何力士對曰天子順動古制也稅入有常則人不告勞今賦粟充漕臣恐國無旬月蓄和糴不止則私藏竭逐末者衆又天下柄不可假人威權既振孰敢議者帝不悅力士頓首自陳心狂易語謬當死帝為置酒左右呼萬歲由是還內宅不復事加累驃騎大將軍封渤海郡公於來廷坊建佛祠興寧坊立道士祠珍樓寶屋國貲所不逮鐘成力士宴公卿一扣鐘納禮錢十萬有佞悅者至二十扣其少亦不減十都北堰灃列五磑日僦三百斛直有袁思藝者帝亦愛幸然驕倨甚士大夫疏畏之而力士陰巧得人譽帝初置內侍

省監二員秩三品以力士思勗爲之帝幸蜀思勗遂臣賊而力士從帝進齊國公帝聞肅宗即位喜曰吾兒應天順人改元至德不忘孝乎尚何憂力士曰兩京失守生人流亡河南漢北爲戰區天下痛心而陛下以爲何憂臣不敢聞從上皇還進開府儀同三司實封戶五百上皇徙西內居十日爲李輔國所誣除籍長流巫州力士方逃瘧功臣閣下輔國以詔召力士趨至閣外遣內養授誦制因曰臣當死已久天子哀憐至今日願一見陛下顏色死不恨輔國不許寶應元年赦還見二帝遺詔北向哭歐血曰大行升遐不得攀梓宮死有餘恨慟而卒年七十九代宗以護衛先帝勞還其官贈揚州大都督陪葬泰陵初太子瑛廢武惠妃方嬖李林甫等皆屬壽王帝以肅宗長意未決居忽忽不食力士曰大家不食亦膳羞不具耶帝曰爾我家老揣我何爲而然力士曰嗣君未定耶推長而立孰敢爭帝曰爾言是也儲位遂定天寶中邊將爭立功帝嘗曰朕春秋高朝廷細務付宰相蕃夷不龔付諸將寧不暇耶對曰臣間至閣門見奏事者言雲南數喪師又北兵悍且彊陛下何以制之臣恐禍成不可禁其指蓋謂祿山帝曰卿勿言朕將圖之十三年秋大雨帝顧左右無人即曰天方災卿宜言之力士曰自陛下以權假宰相法令不行陰陽失度天下事庸可復安臣之鉗口其時也帝不荅明年祿山反

力士善揣時事勢候相上下雖親昵至當覆敗不肯爲救力故生平無顯顯大過議者頗恨宇文融以來權利相賊階天下之禍雖有補益弗相除云

程元振京兆三原人少以宦人直內侍省遷內射生使飛龍廄副使張皇后謀立越王元振見太子發其姦與李輔國助討難立太子是爲代宗拜右監衛將軍知內侍省事帝以藥子昂判元帥行軍司馬固辭乃以命元振封保定縣侯再遷驃騎大將軍邠國公盡總禁兵不踰歲權震天下在輔國右凶決又過之軍中呼十郎王仲昇者初爲淮西節度使與襄州張維瑾部將戰申州被執賊平元振薦爲右羽林大將軍兼御史大夫將軍兼大夫由仲昇始裴冕與元振忤乃擠韓穎等罪貶施州來瑱守襄漢有功元振嘗請屬不應因仲昇共誣殺瑱同華節度使李懷讓被構憂甚自殺素惡李光弼數媒蝎以疑之瑱等上將冕光弼元勳既誅斥或不自省方帥繇是攜解廣德初吐蕃党項內侵詔集天下兵無一士奔命者虜扣便橋帝倉黃出居陝京師陷賊剽府庫焚閭衖蕭然爲空於是太常博士翰林待詔柳伉上疏曰犬戎以數萬衆犯關度隴歷秦渭掠邠涇不血刃而入京師謀臣不奮一言武士不力一戰提卒叫呼劫宮闈焚陵寢此將帥叛陛下也自朝義之滅陛下以爲智力所能故疏元功委近習日引月長以成大禍群臣在廷無一犯顏回慮者此公卿叛陛下也陛下始出都百姓填然奪府庫相殺戮此三輔叛陛下也自十月朔召諸道兵盡四十日無隻輪入關者此四方叛陛下也內外離叛雖一魚朝恩以陝郡戮力陛下獨能以此守社稷乎陛下以今日勢爲安耶危耶若以爲危豈得高枕不爲天下計臣聞良醫療疾當病飲藥藥不當疾猶無益也陛下視今日病何繇至此乎天下之心乃恨陛下遠賢良任宦豎離間將相而幾于亡必欲存宗廟社稷獨斬元振首馳告天下悉出內使隸諸州獨留朝恩備左右陛下持神策兵付大臣然後削尊號下詔引咎率德屬行昇嬪妃任將相若曰天下其許朕自新改過乎宜即募士西與朝廷會若以朕惡未悛耶則帝王大器敢妨聖賢其聽天下所往如此而兵不至人不感天下不服請赤臣族以謝疏聞帝顧公議不與乃下詔盡削元振官爵放歸田里帝還元振自三原衣婦衣私入京師舍司農卿陳景詮家圖不軌御史劾按長流溱州景詮貶新興尉元振行至江陵死時又有駱奉先者亦三原人歷右驍衛大將軍數從帝討伐尤見倖廣德初監僕固懷恩軍者奉先恃恩貪甚懷恩不平既而懼其譖遂叛事平擢奉先軍容使掌畿內兵權熖熾然永泰初以吐蕃數盜京師始城鄠以奉先爲使悉毀縣外廬舍無尺椽累封江國公監鳳翔軍大曆末卒

魚朝恩瀘州瀘川人天寶末以品官給事黃門內侍黠善宣納詔令至德初監李光進軍京師平爲三宮檢責使以左監門衛將軍知內侍省事九節度圍賊相州以朝恩爲觀軍容宣慰處置使觀軍容使自朝恩始史思明攻洛陽朝恩以神策兵屯陝洛陽陷思明長驅至硤石使子朝義爲游軍肅宗詔鎮兵十萬循渭而東以濟師朝恩按兵陝東使神策將衛伯玉與賊將康文景等戰敗之洛陽平徙屯汴州加開府儀同三司封馮翊郡公寶應中還屯陝代宗避吐蕃東幸衛兵離散朝恩悉軍奉迎華陰乘輿六師乃振帝德之更號天下觀軍容宣慰處置使專領神策軍賞賜不涯朝恩資小人恃功岸忽無所憚僕固瑒攻絳州使姚良據溫誘回紇陷河陽朝恩遣李忠誠討瑒以霍文場監之王景岑討良王希遷監之敗瑒於萬泉生擒良高暉等引吐蕃入寇遣劉德信討斬之故朝恩因麾下數克獲竊以自高是時郭子儀有定天下功居人臣第一心媢之乘相州敗醜爲詆譖肅宗不內其語然猶罷子儀兵留京師代宗立與程元振一口加毀帝未及寤子儀憂甚俄而吐蕃陷京師卒用其力王室再安故朝恩內慙乃勸帝徙洛陽欲遠戎狄百僚在廷朝恩從十餘人持兵出曰虜數犯郊甸欲幸洛云何宰相未對有近臣折曰敕使反耶今屯兵足以捍寇何遽脅天子棄宗廟爲朝恩色沮而子儀亦謂

不可乃止朝恩好引輕浮後生馳門下講五經大義作文章謂才兼文武徼
伺譽寵永泰中詔判國子監兼鴻臚禮賓內飛龍閑廐使封鄭國公始詣學
詔宰相常參官六軍將軍悉集京兆設食內教坊出音樂倡俳佐宴大臣子
弟二百人朱紫雜然為附學生列廡次又賜錢千萬取子錢供秩飯每視學
從神策兵數百京兆尹黎幹率錢勞從者一費數十萬而朝恩色常不足凡
詔會群臣計事朝恩怙貴誕辭折愧坐人出其上雖元載辯彊亦拱默唯禮
部郎中相里造殿中侍御史李衎酬詰往返未始降屈朝恩不懌黠衎以動
造又謀將易執政以震朝廷乃會百官都堂且言宰相者和元氣輯群生今
水旱不時屯軍數十萬饋運困竭天子臥不安席宰相何以輔之不退避賢
路默默尚何賴乎宰相俛首坐皆失色造徙坐從之因曰陰陽不和五穀踊
貴皆軍容事宰相何與哉且軍容不散故天降之沴今京師無事六軍可相
維鎮又屯十萬饋糧所以不足百司無稍食軍容為之宰相行文書而已何
所歸罪朝恩拂衣去曰南衙朋黨且害我會釋菜執易升坐百官咸在言鼎
有覆餗象以侵宰相王縉怒元載怡然朝恩曰怒者常情笑者不可測也載
銜之未發朝恩有賜墅觀沼勝爽表為佛祠為章敬太后薦福即后謚以名
祠許之於是用度侈浩公壞曲江諸館華清宮樓榭百司行署將相故第收
其材佐興作費無慮萬億既數毀郭子儀不見聽乃遣盜發其先冢子儀詭
辭自解以安衆疑久之讓判國子監鴻臚禮賓等使加內侍監徙封韓增實
封百戶俄兼檢校國子監初神策都虞候劉希暹魁健能騎射最為朝恩昵
信以太僕卿封交河郡王兵馬使王駕鶴獨謹厚亦封徐國公希暹諷朝恩
置獄北軍陰縱惡少年橫捕富人付吏考訊因中以法錄貲產入之軍皆誣
服冤死故市人號入地牢又萬年吏賈明觀倚朝恩捕搏恣行積財鉅萬人
無敢發其姦朝廷裁決朝恩或不預者輒怒曰天下事有不由我乎帝聞不
喜養息令徽者尚幼為內給使服綠與同列爭忿歸白朝恩明日見帝曰臣
之子位下願得金紫在班列上帝未荅有司已奉紫服于前令徽稱謝帝笑
曰小兒章服大稱滋不悅元載乃用左散騎常侍崔昭尹京兆厚以財結其
黨皇甫溫周皓溫方屯陝而皓射生將自是朝恩隱謀奧語悉為帝知希暹
覺帝指密白朝恩朝恩稍懼然見帝接遇未衰故自安而潛計不軌帝遂倚
載決除之懼不克載曰陛下第專屬臣必濟朝恩入殿嘗從武士百人自衛
皓統之而溫握兵在外載乃徙鳳翔尹李抱玉節度山南西道以溫代節度
鳳翔陽重其權實內溫以自助載又議析鳳翔之郿與京兆之鄠盩厔及鳳
翔之虢寶雞益抱玉而以興平武功鳳翔之扶風天興與神策軍朝恩利其

土地自封殖不知為虞也郭子儀密白朝恩嘗結周智光為外應又領內兵
不早圖變且大載留溫京師未即遣約與皓共誅朝恩謀定以聞帝曰善圖
之勿反受禍方寒食宴禁中既罷將還營有詔留議事朝恩素肥每乘小車
入宮省帝聞車聲危坐載守中書省朝恩至帝責其異圖朝恩自辨悖慠皓
與左右禽縊之死年四十九外無知者帝隱之下詔罷觀軍容等使增實封
戶六百內侍監如故外咸言既奉詔乃投縊云還尸於家賜錢六百萬以葬帝
懼軍亂進劉希暹王駕鶴並兼御史中丞又下詔慰曉將士獨希暹自知同
惡言不遜駕鶴白發之遂賜死而賈明觀兼得幸於載故載奏隸江西使立
功自贖路嗣恭搒殺之所厚禮部尚書禮儀使裴士淹戶部侍郎判度支第
五琦皆坐貶

竇文場霍仙鳴者始並隸東宮事德宗未有名自魚朝恩死宦人不復典兵
帝以禁衛盡委白志貞志貞多納富人金補軍止收其庸而身不在軍及涇
師亂帝召近衛無一人至者惟文場等率宦官及親王左右從至奉天帝逐
志貞并左右軍付文場主之興元初詔監神策左廂兵馬以王希遷監右廂兵
馬有麟為左神策軍大將軍軍額由此始帝自山南還兩軍復完而帝忌宿
將難制故詔文場仙鳴分總之廢天威軍入左右神策是時竇霍權振朝廷
諸方節度大將多出其軍臺省要官走門下丐援影者足相躡衛士朱華以
按摩得幸文場參廣補置索財數萬緡而藩鎮賄遺累百鉅萬略妻妾無
所憚詔殺之于軍其隆赫如此久之置護軍中尉中護軍各二員詔文場為左
神策護軍中尉仙鳴為右焦希望為左神策中護軍張尚進為右中尉護
軍自文場等始後仙鳴移病帝賜十馬令諸祠祈解後稍愈已而暴死帝疑
左右進毒捕詰小使閱狀誅數十人贈開府儀同三司以內常侍第五守亮
代之文場擢累驃騎大將軍時監察御史崔薳行囚于軍吏為具酒食薳
欲悅媚之故不拒文場劾奏詔流遠方文場年老致仕卒其後楊志廉孫
榮義為左右中尉招權驕肆與竇霍略等帝晚節聞民間訛語禁中事而北
軍捕太學生何竦曹壽繫訊人情大懼司業武少儀上書有如罪不測願明示
四方俄得釋是時宦官復盛矣希望者涇陽人歷明威將軍贈洪州都督尚
進何東人歷忠武將軍贈開府儀同三司志廉弘農人歷左監門衛大將軍
榮義涇陽人歷右武衛大將軍並贈揚州大都督

劉貞亮本俱氏名文珍冒所養宦父故改焉性忠彊識義理平涼之盟在渾瑊
軍中會虜變被執且西俄而得歸出監宣武軍自置親兵千人貞元末宦人
領兵附順者益衆會順宗立淹痼弗能朝惟李忠言牛美人侍美人以帝

旨付忠言忠言授之王叔文叔文與柳宗元等裁定然後下中書然未得縱
欲遂奪神策兵以自彊即用范希朝為京西北禁軍都將收宦者權而忠言
素懦謹每見叔文與論事無敢異同唯貞亮乃與之爭又惡朋黨熾結因與
中人劉光琦薛文珍尚衍解玉呂如全等同勸帝立廣陵王為太子監國帝
納其奏貞亮召學士衛次公鄭絪李程王涯至金鑾殿草定制詔太子已立
盡逐叔文黨委政大臣議者美其忠高崇文討劉闢復為監軍初東川節度
使李康為闢所破囚之崇文至闢歸康求雪貞亮劾以不拒賊斬之故以專
殺見訾還累右衛大將軍知內侍省事元和八年卒贈開府儀同三司憲宗
之立貞亮為有功然終身無所寵假呂如全歷內侍省內常侍翰林使坐擅
取樟材治第送東都獄至閿鄉自殺又郎吏曼醉觸夜禁杖殺之五坊朱超晏
王志忠縱鷹入民家搒二百奪職繇是莫不惕畏
吐突承璀字仁貞閩人也以黃門直東宮為掖廷局博士察察有才憲宗立
擢累左監門將軍左神策護軍中尉左街功德使封薊國公王承宗叛承璀
揣帝銳征討因請行帝見其果敢自喜謂可任即詔承璀為行營招討處置
使以左右神策及河中河南浙西宣歙兵從之內寺伯宋惟澄曹進玉為館
驛使自河南陝河陽惟澄主之京華河中至太原進玉主之又詔內常侍劉

國珍馬朝江分領易定幽滄等州糧料使於是諫官李鄘許孟容李元素李
夷簡呂元膺穆質孟簡獨孤郁段平仲白居易等衆對延英謂古無中人位
大帥恐為四方笑帝乃更為招討宣慰使為御通化門慰其行承璀御衆無
它遠略為盧從史侮狎踰年無功賴中詔擿使執從史而間遣人說承宗上
書待罪乃詔班師還為中尉平仲劾承璀輕謀弊賦損國威不斬首無以謝
天下帝不獲已罷為軍器莊宅使尋拜左衛上將軍知內侍省會劉希光納
羽林大將軍孫璹錢二十萬緡求方鎮有詔賜死跡結承璀故令出監淮南
軍纖人太子通事舍人李涉投匭言承璀等冤狀於是孔戣知匭事閱其副不
受即表其姦邪逐為峽州司倉參軍然帝於承璀殊厚會李絳在翰林苦論其
過故決遣之帝後欲還承璀為罷絳宰相召為內弓箭庫使復左神策中
尉惠昭太子薨承璀請立澧王不從常飾一室王藏所賜詔敕地生毛二尺惡
之躬瘞除瘞之踰年帝崩穆宗銜前議殺之禁中敬宗時左神策中尉馬存
亮論其冤詔許子士曄收葬宣宗時擢士曄右神策中尉是時諸道歲進閹
兒號私白閩嶺最多後皆任事當時謂閩為中官區藪咸通中杜宣猷為觀
察使每歲時遣吏致祭其先時號敕使墓戶宣猷卒用群宦力徙宣歙觀察使
○馬存亮字季明河中人元和時累擢左神策軍副使左監門衛將軍知內

侍省事進左神策中尉軍所籍凡十餘萬存亮料柬精伍無罷士冗
員敬宗初染署工張韶與卜者蘇玄明善玄明曰我嘗為子卜子當御殿食
我與焉吾聞上晝夜獵出入無度可圖也韶每輸染材入宮衛士不呵也乃
陰結諸工百餘人匿兵車中若輸材者入右銀臺門約昏夜為變有詰其載
者韶謂謀覺殺其人出兵大呼成列浴堂門閉時帝擊毬清思殿驚將幸右
神策或曰賊入宮不知衆寡道遠可虞不如入左軍近且速從之初帝常寵
右軍中尉梁守謙每游幸兩軍角戲帝多欲右勝而左軍以為望至是存亮
出迎捧帝足泣負而入以五百騎往迎二太后比至而賊已斬關入清思殿
升御坐盜乘輿餘膳揖玄明偶食且曰如占玄明驚曰止此乎韶惡之以
寶器賜其徒攻弓箭庫仗士拒之不勝存亮遣左神策大將軍康藝全將軍
何文哲宋叔夜孟文亮右神策大將軍康志睦將軍李泳尚國忠率騎兵討
賊日暮射韶及玄明皆死始賊入中人倉卒繇望仙門出奔內外不知行在
遲明盡捕亂黨左右軍清宮車駕還群臣詣延英門見天子然至者不十一
二坐賊所入闌不禁者數十人杖而不誅賜存亮實封戶二百梁守謙進開
府儀同三司它論功賞有差存亮於一時功最高乃推委權勢求監淮南軍
代還為內飛龍使大和中以右領軍衛上將軍致仕封岐國公卒贈揚州大

都督存亮逮事德宗更六朝身端畏善訓士始去禁衛衆皆泣唐世中人以
忠謹稱者唯存亮西門季玄嚴遵美三人而已遵美父季寔為掖廷局博士
大中時有宮人謀弒宣宗是夜季寔直咸寧門下聞變入射殺之明日帝勞
曰非爾吾危不免擢北院副使終內樞密使遵美歷左軍容使嘗歎曰北司
供奉官以胯衫給事今執笏過矣樞密使無聽事唯三楹舍藏書而已今堂
狀帖黃決事此楊復恭奪宰相權之失也蓋疾時中官肆橫云後從昭宗遷
鳳翔求致仕隱青城山年八十餘卒
仇士良字匡美循州興寧人順宗時得侍東宮憲宗嗣位再遷內給事出監
平盧鳳翔等軍嘗次敷水驛與御史元稹爭舍上廳擊傷稹中丞王播奏御
史中使以先後至得正寢請如舊章帝不直稹斥其官元和大和間數任內
外五坊使秋按鷹內畿所至邀吏供餉暴甚寇盜文宗與李訓欲殺王守澄
以士良素與守澄隙故擢左神策軍中尉兼左街功德使使相糜肉已而訓
謀悉逐中官士良悟其謀與右神策軍中尉魚弘志大盈庫使宋守義挾帝
還宮王涯舒元輿已就縛士良肆詈辱令自承反示牒于朝於時莫能辨其
情皆謂誠反士良因縱兵捕無輕重悉斃死兩軍公卿半空事平加特進右驍
衛大將軍志弘右衛上將軍兼中尉守義右領軍衛上將軍李石輔政稜稜

有風岸士良與論議數屈深忌之使賊刺石於親仁里馬逸而免石懼辭位士良益無憚澤潞劉從諫本與訓約誅鄭注及訓死憤士良得志乃上書言王涯等八人皆宿儒大臣願保富貴何苦而反今大戮所加已不可追而名之逆賊含憤九泉不然天下義夫節士畏禍伏身誰肯與陛下共治耶即以訓所移書遣部將陳季卿以聞季卿至會石遇盜京師擾駭不敢進從諫大怒殺季卿騰書于朝又言臣與訓誅注以注本宦豎所提挈不使聞知今四方共傳宰相欲除內官而兩軍中尉闘自救死妄相殺戮謂爲反逆有如大臣挾無將之謀自宜執付有司安有縱俘劫橫尸闕下哉陛下視不及聽未聞也且宦人根黨蔓延在內臣欲面陳恐橫遭戮害謹脩封疆繕甲兵爲陛下腹心如姦臣難制誓以死清君側書聞人人傳觀士良沮恐即進從諫檢校司徒欲弭其言從諫知可動復言臣所陳繫國大體可聽則宜洗宥涯等罪不可聽則賞不宜妄出安有死冤不申而生者荷祿固辭累上書暴指士良等罪帝雖不能去然倚其言差自彊自是鬱鬱不樂兩軍毬獵宴會絕矣開成四年苦風痺少間召宰相見延英退坐思政殿顧左右曰所直學士謂誰曰周墀也召至帝曰自爾所況朕何如主墀再拜曰臣不足以知然天下言陛下堯舜主也帝曰所以問謂與周赧漢獻孰愈墀惶駭曰陛下之德成康文景未足比何自方二主哉帝曰赧獻受制彊臣今朕受制家奴自以不及遠矣因泣下墀伏地流涕後不復朝至大漸云始樞密使劉弘逸薛季稜宰相李珏楊嗣復謀奉太子監國士良與弘志議更立珏不從乃矯詔立潁王爲皇太弟士良以兵奉迎而太子還爲陳王初莊恪太子薨楊賢妃謀引安王不克武宗已立士良發其事勸帝除之以絕人望故王妃皆死士良遷驃騎大將軍封楚國公弘志韓國公實封戶三百俄而珏嗣復罷去弘逸季稜誅矣帝明斷雖士良有援立功內實嫌之陽示尊寵李德裕得君士良愈恐會昌二年上尊號士良宣言宰相作赦書減禁軍縑糧芻菽以搖怨語兩軍曰審有是樓前可爭德裕以白帝命使者諭神策軍曰赦令自朕意宰相何豫爾渠敢是士乃怗然士良惶惑不自安明年進觀軍容使兼統左右軍以疾辭罷爲內侍監知省事固請老詔可尋卒贈揚州大都督士良之老中人舉送還第謝曰諸君善事天子能聽老夫語乎衆唯唯士良曰天子不可令閑暇暇必觀書見儒臣則又納諫智深慮遠減玩好省游幸吾屬恩且薄而權輕矣爲諸君計莫若殖財貨盛鷹馬日以毬獵聲色蠱其心極侈靡使悅不知息則必斥經術闇外事萬機在我恩澤權力欲焉往哉衆再拜士良殺二王一妃四宰相貪酷二十餘年亦有術自將恩禮不衰云死之明年有發其家藏兵數千物詔削官爵籍其家始士良弘志憤文宗與李訓謀屢欲廢帝崔慎由爲翰林學士直夜半有中使召入至祕殿見士良等坐堂上帷帳周密謂慎由曰上不豫已久自即位政令多荒闕皇太后有制更立嗣君學士當作詔慎由驚曰上高明之德在天下安可輕議慎由親族中表千人兄弟群從且三百何可與覆族事雖死不承命士良等默然久乃啓後戶引至小殿帝在焉士良等歷階數帝過失帝俛首既而士良指帝曰不爲學士不得更坐此乃送慎由出戒曰毋泄禍及爾宗慎由記其事藏箱枕間時人莫知將沒以授其子胤故胤惡中官終討除之蓋禍原於士良弘志云

○楊復光閩人也本喬氏有武力少養於內常侍楊玄价家頗以節誼自奮玄价奇之宣宗時玄价監鹽州軍誣殺刺史劉皐皐有威名者世訟其冤稍遷左神策軍中尉譖去宰相楊收權寵震時復光有謀略累監諸鎮軍乾符初佐平盧節度使曾元裕擊賊王仙芝敗之招討使宋威擊仙芝於江西復光在軍請判官吳彥宏約賊降仙芝遣將尚君長自縛如約威疾其功密請僖宗誅之故仙芝怨復引兵叛後天子寤威階禍罷之以兵與復光乃進屬徐唐莒王鐸爲招討復光仍監軍鐸之奔荊南也山南東道節度使劉巨容定其地以忠武別將宋浩領荊南泰寧將段彥謨佐之復光以父官監忠武軍而浩已爲大將見復光少之不爲禮彥謨亦恥居浩下遂有隙復光曰胡不殺之彥謨引慓士擊殺浩復光以客常滋假留後而奏浩罪薦彥謨爲朗州刺史詔鄭紹業爲荊南節度使以復光監忠武軍屯鄧州遏賊右衛帝西幸召紹業見行在復光更引彥謨爲荊南節度使彥謨紿行邊詣復光以黃金數百兩爲謝其後忠武周岌受賊命賞夜宴召復光左右曰彼既附賊必不利公不如毋行復光固往酒所語時事復光泣曰丈夫所感獨恩與義耳彼恩義利害昧昧耶岌及流涕曰吾力不足陽合而陰離之故召公計因持杯盟曰有如酒即遣子守亮斬賊使于傳舍秦宗權據蔡州叛岌復光以忠武兵三千入見之宗權即遣部將王淑持兵萬人從復光定荊襄師次鄧淑逗遛復光斬之并其軍爲八以鹿宴弘晉暉張造李師泰王建韓建等爲之將進攻南陽賊將朱溫何勤逆戰大敗遂收鄧州追北藍橋會母喪班師俄起爲天下兵馬都監總諸軍與東面招討使王重榮并力定關中朱溫守同州復光遣使鐫諭溫以所部降方賊之彊重榮憂不知所出謂復光曰臣賊邪且負國拒戰邪則兵寡柰何復光曰李克用與我世共患難其爲人奮不顧身比數召未即至者由太原道不通耳非忍禍者若諭上意彼且必來重榮曰

善曰王鐸以詔使至太原克用兵乃出京師平以功加開府儀同三司同華制置使封弘農郡公賜號資忠輝武匡國平難功臣卒河中贈觀軍容使謚曰忠肅復光御下有恩軍中聞其死皆慟哭而麾下多立功者諸子爲將帥數十人守宗亦爲忠武節度使

贊曰楚鄖公辛不敢讎君而忘父冤昭愍之世西軍寵遇有厚薄而卒用存亮夷難功莫大者自古忠臣出於疏遠不用甚多矣存亮豈通記書道理之人邪何其識君臣大誼明甚不尸大勞畏權遠外又愈賢矣與夫書龍蛇之詩者何其小哉

宦者列傳上第一百三十二

端明殿學士兼翰林侍讀學士龍圖閣學[illegible]

敕撰

李輔國本名靜忠，以閹奴爲閑廏小兒，貌儜陋，略通書計，事高力士，年四十餘，使主廏中簿最。王鉷爲使，以典禾豆，能檢擿耗欺，馬以故肥，薦之皇太子，得侍東宮。陳玄禮等誅楊國忠，輔國豫謀，又勸太子分中軍趨朔方，收河隴兵，圖興復。太子至靈武，愈親近，勸遂即位，係天下心。擢家令，判元帥府行軍司馬。肅宗稍稍任以肱膂事，更名護國，又改今名。凡四方章奏、軍符、禁寶，一委之。輔國能隨事齪齪謹密，取人主親信，而內深賊，未敢肆。不啖葷，時時爲浮屠詭行，人以爲柔良，不忌也。帝還京師，拜殿中監、閑廏、五坊、宮苑、營田、栽接、總監使，兼隴右羣牧、京畿鑄錢、長春宮等使，少府、殿中二監，封成國公，實封戶五百。宰相、羣臣欲不時見天子，皆因輔國以請，乃得可。常止銀臺門決事，置察事聽兒數十人，吏雖有秋豪過，無不得，得輒推訊。州縣獄訟，三司制劾，有所捕逮、流降，皆私判臆處，因稱制敕，然未始聞上也。詔書下，輔國署已，乃施行，羣臣無敢議。出則介士三百人爲衞。貴幸至不敢斥官，呼五郎。李揆當國，以子姓事之，號五父。帝爲娶元擢女爲妻，擢以故爲梁州長史，弟兄皆位臺省。李峴輔政，叩頭言且亂國，於是詔敕不繇中書出者，峴必審覆，輔國不悅。時太上皇居興慶宮，帝自複道來起居，太上皇亦間至大明宮。或相逢道中，帝命陳玄禮、高力士、王承恩、魏悅、玉真公主常在太上皇左右，梨園弟子日奏聲伎爲娛樂。輔國素微賤，雖暴貴，力士等猶不爲禮，怨之，欲立奇功自固。初，太上皇每置酒長慶樓，南俯大道，因裴回觀覽，或父老過之，皆拜舞，乃去。上元中，劍南奏事吏過樓下，因上謁，太上皇賜之酒，詔公主及如仙媛主之，又召郭英乂、王銑等飲，賚予頗厚。輔國因妄言於帝曰：「太上皇居近市，交通外人，玄禮、力士等將不利陛下，六軍功臣反側不自安，願徙太上皇入禁中。」帝不寤。先時，興慶宮有馬三百，輔國

矯詔取之，裁留十馬。太上皇謂力士曰：「吾兒用輔國謀，不得終孝矣。」會帝屬疾，輔國即詐言皇帝請太上皇按行宮中，至睿武門，射生官五百遮道，太上皇驚，幾墜馬，問何爲者。輔國以甲騎數十馳奏曰：「陛下以興慶宮湫陋，奉迎乘輿還宮中。」力士厲聲曰：「五十年太平天子，輔國欲何事？」叱使下馬。輔國失轡，罵力士曰：「翁不解事！」斬一從者。力士呼曰：「太上皇問將士各好在否！」將士納刀呼萬歲，皆再拜。力士復曰：「輔國可御太上皇馬。」輔國韡而走，與力士對執轡還西內，居甘露殿，侍衞才數十，皆尪老。太上皇執力士手曰：「微將軍，朕且爲兵死鬼。」左右皆流涕。又曰：「興慶，吾王地，數以讓皇帝，不受，今之徙，自吾志也。」俄而流承恩播州，魏悅溱州，如仙媛歸州，公主居玉真觀，更料後宮聲樂百餘，更侍太上皇，備灑掃，詔萬安、咸宜二公主視服膳。自是太上皇怏怏不豫，至棄天下。輔國以功遷兵部尚書，南省視事，使武士戎裝夾道，陳跳丸、舞劍，百騎前驅，御府設食，太常備樂，宰相羣臣畢會。既得志，乃厭然驕肆，求宰相，帝重違曰：「卿勳力何任不可，但羣望未一，如何？」輔國遂諷宰相裴冕使聯表薦己。帝密擿蕭華使諭止冕。張皇后數疾其顓，帝寢疾，太子監國，后召太子將誅輔國及程元振，太子不從。更召越王係，王圖之。元振告輔國，即伏兵凌霄門迎太子伺變，是夜，捕二王及中人朱輝光、馬英俊等囚之，而殺后它殿。代宗立，輔國等以定策功，愈跋扈，至謂帝曰：「大家弟坐宮中，外事聽老奴處決。」帝矍然，欲翦除，而憚其握兵，因尊爲尚父，事無大小率關白，羣臣出入皆先詣輔國，輔國頗自安。又冊進司空兼中書令，實封戶八百。未幾，以左武衞大將軍彭體盈代爲閑廏、羣牧、苑內、營田、五坊等使，以右武衞大將軍藥子昂代判元帥行軍司馬，賜輔國大第於外。中外聞其失勢，舉相賀。輔國始惘然憂，不知所出，表乞解官。有詔進封博陸郡王，仍爲司空、尚父，許朝朔望。輔國欲入中書作謝表，閽者不內，曰：「尚父罷宰相，不可入。」輔國氣塞，久乃曰：「老奴死罪，事郎君不了，請地下事先帝矣。」帝優辭諭遣。有韓穎、劉烜善步星，乾

元中待詔翰林頴位司天監烜起居舍人與輔國暱甚輔國領中書頴進祕書監烜中書舍人裴冕引爲山陵使判官輔國罷俱流嶺南賜死自輔國徙太上皇天下疾之帝在東宮積不平既嗣位不欲顯戮遣俠者夜刺殺之年五十九抵其首溷中殊右臂告泰陵然猶祕其事刻木代首以葬贈太傅謚曰醜後梓州刺史杜濟以武人爲牙門將自言刺輔國者

王守澄者史亡所來元和中監徐州軍召還方憲宗喜方士詔天下求其人宰相皇甫鎛左金吾將軍李道古等白見揚仁晝浮屠大通仁晝更姓名曰柳泌大通自言壽百五十歲有不死藥並待詔翰林號人田元佐言有祕方能化瓦礫爲黃金詔除號令與董景珍李元戢皆介泌大通薦于天子天子惑其說泌以金石進帝餌之躁甚數暴怒恚責左右踵得罪禁中累息帝自是不豫十五年罷元會羣臣危恐會義成劉悟來朝賜對麟德殿悟出曰上體平矣內外乃安是夜守澄與內常侍陳弘志弒帝於中和殿緣

所餌以暴崩告天下乃與梁守謙韋元素等定冊立穆宗俄知樞密事文宗嗣位守澄有助力進拜驃騎大將軍帝疾元和逆罪久不討故以宋申錫爲宰相謀因事除之不克更因其黨鄭注李訓乘其罅於是流楊承和於驩州韋元素象州遣中人劉忠諒追殺元素于武昌承和次公安賜死訓乃脅守澄以軍容使就第使內養齎酖賜死事祕時無知者贈揚州大都督其弟守涓自徐州監軍召還死於中牟

劉克明亦亡所來得幸敬宗敬宗善擊毬於是陶元皓靳遂良趙士則李公定石定寬以毬工得見便殿內籍宣徽院或教坊然皆出神策隸卒或里閭惡少年帝與狎息殿中爲戲樂四方聞之爭以趫勇進于帝嘗閱角觝三殿有碎首斷臂流血廷中帝歡甚厚賜之夜分罷所親近既皆凶不逞又小過必責辱自是怨望帝夜艾自捕狐狸爲樂謂之打夜狐中人許遂振李少端魚志弘侍從不及皆削秩帝獵夜還與克明田務澄許文端石定寬蘇佐明王嘉憲閻惟直等二十有八人羣飲既酣帝更衣燭忽滅克明與佐明定寬弒帝更衣室矯詔召翰林學士路隋作詔書命絳王領軍國事明日下遺詔絳王即位克明等恃功將易置左右自引支黨顓兵柄于時樞密使王守澄楊承和中尉梁守謙魏從簡與宰相裴度共迎江王發左右神策及六軍飛龍兵討之克明投井死出其尸戮之務澄等皆斬首以徇籍入家貲又殺其黨數十人始克明謀逆毋禁采許文宗立嘉毋忠賜錢千緡絹五百匹給婢二人

田令孜字仲則蜀人也本陳氏咸通時歷小馬坊使僖宗即位擢令孜左神策軍中尉是時西門匡範位右中尉世號東軍西軍帝沖騃喜鬭鵝走馬數幸六王宅興慶池與諸王鬭鵝一鵝至五十萬錢與內園小兒尤昵狎倚寵暴橫始帝爲王時與令孜同臥起至是以其知書能處事又帝資狂昏故政事一委之呼爲父而荒酣無檢發左藏齊天諸庫金幣賜伎子歌兒者日巨萬國用耗盡令孜語內園小兒尹希復王士成等勸帝籍京師兩市蕃旅華商

寶貨舉送內庫使者監閱櫃坊茶閣有來訴者皆杖死京兆府令孜知帝不足憚則販鬻官爵除拜不待旨假賜緋紫不以聞百度崩弛內外垢玩既所在盜起上下相掩匿帝不及知是時賢人無在者惟佞鄙沓貪相與備員偷安禁默而已左拾遺侯昌蒙不勝憤指言豎尹用權亂天下疏入賜死內侍省宰相盧攜素事令孜每建白必阿邑倡和初黃巢求廣州願罷兵攜欲寵高駢使有功不聽賊因又易置關東諸節度賊乘之陷東都令孜急歸罪攜奏帝西幸步出金光門至咸陽沙野軍十餘騎呼曰巢爲陛下除姦臣乘輿今西秦中父老何望願還宮令孜叱之以羽林騎馳斬即以羽林白馬載帝晝夜馳舍駱谷時陳敬瑄方節度西川令孜兄也故請帝幸蜀有詔以令孜爲十軍十二衞觀軍容制置左右神策護駕使至成都進左金吾衞上將軍兼判四衞事封晉國公帝見蜀陿陋梢鬱鬱曰與嬪侍博飲時時攘袂北望悄然流涕令孜伺間開釋呼萬歲帝爲怡悅因盛稱鄭畋王鐸程宗楚李鋌敬瑄

方幷力賊不足虞帝曰善初成都募陳許兵三千服黃帽名黃頭
軍以捍鑾帝至大勞將士扈從者巳賜而不及黃頭軍皆觖怨令
孜令孜置酒會諸將以黃金樽行酒即賜之黃頭將郭琪不肯飲
曰軍容能易偏惠均衆士誠大願也令孜目曰君有功邪荅曰戰
党項薄契丹數十戰此琪之功令孜嘻怒曰知之密以酖注酒中
琪飲巳馳歸殺一婢吮血得解因夜燒營剽城邑敬瑄討敗之奔
廣都遂走高駢所帝聞變與令孜保東城自守羣臣不得見左拾
遺孟昭圖請對不召因上疏極陳君與臣一體相成安則同寧危
則共難昔日西幸不告南司故宰相御史中丞京兆尹悉碎于賊
唯兩軍中尉以扈乘輿得全今百官之在者率冒重險出百死者
也昨昔黃頭亂火照前殿陛下惟與令孜閉城自守不召宰相不
謀羣臣欲入不得求對不許且天下者高祖太宗之天下非北司
之天下陛下固九州天子非北司之天子北司豈悉忠於南司廷
臣豈無用於敕使文宗時宦中災左右巡使不到皆被顯責安有

天子播越而宰相無所豫羣司百官棄若路人巳事誠不足諫而
來者其冀可追也疏入令孜匿不奏矯詔貶昭圖嘉州司戶參軍使
人沈于蟇頤津初昭圖知正言必見害謂家隸曰大盜未殄宦豎
離間君臣吾以諫爲官不可坐覩覆亡疏入必死而能收吾骸乎
隸許諾卒葬其尸朝廷痛之賊平令孜以王鐸爲儒臣且無功而
首謀召沙陀者楊復光也欲歸重北司故罷鐸都統以復光功第
一又巳忌復光且逼巳故薄其賞自謂帷幄決勝繫王室輕重出入
倨甚會復光死大喜即罷復恭樞密使中人曹知慤者富家子頗
沈鷙賊在長安知慤以淸濁二谷之人倚山爲屯不屈賊陰教士
卒變衣服言語與賊類者夜入長安攻賊營賊大懼帝聞賜金紫
擢內常侍聞帝將還因大言我且擁衆大散關下閱羣臣可歸者
納之令孜謂然密令王行瑜以邠州兵虞嵯峨山襲殺其衆由是
益自肆禁制天子不得有所主斷帝以其專語左右輒流涕復光
部將鹿晏弘王建等以八都衆二萬取金洋等州進攻興元節度

使牛項奔龍州晏弘自爲留後以建及張造韓建等爲部刺史帝
還懼見討引兵走許州王建率義勇四軍迎帝西縣復以建及韓
建等主之號隨駕五都令孜以復光故纔授諸衛將軍皆養爲子
別募神策新軍以千人爲都凡五十四都分左右爲十軍統之又
遣親信覘諸鎭不附己者以罪除徙養子匡祐宣慰河中王重榮
厚爲禮匡祐傲甚舉軍怒重榮因數令孜罪責其無禮監軍和解
乃去匡祐還訴令孜且勸圖之令孜白以兩鹽池歸鹽鐵使即自
兼兩池榷鹽使重榮不奉詔表暴令孜十罪令孜自將討重榮率
邠寧朱玫鳳翔李昌符合鄜延靈夏等兵凡三萬壁沙苑重榮說
太原李克用連和克用上書請誅令孜玫帝和之不從大戰沙苑
王師敗玫走還邠州與昌符皆恥爲令孜用還與重榮合神策兵
潰還略所過皆盡克用逼京師令孜計窮乃焚坊市劫帝夜啓開
遠門出奔自賊破長安火宮室舍廬十七後京兆王徽葺復粗完
至是令孜唱曰王重榮反命火宮城唯昭陽蓬萊三宮僅存王建

以義勇四軍扈帝夜亂牢水遂次陳倉克用還河中玫畏克用且
偪與重榮連章請誅令孜而駐鳳翔令孜請帝幸興元帝不從令
孜以兵入寢逼帝夜出羣臣無知者宰相蕭遘等皆不及從玫勸
興元節度使石君涉焚閣道絕帝西意遘惡令孜劫質天子生方
鎭之難使玫進迎乘輿玫引兵追行在敗興鳳楊晟軍帝次梁洋
稍引而南玫兵及中營左右被剽戮者不勝計令孜懼人圖己蒙
面以行使王建長劒五百淸道囊傳國璽授之次大散關道險澁
帝危及難數矣分軍守靈壁亢追兵玫長驅躡帝帝以閣道毀走
它道困甚枕王建膝且寐覺而飯僅能至興元玫重榮表誅令孜
安尉羣臣詔以令孜爲劒南監軍使留不去重榮請幸河中令孜
沮而止宰相蕭遘率羣臣在鳳翔者表令孜顓國煽禍惑小人計交
亂羣帥請誅之帝不及省且詔重榮餉糧十五萬斛給行在重榮
以令孜在不奉命玫乃奉嗣襄王熅即僞位玫敗帝乃得還京師
始帝入蜀諸王徒步以從壽王至斜谷不能進令孜驅使前王謝

足且拘得馬可濟令孜怒挾王彊之行王恥之及帝病中外屬壽王令孜入候帝曰陛下記臣否帝直視不能語令孜自署劒南監軍使閱拱宸奉鑾軍自衞晝夜馳入成都固表解官求醫藥詔可俄削官爵長流儋州然猶依敬瑄不行王即位是爲昭宗楊復恭代爲觀軍容使出王建爲壁州刺史建取利州自署防禦使因略定閬邛蜀黎雅等州詔即置永平軍拜建節度使令孜謀與建連衡亢朝廷且曰吾子也書召之建喜將至復卻之建怒進圍成都令孜登城謝建曰老夫久相厚何見困荅曰父子恩何敢忘顧父自絕朝廷苟改圖則父子如初令孜曰吾欲面計事建然許令孜夜負印節授建明日入成都因令孜碧雞坊始右神策統軍宋文通爲諸軍所疾令孜因事召見欲殺之既見乃欣然更養爲子名彥賓即李茂貞也故獨上書雪其罪詔爲湖南監軍凡二歲與敬瑄同日死臨刑裂帛爲絚授行刑者曰吾嘗位十軍容殺我庸有禮因敎縊人法既死而色不變乾寧中詔復官爵

楊復恭字子恪本林氏子楊復光從兄也宦父玄翼咸通中領樞密世爲權家復恭略涉學術監諸鎮兵龐勛亂戰有功自河陽監軍入拜宣徽使擢樞密使黃巢盜京師令孜顓威福斷喪天下中外莫敢亢惟復恭屢與爭得失令孜怒下遷飛龍使復恭乃臥疾藍田僖宗出居興元復爲樞密使制置經略多更其手車駕還遂代令孜爲左神策中尉六軍十二衞觀軍容使封魏國公實戶八百賜號忠貞啓聖定國功臣帝崩定冊立昭宗賜鐵券加金吾上將軍稍攘取朝政帝嘗曰朕不德爾援立我矣當減省儉長示天下我見故事尚衣上御服日一襲太常新曲日一解今可禁止復恭頓首稱善帝遂問游幸費對曰聞懿宗以來每行幸無慮用錢十萬金帛五車十部樂工五百犢車紅網朱網畫香車百乘諸衞士三千凡曲江溫湯若畋獵曰大行從宮中苑中曰小行從帝乃詔類減半於是宰相韋昭度張濬杜讓能等爲帝言大中故事抑宦官不假借帝亦稍厭復恭橫恣王瓌者惠安太后弟求節度使帝問復恭對曰產祿傾漢三思危唐后族不可封拜陛下誠愛瓌任以它職可也不宜假節外藩恐負勢頡地不可制帝乃止瓌聞怒甚至禁中見復恭詬辱之遂居中任事復恭不欲分己權白爲黔南節度使道興元而兄子守亮方領節度陰勒利州刺史覆瓌舟于江宗屬賓客皆死以舟自敗聞帝知復恭謀繇是深銜之復恭以諸子爲州刺史號外宅郎君又養子六百人監諸道軍天下威勢舉歸其門守立爲天威軍使本胡弘立也勇武冠軍人畏之帝欲斥復恭懼爲亂乃好謂曰卿家胡子安在吾欲令衞殿內復恭以守立見帝賜姓李名順節使掌六軍管鑰光寵甚既勢鈞遂與復恭爭恨相中傷暴發其私復恭常肩輿抵太極殿宰相對延英論叛臣事孔緯曰陛下左右有將反者帝矍然緯指復恭復恭曰臣豈負陛下者緯曰復恭陛下家奴而肩輿至前殿廣樹不逞皆姓楊非反邪復恭曰欲收士心輔天子帝曰誠欲收士心胡不假李姓乎復恭無以對會緯出守江陵乃使人劫之長樂坡斬其旌節貲貯皆盡緯僅免復恭子守貞爲龍劒節度使守忠洋州節

度使皆自擅貢賦上書訕薄朝政大順二年罷復恭兵出爲鳳翔監軍不肯行因丐致仕詔可還上將軍賜几杖使者還遣腹心殺使者於道遁居商山俄入居昭化坊第第近玉山營而子守信爲軍使數省候出入或告父子且謀亂時順節遙領鎮海軍節度使同中書門下平章事詔與神策軍使李守節率衞兵攻復恭治殺使者罪帝御延喜樓須之家人拒戰守信亦率兵至昌化里陣以待會日入復恭與守信擧族出奔遂走興元順節已斥復恭則橫暴出入以兵從兩軍中尉劉景宣西門重遂察其意非常以狀聞有詔召順節輒以甲士三百入至銀臺門何止之景宣引順節坐殿廡部將嗣光審出斬之從者大譟出延喜門剽永寧里盡夕止賈德晟與順節皆爲天威軍使順節誅頗嗟憤重遂亦奏誅之於是鳳翔李茂貞邠州王行瑜華州韓建同州王行約秦州李茂莊同劾守亮納叛臣請出兵討罪軍饟不仰度支茂貞請假山南招

討使官尹惜類執不可帝亦謂茂貞得山南必難制詔兩解之茂貞劾復恭自謂隋諸孫以恭帝禪唐故名復恭逆狀明白且請削守亮官爵遂擅與行瑜出討自號興元節度使詒宰相書慢悖不臣帝爲下詔令茂貞行瑜討之景福元年破其城復恭守亮守信奔閬州茂貞以子繼密守興元詔吏部尚書徐彥若爲鳳翔節度使而以茂貞帥興元不拜請繼密爲留後帝不得已授以節度使自是茂貞始彊大復恭與守亮等自閬州將北奔太原趨商山至乾元爲韓建邏士所禽即斬復恭守信檻車送守亮京師梟首長安市茂貞上復恭與守亮書曰承天門者隋家舊業也兒但積粟訓兵何進奉爲吾披荆榛立天子既得位乃廢定策國老奈負心門生何門生謂天子也其不臣類此假子彥博奔太原收葬其尸李克用爲申雪詔復官爵

劉季述者本微單稍顯於僖昭間擢累樞密使楊復恭之斥帝以西門重遂爲右神策軍中尉觀軍容使時李茂貞得興元愈跋扈不軌宰相杜讓能與內樞密使李周潼及重遂謀誅之乃興師以嗣覃王戒丕爲京西招討使神策大將軍李鐬副之茂貞引兵迎壁盩厔薄興平王師潰遂逼臨皐以陳暴言讓能等罪京師震恐帝坐安福門斬重遂周潼以謝茂貞更以駱全瓘劉景宣代爲兩中尉乾寧二年茂貞與王行瑜韓建以兵入朝李克用率師討茂貞次渭北同州節度使王行實奔京師謂景宣等曰沙陀十萬至矣請奉天子出幸避其鋒景宣方與茂貞睦故全瓘與鳳翔衞將閻圭共脅帝狩岐王行實及景宣子繼晟縱火剽東市帝登承天門矢著樓闔帝懼暮出莎城士民從者數十萬至谷口人暍死十三夜爲盜掠哭聲殷山徙駐石門茂貞恐乃殺全瓘景宣及圭自解天子還京師以景務脩宋道弼代之俄專國宰相崔胤惡之徐彥若王摶懼禍不解稍抑胤以和北軍胤怒劾摶黨宦豎不忠罷去俄賜死流道弼驩州務脩愛州並死灞橋逐彥若于南海乃以季述王仲先爲左右中尉疾胤尤甚時帝昏酒怒責左右不常季述等愈自危先是王子病季述引內醫工車讓謝筠久不出季述等共白帝宮中不可妄處人帝不納詔著籍不禁由是疑帝與有謀乃外約朱全忠爲兄弟遣從子希正與汴邸官程巖謀廢帝會全忠遣天平節度副使李振上計京師巖因曰主上嚴急內外惴恐左軍中尉欲廢昏立明若何振曰百歲奴事三歲郎主常也亂國不義廢君不祥非吾敢聞希正大沮帝夜獵苑中醉殺侍女三人明日午漏上門不啓季述見胤曰宮中殆不測與仲先率王彥範薛齊偓李師虔徐彥回總衞士千人毀關入謀所立未決是夜宮監竊取太子以入季述等因矯皇后令曰車讓謝筠勸上殺人禳塞災咎皆大不道兩軍軍容知之今立皇太子以主社稷遂明陳兵廷中謂宰相曰上所爲如此非社稷主今當以太子見羣臣即召百官署奏胤不得對季述矯皇太子至紫廷院左右軍及十道邸官俞潭程巖等詣思玄門請對士皆呼萬歲入思政殿遇者輒殺帝方坐乞巧樓見兵入驚墮于牀將走季述仲先持帝坐以所持銀杖畫地責帝曰某日某事爾不從我罪一也至數十未止皇后出徧拜曰護宅家勿使怖若有罪惟軍容議季述出百官奏曰陛下脊倦于勤願奉太子監國陛下自頤東宮帝曰昨與而等飲甚樂何至是后曰陛下如軍容語宮監掖帝出思政殿后倡言曰軍容一心輔持請上養疾帝亦曰朕久疾令太子監國嚴等皆呼萬歲后以傳國寶授季述就帝輦左右十餘人入囚少陽院季述液金以完錮師虔以兵守太子即位於武德殿帝號太上皇皇后爲太上皇后大赦天下東宮官屬三品賜爵一級四品以下一階天下爲父後者爵一級羣臣加爵秩厚賜欲媚附上下改東宮爲問安宮季述等皆先誅戮以立威夜鞭笞晝出尸十輦凡有寵于帝悉榜殺之殺帝弟睦王師虔尤苛察左右出入搜索天子動靜輒白季述帝衣晝服夜浣食自竇進下至筆紙銅鐵疑作詔書兵器皆不與方寒公主嬪御無衾纊哀聞外廷胤告難於朱全忠使以兵除君側全忠封胤書與季述曰彼翻覆宜圖之季述以責胤胤

曰姦人僞書從古有之必以爲罪請誅不及族季述易之乃與盟胤謝全忠曰左軍與胤盟不相害然僕歸心於公幷送二侍兒全忠得書恚曰季述使我爲兩面人自是始離季述子希度至汴言廢立本計又遣李奉本齎示太上皇誥全忠狐疑不決李振入見曰豎刁伊戾之亂以資霸者今閹奴幽劫天子公不討無以令諸侯乃囚希度奉本遣振至京師與胤謀是時季述欲盡誅百官乃弒帝挾太子令天下都將孫德昭董從實盜沒錢五千緡仲先衆辱之督其償株連甚衆胤聞其不逞曰能殺兩中尉迎太上皇而立大功何小罪足羞又遣客密告德昭劃帶內蠟丸通意德昭邀別將周承誨期十二月晦伏士安福門待旦仲先乘肩輿造朝德昭等劫之斬東宮門外叩少陽院呼曰逆賊斬矣帝疑未信皇后曰可獻賊首德昭擲仲先頭以進宮人毀扉出御長樂門羣臣稱賀承誨馳入左軍執季述彥範至樓前胤先戒京兆尹鄭元規集萬人持大梃帝詰季述未已萬梃皆進二人同死梃下遂尸之兩

軍支黨死者數十人中官奉太子遁入左軍收傳國璽齎偓死井中出其尸斬之全忠檻送嚴京師斬于市季述等夷三族以德昭檢校太保靜海軍節度使從實檢校司徒容管節度使並同中書門下平章事賜氏李曰繼昭曰彥弼承誨亦檢校司徒邕管節度使視宰相秩皆號扶傾濟難忠烈功臣圖形凌煙閣留宿衞凡十日乃休竭內庫珍寶賜之當時號三使相人臣無比初延英宰相奏事帝平可否樞密使立侍得與聞及出或矯上旨謂未然數改易橈權至是詔如大中故事對延英兩中尉先降樞密使候旨殿西宰相奏事已畢案前受事師虔請於屏風後錄宰相所奏帝以侵官不許下詔與徐彥回同誅

韓全誨張彥弘者皆不知所來並監鳳翔軍全誨入爲內樞密使劉季述之誅崔胤陸扆見武德殿右廡胤曰自中人典兵王室愈亂臣請主神策左軍以扆主右則四方藩臣不敢謀昭宗意不決李茂貞語人曰崔胤奪軍權未及手志滅藩鎮矣帝聞召李繼昭等問以胤所請奈何對曰臣世世在軍不聞書生主衞兵且罪人已得持軍還北司便帝謂胤曰議者不同勿庸主軍乃以全誨爲左神策中尉彥弘爲右皆拜驃騎大將軍袁易簡周敬容爲樞密使胤怒約京兆鄭元規遣人狙殺之不克全誨等知胤必除已乃巳因諷茂貞留選士四千宿衞以李繼筠繼徽揔之胤亦諷朱全忠內兵三千居南司以婁敬思領之韓偓聞岐汴交戎數諫止胤胤曰兵不肯去耳偓曰初何爲召邪胤不對議者知京師不復安矣全誨彥弘及彥弼合勢恣暴中官倚以自驕帝不平有斥逐者皆不肯行胤固請盡誅之全誨彥弘見帝祈哀帝知左右漏言始詔囊封奏事宮人更求麗姝知書者數十人侍帝爲內詗由是胤計多露始張濬判度支楊復恭以軍貲乏奏假鹽麴一歲入以濟用度遂不復還至胤乃白度支財盡無以稟百官請如舊制全誨擿李繼筠爲訴軍中匱甚請割三司隸神策帝不能卻詔罷胤領鹽鐵胤銜之全誨等懼帝誅己與繼誨彥弼繼筠交通謀亂帝問令

狐渙渙請召胤及全誨等宴內殿和解之韓偓謂不如顯斥一二柄臣許餘人自新妄謀必息不然皆自疑禍且速雖和解之凶焰益肆帝乃止是時全忠幷河中胤爲急詔令入朝又詒書曰上反正公之力而鳳翔入朝引功自歸今若後至必先見討全忠得詔還汴悉師討全誨帝以爲忠又欲其與茂貞同功即詔幷力令胤詒二鎮書示帝意全忠取同州汴兵凡七萬威震關中全誨等泣奏曰全忠且至欲脅陛下幸關東將謀傳禪臣不忍見高祖天下移他姓願至鳳翔合義兵討元惡帝未許方在乞巧樓全誨急即火其下帝降樓乃決西幸彥弼等以帝未即駕愈詬宮中禁索苛亟帝與后相視泣宮人私逃出都民崩沸或奔開化坊依胤第自固閈無留家鳳翔軍與左神策兵陣大衢長樂門外若丘墟然於是日南至百官不朝帝坐思政殿時彥弼先入鳳翔全誨逼帝出惟皇后諸王數百騎爲衞帝繡袍塗金帽以右神策軍從實天復元年十一月壬子全誨等遂火宮城繼誨彥弼欲劫百官從天子

李德昭等挾兵衛之乃得免茂貞以帝居盩厔全忠取華州下令
自釋曰吾被詔及得宰相書令入朝既至皆僞也逆臣全誨震驚
天子脅乘輿出遷暴露草莽吾當入對言狀時公卿皆在長安數
日不聞朝廷敕書胤使王溥見全忠曰上猶在盩厔公宜亟進羣
臣盧知猷等奏記全忠請西迎天子荅曰進則似脅君退則負國
然敢不勉胤率百官迎全忠霸橋入舍長安一昔而西茂貞聞全
忠至以帝入鳳翔從臣纔三四人全忠遣楊達裴鑄入鳳翔奉表
天子汴部將康懷英襲破李繼昭于武功禽馘六千級全誨懼請
救於李克用克用遺全忠書勸執崔胤洗海內謗全忠不荅進屯
鳳翔東偏茂貞登城腧語曰天子避災于此讒人誤公來公當入
覲全忠曰官脅乘輿吾以兵問罪迎上東還王非同謀者尚
何所言明日圍鳳翔茂貞不出帝遣中人詔全忠班師不奉詔使
者再往全忠聽命引兵攻邠州李繼徽嬰城三日乃降質其妻復
使繼徽守回壁三原胤與鄭元規至三原邀說全忠全忠亦自聞

茂貞將戰徙營渭北據高原戰不勝全忠夜入盩厔拔藍田復屯
三原時李克用攻慈隰救鳳翔全忠還河中克用部將李嗣昭戰
數不利全忠取晉汾二州嗣昭遁還河東全忠曰此茂貞所倚今
敗矣何能久乎胤復說全忠曰官豎謀挾帝入蜀且泣全忠執其
手乃定計迎天子會朱友寧敗岐兵于莫父居人皆入保全忠以
精甲五萬與茂貞決戰岐兵敗仆尸萬餘茂貞帳下八百人就縛
乃嬰城自夏訖冬兵連不能解勝敗略相償援軍十餘壁數爲全
忠擾襲不得進城中日困全忠由是取鳳鄜坊成隴等州間劫鈔
以佐軍餉故能不乏茂貞疑帝與全忠有密約增甲士守宫殿初
帝至鳳翔有鵶數萬棲殿廡謂之神鵶俄而鵶不來人以爲恐全
誨等小人既勢窘更相怨疾不復遠慮時財用窶短帝輟所御膳
賜全誨等三讓帝曰難得時欲同味耳茂貞食鮮美帝曰此後池
魚茂貞曰臣養魚以候天子聞者皆駭於是全忠軍攻東城焚橋
壘戰部將李繼寵出降茂貞懼密圖誅中官以紓難先遺書曰禍

亂之生全誨首之變興倉卒故迎天子至此且公未至懼它盜馮
陵公既志輔社稷請奉乘輿還宫僕願以敝賦從全忠然許然軍
稍薄城大譟者三岐軍皆投兵慙無鬭意帝召茂貞全誨彥弼及宰
相蘇檢李繼岌繼忠議和已決中官復沮罷它日帝召茂貞等曰
十六宅諸王日奏餓死者十三王公主夫人皆間日食今又將竭
柰何皆不敢對有衞士十餘人叩左銀臺門遮全誨罵曰破一州
餓死者十萬徒以軍容數人耳全誨詣茂貞叩頭訴茂貞謝曰士
伍亦何知復訴于帝帝不許李繼昭見全誨曰昔楊軍容破楊守
亮一族今驃騎復破吾族乎罵之乃出降官豎數傳援軍至皆相
賀百姓唉曰紿我乎是時全忠合四鎮兵十餘萬營壘相屬晝夜
攻外兵詬守者曰劫天子賊守者亦詬外曰奪天子賊諸鎮見崔
胤檄皆狐疑不出師唯青州節度使王師範取兗州襲華州李克
用攻晉州以爲援全忠懼圍益急全誨等素譎險常爲全忠胤所
憚乃請先殺之以迎天子帝既惡官人脅遷而茂貞又其黨全忠

雖外示順終悖逆皆不可倚欲狩襄漢依趙匡凝然不得去乃定
計歸全忠以紓近禍三年正月茂貞請遣使諭全忠軍詔崔構挾
中人郭遵誨往既行又命宫人寵顏馳見全忠諭密旨乃以蔣玄
暉入衞二日茂貞獨見至日旰全誨彥弘恨甚遽食不能捉匕自
見勢去計無所用垂頭喪氣帝召韓偓見東横門執手涕泗帝曰
今先去四大惡餘以次誅矣於是內養八輩候廷中授命每二輩
以衞士十人取一首俄而全誨彥弘易簡蔚容皆死即詔第五可
範爲左軍都尉王知古楊虔朗爲樞密使知古領上院虔朗領下
院繼筠繼誨彥弼皆伏誅茂貞取其輜重是夜誅內諸司使韋處
廷等二十二人悉以首內布囊詔蔣玄暉學士薛貽矩送全忠曰
是皆不肯使乘輿東者既斬之矣全忠大喜徧告軍中以姚洎爲
岐汴通和使全忠詒茂貞書曰官者乘舋詈言不已曰稟王旨是乎
茂貞懼復誅小使李繼彝等十人於是開壘門全忠猶攻北壘帝
遣寵顏賜御巾箱寶器使罷兵又捕殺中官七十人全忠亦使京

兆誅黨與百餘人天子入全忠軍全忠泥首素服待罪客省傳呼徹三仗有詔釋全忠罪使朝服見全忠伏地泣曰老臣位將相勤王無狀使陛下及此臣之罪也帝亦嗚咽命韓偓起之解玉帶以賜召之食帝顧衛兵或有憤發者因履係解目全忠爲吾繫之全忠跪結履汗浹于背而左右莫敢動是夜帝三召皆辭朱友倫以兵衛帝李克用引軍去帝還京師胤全忠議盡誅第五可範等八百餘人於內侍省哀號之聲聞于路留單弱數十人備宮中灑掃胤以鎮人性謹厚即詔王鎔擇五十人爲敕使內諸司宦官主領者皆罷於是追諸道監軍所在賜死其財產籍入之詔以中官脅遷狀及全忠迎乘輿本末告方鎮罷監軍院咸視國初故事以三十人爲貟衣黃衣不得養子內諸司皆歸省若寺兩軍內外八鎮兵悉屬六軍全忠還汴州帝以第五可範等無辜頗悼之爲文以祭自是宣傳詔命皆以宮人始劉季述專廢立中人皆與聞帝反正誅季述及薛齊偓數族而已餘貸不問又悔之後稍稍誅夷羣宦寖不安時帝懲幽辱能勵心庶政數召見羣臣問治道有志中興而全誨胤爭權外召彊臣劫本朝以相吞齧卒用關東軍窮討暴誅君側雖清而全忠勢遂張帝卒弒死唐室以亡其禍本於全誨彥弘云

贊曰袁紹誅常侍以逞而曹操移漢崔丞相血軍容甘心焉而朱溫篡唐大抵假威柄于外以內攘姦人則大臣專王室卑矣漢唐相去五百歲產亂取亡猶蹈一轍非天所廢而人謀迴剌乃然邪

宦者列傳下第一百三十三

端明殿學士兼翰林侍讀學士龍圖閣學士朝請大夫守尚書吏部侍郎兼脩國史臣宋祁奉敕撰

太宗定天下留心聽斷著令州縣論死三覆奏京師五覆奏獄已決尚芊然爲徹膳止樂至晚節天下刑幾措是時州縣有良吏無酷吏武后乘高中懦庸盜攘天權畏下異己欲脅制群臣鉏翦宗支故縱使上飛變構大獄時四方上變事者皆給公乘所在護送至京師稟於客館高者蒙封爵下者被賚賜以勸天下於是索元禮來俊臣之徒揣后密旨紛紛並興澤吻磨牙噬紳纓若狗豚然至掇齒臭達道路寃血流離刀鋸忠鯁貴彊之臣朝不保昏而后因以自肆不出幃闥而天命已遷猶慮臣下弗懲而六道使始出矣至載初右臺御史周矩諫后曰凶人告訐遂以爲常推劾之吏以險責痛詆爲功鑿空投隙相矜以殘泥耳籠首枷楔兼暴拉脅鐵爪縣髮熏目號曰獄持晝禁食夜禁寐敲撲撼搖使不得瞑號曰宿囚人苟賒死何求不得陛下不諒試取告牒判無驗者使推其情有司必上下其手希合盛旨今擧朝脅息謂陛下朝與爲密夕與爲讎一罹攝逮便與妻子決且周用仁昌秦用刑亡惟陛下察之后寤獄乃稍息而酷吏寖寖以罪去天寶後至肅代間政頗事叢姦臣作威渠險宿狡頗用慘刻奮然不得如武后時敢搏摯殺戮矣嗚呼非吏敢酷時誘之爲酷觀俊臣輩怵利放命內懷滔天又張湯郅都之上甚云

索元禮胡人也天性殘忍初徐敬業兵興武后患之見大臣常切齒欲因大獄去異已者元禮揣旨即上書言急變召對擢游擊將軍爲推使即洛州牧院爲制獄作鐵籠顰囚首加以楔至腦裂死又橫木關手足轉之號曬翅或紡囚梁上縋石於頭訊一囚窮根柢相牽聯至數百未能訖衣冠氣褫后數引見賞賜以張其威故論殺最多是時來俊臣周興踵而奮天下謂之來索薛懷義始貴而元禮養爲假子故爲后所信後以苛猛復受賕后厭衆望收下吏不服吏曰取公鐵籠來元禮服罪死獄中

來俊臣京兆萬年人父操博徒也與里人蔡本善本負博數十萬不能償操因納其妻先已娠而生俊臣冒其姓天資殘忍喜反覆不事產客和州爲姦盜捕送獄獄中上變刺史東平王續按訊無狀杖之百天授中續以罪誅俊臣上書得召見自陳前上琅邪王沖反狀爲續所抑武后以爲諒擢累侍御史按詔獄數稱旨后陰縱其慘脅制羣臣前後夷千餘族生平有纖介皆入于死拜左臺御史中丞中外累息至以目語俊臣乃引侯思止王弘義郭弘霸李仁敬康暐衞遂忠等陰嘯不逞百輩使飛語誣蠛公卿上急變每擿一事千里同時輒發契驗不差時號爲羅織牒左署曰請付來俊臣或侯思止推實必得后信之詔於麗景門別置獄敕俊臣等顓按事百不一貸弘義戲謂麗景門爲例竟門謂入者例皆盡也俊臣與其屬朱南山萬國俊作羅織經一篇具爲支脉綱由有首末按以從事俊臣鞫囚不問輕重皆注醯于鼻掘地爲牢或寢以匽溺或絕其糧囚至齧衣絮以食大抵非死終不得出每赦令下必先殺重囚乃宣詔又作大枷各爲號一定百脉二喘不得三突地吼四著即臣五失魂膽六實同反七反是實八死豬愁九求即死十求破家後以鐵爲冒頭被枷者宛轉地上少選而絕凡囚至先布械于前示囚莫不震懼皆自誣服如意初誣告大臣狄仁傑任令暉李游道袁智弘崔神基盧獻等下獄俊臣顓以夷誅大臣爲功乃奏囚降制一問而服者同首法得減死仁傑等已論死待日而決稍挺之仁傑乃遺子持帛書稱枉后見愕然責謂俊臣對曰是囚不褫巾服何肯服罪后遣通事舍人周綝往視遽假仁傑襆帶立西廂綝懼俊臣東視唯唯去莫敢聞先是宰相樂思晦爲俊臣夷其家有子九歲隸司農上變得召見言俊臣凶慘罔上不道若陛下假條反狀付之無大小皆如詔臣父死族夷不求生但惜陛下法爲俊臣所弄耳后意寤由是仁傑六族皆免又按大將軍張虔勗內侍范雲仙虔勗不堪枉訟於大理徐有功俊臣使

衛士亂斫之雲仙自陳事先帝命截其舌皆即死人人脅息久之俊臣納賈人金為御史紀履忠所劾下獄當死后忠其上變得不誅免為民長壽中還授殿中丞坐贓貶同州參軍事暴縱自如奪同僚妻又辱其母俄召為合宮尉擢洛陽令進司僕少卿賜司農奴婢十人以官戶無面首聞吐蕃酋阿史那斛瑟羅有婢善歌舞令其黨告以謀反而求其婢諸蕃長數十人割耳剺面訟寃僅得解綦連耀等有異謀吉頊以白俊臣殺數十族既欲擅發蘶功即中項以法項大懼求見后自直乃免俊臣誣司刑史樊戩以謀反誅其子訴闕下有司無敢治因自刳腹秋官侍郎劉如璿為流涕俊臣奏與同惡如璿自訴年老而涕吏論以絞后為宥死流瀼州萬歲通天中上巳與其黨集龍門題搢紳名於石抵而仆者先告抵李昭德不能中或以告昭德昭德謀縋其惡未發衛遂忠雖無行頗有辭辯素與俊臣善始王慶詵女適段簡而美俊臣矯詔彊娶之它日會妻族酒酣遂忠詣之閽者不肯通遂忠直入嫚罵俊

臣恥妻見辱己命毆而縛于廷既乃釋之自此有隙妻亦慙自殺簡有妾美俊臣遣人示風旨簡懼以妾歸之俊臣知羣臣不敢斥己乃有異圖常自比石勒欲告皇嗣及廬陵王與南北衙謀反因得騁志遂忠發其謀初俊臣屢掎摭諸武太平公主張昌宗等過咎后不發至是諸武怨共證其罪有詔斬於西市年四十七人皆相慶曰今得背著牀瞑矣爭抉目擿肝醢其肉須臾盡以馬踐其骨無子餘家屬籍沒方俊臣用事託天官得選者二百餘員及敗有司自首后責之對曰臣亂陛下法身受戮忤俊臣覆臣家后赦其罪時有來子珣周興者皆萬年人永昌初子珣上書擢左臺監察御史無學術語言出惡后倚以按獄多徇后旨故賜姓武字家臣既誣雅州刺史劉行實弟兄謀反已誅掘夷先墓得遷游擊將軍常衣錦半臂自異俄流死愛州興少習法律自尚書史積遷秋官侍郎屢決制獄文深峭妄殺數千人武后奪政拜尚書左丞上疏請去唐宗正屬籍是時左史江融有美名興指融與徐敬業同

謀斬于市臨刑請得召見興不許融叱曰吾死無狀不赦汝遂斬之尸奮而行刑者蹶之三仆三作天授中人告子珣興與丘神勣謀反詔來俊臣鞫狀初興未知被告方對俊臣食俊臣曰囚多不服柰何興曰易耳內之大甕熾炭周之何事不承俊臣曰善命取甕且熾火徐謂興曰有詔按君請嘗之興駭汗叩頭服罪詔誅神勣而宥興嶺表在道為讎人所殺神勣者行恭子為左金吾衞將軍高宗崩后使害章懷太子於巴州歸罪神勣下遷疊州刺史俄復故官佐俊臣等為慘獄遂見倚愛博州刺史琅邪王沖起兵拜神勣清平道大總管討之州人殺王素服出迎神勣盡殺之凡千餘族即拜大將軍

侯思止雍州醴泉人貧嬾不治業為渤海高元禮奴詭很無良恒州刺史裴貞笞吏吏積怨教思止告舒王元名與貞謀反付周興鞫訊皆夷宗拜思止游擊將軍元禮懼引與同坐密教曰上不次用人如問君不識字宜對獬豸不學而能觸邪陛下用人安事識

字無何后果問思止以對后大悅天授中遷左臺侍御史元禮又教上以君無宅必賜所沒逆人第宜辭曰臣疾逆臣不願居其地既而果假之以其教對后益喜恩賞良渥思止本人奴言語俚下嘗按魏元忠讓曰亟承白司馬不爾受孟青洛陽有白司馬坂將軍有孟青棒即殺琅邪王沖者元忠不承思止曳之元忠徐起曰我如乘驢而墜足絓鐙為所曳者思止怒復曳之曰拒制使邪欲抵殊死元忠罵曰侯思止欲得我頭當鋸截之無抑我臣反汝位御史當曉禮義而曰白司馬孟青是何物語非我孰教爾邪思止驚汗起謝曰幸蒙公教乃引登牀元忠徐就坐色不變獄稍緩思止音吐鄙而訛人效以為咲侍御史霍獻可數嘲靳之思止怒以聞后責獻可我已用之何所誚獻可具奏鄙語后亦大咲來俊臣棄故妻逼娶太原王慶詵女思止亦請娶趙郡李自挹女事下宰相李昭德執不可曰俊臣往劫慶詵女已辱國此奴復爾邪搒殺之

王弘義冀州衡水人以飛變擢游擊將軍再遷左臺侍御史與來俊臣競慘刻暑月繫囚別為狹室積蒿施氈罽其上俄而死已自誣乃舍佗獄每移檄州縣所至震慴弘義輒詫曰我文檄如狼毒野葛矣始賤時求傍舍瓜不與乃騰文言園有白兔縣為集衆捕逐畦蘇無遺內史李昭德曰昔聞蒼鷹獄吏今見白兔御史延載初俊臣貶弘義亦流瓊州自矯詔追還事覺會侍御史胡元禮使嶺南次襄州按之弘義歸窮曰與公氣類持我何急元禮怒曰吾尉洛陽而子御史我今御史子乃囚何氣類為杖殺之

郭弘霸舒州同安人仕為寧陵丞天授中由革命舉得召見自陳往討徐敬業臣誓抽其筋食其肉飲其血絕其髓武后大悅授左臺監察御史時號四其御史再遷右臺侍御史大夫魏元忠病僚屬省候弘霸獨後入憂見顏閒請視便液即染指嘗驗疾輕重賀曰甘者病不瘳今味苦當愈喜甚元忠惡其媚暴語于朝嘗按芳州刺史李思徵不勝楚毒死後屢見思徵為厲命家人禳解俄見

思徵從數十騎至曰汝枉陷我今取汝弘霸懼援刀自刳腹死頃而蛆腐是時大旱弘霸死而雨又洛陽橋久壞至是成都人喜后問羣臣外有佳事邪司勳郎中張元一曰比有三慶旱而雨洛橋成弘霸死

姚紹之湖州武康人初以鸞臺典儀累遷監察御史中宗時武三思烝僭不軌王同皎張仲之祖延慶等謀殺之事覺捕送新開獄詔紹之與左臺大夫李承嘉按治初欲原盡其情會敕宰相李嶠等同訊執政畏禍噤無所問因嘷曰宰相有附三思者嶠等數附承嘉耳呫嚅紹之翻然不復顧即引力士十餘曳囚至築其口反接送獄中謂仲之曰事不諧矣仲之固言三思反狀紹之怒擊折其臂四呼天曰吾雖死當訴爾於天因裂衫束之卒誣以謀反皆論族因等已誅紹之意岸軒傲朝野注目擢左臺侍御史奉使江左過汴州廷辱錄事參軍魏傳弓久之傳弓為監察御史而紹之坐贓詔傳弓即按紹之謂揚州長史盧萬石曰我頃辱傳弓今來按我死矣獄具得贓五百萬法當死韋后女弟救請故減死貶瓊山尉俄逃還京萬年尉捕擊折其足更授南陵令員外置開元中為括州長史同正不得與州事死

周利貞者亡其系武后時調錢塘尉時禁捕魚州刺史飯蔬利貞忽饋佳魚刺史不受利貞曰此鬮魚公何疑問其故答曰適見漁者為不獲而有魚焉鬮得之刺史大笑神龍初擢累侍御史諂附權彊五王等疾之出為嘉州司馬武三思亂禁中五王謀誅之私語崔湜湜反以其計告三思五王貶湜勸速殺之以絕人望問誰可使以利貞對利貞湜內兄也表攝右臺侍御史馳嶺外矯殺敬暉桓彥範袁恕已還拜左臺御史中丞數為仇人狙報幾不免先天初為廣州都督湜陷劉幽求謫嶺表諷利貞殺之賴桂州都督王晙護而免利貞顓事剝割夷獠苦其殘虐皆起為寇詔監察御史李全交按問得贓狀貶涪州刺史開元初詔利貞及滑州刺史裴談饒州刺史裴栖貞大理評事張思敬王承本華原令康暐侍

御史封詢行判官張勝之劉暉楊允衛遂忠公孫琰廉州司馬鍾思廉皆酷吏宜終身勿齒尋復授珍州司馬明年授夷州刺史黃門侍郎張廷珪執奏曰陛下英斷聖明四海心服所謂英斷殄凶逆正朝廷是也所謂聖明辨忠邪信賞罰是也利貞宗武舊黨與修桓敬自陛下登宸極布新政奪其班級遷之遐荒以允天下之望義士猶以罰輕為望今錫以朱紱委以藩維是紲姦不必行也疏入遂寢未幾復授黔州都督加朝散大夫廷珪又表還制書曰利貞險薄小人附會三思傾危朝廷殺害功臣人神憤惋痛毒至今東都捜捕其家得金銀錦繡冒違制令當加重貶且久據朝廷捷給便佞見忠於君者猶仇讎然使之入朝則亂國撫俗則傷人今擢典要藩縣六品遷三品何往日罰之而今日賞之玄宗乃止會廷珪罷起為辰州長史朝集京師與魏州長史敬讓皆奏事讓暉之子也以父冤越次而奏曰周利貞希姦臣意枉殺先臣暉惟陛下正罰以謝天下左臺侍御史翟璋劾讓不待監引請行法玄

宗曰訴父之枉不可不矜也朝廷之儀不可不肅也奪讓俸三月復貶利貞邕州長史未幾賜死梧州開元中又有洛陽尉王鈞河南丞嚴安之捶人畏不死視腫潰復䇿之至血流乃喜

王旭者貞觀時侍中珪孫也神龍初爲兖州兵曹參軍時張易之誅而兄昌儀先貶乾封尉旭輒斬其首送東都遷并州録事參軍長史周仁軌者韋后黨也玄宗平内難有詔誅之旭不待覆斬首齎還京師遷累左臺侍御史崔湜敗其婦翁盧崇道自嶺外逃歸東都爲讎家上變詔旭訊覆旭廣捕親黨窮極慘楚當以重辟崇道及三子皆死門生故人並海内名士皆緤流徙天下咨其寃旭與大夫李傑不平更相罄訐傑坐斥衢州刺史故旭益横殘毒以逞官數遷常兼御史其爲人苛急少縱貸人莫敢與忤每治獄囚皆逆服製獄械率有名曰驢駒拔橛犢子縣等以怖下又縋髮以石脅臣之時監察御史李嵩李全交皆嚴酷取名與旭埒京師號三豹嵩爲赤全交爲白旭爲黑里閭至相詛曰若違教值三豹宋王憲官屬紀希虬兄爲劍南令坐贓旭奉使臨訊見其妻美逼亂之因殺其夫而納贓數百萬希虬使奴爲臺傭事旭旭不知頗愛任之奴盡疏旭請求積數千以示希虬希虬泣訴于王王爲上聞詔劾治獲姦贓不貲貶龍川尉恚而死

吉温故宰相頊從子也性陰詭果于事諂附貴官若子姓奉父兄天寶初爲新豐丞時太子文學薛嶷得倖引温入見玄宗目之曰是一不良我不用羅之蕭炅爲河南尹御史遣温到府有所訊詰乃并治炅不爲末擬右相李林甫善炅故得免炅入守京兆尹而温方調萬年尉不辭人爲寒恐於是高力士閒出就第炅多私謁温乃先往與力士語執手歡甚將出炅通謁温陽惶恐趨避力士止之語炅曰吾故人也炅揖乃去它日到炅府辭曰國家法不敢隳今而後洗心事公云何炅待盡歡林甫與李適之張垍有隙適之領兵部而垍兄均爲侍郎林甫密遣吏擿其銓史僞選六十餘人帝命京兆與御史雜治累日情不得炅使温佐訊温分囚廷左右中取二重囚訊後舍楚械搒掠皆呻呼不勝曰公幸留死請如牒乃挺出諸史迎慴其酷及引前不訊皆服日中獄具林甫以爲能温嘗曰若遇知己南山白額虎不足縛林甫久當國權君天下陰構大獄除不附己者先引温居門下與錢塘羅希奭爲奔走椎鍜詔獄希奭文深虐其舅鴻臚少卿張博濟林甫壻也以姻家故自御史臺主簿再遷殿中侍御史初温因中官納其世武敬一女爲盛王妃擢京兆士曹參軍林甫欲揺東宮左驍衛參軍柳勣影會發杜良娣家陰事温按狀勣以誣誅因引勣所善王曾王脩己盧寧徐徵悉逮縛論死尸積大理垣下家屬離竄初中書舍人梁涉道遇温低帽障面温怒乃諷勣引涉及嗣虢王巨皆斥逐林甫惡楊愼矜王鉷飛書言圖讖事委温以獄初愼矜客史敬忠與温父善見温嬉弄時温馳至東都捕逮楊氏親屬賓客取敬忠於汝州鐵鏁頸布蒙首未嘗正視陰遣吏脅曰愼矜獄具須君一辨君即服罪可貸即不服死不解敬忠即索筆自款温陽不見再三請乃與之對如温所敎温謝曰丈人毋懼乃下拜愼矜以左證具欲自誣而讖不得御史盧鉉索其家挾讖以入於是愼矜兄弟皆賜死株連數十族是時温與希奭相勗以虐號羅鉗吉網公卿見者莫敢耦語温推事未窮而先計贓成奏乃引囚問震以烈威隨問輒承無敢遅鞭楚未收于壁而獄具矣林甫才其爲權户部郎中兼侍御史楊國忠安禄山方尊寵高力士居中用事温皆媚附之兄事禄山嘗密諗曰李右相雖厚待公然不肯引共政我見遇久亦不顯以官公若薦我爲宰相我奏公要任則右相可擠矣禄山大悦亟稱温才天子亦忘前語於是禄山領河東節度表温自副并知節度營田管内採訪揔留事拜鴈門太守知安邊鑄錢事以毋喪解禄山表爲魏郡太守楊國忠當國引拜御史中丞兼京畿關内採訪處置使禄山敕吏設白紬帳于傳以候命慶緒親御而餞之温銜其德故朝廷動静輒報不淹宿而知天寶十三載禄山入朝領閑廄使薦温武部侍郎以爲副國忠與禄山爭寵而温昵

祿山甚國忠不善也會河東太守韋陟怨失職因温以交祿山徧饋權近國忠遣人發其狀斥温澧陽長史其屬貟錫及陟皆坐貶明年温仍坐受賕奪民馬貶端溪尉始林甫死希奭出爲始安太守張博濟韋陟韋誠奢李從一貟錫皆逗留始安温既謫又依希奭以居國忠奏遣蔣沇臨按希奭擅稽罪人貶海康貟外尉俄遣使者殺温等五人温之斥帝在華清宫詔從臣曰温太守酷吏子朕過用之故屢搆大獄專威福今既斥公屬安矣温死五月而祿山反即僞位求温子方十歲授河南參軍以報之

崔器深州安平人曾祖恭禮尚館陶公主爲駙馬都尉貌豐偉飲酒至斗不亂器有吏幹然性陷刻樂禍天寶中舉明經爲萬年尉踰月擢監察御史中丞宋渾爲東畿採訪使引爲判官渾坐贓敗器亦廢後爲奉先令安祿山陷京師器受賊署守奉先項之同羅背賊賊將安守忠張通儒亡去渭上義兵且數萬器大懼悉毀賊所署符勑募衆以應之渭上軍敗遂走靈武素善呂諲得爲御史

中丞戶部侍郎肅宗至鳳翔兼禮儀使二京平爲三司使器草定儀典令王官陷賊者悉入含元廷中露首跣足撫膺頓首請罪令刀仗環之以示扈從羣臣器既殘忍希帝旨欲深文繩下乃建議陳希烈達奚珣等數百人皆抵死李峴執奏乃以六等定罪多所厚貸後蕭華自賊中來因言王官重爲安慶緒驅脅至相州聞廣平王宣詔釋希烈等皆相顧愧悔及聞崔器議刑衆心復搖帝曰朕幾爲器所誤後爲吏部侍郎御史大夫上元元年病亟叩頭若謝辠狀家人問之曰達奚尹訴於我三日卒

毛若虛絳州太平人眉長覆目性殘鷙天寶末爲武功丞年六十餘肅宗還京師擢監察御史以國用大竭數請括天下財巧傅於法日月有獻漸見識用大抵數囚先收家貲以定贓有不滿意擿索保伍姻近人懼其威無敢不如約乾元中鳳翔七坊士數剽州縣間殺人尉謝夷甫不勝怒搒殺之士妻訴李輔國輔國請御史孫鎣鞫治獄久不具詔中丞崔伯陽與三司參訊未決乃使若虛按之即歸罪夷甫伯陽爭甚力若虛慢拒伯陽怒若虛即馳入白于帝詔姑出若虛泥訴曰臣出即死因蔽若虛殿中而召伯陽伯陽至具劾若虛罔上帝主先語叱伯陽出并官屬悉貶嶺外李峴頗左右鎣等罷宰相於是若虛權焰震朝廷羣臣不敢息尋擢御史中丞上元元年以罪貶賓化尉死

敬羽河中寶鼎人貌寢甚性便辟善候人意補臣城尉朔方安思順表爲節度府屬肅宗初擢監察御史以言利幸京師平任遇寖顯凶態不能忍乃作巨枷號鼈尾榆囚人多死又仆囚于地以門牡轢腹掘地實棘席蒙上頫坎鞫囚不服則擠之坎人多濫死遷累御史中丞宗正卿鄭國公李遵坐賄下詔獄羽參按遵肥而羽瘠則引遵危坐小牀瘠且仆遵欲申足羽曰公乃囚我延公坐何可慢遵仆三四徐受所言得贓至數百萬嗣岐王珍謀反詔羽窮劾乃悉召支黨環以搒具囚惶怖一昔獄成珍賜死左衛將軍竇如玢等九人皆斬太子洗馬趙非熊等六七人斃杖下聞者毛豎先是胡

人康謙以賈富楊國忠輔政納其金授安南都護領山南東路驛事吏疾之誣其通史朝義羽鞫之謙須長三尺明日脫盡膝髀皆碎人視之以爲鬼乃殺之羽與毛若虛裴昇畢曜同時爲御史皆暴忍時稱毛敬裴畢未幾昇曜流黔中寶應初羽斥道州刺史詔殺之羽聞使者至繚服而逃吏械之臨死袖中出牒數番乃吏相告訐咤曰不及推死矣治州者無宜寢

酷吏列傳第一百三十四

端明殿學士兼翰林侍讀學士龍圖閣學士朝請大夫守尚書吏部侍郎充集賢殿修撰臣宋　祁　奉

敕撰

安史亂天下至肅宗大難略平君臣皆幸安故瓜分河北地付授叛將護養孽萌以成禍根亂人乘之遂擅署吏以賦稅自私不朝獻于廷效戰國肱髀相依以土地傳子孫脅百姓加鋸其頸利怵逆汙遂使其人自視由羌狄然一寇死一賊生訖唐亡百餘年卒不爲王土當其盛時蔡附齊連内裂河南地爲合從以抗天子杜牧至以山東王不得不王霸不得不霸賊得之故天下不安又曰厭今天下何如哉干戈朽鈇鉞鈍含引混貸煦育逆孽殆爲故常而執事大人曾不歷算周思以爲宿謀方且嵬岸抑揚自以爲廣大繁昌莫己若也嗚呼其不知乎其俟蹇頓顛傾而後爲之支計乎且天下幾里列郡幾所自河以北蟠城數百角奔爲寇伺吾人顛頷天時不利則將與其朋伍駭亂吾民於掌股之上今者及吾之壯不圖擒取乃偷處恬逸以爲後世子孫背脅疽根此復何也議者曰倔彊之徒吾以良將勁兵爲銜策高位美爵充飽其腸安而不撓外而不拘猶豢虎狼而不拂其心則忿氣不萌此大曆貞元所以守邦也何必疾戰焚煎吾民然後爲快也愚曰大曆貞元之間有城數十千百卒夫則朝廷貸以法故於是闊視大言自樹一家破制削法角爲尊奢天子不問有司不呵王侯通爵越錄受之覲聘不來几杖扶之逆息虜胤皇子嬪之地益廣兵益彊僭擬益甚侈心益昌土田名器分劃大盡而賊夫貪心未及畔岸淫名越號走兵四略以飽其志趙魏燕齊同日而起梁蔡吳蜀躡而和之其餘混澒軒囂欲相效者往往而是運遭孝武前英後傑夕思朝議故能大者誅鉏小者惠來大抵生人油然多欲欲而不得則怒怒則爭亂隨之是以教笞於家刑罰於國征伐於天下裁其欲而塞其爭也大曆貞元之間反此提區區之有而塞無涯之爭是以首尾指支幾不能相運掉也凡今者不知非此而反用以爲

經將見爲盜者非止於河北而已嗚呼大曆貞元守邦之術永戒之哉魏博傳五世至田弘正入朝十年復亂更四姓傳十世有州七成德更二姓傳五世至王承元入朝明年王庭湊反傳六世有州四盧龍更三姓傳五世至劉總入朝六月朱克融反傳十二世有州九淄青傳五世而滅有州十二滄景傳三世至程權入朝十六年而李全略有之至其子同捷而滅有州四彰義傳三世而滅有州四宣武傳四世而滅有州三澤潞傳三世而滅有州五雖然迹其由來事有因藉地之輕重視人謀臧否歟今取擅興若世嗣者爲藩鎮傳若田弘正張孝忠等暴忠納誠以屏王室自如別傳云

田承嗣平州盧龍人世事盧龍軍以豪俠聞隸安祿山麾下破奚契丹累功至武衞將軍祿山反與張忠志爲賊前驅陷河洛嘗大雪祿山按行諸屯至其營若無人已而擐甲列卒閱所籍不缺一人祿山異其能使守潁川郭子儀平東都承嗣以郡降俄而復叛安慶緒奔鄴承嗣自潁川來與蔡希德武令珣合兵六萬慶緒復振抗王師歲餘史思明亂承嗣又爲賊道及朝義敗與共保莫州僕固瑒追北承嗣急乃詐朝義使自求救幽州承嗣守莫因執賊妻息降于瑒厚以金帛反間瑒將士瑒麾下生變即約降承嗣詐疾不出瑒欲馳入取之承嗣列千刀爲備瑒不得志承嗣重賂之以免乃與張忠志李懷仙薛嵩皆詣僕固懷恩謝願備行間朝廷以二賊繼亂州縣殘析數大赦凡爲賊詿誤一切不問當是時懷恩功高亦恐賊平則任不重因建白承嗣等分帥河北賜鐵券誓不死拜承嗣莫州刺史三遷至貝博滄瀛等州節度使檢校太尉承嗣沈猜陰賊不習禮義既得志即計戶口重賦斂厲兵繕甲使老弱耕壯者在軍不數年有衆十萬又擇趫秀彊力者萬人號牙兵自署置官吏圖版稅入皆私有之又求兼宰相代宗以寇亂甫平多所含宥因就加同中書門下平章事封鴈門郡王寵其軍曰天雄以魏州爲大都督府即授長史詔子華尚永樂公主冀

結其心而性著凶詭愈不遜大曆八年相衞薛嵩死弟崿求假節
牙將裴志清逐崿崿以衆歸承嗣而帝自用李承昭爲相州刺史
未至承嗣使人訹吏士反陽言救實襲取之帝遣使者諭罷兵承
嗣不奉詔遣將盧子期取洺州楊光朝取衞州脅刺史薛雄亂不
從屠其家悉四州兵財以歸擅置守宰逼使者行磁相遣劉渾從之
陰使從子悅諷諸將詣使者剺面請承嗣爲帥使人不敢詰於是
厚賞請已者帝乃下詔貶承嗣永州刺史許一子從悅及諸子皆逐
惡地詔河東節度使薛兼訓成德李寶臣幽州朱滔昭義李承昭
淄青李正己淮西李忠臣永平李勉汴宋田神玉等兵六萬掎角
進若承嗣不承命聽在所討執以軍法從事其下霍榮國以磁降
李正己攻拔德州李忠臣攻衞築偃月壁河上承嗣列將往往攜
阻殺數十人乃定帝又遣御史大夫李涵督諸節度并力承嗣遣
裴志清等攻冀州志清以兵附成德承嗣悉衆圍之爲寶臣所逐
火輜重歸于貝計益窮不知所出遣其下郝光朝奉表請委身北

闕下又使悅與盧子期將萬人攻磁州屯東山宣慰使韓朝彩等
固守兼訓以萬騎屯西山成德幽州各遣兵救磁時承昭以神策
射生繼進入河東壘諸軍進討數有功頗顧賞天子使中人多出
御服良馬黃白金萬計勞賚使人供帳高會諸軍少懈而正己寶
臣二軍會棗彊更相見會正己軍輒引去忠臣乃棄月壘濟河屯
陽武承昭使成德幽州兵循東山襲子期軍自閉壁以驕賊子期
分步騎萬人環承昭壁以兵四千乘高望麾而進河東將劉文英
辛忠臣等決戰而成德幽州兵繞出子期後於是圍解更陣高原
諸將與承昭夾攻大戰臨水賊敗屍旁午數里斬九千級馬千匹
執子期及將士二千三百旗纛器甲鼓角二十萬諸軍乘勝進距
磁十里暮而舍承昭舉燧朝彩出銳兵鼓譟薄魏營斬首五百悅
驚率餘兵夜走盡棄旗幕鎧仗五千乘成德將王武俊以子期歸
寶臣寶臣方攻洺州因以示城下降之復徇瀛州瀛州亦降得兵
萬人粟二十萬石獻子期京師斬之天子遣中人勞寶臣不爲禮

寶臣乃貳反攻朱滔與承嗣和承嗣與之滄州正己又請天子許
承嗣入朝十一年帝遣諫議大夫杜亞持節至魏受其降許闔門
還京師赦魏博所管與更始承嗣逗留不至其秋復略滑州敗李
勉兵會李靈耀以汴州叛詔忠臣勉河陽馬燧合討靈耀求救於
魏承嗣使悅將兵三萬赴之敗勉將杜如江正己將尹伯良死者
殆半乘勝屯汴北郛與靈耀合燧忠臣逆擊破之悅脫身遁斬獲
數萬靈耀東走欲歸承嗣爲如江所禽并魏將常準獻京師明年
承嗣上書請罪有詔復官爵子弟皆仍故官復賜鐵券承嗣盜有
貝博魏衞相磁洺七州而未嘗北面天子凡再興師會國威中奪窮
而復縱故承嗣得肆慾無怖忌十四年死年七十五贈太保
悅蚤孤母更嫁平盧戍卒悅隨母轉側淄青間承嗣得魏訪獲之
年十三拜伏有禮承嗣異之委以號令裁處皆與承嗣意合及長
剽悍善鬭冠軍中賊忍狙詐外飾行義輕財重施以鉤美譽人皆
附之承嗣愛其才將死顧諸子弱乃命悅知節度事令諸子佐之

帝因詔悅自中軍兵馬使府左司馬擢留後俄檢校工部尚書爲
節度使悅始招致賢才開館宇禮天下士外示恭順陰濟其姦帝
晚年尤寬弛悅所奏請無不從德宗立不假借方鎮諸將稍惕息
會黜陟使洪經綸至河北聞悅養士七萬輒下符罷其四萬歸田
畝悅即奉命因大集將士以好言激之曰而等籍軍中久仰縣廩
養父母妻子今罷去何恃而生衆大哭悅乃悉出家貲給之各令
還部自此魏人德悅及劉晏死藩帥益懼又傳言帝且東封泰
山李勉遂城汴州而李正己懼率兵萬人屯曹州乃遣人說悅同
叛悅因與梁崇義等阻兵連和以王侑扈崿許士則爲腹心邢曹
俊孟希祐李長春符璘康愔爲爪牙建中二年鎮州李惟岳淄青
李納求襲節度不許悅爲請不答遂合謀同叛會于邵令狐峘等
表汴浮圖悅乃詐其軍曰有詔閱軍之老疾疲弱者繇是舉軍咨
怨悅與納會濮陽納分兵佐悅會幽州朱滔等奉詔討惟岳悅乃
遣孟希祐以兵五千助惟岳別遣康愔以兵八千攻邢州楊朝光

以兵五千壁盧曈絕昭義餉道悅自將兵數萬繼進又使朝光攻臨洺將張伾固守食且盡賞賜不足乃飾愛女示衆曰庫藏竭矣願以此女代賞士感泣請死戰大破悅軍有詔河東馬燧河陽李芃與昭義軍救伾三節度次狗明二山間未進伾急以紙爲風鳶高百餘丈過悅營上悅使善射者射之不能及燧營譟迎之得書言三日不解臨洺士且爲悅食燧乃自壺關鼓而東破盧曈戰雙岡禽賊大將盧子昌而殺朝光悅遁保洹水於是曹俊爲貝州刺史乃承嗣時舊將果而謀悅未得志召問計安出對曰兵法十則攻今公以逆干順勢不敵也宜留兵萬人屯㟃口以遏西師則舉河北二十四州惟公所命今攻臨洺糧竭卒老不見其可悅所昵扈崿孟希祐等皆詈短之故悅不聽其言燧等距悅軍三十里築壘相望悅與納合兵三萬陣洹水燧引神策將李晟夾攻悅悅大敗死傷二萬計引壯騎數十夜奔魏其將李長春拒關不內以須官軍而三帥頓不進明日悅得入殺長春持佩刀立軍門流涕曰悅藉伯父餘業與君等同休戚今敗亡及此不敢圖全然悅久稽天誅者特以淄青恒冀子弟不得承襲既弗能報乃至用兵使士民塗炭悅正緣母老不能自剄願公等斬悅首以取富貴無庸俱死乃自投于地衆憐皆抱持之曰今士馬之衆尚可一戰事脫不濟死生以之悅收淚曰諸公不以悅喪敗誓同存亡縱身先地下敢忘厚意乎乃斷髮爲誓將士亦斷髮約爲兄弟乃率富民大家財及府庫所有大行賜與而李再春及其子瑶以博州降悅從兄昂以洺州降燧等受之悅皆族昂等家悅自視兵械乏衆單耗懼不知所出復召曹俊與之謀曹俊爲整軍完壘以振士氣羣心復堅後十餘日燧等始進薄城下未幾王武俊殺惟岳而深州降朱滔滔分兵守之天子授武俊恒州刺史以康日知爲深趙二州觀察使武俊恨賞薄滔怨不得深州悅知二將可間乃僞路使王侑許士則說滔曰司徒奉詔討賊不十日拔束鹿下深州惟岳勢蹙故王大夫能得逆首聞出幽州日有詔破惟岳得其地即隸麾

下今乃以深州與康日知是朝廷不信於公也且上英武獨斷有秦皇漢武風將誅豪桀掃除河朔不使父子相襲又功臣劉晏等皆旋踵破滅殺梁崇義誅其口三百餘血丹漢江今日破魏則取燕趙如牽轅下馬耳夫魏博全則燕趙安鄙州尚書必以死報德且合從連衡救災卹患不朽之業也尚書願上貝州以廣湯沐使侑等奉簿最孔目司徒朝至魏則夕入貝惟孰計之滔心素欲得貝即大喜使侑先還告師期先是詔武俊出恒冀粟三十萬賜滔使還幽州以突騎五百助燧軍武俊懼悅破將起師北伐不肯歸粟馬滔因使王郅說武俊曰天子以君善戰天下無前故分散粟馬以弱君軍今若舉魏博則王師北向漳滏勢危誠能連營南旆解田悅於倒縣大夫之利也豈特粟不出窖馬不離廄又有排危之義聲滿天下大夫親斷逆首血衊衣袖曰知不出趙城何功於國而坐兼二州河北士以不得深州爲大夫恥武俊既得深亦喜即日使使報滔於是滔率兵二萬屯寧晉武俊以兵萬五千會之悅恃救至使康愔督兵與王師戰御河上大敗棄甲走城悅怒閉門不內蹈藉死塹中者甚衆其夏滔武俊軍至悅具牛酒迎犒燧等營魏河西武俊滔悅壁河東起樓櫓營中兩軍相持自秋迄冬燧遣晟以兵三千自邢趙與張孝忠合攻涿莫二州以絕幽薊路悅重德滔欲推爲盟主而臣之滔不敢當乃更議如七國故事悅國號魏僭稱魏王以府爲大名府署子爲府留後以扈崿爲留守許士則爲司武曾穆司文裴抗司禮封演司刑並爲侍郎劉士素爲內史舍人張瑜孫光佐爲給事中邢曹俊孟希祐爲左右僕射田晁高緬爲征西節度使蔡濟薛有倫爲虎牙將軍高崇節知軍前兵馬夏侯禎爲兵馬使晁以兵數千助李納守鄆明年夏滔屯河間留大將馬寔以兵萬人攻魏會朱泚亂帝出奉天燧還太原武俊等皆罷悅餞之厚遺武俊寔官屬皆有贈興元元年滔自將兵欲南度河助泚使王郅見悅計事曰頃大王在重圍孤與趙刻日赴王難以全魏貝今秦帝已據關中孤以步騎十萬與回紇趨

東都相應接王能從孤濟河合勢以取大梁孤得西收鞏陜與秦兵會天下可定也則王與趙王永無南虞爲脣齒之國幸速計之是時悅聞天子已赦罪復官爵心不欲行重遽絕滔陽遣薛有倫報滔如約滔大喜復使舍人李琯申固所言悅猶豫許士則諫曰冀王勇决權略一世之雄也殺懷仙屠希彩訹兄使如京師而奪之權有恩者誅同謀者覆彼心腹渠可量哉今大王之親不加泚勇不加懷仙希彩也而念恩不已拘攣匹夫義出且見禽彼得魏博北聯幽薊南入梁鄭而與泚合其理然也大王不如僞許出迎遣州縣具牛酒至則以事自解不可顧恩取禍也悅然之先是武俊陰約悅背滔使相望及聞滔要悅西使田秀馳說悅曰聞大王欲從滔度河爲泚掎角非也方泚未盜京師時滔爲列國且自高如得東都與泚連禍兵多勢張返制于豎子乎今日天子復官赦罪乃王臣也捨天子而北面滔泚耶願大王閉壘不出武俊須昭義軍出爲王討之悅因秀還具道其謀而遣曾穆報滔滔怒自河間悉師而南踰貝州次濟河使人報悅悅不至進屯永濟使王郅等督之曰王約出館陶與大王會乃濟河悅良久曰始約從王今擧軍持悅曰魏比困侵掠拱儗屈竭以悅日拊循猶恐人且携間一日去城邑朝出夕變且何歸不然悅不敢背約今遣孟希祐悉兵五千助王因使其屬裴抗盧南史報命滔怒罵曰逆虜前日求救許我貝州我不取尊我爲天子我與同爲王敎我遠來而不出是賊不擊尚何誅乃囚抗等使馬寔取數縣已而釋抗還之悅兵不敢出遂圍貝州滔取武城通德棣供軍饋盡囚諸縣官吏唯清陽不下滔圍之寔拔清平殺五百人俘男女貲財去於是李抱眞武俊約出兵救魏會有詔拜悅檢校尚書右僕射封濟陽郡王而給事中孔巢父持節宣勞始悅阻兵凡四年狂愎少謀亟戰數北死者什八士苦之且猒兵旣巢父至莫不欣然悅與巢父張飮門陛皆徹衛至夜分從弟緖與族人私語曰僕射妄起兵幾赤吾族以金帛厚天下而不至兄弟或諫止之緖怒殺諫者乃與左右踰

垣入悅方醉寢緖挺刃升堂二弟諫止緖斬之因手刺悅幷殺其母妻悅死年三十四比明以悅命召許士則蔡濟計事至則殺之劉忠信者悅常使防督緖直寢門緖呼曰忠信刺僕射與扈崿反衆執之語曰無之支已殊絕

緖字緖承嗣第六子悅待諸弟無所間使緖主牙軍而凶險多過嘗笞勖之悅於飮食衣服儉嗇有節緖常苦不足頗怨望故作難悅旣死懼衆不附以其徒數百將出奔邢曹俊率衆追還緖乃下令軍中曰我先王子能立我者賞衆乃共推緖爲留後歸罪扈崿斬其首以徇復殺悅親信薛有倫等數十人因巢父遣使者聽命天子滔聞悅死以兵五千合寔軍進攻魏州寔瀕王莽河壁南距河東抵博州殺略甚衆使人入魏招緖降緖新篡而寔圍且急乃遣使以好言見滔滔許與盟曾穆勸緖絕滔而緖部分亦定乃乘城戰武俊抱眞各脩好如悅時詔即拜緖節度使寔圍魏凡三月滔敗走貞元元年以嘉誠公主降緖拜駙馬都尉李希烈平以功賜一子八品官緖猜忌殺兄弟姑妹凡數人兄朝仕李納爲齊州刺史或言納將入之魏以代緖緖厚賂納且召朝朝以死請不行乃送之京師過滑緖將篡取之賈耽以兵援接乃免累遷檢校尚書左僕射常山郡王又徙王鴈門實封五百戶加同中書門下平章事暴疾死年三十三贈司空少子季安嗣

季安字夔母微賤公主命爲己子寵冠諸兄數歲爲左衞冑曹參軍節度副使緖死時年十五匿喪觀變軍中推爲留後因授節度使除喪加檢校尚書右僕射進位檢校司空俄同中書門下平章事季安畏主之嚴頗循禮法及主薨始自恣擊鞠從禽酣嗜欲軍中事率意輕重官屬進諫皆不納會詔中尉吐突承璀以神策兵討王承宗季安謀曰王師不跨河二十五年今越魏伐趙趙誠虜魏亦虜矣奈何或請以五千騎決除君憂季安曰善沮軍者斬時幽州劉濟將譚忠適使魏聞之入見季安曰往年王師取蜀取吴筭不失一是宰相謀也今伐趙不使耆臣宿將而付中臣不起天

下甲而出秦申君知誰為之謀此上自為謀以孝服臣下若師未叩趙而先碎於魏是上之謀不及下且能不恥既恥且怒必任智畫伏猛將再舉涉河鑒前之敗必不越魏誅趙校罪輕重必不先趙後魏是上不上下不下當魏而來也季安曰計安出忠曰王師入魏君厚犒之悉甲伐趙而陰遺趙書曰魏若伐趙為賣友魏若與趙為反君賣友反君魏不忍受執事能弛障鄣遺一城魏得持之獻捷天子以為符此使魏北得以奉趙西得以為臣不世之利也趙不拒君則魏安矣季安然之遣大將率兵會王師伐承宗糧餉自辦取堂陽以報加太子太保有丘絳者父時賓佐與同府侯臧爭權季安怒斥為下縣尉俄召還先坎道左既至生瘞之忍酷無忌憚大抵如此死年三十二贈太尉妻元誼女召諸將立其子懷諫最幼不能事政決於私奴蔣士則數易置諸將軍中怒取田興為留後所謂田弘正者以懷諫歸第殺士則等十餘人季安既葬送懷諫京師授右監門衛將軍寵錫蕃渥緒弟緒華顯于朝

緒字雲長貞元十年入朝授左驍衛將軍封扶風郡公元和中拜夏綏銀節度使始開元時置宥州扼寇路久而廢緒復城之王師伐蔡緒上槖它牛馬助軍吐蕃寇豐州緒設伏邀其歸俘斬過當入為左衛大將軍李聽代之聽劾緒盜沒軍糧四萬斛彊取羌人羊馬故吐蕃得乘隙貶衛王傅俄而吐蕃又攻鹽州貶房州司馬長慶初終左領軍衛將軍華太常少卿尚永樂新都二公主田氏自承嗣至懷諫四世凡四十九年

史憲誠其先奚也內徙靈武為建康人三世署魏博將祖及父爵皆為王憲誠始以趫敢從父軍田弘正討李師道將先鋒兵四千濟河拔城柵師踵進乘勝逐北傅鄆堞師道傳首以功兼御史中丞長慶二年田布之自殺也軍亂且嚚騎憲誠為中軍兵馬使頗言河朔舊事以搖其衆衆乃逼還府擅總軍務穆宗以朱克融王廷湊方盜幽鎮未有以制即以節度使授之憲誠外託王命而陰結幽鎮依以自固時李㝏方亂私與交通數助請旄節城馬頭具舟黎陽示將濟師者會天子遣司門郎中韋文恪宣慰憲誠見使者禮倨言辭悖慢俄聞斬㝏更恭謹謂文恪曰我本奚如狗也唯知識主雖曰加箠不忍離其譎猶類此進檢校司空與李全略為婚家大和中其子同捷反潛以粮餉資之文宗申約使者相望因進同中書門下平章事憲誠使大將至京師偵事作謾言自大宰相韋處厚折其詐遣去憲誠懼出兵從王師討之復遣大將亓志紹率師二萬攻德州時王廷湊援同捷陰誘志紹以利志紹反屯永濟兵銳甚諸鎮共禦之憲誠告急天子詔義武李聽進討於是志紹與廷湊合兵劫貝州為聽所敗奔廷湊滄景平憲誠不自安請納地進檢校司徒兼侍中徙河中封千乘郡公以李聽代初憲誠將以族行懼魏軍之留問策於弟憲忠憲忠教分相衛請置帥因以弱魏復請詔聽引軍聲圖志紹而假道清河帝從之憲誠因欲倚聽公去魏及聽次清河魏人譟憲忠曰彼假道取賊吾軍無負朝廷何懼為乃稍安然魏素聚兵清河聽至悉出其甲將入

魏魏軍聞之懼明日盡甲而出聽按軍館陶不進衆謂憲誠賣己曰紿我以沽恩耶夜攻殺之幷監軍史良佐推何進滔為帥以請詔贈憲誠太尉實大和三年憲誠起凡七年死

何進滔靈武人世為本軍校少客魏委質軍中事田弘正弘正攻王承宗夜以兵壓鎮州承宗使健將以鐵冒面引精騎千餘馳魏壁進滔率猛士逐之幾獲鎮人大懼從討李師道以功兼侍御史憲誠死軍中傳譁曰得何公事之軍安矣進滔下令曰公等既迫我當聽吾令衆唯唯孰殺前使及監軍者跡出之凡斬九十餘人釋脅從者素服臨大將吏皆入弔詔拜留後俄進授節度使居魏十餘年民安之進累檢校司徒同中書門下平章事開成五年死贈太傅謚曰定子重順襲武宗詔河陽李執方滄州劉約諭朝京師或割地自效不聽命時帝新即位重起兵乃授福王綰節度大使以重順自副賜名弘敬帝討劉稹加東面招討使弘敬倚稹相脣齒無深入意詔因稱其事母孝在軍久宜亟戰弘敬亦自如

及王宰踰乾河攻澤州天子慮稹起山東兵命弘敬掎角塞其道不奉詔王元逵克邢州攻上黨弘敬不得已乃出師未幾宰統陳許兵假道牧磁州弘敬懼乃進戰拔平恩詔檢校尚書左僕射澤潞平加同中書門下平章事懿宗初兼中書令封楚國公咸通七年死贈太師子全暭襲明年拜節度使平龐勛以功遷檢校司空同中書門下平章事毋喪納所賜節願行喪詔不許全暭年少好殺戮下有小罪鮮縱貰人人危懼後軍中相傳朘減糧帛衆遂叛全暭單騎遁衆推韓君雄以摠軍事而殺全暭實咸通十一年詔贈太保自進滔至全暭凡三世四十二年懿宗更以普王爲大使擢君雄留後君雄魏州人不五月進副大使三遷檢校司空僖宗即位進同中書門下平章事賜名允中死年六十一贈太尉子簡襲留後俄授節度使進累檢校太尉同中書門下平章事封魏郡王帝在蜀天下亂簡閒恃彊完欲拓地覬望非常時諸葛爽爲黃巢守河陽簡攻之爽走即戍以兵北略邢洺而歸東攻鄆鄆將曹存實出戰敗死其將朱宣率衆以守久不下爽乘其隙復取河陽簡還攻之爽迎擊新鄉簡大敗樂彥禎以一軍先還簡奔歸疽發背死彥禎代之再世凡十二年彥禎者亦魏人簡時歷博州刺史下河陽有功遷澶州魏人立之詔檢校工部尚書領留後進節度使累加檢校尚書左僕射同中書門下平章事彥禎喜儒術引公乘億李山甫皆在幕府嗣襄王熅之亂彥禎使山甫往見鎮州王鎔欲合幽邢滄諸鎮同盟拒賊鎔厚謝卒不克彥禎見王室微頗驕滿不軌大興其衆城魏周八十里一日畢人怨其殘子從訓資凶悖劫王鐸取其家魏人不直又聚亡命五百人號子將出入卧內軍中藉藉惡之從訓懼易服奔近縣彥禎即以爲六州指揮使相州刺史輦兵械泉布跡接於道軍中益貳彥禎常夢解佩帶履而行既寤曰此神告我下將有背乎已而軍亂果囚彥禎迫爲桑門尋殺之推大將趙文玣摠留後從訓求救於朱全忠全忠爲起師次內黃從訓自相州以軍三萬傅城文玣不敢出衆懼殺之

更推羅弘信帥軍弘信出戰從訓敗見殺餘衆壁洹水弘信遣將程公佐擊斬之梟首軍門實文德元年彥禎起凡七年

羅弘信字德孚魏州貴鄉人善騎射狀貌雄偉爲裨將主馬牧魏有巫告弘信曰白頭老人使謝君君當有是地弘信曰神欲危我耶文玣死衆曰孰願主吾軍者弘信輒曰神命我矣衆環視以爲宜遂立之詔擢知留後再遷節度使加檢校司空同中書門下平章事豫章郡公朱全忠討黃巢餉粟三萬斛馬二百匹秦宗權亂復詔弘信以粟二萬斛助軍未輸檢校工部尚書雷鄴來責粟弘信素脅于牙軍擅殺鄴全忠以檄譙讓弘信不敢報大順初全忠討太原李克用遣將趙昌嗣見弘信假糧馬又議屯邢洺假道相衛弘信不納全忠使丁會龐師古葛從周霍存等引萬騎度河弘信壁內黃凡五戰皆敗禽大將馬武等乃厚幣求和方全忠圖河北欲結納弘信乃還兵全忠攻兗鄆朱宣求援於克用遣李存信率兵救之請道屯莘其下侵魏芻牧弘信不平克用欲合鎮定兵營河曲搖魏滑路弘信馳告全忠請禁游舸絕往來久之魏人不至全忠疑其紿自將至滑州弘信來告曰魏人未動者正欲緩圖之全忠遂屯曹太原將李瑭救宣復辟莘弘信厭其暴而瑭溝壘自固全忠遣使謂曰晉人志幷河朔師還爲公憂之弘信乃攻瑭告全忠師期全忠將趨滑爲援次封丘而弘信已破瑭克用怒以兵掠魏博全忠將侯言屯洹水克用兵數求戰言不敢出全忠以葛從周代將從周爲閻寶每克用兵至輒出精卒薄戰必捷克用踰洹西北挑戰從周大破之禽其子落落乃引去然侵魏不已大戰白龍潭弘信敗克用追薄魏門而還弘信乃乞師全忠全忠遣將辟洹水救魏克用游兵剽相魏民死十九弘信不堪其偪光化元年如全忠告亟全忠復遣葛從周將兵追躡拔洺州執其刺史邢行恭復攻邢馬師素自拔走遂圍磁州袁奉韜自殺不五日取三州斬首二萬級禽其將百餘人自是克用兵不出始全忠亟討兗鄆懼弘信貳故歲時賂遺良厚弘信每有饋荅全忠引其使北

面拜受兄事之弘信以爲厚己故推心焉進累檢校太師守侍中徙臨淸郡王光化元年死年六十三贈太師追封北平王謚曰莊肅子紹威襲

紹威字端己少有英氣性精悍吏事明辦旣領留後昭宗卽詔嗣父節度加累檢校太尉號忠勤宣力致聖功臣幽州劉仁恭引兵攻鎭冀遂掠魏紹威告急於全忠全忠自將與仁恭戰內黃日中大破之斬首三萬級葛從周方守邢亦敗其衆於魏縣仁恭以衆十萬陷貝州全忠使李思安屯內黃從周悉軍入魏仁恭攻魏從周以五百騎出關謂門者曰前有彊敵不可易命闔扉士死戰執仁恭將二人仁恭使別將攻內黃爲思安所敗從周乘勝破八壁追北至臨淸仁恭乃還滄州與李克用圖魏紹威與全忠連兵伐滄州從周攻拔德州進薄浮陽仁恭以兵至監軍蔣玄暉請須其入壁食盡可取從周曰兵在機機在上將豈監軍所知逆戰老鵶堤破之斬首五萬獲其將百餘人又戰唐昌莌橋六遇輒勝仁

恭約和乃還紹威德全忠故奉事愈固全忠還帝洛陽命諸鎭治宮闕而紹威營太廟加侍中封鄴王魏牙軍起田承嗣募軍中子弟爲之父子世襲姻黨盤互悍驕不顧法令憲誠等皆所立有不慊輒害之無噍類厚給稟姑息不能制時語曰長安天子魏府牙軍謂其勢彊也紹威懲曩禍雖外示優假而內不堪俄而小校李公佺作亂不克奔滄州紹威乃決策屠翦遣楊利言與全忠謀全忠乃遣符道昭將兵合魏軍二萬攻滄州求公佺又遣李思安助戰魏軍不之疑紹威子全忠婿也會女卒使馬嗣勳來助葬選長直千人納盟器實甲以入全忠自滑濟河聲言督滄景行營紹威欲出迎假銳兵以入軍中勸毋出而止紹威遣人潛入庫斷絃解甲注夜將奴客數百與嗣勳攻之軍趨庫得兵不可戰因夷滅凡八千族闔市爲空平明全忠亦至聞事定馳入軍魏兵在行者聞變於是史仁遇保高唐李重霸屯宗縣分據貝澶衞等六州仁遇自稱魏博留後全忠解滄州兵以攻高唐仁遇引衆走爲游騎所獲支解之進拔博澶二州李重霸走俄斬其首相衞皆降紹威雖除其偪然勢弱爲全忠牽制比州刺史矣內悒悒悔恨全忠兵在滄州紹威主饋輓自鄴至長蘆五百里不絕于道全忠還紹威建元帥行府極土木壯麗全忠大悅紹威間說曰邠岐太原皆狂譎以復唐室爲言王宜自取神器專天下之望全忠歸乃受禪紹威多聚書至萬卷江東羅隱工爲詩紹威厚幣結之通譜系昭穆因目己所爲詩爲偷江東集云

贊曰田承嗣幾禽矣李寶臣怒承倩而釋魏建中之際三將軍持銳躪血功無成者四叛連勢兵結難作天子不能守宗廟傳及弘正去汙入朝數年復亂唐終不得魏與夫堅刁亂齊孰爲輕重

藩鎭魏博列傳第一百三十五

藩鎮鎮冀列傳第一百三十六　唐書二百一十一

端明殿學士兼翰林侍讀學士龍圖閣學士朝請大夫守尚書吏部侍郎充集賢殿修撰臣宋祁奉敕撰

李寶臣字為輔本范陽內屬奚也善騎射范陽將張鎖高畜為假子故冒其姓名忠志為盧龍府果毅常覘虜陰山追騎及射六人盡殪乃還為安祿山射生從入朝留為射生子弟出入禁中祿山反遁歸更為祿山假子使將驍騎十八人劫太原尹楊光翽挾以出追兵萬餘不敢逼又督精甲軍土門以扼井陘事安慶緒為恒州刺史九節度師圍相州也忠志懼歸命于朝肅宗即授故官封密雲郡公史思明度河忠志復叛勒兵三萬固守賊將辛萬寶屯恒州相掎角思明死忠志不肯事朝義使裨將王武俊殺萬寶挈恒趙深定易五州以獻雍王東討開土門納王師助攻莫州朝義平擢禮部尚書封趙國公名其軍曰成德即拜節度使賜鐵券許不死它賚與不貲賜姓及名於是遂有恒定易趙深冀六州地馬

五千步卒五萬財用豐衍益招來亡命雄冠山東與薛嵩田承嗣李正己梁崇義相姻嫁急熱為表裏先是天寶中玄宗冶金自為象州率置祠吏賊亂悉毀以為貲而恒獨存故見寵異加賜實封始寶臣與正己素為承嗣所易其弟寶正承嗣婿也往依魏與承嗣子維擊毬馬駭觸維死承嗣怒囚之以告寶臣寶臣謝教不謹進杖欲使示責而承嗣遂鞭殺之由是交惡乃與正己共劾承嗣可討狀代宗欲其自相圖則勢離易制即詔寶臣與朱滔及太原兵攻其北正己與滑亳河陽江淮兵攻其南師會棗彊椎牛饗軍寶臣厚賜士而正己頗觳軍怨望正己懼有變即引去惟滔寶臣攻滄州歷年未下擊王宗城殘之斬二千級承嗣弟廷琳方守貝州遣高嵩巖將兵三千戍宗城寶臣使張孝忠攻破之斬嵩巖逸所執將四十餘人會王武俊執賊大將盧子期遂降洺瀛當是時河南諸將敗田悅於陳留正己取德州欲頗窮討承嗣懼乃甘言紿正己正己止屯諸軍亦莫敢進於是天子遣中人馬希倩勞寶臣

寶臣歸使者百縑使者恚抵諸道寶臣顧左右愧甚諸將已休獨武俊佩刀立陛下語之故武俊計曰趙兵有功尚爾使賊平天子幅紙召置京師一匹夫耳曰奈何對曰養魏以為資上策也寶臣曰趙魏有釁何從而可對曰勢同患均轉寇讎為父子欬唾間耳朱滔屯滄州請禽送魏可以取信寶臣然之先是承嗣知寶臣少長范陽心常欲得之乃勒石若讖者瘞之境教望氣者云有王氣寶臣掘得之文曰二帝同功勢萬全將田作伴入幽燕帝謂寶臣與正己為二而陰使客說曰公與滔共攻滄即有功利歸天子公于何賴誠能赦承嗣罪請奉滄州入諸趙願取范陽以報公以騎前驅承嗣以步卒從此萬全勢也寶臣喜得滄州又見語與讖會遂陰交承嗣而圖幽州承嗣陳兵出次以自驗寶臣謬謂滔使曰吾聞朱公貌若神願繪而觀可乎滔即圖以示之寶臣置圖射堂大會諸將孰視曰信神人也密選精卒二千夜馳三百里欲劫滔戒曰取彼貌如射堂者時二軍不相虞忽聞變滔大駭戰瓦橋敗

衣佗服得脫禽類滔者以歸承嗣承嗣知釁成還軍入堡使人謝寶臣曰河內方有警未暇從公石讖吾戲為耳寶臣慙而還俄進封隴西郡王又拜同中書門下平章事德宗立拜司空寶臣晚節尤猜忌自顧子惟岳且暗弱恐下不服即殺骨鯁將辛忠義盧俶許崇俊張南容張彭老等二十餘人籍入其貲眾乃攜貳寶臣既貯異志引妖人作讖兆為丹書靈芝朱草齋別室築壇置銀盤金匜玉斝猥曰內產甘露神酒刻王印告其下曰天瑞自至眾莫敢辨者妖人復言當有王印自天下海內不戰而定寶臣大悅厚賚金帛既而畏事露且誅詐曰公飲甘露液可與天神接密寘堇于液寶臣已飲即瘖三日死年六十四惟岳悉誅殺妖人時建中二年也遺表請以惟岳領軍詔書執政諉家事歸節於朝詔贈太傅

惟岳少為行軍司馬恒州刺史寶臣死軍中推為留後求襲父位帝不許趣護喪還京師以張孝忠代之田悅為請不聽遂與悅李

正己謀拒命府小史胡震私人王他奴等專畫反計府屬邵眞泣曰先公位將相恩甚厚而大夫違命纔經中愚固惑焉魏近且與國不可遽絕絕之速禍請厚禮遣其使徐更圖之齊遠而交跡不如械使者送京師且請致討上嘉大夫忠所請宜許惟岳寤使眞作奏震與將吏議不可惟岳又從之其舅谷從政豪俊士也切諫不納於是張孝忠以易州歸天子天子詔朱滔與孝忠合兵討惟岳盡赦吏士購惟岳首有賞惟岳與滔戰束鹿大奔遂圍深州明年正月率兵萬餘使王武俊爭束鹿田悅亦遣孟祐來助武俊以精兵先陷陣師卻滔續帛爲猴猊使壯士百人蒙以譟趨惟岳軍馬駭軍亂因大敗火其營去於是深州日急悅亦嬰城矣惟岳懼召眞議遣使詣河東馬燧令其弟惟簡見帝斬大將謝罪以兵屬鄭詵身朝京師孟祐知其謀走告悅悅使扈岌來讓曰敝邑暴兵本爲君索命節豈爲叛逆耶雖見破於馬燧而感激士大夫乘城拒守以爲後圖今君信邵眞讒聞欲歸悅之罪以自湔蕩何負而

然不則遣祐還軍無遺王師禽若能誅眞以徇請事公如初惟岳懦不能決畢華見曰大夫與魏盟未久魏雖被圍彼多蓄積未可下齊兵勁地廣裾帶山河所謂東秦險固之國與相持維足以抗天下夫背義不祥輕慮生禍且孟祐驍將王武俊善戰前日逐滔滔僅免今合兩將破滔必矣惟審圖之惟岳見深圍未解畏祐還乃斬眞以謝悅明日復戰又大敗而康日知舉趙州聽命惟岳益困乃付牙將衞常寧兵五千而俾王武俊騎八百攻日知武俊才雄素爲惟岳忌及師行謂常寧曰大夫信讒吾朝不圖晏是行勝與否吾不復入恒矣將以身託定州張公安能持頸就刀乎常寧與副李獻誠曰君不聞詔書乎斬大夫首以其官畀之觀大夫勢終爲滔滅若倒戈還府事實易圖有如不捷張公可歸也武俊然之惟岳使要藉官謝遵至武俊壁議事武俊與謀使內應至期啓城門武俊入殺人廷中無元者乃傳令曰大夫叛命今且取之敢拒者族士不敢動武俊使裨校任越牽惟岳出縊之戟門下并殺鄭

詵他奴等數十人使子士眞傳首京師帝盡赦其府將士給部中租役三年眞始事寶臣掌文記武俊表其忠贈戶部尚書其息呂擢冀州長史常寧在武俊時用事爲內史監其後謀亂誅惟岳異母兄惟誠尚儒術謙裕寶臣愛之使決軍事以惟岳正嫡固讓不肯當其妹妻李納故寶臣請惟誠復故姓而仕諸鄆爲納營田副使四爲州刺史初惟岳叛弟惟簡以家僮票士百餘奉母鄭奔京師帝拘于客省及出奉天惟簡將赴難謀於鄭鄭曰爾父立功河朔位宰相身未嘗至京師兄死於人手爾入朝未識天子不能效忠吾不子汝矣督其行曰而能死王事吾不朽矣乃斬關出道更七戰得及行在帝見厚撫之拜太子諭德討賊有功帝徙山南惟簡以三十騎從夜失道馳至盩厔西聞中人語問天子所在密語曰上在此帝見之流涕執其手曰爾有母乃能從朕耶對曰臣誓以死比明北方有壁起帝憂惟簡登高曰渾瑊以騎來瑊至遂波趨興元惟簡前導及帝還封武安郡王號元從功臣圖形凌煙閣

賜鐵券憲宗時爲左金吾衞大將軍長上萬國俊奪興平民田吏畏不敢治至是訴於惟簡即日廢國俊以地與民出爲鳳翔節度使市耕牛佃具給農歲增墾數十萬畝卒年五十五贈尚書右僕射子元本輕薄無行長慶末與薛渾私侍襄陽公主事敗主幽禁中元本以功臣子貸死流嶺南弟銖好學多識有儒者風

王武俊字元英本出契丹怒皆部父路俱開元中與饒樂府都督李詩等五千帳求襲冠帶入居薊武俊甫十五善騎射與張孝忠齊名隸李寶臣帳下爲裨將寶應初王師入井陘武俊謂寶臣曰以寡敵衆曲遇直戰則離守則潰銳師遠鬭庸可禦乎寶臣遂以恒定等五州自歸共平餘賊武俊謀也奏兼御史中丞封維川郡王其子士眞亦沈悍有斷寶臣倚愛出入帳中以女妻之寶臣以疑殺許崇俊等士眞密結左右故武俊免於難惟岳拒命或言武俊有他志武俊知之出入道從纔一二未嘗接賓客惟岳雖內疑然見其屈損又惜善鬭未忍殺康日知以趙州降惟岳謀伐之皆

曰武俊故心膂先君命之使佐大夫而士眞又大夫女弟婿今事急宜去猜嫌以任之不然尚誰使乃遣與衞常寧將兵往因謀執惟岳而日知亦遣人邀說以禍福武俊乃還兵使人謂惟岳曰大夫與齊魏同惡今魏兵已敗齊爲趙州所限幽州兵近在定三軍且救死聞有詔召大夫宜亟歸惟岳惶遽出遂縊即遣其屬孟華奏天子華辯對稱旨德宗擢爲兵部郎中授武俊檢校祕書監兼御史大夫恒冀觀察使是時惟岳將楊政義以定降楊榮國以深降朱滔受而戍之帝以定賜張孝忠而日知爲深趙觀察使武俊怨不得節度而失趙定滔亦怨失深州二人相結武俊即縛使者送滔與之叛帝聞詔華諭解不聽時馬燧李抱眞李芃李晟討田悅悅方困武俊滔救之屯連篋山帝詔李懷光督神策兵助討賊軍就舍氣銳甚謂燧曰奉詔毋養寇及壁壘未成擊之可滅也乃縱兵入滔壁殺千餘人悅軍既屢北不能陣懷光緩轡觀之武俊乘其怠使趙萬敵等以二千騎橫突而滔軍踵馳王師亂相蹈藉死尸梗河爲不流懷光還走壁武俊夜決河注王莽渠斷燧餉路燧計窮而與滔素姻家乃遣使謾謝滔曰老夫不自量與諸君遇王大夫善戰天下無前吾固宜敗幸公圖之使老夫得還河東諸將亦罷兵吾爲言天子以河北地付公滔亦陰忌武俊勝且不制即謂武俊曰王師既敗馬公卑約如此不宜迫人以險荅曰燧等皆國名臣連兵十萬一戰而北貽羞國家不知何面目見天子耶彼行不五十里必反拒我滔固許之燧至魏縣堅壁自固師復振滔慙謝嫌隙始構矣武俊使張鍾葵攻趙州日知斬其首以聞於是武俊與田悅等擅相王武俊國號趙以恒爲眞定府命士眞留守兼元帥以畢華鄭儒爲左右內史王士良司刑王佑司文士清司武並爲尚書士則司文侍郎宋端給事中王洽內史舍人張士清執憲大夫衞常寧內史監皇甫祝尚書右僕射餘以次封拜建中四年抱眞使客賈林詐降武俊既見曰吾來傳詔非降也武俊色動林曰天子知大夫登壇建國撫膺顧左右曰我本忠義天子

不省故至是今諸軍數表大夫至誠上見表動色曰朕前誤無及矣朋友失意尚可謝朕四海主毫芒過失返不得自新耶今大夫親斷逆首而宰相間於事宜國家與大夫烏有細故哉朱滔以利相動公何取焉誠能與昭義同心曠然改圖上不失君臣之義下以爲子孫計武俊曰僕虜人也尚知撫百姓天子固不務殺人以安天下今山東連兵比戰骨盡暴野雖勝尚誰與居今不憚歸國業與諸軍盟虜性樸彊不欲曲在我天子若能以恩湯刷之我首倡歸命有不從者奉辭伐之河北不五十日可定會帝出奉天抱眞將還澤潞悅說武俊滔踵襲之林曰夫退軍前輜重後銳師人心固壹不可圖也使戰勝得地利歸於魏不幸喪師趙受其災今滄趙乃故地胡不取之武俊遂引而北林復邀之曰公異邦豪英不應謀中夏燕魏幽險彼王室彊則須公之援削則已欲并吞且河北惟有趙魏燕耳滔乃稱冀心圖公冀州矣使滔能制山東大夫當臣事之否則見攻能臣滔乎武俊投袂曰二百年天子猶不能事安能臣豎子耶乃定計通好抱眞而約馬燧盟興元元年赦天下武俊大集其軍黜僞號詔國子祭酒董晉與中人宣慰拜檢校工部尚書恒冀深趙節度使又加檢校司空同中書門下平章事兼幽州盧龍節度使琅邪郡王是時滔悉幽薊兵與回紇圍貝州將絕白馬律南趨洛李懷光據河中李希烈陷汴南略江淮李納方叛唯李晟軍渭上羽書調發天下十之三人心惴恐及田緒殺悅林復說武俊曰滔素欲得魏博會悅死魏人氣爍公不救魏且下滔益甲數萬張孝忠將北面事滔三道連衡濟以回紇長驅而南昭義軍必保山西則河朔舉入滔矣今魏尚完孝忠未附公與昭義合兵破之聲振關中京邑可坐復天子反正不朽之業誰與公參武俊大喜與抱眞相聞自將屯南宮抱眞屯經城兩軍相距十里而舍武俊潛會抱眞于軍陳說忼慨抱眞亦傾意結納約爲兄弟遂俱東壁貝州距城三十里止滔欲迎戰武俊戒士飽食曰軍未合毋妄動遣趙琳趙萬敵兵五百藏林以待滔使票將馬寔盧南史陣而西李少成引回紇翼之日中兵接

武俊與子士清引精騎望少成軍抱眞次之滔馳騎二百出武俊東南乘高鼓譟武俊使步兵決戰而自以騎當回紇勒兵避其鋭回紇馬怒突而過未及返武俊急擊琳等兵亦出回紇驚中斷遂先奔初滔兵變武俊軍不能傷回紇旣却即欲引還因躡不能止軍大奔滔走還壁武俊中流矢謂抱眞曰士少衰盍以騎濟師巢穴可覆也抱眞使來希晧率勁騎薄滔營盧玄眞乘其後滔懼引衆去希晧追之武俊邀于隘滔大敗免者八千人會夜各按屯武俊營滔東北抱眞營西北滔知不支夜半焚車糧遁歸幽州火如晝師大譟其聲殷地抱眞以山東蝗食少歸于潞武俊亦還會有詔復滔官爵武俊上還幽州盧龍節度又詔以恆州爲大都督府即授武俊長史賜德棣二州以士眞爲觀察使清河郡王天子至自梁遇武俊益厚子弟雖襁褓悉官之俄進檢校太尉兼中書令得建廟京師有司供擬武俊善射嘗與賓客獵一日射鷄兔九十五觀者駭伏貞元十七年死年六十七羣臣奉慰天子如渾瑊故

事贈太師有司謚威烈帝更爲忠烈士眞襲位

士眞其長子也少佐父立功更患難旣得節度息兵善守雖擅置吏私賦入而歲貢數十萬緡比燕魏爲恭元和初即拜同中書門下平章事四年死贈司徒謚曰景襄軍中推其子承宗爲留後始河北三鎭自置副大使常處嫡長故承宗以御史大夫爲之及總留事憲宗久不報同其變承宗數上疏自言帝聞劉濟田季安俱大病議更建節度翰林學士李絳曰鎭州世相繼人所狃習惟拒命則討之且諸道之賞饋百萬士又燕魏淄青勢同必合方江淮水潦財力刓困宜即詔承宗嗣領季安等雖病徐圖所宜定四方有天時不可速也帝然之欲析鎭分建節度使承宗歲輸賦如李師道絳曰假令承宗奉詔諸道以割地同怨是官爵虛出而無當也不如令使者諭之無出上意帝乃詔京兆尹裴武慰撫承宗奉詔恭甚請上德棣二州遂以檢校工部尚書嗣領節度而以德州刺史薛昌朝爲保信軍節度使統德棣昌朝嵩子也與承宗故姻家帝因欲離其親將故命之詔未至承宗馳騎劫而歸因之詔更用棣州刺史田渙爲二州團練守捉使遣中人傳詔令歸昌朝承宗拒命帝怒詔削官爵遣中人吐突承璀將左右神策率河中河陽浙西宣歙兵討之趙萬敵者故武俊將以健鬬聞士眞時入朝上言討之必捷令與承璀偕有詔武俊忠節茂著其以實封賜子士則毋毀墳墓承璀至軍無威略師不振神策大將酈定進號驍將以禽劉闢功王陽山郡至是戰北馳而僨趙人曰酈王也害之師氣益折及吳少誠死李絳奏蔡無四鄰援攻討勢易不如赦承宗專事淮西帝不聽昭義節度使盧從史市承宗外自固內實與之太常卿權德輿諫曰神策兵市井屠販不更戰陣恐因勞憚遠潰爲盜賊恆冀騎壯兵多攻之必引時月西戎乘間則禁衛不可頓虛山東洊饑也京師心腹也不可不深念且師出半年費緡錢五百萬方夏甚暑水潦疾疫且降誠慮有潰撓之變又言山東諸侯皆以息自副人心不遠誰肯爲陛下盡力者又盧從史倚寇爲

援訹承璀邀寵利宜召行營善將令倍驛馳度至半道授以澤潞而徙從史它鎭破其姦圖然後赦承宗衆情必服帝未許五年河東軍拔其一屯張茂昭破之木刀溝帝患從史詐卒以計縛送京師劉濟又拔安平承宗懼遣其屬崔遂上書謝罪且言往年納地迫三軍不得專而爲盧從史賣以求利願請吏入賦得自新是時宿師久無功餉不屬帝亦憂之而淄青盧龍數表請赦乃詔浣雪盡以故地畀之罷諸道兵昌朝歸京師授右武衛將軍承宗見兵薄境已而罷歸罪從史得不誅自謂計得驁然無顧憚七年軍庫火器鎧殆盡殺守吏百餘人不自安及吳元濟反承宗與李師道上書請宥遣其將尹少卿爲蔡游說見宰相語不遜武元衡怒叱遣之承宗怨甚與師道謀遣惡少年數十曹伏河陰乘昏射吏吏奔潰因火漕院人趣火所鬭死者十餘輩縣大發民捕盜亡去不獲凡敗錢三十萬緡粟數萬斛未幾張晏等賊宰相元衡京師大索天子爲旰食承宗嘗疏元衡過咎留中至是帝出表示羣臣大議

咸請聲其罪伐之詔乃絕承宗朝貢寵其弟承系承迪承榮於遠方以博野樂壽故范陽地命歸劉總而所遣盜處處竊發斷建陵門戟燔獻陵寢宮伏甲欲反洛陽不克承宗數出兵掠鄰鄙田弘正上言承宗宜誅帝使率師壓境承宗揣詔旨兵不即進即肆剽滄景易定間人苦之十一年詔削爵以實封賜士平使奉武俊後令河東義武盧龍橫海魏博昭義六節度兵進討大抵數十萬環地數千里以分其勢然營屯離置主約不得一故士觀望獨昭義郗士美薄賊境賊不敢犯始承宗不能叶諸父皆奔京師士則爲神策大將軍聞其叛請占數京兆裴度請用爲邢州刺史使隸昭義以傾趙人有王怡者武俊從子爲承宗守南宮士則招之約歸命謀泄遇害子元伯奔還擢監察御史詔贈怡尚書左僕射明年元濟平承宗大恐使牙將石汎奉二子至魏博因田弘正求入侍且請歸德棣二州入租賦待天子署吏弘正遣知感知信詣闕下請命前此帝使尚書右丞崔從賜詔書許自新承宗素服待罪及

是乃詔復官爵以華州刺史鄭權爲橫海節度使統德棣滄景等州復承宗實封戶三百以所部飢賜帛萬匹李師道平奉法益謹表所領州錄事參軍判司縣主簿令皆丐王官十五年死贈侍中軍中推其弟承元爲留後承元不敢世子鎮詔用爲義成軍節度使事見本傳

王廷湊本回紇阿布思之族隸安東都護府曾祖五哥之爲李寶臣帳下驍果善鬬王武俊養爲子故冒姓王世爲裨將廷湊生駢脅沈鷙少言善讀鬼谷兵家諸書王承宗時爲兵馬使田弘正至鎮州詔以度支緡錢百萬勞軍不時致廷湊暴其稽以觀衆心衆果怨由是害弘正自稱留後脅監軍表請節又取冀州殺刺史王進岌穆宗怒以弘正子布爲魏博節度使率軍進討仍敕橫海昭義河東義武軍并力於是大將王位等謀執廷湊不克死者三千餘人會朱克融囚張弘靖以幽州亂乃合從拒王師有詔議攻討先後劒南東川節度使王涯以爲范陽亂非宿謀可先事鎮州又有魏博之怨濟以晉陽滄德掎角而進夫用兵若鬬然先扼喉領令瀛莫易定實賊咽喉宜屯重兵俾死生不得相聞間諜不入此莫勝之策帝乃詔義武節度使陳楚閉境督諸軍三道攻而滄德烏重胤最宿將當一面裴度以河東節度使兼幽鎮招撫使屯承天軍重胤知時不可案兵未肯前帝浮於聽受銳克伐更以深冀行營節度使杜叔良代之叔良素結中人入見帝大言曰賊不足破會度逐廷湊兵於會星又入元氏焚壁二十二叔良率諸道兵救深州戰博野大奔失所持節以身免貶歸州刺史叔良者將家子本以附會至靈武節度使坐不職罷復賂貴近帥滄景廷湊知其怯故先犯之師由是敗當是時帝賜賚無藝府帑空既集諸道兵調發火馳民不堪其勞仰度支者大抵兵十五萬有司懼不給置南北供軍院既薄賊鄙饟道梗棘樵蘇不繼兵番休取芻蒸廷湊乘間奪轉運車六百乘食愈困至所須衣帛未半道諸軍彊取之有司弗能制其縣師深入者不得衣食又監軍官人悉取精票

士自隨疲瑣者備行陣戰輒潰二賊衆不過萬餘王師統制不一訖無功宰相不知兵爲異議搖沮裁報乖戾深州圍益急明年魏牙將史憲誠叛田布衆潰于南宮帝不得已乃赦廷湊檢校右散騎常侍成德軍節度使會牛元翼出奔廷湊遂取深州詔兵部侍郎韓愈慰其軍廷湊既原則稍挺與克融盡誠深相結爲輔車援滄州李全略死子同捷求襲文宗不許更授兗海節度使同捷逆命乃以珍幣子女厚結廷湊帝虞其變故授檢校司徒及幽魏徐兗兵討同捷廷湊撓魏北鄙以牽制之而饋滄景鹺糧因隣道使者不遣帝怒詔絕其輸貢於是易定柳公濟戰新樂斬首三千級昭義劉從諫戰臨城敗之引漳注深冀有詔同捷亂廷湊同惡宜削官爵諸道以兵進討有能斬廷湊者賜錢二萬緡仍畀之官以州鎮降者等差爲比公濟再戰行唐皆克焚柵十五廷湊射蠟書求救於幽州行營李載義獲之又納魏叛將亓志紹會同捷平廷湊稍畏表上景州而弓高樂陵長河三縣固守復上書謝帝

方貺兵赦之悉復官爵還所上州久之進兼太子太傅太原郡公
鎮冀自惟岳以來拒天子命然重隣好畏法稍屈則祈自新至廷
湊貪凶悖肆毒甘亂不臣不仁雖夷狄不若也大和八年死贈太
尉軍中以元逵請命帝聽襲節度
元逵其次子也識禮法歲時貢獻如職帝悅詔尚絳王悟女壽安
公主元逵遣人納聘顧下進千盤食良馬主𦈢澤奩具奴婢議者
嘉其恭其後劉稹叛武宗詔元逵爲北面招討使詔下即日師引
道拔宣務壁破援軍堯山攻邢州降之累遷檢校司徒同中書門
下平章事稹平加兼太子太師封太原郡公食實封戶二百進至
兼太傅大中八年死年四十三贈太師謚曰忠子紹鼎襲字嗣先
累擢檢校尚書左僕射其爲人淫湎自放性暴厚裒斂升樓彈射
路人以爲樂衆忿其虐欲逐之會病死贈司空子幼未能事宣宗
以元逵次子紹懿爲留後以嗣俄爲節度使累封太原縣伯加檢
校司空政簡易咸通七年死贈司徒以紹鼎子景崇嗣初紹懿病

屬召景崇曰先君以政屬我須爾長將授之今疾甚爾雖少勉總
軍務禮藩隣奉朝廷則家業不墜矣監軍上狀懿宗悅擢景崇爲
留後尋進節度使景崇字孟安以公主嫡孫尤被寵龐勛反景崇
遣兵會王師平賊進檢校尚書右僕射主薨謚曰章惠景崇居喪
如禮母張卒號慕羸毀當時稱之以政委賓佐檢戒親屬不得與
嘗欲引母昆弟爲牙將其佐張位曰軍中用人有勞有能若私其
人厚畀田宅祿食可也何必以官景崇謝進同中書門下平章事
檢校太尉兼中書令封趙國公乾符五年進王常山黃巢反帝西
狩僞使齎詔至景崇斬以徇因發兵馳檄諸道合定州處存連
師西入關問行在貢輸相踵每語及宗廟園陵輒流涕蔚州刺史
蘇祐爲沙陀所攻乞師於幽州屯美女谷兵不利祐將出奔會詔
徙濮州刺史擁兵之官道于鎮景崇館于靈壽肆其下剽奪景
崇殺之嗣節度凡十四年十三遷至檢校太傅中和三年死年三
十七贈太傅謚曰忠穆子鎔

鎔年十歲軍中推爲留後授檢校工部尚書李克用據復光攻黃
巢鎔凡再饋粟以濟師僖宗還自蜀獻馬牛戎械萬計於是克用
方擊孟方立於邢州鎔歸芻糧邢州平克用遂謀山東屯常山西
引輕騎涉滹沱謀軍會大澍平地水出鎔兵奮至克用匿林中以
免是時幽州李匡威亦謀取易定分其地王處存方厚事克用克
用寵將李存孝已拔邢則略鎔南鄙別將李存信等出井陘會之
鎔侵堯山存孝擊敗之遂至深趙鎔求救於匡威存孝方攻臨城
等數縣聞匡威屯鄗引師去存信素忌存孝妄曰無擊賊意克用
信之存孝飛狐人所謂安敬思者善騎射攻葛從周敗張濬韓建
數有奇功至是懼讒挈邢州歸朱全忠并結鎔爲助天子詔幽鎮
幽魏兵援之景福元年克用假道于鎔以討存孝鎔不荅乃與處
存連兵侵鎔拔堅固鎮攻新市鎔禽克用將薛萬金匡威以兵三
萬救鎔克用自攻常山度滹沱鎔引騎十萬夜濟礎木龍敗之斬
二萬級奪鎧器三百乘克用退壁欒城天子有詔和解三鎮克用

還然未得志故復伐鎔匡威以五千騎敗克用於元氏鎔具牛酒
會匡威稾城餉金二十萬以謝俄而匡威爲弟匡籌所逐鎔德其
助己迎而館之匡威親忌日鎔往弔伏起殺其府屬楊洽及親吏
淡從有甲者牽鎔褎匡威曰與我四州可不死鎔許之將鎔入牙
城鎮軍譟而闔左門坎垣出戰會大雨風木拔瓦飛兵相摟有屠
者墨君和袒而薄賊衆披靡乃挾鎔踰城入既免賞千金與第一
區約有十死匡威走東園兵圍之與從事李抱貞俱死明日鎔以
禮斂匡威素服哭諸廷遣使告匡籌匡籌怒移書詰兄所以死狀
表天子請討鎔詔止之又詔朱全忠平幽鎮怨克用閒匡威死自
率兵傅城下鎔大驚納縑二十萬乃退匡籌攻樂壽武強克用出
縛馬關敗鎮兵於平山因進攻鎔外壘鎔內失幽州助因乞盟進
幣五十萬歸糧二十萬請出兵助討存孝乃得解克用屯欒城存
信屯琢璐陂爲邢人夜襲其營存信軍亂不克追克用進薄邢環
城爲溝壘欲示久圍者城中兵數出溝壘不可成裨將袁奉韜紿

存孝曰君所畏唯王耳王欲講解成則西歸公何不聽之存孝兵不出壘成攻益急城中食盡存孝登城哭曰我誤計使我生見王死不恨克用遣家媼招之存孝出泥首言爲存信誣構克用曰爾與鎔書罵我多矣轘而尸於市光化中全忠討幽州劉仁恭鎔遣兵屯蓨城餓而仁恭敗擊其歸得十八全忠既取邢洺磁又得潞因圖河東使羅紹威諷鎔絕太原共尊全忠鎔猶違全忠不悅會克用將李嗣昭攻洺州全忠自將擊走之得鎔與嗣昭書責全忠怒引軍攻鎔次元氏鎔謂其屬曰國危矣柰何周式請見全忠可以口舌罷也許之全忠迎折曰爾公朋附太原今無赦矣即出書示式曰嗣昭在者宜速遣式曰王公所與和者息人鋒鏑間耳況繼奉天子詔和解能無一番紙墜北路乎太原與趙本無恩嗣昭庸肯入耶公爲唐桓文方以仁義成霸業寧困人於險耶全忠喜挹式袂曰吾特戲耳延入帳中議脩好鎔以幣二十萬賂師遣子昭祚質仕全忠府全忠因妻之鎔判官張澤謀曰失火之家不可恃

遠救今定密邇與太原親宜使全忠圖之鎔遣式使全忠全忠乃取定州王郜遂奔太原鎔母何有婦德訓鎔嚴至母亡鎔始黷貨財姬侍千人儀服僭上又以房山有西王母祠數游覽妄求長年事踰月不還始廷湊賤微時鄴有道士爲卜得乾之坤曰君將有土及得鎮迎事甚謹復問壽幾何子孫幾何荅曰公三十年後當有二王已而廷湊立十三年死蓋庚文也景崇鎔皆王廷湊嘗使至河陽醉寢於路有過其所者視之曰非常人也從者以告廷湊馳及之問其故曰吾見君鼻之息左若龍右若虎子孫當王百年家有大樹覆及堂公興矣及害弘正而樹適庇寢自廷湊訖鎔凡百年

贊曰朱滔王武俊南面稱王地聯交昵及泚僭天子滔將應之當時危矣賈林以一語寤武俊輒兵相仇折幽薊之鋭泚失其朋不出孤城終底覆夷用林之功賞不及身德宗爲不明哉

藩鎮鎮冀列傳第一百三十六

端明殿學士兼翰林侍讀學士龍圖閣學士朝請大夫守尚書吏部侍郎充集賢殿修撰臣宋祁奉
敕撰

李懷仙柳城胡也世事契丹守營州善騎射智數敢給祿山之反以為裨將史思明盜河南留次子朝清守幽州以阿史那王高如震輔之朝義殺立移檄誅朝清二將亂朝義以懷仙為幽州節度使督兵馳入如震欲拒不及計乃出迎懷仙外示寬以安士居三日大會斬如震州部悉平朝義敗將趨范陽中人駱奉先間遣鐫說懷仙遂降使其將李抱忠以兵三千戍范陽朝義至抱忠閉關不內乃縊死斬其首因奉先以獻僕固懷恩即表懷仙為幽州盧龍節度使遷檢校兵部尚書王武威郡屬懷恩反邊羌挐戰不解朝廷方勤西師故懷仙與田承嗣薛嵩張忠志等得招還散亡治城邑甲兵自署文武將吏私貢賦天子不能制大曆三年麾下朱希彩朱泚泚弟滔謀殺懷仙斬關者以入希彩不至遂明泚懼欲亡

滔曰謀不成有死逃將焉往俄希彩至共斬懷仙族其家希彩自稱留後張忠志以兵討其亂不克代宗因赦罪詔宰相王縉為節度使以希彩副之希彩聞縉至蒐卒伍大陳戎備以逆縉建旌棨徐驅希彩迎謁恭甚縉度不可制勞軍閱旬乃還希彩即領節度五年封高密郡王驁恣不軌人不堪七年其下李瑗間衆之怨殺之共推朱泚為留後泚自有傳

朱滔性變詐多端倪希彩以同宗倚愛之使主帳下親兵泚領節度遣滔將兵三千為天子西乘塞為諸軍倡始安史後山東雖外臣順實傲肆不廷至泚首效款帝嘉之召見滔殿中帝問曰卿材孰與泚多滔曰統御士衆方略明辨臣不及泚臣年二十八獲謁天子泚長臣五年未識朝廷此不及臣帝愈喜特詔勒兵貫王城而出屯涇州置酒開遠門餞之戍還乃謀奪泚兵詭說曰天下諸侯未有朝者先至可以得天子意子孫安矣泚信之因入朝稍不相平泚遂乞留西討吐蕃以滔權知留後兼御史大夫滔殺有功者李瑗等二十餘人威振軍中李惟岳拒命滔與成德張孝忠再破之東鹿取深州進檢校司徒遂領節度賜德棣二州德宗以康日知為深趙二州團練使詔滔還鎮滔失深州不平又請恒定七州所賦供軍復不許愈怨時馬燧圍田悅悅窮間滔與王武俊同叛滔姑子劉怦為涿州刺史以書諫曰司徒身節制太尉位宰相恩遇極矣今昌平有太尉鄉司徒里不朽業也能以忠順自將則無不濟比忘上樂戰不顧成敗如安史者今復何有司徒圖之無貽悔滔不從連兵救悅又懼張孝忠之襲使怦壁險而軍滔激其衆曰士蹀血關既下堅城朝廷乃見奪奏賞不報君等疾趨破馬燧軍以取貲糧可乎軍中不應三號之乃曰幽人死於南者骸撑不揜痛藏心髓柰何復欲暴骨中野乎司徒兄弟受國寵士各蒙官賞願安之不卹其它滔罷潛殺不可共亂者數十人日知發其謀於燧天子聞以悅未下重起兩寇即封滔通義郡王實戶二百滔愈悖分兵與武俊屯趙州脅日知矯詔發其糧貯即引兵救悅

次東鹿軍大譟曰天子令司徒北還而南救魏寧有詔邪滔懼走匿傳舍裨將蔡雄好諭士曰始天子約取成德所得州縣賜有功者拔深州者燕也本鎮常苦無絲纊冀得深州以佐調率今顧不得又天子以帛賜有功士為馬燧掠去今引而南非自為也軍中悔謝復曰雖然司徒南行違詔書莫如還滔回次深州誅首變者二百人衆懼乃率兵南壁寧晉與武俊合帝命馬燧李懷光擊之滔屬鄭雲逵田景仙皆奔燧已而滔破懷光軍則與王師屯魏橋久不戰悅德滔援欲尊而臣之滔讓武俊曰愜山之勝王大夫力也於是滔武俊官屬共議古有列國連衡共抗秦今公等在此李大夫在鄆請如七國並建號用天子正朔且師在外其動無名豈長為叛臣士何所歸宜擇日定約順人心不如盟者共伐之滔等從之滔以祿山思明皆起燕俄覆滅惡其名以冀堯所都因號冀武俊號趙悅號魏納號齊建中三年冬十月庚申為壇魏西祀天各僭為王與武俊等三讓乃就位滔為盟主稱孤武俊悅及納稱寡

人是日三叛軍上有雲氣頗異燧望笑曰是雲無知乃爲賊
瑞邪先是其地土息高三尺魏人韋稔佞悅以爲益土之兆
後二年滔等冊遺正值其所滔改幽州爲范陽府以子爲府
留後稱元帥用親信爲留守滔等居室皆曰殿妻曰妃子爲
國公下皆稱臣謂殿下上書曰牋所下曰令置左右內史視
丞相內史令監視侍中中書令東西侍郎視門下中書東曹
給事西曹舍人視給事中中書舍人司議大夫視諫議大夫
六官省視尚書東西曹僕射視左右僕射御史臺曰執憲置
大夫至監察御史驅使要藉官曰承令左右將軍曰虎牙豹
略軍使曰鷹揚龍驤以劉怦爲范陽府留守柳良器李子千爲左
右內史滔兄瓊瑰陸慶爲東西曹僕射楊霽馬寔寇瞻楊榮國爲
司文司武司禮司刑侍郎李士眞樊播爲執憲大夫中丞其餘以
次補署聘處士張遂王道爲司諫燧遣李晟將兵至易定率張茂
昭攻涿莫以絕滔援明年圍清苑滔將鄭景濟固守滔使馬寔將

兵萬人與武俊拒燧自以兵萬餘救清苑絕晟糧道兵至定州晟
不知夜引兵還滔疑有伏不敢逼遽保瀛州而孝忠晟合兵千人
城萊水滔驍將烏薩戒以兵七百襲殺城卒數百晟不出景濟望
滔軍立幟爲應滔進軍蒲晟營晟戰不利城中兵亦出晟大敗奔
易州茂昭走滿城滔已破晟則回屯河間不進武俊使宋端趣讓
滔怒曰孤亟戰且病就醫藥而王已復云云孤南救魏棄兄背君
如脫屣王必相疑亦聽所爲端還武俊謂寔曰寡人望王速來指
蹤決勝負復何惡王異日并天下寡人得六七城爲節度足矣寔
還具道所以然武俊亦遣使謝滔滔悅亦報謝然武俊內銜之滋
不懌與田悅潛謀絕滔及泚反燧等皆班師武俊寔亦還悅武俊
遣使至河間賀泚即位武俊詭請寔共攻康日知於趙州謀覆其
軍不克寔歸武俊餞之厚贈遺泚遣人密召滔使趨洛陽滔發書
西向再拜移檄諸道曰今發突騎四十萬走洛陽與皇帝會上陽
宮使王郅說悅連和俱西滔素彊調斂武俊等不能堪又令各以

兵五千從攻洛欲僭稱帝乘輿法從及赦令皆具初回紇以女妻
奚王大曆末奚亂殺王女逃歸道平盧滔以錦繡張道待其至請
爲婚女悅許焉既而遣使修壻禮於回紇回紇喜報以名馬重寶
及僭相王與武俊悅納四金鑰於回紇曰四國願聽命於可汗謹
上金鑰啓閉出納唯所命至是乞師焉回紇以二千騎從而武俊
亦先乞師以斷懷光餉路未至而王師還回紇過幽州滔使說其
酋達干曰若能同度河而南玉帛子女不貲計可得也達干許諾
滔啗以金帛約日五十里舍以須悅軍滔兵五萬車千乘騎二萬
士私屬萬餘虜兵三千馬橐它倍之過武俊境武俊勞之牛酒芻
米皆具然悅已用武俊謀不肯出儲峙于野以待滔至貝州悅刺
史邢曹俊上謁滔即歸閉城守滔疑之次永濟武俊陰遣客反間
滔曰悅有憾須公南以兵斷公歸路宜少備滔聞怒入永濟執悅
吏掠訊不得其情殺之使回紇大掠南及澶衛係執老幼無遺者
悅大恐闔城自保滔遣將楊布略定館陶毛平恩置官吏滔整軍

北還使馬寔屯冠氏聞悅死遂攻魏州圍貝州於是武俊李抱眞
合軍擊滔滔急召寔至貝州步馬乏頓明日輒約戰寔請休士三
日蔡雄達干等畏武俊堅壁難圖請戰楊布曰大王將取東都逢
小敵即怯何以長驅天下邢術士丑少伯亦言必勝既戰爲二軍
所乘大敗大將朱良祐李進皆被執委仗如丘滔奔入德州恨少
伯雄布之謀殺之俄而京師平滔已敗不能軍走還幽州上書待
罪有詔武俊抱眞開示大信若誠心審固者當洗覺錄勳與更始
初滔以劉怦忠力使留守及敗疑圖己彷徨不敢入怦聞其至蒐
兵繕鎧夾道陳二十里迎謁望滔哭滔遂入府氣沮索日邑邑被
病政事一委怦貞元元年死年四十二贈司徒
劉怦幽州昌平人少爲范陽裨將以親老疾宜侍輒去職李懷仙
爲節度使檄召不應朱滔時積功至雄武軍使廣墾田節用度以
辦治稱稍遷涿州刺史滔之討田承嗣表知府事和裕得衆心李
寶臣以兵劫滔于瓦橋滔走寶臣乘勝欲襲幽州怦設方略勒兵

完守竇臣不敢謀權御史中丞滔敗歸終不貳益治兵人嘉怦忠
於所奉及滔死軍中盡推怦乃總軍事俄詔爲節度副大使彭城
郡公居鎭纔三月死年五十九贈兵部尚書謚曰恭子濟
濟字濟游學京師第進士歷莫州刺史怦病詔濟假州事及怦卒
嗣節度累遷檢校尚書右僕射同中書門下平章事奚數侵邊濟
擊走之窮追千餘里至靑都山斬首二萬級其後又掠檀薊北鄙
濟率軍會室韋破之王承宗叛濟合諸將曰天子知我怨趙必命
我伐之趙且大備我柰何裨將譚忠欲激濟伐承宗疾言曰天子
不使我伐趙趙亦不備燕濟怒繫之使視趙果不設備數日詔書
許濟無出師濟釋忠謝而問之忠曰昭義盧從史外親燕內實怠
之外絕趙內實與之此爲趙畫曰燕倚趙自固雖甚怨必不殘趙
故不足虞也趙既不備燕從史則告天子曰燕趙宿怨也今趙見
伐而不備燕是燕反與趙此所以知天子不使君伐趙趙亦不備
燕濟曰計安出曰今天子誅承宗而燕無一卒濟易水者正使潞
人賣恩於趙販忠於上是君貯忠誼心而滐私趙之名卒不見德
於趙惡聲徒嘈嘈於天下濟然之以兵七萬先諸軍斬首數千級
又拔饒陽屯瀛州進攻安平久不拔濟命次子總以兵八千先登
日中拔其城會赦承宗進中書令濟之出以長子緄攝留務總爲
行營都知兵馬使濟病甚總與左右張玘成國寶及帳內親近謀
殺濟乃使人詐從京師來曰朝廷以公前屯瀛州逗留詔副大使
代節度明日復使人曰詔節至太原矣又使人走呼曰過代矣舉
軍驚濟憤且怒不知所爲誅主兵大將數十人及素與緄厚善者
亟追緄以玘兄臯代留事濟自朝至中昃不食渴索酏漿總使吏
唐弘實寘毒濟飲而死年五十四緄至涿州總矯濟命殺之乃發
喪贈太師謚曰莊武
總性陰賊尤險譎已毒父即領軍政朝廷不知其姦故詔嗣節度
封楚國公進累檢校司空承宗再拒命總遣兵取武彊按軍兩端
以私饋賚憲宗知之外示崇寵進同中書門下平章事及吳元濟

李師道平承宗憂死田弘正入鎭州總失支助大恐謀自安又數
見父兄爲祟乃衣食浮屠數百人晝夜祈禳而總愈恂惕則暫安
或居臥內輒驚不能寐晚年益慘悸請剔髮衣浮屠服欲祓除之
譚忠復說總曰天地之數合必離離必合河北與天下離六十年
數窮必合往朱泚希烈自立趙冀齊魏稱王郡國弄兵低目相視
可謂危矣然卒於無事元和以來劉闢李錡田季安盧從史齊蔡
之彊或首于都市或身爲逐客皆君自見今兵驍驍北來趙人已
獻德棣十二城助魏破齊惟燕無一日勞後世得無事乎爲君憂
之總泣且謝因上跡願奉朝請且欲割所治爲三以幽涿營爲一
府請張弘靖治之瀛莫爲一府盧士玫治之平薊嬀檀爲一府薛
平治之盡籍宿將薦諸朝會穆宗沖逸宰相崔植杜元穎無遠謀
欲寵弘靖重其權故全付總地惟分瀛莫置觀察使拜總檢校司
徒兼侍中天平節度使又賜浮屠服號大覺榜其第爲佛祠遣使
者以節印偕來時總已自髡祝讓節印遂衣浮屠服行及定州卒
始總請代獻馬萬五千匹羣臣或疑其詐帝獨納之使給事中薛
存慶宣慰給所部復一歲緡錢百萬勞軍高年惸獨不能自存者
官吏就問賜粟帛總遂與忠俱行軍中世懷其惠擁留不得進總
殺首謀者十人以節付張臯夜間道去遲明軍中乃知詔贈太尉
子礎及弟約至長安者十一人皆擢州刺史忠護總喪至亦卒忠
絳人喜兵善謀事蓋健男子云
朱克融滔孫也以偏校事劉總總將入朝慮後有變籍其軍材勇
與黠暴不制者悉薦之朝冀厚與爵位使北方歆豔無甘亂心克
融在遣方是時執政非其人既見總納地謂天下曠然無復事克
融等留京師久之不得調數詣宰相求自試皆不聽羸色敗服飢
寒無所貸丐內怨忿會張弘靖赴鎭因悉遣還俄幽州亂因弘靖
時克融父洄號有智謀以疾廢臥家衆往請爲帥洄辭老且病因
推克融領軍務詔以劉悟爲節度使馳往俄而瀛莫皆附克融悟
不得入克融縱兵掠易州敗兩縣寇蔚州易州刺史柳公濟戰白

石嶺斬三千級轉寇定州節度使陳楚破其兵二萬會鎮州反殺田弘正議者謂二賊均逆而克融全弘靖不敢害可悉兵先誅趙赦燕朝廷度幽薊未可復取乃拜克融檢校左散騎常侍為幽州盧龍節度使長慶元年也明年陷弓高攻下博與王廷湊共圍深州裴度以檄譙諭克融乃還因進檢校工部尚書表獻馬萬匹羊十萬請直賞軍敬宗初遷檢校司空賜邊屯時服克融以帛疏惡因詔使楊文端以聞又上言聞陛下東幸雒願率匠丁五千助營宮室迎乘輿且請帛三十萬備一歲費帝怒用裴度謀忍不問以好言荅之屈其謀進爵吳興郡王是年軍亂殺克融及其子延齡詔贈司徒次子延嗣立領留後為大將李載義殺而代之并族其家

李載義自稱恒山愍王之後性矜蕩好與豪傑游力挽彊搏鬬劉濟在幽州高其能引補帳下從征伐積多為牙中兵馬使朱克融死子延嗣叛命殘用其人載義因眾不忍殺之暴其罪于朝敬宗

即授檢校戶部尚書盧龍軍節度使封武威郡王初張弘靖之囚幕府多見害妻子留不遣及是載義悉護送京師雖僮廝畢行俄而李同捷據滄景邀襲封載義請討賊自效文宗嘉之進檢校尚書右僕射斬級數有功賊平詔同中書門下平章事賜白玉帶示殊禮大和四年為兵馬使楊志誠所逐奔易州即上言自破滄州賊屢請朝不許今願將妻子身入見帝令使者抵太原尉迎賜袍笏裝器又以其嘗有功且意恭順乃冊拜太保仍平章事俄為山南西道節度使徙河東始回鶻使者歲入朝所過暴慢吏不敢何禁但嚴兵自守虜怛習益驁悍至鞭候人剽突市區時大酋李暢者曉華人語尤凶黠既就館橫須索抶疻郵人載義召暢語曰可汗以舅甥故使將軍朝貢誼不容將軍暴也天子厚饔餼以禮客有不謹吏皆論死若將軍所部不戢而欲擾自如我必殺所犯者將軍其少戒因悉罷所防兵以兩卒護閽暢嚴憚之訖無犯者進兼侍中會吏下請立碑紀功詔李程為之辭未有字帝詔曰周書凡厥正人既富方穀卿宜當之以方穀為字其寵待如此開成二年卒年五十贈太尉初載義母葬范陽為楊志誠掘發後志誠被逐道太原載義奏請剔其心償母怨不許又欲殺之官屬苦救乃免然盡戕其妻息士卒其天資驕暴云帝屈法弗劾也志誠者事載義為牙將載義寢天子使者鞠場志誠與其黨譟而起載義走因自為都知兵馬使文宗更以嘉王領節度用志誠為留後俄檢校工部尚書擢節度副大使踰年進檢校吏部詔下邸吏白宰相曰軍中不識朝廷儀惟知尚書改僕射為進秩今一府盛服以待天子命如復為尚書則舉軍慙使者勢不得出既志誠果怨望軍有嬰言因中人魏寶義及它使焦奉鸞尹士恭而遣部將王文穎入謝讓還所命帝復賜之文穎不肯受輒去帝忍不責乃遣使進檢校尚書右僕射八年為下所逐推部將史元忠總留後志誠在鎮密製天子袞冕其被服皆擬乘輿元忠表而暴于朝詔御史按治斥嶺南至商州誅之而以通王領節度授元忠留後明年檢校工

部尚書為副大使會昌初為偏將陳行泰所殺行泰邀節制未報次將張絳殺行泰起求帥軍武宗自用張仲武代之

張仲武范陽人通左氏春秋會昌初為雄武軍使行泰殺元忠宰相李德裕計河朔請帥皆報下太速故軍得以安若少須下且有變帝許之未報果為絳所殺復誘其軍以請亦置未報是時回鶻為黠戛斯所破烏介可汗託天德塞上而仲武遣其屬吳仲舒入朝請以本軍擊回鶻德裕因問北方事仲舒曰行泰絳皆遊客人心不附仲武舊將張光朝子年五十餘通書習戎事性忠義願歸款朝廷舊矣德裕曰即以為帥軍得無復亂乎荅曰仲武得士心受命必有逐絳者德裕入白帝曰行泰等邀節不可許仲武求自效用之有名軍且無辭乃擢兵馬留後而詔撫王領節度詔下絳果為軍中所逐即拜仲武副大使檢校工部尚書蘭陵郡公會回鶻特勤那頡啜擁赤心部七千帳逼漁陽仲武使其弟仲至與別將游奉寰等率銳兵三萬破之獲馬牛橐它旗纛不勝計遣使獻狀

進檢校兵部尚書始回鶻常有酋長監奚契丹以督歲貢因詗刺中國仲武使裨將石公緒等厚結二部執諜者八百餘人殺之回鶻欲入五原掠保塞雜虜乃先以宣門將軍四十七人詭好結歡仲武賂其下盡得所謀因逗留不遣使失師期回鶻人馬多病死者由是不敢犯五原塞烏介失勢往依康居盡徙餘種寄黑車子部回鶻遂衰名王貴種相繼降捕幾千人仲武表請立石以紀聖功帝詔德裕爲銘揭碑盧龍以告後世大中初又破奚北部及山奚俘獲雜畜不貲擢累檢校司徒同中書門下平章事卒謚曰莊子直方以右金吾將軍襲節度留後俄進副大使舉動多不法畏下變起乃託出畋奔京師軍中以張允伸總後務直方至宣宗遣使者郊勞授金吾大將軍以其族大給檢校工部尚書俸久之進檢校尚書右僕射性暴率坐以小罪笞殺金吾史改右羽林統軍好馳獵往往設罝罘於道當宿衞不時入下遷驍衞將軍奴婢細過輒殺積其罪貶思州司戶參軍毋驚曰尚有尊於我子邪久乃

復授羽林統軍縱部下爲盜復貶康州司馬後居東都弋獵愈甚洛陽飛鳥皆識之見必羣譟乾符中累進左驍衞大將軍時鄭畋輔政頗言仲武會昌時功第一令直方百口不自存每內燕以衣撇惡辭不赴陛下錄功念舊宜少優假詔還檢校右僕射進左金吾衞大將軍黃巢犯京師直方迎灞上既而納亡命謀劫巢報天子公卿多依之賊覺屠其族

張允伸字逢昌范陽人世爲軍校直方出奔以都知兵馬使爲衆立爲留後天子報可未幾檢校散騎常侍爲節度使累進檢校司徒兼太傅同中書門下平章事封燕國公龐勛以徐州反上書欲遣弟允皐領兵討賊不許上米五十萬斛鹽二萬斛佐用度詔嘉美賜玉帶寶器紈錦進兼侍中咸通十二年以疾甚上節印便醫藥詔聽許以子簡會爲副大使卒年八十八贈太尉謚曰忠烈允伸性勤儉下所安賴未嘗有邊鄙虞子十四人簡會入朝昆弟多至大將軍刺史郡佐者而軍中推張公素爲留後公素范陽人以列將事允伸擢累平州刺史允伸卒以兵來會喪軍士素附其威望簡會知不可制即出奔詔公素爲節度使進同中書門下平章事性暴厲眸子多白燕人號白眼相公爲李茂勳所襲奔京師貶復州司戶參軍

李茂勳本回鶻阿布思之裔張仲武時與其侯王皆降資沈勇善馳射仲武器之任以將兵常乘邊積功賜姓及名陳貢言者燕健將爲納降軍使軍中素信服茂勳襲殺之因舉兵紿稱貢言反公素迎擊不利走茂勳入府衆始悟因推主州務以聞詔即拜節度使俄以病自上詔進尚書右僕射致仕表子可舉代家領留後進爲節度使擢累檢校太尉中和末太原李克用始彊大與定州王處存厚相結可舉惡其窺山東爲己患乃遣使約吐渾都督赫連鐸鎮州王鎔聯和揚言易定李燕趙屬得其地且參有之即遣軍司馬韓玄紹擊沙陀藥兒嶺斬首七千級殺其將朱耶盡忠等收牛馬器鎧數萬又戰雄武軍殺獲萬人鐸又破沙陀於蔚州詔以鐸

爲雲州刺史進可舉檢校侍中乃遣票將李全忠率衆六萬圍易州鎔以兵攻無極處存求援太原克用自將赴之鎮人懼退保新城克用急攻之鎔引去追破之九門易久未下盧龍將劉仁恭穴地以入得其城士卒有驕色處存以輕兵三千蒙羊皮夜布之野以精騎伏它道全忠軍望爲羣羊爭趨之處存伏騎發大敗之復取易州全忠遁還盡失芻糧仗鎧懼得罪乃裒餘衆反攻幽州可舉度不支引其族登樓自燔死

李全忠范陽人仕爲棣州司馬有蘆生其室一尺三節怪之以問別駕張建建曰蘆茅類生於澤公茅土兆也傳節者其三世乎罷歸事可舉爲牙將可舉死衆推爲留後光啓元年拜節度使未幾卒子匡威嗣領留後進爲使性豪爽恃燕薊勁兵處軒然有雄天下意與赫連鐸共攻太原爭雲代李克用使安金俊攻鐸匡威救鐸戰蔚州射金俊殺之乃共表請討沙陀而朱全忠亦上言願協力故張濬因請用兵矣濬敗克用攻雲州以騎將薛阿檀爲前

鐸設伏河上鐸以精騎追阿檀抵河而伏起乃大敗禽其將賈塞兒遂圍雲州塹而守分兵出井陘屯常山大掠深趙匡威以步騎萬餘援王鎔克用還因急攻鐸會食盡鐸棄州奔匡威克用取雲州表石善友爲刺史鐸本吐谷渾部酋也開成中其父率種人三千帳自歸守雲州十五年至是失其地景福初鎔誘太原將李存孝降之克用怒伐鎔鎔來求救匡威遣將赴之克用去明年兵復出井陘匡威自將援鎔將行置酒大會其弟兵馬留後檢校司徒匡籌妻張國豔匡威酒酣報之弟怒匡威軍次博野乃據城自爲留後天子即授檢校太保爲節度使匡威麾下多去屏營無所歸留深州遣其屬李抱貞上書願入朝時京師數寇難人人危懼傳言金頭王且來皆亡竄山谷抱貞還而鎔已迎館于鎮匡威引抱貞登城西大悲浮屠顧望流涕美其山川乃共圖鎔陽爲繕甲治城塹施授方略陰施予以傾士心鎮軍忠於王氏皆惡之匡威親忌日鎔過慰匡威士衷甲劫鎔入牙城戰不勝鎮人斬匡威以徇

匡籌表訴諸朝繳暴鎔罪攻樂壽武彊以報始匡籌之奪也燕人不以爲義劉仁恭出奔太原克用倚其謀下武嬀二州敗匡籌於居庸關李存審與戰匡籌又敗挈其族奔京師次景城滄州節度使盧彥威殺之掠入車馬僮妓妻方乳不能進仁恭獲之納于克用爲嬖夫人始匡威見逐嘆曰兄失弟得皆吾之宗無所悔然其材恐不足以守果亡而幽州地歸克用以仁恭爲帥

劉仁恭深州人父晟客范陽爲李可舉新興鎮將故仁恭事軍中從李全忠攻易州號窟頭稍遷裨校爲人豪縱多智數有大志嘗自言夢大幡出指端年四十九當秉旄節李匡威惡之補景城令會瀛州亂殺守吏仁恭募士千人定其亂匡威復使將兵戍蔚州踰期未代士皆怨會匡籌奪地故戍卒擁仁恭趨幽州匡籌逆戰敗之遂以族奔太原李克用待之甚厚賜田宅拜壽陽鎮將數以策干克用請步騎一萬東取幽州且爲導克用攻匡籌匡籌遁去仁恭與府存審入城封府庫以待克用悅留仁恭守之以親信分

典其兵乾寧二年克用擊王行瑜表仁恭爲檢校司空盧龍軍節度使明年克用攻魏州召盧龍兵仁恭以契丹解又明年克用復興其兵救朱瑄仁恭不荅使者數十往卒不出克用以書讓之仁恭乃慢罵執其使盡囚太原士之在燕者復以厚利誘克用麾下士多亡歸之克用怒自將往擊不勝師喪過半仁恭獻戩於朱全忠全忠表同中書門下平章事既與克用絕則益募兵光化初使其子守文襲滄州節度使盧彥威棄城走遂有滄景德三州地用守文爲節度留後請命于朝昭宗怒不與會中人至仁恭嫚謂曰旄節吾自可爲要假長安本色耳何見拒邪由是兵益張顯圖河北悉幽滄步騎十萬聲言三十萬南徇魏鎮大貝州屠之清水爲不流羅紹威求救於朱全忠全忠使李思安葛從周赴之屯內黃仁恭負彊下令曰思安懦當先破之乃取魏守文與單可及精甲五萬循清水上思安設伏自引兵逆戰僞不勝守文躡北至內黃思安整兵還擊守文伏發斬可及獨守文挺逸衆無還者從周與邢洺

兵與魏將賀德倫等出館陶門夜擊仁恭破八屯仁恭走自魏抵長河數百里尸蔽道鎮人邀敗之東境仁恭遂衰三年葛從周攻滄州仁恭壁乾寧從周潛軍戰老鴉隄仁恭敗退壁瓦橋卑辭歸窮於克用求救克用爲侵邢洺俄而全忠取瀛莫克用使周德威出飛狐天祐三年全忠自將攻滄州壁長蘆仁恭悉發男子十五以上爲兵涅其面曰定霸都士人則涅于臂曰一心事主盧龍閭里爲空得衆二十萬屯瓦橋全忠環滄築而溝之內外援絕人相食仁恭求戰不許復從克用乞師使百輩往乃許仁恭以兵三萬合攻潞州降全忠將丁會滄州圍乃解是時中原方多故仁恭得倚燕彊且遠無所憚意自滿從方士王若訥學長年築館大安山掠子女充之又招浮屠與講法以堇土爲錢斂真錢穴山藏之殺匠滅口禁南方茶自擷山爲茶號山曰大恩以邀利子守光烝嬖妾事覺仁恭謫之李思安來攻屯石子河仁恭居大安山城中無備守光引兵出戰思安去因回攻大安虜仁恭囚別室殺左右婢媵

遂有盧龍

贊曰朱滔脅其兄泚入朝及引兵東嚮稱帝以自尊名雖助泚志可知矣至克融再得幽州朱氏無遺種其禍與泚鈞而族夷有先後爲閒也

藩鎮盧龍列傳第一百三十七

藩鎮淄青橫海列傳第一百三十八　唐書二百一十三

端明殿學士兼翰林侍讀學士龍圖閣學士朝散大夫行尚書吏部侍郎充集賢殿修撰臣宋祁奉敕撰

李正己高麗人為營州副將從侯希逸入青州希逸母即其姑故薦為折衝都尉寶應中以軍候從討史朝義時回紇恃功橫諸軍莫敢抗正己欲以氣折之與大酋角逐衆士皆牆立觀約曰後者批之既逐而先正己批其頰回紇矢液流離衆軍哄然笑酋大慙自是沮憚不敢暴希逸以為兵馬使沈毅得衆心然陰忌之因事解其職軍中皆言不當廢尋逐希逸出之有詔代為節度使本名懷玉至是賜今名遂有淄青齊海登萊沂密德棣十州與田承嗣薛嵩李寶臣梁崇義輔牙相倚嵩死李靈耀反諸道攻之共披其地正己復取曹濮徐兗鄆凡十有五州市渤海名馬歲不絕賦繇均約號最彊大政令嚴酷在所不敢偶語威震鄰境歷檢校司空加同中書門下平章事以司徒兼太子太保封饒陽郡王請附屬籍許之因徙治鄆以子納及腹心將守諸州建中初聞城汴州乃約田悅梁崇義李惟岳偕叛自屯濟陰陳兵按習益師徐州以扼江淮天子於是改運道檄天下兵為守備河南騷然會發疽死年四十九興元初納順命詔贈太尉

納少時為奉禮郎將兵防秋代宗召見擢殿中丞賜金紫入朝擢兼侍御史正己署為淄青二州刺史又為行軍司馬濮徐兗沂海留後進御史大夫正己死祕喪不發以兵會田悅于濮陽馬燧方擊悅納使大將衛俊救之為燧所破略盡收洹水德宗詔諸軍合討其從父洧以徐州歸大將李士真以德州李長卿以棣州送款納恚洧背己且徐險集悉兵攻洧帝命宣武劉玄佐督諸軍進援大破其兵納還濮陽玄佐進圍之殘其郛納登陴見玄佐泣且悔遣判官房說與子弟質京師因玄佐謝罪時中人宋鳳朝以納窮欲立功建不可赦帝乃械說等禁中納於是還鄆與悅李希烈朱滔王武俊連和自稱齊王置百官興元初帝下詔罪己納復歸命授檢校工部尚書復平盧帥節賜鐵券又同中書門下平章事封隴西郡王希烈圍陳州納會諸軍破之城下加檢校司空實封五百戶進檢校司徒死年三十四贈太傅子師古師道

師古以蔭累署青州刺史納死軍中請嗣帥詔起為右金吾衛大將軍本軍節度使初棣州有蛤蜍鹽池歲產鹽數十萬斛李長卿以州入朱滔獨蛤蜍為納所據以專利後德棣入王武俊納乃築壘德州南跨河以守蛤蜍謂之三汊通魏博以交田緒盜掠德州武俊患之師古始襲武俊易其弱且納時將無在乃率兵取蛤蜍三汊師古使趙鎬拒戰武俊子士清兵先濟滴河會營中火起士大譟不敢前德宗遣使者諭武俊罷兵師古亦隳三汊聽命嘗怨其僚獨孤造使奏事京師遣大將王濟縊殺之貞元末與杜佑李欒皆得封妾媵以國為夫人進同中書門下平章事德宗崩哀使未至義成節度使李元素騰遺詔示之師古幸國喪欲攻掠州縣即集將士告元素偽作遺詔豈欲反邪不可不討執使者名討元素勒兵出大閱順宗立乃罷累加檢校司徒兼侍中元和初卒贈太傅

師道異母弟也師古嘗曰是不更民間疾苦要令知衣食所從乃署知密州師古病召親近高沐李公度等曰即我不諱欲以誰嗣二人未對師古曰豈以人情屬師道邪彼不服戎以技自嘗慮覆吾宗公等審計之及死沐公度與家奴辛立之而請于朝於是制書久不下師道謀臬兵守境沐爭止更上書奉兩稅守鹽法請吏朝廷宰相杜黃裳欲撓削其權而憲宗方誅劉闢未皇東討故命建王審領節度大使而以師道知留後歲中加檢校工部尚書為副大使自正己以來雖外奉王命而嘯引亡叛有得罪于朝者厚納之以嚴法持下凡所付遣必質其妻子有謀順者類夷其家以故能脅汙士衆傳三世云帝討蔡詔興諸道兵而不及鄆師道選卒二千抵壽春陽言為王師助實欲援蔡也亡命少年為師道計曰河陰者江淮委輸河南帝都請燒河陰敖庫募洛壯士劫宮闕

即朝廷救腹心疾此解蔡一奇也師道乃遣客燒河陰漕院錢三十萬緡米數萬斛倉百餘區又有說師道曰上雖志討蔡謀皆出宰相而武元衡得君顧爲表盎事後宰相必懼請罷兵是不用師蔡圍解矣乃使人殺元衡傷裴度初師道置邸東都多買田伊闕陸渾間以舍山棚遣將訾嘉珍門察部分之嵩山浮屠圓靜爲之謀元和十年大饗士邸中椎牛釃酒既東甲矣其徒白官發之留守呂元膺以兵掩邸賊突出轉略畿部入山中數月奪山棚所市山棚怒道官軍襲擊盡殺之圓靜者年八十餘嘗爲史思明將驍悍絕倫既執力士椎其脛不能折罵曰豎子折人脚且不能乃曰健兒因自置其足折之且死歎曰敗吾事不得見洛城流血於時留守防禦將都亭驛吏數十人皆陰受師道署職使爲詗察故無知者及窮治嘉珍察乃害武元衡者鹽鐵使王播又得嘉珍所藏弓材五千并斷建陵戟四十七始師道欲知元濟虛實使劉晏平間道走淮西元濟日與宴厚結歡晏平歸以爲元濟暴師數萬而

晏然居內與妻妾戲博必敗之道也師道本倚蔡爲重聞之怒乃以它事殺晏平及聞李光顏拔淩雲柵始大懼遣使歸順帝重分兵支兩寇故命給事中柳公綽慰撫之加檢校司空蔡平又遣比部員外郎張宿諷令割地質子宿謂曰公今歸國爲宗姓以尊卑論之上叔父矣不屈一也以十二州事三百餘州天子北面稱藩不屈二也以五十年傳爵臣二百年天子不屈三也今反狀已暴上猶許內省宜遣子入宿衞割地以贖罪師道乃納三州遣子弘方入侍宿既還師道中悔召諸將議皆曰蔡數州戰三四年乃克公今十二州何所虞大將崔承度獨進曰公初不示諸將腹心而今委以兵此皆嗜利者朝廷以一將十餅誘之去矣師道恚遣承度詣京師戒候吏時其還斬之承度待命客省不敢還帝以其負約用左散騎常侍李遜諭旨既至師道嚴兵以見遜讓曰前已約而今背之何也願得要言奏天子師道許之然懦暗不自決私奴婢媼爭言先司徒土地奈何一旦割之今不獻三州不過戰耳即

不勝割地未晚師道乃上書以軍不協爲解帝怒下詔削其官詔諸軍進討武寧節度使李愿使將王智興破其衆斬二千級獲馬牛四千略地至平陰橫海節度使鄭權戰福城斬五百級武寧將李祐戰魚臺敗之宣武節度使韓弘拔考城淮南節度使李夷簡命李聽趨海州下沭陽朐山進戍東海魏博節度使田弘正身將兵自陽劉濟河距鄆四十里而營再接戰破三萬衆禽三千人陳許節度使李光顏攻濮陽收斗門杜莊二屯弘正又戰東阿殘其衆五萬師道每聞敗輒悸成疾及李祐取金鄉左右莫敢白初遣大將劉悟屯陽穀當魏博軍疑其逗留悟懼不免引兵反攻城師道晨起聞之白其嫂裴曰悟兵反將求爲民守墳墓即與弘方匿溷間兵就禽之師道請見悟不許復請送京師悟使謂曰司空今爲囚何面目見天子猶俯仰祈哀弘方曰不若速死乃并斬之傳首京師棄其尸無敢收視者有士英秀爲殯城左馬摠至以士禮更葬初師古見劉悟曰後必貴然敗吾家者此人也田弘正之度

河也禽其將夏侯澄等四十七人有詔悉赦之給繒絮還隸魏博義成軍父母在欲還者優遣賊皆感慰相告由是悟得行其謀師道首傳弘正營召澄驗之澄舐目中塵號絕良久悟素與師道妻魏亂安言鄭公徵之裔不死沒入掖廷它宗屬悉遠徙悟獨表師古子明安爲朗州司戶參軍親將王承慶承宗弟也師道以兄女妻之潛約左右欲因肆兵執師道會悟入出奔徐州歸朝

程日華定州安喜人始名華德宗以其有功益曰日華父元皓爲安祿山帳下僞署定州刺史故日華籍本軍爲張孝忠牙將滄故成德部州也孝忠絕李惟岳德宗以滄畀義武前刺史李固烈與惟岳姻屬即牢守孝忠今日華往諭之固烈請還恒州既治裝悉帑以行軍中怒曰馬瘠士飢死刺史不棄豪髮血吾屬今刮地以去吾等何望遂共殺固烈屠其家日華鸜匿牀下將士迎出之曰暴吾軍者已死何畏而亡共逼領州孝忠亦以日華寬厚遂假以刺史朱滔叛兵屯河間以故滄定道阻不相聞滔及王武俊皆招

日華不納即攻之日華乘城自固參軍事李宇謀曰城久圍府兵不為援今州十縣瀕海有魚鹽利自給此軍本號橫海將軍能絕易定歸天子自為一州敎甲訓兵利則出無利則守可亢盍喉襟君能用僕計請至京師為天子言之日華謂然乃遣宇西帝果大喜拜御史中丞滄州刺史復置橫海軍即以為使時建中三年也拜檢校工部尚書詔滄歲饋義武錢十二萬緡糧數萬斛以宇為判官武俊欲得滄遣人說日華歸己日華紿曰敝邑為賊攻力屈則下之願假騎二百以抗賊賊退請以地授公武俊喜歸之馬日華留馬謝其使武俊大怒與滔方睦懼有怨乃止久之武俊歸命日華乃還馬以珍幣厚謝復結好武俊亦釋然貞元二年卒贈兵部尚書子懷直擅知留事帝以日華故即拜權知滄州刺史宇入朝願析東光景城二縣置景州且請刺史河朔刺史不廷授幾三十年帝嘉其忠以徐申為景州刺史昇橫海軍為節度擢懷直為留後明年為節度使九年來朝寵遇加等進檢校尚書右僕射賜大第宮女懷直荒田獵出輒數日不返帳下程懷信乘衆怒閉門不納懷信其從昆也於是懷直入朝帝不之罪更以虔王為節度使擢懷信留後以懷直兼右龍武軍統軍明年懷信為節度矣十六年懷直卒贈揚州大都督後五年懷信死子權襲領軍務詔授留後元和元年拜節度使累進檢校兵部尚書封邢國公六年入朝憲宗寵禮遣還鎮加檢校尚書右僕射權始名執恭嘗夢滄諸門悉署權字乃改名以應之及淮西平惕不安丐入朝至京師固辭軍政乃詔華州刺史鄭權代之後以檢校司空為邠寧節度使卒贈司徒宗族奉朝請宿衛者三十餘人

李全略本王氏名日簡事王武俊為偏裨承宗時虐用其軍故入朝授代州刺史田弘正遇害穆宗以全略故鎮州將召問所欲言全略多陳利害甚合帝意且請盡死力以報遂授德州刺史是時杜叔良兵敗博野故以全略為橫海軍節度滄德棣州觀察使賜今姓名未幾貢錢千萬使子同捷入朝既還即奏同捷為滄州長史押中軍兵馬帝不得已可其請全略陰規傳久計選材武以所私結士心棣州刺史王稷善撫衆而家富于財全略內忌以計殺之族其家未幾死同捷領留後事重賂鄰藩求領父節敬宗持久詔不下俄而文宗立同捷以帝新嗣位必大開貸示四方乃遣弟同志同巽入朝而使其屬崔長奉表請命有詔拜兗海節度使以烏重胤代之同捷計窮矯言軍中留己於是王智興請以全軍出討魏博史憲誠令大將傳手詔入于軍同捷不受德棣民多奔入鄆乃下詔削官爵命重胤率鄆齊兵進討憲誠智興及汴滑李聽平盧康志睦易定張璠幽州李載義以兵傅境同捷自以與成德有舊乃傾玉帛子女市河北三鎮驩載義不許絕其交執使者并所遣奴婢四十七獻諸朝王廷湊本關橫海欲乘其隙取之引軍來援智興攻棣州火譙門引水灌城凡七月其將張叔連降始刺史欒濛以同捷叛密上變事洩為所害贈工部尚書智興進圍滄州是時帝絕王廷湊朝貢且討之兵須夥繁調發不時始置供軍糧料使以濟兩河諸將又多張俘首以冒賞自重胤卒後李寰傅良弼不終事更以左金吾衛大將軍李祐代而智興將李君謀以輕兵絕河夜殘無棣降饒安壁五千兵明年祐拔無棣平原有詔行營毋壁務農非被襲勿決戰而祐兵已薄德州帝遣諫議大夫柏耆宣慰祐攻拔德州餘卒奔廷湊同捷益急乞降祐疑其詐耆引兵直入城取同捷及家屬馳西祐入滄州耆至將陵斬同捷使其下傳首京師詔貸四州一年租賦赦同捷母并妻息從湖南流崔長商州同巽等以異母貸死得隨母流所云

藩鎮淄青橫海列傳第一百三十八

藩鎮宣武彰義澤潞列傳第一百三十九　唐書二百一十四

宋祁奉敕撰

劉玄佐滑州匡城人少倜蕩不自業為縣捕盜犯法吏笞辱幾死乃亡命從永平軍稍為牙將大曆中李靈耀據汴州反玄佐乘其無備襲取宋州有詔以州隸其軍節度使李勉即表署刺史德宗建中初進兼御史中丞充宋亳潁節度使時李納叛李洧以徐州歸納急攻之詔玄佐援洧大破納兵斬首萬餘級東南饟漕乃通進圍濮州偪濮陽皆下再降其守將遂通濮陽津遷檢校兵部尚書兼曹濮觀察淄青兗鄆招討使汴滑都統副使李希烈之反玄佐與李勉陳少游哥舒曜聯兵屯淮汝數困賊帝在奉天垂意關東乃詔檢校尚書左僕射同中書門下平章事希烈攻陳州玄佐救之希烈走遂進取汴州詔加汴宋節度使陳州諸軍行營都統玄佐本名洽至是賜名以寵之入朝復兼涇原四鎮北庭兵馬副元帥檢校司徒性豪縱輕財好厚賞故下益困汴自李忠臣以來士卒驕不能自還至玄佐彌甚其後殺帥長大鈔劫狃于利而然也玄佐貴母尚在賢婦人也常月織絁一端示不忘本數教玄佐盡臣節見縣令走廷中白事退戒曰長吏恐懼卑甚吾思而父吏於縣亦當爾而據案當之可安乎玄佐感悟故待下益加禮汴有相國寺或傳佛軀汗流玄佐自往大施金帛於是將吏商賈奔走輸金錢惟恐後十日玄佐敕止籍所入得巨萬因以贍軍其權譎類若此初李納遣使至汴玄佐盛飾女子進之厚饋遺皆得其陰謀故納最憚之所寵吏張士南及假子樂士朝皆貲鉅萬而士朝私玄佐嬖妾懼事覺酖玄佐死年五十八贈太傅謚曰壯武軍中匿喪佚代帝亦為隱踰三日乃發喪使至帝問所欲立曰陝虢觀察使吳湊可乎監軍孟介行軍盧瑗以為便乃拜湊為節度使至汜水玄佐柩將遷士請具禮瑗不許衆皆怒陵晨甲而譟起玄佐子士寧於喪使坐重榻墨其衣尊為留後殺大將曹金岸浚儀令李邁醢之唯瑗介獲免士寧乃出貯財分勞吏士介以聞帝召宰相計議竇參曰汴人挾李納以邀命若不許勢且合不可解遂以士寧為左金吾衛將軍嗣節度始玄佐養子士幹與士朝皆來京師士幹知玄佐死無狀遣奴持刀紿為弔入殺士朝於次帝惡其專亦賜士幹死士寧未授詔時私遣人結王武俊劉濟田緒等諸鎮不直之皆執其使而士寧忍暴嘗手殺人磔案間又彊烝父諸妾逼吏民妻女亂之或羸而觀每畋獵數日乃還其下厭苦不服大將李萬榮者故與玄佐同里相善寬厚得士心士寧忌之奪其兵使攝州事嘗引衆二萬畋城南未還萬榮晨入府召所留觀兵告曰天子有詔召大夫俾我代節度人賜錢三萬士皆拜於是分兵閉諸門使告士寧曰詔書召大夫宜速去不然事急且傳首以獻士寧知衆不與將五百騎出奔次中牟亡者已半至東都惟僮妾數十人從之既至京師詔就第禁出入萬榮斬其支附數十人以二十萬緡勞軍詔籍士寧家貲給之拜萬榮兵馬留後於是籍驕兵數百人悉遣西防秋當戍者怨之大校韓惟清張彥琳等請往不許使其子廼將未行彥琳等因其怨誘使反攻萬榮不勝劫運財民貲殺掠數千人而潰惟清奔鄭州彥琳走東都自歸有詔有死竄惡地殘士奔宋州劉逸准撫之萬榮悉誅其妻子以故衆不安或呼於市曰大軍至城且破萬榮捕按之或言為士寧所教萬榮斬之以狀聞故士寧斥置郴州俄進萬榮節度使會病甚以兵屬鄧惟恭惟恭者與萬榮同里閈而署子廼為司馬出大將李湛張伾伊婁涚等于外欲殺之不果萬榮死是夜惟恭與監軍俱文珍執廼送京師杖死京兆府以董晉代之

吳少誠幽州潞人以世廕為諸王府戶曹參軍事客荊南節度使庾準器之留為牙門將從入朝道襄陽度梁崇義必叛密畫計將獻天子而李希烈以其事聞有詔嘉美擢封通義郡王崇義反希烈以少誠為前鋒事平賜實封戶五十希烈叛少誠為盡力及死推陳仙奇主後務既又殺之衆乃共推少誠德宗因授申蔡光等州節度觀察留後少誠為治能儉嗇完軍實自希烈以來申蔡人劫於苛法而忘所歸及耆長既物故則壯者習見暴掠恬於搏鬭地少馬乘騾以戰號騾子軍尤悍銳甲皆畫雷公星文以厭勝詛詈王師其屬鄭常楊冀欲劫少誠逐之以聽命不克常冀被害少誠盡宥諸將以結衆心貞元五年進拜節度使久之曲環卒少誠閒陳許無帥以兵攻臨潁戍將韋清與賊通留後上官涚遣兵三千救之悉為賊俘遂圍許州德宗怒削少誠官爵合十六道兵進討于頔以襄陽兵戰吳房朗山禽其二將王宗以壽州兵破賊於秋柵於時師雖衆無統帥而官人監軍顓進退互為異見既戰小溵河諸道師未交而潰棄輜仗不貲帝乃詔夏州節度使韓全義為淮蔡招討處置使上官涚副之諸將皆受節度與賊吳少陽等戰廣利城師復敗退營五樓為賊所乘遂大潰全義及監軍賈英秀等夜遯保溵水汴宋徐泗淄青兵走陳州少誠薄溵水而營全義懼退保陳而潞滑河陽河中兵逃歸唯陳許將孟元陽神策將蘇光榮壁溵水全義乃斬潞將夏侯仲宣滑將時昂河陽將權文度河中將郭湘欲以振師不能也少誠引兵去全義之敗少誠得帳中諸公書數百番持以紿衆曰朝廷以公卿託全義破蔡曰掠將士妻女為婢媵以激怒其衆絕向順意少誠弱王師移書於英秀求昭雪帝召

大臣議宰相賈耽曰五樓軍退而少誠卷甲不追有自新路帝意稍挺少誠復固巢穴矣然猶以宦者監諸道軍劍南韋皋上言以為不如擇重臣為統帥因薦渾瑊賈耽陛下若重煩元老更求其次則臣請以銳士萬人順流趨荊楚可以擒翦元惡不然因其請罪特加原洗罷兩河諸軍亦其次也使少誠禍盈惡周變生帳下必其賊黨又當以官爵與之則一少誠死一少誠生亦何足賴帝遂赦少誠盡還其官爵順宗即位進同中書門下平章事檢校司空徙封濮陽郡王元和四年死贈司徒而吳少陽代之

少陽者滄海清池人與少誠同在魏博軍相友善少誠得淮西多出金帛邀之養以為弟署右職親近無間少陽度少誠猜忍且畏禍請為外捍少誠乃表為申州刺史為治尚寬易衆重附賴少誠病亟家奴單于熊兒矯召少陽至攝副使知軍事於是殺少誠子元慶自稱留後憲宗以王承宗方叛故詔遂王為節度使以少陽領留後居三年進拜節度使少陽不立簿役籍隨日賦斂於人地多原澤益畜馬時時掠壽州茶山劫商賈招四方亡命以實其軍不肯朝然屢獻牧馬以自解帝亦因善之九年死子元濟匿不發喪以病聞偽表請元濟主兵帝遣太醫往視即陽言少愈不得見元濟者其長子也山首燕頷垂頤鼻長六寸始仕試協律郎攝蔡州刺史有董重質者少誠壻

也勇悍又將善為兵元濟倚之因說元濟請以精兵三千由壽之間道取揚州東約李師道以舟師襲潤州據之遣奇兵掩商鄧取嚴綬進守襄陽以搖東南則荊衡黔巫傳一矢可定五嶺非朝廷所有又請輕兵五百自崿嶺三日襲東都則天下騷動可以橫行元濟猶豫不能用先是其屬蘇兆楊元卿侯惟清嘗勸少陽入朝或言其有異志元濟縊兆歸其尸而囚惟清帝以二人者皆死故贈惟清兵部尚書兆尚書右僕射時元卿奏事在長安見宰相李吉甫具言淮西事且請蔡使在道者隨在所繫之少陽死四十日帝不為輟朝易將增戍以須變會傳言重質殺元濟族其家吉甫因請為少陽輟朝遣使弔贈贈尚書右僕射而元濟不得命乃悉兵四出焚舞陽及葉掠襄城陽翟時許汝居人皆竄伏榛莽間剽係千餘里關東大恐弔使至弗克入而還乃詔烏重胤兼汝州刺史引軍壓其境寧州刺史曹華為之副以戍襄城李光顏為忠武節度使擁兵臨屯析山南東道詔節度使嚴綬為申光蔡等州招撫使以中人崔潭峻監其軍下詔奪元濟官爵趣諸道進討時大旱詔既下雨雪凡三日田弘正韓弘各遣子率兵隸綬光顏軍綬屯蔡山鄙師小勝不設備為賊襲敗于磁丘退保唐州壽州刺史令狐通戰數北賊乃拔霍丘屠馬塘通嬰城不敢出詔左金吾衛大將軍李文通宣慰使其至使代通

會裴度輔政賊始懼而元濟不能有所指授諸將趙昌凌朝江董重質李祐李憲王覽趙曄王仁清等以便宜人自為戰抗王師有少誠少陽舊風而李師道饋鹽出入寧陵雍丘間韓弘知而不肯禁文通引兵與賊將王覽董重質戰史旗固鹼斬首光顏又大破賊於時曲復與重胤合擊賊小溵河敗之裹其屯壍天子責綬失律更以韓弘兼都統擢高霞寓唐鄧隋節度使十一年諸軍大合光顏壁溵河文通敗賊於固始拔鐵山霞寓戰朗山斬首千餘級焚其壁次鐵城賊偽奔霞寓窮追伏發死傷略盡退保新興賊圍之監軍李議誠馳入唐州以救兵至圍解還守唐州元濟以霞寓敗不足虞併兵以備陳其秋文通以兵銜枚夜出九女原屠保壁三十所分兵西北並安陽山破屯壘數百人降者萬餘執兩將光顏敗郾城兵三萬俘六將復與重胤合攻凌雲柵拔之帝怒諸軍無大功詔內常侍梁守謙宣慰因賫官戰付詔書五百以待有功斥金帛募死士進拜光顏檢校尚書左僕射重胤右僕射兼御史中丞公武御史大夫詔旦約束厲賞罰諸將恐懼貶霞寓以袁滋代之滋懦不能軍更以李愬為唐鄧隋節度使元濟食盡士卒食菱芡魚鼈鳥皆竭至斸草根以給者民苦飢相與四潰元濟亦嗇其食不復禁諸將爭納之帝始僑置郾城吳房於行營以綏新附愬引兵攻其西破屯柵十餘所執丁士良

吳秀琳皆賊驍健者賊帥張伯良以兵三萬與光顏戰郾城大敗獲馬千匹甲三萬首伯良奔還蔡曹華取青陵城斷郾歸路賊將鄧懷金懼即送款光顏受之愬又襲破朗山執戍將梁希果辛汶港等三壁元濟知衆數潰而外失秀琳等因奉表請束身北闕下帝遣使者許以不死元濟取行營馬三百董重質不與故不果降愬略興橋得守將李祐不殺引至帳下計議始謀襲蔡賊勢益沮自少誠盜有蔡四十年王師未嘗傅城下又嘗敗韓全義于𨺗以是兵驕無所憚內恃陂浸重阻故合天下兵攻之三年纔克一二縣帝既責罷霞寓滋等諸將乃用命詔起沙陀梟騎濟師命裴度為彰義節度兼申光蔡四面行營招撫使梁守謙與諸將計先度未至立功諸將亟戰不勝度至大勞將士皆感激請戰間遣士入蔡約元濟降為左右所劫不得降光顏每戰冠軍故元濟悉衆亢時曲祐為愬謀曰蔡之守者市人疲卒耳勁兵皆在外若直擣縣瓠賊成禽矣愬然之以精騎夜襲蔡坎垣入之戍者不知也賊恃董重質兵在洄曲不虞師之至及愬攻內城防卒尚千餘接戰元濟始驚被甲乘城以待重質會重質降愬而李進誠取賊庫兵即攻之明日燒其門民相率抱薪增火王師縱射城上鏃可拾也居二日門壞執元濟舉族傳之長安申光戍兵尚三萬皆降帝御興安門受俘群臣稱賀以元濟獻廟社

徇于市斬之年二十五夜失其首妻沈没入掖庭二弟三男子流江陵皆殺之斬其蠻官劉協庾趙曄王仁清等十餘人度還以馬揔爲留後俄拜節度使折溯州隸陳許始度之出太子右庶子韓愈爲行軍司馬帝美度功即命愈爲平淮西碑其文曰天以唐克肖其德聖子神孫繼繼承承於千万年敬戒不怠全付所覆四海九州罔有内外悉主悉臣高祖太宗既除既治高宗中睿休養生息至于玄宗受報收功極熾而豐物衆地大孽牙其間肅宗代宗德祖順考以勤以容大慝適去莨莠不薅相臣將臣文恬武嬉習熟見聞以爲當然睿聖文武皇帝既受群臣朝乃考圖數貢曰嗚呼天既全付予有家今傳次在予予不能事事其何以見于郊廟群臣震懾奔走職明年平蜀又明年平江東又明年平澤潞遂定易定致魏博貝衛澶相無不從志皇帝曰不可究武予其少息九年蔡將死蔡人立其子元濟以請不許遂燒舞陽犯葉襄城以動東都放兵四劫皇帝歷問于朝一二臣外皆曰蔡帥之不廷授于今五十年傳三姓四將其樹本堅兵利卒頑不與它等因撫而有順且無事大官臆決唱聲萬口和附并爲一談牢不可破皇帝曰惟天惟祖宗所以付任予者庶其在此予何敢不力況一二臣同不爲無助曰光顔汝爲陳許帥維是河東魏博郃陽三軍之在行者汝皆將之曰重胤汝故有河陽懷今益以汝維是朔方義成陜益鳳翔鄜延寧慶七軍之在行者汝皆將之曰弘汝以卒萬二千屬而子公武往討之曰文通汝守壽維是宣武淮南宣歙浙西徐泗五軍之行于壽者汝皆將之曰道古汝其觀察鄂岳曰愬汝帥唐鄧隨各以其兵進戰曰度汝長御史其往視師曰度惟汝予同汝遂相予以賞罰用命不用命曰弘汝其以節都統諸軍曰守謙汝出入左右汝惟近臣其往撫師曰度汝其往衣服飲食予士無寒無飢以既厥事遂生蔡人賜汝節斧通天御帶衛卒三百凡茲廷臣汝擇自從惟其賢能無憚大吏庚申予其臨門送汝曰御史予閔士大夫戰甚苦自今以往非郊廟祀無用樂顔胤武合攻其北大戰十六得柵城縣二十三降人卒四萬道古攻其東南八戰降萬三千再入申破其外城文通戰其東十餘遇降萬二千愬入其西得賊將輒釋不殺用其策戰比有功十二年八月丞相度至師都統弘責戰益急顔胤武戰益用命元濟盡并其衆洄曲以備十月壬申愬用所得賊將自文城因天大雪疾馳百二十里用夜半到蔡破其門取元濟以獻盡得其屬人卒辛巳丞相度入蔡以皇帝命赦其人淮西平大饗賚功師還之日因以其食賜蔡人凡蔡卒三萬五千其不樂爲兵願歸爲農者十九悉縱之斬元濟京師册功弘加侍中愬爲左僕射帥山南東道顔胤皆加司空公武以散騎常

侍帥鄜坊丹延道古進大夫文通加散騎常侍丞相度朝京師進封晉國公進階金紫光祿大夫以舊官相而以其副揔爲工部尚書領蔡任既還奏群臣請紀聖功被之金石皇帝以命臣愈愈再拜稽首而獻文曰唐承天命遂臣萬方孰居近土襲盜以狂往在玄宗崇極而圯河北悍驕河南附起四聖不宥屢興師征有不能克益戍以兵夫耕不食婦織不裳輸之以車爲卒賜糧外多失朝曠不岳狩百隸怠官事亡其舊帝時繼位顧瞻咨嗟惟汝文武孰恤予家既斬吳蜀旋取山東魏將首義六州降從淮蔡不順自以爲彊提兵叫讙欲事故常始命討之遂連姦鄰陰遣刺客來賊相臣方戰未利内驚京師群公上言莫若惠來帝爲不聞與神爲謀乃相同德以訖天誅乃敕顔胤愬武古通咸統於弘各奏汝功三方分攻五萬其師大兵北乘厥數倍之嘗兵時曲軍士蠢蠢既翦陵雲蔡卒大窘勝之邵陵郾城來降自夏及秋復屯相望兵頓不勵告功不時帝哀征夫命相往釐士飽而歌馬騰於槽試之新城賊遇敗逃盡抽其有聚以防我西師躍入道無留者頟頟蔡城其疆千里既入而有莫不順俟帝有恩言相度來宣誅止其魁釋于下人蔡之卒夫投甲呼舞蔡之婦女迎門笑語蔡人告飢船粟往哺蔡人告寒賜以繒布始時蔡人禁不往來今相從戲里門夜開始時蔡人進戰退戮今眠而起左飡右粥爲之擇人以收餘憊選吏賜牛教而不稅蔡人有言始迷不知今乃大覺羞前之爲蔡人有言天子明聖不順族誅順保性命汝不吾信視此蔡方孰爲不順往斧其吭凡叛有數聲勢相倚吾彊不支汝弱奚恃其告而長而父而兄奔走來階同我太平淮蔡爲亂天子伐之既伐而飢天子活之始議伐蔡卿士莫隨既伐四年小大竝疑不赦不疑由天子明凡此蔡功惟斷乃成既定淮蔡四夷畢來遂開明堂坐以治之愈以元濟之平繇度能固天子意得不赦故諸將不敢首鼠卒禽之多歸度功而愬特以入蔡功居第一愬妻唐安公主女也出入禁中訴愈文不實帝亦重牾武臣心詔斵其文更命翰林學士段文昌爲之李祐以功遷神武將軍賜田宅米粟帝亦董重質教元濟亂欲誅之而李愬先許不死故貶春州司戶參軍凌朝江潘州司戶參軍是歲申蔡州始輸貢物戶部以其父不至請元日陳於廷祐字慶之後擢夏綏銀宥節度使從涇原討李同捷也攺滄德景節度累檢校尚書左僕射重質之貶未幾轉太子少詹事隸武寧軍還左神武將軍賚金幣與功臣等擢累左右神策劒南西川行營節度使歷鄜夏綏銀宥訓兵有法羌戎畏服終右龍武統軍贈尚書右僕射

劉悟其祖正臣平盧軍節度使襲范陽不克死叔父全諒節度宣武器其敢

殺牙將以罪奔潞州王虔休復署為將被病去還東都全諒積緡錢數百萬在焉悟破縢鑰用之從惡少年殺人屠狗豪橫犯法繫河南獄留守韋夏卿貸免李師古厚幣迎之始未甚知後從擊毬軒然馳突撞師古馬仆師古恚將斬之悟盛氣以語觸師古不懾師古奇其才令將後軍妻以從女歷牙門右職師道以軍用屈率賈人錢為助命悟督之悟獨寬假人皆歸賴師道被討使將兵屯曹法一而信士卒樂為用軍中刁斗不鳴田弘正兵屯陽穀悟徙營潭趙魏師踰河取盧縣壁阿井城中飛語以謂悟利與魏悟當為帥師道內疑數召悟計事悟曰今與魏如角力勢已交先退者負悟還魏踵薄城下矣左右諫曰兵成敗未可知殺大將孰肯為用師道然之或言悟且亂不如速去師道遣使兩輩來責戰密語其副張暹使斬悟使者與暹屏語移時悟疑之暹以情告悟乃斬使者召諸將議曰魏博兵彊出則敗不出則死且天子所誅司空而已吾等為驅迫就死地孰若還兵取鄆立大功轉危亡為富貴乎眾皆唯唯而別將趙垂棘沮其行悟因殺之并殺所惡三十人尸帳前眾畏伏下令曰入鄆人賞錢十萬聽復私怨財畜恣取之唯完軍帑違者斬因遣報弘正使進兵潭趙悟夜半薄西門遲明啓而入殺師道并大將魏銑等數十人即拜悟義成節度使封彭城郡王實封戶五百元和十五

年來朝進檢校兵部尚書穆宗立徙昭義軍朱克融亂議者假威名以厭其亂移守盧龍至邢州會王廷湊之變不得入還遂屯進兼幽鎮招討使治邢州圍臨城觀望又不拔與監軍劉承偕不叶眾辱悟縱其下亂法悟不堪其忿承偕與都將張問謀縛悟送京師以問代節度事悟知之以兵圍監軍殺小使其屬賈直言質責悟曰李司空死有知使公所為至此軍中將復有如公者矣悟遽謝曰吾不欲聞李司空字少選當定即撝兵退匿承偕因之帝重違其心貶承偕然悟自是頗專肆上書言多不恭天下負罪亡命者多歸之彊列其冤累進檢校司徒同中書門下平章事寶曆初疾者妄言師道以兵屯瑠璃陂悟惶恐命禱祭具千人膳自往求哀將易衣嘔血數斗卒贈太尉表其子從諫嗣從諫母微賤少狡獪師道時使悟出屯署從諫門下別奏從諫與師道諸奴日戲博交通具知其陰密事悉疏于悟故悟得立功悟卒從諫知留後持金幣賂當權者朝議謂上黨內鎮與河朔異不可許左僕射李絳奏言悟匿死眾不必同亂從諫威惠未著若詔比鎮大將領節度馳入軍笮其未備使軍情有屬謀自屈矣有如拒命三州勢難獨存數月可覆時李逢吉王守澄納其賂數為請敬宗乃以晉王為節度大使詔從諫主留事起將作監主簿檢校左散騎常侍晉王帝所愛從諫饋獻相望未幾拜節度使

大和初李聽敗館陶走淺口從諫引鐵騎黃頭郎救之聽免進檢校尚書左僕射拜司空封沛國公昭義自悟時治邢州而人思上黨從諫還治潞悟苛擾從諫寬厚故下益附方年壯思立功六年請入朝文宗待遇加等明年還藩進同中書門下平章事公卿多託以私又見事柄不一遂心輕朝廷有驕色李訓約從諫誅鄭注及甘露事宰相皆夷族傳言死非其罪從諫不平三上書請王涯等罪譏切中人時宦豎得志天子弱鄭覃李石新執政藉其論執以立權綱中人憚而怨之又劾奏蕭本非太后弟仇士良積怒倡言從諫志窺伺從諫亦妄言清君側因與朝廷猜貳武宗立兼太子太師性奢侈飾居室輿馬無遠略善貿易之算徙長子道入潞歲榷馬征商人又熬鹽貨銅鐵收緡十萬賈人子獻口馬金幣即署牙將使行賈州縣所在暴橫貪責子貸錢吏不應命即愬于從諫欲論奏或遣客游刺故天下怨怒從諫畜馬高九尺獻之帝帝不納疑士良所沮怒殺馬益不平又聞士良寵方渥愈憂惑欲自入朝恐不脫禍因被病卒年四十一贈太傅初大將李萬江者本退渾部李抱玉送回紇道太原舉帳從至潞州牧津梁寺地美水草馬如鴨而健世所謂津梁種者歲入馬價數百萬子弟姻婭隸軍者四十八人從諫從山東憚其重遷且生變而子弟亦豪縱少從諫不甚禮因誣其叛夷三族凡

三百餘家姻妾有微過輒殺之人皆知其將亡從子稹父從素仕右驍衛將軍從諫以為嗣病甚與妻裴謀令主軍事置大將王協郭誼劉武德劉守義等佐稹祕不發喪協謀遣將姜崟請醫於朝中人與醫至時從諫死已再旬稹曰公困革不任受詔稹請代拜中人曰即面視可也辭以母夫人侍不可屏中人欲直入武德等戶之中人恐有變趨出既饋百萬後使者繼往為知從諫已死者未至數舍眾懼武德與將董可武出兵萬人迎勞至牙門不得前諸將乃詣監軍崔士康邀說請如河朔故事士康懦不敢拒乃至喪次扶出稹為衰絰巾曰毋更欲殺敕使諸將哄然笑遂出見三軍帝怒前使者不入諭隸恭陵稹所遣姜崟梁叔文粟叔明三輩皆杖死京兆府詔從素書敕稹護喪還東都稹不奉詔詔群臣議李德裕建言稹所恃者河朔耳若遣大臣諭上旨出山東兵破之必矣有詔奪從諫稹官敕諸軍進討於是河陽王茂元以兵屯萬善河東劉沔守昂車關壁榆社魏博何弘敬柵肥鄉侵平恩成德王元逵次臨洺略任堯山向城河中陳夷行營冀城侵翼氏茂元別遣將營天井關為賊將薛茂卿所破執四將火十七柵張巨進攻萬善不能下茂元欲走會日暮賊自潰去詔忠武王宰以本軍入懷澤行營陳許士票武賊眾素憚畏而茂卿負戰勝望厚賞或言其兵犯王略譟朝廷且怒節益不

可至積然之故茂卿大望乃與宰通即偽挑戰亟北委天井關去左右七營
皆潰茂卿奔澤州使謀言於宰曰澤可取吾應於內宰疑不進失期茂卿扼
腕悵恨稹聞其貳召誅之宰進破劉公直拔陵川劉沔又取石會關李石代
沔領河東稹因石兄洺州刺史恬移書乞降石以聞右拾遺崔碣表請納之
帝怒斥碣鄧城令詔敢言罷兵者戮賊境上令石答書許稹面縛石馳往受
之稹不出俄而太原將楊弁逐李石與稹連和稹諸將建議我求不譴彼叛
卒若與之是與反者械其使送京師使康良佺屯鼓腰嶺敗太原兵生禽卒
七百帝猶不赦始從諫將死命稹無忘鼻群奴故李士貴等與王協尤用事
士戰有功不賞下無鬭志府中財貨尚山積而協請税商人使劉溪等分出
檢實而溪并齊民閱其貲十取二百姓始怨從諫妻弟裴問守邢州有募兵
五百号夜飛將多豪姓子其家以輸貲不時為溪所囚問以為言溪大怒問
因報溪與刺史崔嘏斬大將自歸成德軍王釗守洺州給士帑布一端稹擬
代歲而釁劍謂衆曰庫物尚多欲發以為賞可乎士皆喜悉所有給之送款魏
博軍磁州將高玉竟山將魏元談等以次降成德元逵以久為賊守殺之稹
聞三州降大懼大將郭誼與王協始議圖稹使董可武誘稹至北第置酒飲
酣即斬首悉取從諫子在襁褓者二十餘并從子積匡周等殺之誅張谷張

沇陳揚庭李仲京王渥王羽韓茂章茂實賈庠郭台數十一族夷之軍中
素才所者皆殺函稹首送王宰獻京師告廟社帝御興安門受之劉公直亦
降於宰石雄以兵守壇軍大掠誼移書責之雄銜怒稹之死誼斥從諫妻伏
於室收其貲私於己建大殿曰望旗節宰相德裕建言稹庸下亂繇誼始及
重窮蹙乃圖稹邀榮不誅無以懲姦臣及兵在境宜悉取逆黨送京師論如
法先是有狂人呼於潞市曰石雄七千人至矣從諫捕誅之乃請詔雄率兵
如數以入雄至潞縛誼及王協劉公直安全慶李道德李佐堯劉武德董可
武等送京師並殊死杖崔士康殺之白惟信者潞梟將數與雄戰懼不敢降
自武鄉殺都將康良佺欲降盧鈞雄遣人召降惟信殺之卒降鈞有詔從諫
且死乃署稹軍事宜剖棺暴尸于市三日雄發視面如生一目尚開雄三斬
之仇人剔其骨錢盡誼者兗州人兄岌事悟為牙將常樂滏山秀峻曰我死
必葬此望氣者言其地當三世為都頭異姓河北謂都頭異姓至貴稱也然
變過二丈不利誼以岌假刺史穿三丈得石蚍并三卯工破之皆流血至是
誼及岌三子同誅張谷張沇陳揚庭皆有文時時言古今成敗以佐從諫故
善遇此三人谷納邯鄲人李嚴女為侍人号新聲當從諫潛圖窺覦新聲諫
谷曰始天子以從諫為節度非有戰野攻城之功直以其父挈齊十二州還

天子去就間未能奪其嗣耳自有澤潞未聞以一縷一蹄為天子壽左右皆
無賴章武朝數鎮顛覆皆雄才傑器尚不能固天子恩況從諫擢自兒女手
中苟不以法得亦宜以不法終君當脫族西去大丈夫勿顧一飯恩以骨肉
腥健兒食言訖悲涕谷不決者三月畏言泄縊之李仲京訓之兄為蕭洪府
判官擢監察御史王渥璠之子王羽涯族孫韓茂章茂實約之子賈庠餗子
郭台行餘子甘露難作皆亡服奔從諫從諫衣食之甄戈者頗任俠從諫厚
給血坐上座自稱荊卿從諫與定州成將有嫌命戈取之因為逆旅上謁留
飲三日乘間斬其首它日又使取仇人乃引不逞者十餘輩劫之從諫不悅
號偽荊卿從諫妻裴以弟立功詔欲貸其死刑部侍郎劉三復執不可於是
賜死以尸還問裴父敞冕之裔辟悟府悟奇之故為從諫納其女裴年十五
子孫計從諫有姦危賴封夫人許之詔至裴怒毀詔不與從諫它日會裴黨
火光起祏下家人以為怪因許婚封燕國夫人寬厚有謀每勸從諫入朝為
復出詔裴抵去曰潞青李師古四世阻命不聞側室封者君承朝廷姑息宜
自黜削求洗濯顧以婢為夫人族不日滅耳從諫赦然止及韋至京師乃言
李丕降裴會大將妻號哭曰為我語若夫勿忘先公恩願以子母託諸婦亦
泣下故潞諸將叛益堅由是及禍初術者李琢能言禍福從諫以重幣邀辟

署大將會昌初謂從諫曰往歲長星經斗公生直之今鎮復至當有災從諫
即從軍山東開毬場鑿柳泉大興役以厭及病有言琢所興造皆逆歲疑有
異謀使稹數其罪殺之府中恟恟俄而李丕降有李佐之者兼孫也累調河
南尉號彊直有客潞為從諫所禮留不得去遂署觀察府支使因娶其從祖
妹從諫薄之亦不甚吝從諫病佐之力諷使還東都
歸東都會佐之奴告佐之交通賓客漏軍中虛實稹因之妻訴不見禮遂
殺之武鄉令盧漢賓倫裔孫以稹拒命固諫歸朝不聽舉族見害李師晦者
本宗室子始悟辟致幕府見從諫稍恣橫假言求長生術不與事從諫使歸
東都師晦懼為谷揚庭等所譖請居涉從諫不之疑稹敗有為帝言者擢伊
闕令而贈薛茂卿博州刺史大中初又贈漢賓本縣令先時河北諸將死皆
先遣使弔祭次冊贈次近臣宣慰度軍便宜乃與節軍中不許出乃用兵大
抵不半歲不能定故謷將逆子皆得為之備稹初不意帝怒即見討及茂元
錄詔示稹舉族號慟欲自歸而愚懦不決云自悟至稹三世凡二十六年李
丕者善長短術與從諫厚嘗署大將及稹阻命軍中疾其才丕懼乞為游弈
深入以圖替壁處遂自歸議者疑為賊遣德裕奏言討賊半年始有降者當

賞以勸餘帝召見擢忻州刺史宰請取榆社東徑武安入討賊雖邢洺未下而兵不得救潞不聽楊弁亂遣人誘宰宰不斬之以兵拖走集德裕言于帝曰度支户部物積代州今宰塞其路賊破矣乃趣宰討弁兵未至而弁已禽遷汾晉二州刺史大中初拜振武節度使檢校刑部尚書党項叛徙鄜坊卒

贊曰傳稱作易者其知盜乎然則盜之情非聖人不能知唐中衰姦雄闚睨而奮舉魏趙燕之地莽為盜區垂數百年夷狄其人而不能復宜上庸佐惟不知盜故也引妖就暝以尊厥明章肅僎崔植等謂耶

藩鎮宣武彰義澤潞列傳第一百三十九

宋祁奉敕撰

夷狄為中國患尚矣在前世者史家類能言之唐興蠻夷更盛衰嘗與中國亢衡者有四突厥吐蕃回鶻雲南是也方其時羣臣獻議盈廷或聽或置班然可睹也劉貺以為嚴尤辯而未詳班固詳而未盡推其至當周得上策秦得其中漢無策何以言之荒服之外聲教所不逮其叛不為之勞師其降不為之釋備嚴守禦險走集使其為寇不能也為臣不得也惠此中夏以綏四方周之道也故曰周得上策易稱王侯設險以固其國築長城脩障塞所以設險也趙簡子起長城備胡燕秦亦築長城限中外益理城塹城全國滅人歸咎焉後魏築長城議者以為人治一步方千里役三十萬人不旬朔而獲久逸故曰秦得中策漢以宗女嫁匈奴而高祖亦審冒頓不能止趙王之逆謀謂能息匈奴之叛非也且冒頓手弒其親而冀其不與外祖爭彊豈不惑哉然則知和親非久安計而為之者以天下初定紓歲月之禍耳武帝時中國又安胡寇益希蹤而絕之此其時也方更糜耗華夏連兵積年故嚴尤以為下策然而漢至昭宣武士練習斥候精明匈奴收迹遠徙猶襲奉春之過舉傾府藏給西北歲二億七十萬皇室淑女嬪於穹廬掖庭良人降於沙漠

夫貢子女方物臣僕之職也詩曰莫敢不來享莫敢不來王荒服稱其來不言往也公及吳盟諱而不書奈何以天子之尊與匈奴約為兄弟帝女之號與胡媼並御蒸母報子從其汙俗中國異於蠻夷者有父子男女之別也婉冶之姿毀節異類垢辱甚矣漢之君臣莫之恥也魏晉羌狄居塞垣資奉踰昔百人之酋千口之長賜金印紫綬食王侯之俸牧馬之童乘羊之隸齎毳毼邀利者相錯於路耒耨之利絲枲所生散於數萬里之外胡夷歲驕華夏日蹙方其彊也竭人力以征之其服也養之如初病則受養彊則內攻中國為羌胡服役且千載可不悲哉誠能移其財以賞戍卒則民富移其爵以餌守臣則將良富利歸於我危亡移於彼无納女之辱無傳送之勞棄此而不為故曰漢無策嚴尤謂古無上策謂不能臣妾之也誠能之而不用耳秦無策謂攘狄而亡國也秦亡非攘狄也漢得下策謂伐胡而人病也人既病矣又役人而奉之無策也故曰嚴尤辯而未詳也班固謂其來慕義則接以礼讓何者礼讓以交君子非所以接禽獸夷狄也纖麗外散則戎羯之心生戎羯之心生則侵盜之本也聖人飲食聲樂不與之共來朝坐於門外舌人躰委以食之不使知馨香嘉味也漢氏習玩驕虜使其悅燕趙之色甘太官之珍服以文綺羅紈供之則增求絕之則招怨是飽豺狼以良肉而縱其獵噬也

華人步卒利險阻虜人騎兵利平地堅守無與追奔競逐來則杜險使不得進去則閉險使不得還衝以長戟臨以彊弩非求勝也譬諸蟲豸虺蜴何礼讓之接哉故曰班固詳而未盡者此也杜佑謂秦以區區關中滅六彊國今以萬方之財上奉京師外有犬戎憑陵陷城數百內有兵革未寧三紀矣豈制置異術古今殊時乎周制步百為畝畝百給一夫商鞅佐秦以為地利不盡更以二百四十步為畝百畝給一夫又以秦地曠而人寡晉地狹而人夥誘三晉之人耕而優其田宅復及子孫使秦人應敵於外非農與戰不得入官大率百人以五十人為農五十人習戰故兵彊國富其後仕宦途多末業日滋今大率百人纔十人為農餘皆習佗技又秦漢鄭渠溉田四万頃白渠溉田四千五百頃永徽中兩渠灌浸不過万頃大曆初減至六千畝畝腴一斛歲少四五百万斛地利耗人力散欲求彊富不可得也漢時長安北七百里即匈奴之地侵掠未嘗暫息計其舉國之眾不過漢一大郡鼂錯請備障塞故北邊妥安今潼關之西隴山之東鄜坊之南終南之北十餘州之地已數十萬家吐蕃綿力薄持食鮮蓺拙不及中國遠甚誠能復兩渠之饒誘農夫趣耕擇險要繕城壘屯田蓄力河隴可復豈唯自守而已至佑孫牧亦曰天下無事時大臣偷處榮逸戰士離落兵甲鈍獘車馬刓弱天下雜然盜發則疾驅以戰是謂宿敗之師此不蒐練之過其敗一也百人荷戈仰食縣官則挾千夫之名大將小裨操其餘贏以虜壯為幸執兵者常少糜食者常多築壘未乾公囊已虛此不責實之過其敗二也戰小勝則張皇其功奔走獻狀以邀賞或一日再賜一月累封凱還未歌書品已崇爵命極矣田宮廣矣金繒溢矣子孫官矣肯外死勤於我哉此賞厚之過其敗三也多喪兵士顛翻大都則跳身而來刺邦而去迴視刀鋸菜色甚安一歲未更已立於壇墀之上此輕罰之過其敗四也大將將兵柄不得專一曰為偃月一曰為魚麗三軍万夫環旋翔佯愰駭之間虜騎乘之此不專任之過其敗五也元和時團兵數十萬以誅蔡天下乾耗四歲然後能取之蓋五敗不去也長慶初盜子若孫悉來走命未幾而燕趙亂引師起將五敗益甚不能加威於反虜二杜之論如此廣德建中間吐蕃再飲馬岷江常以南詔為前鋒操倍尋之戟且戰且進蜀兵折刃吞鏃不能斃一戎戎兵日深疫死日眾自度不能留輒引去蜀人語曰西戎尚可南蠻殘我至韋皐鑿青谿道以和群蠻使道蜀入貢擇子弟習書筭於成都業成而去習知山川要害文宗時大入成都自越巂以北八百里民畜為空又敗卒貧民因緣掠殺官不能禁自是群蠻常有屠蜀之心蜀民苦於重征者亦欲啓之以幸非常歲發戍卒不習山川之

險緩步一舍已呵然流汗為將者刻薄自入給帛則以疏易良賦粟以沙參粒故邊卒怨望巴蜀危憂孫樵謂宜詔嚴道沈黎越巂三州度要害募卒以守且兵籍於州則易役卒出於邊則習險相地分屯春耕夏蠶以資衣食秋冬嚴壁以候寇歲遣廉吏視卒之有無則官無餽運吏無牟盜此其備禦之策可施行者著之于篇凡突厥吐蕃迴鶻以盛衰先後為次東夷西域又次之迹用兵之輕重也終之以南蠻記唐所繇亡云

突厥阿史那氏蓋古匈奴北部也居金山之陽臣于蠕蠕種裔繁衍至吐門遂彊大更號可汗猶單于也妻曰可敦其地三垂薄海南抵大漠其別部典兵者曰設子弟曰特勒大臣曰葉護曰屈律啜曰阿波曰俟利發曰吐屯曰俟斤曰閻洪達曰頡利發曰達干凡二十八等皆世其官而無員限衛士曰附離可汗建廷都斤山牙門樹金狼頭纛坐常東嚮隋大業之亂始畢可汗咄吉嗣立華人多往依之契丹室韋吐谷渾高昌皆役屬竇建德薛舉劉武周梁師都李軌王世充等倔起虎視悉臣尊之控弦且百萬戎狄熾彊古未有也高祖起太原遣府司馬劉文靜往聘與連和始畢使特勒康稍利獻馬二千兵五百來會帝平京師遂恃功使者每來多橫驕武德元年骨咄祿特勒來朝帝宴太極殿為奏九部樂引升御坐是歲始畢牙帳自破帝問內史令蕭瑀瑀曰魏文帝幸許城門无故壞是年文帝崩豈其類耶二年始畢自將度河至夏州與賊梁師都合又佐劉武周以五百騎入句注將侵太原會病死帝為發哀長樂門詔群臣即館弔其使遣使者持段物三萬賻之子什鉢苾幼不克立以為泥步設使居東偏立其弟俟利弗設是為處羅可汗

○處羅復妻隋義成公主遣使來告則文潛通王世充潞州總管李襲譽擊斬其使取牛羊萬餘處羅迎隋蕭皇后及齊王暕之子正道於竇建德所因立正道為隋王奉隋後隋人沒者隸之行其正朔置百官居定襄眾万人秦王討武周也處羅以弟步利設騎二千會并州三日多掠城中婦人女子去總管李仲文不能制以俱俟特勒助屯明年謀取并州置楊正道卜之不吉左右諫止處羅曰我先人失國賴隋以存今忘之不祥卜不吉神詎無知乎我自決之會天雨血三日國中犬夜群號求之不見遂有疾公主餌以五石俄疽發死主以子奧射設陋弱弃不立更取其弟咄苾嗣是為頡利可汗

○頡利始為莫賀咄設牙直五原北薛舉陷平涼與連和帝患之遣光祿卿宇文歆賂頡利使與舉絕隋五原太守張長遜以所部五城附虜歆并說還五原地皆見聽且發兵與長遜所部會秦王軍太子建成議廢豐州并割榆中地於是處羅子郁射設以所部萬帳入處河南以靈州為塞頡利又妻義成以始畢子什鉢苾為突利可汗使居東義成楊諧女也其弟善經亦依突厥與王世充使者王文素共說頡利曰往啓民兄弟爭國賴隋得復位子孫有國今天子非文帝後宜立正道以報隋厚德頡利然之故歲入寇然倚父兄餘貲兵銳馬多甚驕氣直出百蠻上視中國為不足與書辭悖嫚多須求帝方經略天下故屈礼多所舍貸贈賚不貲然而不猒無厓之求也四年頡利率萬騎與苑君璋合寇鴈門定襄王李大恩擊却之頡利執我使者漢陽公瓌太常卿鄭元璹左驍衛大將軍長孫順德帝亦囚其使與相當由是寇代州敗行軍總管永安王孝基略河東犯原州穿延州塞諸將與戰不能有所俘明年還順德等且請和贄魚膠諭固二國之好也帝雖未情釋其使特勒熱寒等厚與金還之大恩上言突厥飢馬邑可圖也詔殿中少監獨孤晟共擊之晟後約大恩不敢進屯新城頡利自將數萬騎與劉黑闥合圍之大恩沒士死者數千人進襲忻州為李高遷所破黑闥以突厥萬人擾山東又殘定州頡利未得志乃率十五萬騎入鴈門圍并州深鈔汾潞取男女五千入分數千騎轉掠原靈間於是太子建成將兵出豳州道秦王將兵出蒲州道擊之李子和以兵趨雲中掩可汗後段德操出夏州徂其歸并州總管襄邑王神符戰汾東斬虜五百首取馬二千汾州刺史蕭顗獻俘五千虜陷大震關縱兵掠弘州總管宇文歆靈州楊師道拒之獲馬牽橐它數千頡利聞秦王且至引出塞王師還又明年與黑闥君璋等小小入寇定匡原朔等州與屯將相勝負帝遣太子建成復屯北邊秦王屯并州備虜又乃罷俄又破代地一屯進擊渭豳二州取馬邑不有也復請和歸我馬邑七年攻原朔二州入代地不勝更與君璋合攻隴州及陰槃城分擊并地秦王與齊王元吉屯豳州道以備胡君璋與虜出入原朔忻并地剽係騷然數為諸將驅逐其八月頡利與突利兵悉起自原州連營而南所在震恐秦王齊王拒之初關中霖潦餽道絕軍次豳州可汗萬騎奄至陳五龍坂以數百騎挑戰舉軍失色秦王馳百騎掠陣大言曰國家於突厥無負何為深入我秦王也故來自與可汗決若固戰我纔百騎耳徒廣殺傷無益也頡利笑不答又馳騎語突利曰爾往與我盟急難相助今無香火情邪亦能一決乎突利亦不對王將絕水前頡利見兵少又聞與突利語陰相疑即遣使者來曰王毋苦我固不戰將與王議事耳於是引卻秦王縱反間突利乃歸心不欲戰頡利亦無以彊之乃遣突利及夾畢特勒思摩請和帝許之突利遂自託於王為昆弟帝見思摩引升御榻思摩頓首辭帝曰我見若猶頡利也乃聽命突厥既歲盜邊或說帝曰虜數內寇者以府庫子女所在我能去長安則戎心止矣帝使中書

侍郎宇文士及踰南山按行樊鄧將徙都焉群臣贊遷秦王獨曰夷狄自古爲中國患未聞周漢爲遷也願假數年請取可汗以報帝乃止頡利已和亦會甚雨弓矢皆弛亞遂解而還帝會群臣問所以備邊者將作大匠于筠請五原靈武置舟師於河扼其入中書侍郎溫彥博曰魏爲長塹遏匈奴今可用帝使桑顯和塹邊大道召江南船工大發卒治戰艦頡利遣使來願款北樓關請互市帝不能拒帝始兼天下罷十二軍尚文治至是以虜患方張乃復置之以練卒蒐騎八年頡利攻靈朔與代州都督藺謩戰新城謩敗績於是張瑾兵屯石嶺李高遷屯大谷秦王屯蒲州道初帝待突厥用敵國礼及是怒曰往吾以天下未定厚於虜以紓吾邊今卒敗約朕將擊滅之毋須姑息命有司更所與書爲詔若敕瑾未至屯虜已踰石嶺圍并州攻靈州轉擾潞沁李靖以兵出潞州道行軍總管任瓌屯太行瑾戰大谷敗績中書侍郎溫彥博陷于賊鄆州都督張德政死之遂攻廣武爲任城王道宗破其欲谷設掠綏州請和去敗并州數縣入蘭鄯彭州諸屯或小勝不能制俄寇原州折威將軍楊屯擊之且發士屯大谷九年攻原靈又圍涼州進犯涇原李靖與戰靈州虜引去寇西會州圍烏城翔徉隴渭間平道將軍柴紹破之於秦州斬一特勤三大將虜千級大抵虜得志則深入負則請和不恥也其七

月頡利自將十萬騎襲武功京師戒嚴攻高陵尉遲敬德與戰涇陽獲俟斤烏沒啜斬首千餘級頡利遣謀臣執失思力入朝以覘我因夸說曰二可汗兵百萬今至矣太宗曰我與可汗嘗面約和爾則背之且義師之初爾父子身從我遺賜玉帛多至不可計何妄以兵入我都畿自夸盛彊耶今我當先戮爾矣思力懼請命蕭瑀封德彞諫帝不如礼遣之帝不許縶於門下省乃與侍中高士廉中書令房玄齡將軍周範等馳六騎出玄武門幸渭上與可汗隔水語且責其負約群酋見帝皆驚下馬拜俄而衆軍至旗鎧光明部隊靜嚴虜大駭帝與頡利按轡即麾軍却而陣焉蕭瑀以帝輕敵叩馬諫帝曰我思熟矣非爾所知也夫突厥掃地入寇以我新有内難謂不能師我若闔城彼且大掠吾境故我獨出示无所畏又盛兵使知必戰不意我能沮其始謀彼入吾地既深懼不能返故與戰則克和則固制賊之命在此舉矣是日頡利果請和許之翌日刑白馬與頡利盟便橋上突厥引還蕭瑀曰頡利之來諸將多請與戰陛下不聽既而虜自退其策奈何帝曰突厥衆而不整君臣惟利是視可汗在水西而酋帥皆來謁我我醉而縛之其勢易甚又我敕長孫无忌李靖潛師幽州以須若大軍躡其後伏邀諸前取之反覆掌耳然我新即位爲國者要在安靜一與虜校殺傷必多彼敗未及亡懼而脩德與

我爲怨其可當耶今卜械卷鎧啗以玉帛虜志必驕驕則亡之端也故曰將欲取之必固與之瑀再拜曰非臣愚所逮也乃詔殿中監豆盧寬將軍趙綽護送突厥頡利獻馬三千匹羊萬頭帝不納詔歸所俘於我貞觀元年薛延陀回紇拔野古諸部皆叛使突利討之不勝輕騎走頡利怒囚之突利由是怨望是歲大雪羊馬多凍死人飢懼王師乘其敝即引兵入朔州地聲言會獵議者請責其敗約因伐之帝曰匹夫不可爲不信況國乎我既與之盟豈利其災邀險以取之耶須其无礼於我乃伐之明年突利自陳爲頡利所攻求救帝曰朕與頡利盟又與突利有昆弟約不可不救奈何兵部尚書杜如晦曰夷狄無信我雖如約彼常負之今亂而擊之侮亡之道也乃詔將軍周範屯太原紆略之頡利亦擁兵窺邊或請築古長城發民乘塞帝曰突厥盛夏而霜五日並出三月連明赤氣滿野彼見災而不務德不畏天也遷徙無常六畜多死不用地也俗死則焚今葬皆起墓背父祖命嫚鬼神也與突利不睦内相攻殘不和於親也有是四者將亡矣當爲公等取之安在築障塞乎突厥俗素質略頡利得華士趙德言才其人委信之稍專国又委政諸胡斥遠宗族不用興師歲入邊下不堪苦胡性冒沓數翻覆不信號令無常歲大飢裒斂苛重諸部携貳明年鬱射部薛延陀自稱可汗以使來詔兵部尚

書李靖擊虜馬邑頡利走九俟斤以衆降拔野古僕骨同羅諸部奚酋長皆來朝於是詔并州都督李世勣出通漠道李靖出定襄道左武衛大將軍柴紹出金河道靈州大都督任城王道宗出大同道幽州都督衛孝節出恒安道營州都督薛萬淑出暢武道凡六總管師十餘萬皆授靖節度以討之道宗戰靈州俘人畜萬計突利及郁射設蔭奈特勤帥所部來奔捷書日夜至帝謂群臣曰往国家初定太上皇以百姓故奉突厥詭而臣之朕常痛心病首思一刷恥於天下今天誘諸將所向輒克朕其遂有成功乎四年正月靖進屯惡陽嶺夜襲頡利頡利驚退牙磧口大酋康蘇蜜等以隋蕭皇后楊正道降或言中国人嘗密通書於后中書舍人楊文瓘請劾治帝曰天下未一人或當附隋今反側既安何足治耶置勿劾頡利窘走保鐵山兵猶數萬令執失思力來陽爲哀言謝罪請内屬帝詔鴻臚卿唐儉將軍安脩仁等持節慰撫靖知儉在虜所虜必安乃襲擊之盡獲其衆頡利得千里馬獨奔沙鉢羅行軍副總管張寶相禽之沙鉢羅設蘇尼失以衆降其國遂亡復定襄恒安地斥境至大漠矣頡利至京師告俘太廟帝御順天樓陳仗衛士民縱觀吏執可汗至帝曰而罪有五而父國破賴隋以安不以一鏃力助之使其廟社不血食一也與我鄰而棄信擾邊二也恃兵不戢部落攜怨三也賊華

民暴禾稼四也許和親而遷延自遁五也朕殺爾非無名顧渭上盟未之忘故不窮責也乃悉還其家屬館于太僕稟食之思結俟斤以四萬衆降可汗弟欲谷設奔高昌既而亦來降伊吾城之長素臣突厥舉七城以獻因其地為西伊州制詔突厥往逢癘疫長城之南暴骨如丘有司其以酒脯祭為瘞藏之又詔隋亂華民多沒于虜遣使者以金帛贖男女八萬口還為平民頡利不室處常設穹廬廷中久鬱鬱不自憀與家人悲歌相泣下狀貌羸省帝見憐之以虢州負山多麋鹿有射獵之娛乃拜為刺史辭不往遂授右衛大將軍賜美田宅帝曰昔啓民失國隋文帝不恡粟帛興士衆營護而存立之至始畢稍彊則以兵圍煬帝鴈門今其滅者殆背德忘義致然耶頡利子曡羅支有至性既舍京師諸婦得品供羅支預焉其母最後至不得給羅支不敢嘗品肉帝聞歎曰天稟仁孝詎限華夷哉厚賜之遂給母肉八年頡利死贈歸義王謚曰荒詔國人葬之從其禮火尸起冢灞東其臣胡祿達官吐谷渾邪者頡利母婆施之媵臣也頡利始生以授渾邪至是哀慟乃自殺帝異之贈中郎將命葬頡利冢旁詔中書侍郎岑文本刻其事于頡利渾邪之墓碑俄蘇尼失亦以死殉尼失者啓民可汗弟也始畢以為沙鉢羅設督部五萬牙直靈州西北姿雄趫以仁惠御下人多歸之頡利政亂其部獨不貳突利降頡利以為小可汗頡利已敗乃舉衆來奔漠南地遂空授北寧州都督右衛大將軍封懷德王云頡利之亡其下或走薛延陀或入西域而來降者尚十餘萬詔議所宜咸言突厥擾中國久今天喪之非慕義自歸請悉籍降俘內兗豫閑處使習耕織百萬之虜可化為齊人是中國有加戶而漠北遂空也中書令溫彥博請如漢建武時置降匈奴留五原塞全其部落以為扞蔽不革其俗因而撫之實空虛之地且示無所猜若內兗豫則乖本性非函育之道秘書監魏徵建言突厥世為中國仇今其來降不即誅滅當遣還河北彼鳥獸野心非我族類弱則伏彊則叛其天性也且秦漢以銳師猛將擊取河南地為郡縣者以不欲使近中國也陛下柰何以河南居之且降者十萬若令數年孳息略倍而近在畿甸心腹疾也彥博曰不然天子於四夷若天地養萬物覆載全安之今突厥破滅餘種歸命不加哀憐而棄之非天地蓋覆之義而有阻四夷之嫌臣謂處以河南蓋死而生之亡而存之彼世將懷德何叛之為徵曰魏時有胡落分處近郡晉已平吳郭欽江統勸武帝逐出之不能用劉石之亂卒傾中夏陛下必欲引突厥居河南所謂養虎自遺患者也彥博曰聖人之道無不通故曰有教無類彼創殘之餘以窮歸我我援護之收處內地將教以禮法職以耕農又選酋良入宿衛何患之卹且光武

置南單于卒無叛亡於是中書侍郎顏師古給事中杜楚客禮部侍郎李百藥等皆勸帝不如使處河北樹首長俾統部落視地多少令不相臣國小權分終不得亢衡中國長轡遠馭之道也帝主彥博語卒度朔方地自幽州屬靈州建順祐化長四州為都督府剖頡利故地左置定襄都督右置雲中都督二府統之擢酋豪為將軍郎將者五百人奉朝請者且百員入長安自籍者數千戶乃以突利可汗為順州都督令率其下就部

突利初為泥步設得隋淮南公主以為妻頡利之立用次弟為延陀設主延陀部步利設主霫部統特勒主胡部斛特勒主斛薛部以突利可汗主契丹靺鞨部樹牙南直幽州東方之衆皆屬焉突利斂取無法下不附故薛延陀奚霫等皆內屬頡利遣擊之又大敗衆騷離頡利囚捶之久乃赦突利嘗自結於太宗及頡利衰驟追兵於突利不肯從因起相攻突利請入朝帝謂左右曰古為國者勞己以憂人則系祚長役人以奉己則亡今突厥喪亂由可汗不君突利雖至親不自保而來夷狄弱則邊境安然觀彼亡我不可以無懼有不逮者猶可糾乎突利至禮見良厚輟膳以賜之拜右衛大將軍封北平郡王食戶七百以為都督太宗敕曰而祖啓民破亡隋則復之棄德不報而父始畢反為隋敵爾今窮來歸我所以不立爾為可汗鑒前敗也我欲中國安爾宗族不亡故授爾都督毋相侵掠長為我北藩突利頓首聽命後入朝死并州道中年二十九帝為舉哀詔文本文其墓子賀邏鶻嗣帝幸九成宮突利弟結社率以郎將宿衛陰結種人謀反劫賀邏鶻北還謂其黨曰我聞晉王丁夜得辟仗出我乘間突進可犯行在是夕大風晉王不出結社率恐謀漏即射中營譟而殺人衛士等共擊之乃走殺廄人盜馬欲度渭徼邏禽斬之赦賀邏鶻投嶺外於是群臣更言處突厥中國非是帝亦患之乃立阿史那思摩為乙彌泥孰俟利苾可汗賜氏李樹牙河北悉徙突厥還故地

○思摩頡利族人也父曰咄六設始啓民奔隋磧北諸部奉思摩為可汗啓民歸國乃去可汗號性開敏善占對始畢處羅皆愛之然以貌似胡疑非阿史那種故但為夾畢特勒而不得為設武德初數以使者來高祖嘉其誠封和順郡王及諸部納款思摩獨留與頡利俱禽太宗以為忠授右武候大將軍化州都督統頡利故部居河南徙懷化郡王及是將徙內畏薛延陀不敢出塞帝詔司農卿郭嗣本持節賜延陀書言中國礼義未始滅人國以頡利暴殘伐而取之非貪其地與人也故處降部於河南薦草美泉利其畜牧衆日孳蕃今復以思摩為可汗還其故疆延陀受命在前長於突厥舉磧以北延陀主之其南突厥保之各守而境無相鈔犯有負約我自以兵誅之思摩

乃行帝為置酒引思摩前曰時一草一木見其滋廡以為喜況我養爾部人息爾馬羊不減昔乎爾父母墳墓在河北今復舊廷故宴以餞行思摩泣下奉觴上萬歲壽且言破亡之餘陛下使存骨舊鄉願子孫世世事唐以報厚德於是趙郡王孝恭鴻臚卿劉善就思摩部築壇場河上拜受冊賜鼓纛又詔左屯衛將軍阿史那忠為左賢王左武衛將軍阿史那泥孰為右賢王相之薛延陀聞突厥之北恐其眾奔亡度磧勒兵以待及使者至乃謝曰天子詔毋相侵謹頓首奉詔然突厥酗亂翻覆其未亡時殺中國人如麻陛下滅其國謂宜收種落皆為奴婢以償唐人乃養之如子而結社率竟反此不可信明甚後有亂請終為陛下誅之十五年思摩帥眾十餘萬勝兵四萬馬九萬匹始度河牙於故定襄城其地南大河北白道畜牧廣衍龍荒之最壤故突厥爭利之思摩遣使謝曰蒙恩立為落長實望世世為國一犬守吠天子北門有如延陀侵逼願入保長城詔許之居三年不能得其眾下多攜背思摩慚因入朝願留宿衛更拜右武衛將軍從伐遼中流矢帝為吮血其顧厚類此還卒京師贈兵部尚書夏州都督陪葬昭陵築墳象白道山為刊其勞碑於化州

右賢王阿史那泥孰蘇尼失子也始歸國妻以宗女賜名忠及從思摩出塞

思慕中國見使者必流涕求入侍許之思摩既不能國殘眾稍稍南度河分處勝夏二州帝伐遼或言突厥處河南邇京師請帝無東帝曰夫為君者豈有猜貳哉湯武化桀紂之民無不還善有隋無道舉天下皆叛非止夷狄也朕閔突厥之亡內河南以振贍之彼不近走延陀而遠歸我懷我深矣朕策五十年中國無突厥患思摩眾既南車鼻可汗乃盡有其地

車鼻亦阿史那族而突利部人也名斛勃世為小可汗頡利敗諸部欲共君長之會薛延陀稱可汗乃往歸焉其為人沈果有智數眾類使附延陀畏逼將殺之乃率所部遯去騎數千追不勝窟金山之北三垂斗絕惟一面可容車騎壤土夷博即據之勝兵三萬自稱乙注車鼻可汗距長安萬里西葛邏祿北結骨皆并統之時時出掠延陀人畜延陀後衰車鼻勢益張二十一年遣子沙鉢羅特勒獻方物且請身入朝帝遣雲麾將軍安調遮右屯衛郎將韓華往迎之至則車鼻偃然無入朝意華謀與葛邏祿共劫之車鼻覺華與車鼻子陟苾特勒鬭死調遮被殺帝怒遣右驍衛郎將高偘發回紇僕骨兵擊之其大酋長歌邏祿泥孰闕俟利發處木昆莫賀咄俟斤等以次降偘師攻阿息山部落不肯戰車鼻攜愛妾從數百騎走追至金山獲之獻京師高宗責曰頡利敗爾不輔無親也延陀破爾遯亡不忠也而罪當死然朕見

先帝所獲酋長必宥之今原而死乃釋縛獻俘社廟又見昭陵拜左武衛將軍賜居第處其眾鬱督軍山詔建狼山都督府統之初其子羯漫陀泣諫車鼻請歸國不聽乃遣子菴鑠入朝後來降拜左屯衛將軍建新黎州使領其眾於是突厥盡為封疆臣矣始置單于都護府領狼山雲中桑乾三都督蘇農等二十四州瀚海都護府領金微新黎等七都督仙萼賀蘭等八州即擢領酋為都督刺史麟德初改燕然為瀚海都護府領回紇徙故瀚海都護府於古雲中城號雲中都護府磧以北蕃州悉隸瀚海南隸雲中雲中者義成公主所居也頡利滅李靖徙突厥羸破數百帳居之以阿史德為之長眾稍盛即建言願以諸王為可汗遙統之帝曰今可汗古單于也乃改雲中府為單于大都護府以殷王旭輪為單于都護帝封禪都督葛邏祿叱利等三十餘人皆從至泰山下已封詔勒名於封禪碑云凡三十年北方無戎馬警調露初單于府大酋溫傅奉職二部反立阿史那泥孰匐為可汗二十四州酋長皆叛應之乃以鴻臚卿單于大都護府長史蕭嗣業左領軍衛將軍花大智右千牛衛將軍李景嘉討之恃勝不設備會雨雪士皸瘃反為虜襲大敗殺略萬餘人大智等收餘卒行且戰乃免於是嗣業流桂州餘坐免官更拜禮部尚書裴行儉為定襄道行軍大總管率太僕少卿李思文營州都督周道

務西軍程務挺東軍李文暕士無慮三十萬捕擊反者詔右金吾將軍曹懷舜屯井陘右武衛將軍崔獻屯絳龍門明年行儉戰黑山大破之其下斬泥孰匐以首降禽溫傅奉職以還餘眾保狼山始虜未叛鳴鵽羣飛入塞吏曰所謂突厥雀者南飛胡必至比春還悉隤盡夏閒率無首泥孰果亡狼山眾掠雲州都督竇懷悊右領軍中郎將程務挺逐出之永隆中溫傅部又迎頡利族子伏念於夏州走度河立為可汗諸部響應明年遂寇原慶二州復詔行儉為大總管以右武衛將軍曹懷舜幽州都督李文暕副之諜者紿言伏念溫傅保黑沙飢甚可輕騎取也懷舜獨信之輕兵倍道至黑沙乃不見虜得薛延陀餘部降之引還至長城遇溫傅與戰所殺相當行儉兵壁代之陘口縱反間故伏念溫傅相貳因遣兵擊伏念敗之伏念走與懷舜遇行且戰一日為伏念所破棄軍奔雲中士為虜所乘死不可筭比南首仆懷舜殺牲與伏念盟乃免伏念益北留輜重妻子保金牙山以輕騎將襲懷舜會行儉遣部將掩得其輜重比還無所歸乃北走保細沙行儉縱單于鎮兵躡之伏念意王師不能遠不設備及兵至惶駭不得戰遂遣使間道詣行儉執溫傅降行儉虜之送京師斬東市永淳元年骨咄祿又反

骨咄祿頡利族人也雲中都督舍利元英之部酋世襲吐屯伏念敗乃嘯亡

散保總材山又治黑沙城有衆五千盜九姓畜馬稍彊大乃自立為可汗以
弟默啜為殺咄悉匐為葉護時單于府檢校降戶部落阿史德元珍者為長
史王本立所囚會骨咄祿來寇元珍請諭還諸部贖罪許之至即降骨咄祿
與為謀遂以為阿波達干悉屬以兵乃寇單于府北鄙遂攻并州殺嵐州刺
史王德茂分掠定州北平刺史霍王元軌擊却之又攻媯州圍單于都護府
殺司馬張行師攻蔚州殺刺史李思儉執豐州都督崔知辯詔右武衛將軍
程務挺為單于道安撫大使備邊嗣聖垂拱間連寇朔代掠吏士左玉鈐
衛中郎將淳于處平為陽曲道總管將擊賊抵忻州與賊遇麾戰不
利死者五千人更以天官尚書韋待價為燕然道大總管討之明年入昌平
右鷹揚衛大將軍黑齒常之擊却之復入朔州地常之與戰黃花堆虜敗追
奔四十里勝過磧右監門衛中郎將爨寶璧表請窮追意虜勇即破欲幸取功乃
不與謀出塞二千里間虜無備趨擊之將至漏言于虜虜得整衆出皆死戰大
敗寶璧跳還與軍沒武后怒誅寶璧改骨咄祿曰不卒祿俄而元珍攻突騎
施戰死天授初骨咄祿死其子幼不得立
默啜自立為可汗甚位數年始攻靈州多殺略士民武后以薛懷義為朔方
道行軍大總管內史李昭德為行軍長史鳳閣鸞臺平章事蘇味道為司
馬率朔方道總管契苾明雁門道總管王孝傑威化道總管李多祚豐安道
總管陳令英瀚海道總管田揚名等凡十八將軍兵出塞雖華蕃步騎擊之
不見虜還俄詔孝傑為朔方道行軍總管備邊契丹李盡忠等反默啜請擊
賊自效詔可授左衛大將軍歸國公以左豹韜衛將軍閻知微即部冊拜遷
善可汗默啜乃引兵擊契丹會盡忠死襲松漠部落盡得李萬榮妻子輜重
酋長崩潰后美其功復詔知微持節冊默啜為特進頡跌利施大單于立功
報國可汗未及命俄攻靈勝二州縱殺略為屯將所敗又遣使者謝請為后
子復言有女願女諸王且求六州降戶初突厥內屬者分處豐勝靈夏朔代
間謂之河曲六州降人默啜又請粟田種十萬斛農器三千具鐵數萬斤后
不許宰相李嶠亦言不可默啜怨為慢言執使者司賓卿田歸道於是納言
姚璹等建請與之乃歸粟種器降人數千帳繇是突厥遂彊詔淮陽王武延秀
聘其女為妃詔知微攝春官尚書與司賓卿楊鸞莊持節護送默啜猥曰我
以女嫁唐天子子今乃右家子乎且我世附唐今聞其子孫獨二人在我當
立之即囚延秀等妄號知微為可汗自將十萬騎南向擊靜難平狄清夷等
軍靜難軍使慕容玄崱以兵五千降虜入圍媯檀后詔司屬卿武重規為天
兵中道大總管右武威衛將軍沙吒忠義為天兵西道總管幽州都督張仁亶

為天兵東道總管兵凡三十萬擊之右羽林大將軍閻敬容李多祚為天兵
西道後軍總管兵亦十五萬默啜破蔚州飛狐進殘定州殺刺史孫彥高焚
廬舍鄉聚為空后怒下詔購斬默啜者王之更號曰斬啜虜圍趙州長史唐
波若應之入殺刺史高叡進攻相州詔沙吒忠義為河北道前軍總管李多
祚為後軍總管將軍嵎夷公福富順為奇兵總管擊虜時中宗還自房陵為
皇太子拜行軍大元帥以納言狄仁傑為副文昌右丞宋玄爽為長史左肅
政臺御史中丞霍獻可為司馬右肅政臺御史中丞吉頊為監軍使將軍扶
餘文宣等六人為子總管未行默啜聞之取趙定所掠男女八九萬悉阬之
出五回道去所過人畜金幣子女盡剽有之諸將皆顧望不敢戰獨狄仁傑
以兵追之不及默啜負勝輕中國有驕志大抵兵與頡利時略等地縱廣萬
里諸蕃悉往聽命復立咄悉匐為左察骨咄祿子默矩為右察皆統兵二萬
子匐俱為小可汗位兩察上典處木昆等十姓兵四萬號拓西可汗歲入邊
戍兵不得休乃高選魏元忠檢校并州長史為天兵軍大總管婁師德副之
按屯以待又徙元忠靈武道行軍大總管備虜默啜剽隴右牧馬萬匹去俄
復盜邊詔安北大都護相王為天兵道大元帥率并州長史武攸宜夏州都
督薛訥與元忠擊虜兵未出默啜去明年寇鹽夏掠羊馬十萬攻石嶺遂圍
并州以雍州長史薛季昶為持節山東防禦大使節度滄瀛幽易恒定媯檀
平等九州之軍以瀛州都督張仁亶統諸州及清夷障塞軍之兵與季昶掎
角又以相王為安北道行軍元帥監諸將王留不行虜入代忻殺略長安
三年遣使者莫賀達干請進女女皇太子子后使平恩郡王重俊義興郡王
重明盛服立諸朝默啜更遣大酋移力貪汗獻馬千匹謝許婚后渥禮其使
中宗始即位入攻鳴沙於是靈武軍大總管沙吒忠義與戰不勝死者幾萬
人虜遂入原會多取牧馬帝詔絕昏購斬默啜者王以國官諸衛大將軍默
啜殺我行人鴻臚卿臧思言詔左屯衛大將軍張仁亶為朔方道大總管屯
邊明年始築三受降城於河外障絕寇路久之以唐休璟代屯睿宗初立又
請和親詔取宋王成器女為金山公主下嫁會左羽林大將軍孫佺等與奚
戰冷陘為奚所執獻諸默啜默啜殺之更以刑部尚書郭元振代休璟玄宗
立絕和親默啜乃遣子楊我支特勤入宿衛固求昏以蜀王女南和縣主妻
之下書諭尉可汗明年使子移涅可汗引同俄特勤火拔頡利發石失畢精騎
攻北廷都護郭虔瓘擊之斬同俄城下虜奔解火拔不敢歸擕妻子來奔拜
左武衛大將軍燕山郡王號其妻為金山公主賜賚優縟楊我支死詔宗親
三等以上弔其家是時突厥再上書求昏帝未報初默啜西滅娑葛

遂役屬契丹奚因虐用其下既年老愈昏暴部落怨畔十姓左五咄陸右五
弩失畢俟斤皆請降葛邏祿胡屋鼠尼施三姓大漠都督特進朱斯陰山都
督謀落匐雞玄池都督蹋實力胡鼻率衆內附詔處其衆於金山以右羽林
衛大將軍薛訥爲涼州鎮軍大總管節度赤水建康河源等軍屯涼州以都
督楊執一副之右衛大將軍郭虔瓘爲朔州鎮軍大總管節度和戎大武并
州之北等軍屯并州以長史王晙副之撫新附檢校默啜葛邏祿
等詔在所都護總管掎角應援虜勢浸削其婿高麗莫離支高文簡與跌跌
都督思太吐谷渾大酋慕容道奴郁射施大酋鶻屈頡斤苾悉頡力高麗大
酋高拱毅合萬餘帳相踵款邊詔內之河南引拜文簡左衛大將軍遼西郡
王思太特進右衛大將軍兼跌跌都督樓煩郡公道奴左武衛將軍兼刺史
雲中郡公鶻屈頡斤左驍衛將軍兼刺史陰山郡公苾悉頡力左武衛將軍
兼刺史鴈門郡公拱毅左領軍衛將軍兼刺史平城郡公將軍皆員外置賜
各有差默啜討九姓戰磧北九姓潰人畜皆死思結等部來降帝悉官之拜
薛訥朔方道行軍大總管太僕卿呂延祚靈州刺史杜賓客佐之備邊詔金
山大漠陰山玄池都督等共圖取默啜班賞格賜物諭之默啜又討九姓拔野
古戰獨樂河拔野古大敗默啜輕歸不爲備道大林中拔曳固殘衆突出擊

默啜斬之乃與入蕃使郝靈佺傳首京師骨咄祿子闕特勒合故部攻殺小
可汗及宗族略盡立其兄默棘連是爲毗伽可汗

突厥列傳第一百四十上

毗伽可汗默棘連本謂小殺者性仁友自以立非己功讓於闕特勒特勒不敢受遂嗣位實開元四年以特勒為左賢王專制其兵初默啜死闕特勒盡殺其用事臣惟暾欲谷者以女婆匐為默棘連可敦獨免廢歸其部後突騎施蘇祿自為可汗突厥部種多貳默棘連乃召暾欲谷與謀國年七十餘衆尊畏之俄而敗跌思太等自河曲歸之始降戶之南也單于副都護張知運盡斂其兵戎人怨奴及姜晦為巡邊使怨訴禁弓矢無以射獵為生晦悉還之乃共擊張知運禽之將送突厥朔方行軍大總管薛訥將軍郭知運追之跌潰釋知運去思太等分為二隊北走王晙又破其左隊默棘連既得降胡欲南盜塞暾欲谷曰不可天子英武人和歲豐未有間且我兵新集不可動也默棘連又欲城所都起佛老廟暾欲谷曰突厥衆不敵唐百分一所能與抗者隨水草射獵居處無常習於武事彊則進取弱則遁伏唐兵雖多無所用也若城而居戰一敗必為彼禽且佛老教人仁弱非武彊術默棘連當其策即遣使者請和帝以不情答而不許俄下詔伐之乃以拔悉蜜右驍衛大將軍金山道總管處木昆執米啜堅昆都督右武衛大將軍骨篤祿毗伽可汗契丹都督李失活奚都督李大酺突厥默啜子左賢王墨特勒左威衛將軍右賢王阿史那毗伽特勒燕山郡王火拔石失畢等蕃漢士悉發凡三十萬以御史大夫朔方道大總管王晙統之期八年秋並集稽落水上使拔悉蜜奚契丹分道掩其牙捕默棘連默棘連大恐暾欲谷曰拔悉蜜在北庭與二蕃相距遠必不合晙與張嘉貞有隙必相執異亦必不能來即皆能來我當前三日悉衆北徙彼糧竭自去拔悉蜜輕而好利當先至擊之可取也俄而拔悉蜜果引衆逼突厥牙知晙等不至乃引卻突厥欲擊之暾欲谷曰兵千里遠出士殊死鬬鋒不可當也不如躡之邇近而取之距北庭二百里乃分兵由它道襲拔其城即急擊拔悉蜜衆走趨北庭無所歸悉禽之還出赤亭掠涼州都督楊敬述使官屬盧公利元澄等勒兵討捕暾欲谷曰敬述若城守當與和如兵出吾且決戰必有功澄令于軍曰贏臂持滿外注會大寒烈風士手不能張弓矢由是大敗元澄走敬述坐以白衣檢校涼州事突厥遂大振盡有默啜餘衆明年固乞和請父事天子許之又連歲遣使獻方物求婚是時天子東巡泰山中書令張說謀益兵以備突厥　兵部郎中裴光廷曰封禪以告成功若復調發不可謂成功說曰突厥雖請和難以信結也且其可汗仁而愛人下為之用闕特勒善戰暾欲谷沈雄愈老而智李靖世勣流也三虜協知我舉國東巡有如乘間何以禦之光廷請以使召其大臣入衛乃遣鴻臚卿袁振往諭帝意默棘連置酒與可敦闕特勒暾欲谷坐帳中謂振曰吐蕃犬出也唐與為昏奚契丹我奴而役也亦尚主獨突厥前後請不許云何振曰可汗天子子也子而昏可乎默棘連曰不然二蕃皆賜姓而得尚主何不可云且公主亦非帝女我不敢有所擇但屢請不得為諸國笑振許為請默棘連遣大臣阿史德頡利發入獻遂從封禪有詔四夷諸酋皆入仗佩弓矢會兔起帝馬前帝一發斃之頡利發奉兔頓首賀曰陛下神武超絕若天上則臣不知人間無有也詔問飢欲食乎對曰仰觀弧矢之威使十日不食猶為飽因令侍內馳射寵封畢厚宴賜遣之然卒不許和親自是比年遣大臣入朝吐蕃以書約與連和鈔邊默棘連不敢從封上其書天子嘉之引使者梅錄啜宴紫宸殿詔朔方西受降城許互市歲賜帛數十萬十九年闕特勒死使金吾將軍張去逸都官郎中呂向奉璽詔弔祭帝為刻辭于碑仍立廟像四垣圖戰陣狀詔高手工六人往繪寫精肖其國以為未嘗有默棘連視之必悲梗默棘連請昏既勤帝許可於是遣哥解粟必來謝請昏期俄為梅錄啜所毒忍死殺梅錄啜夷其種乃卒帝為發哀詔宗正卿李佺弔祭因立廟詔史官李融文其碑國人共立其子為伊然可汗伊然可汗立八年卒凡遣使三入朝其弟嗣立是為苾伽骨咄祿可汗使右金吾衛將軍李質持冊為登利可汗明年遣使伊難如朝正月獻方物曰禮天可汗如禮天今新歲獻月願以萬壽獻天子云可汗幼其母婆匐與小臣飫斯達干亂遂預政諸部不協登利從父分掌東西兵號左右殺士之精勁皆屬之可汗與母誘斬西殺奪其兵左殺懼即攻登利可汗殺之左殺者判闕特勒也遂立毗伽可汗子俄為骨咄葉護所殺立其弟旋又殺之葉護乃自為可汗天寶初其大部回紇葛邏祿拔悉蜜並起攻葉護殺之尊拔悉蜜之長為頡跌伊施可汗於是回紇葛邏祿自為左右葉護亦遣使者來告國人奉判闕特勒子為烏蘇米施可汗以其子葛臘哆為西殺帝使使者諭令內附烏蘇不聽其下不與拔悉蜜等三部共攻烏蘇米施遁亡其西葉護阿布思及葛臘哆率五千帳降以葛臘哆為懷恩王三載拔悉蜜等殺烏蘇米施傳首京師獻太廟其弟白眉特勒鶻隴匐立是為白眉可汗於是突厥大亂國人推拔悉蜜酋為可汗詔朔方節度使王忠嗣以兵乘其亂抵薩河內山擊其左阿波達干十一部破之獨其右未下而回紇葛邏祿殺拔悉蜜可汗奉回紇骨力裴羅定其國是為骨咄祿毗伽闕可汗明年殺白眉可汗傳首獻毗伽可汗妻骨咄祿婆匐可敦率衆自歸天子御花萼樓宴

群臣賦詩美其事封可敦為賓國夫人歲給粉直二十萬始突厥國於後魏大統時至是滅後或朝貢皆舊部九姓云其地盡入回紇始其族分國於西者曰西突厥

西突厥其先訥都陸之孫吐務號大葉護長子曰土門伊利可汗次子曰室點蜜亦曰瑟帝米瑟帝米之子曰達頭可汗亦曰步迦可汗始與東突厥分烏孫故地有之東即突厥西雷翥海南疏勒北瀚海直京師北七千里由焉耆西北七日行得南庭北八日行得北庭與都陸弩失畢歌邏祿處月處蜜伊吾諸種雜其風俗大抵突厥也言語少異初東突厥木杆可汗死舍其子大邏便而立弟佗鉢可汗佗鉢死先令戒其子菴羅必立大邏便國人以其母賤不肯立而卒立菴羅菴羅後以讓木杆兄子攝圖是為沙鉢略可汗而大邏便別為阿波可汗自臣所部沙鉢略襲擊之殺其母阿波西走達頭當是時達頭為西面可汗即授阿波兵十萬使與東突厥戰而阿波竟為沙鉢略所禽及啓民可汗時達頭可汗歲以兵相加而隋常助啓民故達頭敗奔吐谷渾始阿波既禽國人立鞅素特勒子是為泥利可汗達頭之奔泥利亦敗及死其子達漫立是為泥撅處羅可汗政苛暴多怨大業中從煬帝征高麗賜號曷薩那可汗妻以宗女留其弟闕達度設畜牧於會寧郡

即自稱闕可汗江都亂曷薩那從宇文化及至黎陽遁歸長安高祖降榻與共坐封歸義王以大珠獻帝帝不受曰朕所重者王之赤心是無用也闕可汗有馬三千武德元年內屬賜號吐烏過拔闕可汗與李軌連和隋西戎使者曹瓊據甘州誘之俄與瓊合共擊軌兵不勝走達斗拔谷與吐谷渾相輔車為軌所滅初曷薩那朝隋國人皆不欲既被留不遣乃共立達頭孫號射匱可汗建廷龜茲北之三彌山玉門以西諸國多役屬與東突厥亢射匱死其弟統葉護嗣是為統葉護可汗○統葉護可汗勇而有謀戰輒勝因并鐵勒下波斯罽賓控弦數十萬徙廷石國北之千泉遂霸西域諸國悉授以頡利發而命一吐屯監統以督賦入明年射匱使使來以曷薩那有世憾請殺之帝不許群臣曰存一人失一國後且為患秦王曰不然人來歸我我殺之不祥帝又不聽宴禁中酒酣至中書省縱使者戕之不宜也射匱亦連年條貢條支巨卵師子革等帝厚申撫結約與并力討東突厥統葉護可汗請期頡利大懼乃與和約毋相伐也統葉護可汗來請昏帝與群臣謀西突厥去我遠緩急不可杖可與昏乎封德彝曰計今之便莫若遠交而近攻請聽昏以怖北狄待我既定而後圖之帝乃許昏詔高平王道立至其國統葉護可汗喜遣真珠統俟斤與道立還獻萬釘寶鈿金帶馬五千匹以藉約會東突厥歲犯邊西道梗澀又頡利遣謂曰若迎唐公主必假我道我且留之統葉護可汗病之未克昏方負其彊不以恩結下衆怨多叛去其諸父莫賀咄殺之帝欲齎玉帛焚祭其國會亂不果至莫賀咄立是為屈利俟毗可汗遣使者來獻俟毗可汗初分統突厥為小可汗既稱大可汗國人不附弩失畢部自推泥孰莫賀設為可汗泥孰辭不受會統葉護可汗子咥力特勒避莫賀咄亂亡在康居泥孰迎立之為乙毗鉢羅肆葉護可汗與俟毗可汗分王其國交鬭不解各遣使朝獻太宗追悼曷薩那死非罪為贈上柱國具禮以葬貞觀四年俟毗可汗請昏不許詔曰突厥方亂君臣未定何遽昏為各敕其部毋相侵由是西域諸國悉叛之國大虛耗衆悉附肆葉護可汗雖俟毗之部亦稍稍去共以兵擊俟毗俟毗走保金山為泥孰所殺奉肆葉護為大可汗肆葉護已立即北討鐵勒薛延陀為延陀所敗性猜愎狹於統下小可汗乙利者於國最有功肆葉護聽讒種夷之衆皆沮駭又忌泥孰陰圖殺之泥孰亡入焉耆未幾設卑達干與弩失畢部諸酋謀執肆葉護葉護輕騎走康居憂死國人迎泥孰於焉耆立之是為咄陸可汗父莫賀設本隸統葉護者武德時來朝太宗與之盟約為昆弟死而泥孰代之或曰伽那設既立遣使詣闕不敢當可汗號帝詔鴻臚少卿劉善因持節冊

號吞阿婁拔利邲咄陸可汗賜鼓纛段綵巨萬泥孰遣使謝它日太上皇宴使者兩儀殿謂長孫無忌曰今蠻夷率服古亦有乎無忌上千萬歲壽太上皇喜以酒屬帝帝頓首謝亦奉觴上太上皇壽咄陸可汗死弟同俄設立是為沙鉢羅咥利失可汗歲三遣使奉方物遂請昏帝慰而不許可汗分其國為十部部以一人統之人授一箭號十設亦曰十箭為左右左五咄陸部置五大啜居碎葉東右五弩失畢部置五大俟斤居碎葉西其下稱一箭曰一部落號十姓部落云然不為衆抗賴其部統吐屯以兵襲之咥利失率左右戰統吐屯不勝去咥利失與其弟步利設奔焉耆阿悉吉闕俟斤與統吐屯召國人謀立欲谷設為大可汗以咥利失為小可汗會統吐屯被殺欲谷設又為其俟斤所破咥利失乃復得故地後西部竟自立欲谷設為乙毗咄陸可汗而與咥利失交戰殺傷不可計乃因伊列河約諸部河以西受令於咄陸其東咥利失王之自是西突厥又分二國矣咄陸可汗建廷鏃曷山西謂之北廷駮馬結骨諸國悉附臣之陰與咥利失部吐屯俟利發以兵攻咥利失咥利失援窮奔拔汗那而死國人立其子是為乙屈利失乙毗可汗踰年死弩失畢大酋迎伽那設之子畢賀咄葉護立之是為乙毗沙鉢羅葉護可汗太宗詔左領軍將軍張大師持節冊命賜鼓纛建廷雖合水北謂之南

廷東薄伊列河龜茲鄯善且末吐火羅焉耆石史何穆康等國皆隸屬是時咄陸兵浸盛與沙鉢羅葉護數交戰會二可汗使者皆來帝敕以輯睦令各罷兵咄陸不肯聽遣石國吐屯攻葉護可汗殺之并其國弩失畢不服叛去咄陸又擊吐火羅取之乃入寇伊州安西都護郭孝恪以輕騎二千自鳥骨狙擊敗之咄陸以處月處蜜兵圍天山不克孝恪追北拔處月俟斤之城抵遏索山斬千餘級降處蜜部而歸咄陸可汗性很傲留使者元孝友等不遣妄曰我聞唐天子才武我今討康居爾視我與天子等不遂興兵攻康居道米國即襲破之係虜其人取貲口不以與下其將泥孰啜怒奪取之咄陸斬以徇泥孰啜之將胡祿屋舉兵襲咄陸可汗多殺士國大亂將歸保吐火羅大臣勸其返國不從率衆去度葉水及石國左右亡去略盡乃保可賀敦城自輕出招叛亡阿悉吉闕俟斤迎擊之咄陸敗龍秃取白水胡城以居弩失畢不欲咄陸爲可汗遣使者至闕下請所立帝遣通事舍人溫無隱持璽詔與國大臣擇突厥可汗子孫賢者授之乃立乙屈利失乙毗可汗之子是爲乙毗射匱可汗乙毗射匱既立改館使者悉還之長安使弩失畢將兵攻白水胡城咄陸勒兵自城出鳴鼓角薄鬪弩失畢不能軍殺獲甚多咄陸因其勝招徠舊部皆曰戰千人存一人我猶不從也咄陸自知衆怨乃走吐火

羅乙毗射匱遣使貢方物且請昏帝令割龜茲于闐疏勒朱俱波葱嶺五國爲聘禮不克昏於是阿史那賀魯且暮盡得可汗部落

賀魯者室點蜜可汗五世孫曳步利設射匱特勒劫越子也始阿史那步真來歸國咄陸可汗以賀魯爲葉護代步真居多邏斯川直西州北千五百里統處月處蜜姑蘇歌邏祿弩失畢五姓之衆咄陸之走吐火羅也乙毗射匱以兵迫逐賀魯無常居部多散亡有執舍地處木昆婆鼻三種者以賀魯無罪往請可汗可汗怒欲誅執舍地等三種乃舉所部數千帳與賀魯皆內屬帝優撫之會討龜茲請先驅爲向導詔拜崑丘道行軍總管宴嘉壽殿厚賜予解衣衣之擢累左驍衛將軍瑤池都督處其部於庭州莫賀城密招攜散廬幕益衆方帝崩即謀取西庭二州刺史駱弘義以聞高宗遣通事舍人喬寶明馳撫因令賀魯遣子咥運入宿衛咥運中悔劫於勢不得去拜右驍衛中郎將帝遣還咥運即勸賀魯引而西取咄陸可汗故地建牙於千泉自號沙鉢羅可汗遂統咄陸弩失畢十姓咄陸有五啜曰處木昆律啜胡祿屋闕啜攝舍提暾啜突騎施賀邏施啜鼠尼施處半啜弩失畢有五俟斤曰阿悉結闕俟斤哥舒闕俟斤拔塞幹暾沙鉢俟斤阿悉結泥孰俟斤哥舒處半俟斤而胡祿屋闕啜賀魯壻也阿悉結闕俟斤最盛彊勝兵至數十萬以咥運爲莫賀咄葉護遂寇庭州敗數縣殺掠數千人去詔左武衛大將軍梁建方右驍衛大將軍契苾何力爲弓月道行軍總管右驍衛將軍高德逸右武衛將軍薛孤吳仁副之發府兵三萬合回紇騎五萬擊之駱弘義獻計曰安中國以信馭夷狄以權理有變通也賀魯負保一城方寒積雪謂唐兵必不來宜乘此一舉滅之遷延及春且生變縱不率連諸國必遠迹遁去且兵不誅賀魯而處蜜處木昆等亦各欲自免若留不進彼與賀魯復合矣今雖嚴冬風勁兵若輕齎又不可久留費負邊糧使賊得堅壘附賄死期也請貰處月處蜜等罪專誅賀魯除禍務本不可先治枝葉也願發射脾處月處蜜契苾等兵齎一月食急趨之大軍住憑洛水上爲之影助此驅戎狄攻豺狼也且戎人藉唐兵爲羽翼今胡騎出前唐兵躡後賀魯窮矣天子然其奏詔弘義佐建方等經略之處月朱邪孤注者引兵附賊據牢山建方等攻之衆潰追行五百里斬孤注上首九千級虜其師六十不如弘義所計永徽四年罷瑤池都督府即處月置金滿州又遣左屯衛大將軍程知節爲葱山道行軍大總管率諸將進討是歲咄陸可汗死其子真珠葉護請討賀魯自效爲賀魯所拒不得前明年知節擊歌邏祿處月斬千級收馬萬計副將周智度擊處木昆城拔之斬馘三萬前軍蘇定方擊賀魯別帳鼠尼施于鷹娑川斬首

獲馬甚衆賊棄鎧仗彌野會副總管王文度不肯戰降怛篤城取其財署之知節不能制顯慶初擢定方伊麗道行軍大總管率燕然都護任雅相副都護蕭嗣業左驍衛大將軍瀚海都督回紇婆閏等窮討詔右屯衛大將軍阿史那彌射左屯衛大將軍阿史那步真爲流沙道安撫大使分出金山道俟斤嬾獨祿等萬餘帳迎降定方以精騎至曳咥河西擊處木昆破之賀魯率十姓兵十萬騎來拒定方以萬人當之虜見兵少以騎繞唐軍定方令步卒據原攢矟外注自以騎陣於北賀魯先擊原上軍三犯軍不動定方縱騎乘之虜大潰追奔數十里俘斬三萬人殺其大酋都搭達干等二百人明日躡北五弩失畢皆降五咄陸聞賀魯敗趨南道降步真定方命嗣業婆閏趨邪羅斯川追虜任雅相提降兵踵後會大雪軍中請須霽定方曰今霧晦風勁虜謂我不能師掩其不虞可也緩則遠矣省日兼功在此是晝夜進收所過人畜至雙河與彌射步真會軍飽氣張距賀魯牙二百里陣而行抵金牙山賀魯衆適獵定方兵縱破其牙俘數萬人獲鼓纛器械賀魯自跳度伊麗水嗣業次千泉彌射至伊麗處月處蜜諸部皆下次雙河賀魯先以步失達干據柵戰彌射攻之潰定方追賀魯至碎葉水盡奪其衆賀魯與咥運將奔鼠耨設至石國蘇咄城馬不進衆飢齎珍寶入城且市馬城主伊涅達干迎之既

入拘送石國會彌射子元慶與嗣業兵至取之乃悉散諸部兵開道置驛收露骴問人疾苦賀魯所掠悉還之民西域平賀魯謂嗣業曰我亡虜也先帝厚我我則背之今天降怒罰尚何道且聞漢法殺人必都市我願就死昭陵謝罪於先帝也帝曰先帝賜賀魯三千帳主之今罪人既得獻昭陵其可乎許敬宗曰古者軍凱還則飲至于廟若諸侯獻馘天子未聞獻于陵然陛下奉園寢與宗廟等可行不疑於是執而獻昭陵敕不誅賀魯已滅裂其地為州縣以處諸部木昆部為匐延都督府突騎施索葛莫賀部為嗢鹿都督府突騎施阿利施部為絜山都督府胡祿屋闕部為鹽泊都督府攝舍提暾部為雙河都督府鼠尼施處半部為鷹娑都督府又置昆陵濛池二都護府以統之其所役屬諸國皆置州西盡波斯並隸安西都護府以阿史那彌射為興昔亡可汗兼驃騎大將軍崑陵都護領五咄陸部阿史那步真為繼往絕可汗兼驃騎大將軍濛池都護領五弩失畢部各賜帛十萬以光祿卿盧承慶持冊命之賀魯死詔葬頡利冢旁紀其槩於石

阿史那彌射亦室點蜜可汗五世孫世為莫賀咄葉護貞觀中遣使者持節立彌射為奚利邲咄陸可汗賜鼓纛族兄步真謀殺彌射欲自立彌射不能國即舉所部處月處蜜等入朝拜右監門衛大將軍而步真遂自為咄

陸葉護衆不附去之亦與族人來朝拜左屯衛大將軍彌射從帝征高麗有功封平壤縣伯遷右武衛大將軍及平賀魯與步真皆為可汗得補所部刺史以下是歲彌射擊真珠葉護於雙河斬之殺闕啜二人彌射步真無綏御材下多怨於是思結都曼率疏勒朱俱波喝盤陀三國叛擊破于闐詔左驍衛大將軍蘇定方討之都曼兵保馬頭川五年定方傳其城擊降之龍朔二年彌射步真以兵從驄海道總管蘇海政討龜茲步真怨彌射且欲并其部乃誣以謀反海政不能察即集軍吏計議先發誅之因稱詔發所齎賜可汗首領彌射以麾下至悉收斬之其部鼠尼施拔塞幹叛走海政追平之步真死乾封時咸亨二年以西突厥部酋阿史那都支為左驍衛大將軍兼匐延都督以安輯其衆儀鳳中都支自號十姓可汗與吐蕃連和寇安西詔吏部侍郎裴行儉討之行儉請毋發兵可以計取即詔行儉冊送波斯王子并安撫大食若道兩蕃者都支果不疑率子弟上謁遂禽之召執諸部渠長降別帥李遮匐以歸調露元年也西姓自是益衰其後二部人日離散遂擢彌射子元慶為左玉鈐衛將軍步真子步利設斛瑟羅為右玉鈐衛將軍盡襲父所領及可汗號元慶累拜鎮國大將軍行左威衛大將軍武后擅命率諸蕃長請賜睿宗氏曰武更號斛瑟羅曰竭忠事主可汗長壽中元慶坐謁

皇嗣為來俊臣所誣要斬流其子獻于振州其明年西突厥部立阿史那俀子為可汗與吐蕃寇武威道大總管王孝傑與戰冷泉大領谷破之碎葉鎮守使韓思忠又破泥熟俟斤及突厥施質汗胡祿等因拔吐蕃泥熟沒斯城聖曆二年以斛瑟羅為左衛大將軍兼平西軍大總管令撫鎮國人是時烏質勒兵張甚斛瑟羅不敢歸與其部人六七萬內遷死長安擢子懷道為右武衛將軍長安中以阿史那獻為右驍衛大將軍襲興昔亡可汗安撫招慰十姓大使北庭大都護四年以懷道為十姓可汗兼濛池都護未幾擢獻磧西節度使十姓部落都擔叛獻擊斬之傳首闕下收碎葉以西帳落三萬內屬璽書嘉慰葛邏祿胡屋鼠尼施三姓已內屬為默啜侵掠以獻為定遠道大總管與北庭都護湯嘉惠等掎角於是突騎施陰幸邊隙故獻乞益師身入朝玄宗不許詔左武衛中郎將王惠持節安尉方冊拜突騎施都督車鼻施啜蘇祿為順國公而突騎施已圍撥換大石城將取四鎮會嘉惠拜安西副大都護即發三姓葛邏祿兵與獻共擊之帝將詔王惠與相經略宰相宋璟頲曰突騎施叛葛邏祿攻之此夷狄自相殘非朝廷出也大者傷小者滅皆我之利方王惠往撫慰不可參以兵事乃止獻終以娑葛強很不能制亦歸死長安突騎施吐火仙之敗始以懷道子昕為十姓可汗開府儀同三司濛池都護冊其妻涼國夫

人李為交河公主遣兵護送昕至碎葉西俱蘭城為突騎施莫賀達干所殺交河公主與其子忠孝亡歸授左領軍衛員外將軍西突厥遂亡

突騎施烏質勒西突厥別部也自賀魯破滅二部可汗皆先入侍虜無的君烏質勒隸斛瑟羅為莫賀達干斛瑟羅政殘衆不悅而烏質勒能撫下有威信諸胡順附帳落寖盛乃置二十都督督兵各七千屯碎葉西北稍攻得碎葉即徙其牙居之謂碎葉川為大牙弓月城伊麗水為小牙其地東隣北突厥西諸胡東直西廷州盡并斛瑟羅地聖曆二年遣子遮弩來朝武后厚加尉撫神龍中封懷德郡王是歲烏質勒死其子嗢鹿州都督娑葛為左驍衛大將軍襲爵是時勝兵三十萬詔十姓可汗阿史那懷道持節冊命賜宮人四景龍中遣使者入謝中宗為御前殿列萬騎羽林仗引見勞賜儀與其將闕啜忠節交怨兵相加娑葛訟忠節罪請內之京師忠節以千金賂宰相宗楚客等願無入朝請道吐蕃擊娑葛以報楚客方專國即以御史中丞馮嘉賓持節經制嘉賓與忠節書疏反復娑葛邏得之遂殺嘉賓使弟遮弩率兵盜塞安西都護牛師獎與戰火燒城師獎敗死之表宗楚客頭以徇大都護郭元振表娑葛狀直當見赦詔許西土遂定既而與遮弩分治其部遮弩恨衆少叛歸默啜請為鄉導反攻其兄默啜留遮弩自以兵二萬

擊娑葛禽之默啜歸語遮弩曰汝兄弟不相協能盡忠事我乎兩殺之
突騎施別種車鼻施啜蘇祿者裒拾餘衆自爲可汗蘇祿善撫循其下部種稍合衆至二十萬於是復雄西域開元五年始來朝授右武衛大將軍突騎施都督卻所獻不受以武衛中郎將王惠持節拜蘇祿左羽林大將軍順國公賜錦袍鈿帶魚袋七事爲金方道經略大使然詭猾不純臣于唐天子羈係之進號忠順可汗其後閱一二歲使者納贄帝以阿史那懷道女爲交河公主妻之是歲突騎施鬻馬於安西使者致公主教於都護杜暹暹怒曰阿史那女敢宣教邪笞其使不報蘇祿怒陰結吐蕃舉兵掠四鎮圍安西城暹方入當國而趙頤貞代爲都護嬰城久之出戰又敗蘇祿略人畜發囷貯徐聞暹已宰相乃引去即遣首領葉支阿布思來朝玄宗召見饗之會東突厥使者亦來與爭長曰突騎施國小且突厥臣不宜居上蘇祿使者曰宴乃爲我不可下遂設東西幄而蘇祿使者西席乃克宴始蘇祿愛治其人性勤約每戰有所得盡以予下故諸族附悅之爲盡力又交通吐蕃突厥二國皆以女妻之遂立三國女並爲可敦以數子爲葉護費日廣而無素儲晚年愁窶不聊故鹵獲稍留不分下始貳矣又病風一支攣不事事於是大首領莫賀達干都摩支二部方盛而種人自謂娑葛後者爲黃姓蘇祿部爲

黑姓更相猜讎俄而莫賀達干都摩度夜攻蘇祿殺之都摩支又背達干立蘇祿子吐火仙骨啜爲可汗居碎葉城引黑姓可汗尒微特勒保怛邏斯城共擊達干帝使磧西節度使蓋嘉運和撫突騎施拔汗那西方諸國莫賀達干與嘉運率石王莫賀咄吐屯史王斯謹提共擊蘇祿子破之碎葉城吐火仙棄旗走禽之并其弟葉護頓阿波疏勒鎮守使夫蒙靈詧挾銳兵與拔汗那王掩怛邏斯城斬黑姓可汗與其弟撥斯入曳建城收交河公主及蘇祿可敦爾微可敦而還又料西國散亡數萬人悉與拔汗那王諸國皆降處木昆匐延闕律啜等諸部皆上書謝曰生於荒裔國亂主亡更相攻屠賴天子遣嘉運將兵誅暴救危願得延聖顏以部落附安西永爲外臣許之明年擢闕律啜爲右驍衛大將軍冊石王爲順義王加拜史王爲特進顯酬其功嘉運俘吐火仙骨啜獻太廟天子赦以爲左金吾衛員外大將軍脩義王頓阿波爲右武衛員外將軍以阿史那懷道子昕爲十姓可汗領突騎施所部莫賀達干怒曰平蘇祿我功也今立昕謂何即誘諸落叛詔嘉運招諭乃率妻子及纛官首領降遂命統其衆後數年復以昕爲可汗遣兵護送昕至俱蘭城爲莫賀咄所殺莫賀咄自爲可汗安西節度使夫蒙靈詧誅斬之以大纛官都摩支闕頡斤爲三姓葉護天寶元年突騎施部更以黑姓伊里底蜜施骨咄祿毗伽爲可汗數遣使貢十二載黑姓部立登里伊羅蜜施爲可汗亦賜詔冊至德後突騎施衰黃黑姓皆立可汗相攻中國方多故不暇治也乾元中黑姓可汗阿多裴羅猶能遣使者入朝大曆後葛邏祿盛徙居碎葉川二姓微至臣役於葛祿斛瑟羅餘部附回鶻及其破滅有特厖勒居焉耆城稱葉護餘部保金莎嶺衆至二十萬

贊曰隋季世虛內以攻外生者罷道路死者暴原野天下盜賊共攻而亡之當此時四夷侵中國而突厥最彊控弦者號百萬華人之失職不逞皆往從之甚之謀導之入邊故頡利自以爲彊大古無有也高祖初即位與和因數出軍助討賊故詭臣之贈予不可計虜見利而動又與賊連和殺掠吏民於是掃國入寇薄渭橋騎塞蒙京師太宗身勤兵顯責而陰閒之戎始內阻不三年縛頡利獻北闕下霆掃風除其國遂墟自詩書以來伐暴取亂蕪如帝神且速也秦漢比之陋矣然帝數暴師不告勞料敵無遺情善任將必其功蓋黃帝之兵也而突厥乃以失德抗有道遘又衰當始興雖運之盛衰屬于天而其亡信有由矣

列傳第一百四十下

端明殿學士兼翰林侍讀學士龍圖閣學士朝散大夫尚書吏部侍郎充集賢殿修撰臣宋祁奉

敕撰

吐蕃本西羌屬，蓋百有五十種，散處河湟江岷間。有發羌、唐旄等，然未始與中國通，居析支水西。祖曰鶻提勃悉野，健武多智，稍并諸羌，據其地。蕃、發聲近，故其子孫曰吐蕃，而姓勃窣野。或曰南涼禿髮利鹿孤之後，二子曰樊尼、曰傉檀。傉檀嗣，為乞佛熾盤所滅。樊尼挈殘部臣沮渠蒙遜，以為臨松太守。蒙遜滅，樊尼率兵西濟河，逾積石，遂撫有羣羌云。其俗謂彊雄曰贊，丈夫曰普，故號君長曰贊普，贊普妻曰末蒙。其官有大相曰論茝，副相曰論茝扈莽，各一人，亦號大論、小論；都護一人，曰悉編掣逋；又有內大相曰曩論掣逋，亦曰論莽熱，副相曰曩論覓零逋，小相曰曩論充，各一人；又有整事大相曰喻寒波掣逋，副整事曰喻寒覓零逋，小整事曰喻寒波充：皆任國事，總號曰尚論掣逋突瞿。地直京師西八千

里，距鄯善五百里，勝兵數十萬。國多霆、電、風、雹、積雪，盛夏如中國春時，山谷常冰。地有寒癘，中人輒痞促而不害。其贊普居跋布川，或邏娑川，有城郭廬舍不肯處，聯毳帳以居，號大拂廬，容數百人。其衛候嚴，而牙甚隘。部人處小拂廬。多老壽至百餘歲者。衣率氈韋，以赭塗面為好。婦人辮髮而縈之。其器屈木而韋底，或氈為槃，凝麨為盌，實羹酪并食之，手捧酒漿以飲。其官之章飾，最上瑟瑟，金次之，金塗銀又次之，銀次之，最下至銅止，差大小，綴臂前以辨貴賤。屋皆平上，高至數丈。其稼有小麥、青麳麥、蕎麥、䝁豆。其獸犛牛、名馬、犬、羊、彘，天鼠之皮可為裘，獨峰駝日馳千里。其寶金、銀、錫、銅。其死，葬為冢，塈塗之。其吏治無文字，結繩齒木為約。其刑雖小罪必抉目，或刖、劓，以皮為鞭抶之，從喜怒無常算。其獄，窟地深數丈，內囚于中，二三歲乃出。其宴大賓客，必驅犛牛，使客自射，乃敢饋。其俗重鬼右巫，事羱羝為大神。喜浮屠法，習呪詛，國之政事，必以桑門參決。多佩弓刀。飲酒不得及亂。婦人無及政。貴壯賤弱，

母拜子，子倨父，出入前少而後老。重兵死，以累世戰沒為甲門，敗懦者垂狐尾於首示辱，不得列于人。拜必手據地為犬號，再揖身止。居父母喪，斷髮、黛面、墨衣，既葬而吉。其舉兵，以七寸金箭為契。百里一驛，有急兵，驛人臆前加銀鶻，甚急，鶻益多。告寇舉烽。其畜牧逐水草無常所。其鎧冑精良，衣之周身，竅兩目，勁弓利刃不能甚傷。其兵法嚴而師無饋糧，以鹵獲為資。每戰，前隊盡死，後隊乃進。其四時以麥熟為歲首。其戲棊、六博，其樂吹螺、擊鼓。其君臣自為友，五六人曰共命，君死，皆自殺以殉，所服玩乘馬皆瘞，起大屋冢顛，樹眾木為祠所。贊普與其臣歲一小盟，用羊、犬、猴為牲；三歲一大盟，夜肴諸壇，用人、馬、牛、閭為牲，凡牲必折足裂腸陳于前，使巫告神曰：渝盟者有如牲。其後有君長曰瘕悉董摩，董摩生佗土度，佗土生揭利失若，揭利生勃弄若，勃弄生詎素若，詎素生論贊索，論贊生棄宗弄贊，亦名棄蘇農，亦號弗夜氏。其為人慷慨才雄，常驅野馬、犛牛，馳刺之以為樂，西域諸國共臣之。太宗貞觀八年，

始遣使者來朝，帝遣行人馮德遐下書臨撫。弄贊聞突厥、吐谷渾並得尚公主，乃遣使齎幣求昏，帝不許。使者還，妄語曰：天子遇我厚，幾得公主，會吐谷渾王入朝，遂不許，殆有以間我乎？弄贊怒，率羊同共擊吐谷渾，吐谷渾不能亢，走青海之陰，盡取其貲畜。又攻党項、白蘭羌，破之。勒兵二十萬入寇松州，命使者貢金甲，且言迎公主。謂左右曰：公主不至，我且深入。都督韓威輕出覘賊，反為所敗，屬羌大擾，皆叛以應賊。乃詔吏部尚書侯君集為行軍大總管，出當彌道，右領軍大將軍執失思力出白蘭道，右武衛大將軍牛進達出闊水道，右領軍將軍劉蘭出洮河道，並為行軍總管，率步騎五萬進討。進達自松州夜鏖其營，斬首千級。初，東寇也，連歲不解，其大臣請返國，不聽，自殺者八人。至是弄贊始懼，引而去，以使者來謝罪，固請昏，許之。遣大論薛祿東贊獻黃金五千兩，它寶稱是，以為聘。十五年，妻以宗女文成公主，詔江夏王道宗持節護送，築館河源王之國。弄贊率兵次柏海，親迎見道宗，執婿禮恭甚，

見中國服飾之美縮縮媿沮歸國自以其先未有昏帝女者乃為
公主築一城以夸後世遂立宮室以居公主惡國人赭面弄贊下
令國中禁之自褫氊罽襲紈綃為華風遣諸豪子弟入國學習
詩書又請儒者典書疏帝伐遼還使祿東贊上書曰陛下平定四
方日月所照並臣治之高麗恃遠弗率於禮天子自將度遼隳城
陷陣指日凱旋雖鴈飛于天無是之速夫鵝猶鴈也臣謹治黃金
為鵝以獻其高七尺中實酒三斛二十二年右衛率府長史王玄
策使西域為中天竺所鈔弄贊發精兵從玄策討破之來獻俘高
宗即位擢駙馬都尉西海郡王弄贊以書詒長孫无忌曰天子初
即位下有不忠者願勒兵赴國共討之并獻金琲十五種以薦昭
陵進封賨王賜餉蕃渥又請蠶種酒人與碾磑等諸工詔許永徽
初死遣使者弔祠無子立其孫幼不事故祿東贊相其國顯慶三
年獻金盎金頗羅等復請昏未幾吐谷渾內附祿東贊怨忿率銳
兵擊之而吐谷渾大臣素和貴奔吐蕃悉以虛實告故吐蕃能破其

國慕容諾曷鉢與弘化公主引殘落走涼州詔涼州都督鄭仁泰
為青海道行軍大總管率將軍獨孤卿雲等屯涼鄯左武候大將
軍蘇定方為安集大使為諸將節度以定其亂吐蕃使論仲琮入
朝表吐谷渾罪帝遣使者譙讓乃使來請與吐谷渾平憾求赤水
地牧馬不許會祿東贊死東贊不知書而性明毅用兵有節制吐
蕃倚之遂為彊國始入朝占對合旨太宗擢拜右衛大將軍以琅
邪公主外孫妻之祿東贊自言先臣為聘婦不敢奉詔且贊普未
謁公主陪臣敢辭帝異其言然欲懷以恩不聽也有子曰欽陵曰
贊婆曰悉多于曰勃論祿東贊死而兄弟並當國自是歲入邊盡
破有諸羌羈縻十二州總章中議徙吐谷渾部于涼州旁南山帝
刈吐蕃之入召宰相姜恪閻立本將軍契苾何力等議先擊吐蕃
立本曰民飢未可以師何力曰吐蕃介在西極臣恐師到獸竄山
伏捕討無所得至春復侵吐谷渾臣請勿救使疑吾力困而驕之
一舉可滅也恪曰不然吐谷渾方衰吐蕃負勝以衰氣拒勝兵戰必

不亢不救則滅臣謂王師亟助之使國幸存後且徐圖可也議不
決亦不克徙咸亨元年入殘羈縻十八州率于闐取龜茲撥換城
於是安西四鎮並廢詔右威衛大將軍薛仁貴為邏娑道行軍大
總管左衛員外大將軍阿史那道真左衛將軍郭待封自副出討
吐蕃并護吐谷渾還國師凡十餘萬至大非川為欽陵所拒王師
敗績遂滅吐谷渾而盡有其地詔司戎太常伯同東西臺三品姜
恪為涼州道行軍大總管出討會恪卒班師吐蕃遣大臣仲琮入
朝仲琮少游太學頗知書帝召見問曰贊普孰與其祖賢對曰勇
果善斷不逮也然勤以治國下無敢欺令主也且吐蕃居寒露之
野物產寡薄烏海之陰盛夏積雪暑毼冬裘隨水草以牧寒則
城處施廬帳器用不當中國萬分一但上下一力議事自下因人所
利而行是能久而彊也帝曰吐谷渾與吐蕃本甥舅國素和貴叛
其主吐蕃任之奪其土地薛仁貴等往定慕容氏又伏擊之而寇
我涼州何邪仲琮頓首曰臣奉命來獻它非所聞帝韙其答然以

仲琮非用事臣故殺其禮上元二年遣大臣論吐渾彌來請和且
求與吐谷渾脩好帝不聽明年攻鄯廓河芳四州殺略吏及馬牛
萬計乃詔周王顯為洮州道行軍元帥率工部尚書劉審禮等十
二總管以相王輪為涼州道行軍元帥率左衛大將軍契苾何力
鴻臚卿蕭嗣業等軍討之二王不克行吐蕃進攻疊州破密恭
丹嶺二縣又攻扶州敗守將乃高選尚書左僕射劉仁軌為洮河
鎮守使久之無功吐蕃與西突厥連兵攻安西復命中書令李敬
玄為洮河道行軍大總管西河鎮撫大使鄯州都督代仁軌下詔
募猛士毋限籍役痕負帝自臨遣又敕益州長史李孝逸巂州都
督拓王奉益發劍南山南士先戰龍支吐蕃敗敬玄率劉審禮擊
吐蕃青海上審禮戰沒敬玄頓承風嶺礙險不得縱吐蕃壓王師
屯左領軍將軍黑齒常之率死士五百夜斧其營虜驚自相轔
藉而死者甚眾乃引去敬玄僅脫帝既儒仁無遠略見諸將數敗
乃博咨近臣求所以禦之之術帝曰朕未始擐甲履軍往者滅高

麗百濟比歲用師中國騷然朕至今悔之今吐蕃內侵盍爲我謀
中書舍人劉褘之等具對須家給人足可擊也或言賊險黠不可
與和或言營田嚴守便惟中書侍郎薛元超謂縱敵生患不如
料兵擊之帝顧黃門侍郎來恒曰自李勣亡遂無善將恒即言向
洮河兵足以制敵但諸將不用命故無功帝殊不悟因罷議儀鳳
四年贊普死子器弩悉弄立欽陵復擅政使大臣來告喪帝遣使
者往會葬明年贊婆素和貴率兵三萬攻河源屯良非川敬玄與
戰湟川敗績左武衛將軍黑齒常之以精騎三千夜擣其營贊婆
懼引去遂擢常之爲河源軍經略大使乃嚴烽邏開屯田虜謀稍
折初劍南度茂州之西築安戎城以迮其鄙俄爲生羌導虜取之
以守因幷西洱河諸蠻盡臣羊同党項諸羌其地東與松茂巂接
南極婆羅門西取四鎮北抵突厥幅圓餘萬里漢魏諸戎所無也
永隆元年文成公主薨遣使者弔祠又歸我陳行焉之喪初行焉
使虜論欽陵欲拜己臨以兵不爲屈留之十年及是喪還贈睦州刺

史贊婆復入良非川常之擊走之武后時與蠻夷同朝賀永昌元
年詔文昌右相韋待價爲安息道大總管安西大都護閻溫古副
之以討吐蕃與逗留坐死徙明年復詔文昌右相岑長倩爲武威
道行軍大總管討之兵半道罷又明年大首領曷蘇率貴川部與
党項種三十萬降后以右玉鈐衛將軍張玄遇爲安撫使率兵二
萬迎之次大度水吐蕃禽曷蘇去而它酋昝插又率羌蠻八千自
來玄遇即其部置葉州用昝插爲刺史刻石大度山以紀功是歲
又詔右鷹揚衛將軍王孝傑爲武威道行軍總管率西州都督唐
休璟左武衛大將軍阿史那忠節擊吐蕃大破其衆復取四鎮更
置安西都護府於龜茲以兵鎮守議者請廢四鎮勿有也右史崔
融獻議曰戎狄爲中國患尚矣五帝三王所不臣漢以百萬衆困
平城其後武帝赫然發憤甘心四夷張騫始通西域列四郡據兩
關斷匈奴右臂稍稍度河湟築令居以絕南羌於是郭候亭燧出
長城數千里傾府庫殫士馬行人使者歲月不絕至作皮幣算緡

法稅舟車榷酒酤夫豈不懷爲長久計然也匈奴於是孤特遠竄
遂開西域置使者領護光武中興皆復內屬至於延光三絕三通
太宗文皇帝踐漢舊跡並南山抵葱嶺剖裂府鎮煙火相望吐
蕃不敢內侮高宗時有司無狀棄四鎮不能有而吐蕃遂張入焉
耆之西長鼓右驅踰高昌歷車師鈔常樂絕莫賀延磧以臨燉
煌今孝傑一舉而取四鎮還先帝舊封若又棄之是自毀成功而
破完策也夫四鎮無守胡兵必臨西域西域震則威懾南羌南羌連
衡河西必危且莫賀延磧袤二千里無水草若北接虜唐兵不可
度而北則伊西北庭安西諸蕃悉亡議乃格於是首領勃論贊與
突厥僞可汗阿史那俀子南侵與孝傑戰冷泉敗走碎葉鎮守使
韓思忠破泥孰沒斯城證聖元年欽陵贊婆攻臨洮孝傑以肅邊
道大總管戰素羅汗山虜敗還又攻涼州殺都督遣使者請和約
罷四鎮兵求分十姓地武后詔通泉尉郭元振往使道與欽陵遇
元振曰東贊事朝廷誓好無窮今猥自絕歲擾邊父通之子絕之孝

乎父事之子叛之忠乎欽陵曰然然天子許和得罷二國戍使十
姓突厥四鎮各建君長俾其國自守若何元振曰唐以十姓四鎮
撫西土爲列國主道非有它且諸部與吐蕃異久爲唐編人矣欽
陵曰使者意我規削諸部爲唐邊患邪我若貪土地財賦彼青
海湟川近矣今捨不爭何哉突厥諸部磧漠廣莽去中國遠甚
安有爭地萬里外邪且四夷唐皆臣并之雖海外地際靡不磨滅
吐蕃適獨在者徒以兄弟小心得相保耳十姓五咄陸近安西於吐
蕃遠俟斤距我裁一磧騎士騰突不易旬至是以爲憂也烏海黃
河關源阻奧多癘毒唐必不能入則弱甲孱將易以爲蕃患故我
欲得之非闚諸部也甘涼距積石道二千里其廣不數百狹纔百
里我若出張掖玉門使大國春不耕秋不穫不五六年可斷其右
今棄不爲亦無虞于我矣青海之役黃仁素約和邊守不戒崔知
辯徑俟斤掠我牛羊萬計是以求之使使者固請元振固言不可
許后從之欽陵專國久常居中制事諸弟皆領方面兵而贊婆專

東境幾三十年為邊患兄弟皆才略沈雄衆憚之器弩悉弄既長欲自得國漸不平乃與大臣論巖等圖去之欽陵方提兵居外贊普詭言獵即勒兵執其親黨二千餘人殺之發使者召欽陵贊婆欽陵不受命贊普自討之未戰欽陵兵潰乃自殺左右殉而死者百餘人贊婆以所部及兄子莽布支等款塞遣羽林飛騎迎勞擢贊婆特進輔國大將軍歸德郡王莽布支左羽林大將軍安國公皆賜鐵券禮尉良厚贊婆即領部兵戍河源死贈安西大都護又遣左肅政臺御史大夫魏元忠為隴右諸軍大揔管率隴右諸軍大使唐休璟出討方虜攻涼州休璟擊之斬首二千級於是論彌薩來朝請和贊普自將萬騎攻悉州都督陳大慈四戰皆克明年乃獻馬黃金求昏而虜南屬帳皆叛贊普自討死于軍諸子爭立國人立棄隸蹜贊為贊普始七歲使者來告喪且求盟又使大臣悉董熱固求昏未報會監察御史李知古建討姚州蠻削吐蕃向導詔發劍南募士擊之蠻酋以情輸虜殺知古尸以祭天進攻蜀漢詔靈武監軍右臺御史唐九徵為姚巂道討擊使率兵擊之虜以鐵絙梁漾濞二水通西洱蠻築城戍之九徵毀絙夷城建鐵柱於滇池以勒功中宗景龍二年還其昏使或言彼來逆公主且習聞華言宜勿遣帝以中國當以信結夷狄不許明年吐蕃更遣使者納貢祖母可敦又遣宗俄請昏帝以雍王守禮女為金城公主妻之吐蕃遣尚贊咄名悉臘等逆公主帝念主幼賜錦繒別數萬雜伎諸工悉從給龜茲樂詔左衛大將軍楊矩持節送帝為幸始平帳飲引羣臣及虜使者宴酒所帝悲涕歔欷為赦始平縣罪死皆免賜民繇賦一年改縣為金城鄉曰鳳池里曰愴別公主至吐蕃自築城以居拜矩鄯州都督吐蕃外雖和而陰銜怒即厚餉矩請河西九曲為公主湯沐矩表與其地九曲者水甘草良宜畜牧近與唐接自是虜益張雄易入寇玄宗開元二年其相坌達延上書宰相請載盟文定境於河源丐左散騎常侍解琬涖盟帝令姚崇等報書命琬持神龍誓往吐蕃亦遣尚欽藏御史名悉臘獻載

辭未及定坌達延將兵十萬寇臨洮入攻蘭渭掠監馬楊矩懼自殺有詔薛訥為隴右防禦使與王晙等并力擊帝怒下詔自將討之會晙等戰武階斬首萬七千獲馬羊無慮二十萬又戰長子豐安軍使王海賓戰死乘之虜大敗衆奔突不能去相枕藉死洮水為不流帝乃罷行詔紫微舍人倪若水臨按軍實戰功且弔祭戰亡士敕州縣并瘞吐蕃露胔宰相建言吐蕃本以河為境以公主故乃橋河築城置獨山九曲二軍距積石二百里今既負約請毀橋復守河如約詔可遣左驍衛郎將尉遲瓌使吐蕃慰安公主然小小入犯邊無關歲於是郭知運王君㚟相繼節度隴右河西一以扞之吐蕃遣宗俄因子到洮水祭戰死士且請和然恃盛彊求與天子敵國語悖傲使者至臨洮詔不內金城公主上書求聽脩好且言贊普君臣欲與天子共署誓刻吐蕃又遣使者上書言孝和皇帝嘗賜盟是時唐宰相豆盧欽望魏元忠李嶠紀處訥等凡二十二人及吐蕃君臣同誓孝和皇帝崩太上皇嗣位脩睦如舊然唐宰相在誓刻者皆殁今宰相不及前約故須再盟比使論乞力等前後七輩往未蒙開許且張玄表李知古將兵侵暴甥國故違誓而戰今舅許脩貸前惡歸於大和甥既堅定然不重盟為未信要待新誓也甥自揔國事不牽于下欲使百姓乂安舅雖及和而意不專於言何益又言舅責乞力徐集兵且兵以新故相代非集也往者疆場自白水皆為閑壤昨郭將軍屯兵而城之故甥亦城假令二國和以迎送有如不通因以守境又疑與突厥骨咄祿善者舊與通聘即日舅甥如初不與交矣因奉寶瓶梧以獻帝謂昔已和親有成言尋前盟可矣不許復誓禮其使而遣且厚賜贊普自是歲朝貢不犯邊十年攻小勃律國其王沒謹忙詒書北廷節度使張孝嵩曰勃律唐西門失之則西方諸國皆墮吐蕃都護圖之孝嵩聽許遣疏勒副使張思禮以步騎四千晝夜馳與謹忙兵夾擊吐蕃死者數萬多取鎧仗馬羊復九城故地始勃律王來朝父事帝還國置綏遠軍以扞吐蕃故歲常戰吐蕃每曰我非利

若國我假道攻四鎮爾及是累歲不出兵於是隴右節度使王君㚟請深入取償十二年破吐蕃獻俘後二年悉諾邏兵入大斗拔谷遂攻甘州火鄉聚王君㚟勒兵避其銳不戰會大雪吐蕃皸凍如積乃踰積石軍趨西道以歸君㚟豫遣諜出塞燒野草皆盡悉諾邏頓大非川無所牧馬死過半君㚟率秦州都督張景順約齎貲窮躡出青海西方冰合師乘而度于時虜已踰大非山留輜重疲弱瀕海君㚟縱兵俘以旋時中書令張說以吐蕃出入數十年勝負略相當甘涼河鄯之人奉調發困甚願聽其和帝方寵君㚟不聽未幾悉諾邏恭祿燭龍莽布支入陷瓜州毀其城執刺史田元獻及君㚟父遂攻玉門軍圍常樂不能拔回寇安西副都護趙頤貞擊却之會君㚟為回紇所殺功不遂帝乃用蕭嵩為河西節度使左金吾將軍張守珪瓜州刺史復城之嵩縱反間殺悉諾邏恭祿明年大將悉末朗攻瓜州守珪擊走之鄯州都督張志亮又戰青海西破大莫門城焚駱駝橋隴右節度使杜賓客以彊弩四

千射虜破之祁連城下斬副將一上級五千首虜敗慟而走山又明年守珪率伊沙等州兵破虜大同軍又信安王禕出隴西拔石堡城即之置振武軍獻俘於廟帝以書賜將軍裴旻曰敢有掩戰功不及賞者士自陳將吏皆斬戰有逗留舉隊如軍法能禽其王者授大將軍於是士益奮吐蕃令曩骨委書塞下言論莽熱論泣熱皆萬人將以贊普命謝都督刺史二國有舅甥好昨彌不弄羌党項交構二國故失懽此不聽唐亦不應聽都督遣腹心吏與曩骨還議盟事曩骨猶千牛官也於是忠王友皇甫惟明並言約和便帝曰贊普向上書悖慢朕必滅之毋議和惟明曰昔贊普幼是必邊將好功之人為之以激怒陛下且二國交惡必興師師興則隱盜財利詐功級希陛下過賞以甘心焉今河西隴右貲耗力窮陛下幸詔金城公主許贊普約以紓邊患息民之上策也帝采其言敕惟明及中人張元方往聘以書賜公主惟明見贊普言天子意贊普大喜因悉出貞觀以來書詔示惟明厚饋獻使名

悉臘隨使者入朝奉表言甥先帝舅顯親也曩為張玄表李知古交鬭遂成大釁甥以文成金城公主敢失禮乎特以沖幼枉為邊將讒亂如蒙澄亮死且萬足千萬歲不敢先負盟且獻怪寶使者至帝御前殿列羽林仗內之悉臘略通華文既宴與語禮甚厚賜紫服金魚悉臘受服辭魚曰國無是不敢當帝遣御史大夫崔琳報聘吐蕃又請交馬於赤嶺互市於甘松嶺宰相裴光庭曰甘松中國阻不如許赤嶺乃聽以赤嶺為界表以大碑刻約其上又請五經敕祕書寫賜并遣工部尚書李暠往聘賜物萬計吐蕃遣使謝且言唐吐蕃皆大國今約和為久長計恐邊吏有妄意者請以使人對相曉敕令昭然具知帝又令金吾將軍李佺監赤嶺樹碑詔張守珪與將軍李行禕吐蕃使者莽布支分諭劍南河西州縣曰自今二國和好無相侵暴乃使悉諾勃海納貢并以幣器徧遺執政明年上寶器數百具制冶詭殊詔置提象門示羣臣其後吐蕃西擊勃律勃律告急帝諭令罷兵不聽卒殘其國於是崔希

逸為河西節度使鎮涼州故時疆畔皆樹壁守捉希逸謂虜戍將乞力徐曰兩國約好而守備不廢云何請皆罷以便人乞力徐曰公忠誠無不可恐朝廷未皆信脫掩吾不備其可悔希逸固邀乃許即共刑白犬盟而後悉徹障壁虜畜牧被野明年傔史孫誨奏事妄言虜無備可取也帝采之詔內豎趙惠琮共往按狀小人欲徼幸至涼州因共矯詔詔希逸發兵襲破吐蕃青海上斬獲不貲乞力徐遁走吐蕃恚不朝二十六年大入河西希逸拒破之鄯州都督杜希望又拔新城更號威戎軍希逸顧失信悒悒悵恨召拜河南尹既而與惠琮俱見犬祟疑而死誨亦及它誅蕭炅代為河西節度留後杜希望隴右節度留後王昱劍南節度使分道經略碎赤嶺碑希望發鄯州兵奪虜河橋並河築鹽泉城號鎮西軍破吐蕃兵三萬昱以劍南兵入攻安戎城築二少壘左右之兵次蓬婆嶺輸劍南粟餉軍吐蕃悉銳來救昱大敗少壘皆沒士死凡數萬昱貪安非將選故敗貶死高要明年吐蕃攻白草安人軍

詔臨洮朔方分援虜絕臨洮道白水軍使高東于拒守虜引去昱遣將追尾有雲出軍上白兔舞大破吐蕃昱之敗以張宥代節度劍南以章仇兼瓊為益州司馬宥文吏不知兵委事兼瓊兼瓊因得入奏天子果其議拔兼瓊代宥節度兼瓊謀誘吐蕃安戎城主為應導官軍入盡殺虜戍以監察御史許遠守之吐蕃圍安戎絕水泉會石裂泉涌虜驚引去復攻維州不得志詔乃改安戎曰平戎云是歲金城公主薨明年為發哀吐蕃使者朝因請和不許虜乃悉眾四十萬攻承風堡抵河源軍西入長寧橋安仁軍渾崖烽騎將臧希液以銳兵五千破之吐蕃又襲廓州敗一縣屠吏人攻振武軍石堡城蓋嘉運不能守天寶元年隴右節度使皇甫惟明破虜大嶺軍戰青海破莽布支斬首三萬級明年破洪濟城戰石堡不克副將諸葛詡死之又明年惟明破虜獻俘京師帝以哥舒翰節度隴右翰攻石堡更號神武軍又為其相兀論樣郭十載安西節度使高仙芝俘大酋以獻是時吐蕃與蠻閣羅鳳聯兵攻瀘南劍南節度使楊國忠方以姦罔上自言破蠻眾六萬於雲南拔故洪州等三城獻俘口哥舒翰破洪濟大莫門諸城收九曲故地列郡縣實天寶十二載於是置神策軍於臨洮西澆河郡於積石西及宛秀軍以實河曲後二年蘇毗子悉諾邏來降封懷義王賜李氏蘇毗彊部也是歲贊普乞黎蘇籠獵贊死子娑悉籠獵贊嗣遣使者脩好詔京兆少尹崔光遠持節齎冊弔祠還而安祿山亂哥舒翰悉河隴兵東守潼關而諸將各以所鎮兵討難始號行營邊候空虛故吐蕃得乘隙暴掠至德初取巂州及威武等諸城入屯石堡其明年使使來請討賊且脩好肅宗遣給事中南巨川報聘然歲內侵取廓霸岷等州及河源莫門軍使數來請和帝雖審其譎姑務紓患乃詔宰相郭子儀蕭華裴遵慶等與盟寶應元年陷臨洮取秦成渭等州明年使散騎常侍李之芳太子左庶子崔倫往聘吐蕃留不遣破西山合水城明年入大震關取蘭河鄯洮等州於是隴右地盡亡進圍涇州入之降刺史高

暉又破邠州入奉天副元帥郭子儀禦之吐蕃以吐谷渾党項兵二十萬東略武功渭北行營將呂日將戰盩厔西破之又戰終南日將走代宗幸陝子儀退趨商州高暉導虜入長安立廣武王承宏為帝改元擅作赦令署官吏衣冠皆南奔荊襄或逋棲山谷亂兵因相攘鈔道路梗閉光祿卿殷仲卿率千人壁藍田選二百騎度滻或紿虜曰郭令公軍且來吐蕃大震會少將王甫與惡少年伐鼓譟苑中虜驚夜引去子儀入長安高暉東奔至潼關守將李日越殺之吐蕃留京師十五日乃走天子還京吐蕃退圍鳳翔節度使孫志直拒守鎮西節度使馬璘以千騎戰卻之吐蕃屯原會成渭間自如也是歲南入松維保等州及雲山新籠城明年還使人李之芳等劍南嚴武破吐蕃南鄙兵七萬拔當狗城會僕固懷恩反自靈武遣其將范志誠任敷合吐蕃吐谷渾兵攻邠州白孝德郭晞嬰壘守乃入居奉天西子儀入奉天按軍不戰郭晞以銳士夜擣其營斬首數千級奪馬五百取四將吐蕃引去是時嚴武拔鹽州又戰西山取其眾八萬虜圍涼州河西節度使楊志烈不能守跳保甘州而涼州亡永泰元年吐蕃請和詔宰相元載杜鴻漸與虜使者同盟懷恩不得志導虜與回紇党項羌渾奴剌犯邊吐蕃大酋尚結息贊磨尚悉東贊等眾二十萬至醴泉奉天邠將白孝德不能亢任敷以兵略鳳翔盩厔於是京師戒嚴朔方兵馬使渾日進孫守亮屯奉天詔子儀以河中兵屯涇陽李忠臣屯東渭橋李光進屯雲陽馬璘郝廷玉屯便橋駱奉先李日越屯盩厔李抱玉屯鳳翔周智光屯同州杜冕屯坊州天子自率六軍屯于苑吐蕃逼奉天日進以單騎馳之士二百踵進左右擊刺射皆應弦仆虜大驚辟易日進挾虜一將躍出舉軍望而譟士還無一矢著身者明日虜薄城日進發機石勁弩故兵多死凡三日虜斂軍入壁日進知虜曲折即夜斫其營斬千餘級生禽五百又戰馬嵬凡七日破賊萬人斬首五千獲馬橐它械甚眾帝欲自討賊下詔大搜馬京師始置團練都人震擾鑿垣亡去者十八

詔中人戶都門不能止吐蕃游騎四百略武功鎮西節度使馬璘
使健士五十擊之殲士氣益奮虜徙營九嵕之陰掠醴泉居人
數萬焚室廬田皆赤地周智光與虜戰澄城破之吐蕃至邠北
復與回紇合還攻奉天抵馬嵬任敷以兵五千掠白水殘同州於
是城中渭橋鄠以屯兵會懷恩死虜謀無主遂與回紇爭長回紇
怒詣子儀請擊吐蕃自效子儀許之使白元光合兵攻吐蕃於靈
臺西大破之降僕固名臣帝乃班師

吐蕃列傳第一百四十一上

吐蕃列傳第一百四十一下　唐書二百十六下

宋祁奉敕撰

永泰大曆間再遣使者來聘於是戶部尚書薛景仙往報詔宰相與吐蕃使者盟俄寇靈州掠宜祿郭子儀精甲三萬戍涇陽入屯奉天靈州兵破虜二萬上級五百首景仙與論泣陵偕來請境鳳林關而路悉等十五人又來三年虜引衆十萬復攻靈州略邠州先是尚悉結自寶應後數入邊以功高請老而贊磨代之爲東面節度使專河隴邠寧馬璘朔方將白元光再破其衆獲馬羊數千劒南亦破虜萬人尚悉摩復來朝天子以虜數入塞詔治守障徙當悉栢靜恭五州皆據險以守八年虜六萬騎侵靈州敗民稼進寇涇邠渾瑊與戰不利副將死略數千戶瑊整卒夜襲其營涇原馬璘以兵掩之潘原射豹皮將死軍中哭乃遁去璘收所俘士及男女而還郭子儀又破其衆十萬九年帝遣諫議大夫吳損脩好虜亦使使者入朝於是子儀屯邠州李抱玉屯高壁馬璘屯原州李忠臣屯涇州李忠誠屯鳳翔臧希讓屯渭北備虜之入明年西川節度使崔寧破虜於西山虜攻臨涇隴州汧普潤焚掠人畜與抱玉戰義寧破之道涇州璘尾追敗之於百里又明年崔寧破虜故洪節度氐蠻党項等兵斬首萬級禽酋領千人牛羊廩鎧甚衆獻之朝吐蕃不

得志入掠黎雅於是劒南兵合南詔與戰破之禽大籠官論器然又侵坊州取党項牧馬崔寧攻望漢城破之山南西道節度使張獻恭戰岷州吐蕃走寧破西山三路及邛南兵斬首八千級十三年虜大酋馬重英以四萬騎寇靈州塞漢御史尚書三渠以撓屯田爲朔方留後常謙光所逐重英殘鹽慶而去乃南合南詔衆二十萬攻茂州略扶文遂侵黎雅時天子已發幽州兵馳拒虜大奔破朸虜使數至留不遣所俘虜已悉部送江南德宗即位先内靖方鎮顧歲與虜确其亡獲相償欲以德綏懷之遣太常少卿韋倫持節歸其俘五百身給衣襦切敕邊吏謹亭障毋輒侵虜地吐蕃始聞未信使者入境乃皆感畏是時乞立贊爲贊普姓戶盧提氏曰我乃有三恨不知天子喪不及弔一也山陵不及賻二也不知舅即位而發兵攻靈州入扶文侵灌口三也即發使者隨倫入朝帝又遣倫還蜀俘虜以倫再至歡甚授館作聲樂九日留以論欽明思等五十人從獻方物明年殿中少監崔漢衡往使贊普猥曰我與唐舅甥國詔書乃用臣禮卑我又請雲州西盡賀蘭山爲吐蕃境邀漢衡奏天子乃遣入蕃使判官常魯與論悉諾羅入朝道贊普語且引景龍詔書曰唐使至甥先與盟蕃使至舅亦將親盟其禮本均帝許之以獻爲進賜爲寄領爲領之以前宰相楊炎不通故事爲解并約地於賀

蘭其大相尚悉結嗜殺人以劒南之敗未報不助和議次相尚結贊有謀固請休息邊人贊普卒用結贊爲大相乃講好漢衡與其使區頰贊偕來約盟境上拜漢衡鴻臚卿以都官員外郎樊澤爲計會使與結贊約且告隴右節度使張鎰同盟澤與結贊約盟清水以牛馬爲牲鎰欲未其禮乃紿結贊曰唐非牛不田蕃非馬不戰請用犬豕羊結贊聽諾將盟乃除地爲壇約二國各以二千士列壝外穴從立壇下鎰與幕府齊映齊抗鴻臚漢衡計會使于頔及澤官皆朝服結贊與論悉頰藏論臧熱論利陀論力徐等對升壇刑牲壇北雜其血以進約唐地涇州右盡彈箏峽隴州右極清水鳳州西盡同谷劒南盡西山大度水吐蕃守鎮蘭渭原會西臨洮東成州抵劒南西磨些諸蠻大度水之西南盡大河北自新泉軍抵大磧南極賀蘭橐它嶺其間爲閑田二國所棄戍地毋增兵毋創城堡毋耕邊田既盟請謚詣壇西南隅浮屠幄爲誓於是升壇大享獻酬乃還帝命宰相尚書與虜使者盟長安而清水之約疆場不定復令漢衡决於贊普贊普克盟於是宰相李忠臣盧杞關播崔寧工部尚書喬琳御史大夫于頎太府卿張獻恭司農卿段秀實少府監李昌夔京兆尹王翃金吾衛大將軍渾瑊與區頰贊等同盟京城之右郊禮如清水前二月告廟齊三日關播跪讀載書已盟乃大享詔左僕射李揆爲

入蕃會盟使還區頰贊等朱泚之亂吐蕃請助討賊詔右散騎常侍于頎持節慰撫太常少卿沈房爲安西北廷宣慰使以報之渾瑊用論莽羅兵破泚將韓旻於武亭川初與虜約得長安以涇靈四州畀之會大疫虜輒引去及泚平責先約求地天子薄其勞第賜詔書償結贊莽羅等帛萬匹於是虜以爲怨貞元二年詔倉部郎中趙建往使而虜已犯涇隴邠寧掠人畜敗田稼內州皆閉壁游騎至好畤左金吾將軍張獻甫神策將李昇曇等屯咸陽河中渾瑊華州駱元光援之以左監門將軍康成使焉尚結贊屯上皆原亦令使論乞陀來請盟鳳翔李晟遣部將王佖以銳兵三千夜入汧陽明日薄其中軍虜驚潰走結贊僅自脫虜衆二萬侵鳳翔李晟擊卻之因襲破摧沙堡焚儲會斬守者吐蕃攻鹽夏刺史杜彥光拓拔乾暉不能守悉其衆南奔虜遂有其地天子以邊人殘沒下詔避正殿痛自咎詔駱元光經略鹽夏三年命左庶子崔澣李銛踵使結贊得鹽夏皆戍以兵乃自屯鳴沙然饋餉數困於是駱元光韓游瓌濱塞而屯馬燧次石州跨河相犄角結贊大懼屢請盟天子不許即以貴將論頰熱厚賂乞和於燧燧以爲情身入見天子諸將以燧入皆守壁不戰結贊遂還走馬多死士不能步有飢色辭始至鳴沙傳詔讓結贊破約陷鹽夏對曰本以武亭功未償乃來又候碑仆疆場不明故行

境上涇州東城自保鳳翔李令不納吾使雖康成等來皆不能致委曲我日望大臣而卒無至者我故引還臨夏守將懼吾衆以城降我非我敢攻也若天子復許盟虜之願也唯所命當以臨夏還唐又言清水盟大臣少故約易壞請更遣宰相元帥二十一人會盟并言靈州節度使杜希全涇原節度使李觀外蕃所信請主盟帝復使澣報結贊曰希全守靈州有分地不可以越境李觀既徙官以渾瑊為盟會使約五月盟清水使先效二州以驗虜信結贊辭清水非吉地請會原州之土梨樹乃歸二州天子從之瑊來受命拜漢衡兵部尚書以副瑊率師二萬待期詔駱元光助之宰相議所盟地左神策將馬有鄰建言土梨樹林薈巖阻兵易詭伏不如平涼夷漫坦直且近涇緩急可保也乃定盟平涼瑊約結贊主客均以兵三千至壇外誕從四百叩壇以游軍交邏相入將盟結贊伏精騎三萬于西縱邏騎出入瑊軍瑊將梁奉貞亦馳馬入虜軍營候執之而瑊不知也客請瑊等具冠劍皆就帷更衣從容胖肆虜忽三伐鼓衆譟而興瑊不知所出走帷後得馬不銜而馳十里始得銜虜追矢若雨不傷也至元光營乃脫裨將辛榮兵數百據北阜與虜戰矢盡乃降判官韓弇監軍宋鳳朝死之漢衡與判官鄭叔矩路泌掌書記袁同直列將扶餘準馬寧孟日華李至言樂演明范澄馬弇中人劉延邕俱文

珍李朝清等六十人皆被執士死者五百生獲者千餘人漢衡語虜曰我崔尚書也結贊與我善若殺我結贊亦殺若乃不死人貫一木以繩三約之係其髮驅之夜則杙地縶而仆蒙以罽守者寢其上始結贊將劫希全觀急以銳兵直趣京師既不克又欲禽瑊等擣虛入寇其謀本然既引去至故原州坐帳中見漢衡等謾言渾瑊戰武功我力也許裂地償我而自食其言吾既作金枷將必得瑊以見贊普乃今失之徒致公等無益也當使人歸報初漢衡遇亂從史呂溫身蔽兵溫傷而漢衡脫虜人嘉其義厚給養之結贊屯石門以俱文珍馬寧馬弇歸唐而囚漢衡叔矩河州辛榮廓州扶餘準鄯州帝猶使中人齎詔書賜結贊拒不受虜戍鹽夏者涉春疫大興皆思歸結贊以騎三千迎之火二州廬舍頹郛堞而去杜希全分兵保之帝哀漢衡等陷辱下詔賜其子七品官叔矩泌弇日華榮志信澄良貴演明一子八品官袁同直而下一子九品官以決勝軍使唐良臣屯潘原神策將蘇太平屯隴州結贊召漢衡日華延邕至石門以五騎送境上遣使者奉表來李觀曰有詔不內吐蕃使者受漢衡等放其使結贊以羌渾衆屯潘口傍青石嶺三分其兵趨隴汧陽閒連營數十里中軍距鳳翔一舍詭漢服號邢君牙兵入吳山寶雞焚聚落略畜牧丁壯殺老孺斷手剔目乃去李晟嘗斲足大木塞安化峽

虜過老稚之詔神策將石季章戍武功良臣移師百里城虜又剽汧陽華亭男女萬人以畀羌渾將出塞令東向辭國衆慟哭投壍谷死者千數吐蕃又入豐義園華亭絕汲道守將王仙鶴請救於隴州刺史蘇清沔合太平兵赴之虜逆戰太平不勝引還虜日千騎四掠隴兵不敢出虜積薪將焚華亭仙鶴以衆降清沔潛兵大象龕夜半約城中舉火燭天虜衆驚因襲其營乃去更攻連雲堡飛石投中井皆滿為虛梁絕塹而升守將張明遠降于虜虜分捕山間亡人及牛羊率萬計涇隴邠之民蕩然盡矣諸將曾不能得一俘但賀賊出塞而已連雲堡涇要地也三垂峭絕北據高虜所進退候火易通既失之城下即虜境每執稼必陳兵于野故多失時是歲三州不宿麥虜數千騎犯長武城城使韓全義拒之韓游瓌兵不出於是虜安行邠涇間諸屯西門皆閉虜治故原州保之帝取所獲吐蕃生口不二百徇諸市以安京師四年五月虜三萬騎略涇邠寧慶鄜五州之鄙焚吏舍民閭係執數萬韓全義以陳許兵戰長武無功初吐蕃盜塞畏春夏疾疫常以盛秋及是得唐俘多厚給產貲其孥故盛夏入邊尚悉董星論莽羅等又寇寧州張獻甫拒斬裁百級轉剽鄜坊乃去五年韋皐以劍南兵戰臺登殺虜將乞藏遮遮悉多楊朱西南少安不三年盡得嶲州地久之北廷沙陀別部叛吐蕃因是陷

北廷都護府安西道絕獨西州人尚為唐守八年寇靈州陷水口塞營田渠發河東振武兵合神策軍擊之虜引還又寇涇州掠田軍千人守捉使唐朝臣戰不利山南西道節度使嚴震破虜于芳州取黑水堡焚積聚自虜得鹽州塞防無以障遏而靈武單露鄜坊侵迫寇日以驕數入為邊患帝復詔城之使涇原劍南山南深入窮討分其兵毋令專向東方詔朔方河中晉絳邠寧兵萬馬副元帥渾瑊朔方靈鹽豐夏綏銀節度都統杜希全邠寧節度使張獻甫右神策軍行營節度使邢君牙夏綏銀節度使韓潭鄜坊丹延節度使王栖曜振武麟勝節度使范希朝合兵三萬以左神策將軍胡堅右神策將軍張昌為鹽州行營節度使板築之役者六千人餘皆陣城下九年始栽閱二旬訖功而虜兵不出遂以兼御史大夫紇干遂與兼中丞杜彥光戍之當是時韋皐功最多破堡壁五十餘所敗其南道元帥論莽熱沒籠乞乘昆又與南詔破之于神川于鐵橋皐俘馘三萬降首領論乞髯湯沒藏悉諾硉十二年寇慶州及華池殺略吏人是歲尚結贊死明年贊普死其子足之煎立邢君牙築永信城于隴州以備虜虜使者農桑昔來請脩好朝廷以其無信不受韋皐取新城虜治劍山馬嶺進寇臺登巂州刺史曹高仕擊卻之禽籠官斬級三百獲馬糧械數千十四年韓全義破虜于鹽州十六年靈州破虜

于烏蘭橋韋皋拔末恭顯二城十七年寇鹽州陷麟州殺刺史郭鋒堙隍壞陴係居人掠党項諸部屯橫槽烽虜將徐舍人者語俘道人延素曰我乃司空英公裔孫也武后時家祖以兵尊王室不克子孫奔播絕域今三世矣我雖握兵心未嘗忘歸也顧不能自拔耳陰使延素夜逸又言吾按邊求資糧至麟而守者無備遂入之知郭使君勳臣家欲全安之不幸死亂兵語方已會飛鳥使至召其軍還遂引去飛鳥猶傳騎也韋皋出西山與虜戰破之雅州籠官馬定德本虜之知兵有策慮者周知山川險易每用兵常馳驛計議授諸將以行比年寇黎嶲皋常折其兵定德畏得罪遂來降因定昆明諸蠻吐蕃以下屢叛大侵靈州時皋圍維州贊普使論莽熱沒籠乞悉葭兼松州五道節度兵馬都統群牧大使引兵十萬援維州皋率南詔兵薄險設伏以待纔使千人嘗敵乞悉葭見兵寡悉眾追墮伏中兵四合急擊遂禽之獻京師明年吐蕃使者論頰熱復來右龍武大將軍薛伾往報二十年贊普死遣工部侍郎張薦弔祠其弟嗣立再使使者入朝順宗立以左金吾衛將軍田景度庫部員外郎熊執易持節往使永貞元年論乞縷勃藏歸金幣馬牛助崇陵有詔陳太極廷中憲宗初遣使者脩好且還其俘又以使告順宗喪吐蕃亦以論勃藏來後比年來朝然以五萬騎入振武拂雞泉萬騎至豐州大

石谷鈔回鶻還國者五年以祠部郎中徐復往使并賜鉢闡布書鉢闡布者虜浮屠豫國事者也亦曰鉢掣逋復至鄯州擅還其副李逢致命贊普復坐貺虜以論思邪熱入謝且歸鄭叔矩路泌之柩因言願歸秦原安樂州詔宰相杜佑等與議中書論思邪熱拜于廷佑答拜堂上復以鴻臚少卿李銛冊王府長史吳暈報之自是朝貢歲入又款隴州塞丐互市詔可十二年贊普死使者論乞髯來以右衛將軍烏重玘殿中侍御史段鈞弔祭之可黎可足立為贊普重玘以扶餘準李驂偕歸準東明人本朔方騎將驂隴西人貞元初戰沒于虜者使者知不死求之乃得還詔以準為澧王府司馬驂嘉王友吐蕃使論矩立藏來朝未出境吐蕃寇宥州與靈州兵戰定遠城虜不勝斬首二千級平涼鎮遏使郝玼又破虜兵二萬夏州節度使田縉破其眾三千詔留矩立藏等不遣劍南兵拔峨和栖雞城十四年乃歸矩立藏等吐蕃節度論三摩宰相尚塔藏中書令尚綺心兒總兵十五萬圍鹽州為飛梯鵝車攻城刺史李文悅拒之城壞輒補夜襲其營晝出戰破虜萬人積三旬不能拔朔方將史敬奉以奇兵繞出虜背大破之解圍去始沙州刺史周鼎為唐固守贊普徙帳南山使尚綺心兒攻之鼎請救回鶻踰年不至議焚城郭引眾東奔皆以為不可鼎遣都知兵馬使閻朝領壯士行視水草晨入謁辭

行與鼎親吏周沙奴共射彀弓揖讓射沙奴即死執鼎而縊殺之自領州事城守者八年出綾一端募麥一斗應者甚眾朝喜曰民且有食可以死守也又二歲糧械皆竭登城而譟曰苟毋徙佗境請以城降綺心兒許諾於是出降自攻城至是凡十一年贊普以綺心兒代守後疑朝謀變置毒鞾中而死州人皆胡服臣虜每歲時祀父祖衣中國之服號慟而藏之穆宗即位遣秘書少監田洎往告使者亦來虜引兵屯靈武靈州兵擊卻之又犯青塞烽進寇涇州瀕水而營距五十里始洎至牙虜欲會盟長武洎含糊應之至是顯言洎許我盟我是以來逼涇一舍止詔右軍中尉梁守謙為左右神策軍京西北行營都監發卒合八鎮兵援涇州貶洎郴州司戶參軍以太府少卿邵同持節為和好使初夏州田縉貪党項怨之導虜入剽郝玼與戰多殺其眾李光顏又以邠兵至乃引去復遣使者來南略雅州詔方鎮與虜接者謹備邊長慶元年聞回鶻和親犯清塞堡為李文悅所逐乃遣使者尚綺力陀思來朝且乞盟詔許之崔植杜元穎王播輔政議欲告廟禮官謂肅宗代宗皆嘗與吐蕃盟不告廟德宗建中之盟將重其約始詔告廟至會平涼不復告殺之也乃止以大理卿劉元鼎為盟會使右司郎中劉師老副之詔宰相與尚書右僕射韓皋御史中丞牛僧孺吏部尚書李絳兵部尚書蕭俛

戶部尚書楊於陵禮部尚書韋綬太常卿趙宗儒司農卿裴武京兆尹柳公綽右金吾將軍郭鏦及吐蕃使者論訥羅盟京師西郊贊普以盟言約二國無相寇讎有禽生問事給服糧歸之詔可大臣豫盟者悉載名於策方盟時吐蕃以壯騎屯魯州靈州節度使李進誠與戰大石山破之虜遣使者趙國章來且致宰相信幣明年請定疆候元鼎與論訥羅就盟其國敕虜大臣亦列名于策元鼎踰成紀武川抵河廣武梁故時城郭未隳蘭州地皆秔稻桃李榆柳岑蔚戶皆唐人見使者麾蓋夾道觀至龍支城耋老千人拜且泣問天子安否言頃從軍沒于此今子孫未忍忘唐服朝廷尚念之乎兵何日來言已皆嗚咽密問之豐州人也過石堡城崖壁峭豎道回屈虜曰鐵刀城右行數十里土石皆赤虜曰赤嶺而信安王褘張守珪所定封石皆仆獨虜所立石猶存赤嶺距長安三千里而贏蓋隴右故地也曰悶怛盧川直邏娑川之南百里臧河所流也河之西南地如砥原野秀沃夾河多檉柳山多柏坡皆丘墓旁作屋頹塗之繪白虎皆虜貴人有戰功者生衣其皮死以旌勇徇死者瘞其旁度悉結羅嶺鑿石通車逆金城公主道也至麋谷就館臧河之北川贊普之夏牙也周以槍纍率十步植百長槊中剸大幟為三門相距皆百步甲士持門巫祝鳥冠虎帶擊鼓凡入者搜索乃進中有高臺環以寶楯

贊普坐帳中以黃金飾蛟螭虎豹身被素褐結朝霞冒首佩金鏤劍鉢掣逋立于右宰相列臺下唐使者始至給事中論悉答熱來議盟大享於牙右飯舉酒行與華制略等樂奏秦王破陣曲又奏涼州胡渭錄要雜曲百伎皆中國人盟壇廣十步高二尺使者與虜大臣十餘對位酋長百餘坐壇下上設巨榻鉢掣逋升告盟一人自旁譯授于下已歃血鉢掣逋不歃盟畢以浮屠重為誓引鬱金水以飲與使者交慶乃降元鼎還虜元帥尚塔藏館客大夏川集東方節度諸將百餘置盟策臺上徧曉之且戒各保境毋相暴犯策署彝泰七年尚塔藏語元鼎曰回鶻小國我嘗討之距城三日危破會國有喪乃還非我敵也唐何所畏乃厚之元鼎曰回鶻有功且如約未始妄以兵取尺寸地是以厚之塔藏默然元鼎踰湟水至龍泉谷西北望殺胡川哥舒翰故壁多在湟水出蒙谷抵龍泉與河合河之上流繇洪濟梁西南行二千里水益狹春可涉秋夏乃勝舟其南三百里三山中高而四下曰紫山直大羊同國古所謂昆崙者也虜曰悶摩黎山東距長安五千里河源其間流澄緩下稍合眾流色赤行益遠它水并注則濁故世舉謂西戎地曰河湟河源東北直莫賀延磧尾殆五百里磧廣五十里北自沙州西南入吐谷渾浸狹故號磧尾隱測其地蓋劍南之西元鼎所經見大略如此虜遣論悉諾息等

入謝天子命左衛大將軍令狐通太僕少卿杜載答之是歲尚綺心兒以兵擊回鶻党項小相尚設塔率眾三萬牧馬木蘭京此歲使者獻金盎銀冶犀鹿貢犛牛寶帶至大和再遣使者朝五年維州守將悉怛謀挈城以降劍南西川節度使李德裕受之收符章仗鎧更遣將虞藏儉據之州南抵江陽岷山西北望隴山一面崖三涯江虜號無憂城為西南要扞會牛僧孺當國議還悉怛謀歸其城吐蕃夷誅無遺種以怖諸戎自是比五年虜使來必報所貢有玉帶金皿獺褐犛牛尾霞氈馬羊橐它贊普立幾三十年病不事委任大臣故不能抗中國邊候晏然死以弟達磨嗣達磨嗜酒好畋獵喜內且凶愎少恩政益亂開成四年遣太子詹事李景儒往使吐蕃以論集熱來朝獻玉器羊馬自是國中地震裂水泉湧岷山崩洮水逆流三日鼠食稼人飢疫死者相枕藉鄯廓間夜聞鼙鼓聲人相驚會昌二年贊普死論贊熱等來告喪天子命將作監李璟弔祠無子以妃綝兄尚延力子乞離胡為贊普始三歲妃共治其國大相結都那見乞離胡不肯拜曰贊普支屬尚多何至立綝氏子邪哭而出用事者共殺之別將尚恐熱為落門川討擊使姓末名農力熱猶中國號郎也譎詭善幻約三部得萬騎擊鄯州節度使尚婢婢略地至渭州與宰相尚與思羅戰薄寒山思羅敗走松州合蘇毗吐渾羊同兵八萬保洮河自守恐熱謂蘇毗等曰宰相兄弟殺贊普天神使我舉義兵誅不道爾屬乃助逆背國耶蘇毗等疑而不戰恐熱麾輕騎涉河諸部先降并其眾至十餘萬禽思羅縊殺之婢婢姓沒廬名贊心牙羊同國人世為吐蕃貴相寬厚略通書記不喜仕贊普彊官之三年國人以贊普立非是皆叛去恐熱自號宰相以兵二十萬擊婢婢鼓鞞牛馬橐它聯千餘里至鎮西軍大風雷電部將震死者十餘人羊馬橐它亦數百恐熱惡之按軍不進婢婢聞之厚幣詒書約驩恐熱大喜曰婢婢書生焉知軍事我為贊普當以家居宰相處之於是退營大夏川婢婢遣將厖結心莽羅薛呂擊恐熱於河州之南伏兵四萬結心據山射書極罵恐熱怒甚盛兵出關結心僞北恐熱追至數十里莽羅薛呂以伏兵衷擊大風雨河溢溺死甚眾恐熱單騎而逃既不得志尤猜忍殺戮部將岌藏豐贊皆降婢婢厚遇之明年恐熱復攻鄯州婢婢分兵五道拒守恐熱保東谷山堅壁不出岌藏繚以重柵斷汲道旬日恐熱走薄寒山募散卒稍至得數千人復戰鷄鷄山再戰南谷皆大敗兵連仍歲不解大中三年婢婢屯兵河源聞恐熱謀度河急擊之為恐熱所敗婢婢統銳兵扼橋亦不勝焚橋而還恐熱間出鷄項嶺關馮窔為梁攻婢婢至白土嶺敗其將尚鐸羅榻藏進戰犛牛硤婢婢將燭盧鞏力欲負硤自固以困恐熱大將磨

離羆子不從乃辭疾先歸羆子悉擊恐熱一戰而死婢婢糧盡引眾趨甘州西境以拓拔懷光居守恐熱麾下多歸之恐熱大略鄯廓瓜肅伊西等州所過捕戮積尸狼籍麾下內怨皆欲圖之乃揚聲將請唐兵五十萬共定其亂保渭州求冊為贊普奉表歸唐宣宗詔太僕卿陸耽持節尉勞命涇原靈武鳳翔邠寧振武等兵迎援恐熱既至詔尚書左丞李景讓就問所欲恐熱倨夸自大且求河渭節度使帝不許還過咸陽橋咄歎曰我舉大事覬得濟此河與唐分境於是復趨落門川收散卒將寇邊會久雨糧絕恐熱還奔廓州於是鳳翔節度使李玭復清水涇原節度使康季榮復原州取石門等六關得人畜幾萬靈武節度使李欽取安樂州詔為威州邠寧節度使張欽緒復蕭關鳳翔收秦州山南西道節度使鄭涯得扶州鳳翔兵與吐蕃戰隴州斬首五百級是歲河隴高年千餘見闕下天子為御延喜樓賜冠帶皆爭解辮易服因詔差賜四道兵錄有勞者三州七關地腴衍者聽民墾藝貸五歲賦溫池委度支榷其鹽以贍邊四道兵能營田者為給牛種戍者倍其資饟再歲一代商賈往來於邊者關鎮毋何留兵欲墾田與民同初太宗平薛仁杲得隴上地虜李軌得涼州破吐谷渾高昌開四鎮玄宗繼收黃河磧石宛秀等軍中國無斥候警者幾四十年輪臺伊吾屯田禾菽彌望開遠門揭候署

曰西極道九千九百里示戍人無萬里行也乾元後隴右劍南西山三州七關軍鎮監牧三百所皆失之憲宗常覽天下圖見河湟舊封赫然思經略之未暇也至是群臣奏言王者建功立業必有以光表於世者今不勤一卒血一刃而河湟自歸請上天子尊號帝曰憲宗嘗念河湟業未就而殂落今當述祖宗之烈其議上順憲二廟謚號以顯後世又詔朕姑息民其山外諸州須後經營之明年沙州首領張義潮奉瓜沙伊肅甘等十一州地圖以獻始義潮陰結豪英歸唐一日衆擐甲譟州門漢人皆助之虜守者驚走遂攝州事繕甲兵耕且戰悉復餘州以部校十輩皆操挺內表其中東北走天德城防禦使李丕以聞帝嘉其忠命使者齎詔收慰擢義潮沙州防禦使俄號歸義軍遂為節度使其後河渭州虜將尚延心以國破亡亦獻款秦州刺史高駢誘降延心及渾末部萬帳遂收二州拜延心武衛將軍駢收鳳林關以延心為河渭等州都游弈使咸通二年義潮奉涼州來歸七年北廷回鶻僕固俊擊取西州收諸部鄯州城使張季顒與尚恐熱戰破之收器鎧以獻吐蕃餘衆犯邠寧節度使薛弘宗卻之會僕固俊與吐蕃大戰斬恐熱首傳京師八年義潮入朝為右神武統軍賜第及田命族子淮深守歸義十三年卒沙州以長史曹義金領州務遂授歸義節度使後中原多故王命不及甘州為

回鶻所并歸義諸城多沒渾末亦曰嗢末吐蕃奴部也虜法出師必發豪室皆以奴從平居散處耕牧及恐熱亂無所歸共相嘯合數千人以嗢末自號居甘肅瓜沙河渭岷廓疊宕間其近蕃牙者最勇而馬尤良云

贊曰唐興四夷有弗率者皆利兵移之蹷其牙犁其廷而後已惟吐蕃回鶻號彊雄為中國患最久贊普遂盡盜河湟薄王畿為東境犯京師掠近輔殘馘華人謀夫虓帥圜視共計卒不得要領晚節二姓自亡而唐亦衰焉夫外撫內寧惟聖人不讓玄宗有逸德而拓地太大務遠功忽近虞逆賊一奮中原封裂訖二百年不得復完而至陵夷然則內先自治釋四夷為外攫守成之良資也

端明殿學士兼翰林侍讀學士龍圖閣學士朝請大夫守尚書吏部侍郎充集賢殿修撰臣宋祁奉敕撰

回紇其先匈奴也俗多乘高輪車元魏時亦號高車部或曰敕勒訛爲鐵勒其部落曰袁紇薛延陀契苾羽都播骨利幹多覽葛僕骨拔野古同羅渾思結斛薛奚結阿跌白霫凡十有五種皆散處磧北袁紇者亦曰烏護曰烏紇至隋曰韋紇其人驍彊初無酋長逐水草轉徙善騎射喜盜鈔臣于突厥突厥資其財力雄北荒大業中處羅可汗攻脅鐵勒部裒責其財既又恐其怨則集渠豪數百悉阬之韋紇乃并僕骨同羅拔野古叛去自爲俟斤稱回紇回紇姓藥羅葛氏居薛延陀北娑陵水上距京師七千里衆十萬勝兵半之地磧鹵畜多大足羊有時健俟斤者衆始推爲君長子曰菩薩材勇有謀嗜獵射戰必身先所向輒摧破故下皆畏附爲時健所逐時健死部人賢菩薩立之母曰烏羅渾性嚴明能決平部事回紇繇是寖盛與薛延陀共攻突厥北邊頡利遣欲谷設領騎十萬討之菩薩身將五千騎破之馬鬣山追北至天山大俘其部人聲震北方繇是附薛延陀相脣齒號活頡利發樹牙獨樂水上貞觀三年始來朝獻方物突厥已亡惟回紇與薛延陀爲最雄彊菩薩死其酋胡祿俟利發吐迷度與諸部攻薛延陀殘之并有其地遂南踰賀蘭山境諸河遣使者獻款太宗爲幸靈州次涇陽受其功於是鐵勒十一部皆來言延陀不事大國以自取亡其下麕駭鳥散不知所之今各有分地願歸命天子請置唐官有詔張飲高會引見渠長等以唐官官之凡數千人明年復入朝乃以回紇部爲瀚海多覽葛部爲燕然僕骨部爲金微拔野古部爲幽陵同羅部爲龜林思結部爲盧山皆號都督府以渾爲皐蘭州斛薛爲高闕州阿跌爲雞田州契苾羽爲榆溪州奚結爲雞鹿州思結爲蹛林州白霫爲寘顏州其西北結骨部爲堅昆府北骨利幹爲玄闕州東北俱羅勃爲燭龍州皆以酋領爲都督刺史長史司馬即故單于臺置燕然都護府統之六都督七州皆隸屬以李素立爲燕然都護其都督刺史給玄金魚符黃金爲文天子方招寵遠夷作絳黃瑞錦文袍寶刀珍器賜之帝坐秘殿陳十部樂殿前設高坫置朱提瓶其上潛泉浮酒自左閤通坫趾注之瓶轉受百斛鐐盎回紇數千人飲畢尚不能半又詔文武五品官以上祖飲尚書省中渠領共言生荒陋地歸身聖化天至尊賜官爵與爲百姓依唐若父母然請於回紇突厥部治大涂號參天至尊道世爲唐臣乃詔磧南鸊鵜泉之陽置過郵六十八所具羣馬湩肉待使客歲內貂皮爲賦乃拜吐迷度爲懷化大將軍瀚海都督然私自號可汗署官吏壹似突厥有外宰相六內宰相三又有都督將軍司馬之號帝更詔時健俟斤它部爲祁連州隸靈州都督白霫它部爲居延州吐迷度兄子烏紇烝吐迷度之妻遂與俱陸莫賀達干俱羅勃謀亂而歸車鼻可汗二人者皆車鼻婿故烏紇領騎夜劫吐迷度殺之燕然副都護元禮臣遣使給烏紇許白爲都督烏紇不疑即往謝因斬以徇帝恐諸部攜解命兵部尚書崔敦禮持節臨撫贈吐迷度左衛大將軍賻祭備厚擢其子婆閏左驍衛大將軍襲父所領俱羅勃既入朝帝不遣阿史那賀魯之盜北廷婆閏以騎五萬助契苾何力等破賀魯收北廷又從伊麗道行軍揔管任雅相等再破賀魯金牙山遷右衛大將軍從討高麗有功婆閏死子比粟嗣龍朔中以燕然都督府領回紇更號瀚海都護府以磧爲限大抵北諸蕃悉隸之比粟死子獨解支嗣武后時突厥默啜方彊取鐵勒故地故回紇與契苾思結渾三部度磧徙甘涼間然唐常取其壯騎佐赤水軍云獨解支死子伏帝匐立明年助唐攻殺默啜於是別部移健頡利發與同羅霫等皆來詔置其部於大武軍北伏帝匐死子承宗立涼州都督王君㚟誣暴其罪流死瀼州當此時回紇稍不循族子瀚海府司馬護輸乘衆怨共殺君㚟梗絕安西諸國朝貢道久之奔突厥死子骨力裴羅立會突厥亂天寶初裴羅與葛邏祿自稱左右葉護助

拔悉蜜擊走烏蘇可汗後三年襲破拔悉蜜斬頡跌伊施可汗
遣使上狀自稱骨咄祿毗伽闕可汗天子以爲奉義王南居突厥
故地徙牙烏德鞬山昆河之間南距西城千七百里西城漢高闕
塞也北盡磧口三百里悉有九姓地九姓者曰藥羅葛曰胡咄葛
曰啒羅勿曰貊歌息訖曰阿勿嘀曰葛薩曰斛嗢素曰藥勿葛曰
奚邪勿藥羅葛回紇姓也與僕骨渾拔野古同羅思結契苾六種
相等夷不列於數後破有拔悉蜜葛邏祿摠十一姓並置都督號
十一部落自是戰常以二客部爲先鋒有詔拜爲骨咄祿毗伽闕
懷仁可汗前殿列仗中書令內案授冊使者使者出門升輅至皇
城門降乘馬幡節導以行凡冊可汗率用此禮明年裴羅又攻殺
突厥白眉可汗遣頓啜羅達干來上功拜裴羅左驍衛員外大將
軍斥地愈廣東極室韋西金山南控大漠盡得古匈奴地裴羅死
子磨延啜立號葛勒可汗剽悍善用兵歲遣使者入朝肅宗即位
使者來請助討祿山帝詔燉煌郡王承寀與約而令僕固懷恩送

王因召其兵可汗喜以可敦妹爲女妻承寀遣渠領來請和親帝
欲固其心即封虜女爲毗伽公主於是可汗自將與朔方節度使
郭子儀合討同羅諸蕃破之河上與子儀會呼延谷可汗恃其彊
陳兵引子儀拜狼纛而後見帝駐彭原使者葛羅支見恥班下帝
不欲使鞅鞅引升殿慰而遣俄以大將軍多攬等造朝及太子葉
護身將四千騎來惟所命帝因冊毗伽公主爲王妃擢承寀宗正
卿可汗亦封承寀爲葉護給四節令與其葉護共將帝命廣平王
見葉護約爲昆弟葉護大喜使首領達干等先到扶風見子儀子
儀犒飲三日葉護辭曰國多難我助討逆何敢食固命乃留既
行日賜牛四十角羊八百蹄米四十斛香積之戰陣灃上賊詭伏
騎於王師左將襲我僕固懷恩麾回紇馳之盡翦其伏乃出賊背
與鎮西北廷節度使李嗣業夾攻之賊大敗進收長安懷恩率回
紇南蠻大食衆繚都而南壁滻東進次陝西戰新店初回紇至曲
沃葉護使將軍鼻施吐撥裴羅旁南山東出搜賊伏谷中殲之

營山陰子儀等與賊戰傾軍逐北亂而卻回紇望見即踰西嶺曳
旗趨賊出其後賊反顧遂大潰追奔數十里人馬相騰蹂死者不
可計收仗械如丘嚴莊挾安慶緒棄東京北度河回紇大掠東都
三日姦人導之府庫窮殫廣平王欲止不可而耆老以繒錦萬匹
賂回紇止不剽葉護還京師帝遣群臣勞之長樂帝坐前殿召
葉護升階席酋領於下宴且勞之人人賜錦繡繒器葉護頓首言
留兵沙苑臣歸料馬以收范陽訖除殘盜帝曰爲朕竭義勇成大
事卿等力也詔進司空爵忠義王歲給絹二萬匹使至朔方軍受
賜乾元元年回紇使者多彥阿波與黑衣大食酋閣之等俱朝爭
長有司使異門並進又使請昏許之帝以幼女寧國公主下嫁即
冊磨延啜爲英武威遠毗伽可汗詔漢中郡王瑀攝御史大夫爲
冊命使以宗子右司郎中巽兼御史中丞爲禮會使并以副瑀尚
書右僕射裴冕送諸境帝餞公主因幸咸陽數慰勉主泣曰國方
多事死不恨瑀至虜勇而可汗胡帽赭袍坐帳中儀衛光嚴引瑀立

帳外問曰王天可汗何屬瑀曰從昆弟也時中人雷盧翌俊立瑀上
又問立王上者爲誰瑀曰中人也可汗曰中人奴爾顧立郎上乎盧
俊趨下於是引瑀入瑀不拜可汗曰見國君禮無不拜瑀曰天子
顧可汗有功以愛女結好比中國與夷狄婚皆宗室子今寧國
乃帝王女有德容萬里來降可汗天子壻當以禮見安踞受詔邪
可汗慚乃起奉詔拜受冊翌日尊主爲可敦瑀所齎賜物可汗盡
與其牙下酋領瑀還獻馬五百匹貂裘白氎等乃使王子骨啜特
勒宰相帝德等率騎三千助討賊帝因命僕固懷恩摠之又遣大
首領蓋將軍與三女子謝婚并告破堅昆功明年骨啜與九節度
戰相州王師潰帝德等奔京師帝厚賜慰其意乃還俄而可汗
死國人欲以公主殉主曰中國人婿死朝夕臨喪期三年此終禮也
回紇萬里結昏本慕中國吾不可以殉乃止然嫠面哭亦從其俗
云後以無子得還始葉護太子前得罪死故次子移地健立號牟
羽可汗其妻僕固懷恩女也始可汗爲少子請昏帝以妻之至是

爲可敦明年使大臣俱録莫賀達干等入朝并問公主起居使人通謁於延英殿代宗即位以史朝義未滅復遣中人劉清潭往結好且發其兵比使者至回紇已爲朝義所訹曰唐荐有喪國無主且亂請回紇入收府庫其富不貲可汗即引兵南寶應元年八月也清潭齎詔至其帳可汗曰人言唐已亡安得有使邪清潭爲言先帝雖棄天下廣平王已即天子位其仁聖英武類先帝故與葉護收二京破安慶緒者是與可汗素厚且唐歲給回紇繒絮豈忘之邪是時回紇已踰三城見州縣榛莽烽障無守有輕唐色乃遣使北收單于府兵倉庫數以語淩靳清潭清潭密白帝回紇兵十萬向塞朝廷震驚遣殿中監藥子昂迎勞且視軍遇于太原密識其兵裁四千孺弱萬餘馬四萬與可敦偕來帝令懷恩與回紇會因遣使上書請助天子討賊回紇欲入蒲關徑沙苑而東子昂說曰自寇亂來州縣殘虛供億無所資且賊在東京若入井陘以取邢洺衛懷收賊財帑乃鼓而南上策也不聽子昂曰然則趨懷太行道南據河陽扼賊喉衿又不聽曰食太原倉粟右次陝與澤潞河南懷鄭兵合回紇從之詔以雍王爲天下兵馬元帥進子昂兼御史中丞與右羽林衛將軍魏琚爲左右廂兵馬使中書舍人韋少華爲元帥判官御史中丞李進爲行軍司馬東會回紇敕元帥爲諸軍先鋒與諸節度會陝州時可汗壁陝州北王往見之可汗責王不蹈舞子昂辭曰王嫡皇孫二宮在殯禮不可以蹈舞回紇廷詰曰可汗爲唐天子弟於王叔父行也容有不蹈舞乎子昂固拒即言元師唐太子也將君中國而可舞蹈見可汗哉回紇君臣度不能屈即引子昂進少華琚搒之百少華琚一夕死王還營官軍以王見辱將合誅回紇王以賊未滅止之於是懷恩與虜左殺爲先驅朝義使反閒左殺執以獻與諸將同擊賊戰橫水走之進收東都可汗使拔賀那賀天子獻朝義旗物雍王還靈寶可汗屯河陽留三月屯旁人困於剽辱僕固瑒率回紇兵與朝義挐戰踐血二千里梟其首河北悉平懷恩道相州西山崞口還屯可汗出

澤潞與懷恩會道太原去初回紇至東京放兵攘剽人皆遁保聖善白馬二祠浮屠避之回紇怒火浮屠殺萬餘人及是益橫詬折官吏至以兵夜斫含光門入鴻臚寺方其時陝州節度使郭英乂留守東都與魚朝恩及朔方軍驕肆因回紇爲暴亦掠汝鄭閒鄉不完廬皆蔽紙爲裳虐于賊矣帝念少華等死故贈少華左散騎常侍琚揚州大都督賜一子六品官於是冊可汗曰頡咄登里骨啜蜜施合俱録英義建功毗伽可汗可敦曰娑墨光親麗華毗伽可敦以左殺爲雄朔王右殺寧朔王胡禄都督金河王拔覽將軍靜漠王十都督皆國公永泰初懷恩反誘回紇吐蕃入寇俄而懷恩死二虜爭長回紇首領潛詣涇陽見郭子儀請改事子儀率麾下叩回紇營回紇曰願見令公子儀出旗門回紇曰請釋甲子儀易服酋長相顧曰眞是公矣時李光進路嗣恭介馬在側子儀示酋長曰此渭北節度使某朔方軍糧使某酋長下馬拜子儀亦下見之虜數百環視子儀麾下亦至子儀麾左右使卻且命酒與飲遺以纏頭綵三千召可汗弟合胡禄等持手因讓曰上念回紇功報顧固厚何負而來今即與汝戰何遽降也我將獨入爾營雖殺我吾將士能擊汝酋長讋言服曰懷恩詭我曰唐天子南走公見廢是以來今天可汗在公無恙吾等願還擊吐蕃以報厚恩然懷恩子可敦弟也願赦死於是子儀持酒胡禄請盟而飲子儀曰唐天子萬歲回紇可汗亦萬歲二國將相如之有如負約身死行陣家屠戮方時虜宰相磨咄莫賀達干頓莫賀等聞言皆奪氣酒至其所輒曰無易公誓始虜有二巫言此行必不戰當見大人而還及是相顧笑曰巫不吾紿也朔方先鋒兵馬使白元光合回紇兵於靈臺西昧爽會雲霧虜嚴晦吐蕃閉營撤備乃縱擊之斬首五萬級生禽萬人獲馬橐它牛羊收所俘唐戶五千僕固名臣降合胡禄都督等二百人皆來朝賜與不可計子儀以名臣見名臣懷恩兄子銳將也大曆三年光親可敦卒帝遣右散騎常侍蕭昕持節弔

祠明年以懷恩幼女爲崇徽公主繼室兵部侍郞李涵持節冊拜可敦賜繒綵二萬是時財用屈税公卿驘橐它給行宰相餞中渭橋回紇之留京師者曹輩掠女子於市引騎犯含光門皇城皆闔詔劉清潭慰止復出暴市物奪長安令邵説馬有司不敢何詰自乾元後益負功每納一馬取直四十縑歲以數萬求售使者相躡留舍鴻臚駘弱不可用帝厚賜欲以愧之不知也復以萬馬來帝不忍重煩民爲償六千十年回紇殺人橫道京兆尹黎幹捕之詔貸勿劾又刺人東市縛送萬年獄首領劫取囚殘獄吏去都人猒苦十三年回紇襲振武攻東陘入寇太原河東節度使鮑防與戰陽曲防敗績殘殺萬人代州都督張光晟又戰羊虎谷破之虜乃去德宗立使中人告喪且脩好時九姓胡勸可汗入寇可汗欲悉師向塞見使者不爲禮宰相頓莫賀達干曰唐大國無負於我前日入太原取羊馬數萬比及國亡耗略盡今舉國遠鬬有如不捷將安歸可汗不聽頓莫賀怒因擊殺之并屠其支黨及九姓胡幾二

千人卽自立爲合骨咄祿毗伽可汗使長建達干從使者入朝建中元年詔京兆少尹源休持節冊頓莫賀爲武義成功可汗始回紇至中國常參以九姓胡往往留京師至千人居貲殖產甚厚會酋長突董翳蜜施大小梅録等還國裝橐係道留振武三月供擬珍豐費不貲軍使張光晟陰伺之皆盛女子以橐光晟使驛吏刺以長錐然後知之已而聞頓莫賀新立多殺九姓胡人懼不敢歸往往亡去突董察視嚴亟羣胡獻計於光晟請悉斬回紇光晟許之卽上言回紇非素彊助之者九胡爾今其國亂兵方相加而虜利則往財則合無財與利一亂不振不以此時乘之復歸人與幣是謂借賊兵資盜糧也乃使裨校陽不禮突董果怒鞭之光晟因勒兵盡殺回紇羣胡收橐它馬數千繒錦十萬且告曰回紇抶大將謀取振武謹先誅之部送女子還長安帝召光晟還以彭令方代之遣中人與回紇使聿達干往言其端因欲與虜絕敕源休俟命太原明年乃行因歸突董等四喪突董可汗諸父也源休至

可汗令大臣具車馬出迎其大相頡干迦斯坐責休等殺突董事休言彼自與張光晟鬬死非天子命又曰使者皆負死罪唐不自戮何假手于我邪良乂罷去休等幾死留五旬卒不見可汗可汗傳謂休曰國人皆欲爾死我獨不然突董等已亡今又殺爾猶以血濯血徒益汙吾以水濯血不亦善乎爲我言有司所負馬直一百八十萬可速償我遣散支將軍康赤心等隨休來朝帝隱忍賜以金繒後三年使使者獻方物請和親帝蓄前恚未平謂宰相李泌曰和親待子孫圖之朕不能已泌曰陛下豈以陝州故憾乎帝曰然朕方天下多難未能報且毋議和泌曰辱少華等乃牟羽可汗也知陛下卽位必償怨乃謀先苦邊然兵未出爲今可汗所殺矣今可汗初立遣使來告垂髮不翦待天子命而張光晟殺突董等雖幽止使人然卒完歸則爲無罪矣帝曰卿言則然顧朕不可負少華等柰何泌曰臣謂陛下不負少華少華負陛下且北虜君長身赴難陛下在藩春秋未壯而輕度河入其營所謂冒

犲虎之場也爲少華等計當先定會見禮臣猶危之柰何子然赴哉臣昔爲先帝行軍司馬方葉護來先帝祗使宴於府及議征討則不見也葉護邀臣至營帝不許使好謂曰主當勞客客返勞主邪東收京師約曰土地人衆歸我玉帛子女予回紇戰勝葉護欲大掠代宗下馬拜之回紇乃東向洛臣猶恨以元帥拜葉護於馬前爲左右過然先帝曰王仁孝足辦朕事下詔慰勉葉護乃牟羽諸父也牟羽之來陛下以元子不拜於帳下而可汗不敢少有失於陛下則陛下未嘗屈矣先帝拜葉護全京城陛下乃不拜可汗固伸威於虜何恨焉然計香積陝州事以屈已爲是乎伸威爲是乎藉令少華等以陛下見可汗閉壁五日與陛下張飲天下豈不寒心哉而天助威神使犲狼馴服牟羽母捧陛下以貂裘叱左右促命騎躬送出營此少華等負陛下也假令牟羽爲有罪則今可汗已殺之立者乃牟羽從父兄是爲有功渠可忘之邪且回紇可汗銘石立國門曰唐使來當使知我前後功云今請和必舉部南望陛

下不之荅其怨必深願聽昏而約用開元故事如突厥可汗稱臣使來者不過二百市馬不過千不以唐人出塞亦無不可者帝曰善乃許降公主回紇亦請如約詔咸安公主下嫁又詔使者合闕達干見公主於麟德殿使中謁者齎公主畫圖賜可汗明年可汗遣宰相跌跌都督等衆千餘并遣其妹骨咄祿毗伽公主率大酋之妻五十人逆主且納聘跌跌至振武爲室韋所鈔戰死有詔其下七百皆聽入朝舍鴻臚帝御延喜門見使者是時可汗上書恭甚言昔爲兄弟今婿半子也陛下若患西戎子請以兵除之又請易回紇曰回鶻言捷鷙猶鶻然帝欲饗回鶻公主問禮於李泌對曰肅宗於燉煌王爲從祖兄回鶻妻以女見帝於彭原獨拜廷下帝呼曰婦而不名嫂也當艱虞時方藉其用猶以臣之況今日乎於是引回鶻公主入銀臺門長公主三人候諸內譯史傳導拜必荅揖與進帝御祕殿長公主先入侍回鶻公主入拜謁已內司賓導至長公主所又譯史傳問乃與俱入至宴所賢妃降階俟回

鶻公主拜賢妃荅拜又拜召已由西階外乃坐有賜則降拜非帝賜則避席拜妃公主皆荅拜訖歸凡再饗帝又盡建咸安公主官屬視王府以嗣滕王湛然爲昏禮使右僕射關播護送且將冊書拜可汗爲汨咄祿長壽天親毗伽可汗公主爲智惠端正長壽孝順可敦貞元五年可汗死子多邏斯立國人號泮官特勒以鴻臚卿郭鋒持節冊拜愛登里邏汨沒蜜施俱錄毗伽忠貞可汗初安西北廷自天寶末失關隴朝貢道隔伊西北廷節度使李元忠四鎮節度留後郭昕數遣使奉表皆不至貞元二年元忠等所遣假道回鶻乃得至長安帝進元忠爲北庭大都護昕爲安西大都護自是道雖通而虜求取無涘沙陀別部六千帳與北廷相依亦厭虜裒索至三葛祿白眼突厥素臣回鶻者尤怨苦皆密附吐蕃故吐蕃因沙陀共寇北廷頡干迦斯與戰不勝北廷陷於是都護楊襲古引兵奔西州回鶻以壯卒數萬召襲古將還取北廷爲吐蕃所擊大敗士死太半迦斯奔還襲古挈餘衆將入西州迦

斯紿曰弟與我俱歸當使公還唐襲古至帳殺之葛祿又取深圖川回鶻大恐稍南其部落以避之是歲可汗爲少可敦葉公主所毒死可敦亦僕固懷恩之孫懷恩子爲回鶻葉護故女號葉公主云可汗之弟乃自立迦斯方攻吐蕃其大臣率國人共殺篡者以可汗幼子阿啜嗣迦斯還可汗等出勞皆俯伏言廢立狀惟大相生死之悉發郭鋒所賜器幣餉迦斯可汗拜且泣曰今幸得繼絕仰食於父也迦斯以其柔屈乃相持哭遂臣事之以器幣悉給將士無所私其國遂安遣達北特勒梅錄將軍來告且聽命詔鴻臚少卿庾鋋冊阿啜爲奉誠可汗俄以律支達干來告少寧國公主之喪主榮王女也始寧國下嫁又以媵之寧國後歸因留回鶻中爲可敦號少寧國歷配英武英義二可汗至天親可汗時始居外其配英義生二子皆爲天親所殺是歲回鶻擊吐蕃葛祿於北廷勝之且獻俘明年使藥羅葛炅來朝炅本唐人呂氏爲可汗養子遂從可汗姓帝以其用事賜賚殊優拜檢校尚書右僕射十一年可

汗死無子國人立其相骨咄祿爲可汗以使者來詔祕書監張薦持節冊拜愛滕里邏羽錄沒蜜施合胡祿毗伽懷信可汗骨咄祿本跌跌氏少孤爲大首領所養辯敏材武當天親時數主兵諸酋尊畏至是以藥羅葛氏世有功不敢自名其族而盡取可汗子孫內之朝廷永貞元年可汗死詔鴻臚少卿孫杲臨弔冊所嗣爲滕里野合俱錄毗伽可汗元和初再朝獻始以摩尼至其法日晏食飲水茹葷屏湩酪可汗常與共國者也摩尼至京師歲往來西市商賈頗與囊橐爲姦三年來告咸安公主喪主歷四可汗居回鶻凡二十一歲無幾可汗亦死憲宗使宗正少卿李孝誠冊拜愛登里羅汨蜜施合毗伽保義可汗明年使者再朝遣伊難珠再請昏未報可汗以三千騎至鸊鵜泉於是振武以兵屯黑山治天德城備虜禮部尚書李絳奏言回鶻盛彊北邊空虛一爲風塵則弱卒非抗敵之夫孤城爲不守之地儻陛下憫此增甲兵飭城壘中夏長策生人大幸也臣觀今日處置未得其要夫邊憂有五請

歷言之北狄貪沒唯利是視比進馬規直再歲不至豈厭繒帛利哉殆欲風高馬肥而肆侵軼故外攘內備必煩朝廷一可憂兵力未完斥候未明戈甲未備城池未固飭天德則虜必疑虛西城則磧道無倚二可憂夫城保要害攻守險易當謀之邊將今乃規何塞之外裁廟堂之上虜猝犯塞應接失便三可憂自脩好以來山川形勝兵戎滿虛虜皆悉之賊掠諸州調發在旬朔外其係纍人畜在旦夕內比王師至則虜已歸寇能久留役亦轉廣四可憂北狄西戎素相攻討故邊無虞今回鶻不市馬若與吐蕃結約解仇則將臣閉壁憚戰邊人拱手受禍五可憂又淮西吳少陽垂死可乘其變諸道興發役且十倍臣謂宜聽其婚使守蕃禮所謂三利也和親則烽燧不驚城堞可治盛兵以畜力積粟以固軍一也既無北顧憂可南事淮右申令於垂盡之寇二也北虜恃我戚則西戎怨愈深內不得寧國家坐受其安寇掠長息三也今捨三利取五憂甚非計或曰降主費多臣謂不然我三分天下賦以一事邊

今東南大縣賦歲二十萬緡以一縣賦為婚貲非損寡得大乎今惜婚費不與假如王師北征兵非三萬騎五千不能扞且馳也又如保十全之勝一歲輒罷其饋餉供擬豈止一縣賦哉帝不聽

回鶻列傳第一百四十二上

回鶻列傳第一百四十二下　唐書二百一十七下

端明殿學士兼翰林侍讀學士龍圖閣學士朝請大夫守尚書吏部侍郎充集賢殿脩撰臣宋祁奉　敕撰

回鶻之請昏有司度費當五百萬帝方內討彊節度故遣宗正少卿李誠太常博士殷侑往諭不可穆宗立回鶻又使合達干等來固求昏許之俄而可汗死使者臨冊所嗣為登囉羽錄沒蜜施句主毗伽崇德可汗可汗已立遣伊難珠句錄都督思結等以葉護公主來逆女部渠二千人納馬二萬橐它千四夷之使中國其衆未嘗多此詔許五百人至長安餘留太原詔以太和公主下降主憲宗女也帝為主建府以左金吾衛大將軍胡証光祿卿李憲持節護送太府卿李說為昏禮使冊拜主為仁孝端麗明智上壽可敦告于廟天子御通化門餞主羣臣班辭于道公主出塞距回鶻牙百里可汗欲先與主由間道私見胡証不可虜人曰昔咸安公主行之証曰天子詔我送公主授可汗今未見不可先也乃止於

是可汗升樓坐東向下設毳幔以居公主請襲胡衣以一姆侍出西向拜已退即次被可敦服絳通裾大襦冠金冠前後銳復出拜已乃升曲輿九相分負右旋于廷者九降輿升樓與可汗聯坐東向羣臣以次謁可敦亦自建牙以二相出入帳中証等歸可敦大宴悲啼眷慕可汗厚贈使者是時裴度方伐幽鎮回鶻使渠將李義節以兵三千佐天子平河北議者懲艾前患不聽兵已及豐州使者厚賜乃去敬宗即位之年可汗死其弟曷薩特勒立遣使者冊為愛登里囉汩沒蜜施合毗伽昭禮可汗賜幣十二車文宗初又賜馬直絹五十萬大和六年可汗為其下所殺從子胡特勒立使者來告明年遣左驍衛將軍唐弘實與嗣澤王溶持節冊為愛登里囉汩沒蜜施合句錄毗伽彰信可汗開成四年其相掘羅勿作難引沙陀共攻可汗可汗自殺國人立廅馺特勒為可汗方歲飢遂疫又大雪羊馬多死未及命武宗即位以嗣澤王溶臨告乃知其國亂俄而渠長句錄莫賀與黠戛斯合騎十萬攻回鶻城殺

可汗誅掘羅勿焚其牙諸部潰其相馺職與厖特勒十五部奔葛邏祿殘衆入吐蕃安西於是可汗牙部十三姓奉烏介特勒為可汗南保錯子山黠戛斯已破回鶻得太和公主自以李陵後與唐同宗故遣使者達干奉主來歸烏介怒追擊達干殺之劫主南度磧邊人大恐進攻天德城振武節度使劉沔屯雲伽關拒卻之宰相李德裕建言回鶻曩有功今飢且亂可汗無歸不可擊宜遣使者贍安之帝用兵部郎中李拭行邊刺狀於是其相赤心與王子嗢沒斯特勒那頡啜將其部欲自歸而公主亦遣使者來言烏介已立因請命又大臣頡干伽思等表假振武居公主可汗帝乃詔右金吾衛大將軍王會持節慰撫其衆輸糧二萬斛不許借振武令中人好語開諭又詔使者持冊往潛稽其行須變明年回鶻奉主至漠南入雲朔剽橫水殺掠甚衆轉側天德振武間盜畜牧自如乃召諸道兵合討嗢沒斯以赤心姧桀難得要領即密約天德戍將田牟誘赤心斬帳下那頡啜收赤心衆七千帳東走振武

大同因室韋黑沙南闚幽州節度使張仲武破之悉得其衆那頡啜走烏介執而殺之然烏介兵尚彊號十萬駐牙大同北閭門山而特勒厖俱遮阿敦寧等凡四部及將軍曹磨你衆三萬因仲武降嗢沒斯亦附使者送款帝欲使助可汗復國而可汗已攻雲州劉沔與戰敗績嗢沒斯率三部及特勒大酋二千騎詣振武降詔拜嗢沒斯為右金吾衛大將軍爵懷化郡王以天德為歸義軍即拜歸義軍使阿歷支寧邊郡公習勿啜昌化郡公烏羅思寧朔郡公並為冠軍大將軍左威衛大將軍愛邪勿寧塞郡公為右領軍大將軍加賜嗢沒斯牙旗豹尾刀器諸物給其屬冠帶詔宰相德裕采秦漢以來興殊俗忠效卓異者凡三十人為異域歸忠傳寵賜之嗢沒斯請留族太原率昆弟為天子扞邊帝命劉沔為列舍雲朔間處其家可汗遣使者藉兵欲還故廷且假天德城帝不許可汗恚進略大同川轉戰攻雲州刺史嬰壁不敢出詔益發諸鎮兵屯太原以北嗢沒斯等既朝皆賜李氏名嗢沒斯曰思忠阿歷支

曰思貞習勿啜曰思義烏羅思曰思禮愛邪勿曰弘順即拜歸義
軍副使於是詔劉沔爲回鶻南面招撫使張仲武東面招撫使思
忠爲西党項都將西南面招討使沔營鴈門又詔銀州刺史何清
朝蔚州刺史契苾通以蕃渾兵出振武與沔仲武合稍逼回鶻思
忠數深入諭降其下沔分沙陀兵益思忠河中軍以騎五百益弘
順沔進次雲州思忠屯保大柵率河中陳許兵與回鶻戰敗之明
年又爲弘順所破沔與天德行營副使石雄料勁騎及沙陀契苾
等雜虜夜出雲州走馬邑抵安衆塞逢虜與戰破之烏介方薄
振武雄馳入夜穴壘出攝兵烏介驚引去雄追北至殺胡山烏介
被創走雄遇公主奉主還降特勒以下衆數萬盡收輜帑及所
賜詔書可汗收所餘往依黑車子詔弘順請朝窮躡弘順厚啗黑
車子以利募殺烏介初從可汗亡者既不能軍往往詣幽州降留
者皆飢寒痕夷裁數千黑車子幸其殘即殺烏介其下又奉其弟
遏捻特勒爲可汗帝詔德裕紀功銘石于幽州以夸後世思忠等以

國亡皆願入朝見聽遂罷歸義軍擢思忠左監門衞上將軍兼
撫王傅兩稟其奉賜第永樂坊分其兵賜諸節度虜人憚隸食諸
道據滹沱河叛劉沔阬殺三千人詔回鶻營功德使在二京者悉
冠帶之有司收摩尼書若象燒于道産貲入之官過捻可汗衆殘
部五千仰食於奚大酋碩舍朗大中初仲武討奚破之回鶻寖耗
滅所存名王貴臣五百餘轉依室韋仲武諭令羈致可汗等過
捻懼挾妻葛祿子特勒毒斯駛九騎夜委衆西走部人皆慟哭室
韋七姓析回鶻隸之黠戛斯怒與其相阿播將兵七萬擊室韋悉
收回鶻還磧北遺帳伏山林閒狙盗諸蕃自給稍歸厖特勒是時
特勒已自稱可汗居甘州有磧西諸城宣宗務綏柔荒遠遣使者
抵靈州省其酋長回鶻因遣人隨使者來京師帝即冊拜嗢祿登
里邏汨没蜜施合俱錄毗伽懷建可汗後十餘年一再獻方物懿
宗時大酋僕固俊自北廷擊吐蕃斬論尚熱盡取西州輪臺等城
使達干米懷玉朝且獻俘因請命詔可其後王室亂貢會不常史

亡其傳昭宗幸鳳翔靈州節度使韓遜表回鶻請率兵赴難翰林
學士韓偓曰虜爲國仇舊矣自會昌時伺邊羽翼未成不得逞今
乘我危以冀幸不可開也遂格不報然其國卒不振時時以玉馬
與邊州相市云

薛延陀者先與薛種雜居後滅延陀部有之號薛延陀姓一利咥
氏在鐵勒諸部最雄張風俗大抵與突厥同西突厥處羅可汗之
殺鐵勒諸酋也其下往往相率叛去推契苾哥楞爲易勿眞莫賀
可汗據貪汗山奉薛延陀乙失鉢爲野咥可汗保燕末山而突厥
射匱可汗復彊二部黜可汗號往臣之回紇拔野古阿跌同羅僕
骨白霫在鬱督軍山者東附始畢可汗乙失鉢在金山者西役
葉護可汗貞觀二年葉護死其國亂乙失鉢孫曰夷男率部帳七
萬附頡利可汗後突厥衰夷男反攻頡利弱之於是諸姓多叛頡
利歸之者共推爲主夷男不敢當明年太宗方圖頡利遣游擊將
軍喬師望間道齎詔書鼓纛冊拜夷男爲眞珠毗伽可汗夷男已

受命遣使謝歸方物乃樹牙鬱督軍山直京師西北六千里東靺
鞨西葉護突厥南沙磧北俱倫水地大衆附於是回紇等諸部莫
不伏屬其弟統特勒入朝帝以精刀寶鞭賜之曰下有大過者以
吾鞭鞭之夷男以爲寵頡利可汗之滅塞隧空荒夷男率其部稍
東保都尉楗山獨邏水之陰遠京師纔三千里而贏東室韋西金
山南突厥北瀚海蓋古匈奴地也勝兵二十萬以二子大度設突利
失分將之號南北部七年閒使者入朝帝恐後彊大爲患欲產其
禍乃下詔拜其二子皆爲小可汗十五年帝以李思摩爲可汗始
度河牙於漠南夷男惡之未發方帝幸洛陽將遂封泰山夷男與
其下謀曰天子封泰山萬國皆助兵悉會行在邊郭空單思摩
可取也乃使大度設勒兵二十萬南絶漠壁白道川率一兵得四
馬擊思摩思摩走朔州言狀且請師於是詔營州都督張儉統所
部與奚霫契丹乘其東朔州道行軍摠管李勣衆六萬騎三千營
朔州靈州道行軍摠管李大亮衆四萬騎五千屯靈武慶州道行

軍揔管張士貴衆萬七千出雲中涼州道行軍揔管李襲譽經略之帝敕諸將曰延陀度漠馬已疲夫用兵者見利疾進不利亟去今虜不急擊思摩又不速還勢必敗卿等勿與戰須其歸可擊也既而延陀使者來求與突厥平帝曰我約漠以北延陀制之漠以南突厥專之有輒相掠誅不赦延陀父事我而首違詔得非亂邪而曰與突厥和乃故約也尚何請不報大度設次長城思摩已南走大度設度不可得乃遣人乘長城罵之適會勣兵至行塵屬天遽率衆走赤柯度青山然道回遠勣選敢死士與突騎徑朧河趣白道及大度設尾之不置大度設顧不脫度諾真水陣以待先是延陀擊沙鉢羅及阿史那社尒皆以徒戰勝至是却騎不用率五人爲伍一執馬四前鬬令曰勝則騎而逐負者死沒其家以償戰士及戰突厥兵迮延陀騰逐勣救之延陀縱射馬輒死勣乃以步士百人爲隊擣其罅虜潰部將薛萬徹率勁騎先收執馬者故延陀不能去斬首數千級獲馬萬五千大度設亡去萬徹追弗

及殘卒奔漠北會雪甚衆皸踣死者十八始延陀能以術禬神致雪冀困勣師及是反自斃云勣還入定襄天子遣使者齎璽書勞問賞功卹死延陀之使留待命者帝悉還之曰歸語爾可汗爾自負其彊以突厥爲弱厚誅斂之又取首領以爲質且我爲天下主渠肯賦發於爾邪後有利害當謹思毋遽也延陀乃遣使謝罪又遣其仲父沙鉢羅獻馬三千因請昏帝曰延陀本一俟斤我則立之度其力孰與頡利比而敢撓邊乎不許昏明年以使來益獻馬牛羊橐它固求昏帝與大臣計曰延陀屈彊朕策顧有二選士十萬擊之使無遺種百年計也絕昏羈縻使無邊憂三十年計也然則孰利房玄齡曰今大亂餘瘡痍破未完戰雖勝猶危道也不如和親帝曰善許以新興公主下嫁召突利失大享羣臣侍陳寶器奏慶善破陣盛樂及十部伎突利失頓首上千萬歲壽詔夷男親迎帝將幸靈州以成昏事夷男大喜詫曰我鐵勒部人耳上以我爲可汗公主以女我乘輿爲我幸邊誰與我榮乃投賦諸下

羊馬爲貲或說夷男曰可汗與唐皆一國主柰何往朝有如見款尚可悔夷男曰不然吾聞唐天子有德四方共臣之藉獨留我磧北亦須有主然捨我而求它非計也乃不敢言時帝詔有司受所獻延陀無府庫調斂於下不亟集又度磧水草乏馬羊多死納貢後期帝亦止行畜口耗死僅半議者謂夷狄嘗爲中國私今禮不具而與昏恐後有輕中國心乃下詔絕昏謝其使或曰既許之信不可失帝曰公等計非也昔漢匈奴彊中國不抗故飾子女嫁單于今北狄弱我能制之而延陀方謹事我者顧新立倚我以服衆彼同羅僕骨力足制延陀而不發懼我也我又妻之固中國壻名重而援堅諸部將歸之戎狄野心能自立則叛矣今絕昏使諸姓聞之將爭擊延陀亡可待也李思摩果侵掠之延陀遣突利失寇定襄詔李勣逐出塞俄遣使請率師助伐高麗以刺帝意帝引使者謂曰歸語爾可汗我父子東征能寇邊者可即來夷男沮縮不敢謀以使謝固請助軍帝嘉荅高麗莫離支令靺鞨以厚

利啗夷男欲與連和夷男氣素索不發亦會病死帝爲發哀行始延陀請以庶子曳莽爲突利失可汗統東方嫡子拔灼爲肆葉護可汗統西方白道之役曳莽實爲之謀國人多怨及會葬曳莽亟還部拔灼分兵襲殺之自立爲頡利俱利失薛沙多彌可汗方是時王師猶在遼因即寇邊帝遣江夏王道宗屯朔州代州都督薛萬徹與左驍衛大將軍阿史那社尒屯勝州左武候大將軍薛孤吳仁屯靈州執失思力與突厥掎角塞下虜知有備乃去拔灼性下克多殺父時貴臣而任所親昵國人不安而阿波設與唐使者遇於靺鞨東鄙小戰不利還怖國人曰唐兵至矣衆大擾諸部遂潰多彌可汗以十餘騎遁去依阿史那時健俄爲回紇所殺盡屠其宗衆五六萬奔西域立眞珠毗伽可汗昆弟子咄摩支號伊特勿失可汗遣使者上言願保鬱督軍山帝詔兵部尚書崔敦禮與李勣尉安之俾定其國鐵勒諸部素伏延陀而咄摩支雖衰子尚臣畏之帝恐卒爲患詔勣等曰降則撫之叛則擊之勣至咄摩支大駭

陰欲拒戰外好言乞降勣知之縱兵擊斬五千餘級係老孺三萬遂滅其國咄摩支聞天子使者蕭嗣業在回紇身詣嗣業丐降入朝拜右武衛將軍賜田宅初延陀將滅有丐食於其部者延客帳中妻視客人而狼首主不覺客已食妻語部人共追之至鬱督軍山見二人焉曰我神也薛延陀且滅追者懼却走遂失之至是果敗此山下帝以延陀滅欲并契苾等降之復遣道宗率阿史那社尒等分部窮討帝幸靈州節度諸將於是鐵勒十一部皆歸命天子請吏內屬道宗等徑磧擊延陀餘衆阿波達干斬首千餘級逐北二百里萬徹抵北道諭降回紇諸酋虜所遣使踵及帝行在凡數千人上言天至尊爲可汗世世以奴事死不恨帝剖其地爲州縣北荒遂平諸姓有來朝者帝勞曰爾來若鼠得穴魚得泉我爲爾深廣之又曰我在天下四夷有不安安之不樂樂之如驥尾受蒼蠅可使日千里也於是告功太廟賜民三日酺後三年餘部叛以右領軍大將軍執失思力討平之至永徽時延陀部亡散者悉還高宗爲置嵠彈州處安之

拔野古一曰拔野固或爲拔曳固漫散磧北地千里直僕骨東鄰于靺鞨帳戶六萬兵萬人地有薦草產良馬精鐵有川曰康干河斷松投之三年輒化爲石色蒼緻然節理猶在世謂康干石者俗嗜獵射少耕穫乘木逐鹿冰上風俗大抵鐵勒也言語少異貞觀三年與僕骨同羅奚霫同入朝二十一年大俟利發屈利失舉部內屬置幽陵都督府拜屈利失右武衛大將軍即爲都督顯慶時與思結僕固同羅叛以左武衛大將軍鄭仁泰擊之斬其渠首至天寶間能自來朝

僕骨亦曰僕固在多覽葛之東帳戶三萬兵萬人地最北俗梗驁難召率始臣突厥後附薛延陀延陀滅其酋娑匐俟利發歌濫拔延始內屬以其地爲金微州拜歌濫拔延爲右武衛大將軍州都督開元初爲首領僕固所殺詣朔方降有司誅之子曰懷恩至德時以功王朔方節度使自有傳

同羅在薛延陀北多覽葛之東距京師七千里而贏勝兵三萬貞觀二年遣使者入朝久之請內屬置龜林都督府拜酋俟利發時健啜爲左領軍大將軍即授都督安祿山反劫其兵用之號曳落河者也曳落河猶言健兒云

渾在諸部最南者突厥頡利敗時有俟利發阿貪支款塞薛延陀之滅大俟利發渾汪舉部內向以其地爲皋蘭都督府後分東西州太宗以阿貪支於汪屬尊遣譯者諷汪汪欣然避位帝嘉其讓以阿貪支爲右領軍衛大將軍皋蘭州刺史汪雲麾將軍兼俟利發爲之副阿貪支死子回貴嗣回貴死子大壽嗣大壽死子釋之嗣釋之鷙勇不凡從哥舒翰拔石堡城遷右武衛大將軍封汝南郡公李光弼保河陽釋之以朔方都知兵馬使爲裨將進寧朔郡王知朔方節度留後僕固懷恩之走聲爲歸鎮釋之曰是必衆潰將拒之其甥張韶曰彼如悔禍還鎮渠可不納釋之信之乃納懷恩懷恩已入使韶殺釋之收其軍已而惡韶罵曰若負舅肯忠於我折其脛囚死彌山我城釋之子瑊建中功臣也自有傳

契苾亦曰契苾羽在焉耆西北鷹娑川多覽葛之南其酋哥楞自號易勿真莫賀可汗弟莫賀咄特勒皆有勇莫賀咄死子何力尚幼率其部來歸時貞觀六年也詔處之甘涼間以其地爲榆溪州永徽四年以其部爲賀蘭都督府隸燕然都護何力有戰功忠節臣也大和中其種帳附於振武云

多覽葛亦曰多濫在薛延陀東濱同羅水勝兵萬人延陀已滅其酋俟斤多濫葛末與回紇皆朝以其地爲燕然都督府授右衛大將軍即爲府都督死以多濫葛塞匐爲大俟利發繼爲都督

阿跌亦曰訶咥或爲䟕跌始與拔野古等皆朝以其地爲雞田州開元中䟕跌思泰自突厥默啜所來降其後光進光顏皆以戰功至大官賜李氏附屬籍自有傳

葛邏祿本突厥諸族在北廷西北金山之西跨僕固振水包多怛嶺與車鼻部接有三族一謀落或爲謀剌二熾俟或爲婆匐三踏

實力永徽初高偘之伐車鼻可汗三族皆內屬顯慶三年以謀落部爲陰山都督府熾俟部爲大漠都督府踏實力部爲玄池都督府即用其酋長爲都督後分熾俟部置金附州三族當東西突厥閒常視其興衰附叛不常也後稍南徙自號三姓葉護兵彊甘於鬬廷州以西諸突厥皆畏之開元初再來朝天寶時與回紇拔悉蜜共攻殺烏蘇米施可汗又與回紇擊拔悉蜜走其可汗阿史那施於北庭奔京師葛祿與九姓復立回紇葉護所謂懷仁可汗者也於是葛祿之處烏德犍山者臣回紇在金山北庭者自立葉護歲來朝父之葉護頓毗伽縛突厥叛酋阿布思進封金山郡王天寶閒凡五朝至德後葛邏祿寖盛與回紇爭彊徙十姓可汗故地盡有碎葉怛邏斯諸城然限回紇故朝會不能自達于朝

拔悉蜜貞觀二十三年始來朝天寶初與回紇葉護擊殺突厥可汗立拔悉蜜大酋阿史那施爲賀臘毗伽可汗遣使者入謝玄宗賜紫文袍金鈿帶魚袋衣不三歲爲葛邏祿回紇所破奔北庭後朝京師拜左武衛將軍地與衆歸回紇

都播亦曰都波其地北瀕小海西堅昆南回紇分三部皆自統制其俗無歲時結草爲廬無畜牧不知稼穡土多百合草掇其根以飯捕魚鳥獸食之衣貂鹿皮貧者緝鳥羽爲服其昏姻富者納馬貧者效鹿皮草根死以木匱斂置山中或系于樹送葬哭泣與突厥同無刑罰盜者倍輸其贓貞觀二十一年因骨利幹入朝亦以使通中國

骨利幹處瀚海北勝兵五千草多百合產良馬首似橐它筋骼壯大日中馳數百里其地北距海去京師最遠又北度海則晝長夜短日入亨羊胛熟東方已明蓋近日出處也既入朝詔遣雲麾將軍康蘇蜜勞答以其地爲玄闕州其大酋俟斤因使者獻馬帝取其異者號十驥皆爲美名曰騰霜白曰皎雪驄曰凝露驄曰縣光驄曰決波騟曰飛霞驃曰發電赤曰流金騧曰翔麟紫曰奔虹赤厚禮其使龍朔中以玄闕州更爲余吾州隸瀚海都督府延載初亦來朝

白霫居鮮卑故地直京師東北五千里與同羅僕骨接避薛延陀保奧支水冷陘山南契丹北烏羅渾東靺鞨西拔野古地圓袤二千里山繚其外勝兵萬人業射獵以赤皮緣衣婦貫銅釧以子鈴綴襟其部有三曰居延曰無若没曰潢水其君長臣突厥頡利可汗爲俟斤貞觀中再來朝後列其地爲寘顏州以別部爲居延州即用俟斤爲刺史顯慶五年授酋長李含珠爲居延都督含珠死弟厥都繼之後無聞焉

斛薛處多濫葛北勝兵萬人奚結處同羅北思結在延陀故牙二部合兵凡二萬既來朝列其地州縣之太宗時北狄能自通者又有烏羅渾或曰烏洛侯曰烏羅護直京師東北六千里而贏東靺鞨西突厥南契丹北烏丸大抵風俗皆靺鞨也烏丸或曰古丸又有鞠或曰祴居拔野古東北有木無草地多苔無羊馬人豢鹿若牛馬惟食苔俗以駕車又以鹿皮爲衣聚木作屋尊卑共居又有

俞折者地差大俗與拔野古相埒少羊馬多貂鼠又有駮馬者或曰弊刺曰遏羅支直突厥之北距京師萬四千里隨水草然喜居山勝兵三萬地常積雪木不彫以馬耕田馬色皆駮因以名國云北極於海雖畜馬而不乘資湩酪以食好與結骨戰人貌多似結骨而語不相通皆劗髮樺皮帽構木類井幹覆樺爲室各有小君長不能相臣也大漢者處鞠之北饒羊馬人物頎大故以自名與鞠俱隣於黠戛斯劒海之瀕此皆古所未賓者當貞觀逮永徽奉貂馬入朝或一再至

黠戛斯古堅昆國也地當伊吾之西焉耆北白山之旁或曰居勿曰結骨其種雜丁零乃匈奴西鄙也匈奴封漢降將李陵爲右賢王衞律爲丁零王後郅支單于破堅昆于時東距單于廷七千里南車師五千里郅支留都之故後世得其地者訛爲結骨稍號紇骨亦曰紇扢斯云衆數十萬勝兵八萬直回紇西北三千里南依貪漫山地夏沮洳冬積雪人皆長大赤髮皙面綠瞳以黑髮爲不

祥黑瞳者必曰陵苗裔也男少女多以環貫耳俗趫伉男子有勇
黥其手女已嫁黥項雜居多淫佚謂歲首為茂師哀以三哀為一
時以十二物紀年如歲在寅則曰虎年氣多寒雖大河亦半冰稼
有禾粟大小麥青稞步磑以為麪糜穄以三月種九月穫以飯以
釀酒而無果蔬畜馬至壯大以善鬬者為頭馬有橐它牛羊牛為
多富農至數千其獸有野馬骨咄黃羊羱羝鹿黑尾黑尾者似麞
尾大而黑魚有蔑者長七八尺莫痕者無骨口出頤下鳥鴈鶩烏
鵲鷹隼木松樺榆柳蒲松高者仰射不能及顛而樺尤多有金鐵
錫每雨俗必得鐵號迦沙為兵絕犀利常以輸突厥其戰有弓矢
旗幟其騎士析木為盾蔽股足又以圓盾傅肩可捍矢刃其君曰
阿熱遂姓阿熱氏建一纛下皆尚赤餘以部落為之號服貴貂豽
阿熱冬帽貂夏帽金釦銳頂而卷末諸下皆帽白氈喜佩刀礪賤
者衣皮不帽女衣毳毼錦罽綾蓋安西北廷大食所貿售也阿熱
駐牙青山周栅代垣聯氈為帳號密的支它首領居小帳凡調兵

諸部役屬者悉行內貂鼠青鼠為賦其官宰相都督職使長史
將軍達干六等宰相七都督三職使十皆典兵長史十五將軍達
干無員諸部食肉及馬酪惟阿熱設餅餌樂有笛鼓笙觱篥盤
鈴戲有弄駝師子馬伎繩伎祠神惟主水草祭無時呼巫為甘昏
嫁納羊馬以聘富者或百千計喪不剺面三環尸哭乃火之收其
骨歲而乃墓然後哭泣有節冬處室木皮為覆其文字言語與回
鶻正同法最嚴臨陣橈奉使不稱妄議國若盜者皆斷首子為盜
以首著父頸非死不脫阿熱牙至回鶻牙所橐它四十日行使者道
出天德右二百里許抵西受降城北三百里許至鸊鵜泉泉西北
至回鶻牙千五百里許而有東西二道泉之北東道也回鶻牙北
六百里得仙娥河河東北曰雪山地多水泉青山之東有水曰劍
河偶艇以度水悉東北流經其國合而北入于海東至木馬突厥
三部落曰都播彌列哥餓支其酋長皆為頡斤樺皮覆室多善
馬俗乘木馬馳冰上以板藉足屈木支腋蹴輒百步勢迅激夜鈔

盜晝伏匿堅昆之人得以役屬之堅昆本彊國也地與突厥等突
厥以女妻其酋豪東至骨利幹南吐蕃西南葛邏祿始隸薛延
陀延陀以頡利發一人監國其酋長三人曰訖悉輩曰居沙波輩曰
阿米輩共治其國未始與中國通貞觀二十二年聞鐵勒等已入
臣即遣使者獻方物其酋長俟利發失鉢屈阿棧身入朝太宗勞
享之謂群臣曰往渭橋斬三突厥自謂功多今俟利發在席更覺
過之俟利發酒酣奏願得持笏帝以其地為堅昆府拜俟利發左
屯衛大將軍即為都督隸燕然都護高宗世再來朝景龍中獻
方物中宗引使者勞之曰而國與我同宗非它蕃比屬以酒使者
頓首玄宗世四朝獻乾元中為回紇所破自是不能通中國後狄
語訛為黠戛斯蓋回鶻謂之若曰黃赤面云又訛為戛戛斯然常
與大食吐蕃葛祿相依杖吐蕃之往來者畏回鶻剽鈔必住葛祿
以待黠戛斯護送大食有重錦其載二十橐它乃勝既不可兼負故
裁為二十匹每三歲一餉黠戛斯而回鶻授其君長阿熱官為毗伽

頓頡斤回鶻稍衰阿熱即自稱可汗其母突騎施女也為母可敦
妻葛祿葉護女為可敦回鶻遣宰相伐之不勝挐鬬二十年不解
阿熱恃勝乃肆詈曰爾運盡矣我將收爾金帳於爾帳前馳我馬
植我旗爾能抗亟來即不能當疾去回鶻不能討其將句錄莫賀
導阿熱破殺回鶻可汗諸特勤皆潰阿熱身自將焚其牙及公主
所處金帳者回鶻可汗常坐也乃悉收其寶貲并得太和公主遂
徙牙牢山之南牢山亦曰賭滿距回鶻舊牙度馬行十五日阿熱
以公主唐貴女遣使者衛送公主還朝為回鶻烏介可汗邀取之
并殺使者會昌中阿熱以使者見殺無以通于朝復遣注吾合素
上書言狀注吾虜姓也合言猛素者左也謂武猛善左射者行三
歲至京師武宗大悅班渤海使者上以其處窮遠能脩職貢命太
僕卿趙蕃持節臨慰其國詔宰相即鴻臚寺見使者使譯官考山
川國風宰相德裕上言貞觀時遠國皆來中書侍郎顏師古請如
周史臣集四夷朝事為王會篇今黠戛斯大通中國宜為王會

圖以示後世有詔以鴻臚所得續著之又詔阿熱著宗正屬籍是時烏介可汗餘衆託黑車子阿熱願乘秋馬肥擊取之表天子請師帝令給事中劉濛為巡邊使朝廷亦以河隴四鎮十八州久淪戎狄幸回鶻破弱吐蕃亂相殘齧可乘其衰乃以右散騎常侍李拭使黠戛斯冊君長為宗英雄武誠明可汗未行而武宗崩宣宗嗣位欲如先帝意或謂黠戛斯小種不足與唐抗詔宰相與臺省四品以上官議皆曰回鶻盛時有冊號今幸衰亡又加黠戛斯後且生患乃止至大中元年卒詔鴻臚卿李業持節冊黠戛斯為英武誠明可汗逮咸通間三來朝然卒不能取回鶻後之朝聘冊命史臣失傳

贊曰夷狄資悍貪人外而獸內惟剽奪是視故湯武之興未嘗與共功蓋蹄而不厭也太宗初興嘗用突厥矣不勝其暴卒縛而臣之肅宗用回紇矣至略華人辱太子笞殺近臣求索無倪德宗又用吐蕃矣劫平涼敗上將空破西陲所謂引外禍平內亂者也夫用之以權制之以謀惟太宗能之若二主懦昏狃而狎之烏勝其弊哉彼親之則責償也多慊而不滿則滋怨化以仁義則頑示以法則忿孰我險易則為患也博而慘療饑以治葛何時可哉故春秋許夷狄者不一而足信矣

回鶻列傳第一百四十二下

端明殿學士兼翰林侍讀學士龍圖閣學士朝請大夫守尚書吏部侍郎充集賢殿修撰臣宋祁奉 敕撰

沙陀西突厥別部處月種也始突厥東西部分治烏孫故地與處月處蜜雜居貞觀七年太宗以鼓纛立利邲咄陸可汗而族人步眞觖望謀幷其弟彌射乃自立彌射懼率處月等入朝而步眞勢窮亦歸國其留者咄陸以射匱特勒劫越之子賀魯統之西突厥寖彊內相攻其大酋乙毗咄陸可汗建廷鏃曷山之西號北廷而處月等又隸屬之處月居金娑山之陽蒲類之東有大磧名沙陀故號沙陀突厥云咄陸寇伊州引二部兵圍天山安西都護郭孝恪擊走之拔處月俟斤之城後乙毗可汗敗奔吐火羅賀魯來降詔拜瑤池都督徙其部庭州之莫賀城處月朱邪闕俟斤阿厥亦請內屬永徽初賀魯反而朱邪孤注亦殺招慰使連和引兵據牢山於是射脾俟斤沙陀那速不肯從高宗以賀魯所領授之明年弓

月道總管梁建方契苾何力引兵斬孤注俘九千人又明年廢瑤池都督府即處月地置金滿沙陀二州皆領都督賀魯亡安撫大使阿史那彌射次伊麗水而處月來歸乃置崑陵都護府統咄陸部以彌射爲都護龍朔初以處月酋沙陀金山從武衛將軍薛仁貴討鐵勒授墨離軍討擊使長安二年進爲金滿州都督累封張掖郡公金山死子輔國嗣先天初避吐蕃徙部北庭率其下入朝開元二年復領金滿州都督封其母鼠尼施爲鄯國夫人輔國累爵永壽郡王死子骨咄支嗣天寶初回紇內附以骨咄支兼回紇副都護從肅宗平安祿山拜特進驍衛上將軍死子盡忠嗣累遷金吾衛大將軍酒泉縣公至德寶應閒中國多故北庭西州閉不通朝奏使皆道出回紇而虜多漁撊尤苦之雖沙陀之倚北庭者亦困其暴斂貞元中沙陀部七千帳附吐蕃與共寇北庭陷之吐蕃徙其部甘州以盡忠爲軍大論吐蕃寇邊常以沙陀爲前鋒久之回鶻取涼州吐蕃疑盡忠持兩端議徙沙陀于河外舉部愁恐盡忠與朱邪執宜謀曰我世爲唐臣不幸陷汙今若走蕭關自歸不愈於絕種乎盡忠曰善元和三年悉衆三萬落循烏德鞬山而東吐蕃追之行且戰旁洮水奏石門轉鬬不解部衆略盡盡忠死之執宜裒瘢傷士裁二千騎七百雜畜橐它千計款靈州塞節度使范希朝以聞詔處其部鹽州置陰山府以執宜爲府兵馬使沙陀素健鬬希朝欲藉以捍虜爲市牛羊廣畜牧休養之其童耄自鳳翔興元太原道歸者皆還其部盡忠弟葛勒阿波率殘部七百叩振武降授左武衛大將軍兼陰山府都督執宜朝長安賜金幣袍馬萬計授特進金吾衛將軍然議者以靈武迫吐蕃恐後反覆又濱邊益口則食翔價貴之希朝鎮太原因詔沙陀舉軍從之希朝乃料其勁騎千二百號沙陀軍置軍使而處餘衆于定襄川執宜乃保神武川之黃花堆更號陰山北沙陀是時天子伐鎮州執宜以軍七百爲前鋒王承宗衆數萬伏木刀溝與執宜遇飛矢雨集執宜提軍橫貫賊陣鏖鬬李光顏等乘之斬首萬

級鎮兵解進蔚州刺史王鍔節度太原建言朱邪族孳熾散居北川恐啓野心願析其族隸諸州勢分易弱也遂建十府以處沙陀八年回鶻過磧南取西城柳谷詔執宜屯天德明年伐吳元濟又詔執宜隸李光顏破蔡人時曲拔凌雲柵元濟平授檢校刑部尚書猶隸光顏軍長慶初伐鎮州悉發沙陀與易定軍掎角破賊深州執宜入朝留宿衛拜金吾衛將軍大和中柳公綽領河東奏陘北沙陀素爲九姓六州所畏請委執宜治雲朔塞下廢府十一料部人三千禦北邊號代北行營授執宜陰山府都督代北行營招撫使隸河東節度執宜死子赤心嗣開成四年回鶻徑磧口抵榆林塞宰相掘羅勿以良馬三百遺赤心約共攻彰信可汗可汗死節度使劉沔以沙陀擊回鶻于殺胡山久之伐潞誅劉稹詔赤心率代北騎軍三千隸石雄爲前軍破石會關助王宰下天井合太原軍次榆社與監軍使呂義忠禽楊弁潞州平遷朔州刺史仍爲代北軍使大中初吐蕃合党項及回鶻殘衆寇河西太原王宰統

代北諸軍進討沙陀常深入冠諸軍赤心所向虜輒披靡曰吾見
赤馬將軍火生頭上始沙陀臣吐蕃其左老右壯囷男女略與同
而馳射趫悍過之虜倚其兵常苦邊及歸國吐蕃繇此亦衰宣宗
已復三州七關征西戍皆罷乃遷赤心蔚州刺史雲州守捉使龐勛
亂詔義成康承訓爲行營招討使赤心以突騎三千從承訓兵絕
渙水遇伏墮圍中幾没赤心以騎五百掀出之勛欲速戰衆八萬
短兵接赤心勒勁騎突賊與官軍夾擊敗之其弟赤衷以千騎追
之亳東勛平進大同軍節度使賜氏李名國昌預鄭王屬籍賜親
仁里甲第回鶻叩榆林擾靈鹽詔國昌爲鄜延節度使又寇天德
乃徙節振武進檢校司徒王仙芝陷荊襄朝廷發諸州兵討捕國
昌遣劉遷統雲中突騎逐賊數有功乾符三年段文楚爲代北
水陸發運雲州防禦使是時無年文楚朘損用度下皆怨邊校
程懷信王行審蓋寓李存璋薛鐵山康君立等謀曰世多難
丈夫當投袂立功段公乃儒者難共計沙陀雄勁李振武父子勇

冠軍我若推之無不應則代北唾手可定拾取富貴若何咸曰善
乃夜謁國昌子雲中守捉使克用曰歲艱稟食削吾等不忍餓
死公家威德著聞請誅虐帥安部内克用許之募得士萬人趨
雲州次鬭鷄臺城中執文楚至殺之據州以聞共丐克用爲大同
防禦留後不許發諸道兵進捕諸道不甚力而黃巢方引度江
朝廷度未能制乃赦之以國昌爲大同軍防禦使國昌不受命
詔河東節度使崔彥昭幽州張公素共擊之無功國昌與党項戰
未決大同川吐渾赫連鐸襲振武盡取其貲械國昌窮挈騎五
百還雲州州不納鐸遂取之克用轉側蔚朔間裒兵纔三千屯
新城鐸引萬人圍之隧而攻三日不拔鐸兵殺傷甚國昌自蔚州
來鐸引去僖宗以鐸領大同節度畀討國昌六年詔昭義李鈞爲
北面招討使督潞太原兵屯代州幽州李可舉會鐸攻蔚州國昌
以一隊當之克用分兵抵遮虜城拒鈞天大雪士瘃仆鈞衆潰還
代州軍遂亂鈞死于兵廣明元年以李琢爲蔚朔招討都統率兵

數萬屯代州克用使傅文達調蔚朔兵朔州刺史高文集縛以送
琢琢進攻蔚州國昌敗與克用舉宗奔達靼鐸賂其酋長圖之克
用得其計因高豪桀大會馳射百步外針芒木葉無不中部人大讋
即倡言今黃巢北寇爲中原患一日天子赦我願與公等南向定
天下庸能終老沙磧哉達靼知不留乃止巢攻潼關入京師詔河
東監軍陳景思發代北軍時沙陀都督李友金屯興唐軍薩葛首
領米海萬安慶都督史敬存屯感義軍克用客塞下衆數千無所
屬景思聞天子西乃與友金料騎五千入居絳兵擅劫帑自私還代
州益募士三萬屯崞西士頑縱友金不能制謀曰今合大衆不得
威名宿將且無功吾兄司徒父子材而雄衆所推畏比得罪于朝
僑戍北部不敢還今若召之使將兵代北豪英一呼可集整行伍
鼓而南賊不足平也景思曰善乃丐赦國昌使討賊贖罪有詔拜
克用代州刺史忻代兵馬留後促本軍討賊克用募達靼萬人趨
代州將南道太原節度使鄭從讜塞石嶺關不得前克用傍道至太

原營城下五日邀糧貲從讜不荅乃大略還屯代州中和二年蔚州
刺史蘇祐會赫連鐸兵將攻代州克用率騎五百先襲蔚州下之
祐屯美女谷鐸與幽州李可舉衆七萬攻蔚州譙柵相屬克用直
擣營入蔚州燔府庫棄而去屯鴈門國昌自達靼率兵歸代州擾
汾并樓煩不釋鎧帝詔克用還軍朔州於是義武節度使王處存
河中節度使王重榮傳詔招克用同討巢克用喜即大閱鴈門得
忻代蔚朔達靼衆三萬騎五千而南於是國昌守代州鄭從讜不
肯假道克用軍傳太原而營奉幣馬遺從讜身從數騎呼曰我
且西願與公一言從讜外陴慰勉歸貨幣饔餼克用乃自陰地
趨晉會河中帝聞擢克用鴈門節度神策天寧軍鎮遏忻代觀
察使明年宰相王鐸承制授克用東北面行營都統河東監軍陳
景思爲監軍使克用使弟克脩領穀騎五百度河克用自夏陽濟
留薛阿檀屯津口次同州壁乾阬與賊戰梁田坡敗之進壁渭橋遂
收京師功第一進同中書門下平章事隴西郡公國昌爲代北軍

節度使未幾以克用領河東節度黃巢與秦宗權合寇河南四年克用率河東代北兵將自澤潞下天井關河陽諸葛爽堙井以拒克用乃繇河中濟趨許州合徐汴兵破尚讓于太康戰西華又破之賊走河南平追北曹州還過汴朱全忠邀之克用留兵于郊入舍上源館夜帳飲全忠自佐饗進貨寶握手譚勞是時全忠忌克用桀邁難制則連車外環陳兵道左右克用醉乃攻館下拒戰親將郭景銖滅燭扶克用徐告之尚被酒乃引弓射會煙㷔四合大震雷克用與薛志勤等閒關升南譙門縋走營部下死者數百人所獲賊乘輿物盡亡之克用整衆歸太原益訓兵將報仇使弟克勤以萬騎屯河中乃請擊全忠使者八返內外震恐帝使內謁慰解尋進位檢校太傅隴西郡王光啟元年幽州李可舉鎮州王景崇言易定故燕趙境請取分之於是可舉攻易州下之景崇攻無極易定節度使王處存求救於克用克用自將救無極敗鎮人攻馬頭固新城鎮兵走處存復取易州鳳翔李昌符邠寧朱玫與

全忠連和觀軍容使田令孜惡克用與王重榮合建言不可處近輔請授王處存河中而徙重榮於易定則克用孤矣帝從之重榮以告克用怒曰我當從公提鼓出汜水關誅全忠迴殲穴鼠耳重榮計曰公兵朝出關則邠岐兵夕傳吾堞願先治邠岐克用乃表言玫昌符連全忠為亂請以兵十五萬度河梟二豎然後平汴雪大恥願陛下戒嚴無為賊所搖帝遣使慰止背相望也克用不奉詔玫亦引邠鳳兵營沙苑克用薄戰玫敗夜亡去克用還河中天子出趣鳳翔道傳兵且至即趣寶雞克用與重榮聯章請還宮願留兵衛京師即還鎮帝懼走大散關駐興元克用引歸嗣襄王熅僞詔至太原克用燔之執其使閒道奉表興元始朝廷意玫結克用迫乘輿及表至示羣臣因騰曉山南諸鎮行在少安王行瑜斬玫克用以千騎經略京畿三年國昌卒俄而昭宗即位進克用檢校太師兼侍中大順初克用自攻赫連鐸於雲州拔東郛幽州李匡威以兵三萬救之殺其將安金俊克用走鐸與匡威

共建言山南亂克用實首之今乘其敗可伐而取也全忠亦請與河北三鎮共討之宰相張濬是其計乃下制削克用官爵屬籍以濬為兵馬招討制置宣慰使京兆尹孫揆副之樞密使駱全諲為行營都監華州節度使韓建為行營馬步都虞候兼供軍糧料使王鎔領河東東面全忠南面李匡威北面並為行營招討使鐸副匡威先薄戰克用追潞兵不肯行共殺守將李克恭送款于汴獻首闕下更詔揆為昭義節度使克用將李存孝邀揆長子殺之匡威鐸并吐蕃黠戛斯衆十萬攻遮虜軍殺其將劉胡子克用乃屯渾河川存孝與鐸戰樂安鐸敗走濬入陰地關壁汾隰薛鐵山李承嗣營洪洞迎戰存孝次趙城韓建夜出壯士三百乘其營存孝伏以待建兵大奔存孝攻絳州未下晉州刺史張行恭棄城走建與濬遁還明年克用奉表自陳乃復拜檢校太師守中書令隴西郡王克用悉兵攻鐸雲州以騎將薛阿檀為前軍設伏河上鐸縱騎追阿檀遇伏而奔鐸亡入吐渾克用取雲州以部將石善友為

刺史大同軍防禦使景福初鎮州王鎔攻堯山克用使李嗣勳擊之斬級三萬克用遂拔天長略常山度滹沱燔其郛徇地至趙取鼓藁二城赫連鐸衆八萬攻天成軍克用飛檄發軍太原匡威巳壁雲州北郊克用自神堆引軍夜入雲州死戰走之乾寧元年克用次新城鐸膝行詣軍門降克用鞭而縱之進下武州攻新州李匡籌引步騎七萬救之克用迎戰斬首萬級俘少將三百徇城下新州降取嬀州匡籌棄幽州走明年幽州降克用以劉仁恭為留後乃旋王行瑜韓建李茂貞連兵南闕下殺李谿克用盡調北部兵度河拔絳州斬刺史王瑤次河中王珂謁于道同州王行約奔京師園韓建于華州京師震動帝為幸石門莎城遣內謁郗廷昱慰勞且言茂貞屯盩厔行瑜屯興平克用乃進營渭橋帝以嗣延王戒丕嗣丹王允詔克用擊邠鳳克用奉詔屯渭北遣史儼以票騎三千護石門且令王珂輸河中粟備行在帝以赤詔嘉答進克用諸道兵馬都招討使命二嗣王兄事之令促討行瑜克用請帝還京師

以二千騎衞乘輿時宮室煨燼駐尚書省百官喪馬克用進乘輿
金具裝二駟又上百乘給從官進太師兼中書令邠寧西面行營都
統行瑜堅壁梨園茂貞自率師三萬逼咸陽而屯克用請帝責茂貞
罷兵因削官爵願與河中共討之帝詔弟事行瑜貸茂貞俾結好
朱詔賜魏國夫人陳氏陳襄陽人也善書帝所愛欲急平賊故
予之茂貞以兵援龍泉克用使李罕之李存審夜引兵劫其餉
援兵亡行瑜潰而走追殺萬計行瑜入邠州丏歸款克用使史儼
入其城行瑜死慶州傳首京師帝悉論幕府官屬及諸子功封爵
之克用賜號忠貞平難功臣進封晉王克用屯雲陽遣李習吉入
朝且請與王珂悉力討茂貞帝不許克用私於使者曰叛根不除憂
未艾也天子發度支錢三十萬緡勞其軍時鄆州朱宣兄弟爲全
忠所困使來告克用請道于魏救之兵解復歸克用自將而往使
李存信率兵三萬與史儼等次于莘爲魏兵所破克用怒大略相
魏去始茂貞與克用見討脩貢獻如藩臣及克用還絕貢獻與

韓建謀以兵入朝帝懼詔克用進衞京師帝謀度河幸太原遣延
王入克用軍促迎天子既次渭北建固請幸華州克用謂王曰患本
於不斷顧上自爲之李存信攻魏葛從周引衆三萬來援戰洹水
上汴人夜坎諸野闌合克用子落落馬陷而顚克用救之亦顚追
兵迫射之乃免存信已傳魏城克用并力羅弘信以捉生逆戰爲
克用所敗追及郛叩闔而還於是陝州王珙攻河中李嗣昭援珂
再戰再勝珙圍解帝使延王持節至太原謂克用曰不用卿計故
逮此無可言者今我寄於華百司羣官無所託非卿尚誰與憂不
則不復見宗廟矣王至太原克用留累月每大張飲王必以舞屬
克用因陳國事涕數行下冀感動之時劉仁恭據幽州貳于克用
數召兵不應克用以書讓之仁恭得書抵于地遂顯絕故克用内
憂幽州以好辭謝王不復有西意俄自將屯蔚州會晨大霧寘仁
恭來薄戰克用大敗走太原大將多死全忠奪邢磁洺三州茂貞
度克用阻橈無能出師乃與韓建謾好致書言帝暴露累年請

共治宮室迎天子初長安自石門之奔宮殿焚圮及岐人再逆火
閭里皆盡宮城昏夜狐狸鳴啼無人跡帝幸華西谿望舊京必泣
然流涕左右悽塞不得語王建方盜兩川茂貞欲披其鄙私之數
南師不暇東而全忠繕治洛陽茂貞因約克用共其勞克用辭窮
乃出貲爲助光化初帝還京師詔克用與全忠解仇宰相徐彥若
崔胤皆勸之克用勢已折然尚以功高位全忠上恥先下之時王
鎔方睦於汴乃遺書鎔使爲己倡全忠即遣使奉書幣恭甚克
用亦報之然汴日益張窮鬬不置王珙請汴兵攻河中克用使李
嗣昭張漢瑜援之汴兵走葛從周取承天軍氏叔琮取遼州樂平
進壁榆次克用使周德威逐出之李嗣昭以步騎三萬下太行略
河内拔懷州進攻河陽汴人閻寶救之嗣昭退保懷天復元年全
忠取晉絳逼河中王珂告急使相望汴人扼空道晉兵不得前遂
虜珂珂妻克用女不能救全忠遂有河中克用朝貢道亦梗全忠
知克用迮不振乃大舉攻太原分遣銳將氏叔琮等率魏博兗鄆

邢洺義武晉絳兵環入之晉城邑多下會大雨汴兵糧乏士疕癘
遂解克用雖内憒悒憚全忠彊難與爭乃厚致幣馬謝復請脩好
全忠遂取同華屯渭上帝如鳳翔李茂貞韓全誨請召克用入衞
克用間道遣使者奔問并詒書全忠勸還汴全忠不荅克用率
兵趨平陽攻吉上堡破汴軍於晉州李嗣昭周德威下慈隰進屯
河中汴將朱友寧以兵十萬壁其南全忠自屯晉州晉人聞全忠
至皆失色時有虹貫德威營氏叔琮薄壘疾鬬晉兵大敗仗械輜
儲皆盡友寧長驅略汾慈隰州皆下遂圍太原攻西門德威嗣昭
循山挈餘衆得歸克用大恐身荷版築率士拒守陰與嗣昭德
威謀奔雲州李存信曰不如依北蕃國昌妻劉語克用曰聞王欲
委城入蕃審乎計誰出曰存信等爲此劉曰彼牧羊奴安辦遠計
王常笑王行瑜失城走而死若何効之且王頃居達靼危不免必一
朝去此禍不旋踵渠能及北虜哉克用悟乃止居數日散士復集
嗣昭夜擾友寧營汴人驚引去德威追之抵白壁關復收慈隰汾

三州三年克用攻晉州聞帝自鳳翔還京師乃去雲州都將王敬
暉殺刺史劉再立以地予劉仁恭李嗣昭討之仁恭援敬暉嗣昭
壁樂安欲戰仁恭取敬暉棄城去帝東遷詔至太原克用泣謂其
下曰乘輿不復西矣遣使者奔問行在僞加號協盟同力功臣李
茂貞王建與邠州楊崇本遣使者來約義舉克用顧藩鎮皆附
汴不可與共功惟契丹阿保機尚可用乃卑辭召之保機身到雲
中與克用會約爲兄弟留十日去遺馬千匹牛羊萬計期冬大舉
度河會昭宗弒而止四年王建李茂貞約克用大舉建將康晏步
騎三萬與克用監軍張承業會鳳翔是時汴將王重師守長安劉
知俊守同州與戰長安西建兵敗遂不振唐亡建與淮南楊渥請
克用自王一方須賊平訪唐宗室立之建請悉蜀工制乘輿御物
克用荅曰自王非吾志也建又勸茂貞王岐茂貞孱褊亦不敢當
但僞府第僭宮禁而已建渥乃自王是歲克用有疾城門自壞明
年卒

贊曰沙陀始歸命天子仰哺于邊世喋血助征討常爲邊兵雄至
克用逢王室亂遂有太原虜性惇固少它腸自負材果欲經營天
下而不克也兵雖勝然數敗地雖得輒復失故熟視帝劫遷縮頸
羞汗偷景待僵不亦鄙乎賴其子慓銳抑而復振是時提兵託勤
王者五族然卒亡朱氏爲唐滌恥者沙陀也使克用稍知古今能
如齊桓晉文唐遽亡乎哉

沙陀列傳第一百四十三

端明殿學士兼翰林侍讀學士龍[illegible]郎充集賢殿修撰[illegible]宋[illegible]奉
敕撰

契丹本東胡種其先爲匈奴所破保鮮卑山魏青龍中部酋比能稍桀驁爲幽州刺史王雄所殺衆遂微逃潢水之南黃龍之北至元魏自號曰契丹地直京師東北五千里而嬴東距高麗西奚南營州北靺鞨室韋阻冷陘山以自固射獵居處無常其君大賀氏有勝兵四萬析八部臣于突厥以爲俟斤凡調發攻戰則諸部畢會獵則部得自行與奚不平每鬬不利輒遁保鮮卑山風俗與突厥大抵略倖死不墓以馬車載尸入山置於樹顛子孫死父母旦夕哭父母死則否亦無喪期武德中其大酋孫敖曹與靺鞨長突地稽俱遣人來朝而君長或小入寇邊後二年君長乃遣使者上名馬豐貂貞觀二年摩會來降突厥頡利可汗不欲外夷與唐合乃請以梁師都易契丹太宗曰契丹突厥不同類今已降我尚可索邪師都唐編戶盜我州部突厥輒爲助我將禽之誼不可易降者明年摩會復入朝賜鼓纛由是有常貢帝伐高麗悉發酋長與奚首領從軍帝還過營州盡召其長窟哥及老人差賜繒采以窟哥爲左武衛將軍大酋辱紇主曲據又率衆歸即其部爲玄州拜曲據刺史隸營州都督府未幾窟哥舉部內屬乃置松漠都督府以窟哥爲使持節十州諸軍事松漠都督封無極男賜氏李以達稽部爲峭落州紇便部爲彈汗州獨活部爲無逢州芬問部爲羽陵州突便部爲日連州芮奚部爲徒河州墜斤部爲萬丹州伏部爲匹黎赤山二州俱隸松漠府即以辱紇主爲之刺史窟哥死與奚連叛行軍總管阿史德樞賓等執松漠都督阿卜固獻東都窟哥有二孫曰枯莫離爲左衛將軍彈汗州刺史封歸順郡王曰盡忠爲武衛大將軍松漠都督而敖曹有孫曰萬榮爲歸誠州刺史於是營州都督趙文翽驕沓數侵侮其下盡忠等皆怨望萬榮本以侍子入朝知中國險易挾亂不疑即共舉兵

殺文翽盜營州反盡忠自號無上可汗以萬榮爲將縱兵四略所向輒下不重浹衆數萬妄言十萬攻崇州執討擊副使許欽寂武后怒詔鷹揚將軍曹仁師金吾大將軍張玄遇右武威大將軍李多祚司農少卿麻仁節等二十八將擊之以梁王武三思爲榆關道安撫大使納言姚璹爲之副更號萬榮曰萬斬盡忠曰盡滅諸將戰西硤石黃麞谷王師敗績玄遇仁節皆爲虜禽進攻平州不克敗書聞后乃以右武衛大將軍建安王武攸宜爲淸邊道大總管擊契丹募天下人奴有勇者官畀主直悉發以擊虜萬榮銜枚夜襲檀州淸邊道副總管張九節募死士數百薄戰萬榮敗而走山依而盡忠死突厥默啜襲破其部萬榮收散兵復振使別將駱務整何阿小入冀州殺刺史陸寶積掠數千人武后聞盡忠死更詔夏官尚書王孝傑羽林衛將軍蘇宏暉率兵十七萬討契丹戰東硤石師敗孝傑死之萬榮席已勝遂屠幽州攸宜遣將討捕不能克乃命右金吾衛大將軍河內郡王武懿宗爲神兵道大總管右肅政臺御史大夫婁師德爲淸邊道大總管右武威衛大將軍沙吒忠義爲淸邊中道前軍總管兵凡二十萬擊賊萬榮銳甚鼓而南殘瀛州屬縣恣肆無所憚於是神兵道總管楊玄基[illegible]軍掩其尾契丹大敗獲何阿小降別將李楷固駱務整收仗械如積萬榮委軍走殘隊復合與奚搏奚四面攻乃大潰萬榮左馳張九節爲三伏伺之萬榮窮與家奴輕騎走潞河東憊甚臥林下奴斬其首九節傳之東都餘衆潰攸宜凱而還后喜爲赦天下改元爲神功契丹不能立遂附突厥久視元年詔左玉鈐衛大將軍李楷固右武威衛將軍駱務整討契丹破之此兩人皆虜善將嘗犯邊數窘官軍者也及是有功開元二年盡忠從父弟都督失活以默啜政衰率部落與頡利發伊健啜來歸玄宗賜丹書鐵券後二年與奚長李大酺皆來詔復置松漠府以失活爲都督封松漠郡王授左金吾衛大將軍仍其府置靜析軍以失活爲經略大使所統八部皆擢其酋爲刺史詔將軍薛泰爲押蕃落使督軍鎮撫

帝以東平王外孫楊元嗣女爲永樂公主妻失活明年失活死贈
特進帝遣使弔祠以其弟中郎將娑固襲封及所領明年娑固
與公主來朝宴賚有加有可突于者爲靜析軍副使悍勇得衆娑
固欲去之未決可突于反攻娑固娑固奔營州都督許欽澹以州
甲五百合奚君長李大酺兵共攻可突于不勝娑固大酺皆死欽
澹懼徙軍入渝關可突于奉娑固從父弟鬱于爲君遣使者謝
罪有詔即拜鬱于松漠郡王而赦可突于鬱于來朝授率更令以
宗室所出女慕容爲燕郡公主妻之可突于亦來朝擢左羽林衛
將軍鬱于死弟吐于嗣與可突于有隙不能定其下攜公主來奔
封遼陽郡王留宿衛可突于奉盡忠弟邵固統衆詔許襲王天子
封禪邵固與諸蕃長皆從行在明年拜左羽林衛大將軍從王廣
化郡以宗室出女陳爲東華公主妻邵固詔官其部酋長百餘人
邵固以子入侍可突于復來不爲宰相李元紘所禮鞅鞅去張說
曰彼獸心者唯利是向且方持國下所附也不假以禮不來矣後

三年可突于殺邵固立屈烈爲王脅奚衆共降突厥公主走平盧
軍詔幽州長史知范陽節度事趙含章擊之遣中書舍人裴寬給
事中薛侃大募壯士拜忠王浚河北道行軍元帥以御史大夫李
朝隱京兆尹裴伷先副之帥程伯獻張文儼宋之悌李東蒙趙萬
功郭英傑等八總管兵擊契丹既又以忠王兼河東道諸軍元帥
王不行以禮部尚書信安郡王禕持節河北道行軍副元帥與含
章出塞捕虜大破之可突于走奚衆降王以二蕃俘級告諸廟明
年可突于盜邊幽州長史薛楚玉副總管郭英傑吳克勤烏知義
羅守忠率萬騎及奚擊之戰都山下可突于以突厥兵來奚懼持
兩端衆走險知義守忠敗英傑克勤死之殺唐兵萬人帝擢張守
珪爲幽州長史經略之守珪既善將可突于恐陽請臣而稍趨西
北倚突厥其衙官李過折與可突于內不平守珪使客王悔陰邀
之以兵圍可突于過折即夜斬可突于屈烈及支黨數十人自歸
守珪使過折統其部函可突于等首傳東都拜過折北平郡王爲

松漠都督可突于殘黨殺過折屠其家一子剌乾走安東拜左
驍衛將軍二十五年守珪討契丹再破之有詔自今戰有功必告
廟天寶四載契丹大酋李懷秀降拜松漠都督封崇順王以宗室
出女獨孤爲靜樂公主妻之是歲殺公主叛去范陽節度使安祿
山討破之更封其酋楷落爲恭仁王代松漠都督祿山方幸表討
契丹以向帝意發幽州雲中平盧河東兵十餘萬以奚爲鄉導大
戰潢水南祿山敗死者數千自是祿山與相侵掠未嘗解至其反
乃已契丹在開元天寶閒使朝獻者無慮二十故事以范陽節度
爲押奚契丹使自至德後藩鎮擅地務自安鄣戍斥候益謹不生
事于邊奚契丹亦鮮入寇歲選酋豪數十入長安朝會每引見賜
與有秩其下率數百皆駐館幽州至德寶應時再朝獻大曆中十
三貞元閒三元和中七大和開成閒凡四然天子惡其外附回鶻
不復官爵渠長會昌二年回鶻破契丹酋屈戍始復內附拜雲麾
將軍守右武衛將軍於是幽州節度使張仲武爲易回鶻所與舊

印賜唐新印曰奉國契丹之印咸通中其王習爾之再遣使者入
朝部落寖彊習爾之死族人欽德嗣光啓時方天下盜興北疆多
故乃鈔奚室韋小部種皆役服之因入寇幽薊劉仁恭窮師踰
摘星山討之歲燎塞下草使不得留牧馬多死契丹乃乞盟獻良
馬求牧地仁恭許之復敗約入寇劉守光戍平州契丹以萬騎入
守光僞與和帳飲具于野伏發禽其大將羣胡慟願納馬五千以
贖不許欽德輸重賂求之乃與盟十年不敢近邊欽德晚節政不
競其八部大人法常三歲代時耶律阿保機建鼓旗爲一部不肯
代自號爲王而有國大賀氏遂亡

奚亦東胡種爲匈奴所破保烏丸山漢曹操斬其帥蹋頓蓋其後
也元魏時自號庫眞奚居鮮卑故地直京師東北四千里其地東
北接契丹西突厥南白狼河北霫與突厥同俗逐水草畜牧居氊
廬環車爲營其君長常以五百人持兵衛牙中餘部散山谷閒無
賦入以射獵爲貲稼多穄已穫窖山下斷木爲臼瓦鼎爲飦雜寒

水而食喜戰鬬兵有五部部一俟斤主之其國西抵大洛泊距回紇牙三千里多依土護眞水其馬善登其羊黑盛夏必徙保冷陘山山直嬀州西北至隋始去庫眞但曰奚武德中高開道借其兵再寇幽州長史王詵擊破之太宗貞觀三年始來朝閱十七歲凡四朝貢帝伐高麗大酋蘇支從戰有功不數年其長可度者內附帝爲置饒樂都督府拜可度者使持節六州諸軍事饒樂都督封樓煩縣公賜李氏以阿會部爲弱水州處和部爲祁黎州奧失部爲洛瓌州度稽部爲太魯州元俟折部爲渴野州各以酋領辱紇主爲刺史隸饒樂府復置東夷都護府於營州兼統松漠饒樂地置東夷校尉顯慶間可度者死奚遂叛五年以定襄都督阿史德樞賓左武候將軍延陀梯眞居延州都督李含珠爲冷陘道行軍摠管明年詔尚書右丞崔餘慶持節摠護定襄等三都督討之奚懼乞降斬其王匹帝萬歲通天中契丹反奚亦叛與突厥相表裏號兩蕃延和元年以左羽林衞大將軍幽州都督孫佺左驍衞將軍李楷洛左威衞將軍周以悌帥兵十二萬爲三軍襲擊其部次冷陘前軍楷洛與奚酋李大酺戰不利佺懼斂軍詐大酺曰我奉詔來慰撫若等而楷洛違節度輒戰非天子意方戮以徇大酺曰誠慰撫我有所賜乎佺出軍中繒帛袍帶與之大酺謝請佺還師舉軍得脫爭先無部伍大酺兵躡之遂大敗殺傷數萬佺以悌皆爲虜禽送默啜害之朝廷方多故不暇討玄宗開元二年使奧蘇悔落丐降封饒樂郡王左金吾衞大將軍饒樂都督詔宗室出女辛爲固安公主妻大酺明年身入朝成昏始復營州都督府遣右領軍將軍李濟持節護送大酺後與契丹可突于鬬死弟魯蘇領其部襲王詔兼保塞軍經略大使牙官塞默羯謀叛公主置酒誘殺之帝嘉其功賜主累萬會與其母相告訐得罪更以盛安公主女韋爲東光公主妻之後三年封魯蘇奉誠郡王右羽林衞將軍擢其首領無慮二百人皆伍郎將久之契丹可突于反脅奚衆幷附突厥魯蘇不能制奔榆關公主奔平盧幽州長史趙含章發清

夷軍討破之衆稍自歸明年信安王禕降其酋李詩鎖高等部落五千帳以其地爲歸義州因以王詩拜左羽林軍大將軍本州都督賜帛十萬置其部幽州之偏李詩死子延寵嗣與契丹又叛爲幽州張守珪所困延寵降復拜饒樂都督懷信王以宗室出女楊爲宜芳公主妻之延寵殺公主復叛詔立它酋婆固爲昭信王饒樂都督以定其部安祿山節度范陽詭邊功數與奚鬬盛飾俘以獻誅其君李日越料所俘驍壯戍雲南終帝世凡八朝獻至德大曆間十二貞元四年與室韋攻振武後七年幽州殘其衆六萬德宗時兩朝獻元和元年君梅落身入朝拜檢校司空歸誠郡王以部酋索氏爲左威衞將軍檀薊州游弈兵馬使沒辱孤平州游弈兵馬使皆賜李氏然陰結回鶻室韋兵犯西城振武大抵憲宗世四朝獻大和四年復盜邊盧龍李載義破之執大將二百餘人縛其帥茹羯來獻文宗賜冠帶授右驍衞將軍後五年大首領匿舍朗來朝大中元年北部諸山奚悉叛盧龍張仲武禽酋渠燒帳落二十萬取其刺史以下面耳三百羊牛七萬輜貯五百乘獻京師咸通九年其王突董蘇使大都督薩葛入朝是後契丹方彊奚不敢亢而舉部役屬虜政苛奚怨之其酋去諸引別部內附保嬀州北山遂爲東西奚

室韋契丹別種東胡之北邊蓋丁零苗裔也地據黃龍北傍𧺆越河直京師東北七千里東黑水靺鞨西突厥南契丹北瀕海其國無君長惟大酋皆號莫賀咄攝筦其部而附于突厥小或千戶大數千戶濱散川谷逐水草而處不稅斂每弋獵即相嘯聚事畢去不相臣制故雖猛悍喜戰而卒不能爲彊國剡木爲犂人挽以耕田穫甚褊其氣候多寒夏霧雨冬霜霰其俗富人以五色珠垂領婚嫁則男先傭女家三歲而後分以產與婦共載鼓舞而還夫死不再嫁每部共構大棚死者寘尸其上喪期三年土少金鐵率資於高麗器有角弓楛矢人尤善射每溽夏西保貸勃次對二山山多草木鳥獸然苦飛蚉則巢居以避酋帥死以子弟繼無則推豪

桀立之率乘牛車蘧蒢爲室度水則束薪爲桴或以皮爲舟馬皆草韉繩羈鞧所居或皮蒙室或屈木以蘧蒢覆徙則載而行其畜無羊少馬有牛不用有巨豕食之韋其皮爲服若席其語言靺鞨也分部凡二十餘曰嶺西部山北部黃頭部彊部也大如者部小如者部婆萵部訥北部駱丹部悉處柳城東北近者三千遠六千里而贏最西有烏素固部與回紇接當俱倫泊之西南自泊而東有移塞沒部稍東有塞曷支部最彊部也居啜河之陰亦曰燕支河益東有和解部烏羅護部那禮部嶺西部直北曰訥比支部北有大山山外曰大室韋瀕於室建河河出俱倫迆而東河南有蒙兀部其北落坦部水東合那河忽汗河又東貫黑水靺鞨故靺鞨跨水有南北部而東注於海猺越河東南亦與那河合其北有東室韋蓋烏丸東南鄙餘人也貞觀五年始來貢豐貂後再入朝長壽二年叛將軍李多祚擊定之景龍初復朝獻請助討突厥開元天寶間凡十朝獻大曆中十一貞元四年與奚共寇振武節度使唐朝臣方郊勞天子使者驚而走軍室韋執詔使大殺掠而去明年使者來謝大和中三朝獻大中中一來咸通時大酋怛烈與奚皆遣使至京師然非顯夷後史官失傳

黑水靺鞨居肅慎地亦曰挹婁元魏時曰勿吉直京師東北六千里東瀕海西屬突厥南高麗北室韋離爲數十部酋各自治其著者曰粟末部居最南抵太白山亦曰徒太山與高麗接依粟末水以居水源於山西北注它漏河稍東北曰汨咄部又次曰安居骨部益東曰拂涅部居骨之西北曰黑水部粟末之東曰白山部部閒遠者三四百里近二百里白山本臣高麗王師取平壤其衆多入唐汨咄安居骨等皆奔散寖微無聞焉遺人迸入渤海唯黑水完彊分十六落以南北稱蓋其居最北方者也人勁健善步戰常能患它部俗編髮綴野豕牙插雉尾爲冠飾自別於諸部性忍悍善射獵無憂戚貴壯賤老居無室廬負山水坎地梁木其上覆以土如丘冢然夏出隨水草冬入處以溺盥面於夷狄最濁穢死者

埋之無棺槨殺所乘馬以祭其酋曰大莫拂瞞咄世相承爲長無書契其矢石鏃長二寸蓋楛砮遺法畜多豕無牛羊有車馬田耦以耕車則步推有粟麥土多貂鼠白兔白鷹有鹽泉氣蒸薄鹽凝樹顛武德五年渠長阿固郎始來太宗貞觀二年乃臣附所獻有常以其地爲燕州帝伐高麗其北部反與高麗合高惠眞等率衆援安市每戰靺鞨常居前帝破安市執惠眞收靺鞨兵三千餘悉坑之開元十年其酋倪屬利稽來朝玄宗即拜勃利州刺史於是安東都護薛泰請置黑水府以部長爲都督刺史朝廷爲置長史監之賜府都督姓李氏名曰獻誠以雲麾將軍領黑水經略使隸幽州都督訖帝世朝獻者十五大曆世凡七貞元一來元和中再初黑水西北又有思慕部益北行十日得郡利部東北行十日得窟說部亦號屈設稍東南行十日得莫曳皆部又有拂涅虞婁越喜鐵利等部其地南距渤海北東際於海西抵室韋南北袤二千里東西千里拂涅鐵利虞婁越喜時時通中國而郡利屈設莫曳皆不能自通今存其朝京師者附左方拂涅亦稱大拂涅開元天寶閒入來獻鯨睛貂鼠白兔皮鐵利開元中六來越喜七來貞元中一來虞婁貞觀閒再來貞元一來後渤海盛靺鞨皆役屬之不復與王會矣

渤海本粟末靺鞨附高麗者姓大氏高麗滅率衆保挹婁之東牟山地直營州東二千里南比新羅以泥河爲境東窮海西契丹築城郭以居高麗逋殘稍歸之萬歲通天中契丹盡忠殺營州都督趙翽反有舍利乞乞仲象者與靺鞨酋乞四比羽及高麗餘種東走度遼水保太白山之東北阻奧婁河樹壁自固武后封乞四比羽爲許國公乞乞仲象爲震國公赦其罪比羽不受命后詔玉鈐衞大將軍李楷固中郎將索仇擊斬之是時仲象已死其子祚榮引殘痍遁去楷固窮躡度天門嶺祚榮因高麗靺鞨兵拒楷固楷固敗還於是契丹附突厥王師道絕不克討祚榮即幷比羽之衆恃荒遠乃建國自號震國王遣使交突厥地方五千里戶十餘

萬勝兵數萬頡知書契盡得扶餘沃沮弁韓朝鮮海北諸國中宗時使侍御史張行岌招慰祚榮遣子入侍睿宗先天中遣使拜祚榮為左驍衛大將軍渤海郡王以所統為忽汗州領忽汗州都督自是始去靺鞨號專稱渤海玄宗開元七年祚榮死其國私謚為高王子武藝立斥大土宇東北諸夷畏臣之私改年曰仁安帝賜典冊襲王并所領未幾黑水靺鞨使者入朝帝以其地建黑水州置長史臨總武藝召其下謀曰黑水始假道於我與唐通異時請吐屯於突厥皆先告我今請唐官不吾告是必與唐腹背攻我也乃遣弟門藝及舅任雅相發兵擊黑水門藝嘗質京師知利害謂武藝曰黑水請吏而我擊之是背唐也唐大國兵萬倍我與之產怨我且亡昔高麗盛時士三十萬抗唐為敵可謂雄彊唐兵一臨掃地盡矣今我眾比高麗三之一王將違之不可武藝不從兵至境又以書固諫武藝怒遣從兄壹夏代將召門藝將殺之門藝懼儳路自歸詔拜左驍衛將軍武藝使使暴門藝罪惡請誅之有詔

處之安西好報曰門藝窮來歸我誼不可殺已投之惡地并留使者不遣別詔鴻臚少卿李道邃源復諭旨武藝知之上書斥言陛下不當以妄示天下意必殺門藝帝怒道邃復漏言國事皆左除而陽斥門藝以報後十年武藝遣大將張文休率海賊攻登州帝馳遣門藝發幽州兵擊之使太僕卿金思蘭使新羅督兵攻其南會大寒雪袤丈士凍死過半無功而還武藝望其弟不已募客入東都狙刺於道門藝格之得不死河南捕刺客悉殺之武藝死其國私謚武王子欽茂立改年大興有詔嗣王及所領欽茂因是赦境內天寶末欽茂徙上京直舊國三百里忽汗河之東訖帝世朝獻者二十九寶應元年詔以渤海為國欽茂王之進檢校太尉大曆中二十五來以日本舞女十一獻諸朝貞元時東南徙東京欽茂死私謚文王子宏臨早死族弟元義立一歲猜虐國人殺之推宏臨子華璵為王復還上京改年中興死謚曰成王欽茂少子嵩鄰立改年正歷有詔授右驍衛大將軍嗣王建中貞元間凡四

來死謚康王子元瑜立改年永德死謚定王弟言義立改年朱雀並襲王如故事死謚僖王弟明忠立改年太始立一歲死謚簡王從父仁秀立改年建興其四世祖野勃祚榮弟也仁秀頗能討伐海北諸部開大境宇有功詔檢校司空襲王元和中凡十六朝獻長慶四寶曆凡再大和四年仁秀死謚宣王子新德蚤死孫彝震立改年咸和明年詔襲爵終文宗世來朝十二會昌凡四彝震死弟虔晃立死玄錫立咸通時三朝獻初其王數遣諸生詣京師太學習識古今制度至是遂為海東盛國地有五京十五府六十二州以肅慎故地為上京曰龍泉府領龍湖渤三州其南為中京曰顯德府領盧顯鐵湯榮興六州濊貊故地為東京曰龍原府亦曰柵城府領慶鹽穆賀四州沃沮故地為南京曰南海府領沃睛椒三州高麗故地為西京曰鴨淥府領神桓豐正四州曰長嶺府領瑕河二州扶餘故地為扶餘府常屯勁兵扞契丹領扶仙二州鄚頡府領鄚高二州挹婁故地為定理府領定潘二州安邊府領安

瓊二州率賓故地為率賓府領華益建三州拂涅故地為東平府領伊蒙沱黑比五州鐵利故地為鐵利府領廣汾蒲海義歸六州越喜故地為懷遠府領達越懷紀富美福邪芝九州安遠府領寧郿慕常四州又郢銅涑三州為獨奏州涑州以其近涑沫江蓋所謂粟末水也龍原東南瀕海日本道也南海新羅道也鴨淥朝貢道也長嶺營州道也扶餘契丹道也俗謂王曰可毒夫曰聖王曰基下其命為教王之父曰老王母太妃妻貴妃長子曰副王諸子曰王子官有宣詔省左相左平章事侍中左常侍諫議居之中臺省右相右平章事內史詔誥舍人居之政堂省大內相一人居左右相上左右司政各一居左右平章事之下以比僕射左右允比二丞左六司忠仁義部各一卿居司政下支司爵倉膳部部有郎中員外右六司智禮信部支司戎計水部卿郎準左以比六官中正臺大中正一比御史大夫居司政下少正一又有殿中寺宗屬寺有大令文籍院有監令監皆有少太常司賓大農寺寺有卿司

藏司膳寺寺有令丞胄子監有監長巷伯局有常侍等官其武員有左右猛賁熊衞羆衞南左右衞北左右衞各大將軍一將軍一大抵憲象中國制度如此以品為秩三秩以上服紫牙笏金魚五秩以上服緋牙笏銀魚六秩七秩淺緋衣八秩緑衣皆木笏俗所貴者曰太白山之菟南海之昆布柵城之豉扶餘之鹿鄚頡之豕率賓之馬顯州之布沃州之緜龍州之紬位城之鐵盧城之稻湄沱湖之鯽果有九都之李樂游之梨餘俗與高麗契丹畧等幽州節度府與相聘問自營平距京師蓋八千里而遠後朝貢至否史家失傳故叛附無考焉

贊曰唐之德大矣際天所覆悉臣而屬之薄海内外無不州縣遂尊天子曰天可汗三王以來未有以過之至荒區君長待唐璽纛乃能國一為不賓隨輒夷縛故蠻琛夷寶踵相逮于廷極熾而衰厥禍内移天寶之後區夏痍破王官之戍北不踰河西止秦邠凌夷百年逮於亡顛不痛哉故曰治己治人惟聖人能之

北狄列傳第一百四十四

東夷列傳第一百四十五

宋祁奉[illegible]撰　唐書二百二十

高麗本扶餘別種也地東跨海距新羅南亦跨海距百濟西北度遼水與營州接北靺鞨其君居平壤城亦謂長安城漢樂浪郡也去京師五千里而贏隨山屈繚為郛南涯浿水王築宮其左又有國內城漢城號別都水有大遼少遼大遼出靺鞨西南山南歷安市城少遼出遼山西亦南流有梁水出塞外西行與之合有馬訾水出靺鞨之白山色若鴨頭號鴨淥水歷國內城西與鹽難水合又西南至安市入于海而平壤在鴨淥東南以巨艫濟人因恃以為塹官凡十二級曰大對盧或曰吐捽曰鬱折主圖簿者曰太大使者曰帛衣頭大兄所謂帛衣者先人也秉國政三歲一易善職則否凡代日有不服則相攻王為閉宮守勝者聽為之曰大使者曰大兄曰上位使者曰諸兄曰小使者曰過節曰先人曰古鄒大加其州縣六十大城置傉薩一比都督餘城置處閭近支亦號道使比刺史有參佐分幹有大模達比衛將軍末客比中郎將分五部曰內部即漢桂婁部也亦號黃部曰北部即絕奴部也或號後部曰東部即順奴部也或號左部曰南部即灌奴部也亦號前部曰西部即消奴部也王服五釆以白羅製冠革帶皆金釦大臣青羅冠次絳羅珥兩鳥羽金銀雜釦衫筩袖袴大口白韋帶黃韋履庶人衣褐戴弁女子首巾幗俗喜弈投壺蹴鞠食用籩豆簠簋罍洗居依山谷以草茨屋惟王宮官府佛廬以瓦窶民盛冬作長坑熅火以取煖其治峭法以繩下故少犯叛者叢炬灼體乃斬之籍入其家降敗殺人及剽劫者斬盜者十倍取償殺牛馬者沒為奴婢故道不掇遺婚娶不用幣有受者恥之服父母喪三年兄弟踰月除俗多淫祠祀靈星及日箕子可汗等神國左有大穴曰神隧每十月王皆自祭人喜學至窮里廝家亦相矜勉衢側悉構嚴屋號局堂子弟未婚者曹處誦經習射隋末其王高元死異母弟建武嗣武德初再遣使入朝高祖下書脩好約高麗人在中國者護送中國人在高麗者敕遣還於是建武悉搜亡命歸有司且萬人後三年遣使者拜為上柱國遼東郡王高麗王命道士以像法往為講老子建武大悅率國人共聽之日數千人帝謂左右曰名實須相副高麗雖臣於隋而終拒煬帝何臣之為朕務安人何必受其臣裴矩溫彥博諫曰遼東本箕子國魏晉時故封內不可不臣中國與夷狄猶太陽於列星不可以降乃止明年新羅百濟上書言建武閉道使不得朝且數侵入有詔散騎侍郎朱子奢持節諭和建武謝罪乃請與二國平太宗已禽突厥頡利建武遣使者賀并上封域圖帝詔廣州司馬長孫師臨瘞隋士

戰骼毀高麗所立京觀建武懼乃築長城千里東北首扶餘西南屬之海久之遣太子桓權入朝獻方物帝厚賜賚詔使者陳大德持節荅勞且觀亹大德入其國厚餉官守悉得其纖曲見華人流客者為道親戚存亡人人垂涕故所至士女夾道觀建武盛陳兵見使者大德還奏帝悅大德又言聞高昌滅其大對盧三至館有加禮焉帝曰高麗地止四郡我發卒數萬攻遼東諸城必救我以舟師自東萊颿海趨平壤固易然天下甫平不欲勞人耳有蓋蘇文者或號蓋金姓泉氏自云生水中以惑眾性忍暴父為東部大人大對盧死蓋蘇文當嗣國人惡之不得立頓首謝眾請攝職有不可雖廢無悔眾哀之遂嗣位殘凶不道諸大臣與建武議誅之蓋蘇文覺悉召諸部紿云大閱兵列饌具請大臣臨視賓至盡殺之凡百餘人馳入宮殺建武殘其尸投諸溝更立建武弟之子藏為王自為莫離支專國猶唐兵部尚書中書令職云貌魁秀美須髯冠服皆飾以金佩五刀左右莫敢仰視使貴人伏諸地踐以升馬出入陳兵長呼禁切行人畏竄至投坑谷帝聞建武為下所殺惻然遣使者持節弔祭或勸帝可遂討之帝不欲因喪伐罪乃拜藏為遼東郡王高麗王帝曰蓋蘇文殺君攘國朕取之易耳不願勞人若何司空房玄齡曰陛下士勇而力有餘戢不用所謂止戈為武者司徒長孫無忌曰高麗無一介告難宜賜書安尉之隱其患撫其存彼當聽命帝曰善會新羅遣使者上書言高麗百濟聯和將見討謹歸命天子帝問若何而免使者曰計窮矣惟陛下哀憐帝曰我以偏兵率契丹靺鞨入遼東而國可紓一歲一策也我以絳袍丹幟數千賜而國至建以陣二國見謂我師至必走二策也百濟恃海不脩戎械我以舟師數萬襲之而國汝君故為鄰侮我以宗室主而國待安則自守之三策也使者計孰取使者不能對於是遣司農丞相里玄獎以璽書讓高麗且使止勿攻使未至而蓋蘇文已取新羅二城玄獎諭帝旨荅曰往隋見侵新羅乘釁奪我地五百里今非盡反地兵不止玄獎曰往事烏足論邪遼東故中國郡縣天子且不取高麗焉得違詔不從玄獎還奏帝曰莫離支殺君虐用其下如擭穽怨痛溢道我出師無名哉諫議大夫褚遂良曰陛下之兵度遼而克固善萬分一不得逞且再用師再用師安危不可億兵部尚書李勣曰不然曩薛延陀盜邊陛下欲追擊魏徵苦諫而止向若擊之一馬不生返後復畔擾至今為恨帝曰誠然但一慮之失而尤之後誰為我計者新羅數請援乃下吳船四百柁輸糧詔營州都督張儉等發幽營兵及契丹奚靺鞨等出討會遼溢師還莫離支懼遣使者內金帝不納使者又言莫離支貴官五十入宿衛帝怒責使者曰而等委質高武而不伏節死義又

為逆子謀不可赦乘下之獄於是帝欲自將討之召長安耆老勞曰遼東故中國地而莫離支賊殺其主朕將自行經略之故與父老約子若孫從我行者我能拊循之毋庸䘏也即厚賜布粟群臣皆勸帝毋行帝曰吾知之矣去本而就末捨高以取下釋近而之遠三者為不祥伐高麗是也然蓋蘇文弒君又戮大臣以逞一國之人延頸待救議者顧未亮耳於是北輸粟營州東儲粟古大人城帝幸洛陽乃以張亮為平壤道行軍大總管常何左難當副之冉仁德劉英行張文幹龐孝泰程名振為總管帥江吳京洛募兵凡四萬吳艘五百泛海趨平壤以李勣為遼東道行軍大總管江夏王道宗副之張士貴隸之帥騎士六萬趨遼東詔曰朕所過營頓毋飾食毋豐怪水可涉者勿作橋梁行在非近州縣不得令學生耆老迎謁朕昔提戈撥亂無盈月儲猶所嚮風靡今幸家給人足秪恐勞於轉餉故驅牛羊以飼軍且朕必勝有五以我大擊彼小以我順討彼逆以我安乘彼亂以我逸敵彼勞以我悅當彼怨渠憂不克邪又發契丹奚新羅百濟諸君長兵悉會十九年二月帝自洛陽次定州謂左右曰今天下大定唯遼東未賓後嗣因士馬盛彊謀臣導以征討喪亂方始朕故自取之不遺後世憂也帝坐城門過兵人人撫尉疾病者親視之敕州縣治療士大悅長孫無忌白奏天下符魚悉從而宮官止十人天下以為輕神器帝曰士度遼十萬皆去家室朕以十人從尚而其多公止勿言帝身屬櫜鞬結兩箙於鞍四月勣濟遼水高麗皆嬰城守帝大饗士帳幽州之南詔長孫無忌誓師乃引而東勣攻蓋牟城拔之得戶二萬糧十萬石以其地為蓋州程名振攻沙卑城夜入其西城潰虜其口八千游兵鴨淥上勣遂圍遼東城帝次遼澤詔瘞隋戰士露骼高麗發新城國內城騎四萬救遼東道宗率張君乂逆戰君乂卻道宗以騎馳之虜兵辟易奪其梁收散卒乘高以望見高麗陣囂無整擊破之斬首千餘級誅君乂以徇帝度遼水徹杠彴堅士心營馬首山身到城下見士填塹分負之重者馬上持之群臣震懼爭挾塊以進城有朱蒙祠祠有鎖甲銛矛妄言前燕世天所降方圍急飾美女以婦神誣言朱蒙悅城必完勣列拋車飛大石過三百步所當輒潰虜積木為樓結絙罔不能拒以衝車撞陴屋碎之時百濟上金髹鎧又以玄金為山五文鎧士被以從帝與勣會甲光炫日會南風急士縱火焚西南樓延城中屋幾盡人死于燎者萬餘眾登陴虜蒙盾以拒士舉長矛舂之礧石如雨城遂潰獲勝兵萬戶四萬糧五十萬石以其地為遼州初帝自太子所屬行在舍置一烽約下遼東舉烽是日傳燎入塞進攻白崖城城負崖水險甚帝壁西北虜

酋孫伐音陰丐降然城中不能一帝賜幟曰若降建于堞以信俄而舉幟城人皆以唐兵登矣乃降初伐音中悔帝怒約以虜口畀諸將及是李勣曰士奮而先者貪虜獲也今城危拔不可許降以孤士心帝曰將軍言是也然縱兵殺戮略人妻孥朕不忍將軍麾下有功者朕能以庫物賞之庶因將軍贖一城乎獲男女凡萬兵二千以其地為巖州拜伐音為刺史莫離支以加尸人七百戍蓋牟勣俘之請自効帝曰而家加尸乃為我戰將盡戮矣夷一姓求一人力不可棄而縱之次安市於是高麗北部傉薩高延壽南部傉薩高惠真引兵及靺鞨眾十五萬來援帝曰彼若勒兵連安市而壁據高山取城中粟食之縱靺鞨略吾牛馬攻之不可下此上策也拔城夜去中策也與吾爭鋒則禽矣有大對盧為延壽計曰吾聞中國亂豪雄並奮秦王神武敵無堅戰無前遂定天下南面而帝北狄西戎罔不臣今掃地而來謀臣重將皆在其鋒不可校今莫若頓兵曠日陰遣奇兵絕其饟道不旬月糧盡欲戰不得歸則無路乃可取也延壽不從引軍距安市四十里而屯帝曰虜墮吾策中矣命左衛大將軍阿史那社尒以突厥千騎嘗之虜常以靺鞨銳兵居前社尒兵接而北延壽曰唐易與耳進一舍倚麓而陣帝詔延壽曰我以爾有彊臣賊殺其主來問罪即交戰非我意延壽謂然按甲俟帝夜召諸將使李勣率步騎萬五千陣西嶺當賊長孫無忌牛進達精兵萬人出虜背狹谷帝以騎四千偃幟趨虜北山上令諸軍曰聞鼓聲而縱張幄朝堂曰明日日中納降虜於此是夜流星墮延壽營旦日虜視勣軍少即戰帝望無忌軍塵上命鼓角作兵幟四合虜惶惑將分兵禦之眾已亂勣以步槊擊敗之無忌乘其後帝自山馳下虜大亂斬首二萬級延壽收餘眾負山自固無忌勣合圍之徹川梁斷歸路帝按轡觀虜營壘曰高麗傾國來一麾而破天贊我也下馬再拜謝況于天延壽等度勢窮即舉眾降入轅門膝而前拜手請命帝曰後敢與天子戰乎惶汗不得對帝料酋長三千五百人悉官之許內徙餘眾三萬縱還之誅靺鞨三千餘人獲馬牛十萬明光鎧萬領高麗震駭后黃銀二城自拔去數百里無舍煙乃驛報太子并賜諸臣書曰朕自將若此云何因號所幸山為駐蹕山圖破陣狀勒石紀功拜延壽鴻臚卿惠真司農卿候騎獲覘人帝解其縛自言不食且三日命飼之賜以屩遣曰歸語莫離支若須軍中進退可遣人至吾所帝每營不作斬壘謹斥候而已而士運粮雖單騎虜不敢鈔帝與勣議所攻帝曰吾聞安市地險而眾悍莫離支擊不能下因與之建安恃險絕粟多而士少若出其不意攻之不相救矣建安得則安市在吾腹中勣曰不然積粮遼東而西擊建安賊將梗我歸路不如先攻安市帝曰善遂攻之未能下延壽惠真謀曰烏骨城傉薩已耄朝攻而夕可下烏骨拔則平

壤舉矣群臣亦以張亮軍在沙城召之一昔至若取烏骨度鴨淥迫其腹心計之善者無忌曰天子行師不徼幸安市衆十萬在吾後不如先破之乃驅而南萬全勢也乃止城中見帝旗蓋輒乘陴譟帝怒勣請破日男子盡誅虜聞故死戰江夏王道宗築距闉攻東南虜增陴以守勣攻其西撞車所壞隨輒串柵為樓帝聞城中鷄彘聲曰圍久突無黔煙今鷄彘鳴必殺以饗士虜且夜出詔嚴兵丙夜虜數百人縋而下悉禽之道宗以樹枚裹土積之距闉成迫城不數丈果毅都尉傅伏愛守之自高而排其城城且頹伏愛私去所部虜兵得自頹城出據而塹斷之積火縈盾固守帝怒斬伏愛敕諸將擊之三日不克有詔班師拔遼蓋二州之人以歸兵過城下城中屏息偃旗酋長登城再拜帝嘉其守賜絹百匹遼州粟尚十萬斛士取不能盡帝至渤錯水阻淖八十里車騎不通長孫無忌楊師道等率萬人斬樵築道聯車為梁帝負薪馬上助役十月兵畢度雪甚詔屬燎以待濟始行士十萬馬萬匹逮還物故裁千餘馬死十八船師七萬物故亦數百詔集戰骸葬柳城祭以太牢帝臨哭從臣皆流涕帝揔飛騎入臨渝關皇太子迎道左初帝與太子別御褐袍曰俟見爾乃更袍歷二時弗易至穿穴群臣請更服帝曰士皆敝衣吾可新服邪及是太子進絜衣乃御遼降口萬四千當沒為奴婢前集幽州將分賞士帝以父子夫婦離析詔有司以布

帛贖之原為民列拜讙舞三日不息延壽既降以憂死獨惠真至長安明年春藏遣使者上方物且謝罪獻二姝口帝敕還之謂使者曰色者人所重然愍其去親戚以傷乃心我不取也初師還帝以弓服賜蓋蘇文受之不遣使者謝於是下詔削棄朝貢又明年三月詔左武衛大將軍牛進達為青丘道行軍大揔管右武衛將軍李海岸副之自萊州度海李勣為遼東道行軍大揔管右武衛將軍孫貳朗右屯衛大將軍鄭仁泰副之率營州都督兵繇新城道以進次南蘇木底虜兵戰不勝焚其郛七月進達等取石城進攻積利城斬級數千乃皆還藏遣子莫離支高任武來朝因謝罪二十二年詔右武衛大將軍薛萬徹為青丘道行軍大揔管右衛將軍裴行方副之自海道入部將古神感與虜戰曷山虜潰虜乘暝襲我舟伏兵破之萬徹度鴨淥次泊灼城拒四十里而舍虜懼皆棄邑居去大酋所夫孫拒戰萬徹擊斬之遂圍城破其援兵三萬乃還帝與長孫無忌計曰高麗困吾師之入戶亡耗田歲不收蓋蘇文築城增陴下飢臥死溝壑不勝敝矣明年以三十萬眾公為大揔管一舉可滅也乃詔劍南大治船蜀人願輸財江南計直作舟舟取縑千二百巴蜀大騷邛眉雅三州獠皆反發隴西峽內兵二萬擊定之始帝決取虜故詔陝州刺史孫伏伽萊州刺史李道裕儲糧械於三山浦烏胡島越州都督治大艎偶舫以待會帝崩乃皆罷藏遣

使者奉尉永徽五年藏以靺鞨兵攻契丹戰新城大風矢皆還激為契丹所乘大敗契丹火野復戰人死相藉積尸而冢之遣使者告捷高宗為露布于朝六年新羅訴高麗靺鞨奪三十六城惟天子哀救有詔營州都督程名振左衛中郎將蘇定方率師討之至新城敗高麗兵火外郛及墟落引還顯慶三年復遣名振率薛仁貴攻之未能克後二年天子已平百濟乃以左驍衛大將軍契苾何力右武衛大將軍蘇定方左驍衛將軍劉伯英率諸將出浿江遼東平壤道討之龍朔元年大募兵拜置諸將天子欲自行蔚州刺史李君球建言高麗小醜何至傾中國事之有如高麗既滅必發兵以守少發則威不振多發人不安是天下疲於轉戍臣謂征之未如勿征滅之未如勿滅亦會武后苦邀帝乃止八月定方破虜兵於浿江奪馬邑山遂圍平壤明年龐孝泰以嶺南兵壁蛇水蓋蘇文攻之舉軍沒定方解而歸乾封元年藏遣子男福從天子封泰山還而蓋蘇文死子男生代為莫離支與弟男建男產相怨男生據國內城遣子獻誠入朝求救蓋蘇文弟淨土亦請割地降乃詔契苾何力為遼東道安撫大使左金吾衛將軍龐同善營州都督高偘為行軍揔管左武衛將軍薛仁貴左監門將軍李謹行殿而行九月同善破高麗兵男生率師來會詔拜男生特進遼東大都督兼平壤道安撫大使封玄菟郡公又以李勣為遼東道行軍大揔管兼

安撫大使與契苾何力龐同善并力詔獨孤卿雲由鴨淥道郭待封積利道劉仁願畢列道金待問海谷道並為行軍揔管受勣節度轉燕趙食廥遼東明年正月勣引道次新城合諸將謀曰新城賊西鄙不先圖餘城未易下遂壁西南山臨城城人縛戍酋出降勣進拔城十有六郭待封以舟師濟海趨平壤三年二月勣率仁貴拔扶餘城它城三十皆納款同善偘守新城男建遣兵襲之仁貴救偘戰金山不勝高麗鼓而進銳甚仁貴橫擊大破之斬首五萬級拔南蘇木底蒼巖三城引兵略地與勣會侍御史賈言忠計事還帝問軍中云何對曰必克昔先帝問罪所以不得志者虜未有釁也諺曰軍無媒中道回今男生兄弟鬩很為我鄉導虜之情偽我盡知之將忠士力臣故曰必克且高麗秘記曰不及九百年當有八十大將滅之高氏自漢有國今九百年勣年八十矣虜仍荐饑人相掠賣地震裂狼狐入城蚡穴於門人心危駭是行不再舉矣男建以兵五萬襲扶餘勣破之薩賀水上斬首五千級俘口三萬器械牛馬稱之進拔大行城劉仁願與勣會後期召還當誅赦流姚州契苾何力會勣軍于鴨淥拔辱夷城悉師圍平壤九月藏遣男產率首領百人樹素幡降且請入朝勣以禮見而男建猶固守出戰數北大將浮屠信誠遣諜約內應五日闔啟兵譟而入火其門鬱焰四興男建窘急自刺不殊執藏男建等收凡五部百七十六城戶

六十九萬詔勣便道獻俘昭陵凱而還十二月帝坐含元殿引見勣等數俘于廷以藏素脅制赦為司平太常伯男產司宰少卿投男建黔州百濟王扶餘隆嶺外以獻誠為司衛卿信誠為銀青光祿大夫男生右衛大將軍何力行左衛大將軍勣兼太子太師仁貴威衛大將軍剖其地為都督府者九州四十二縣百復置安東都護府擢酋豪有功者授都督刺史令與華官參治仁貴為都護總兵鎮之是歲郊祭以高麗平謝成于天總章二年徙高麗民三萬於江淮山南大長鉗牟岑率眾反立藏外孫安舜為王詔高侃東州道李謹行燕山道並為行軍總管討之遣司平太常伯楊昉綏納亡餘舜殺鉗牟岑走新羅侃徙都護府治遼東州破叛兵於安市又敗之泉山俘新羅援兵二千李謹行破之于發盧河再戰俘馘萬計於是平壤痍殘不能軍相率奔新羅凡四年乃平始謹行留妻劉守伐奴城虜攻之劉擐甲勒兵守賊引去帝嘉之封燕郡夫人儀鳳二年授藏遼東都督封朝鮮郡王還遼東以安餘民先編僑內州者皆原遣徙安東都護府於新城藏與靺鞨謀反未及發召還放邛州廝其人于河南隴右弱窶者留安東藏以永淳初死贈衛尉卿葬頡利墓左樹碑其阡舊城往往入新羅遺人散犇突厥靺鞨由是高氏君長皆絕垂拱中以藏孫寶元為朝鮮郡王聖曆初進左鷹揚衛大將軍更封忠誠國王使統安東舊部不行明年以藏子德武為安東都督後稍自國至元和末遣使者獻樂工云

百濟扶餘別種也直京師東六千里而贏濱海之陽西界越州南倭北高麗皆踰海乃至其東新羅也王居東西二城官有內臣佐平者宣納號令內頭佐平主帑聚內法佐平主禮衛士佐平典衛兵朝廷佐平主獄兵官佐平掌外兵有六方方統十郡大姓有八沙氏燕氏劦氏解氏貞氏國氏木氏苩氏其法反逆者誅籍其家殺人者輸奴婢三贖罪吏受財及盜三倍償錮終身俗與高麗同有三島生黃漆六月刺取瀋色若金王服大袖紫袍青錦袴素皮帶烏革履烏羅冠飾以金蘤群臣絳衣飾冠以銀蘤禁民衣絳紫有文籍紀時月如華人武德四年王扶餘璋始遣使獻果下馬自是數朝貢高祖冊為帶方郡王百濟王後五年獻明光鎧且訟高麗梗貢道太宗貞觀初詔使者平其怨又與新羅世仇數相侵帝賜璽書曰新羅朕蕃臣王之鄰國聞數相侵暴朕已詔高麗新羅申和王宜忘前怨識朕本懷璋奉表謝然兵亦不止再遣使朝上鐵甲雕斧帝優勞之賜帛段三千十五年璋死使者素服奉表曰君外臣百濟王扶餘璋卒帝為舉哀玄武門贈光祿大夫賻賜甚厚命祠部郎中鄭文表冊其子義慈為柱國紹王義慈事親孝與兄弟友時號海東曾子明年與高麗連和伐新羅取四十餘城發兵守之又謀取棠項城絕貢道新羅告急帝遣司農丞相里玄獎

齎詔書諭解聞帝新討高麗乃間取新羅七城久之又奪十餘城因不朝貢高宗立乃遣使者來帝詔義慈曰海東三國開基舊矣地固犬牙比者隙爭侵校無寧歲新羅高城重鎮皆為王并歸窮于朕丐王歸地昔齊桓一諸侯尚存亡國況朕萬方主可不卹其危邪王所兼城宜還之新羅所俘亦畀還王不如詔者任王決戰朕將發契丹諸國度遼深入王可思之無後悔永徽六年新羅訴百濟高麗靺鞨取北境三十城顯慶五年乃詔左衛大將軍蘇定方為神丘道行軍大總管率左衛將軍劉伯英右武衛將軍馮士翽左驍衛將軍龐孝泰發新羅兵討之自城山濟海百濟守熊津口定方縱擊虜大敗王師乘潮帆以進趨真都城一舍止虜悉眾拒復破之斬首萬餘級拔其城義慈挾太子隆走北鄙定方圍之次子泰自立為王率眾固守義慈孫文思曰王太子固在叔乃自王若唐兵解去如我父子何與左右縋而出民皆從之泰不能止定方令士超堞立幟泰開門降定方執義慈隆及小王孝演酋長五十八人送京師平其國五部三十七郡二百城戶七十六萬乃析置熊津馬韓東明金漣德安五都督府擢酋渠長治之命郎將劉仁願守百濟城左衛郎將王文度為熊津都督九月定方以所俘見詔釋不誅義慈病死贈衛尉卿許舊臣赴臨詔葬孫皓陳叔寶墓左授隆司稼卿文度濟海卒以劉仁軌代之璋從子福信嘗將兵乃與浮屠道琛據周留城反迎故王子扶餘豐於倭立為王西部皆應引兵圍仁願龍朔元年仁軌發新羅兵往救道琛立二壁熊津江仁軌與新羅兵夾擊之奔入壁爭梁墮溺者萬人新羅兵還道琛保任孝城自稱領軍將軍福信稱霜岑將軍告仁軌曰聞唐與新羅約破百濟無老孺皆殺之畀以國我與受死不若戰仁軌遣使齎書答說道琛倨甚館使者于外嫚報曰使人官小我國大將禮不當見徒遣之仁軌以眾少乃休軍養威請合新羅圖之福信俄殺道琛并其兵豐不能制二年七月仁願等破之熊津拔支羅城夜薄真峴比明入之斬首八百級新羅餉道乃開仁願請濟師詔右威衛將軍孫仁師為熊津道行軍總管發齊兵七千往福信顓國謀殺豐豐率親信斬福信與高麗倭連和仁願已得齊兵士氣振乃與新羅王金法敏率步騎而遣劉仁軌率舟師自熊津江偕進趨周留城豐眾屯白江口四遇皆克火四百艘豐走不知所在偽王子扶餘忠勝忠志率殘眾及倭人請命諸城皆復仁願勒軍還留仁軌代守帝以扶餘隆為熊津都督俾歸國平新羅故憾招還遺人麟德二年與新羅王會熊津城刑白馬以盟仁軌為盟辭曰往百濟先王罔顧逆順不敦鄰不睦親與高麗倭共侵削新羅破邑屠城天子憐百姓無辜命行人脩好先王負險恃遐侮慢弗恭皇赫斯怒是伐是夷但興亡繼絕王者通制故立前太子隆為熊津都督守其祭

祀附杖新羅長為與國結好除忿恭天子命求為藩服右威衛將軍魯城縣公仁願親臨歃盟署其貳其德興兵動眾明神監之百殃是降子孫不育社稷無守世世毋敢犯乃作金書鐵契藏新羅廟中仁願等還隆畏眾攜散亦歸京師儀鳳時進帶方郡王遣歸藩是時新羅彊隆不敢入舊國寄治高麗死武后又以其孫敬襲王而其地已為新羅渤海靺鞨所分百濟遂絕

新羅弁韓苗裔也居漢樂浪地橫千里縱三千里東拒長人東南日本西百濟南瀕海北高麗而王居金城環八里所衛兵三千人謂城為侵牟羅邑在內曰喙評外曰邑勒有喙評六邑勒五十二朝服尚白好祠山神八月望日大宴賚官吏射其建官以親屬為上其族名第一骨第二骨以自別兄弟女姑姨從姊妹皆聘為妻王族為第一骨妻亦其族生子皆為第一骨不娶第二骨女雖娶常為妾媵官有宰相侍中司農卿太府令凡十有七等第二骨得為之事必與眾議號和白一人異則罷宰相家不絕祿奴僮三千人甲兵牛馬猪稱之畜牧海中山須食乃射息穀米於人償不滿庸為奴婢王姓金貴人姓朴民無氏有名食用柳杯若銅瓦元日相慶是日拜日月神男子褐袴婦長襦見人必跪則以手據地為恭不粉黛率美髮以繚首以珠綵飾之男子翦髮鬻冒以黑巾市皆婦女貿販冬則作竈堂中夏以食置冰上畜無羊少驢贏多馬馬雖高大不善行長人者人類長三丈鋸牙鉤爪黑毛覆身不火食噬禽獸或搏人以食得婦人以治衣服其國連山數十里有峽固以鐵闔號關門新羅常屯弩士數千守之初百濟伐高麗來請救悉兵往破之自是相攻不置後獲百濟王殺之滋結怨武德四年王真平遣使者入朝高祖詔通直散騎侍郎庾文素持節答賚後三年拜柱國封樂浪郡王新羅王貞觀五年獻女樂二太宗曰比林邑獻鸚鵡言思鄉丐還況於人乎付使者歸之是歲真平死無子立女善德為王大臣乙祭柄國詔贈真平左光祿大夫賻物段二百九年遣使者冊善德襲父封國人號聖祖皇姑十七年為高麗百濟所攻使者來乞師亦會帝親伐高麗詔率兵以披虜勢善德使兵五萬入高麗南鄙拔水口城以聞二十一年善德死贈光祿大夫而妹真德襲王明年遣子文王及弟伊贊子春秋來朝拜文王左武衛將軍春秋特進因請改章服從中國制內出珍服賜之又詣國學觀釋奠講論帝賜所製晉書辭歸敕三品以上郊餞高宗永徽元年攻百濟破之遣春秋子法敏入朝真德織錦為頌以獻曰巨唐開洪業巍巍皇猷昌止戈成大定興文繼百王統天崇雨施治物體含章深仁諧日月撫運邁時康幡旗既赫赫鉦鼓何鍠鍠外夷違命者剪覆被天殃淳風凝幽顯遐邇競呈祥四時和玉燭七耀巡萬方維岳降宰輔維帝任忠良三五成一德昭我唐家唐帝美其意擢

法敏太府卿五年真德死帝為舉哀贈開府儀同三司賜綵段三百命太常丞張文收持節弔祭以春秋襲王明年百濟高麗靺鞨共伐取其三十城使者來請救帝命蘇定方討之以春秋為嵎夷道行軍摠管遂平百濟龍朔元年死法敏襲王以其國為雞林州大都督府授法敏都督咸亨五年納高麗叛眾略百濟地守之帝怒詔削官爵以其弟右驍衛員外大將軍臨海郡公仁問為新羅王自京師歸國詔劉仁軌為雞林道大摠管衛尉卿李弼右領軍大將軍謹行副之發兵窮討上元二年二月仁軌破其眾於七重城以靺鞨兵浮海略南境斬獲甚眾詔李謹行為安東鎮撫大使屯買肖城三戰虜皆北法敏遣使入朝謝罪貢篚相望仁問乃還辭王詔復法敏官爵然多取百濟地遂抵高麗南境矣置尚良康熊全武漢朔溟九州州有都督統郡十或二十郡有大守縣有小守開耀元年死子政明襲王遣使者朝丐唐禮及它文辭武后賜吉凶禮并文詞五十篇死子理洪襲王死弟興光襲王玄宗開元中數入朝獻果下馬朝霞紬魚牙紬海豹皮又獻二女帝曰女皆王姑姊妹違本俗別所親朕不忍留厚賜還之又遣子弟入太學學經術帝間賜興光瑞文錦五色羅紫繡紋袍金銀精器興光亦上異狗馬黃金美髢諸物初渤海靺鞨掠登州興光擊走之帝進興光寧海軍大使使攻靺鞨二十五年死帝尤悼之贈太子太保命邢璹以鴻臚少卿弔祭子承慶襲王詔璹曰新羅號君子國知詩書以卿惇儒故持節往宜演經誼使知大國之盛又以國人善棋詔率府兵曹參軍楊季膺為副國高弈皆出其下於是厚遺使者金寶俄冊其妻朴為妃承慶死詔使者臨弔以其弟憲英嗣王帝在蜀遣使泝江至成都朝正月大曆初憲英死子乾運立甫丱遣金隱居入朝待命詔倉部郎中歸崇敬往弔監察御史陸珽顧愔為副冊授之并母金為太妃會其宰相爭權相攻國大亂三歲乃定於是歲朝獻建中四年死無子國人共立宰相金良相嗣貞元元年遣戶部郎中蓋塤持節命之是年死立良相從父弟敬信襲王十四年死無子立嫡孫俊邕明年遣司封郎中韋丹持冊未至俊邕死丹還子重興立永貞元年詔兵部郎中元季方冊命後三年使者金力奇來謝且言往歲冊故主俊邕為王母申太妃妻叔妃而俊邕不幸冊今留省中臣請授以歸又為其宰相金彥昇金仲恭王之弟蘇金添明丐門戟詔皆可凡再朝貢七年死彥昇立來告喪命職方員外郎崔廷弔且命新王以妻貞為妃長慶寶曆間再遣使者來朝留宿衛彥昇死子景徽立大和五年以太子左諭德源寂冊弔如儀開成初遣子義琮謝願留衛見聽明年遣之五年鴻臚寺籍質子及學生歲滿者一百五人皆還之有張保皐鄭年者皆善鬭戰工用槍年復能沒海履其地五十里不噎角其勇健保皐不及也年以兄呼

保皐保皐以齒年以藝常不相下自其國皆來為武寧軍小將後保皐歸新羅
謁其王曰遍中國以新羅人為奴婢願得鎮清海使賊不得掠人西去清海海
路之要也王與保皐萬人守之自太和後海上無鬻新羅人者保皐既貴於其
國年飢寒客漣水一日謂戍主馮元規曰我欲東歸乞食於張保皐元規曰若
與保皐所負何如奈何取死其手年曰飢寒死不如兵死快況死故鄉邪年遂
去至謁保皐飲之極歡飲未卒聞大臣殺其王國亂無主保皐分兵五千人與
年持年泣曰非子不能平禍難年至其國誅反者立王以報王遂召保皐為相
以年代守清海會昌後朝貢不復至
贊曰杜牧稱安思順為朔方節度時郭汾陽李臨淮俱為牙門都將二人不相
能雖同盤飲食常睇相視不交一言及汾陽代思順臨淮欲亡去計未決旬日
詔臨淮分汾陽半兵東出趙魏臨淮入請曰一死固甘乞免妻子汾陽趨下持
手上堂曰今國亂主遷非公不能東伐豈懷私忿時邪及別執手泣涕相勉以
忠義訖平劇盜實二公之力知其心不叛知其心難也忿必見短知其材益難
也此保皐與汾陽之賢等耳年投保皐必曰彼貴我賤我降下之不宜以舊忿
殺我保皐果不殺人之常情也臨淮請死於汾陽亦人之常情也保皐任年事
出於已年且寒飢易為感動汾陽臨淮平生亢立臨淮之命出於天子榷於保

皐汾陽為優此乃聖賢遲疑成敗之際也世稱周邵為百代之師周公擁孺子
而邵公疑之以周公之聖邵公之賢少事文王老佐武王能平天下周公之心
邵公且不知之苟有仁義之心不資以明雖邵公尚爾況其下哉嗟乎不以怨
毒相基而先國家之憂晉有祁奚唐有汾陽保皐孰謂夷無人哉
日本古倭奴也去京師萬四千里直新羅東南在海中島而居東西五月行南北
三月行國無城郛聯木為柵落以草茨屋左右小島五十餘皆自名國而臣附
之置本率一人檢察諸部其俗多女少男有文字尚浮屠法其官十有二等其
王姓阿每氏自言初主號天御中主至彥瀲凡三十二世皆以尊為號居筑紫
城彥瀲子神武立更以天皇為號徙治大和州次曰綏靖次安寧次懿德次孝
昭次天安次孝靈次孝元次開化次崇神次垂仁次景行次成務次仲哀仲哀
死以開化曾孫女神功為王次應神次仁德次履中次反正次允恭次安康次
雄略次清寧次顯宗次仁賢次武烈次繼體次安閑次宣化次欽明欽明之十一
年直梁承聖元年次海達次用明亦曰目多利思比孤直隋開皇末始與中國
通次崇峻崇峻死欽明之孫女雄古立次舒明次皇極其俗椎髻無冠帶跣以
行幅巾蔽後貴者冒錦婦人衣純色裙長腰襦結髮于後至煬帝賜其民錦
綫冠飾以金玉文布為衣左右佩銀蘤長八寸以多少明貴賤太宗貞觀五年

遣使者入朝帝矜其遠詔有司毋拘歲貢遣新州刺史高仁表往諭與王爭禮
不平不肯宣天子命而還久之更附新羅使者上書永徽初其王孝德即位改元
曰白雉獻虎魄大如斗碼碯若五升器時新羅為高麗百濟所暴高宗賜璽
書令出兵援新羅未幾孝德死其子天豐財立死子天智立明年使者與蝦蛦
人偕朝蝦蛦亦居海島中其使者鬚長四尺許珥箭於首令人戴瓠立數十步
射無不中天智死子天武立死子總持立咸亨元年遣使賀平高麗後稍習夏
音惡倭名更號日本使者自言國近日所出以為名或云日本乃小國為倭所
并故冒其號使者不以情故疑焉又妄夸其國都方數千里南西盡海東北限
大山其外即毛人云長安元年其王文武立改元曰太寶遣朝臣真人粟田貢方
物朝臣真人者猶唐尚書也冠進德冠頂有華蘤四披紫袍帛帶真人好學能
屬文進止有容武后宴之麟德殿授司膳卿還之文武死子阿用立死子聖武
立改元曰白龜開元初粟田復朝請從諸儒授經詔四門助教趙玄默即鴻臚
寺為師獻大幅布為贄悉賞物貿書以歸其副朝臣仲滿慕華不肯去易姓名
曰朝衡歷左補闕儀王友多所該識久乃還聖武死女孝明立改元曰天平勝寶
天寶十二載朝衡復入朝上元中擢左散騎常侍安南都護新羅梗海道更繇明
越州朝貢孝明死大炊立死以聖武女高野姬為王死白壁立建中元年使者真人

興能獻方物真人蓋因官而氏者也興能善書其紙似繭而澤人莫識貞元末
其王曰桓武遣使者朝其學子橘免勢浮屠空海願留肄業歷二十餘年使者
高階真人來請免勢等俱還詔可次諾樂立次嵯峨次浮和次仁明仁明直開成
四年復入貢次文德次清和次陽成次光孝直光啟元年其東海嶼中又有邪古
波邪多尼三小王北距新羅西北百濟西南直越州有絲絮怪珍云
流鬼去京師萬五千里直黑水靺鞨東北少海之北三面皆阻海其北莫知所窮
人依嶼散居多沮澤有魚鹽之利地蚤寒多霜雪以木廣六寸長七尺系其上
以踐冰逐走獸生多狗以皮為裘俗被髮粟似莠而小無蔬蓏它穀勝兵萬人
南與莫曳靺鞨鄰東南航海十五日行乃至貞觀十四年其王遣子可也余莫
貂皮更三譯來朝授騎都尉遣之龍朔初有儋羅者其王儒李都羅遣使入
朝國居新羅武州南島上俗朴陋衣大豕皮夏居革屋冬窟室地生五穀耕不
知用牛以鐵齒杷土初附百濟麟德中酋長來朝從帝至太山後附新羅開元
十一年又有達末婁達姤二部首領朝貢達末婁自言北扶餘之裔高麗滅其
國遺人度那河因居之或曰他漏河東北流入黑水達姤室韋種也在那河陰
涑末河之東西接黃頭室韋東北距達末婁云

列傳第一百四十五

西域列傳第一百四十六上　　宋祁奉敕撰　　唐書二百二十一上

泥婆羅直吐蕃之西樂陵川土多赤銅犛牛俗翦髮齊眉穿耳楦以筩若角緩至肩者為姣好無匕箸攫而食其器皆用銅其居版屋畫壁俗不知牛耕故少田作習商賈一幅布蔽身日數盥俗重博戲通推步曆術祀天神鐫石為象日浴之烹羊以祭鑄銅為錢面文人形背牛馬形其君服珠頗黎車渠珊瑚虎魄瓔珞耳金鉤玉璫佩寶伏突御師子大牀燎香布花於堂而大臣坐地不藉左右持兵數百列侍宮中有七重樓覆銅瓦楹極皆大琲雜寶四隅置銅槽下有金龍口激水仰注槽中初王那陵提婆之父為其叔所殺提婆出奔吐蕃納之遂臣吐蕃貞觀中遣使者李義表到天竺道其國提婆大喜延使者同觀阿耆婆沵池池廣數十丈水常溢沸共傳旱潦未始耗溢或抵以物則生煙釜其上少選可熟二十一年遣使入獻波稜酢菜渾提葱永徽時其王尸利那連陀羅又遣使入貢

党項漢西羌別種魏晉後微甚周滅宕昌鄧至而党項始彊其地古析支也東距松州西葉護南舂桑迷桑等羌北吐谷渾處山谷崎嶇大抵三千里以姓別為部一姓又分為小部落大者萬騎小數千不能相統故有細封氏費聽氏往利氏頗超氏野辭氏房當氏米禽氏拓拔氏而拓拔最彊土著有棟宇織犛尾羊毛覆屋歲一易俗尚武無法令賦役人壽多過百歲然好為盜更相剽敚尤重復讎讎未得者蓬首垢顏跣足草食殺已乃復男女衣裘褐被氈畜犛牛馬驢羊以食不耕稼地寒五月草生八月霜降無文字候草木記歲三年一相聚殺牛羊祭天取麥他國以釀酒妻其庶母伯叔母兄嫂子弟婦惟不取同姓老而死子孫不哭少死則曰夭枉乃悲貞觀三年南會州都督鄭元璹遣使諭其酋細封步賴舉部降太宗璽詔慰撫步賴因入朝宴錫特異以其地為軌州即授刺史步賴請率兵討吐谷渾其後諸酋長悉內屬以其地為崌奉巖遠四州即首領拜刺史有拓拔赤辭者初臣吐谷渾慕容伏允待之厚與結婚諸羌已歸獨不至李靖擊吐谷渾赤辭屯狼道峽抗王師廓州刺史久且洛生欲諭降之辭曰渾主以腹心待我不知其佗若速去且汙吾刀洛生怒引輕騎破之肅遠山斬首數百級虜雜畜六千帝因其勝又令約降赤辭從子思頭潛納款其下拓拔細豆亦降赤辭知宗族攜沮稍欲自歸岷州都督劉師立復誘之即與思頭俱內屬以其地為懿嵯麟可三十二州以松州為都督府擢赤辭西戎州都督賜氏李貢職遂不絕於是自河首積石山而東皆為中國地後吐蕃寖盛拓拔畏偪請內徙始詔慶州置靜邊等州處之地乃入吐蕃其處者皆為吐蕃役屬更號弭藥又有黑党項者居赤水西其長號敦善王慕容伏允之走也依之及吐谷渾款附敦善王亦納貢居雪山者曰破丑氏又有白蘭羌吐蕃謂之丁零左屬党項右與多彌接勝兵萬人勇戰鬬善作兵俗與党項同武德六年使者入朝明年以其地為維恭二州貞觀六年與契苾數十萬內屬永徽時特浪生羌卜樓大首領凍就率衆來屬以其地為劒州龍朔後白蘭舂桑及白狗羌為吐蕃所臣藉其兵為前驅白狗與東會州接勝兵纔千人在西北者天授中內附戶凡二十萬以其地為朝吳浮歸十州散居靈夏間至德末為吐蕃所誘使為鄉導鈔邊俄悔悟更來朝願助靈州饟軍乾元間中國數亂因寇邠寧二州肅宗詔郭子儀都統朔方邠寧鄜坊節度事以鄜州刺史杜冕邠州刺史桑如珪分二隊出討子儀至党項潰去上元元年在涇隴部落十萬衆詣鳳翔節度使崔光遠降二年與渾奴刺連和寇寶雞殺吏民掠財珍焚大散關入鳳州殺刺史蕭愧節度使李鼎追擊走之明年又攻梁州刺史李勉走進寇奉天大掠華原同官去詔臧希讓代勉為刺史於是歸順乾封歸義順化和寧和義保善寧定羅雲朝鳳凡十州部落詣希讓獻款丐節印詔可僕固懷恩之叛誘党項渾奴刺入寇衆數萬掠鳳翔盩厔大酋鄭廷郝德入同州刺史韋勝走節度使周智光破之澄城閏月又入同州焚官私室廬壁馬蘭山郭子儀遣兵擊之退保三堡子儀遣慕容休明諭降廷德子儀以党項吐谷渾部落散處鹽慶等州其地與吐蕃濵近易相脅即表徙靜邊州都督夏州樂容等六府党項于銀州之北夏州之東寧朔州吐谷渾住夏西以離沮之召靜邊州大首領左羽林大將軍拓拔朝光等五刺史入朝厚賜賚使還綏其部先是慶州有破丑氏族三野利氏族五把利氏族一與吐蕃姻援贊普悉王之因是擾邊凡十年子儀表工部尚書路嗣恭為朔方留後將作少監梁進用為押党項部落使置行慶州且言党項陰結吐蕃為變可遣使者招慰芟其反謀因令進用為慶州刺史嚴邏以絕吐蕃往來道代宗然之又表置靜邊芳池相興王三州都督長史永平旭定清塞寧保忠順靜塞萬吉等七州都督府於是破丑野利把利三部及思樂州刺史拓拔乞梅等皆入朝宜定州刺史折磨布落芳池州野利部並從綏延州大曆末野利秃羅都與吐蕃叛招餘族不應子儀擊之斬秃羅都而野利景庭野利剛以其部數千人入附雞子川六州部落曰野利越詩野利龍兒野利厥律兒黃野海野窣等居慶州者號東山部夏州者號平夏部永泰後稍徙石州後為永安將阿史那思暕賦索無極遂亡走河西元和時復置宥

州護党項。至大和中寖彊，數寇掠，然器械鈍苦，畏唐兵精，則以善馬購鎧，善羊貿弓矢。鄜坊道軍糧使李石表禁商人不得以旗幟、甲冑、五兵入部落，告者舉罪人財畀之。至開成末，種落愈繁，富賈人齎繒寶鬻羊馬，藩鎮乘其利，彊市之，或不得直，部人怨，相率為亂，至靈、鹽道不通。武宗以侍御史為使，招定分三印：以邠、寧、延屬崔君會；鹽、夏、長澤屬李鄠；靈武、麟、勝屬鄭賀。皆緋衣銀魚，而功不克。宣宗大中四年，內掠邠、寧，詔鳳翔李業、河東李拭合節度兵討之，宰相白敏中為都統。帝出近苑，或以竹一箇植舍外，見纔尺許，遠且百步，帝屬二矢曰：「党羌窮寇，仍歲暴吾鄙，今我約，射竹中，則彼當自亡；不中，我且索天下兵翦之，終不以此賊遺子孫。」左右注目，帝一發竹分，矢徹諸外，左右呼万歲。不閱月，羌果破殄，餘種竄南山。始，天寶末，平夏部有戰功，擢容州刺史、天柱軍使。其裔孫拓拔思恭，咸通末竊據宥州，稱刺史。黃巢入長安，與鄜州李孝昌壇而坎牲，誓討賊，僖宗賢之，以為左武衛將軍，權知夏綏銀節度事。次王橋，為巢所敗，更與鄜畤四節度盟，屯渭橋。中和二年，詔為京城西面都統、檢校司空、同中書門下平章事，俄進四面都統，權知京兆尹。賊平，兼太子太傅，封夏國公，賜姓李。嗣襄王煴之亂，詔思恭討賊，兵不出，卒。以弟思諫代為定難節度使，思孝為保大節度、鄜坊丹翟等州觀察使，並檢校司徒、同中書門下平章事。王行瑜反，以思孝為北面招討使，思諫東北面招討使。思孝亦因亂取鄜州，遂為節度使，兼侍中。以老薦弟思敬為保大軍兵馬留後，俄為節度使。

東女，亦曰蘇伐剌拏瞿咀羅，羌別種也，西海亦有女自王，故稱東別之。東與吐蕃、党項、茂州接，西屬三波訶，北距于闐，東南屬雅州羅女蠻、白狼夷。東西行盡九日，南北行盡二十日。有八十城。以女為君，居康延川，巖險四繚，有弱水南流，縫革為船。戶四萬，勝兵万人。王號賓就，官曰高霸黎，猶言宰相也。官在外者，率男子為之。凡號令，女官自內傳，男官受而行。王侍女數百，五日一聽政。王死，國人以金錢數萬納王族，求淑女二，立之。次為小王，王死，因以為嗣，或姑死婦繼，無篡奪。所居皆重屋，王九層，國人六層。王服青毛綾裙，被青袍，袖委于地，冬羔裘，飾以文錦。為小鬟髻，耳垂璫，足曳䩮鞾，䩮鞾也。俗輕男子，女貴者咸有侍男，被髮，以青塗面，惟務戰與耕而已。子從母姓。地寒，宜麥，畜羊馬，出黃金。風俗大抵與天竺同。以十一月為正。巫者以十月詣山中，布糟麥，咒呼群鳥，俄有鳥來如雞狀，剖視之，有穀者歲豐，否即有災，名曰鳥卜。居喪三年不易服，不櫛沐。貴人死，剝藏其皮，內骨甕中，糅金屑瘞之。王之葬，殉死至數十人。武德時，王湯滂氏始遣使入貢，高祖厚報，為突厥所

掠，不得通。貞觀中，使復至，太宗璽制慰撫。顯慶初，遣使高霸黎文與王子三盧來朝，授右監門中郎將。其王斂臂使大臣來請官號，武后冊拜斂臂左玉鈐衛員外將軍，賜瑞錦服。天授、開元間，王及子再來朝，詔與宰相宴曲江，封王曳夫為歸昌王、左金吾衛大將軍。後乃以男子為王。貞元九年，其王湯立悉與白狗君及哥鄰君董臥庭、逋租君鄧吉知、南水君薛尚悉曩、弱水君董辟和、悉董君湯息贊、清遠君蘇唐磨、咄霸君董藐蓬皆詣劍南韋皋求內附。其種散居西山弱水，雖自謂王，蓋小小部落耳。自失河隴，悉為吐蕃羈屬，部數千戶，輒置令，歲督絲絮。至是猶上天寶所賜詔書。皋處其眾於維、霸等州，賜牛糧，治生業。立悉等入朝，差賜官祿。於是松州羌二萬口相踵入附。立悉等官刺史，皆得世襲，然陰附吐蕃，故謂兩面羌。

高昌直京師西四千里而贏，其橫八百里，縱五百里，凡二十一城。王都交河城，漢車師前王廷也；田地城，戊己校尉所治也。勝兵万人。土沃，麥禾皆再熟。有草名白疊，擷花可織為布。俗辮髮垂之後。其王麴伯雅，隋時嘗妻以戚屬宇文氏女，號華容公主。武德初，伯雅死，子文泰立，遣使來告，高祖命使者臨弔。後五年，獻狗高六寸，長尺，能曳馬銜燭，云出拂菻，中國始有拂菻狗。太宗即位，獻玄狐裘，帝賜妻宇文華鈿一具，宇文亦上玉盤。凡諸國施為，輒以聞。貞觀四年，文泰遂來朝，禮賜厚甚。宇文求預宗籍，有詔賜氏李，更封常樂公主。久之，文泰與西突厥通，凡西域朝貢道其國，咸見壅掠。伊吾嘗臣西突厥，至是內屬，文泰與葉護共擊之。帝下詔讓其反覆，召大臣冠軍阿史那矩計事，文泰不遣，使長史麴雍來謝罪。初，大業末，華民多奔突厥，及頡利敗，有逃入高昌者，有詔護送，文泰苛留之。又與西突厥乙毗設破焉耆三城，虜其人。焉耆王訴諸朝，帝遣虞部郎中李道裕問狀，復遣使謝，帝引責曰：「而主數年朝貢不入，無藩臣禮，擅置官，擬效百僚。今歲首，万君長悉來，而主不至。日我使人往，文泰倨曰：『鷹飛于天，雉竄于蒿，猫遊于堂，鼠安于穴，各得其所，豈不快邪？』西域使者入貢，而主悉拘梗之。又諭薛延陀曰：『既自為可汗，與唐天子等，何事拜謁其使？』明年我當發兵擊而國，歸謂而君善自圖。」時薛延陀可汗請為軍向導，故民部尚書唐儉至延陀堅約。帝復下璽書示文泰禍福，促使入朝，文泰遂稱疾不至。乃拜侯君集為交河道大總管，左屯衛大將軍薛萬均、薩孤吳仁副之，契苾何力為葱山道副大總管，武衛將軍牛進達為行軍總管，率突厥、契苾騎數萬討之。群臣諫，以行萬里兵難得志，且天界絕域，雖得之不可守，帝不聽。文泰謂左右曰：「吾嘗入朝，見秦、隴北城邑蕭條，非有隋比。今伐我，兵多則糧運不逮；若下三萬，我能制之。度磧疲鈍，以逸待勞，卧收

其欵耳十四年聞王師至磧口悸駭無它計發病死子智盛立君集奄攻田地城契苾何力以前軍鏖戰其夜星隊城中明日拔其城虜七千餘人中郎將辛獠兒以勁騎夜逼其都智盛以書遺君集曰得罪於天子者先王也咎深譴積霣隕厥命智盛嗣位未幾公其見赦君集曰能悔禍者當面縛軍門智盛不荅軍進填隍引衝車飛石如雨城中大震智盛令大將麴士義居守身與綰曹麴德俊謁軍門請改事天子君集諭使降辭未屈薛萬均勃然起曰當先取城小兒何與語麾而進智盛流汗伏地曰唯公命乃降君集分兵略定凡三州五縣二十二城戶八千口三萬馬四千先是其國人謠曰高昌兵如霜雪唐家兵如日月日月照霜雪幾何自殄滅文泰捕謠所發不能得也捷書聞天子大悅宴群臣班賜策功赦高昌所部披其地皆州縣之號西昌州特進魏徵諫曰陛下即位高昌最先朝謁俄以掠商胡遏貢獻故王誅加焉文泰死罪止矣撫其人立其子伐罪弔民道也今利其土屯守常千人屯士數年一易辦裝貲離親戚不十年隴右且空陛下終不得高昌圭粒咫帛助中國費所謂散有用事無用不納改西昌州曰西州更置安西都護府歲調千兵謫罪人以戍黃門侍郎褚遂良諫曰古者先函夏後夷狄務廣德化不爭荒逖今高昌誅滅威動四夷然自王師始征河西供役飛米轉芻十室九匱五年未可復今又歲遣屯戍行李萬里去者資裝使自營辦賣菽粟傾機杼道路死亡尚不計罪人始於犯法終於惰業無益於行所遣復有亡命官司捕逮株蔓相牽有如張掖酒泉塵飛烽舉豈得高昌一乘一卒及事乎必發隴右河西耳然則河西爲我腹心高昌佗人手足也何必耗中華事無用昔陛下平頡利吐谷渾皆爲立君蓋罪而誅之伏而立之百蠻所以畏威慕德也今宜擇高昌可立者立之召首領悉還本土長爲藩翰中國不擾書聞不省初文泰以金厚餉西突厥欲谷設約有急爲表裏使葉護屯可汗浮圖城及君集至懼不敢發遂來降以其地爲庭州焉耆請歸高昌所奪五城留兵以守君集勒石紀功凱而旋俘智盛君臣獻觀德殿行飲至禮酺三日徙高昌豪桀於中國智盛拜左武衛將軍金城郡公弟智湛右武衛中郎將天山郡公麴氏傳國九世百三十四年而亡智湛麟德中以左驍衛大將軍爲西州刺史卒贈涼州都督有子昭好學有雋異書者母顧笥中金數曰何愛此不使子有異聞乎盡持易之昭歷司膳卿頗能辭章弟崇裕有武藝永徽中爲右武衛翊府中郎將封交河郡王邑至三千戶終鎮軍大將軍武后爲舉哀遂以美錦賻賜甚厚封爵絕

吐谷渾居甘松山之陽洮水之西南抵白蘭地數千里有城郭不居也隨水草帳室肉糧其官有長史司馬將軍王公僕射尚書郎中蓋慕諸華爲之俗識文字其王椎髻黑冒妻錦袍織裙金爵飾首男子服長裙繒冒或冠羃䍦婦人辮髮縈後綴珠貝婚禮富家厚納聘貧者竊妻去父死妻庶母兄死妻嫂喪有服葬已即除民無常稅用不足乃斂富室商人足而止凡殺人若盜馬者死它罪贖以物地多寒宜麥菽粟蕪菁出小馬犛牛銅鐵丹砂有青海者周八九百里中有山須冰合游牝馬其上明年生駒號龍種嘗得波斯馬牧于海生驄駒日步千里故世稱青海驄西北有流沙數百里夏有熱風傷行人風將發老駝引項鳴埋鼻沙中人候之以氈蔽鼻口乃无恙隋時其王慕容伏允號步薩鉢嘗寇邊煬帝遣鐵勒敗之壁西平復命觀王雄破其衆伏允以數十騎入泥嶺亡去仙頭王率男女十餘萬降置郡縣鎮戍以長子順爲質因王之統餘衆俄追還伏允客党項隋亂因得復故地高祖受命順自江都還長安于時李軌據涼州帝乃約伏允和令擊軌自效當護送順伏允喜引兵與軌戰庫門交綏止即遣使請順帝遣之順至號爲大寧王太宗時伏允遣使者入朝未還即寇鄯州帝遣使者讓且召伏允以疾爲解而爲子求婚驗帝意帝召子親迎亦稱疾有詔止婚遣中郎將康處直臨諭又掠岷州都督李道彥擊走之執名王二斬級七百連歲遣名王朝俄寇涼州鄯州刺史李玄運表吐谷渾牧馬青海輕兵掩之可盡致乃命左驍衛大將軍段志玄左驍衛將軍梁洛仁率契苾党項兵擊之未至三十里志玄等不欲戰壁而留虜知之驅牧馬走副將李君羨率精騎尾襲懸水上得牛羊二萬還是時伏允耄不能事其相天柱王用事拘天子行人鴻臚丞趙德楷帝遣使曉敕十返無悛言貞觀九年詔李靖爲西海道行軍大總管侯君集積石道任城王道宗鄯善道李道彥赤水道李大亮且末道高甑生鹽澤道並爲行軍總管率突厥契苾兵擊之党項內屬羌及洮州羌皆殺刺史歸伏允夏四月道宗破伏允于庫山俘斬四百伏允謀入磧疲唐兵燒野草故靖馬多飢道宗曰柏海近河源古未有至者伏允西走未知其在方馬癯糧乏難遠入不如按軍鄯州須馬壯更圖之君集曰不然鄉者段志玄至鄯州吐谷渾兵輒傅城彼國方完逆衆用命也今一虜大敗斥候無在君臣相失我乘其困可以得志柏海雖遠可鼓而至也靖曰善分二軍靖與大亮薛萬均以一軍趣北出其右君集道宗以一軍趣南出其左靖將薩孤吳仁以輕騎戰曼都山斬名王獲五百級諸將戰牛心堆赤水源獲虜將南昌王慕容孝儁收雜畜數萬君集道宗登漢哭山戰烏海獲名王梁屈葱靖破天柱部落於赤海收雜畜二十萬大亮俘名王二十雜畜五萬次且末之西伏允走圖倫磧

將託于闐萬均督銳騎追亡數百里又破之士乏水刺馬飲血君集道宗行空荒二千里盛夏降霜乏水草士糜冰馬秣雪閱月次星宿川達柏海上望積石山覽觀河源執失思力馳破車重兩軍會于大非川破邏真谷順之質隋為金紫光祿大夫伏允立其弟為太子順歸常鞅鞅自以失位欲以功自結天子乃斬天柱王舉國降伏允懼引千餘騎遁磧中眾稍亡從者纔百騎窮無聊即自經死國人立順為君稱臣內附詔封西平郡王號趉胡呂烏甘豆可汗帝恐未能定其國遣李大亮率精兵鎮援順久質華國人不附卒為下所殺立其子燕王諾曷鉢諾曷鉢幼大臣爭權帝詔侯君集就經紀之始請頒曆及子弟入侍詔封諾曷鉢河源郡王號烏地也拔勒豆可汗遣淮陽郡王道明持節冊命賜鼓纛諾曷鉢身入謝遂請婚獻馬牛羊萬比年入朝乃以宗室女為弘化公主妻之詔道明及右武衛將軍慕容寶持節送公主其相宣王跋扈謀作亂欲襲公主劫諾曷鉢奔吐蕃諾曷鉢知之引輕騎走鄯城威信王以兵迎之果毅都尉席君買率兵與威信王共討斬其兄弟三人國大擾帝又詔民部尚書唐儉中書舍人馬周持節撫慰高宗立以主故拜駙馬都尉又獻名馬帝問馬種性使者曰國之最良者帝曰良馬人所愛詔還其馬公主表請入朝遣左驍衛將軍鮮于匡濟迎之十一月及諾曷

鉢至京師帝又以宗室女金城縣主妻其長子蘇度摸末拜左領軍衛大將軍久之摸末死主與次子右武衛大將軍梁漢王闥盧摸末來請婚帝以宗室女金明縣主妻之既而與吐蕃相攻上書相曲直並來請師天子兩不許吐谷渾大臣素和貴奔吐蕃言其情吐蕃出兵擣虛破其眾黃河上諾曷鉢不支與公主引數千帳走涼州帝遣左武衛大將軍蘇定方為安集大使平兩國怨吐蕃遂有其地諾曷鉢請內徙乾封初更封青海國王帝欲從其部於涼州之南山群臣議不同帝難之咸亨元年乃以右威衛大將軍薛仁貴為邏娑道行軍大總管左衛員外大將軍阿史那道真左衛將軍郭待封副之總兵五萬討吐蕃且納諾曷鉢於故廷王師敗於大非川舉吐谷渾地皆陷諾曷鉢與親近數千帳纔免三年乃徙浩亹水南諾曷鉢以吐蕃盛勢不抗而鄯州地狹又徙靈州帝為置安樂州即拜刺史欲其安且樂云諾曷鉢死子忠立忠死子宣超立聖曆三年拜左豹韜員外大將軍襲故可汗號餘部詣涼甘肅瓜沙等州降宰相張錫與右武衛大將軍唐休璟議徙其人於秦隴豐靈間令不得畔去涼州都督郭元振以為吐谷渾近秦隴則與監牧雜處置豐靈又邇默啜假在諸華亦不遽移其性也前日王孝傑自河源軍徙耽爾乙句貴置靈州既其叛乃入牧坊掠群馬瘢夷州縣是則還中土無益之成驗往素和貴叛去於我無損但失吐谷渾數十部豈與句貴比邪今降虜非彊服皆突矢刃棄吐蕃而來宜當循其情為之制也當甘肅瓜沙降者即其所置之因所投而居情易安磔數州則勢自分順其情分其勢不擾於人可謂善奪戎心者也歲遣鎮遏使者與宣超兄弟撫護之無令相侵奪生業固矣有如叛去無損中國詔可宣超死子曦皓立曦皓死子兆立吐蕃復取安樂州而殘部徙朔方河東語謬為退渾貞元十四年以朔方節度副使左金吾衛大將軍慕容復為長樂都督青海國王襲可汗號復死停襲吐谷渾自晉永嘉時有國至龍朔三年吐蕃取其地凡三百五十年及此封嗣絕矣

焉耆國直京師西七千里而贏橫六百里縱四百里東高昌西龜茲南尉犁北烏孫逗渠溉田土宜黍蒲陶有魚鹽利俗祝髮氈衣戶四千勝兵二千常役屬西突厥俗尚娛遨二月朏出野祀四月望日游林七月七日祀生祖十月望日王始出游至歲盡止太宗貞觀六年其王龍突騎支始遣使來朝自隋亂磧路閉故西域朝貢皆道高昌突騎支請開大磧道以便行人帝許之高昌怒大掠其邊西突厥莫賀設與咄陸弩失畢依難來奔咄陸弩失畢復攻之遣使言狀并貢名馬咥利失可汗立素善焉耆故倚為援十二年處月

處蜜與高昌攻陷其五城掠千五百人焚廬舍侯君集討高昌遣使與相聞突騎支喜引兵佐唐高昌破歸向所俘及城遣使者入謝西突厥臣屈利啜為弟娶突騎支女遂相約為輔車勢不朝貢安西都護郭孝恪請討之會王弟頡鼻栗婆準葉護等三人來降帝即命孝恪為西州道總管率兵出銀山道以栗婆準等為鄉導初焉耆所都周三十里四面大山海水繚其外故恃不為虞孝恪倍道絕水夜傅堞遲曙譟而登鼓角轟哄唐兵縱國人擾敗斬千餘級執突騎支更以栗婆準攝國事始帝語近臣曰孝恪以八月十一日詣焉耆閱二旬可至當以二十二日破之使者今至矣俄而遽人以捷布聞因突騎支及妻子送洛陽有詔赦罪屈利啜以兵救焉耆而孝恪還三日矣屈利啜因栗婆準更使吐屯攝王遣使以告帝曰焉耆我所下爾乃王之邪吐屯懼不敢王焉耆立栗婆準而從兄薛婆阿那支自為王號瞎干執栗婆準獻龜茲殺之阿史那社尒討龜茲阿那支奔之壁東境抗王師為社尒所禽數其罪斬以徇立突騎支弟婆伽利為王以其地為焉耆都督府婆伽利死國人請還前王突騎支高宗許之拜左衛大將軍歸國死龍嬾突立武后長安時以其國小人寡遏使客不堪其勞詔四鎮經略使禁止僕使私馬無品者肉食開元七年龍嬾突死焉吐拂延立於是十姓可汗請居碎葉安

西節度使湯嘉惠表以焉耆備四鎮詔焉耆龜茲疏勒于闐征西域賈各食其征由北道者輪臺征之訖天寶常朝貢

龜茲一曰丘茲一曰屈茲東距京師七千里而贏自焉耆西南步二百里度小山經大河二又步七百里乃至橫千里縱六百里土宜麻麥秔稻蒲陶出黃金俗善歌樂旁行書貴浮圖法産子以木壓首俗斷髮齊項惟君不翦髮姓白氏居伊邏盧城北倚阿羯田山亦曰白山常有火王以錦冒頂錦袍寶帶歲朔鬭羊馬橐它七日觀勝負以卜歲盈耗云葱嶺以東俗喜淫龜茲于闐置女肆征其錢高祖受禪王蘇伐勃駃遣使入朝會死子蘇伐疊立號時健莫賀俟利發貞觀四年獻馬太宗賜璽書撫慰加等後臣西突厥郭孝恪伐焉耆乃遣兵與焉耆影援自是不朝貢蘇伐疊死弟訶黎布失畢立二十一年兩遣使朝貢然帝怒其佐焉耆叛議討之是夜月食昴詔曰月陰精用刑兆也星胡分數且終乃以阿史那社尒為崑丘道行軍大摠管契苾何力副之率安西都護郭孝恪司農卿楊弘禮左武衛將軍李海岸等發鐵勒十三部兵十萬討之社尒分五軍掠其北執焉耆王阿那支龜茲大恐酋長皆棄城走社尒次磧石去王城三百里先遣伊州刺史韓威以千騎居前右驍衛將軍曹繼叔次之至多褐與王遇其將羯獵顛兵五萬合戰威偽北王見威兵少麾而進威退與繼叔合還戰大破之追奔八十里王嬰城社尒將圍之王引突騎西走城遂拔孝恪居守沙州刺史蘇海政行軍長史薛萬備以精騎窮躡六百里王計窮保撥換城社尒圍之閱月執王及羯獵顛其相那利夜逸以西突厥并國人萬餘來戰孝恪及子死之王師擾倉部郎中崔義起募兵戰城中繼叔威助擊之斬首三千級那利敗衰亡散復振眾襲王師繼叔乘之斬八十級那利走或執以詣軍社尒凡破五大城男女數萬遣使者諭降小城七百餘西域震懼西突厥安國歸軍饋焉社尒立王弟葉護王其國勒石紀功書聞帝喜見群臣從容曰夫樂有幾朕嘗言之土城竹馬童兒樂也飾金翠羅紈婦人樂也貿遷有無商賈樂也高官厚秩士大夫樂也戰無前敵將帥樂也四海寧一帝王樂也朕今樂矣遂徧觴之初孝恪之軍焉耆也龜茲有浮屠善數歎曰唐家終有西域不數年吾國亦亡社尒執訶黎布失畢那利羯獵顛獻太廟帝受俘紫微殿帝責讓君臣皆頓首伏詔赦罪改館鴻臚寺拜布失畢左武衛中郎將始徙安西都護於其都統于闐碎葉疏勒号四鎮高宗復封訶黎布失畢為龜茲王與那利羯獵顛還國久之王來朝那利烝其妻阿史那王不能禁左右請殺之由是更猜忌使者言狀帝并召至京師囚那利護遣王還羯獵顛拒不內遣使降賀魯王不敢進悒悒死詔左屯衛大將軍楊胄發兵禽羯獵顛窮誅部黨以其地為龜茲都督府更立十素稽為王授右驍衛大將軍為都督是歲徙安西都護府於其國以故安西為西州都督府即拜左驍衛大將軍兼安西都護麴智湛為都督西域平帝遣使者分行諸國風俗物産詔許敬宗與史官撰西域圖志上元中素稽獻銀頗羅名馬天授三年王延田跌來朝始儀鳳時吐蕃攻焉耆以西四鎮皆沒長壽元年武威道摠管王孝傑破吐蕃復四鎮地置安西都護府於龜茲以兵三萬鎮守於是以磧荒絶民供貲糧苦其役議者請棄之武后不聽都護以政績稱華狄者田揚名郭元振張孝嵩杜暹云開元七年王白莫苾死子多幣立改名孝節十八年遣弟孝義來朝自龜茲贏六百里踰小沙磧有跋祿迦小國也一曰亟墨即漢姑墨國橫六百里縱三百里風俗文字與龜茲同言語少異出細氈褐西三百里度石磧至淩山葱嶺北原也水東流春夏山谷積雪西北五百里至素葉水城比國商胡雜居素葉以西數十城皆立君長役屬突厥自素葉水城至羯霜那國衣氈褐皮氍以繒纏頷素葉城西四百里至千泉地贏二百里南雪山三垂平陸多泉池因名之突厥可汗歲避暑其中群鹿飾鈴鐶可狎也西贏百里至呾邏私城亦比國商胡雜居有小城三百本華人為突厥所掠群保此尚華語西南贏二百里至白水城原隰膏腴南五十里有笯赤建國廣千里地沃宜稼多蒲陶又二百里即石國

疏勒一曰佉沙環五千里距京師九千里而贏多沙磧少壤土俗尚詭詐生子亦夾頭取褊其人文身碧瞳王姓裴氏自號阿摩支居迦師城突厥以女妻之勝兵二千人俗祠祆神貞觀九年遣使者獻名馬又四年與朱俱波甘棠貢方物太宗謂房玄齡等曰曩之一天下克勝四夷惟秦皇漢武耳朕提三尺劍定四海遠夷率服不減二君者然彼末路不自保公等宜相輔弼毋進諛言置朕於危亡也儀鳳時吐蕃破其國開元十六年始遣大理正喬夢松攝鴻臚少卿冊其君安定為疏勒王天寶十二載首領裴國良來朝授折衝都尉賜紫袍金魚朱俱波亦名朱俱槃漢子合國也并有西夜蒲犁依耐得若四種地直于闐西千里葱嶺北三百里西距喝盤陀北九百里屬疏勒南三千里女國也勝兵二千人尚浮屠法文字同婆羅門甘棠在海南昆侖人也喝盤陀或曰漢陀曰渴館檀亦謂渴羅陀由疏勒西南入劒末谷不忍領六百里其國也距瓜州四千五百里直朱俱波西南距縣度山北抵疏勒西護密西北判汗國也治葱嶺中都城負徙多河勝兵千人其王本疏勒人世相承為之西南即頭痛山也葱嶺俗號極嶷山環其國人勁悍貌言如于闐其法殺人剽劫者死餘得贖賦以輸服飾王坐人牀後魏太延中始通中國

貞觀九年遣使者來朝開元中破平其國置葱嶺守捉安西極邊戍也
于闐或曰瞿薩旦那亦曰渙那曰屈丹北狄曰于遁諸胡曰豁旦距京師九
千七百里瓜州贏四千里并有漢戎盧杅彌渠勒皮山五國故地其居曰西
山城勝兵四千人有玉河國人夜視月光盛處必得美玉王居繪室俗機巧
言迂大喜事祆神浮屠法然貌恭謹相見皆跪以木為筆玉為印凡得問
遺書戴于首乃發之自漢武帝以來中國詔書符節其王傳以相授人喜歌
舞工紡績西有沙磧鼠大如蝟色類金出入群鼠為從初無桑蠶丐鄰國不
肯出其王即求婚許之將迎乃告曰國無帛可持蠶自為衣女聞置蠶帽絮
中關守不敢驗自是始有蠶女刻石約無殺蠶蛾飛盡得治繭王姓尉遲氏
名屋密本臣突厥貞觀六年遣使者入獻後三年遣子入侍阿史那社尒之
平龜茲也其王伏闍信大懼使子獻橐它三百長史薛萬備謂社爾曰公破
龜茲西域皆震恐願假輕騎羈于闐王獻京師社爾許之至于闐陳唐威靈
勸入見天子伏闍信乃隨使者來會高宗立授右衛大將軍子葉護玷為右
驍衛將軍賜袍帶布帛六千段第一區留數月遣之請以子弟宿衛上元初
身率子弟酋領七十人來朝擊吐蕃有功帝以其地為毗沙都督府析十州
授伏闍雄都督死武后立其子璥開元時獻馬駝豹死復立尉遲伏師
戰為王死伏闍達嗣并冊其妻執失為妃死尉遲珪嗣妻馬為妃珪死子勝
立至德初以兵赴難因請留宿衛乾元三年以其弟左監門衛率葉護曜為
大僕員外卿同四鎮節度副使權知本國事勝自有傳于闐東三百里有建
德力河七百里有精絕國河之東有汗彌居達德力城亦曰拘彌城即寧彌
故城皆小國也初德宗即位遣內給事朱如玉之安西求玉於于闐得圭一
珂佩五枕一帶胯三百簪四十奩三十釧十杵三瑟瑟百斤并它寶等及還
詐言假道回紇為所奪久之事泄得所市流死恩州
天竺國漢身毒國也或曰摩伽陀曰婆羅門去京師九千六百里都護治所
二千八百里居葱嶺南幅圓三萬里分東西南北中五天竺皆城邑數百南
天竺瀕海出師子豹𤟤橐它犀象火齊琅玕石蜜黑鹽北天竺距雪山圜抱
如壁南有谷通為國門東天竺際海與扶南林邑接西天竺與罽賓波斯接
中天竺在四天竺之會都城曰茶鎛和羅城濱迦毗黎河有別城數百皆置
長別國數十置王曰舍衛曰迦沒路開戶皆東鄉曰迦尸或曰波羅奈亦曰
波羅那斯其畜有稍割牛黑色角細長四尺許十日一割不然困且死人飲
其血或曰壽五百歲牛壽如之中天竺王姓乞利咥氏亦曰刹利世有其國
不篡殺土溼熱稻歲四熟禾之長者沒橐它以貝齒為貨有金剛旃檀鬱金

金與大秦扶南交趾相貿易人富樂無簿籍耕王地者乃輸稅以舐足摩
踵為致禮家有奇樂倡伎王大臣皆服錦罽為螺髻於頂餘髮翦使卷男
子穿耳垂璫或縣金耳緩者為上類徒跣衣重白婦人項飾金銀珠纓絡死
者燔骸取灰建窣堵或委野中及河餌鳥獸魚鱉無喪紀謀反者幽殺之小
罪贖錢不孝者斷手足劓耳鼻徙于邊有文字善步曆學悉曇章妄曰梵天
法書貝多葉以記事尚浮圖法不殺生飲酒國中處處指曰佛故跡也信盟
誓傳禁呪能致龍起雲雨隋煬帝時遣裴矩通西域諸國獨天竺拂菻不至
為恨武德中國大亂王尸羅逸多勒兵戰無前象不弛鞍士不釋甲因討四
天竺皆北面臣之會唐浮屠玄奘至其國尸羅逸多召見曰而國有聖人出
作秦王破陣樂試為我言其為人玄奘粗言太宗神武平禍亂四夷賓服狀
王喜曰我當東面朝之貞觀十五年自稱摩伽陀王遣使者上書帝命雲騎
尉梁懷璥持節尉撫尸羅逸多驚問國人自古亦有摩訶震旦使者至吾國
乎皆曰無有戎言中國為摩訶震旦乃出迎膜拜受詔書戴之頂復遣使者
隨入朝詔衛尉丞李義表報之大臣郊迎傾都邑縱觀道上焚香尸羅逸多
率群臣東面受詔書復獻火珠鬱金菩提樹二十二年遣右衛率府長史王
玄策使其國以蔣師仁為副未至尸羅逸多死國人亂其臣那伏帝阿羅那
順自立發兵拒玄策時從騎纔數十戰不勝皆沒遂剽諸國貢物玄策挺身
奔吐蕃西鄙檄召鄰國兵吐蕃以兵千人來泥婆羅以七千騎來玄策部分
進戰茶鎛和羅城三日破之斬首三千級溺水死萬人阿羅那順委國走合
散兵復陣師仁禽之俘斬千計餘衆奉王妻息阻乾陀衛江師仁擊之大潰
獲其妃王子虜男女萬二千人雜畜三萬降城邑五百八十所東天竺王尸
鳩摩送牛馬三萬餽軍及弓刀寶纓絡迦沒路國獻異物并上地圖請老子
象玄策執阿羅那順獻闕下有司告宗廟帝曰夫人耳目玩聲色口鼻耽臭
味此敗德之原也婆羅門不劫吾使者寧至俘虜邪擢玄策朝散大夫得方
士那邏邇娑婆寐自言壽二百歲有不死術帝改館使治丹命兵部尚書崔
敦禮護視使者馳天下采怪藥異石又使者走婆羅門諸國所謂畔茶法水
者出石臼中有石象人守之水有七種色或熱或冷能銷草木金鐵人手入
輒爛以橐它髑髏轉注瓠中有樹名咀賴羅葉如梨生窮山崖腹前有巨虺
守穴不可到欲取葉者以方鏃矢射枝則落為群鳥銜去則又射乃得之其
詭譎類如此後術不驗有詔聽還不能去死長安高宗時盧伽逸多者東天
竺烏茶人亦以術進拜懷化大將軍乾封三年五天竺皆來朝開元時中天
竺遣使者三至南天竺一獻五色能言鳥乞師討大食吐蕃丐名其軍玄宗

詔賜懷德軍使者曰蕃夷惟以袍帶為寵帝以錦袍金革帶魚袋并七事賜之比天竺二來朝

摩揭它一曰摩伽陀本中天竺屬國環五千里土沃宜稼穡有異稻巨粒號供大人米王居拘闍揭羅布羅城或曰俱蘇摩補羅曰波吒釐子城北瀕殑伽河貞觀二十一年始遣使者自通于天子獻波羅樹樹類白楊太宗遣使取熬糖法即詔揚州上諸蔗拃瀋如其劑色味愈西域遠甚高宗又遣王玄策至其國摩訶菩提祠立碑焉後德宗自製鐘銘賜那爛陀祠又有那揭者亦屬國也貞觀二十年遣使者貢方物烏茶者一曰烏伏那亦曰烏萇直天竺南地廣五千里東距勃律六百里西罽賓四百里山谷相屬產金鐵蒲陶鬱金稻歲熟人柔詐善禁架術國無殺刑抵死者放之窮山罪有疑飲以藥視溲清濁而決輕重有五城王居術曹蘖利城一曰曹揭釐城東北有達麗羅川即烏萇舊地貞觀十六年其王達摩因陁訶斯遣使者獻龍腦香璽書優答大食與烏萇東鄙接開元中數誘之其王與骨咄俱位二王不肯臣玄宗命使者冊為王章求拔國或曰章揭拔本西羌種居悉立西南四山中後徙山西與東天竺接衣服略相類因附之地袤八九百里勝兵二千人無城郭好鈔暴商旅患之貞觀二十年其王羅利多菩伽因悉立國遣使者入朝玄策之討

中天竺發兵來赴有功由是職貢不絕悉立當吐蕃西南戶五萬城邑多旁澗谿男子繒束頭衣氈褐婦人辮髮短裙昏姻不以財聘其穀宜秔稻麥豆死者葬于野不封樹喪制以黑為衣滿年而除刑有刖劓常羈屬吐蕃

罽賓隋漕國也居蔥嶺南距京師萬二千里而嬴南距舍衛三千里王居脩鮮城常役屬大月氏地暑濕人乘象俗治浮屠法武德二年遣使貢寶帶金鎖水精醆頗黎狀若酸棗貞觀中獻名馬太宗詔大臣曰朕始即位或言天子欲耀兵振伏四夷惟魏徵勸我脩文德安中夏中夏安遠人伏矣今天下大安四夷君長皆來獻此徵力也遣果毅何處羅拔等厚齎賜其國并撫尉天竺處羅拔至罽賓王東向稽首再拜仍遣人道護使者至天竺十六年獻褥特鼠喙尖尾赤能食蛇螫者嗅且尿瘡即愈國人共傳王始祖曰馨孽至曷擷支傳十二世顯慶三年以其地為脩鮮都督府龍朔初拜其王脩鮮等十一州諸軍事脩鮮都督開元七年遣使獻天文及秘方奇藥天子冊其王為葛邏達支特勒後烏散特勒灑年老請以子拂菻罽婆嗣聽之天寶四載冊其子勃匐準為襲罽賓及烏萇國王乾元初使者朝貢

端明殿學士兼翰林侍讀學士龍圖閣學士朝散大夫尚書吏部侍郎兼集賢殿修撰臣宋祁奉

敕撰

康者一曰薩末鞬亦曰颯秣建元魏所謂悉萬斤者其南距史百五十里西北距西曹百餘里東南屬米百里北中曹五十里在那密水南大城三十小堡三百君姓溫本月氏人始居祁連北昭武城爲突厥所破稍南依葱嶺即有其地枝庶分王曰安曰曹曰石曰米曰何曰火尋曰戊地曰史世謂九姓皆氏昭武土沃宜禾出善馬兵彊諸國人嗜酒好歌舞于道王帽氈飾金雜寶女子盤髻幪黑巾綴金䕺生兒以石蜜啖之置膠於掌欲長而甘言持瑤若黏云習旁行書善商賈好利丈夫年二十去傍國利所在無不至以十二月爲歲首尚浮圖法祠祆神出機巧技十一月鼓舞乞寒以水交潑爲樂隋時其王屈木支娶西突厥女遂臣突厥武德十年始遣使來獻貞觀五年遂請臣太宗曰朕惡取虛名害百姓且

康臣我緩急當同其憂師行萬里寧朕志邪卻不受俄又遣使獻師子獸帝珍其遠命祕書監虞世南作賦自是歲入貢致金桃銀桃詔令植苑中高宗永徽時以其地爲康居都督府即授其王拂呼縵爲都督萬歲通天中以大首領篤娑鉢提爲王死子泥涅師師立死國人立突昏爲王開元初貢鎖子鎧水精杯碼碯瓶駝鳥卵及越諾侏儒胡旋女子其王烏勒伽與大食亟戰不勝來乞師天子不許久之請封其子咄曷爲曹王默啜爲米王詔許烏勒伽死遣使立咄曷封欽化王以其母可敦爲郡夫人安者一曰布豁又曰捕喝元魏謂忸蜜者東北至東安西南至畢皆百里所西瀕烏滸河治阿濫謐城即康居小君長罽王故地大城四十小堡千餘募勇健者爲柘羯柘羯猶中國言戰士也武德時遣使入朝貞觀初獻方物太宗厚尉其使曰西突厥已降商旅可行矣諸胡大悅其王訶陵迦又獻名馬自言一姓相承二十二世云是歲東安國亦入獻言子姓相承十世云東安或曰小國曰喝汗在那密水之陽東

距何二百里許西南至大安四百里治喝汗城亦曰䈰斤大城二十小堡百顯慶時以阿濫爲安息州即以其王昭武殺爲刺史䈰斤爲木鹿州以其王昭武閉息爲刺史開元十四年其王篤薩波提遣弟阿悉爛達拂耽發黎來朝納馬豹後八年獻波斯駿二拂菻繡氍毹一鬱金香石蜜等其妻可敦獻柘辟大氍毹二繡氍毹一丐賜袍帶鎧仗及可敦袿襹裝澤東曹或曰率都沙那蘇對沙那劫布呾那蘇都識匿凡四名居波悉山之陰漢貳師城地也東北距俱戰提二百里北至石西至康東北寧遠皆四百里許南至吐火羅五百里有野叉城城有巨窟嚴以關鑰歲再祭人向窟立中即煙出先觸者死武德中與康同遣使入朝其使曰本國以臣爲健兒聞秦王神武欲隸麾下高祖大悅西曹者隋時曹也南接史及波覽治瑟底痕城東北越于底城有得悉神祠國人事之有金具器款其左曰漢時天子所賜武德中入朝天寶元年王哥邏僕羅遣使者獻方物詔封懷德王即上言祖考以來奉天可汗願

同唐人受調發佐天子征討十一載東曹王設阿忽與安王請擊黑衣大食玄宗尉之不聽中曹者居西曹東康之北王治迦底真城其人長大工戰鬬石或曰柘支曰柘折曰赭時漢大宛北鄙也去京師九千里東北距西突厥西北波臘南二百里所抵俱戰提西南五百里康也圓千餘里右涯素葉河王姓石治柘折城故康居小王窳匿城地西南有藥殺水入中國謂之眞珠河亦曰質河東南有大山生瑟瑟俗善戰多良馬隋大業初西突厥殺其王以特勒匐職統其國武德貞觀間數獻方物顯慶三年以瞰羯城爲大宛都督府授其王瞰土屯攝舍提於屈昭穆都督開元初封其君莫賀咄吐屯有功爲石國王二十八年又冊順義王明年王伊捺吐屯屈勒上言今突厥已屬天可汗惟大食爲諸國患請討之天子不許天寶初封王子那俱車鼻施爲懷化王賜鐵券久之安西節度使高仙芝劾其無蕃臣禮請討之王約降仙芝遣使者護送至開遠門俘以獻斬闕下於是西域皆怨王子走大食乞兵攻怛邏

斯城敗仙芝軍自是臣大食寶應時遣使朝貢有碎葉者出安西
西北千里所得勃達嶺南抵中國北突騎施南鄙也西南直葱嶺贏
二千里水南流者經中國入于海北流者經胡入于海北三日行度
雪海春夏常雨雪繇勃達嶺北行贏千里得細葉川東曰熱海地
寒不凍西有碎葉城天寶七載北廷節度使王正見伐安西毀之
川長千里有異姓突厥兵數萬耕者皆擐甲相掠爲奴婢西屬怛
邏斯城石常分兵鎮之自此抵西海矣三月訖九月未嘗雨人以
雪水溉田石東南千餘里有怖捍者山四環之地膏腴多馬羊西
千里距堵利瑟那東臨葉葉水水出葱嶺北原色濁西北流入大
磧無水草望大山尋遺骸知所指五百餘里即康也米或曰彌末
曰弭秣賀北百里距康其君治鉢息德城永徽時爲大食所破顯
慶三年以其地爲南謐州授其君昭武開拙爲刺史自是朝貢不
絕開元時獻壁舞筵師子胡旋女十八年大首領末野門來朝天
寶初封其君爲恭順王母可敦郡夫人何或曰屈霜你迦曰貴霜

匿即康居小王附墨城故地城左有重樓北繪中華古帝東突厥
婆羅門西波斯拂菻等諸王其君旦詣拜則退貞觀十五年遣使
者入朝永徽時上言聞唐出師西討願輸糧于軍俄以其地爲貴
霜州授其君昭武婆達地刺史遣使者鉢底失入謝火尋或曰貨
利習彌曰過利居烏滸水之陽東南六百里距戊地西南與波斯
接西北抵突厥曷薩乃康居小王奧鞬城故地其君治急多颶遮
城諸胡惟其國有車牛商賈乘以行諸國天寶十載君稍施芬遣
使者朝獻黑鹽寶應時復入朝史或曰佉沙曰羯霜那居獨莫水
南康居小王蘇薤城故地西百五十里距那色波北二百里屬米南
四百里吐火羅也有鐵門山左右巉峭石色如鐵爲關以限二國
以金錮闔城有神祠每祭必千羊用兵類先禱乃行國有城五百
隋大業中其君狄遮始通中國號最彊盛築乞史城地方數千里貞
觀十六年君沙瑟畢獻方物顯慶時以其地爲佉沙州授君昭武
失阿喝刺史開元十五年君忽必多獻舞女文豹後君長數死立

然首領時時入朝天寶中詔改史爲來威國那色波亦曰小史蓋
爲史所役屬居吐火羅故地東阨葱嶺西接波剌斯南雪山循縛
芻水北有咀蜜種亦自國東西六百里所又東踰四種有鑊沙者
廣三百里長五百里東界胥咄接葱領有十八種南有揭職稍大
幅員準千里陵阜連屬多菽麥氣寒列東南抵雪山六百里道
吐火羅又踰五種至婆羅覩邏北踰山行六百里得烏萇種東北
行二百里至河波羅水水西南流春夏涸東北歷十二種有婆羅
吸摩補羅最大種繇地四千里山周其外土沃產鍮水精北大雪
山即東女也歷十九種得摩揭陀又東過四種踰大河有迦摩縷
波皆阪險地接西南夷其人類蠻獠行二月叩蜀南邊其東南野
象羣暴故戰用象軍又南歷三十二種有狠揭羅者地大數千里
其君治窣菟黎濕伐羅城西北即波剌斯傳言廣萬里王治蘇剌
薩儻那城土溫濘引水爲田人富饒出金銀水精多工巧織錦褐
氍毹產善馬橐它人服錦疊氍賦稅口出四銀錢又以交易西北距

拂菻西南際海島有西女種皆女子多珍貨附拂菻拂菻君長歲
遣男子配焉俗產男不舉又有臂多勢羅四種西北踰大山廣川
歷小城聚行二千里即謝颶也北五百里有弗栗恃薩儻那地橫
二千里縱千里其君突厥種治護苾那城東北大雪山盛夏常凍
鑿冰乃可度下有安呾羅縛者地三千里西北踰嶺四百里有闊
悉多西北三百里有活種大二千里此三種皆居吐火羅故地臣
于突厥君亦突厥種主鐵門南諸戎遷徙不常東又有七種東南
峽道險甚無慮三百里得俱蘭東北山行五百里即護密北識匿
也南有商彌地大二千里而贏多蒲陶生雌黃鑿石乃得東北踰
山七百里至波謎羅川東西千里南北百里春夏雨雪南有鉢露
種多紫金行五百里有朅盤陀東行八百里出葱嶺又八百里至
烏鎩環千里出白黳青三種玉君長世臣朅盤陀北徑磧曠野五
百里得跡勒東南五百里齊徒多水踰大沙嶺有斫句迦種或曰
沮渠地千里東踰領八百里即于闐也東有媲摩川度磧行二百

里得尼壤城在大澤中地墊洳蘆葦荒茂行者鑿道趣城通于闐
而于闐以為東關又東行入大流沙人行無跡故往返輒迷聚遺
骸以識道無水草多熱風觸人及六畜皆迷仆行四百里至故都
邏又六百里至故折摩馱那古且末也又千里至故納縛波古樓
蘭也自沮蜜以下諸種相與羣聚華人皆以國名之故未嘗與唐
通傳記雜詭不可得而考然其地與諸國連屬粗序其名云
寧遠者本拔汗那或曰鏺汗元魏時謂破洛那去京師八千里居
西鞬城在眞珠河之北有大城六小城百人多壽其王自魏晉相
承不絕每元日王及首領判二朋朋出一人被甲鬬衆以瓦石相
之有死者止以卜歲善惡貞觀中王契苾為西突厥瞰莫賀咄所
殺阿瑟那鼠匿奪其城鼠匿死子遏波之立契苾兄子阿了參為
王治呼悶城遏波之治渴塞城顯慶初遏波之遣使朝貢高宗厚
慰諭三年以渴塞城為休循州都督授阿了參刺史自是歲朝貢
玄宗開元二十七年王阿悉爛達干助平吐火仙冊拜奉化王天

寶三載改其國號寧遠帝以外家姓賜其王曰竇又封宗室女為
和義公主降之十三載王忠節遣子薛裕朝請留宿衛習華禮
聽之授左武衛將軍其事唐最謹
大勃律或曰布露直吐蕃西與小勃律接西鄰北天竺烏萇地宜
鬱金役屬吐蕃萬歲通天逮開元時三遣使者朝故冊其君蘇弗
舍利支離泥為王死又冊蘇麟陀逸之嗣王凡再遣大首領貢方
物小勃律去京師九千里而贏東少南三千里距吐蕃贊普牙東
八百里屬烏萇東南三百里大勃律南五百里箇失蜜北五百里
當護密之娑勒城王居孽多城臨娑夷水其西山巔有大城曰迦
布羅開元初王沒謹忙來朝玄宗以兒子畜之以其地為綏遠軍
國迫吐蕃數為所困吐蕃曰我非謀爾國假道攻四鎮爾久之吐
蕃奪其九城沒謹忙求救北廷節度使張孝嵩遣疏勒副使張
思禮率銳兵四千倍道往沒謹忙因出兵大破吐蕃殺其衆數萬
復九城詔冊為小勃律王遣大首領察卓那斯摩沒勝入謝沒謹

忙死子難泥立死兄麻來兮立死蘇失利之立為吐蕃陰誘妻以
女故西北二十餘國皆臣吐蕃貢獻不入安西都護三討之無功
天寶六載詔副都護高仙芝伐之前遣將軍席元慶馳千騎見蘇
失利之曰請假道趨大勃律城中大酋五六皆吐蕃腹心仙芝約
元慶吾兵到必走山出詔書召慰賜繒綵縛酋領待我元慶如約
蘇失利之挾妻走不得其處仙芝至斬為吐蕃者斷娑夷橋是暮
吐蕃至不能救仙芝約王降遂平其國於是拂菻大食諸胡七十
二國皆震恐咸歸附執小勃律王及妻歸京師詔改其國號歸仁
置歸仁軍募千人鎮之帝赦蘇失利之不誅授右威衛將軍賜紫
袍黃金帶使宿衛
吐火羅或曰土豁羅曰覩貨邏元魏謂吐呼羅者居葱嶺西烏滸河
之南古大夏地與挹怛雜處勝兵十萬國土著少女多男北有頗
黎山其陽穴中有神馬國人游牧牝于側生駒輒汗血其王號葉
護武德貞觀時再入獻永徽元年獻大鳥高七尺色黑足類槖駝

翅而行日三百里能噉鐵俗謂駝鳥顯慶中以其阿緩城為月氏
都督府析小城為二十四州授王阿史那都督後二年遣子來朝
俄又獻碼碯鐙樹高三尺神龍元年王那都泥利遣弟僕羅入朝
留宿衛開元天寶閒數獻馬騾異藥乾陀婆羅二百品紅碧玻瓈
乃冊其君骨咄祿頓達度為吐火羅葉護挹怛王其後鄰胡羯師
謀引吐蕃攻吐火羅於是葉護失里忙伽羅丐安西兵助討帝為
出師破之乾元初與西域九國發兵為天子討賊肅宗詔隸朔方
行營挹怛國漢大月氏之種大月氏為烏孫所奪西過大宛擊大
夏臣之治藍氏城大夏即吐火羅也嚈噠王姓也後裔以姓為國
訛為挹怛亦曰挹闐俗類突厥天寶中遣使朝貢俱蘭或曰俱羅
弩曰屈浪拏與吐火羅接環地三千里南大雪山北俱魯河出金
精琢石取之貞觀二十年其王忽提婆遣使者來獻書辭類浮
屠語劫者居葱嶺中西及南距賒彌西北挹怛也去京師萬二千
里氣常熱有稻麥粟豆畜羊馬俗死棄於山武德二年遣使者獻

寶帶玻瓈水精栝越底延者南三千里距天竺西北千里至賒彌
東北五千里至瓜州居辛頭水之北其法不殺人重罪流輕罪放
無租稅俗前羽髮被錦袍貧者白疊自澡潔氣溫多稻米石蜜
謝颶居吐火羅西南本曰漕矩吒或曰漕矩顯慶時謂訶達羅支
武后改今號東距罽賓東北帆延皆四百里南婆羅門西波斯北
護時健其王居鶴悉那城地七千里亦治阿娑你城多鬱金瞿草
瀵泉灌田國中有突厥罽賓吐火羅種人雜居罽賓取其子弟持
兵以禦大食景雲初遣使朝貢後遂臣罽賓開元八年天子冊葛
達羅支頡利發誓屈爾爲王至天寶中數朝獻帆延者或曰望衍
曰梵衍那居斯卑莫運山之旁西北與護時健接東南距罽賓西
南訶達羅支與吐火羅連境地寒人穴處王治羅爛城有大城四
五水北流入烏滸河貞觀初遣使者入朝顯慶三年以羅爛城爲
寫鳳都督府縛時城爲悉萬州授王葛寫鳳州都督管內五州諸
軍事自是朝貢不絕石汗那或曰斫汗那自縛底野南入雪山行
四百里得帆延東臨烏滸河多赤豹開元天寶中一再朝獻

識匿或曰尸棄尼曰瑟匿東南直京師九千里東五百里距葱嶺
守捉所南三百里屬護蜜西北五百里抵俱蜜初治苦汗城後散
居山谷有大谷五酋長自爲治謂之五識匿地二千里無五穀人喜
攻剽劫商賈播蜜川四谷稍不用王號令俗窟室貞觀二十年與
似沒役槃二國使者偕來朝開元十二年授王布遮波資金吾衛
大將軍天寶六載王跌失伽延從討勃律戰死擢其子都督左武
衛將軍給祿居藩似沒者北接石土俗與康同役槃亦與康鄰出
良馬俱蜜者治山中在吐火羅東北南臨黑河其王突厥延陀種
貞觀十六年遣使者入朝開元中獻胡旋舞女其王那羅延頗言
爲大食暴賦天子但尉遣而已天寶時王伊悉爛俟斤又獻馬護
蜜者或曰達摩悉鐵帝曰鑊侃元魏所謂鉢和者亦吐火羅故地
東南直京師九千里而贏橫千六百里縱狹纔四五里王居塞迦
審城北臨烏滸河地寒沍堆阜曲折沙石流漫有豆麥宜木果出

善馬人碧瞳顯慶時以地爲鳥飛州王沙鉢羅頡利發爲刺史地
當四鎮入吐火羅道故役屬吐蕃開元八年冊其王羅旅伊陀骨
咄祿多毗勒莫賀達摩薩爾爲王十六年與米首領米忽汗同獻
方物明年大酋烏鶻達干復朝王死冊其從弟護眞檀嗣王二十
九年身入朝宴內殿拜左金吾衛將軍賜紫袍金帶天寶初王子
頡吉匐請絕吐蕃賜鐵券八載眞檀來朝請宿衛詔可授右武衛
將軍久乃遣又遣首領朝貢乾元元年王紇設伊俱鼻施來朝賜
氏李

箇失蜜或曰迦濕彌邏北距勃律五百里環地四千里山回繚之
它國無能攻伐王治撥邏勿邏布邏城西瀕彌那悉多大河地宜
稼多雪不風出火珠鬱金龍種馬俗毛褐世傳地本龍池龍徙水
竭故往居之開元初遣使者朝八年詔冊其王眞陀羅祕利爲王
間獻胡藥天木死弟木多筆立遣使者物理多來朝且言有國以
來並臣天可汗受調發國有象馬步三種兵臣身與中天竺王阸

吐蕃五大道禁出入戰輒勝有如天可汗兵至勃律者雖衆二十
萬能輸糧以助又國有摩訶波多磨龍池願爲天可汗營祠因丐
王冊鴻臚譯以聞詔內物理多宴中殿賜賚優備冊木多筆爲王
自是職貢有常其役屬五種亦名國所謂咀叉始羅者地二千里
有都城東南餘七百里得僧訶補羅地三千餘里亦治都城東南
山行五百里得烏剌尸地二千里有都城宜稼穡東南限山千里
即箇失蜜西南行險七百里得半笯蹉地二千里又得曷邏闍補
羅者其大四千里有都城多山阜人驍勇五種皆無君長云

骨咄或曰珂咄羅廣長皆千里王治思助建城多良馬赤豹有四
大鹽山山出烏鹽開元十七年王俟斤遣子骨都施來朝二十一
年王頡利發獻女樂又遣大首領多博勒達干朝貢天寶十一載
冊其王羅全節爲葉護

蘇毗本西羌族爲吐蕃所幷號孫波在諸部最大東與多彌接西
距鶻莽硤戶三萬天寶中王沒陵贊欲舉國內附爲吐蕃所殺子

悉諸率首領奔隴右節度使哥舒翰護送闕下玄宗厚禮之多彌
亦西羌族役屬吐蕃號難磨瀆犁牛河土多黃金貞觀六年遣使
者朝貢賜遣之伊吾城者漢宜禾都尉所治商胡雜居勝兵千附
鐵勒人驍悍土良沃隋末內屬置伊吾郡天下亂復臣突厥貞觀
四年城酋來朝頡利滅舉七城降列其地為西伊州
師子居西南海中延袤二千餘里有稜伽山多奇寶以寶置洲上
商舶償直輒取去後鄰國人稍往居之能馴養師子因以名國總
章三年遣使者來朝天寶初王尸羅迷迦再遣使獻大珠鈿金寶
瓔象齒白氎
波斯居達遏水西距京師萬五千里而贏東與吐火羅康接北鄰
突厥可薩部西南皆瀕海西北贏四千里拂菻也人數十萬其先
波斯匿王大月氏別裔王因以姓又為國號治二城有大城十餘
俗尊右下左祠天地日月水火祠夕以麝揉蘇澤耏顏鼻耳西域
諸胡受其法以祠祆拜必交股俗徒跣丈夫祝髮衣不剖襟青白

為巾帔緣以錦婦辮髮著後戰乘象一象士百人負則盡殺斷罪
不為文書決於廷叛者鐵灼其舌瘡白為直黑為曲刑有髡鉗刖
劓小罪耏或系木于頸以時月而置劫盜囚終老偷者輸銀錢凡
死棄于山服閱月除氣常歊熱地夷漫知耕種畜牧有鷲鳥能啖
羊多善犬騾大驢產珊瑚高不三尺隋末西突厥葉護可汗討殘
其國殺王庫薩和其子施利立葉護使部帥監統施利死遂不肯
臣立庫薩和女為王突厥又殺之施利之子單羯方奔拂菻國人
迎立之是為伊怛支死兄子伊嗣俟立貞觀十二年遣使者沒似
半朝貢又獻活褥蛇狀類鼠色正青長九寸能捕穴鼠伊嗣俟不
君為大酋所逐奔吐火羅半道大食擊殺之子卑路斯入吐火羅
以免遣使者告難高宗以遠不可師謝遣會大食解而去吐火羅
以兵納之龍朔初又訴為大食所侵是時天子方遣使者到西域
分置州縣以疾陵城為波斯都督府即拜卑路斯為都督俄為大
食所滅雖不能國咸亨中猶入朝授右武衛將軍死始其子泥涅

師為質調露元年詔裴行儉將兵護還將復王其國以道遠至安
西碎葉行儉還泥涅師因客吐火羅二十年部落益離散景龍初
復來朝授左威衛將軍病死西部獨存開元天寶間遣使者十輩
獻碼碯牀火毛繡舞筵乾元初從大食襲廣州焚倉庫廬舍浮海
走大曆時復來獻又有陀拔斯單者或曰陀拔薩憚其國三面阻
山北瀕小海居婆里城世為波斯東大將波斯滅不肯臣大食天
寶五載王忽魯汗遣使入朝封為歸信王後八年遣子自會羅來
朝拜右武衛員外中郎將賜紫袍金魚留宿衛為黑衣大食所滅
貞觀後遠小國君遣使者來朝獻有司未嘗參考本末者今附之
左方曰火辭彌與波斯接貞觀十八年與摩羅游使者偕朝二十
一年有健達王獻佛土菜莖五葉赤華紫須龍朔元年多福王難
婆修彊宜說遣使者來朝總章元年有末陀提王開元五年有習
阿薩般王安殺並遣使者朝貢七年訶毗施王捺塞因吐火羅大
酋羅摩獻師子五色鸚鵡天寶時來朝者曰俱爛那曰舍摩曰威

遠曰蘇吉利發屋蘭曰蘇利悉單曰建城曰新城曰俱位凡八國俱
位或曰商彌治阿賒颶師多城在大雪山勃律河北地寒有五穀
蒲陶若榴冬窟室國人常助小勃律為中國候新城之國在石東
北贏百里有弩室羯城亦曰新城曰小石國城後為葛邏祿所并
拂菻古大秦也居西海上一曰海西國去京師四萬里在苫西北直
突厥可薩部西瀕海有遲散城東南接波斯地方萬里城四百勝
兵百萬十里一亭三亭一置臣役小國數十以名通者曰澤散曰
驢分澤散直東北不得其道里東度海二千里至驢分國重石為
都城廣八十里東門高二十丈釦以黃金王宮有三襲門皆飾異
寶中門中有金巨稱一作金人立其端屬十二丸率時改一丸落
以瑟瑟為殿柱水精琉璃為棁香木梁黃金為地象牙闔有貴臣
十二共治國王出一人挈囊以從有訟書投囊中還省枉直國有
大災異輒廢王更立賢者王冠如鳥翼綴珠衣錦繡前無襟坐金
蘤榻側有鳥如鵝綠毛上食有毒輒鳴無陶瓦屑白石塈屋堅潤

如王盛暑引水上沃氣爲風男子前翦髮衣繡右袒而帔乘輜軿白
蓋小車出入建旌旗擊鼓婦人錦巾家貲億萬者爲上官俗喜酒
嗜乾餅多幻人能發火于顏手爲江湖口幡眊舉足墮珠玉有善
醫能開腦出蟲以愈目眚土多金銀夜光璧明月珠大貝車渠碼
碯木難孔翠虎魄織水羊毛爲布曰海西布海中有珊瑚洲海人
乘大船墮鐵網水底珊瑚初生磐石上白如菌一歲而黃三歲赤
枝格交錯高三四尺鐵發其根繫網船上絞而出之失時不取即
腐西海有市貿易不相見置直物旁名鬼市有獸名䝟大如狗獷
惡而力北邑有羊生土中臍屬地割必死俗介馬而走擊鼓以驚
之羔臍絕即逐水草不能羣貞觀十七年王波多力遣使獻赤玻
瓈綠金精下詔答賚大食稍彊遣大將軍摩拽伐之拂菻約和遂
臣屬乾封至大足再朝獻開元七年因吐火羅大酋獻師子羚羊
自拂菻西南度磧二千里有國曰磨鄰曰老勃薩其人黑而性悍
地瘴癘無草木五穀飼馬以槁魚人食鶻莽鶻莽波斯棗也不恥
烝報於夷狄最甚號曰尋其君臣七日一休不出納交易飲以窮夜
大食本波斯地男子鼻高黑而髯女子白晳出輒鄣面日五拜天
神銀帶佩銀刀不飲酒舉樂有禮堂容數百人率七日王高坐爲
下說曰死敵者生天上殺敵受福故俗勇于鬭土磽礫不可耕獵
而食肉刻石蜜爲廬如輿狀歲獻貴人蒲陶大者如雞卵有千里
馬傳爲龍種隋大業中有波斯國人牧于俱紛摩地那山有獸言
曰山西三穴有利兵黑石而白文得之者王走視如言石文言當
反乃詭衆裒亡命於恒曷水劫商旅保西鄙自王移黑石寶之國
人往討之皆大敗還於是遂彊滅波斯破拂菻始有粟麥倉庾南
侵婆羅門并諸國勝兵至四十萬康石皆往臣之其地廣萬里東
距突騎施西南屬海海中有撥拔力種無所附屬不生五穀食肉
刺牛血和乳飲之俗無衣服以羊皮自蔽婦人明晳而麗多象牙
及阿末香波斯賈人欲往市必數千人納氎剺血誓乃交易兵多
牙角而有弓矢鎧矟士至二十萬數爲大食所破略永徽二年大

食王瞰密莫末膩始遣使者朝貢自言王大食氏有國三十四年
傳二世開元初復遣使獻馬鈿帶謁見不拜有司將劾之中書令
張說謂殊俗慕義不可寘于罪玄宗赦之使者又來辭曰國人止
拜天見王無拜也有司切責乃拜十四年遣使蘇黎滿獻方物拜
果毅賜緋袍帶或曰大食族中有孤列種世酋長號白衣大食種
有二姓一曰盆尼末換二曰奚深有摩訶末者勇而智衆立爲王
闢地三千里克夏臘城傳十四世至末換殺兄伊疾自王下怨其
忍有呼羅珊木鹿人并波悉林將討之徇衆曰助我者皆黑衣俄
而衆數萬即殺末換求奚深種孫阿蒲羅拔爲王更號黑衣大食
蒲羅死弟阿蒲恭拂立至德初遣使者朝貢代宗取其兵平兩京
阿蒲恭拂死子迷地立死弟訶論立貞元時與吐蕃相攻吐蕃歲
西師故鮮盜邊十四年遣使者含嵯烏雞沙北三人朝皆拜中郎
將賚遣之傳言其國西南二千里山谷間有木生花如人首與語
輒笑則落東有末祿小國也治城郭多木姓以五月爲歲首以畫
缸相獻有尋支瓜大者十人食乃盡蔬有顆蔥葛藍軍達茇薤大
食之西有苫者亦自國北距突厥可薩部地數千里有五節度勝
兵萬人土多禾有大川東流入亞俱羅商賈往來相望云自大食
西十五日行得都盤西距羅利支十五日行南即大食二十五日行
北勃達一月行勃達之東距大食二月行西抵岐蘭二十日行南
都盤北大食皆一月行岐蘭之東南二十日行得阿沒或曰阿昧
東南距陀拔斯十五日行南沙蘭一月行北距海二日行居你訶
溫多城宜馬羊俗柔寬故大食常游牧於此沙蘭東距羅利支北
恒滿皆二十日行西即大食二十五日行羅利支東距都盤北陀
拔斯皆十五日行西沙蘭二十日行南大食二十五日行恒滿或
曰恒沒東陀拔斯南大食皆一月行北岐蘭二十日行西即大食
一月行居烏滸河北平川中獸多師子西北與史接以鐵關爲限
天寶六載都盤等六國皆遣使者入朝乃封都盤王謀思健摩訶
延曰順化王勃達王摩俱澁斯曰守義王阿沒王俱那胡設曰恭

信王沙蘭王卑路斯威曰順禮王羅利支王伊思俱習曰義寧王

怛滿王謝没曰奉順王

贊曰西方之戎古未嘗通中國至漢始載烏孫諸國後以名字見者寖多唐興以次脩貢蓋百餘皆冒萬里而至亦已勤矣然中國有報贈冊弔程糧傳驛之費東至高麗南至真臘西至波斯吐蕃堅昆北至突厥契丹靺鞨謂之入蕃其外謂之絕域視地遠近而給費開元盛時稅西域商胡以供四鎮出北道者納賦輪臺地廣則費倍此盛王之鑒也

西域列傳第一百四十六下

端明殿學士兼翰林侍讀學士龍圖閣學士朝請大夫守尚書吏部侍郎充集賢殿修撰臣宋祁奉敕撰

南詔或曰鶴拓曰龍尾曰苴咩曰陽劒本哀牢夷後烏蠻別種也夷語王爲詔其先渠帥有六自號六詔曰蒙巂詔越析詔浪穹詔邆睒詔施浪詔蒙舍詔兵埒不能相君蜀諸葛亮討定之蒙舍詔在諸部南故稱南詔居永昌姚州之閒鐵橋之南東距爨東南屬交趾西摩伽陀西北與吐蕃接南女王西南驃北抵益州東北際黔巫王都羊苴咩城別都曰善闡府王坐東嚮其臣有所陳以狀言而不稱臣王自稱曰元猶朕也謂其下曰昶猶卿爾也官曰坦綽曰布燮曰久贊謂之清平官所以決國事輕重猶唐宰相也曰酋望曰正酋望曰員外酋望曰大軍將曰員外猶試官也幕爽主兵琮爽主戶籍慈爽主禮罰爽主刑勸爽主官人厥爽主工作萬爽主財用引爽主客禾爽主商賈皆清平官酋望大軍將兼之

爽猶言省也督爽揔三省也乞託主馬祿託主牛巨託主倉廩亦清平官酋望大軍將兼之曰爽酋曰彌勤曰勤齊掌賦稅曰兵獳司掌機密大府主將曰演習副曰演覽中府主將曰繕裔副曰繕覽下府主將曰澹酋副曰澹覽小府主將曰幕撝副曰幕覽府有陀酋若管記有陀西若判官大抵如此凡調發下文書聚邑必占其期百家有揔佐一千家有治人官一萬家有都督一凡田五畝曰雙上官授田四十雙上戶三十雙以是而差壯者皆爲戰卒有馬爲騎軍人歲給韋衫袴以邑落遠近分四軍以旗幟別四方面一將統千人四軍置一將凡敵入境以所入面將禦之王親兵曰朱弩佉苴佉苴韋帶也擇鄉兵爲四軍羅苴子戴朱鞮鍪負犀革銅盾而跣走險如飛百人置羅苴子統一人望苴蠻者在蘭蒼江西男女勇捷不鞍而騎善用矛劒短甲蔽胷腹鞮鍪皆插貓牛尾馳突若神凡兵出以望苴子前驅以清平子弟爲羽儀王左右有羽儀長八人清平官見王不得佩劒唯羽儀長佩之爲親信有六

曹長曹長有功補大軍將大軍將十二與清平官等列日議事王所出治軍壁稱節度次補清平官有內算官代王裁處外算官記王所處分以付六曹外則有六節度曰弄棟永昌銀生劒川柘東麗水有二都督會川通海有十瞼夷語瞼若州曰雲南瞼白厓瞼亦曰勃弄瞼品澹瞼邆川瞼蒙舍瞼大釐瞼亦曰史瞼苴咩瞼亦曰陽瞼蒙秦瞼矣和瞼趙川瞼祁鮮山之西多瘴歊地平草冬不枯自曲靖州至滇池人水耕食蠶以柘蠶生閱二旬而繭織錦縑精緻大和祁鮮而西人不蠶剖波羅樹實狀若絮紐縷而幅之覽瞼井產鹽最鮮白惟王得食取足輒滅竈昆明城諸井皆產鹽不征羣蠻食之永昌之西野桑生石上其林上屈兩向而下植取以爲弓不筋漆而利名曰瞑弓長川諸山往往有金或披沙得之麗水多金麩越賧之西多薦草產善馬世稱越賧駿始生若羔歲中紐莎縻之飲以米潘七年可御日馳數百里王出建八旗紫若青白斿犨尾二有旄鉞紫囊囊之翠蓋王母曰信麼亦曰九麼妃曰進

武信麼出亦建八旗絳斿自曹長以降繫金佉苴尚絳紫有功加錦又有功加金波羅金波羅虎皮也功小者衿背不袖次止于衿婦人不粉黛以蘇澤髮貴者綾錦裙襦上施錦一幅以兩股辮爲鬟髻耳綴珠貝瑟瑟虎魄女嫠婦與人亂不禁婚夕私相送已嫁有姦者皆抵死俗以寅爲正四時大抵與中國小差膾魚寸以胡瓜椒蘇和之號鵝闕吹瓢笙笙四管酒至客前以笙推盞勸釂以繒帛及貝市易貝者大若指十六枚爲一覓師行人齎糧斗五升以二千五百人爲一營其法前傷者養治後傷者斬犁田以一牛三夫前挽中壓後驅然專于農無貴賤皆耕不繇役人歲輸米二斗一藝者給田二收乃稅王蒙氏父子以名相屬自舍龍以來有譜次可考舍龍生獨邏亦曰細奴邏高宗時遣使者入朝賜錦袍細奴邏生邏盛炎邏盛炎生炎閣武后時盛炎身入朝妻方娠生盛邏皮喜曰我又有子雖死唐地足矣炎閣立死開元時弟盛邏皮立生皮邏閣授特進封臺登郡王炎閣未有子時以閣羅鳳爲

嗣及生子還其宗而名承閤遂不改開元末皮邏閣逐河蠻取大和城又襲大釐城守之因城龍口夷語山陂陀為和故謂大和以處閤羅鳳天子詔賜皮邏閣名歸義當是時五詔微歸義獨彊乃厚以利啖劍南節度使王昱求合六詔為一制可歸義已并羣蠻遂破吐蕃寖驕大入朝天子亦為加禮又以破洱蠻功馳遣中人冊為雲南王賜錦袍金鈿帶七事於是徙治大和城天寶初遣閤羅鳳子鳳迦異入宿衞拜鴻臚卿恩賜良異七載歸義死閤羅鳳立襲王以其子鳳迦異為陽瓜州刺史初安寧城有五鹽井人得煮鬻自給玄宗詔特進何履光以兵定南詔境取安寧城及井復立馬援銅柱乃還鮮于仲通領劍南節度使卞忿少方略故事南詔嘗與妻子謁都督過雲南太守張虔陀私之多所求丐閤羅鳳不應虔陀數詬靳之陰表其罪由是忿怨反發兵攻虔陀殺之取姚州及小夷州凡三十二明年仲通自將出戎巂州分二道進次曲州靖州閤羅鳳遣使者謝罪願還所虜得自新且城姚州如不

聽則歸命吐蕃恐雲南非唐有仲通怒因使者進薄白厓城大敗引還閤羅鳳斂戰胔築京觀遂北臣吐蕃吐蕃以為弟夷謂弟鍾故稱贊普鍾給金印號東帝揭碑國門明不得已而叛嘗曰我上世世奉中國累封賞後嗣容歸之若唐使者至可指碑澡祓吾罪也會楊國忠以劍南節度當國乃調天下兵凡十萬使侍御史李宓討之輂餉者尚不在涉海而疫死相踵於道宓敗于大和城死者十八亦會安祿山反閤羅鳳因之取巂州會同軍據清溪關以破越析梟于贈西而降尋傳驃諸國尋傳蠻者俗無絲纊跣履榛棘不苦也射豪猪生食其肉戰以竹籠頭如兜鍪其西有裸蠻亦曰野蠻漫散山中無君長作檻舍以居男少女多無田農以木皮蔽形婦或十或五共養一男子廣德初鳳迦異築柘東城諸葛亮石刻故在文曰碑即仆蠻為漢奴夷畏誓常以石搘梧大曆十四年閤羅鳳死鳳迦異前死立其孫異牟尋以嗣異牟尋有智數善撫衆略知書母李獨錦蠻女也獨錦蠻亦烏蠻種在秦臧川南

天寶中命其長為蹄州刺史世與南詔婚聘異牟尋立悉衆二十萬入寇與吐蕃并力一趨茂州踰文川擾灌口一趨扶文掠方維白壩一侵黎雅叩邛郲關令其下曰為我取蜀為東府工伎悉送邏娑城歲賦一縑於是進陷城聚人率走山德宗發禁衞及幽州軍以援東川與山南兵合大敗異牟尋衆斬首六千級禽生捕傷甚衆顛踣厓峭且十萬異牟尋懼更徙苴咩城築袤十五里吐蕃封為日東王然吐蕃責賦重數悉奪其險立營候歲索兵助防異牟尋稍苦之故西瀘令鄭回者唐官也往巂州破為所虜閤羅鳳重其惇儒號蠻利俾教子弟得箠搒故國中無不憚後以為清平官說異牟尋曰中國有禮義少求責非若吐蕃惏刻無極也今棄之復歸唐無遠戍勞利莫大此異牟尋善之稍謀內附然未敢發亦會節度使韋皋撫諸蠻有威惠諸蠻頗得異牟尋語白于皋時貞元四年也皋乃遣諜者遺書吐蕃疑之因責大臣子為質異牟尋愈怨後五年乃決策遣使者三人異道同趣成都遺皋帛書曰異

牟尋世為唐臣曩緣張虔陀志在吞侮中使者至不為澄雪舉部惶窘得生異計鮮于仲通比年舉兵故自新無繇代祖棄背吐蕃欺孤背約神川都督論訥舌使浪人利羅式眩惑部姓發兵無時今十二年此一忍也天禍蕃廷降釁蕭牆太子弟兄流竄近臣橫汙皆尚結贊陰計以行屠害平日功臣無一二在訥舌等皆冊封王小國奏請不令上達此二忍也又遣訥舌逼城于鄙弊邑不堪利羅式私取重賞部落皆驚此三忍也又利羅式罵使者曰滅子之將非我其誰子所富當為我有此四忍也今吐蕃委利羅式甲士六十侍衞因知懷惡不謬此一難忍也吐蕃陰毒野心輒懷搏噬有如媮生實汙辱先人辜負部落此二難忍也往退渾王為吐蕃所害孤遺受欺西山女王見奪其位拓拔首領並蒙誅刈僕固志忠身亦喪亡每慮一朝亦被此禍此三難忍也往朝廷降使招撫情心無二詔函信節皆送蕃廷雖知中夏至仁業為蕃臣吞聲無訴此四難忍也曾祖有寵先帝後嗣率蒙襲王人知禮樂本

唐風化吐蕃詐紿百情懷惡相戚異牟尋願竭誠日新歸款天子請加戎劍南西山涇原等州安西鎭守揚兵四臨委回鶻諸國所在侵掠使吐蕃勢分力散不能爲彊此西南隅不煩天兵可以立功云且贈皐黃金丹砂皐護送使者京師使者奏異牟尋請歸天子爲唐藩輔獻金示順革丹赤心也德宗嘉之賜以詔書命皐遣諜往覘皐令其屬崔佐時至羊苴咩城時吐蕃使者多在陰戒佐時衣牂牱使者服以入佐時曰我乃唐使者安得從小夷服異牟尋夜迎之設位陳燎佐時即宣天子意異牟尋內畏吐蕃顧左右失色流涕再拜受命使其子閤勸及清平官與佐時盟點蒼山載書四一藏神祠石室一沈西洱水一置祖廟一以進天子乃發兵攻吐蕃使者殺之刻金契以獻遣曹長叚南羅趙迦寬隨佐時入朝初吐蕃與回鶻戰殺傷甚乃調南詔萬人異牟尋欲襲吐蕃陽示寡弱以五千人行許之即自將數萬踵後晝夜行大破吐蕃於神川遂斷鐵橋溺死以萬計俘其五王乃遣弟湊羅棟清平官尹

仇寬等二十七人入獻地圖方物請復號南詔帝賜賚有加拜仇寬左散騎常侍封高溪郡王明年夏六月冊異牟尋爲南詔王以祠部郎中袁滋持節領使成都少尹龐頎副之崔佐時爲判官俱文珍爲宣慰使劉幽巖爲判官賜黃金印文曰貞元冊南詔印滋至大和城異牟尋遣兄蒙細羅勿等以良馬六十迎之金鐸玉珂兵振鐸夾路陳異牟尋金甲蒙虎皮執雙鐸鞘執矛千人衛大象十二引于前騎軍徒軍以次列詰旦授冊異牟尋率官屬北面立宣慰使東向冊使南向乃讀詔冊相者引異牟尋去位跪授冊印稽首再拜又授賜服備物退曰開元天寶中曾祖及祖皆蒙冊襲王自此五十年貞元皇帝洗痕録功復賜爵命子子孫孫永爲唐臣因大會其下享使者出銀平脫馬頭盤二謂滋曰此天寶時先君以鴻臚少卿宿衛皇帝所賜也有笛工歌女皆垂白示滋曰此先君歸國時皇帝賜胡部龜茲音聲二列今喪亡略盡唯二人故在酒行異牟尋坐奉觴滋前滋授觴曰南詔當深思祖考成業抱忠

竭誠永爲西南藩屏使後嗣有以不絕也異牟尋拜曰敢不承使者所命滋還復遣清平官尹輔酋等七人謝天子獻鐸鞘浪劍鬱刃生金瑟瑟牛黃虎珀氎紡絲象犀越睒統倫馬鐸鞘者狀如殘刃有孔傍達出麗水飾以金所擊無不洞夷人尤寶月以血祭之鬱刃鑄時以毒藥并治取迎躍如星者凡十年乃成淬以馬血以金犀飾鐔首傷人即死浪人所鑄故亦名浪劍王所佩者傳七世矣異牟尋攻吐蕃復取昆明城以食鹽池又破施蠻順蠻并虜其王置白厓城因定磨些蠻隸昆山西爨故地破茫蠻掠弄棟蠻漢裳蠻以實雲南東北施蠻者在鐵橋西北居大施睒斂尋睒男子衣繒布女分髮直額爲一髻垂後跣而衣皮順蠻本與施蠻雜居劍共諸川咩羅皮鐸羅望既失邆川浪穹奪劍共地由是徙鐵橋在劍睒西北四百里號劍羌磨蠻些蠻與施順二蠻皆烏蠻種居鐵橋大婆小婆三探覽昆池等川土多牛羊俗不頮澤男女衣皮俗好飲酒歌舞茫蠻本關南種茫其君號也或呼茫詔永昌之南

有茫天連茫吐薅大睒茫昌茫鮓茫施大抵皆其種樓居無城郭或漆齒或金齒衣青布短袴露骭以繒布繚臂出其餘垂後爲飾婦人披五色娑羅籠象才如牛養以耕弄棟蠻白蠻種也其部本居弄棟縣鄙地昔爲褒州有首領爲刺史誤殺其參軍挈族北走後散居磨些江側故劍共諸川亦有之漢裳蠻本漢人部種在鐵橋惟以朝霞纏頭餘尚同漢服十五年異牟尋謀擊吐蕃以邆川寧北等城當寇路乃峭山深塹脩戰備帝許出兵助力又請以大臣子弟質於皐皐辭固請乃盡舍成都咸遣就學且言昆明巂州與吐蕃接不先加兵爲虜所脅反爲我患請皐圖之時唐兵比歲屯京西朔方大峙糧欲南北並攻取故地然南方轉饟稽期兵不悉集是夏虜麥不熟疫癘仍興贊普死新君立皐揣虜未敢動乃勸異牟尋緩舉萬全愈於速而無功今瑲上兵十倍往歲且行營皆在巂州扼西瀘吐蕃路昆明弄棟可以無虞異牟尋請期它年吐蕃大臣以歲在辰兵宜出謀襲南詔閱衆治道將以十月圍巂州

州軍屯昆明凡八萬皆命一歲糧贊普以舅攘鄀羅為都統遣尚乞力欺徐濫鑠屯西貢川異牟尋與皐相聞皐命部將武免率弩士三千赴之元榮朝以萬人屯黎州韋良金以二萬五千人屯巂州約南詔有急皆進軍過俄準添城者南詔供饋吐蕃引衆五萬自曩貢川分二軍攻雲南一軍自諾濟城攻巂州異牟尋畏東蠻磨些蠻測懼為吐蕃鄉導欲先擊之皐報巂州實往來道扞蔽數州虜百計窺之故嚴兵以守屯壁相望糧械處處有之東蠻庸敢懷貳乎異牟尋乃檄東磨些諸蠻內糧城中不者悉燒之吐蕃顒城將楊萬波約降事洩吐蕃以兵五千守皐將擊破之萬波與籠官拔顒城以來徙其人二千于宿川皐將扶忠義又取末恭城俘係牛羊千計贊普大將既煎讓律以兵距十貢川一舍而屯國師馬定德率種落出降西貢節度監軍野多輸煎者贊普乙弟贊養子當從先贊普殉亦詣忠義降於是虜氣索軍不振欺徐濫鑠至鐵橋南詔毒其水人多死乃徙納川壁而待是年虜霜雪早兵無功還期以明年吐蕃苦唐詔掎角亦不敢圖南詔皐令免按兵巂州節級鎮守雖南詔境亦所在屯戍吐蕃懲野戰數北乃屯三瀘水遣論妄熱誘瀕瀘諸蠻復城悉攝悉攝吐蕃險要也蠻酋潛導南詔與皐部將杜毗羅狙擊十七年春夜絕瀘破虜屯斬五百級虜保鹿危山毗羅伏以待又戰虜大奔於時康黑衣大食等兵及吐蕃大酋皆降獲甲二萬首又合鬼主破虜于瀘西吐蕃君長共計不得巂州患未艾常為兩頭蠻挾唐為輕重讁南詔也會虜荐飢方葬贊普調斂煩至是大料兵率三戶出一卒虜法為大調集又聞唐兵三萬入南詔乃大懼兵戍納川故洪諸濟臘聿賚五城欲悉師出西山劍山收巂州以絕南詔皐即上言京右諸屯宜明斥候蓄斂田邠隴焚萊可困虜入皐遣將邢毗以兵萬人屯南北路趙昱萬人戍黎雅州異牟尋謂皐曰虜聲取巂州實窺雲南請武免督軍進羊苴咩若虜不出者請以來年二月深入時虜兵三萬攻鹽州帝以虜多詐疑繼以大軍詔皐深鈔賊鄙分虜埶皐

表賊精鎧多置南屯今向鹽夏非全軍欲掠河曲党項畜產耳俄聞虜破麟州皐督諸將分道出或自西山或由平夷或下隴陀和石門或徑神川納川與南詔會是時回鶻太原邠寧涇原軍獵其北劍南東川山南兵震其東鳳翔軍當其西蜀南詔深入克城七焚堡百五十所斬首萬級獲鎧械十五萬圍昆明維州不能克乃班師振武靈武兵破虜二萬涇原鳳翔軍敗虜原州惟南詔攻其腹心俘獲最多帝遣中人尹偕尉異牟尋而吐蕃盛屯昆明神川納川自守異牟尋比年獻方物天子禮之

南蠻列傳第一百四十七上

南蠻列傳第一百四十七中　　　　唐書二百二十二中

宋　祁　奉　敕　撰

元和三年異牟尋死詔太常卿武少儀持節弔祭子尋閤勸立或謂夢湊自稱驃信夷語君也改賜元和印章明年死子勸龍晟立淫肆不道上下怨疾十一年爲弄棟節度王嵯巔所殺立其弟勸利詔少府少監李銑爲冊立弔祭使勸利德嵯巔賜氏蒙封大容蠻謂兄爲容長慶三年始賜印是歲死弟豐祐立豐祐趫敢善用其下慕中國不肯連父名穆宗使京兆少尹韋審規持節臨冊豐祐遣洪成酋趙龍些楊定奇入謝天子於是西川節度使杜元穎治無狀障候弛沓相蒙時大和三年也嵯巔乃悉衆掩邛戎巂三州陷之入成都止西郛十日慰賚居人市不擾肆將還乃掠子女工技數萬引而南人懼自殺者不勝計救兵逐嵯巔身自殿至大度河謂華人曰此吾南境爾去國當哭衆號慟赴水死者十三南詔自是工文織與中國埒明年上表請罪比年使者來朝開成會昌間再至大中時李琢爲安南經略使苛墨自私以斗鹽易一牛夷人不堪結南詔將段酋遷陷安南都護府號白衣沒命軍南詔發朱弩佉苴三千助守然朝貢猶歲至從者多杜悰自西川入朝表無多內蠻傔豐祐怒即慢言索質子會宣宗崩使者告哀是時豐祐亦死坦綽酋龍立恚朝廷不弔卹又詔書乃賜故王以草具進使者而遣遂僭稱皇帝建元建極自號大禮國懿宗以其名近玄宗嫌諱絕朝貢乃陷播州安南都護李鄠屯武州咸通元年爲蠻所攻棄州走天子斥鄠以王寬代之明年攻邕管經略使李弘源兵少不能拒奔巒州南詔亦引去詔殿中監段文楚爲經略使數改條約衆不悅以胡懷玉代之南詔知邊人困甚剽掠無有不入寇杜悰當國爲帝謀遣使者弔祭示恩信并詔驃信以名嫌冊命未可舉必易名乃得封帝乃命左司郎中孟穆持節往會南詔陷巂州穆不行安南桃林人者居林西原七綰洞首領李由獨主之歲歲戍邊李琢之在安南也奏罷防冬兵六千人謂由獨可當一隊遏蠻之入蠻酋以女妻由獨子七綰洞舉附蠻王寬不能制三年以湖南觀察使蔡襲代之發諸道兵二萬屯守南詔憚畏不敢出會詔左庶子蔡京經制嶺南已忌襲功有所欲沮壞之乃言南方自無虞武夫倖功多聚兵耗餽運請還戍兵惜財用襲執不可願留五千兵累表不報即極陳南詔伺隙久有十必死狀朝廷昏肆不省世京還奏得意甚復詔爲宣慰安撫使即建析廣州爲嶺南東道邕州爲西道以龔象藤巖爲隸州乃拜京西道節度使京褊忮貪克峻條令爲炮熏刳斮法下愁毒爲軍中所逐走藤州矯制作攻討使印召鄉兵比道軍攻邕州不克衆潰

貶死崖州以桂管觀察使鄭愚代節度南詔攻交州進略安南襲請救發湖荊桂兵五千屯邕州嶺南韋宙奏南詔必襲邕管不先防近而圖遠恐擣虛絕糧道且深入乃詔襲按軍海門詔鄭愚分兵禦之襲請濟師以山南東道兵千人赴之南詔酋將楊思僭麻光高以兵六千薄城而屯四年正月攻益急襲録異牟尋盟言數失上射入其營不答憾而城陷襲闔宗死者七十人幕府樊綽取襲印走度江荊南兵入東郛苦戰斬南詔二千級是夜蠻遂屠城有詔諸軍保嶺南東以秦州經略使高駢爲安南都護帝見輸發頻罷遊幸不奏樂宰相杜悰以爲非是先之南詔稍逼邕州鄭愚自陳非將帥才願更擇人會康承訓自義成來朝乃授嶺南西道節度使發荊襄洪鄂兵萬人從之承訓辭兵寡乃大興諸道兵五萬往六月置行交州於海門進爲都護府調山東兵萬人益戍以容管經略使張茵鎮之因命經略安南茵逗留不敢進安南之陷將吏遺人多客伏溪洞詔所在招還捄卹之免安南賦入二年韋宙請分兵屯容藤扼蠻勢五年南詔回掠巂州以摇西南西川節度使蕭鄴率屬蠻鬼主邀南詔大度河敗之明年復來攻會刺史喻士珍貪獪陰掠兩林東蠻口縛賣之以易蠻金故開門降南詔盡殺戍卒而士珍遂臣于蠻安南久屯兩河鋭士死瘴毒者十七宰相楊收議罷北軍以江西爲鎮南軍募彊弩三萬建節度且地便近易調發詔可夏侯孜亦以張茵懦不足事悉以兵授高駢駢以選士五千度江敗林邑兵於邕州擊南詔龍州屯蠻酋燒貲畜走酋龍遣楊緝思助酋遷共守安南以范脆些爲安南都統趙諸眉爲扶邪都統七年六月駢次交州戰數勝士酣鬬斬其將張詮李溠龍率衆萬人降拔波風三壁緝思出戰敗還走城士乘之超堞入斬酋遷脆些諸眉上首三萬級安南平初酋龍遣清平官董成等十九人詣成都節度使李福將廷見之成辭曰皇帝奉天命改正朔請以敵國禮見福不許導譯五返日旰士倦議不決福怒命武士捽辱之械繫于館俄而劉潼代福節度即挺其繫表縱還有詔召成等至京師見別殿賜物良厚慰遣還國明年酋龍使楊酋慶等來謝釋囚初李師望建言成都經撫蠻事曠日不能決請析邛蜀嘉眉黎雅巂七州爲定邊軍建節度制機事近且速天子謂然即詔師望爲節度使治邛州邛距成都才五舍巂州最南去邛乃千里緩急首尾不相副而師望利專制諱不言裒積無猒私賄以百萬計又欲激蠻怒幸有功乃殺酋慶等既而戍士怒將醢師望以貸會召還以竇滂代之滂貪冒尤不法誅責苛纖甚師望時蠻役未興而定邊已困酋龍怨殺其使十年乃入寇以軍綴青溪關密引衆伐木開道徑雪坡盛夏卒凍死者二千人出沐源闚嘉州破

屆蠻壘遂夾沫源滂遣六姓兵五百往戰輒覆衆復酋龍大身自將督衆五萬侵巂州攻青溪關屯將杜再榮絕大度河走諸屯皆退保北渡蠻攻黎川詭服漢衣濟江襲犍為破之裴回陵榮間焚廬舍掠糧畜竇滂嘉州刺史楊忞與南詔夾江而軍士攢射蠻不得進陰自上游濟背擊王師殺忠武將顏慶師忞走嘉州陷明年正月攻杜再榮滂自勒兵戰酋龍遣使者十輩請和滂信之語未半蠻將爭岸譟而進滂不知所為將自殺武寧將苗全緒止之殊死戰蠻稍卻滂乃遁全緒殿而行黎州陷人走匿山谷蠻掠金帛不勝負又自邛峽關圍雅州遂擊邛州是冬滂棄州壁導江儲貲峙械皆亡矣酋龍進攻成都次眉州坦綽杜元忠日夜教酋龍取全蜀於是西川節度使盧耽遣其副王偃中人張思廣約和蠻彊之使南面拜然卒不見酋龍而還蠻次新津耽復遣副譚奉祀好言申約蠻留之耽告援軍未集即飛請天子降大使通好以紓其深入懿宗馳遣大僕卿支詳為和蠻使蠻大無謀不能乘機會鼓行亟驅但蚍結蠅營恆鹵剽小利覰覰留屯故蜀孺老得扶攜悉入成都閭里皆滿戶所占地不得過一牀雨則冒箕盎自庇城中井為竭則共飲摩訶池至爭捽溺死者或笮沙取滴飲之死不能具棺即共坎瘞故瀘州刺史楊慶復為耽治攻具蘭石置牢城兵八將主之樹笓格夜列炬照城守具雄新又選捍士三千號突將為長刀巨楯分左右番休日隸于軍士必後欲鬭而

酋龍自雙流徙行內欲報董成之辱因紿耽請上介至軍議事耽遣節度副使柳槃往見杜元忠議和元忠妄言常見耽請具車蓋葆翣槃未能決還蠻以三百騎負幄幕來大言曰供帳備蜀王聽事為驃信行在耽不許乃馳去蠻稍前傅外郛於是將巫使王晝督援兵三千屯毗橋竇滂亦以其軍自導江來將與大軍犄角然戰不甚力小不勝即保廣漢自以失定邊觀成都陷得濟其罪會有詔斥徙軍遂無功耽部將李自孝者與刺史喻士珍善士珍已臣蠻自孝陰與賊通乃詭耽城下蒔葦稻豬水漬城舉付之覺蠻攻城自孝守陴樹麾以自表麾所指蠻輒攻之為下所覺耽殺自孝以徇城左有民樓肆蠻俯射城中耽募勇士燒之器械俱盡二月蠻以雲梁鵝車四面攻士叫譟鵝車未至陴者以巨索鉤係投膏炬車焚稍間蠻卒盡死耽遣李璹張察率突將戰城下俘斬二千級蠻徹民廬落為蓬籠如車舁設枕木推而前不及城丈匿蠻其內以兀壙楊忞以罌貯糞瀋沃蠻蠻不能處注以鐵液蓬籠皆火然南詔及衆益治器械芻芥晝夜有聲將動錦樓衆失色耽遣將出三面苦戰蠻引卻蠻利夜晦輒薄城閒呼嘯衆齊奮城上施鐵籠千炬賊來不得隱屯夫終夜哄蠻不能侵支詳遣諜與約好且謂耽毋多殺以

速蠻去是時傳言救師至城中合譟請開門士爭出迎軍南詔搏戰不解日入判官程克裕以北門兵二千乘之蠻乃走耽猶遺之書謝不得已交兵且請和士耽鎧迎支詳詳陳所賚植二旗署曰賜雲南幣物謂蠻使者曰天子詔雲南和解而兵薄成都奈何請退舍撤警以脩好或勸詳蠻多詐毋入死地詳不行蠻復圍成都夜穿西北隅郊旦乃覺即煩炎手擩蠻皆死穴中以鐵絙曳雲棚仆之燎作少選盡益固守是時帝遣東川節度使顏慶復為大度河制置劍南應接使兵次新都博野將曾元裕敗蠻兵斬二千級南詔騎數萬晨壓官軍以驃大將宋威以忠武兵戰斬首五千獲馬四百尾南詔退屯星宿山威進次沱江酋龍遣酋望至支詳所請和詳曰今列城固守北軍望功歸語而主悉衆自度耽遣銳將趣蠻壁燒攻且殺二千人為南詔所躡郤而潰蠻聞鳳翔山南軍且來乃迎戰毗橋不勝趨沱江為伏士所擊又敗城中出突將夜火蠻營酋龍坦綽身督戰後三日王師奪昇遷梁蠻大敗夜燒亭傳乘火所向而矢射王師咸疏軍行嚮矢所發叢射之兩軍不能決各解去酋龍知不敵夜徹營南奔至雙流江無梁計窮將赴水死或止之曰今北軍與成都兵合若來追我無類矣不如僞和以紓急不然死未晚乃來請三日梁成而濟即斷梁按隊緩驅黎州刺史嚴師本收散卒保邛州酋龍攢圍二

日去蠻俘華民必劓耳鼻已縱之既而居人刻木為耳鼻者什八廣受復之來衆以其弟慶師死于蠻必甘心及成都不破以已功輕乃按軍廣漢縱殘寇人人切齒初成都無隍塹乃教耽濬隍廣三丈作戰棚于埤列左右屯營營別五區區容五十蒔皁莢夾塢後三年合拱又為大櫓連弩自是南詔憚之酋龍年少嗜殺戮親戚異己者皆斬兵出無寧歲諸國更讎怨屢覆衆國耗虛蜀之役男子十五以下悉發婦耕以餉軍十四年坦綽復寇蜀絙舟大度河以濟為刺史黃景復擊卻之衆循河而南夜泭上流兵夾攻瀕水諸屯景復敗走還黎州蠻躡追為景復所敗會蠻踵來還攻大度河仆旗息鼓請曰坦綽欲上書天子白冤事故兵信之不戰橋成而濟黎州陷遂攻雅州擊定邊軍卒潰入邛州成都大震人亡入玉壘關士乘城坦綽遣使者王保城等四十人齎驃信書遺節度使牛叢欲假道入朝請館蜀王故殿叢欲許之楊慶諫曰蠻無信彼禮屈辭甘詐我也請斬其使留二人還書叢因責之曰詔王之祖六詔最小夷也天子錄其勤合六詔為一俾附庸成都名之以國許子弟入大學使習華風今乃自絕王命且雀蛇犬馬猶能報德王乃不如蟲鳥乎比成都以武備未脩故令爾突我疆場然毗橋沱江之敗積胔附城不四年復來吾有十萬衆捨其半未用以千人為軍十軍為部驍將主之凡部

有彊弩二百鑄斧輔之勁弓二百越銀刀輔之長戈二百撥刀輔之短矛二百連鎚輔之又軍四面面有鐵騎五百采收芻薪米粟牛馬犬豕清野待爾五日又能以旁騎略爾樵采我日出以一部與爾戰部別二番日中而代日昃一部至以夜乜月明則戰黑則休夜半而代凡我兵五日一殺敵爾乃晝夜戰不十日憯且死矣川縣繕甲厲兵犄角相從皆蠻之深讎雖女子能齧齘薄賊況彊夫烈士哉爾祖嘗奴事西蕃為爾仇家今顧臣之何恩讎之戾邪蜀王故殿先世之寶宮非邊夷所宜舍神怒人憤驃信且死叢冢猶火刻民室廬觀閣嚴兵為固守計坦綽至新津而還寇黔中經略使秦匡謀懼奔荆南會僖宗立遣金吾將軍韓重持節往使俄攻黎州景復擊走之乾符元年劫略嶲雅間破黎州入邛崍關掠成都成都閉三日蠻乃去詔徙天平軍高駢領西川節度使乃奏蠻小醜勢易制而蜀道險館饟窮要今左神策所發長武河東兵多用度繁廣且彼皆扼制羌戎不可以弛備詔乃罷長武等兵駢至不淹月閱精騎五千逐蠻至大度河奪鎧馬執酋長五十斬之收邛崍關復取黎州南詔遣還駢召景復責大度河之敗斬以徇戍望星清溪等關南詔懼遣使者詣駢結好而踵出兵寇邊駢斬其使初安南經略判官杜驤為蠻所俘其妻宗室女也故酋龍使奉書丐和駢荅曰我且將百萬衆

至龍尾城問爾罪酋龍大震自南詔叛天子數遣使至其境酋龍不肯拜使者遂絕駢以其俗尚浮屠法故遣浮屠景仙攝使往酋龍與其下迎謁且拜乃定盟而還遣清平官酋望趙宗政質子三十入朝乞盟請為兄弟若舅甥詔拜景仙鴻臚卿檢校左散騎常侍駢結吐蕃尚延心嗢末魯耨月等為間築戎州馬湖沐源川大度河三城列屯拒險料壯卒為平夷軍南詔氣奪酋龍恚發疽死僞謚景莊皇帝子法嗣改元貞明承智大同自號大封人法年少好畋獵酣逸衣絳紫錦罽鏤金帶國事顓決大臣乾符四年遣陀西段瑳寶詣邕州節度使辛讜請脩好詔使者荅報未幾寇西川駢奏請與和親右諫議大夫柳韜吏部侍郎崔澹醜其事上言遠蠻畔逆乃因浮屠誘致之議和親垂笑後世駢職上將謀乖謬不可從遂寢蠻使者再入朝議和親而駢徙荆南持前請不置宰相鄭畋盧攜爭不決皆賜罷辛讜遣幕府徐雲虔攝使者往覘到善闡府見騎數十曳長矛擁絳服少年朱繢約髮與客伽陀酋孫慶曰此驃信也問天子起居下馬揖客取使者佩刀視之自解左右鈕以示乃除地劃三丈版命左右馳射每一人射法駷馬遂以為樂數十發止引客就幄侲子捧甁盂四女子侍樂飲夜乃罷又遣問客春秋大義送使者還是時駢徙節鎮海劾澹等沮議帝荼弱不能曉下詔尉解西川節

度使崔安潛上言蠻畜鳥獸心不識禮義安可以賤隸尚貴主失國家大體澹等議可用臣請募義征子率十戶一保願發山東銳兵六千戍諸州比五年蠻可為奴矣之帝手詔問安潛和親事荅曰雲南姚州譬一縣中國何資於彼而遣重使加厚禮彼且妄謂朝廷畏怯無能為朕有它請陛下何以待之且天宗近屬不可下小蠻夷臣比移書不言舅甥黠所僭也有如蠻使者不復至當遣諜人伺其隙可以得志南詔知蜀彊故襲安南陷之都護曾袞奔邕府戍兵潰會西川節度使陳敬瑄申和親議時盧攜復輔政與豆盧瑑皆厚駢乃譎說帝曰陛下初即位遣韓重使南詔將官屬留蜀朞年費不貲蠻不肯迎及駢節度西川招嗢末繕甲訓兵蠻夷震動遣趙宗政入獻見天子附驃信再拜雲虔之使驃信荅拜其於禮不為少宣宗皇帝收三州七關平五嶺以南至大中十四年內庫貲積如山戶部延資充滿故宰相敏中領西川庫錢至三百萬緡諸道亦然咸通以來蠻始叛命再入安南邕管一破黔州四盜西川遂圍盧耽召兵東方戍海門天下騷動十有五年賦輸不內京師者過半中藏空虛士死瘴癘燎骨傳灰人不念家亡命為盜可為痛心前年留宗政等南方無虞及遣還彼猶冀望我未三年比兵不出要防其蓄力以間我虞今朝廷府庫匱甲兵少牛叢最有北兵七萬首尾

奔衝不能救兄安南客戍單寡涉冬寇禍可虞誠命使者臨報縱未稱臣且伐其謀外以縻服蠻夷內得蜀休息也帝謂然乃以宗室女為安化長公主許婚拜嗣曹王龜年宗正少卿為雲南使大理司直徐雲虔副之內常侍劉光裕為雲南內使霍承錫副之及還具言驃信誠款以為敬瑄功故進檢校司空賜一子官法遣宰相趙隆眉楊奇混段義宗朝行在迎公主高駢自揚州上言三人者南詔心腹也宜止而鴆之蠻可圖也帝從之隆眉等皆死自是謀臣盡矣蠻益衰中和元年復遣使者來迎主獻珍怪氈罽百牀帝以方議公主車服為解後二年又遣布燮楊奇肱來迎詔檢校國子祭酒張譙為禮會五禮使徐雲虔副之宗正少卿嗣虢王約為婚使未行而黃巢平帝東還乃歸其使法死僞謚聖明文武皇帝子舜化立建元中興遣使款黎州脩好昭宗不荅後中國亂不復通先是有時傍矣川羅識二族通號八詔時傍母歸義女也其女復妻閤羅鳳初哶羅皮之敗時傍入居邆川州誘上浪千餘勢稍張為閤羅所猜徙置白厓誠後與矣川羅識詣神川都督求自立為詔謀洩被殺矣川羅識奔神川都督送之羅些城

蒙嶲詔最大其王嶲輔首死無子弟佉陽照立佉陽照死子照原立喪明子原羅質南詔歸義欲并國故歸其子原之衆果立之居數月使人殺照

原還閣羅遂有其地

越析詔或謂磨些詔居故越析州西距囊葱山一日行貞元中有豪酋張尋求烝其王波衝妻因殺波衝劍南節度使召尋求至姚州殺之部落無長以地歸南詔波衝兄子于贈持王所寶鐸鞘東北度瀘邑于龍佉河縭百里號雙舍使部酋楊墮居河東北歸義樹壁侵于贈不克閣羅鳳自請往擊楊墮破之于贈投瀘死得鐸鞘故王出軍必雙執之

浪穹詔其王豐時死子羅鐸立羅鐸死子鐸羅望立為浪穹州刺史與南詔戰不勝挈其部保劍川更稱劍浪死子望偏立望偏死子偏羅矣立偏羅矣死子羅君立貞元中南詔擊破劍川虜羅君徙永昌凡浪穹邆賧施浪總謂之浪人亦稱三浪

邆賧詔其王豐咩初據邆賧為御史李知古所殺子咩羅皮自為邆川州刺史治大釐城歸義襲敗之復入邆賧與浪穹施浪合拒歸義既戰大敗歸義奪邆賧咩羅皮走保野共川死子皮羅鄧立皮羅鄧死子鄧羅顛立鄧羅顛死子顛文託立南詔破劍川虜之徙永昌

施浪詔其王施望欠居矣苴和城有施各皮者亦八詔之裔據石和城閣羅鳳攻虜之而施望欠孤立故與咩羅皮合攻歸義不勝歸義以兵脅降其部施望欠以族走永昌獻其女遺南詔丐和歸義許之度蘭滄江死弟望千走吐蕃吐蕃立為詔納之劍川衆數萬望千死子千旁羅顛立南詔破劍川千旁羅顛走瀘北三浪悉滅唯千旁羅顛及矣川羅識子孫在吐蕃

贊曰唐之治不能過兩漢而地廣於三代勞民費財禍所繇生晉獻公殺嫡賊二公子號為闇君明皇一日殺三庶人昏蔽甚矣嗚呼父子不相信而遠治閣羅鳳之罪士死十萬當時冤之懿宗任相不明藩鎮屢畔南詔內侮屯戍思亂龐勛乘之倡戈橫行雖凶渠殲夷兵連不解唐遂以亡易曰喪牛于易有國者知戒西北之虞而不知患生於無備漢亡於董卓而兵兆於冀州唐亡於黃巢而禍基於桂林易之意深矣

列傳一百四十七中

端明殿學士兼翰林侍讀學士龍圖閣學士朝請大夫守尚書吏部侍郎兼充集賢殿修撰臣宋祁奉
敕撰

環王本林邑也一曰占不勞亦曰占婆直交州南海行三千里地東西三百里而贏南北千里西距眞臘霧温山南抵奔浪陀州其南大浦有五銅柱山形若倚蓋西重巖東涯海漢馬援所植也又有西屠夷蓋援還留不去者才十戶隋末孳衍至三百皆姓馬俗以其寓故號馬留人與林邑分唐南境其地冬温多霧雨產虎魄猩猩獸結遼鳥以二月為歲首稻歲再熟取檳榔瀋為酒椰葉為席俗凶悍果戰鬬以麝塗身日再塗再澡拜謁則合爪頓顙有文字喜浮屠道冶金銀像大或十圍呼王為陽蒲逋王妻為陀陽阿熊太子為阿長逋宰相為婆漫地王所居曰占城別居曰齊國曰蓬皮勢王衣白氎古貝斜絡臂飾金琲為纓髮鬈戴金華冠如章甫妻服朝霞古貝短裙冠纓如王王衞兵五千戰乘象藤為鎧竹為弓矢率象千馬四百分前後不設刑有罪者使象踐之或送不勞山畀自死隋仁壽中遣將軍劉芳伐之其王范梵志挺走以其地為三郡置守令道阻不得通梵志裒遺眾別建國邑武德中再遣使獻方物高祖為設九部樂饗之貞觀時王頭黎獻馴象鏐鎖五色帶朝霞布火珠與婆利羅刹二國使者偕來林邑其言不恭羣臣請問罪太宗曰昔苻堅欲吞晉眾百萬一戰而亡隋取高麗歲調發人與為怨乃死匹夫手朕敢妄議發兵邪赦不問又獻五色鸚鵡白鸚鵡數訴寒有詔還之頭黎死子鎮龍立獻通天犀雜寶十九年摩訶慢多伽獨弒鎮龍滅其宗范姓絕國人立頭黎壻婆羅門為王大臣共廢之更立頭黎女為王諸葛地者頭黎之姑子父得罪奔眞臘女之王不能定國大臣共迎諸葛地為王妻以女永徽至天寶凡三入獻至德後更號環王元和初不朝獻安南都護張舟執其偽驩愛州都統斬三萬級虜王子五十九獲戰象舠鎧婆利者直環王東南自交州汎海歷赤土丹丹諸國乃至

地大洲多馬亦號馬禮袤長數千里多火珠大者如雞卵圓白照數尺日中以艾藉珠輒火出產瑇瑁文螺石坩初取柔可治既鏤刻即堅有舍利鳥通人言俗黑身朱髮而拳鷹爪獸牙穿耳傅璫以古貝橫一幅繚于腰古貝草也緝其花為布粗曰貝精曰氎俗以夜為市自掩其面王姓刹利邪伽名護路那婆世居位繚班絲貝綴珠為飾坐金榻左右持白拂孔雀翣出以象駕車羽蓋珠箔鳴金擊鼓吹蠡為樂其東即羅刹也與婆利同俗隋煬帝遣常駿使赤土遂通中國赤土西南入海得婆羅總章二年其王旃達鉢遣使者與環王使者偕朝環王南有殊柰者汎交趾海三月乃至與婆羅同俗貞觀二年使者上方物九年甘棠使者入朝國居海南十二年僧高武令迦乍鳩密四國使者朝貢僧高直水眞臘西北與環王同俗其後鳩密王尸利鳩摩又與富那王尸利提婆跋摩等遣使來貢僧高等國永徽後為眞臘所并

盤盤在南海曲北距環王限少海與狼牙脩接自交州海行四十日乃至王曰楊粟翨其民瀕水居比木為柵石為矢鏃王坐金龍大榻諸大人見王交手抱肩以跽其臣曰勃郎索濫曰崑崙帝也曰崑崙勃和曰崑崙勃諦索甘亦曰古龍古龍者崑崙聲近耳在外曰那延猶中國刺史也有佛道士祠僧食肉不飲酒道士謂為貪不食酒肉貞觀中再遣使朝其東南有哥羅一曰箇羅亦曰哥羅富沙羅王姓矢利波羅名米失鉢羅累石為城樓闕宮室茨以草州二十四其兵有弓矢稍殳以孔雀羽飾纛每戰以百象為一隊一象百人鞍若檻四人執弓稍在中賦率輸銀二銖無絲紵惟古貝畜多牛少馬非有官不束髮凡嫁娶納檳榔為禮多至二百盤婦已嫁從夫姓樂有琵琶橫笛銅鈸鐵鼓蠡死者焚之取燼貯金罌沈之海東南有拘蔞蜜海行一月至南距婆利行十日至東距不述行五日至西北距文單行六日至與赤土墮和羅同俗永徽中獻五色鸚鵡

扶南在日南之南七千里地卑窪與環王同俗有城郭宮室王姓

古龍居重觀柵城楛葉以覆屋王出乘象其人黑身鬈髮倮行俗不爲寇盜田一歲種三歲穫國出剛金狀類紫石英生水底石上人沒水取之可以刻玉扣以羖角乃泮人喜鬭雞及猪以金珠香爲稅治特牧城俄爲眞臘所并益南徙那弗那城武德貞觀時再入朝又獻白頭人二白頭者直扶南西人皆素首膚理如脂居山穴四面峭絕人莫得至與參半國接

眞臘一曰吉蔑本扶南屬國去京師二萬七百里東距車渠西屬驃南瀕海北與道明接東北抵驩州其王刹利伊金那貞觀初并扶南有其地戶皆東嚮坐上東客至屑檳榔龍腦香蛤以進不飲酒比之淫與妻飲房中避尊屬有戰象五千良者飼以肉世與參半驃通好與環王乾陀洹數相攻自武德至聖曆凡四來朝神龍後分爲二半北多山阜號陸眞臘半南際海饒陂澤號水眞臘半水眞臘地八百里王居婆羅提拔城陸眞臘或曰文單曰婆鏤地七百里王號笡屈開元天寶時王子率其屬二十六來朝拜果

毅都尉大曆中副王婆彌及妻來朝獻馴象十一擢婆彌試殿中監賜名賓漢是時德宗初即位珍禽奇獸悉縱之蠻夷所獻馴象畜苑中元會充廷者凡三十二悉放荊山之陽及元和中水眞臘亦遣使入貢文單西北屬國曰參半武德八年使者來道明者亦屬國無衣服見衣服者共笑之無鹽鐵以竹弩射鳥獸自給

訶陵亦曰社婆曰闍婆在南海中東距婆利西墮婆登南瀕海北眞臘木爲城雖大屋亦覆以栟櫚象牙爲牀若席出瑇瑁黃白金犀象國最富有穴自湧鹽以柳花椰子爲酒飲之輒醉宿昔壞有文字知星曆食無匕筯有毒女與接輒苦瘡人死尸不腐王居闍婆城其祖吉延東遷於婆露伽斯城旁小國二十八莫不臣服其官有三十二大夫而大坐敢兄爲最貴山上有郎卑野州王常登以望海夏至立八尺表景在表南二尺四寸貞觀中與墮和羅墮婆登皆遣使者入貢太宗以璽詔優荅墮和羅丐良馬帝與之至上元間國人推女子爲王號悉莫威令整肅道不舉遺大食君聞之賚金一囊置其郊行者輒避如是三年太子過以足躪金悉莫怒將斬之羣臣固請悉莫曰而罪實本於足可斷趾羣臣復爲請乃斬指以徇大食聞而畏之不敢加兵大曆中訶陵使者三至元和八年獻僧祇奴四五色鸚鵡頻伽鳥等憲宗拜內四門府左果毅使者讓其弟帝嘉美並官之訖大和再朝貢咸通中遣使獻女樂

墮和羅亦曰獨和羅南距盤盤北迦邏舍弗西屬海東眞臘自廣州行五月乃至國多美犀世謂墮和羅犀有二屬國曰曇陵陀洹曇陵在海洲中陀洹一曰耨陀洹在環王西南海中與墮和羅接自交州行九十日乃至王姓察失利名婆那字婆末無蠶桑有稻麥麻豆畜有白象牛羊豬俗喜樓居謂爲干欄以白氎朝霞布爲衣親喪在室不食燔尸已則剔髮浴于池然後食貞觀時並遣使者再入朝又獻婆律膏白鸚鵡首有十紅毛齊于翅因丐馬銅鍾帝與之

墮婆登在環王南行二月乃至東訶陵西迷黎車北屬海俗與訶陵同種稻月一熟有文字以貝多葉寫之死者實金于

口以釧貫其體加婆律膏龍腦衆香積薪燔之

投和在眞臘南自廣州西南海行百日乃至王姓投和羅名脯邪迄遙官有朝請將軍功曹主簿贊理贊府分領國事分州郡縣三等州有參軍郡有金威將軍縣有城有局長官得選僚屬自助民居率樓閣畫壁王宿衞百人衣朝霞耳金鐶金綖被頸寶飾革履頻盜者死次穿耳及頰而劗其髮盜鑄者截手無賦稅民以地多少自輸王以農商自業銀作錢類榆莢民乘象及馬無鞍靮繩穿頰御之親喪斷髮爲孝焚尸斂灰于甖沈之水貞觀中遣使以黃金函內表并獻方物

瞻博或曰瞻婆北距兢伽河多野象羣行顯慶中與婆岸千支弗舍跋若磨臘四國並遣使者入朝千支在西南海中本南天竺屬國亦曰半支跋若唐言五山也北距多摩萇又有哥羅舍分脩羅分甘畢三國貢方物甘畢在南海上東距環王王名旃陀越摩有勝兵五千哥羅舍分者在南海南東墮和羅脩羅分者在海北東

距眞臘其風俗大略相類有君長皆擁郛二國勝兵二萬甘畢才五千又有多摩萇東距婆鳳西多隆南千支弗北訶陵地東西一月行南北二十五日行其王名骨利詭去得大卵剖之獲女子美色以爲妻俗無姓婚姻不別同姓王坐常東向勝兵二萬有弓刀甲矟無馬果有波那婆宅護遮菴摩石榴其國經薩盧都訶盧君那盧林邑諸國乃得交州顯慶中貢方物

室利佛逝一曰尸利佛誓過軍徒弄山二千里地東西千里南北四千里而遠有城十四以二國分揔西曰郎婆露斯多金汞砂龍腦夏至立八尺表影在表南二尺五寸國多男子有槖它豹文而犀角以乘且耕名曰它牛豹又有獸類野豕角如山羊名曰雩肉味美以饋膳其王號曷蜜多咸亨至開元間數遣使者朝表爲邊吏侵掠有詔廣州慰撫又獻侏儒僧祇女各二及歌舞官使者爲折衝以其王爲左威衛大將軍賜紫袍金鈿帶後遣子入獻詔宴于曲江宰相會冊封賓義王授右金吾衛大將軍還之

名蔑東接眞陀桓西但游南屬海北波剌其地一月行有州三十以十二月爲歲首王衣朝霞氎賦二十取一交易皆用金準直其人短小兄弟共娶一妻婦總髮爲角辨夫之多少王號斯多題龍朔初使者來貢

單單在振州東南多羅磨之西亦有州縣木多白檀王姓剎利名尸陵伽日視事有八大臣號八坐王以香塗身冠雜寶瓔近行乘車遠乘象戰必吹蠡擊鼓盜無輕重皆死乾封總章時獻方物羅越者北距海五千里西南哥谷羅商賈往來所湊集俗與墮羅鉢底同歲乘舶至廣州州必以聞

驃古朱波也自號突羅朱闍婆國人曰徒里拙在永昌南二千里去京師萬四千里東陸眞臘西接東天竺西南墮和羅南屬海北南詔地長三千里廣五千里東北袤長屬羊苴咩城凡屬國十八曰迦羅婆提曰摩禮烏特曰迦梨迦曰半地曰彌臣曰坤朗曰偈奴曰羅聿曰佛代曰渠論曰婆䵴曰偈陀曰多歸曰摩曳餘即舍衞瞻婆闍婆也凡鎭城九曰道林王曰悉利移曰三陀曰彌諾道立曰突旻曰帝偈曰達梨謀曰乾唐曰末浦凡部落二百九十八以名見者三十二曰萬公曰充惹曰羅君潛曰彌綽曰道雙曰道𨞲曰道勿曰夜半曰不惡奪曰莫音曰伽龍睒曰阿梨吉曰阿梨闍曰阿梨忙曰達磨曰求潘曰僧塔曰提梨郎曰望騰曰擔泊曰祿烏曰乏毛曰僧迦曰提追曰阿末邏曰逝越曰騰陵曰歐咩曰磚羅婆提曰祿羽曰陋蠻曰磨地勃繇彌臣至坤朗又有小崑崙部王名茫悉越俗與彌臣同繇坤朗至祿羽有大崑崙王國王名思利泊婆難多珊那川原大於彌臣繇崑崙小王所居半日行至磨地勃柵海行五月至佛代國有江支流三百六十其王名思利些彌他有川名思利毗離芮土多異香北有市諸國估舶所湊越海即闍婆也十五日行踰二大山一曰正迷一曰射鞮有國其王名思利摩訶羅闍俗與佛代同經多茸補邏川至闍婆八日行至婆賄伽盧國土熱衢路植椰子檳榔仰不見日王居以金爲甓廚覆銀

瓦爨香木堂飾明珠有二池以金爲隄舟檝皆飾金寶驃王姓困没長名摩羅惹其相名曰摩訶思那王出輿以金繩牀遠則乘象嬪史數百人青甓爲圓城周百六十里有十二門四隅作浮圖民皆居中鉛錫爲瓦荔支爲材俗惡殺拜以手抱臂稽顙爲恭明天文喜佛法有百寺琉璃爲甓錯以金銀丹彩紫鑛塗地覆以錦罽王居亦如之民七歲祝髮止寺至二十有不達其法復爲民衣用白氎朝霞以蠶帛傷生不敢衣戴金花冠翠冒絡以雜珠王宮設金銀二鍾寇至焚香擊之以占吉凶有巨白象高百尺訟者焚香跽象前自思是非而退有災疫王亦焚香對象跽自咎無桎梏有罪者束五竹捶背重者五輕者三殺人則死土宜菽粟稻粱蔗大若脛無麻麥以金銀爲錢形如半月號登伽佗亦曰足彈陀無膏油以蠟雜香代炷與諸蠻市以江猪白氎琉璃罌缶相易婦人當頂作高髻飾銀珠琲衣青娑裙披羅段行持扇貴家者傍至五六近城有沙山不毛地亦與波斯婆羅門接距西舍利城二十日行

西舍利者中天竺也南詔以兵强地接常羈制之貞元中王雍羌聞南詔歸唐有内附心異牟尋遣使楊加明詣劍南西川節度使韋皐請獻夷中歌曲且令驃國進樂人於是皐作南詔奉聖樂用正律黃鍾之均宫徵一變象西南順也角羽終變象戎夷革心也舞六成工六十四人贊引二人序曲二十八疊舞南詔奉聖樂字舞人十六執羽翟以四爲列舞南字歌聖主無爲化舞詔字歌南詔朝天樂舞奉字歌海宇脩文化舞聖字歌雨露覃無外舞樂字歌闢土丁零塞皆一章三疊而成舞者初定執羽簫鼓等奏散序一疊次奏第二疊四行贊引以序入將終雷鼓作於四隅舞者皆拜金聲作而起執羽稽首以象朝覲每拜跪節以鉦鼓次奏拍序一疊舞者分左右蹈舞每四拍揖羽稽首拍終舞者拜復奏一疊蹈舞抃揖以合南字字成徧終舞者北面跪歌導以絲竹歌已俛伏鉦作復揖舞餘字皆如之唯聖字詞末皆恭揖以明奉聖每一字曲三疊名爲五成次急奏一疊四十八人分行罄折象將臣禦

邊也字舞畢舞者十六人爲四列又舞闢四門之舞遽舞入徧兩疊與鼓吹合節進舞三退舞三以象三才三統舞終皆稽首逡巡又一人舞億萬壽之舞歌天南滇越俗四章歌舞七疊六成而終七者火之成數象天子南面生成之恩六者坤數象西南向化凡樂三十工百九十六人分四部一龜茲部二大鼓部三胡部四軍樂部龜茲部有羯鼓揩鼓腰鼓雞婁鼓短笛大小觱篥拍板皆八長短簫橫笛方響大銅鈸貝皆四凡工八十八人分四列屬舞筵四隅以合節鼓大鼓部以四爲列凡二十四居龜茲部前胡部有箏大小箜篌五絃琵琶笙橫笛短笛拍板皆八大小觱篥皆四工七十二人分四列屬舞筵之隅以導歌詠軍樂部金鐃金鐸皆二掆鼓金鉦皆四鉦鼓金飾蓋垂流蘇工十二人服南詔服立闢四門舞筵四隅節拜合樂又十六人畫半臂執掆鼓四人爲列舞人服南詔衣絳裹襦黑頭囊金佉苴畫皮鞾首飾袜額冠金寶花鬘襦上復加畫半臂執羽翟舞俛伏以象朝拜裙襦畫鳥獸草木文以

八綵雜華以象庶物咸遂羽葆四垂以象天無不覆正方布位以象地無不載分四列以象四氣舞爲五字以象五行秉羽翟以象文德節鼓以象號令遠布振以鐸明采詩之義用龜茲等樂以象遠夷悅服鉦鼓則古者振旅獻捷之樂也黃鍾君聲配運爲土明土德常盛黃鍾得乾初九自爲其宫則林鍾四律以正聲應之象大君南面提天統於上乾道明也林鍾得坤初六其位西南西南感至化於下坤體順也太蔟得乾九二是爲人統天地正而三才通故次應以太蔟三才既通南呂復以羽聲應之南呂酉西方金也羽北方水也金水悅而應平時以象西戎北狄悅服然後沽洗以角音終之沽故也洗濯也以象南詔背吐蕃歸化洗過曰新皐以五宫異用獨唱殊音復述五均譜分金石之節奏一曰黃鍾宫之宫軍士歌奉聖樂者用之舞人服南詔衣秉翟俛伏拜抃合南詔奉聖樂五字倡詞五舞人乃易南方朝天之服絳色七節襦袖飾有青襟排衿以象鳥翼樂用龜茲胡部金鉦掆鼓鐃貝大鼓二

曰太蔟商之宫女子歌奉聖樂者用之合以管絃若奏庭下則獨舞一曲樂用龜茲鼓笛各四部與胡部等合作琵琶笙箜篌皆八大小觱篥箏五絃琵琶長笛短笛方響各四居龜茲部前次貝一人大鼓十二分左右餘皆坐奏三曰姑洗角之宫應古律林鍾爲徵宫女子歌奉聖樂者用之舞者六十四人飾羅綵襦袖間以八采曳雲花履首飾雙鳳八卦綵雲花鬘執羽爲拜抃之節以林鍾當地統象歲功備萬物成也雙鳳明律呂之和也八卦明還相爲用也綵雲象氣也花鬘象冠也合奏聖樂三字唱詞三表天下懷聖也小女子字舞則碧色襦袖象角音主木首飾巽卦應沽洗之氣以六人略後象六合一心也樂用龜茲胡部其鉦掆鐃鐸皆覆以綵蓋飾以花趺上陳錦綺垂流蘇按瑞圖曰王者有道則儀鳳在鼓故羽葆鼓栖以鳳凰鉦棲孔雀鐃鐸集以翔鷺鉦掆頂足又飾南方鳥獸明澤及飛走翔伏鉦掆鐃鐸皆二人執擊之貝及大鼓工伎之數與軍士奉聖樂同而加鼓笛四部四曰林鍾徵之宫歈

拍單聲奏奉聖樂丈夫一人獨舞樂用龜茲鼓笛每色四人方響二置龜茲部前二隅有金鉦中植金鐸二貝二鈴鈸二大鼓十二分左右五日南呂羽之宮應古律黃鍾爲君之宮樂用古黃鍾方響一大琵琶五絃琵琶大箜篌倍黃鍾觱篥小觱篥笙壎篪搊箏軋箏黃鍾簫笛倍笛節鼓拍板等工皆一人坐奏之絲竹繼作一人獨唱歌工復通唱軍士奉聖樂詞雍羌亦遣弟悉利移城主舒難陀獻其國樂至成都韋皋復譜次其聲以其舞容樂器異常乃圖畫以獻工器二十有二其音八金貝絲竹匏革牙角金二貝一絲七竹二匏二革二牙一角二鈴鈸四制如龜茲部周圓三寸貫以韋擊磕應節鐵板二長三寸五尺博二寸五分面平背有柄係以韋與鈴鈸皆飾條紛以花疊縷爲蕊染螺貝四大者可受一升飾條紛有鳳首箜篌二其一長二尺腹廣七寸鳳首及項長二尺五寸面飾虺皮絃一十有四項有軫鳳首外向其一項有條軫有鼉首箏二其一形如鼉長四尺有四足虛腹以鼉皮飾背面及仰肩如琴廣

七寸腹闊八寸尾長尺餘卷上虛中施關以張九絃左右一十八柱其二面飾彩花傅以虺皮爲別有龍首琵琶一如龜茲製而項長二尺六寸餘腹廣六寸二龍相向爲首有軫柱各三絃隨其數兩軫在項一在頸其覆形如師子有雲頭琵琶一形如前面飾虺皮四面有牙釘以雲爲首軫上有花象品字三絃覆手皆飾虺皮刻捍撥爲舞崑崙狀而彩飾之有大匏琴二覆以半匏皆彩畫之上加銅甌以竹爲琴作虺文橫其上長三尺餘頭曲如拱長二寸以條繫腹穿甌及匏本可受二升大絃應太蔟次絃應姑洗有獨絃匏琴以班竹爲之不加飾刻木爲虺首張絃無軫以絃繫項有四柱如龜茲琵琶絃應太蔟有小匏琴二形如大匏琴長二尺大絃應南呂次應應鍾有橫笛二一長尺餘取其合律去節無爪以蠟實首上加師子頭以牙爲之穴六以應黃鍾商備五音七聲又一管唯加象首律度與荀勗笛譜同又與清商部鍾聲合有兩頭笛二長二尺八寸中隔一節節左右開衝氣穴兩端皆分洞體爲

笛量左端應太蔟管末三穴一姑洗二蕤賓三夷則右端應林鍾管末三穴一南呂二應鍾三大呂下托指一穴應清太蔟兩洞體七穴共備黃鍾林鍾兩均有大匏笙二皆十六管左右各八形如鳳翼大管長四尺八寸五分餘管參差相次製如笙管形亦類鳳翼竹爲簧穿匏達本上古八音皆以木漆代之用金爲簧無匏音唯驃國得古製又有小匏笙二製如大笙律應林鍾商有三面鼓二形如酒缸高二尺首廣下銳上博七寸底博四寸腹廣不過首冒以虺皮束三爲一碧條約之下當地則不冒四面畫驃國工伎執笙鼓以爲飾有小鼓四製如魯鼓長五寸首廣三寸五分冒以虺皮牙釘彩飾無柄搖之爲樂節引贊者皆執之有牙笙穿匏達本漆之上植二象牙代管雙簧皆應姑洗有三角笙亦穿匏達本漆之上植三牛角一簧應姑洗餘應南呂角銳在下穿匏達本柄觜皆直有兩角笙亦穿匏達本上植二牛角簧應姑洗匏以彩飾凡曲名十有二一曰佛印驃云沒馱彌國人及天竺歌以事王也

二曰讚娑羅花驃云嚨莽第國人以花爲衣服能淨其身也三曰白鴿驃云苔都美其飛止遂情也四曰白鶴游驃云蘇謾底哩謂翔則摩空行則徐步也五曰鬬羊勝驃云來乃昔有人見二羊鬬海岸彊者則見弱者入山時人謂之來乃來乃者勝勢也六曰龍首獨琴驃云彌思彌此一絃而五音備象王一德以畜萬邦也七曰禪定驃云制聹覽詩謂離俗寂靜也七曲唱舞皆律應黃鍾商八曰甘蔗王驃云遏思略謂佛教民如蔗之甘皆悅其味也九曰孔雀王驃云桃臺謂毛采光華也十曰野鵝謂飛止必雙徒侶畢會也十一曰宴樂驃云嚨聦綱摩謂時康宴會嘉也十二曰滌煩亦曰笙舞驃云扈那謂時滌煩暋以此適情也五曲律應黃鍾兩均一黃鍾商伊越調一林鍾商小植調樂工皆崑崙衣絳氎朝霞爲蔽膝謂之裓襔兩肩加朝霞絡腋足臂有金寶鐶釧冠金冠左右珥璫條貫花鬘珥雙簪散以毛毳初奏樂有贊者一人先導樂意其舞容隨曲用人或二或六或四或八至十皆珠冒拜首稽

首以終節其樂五譯而至德宗授舒難陀太僕卿遣還開州刺史唐次述驃國獻樂頌以獻大和六年南詔掠其民三千徙之柘東

兩爨蠻自曲州靖州西南昆川曲軛晉寧喻獻安寧距龍和城通謂之西爨白蠻自彌鹿升麻二川南至步頭謂之東爨烏蠻西爨自云本安邑人七世祖晉南寧太守中國亂遂王蠻中梁元帝時南寧州刺史徐文盛召詣荊州有爨瓚者據其地延袤二千餘里土多駿馬犀象明珠既死子震翫分統其衆隋開皇初遣使朝貢命韋世沖以兵戍之置恭州協州昆州未幾叛史萬歲擊之至西洱河滇池而還震翫懼而入朝文帝誅之諸子沒爲奴高祖即位以其子弘達爲昆州刺史奉父喪歸而益州刺史段綸遣俞大施至南寧治共範川誘諸部皆納款貢方物太宗遣將擊西爨開青蛉弄棟爲縣爨蠻之西有徒莫祇蠻儉望蠻貞觀二十三年內屬以其地爲傍望覽丘求五州隸郎州都督府白水蠻地與青蛉弄棟接郎州亦隸弄棟西有大勃弄小勃弄二川蠻其西與黃瓜葉榆西洱

河接其衆完富與蜀埒無酋長喜相讎怨永徽初大勃弄楊承顛私署將帥寇麻州都督任懷玉招之不聽高宗以左領軍將軍趙孝祖爲郎州道行軍摠管與懷玉討之至羅仵侯山其酋禿磨蒲與大鬼主都千以衆塞菁口孝祖大破之夷人尚鬼謂主祭者爲鬼主每歲戶出一牛或一羊就其家祭之送鬼迎鬼必有兵因以復仇云孝祖按軍多棄城遂北至周近水大酋儉彌于鬼主董朴瀕水爲柵以輕騎逆戰孝祖擊斬彌于禿磨蒲鬼主十餘級會大雪戰凍死者略盡孝祖上言小勃弄大勃弄常誘弄棟叛今因破白水請遂西討詔可孝祖軍入夷人皆走險小勃弄酋長歿盛屯白旗城率萬騎戰敗斬之進至大勃弄楊承顛嬰城守孝祖招之不從麾軍進執承顛餘屯大者數萬小數千皆破降之西南夷遂定罷郎州都督更置戎州都督爨弘達既死以爨歸王爲南寧州都督居石城襲殺東爨首領蓋聘及子蓋啓徙共範川有兩爨大鬼主崇道者與弟日進日用居安寧城左聞章仇兼瓊開步頭路築安寧城群蠻震騷共殺築城使者玄宗詔蒙歸義討之師次波州歸王及崇道兄弟千餘人泥首謝罪赦之俄而崇道殺日進又歸王歸王妻阿妊烏蠻女也走父部乞兵相仇於是諸爨亂阿妊遣使詣歸義求殺夫者書聞詔以其子守隅爲南寧州都督歸義以女妻之又以一女妻崇道子輔朝然崇道守隅相攻討不置阿妊訴歸義爲興師營昆川崇道走黎州遂虜其族殺輔朝收其女崇道俄亦被殺諸爨稍離弱閤羅鳳立召守隅幷妻歸河睒不通中國阿妊自主其部落歲入朝恩賞蕃厚閤羅鳳遣昆川城使楊牟利以兵脅西爨徙戶二十餘萬於永昌城東爨以言語不通多散依林谷得不徙自曲靖州石城升麻昆川南北至龍和皆殘于兵日進等子孫居永昌城烏蠻種復振徙居西爨故地與峯州爲鄰貞元中置都督府領羈縻州十八烏蠻與南詔世昏姻其種分七部落一曰阿芋路居曲州靖州故地二曰阿猛三曰夔山四曰暴蠻五曰盧鹿蠻二部落分保竹子嶺六曰磨弥斂七曰勿鄧土多牛馬無布帛男子髽髻女人

被髮皆衣牛羊皮俗尚巫鬼無拜跪之節其語四譯乃與中國通大部落有大鬼主百家則置小鬼主勿鄧地方千里有邛部六姓一姓白蠻也五姓烏蠻也又有初裹五姓皆烏蠻也居邛部臺登之間婦人衣黑繒其長曳地又有東欽蠻二姓皆白蠻也居北谷婦人衣白繒長不過膝又有粟蠻二姓雷蠻三姓夢蠻三姓散處黎巂戎數州之鄙皆隸勿鄧勿鄧南七十里有兩林部落有十低三姓阿屯三姓虧望三姓隸焉其南有豐琶部落阿諾二姓隸焉兩林地雖陿而諸部推爲長號都大鬼主勿鄧豐琶兩林皆謂之東蠻天寶中皆受封爵及南詔陷巂州遂羈屬吐蕃貞元中復通款以勿鄧大鬼主苴嵩兼邛部團練使封長川郡公及死子苴驃離幼以苴夢衝爲大鬼主數爲吐蕃侵獵兩林都大鬼主苴那時遣韋皋書乞兵攻吐蕃皋遣將劉朝彩出銅山道吳鳴鶴出清溪關道鄧英俊出定蕃柵道進逼臺登城吐蕃退壁西貢川據高爲營苴那時戰甚力分兵大破吐蕃青海臘城二節度軍於北谷

青海大兵馬使乞藏遮遮臘城兵馬使悉多楊朱節度論東柴大將論結突梨等皆戰死執籠官四十五人鎧仗一萬牛馬稱是進拔于葱栅乞藏遮遮尚結贊子也以尸還其下曩貢節度蘇論百餘人行哭使一人立尸左一人問之曰瘡痛乎曰然即傅藥曰食乎曰然即進膳曰衣乎曰然即命裘又問歸乎曰然以馬載尸而去詔封苴那時為順政郡王苴夢衝為懷化郡王豐琶部落大鬼主驃傍為和義郡王給印章袍帶三王皆入朝宴麟德殿賞賚加等歲給其部祿鹽衣綵黎巂二州吏就賜之以山阻多為盜侵亡失所賜皋令二州為築館有賜約酋長自至授賜而遣之然苴夢衝內附吐蕃斷南詔使路皋遣巂州總管蘇峞以兵三百召夢衝至琵琶川聲其罪斬之披其族為六部以樣棄主之及苴驃離長乃命為大鬼主驃傍年少驍敢數出兵攻吐蕃吐蕃間道焚其居室部落徙所賜印章皋為請復得印爨蠻西有昆明蠻一曰昆彌以西洱河為境即葉榆河也距京師九千里土歊濕宜秔稻人辮首左衽與突厥同隨水草畜牧夏處高山冬入深谷尚戰死惡病亡勝兵數萬武德中巂州治中吉偉使南寧因至其國諭使使朝貢求內屬發兵戍守自是歲與牂柯使偕來龍朔三年矩州刺史謝法成招慰比樓等七千戶內附總章三年置祿州湯望州咸亨三年昆明十四姓率戶二萬內附析其地為殷州總州敦州以安輯之殷州居戎州西北總州居西南敦州居南遠不過五百餘里近三百里其後又置盤麻等四十一州皆以首領為刺史昆明東九百里即牂柯國也兵數出侵地數千里元和八年上表請盡歸牂柯故地開成元年鬼主阿珮內屬會昌中封其別帥為羅殿王世襲爵其後又封別帥為滇王皆牂柯蠻也東距辰州二千四百里其南千五百里即交州也無城郭土熱多霖雨稻粟再熟無徭役戰乃屯聚刻木為契盜者倍三而償殺人者出牛馬三十俗與東謝同首領亦姓謝氏至龍羽有兵三萬武德三年遣使者朝以其地為牂州拜龍羽刺史封夜郎郡公其北百五十里有別部曰兗

州蠻勝兵二萬亦來朝貢以地為兗州開元中牂柯酋長元齊死孫嘉藝襲官封其後乃以趙氏為酋長二十五年趙君道來朝其裔有趙國珍天寶中戰有功閤羅鳳叛宰相楊國忠兼劍南節度使以國珍有方略授黔中都督屢敗南詔護五溪十餘年天下方亂其部獨寧終工部尚書貞元中官其酋長趙主俗亦以襲朝貢不絕至十八年五遣使朝元和二年詔黔南觀察使常以本道將為押領牂柯昆明等使自是數遣使或朝正月訖開成不絕故事戎夷朝貢將至都中官驛勞於郊既及館恩禮尤渥西爨之南有東謝蠻居黔州西三百里南距守宮獠西連夷子地方千里宜五穀為畬田歲一易之眾處山巢居汲流以飲無賦稅刻木為契見貴人執鞭而拜賞有功者以牛馬銅鼓犯小罪則杖大事殺之盜物者倍償昏姻以牛酒為聘女歸夫家夫慙涕避之旬日乃出會聚擊銅鼓吹角俗椎髻韜以絳垂于後坐必蹲踞常帶刀劍男子服衫襖大口袴以帶斜馮右肩以螺殼虎豹猨狖犬羊皮為飾有謝氏世為酋長部落尊畏之其族不育女自以姓高不可以嫁人貞觀三年其酋元深入朝冠烏熊皮若注旄以金銀絡額被毛帔韋行縢著履中書侍郎顏師古因是上言昔周武王時遠國入朝太史次為王會篇今蠻夷入朝如元深冠服不同可寫為王會圖詔可帝以地為應州即拜元深刺史隸黔州都督府又有南謝首領謝彊亦來朝以其地為莊州授彊刺史建中三年大酋長檢校蠻州長史資陽郡公宋鼎與諸謝朝賀德宗以其國小不許訴於黔中觀察使王礎以州接牂柯願隨牂柯朝賀礎奏牂蠻二州戶繁力彊為鄰蕃所憚請許三年一朝詔從之元和中辰漵蠻酋張伯靖嫉本道督斂苛刻聚眾叛侵播費二州黔中經略使崔能荊南節度使嚴綬湖南觀察使柳公綽討之三歲不能定伯靖上表請隸荊南乃降崔能內恨之更請調荊南湖南桂管軍為援約西原十洞兵皆出可以成功公卿議者皆以為便宰相李吉甫曰伯靖挾怨而叛壓以大兵而招之可不戰自定乃命能兵毋出獨

詔嚴綏招伯靖率家屬詣江陵降授右威衛翊府中郎將東謝南有西趙蠻東距夷子西屬昆明南西洱河也山穴阻深莫知道里南北十八日行東西二十三日行戶萬餘俗與東謝同趙氏世為酋長夷子渠帥姓季氏與西趙皆南蠻別種勝兵各萬人自古未嘗通中國黔州豪帥田康諷之故貞觀中皆遣使入朝西趙首領趙酋摩率所部萬餘戶內附以其地為明州授酋摩刺史松外蠻尚數十百部大者五六百戶小者二三百凡數十姓趙楊李董為貴族皆擅山川不能相君長有城郭文字頗知陰陽歷數自夜郎滇池以西皆莊蹻之裔有稻麥粟豆絲麻薤蒜桃李以十二月為歲首布幅廣七寸正月蠶生二月熟男子氈革為帔女衣絁布裙衫髻盤如髽飯用竹筲摶而噉之烏杯貯羹如鑿彝徒跣有舟無車死則坎地殯舍左屋之三年乃葬以蠡蚌封棺父母喪斬衰布衣不澡者四五年近者二三年為人所殺者子以麻括髮墨面衣不緝居喪昏嫁不廢亦弗避同姓婿不親迎富室娶妻納金銀牛羊酒女所齎贋亦如之有罪者樹一長木擊鼓集衆其下彊盜殺之富者貰死燒屋奪其田盜者倍九而償贓姦淫則彊族輸金銀請和而棄其妻處女釐婦不坐凡相殺必報力不能則其部助攻之祭祀殺牛馬親聯畢會助以牛酒多至數百人貞觀中巂州都督劉伯英上疏松外諸蠻率暫附亟叛請擊之西洱河天竺道可通也居數歲太宗以右武候將軍梁建方發蜀十二州兵進討酋帥雙舍拒戰敗走殺獲十餘萬羣蠻震駭走保山谷建方諭降者七十餘部戶十萬九千署首領蒙和為縣令餘衆感悅西洱河蠻亦曰河蠻道繇郎州走三千里建方遣奇兵自巂州道千五百里掩之其帥楊盛大駭欲遁去使者好語約降乃遣首領十人納款軍門建方振旅還二十二年西洱河大首領楊同外東洱河大首領楊斂松外首領蒙羽皆入朝授官秩顯慶元年西洱河大首領楊棟附顯和蠻大首領王羅祁郎昆梨盤四州大首領王伽衝率部落四千人歸附入朝貢方物其後茂州西南築安戎城絕吐蕃通

蠻之道生羌為吐蕃鄉導攻拔之增兵以守西洱河諸蠻皆臣吐蕃開元中首領始入朝授刺史會南詔蒙歸義拔大和城乃北徙更羈制於浪穹詔浪穹詔已破又徙雲南柘城黎州領羈縻奉上等州二十六開元十七年又領羈縻夏梁卜貴等州三十一南路有廓清道部落主三人婆鹽鬼主十人又有阿逼蠻分十四部落一曰大龍池二曰小龍池三曰控四曰苴質五曰烏披六曰苴賃七曰觱篥水八曰戎列九曰婆狄十曰石地十一曰羅公十二曰訛十三曰離昊十四曰里漢黎邛二州之東又有凌蠻西有三王蠻蓋莋都夷白馬氏之遺種楊劉郝三姓世為長襲封王謂之三王部落疊甓而居號鍋舍歲稟節度府帛三千匹以詗南詔而南詔亦密賂之覘成都虛實每節度使至酋長來謁節度使多奏威惠所懷以罔天子也前謁必請於都押衙且聽命都押衙不令者輒諷其叛常倚三王部落求姑息至唐末益甚雅州西有通吐蕃道三曰夏陽曰夔松曰始陽皆諸蠻錯居凡部落四十六距州三百餘里之外有百坡當品嚴城中川鉗矣昌逼鉗井七部落四百餘里之外有羅巖當馬三井東鋒名耶鉗恭畫重羅林籠羊林波林燒龍逢索古敢川驚川禍眉不燭十七部落五百餘里之外有諸祚三恭布嵐欠馬論川讓川遠南卑盧夔龍曜川金川東嘉梁西嘉梁十三部落六百餘里之外有椎梅作重禍林金林邏蓬五部落皆羈縻州也以首領襲刺史巂州新安城傍有六姓蠻一曰蒙蠻二曰夷蠻三曰訛蠻四曰狼蠻餘勿鄧及白蠻也戎州管內有馴騁浪三州大鬼主董嘉慶累世內附以忠謹稱封歸義郡王貞元中狼蠻亦請內附補首領浪沙為刺史然卒不出劍南西川節度使韋皐撫嘉慶兼押狼蠻又有魯望等部落徙居戎州馬鞍山皐以其遠邊徼戶給米二斛鹽五斤北又有浪稽蠻羅哥谷蠻東有婆秋蠻烏皮蠻南有離東蠻鍋銼蠻西有磨些蠻與南詔越析相姻婭自浪稽以下古滇王哀牢雜種其地與吐蕃接亦有姐羌古白馬氏之裔劍山當吐蕃大路屬石門柳彊二鎮置戍守

捉以招討使領五部落一曰弥羌二曰鏁羌三曰胡叢其餘東欽磨些也又有夷望鼓路西望安樂湯谷佛蠻虧野阿鹽阿鶻鉀蠻林井阿異十二鬼主皆隸嶲州又有奉國苴伽十一部落春秋受賞於嶲州然挾吐蕃為輕重每節度使至諸部獻馬酋長衣虎皮餘皆紅鞨束髮錦纈襖半臂既見請匹錦斗酒折草招父祖魂以歸鄉里及還裹錦植馬上而去又有顯養東魯諸蠻永徽三年與胡叢皆叛高宗以右驍衛將軍曹繼叔為嶲州道行軍總管戰斜山拔十餘城斬首七百獲馬犛牛萬五千姚州境有永昌蠻居古永昌郡地咸亨五年叛高宗以太子右衛副率梁積壽為姚州道行軍總管討平之武后天授中遣御史裴懷古招懷至長壽時大首領董期率部落二萬內屬其西有撲子蠻趫悍以青娑羅為通身袴善用竹弓入林射飛鼠無不中無食器以蕉葉藉之人多長大負排持矟而鬬又有望蠻者用木弓短箭鏃傅毒藥中者立死婦人食乳酪肥白跣足青布為衫裳聯貫珂貝珠絡之髻

垂于後有夫者分兩髻羣蠻種類多不可記有黑齒金齒銀齒三種見人以漆及鏤金銀飾齒寢食則去之直項為髻青布為通袴有繡脚種刻踝至腓為文有繡面種生踰月涅黛於面有雕題種身面涅黛有穿鼻種以金鐶徑尺貫其鼻下垂過頤君長以絲係鐶人牽乃行其次以二花頭金釘貫鼻下出又有長鬃種棟鋒種皆額前為長髻下過臍行以物舉之君長則二女在前共舉其髻乃行安南有生蠻林覩符部落大曆中置德化州戶一萬又以潘歸國部落置龍武州戶千五百詔安南節度使綏定之貞元七年始以驩峯二州為都督府驩在安南限重海與文單占婆接峯統羈縻州十八與蜀爨蠻接

南平獠東距智州南屬渝州西接南州北涪州戶四千餘多瘴癘山有毒草沙虱蝮虵人樓居梯而上名為干欄婦人橫布二幅穿中貫其首號曰通裙美髮髻垂於後竹筒三寸斜穿其耳貴者飾以珠璫俗女多男少婦人任役昏法女先以貨求男貧者無以嫁則賣為婢男子左衽露髮徒跣其王姓朱氏號劒荔王貞觀三年遣使內款以其地隸渝州有飛頭獠者頭欲飛周項有痕如縷妻子共守之及夜如病頭忽亡比旦還又有烏武獠地多瘴毒中者不能飲藥故自鑿齒有甯氏世為南平渠帥陳末以其帥猛力為寧越太守陳亡自以為與陳叔寶同日而生當代為天子乃不入朝隋兵阻瘴不能進猛力死子長眞襲刺史及討林邑長眞出兵攻其後又率部落數千從征遼東煬帝召為鴻臚卿授安撫大使遣還又以其族人甯宣為合浦太守隋亂皆以地附蕭銑長眞部越兵攻丘和於交阯者也武德初以寧越鬱林之地降自是交愛數州始通高祖授長眞欽州都督甯宣亦遣使請降未報而卒以其子純為廉州刺史族人道明為南越州刺史六年長眞獻大珠昆州刺史沈遜融州刺史歐陽世普象州刺史秦元覽亦獻筒布高祖以道遠勞人皆不受道明與高州首領馮暄談殿據南越州反攻姜州甯純以兵援之八年長眞陷封山縣昌州刺史龐孝恭掎

擊暄等走之明年道明為州人所殺未幾長眞死子據襲刺史馮暄談殿阻兵相掠羣臣請擊之太宗不許遣員外散騎常侍韋叔諧員外散騎侍郎李公淹持節宣諭暄等與溪洞首領皆降南方遂定大抵劒南諸獠武德貞觀間數寇暴州縣者不一巴州山獠王多馨香叛梁州都督龐玉梟其首又破餘黨符陽白石二縣獠其後眉州獠反益州行臺郭行方大破之未幾又破洪雅二州獠俘男女五千口是歲益州獠亦反都督竇軌請擊之太宗報曰獠依山險當拊以恩信脅之以兵威豈為人父母意耶貞觀七年東西玉洞獠反以右屯衛大將軍張士貴為龔州道行軍總管平之十二年巫州獠叛夔州都督齊善行擊破之俘男女三千餘口鈞州獠叛桂州都督張寶德討平之明州山獠又叛交州都督李道彥擊走之是歲巴洋集壁四州山獠叛攻巴州遣右武候將軍上官懷仁破之于壁州虜男女萬餘明年遂平十四年羅竇諸獠叛以廣州都督党仁弘為竇州道行軍總管擊之虜男女七千餘人太

宗再伐高麗爲舡劒南諸獠皆半役雅邛眉三州獠不堪其擾相率叛詔發隴右峽兵二萬以茂州都督張士貴爲雅州道行軍總管與右衛將軍梁建方平之高宗初琰州獠叛梓州都督謝萬歲兖州刺史謝法興黔州都督李孟嘗討之萬歲法興入洞招慰遇害顯慶三年羅竇生獠酋領多胡桑率衆內附上元末納州獠叛寇故茂都掌二縣殺吏民焚廨舍詔黔州都督發兵擊之大曆二年桂州山獠叛陷州刺史李良遁去貞元中嘉州綏山縣婆籠川生獠首領甫枳兄弟誘生蠻爲亂剽居人西川節度使韋皐斬之招其首領勇子等出降或請增柵東凌界以守皐不從曰無戎而城害所生也獠亦自是不擾境戎瀘間有葛獠居依山谷林菁踰數百里俗喜叛州縣撫視不至必合黨數千人持排而戰奉酋帥爲王號曰婆能出入前後植旗大中末昌瀘二州刺史貪沓以弱繒及羊彊獠市米麥一斛得直不及半羣獠訴曰當爲賊取死耳刺史召二小吏榜之曰皆爾屬爲之非吾過獠相視大笑遂叛立酋長始艾爲王踰梓潼所過焚剽刺史劉成師誘降其黨斬首領七十餘人餘衆遁至東川節度使柳仲郢諭降之始艾稽首請罪仲郢貰遣之成都西北二千餘里有附國蓋漢西南夷也其東部有嘉良夷無姓氏地縱八百里橫西四千五百里無城柵居川谷疊石爲巢高十餘丈以高下爲差作狹戶自內以通上王酋帥以金飾首胷垂金花徑三寸地高涼多風少雨宜小麥多白雉嘉良夷有水廣三十步附國水廣五十步皆南流以韋爲舡附國南有薄緣夷西接女國三濮者在雲南徼外千五百里有文面濮俗鏤面以青涅之赤口濮裸身而折齒劖其脣使赤黑僰濮山居如人以幅布爲裙貫頭而繫之丈夫衣縠皮多白蹄牛虎魄龍朔中遣使與千支弗磨臘同朝貢

西原蠻居廣容之南邕桂之西有甯氏者相承爲豪又有黃氏居黃橙洞其隸也其地西接南詔天寶初黃氏彊與韋氏周氏儂氏相脣齒爲寇害據十餘州韋氏周氏恥不肯附黃氏攻之逐于海濵至德初首領黃乾曜眞崇鬱與陸州武陽朱蘭洞蠻皆叛推武承斐韋敬簡爲帥僭號中越王廖殿爲桂南王莫淳爲拓南王相支爲南越王梁奉爲鎭南王羅誠爲戎成王莫潯爲南海王合衆二十萬緜地數千里署置官吏攻桂管十八州所至焚廬舍掠士女更四歲不能平乾元初遣中使慰曉諸首領賜詔書赦其罪約降於是西原環古等州首領方子彈甘令暉羅承韋張九解宋原五百餘人請出兵討承斐等歲中戰二百斬黃乾曜眞崇鬱廖殿莫淳梁奉羅誠莫潯七人承斐等以餘衆面縛詣桂州降盡釋其縛差賜布帛縱之其種落張侯夏永與夷獠梁崇牽覃問及西原酋長吳功曹復合兵內寇陷道州據城五十餘日桂管經略使邢濟擊平之執吳功曹等餘衆復圍道州刺史元結固守不能下進攻永州陷邵州留數日而去湖南團練使辛京杲遣將王國良戍武岡嫉京杲貪暴亦叛有衆千人侵掠州縣發使招之且服且叛建中元年城敘州以斷西原國良乃降貞元十年黃洞首領黃少卿者攻邕管圍經略使孫公器請發嶺南兵窮討之德宗不許命中人招諭不從俄陷欽橫潯貴四州少卿子昌沔趫勇前後陷十三州氣益振乃以唐州刺史陽旻爲容管招討經略使引師掩賊一日六七戰皆破之侵地悉復元和初邕州擒其別帥黃承慶明年少卿等歸款拜歸順州刺史弟少高爲有州刺史未幾復叛又有黃少度黃昌瓘二部陷賓蠻二州據之十一年攻欽橫二州邕管經略使韋悅破走之取賓蠻二州是歲復屠巖州桂管觀察使裴行立輕其軍弱首請發兵盡誅叛者徼幸有功憲宗許之行立兵出擊彌更二歲妄奏斬獲二萬罔天子爲解自是邕容兩道殺傷疾疫死者十八以上調費闕亡縣行立陽旻二人當時莫不咎之及安南兵亂殺都護李象古擢唐州刺史桂仲武爲都護逗留不敢進貶安州刺史以行立代之尋召還卒長慶初以容管經略使留後嚴公素爲經略使復上表請討黃氏兵部侍郎韓愈建言黃賊皆洞獠無城郭依山險各治生業急則屯聚畏死前日邕管經略

使德不能綏懷威不能臨制侵詐係縛以致憾恨夷性易動而難
安劫州縣復私讎貪小利不為大患自行立陽旻建征討生事詭
賞邕容兩管日以凋弊殺傷疾患十室九空百姓怨嗟如出一口
人神共嫉二將繼死今嚴公素非撫御之才復尋往謬誠恐嶺南
未有寧時昨合邕容為一道邕與賊限一江若經略使居之兵鎮
所處物力雄完則敵人不敢輕犯容州則隔阻已甚以經略使居
之則邕州兵少情見易啓蠻心請以經略使還邕州容置刺史便
甚又比發南兵遠鄉羇旅疾疫殺傷續添續死每發倍難若募邕
容千人以給行營糧不增而兵便習守則有威攻則有利自南討
損傷嶺南人希賊之所處洞壘荒僻假如盡殺其人得其地在國
計不為有益容貸羈縻比之禽獸來則捍禦去則不追未有虧損
朝廷願因改元大慶普赦其罪遣郎官御史以天子意丁寧宣諭
必能讙叫聽命為選材用威信者委以經略處理得方宜無侵叛
事不納初邕管既廢人不謂宜監察御史杜周士使安南過邕州

刺史李元宗白狀周士從事五管積三十年矣亦知其不便嚴公
素遣人盜其稾周士憤死公素劾元宗擅以羅陽縣還黃少度元
宗懼引兵一百持印章依少度穆宗遣監察御史敬僚按之僚嘗
為容州從事與公素暱傳致元宗罪以母老流驩州衆以為不直
黃賊更攻邕州陷左江鎮攻欽州陷千金鎮刺史楊嶼奔石南柵
邕州刺史崔結擊破之明年又寇欽州殺將吏是歲黃昌瓘遣其
黨陳少奇二十人歸款請降敬宗納之黃氏儂氏據州十八經略使
至遣一人詰治所稍不得意輒侵掠諸州橫州當邕江官道嶺南
節度使常以兵五百戍守不能制大和中經略使董昌齡遣子蘭
討平峒穴夷其種黨諸蠻畏服有違命者必嚴罰之十八州歲輸
貢賦道路清平其後儂洞最彊結南詔為助懿宗與南詔約和二
洞數構敗之邕管節度使辛讜以從事徐雲虔使南詔結和齎美
貨啖二洞首領太州刺史黃伯蘊屯洞首領儂金意員州首領儂
金勒等與之通驩員州又有首領儂金澄儂仲武與金勒襲黃洞
首領黃伯善伯善伏兵瀼水雞鳴候其半濟擊殺金澄仲武唯
金勒遁免後欲興兵報仇辛讜遣人持牛酒音樂解和并遺其母
衣服母賢者也讓其子曰節度使持物與獠母非結好也以汝為
吾子前日兵敗瀼水士卒略盡不自悔復欲動衆兵忿者必敗吾
將因為官老婢矣金勒感寤為罷兵

贊曰唐北禽頡利西滅高昌焉耆東破高麗百濟威制夷狄方策
所未有也交州漢之故封其外瀕海諸蠻無廣土堅城可以居守
故中國兵未嘗至及唐稍弱西原黃洞繼為邊害垂百餘年及
其亡也以南詔詩曰惠此中國以綏四方不以夷狄先諸夏也

南蠻列傳第一百四十七下

端明殿學士兼翰林侍讀學士……奉　敕撰

許敬宗字延族杭州新城人父善心仕隋為給事中敬宗幼善屬文大業中舉秀才中第調淮陽書佐俄直謁者臺奏通事舍人事善心為宇文化及所殺敬宗哀請得不死去依李密為記室武德初補漣州別駕太宗聞其名召署文學館學士貞觀中除著作郎兼脩國史喜謂所親曰仕宦不為著作無以成門戶俄改中書舍人文德皇后喪羣臣衰服率更令歐陽詢貌醜異敬宗侮笑自如貶洪州司馬累轉給事中復脩史以勞封高陽縣男檢校黃門侍郎高宗在東宮遷太子右庶子高麗之役太子監國定州敬宗與高士廉典機劇岑文本卒帝驛召敬宗以本官檢校中書侍郎駐蹕山破賊命草詔馬前帝愛其藻警由是專掌誥令初太子承乾廢官屬張玄素令狐德棻趙弘智裴宣機蕭鈞皆除名為民不復用敬宗為言玄素等以直言被嫌忌今一槩被罪疑洗宥有所未至帝悟多所甄復高宗即位遷禮部尚書敬宗饕餮遂以女嫁蠻酋馮盎子多私所聘有司劾舉下除鄭州刺史俄復官為弘文館學士帝將立武昭儀大臣切諫而敬宗陰揣帝私即妄言曰田舍子賸穫十斛麥尚欲更故婦天子富有四海立一后謂之不可何哉帝意遂定王后廢敬宗請削后家官爵廢太子忠而立代王遂兼太子賓客帝得所欲故詔敬宗待詔武德殿西闥頃拜侍中監脩國史爵郡公帝嘗幸故長安城按蹕裴回視古區處問侍臣秦漢以來幾君都此敬宗曰秦居咸陽漢惠帝始城之其後苻堅姚萇宇文周居之帝復問漢武開昆明池實何年對曰元狩三年將伐昆明實為此池以肄戰帝乃詔與弘文學士討古宮室故區具條以聞進中書令仍守侍中敬宗於立后有助力知后鉗戾能固主以久己權乃陰連后謀逐韓瑗來濟褚遂良殺梁王長孫无忌上官儀朝廷重足事之威寵熾灼當時莫與比改右相辭疾拜

太子少師同東西臺三品年老不任趨步特詔與司空李勣朝朔日聽乘小馬至內省帝東封泰山以敬宗領使次濮陽帝問竇德玄此謂帝丘何也德玄不對敬宗儳曰臣能知之昔帝顓頊始居此地以王天下其後夏后相因之為寒浞所滅后緡方娠逃出自竇在此地也後昆吾氏因之而為夏伯昆吾既衰湯滅之其頌曰韋顧既伐昆吾夏桀是也至春秋時衛成公自楚丘徙居之左氏稱相奪予享以舊地也由顓頊所居故曰帝丘臣聞有德者啓其國土失道者則喪其疆宇自古大都美國居者不一姓故有國家者不可不慎也帝曰書稱浮于濟漯今濟與漯斷不相屬何故而然對曰夏禹道沇水東流為濟入于河今自漯至溫而入河水自此洑地過河而南出為滎又洑而至曹濮散出於地合而東汶水自南入之所謂泆為滎東出于陶丘北又東會于汶是也古者五行皆有官水官不失職則能辨味與色潛而出合而更分皆能識之帝曰天下洪流巨谷不載祀典濟甚細而在四瀆何哉對曰瀆之言獨也不因餘水獨能赴海者也且天有五星運而為四時地有五嶽流而為四瀆人有五事用而為四支五陽數也四陰數也有奇偶陰陽焉陽者光曜陰者晦昧故辰隱而難見濟潛流屢絕狀雖微細獨而尊也帝曰善敬宗退矜曰大臣不可無學向德玄不能對吾恥之德玄聞之不屑曰人各有能不彊所不知吾所能也李勣曰敬宗多聞美矣竇之不彊不亦善乎初高祖太宗實錄敬播所譔信而詳及敬宗身為國史竄改不平專出己私始虞世基與善心同遇賊害封德彝常曰昔吾見世基死世南匍匐請代善心死敬宗蹈舞求生世為口實敬宗銜憤至立德彝傳盛誣以惡敬宗子娶尉遲敬德女孫而女嫁錢九隴子九隴本高祖隸奴也為虛立門閥功狀至與劉文靜等同傳太宗賜長孫无忌威鳳賦敬宗猥稱賜敬德蠻酋龐孝泰率兵從討高麗賊笑其懦襲破之敬宗受其金乃稱屢破賊唐將言驍勇者唯蘇定方與孝泰曹繼叔劉伯英出其下遠甚然自貞觀後論次諸書自晉盡隋及東殿新

書西域圖志姓氏録新禮等數十種皆敬宗揔知之賞賚不勝紀敬宗營第舍華僭至造連樓使諸妓走馬其上縱酒奏樂自娛嬖其婢因以繼室假姓虞氏子昂烝之敬宗怒黜虞奏斥昂嶺外久乃表還咸亨初以特進致仕仍朝朔望續其俸祿卒年八十一帝爲舉哀詔百官哭其第冊贈開府儀同三司揚州大都督陪葬昭陵太常博士袁思古議敬宗棄子荒徼女嫁蠻落謚曰繆其孫彥伯訴思古有嫌詔更議博士王福畤曰何曾忠而孝以食日萬錢謚繆醜況敬宗忠孝兩棄飲食男女之累過之執不改有詔尚書省雜議更謚曰恭彥伯昂子也頗有文敬宗晚年不復下筆凡大典冊悉彥伯爲之甞戲昂曰吾兒不及若兒答曰渠父不如昂父後又納婢譖奏流彥伯嶺表遇赦還累官太子舍人既與思古有憾欲邀擊諸路思古曰吾爲先子報仇耳彥伯慙而止垂拱中詔敬宗配饗高宗廟廷

李義府瀛州饒陽人其祖甞爲射洪丞因客永泰貞觀中李大亮巡察劒南表義府才對策中第補門下省典儀劉洎馬周更薦之太宗召見轉監察御史詔侍晉王王爲太子除舍人崇賢館直學士與司議郎來濟俱以文翰顯時稱來李獻承華箴未云佞諛有類邪巧多方其萌不絕其害必彰義府方諂事太子而文致若讜直者太子表之優詔賜帛高宗立遷中書舍人兼脩國史進弘文館學士爲長孫无忌所惡奏斥壁州司馬詔未下義府問計於舍人王德儉德儉者許敬宗甥癭而智善揣事因曰武昭儀方有寵上欲立爲后畏宰相議未有以發之君能建白轉禍於福也義府即代德儉直夜叩閤上表請廢后立昭儀帝悅召見與語賜珠一斗停司馬詔書留復侍武后已立義府與敬宗德儉及御史大夫崔義玄中丞袁公瑜大理正侯善業相推轂濟其姦誅棄骨鯁大臣故后得肆志攘取威柄天子斂袵矣義府貌柔恭與人言嬉怡微笑而陰賊褊忌著于心凡忤意者皆中傷之時號義府笑中刀又以柔而害物號曰人貓永徽六年拜中書侍郎同中書門下三品封廣平縣男又兼太子右庶子爵爲侯洛州女子淳于以姦繫大理義府聞其美屬丞畢正義出之納以爲妾卿段寶玄以狀聞詔給事中劉仁軌侍御史張倫鞫治義府且窮逼正義縊獄中以絶始謀侍御史王義方廷劾義府不引咎三叱之然後趨出義方極陳其惡帝陰德義府故貸不問爲抑義方逐之未幾進中書令檢校御史大夫加太子賓客更封河間郡公詔造私第諸子雖襁負皆補清官初杜正倫爲黃門侍郎義府纔典儀及同輔政正倫恃先進不相下密與中書侍郎李友益圖去義府反爲所誣交訟帝前帝兩黜之正倫爲橫州刺史義府普州刺史流友益峯州明年召爲吏部尚書同中書門下三品母喪免奪喪爲司列太常伯同東西臺三品更葬其先永康陵側役縣人牛車輸土築墳助役者凡七縣高陵令不勝勞而死公卿爭賵遺葬日詔御史節哭送車從騎相銜帷帟蒷帳自灞橋屬三原七十里不絶轜輴芻偶僭侈不法人臣送葬之盛無與比者殷王出閤又兼府長史稍遷右

相義府已貴乃言系出趙郡與諸李敘昭穆嗜進者往往尊爲父兄行給事中李崇德引與同譜既謫普州亟削去義府銜之及復當國傅致其罪使自殺于獄貞觀中高士廉韋挺岑文本令狐德棻脩氏族志凡升降天下允其議於是州藏副本以爲長式時許敬宗以不載武后本望義府亦恥先世不見敘更奏刪正委孔志約楊仁卿史玄道呂才等定其書以仕唐官至五品皆昇士流於是兵卒以軍功進者悉入書限更號姓氏録搢紳共嗤靳之號曰勳格義府奏悉收前志燒絶之自魏太和中定望族七姓子孫迭爲婚姻後雖益衰猶相夸尚義府爲子求婚不得遂奏一切禁止既主選無品鑒才而谿壑之欲惟賄是利不復銓判人人咨訕又母妻諸子賣官市獄門如沸湯自永徽後御史多制授吏部雖有調注至門下覆不留義府乃自注御史員外通事舍人有司不敢卻帝甞從容戒義府曰聞卿兒子女壻撓法多過失朕爲卿掩覆可少勖之義府內倚后揣羣臣無敢白其罪者不虞帝之知乃勃

然變色徐曰誰爲陛下道此帝曰何用問我所從得邪義府矍然不謝徐引去帝由是不悅會術者杜元紀望義府第有獄氣曰發積錢二千萬可以厭勝義府信之裒索殊急居母喪朔望給告即羸服與元紀出野馬高窺覘災眚衆疑其有異謀又遣子津召長孫延謂曰吾爲子得一官居五日延拜司津監索謝錢七十萬右金吾倉曹參軍楊行穎白其贓詔司刑太常伯劉祥道與三司雜訊李勣監按有狀詔除名流嶲州子率府長史洽千牛備身洋及壻少府主簿柳元貞並流廷州司議郎津流振州朝野至相賀三子及壻尤凶肆既敗人以爲誅四凶或作河間道元帥劉祥道破銅山大賊李義府露布榜于衢乾封元年大赦獨流人不許還義府憤恚死年五十三自其斥天下憂且復用比死內外乃安上元初赦妻子還洛陽如意中贈義府揚州大都督崔義玄益州大都督王德儉袁公瑜魏相二州刺史各賜實封睿宗立詔停少子湛見李多祚傳

傅游藝衛州汲人載初初由合宮主簿再遷左補闕武后奪政即上書詭說符瑞勸后當革姓以明受命后悅擢給事中閱三月進同鳳閣鸞臺平章事即拜鸞臺侍郎后乃黜唐稱周廢唐宗廟自稱皇帝賜游藝姓武氏以兄神童爲冬官尚書游藝嘗夢登湛露殿既寤以語所親有告其謀反者下獄自殺以五品禮葬之初游藝探后旨誣殺宗室復請發六道使後卒用其言萬國俊等既出天下被其酷游藝起一歲賜袍自青及紫人號四時仕官然歲中即敗前古少其比云

李林甫長平肅王叔良曾孫初爲千牛直長舅姜晈愛之開元初遷太子中允源乾曜執政與晈爲姻家而乾曜子絜爲林甫求司門郎中乾曜素薄之曰郎官應得才望哥奴豈郎中材邪哥奴林甫小字也即授以諭德累擢國子司業宇文融爲御史中丞引與同列稍歷刑吏部侍郎初吏部置長名榜定留放寧王私謁十人林甫曰願絀一人以示公遂逆榜其一曰坐王所囑放冬集時武惠妃寵傾後宮子壽王盛王尤愛林甫因中人白妃願護壽王爲萬歲計妃德之侍中裴光廷夫人武三思女嘗私林甫而高力士本出三思家及光廷卒武請力士以林甫代爲相力士未敢發而帝因蕭嵩高言自用韓休方具詔武擿語林甫使爲休請休既相重德林甫而與嵩有隙乃薦林甫有宰相才妃陰助之即拜黃門侍郎尋爲禮部尚書同中書門下三品再進兵部尚書皇太子鄂王光王被譖帝欲廢之張九齡切諫帝不悅林甫惘然私語中人曰天子家事外人何與邪二十四年帝在東都欲還長安裴耀卿等建言農人場圃未畢須冬可還林甫陽蹇獨在後帝問故對曰臣非疾也願奏事二都本帝王東西宮車駕往幸何所待時假令妨農獨赦所過租賦可也帝大悅即駕而西始九齡繇文學進守正持重而林甫特以便佞故得大任每嫉九齡陰害之帝欲進朔方節度使牛仙客實封九齡謂林甫封賞待名臣大功邊將一上最可遽議要與公固爭林甫然許及進見九齡極論而林甫抑嘿退又

漏其言仙客明日見帝泣且辭帝滋欲賞仙客九齡持不可林甫爲人言天子用人何不可者帝聞善林甫不專也由是益疏薄九齡俄與耀卿俱罷政事專任林甫相仙客矣初三宰相就位二人磬折趨而林甫在中軒驁無少讓喜津津出眉宇間觀者竊言一鵰挾兩兔少選詔書出耀卿九齡以左右丞相罷林甫嘻笑曰尚左右丞相邪目恚而送乃止公卿爲戰栗於是林甫進兼中書令帝卒用其言殺三子天下冤之大理卿徐嶠妄言大理獄殺氣盛鳥雀不敢棲今刑部斷死歲纔五十八而烏鵲巢獄戶幾至刑措羣臣賀帝而帝推功大臣封林甫晉國公仙客豳國公及帝將立太子林甫探帝意數稱道壽王語祕不傳而帝意自屬忠王壽王不得立太子既定林甫恨謀不行且畏禍乃陽善韋堅堅太子妃兄也使任要職將覆其家以搖東宮及構堅獄而太子絕妃自明林甫計黜杜良娣之父有鄰與婿柳勣不相中勣浮險欲助林甫乃上有鄰變事捕送詔獄賜死逮引裴敦復李邕等皆林甫素忌

惡者株連殺之太子亦出良娣爲庶人未幾擿濟陽別駕魏林使誣河西節度使王忠嗣欲擁兵佐太子帝不信然忠嗣猶斥去林甫數曰太子宜知謀帝曰吾兒在內安得與外人相聞此妄耳林甫數危太子未得志一日從容曰古者立儲君必先賢德非有大勳力於宗稷則莫若元子帝久之曰慶王往年獵爲豽傷面甚荅曰破面不愈於破國乎帝頗惑曰朕徐思之然太子自以謹孝聞內外無甚言故飛語不得入帝無所發其猜林甫善刺上意時帝春秋高聽斷稍怠厭繩檢重接對大臣及得林甫任之不疑林甫善養君欲自是帝深居燕適沈蠱衽席主德衰矣林甫每奏請必先餉遺左右審伺微旨以固恩信至饔夫御婢皆所款厚故天子動靜必具得之性陰密忍誅殺不見喜怒面柔令初若可親既崖穽深阻卒不可得也公卿不由其門而進必被罪徙附離者雖小人且爲引重同時相若九齡李適之皆遭逐至楊慎矜張瑄盧幼臨柳勣等緣坐數百人並相繼誅以王鉷吉溫羅希奭爲爪牙數

興大獄衣冠爲累息適之子霅嘗盛具召賓客畏林甫乃終日無一人往者林甫有堂如偃月號月堂每欲排構大臣即居之思所以中傷者若喜而出即其家碎矣子岫爲將作監見權勢熏灼惕然懼常從游後園見輦重者跪涕曰大人居位久枳棘滿前一旦禍至欲比若人可得乎林甫不樂曰勢已然可柰何時帝詔天下士有一藝者得詣闕就選林甫恐士對詔或斥己即建言士皆草茅未知禁忌徒以狂言亂聖聽請悉委尚書省長官試問使御史中丞監總而無一中程者林甫因賀上以爲野無留才俄兼隴右河西節度使改右相罷節度加累開府儀同三司實封戶三百咸寧太守趙奉璋得林甫隱惡二十條將言之林甫諷御史捕繫奉璋劾妖言抵死著作郎韋子春坐厚善貶帝嘗大陳樂勤政樓既罷兵部侍郎盧絢按轡絕道去帝愛其醞藉稱美之明日林甫召絢子曰尊府素望上欲任以交廣若憚行且當請老絢懼從之因出爲華州刺史俄授太子員外詹事絢繇是廢於時有以材譽聞者林

甫護前皆能得於天子抑遠之故在位恩寵莫比凡御府所貢遠方珍鮮使者傳賜相望帝食有所甘美必賜之嘗詔百僚閱歲貢於尚書省既而舉貢物悉賜林甫輦致其家從幸華清宮給御馬武士百人女樂二部薛王別墅勝麗甲京師以賜林甫它邸第田園水磑皆便好上腴車馬衣服侈靡尤好聲伎侍姬盈房男女五十人故事宰相皆元功盛德不務權威出入騎從簡寡士庶不甚引避林甫自見結怨者衆憂刺客竊發其出入廣騶騎先驅百步傳呼何衛金吾爲清道公卿辟易趨走所居重關複壁絡版甃石一夕再徙家人亦莫知也或帝不朝羣司要官悉走其門臺省爲空左相陳希烈雖坐府卒無人入謁林甫無學術發言陋鄙聞者竊笑善苑咸郭慎微使主書記然練文法其用人非諂附者一以格令持之故小小網目不甚亂而人憚其威權久之又兼安西大都護朔方節度使俄兼單于副大都護以朔方副使李獻忠反讓還節度始厚王鉷爲盡力及鉷敗詔宰相治狀林甫大懼不敢面

鉷獄具署名亦無所申救因以楊國忠代爲御史大夫林甫薄國忠材孱無所畏又以貴妃故善之及是權益盛貴震天下始交惡若仇敵然國忠方兼劍南節度使而南蠻入寇林甫因建遣之鎮欲離間之國忠入辭帝曰處置且訖亟還指日待卿林甫聞之憂懣是時已屬疾稍侵會帝幸溫湯詔以馬轝從御醫珍膳繼至詔旨存問中官護起居病劇巫者視疾云見天子當少間帝欲視之左右諫止乃詔林甫出廷中帝登降聖閣舉絳巾招之林甫不能興左右代拜俄而國忠至自蜀謁林甫牀下垂涕託後事因不食卒諸子護還京發喪贈太尉揚州大都督林甫居相位凡十九年固寵市權蔽欺天子耳目諫官皆持祿養資無敢正言者補闕杜璡再上書言政事斥爲下邽令因以語動其餘曰明主在上羣臣將順不暇亦何所論君等獨不見立仗馬乎終日無聲而飫三品芻豆一鳴則黜之矣後雖欲不鳴得乎由是諫爭路絕貞觀以來任蕃將者如阿史那社尒契苾何力皆以忠力奮然猶不爲上將

皆大臣揔制之故上有餘權以制於下先天開元中大臣若薛訥郭元振張嘉貞王晙張說蕭嵩杜暹李適之等自節度使入相天子林甫疾儒臣以方略積邊勞且大任欲杜其本以久已權即說帝曰以陛下雄材國家富彊而夷狄未滅者繇文吏為將憚矢石不身先不如用蕃將彼生而雄養馬上長行陣天性然也若陛下感而用之使必死夷狄不足圖也帝然之因以安思順代林甫領節度而擢安祿山高仙芝哥舒翰等專為大將林甫利其虜也無入相之資故祿山得專三道勁兵處十四年不徙天子安林甫策不疑也卒稱兵蕩覆天下王室遂微初林甫夢人皙而鬝逼己寤而物色得裴寬類所夢曰寬欲代我因李適之黨逐之其後楊國忠代林甫貌類寬云國忠素銜林甫及未葬陰諷祿山暴其短祿山使阿布思降將入朝告林甫與思約為父子有異謀事下有司其壻楊齊宣懼妄言林甫厭祝上國忠劾其姦帝怒詔林甫淫祀厭勝結叛虜圖危宗社悉奪官爵斲棺剔取含珠金紫更以小

櫬用庶人禮葬之諸子司儲郎中嶲太常少卿嶼及岫等悉徙嶺南黔中各給奴婢三人籍其家諸壻若張博濟鄭平杜位元擸屬子復道光皆貶官博濟亦憸薄自肆為戶部郎中部有考堂天下歲會計處博濟廢為員外郎中聽事壯偉華敞供擬豐侈至千品別取都水監地為考堂擅費諸州籍帳錢不貲有司不敢言帝之幸蜀也給事中裴士淹以辯學得幸時肅宗在鳳翔每命宰相輒啓聞及房琯為將帝曰此非破賊才也若姚元崇在賊不足滅至宋璟曰彼賣直以取名耳因歷評十餘人皆當至林甫曰是子妬賢疾能舉無比者士淹因曰陛下誠知之何任之久邪帝默不應至德中兩京平大赦唯祿山支黨及林甫楊國忠王鉷子孫不原天寶時嘗鏤玉為玄元皇帝及玄宗肅宗像於太清宮復琢林甫陳希烈像列左右序代宗時或言林甫陰險當不利先帝宗廟幾危柰何留像至今有詔瘞宮中廣明初盧擕為太清宮使發地得其像輦送京兆毀之云

陳希烈者宋州人博學尤深黃老工文章開元中帝儲思經義自褚无量元行沖卒而希烈與康子元馮朝隱進講禁中其應答詔問敷盡微隱皆希烈為之章句累遷中書舍人十九年為集賢院學士進工部侍郎知院事帝有所譔述希烈必助成之遷門下侍郎天寶元年有神降丹鳳門以為老子告錫靈符希烈因是上言臣侍演南華眞經至七篇陛下顧曰此言養生朕既悟其術而德充符詎無非常應哉臣稽首對陛下德充於內符應於外必有絕瑞表之今靈符降錫與帝意合宜示史官著顯祥摛照無窮其媮佞類如此俄兼崇玄館大學士封臨潁侯林甫顓朝苟用可專制者引與共政以希烈柔易且帝眷之厚乃薦之五載進同中書門下平章事遷左丞相兼兵部尚書許國公又兼秘書省圖書使寵與林甫侔林甫居位久其陰詭雖足自固亦希烈左右焉楊國忠執政素忌之希烈引避國忠即薦韋見素代相罷為太子太師希烈失職內忽忽無所賴及祿山盜京師遂與達奚珣等偕相賊後

論罪當斬肅宗以上皇素所遇賜死于家

姦臣列傳第一百四十八上

姦臣列傳第一百四十八下　唐書二百二十三下

端明殿學士兼翰林侍讀學士龍圖閣學士朝請大夫尚書吏部侍郎充集賢殿修撰臣宋祁奉
敕撰

盧杞字子良父弈見忠義傳杞有口才體陋甚鬼貌藍色不恥惡衣菲食人未悟其不情咸謂有祖風節藉蔭爲清道率府兵曹參軍僕固懷恩辟朔方府掌書記病免補鴻臚丞出爲忠州刺史上謁節度府衞伯玉伯玉不喜乃謝歸稍遷吏部郎中爲虢州刺史奏言虢有官豕三千爲民患德宗曰徙之沙苑杞曰同州亦陛下百姓臣謂食之便帝曰守虢而憂它州宰相材也詔以豕賜貧民遂有意柄任矣俄召爲御史中丞論奏無不合踰年遷大夫不閱旬擢門下侍郎同中書門下平章事既得志險賊寖露賢者媢能者忌小忤己不傅死地不止將大樹威脅衆市權爲自固者楊炎與杞俱輔政炎鄙杞才下不悅未半歲譖罷炎時大理卿嚴郢與炎有隙即擢郢御史大夫以自助炎卒逐死張鎰材裕忠讜帝

所倚愛未有以間會隴右用兵杞乃見帝僞請行帝不可即薦鎰守鳳翔既又惡郢時幽州朱滔與泚有違言誣其軍司馬蔡廷玉間閱請殺之俄而滔反帝欲斥之以悅滔下御史鄭詹按狀貶柳州司戶參軍敕吏護送廷玉疑送滔所因自沈于河杞奏恐泚疑爲詔所殺願下詹三司雜治并劾大夫郢初詹善張鎰每伺杞間獨詣鎰杞知之它日伺詹來即徑至鎰便坐詹趨避杞遽及機事鎰不得已曰鄭侍御在杞陽驚曰向所言非外所得聞至是并按有詔詹杖死流郢費州杜佑判度支帝尤寵禮杞短毀百緒訖貶蘇州刺史李希烈反杞素惡顏眞卿挺正敢言即令宣慰其軍卒爲賊害故宰相李揆有雅望畏復用遣爲吐蕃會盟使卒于行李洧以徐州降有所經略使人誤先白鎰杞怒沮解之不使有功其狙害隱毒天下無不痛憤以杞得君故不敢言是時兵屯河南北挐不解財用日急於是度支條軍所仰給月費緡百餘萬而藏錢纔支三月杞乃以戶部侍郎趙贊判度支其黨韋都賓等建言商賈儲錢千萬聽自業過千萬者貣其贏以濟軍軍罷約取償于官帝許之京兆暴責其期校吏頸大搜廛里疑占列不盡則笞掠之人不勝冤自殞溝瀆者相望京師囂然不閱日然悉田宅奴婢之直緡止八十萬又僦匱質舍居貸粟者四貣其一僅至二百萬而長安爲閉肆民皆邀宰相祈訴杞無以諭驅而去帝知民愁忿而所得不足給師罷之贊術窮於是間架除陌之暴縱矣其法屋二架爲間差稅之上者二千中千下五百吏執筭入第室計之隱不盡率二架抵罪告者以錢五萬畀之凡公私貿易舊法率千錢筭二十請加五十主儈注所售入其筭有司其自相市爲私籍自言隱不盡率千錢沒二萬告者以萬錢畀之由是主儈得操其私以爲姦公上所入常不得半而恨誹之聲滿天下及涇師亂呼於市曰不奪而商人僦質矣不稅而間架除陌矣其倡和造作以召怨挻亂皆杞爲之帝出奉天杞與關播從後數日崔寧自賊中來以播

遷事指杞杞即誣寧反帝殺之靈武杜希全率鹽夏二州士六千來赴帝議所從道杞請道漠谷渾瑊曰不然彼多險且爲賊乘不如道乾陵北踰雞子堆而屯與爲掎角賊可破矣帝從杞議賊果拒隘兵不得入奔還邠州李懷光自河北還數破賊泚解去或謂王翃趙贊曰聞懷光嘗斥宰相不能謀度支賦斂重京兆刻損軍賜宜誅之以謝天下方懷光有功上必聽用其言公等殆矣二人以白杞杞懼即譎帝曰懷光勳在宗社賊憚之破膽今因其威可一舉而定若許來朝則犒賜留連賊得哀整殘餘爲完守計圖之實難不如席勝使平京師破竹之勢也帝然之詔懷光無朝進屯便橋懷光自以千里勤難有大功爲姦臣沮閒不一見天子內怏怏無所發遂謀反因暴言杞等罪惡士議讙沸皆指目杞帝始寤貶爲新州司馬始帝即位以崔祐甫爲相專以道德導主意故建中初綱紀張設赫然有貞觀風及杞相乃諷帝以刑名繩天下亂敗踵及其陰害矯譎雖國屯主辱猶謷然肆爲之後雖斥然帝念之不衰及興元赦令俄徙吉州長史杞乃曰上必復用我貞元

元年詔拜饒州刺史給事中袁高當行詔書不肯草白宰相曰杞反易天常使萬乘播遷幸赦不誅又委大州失天下望宰相不悅乃召它舍人作制高固執不得下於是諫臣趙需裴佶宇文炫盧景亮張薦等衆對極言杞罪四海共棄今復用之忠臣寒膺良士痛骨必且階禍其言懇到帝語宰相曰授杞小州可乎李勉曰陛下與大州亦無難如四方之謗何乃詔為澧州別駕後散騎常侍李泌見帝曰髙等論杞事朕可之矣泌頓首賀曰比日外謂陛下漢之桓靈今乃知堯舜主也帝喜杞遂死澧州初尚父郭子儀病甚百官造省不屏姬侍及杞至則屏之隱几而待家人怪問其故子儀曰彼外陋內險左右見必笑使後得權吾族無類矣

崔胤字垂休宰相慎由子也擢進士第累遷中書舍人御史中丞喜陰計附離權彊其外自處若簡重而中險譎可畏崔昭緯屢薦之由戶部侍郎同中書門下平章事方王珙兄弟爭河中以胤為節度使不得赴半歲復以中書侍郎留輔政及昭緯以罪誅罷為

武安節度使陸扆當國時王室不競南北司各樹黨結藩鎮內相凌脅胤素厚朱全忠委心結之全忠為言胤有功不宜處外故還相而逐扆光化初昭宗至自華務安反側而胤陰為全忠地俾擅兵四討帝醜其行罷為吏部尚書復倚扆以相會清海無帥因拜胤清海節度使始昭緯死胤王摶等白發其姦胤坐是賜罷內銜憾既與摶同宰相胤議悉去中官摶不助請徐圖之及是不欲外除即漏其語於全忠令露劾摶交敕使共危國罪當誅胤次湖南召還守司空門下侍郎平章事兼領度支鹽鐵戶部使而賜摶死并誅中尉宋道弼景務脩繇是權震天下雖宦官亦累息至是四拜宰相世謂崔四入劉季述幽帝東內奉德王監國畏全忠彊雖深怨胤不敢殺止罷政事胤趣全忠以師西問所以幽帝狀全忠乃使張存敬攻河中掠晉絳神策軍大將孫德昭常忿閹君廢辱天子胤令判官石戩與游乘間伺察德昭飲酣必泣胤揣得其情乃使戩說曰自季述廢天子天下之人未嘗忘武夫義臣摶手憤惋今謀反者特季述仲先耳它人劫於威無與也君能乘此誅二豎復天子取功名乎即不早計將有先之者德昭感寤乃告以胤謀德昭許諾胤斬帶為誓俄而季述仲先誅以功進司徒不就復輔政并還使領帝德之延見或不名以字呼之寵遇無比天復元年全忠已取河中進逼同華中尉韓全誨以胤與全忠善恐導之翦除君側乃白罷政事未及免倉卒挾帝幸鳳翔胤怨帝見廢不肯從召全忠以兵迎天子令太子太師盧渥率羣臣迎全忠始全忠至華遣幕府裴鑄奏事帝不得已聽來朝至是胤為之謀乃以兵迫行在帝下詔趣還鎮因詔遣渥等俱西全忠上表具言向書詔皆出宰相乃令知非陛下意為所詿誤師業入關請得與李茂貞約釋憾以迎乘輿茂貞劾奏胤畜死士用度支使榷利令親信陳班與京兆府募兵保所居坊天子出次遣使者五輩往召安卧不動一奉表陳謝時帝見全忠表亦大恚因下詔顯責之以工部尚書罷知政事胤出居華州初天復後宦官尤屈事胤事無不咨

每議政禁中至繼以燭請盡誅中官以宮人掌內司事韓全誨等密知之共於帝前求哀乃詔胤後當密封無口陳中官益恐滋欲得其謀乃求知書美人宗柔等內左右以刺陰事胤計稍露宦者或相泣無憀不自安劫幸之謀固矣居華時為全忠數畫醜計全忠引兵還屯河中胤迎謁渭橋奉觴為全忠壽自歌以醑酒會茂貞殺全誨等與全忠約和帝急召之畢詔者四朱札三皆辭疾及帝出鳳翔幸全忠軍乃迎謁於道復拜平章事進位司徒兼判六軍諸衛事詔從家舍右軍賜帷帳器用十車胤遂奏高祖太宗無內侍典軍天寶後宦人寖盛德宗分羽林衞為左右神策軍令宦者主之以二千人為率其後參掌機密至內務百司悉歸中人共相彌縫為不法朝廷微弱禍始于此請罷左右神策內諸司使諸道監軍於是中外宦官悉誅天子傳導詔命祗用宮人寵顏等帝之在鳳翔以盧光啓蘇檢為相胤皆逐殺之分斥從幸近臣陸扆等三十餘人惟裴贄孤立可制留與偕秉政帝動靜一決於胤無

敢言者胤議以皇子爲元帥全忠副之示褒崇其功全忠內利煇王沖幼故胤藉以請帝曰濮王長若何還禁中召翰林學士韓偓以謀偓陰佐胤卒不能卻全忠還東到長樂羣臣班辭胤獨至霸橋置酒乙夜乃還帝即召問全忠安否與飲命宮人爲舞劒曲戊夜乃出賜二宮人固讓乃許是時天子孤危威令盡去胤之劫持類如此進侍中魏國公自鳳翔還揣全忠將篡奪顧己宰相恐一日及禍欲握兵自固謬謂全忠曰京師迫茂貞不可無備須募軍以守今左右龍武羽林神策播幸之餘無見兵請軍置四步將將二百五十人一騎將將百人使番休遞侍以京兆尹鄭元規爲六軍諸衞副使陳班爲威遠軍使募卒於市全忠知其意陽相然許胤乃毀浮圖取銅鐵爲兵仗全忠陰令汴人數百應募以其子友倫入宿衞會爲毬戲墜馬死全忠疑胤陰計大怒時傳胤將挾帝幸荆襄而全忠方謀脅乘輿都洛懼其異議密表胤專權亂國請誅之即罷爲太子少傅全忠令其子友諒以兵圍開化坊第殺胤

汴士皆突出市人爭投瓦礫擊其尸年五十一元規陳班等皆死實天復四年正月胤罷凡三日死死十日全忠脅帝遷洛發長安居人悉東徹屋木自渭循河下老幼係路啼號不絕皆大罵曰國賊崔胤導全忠賣社稷使我及此先是全忠雖據河南顧彊諸侯相持未敢決移國及胤間內隙與相結得梯其禍取朝權以成彊大終亡天下胤身屠宗滅世言慎由晚無子遇異浮屠以術求乃生胤字緇郎及爲相其季父安潛嘗曰吾父兄刻苦以持門戶終爲緇郎壞之

崔昭緯字蘊曜其先清河人及進士第至昭宗時仕寖顯以戶部侍郎同中書門下平章事居位凡八年累進尚書右僕射性險刻密結中人外連彊諸侯內制天子以固其權令族人鋋事王行瑜邠寧幕府每它宰相建議或詔令有不便於己必使鋋密告行瑜使上書訾訐已則陰阿助之方是時帝室微人主若贅斿然始帝委杜讓能調兵食以討鳳翔昭緯方倚李茂貞行瑜爲重陰得其計則走告之激使稱兵向闕遂殺讓能後又導三鎭兵殺韋昭度等帝性剛明不堪忍會誅行瑜乃罷昭緯爲右僕射復請朱全忠薦己又厚賂諸王爲所奏貶梧州司馬下詔條其五罪賜死行次江陵使者至斬之鋋亦誅

柳璨字炤之公綽族孫也爲人鄙野其家不以諸柳齒少孤貧好學晝採薪給費夜然葉照書彊記多所通涉譏訶劉子玄史通著析微時或稱之顏蕘判史館引爲直學士由是益知名遷左拾遺昭宗好文待李磎最厚磎死內常求似磎者或薦璨才高試文帝稱善擢翰林學士崔胤死昭宗密許璨宰相外無知者旦暮自禁中出騶士傳呼宰相人皆大驚明日帝謂學士承旨張文蔚曰璨材可用今擢爲相應授何官對曰用賢不計資帝曰諫議大夫可乎曰唯遂以諫議大夫同中書門下平章事起布衣至是不四歲其暴貴近世所未有裴樞獨孤損崔遠皆宿望舊臣與同位頗輕之璨內以爲怨朱全忠圖篡殺宿衞士皆汴人璨一厚結之

與蔣玄暉張廷範尤相得既挾全忠故朝權皆歸之進中書侍郎判戶部封河東縣男天祐二年長星出太微文昌間占者曰君臣皆不利宜多殺以塞天變玄暉廷範乃與璨謀殺大臣宿有望者璨手跡所仇媢若獨孤損等三十餘人皆誅死天下以爲冤全忠聞之不善也其後急於九錫宣徽北院使王殷者構璨等言其有貳故禮不至玄暉懼自往辨解全忠怒罵曰爾與柳璨輩沮我不由九錫作天子不得邪璨懼即脅哀帝曰人望歸元帥矣陛下宜揖讓以授終璨請自行進拜司空爲冊禮使即日進道及玄暉死而全忠恚璨背己貶登州刺史俄除名爲民流崖州尋斬之臨刑悔咤曰負國賊柳璨死宜矣弟瑀璩皆榜死

玄暉者少賤不得其系著事朱全忠爲腹心昭宗東遷玄暉爲樞密使帝駐陝州術家言星緯不常且有大變宜須冬幸洛帝度全忠必篡命衞官高環持帛詔賜王建告以脅遷且言全忠以兵二萬治洛陽將盡去我左右君宜與茂貞克用行密同盟傳檄襄魏

幽鎮使各以軍迎我還京師又詔全忠后方娠須十月乃東全忠知帝有謀遣寇彥卿趣迫天子不得已遂行抵穀水全忠盡殺左右黃門內園小兒五百人悉以汴兵爲衛初全忠至鳳翔促邠州節度使楊崇本降質其家崇本妻美全忠與亂故崇本怒至是遣使者會克用茂貞南告趙匡凝及建同舉兵問劫遷狀全忠大懼帝自出關畏不測常默坐流涕玄暉與張廷範內詗必以告全忠全忠恨帝無傳禪意乃謀弒以絕人望因令其屬李振諭玄暉玄暉與龍武統軍朱友恭氏叔琮夜選勇士百人叩行在言有急奏請見帝宮門開門留十士以守至椒蘭院中夫人裴貞一啓關殺之乃趨殿下玄暉曰上安在昭儀李漸榮曰院使毋傷宅家寧殺我士持劍入帝聞遽單衣走環柱遂弒之漸榮以身蔽帝亦死復執后后求哀玄暉以全忠所弒者帝也乃釋后明日宰相請對日晏不出玄暉矯遺詔言帝夜與昭儀博爲貞一漸榮所弒出二人首全忠自河中來朝振曰晉文帝殺高貴鄉公歸罪成濟今宜

誅友恭等解天下謗全忠趨西內臨對嗣天子自言弒逆非本謀皆友恭等罪因泣下請討罪人是時洛城旱米斗直錢六百軍有掠糴者都人怨故因以悅衆執友恭叔琮斬之全忠邀九錫玄暉自持詔趨汴言之還洛不淹日全忠矯詔收付有司車裂之貶爲兇逆百姓焚尸都門外廷範者以優人爲全忠所愛及東遷爲御營使進金吾衛將軍河南尹全忠欲以爲太常卿宰相裴樞持不可繇是樞罷去柳璨希旨下詔責中外不得妄言流品清濁卒用廷範太常卿會天子將郊以爲脩樂縣使又與蘇楷等駁昭宗謚全忠恚九錫緩也王殷譖其與璨等祀天郊延唐祚及玄暉死璨誅即貶廷範萊州司戶參軍轘于河南市叔琮亦汴州人中和末隸感化軍以騎士奮性沈壯有膽力從全忠擊黃巢陳許間名右諸將得爲親校與時溥朱宣戰以多累表檢校尚書右僕射爲宿州刺史攻趙匡凝於襄陽不克又與李克用戰洹水遷曹州刺史天復初拔澤潞擊太原授晉慈觀察使全忠屯鳳翔克用襲絳州攻臨汾叔琮以二壯士類沙陀者牧馬于原與克用軍偕行伺隙各禽一虜還克用大驚疑有伏遂退屯蒲會朱友寧以兵三萬來援叔琮曰賊遁矣無以立功乃潛師夜獵游騎殺數百進破其壘俘斬萬級收馬三千遂長驅取汾州轉戰薄太原而還遷檢校司空再進爲保大軍節度使全忠欲遷帝於洛表爲右龍武統軍與弒帝故全忠請貶白州司戶參軍斬之叔琮將死呼曰朱溫賣我以取容天下神理謂何友恭者本李彥威也壽州人客汴州殖財任俠全忠愛而子畜之頒長劍都積功表爲檢校尚書左僕射乾寧中授汝州刺史檢校司空楊行密侵鄂州友恭將兵萬餘援杜洪至江州還攻黃州入之獲行密將俘斬萬計又襲安州殺守將遷潁州刺史感化軍節度留後帝東遷爲左龍武統軍貶崖州司戶參軍臨刑曰溫殺我當亦滅族又語張廷範曰公行及此云

贊曰木將壞蟲實生之國將亡妖實產之故三宰嘯凶牡奪晨林甫將蕃黃屋奔鬼質敗謀興元蹙崔柳倒持李宗覆嗚呼有國家

者可不戒哉

姦臣列傳第一百四十八下

端明殿學士兼翰林侍讀學士龍圖閣學士朝請大夫尚書吏部侍郎充集賢殿修撰臣宋祁奉
敕撰
僕固懷恩鐵勒部人貞觀二十年鐵勒九姓大首領率衆降分置
瀚海燕然金微幽陵等九都督府別為蕃州以僕骨歌濫拔延為
右武衛大將軍金微都督訛為僕固氏生乙李啜乙李啜生懷恩
世襲都督懷恩善戰鬬曉識戎情部分謹嚴安祿山反從朔方節
度使郭子儀討賊雲中破之敗薛忠義于背夌山殺七千騎禽忠
義子下馬邑進會李光弼戰常山趙郡沙河嘉山走史思明肅宗
即位與子儀赴靈武時同羅部落叛祿山北掠朔方子儀率懷恩
迎擊懷恩子玢戰敗降虜已而自拔歸懷恩怒叱斬之將士股栗
皆殊死戰遂破其衆收馬橐它器械甚衆帝又詔與燉煌王承寀
使回紇請師回紇聽命至德二載從子儀下馮翊河東走賊將崔
乾祐襲潼關破之賊將安守忠李歸仁苦戰二日王師敗績懷恩

至渭水無舟抱馬騣以逸收散卒還河東子儀赴鳳翔歸仁以勁
兵邀戰三原子儀使懷恩與王升陳回光渾釋之李國貞五將軍
伏白渠下賊至遇伏敗而走又戰清渠不利引還時回紇使葉護
帝得以四千騎濟師南蠻大食等兵亦踵至帝乃詔廣平王為元
帥使懷恩統回紇兵從王戰香積寺北賊以一軍伏營左懷恩馳
擒之賊斬無遺者賊氣沮既合戰以回紇夾攻賊戰酣脫甲援矛
直擣陣殺十餘人衆靡亦會李嗣業麾兵鬭尤力賊大崩敗會日
暮懷恩見王曰賊必棄城走願假壯騎二百縛安守忠李歸仁等
致麾下王曰將軍戰疲且休矣迨明與將軍圖之對曰守忠等皆
天下驍賊驟勝而敗此天與我也奈何縱之使復得衆必為我患
雖悔無逮王不從固請通夕四五反遲明諜者至守忠等果遁去
又從王破賊於新店以復兩京有殊功詔加開府儀同三司鴻臚
卿封豐國公賜封二百戶從郭子儀破安太清下懷衞二州攻相
州戰愁思岡常為先鋒勇冠軍中乾元二年拜朔方行營節度使

進封大寧郡王懷恩為人雄重寡言應對舒緩然剛決犯上始居
偏裨意有不合雖主將必折詬其麾下皆蕃漢勁卒恃功多不法
子儀政寬能優容之及李光弼代子儀懷恩仍為副光弼守河陽
攻懷州降安太清又子瑒亦善鬬以儀同三司將兵每深入多殺
賊憚其勇號猛將太清妻有色瑒劫致于幕光弼命歸之不聽以
卒環守復馳騎趣之射殺七人奪妻還太清懷恩怒曰公乃為賊
殺官卒邪光弼持法嚴少假貸初會軍汜水朔方將張用濟後至
斬轅下懷恩心憚光弼自用濟誅常邑邑不樂及光弼與史思明
戰邙山不用令以覆王師帝思其功召入為工部尚書寵以殊禮
代宗立拜隴右節度使未行改朔方行營節度以副子儀初肅宗
以寧國公主下嫁毗伽闕可汗又為少子請婚故以懷恩女妻之
少子立號登里可汗而懷恩女為可敦寶應元年帝召兵於回紇
而登里可汗已為史朝義所誘引衆十萬盜塞關中大震帝遣殿
中監藥子昂勞之可汗因請見懷恩及其母有詔報可懷恩避嫌

不往帝賜鐵券手詔固遣乃行與可汗會太原可汗大悅遂請和
助討朝義即引兵屯陝州待師期於是雍王以元帥為中軍拜懷
恩同中書門下平章事為之副乃與左殺為先鋒時諸節度皆以
兵會次黃水賊堅壁自固懷恩陣西原多張旗幟使突騎與回紇
稍南出繚賊左舉旗為應破賊壁死者數萬朝義擁精騎十萬來
援埋根決戰短兵接殺獲相當魚朝恩令射生五百攢矢注射賊
多死而陣堅不可犯馬璘怒單騎援旗直進奪兩盾賊辟易大軍
乘以入衆囂不止朝義敗斬首萬六千級禽四千餘人降者三萬
轉戰石榴園老子祠賊再敗自相蹂踐死塡尚書谷幾滿朝義輕
騎走懷恩進收東都河陽封府庫無所私釋賊所署許叔冀王伷
等衆皆按堵留回紇屯河陽使瑒及北廷兵馬將高輔成以萬騎
逐北懷恩常壁賊而次至鄭州再戰再捷賊帥張獻誠以汴州降
下滑州朝義至衞州與其黨田承嗣李進超李達盧合有衆四萬
據河以戰瑒濟師登岸薄之賊奔潰進次昌樂朝義逸僞帥達

盧降薛嵩李寶臣舉相衛深定等九州獻款朝義至貝州得其黨
薛忠義引衆三萬拒瑒於臨清賊氣盛瑒勒兵挫其鋒令高彥崇
渾日進李光逸設三伏以待賊半度伏發擊之朝義走會回紇以
輕騎至瑒卷甲馳之大戰下博賊背水陣師奔擊賊大崩積尸蔽
流而下朝義退守莫州於是都知兵馬使薛兼訓郝廷玉兗鄆節
度使辛雲京會師城下朝義與田承嗣數挑戰不勝臨陣斬偽黨
敬榮朝義懼率殘衆奔幽州王師追躡朝義走平州自經死河北
平懷恩與諸將皆罷兵以功遷尚書左僕射兼中書令河北副元
帥朔方節度使加封戶四百初帝有詔但取朝義其它一切赦之
故薛嵩張忠志李懷仙田承嗣見懷恩皆叩頭願效力行伍懷恩
自見功高且賊平則勢輕不能固寵乃悉請裂河北分大鎮以授
之潛結其心以為助嵩等卒據以為患云未幾加太子少師增戶
五百第一區與一子五品官詔護回紇歸國道太原辛雲京內忌
懷恩又以其與回紇親疑可汗見襲閉關不敢犒軍懷恩既父子

新立功舉河朔若拾遺名出諸將遠甚而為雲京所拒大怒表上
其狀頓軍汾州使裨將李光逸以兵守祁李懷光據晉州張如岳
據沁州高暉等十餘人自從會監軍駱奉先自雲京所歸雲京已
厚結其懽因言懷恩與可汗約反狀明白奉先過懷恩升堂拜母
母讓曰若與我兒約兄弟今何自親雲京然前事勿論自今宜如
初酒酣懷恩舞奉先厚納以幣懷恩未及酬奉先亟辭去懷恩即
遣左右匿其馬奉先疑圖已乘夜遁歸懷恩驚追與其馬奉先還
具奏懷恩反狀懷恩亦請誅雲京奉先詔兩解之懷恩之過潞李
抱玉贈以幣馬懷恩荅之餞抱玉表懷恩私有所結廣德初進拜
太保與一子三品一子四品官增封戶五百瑒與一子五品官封
戶百仍賜鐵券以名藏太廟畫象淩煙閣又以瑒檢校兵部尚書
朔方行營節度使然懷恩怏怏又性彊固不肯為讒毀屈無以自
解乃上書陳情曰臣世本夷人少蒙上皇驅策祿山之亂臣以偏
裨使死靜難杖天威神克滅彊胡思明繼逆先帝委臣以兵誓雪

國讎攻城野戰身先士卒兄弟死於陣子姓沒於軍九族之內十
不一在而存者創痍滿身陛下龍潛時親總師旅臣事麾下悉臣
之愚是時數以微功已為李輔國讒間幾至毀家陛下即位知臣
負謗遂開獨見之明杜衆多之口拔臣於洴隴任臣以朔方游魂
反幹朽骨再肉前日回紇入塞士人未曉京輔震驚陛下詔臣至
太原勞問許臣一切處置因得與可汗計議分道用兵收復東都
掃蕩燕薊時可汗在路為魚朝恩猜阻已失歡心及臣護送回紇
雲京閉城不出潛使攘竊蕃夷怨怒彌縫百端乃得返國臣還汾
州休息士馬雲京亦不使一介相聞畏臣劾奏故構為飛謗以起
異端陛下不垂明察欲使忠直之臣陷讒邪之黨臣所為拊心泣
血者也然臣之罪有六無所逃死往者同羅背逆以騷河曲兵連
不解臣不顧老母從先帝於行在募兵討賊同羅奔殄是臣不忠
於國罪一也斬子玢以令士衆捨天性之愛是臣不忠於國罪二
也二女遠嫁為國和親合從殄滅是臣不忠於國罪三也又與子

瑒躬履行陣志寧邦家是臣不忠於國罪四也河北新附諸鎮皆
握彊兵臣之撫綏反側時定是臣不忠於國罪五也協和回紇戡
定中原二陵復土使陛下勤孝兩全是臣不忠於國罪六也又言
來瑱之誅不暴其罪天下為疑四方奏請陛下皆云與驃騎議之
可否不出宰相詞言慢很帝一不為慊且欲其悔過故推心待之
詔宰相裴遵慶臨諭詔旨因察其去就遵慶至懷恩抱其足泣且
訴遵慶道帝所以不疑即勸入朝懷恩許諾副將范志誠諫以為
嫌隙成矣柰何入不測之朝獨不見來瑱李光弼乎二臣功高不
賞瑱已及誅懷恩乃止欲使一子入宿衛志誠固止御史大夫王
翊使回紇還懷恩慮洩其交通狀因留不遣即使瑒攻雲京雲京
敗進攻榆次初帝幸陝顏真卿請奉詔召懷恩至是帝使往辭曰
臣往請行時也今無及矣帝問故對曰須陛下避狄于陝臣見懷
恩責以春秋義不奔問官守故懷恩來朝以助討賊則其辭順今
陛下即宮京邑懷恩進不勤王退不釋衆其辭曲必不來矣然則

奈何曰今言懷恩反者獨辛雲京李抱玉駱奉先魚朝恩四人耳自餘咸言其枉然懷恩將士皆郭子儀舊部曲陛下若以子儀代之諭以逆順必相率而歸從之子儀至河中瑒攻榆次未拔追兵于祁責其緩鞭之衆怒是夕偏將焦暉白玉等斬其首獻闕下懷恩聞以告母母曰我戒汝勿反國家詶汝不淺今衆變禍且及我奈何懷恩再拜出母提刀逐之曰吾爲國殺此賊取其心以謝軍中懷恩走乃與部曲三百北度河走靈武稍稍引亡命軍復振帝念舊勳不加罪詔輦其母歸京師厚卹之以壽終又下詔拜懷恩太保兼中書令大寧郡王罷餘官懷恩固惡不能改遂誘吐蕃十萬入寇豐州守將戰死進掠涇邠祭來瑱墓度涇水邠寧節度使白孝德禦之覆其陣懷恩泣曰曩皆爲我子反爲人致死於我入侵奉天子儀拒退之永泰元年帝集天下兵防秋懷恩誘合諸蕃號二十萬入寇吐蕃自北道逼醴泉揺奉天任敷鄭廷郝德自東道寇奉先以窺同州羌渾奴剌自西道略盩厔趣鳳翔京師震駭

詔子儀屯涇陽渾日進白元光屯奉天李光進屯雲陽馬璘郝廷玉屯便橋董秦屯東渭橋駱奉先李日越屯盩厔李抱玉屯鳳翔周智光屯同州杜冕屯坊州帝御六軍屯苑中下詔親征懷恩至鳴沙病甚還死靈武部曲焚其尸以葬部將張韶徐璜玉不能定其軍皆前死范志誠統衆寇涇陽時諸屯堅壁大雨溪谷流潰賊不得進吐蕃既持久又與回紇爭長更相疑莫適先進因焚廬舍驅男女數萬去周智光邀戰澄城破之收馬牛軍資萬計回紇乃詣子儀降請擊吐蕃自效子儀分兵隨之破其衆於涇州任敷走羌渾詣李抱玉降始懷恩立功門內死王事者四十六人及拒命士不弛甲凡三年帝隱忍數下詔未嘗聲其反及死爲之惻然曰懷恩不反爲左右所誤耳俄而從子名臣以千騎降大曆四年冊懷恩幼女爲崇徽公主嫁回紇云

周智光少賤失其先系以騎射從軍起行閒爲裨將魚朝恩鎮陝州與相昵款數稱薦之累遷同華二州節度使永泰元年吐蕃回紇党項羌渾奴剌衆十餘萬寇奉天智光邀戰澄城破之獲駝馬軍資萬計逐北至鄜州素與杜冕仇嫌時冕屯坊州家在鄜智光入殺刺史張麟害冕宗屬八十人火民三千舍而去朝廷召懼不赴更詔冕使梁州避讎冀其來偃然不聽命聚不逞數萬恣剽掠以甘其欲結固之殺陝州監軍張志斌及前虢州刺史龐充初志斌自陝入奏智光慢不爲禮志斌責之怒曰僕固懷恩豈反者邪皆鼠輩弄威福趣之禍也我本不反今爲爾反遂叱斬志斌饗帳下時崔圓自淮南納方物百萬溢頡其半天下貢奉輸漕刼留之士沿調當西者懼何詰間道走同者遣部將邀捕斬之代宗未暴其罪命中使余元仙持詔拜尚書左僕射既授詔恚語曰吾有大功上不與平章事且同華地狹不足申脚若加陝虢商鄜坊五州差可因言諸子皆彎弓二百斤有萬人敵挾天子令諸侯非智光尚誰可即歷詆大臣元仙震汗徐遺百縑遣之自立生祠俾其下禬賽大曆二年帝詔郭子儀密圖之同華路閉詔書不能通乃召

子儀壻趙縱受口詔書帛內蠟丸遣家童走間道傳詔子儀得詔聲言討之未行其衆大攜部將李漢惠自同州降子儀乃貶智光澧州刺史聽百人隨身貨將吏一切不問尋爲帳下斬其首幷斬子元耀元幹來獻詔梟首皇城南街判官邵賁別將蔣羅漢並伏誅赦有司具儀告太清宮太廟七陵先是淮西李忠臣入朝次潼關聞智光反卒兵討之會敗忠臣因入華大掠自赤水至潼關畜產財物皆盡官吏至衣紙自蔽累日不食者

梁崇義京兆長安人以槃量業於市力能舒鉤後爲羽林射生事來瑱沈默寡言瑱自襄陽朝京師分諸將戍福昌南陽瑱誅戍者潰崇義自南陽勒衆還襄州與李昭薛南陽相讓爲長衆曰非梁卿莫可遂揔其軍殺昭及南陽脅制衆心代宗因即拜節度使舉七州兵二萬與田承嗣李正己薛嵩李寶臣相輔車根牙盤結然獨以地褊兵少法令最治折節遇士以自振襄漢間人識教義親厚數諷入朝荅曰來公有大功畏閹豎讒逡巡辟召至代宗立不

待駕焉而朝即見族吾屬無類矣若何欲見上乎建中元年李希烈請討之崇義懼整飭軍旅男子郭昔上變事德宗欲示以信流昔遠方詔金部員外郎李舟諭旨初劉文喜之難舟奉詔入涇州俄而帳下斬文喜以聞四方傳舟能覆軍殺將反側者皆惡之舟至以入朝勸崇義崇義不悅明年遣使尉撫諸道舟復如崇義所遂不肯內請易它使更命給事中盧翰往崇義益不安跋扈甚諫者多死朝廷以不疑示天下乃加同中書門下平章事妻及子悉封賞賜鐵券擢其將藺杲爲鄧州刺史遣御史張著以手詔召崇義崇義使卒持滿乃受命杲奉詔不敢發詣崇義自言崇義對著號哭遂拒詔帝命李希烈率諸道兵進討崇義先攻江陵欲通黔嶺敗於四望而還殺希烈臨漢屯兵千餘希烈怒引兵循漢而上崇義使翟崇暉杜少誠戰蠻水折北至涑口大敗二將降希烈寵之使部降兵徇襄陽約百姓按堵崇義閉壁守者斬關出不可止乃與妻赴井死傳首京師希烈誅其親族及軍從臨漢役者三千人崇義孫叔明養於李納後從劉悟爲昭義將從諫死遣進旌節有詔誅之

李懷光渤海靺鞨人本姓茹父常徙幽州爲朔方部將以戰多賜姓更名嘉慶懷光在軍積勞至開府儀同三司爲都虞候勇鷙敢誅殺雖親屬犯法無所回貸節度使郭子儀仁厚不親事以紀綱委懷光軍中畏之會母喪起兼邠寧慶都將德宗寵子儀副元帥以所部兵分諸將故懷光檢校刑部尚書爲寧慶晉絳慈隰等州節度使引衆城長武據原首臨涇水以扼吐蕃空道自是不敢南侵建中初楊炎欲城原州使懷光兼帥涇原遂其功原州宿將史抗溫儒雅等故子儀麾下嘗在懷光右及處其下意鬱鬱懷光因罪誅之由是涇軍迎畏劉文喜者因衆懼遂叛詔與朱泚討平之加檢校太子少師明年徙朔方節度使實封戶四百仍領邠寧時馬燧李抱眞討田悅未克詔懷光以朔方兵萬五千并力懷光至魏未及營與朱滔等戰連篋山爲賊所敗悅因決水灌軍燧等退

屯魏縣尋進同中書門下平章事益戶二百與滔等相持久不戰帝狩奉天懷光率所部奔命方雨淖奮厲軍士倍道進自蒲津絕河敗泚軍於醴泉將抵奉天前遣裨將張韶以蠟書表隨賊攻城叩壘呼曰我朔方使也縋而上比登身被數十矢時帝被圍急聞之喜即持韶大號城上人心乃安又敗賊於魯店泚解圍去進加副元帥中書令懷光爲人疏而愎誦言宰相謀議乖刺度支賦斂重京兆尹刻薄軍食天下之亂皆由此吾見上且請誅之或以告王翃翃等計懷光有大功上且訪以得失使其言入豈不殆哉遂告盧杞杞即說帝曰懷光兵威已振逆賊破膽若席勝可一舉滅賊今入朝則必宴勞留連賊得從容完備卒難圖也帝不得其情因然之乃敕懷光屯便橋督諸將進討懷光自以徑千里赴難爲姦臣根隔不得朝頗恚恨去屯咸陽明日李晟會陳濤斜壁壘未具賊大至晟說懷光曰賊保宮苑攻之良難今敢離窟穴與公薄戰此天以賊賜公也懷光曰吾馬未秣士未飯可遽戰哉姑養吾勇以待之晟不得已閉壁不出懷光數暴杞等罪帝爲貶杞與趙贊白志貞又劾奏中人翟文秀亦殺之以慰懷光然益自疑堅壁八旬不出戰屢詔使進軍以伺釁爲解陰連朱泚初崔漢衡使吐蕃求助兵尚結贊曰吾法進軍以本兵大臣爲信今制書不署懷光未敢前帝乃命翰林學士陸贄詣懷光議事懷光陳三不可且言吐蕃舍人馬重英陷長安贊普責其不焚爇今其來必肆宿志一不可彼云引兵五萬既用其人則同漢士儻邀我厚賞何以致之二不可虜人雖來義不先用勒兵自固以觀成敗王師勝則分功敗則圖變狡詐多端不可信三不可卒不肯署又嫚罵贊曰爾何能興元元年詔加太尉賜鐵券懷光赫然怒曰凡疑人臣反則賜券今授懷光是使反也抵于地時部將韓游瓌將兵衛奉天懷光約令爲變游瓌以聞數日又密書趣之門者捕送又遣將趙升鸞爲諜於奉天升鸞告渾瑊曰懷光遣達奚承俊火乾陵使我爲內應以脅乘輿瑊白發其姦請帝決幸梁州帝令瑊戒嚴未畢帝自

西門出詔戴休顏守奉天懷光遣將孟廷寶惠靜壽孫福率輕騎趨南山糧料使張增遇之三人計曰吾屬以叛聞不如緩軍彼怒不過不吾將耳使增紿衆曰由此東吾有見糧可食也廷寶等引而東縱卒大掠而百官遂入駱谷追帝不及還白懷光懷光怒悉罷其兵懷光乃奪李建徽陽惠元等軍屯好畤然其下稍稍攜貳泚始憚之至是欲遂臣懷光懷光怒告絶益不安乃引兵掠涇陽三原富平遂如河中留張昕守咸陽而孟涉段威勇擁兵降李晟韓游瓌殺昕以邠州歸戴休顏自奉天令於軍曰懷光反乃城守有詔以懷光爲太子太保許其麾下擇功高者一人統其兵不奉詔懷光至河中取同絳二州按兵觀望京師平命給事中孔巢父中人啖守盈召之皆爲懷光帳下所害於是繕兵嚴守帝乃遣渾瑊討之度支欲罷其軍歲中稟賜帝曰朔方軍累有功豈以懷光拒命而衆不被恩邪詔所司別貯縑錢須事定乃給瑊破同州屯軍不得進數爲懷光所衄帝以河東節度使馬燧威名白著乃拜

副元帥與瑊及鎭國駱元光邠寧韓游瓌鄜坊唐朝臣會兵進討燧拔絳州諸軍遂圍河中貞元元年八月朔方部將牛名俊斬懷光傳首以獻年五十七帝念其功詔許一子嗣賜莊第各一區聽以禮葬妻王徙澧州初懷光死其子璀盡殺其弟乃死故懷光無後五年詔曰懷舊念功仁之大也興滅繼絶義之至也昔蔡叔圮族周封其子韓信干紀漢爵其孥侯君集不率太宗存其祀考先王之道烈祖之訓皆以刑佐德俾人嚮方曩者盜臣竊發朕狩近郊懷光夙駕千里奔命行在假雷霆之威破虎狼之衆守節靡終潛構禍胎大戮所加自貽伊戚孤魂無歸懷之悯然宜以外孫燕賜姓李名曰承緒以左衞率府胄曹參軍繼懷光後仍賜錢百萬置田墓側以備祭享還妻王使就養云

陳少游博州博平人幼習老子莊周書爲崇玄生諸儒推爲都講有媢者欲對廣衆切問以屈少游及升坐音吐清辯據引淹該問窮而對有餘大學士陳希烈高其能既擢第補南平令治有聲累遷侍御史回紇糧料使加檢校職方員外郎充使檢校郎官自少游始僕固懷恩表署河北副元帥判官遷晉鄭二州刺史少游長權變所至一切幹濟賄謝權幸以是數遷李抱玉表澤潞副使爲陳鄭留後永泰中復奏爲隴右行軍司馬擢桂管觀察使少游不樂遠去規徙近鎭時宦官董秀有寵掌樞近少游乃宿其里候歸休入謁因鄙語謟謂秀曰七郎親屬幾何月費幾何秀謝曰族甚大歲用常過百萬少游曰審如是奉入不足爲數日費當數外營乃辦耳吾雖不才請獨取濟歲輸錢五千萬今具其半請先入之秀大喜與厚相結少游因泣曰嶺南瘴癘恐不得生還見顏色秀遽曰公美才不當遠出請少待時少游已納賂元載子仲武於是內外更薦之改宣歙池觀察使大曆五年徙浙東封潁川縣子遷淮南節度使喜譎數行小惠羣吏任職三總藩皆天下富饒處以是斂求貿易無虛日積財寶巨億萬初結元載賂金帛歲無慮十萬緡又事宦官駱奉先劉淸潭吳承倩及秀故能久其任後載以過

見疑少游亦疏之載子伯和謫揚州少游陽善之陰奏其罪代宗以爲忠建中初朝廷經費不充始請本道稅錢千增二百鹽斗十加百錢度支因請諸道並增焉李納拒命少游出師收徐海等州俄棄之退屯盱眙累進檢校尚書左僕射賜封戶三百加同中書門下平章事時宰相關播盧杞與少游有雅故故驟兼台司德宗幸奉天度支汴東兩稅使包佶寓揚州所儲財賦八百萬緡將輸京師少游意朱泚勢盛不遽平欲脅取其財使判官崔頎就佶索文簿貸二百萬緡佶以非敕命拒之頎怒曰君善得爲劉長卿不爾爲崔衆矣長卿嘗任租庸使爲吳仲孺所困崔衆以倨李光弼被殺故頎以爲言佶謁少游欲諫止不得語即遣去於是財用悉爲少游所掠佶奔白沙少游遣幕中房孺復召之佶懼走度江伏妻子案牘中以免佶有衞兵三千令高越元甫將焉少游奪之能隨佶者至上元復爲韓滉所留佶具諸史如江鄂州以表內蠟丸以聞會少游使至帝詰其事辭以不知時禍難燗結帝未能制

乃曰少游國守臣取佶之財防它盜耳庸何傷遠近聞之咸稱希得其機云少游聞之果自安不疑李希烈陷汴聲言襲江淮少游懼遣參謀溫述送款曰豪壽舒廬旣韜刃卷鎧惟君命又使巡官趙詵如鄆州厚結李納希烈僭號遣將楊豐齎僞赦令送少游壽州刺史張建封邏得之斬豐以僞赦送行在會佶入朝具言少游脅財賦狀少游慙上表言所取以贍軍興請償之而州府殘破不能償乃與腹心吏設法重稅民皆苦之劉洽取汴州得希烈僞起居注書某月日陳少游上表歸順少游聞羞悸發病死年六十一贈太尉

贊曰懷恩與賊百戰闔宗死事至四十六人遂汛掃燕趙無餘埃功高威重不能防患凶德根于心弗得其所輒發果於犯上惜哉其母拔刀逐賊烈婦人也懷光提萬衆振天子於難一爲讒人所沮忿戾不自還身首殊分然讒人亦可疾矣所謂交亂四國者也

李錡淄川王孝同五世孫以父國貞蔭調鳳翔府參軍貞元初遷

至宗正少卿嘗與卿李幹爭議錡以直不坐德宗兩置之自雅王傅出爲杭湖二州刺史方李齊運用事錡以賂結其歡居三歲遷潤州刺史浙西觀察諸道鹽鐵轉運使多積奇寶歲時奉獻德宗昵之錡因恃恩驁橫天下榷酒漕運錡得專之故朝廷用事臣錡以利交餘皆乾沒于私國計日耗浙西布衣崔善貞上書闕下暴其罪帝械以賜錡錡豫使大坎至則并械瘞坎中聞者切齒錡得志無所憚圖久安計乃益募兵選善射者爲一屯號挽硬隨身以胡奚雜類虯須者爲一將號蕃落健兒皆錡腹心稟給十倍使號錡爲假父故樂爲其用帝於是復鎮海軍以錡爲節度使罷領鹽鐵轉運錡喜得節而忘其權去暴踞日甚屬吏死不以過甚衆又逼污良家賓佐力諫不能得遽遁去憲宗即位不假借方鎮故倔彊者稍稍入朝錡不自安亦三請覲有詔拜尚書左僕射以御史大夫李元素代之中使馳驛勞問兼撫慰其軍錡署判官王澹爲留後錡無入朝意稱疾遷延不即行澹及中使數趣之錡不悅乘澹視事有所變更者諷親兵圖澹因給冬服錡坐幄中以挽硬蕃落自衞澹與中使入謁旣出衆持刃嫚罵殺澹食之監軍使遣牙將趙琦慰諭又食之以兵注中使頸錡陽驚邑解乃囚別館蕃落兵薛頡主之挽硬兵李鈞主之又以公孫玠韓運分總餘軍室五劍授管內鎮將令殺五州刺史屬別將庾伯良兵三千築石頭城謀據江左常州刺史顏防用其客李雲謀矯詔稱招討副使殺鎮將李深傳檄蘇杭湖睦四州同討錡湖州辛祕亦殺鎮將趙惟忠而蘇州李素爲鎮將姚志安所執釘舷上獻於錡錡敗而免憲宗以淮南節度使王鍔爲諸道行營兵馬招討處置使中官薛尚衍爲都監招討宣慰使發宣武武寧武昌淮南宣歙江西浙東兵自宣杭信三州進討初錡以宣州富饒遣四院隨身兵馬使張子良李奉仙田少卿領兵三千分下宣歙弛錡甥裴行立雖預謀而欲効順故相與約還兵執錡行立應於內子良等旣行其夕諭軍中曰僕射反矣精兵四面皆至常湖鎮將干首通衢勢蹙且敗吾輩

徒死不如轉禍爲福部衆大悅遂迴趣城行立舉火內外合譟行立攻牙門錡大驚左右曰城外兵馬至錡曰何人邪曰張中丞也錡怒甚曰門外兵何人也曰裴侍御也錡拊膺曰行立亦叛吾邪跣足逃于女樓下李鈞引兵三百趨出庭院格鬭行立兵貫出其中斬鈞傳首城下錡聞之舉族慟哭子良以監軍命曉諭城中逆順且呼錡束身還朝左右以幕縋而出之錡以僕射召數日而反狀至下詔削官爵明日而敗送京師神策兵自長樂驛護至闕下帝御興安門問罪對曰張子良敎臣反非臣意也帝曰爾以宗臣爲節度使不能斬子良然後入朝邪錡不能對以其日與子師回腰斬于城西南年六十七尸數日帝出黃衣二襲葬以庶人禮擢子良檢校工部尚書左金吾將軍封南陽郡王賜名奉國田少卿檢校左散騎常侍左羽林將軍代國公李奉仙檢校右常侍右羽林將軍邠國公裴行立泌州刺史贈王澹給事中趙琦和州刺史崔善貞睦州司馬削錡屬籍從弟宋州刺史銛通事舍人銑從子

師偃旅嶺南

贊曰語曰出入之吝謂之有司賤之也德宗平朱泚京師府藏耗
竭諸道始有進奉助經費而詔書亦往往宣索於天下以人主規
規財利下行有司之事天下無事賦取猶不息劒南江西有日月
之進杜亞劉贊王緯及錡歲時進奉以固其寵號稱賦外羨餘又
亦託中旨以盜庫物然獻纔十二三餘皆私之江淮以南物力大
屈人人憔然忘生貞元以後中官市物都下謂之宮市不持符牒
口含詔命取濫縑惡布紅紫之倍其估裂以償直市之良賈精貨
皆逃去不出列廛閈者惟粗雜苦窳而已又有彊驅入禁中磬所
車載賣者不平因共毆筥之蒼頭女奴名馬工車惴惴常畏捕取
而德宗蔽於左右前後莫知也故善貞因錡并論其事卒不知錡
顓鹽鐵之利以養兵圖叛曾不及庸有司之吝遠甚

叛臣列傳第一百四十九上

叛臣列傳第一百四十九下　唐書二百二十四下
端明殿學士兼翰林侍讀學士朝請大夫守尚書吏部侍郎充集賢殿脩撰臣宋　祁奉
敕撰
李忠臣本董秦也幽州薊人少籍軍以材力奮事節度使薛楚玉
張守珪安祿山等甄勞至折衝郎將平盧軍先鋒使劉正臣殺偽
節度呂知晦擢秦兵馬使攻長楊戰獨山襲榆關北平殺賊將申
子貢榮先欽執周銑送京師從正臣赴難復敗李歸仁李咸白秀
芝等潼關失守秦整軍北還奚王阿篤孤初引衆與正臣合已而
紿約皆攻范陽至后城夜乘間襲秦秦接戰敗之追奔至溫泉山
禽首領阿布離斬以釁鼓至德二載節度使王玄志使秦率兵三
千自雍奴桴葦絕海擊賊將石帝廷烏承洽轉戰累日拔魯城河
間景城收糧貲以實軍又與田神功下平原樂安禽偽刺史以獻
於是防河招討使李銑承制假秦德州刺史史思明自歸河南節
度使張鎬督秦軍合諸將平河南州縣與裨將陽惠元破安慶緒

將王福德於舒舍肅宗下詔褒諭令屯濮州又從韋城從郭子儀
圍相州軍潰秦至滎陽破賊將敬釭取糧艘二百柁以餉汴軍未
幾授濮州刺史屯杏園渡許叔冀以汴下史思明秦力屈亦降思
明撫背曰始吾有左手得公今完矣與俱寇河陽秦夜挈五百人
冒圍歸李光弼詔加殿中監封戶二百召至京師賜今氏名給良
馬甲第時陝西神策兩節度使郭英乂衛伯玉屯陝故以忠臣為
兩軍兵馬使戰永寧莎柵與賊將李感義等數十遇皆破之淮西
節度使王仲昇為賊執以忠臣為汝仙蔡六州節度使兼安州合
諸軍平東都進御史大夫回紇可汗既歸留其下安恪石帝廷居
河陽守貲因是招亡命為盜道路畏澀詔忠臣討定之吐蕃犯
京師天子追兵秦方宴鞠場使者至即整師引道諸將白須良日
忠臣怒曰君父在難方擇日救患乎時召兵無先忠臣至者代宗
嘉之加本道觀察使賚與倍等周智光為帳下所殺忠臣提兵入
華州所過大掠自赤水距潼關二百里無居人大曆五年加蔡州

刺史陝虢李國清為下所逐掠府庫國清徧拜諸將乃免會忠臣
入朝次陝詔訊于衆衆懼忠臣不敢拒即圍棘約士投所掠物圍
中一日盡獲討李靈耀也戰西梁固敗之復與馬燧軍合敗賊于
汴州田悅以援兵三萬屯汴郛忠臣勒裨將李重倩夜率百騎襲
之貫其營而還殺數十百人悅間道走靈耀開城亡去軍遂潰以
忠臣為汴州刺史加檢校司空同中書門下平章事封西平郡王
忠臣貪婪沓嗜色將士婦女逼與亂所至人苦之以女弟妻張惠
光用為牙將恃勢殘克或白忠臣不之信又以惠光子居牙下愈
橫肆十四年大將李希烈因衆怒與少將丁皓賈子華等共斬惠
光父子以兵脅逐忠臣跳奔京師帝素寵之不責也復授檢校司
空同中書門下平章事奉朝請德宗立散騎常侍張涉以贓得罪
帝怒不赦涉故侍讀東宮者忠臣曰陛下貴為天子先生以乏財
觸法非過也帝意解免涉歸田里湖南觀察使辛京杲私怒部曲
殺之有司劾當死忠臣曰京杲應死久矣帝問故對曰京杲諸父

戰某所死兄弟戰某所死渠從行獨得存以故知之帝悽然悟釋
之下除王傅忠臣戇直不通書帝嘗謂卿耳大眞貴兆對曰臣聞
驢耳大龍耳小帝喜其野而誠然既失兵怫鬱不顧藉朱泚反偽
署司空兼侍中泚攻奉天以忠臣居守泚敗繫有司與其子俱斬
喬琳并州太原人少孤苦志學擢進士第性誕蕩無禮檢郭子儀
表為朔方府掌書記與聯舍畢曜相掉訐貶巴州司戶參軍歷果
綿遂懷四州刺史治寬簡不親事嘗謂錄事參軍任紹業曰子綱
紀一州能劾刺史乎紹業出條所失示之琳曰能知吾失御史材
也琳素善蒲人張涉涉以國子博士侍太子讀太子即位召訪政
事不淹日詔入翰林遷散騎常侍薦琳任宰相乃拜御史大夫同
中書門下平章事天下矍然駭之琳年高且聵每進對失次所言
不厭帝旨在位閱八旬以工部尚書罷帝由是亦疏涉琳從幸奉
天再遷太子少師進幸梁州次盩厔詭言馬殆不進帝素以舊老
禮之給乘輿馬辭病力帝賜所執策曰勉為良圖與卿別矣不數

日祝髯髮含仙游佛廬泚間遣數十騎取之署吏部尚書令姻家源休表以朝服食以肉琳亦不辭士有許官非便者琳曰子謂此邏便乎及收京師李晟憫其老表貰死帝曰琳故宰相失節背義不可赦臨刑歎曰我以七月七日生以此日死非命耶時又有將鎮者冽子也與兄鍊俱以文辭顯擢賢良方正科累轉諫議大夫大曆中涇兩壞河中鹽池味苦惡韓滉判度支慮減常賦妄言池生瑞鹽王德之美祥代宗疑不然命鎮馳驛按視鎮內欲結滉故實其事表置祠房號池曰寶應靈慶云再進工部侍郎妹婿源溥者休弟也故鎮與休交泚叛竄于鄠傷足不能進泚先得鍊而鎮左右逃歸語所在源休聞白泚以二百騎求得之知不免懷刃將自刺鍊止之復謀出奔懦不決中朝臣遁伏者休多所誅殺賴鎮救原十五初冽與弟渙在安史時皆汙僞官鍊兄弟復屈節于賊云

高駢字千里南平郡王崇文孫也家世禁衛幼頗脩飭折節爲文學與諸儒交硜硜譚治道兩軍中人更稱譽之事朱叔明爲司馬有二鵰並飛駢曰我且貴當中之一發貫二鵰焉衆大驚號落鵰侍御後歷右神策軍都虞候党項叛率禁兵萬人戍長武是時諸將無功唯駢數用奇殺獲甚多懿宗嘉之徙屯秦州即拜刺史兼防禦使取河渭二州略定鳳林關降虜萬餘人咸通中帝將復安南拜駢爲都護召還京師見靈臺殿於是容管經略使張茵不討賊更以茵兵授駢駢過江約監軍李維周繼進維周擁衆壁海門駢次峯州大破南詔蠻收所獲贍軍維周忌之匿捷書不奏朝廷不知駢問百餘日詔問狀維周劾駢玩敵不進更命右武衛將軍王晏權往代駢俄而駢拔安南斬蠻帥段酋遷降附諸洞二萬計晏權方挾維周發海門檄駢北歸而駢遣王惠贊傳酋遷首京師見艫艫甚盛乃晏權等惠贊懼奪其書匿島中間關至京師天子覽書御宣政殿羣臣皆賀大赦天下進駢檢校刑部尚書仍鎮安南以都護府爲靜海軍授駢節度兼諸道行營招討使始築安南城由安南至廣州江漕梗險多巨石駢募工劖治由是舟濟安行

諸餉畢給又使者歲至乃鑿道五所置兵護送其徑青石者或傳馬援所不能治既攻之有震碎其石乃得通因名道曰天威云加檢校尚書右僕射駢之戰其從孫潯常先鋒冒矢石以勸士駢徙節天平薦潯自代詔拜交州節度使僖宗立即其軍加同中書門下平章事南詔寇巂州掠成都徙駢劒南西川節度乘傳詣軍及劒門下令開城縱民出入左右諫寇在近脫大掠不可悔駢曰屬吾在安南破賊三十萬驃信聞我至尚敢邪當是時蠻攻雅州壁盧山聞駢至亟解去駢即移檄驃信勒兵從之驃信大懼送質子入朝約不敢寇蜀有突將分左右二廂廂有虞候詰火督盜賊有兵馬虞候主調發駢罷其一各置一虞候又以蜀兵孱弱詔蠻新定人未安業罷突將月稟并餐錢約曰府庫完當如舊又團練兵職者厚其衣稟不團練者但掌文書倉庫衣稟減焉駢曰皆王卒命均之戰士大望于時天平昭義義成戍軍合蜀兵凡六萬駢之自將出屯也突將亂乘門以入駢匿於圊求不得天平軍聞變其校張桀以士五百格戰不勝監軍慰撫之皆曰州雖更變亂戶口尚完府庫方實公削軍稟以自養不堪其虐故亂監軍懼講解之取役夫數百名叛卒藉斬其首乃定駢徐出以金帛厚賞士開府庫悉還其衣稟然密籍所給姓名夜遣牙將擊殺之夷其族雖孕者不貰投尸于江有一婦方踞而乳子將就刑媼傷之疑其畏死謂曰以子丐我一詣曹司也婦蹶起曰我知之且飽吾子不可使以飢就戮也見刑者拜曰渠有節度使奪戰士食一日忿怒逞刑以逞國家法令何有也我死當訴于天使此賊闔門如今日冤也遠死神色晏然蜀人聞者爲垂泣駢復錄突將戍還者丸名貯器中意不懌則探之或十或五授將李勍全斬使親吏王殷說駢曰突將在行者初不知謀公當赦之駢悅投丸池中人乃安蜀之土惡成都城歲壞駢易以塼甓陴堞完新負城丘陵悉與平之以便農桑訖功筮之得大畜駢曰畜者養也濟以剛健篤實煇光日新吉孰大焉文宜去下存上因名大玄城進檢校司徒封燕國公徙荆

南節度梁纘者本以昭義兵西戍駢表隷麾下王仙芝之敗殘黨過江帝以駢治鄆威化大行且仙芝黨皆鄆人故授駢鎮海節度使駢遣將張璘與纘分兵窮討降其驍帥畢師鐸數十人賊走嶺表帝美其功加諸道行營都統鹽鐵轉運等使又詔駢料官軍義營鄉團歸其老弱傷夷裁制軍食刺史以下小罪輒罰大罪以聞賊更推黃巢南陷廣州駢建遣璘以兵五千屯郴扼賊西路留後王重任以兵八千並海進援循潮自將萬人繇大庾擊賊廣州且請起荆南王鐸兵三萬壁桂永以邕管兵五千壁端州則賊無遺類帝納其策而駢卒不行俄徙淮南節度副大使駢繕完城壘募軍及土客得銳士七萬乃傳檄召天下兵共討賊威震一時天子倚以爲重廣明初璘破賊大雲倉詐降巢巢不意其襲遂大奔引殘黨壁上饒然衆亡幾會疫癘起人死亡璘進擊之巢大懼以金啗璘賸書於駢丐歸命駢信之許爲求節度當此時昭義武寧義武兵數萬赴淮南駢欲專己功即奏賊已破不須大兵有詔班師

巢知兵罷即絕駢請戰擊殺璘乘勝度江攻天長始巢在廣州求天平節度宰相盧攜善駢以有討賊功不肯赦巢與鄭畋爭于朝故巢怨不得節度而駢聞議不一亦不平至是欲縱賊以脅朝廷然後立功畢師鐸諫曰朝廷所恃誰易於公制賊要害莫先淮南今不據要津以滅賊使得北度必亂中原駢矍然下令將出師嬖將呂用之畏師鐸有功諫曰公勳業極矣賊未殄朝廷且有口語況賊平挾震主之威安所税駕不如觀釁求福爲不朽資也駢入其計託疾未可以出屯嚴兵保境巢據滁和去廣陵纔數百里乃求援陳許巢逼揚州衆十五萬駢將曹全晸以兵五千戰不利壁泗州以待援駢兵終不出賊北趨河洛天子遣使者促駢討賊冠蓋相望也俄而兩京陷天子猶冀駢立功眷寄未衰詔刺史若諸將有功自監察御史至常侍許墨制除授尋進檢校太尉東面都統京西京北神策軍諸道兵馬等使會二雉雊署寢占者曰軍府將空駢惡之悉兵出營東塘舟二千艘戈鎧完銳日討金鼓以侈

士志與浙西節度使周寶檄欲連和而西寶大喜有謂寶彼欲幷江東爲孫策三分計寶未之信俄而駢請寶至軍議事寶怒辭疾不出釁隙遂構駢屯東塘百日託以寶及浙東劉漢宏將爲不利乃還以應其變帝知駢無出兵意天下益殆乃以王鐸代爲都統以崔安潛副之詔韋昭度領諸道鹽鐵轉運使加駢侍中增實戶一百封渤海郡王駢失兵柄利權攘袂大詬即上書謾言不恭詆鐸乃敗軍將而安潛狠貪有如橈敗詒千古之悔又引更始刮席子嬰軹道事以激帝帝怒下詔切責當此時王室微不絕如帶駢都統三年無尺寸功幸國顛沛大料兵陰圖割據一旦失勢威望頓盡故肆爲醜悖脅邀天子冀復故權而吳人顧雲以文辭緣澤其姦偃然無所忌畏又請帝南幸江淮會平賊駢聞縮氣悵恨部下多叛去鬱鬱無聊乃篤意求神僊以軍事屬用之用之者鄱陽人世爲商儈往來廣陵得諸賈之驩既孤依舅家盜私其室亡命九華山事方士牛弘徽得役鬼術賣藥廣陵市始詣駢親將俞公

楚驗其術因得見駢署幕府稍補右職用之既少賤具知閭里利病吏得失頗班班言政事以將左道駢愈器之乃廣樹朋黨刺知駢動息持金帛還結左右日爲誕妄以動駢又薦狂人諸葛殷張守一爲長年方並署牙將初殷將見用之紿曰上帝以公爲人臣慮機事廢使神人來備羽翼且當以職縻之明日殷以褐衣見辯詐無窮駢大驚號葛將軍其陰狡過用之遠甚有大賈居第華壯殷求之不得謂駢曰城中且有妖當築壇禳卻之因指賈居駢敕吏即日驅徙殷入居之駢造迎仙等樓皆度高八十尺飾以金珠璣玉侍女衣羽衣新聲度曲以擬鈞天薰齋其上祈與仙接用之自謂與僊真通對駢叱咤風雨或望空顧揖再拜語言俚近左右或竊議輒殺之後無敢出口者蕭勝納賄用之求鹽城監駢不肯用之曰仙人言鹽城有寶劍須真人取之唯勝可往駢許諾數月勝獻銅匕首用之曰此北帝所佩也得之者兵不敢犯駢寶祕之常持以坐起用之憚其術窮且見詰乃刻青石手板爲龍蛇隱

起文曰帝賜駢使人潛植机上駢得之大喜爲寓鵲廷中設機關
觸人則飛動駢衣羽服乘之作仙去狀用之懼有擿其姦者乃曰
仙人當下但患學者眞氣虧徂耳駢始棄人間事絕妾媵雖將吏
不得見客至先遣薰濯詣方士祓除謂之解穢少選即引去自是
內外無敢言者惟梁纘屢爲駢言駢不聽纘懼解所領兵駢還其
軍於昭義纘不復事矣用之既自任淫刑重賦人人思亂乃擢廢
吏百餘號察子厚稟食令居衢閧閒凡民私鬬隱語莫不知道路
箝口誅所惡者數百族又募卒二萬爲左右鏌邪軍與守一分總
置官屬如駢府用之每出入騶御至千人建大第軍胥營署皆備
建百尺樓託云占星實窺伺城中之有變者左右姬侍百餘皆娟
秀光麗善歌舞巾幨柬帶以侍月二十宴其費仰於民不足至苛
留度支運物誘人上變則許入貲產贖罪俞公楚數規戒其失不
聽姚歸禮謀殺之弗克用之因譖二人於駢使以驍雄兵三千督
盜於外密使兵襲之舉師殲焉駢從子澞密疏用之罪諫駢曰不

除之高氏且無種駢怒命左右扶出以狀授用之用之誣澞貪貫
不能滿故妄言因出澞筆驗之駢敕吏禁澞出入俄署舒州刺史
未幾爲下所逐用之構之也駢使人殺澞嗣襄王熅之亂駢上書
勸進僞假駢中書令諸道兵馬都統江淮鹽鐵轉運使以用之爲
嶺南節度使駢久觖望至是大喜貢賦不絕用之始開府置官屬
禮與駢均矣以鄭杞董僅吳邁爲腹心駢之親信皆偪使附己政
事未嘗關決駢駢內悔欲收其權不能也用之問計於杞僅謀請
駢齋於其第密縊之紿爲昇天事不克光啓三年蔡賊孫儒兵略
定遠聲言涉淮壽州刺史張翺奔告駢命畢師鐸率騎三百戍高
郵師鐸者故仙芝黨以善騎射稱駢敗巢于浙西用其力故寵待
絕等用之厚啖以利欲其諂附然不肯情師鐸有妾美用之請見
不可俎其出觀焉怒而棄之內忿懼爲子結婚於高郵將張神劒
陰倚爲援朱全忠方攻秦宗權駢慮其奔突使師鐸率兵踰都梁
山不見賊還師鐸見駢府宿將多以譖死憂甚用之益加禮師鐸

愈恐謀於神劒神劒不然曰毋言而猜嫌日結用之亦慮其變內欲
除之亟請罷屯其母密擿師鐸使去曰毋顧家室師鐸憂未知所
出而駢子愁用之專恣覘師鐸與諸將發其姦遣使謂師鐸曰用
之欲因此行圖君既授書神劒矣君其備之師鐸驚軍中稍稍傳
言諸將介而見請殺神劒幷其軍驅市人以濟亂師鐸曰不可我
若重擾百姓復一用之也鄭漢璋素與我善兵精士彊以用之用
事常不平今若告之謀彼必喜則事濟矣衆然之神劒未知方椎
牛釃酒且將犒師師鐸潛師夜出士皆絳繒抹首且行且掠漢璋
聞以麾下出迎師鐸詒以計大喜留其妻守淮口帥兵及亡命數
千至高郵見神劒詰其變神劒辭不知師鐸語稍侵神劒瞋目曰
大夫何晚計彼一妖人前假嶺南節不肯行志圖淮海今君既奮
醜彼一日得志吾能握刀頭北面事之邪吾豈前未量君意故不出
口尚何疑漢璋喜取酒割臂血而盟推師鐸爲大丞相作誓告神
乃移檄州縣以誅呂用之張守一諸葛殷爲名神劒以高郵兵諸

校倪詳逯並以天長子弟會唐宏爲先鋒駱玄眞主騎趙簡主徒
王朗爲殿得勝兵三千將發神劒中悔繆曰公兵雖精然城堅旬
日不下則糧乏衆心搖矣神劒請按軍高郵爲公聲援而督糧道
師鐸曰民稟尚多何患食儲城中攜離無鬬志何事聲援君意不
行孰敢違漢璋內忌神劒恐不爲己下勸許其計約城破玉帛子
女共之其四月兵傅城營其下城中駭亂用之分兵守且自督戰
令曰斬一級賞金一餅士多山東人堅悍頗用命師鐸懼退舍自
固用之稍堙塞諸門駢登延和閣聞囂甚左右告之故大驚召用
之問狀徐曰師鐸衆思歸爲門衛所軋隨已處置不爾煩玄女一
符耳駢曰吾覺爾之誕多矣善自爲之勿使吾爲周寶也時寶已
爲下所逐出奔云用之慙不復有言師鐸見城未下頗懼求救於
宣州秦彥約事平迎以代駢駢數責用之曰始吾以心腹任君君
御下無方卒誤我今百姓饑饉不可虐用當遣大將齎吾書諭之
使罷兵用之疑諸將不爲用以其黨許戡奉書往始師鐸意駢令

宿將勞軍因得口陳用之罪及戕至大怒曰粱纘韓問安在若何
膺來即斬之乃繫書射城內用之不發即火之它日以甲士百人
入謁駢駢驚匿內寢少選乃出叱曰得非反邪命左右驅出用之至
南門舉策曰吾不復入是矣始與駢貳師鐸壁揚子發民廬舍治
攻具用之大索居人馬及丁壯驍將以長刀擁脅乘城晝夜不得
息又疑爲閒數易區處家有鹽餉皆相失至飢死者相枕藉駢召
大將古鍔齎師鐸母書及其子出諭師鐸遣子還曰不敢負恩朝
斬凶人夕還屯願以妻子爲質駢恐用之屠其家乃收置署中會
秦彥遣秦稠率兵與師鐸合攻益急守陴者夜焚南柵以應于外
師鐸入守將張全逆戰死用之距三橋殺傷相當駢從子傑率牙
兵將執用之以畀師鐸左鎮邪兵復斷其後用之懼乃出奔駢召
粱纘謝曰初不用子計以及此膺何追授以兵使保子城遲明師
鐸縱火大掠駢乃命徹備改服須其入師鐸見延和閣駢待之如
賓即署師鐸節度副使漢璋神劍以次授署秦稠封府庫以待師

鐸去丞相號于時何衞未謹駢愛將申及說駢曰逆人兵少弛願
奉公夜出發諸鎮兵還刷大恥賊不足平也若不決則及將不得
侍公因泣下駢恇怯不能用其策及乃匿去師鐸誅用之支黨數
十使孫約迎秦彥彥者徐州人本名立隸伍籍乾符中以盜繫獄
且死夢謂曰秦彥而從我去寤而視械破因得亡命即名彥聚徒
百人殺下邳令取其貲入黃巢黨中既敗與許勍降駢累表和州
刺史中和初宣歙觀察使竇潏病彥襲而代之師鐸之召彥也或
計曰足下向誅妖人故下樂從今軍府已安宜還政高公足下身
典兵權在掌握四隣聞之不失大義諸將未敢謀也若令彥爲帥
兵非足下有也且秦稠封府庫勢已相疑足下如厚德彥宜以金
玉子女報之勿聽度江假足下能下彥楊行密夕聞而朝必至師
鐸不決以告漢璋漢璋曰善師鐸出駢因南第稱麾下求無厭燒
貢奉樓數十楹取珍寶始駢自乾符以來貢獻不入天子貲貨山
積私置郊祀元會供帳什器殫極功巧至是爲亂兵所剽略盡師

鐸徙駢東第禽諸葛殷署下得金數斤百姓交唾拔須髮無遺再
縊乃絕仇家矐其目云市人投瓦礫擊尸俄而成冢駢出金遺守
者師鐸知之加兵苛督復入囚署中子弟十餘人同幽之顧雲入
見駢猶自若曰吾復居此天時人事必有在意師鐸復推立之用
之既出以兵攻淮口未下鄭漢璋擊之遂奔天長初用之詐爲駢
書召兵於廬壽城陷而楊行密兵萬人次天長用之自歸張神劍
求賂於師鐸辭以彥未至神劍怒與別將高霸將攻師鐸彥之來
召池州刺史趙鍠守宣自將入揚州稱節度使以師鐸爲行軍司馬
居用之第不得在牙中師鐸怏怏失志行密與神劍等連和自江
北至槐家橋柵壘相聯彥登城望之色沮乃授鄭漢璋唐宏等兵
屯門樵蘇道絕食且乏稠及師鐸以勁卒八千出戰大敗稠死之
士奔溺死者十八彥大出金求救於張雄雄引兵至東塘得金不
戰去彥使師鐸率兵二萬陣城下漢璋爲前鋒宋玄之駱玄真樊約
又次之師鐸王朗以騎爲左右翼既成列久之行密乃出委輜重

于壁以贏兵守之伏精卒數千其旁行密先犯玄真短兵接僞北
師鐸諸軍奔其壁爭取金玉貲糧伏譟而出行密引輕兵躡其尾
俘殺旁午橫尸十里師鐸等奔還玄真戰死師鐸雅倚玄真驍敢
能拒敵既失之惋沮彌日不復議出戰矣駢久囚拘供億窘狹羣
奴徹延和閣欄楯爲薪煑革帶以食駢召幕府盧涚曰予粗立功
比求清淨非與此世爭利害今而及此神道何望邪涕下不能已
師鐸既敗慮駢內應有女巫王奉仙謂師鐸曰揚州災有大人死
可以厭彥曰非高公邪命左右陳賞等往殺之侍者白有賊駢曰
此必秦彥來正色須之衆入駢駡曰軍事有監軍及諸將在何遽
爾衆辟易有奮而擊駢者曳廷下數之曰公負天子恩陷人塗炭
罪多矣尚何云駢未暇荅仰首如有所伺即斬之左右奴客遁歸
行密行密舉軍縞素大臨而祭獨用之縗服哭三日彥屢敗軍氣
摧喪與師鐸抱膝相視無它略更問奉仙賞罰輕重皆自出彥遣
漢璋擊神劍破之神劍奔高郵漢璋欲窮追會大雨還行密以城

尚堅師且老議解去用之裨將晨伏兵西壖伺守者休代引而登殺數十人于門以招外兵守軍亦厭苦皆委兵潰師鐸與其家及彥奔東塘人爭出相騰藉死壕塹幾滿王郎踣而殞行密旣入殺梁纘于牙門以不死高氏難韓問聞之赴井死居人癯憊奄奄兵不忍加暴反斥餘糧救之彥師鐸與唐宏倪詳焚白砂將度江會秦宗權使孫儒引兵三萬襲揚州次天長彥等與之合還攻行密取行密輜重牛羊數千計儒以食之乃屠高郵據之張神劍奔還行密授之館而高郵戍兵七百潰而來行密疑有謀悉擊殺之因殺神劍用之始詐行密曰廡下有瘞金五千斤事平願備一日乏行密掘地無埋金但得銅人三尺身桎梏釘刺其口刻駢名於背蓋用蠱厭駢也行密責其罪并張守一斬于三橋妻子皆死著其罪于路儒攻城未得志慮彥師鐸有異謀稍并其兵唐宏度不免即告儒曰師鐸密遣人至汴儒大恐明日召彥師鐸漢璋會軍中彥師鐸先至壯士捽之至儒所儒質彥反駢罪斬之至師鐸呼曰

丈夫成則王敗則虜君何多責爲吾嘗將數萬兵不死常人手得公之劍瞑目矣儒罵曰庸賊欲汚我手邪趣斬之漢璋至奮臂擊殺數人乃死身首糜散儒使宏主騎兵厚賜之文德元年儒謀知行密糧乏自高郵襲之行密拔其衆還廬州儒遂據揚州駢之死裹以故氈與子弟七人一坎而瘞行密擢駢孫愈爲副使令主喪事未克葬愈暴死至是故吏鄺師虔收葬之揚州雄富冠天下自師鐸行密儒迭攻迭守焚市落剽民人兵飢相仍其地遂空

朱玫邠州人少以材武爲州戍將黃巢盜長安有王玫者爲僞節度使方調兵攻陽事之乘間斬王玫以留後讓李重古約合兵討巢廣明二年攻襲賊戰開遠門槍洞咽不死以多擢晉州刺史進邠寧節度使合涇原岐隴兵八萬屯興平號定國砦戰渭上敗走邠詔益靈鹽軍拜河南都統引兵屯中橋列五壁進西北面都統賊平授同中書門下平章事封吳興侯田令孜議討王重榮以兵屬玫合鄜延靈夏軍三萬保沙苑重榮上疏乞誅玫令孜旣戰玫輒北因縱軍還掠僖宗蒼黃幸鳳翔避其鋒玫反與重榮李克用連和請誅令孜宰相蕭遘密召玫迎帝玫趨鳳翔令孜劫乘輿走陳倉遂至興元玫追不及劫嗣襄王熅奉爲帝玫自號大丞相專決萬機始與李昌符共謀挾熅至是反爲讎昌符乃自歸天子人心寖離及王行瑜敗於大唐峯懼歸且見殺又聞購能得玫者以邠寧節度畀之行瑜謂其下曰今敗歸必以無功死若斬玫與北軍迎天子取富貴可乎衆曰諾即勒兵倍道趨長安玫居孔緯第方據几署事聞兵入趣召行瑜叱曰公擅歸反邪行瑜厲聲曰我非反者將得君首爲邠寧節度耳玫遽起左右斬之殺其徒數百諸軍遂大亂燒京師時盛寒吏民被剽殺僵死尸相藉即傳首興元帝爲受俘馘官者僞樞密使王能著等皆坐誅

王行瑜邠州人少隸軍從朱玫爲列校討黃巢數有功熅即位授行瑜天平節度使令率兵守大散關爲李鋋所破即奉款行在還取玫首以獻擢邠寧節度使景福元年與李茂貞韓建及弟同州

節度使行實請討楊守亮於山南且言不敢仰度支費止請假茂貞招討一節宦官難之昭宗亦顧茂貞等得山南則益橫不許行瑜等因擅興軍擊取之後茂貞拒曹王殺宰相行瑜參有力得賜鐵券稍憑兵跋扈求爲尚書令宰相韋昭度執不可但加號尚父行瑜望甚會河中王重榮喪李克用請以其子珂嗣節度而行瑜建茂貞請授王珙因各以兵陳闕下欲發天子不克即殺昭度李磎留弟行約宿衞克用悉兵度河問行瑜等罪行實棄同州趨長安與行約謀劫乘輿又不克皆奔邠州行瑜屯梨園克用與戰破行實等軍執其母及行瑜子俘大校帝下詔削行瑜官爵行瑜以銳卒五千營龍泉茂貞壁其西克用夜發精騎擾饟道岐軍走行瑜歸邠州嬰城守厚賂克用求自歸克用軍環其城行瑜窮登城哭語克用曰我無罪昨殺大臣脅天子岐人也行實止宿衞而有司妄以劫遷罪歸之今公討亂者當問茂貞願得束身歸聽命天子克用曰尚父何自卑吾被命討三賊公其一也如歸國者當從

中使老夫敢專之邪行瑜度不免悉族奔慶州爲麾下斬于路傳首京師帝御延喜門納之於是乾寧二年也其屬二百人克用獻于朝始行瑜亂宗正卿李涪盛陳其忠必悔過至是帝怒放死嶺南

陳敬瑄田令孜兄也少賤爲餅師得隸左神策軍令孜爲護軍中尉敬瑄緣藉擢左金吾衛將軍檢校尚書右僕射西川節度使性畏愼善撫士黃巢亂僖宗幸奉天敬瑄夜召監軍梁處厚號慟奉表迎帝繕治行宮令孜亦倡西幸敬瑄以兵三千護乘輿完從內苑小兒先至敬瑄知素暴橫遣邏士伺之諸兒連臂譁噪行宮中士捕繫之譁曰我事天子者敬瑄殺五十人尸諸衢由是道路不譁帝次綿州敬瑄謁于道進酒帝三舉觴進檢校左僕射同中書門下平章事時雲南叛請遣使與和親乃聽命敬瑄奉行在百官諸吏無敢乏帝欲命判度支固讓再加檢校司徒兼侍中封梁國公以弟敬珣爲閬州刺史討定邛州首望阡能涪州叛校韓秀昇再進兼中書令封潁川郡王實封四百戶賜一歲上輸錢及上都

田宅邸硙各十區鐵券恕十死巢平進潁川王增實戶二百車駕東敬瑄供億豐餘又進檢校太師俄而令孜得罪敬瑄被流端州會昭宗立敬瑄拒詔帝召爲左龍武統軍以宰相韋昭度代領節度使者至敬瑄使百姓遮道剺耳訴己功且言鐵券恕死使者馳還令孜勸敬瑄募黃頭軍爲自守計時王建盜據閬利故令孜召建建至綿州發兵拒之激建攻諸州以限朝廷或言建鴟視狼顧惟利是賴公何用之不聽建詒顧彥朗書曰十軍阿父召我欲依太師丐一大州即寄孥梓州身引兵入鹿頭關敬瑄不納漢州刺史張頊逆戰敗建入漢州成都嚴守建走城下遙謝令孜曰父召我及門而拒我尚誰容與諸將斷髮再拜辭曰今作賊矣因請兵於彥朗攻成都殘掠州縣彥朗亦畏建表請大臣代敬瑄建自請討敬瑄贖罪詔立永平軍授建節度使以昭度爲行營招討使山南西道節度使楊守亮副之彥朗爲行軍司馬有詔暴敬瑄殺孟昭圖罪削官爵昭度使建屯學射山敬瑄迎戰不克又戰蠶崖大

敗龍紀元年昭度至軍中持節諭入約關門守陴者詬曰鐵券在安得違先帝意令孜籍城中戶一人乘城夜循行晝籍豪民貲敬瑄屯彌牟德陽樹二壁拒建使富人自占貲多少布巨梃搒不實者不三日輸錢如市建昭度傅城面壘簡州刺史張造攻笮橋大敗死之大順元年建稍擊降諸州邛州刺史毛湘本令孜孔目官謂其下曰吾不忍負軍容以頭見建可也乃沐浴以須吏斬其首降敬瑄戰浣花不勝明日復戰將士皆爲建俘城中謀降者令孜支解之以怖衆會大疫死人相藉明年三月詔還敬瑄官爵召昭度還諭建罷兵建不奉詔帝更以建爲西川行營招討制置使建知敬瑄可禽欲遂有蜀地即脅說昭度曰公以數萬衆討賊糧數不屬關東諸節度相吞噬朝廷危若贅旒與其勞師遠方不如先中國公宜還爲天子謀之昭度未決會吏盜褫諸軍稟食建怒其衆曰招討吏之謀也縱士執之醢食於軍昭度大駭是日授建符節跳馳出劍門建絕棧梯東道不通因急擊敬瑄分親騎爲十團

所向輒拔靡烽塹相望幾百里縱諜入城以搖衆心建好謂軍中曰成都號花錦城玉帛子女諸兒可自取謂票將韓武等城破吾與公遞爲節度使一日下關之戰愈力圍凡三歲城中糧盡以筒容米率寸鬻錢二百敬瑄出家貲給民募士出剽麥收其半民亦夜至建壘市鹽不可禁吏請殺之敬瑄曰民飢無以卹使求生可也人至相暴以相啖敬瑄不能止乃行斬劈二法亦不爲戢敬瑄自將出犀浦列二營邀建建軍僞遁遇伏敬瑄敗建破斜橋砦街二屯明日戰又破一壁降其將建屯七里亭敬瑄攻之建將張武馳入城戰子城下守陴皆譟不能克張勍破浣花營敬瑄諸將或死或降且盡凡五十戰敬瑄皆北乃上表以病丐還京師令孜素服至建軍建入自西門以張勍爲斬斫使建徇于軍曰與而等累年鬬死今日如志若橫恣有犯者吾能全之即爲勍所斬吾不得救也軍中肅然囚敬瑄令孜建自稱留後表于朝詔以建爲西川節度副大使知節度事建以敬瑄居新津食其租賦累表請誅不

報景福二年陰令左右告敬瑄令孜養死士約楊晟等反於是斬敬瑄於家初敬瑄知不免嘗寘藥于帶至就刑視帶藥已亡矣自是建盡有兩川黔中地

李巨川字下己逢吉從曾孫乾符中舉進士方天下崩騷乃去京師河中王重榮辟爲掌書記重榮討黃巢書檄奏請日紛沓須報趣發皆屬巨川神安思敏言輒中理隣藩皆聳嚮會賊走出關收京師人言巨川有助力重榮死于亂民爲興元參軍節度使楊守亮喜曰天以生遺我邪復管記室守亮爲韓建所禽巨川械以從題木葉遺建祈哀建動容因釋縛置幕府昭宗幸華建患二州供億不能濟使巨川傳檄天下督轉餉初帝在石門數遣嗣延王通王將親軍大選安聖奉宸保寧安化四軍又置殿後軍合士二萬建惡衞兵彊不利己與巨川謀即上飛變告八王欲脅帝幸河中因請囚十六宅選嚴師傅督教盡散麾下兵書再上帝不得已詔可又廢殿後軍且言無示天下不廣詔留三十人爲控鶴排馬官隸

飛龍坊自是天子爪牙盡矣建初懼帝不聽以兵環宮請誅定州行營將李筠帝懼斬筠兵乃解又言七國災漢八王亂晉永王帥江左謀不軌吐蕃朱玫亂首立宗支搖人望今王室多故渠可使諸王將命四方惑征鎮於是詔諸王奉使者悉赴行在巨川日夜導建不臣乃請立德王爲皇太子文掩其惡帝還京拜諫議大夫光化初朱全忠陷河中將攻潼關建懼使巨川往詣軍納款因言當世利害全忠屬官敬翔以文翰事左右疑巨川用則全忠待已或衰乃詭說曰巨川誠奇才顧不利主人若何是日全忠殺之

叛臣列傳第一百四十九下

宋　祁　奉　敕　撰

安祿山營州柳城胡也本姓康母阿史德為覡居突厥中禱子於軋犖山虜所謂鬬戰神者既而妊及生有光照穹廬野獸盡鳴望氣者言其祥范陽節度使張仁愿遣搜廬帳欲盡殺之匿而免母以神所命遂字軋犖山少孤隨母嫁虜將安延偃開元初偃攜以歸國與將軍安道買亡子偕來得依其家故道買子安節厚德偃約兩家子為兄弟乃冒姓安更名祿山及長忮忍多智善億測人情通六蕃語為互市郎張守珪節度幽州祿山盜羊而獲守珪將殺之呼曰公不欲滅兩蕃邪何殺我守珪壯其語又見偉而皙釋之與史思明俱為捉生知山川水泉處嘗以五騎禽契丹數十人守珪異之稍益其兵有討輒克拔為偏將守珪醜其肥由是不敢飽因養為子後以平盧兵馬使擢特進幽州節度副使於是御史中丞張利貞採訪河北祿山百計諛媚多出金諧結左右為私恩利貞入朝盛言祿山能乃授營州都督平盧軍使順化州刺史使者往來陰以賂中其嗜一口更譽玄宗始才之天寶元年以平盧為節度祿山為之使兼柳城太守押兩蕃勃海黑水四府經略使明年入朝奏對稱旨進驃騎大將軍又明年代裴寬為范陽節度河北採訪使仍領

平盧軍祿山北還詔中書門下尚書三省正員長官御史中丞餞鴻臚亭四載奚契丹殺公主以叛祿山幸邀功肆其侵於是兩蕃貳祿山起軍擊契丹還奏夢李靖李勣求食於臣乃祠北郡芝生于梁其詭誕敢言不疑如此帝豫為河北黜陟使言祿山賢時宰相李林甫嫌儒臣以戰功進尊寵間已乃請顓用蕃將故帝寵祿山益牢群議不能輒卒亂天下林甫啓之也祿山陽為愚不敏蓋其姦承間奏曰臣生蕃戎寵榮過甚無異材可用願以身為陛下死天子以為誠憐之令見皇太子不拜左右擿語之祿山曰臣不識朝廷儀皇太子何官也帝曰吾百歲後付以位謝曰臣愚知陛下不知太子罪萬死乃再拜時楊貴妃有寵祿山請為妃養兒帝許之其拜必先妃後帝帝怪之荅曰蕃人先母後父帝大悅命與楊銛及三夫人約為兄弟繇是祿山有亂天下意令麾下劉駱谷居京師伺朝廷隙六載進御史大夫封妻段為夫人有國林甫以宰相貴甚群臣無敢鈞禮惟祿山倚恩入謁倨林甫欲諷寤之使與王鉷偕鉷亦位大夫林甫見鉷鉷趨拜卑約祿山惕然不覺自罄折林甫與語揣其意迎剖其端祿山大駭以為神每見雖盛寒必流汗林甫稍厚之引至中書覆以己袍祿山德林甫呼十郎駱谷每奏事還先問十郎何如有好言輒喜若謂大夫好檢校則反手據牀曰我且死優人李龜年為帝學之帝以為樂晚益肥腹緩及膝奮兩肩若挽牽者乃能行作胡旋舞帝前乃疾如風帝視其腹曰胡腹中何有而大荅曰唯赤心耳每乘驛入朝半道必易馬號大夫換馬臺不爾馬輒仆故馬必能負五石馳者乃勝載帝為祿山起第京師以中人督役戒曰善為部署祿山眼孔大毋令笑我為瑣戶交疏臺觀沼池華僭帟幕率緹繡金銀為䇲筐笊籬大抵服御雖乘輿不能過帝登勤政樓幄坐之左張金雞大障前置特榻詔祿山坐褰其幄以示尊寵太子諫曰自古幄坐非人臣當得陛下寵祿山過甚必驕帝曰胡有異相我欲厭之時太平久人忘戰帝春秋高嬖艷鉗固李林甫楊國忠更持權綱紀大亂祿山計天下可取逆謀日熾每過朝堂龍尾道南北睥睨久乃去更築壘范陽北號雄武城峙兵積穀養同羅降奚契丹曳落河八千人為假子教家奴善弓矢者數百畜單于護真大馬三万牛羊五万引張通儒李廷堅平冽李史魚獨孤問俗署幕府以高尚典書記嚴莊掌簿最阿史那承慶安太清安守忠李歸仁孫孝哲蔡希德牛廷玠向潤客高邈李欽湊李立節崔乾祐尹子奇何千年武令珣能元晧田承嗣田乾真皆拔行伍署大將潛遣賈胡行諸道歲輸財百萬至大會祿山踞重牀燎香陳怪珍胡人數百侍左右引見諸賈陳犧牲女巫鼓舞于前以自神陰令群賈市錦綵朱紫服數萬為

叛資月進牛橐駝鷹狗奇禽異物以蠱帝心而人不聊自以無功而貴見天子盛開邊乃紿契丹諸酋大置酒毒焉既酣悉斬其首先後殺數千人獻馘闕下帝不知賜鐵券封柳城郡公又贈延偃范陽大都督進祿山東平郡王九載兼河北道採訪處置使賜永寧園為邸入朝楊國忠兄弟姊妹迎之新豐給王食至湯將校皆賜浴帝幸望春宮以待獻俘八千詔賜永穆公主池觀為游燕地治新第請墨敕召宰相宴是日帝將擊毬乃置會命宰相皆赴帝獵苑中獲鮮禽必馳賜詔上谷郡置五鑪許鑄錢又求兼河東遂拜雲中太守河東節度使既兼制三道意益侈男子凡十一帝以慶宗為太僕卿慶緒鴻臚卿慶長祕書監十一載率河東兵討契丹告奚曰彼背盟我將討之爾助我乎奚為出徒兵二千鄉道至土護真河祿山計曰道雖遠我疾趨賊乘其不備破之固矣乃敕人持一繩欲盡縛契丹晝夜行三百里次天門嶺會雨甚弓弛矢脫不可用祿山督戰急大將何思德曰士方疲宜少息使使者盛陳利以脅賊賊必降祿山怒欲斬以令軍乃請戰思德貌類祿山及戰虜叢矛注矢邀取之傳言祿山獲矣奚聞亦叛夾攻祿山營士略盡祿山中流矢引奚兒數十棄衆走山而墜慶緒孫孝哲掖出之夜走平盧部將史定方以兵鏖戰虜解圍去祿山不得志乃悉兵號二十萬討契丹以報帝聞詔朔方節

度使阿布思以師會布思者九姓首領也偉貌多權略開元初為默啜所困內屬帝寵之祿山雅忌其才不相下欲襲取之故表請自助布思懼而叛轉入漠北祿山不進輒班師會布思為回紇所掠奔葛邏祿祿山厚募其部落降之葛邏祿懼執布思送北廷獻之京師祿山已得布思衆則兵雄天下愈偃肆皇太子及宰相屢言祿山反帝不信是時國忠疑隙已深建言追還朝以驗厥狀祿山揣得其謀乃馳入謁帝意遂安凡國忠所陳無入者十三載來謁華清宮對帝泣曰臣蕃人不識文字陛下擢以不次國忠必欲殺臣以甘心帝慰解之拜尚書左僕射賜實封千戶奴婢第產稱是詔還鎮又請為閑廐隴右群牧等使表言溫自副其軍中有功位將軍者五百人中郎將二千人祿山之還帝御望春亭以餞斥御服賜之祿山大驚不自安疾驅去至淇門輕艫循流下萬夫挽繂而助日三百里既抵閑牧因擇良馬內范陽又奪張文儼馬牧反狀明白人告言者帝必縛與之明年國忠謀授祿山同中書門下平章事召還朝制未下帝使中官輔璆琳賜大柑因察非常祿山厚賂之還言無它帝遂不召未幾事洩帝託它罪殺之自是始疑然祿山亦懼朝廷圖己每使者至稱疾不出嚴衛然後見黜陟使裴士淹行部至范陽再旬不見既而使武士挾引無復臣禮士淹宣詔還不敢言帝賜慶宗娶宗室女手詔祿山觀禮辭疾其獻馬三千匹騶勒自倍車三百乘乘三士因欲襲京師河南尹達奚珣極言毋內騶兵詔可帝賜書曰為卿別治一湯可會十月朕待卿華清宮使至祿山踞牀曰天子安穩否乃送使者別館使還言曰臣幾死冬十一月反范陽詭言奉密詔討楊國忠騰榜郡縣以高尚嚴莊為謀主孫孝哲高邈張通儒通晤為腹心兵凡十五萬號二十萬師行日六十里先三日合大將置酒觀繪圖起燕至洛山川險易攻守悉具人人賜金帛并授圖約曰違者斬至是如所素祿山從牙門部曲百餘騎次城北祭先冢而行使賈循守范陽呂知誨守平盧高秀巖守大同燕老人叩馬諫祿山使嚴莊好謂曰吾憂國之危非私也禮遣之因下令有沮軍者夷三族凡七日反書聞帝方在華清宮中外失色車駕還京師斬慶宗賜其妻康死榮義郡主亦死下詔切責祿山許自歸祿山答書慢甚臣可忍賊遣高邈臧均以射生騎二十馳入太原劫取尹楊光翽殺之以張獻誠守定州祿山謀逆十餘年凡降蕃夷皆接以恩有不服者假兵脅制之所得士釋縛給湯沐衣服或重譯以達故蕃夷情偽悉得之祿山通夷語躬自尉撫皆釋俘囚為戰士故其下樂輸死所戰無前邈最有謀勸祿山取李光弼為左司馬不納既而悔之憂見顏色久而曰是愚明可當之賊之未反邈為謀聲進生口直取洛陽

無殺光翽天下當未有知者賊不從何千年亦勸賊令高秀巖以兵三萬出振武下朔方誘諸蕃取鹽夏鄜坊使李歸仁張通儒以兵二萬道雲中取太原團弩士萬五千入蒲關以動關中勸祿山自將兵五萬梁河陽取洛陽使蔡希德賈循以兵二萬絕海收淄青以搖江淮則天下無復事矣祿山弗用時兵暴起州縣發官鎧仗皆穿朽鈍折不可用持梃鬬弗能亢吏皆棄城匿或自殺不則就禽日不絕其衛皆市井徒既授甲不能脫弓襡劍鞘乃發左藏庫繒帛大募兵以封常清為范陽平盧節度使郭子儀為朔方節度關內支度副大使右羽林大將軍王承業為太原尹衛尉卿張介然為汴州刺史金吾將軍程千里為潞州長史以榮王為元帥高仙芝副之馳驛討賊祿山至鉅鹿欲止舍驚曰鹿吾名去之沙河或言如漢高祖不宿柏人以佞賊賊投草穎樹於河以長繩維舟集搓以結冰一昔合遂濟河陷靈昌郡又三日下陳留滎陽陷罌子谷將軍荔非守瑜邀之殺數百人流矢及祿山輿乃不敢前東出谷南守瑜矢盡死於河賊敗封常清取東都常清奔陝殺留守李憕御史中丞盧奕河南尹達奚珣臣于賊時高仙芝屯陝聞常清敗棄甲保潼關太守竇廷芝奔河東常山太守顏杲卿殺賊將李欽湊禽高邈何千年於是趙郡鉅鹿廣平清河河間景城六郡皆為國守祿山所有纔盧龍密雲漁陽汲鄴陳留滎陽陝郡臨汝而已賊之據東京見宮闕尊雄銳情僭號故兵久不西而諸道兵得稍集尹子奇屯陳留欲東略會濟南太守李隨單父尉賈賁濮陽人尚衡東平太守嗣吳王祇真源令張巡相繼起兵旬日衆數萬子奇至襄邑而還明年正月僭稱雄武皇帝國號燕建元聖武子慶緒王晉慶和王鄭達奚珣為左相張通儒為右相嚴莊為御史大夫署拜百官復取常山殺顏杲卿安思義也真定會李光弼出土門救常山思義降博陵亦拔唯稾城九門二縣為賊守史思明李立節蔡希德圍饒陽不克引軍攻石邑張奉璋固守朔方節度使郭子儀自雲中引兵與光弼合敗思明於九門李立節死希德奔鉅鹿思明奔趙郡自鼓城襲博陵復據之光弼拔趙郡還圍博陵軍恒陽希德請濟師於賊賊以二萬騎涉滹沱入博陵牛廷玠發媯檀兵萬人來助思明益彊與光弼戰敗于嘉山光弼收郡十三河南諸郡皆嚴兵守潼關不開祿山懼欲還范陽召嚴莊高尚責曰我起而曹謂萬全今四方兵日盛自關以西不跬步進爾謀何在尚見我為遣尚等出凡數日田乾眞自潼關來勸祿山曰自古興王戰皆有勝負乃成大業無一舉而得者今四方兵雖多非我敵也有如事不成吾擁數萬衆尚可橫行天下為十年計且高尚嚴莊佐命元勳也陛下何遽絕之使自為患邪祿山喜道其小字曰

阿浩非汝孰悟我然則柰何乾真曰召而尉安之乃內尚等與飲宴祿山自
歌君臣如初即遣孫孝哲安神威西攻長安會高仙芝等死哥舒翰守潼關
為乾祐所敗因之賊不謂天子能遽去駐兵潼關十日乃西時行在已至扶
風久是汧隴以東皆沒於賊祿山以張通儒守東京乾真為京兆尹使安守
忠屯苑中祿山未至長安士人皆逃入山谷東西駱驛二百里宮嬪散匿行
哭將相第家委寶貨不貲羣不逞爭取之累日不能盡又剽左藏大盈庫百
司帑藏竭乃火其餘祿山至怒乃大索三日民間財貲盡掠之府縣因株根
牽連句剥苛急百姓愈騷祿山怨慶宗死乃取帝近屬自霍國長公主諸王
妃妾子孫姻婿等百餘人害之以祭慶宗羣臣從天子者誅滅其宗屬性得
所欲則肆為殘虐人益不附諸大將欲有咨決皆因嚴莊以見御下少恩雖
腹心雅故皆為仇敵郡縣相與殺守將迎王師前後反覆十數城邑墟矣肅
宗治兵靈武天下日跂首待長安相傳太子西來矣人閒輒東走閭里至空
都畿豪桀殺賊吏自歸者無虛日賊斬刈以懲之不能止又賊將類慓勇無遠
謀日縱酒嗜聲色財利東嚮危得以留殺無進蹈之患帳下李猪兒者本降
豎幼事祿山謹甚使為閹人愈親信祿山腹大垂膝每易衣左右共舉之猪
兒為結帶雖華清賜浴亦許自隨及老愈肥曲隱常瘡既叛不能無羸懼至

是目復盲俄又得疽疾尤卞躁左右給侍無罪輒死或箠掠何辱猪兒尤數
雖嚴莊親倚時時遭笞靳故二人深怨祿山初慶緒善騎射未冠為鴻臚卿
賊僭號段夫人愛其子慶恩欲立之慶緒懼不容莊亦疑難作不利己私
語慶緒曰君聞大義滅親乎自古固有不得已而為者慶緒陰曉曰唯唯又
語猪兒曰汝事上罪可數乎不行大事死無日矣遂與定謀至德二載正月朔
祿山朝羣臣創甚罷是夜莊慶緒持兵扈門猪兒入帳下以大刀斫其腹祿
山盲捫佩刀不得振幄柱呼曰是家賊俄而腸潰于牀即死年五十餘包以氈
罽埋牀下因傳疾甚偽詔立慶緒為皇太子又矯稱祿山傳位慶緒乃偽尊
太上皇既襲偽位改載初元年即縱樂飲酒委政於莊而兄事之以張通儒
安守忠等屯長安史思明領范陽鎮恒陽軍牛廷玠屯安陽張志忠戍井陘
各募兵於是廣平王率師東討李嗣業將前軍郭子儀將中軍王思禮將後
軍回紇葉護以兵從通儒等裒兵十萬陣長安中賊皆奚素畏回紇既合驚
且譟王以精兵與嗣業合擊之守忠等大敗引而東通儒棄妻子奔陝郡王
師入長安思禮清宮僕固懷恩以回紇南蠻大食兵前驅王悉師追賊莊自
將兵十万與通儒合鉦鼓震百餘里尹子奇已殺張巡悉衆十万來并力營
陝西次曲沃先是回紇傍南山設伏柵軍北嶺以待莊大戰新店以騎挑戰六

遇輒北王師逐之入賊壘賊張兩翼攻之追兵没王師亂幾不能軍嗣業馳
殊死鬭回紇自南山縶擊其背賊驚遂亂王師復振合攻之殺掠不勝筭賊
大敗追奔五十餘里尸骨籍籍滿阬塹鎧仗狼扈自陝屬于洛莊跳還與慶
緒守忠通儒等劫殘軍走鄴郡王入洛陽大陳兵天津橋偽侍中陳希烈等
三百人素服叩頭待罪王委負等會行非及也天子有詔赦罪皆復而官
衆大會於是陳留殺賊將尹子奇以降莊妻薛全僕奔京師詔言求主女詣營及
見王辭曰莊欲降願得一信王與子儀謀莊若至者餘黨可諭而下乃約莊
賜鐵券莊乃降乘馹至京師肅宗引見釋其死授司農卿阿史那承慶以其
衆三萬奔恒趙武趨范陽其從慶緒者衰卒纔千餘會蔡希德自上黨田承
嗣自潁川武令珣自南陽各以衆來邢衛洺魏募兵稍稍集衆六萬賊復振
以相州為成安府太守為尹改元天和以高尚平洌為宰相崔乾祐孫孝哲
牛廷玠為將以阿史那承慶為獻城郡王安守忠左威衛大將軍阿史那從
禮左羽林大將軍然部黨益攜解由是能元皓以偽淄青節度使高秀巖以
河東節度使並納順德州刺史王暕貝州刺史宇文寬皆背賊自歸河北諸
軍各嬰城守賊使蔡希德安雄俊安太清等以兵攻略之戮于市膾其肉慶
緒懼人之貳己設壇加載書科血與羣臣盟然承慶等十餘人送密款有詔

以承慶為太保定襄郡王守忠左羽林軍大將軍歸德郡王從禮太傅順義
郡王蔡希德德州刺史李廷訓邢州刺史苻敬超洺州刺史楊宗太子左諭
德任瑗明州刺史獨孤允陳州刺史楊日休洋州刺史薛榮先歲陽令自裨
校等數數為國閒賊而慶緒治宮室觀榭堤沼汎樓舡為水嬉長夜飲通
儒等爭權不能一乃有建白衆共訾道之希德最有謀剛愎詐殺慶緒為內
應通儒以它事斬之麾下數千皆亡去希德素得士衆由是恨數慶緒以乾祐
為天下兵馬使權振中外復悍少恩士不附乾元元年秋九月帝詔郭子儀
李光弼節度兵凡二十萬討慶緒攻衛州遂度河歸背水壘而待慶緒遣安太
清拒戰閒衛州已圍則鼓而南作三軍乾祐將上軍雄俊王福德佐之田承
嗣將下軍慶緒自將中軍孫孝哲薛嵩高佐之既戰王師偽卻慶緒
逐之遇伏而潰慶緒走獲其弟慶和斬于京師子儀引軍躡賊戰愁思岡賊
復敗自是銳兵盡矣因嬰鄴自固使薛嵩以厚幣求救於史思明思明遣李
歸仁將兵萬三千壁滏陽未進而王師圍已固築城濬隍三周決安陽水灌城
城中棧而處糧盡易口以食米斗錢七萬餘一鼠錢數千屑松飼馬隤牆取
麥秸濯糞取芻城中欲降不得賊更以太清代乾祐將於是思明有衆十三
萬以三分其軍趨鄴明年三月營安陽慶緒急乃遣太清奉皇帝璽綬讓思明

思明以書示軍中咸呼萬歲乃約慶緒爲兄弟還其書慶緒大悅王師不利九節度奔還子儀斷河陽橋戍穀水思明進屯鄴南慶緒收官軍餘糧尚十餘萬石召孝哲等謀拒思明諸將皆曰今日安得復背史王乎通儒尚列皆請自往謝思明慶緒許諾思明見爲流涕厚禮遣還三日慶緒未出思明請慶緒歃血盟不得已以五百騎詣思明軍先此思明令軍中擐甲待慶緒至再拜伏地謝曰臣不克負荷棄兩都陷重圍不意大王以太上皇故暴師遠來臣之罪唯王圖之思明怒曰兵利不利亦何事而爲人子殺父求位非大逆邪吾乃爲太上皇討賊顧左右牽出斬之慶緒數目周摯摯進曰慶緒爲君矣宜賜死乃并四弟縊又誅尚孝哲乾祐殊而膊之思明改葬祿山以王禮僞謚燕剌王祿山父子僭位凡三年而滅初祿山陷東京以張萬頃爲河南尹士人宗室賴以免者衆肅宗嘉其仁拜濮陽太守帝以賊國雖惡聞其姓京師坊里有安字者悉易之

高尚者雍奴人母老丐食自給尚客河朔不肯歸與令狐潮相善淫其婢生一女遂留居然篤學善文辭嘗喟然謂汝南周銑曰吾當作賊死不能齕草根求活也李齊物爲新平太守薦諸朝賫錢三萬介之見高力士力士以爲才置門下家事一咨之諷近臣表其能擢左領軍倉曹參軍力士語祿山表爲

平盧掌書記因出入臥內祿山嘗睡尚執筆侍通昔不寢繇是親愛遂與嚴莊語圖讖導祿山反陷東都僞拜中書侍郎大抵賊所下赦令皆尚爲之嚴莊降後尚倡典政事至僞侍中

孫孝哲者契丹部人母有色祿山通之故孝哲得狎近長七尺伉健有謀祿山對側門侯召衣帶絕不知所爲孝哲藏綫素具徐爲紉綴祿山大悅尤能先事取情祿山尅大非孝哲縫衣不能勝天寶末官大將軍賊僭位僞拜殿中監閑廄使封爲王與嚴莊爭寵不平素爲光侈食輒珍滋賊令監張通儒等守長安人皆目之殺妃王宗室子百餘人窮誅楊國忠高力士黨與及與賊忤者不勝計剔首折肢流離道衢祿山死莊奪其使以與鄧季陽慶緒之奔莊懼爲所圖因降有商胡康謙者天寶中爲安南都護附楊國忠官將軍上元中出家貲佐山南驛稟肅宗喜其濟許之累試鴻臚卿婿在賊中有告其畔坐誅事連莊繫獄貶難江尉京兆尹劉晏發吏防其家莊恨之俄詔釋罪莊入見代宗誣晏常矜功怨上漏禁中事晏遂貶云

史思明寧夷州突厥種初名窣干玄宗賜其名姿癯露鳶肩偃背廞目側鼻寡須鬒躁健謊佼與安祿山共鄉里生先祿山一日故長相善少事特進烏知義以輕騎覘賊多所禽馘通六蕃譯亦爲互市郎頃之負官錢無以償將走奚未至爲邏騎所困欲殺之紿曰我使人也若聞殺天子使者其國不祥不如以我見王王活我功自汝得邏以爲然送至王所不拜曰天子使見小國君不拜禮也王怒然疑真使者卒授館待以禮將還令百人從入朝奚有部將瑣高者名聞國中思明欲偽以賂罪紿曰從我者雖多無足與見天子者惟高材可與至中國王悅命高將帳下三百俱既至平盧遣謂戍主曰奚兵數百外稱入朝內實盜請備之主者師迎橋殺其衆囚高以獻幽州節度使張守珪奇其功表折衝與祿山俱爲捉生天寶初累功至將軍知平盧軍事入奏帝賜坐與語奇之問年曰四十矣撫其背曰尔貴在晚勉之遷大將軍北平太守從祿山討契丹祿山敗單騎走師州殺其下左賢哥解魚承仙自解思明逃山中再閱旬裒散卒得七百追見祿山平盧祿山喜握手曰討而死矣今故在吾何憂思明語親密曰吾聞進退在時向蚤出贖可解地下矣契丹取師州守捉使劉客奴去祿山使思明擊走之表平盧兵馬使思明少賤鄉里易之大豪辛氏有女方求婿窺思明告其親曰必嫁我思明宗黨不可女固以歸思明亦負曰自我得婦官不休生男子多殆且貴乎祿山反使思明略定河北會賈循死留思明守范陽而常山顏杲卿等傳檄拒賊祿山使向潤客等代遣思明攻常山九日執杲卿進薄饒陽盧全誠拒守河間景

城平原樂安清河博平六郡稍募兵自固河間李奐以兵七千救饒陽景城李暐持兵八千助河間平原顏真卿以兵六千助清河悉爲思明所敗暐子把死之饒陽人怨叛奐會李光弼收常山思明遽解圍迎戰晝夜行二百里相持久不決郭子儀取趙郡合兵攻賊凡再戰皆大敗走入博陵光弼追傳城幾拔屬潼關潰肅宗召朔方河東兵光弼引還使王俌守常山賊尾追光弼於井陘敗歸攻平盧劉正臣輕之不設備敗保北平兵殲二千乘皆沒思明得其銳卒張甚謀攻常山俌欲降諸將殺之遣使至信都迎刺史烏承恩鎮守不聽思明攻土門城中伏甲詭降賊登城伏起賊殲思明中戰扶以免復攻陷之焚廬舍種誅其人取真定城守將白嘉祐走趙郡思明圍之五日入之嘉祐奔太原思明再陷常山賊別帥尹子奇圍河間顏真卿遣和琳將兵萬餘往救之於是北風號勁鼓之士不進賊縱擊大敗執琳引衆攻城禽李奐拔景城李暐赴河死招樂安降之遂攻平原未至真卿棄郡去進破清河執太守王懷忠入博平遂圍信都初賊先獲承恩毋妻及子故承恩降而兵尚五萬騎三千皆饒陽李系自燔死思明兵所嚮縱其下椎剽淫奪人妻女以是士最奮是時舉河北悉入賊生人皆蹇掃地壯者負載驅女則殺之殺人以爲戲祿山僞署范陽節度使始麾下騎纔二千同羅步卒落河上三千既數勝

兵最彊信然有唾江漢心以精卒五萬畀李奇度河劫北海以震淮徐會回紇襲范陽范陽閉不出李奇乃還救遂不克至德二載與蔡希德高秀巖合兵十萬攻太原是時李光弼使部將張奉璋以兵守故關思明攻陷之奉璋走樂平思明取攻具山東奉璋邀之廣陽敗服給為賊使者責其後期斬數人引衆得還太原時光弼固守且十月不能拔而安慶緒襲位賜姓安名榮國封嬀川郡王賊之陷兩京常以橐它載禁府珍寶貯范陽如丘阜然思明負富彊稍然驕欲自取之已而慶緒敗走相州殘士三萬北歸無所屬思明擊殺數千人降之慶緒知其貳使阿史那承慶安守忠李立節詣思明議事且共圖之判官耿仁智欲以大誼動賊請間曰公貴且賢無待下為之謀然請一言而死思明曰為我言之對曰方祿山彊誰敢不服大夫事之固無罪今天子聰明勇智有少康宣王風公誠發使輸誠無不納此轉禍入福之秋也思明曰善承慶等未知以五千騎來思明以小而勞前謂曰公等至士不勝喜然邊兵素憚使者威不自安請弛弓以從之思明從承慶等飲即拘之收其兵給貲以遣斬守忠立節以徇李光弼聞其絕慶緒使人招之前此烏承恩已歸國帝遣銜諭之思明使牙門金如意奉十三郡兵八萬籍歸于朝於是高秀巖以河東自歸有詔思明為歸義郡王范陽長史河北節度使

諸子並列卿以秀巖為雲中太守亦官其諸子遣承恩與中人李思敬尉撫趣討殘賊思明乃遣張忠志守幽州假薛㟧以恒州刺史招趙州刺史陸濟使降授朝義兵五千守冀州假令狐彰博州刺史戍滑州然思明外順命內實通賊益募兵帝知之以其常事承恩父知義畀其無嫌即擢承恩為河北節度副大使使圖思明承恩至范陽竊服夜過諸將陰諗以謀諸將返以告思明疑未有以驗會承恩與思敬奏事還思明留館之幃所藏牀伏二人焉承恩子又見因留卧夜半語其子曰吾受命除此逆胡二人白思明乃執承恩探衣囊得賜阿史那承慶鐵券及光弼牒又得其薄紙書數番皆當誅將士姓名賊大詬曰我何負於爾至是邪承恩謝曰此太尉光弼謀上不知也思明召官吏于廷西鄉哭曰臣赤心不負國何至殺臣因撲殺承恩父子及支黨二百餘人囚思敬以聞帝遣使諭曰事出承恩非朕與光弼意又聞三司議陳希烈等死思明懼曰希烈等皆大臣上皇棄而西既復位此等宜見勞返殺之況我本從祿山反乎諸將皆勸賊表天子誅光弼思明使耿仁智張不矜上疏請斬光弼不然且攻太原疏入函仁智輒易去左右密白思明執二人曰若負我邪命斬之既又欲貸死復召責曰仁智事我三十年今日我忘爾邪仁智怒曰人固有死大夫納邪說再圖反我雖生不如死思明

怒捶殺之九節度圍相州慶緒間道求救思明懼王師未敢進俄而蕭華舉魏州歸天子崔光遠代守思明乃引兵擊魏拔之殺數萬人乾元二年正月朔築壇僭稱大聖周王建元應天以周贄為司馬救相州却王師殺慶緒并其衆欲遂西略慮根本未固即留朝義守相州自引還夏四月更國號大燕建元順天自稱應天皇帝妻辛為皇后以朝義為懷王周贄為相李歸仁為將號范陽為燕京洛陽周京長安秦京更以州為郡鑄順天得一錢欲郊乃稽田聘儒生講制度或上書言北有兩蕃西有二都勝負未可知而為大平事難矣思明不悅遂祠祀上帝是日大風不能郊留子朝清守幽州使阿史那玉向貢張通儒高如震高久仁王東武等輔之兵四出寇河南身出濮陽使令狐彰絕黎陽朝義出白高周萬志自胡良度河圍汴州於是節度使許叔冀濮州刺史董秦梁浦田神功皆附賊即命叔冀與李祥守汴州從秦等家屬于盧使浦神功下江淮約曰得地人取貲三艫思明乘勝鼓行西陷洛陽破汝鄭滑三州圍李光弼河陽不能拔使安太清取懷州以守光弼攻之太清降思明又遣田承嗣擊申光等州王同芝擊陳許敬釭擊兗鄆薛萼擊曹上元二年二月思明以計敗光弼兵於北邙王師棄河陽懷州京師震恐益兵屯陝州思明遂西使朝義為先鋒身自宜陽繼進朝義攻陝敗于姜

子坂退壁永寧思明大怒召朝義并駱悅蔡文景許季常將誅而釋之詬曰朝義怯不能成我事欲追朝清自副又敕朝義築三角城居糧終日畢未埴而思明至怒不如約辭曰士疲少息耳思明曰汝惜士而違我令邪據鞍韋畢塓乃去顧曰朝下陝夕斬是賊朝義懼思明居傳舍令所愛曹將軍擊刀斗呵衛駱悅等被讓即共說朝義曰向兵敗悅與王死無日不如召曹將軍同計大事朝義面不應悅曰王誠不忍吾等且歸唐不得事王矣朝義許之令季常以言動曹將軍曹將軍畏諸將不敢拒思明愛優譚寢食常在側優者以其忍恨之是夜思明夢據牀叱咤優問故答曰我夢羣鹿度水鹿死而水乾云何俄如匽優相謂曰胡命盡乎少選悅以兵入問思明所在未對輒殺數人共指匽思明知有亂踰垣出至廄下將乘馬走悅麾下周子俊射其臂墜問難所起曰懷王也思明曰旦日失言宜有此然殺我太早使我不得至長安大呼懷王三曰囚我可也無取殺父名復罵曹將軍曰胡誤我左右反接縛之送柳泉傳舍悅還報朝義曰驚聖人否損聖人否悅曰無有時周贄許叔冀以後軍屯福昌季常叔冀子也朝義令告之贄聞驚仆地賊領兵還贄等出迎悅恐其貳乃殺贄次柳泉悅畏衆不厭縊殺思明以氊裹尸橐它負還東京朝義乃即位建元顯聖初思明諸子無嫡庶分以少者為尊朝義欲登

長子寄凡厚下多附者及難起陰令向貢阿史那玉圖朝清朝清喜田獵戕唐
似思明淫酗過之養帳下三千人皆剽賊輕死貢紿計曰聞上欲以王為太
子且車駕在遠王宜入侍朝清謂然趣帳下出治裝貢使高久仁高如震率
壯士入牙城朝清問其故或曰軍叛矣乃擐甲登樓貢等士陣樓下朝清自
射殺數人阿史那玉軍僞北朝清下被執與母辛俱死張通儒不知引兵戰城
中數日不克亦死貢攝軍事未幾玉襲殺之自為長史治殺朝清罪乃梟久
仁徇于軍如震懼擁兵拒守五日玉敗走武清朝義使人招之至東都凡胡
面者無長少悉誅以李懷仙為幽州節度使斬如震幽州乃定朝義虛懷禮
下事皆決大臣然無經略才當此時洛陽諸郡人相食城邑榛墟又諸將皆
祿山舊臣與思明故輩行恥為朝義屈召兵輒不至欲還幽州會雍王以河
東朔方回紇兵十餘萬討賊僕固懷恩與回紇左殺為先鋒魚朝恩郭英乂
殿入自澠池李抱玉薄河陽李光弼徑陳留合兵始代宗召南北軍諸將問
所以討賊計開府儀同三司昔崇嗣曰我得回紇無不勝帝曰未也右金吾
大將軍薛景仙曰我若不勝請以勇士三萬椎鋒死賊帝曰壯矣右金吾大
將軍長孫全緒曰賊若背城戰破之必矣若閉城留死未可取也且回紇短
於攻城持久勢且俱我若休士張勢以綴賊使光弼取陳留抱玉擣河北先斷

列百五十上　十一

其手足然後縱間賊中彼脅從者相疑則滅可待帝曰善命潼關陝戒嚴師
次洛陽馳兵下懷州王師部伍靜嚴賊有懼色朝義以師十萬距橫水戰大
敗俘馘凡六萬獲牟馬器甲不可計朝義燒明堂東奔汴州僞節度使張獻
誠不納自濮北趣幽州東都再更亂英乂朝恩等不能戢軍與回紇縱掠延
及鄭汝閭井至無煙方冽寒人皆連紙襬書為裳褕賊走至下博僕固瑒追
及之朝義復敗河東戍將李竭誠成德李令崇皆背賊掎角戰至滹水無舟
諸將勸降朝義不從田承嗣請環車為營內女子車中以輜重次之伏兵以待
既戰而卻王師逐之爭貨賊引奇兵繞出又伏發王師卻數十里止朝義
遂走莫州瑒追圍之閱四旬賊八戰八奔明年正月閱精兵欲決死承嗣謂
朝義不如身將驍銳還幽州因懷仙悉兵五萬還戰聲勢外張勝可萬全臣
請堅守雖瑒之彊不遽下朝義然納以騎五千夜出北行握承嗣手以存亡
為託承嗣頓首流涕將行復曰闔門百口母老子稚今付公矣承嗣聽命少
選集諸將曰吾與公等事燕下河北百五十餘城發人冢墓焚人室廬掠人玉
帛壯者死鋒刃弱者填溝壑公門華冑為我斷隸齊女妾宋子為我掃除今天
降凶盜吾等安所歸命自古禍福亦不常能改往脩今且轉危即安矣且日且出
降公等謂何眾咸曰善遂明使人號城上曰朝義夜半走矣胡不追賊瑒未信

承嗣將朝義母及妻孺詣瑒壘於是諸軍率輕兵追之朝義至范陽懷仙部
將李抱忠閉壁不受曰頃既受命天子一年之中且降且叛二三孰甚焉朝
義告飢抱忠饋于野朝義飯軍亦飯飯已軍子弟稍稍辭去朝義流涕罵承
嗣曰老奴誤我去至梁鄉拜思明墓東走廣陽不受謀奔兩蕃懷仙招之自
漁陽回止幽州縊死醫巫閭祠下懷仙斬其首傳長安召故將收其屍懷仙
改服出哭之士皆號慟及葬莫知其所僞恒州刺史張忠志趙州刺史盧俶
定州刺史程元勝徐州刺史劉如伶相州節度使薛嵩及懷仙承嗣等皆奉
其地以歸思明父子僭號凡四年滅朝義死部送將士妻口百餘于官有司
請隸司農帝曰是皆良家子脅掠至此命賜衣食還其親無所歸者官為資遣
贊曰祿山思明興奚奴餓俘假天子恩幸遂亂天下彼能以臣反君而其子
亦能賊殺其父事之好還天道固然然生民厄會必假手于人者故二賊暴
興而亟滅張謂讖劉裕近希曹馬遠棄桓文禍徒及於兩朝福未盈於三載
入葉傳其世嗣六君不以壽終天之報施其明驗乎杜牧謂相工稱隋文帝
當為帝者後篡果得之周末楊氏為八柱國公侯相襲久矣一旦以男子
偷竊位號不三二十年壯老嬰兒皆不得其死彼知相法者當曰此必為楊
氏之禍乃可為善相人張杜確論至今多稱誦之如祿山思明希劉裕楊堅
而不至者是以著其論

唐列一百五十上　十二

逆臣列傳一百五十上

端明殿學士兼翰林侍讀學士龍圖閣學士朝散大夫給事中知制誥充史館修撰臣宋　祁　奉

敕撰

李希烈燕州遼西人少籍平盧軍從李忠臣浮海戰河北有勞及忠臣在淮西因署偏裨試光祿卿軍中藉藉高其才會忠臣荒縱不事得間衆怒逐忠臣聽命代宗詔忻王爲節度副大使使希烈專留後事又詔滑亳節度使李勉兼領汴州德宗立加御史大夫即拜節度使名其軍曰淮寧以寵之梁崇義之反敕諸道進討詔進希烈南平郡王漢南北招討處置使又拜諸軍都統平崇義功多擁兵欲有其地會山南節度使李承至不克循大掠而去以功檢校尚書右僕射同中書門下平章事李納叛以檢校司空兼淄青節度使討之希烈擁衆三萬次許州不進遣李茵約納爲脣齒陰計取汴州即檄李勉假道勉度所宜出儲陳留治梁除道以須希烈計得因嫚罵勉勉嚴備以守納遣游兵導希烈絕汴餉路勉治蔡渠引東南饋希烈遣使者約河北朱滔田悅等連和凶焰熾

然俄而滔等自相王遣使者來奉牋希烈亦自號建興王天下都元帥五賊株連半天下建中四年正月詔諸節度以兵掎角攻討唐漢臣高秉哲以兵萬人屯汝州未至賊將乘霧進王師還賊取汝州執李元平兵西首東都大震士皆走河陽崤澠留守鄭叔則壁西苑賊按兵不進帝聽盧杞計詔太子太師顏眞卿諭賊已行又遣左龍武大將軍哥舒曜討之希烈見眞卿慠桀不臣敕左右訾侮朝政即北侵汴州南略鄂州有詔江西節度使嗣曹王皐擊之拔蘄黃兩州擊賊將李良韓霜露於白巖二將走初希烈自襄陽還留姚憺戍鄧州賊又得汝則武關梗絕帝使陝虢觀察使姚明敭治上津道置館通南方貢貨希烈遣董待名韓霜露劉敬宗陳質翟崇暉分掠州縣官軍數奔曜復取汝州希烈遣周曾呂從賁康琳拒曜次襄城與王玢姚憺韋清合謀襲希烈不克皆死清奔劉洽希烈懼還蔡州上跡歸罪曾等帝不赦詔斬希烈者四品以

上得其官五品以下戶四百民賜復三年遣神策將劉德信將節度觀察團練子弟兵屯陽翟并力以李勉爲淮西招討使曜副之荆南節度使張伯儀爲淮西應援招討使山南節度使賈耽與皐副之德信去陽翟入汝壁賊取陽翟覆伯儀軍曜戰不利屯襄城希烈怙其壯舉衆三萬圍曜時帝西狩師氣熸不能抗城遂陷曜奔東都希烈以貪慘害臨戰陣殺人血流於前而飲食自若也以故人畏服爲盡死乘襄城之捷進攻汴州入之運土木治道怒不如程驅人塡塹號溼梢勉奔宋州希烈已據汴僭即皇帝位國號楚建元武成以張鸞子李綬李元平爲宰相鄭賁爲侍中孫廣爲中書令披其地建四節度以汴州爲大梁府治安州爲南關涂石作壘又於上蔡襄城獲折車釭奉以爲瑞惑其下因窺江淮盛兵攻襄邑守將高翼死之於是汴滑副都統劉洽率曲環李克信軍十餘萬戰白塔不利洽引還辛栢少清攬轡曰公小不利遽北柰何洽不聽夜入宋州賊驟勝徑薄寧陵舟乘銜踵進亘七十里時洽

將高彥昭劉昌共嬰壘以守賊使妖人祈風火戰柵盡坎堞欲登彥昭按劒乘陴士感奮風亦反昌計於衆曰軍法倍不戰賊猥吾寡不如退以驕賊自宋出精銳擣不意功可成彥昭讓曰君少待請盡力乃登城誓衆曰中丞欲示弱覆而取之誠善然我爲守得失在主人今士創重者須供養有如棄城去則傷者死內逃者死外吾衆盡矣士皆泣且拜曰公在是誰敢去昌大慙彥昭擊家牛犒軍士死戰斬首三千級請援於洽其屬作書言城且危彥昭視曰君輕我耶取帋自爲書洽得書喜曰健將在西吾何憂選兵八百夜艾而入賊不知詰旦傅城士奮出希烈大敗取其旆斬首萬計追北至襄邑收賊貲糧而還洽表其功拜彥昭御史大夫實封百五十戶希烈既沮卻而壽州刺史張建封亦屯固始虜其旁希烈懼還汴州遣崇暉以精兵襲陳復爲洽敗俘衆三萬執崇暉進拔汴州禽鄭賁劉敬宗張伯元呂子巖李達于希烈遁歸蔡賊戍將孫液挈鄭州降帝即拜液爲刺史貞元二年遣杜文朝寇襄州

為樊澤所破，獲文朝、會皋、建封、環及李澄四略其地，勢日蹙，希烈縮氣不敢撓。啖牛肉而病，親將陳仙奇陰令醫毒之以死。始，希烈入汴，聞戶曹參軍竇良女美，彊取之。女顧曰：「慎無戚，我能滅賊。」後有寵，與賊秘謀，能轉移之。嘗稱仙奇忠勇可用，而妻亦竇姓，願如姒娣者，以固其夫。希烈許，諸乘間往謂仙奇妻曰：「賊雖彊，終必敗，云何？」竇久而寤。及希烈死，子不發喪，欲悉誅諸將，乃自立，未決。有獻含桃者，竇請分遺仙奇妻，聽之，因蠟帛丸雜果中，出所謀。仙奇大驚，與薛育率兵譟而入。子出，徧拜曰：「請去帝號，如淄青故事。」語已，斬之，函希烈并妻子七首獻天子，尸希烈於市。帝以仙奇忠，即拜淮西節度使，百姓給復二年。俄為吳少誠所殺，有詔贈太子太保。竇亦死。

朱泚，幽州昌平人。父懷珪，事安史二賊，偽署柳城使。泚資壯偉，胥腹十圍，外寬和，中實很刻。少推父蔭籍軍中，與弟滔並為李懷仙部將，輕財好施，凡戰所得，必分麾下士，以動其心，陰儲凶德。朱希彩為節度使，傾委信之。大曆七年，希彩為下所殺，衆未有屬，泚方外屯，而滔主牙兵，尤狡譎，乃潛諗數十人大呼軍門曰：「帥非朱公莫可！」衆愕眙，因共詣泚，推知留後，遣使至京師聽命，有詔檢校左散騎常侍，即拜盧龍節度留後，俄遷節度使，封懷寧郡王，實封戶二百。泚上書謝，遣滔將兵西防秋。代宗悅，手詔褒美，居三年，求入朝，自幽州首為逆，懷仙以來雖外臣順，然不朝謁，而泚倡諸鎮，以騎三千身入衛。有詔起第以待。既行，屬疾，或勸還，泚曰：「死，吾尸猶至京師。」將吏乃不敢言。時四方無事，天子觭日視朝，泚以偶日至，見內殿，賜乘輿馬二、戰馬十，金綵甚厚，士校皆有賜，宴賚隆渥。泚之來，滔攝後務，稍稍翦落泚牙角，泚自知失權，為滔所賣，不得志，乃請留京師。帝因授滔節度留後，乃分防秋兵使各有統，河陽、永平兵，郭子儀主之；陝、勝、楊猷兵，李抱玉主之；淮西、鳳翔兵，馬璘主之；汴宋、淄青兵，泚主之。進同中書門下平章事，出屯奉天，賜禁中兵以為寵。遷檢校司空，代李抱玉為隴右節度副大使，仍知河西、

澤潞行營兵馬事。明年，徙王遂寧。德宗立，改鎮鳳翔，進封戶三百。建中初，以李懷光代段秀實兼節度涇原，徙屯原州。懷光前督作，泚與崔寧領兵繼進，涇士素聞懷光暴，相恂懼，劉文喜因劫衆以亂，請留秀實，又求屬泚。詔泚代懷光，文喜合兵二萬乘城，使裨將劉海賓入陳事。海賓請假文喜節，臣當斬其首。帝曰：「爾誠忠，然我節不可得。」遣還。詔泚、懷光攻之，帝為減太官脯醢給軍。文喜猶閉壁求救於吐蕃，吐蕃師興，泚、懷光欲避之，別將韓游瓌曰：「戎若來，涇人必變，誰肯為反賊沒身于虜者？少須之。」俄吐蕃游騎外高招，涇人衆曰：「始吾屬為文喜求節度，天子致討則歸罪，安能以赭衊面為異俗乎？」海賓果與其徒殺文喜，入泚軍。泚一無所戮，由是涇人德之。詔加中書令，還屯。進拜太尉。滔合田悅叛，陰遣人與泚相聞，河東馬燧獲其書，帝召泚示之，泚惶懼請死。帝勉曰：「千里不同謀，卿何謝！」更以張鎰節度鳳翔，還泚京師，加實封千戶，不朝請，中人監第。李希烈圍哥舒曜於襄城，詔涇原節度使姚令言督鎮兵五千東救曜，過闕下，師次滻水，京兆尹王翃使吏供軍，糲飯菜肴，衆怒，不肯食，群譟曰：「吾等棄父母妻子，前死敵，而乃食此，庸能持身蹈白刃耶？今瓊林、大盈庫寶皆言如山，尚何往？」乃盡甲反旗而鼓。帝聞，命中人持賜往，人二縑，士大愈悖，射中人，中人返走。時令言尚論兵禁中，既上變，乃馳至長樂坂，遇兵還，引滿向令言，令言大呼曰：「引而東，富貴可取，何失計為滅族事？」衆劫令言以西行。帝復遣使者開諭，賊已陣通化門，殺使者。帝遣普王與學士姜公輔載金綵慰撫，賊薄丹鳳門。詔集六軍，無至者。先是，關東、河北戰不利，禁兵悉東，衛士內空，而神策軍使白志貞籍市人隸兵，聽其居肆私取庸，自入故處，追皆不至。帝出苑北門，羽衛纔數十，普王前導，皇太子、王、韋二妃、唐安公主及中人百餘騎以從，右龍武軍使令狐建以數百人殿。夜至咸陽，飯數匕而去。賊已嚴何諸門，士人羸衣冒出，盧杞、關播、李揆皆踰垣走，與劉從一、趙贊、王翃、陸贄、吳通微等追及帝咸陽。郭曙與童奴數十獵苑中，聞蹕，謁道左，帝勞之，懇

乞從許之遲曉至奉天吏惶懼謁于門渾瑊以數十騎自夾城入北内裒兵欲擊賊聞乘輿出遂奔奉天於是人未知帝所在踰三日諸王羣臣稍稍自間道至初令言陣五門衞兵不出遂突入含元殿周呼曰天子出矣今日共可取富貴衆譟而進掠宜春苑入諸宮姦人因亂竊入内府盜貨寶終夜不絕道路更剽掠居人嚴兵自保賊無屬畏不能久以泚昔在涇有恩且失權久膺思亂乃相謀曰太尉方因錮若迎之事可濟令言率百餘騎見泚泚僞讓不荅留使者飲以觀衆心夜數百騎復往泚知不僞乃擁徒向闕下炬火亘街觀者以萬計舍前殿總六軍明日下令曰國家有事東方涇人赴難不習朝章馳乘輿百官三日並赴行在留者守本司違令誅逆徒居白華殿或說泚迎天子泚顧望嘿然光禄卿源休至請間教以不臣詭稱符命泚悅張光晟李忠臣皆新失職怨望亦勸成之鳳翔大將張廷芝涇將段誠諫引潰兵三千自襄城來泚自謂得人助逆志堅決因署休京兆尹判度支忠臣皇城使又以段秀實失軍疑有怨起之委以謀秀實與劉海賓憤發擊賊忠臣護泚纔破面得不死明日大陳旗章金石于廷傳言立宗室王監國士庶競往觀泚僭即皇帝位於宣政殿號大秦建元應天侍衞皆辛伍諸臣在位者纔十餘逼太常卿樊系爲冊冊成仰藥死泚下詔稱幽囚之中神器自至以示受命即拜令言侍中關内副元帥忠臣司空兼侍中休中書侍郎蔣鎮門下侍郎並同中書門下平章事以蔣鍊爲御史中丞敬釭御史大夫許季常京兆尹洪經綸太常少卿彭偃中書舍人裴揆崔幼眞給事中廷芝光晟誠諫崔宣張寶何望之杜如江等並僞署節度使以兄子遂爲太子以滔爲冀王太尉尚書令號皇太弟帝使高重傑屯梁山禦賊賊將李日月殺之帝拊尸哭盡哀結蒲爲首以葬泚得首亦集羣賊哭曰忠臣也亦用三品葬焉泚既勝則令都人曰奉天殘黨不終日當平日月銳甚自謂無前乃燒乾陵廟幽御物帝患之渾瑊伏兵漠谷引數十騎跳攻長安泚大驚趣召楫前瑊引卻日月尾追遇

伏闕射日月殺之泚悵恨其母不哭大罵曰奚奴天子負而何事死且晚泚自將偪奉天竊乘輿物自侈以令言爲上將光晟副之忠臣留守以蔣鍊李子平爲宰相於是城率韓遊瓌禦泚泚大敗死者萬計退三里而舍脩攻具毀廬室爲樓車百尺下覘城中會杜希全以兵敗漠谷賊益張又劉德信高秉哲自汝州取沙苑馬五百壁昭應戰思子陵西三敗賊次東渭橋出游弈軍以逼都城忠臣兵數衂請救泚乃急攻城驅民塡壍造雲梁令壯士居上將傅堞守者震駭渾瑊乃使侯仲莊韓澄穴地道梁陷縱火焚之城上揮膏流數百步衆亂而躍城中兵出皇太子督戰賊大敗然賊負其衆遂長圍以百弩射城中不及幄坐者三步城益急帝召羣臣曰朕負宗廟宜固守公等家在賊可先降以完親族衆泣下曰臣等死無貳帝亦太息噓欷城圍凡三旬有六日而李懷光以兵五萬至敗賊于魯店遂戰城下自辰止昏賊潰帝下觀戰傳詔曰賊衆亦朕赤子勿多殺聞者感激是夜泚引去初帝至奉天或言賊已立泚必來攻請治守具宰相盧杞曰泚大臣柰何疑其反及泚圍城帝卒不詰其言泚之歸令言方治攻具忠臣坊坊團結人皆厭苦泚悉止之曰攻守我自辦賊嘗令士馳入曰奉天陷矣百姓相顧泣市無留人臺省吏落落郎官一二而已李懷光壁九子澤李晟自白馬津來營東渭橋尚可孤以襄鄧兵五千次藍田駱元光守昭應馬燧使子彙以兵三千屯中渭橋始奉天圍久食且盡以蘆秣帝馬太官糲米止二斛圍解父老爭上壺飧餅餌劍南節度使張延賞獻帛數十馱諸方貢物踵來因大賜軍中詔殿中侍御史万俟著治金商道權通轉輸羣臣家在城者賊猶給俸中人宋重曜爲賊謀曰執其家以招士大夫不來者夷之孫知古諫曰陛下以柔服人若夷其妻子是絕嚮化意且義士殺身何顧於家乃止興元元年泚以本封遂寧漢地也更號漢改元天皇或曰王師欲潛壞京城四隅垣以入泚懼詔金吾布士於衢吏儲五炬以防夜城隅率百步建一樓候望非常凡祠房廟寺皆帷甲戒曰

軍來則四面擊太倉糧竭賊督吏索觀寺餘米萬斛鞭扑淋離士
寖飢而神策六軍從行在及哥舒曜李晟兵皆家稟不絕或請停
給泚曰士在外而弱稚絕食則死豈吾心哉即厚斂居人許季常
曰一日有急請籍中人公侯三千族之貲足矣或謂泚陛下既受
命而存唐九廟諸陵不宜泚曰朕嘗北面事唐胡忍此又曰官多
缺請擇才授之脅以兵使不得辭泚曰彊授則人懼但欲仕者與
之安能叩戶拜官邪奉天所下赦令凡受賊僞官者破賊日悉貸
不問官軍密榜諸道泚方宿未央涇原士相與謀殺泚泚知之輒
徙它處衆謀亦止光晟與懷光對壘李希倩請以精騎五百犯之
光晟不許曰西軍方彊不可輕以取敗日暮兩軍退希倩謁泚曰
光晟有他志視西軍不戰臣請擊之不許請斬光晟又不許曰彼
善將所以不戰蓋知未可乎希倩怒曰臣盡心以事君不見信願
乞要領歸淮西泚許諾以馬十匹繒錦百曰以此東歸希倩輒復
入曰臣愚褊罪當死願死軍前泚又許之光晟見泚曰臣不敢反

因再拜泚慰勉之官軍壞龍首香積二堨以決其渠城中水絕泚
役數百人治之東出灞水與王師戰大奔還闔都門士皆甲以待
久乃罷李子平請脩攻具襲懷光取苑中六街大木爲衝車程役
苦甚人不堪又禁居人夜行三人以上不得聚飲食上下惴恐賊
所用唯盧龍神策團練兵而涇后當軍驕不可制但完守所獲不出
戰故泚數北憂甚欲出走術家爭曰陛下當不出宮雖西軍入且
自有變泚據以自安會李懷光貳于帝不欲泚平按軍觀望帝欲
幸咸陽趣諸將捕賊懷光出醜言乃詔戴休顏守奉天尚可孤守
灞上駱元光守渭橋進狩梁州次渭陽太息曰朕是行將有永嘉
事乎渾瑊曰臨大難無畏者聖人勇也陛下何言之過懷光遂與
泚連和京師知帝益西二叛膠固謂亂且成出受賊官者十八始
泚多出金兄事懷光約平關中割地爲鄰國故懷光使反因并陽
惠元李建徽軍泚知懷光反明白即賜詔待以臣禮督其兵入衛
懷光慙見欺引其軍東保河中泚數遣人誘涇原馮河清河清不

從又結其將田希鑒遂害河清以應賊泚即以代河清使結吐蕃
李晟等兵寖彊士益附而渾瑊又擊破賊將韓旻宋歸朝於武亭
川斬計萬級歸朝奔懷光晟率渾瑊駱元光尚可孤悉師攻賊晟
薄光泰門敗賊將張廷芝李希倩賊棄門哭保白華晟引軍還居
三日復戰大敗之乃分道入泚將段誠伏莽中爲王佖所禽姚令
言張廷芝與晟遇十鬭皆北遂至白華始張光晟以精兵壁九曲
距東渭橋十里密約降於晟晟之入光晟勸泚等出奔故泚挾令
言廷芝休子平朱遂引殘軍西走光晟衛出之因詣晟降泚失道
問野人答曰朱太尉邪休曰漢皇帝曰天網恢恢走將安所泚怒
欲殺之乃亡去泚至涇州長武城田希鑒拒之泚曰子之節吾所
授柰何拒我火其門希鑒擲節焰中曰歸汝節泚舉軍哭城中人
望見其子弟亦哭宋膺曰某妻哭斬矣衆止哭泚更舍逆旅遣梁
廷芬入見希鑒曰公殺一節度唐天子必不容何不納朱公成大
事希鑒陰可廷芬出報泚悅廷芬請宰相不得乃不復入泚猶

餘范陽卒三千北走驛馬關寧州刺史夏侯英開門陣而待泚不
敢入因保彭原西城廷芬與泚腹心朱惟孝夜射泚隊壑中韓旻薛
綸高幽岳武震朱進卿董希芝共斬泚使宋膺傳首以獻泚死年
四十三令言走涇州休子平走鳳翔皆斬首泚婿金吾將軍馬悅
走党項得入幽州朱重曜者事泚最親近泚呼爲兄會窮冬大雨
泚欲禳變鴆殺重曜以王禮葬賊平出其尸膊之李希倩等諸將
皆以次夷滅初源休爲京兆尹使回紇將還盧杞畏其辯能結主
恩次太原奏爲光祿卿休怨望故導泚僭號爲調兵食署拜百官
事一咨之時訂其逆甚於泚脅辱大臣多殺宗室子孫幾于盡每
王師不利喜見眉宇與姚令言勸泚圍奉天晝夜爲賊謀二人爭
自比蕭何休顧令言曰成秦之業無輩我者我視蕭何子當曹參
可矣即收圖籍貯府庫効何者人皆笑謂爲火迫酇侯本相州人
令言者何中人始應募隸涇原節度使馬璘府孟暐之爲留後表
其謹肅任將帥遂爲節度使既挾泚亂頗盡力彭偃銳于進自謂

爲宰相所抑鬱鬱不慊泚亂匿田家既得用辭令一出其手故辭尤誖慢李晟愛張光晟才表丐原死置軍中駱元光怒曰吾不能與反虜同坐拂衣去晟乃殺之李懷光以宋歸朝獻諸朝斬之唯李日月母得貸泚未敗號其第爲潛龍宮徙珍寶實之人謂潛龍勿用亡兆也晟惡田希鑒之逆欲因事誅之會吐蕃寇涇州晟方師涇原故希鑒請救晟遣史萬歲以騎兵三千往請晟行邊希鑒來謁其妻李父事晟晟屢入宴將還師好謂希鑒曰吾久留此諸將皆故人吾欲置酒以別可過營歃也希鑒等詣營酒未行晟曰諸君相過宜自通姓名爵里諸將以次言無罪者坐自如有罪者晟質責一卒引出斬而瘞之希鑒坐晟下未知當死晟顧曰田郎不得無罪左右執以下晟曰天子蒙塵乃殺節度使受賊節今日何面目見我乎希鑒不能對晟曰田郎老矣坐於牀置對乃縊幕中以李觀代爲節度使

逆臣列傳第一百五十中

逆臣列傳第一百五十下　唐書二百二十五下

端明殿學士兼翰林侍讀學士龍圖閣學士朝散大夫行尚書吏部侍郎充集賢殿修撰臣宋祁奉
敕撰

黃巢曹州冤句人世鬻鹽富于貲善擊劒騎射稍通書記辯給喜
養亡命咸通末仍歲饑盜興河南乾符二年濮名賊王仙芝亂長
垣有衆三千殘曹濮二州俘萬人勢遂張仙芝妄號大將軍檄諸
道言吏貪沓賦重賞罰不平宰相恥之僖宗不知也其票帥尚君
長柴存畢師鐸曹師雄柳彥璋劉漢宏李重霸等十餘輩所在肆
掠而巢喜亂即與羣從八人募衆得數千人以應仙芝轉寇河南
十五州衆遂數萬帝使平盧節度使宋威與其副曹全晸數擊賊
敗之拜諸道行營招討使給衞兵三千騎五百詔河南諸鎮皆受
節度以左散騎常侍曾元裕副焉仙芝略沂州威敗賊城下仙芝
亡去威因奏大渠死擅縱麾下兵還青州羣臣皆入賀居三日州
縣奏賊故在時兵始休有詔復遣士皆忿思亂賊間之趣郟城不

十日破八縣帝憂迫近東都督諸道兵檢遏於是鳳翔邠寧涇原
兵守陝潼關元裕守東都義成昭義以兵衞宮仙芝去攻汝州殺
其將刺史走東都大震百官脫身出奔賊破陽武圍鄭州不克蟻
聚鄧汝間關以東州縣大抵皆畏賊嬰城守故賊放兵四略殘郢
復二州所過焚剽生人幾盡官軍急追則遺貲布路士爭取之率
逗撓不前賊轉入申光殘隋州執刺史據安州自如分奇兵圍舒
擊廬壽光等州時威老且闇不任軍陰與元裕謀曰昔龐勛滅康
承訓即得罪吾屬雖成功其免禍乎不如留賊不幸爲天子我不
失作功臣故躡賊一舍完軍顧望帝亦知之更以陳許節度使崔
安潛爲行營都統以前鴻臚卿李琢代威右威衞上將軍張自勉
代元裕賊出入蘄黃蘄州刺史裴偓爲賊求官約罷兵仙芝與巢
等詣偓飲未幾詔拜仙芝左神策軍押衙遣中人慰撫仙芝喜巢
恨賞不及己詢曰君降獨得官五千衆且奈何丐我兵無留因擊
仙芝傷首仙芝憚衆怒即不受命劫州兵偓中人亡去賊分其衆

尚君長入陳蔡巢北掠齊魯衆萬人入鄆州殺節度使薛崇進陷
沂州遂至數萬繇潁蔡保嵖岈山是時柳彥璋又取江州執刺史
陶祥巢引兵復與仙芝合圍宋州會自勉救兵至斬賊二千級仙
芝解而南度漢攻荊南於是節度使楊知溫嬰城守賊縱火焚樓
堞知溫不出有詔以高駢代之駢以蜀兵萬五千齎糧期三十
日至而城已陷知溫走賊不能守於是詔左武衞將軍劉秉仁爲
江州刺史勒兵乘單舟入賊柵賊大駭相率迎降遂斬彥璋巢攻
和州未克仙芝自圍洪州取之使徐唐莒守進破朗岳遂圍潭州
觀察使崔瑾拒却之乃向浙西擾宣潤不能得所欲身留江西趣
別部還入河南帝詔崔安潛歸忠武復起宋威曾元裕以招討使
還之而楊復光監軍復光遣其屬吳彥宏以詔諭賊仙芝乃遣蔡
溫球楚彥威尚君長來降欲詣闕請罪又遺威書求節度威陽許
之上言與君長戰禽之復光固言其降命侍御史與中人馳驛即
訊不能明卒斬君長等于狗脊嶺仙芝怒還攻洪州入其郛威自

將往救敗仙芝於黃梅斬賊五萬級獲仙芝傳首京師當此時巢
方圍亳州未下君長弟讓率仙芝潰黨歸巢推巢爲王號衝天大
將軍署拜官屬驅河南山南之民十餘萬劫淮南建元王霸曾元
裕敗賊於申州死者萬人帝以威殺尚君長非是且討賊無功詔
還青州以元裕爲招討使張自勉爲副巢破考城取濮州元裕軍
荊襄援兵阻更拜自勉東北面行營招討使督諸軍急捕巢方掠
襄邑雍丘詔滑州節度使李嶧壁原武巢寇葉陽翟欲窺東都會
左神武大將軍劉景仁以兵五千援東都河陽節度使鄭延休兵
三千壁河陰巢兵在江西者爲鎮海節度使高駢所破寇新鄭郟
襄城陽翟者爲崔安潛逐走在浙西者爲節度使裴璩斬二長死
者甚衆巢大沮畏乃詣天平軍乞降詔授巢右衞將軍巢度藩鎮
不一未足制己即叛去轉寇浙東執觀察使崔璆於是高駢遣將
張潾梁纘攻賊破之賊收衆踰江西破虔吉饒信等州因刊山開
道七百里直趨建州初軍中謠曰逢儒則肉師必覆巢入閩俘民

紿稱儒者皆釋時六年三月也儀路圍福州觀察使韋岫戰不勝棄城遁賊入之焚室廬殺人如蓺過崇文館校書郎黃璞家令曰此儒者滅炬弗焚又求處士周朴得之謂曰能從我乎荅曰我尚不仕天子安能從賊巢怒斬朴是時閩地諸州皆沒有詔高駢為諸道行營都統以拒賊巢陷桂管進寇廣州詒節度使李迢書求表為天平節度又脅崔璆言于朝宰相鄭畋欲許之盧攜田令孜執不可巢又丐安南都護廣州節度使書聞右僕射于琮議南海市舶利不貲賊得益富而國用屈乃拜巢率府率巢見詔大詬急攻廣州執李迢自號義軍都統露表告將入關因詆宦豎柄朝垢蠹紀綱指諸臣與中人賂遺交構狀銓貢失才禁刺史殖財產縣令犯贓者族皆當時極敝天子既懲宋威失計罷之而宰相王鐸請自行乃拜鐸荊南節度使南面行營招討都統率諸道兵進討鐸屯江陵表泰寧節度使李係為招討副使湖南觀察使以先鋒屯潭州兩屯烽驛相望會賊中大疫衆死什四遂引北還自桂編

大桴沿湘下衡永破潭州李係走朗州兵十餘萬殲焉投胔蔽江進逼江陵號五十萬鐸兵寡即棄城先壯劉漢宏已略地焚廬屠人皆竄山谷俄而係敗問至鐸棄城走襄陽官軍乘亂縱掠會雨雪人多死溝壑其十月巢據荊南脅李迢草表報天子迢曰吾腕可斷表不可為巢怒殺之欲進踰鐸會江西招討使曹全晸與山南東道節度使劉巨容壁荊門使沙陀以五百騎紓轡綍韉望賊陣縱而遁賊以為怯明日諸將乘以戰而馬識沙陀語呼之輒奔還莫能禁官兵伏于林闔而止賊急追伏發大敗之執賊渠十二輩巢懼度江東走師促之俘什八鐸招漢宏降之或勸巨容窮追荅曰國家多負人危難不吝賞事平則得罪不如留賊冀後福止不追故巢得復整攻鄂州入之全晸將度江會有詔以段彥謩代其使乃止巢畏襲轉掠江西再入饒信杭州衆至二十萬攻臨安戍將董昌兵寡不敢戰伏數十騎莽中賊至伏弩射殺賊將下皆走昌進屯八百里見舍嫗曰有追至告以臨安兵屯八百里矣賊

駭曰向數騎能困我況軍八百里乎乃還殘宣歙等十五州廣明元年淮南高駢遣將張潾度江敗王重霸降之巢數卻乃保饒州衆多疫別部常宏以衆數萬降所在戮死諸軍屢奏破賊皆不實朝廷信之稍自安巢得計破殺張潾陷睦婺二州又取宣州而漢宏殘衆復奮寇宋州掠申光來與巢合濟采石侵揚州高駢按兵不出詔兗海節度使齊克讓屯汝州拜全晸天平節度使兼東面副都統賊方守滁和全晸以天平兵敗于淮上宰相豆盧瑑計救師未至請假巢天平節度使使無得西以精兵戍宣武塞汝鄭路賊首可致矣盧攜執不可請召諸道兵壁泗上以宣武節度統之則巢且還寇東南徘徊山淛救死而已詔可前此已詔天下兵屯溵水禁賊北走於是徐兵三千道許其帥薛能館徐衆城中許人驚謂見襲部將周岌自溵水還殺能自稱留後徐軍聞亂列將時溥亦引歸囚其帥支詳兗海齊克讓懼下叛引軍還兗州溵水屯皆散巢聞悉衆度淮妄稱率土大將軍整衆不剽掠所過惟取丁

壯益兵李罕之犯申光潁宋徐兗等州吏皆亡巢自將攻汝州欲薄東都當是時天子沖弱怖而流涕宰相更共建言悉神策并關內諸節度兵十五萬守潼關田令孜請自將而東然內震擾前說帝以幸蜀事帝自幸神策軍擢左軍騎將張承範為先鋒右軍步將王師會督糧道以飛龍使楊復恭副令孜於是募兵京師得數千人當是時巢已陷東都留守劉允章以百官迎賊巢入勞問而已里閭晏然帝餞令孜章信門賚遺豐優然衛兵皆長安高貲世籍兩軍得稟賜侈服怒馬以詫權豪初不知戰聞料選皆哭于家陰出貲雇販區病坊以備行陣不能持兵觀者寒毛以慄承範以彊弩三千防關辭曰祿山率兵五萬陷東都今賊衆六十萬過祿山遠甚恐不足守帝不許賊進取陜虢檄關戍曰吾道淮南逐高駢如鼠走穴爾無拒我神策兵過華裹三日糧不能飽無鬬志十二月巢攻關齊克讓以其軍戰關外賊少卻俄而巢至師大譟川谷皆震時士飢甚潛燒克讓營克讓走入關承範出金諭軍中曰

諸君勉報國救且至士感泣拒戰賊見師不繼急攻關王師矢盡
飛石以射巢驅民內塹火關樓皆盡始關左有大谷禁行人號禁
谷賊至令孜屯關而忘谷之可入尚讓引衆趨谷承範懼遽使師
會以勁弩八百邀之比至而賊已入明日夾攻關王師潰師會欲
自殺承範曰吾二人死孰當辨者不如見天子以實聞死未晚乃
羸服逃始博野鳳翔軍過渭橋見募軍服鮮燠怒曰是等何功遽
然至是更為賊鄉導前賊歸焚西市帝類郊祈哀會承範至具言
不守狀帝黜宰相盧攜方朝而傳言賊至百官奔令孜以神策兵
五百奉帝趨咸陽惟福穆澤壽四王與妃御一二從中人西門匡
範統右軍以殿巢以尚讓為平唐大將軍蓋洪費全古副之賊衆
皆被髮錦衣大抵輜重自東都抵京師千里相屬金吾大將軍張
直方與羣臣迎賊霸上巢乘黃金輿衛者皆繡袍華幘其黨乘銅
輿以從騎士凡數十萬先後之陷京師入自春明門升太極殿宮
女數千迎拜稱黃王巢喜曰殆天意歟巢舍田令孜第賊見窮民

抵金帛與之尚讓即妄曉人曰黃王非如唐家不惜而輩各安毋
恐甫數日因大掠縛箠居人索財號淘物富家皆跣而驅賊酋閱
甲第以處爭取人妻女亂之捕得官吏悉斬之火廬舍不可貲宗
室侯王屠之無類矣巢齋太清宮卜日舍含元殿僭即位號大齊
求袞冕不得繪弋綈為之無金石樂擊大鼓數百列長劍大刀為
衛大赦建元為金統王官三品以上停四品以下還之因自陳符
命取廣明字判其文曰唐去丑口而著黃明黃當代唐又黃為土
金所生蓋天啓云其徒上巢號承天應運啓聖睿文宣武皇帝以
妻曹為皇后以尚讓趙璋崔璆楊希古為宰相鄭漢璋御史中丞
李儔黃諤尚儒為尚書方特諫議大夫皮日休沈雲翔裴渥翰林
學士孟楷蓋洪尚書左右僕射兼軍容使費傳古樞密使張直方
檢校左僕射馬祥右散騎常侍王璠京兆尹許建米實劉瑭朱溫
張全彭攢李逵等為諸將軍游弈使其餘以次封拜取趫偉五百
人號功臣以林言為之使比控鶴府下令軍中禁妄殺人悉輸兵

于官然其下本盜賊皆不從召王官無有至者乃大索里閭豆盧
瑑崔沆等匿永寧里張直方家直方者素豪桀故士多依之或告
賊納亡命者巢攻之夷其家瑑沆及大臣劉鄴裴諗趙濛李溥李
湯死者百餘人將作監鄭綦郎官鄭係舉族縊是時乘輿次興元
詔促諸道兵收京師遂至成都巢使朱溫攻鄧州陷之以扼荊襄
遣林言尚讓寇鳳翔為鄭畋將宋文通所破不得前畋乃傳檄召
天下兵於是詔涇原節度使程宗楚為諸軍行營副都統前朔方
節度使唐弘夫為行營司馬數攻賊斬萬級邠將朱玫陽為賊將
王玫衰兵俄而殺玫引軍入于王師弘夫進屯渭北河中王重榮
營沙苑易定王處存次渭橋鄜延李孝昌夏州拓拔思恭壁武功
弘夫拔咸陽楲渭水破尚讓軍乘勝入京師巢竊出至石井宗楚
入自延秋門弘夫傅城舍都人共譟曰王師至處存選銳卒五千
以白繻自誌夜入殺賊都人傳言巢已走邠涇軍爭入京師諸軍
亦解甲休競掠貨財子女市少年亦冒作繻肆為剽巢伏野使覘

城中弛備則遣孟楷率賊數百掩邠涇軍都人猶謂王師讙迎之
時軍士得珍賄不勝載聞賊至重負不能走是以甚敗賊執弘夫
害之處存走營始王璠破奉天引衆數千隨弘夫及諸將敗獨一
軍戰尤力巢復入京師怒民迎王師縱擊殺八萬人血流於路可
涉也謂之洗城諸軍退保武功於是中和二年二月也其五月昭
義高潯攻華州王重榮與并力克之朱玫以涇岐麟夏兵八萬營
興平巢亦遣王璠營黑水玫戰未能勝鄭畋將竇玫夜率士燔都
門殺邏卒賊震懼於時畿民柵山谷自保不得耕米斗錢三十千
屑樹皮以食有執柵民鬻賊以為糧人獲數十萬錢士人或賣餅
自業舉奔河中李孝昌拓拔思恭從壁東渭橋收水北壘數月賊
帥朱溫尚讓涉渭敗孝昌等軍高潯擊賊李詳不勝賊復取華州
巢即授華州刺史以溫為同州刺史賊又襲孝昌二軍引去賊破
陳敬瑄兵走南山齊克儉營興平為賊所圍決河灌之不克有題
尚書省尸譏賊且亡尚讓怒殺吏輒剔目懸之誅郎官門闌卒凡

數千人百司逃無在者天子更以王鐸爲諸道行營都統崔安潛副之周岌王重榮爲左右司馬諸葛爽康實爲左右先鋒平師儒爲後軍時溥督漕賦王處存李孝章拓拔思恭爲京畿都統處存直左孝章在北思恭直右西門思恭爲鐸都監楊復光監行營中書舍人盧胤徵爲克復制置副使於是鐸以山南劍南軍營靈感祠朱玫以岐夏軍營興平重榮處存營渭北復光以壽滄荆南軍合岌營武功孝章合拓拔思恭營渭橋程宗楚營京右朱溫以兵三千掠丹延南鄙趨同州刺史米逢出奔溫據州以守六月尚讓寇河中使朱溫攻西關敗諸葛爽破重榮數千騎於河上爽閉關不出讓遂拔郃陽攻宜君壘大雨雪盈尺兵死什二三七月賊攻鳳翔敗節度李昌言於涝水又遣彊武攻武功槐里涇邠兵卻獨鳳翔兵固壁拓拔思恭以銳士萬八千赴難逗留不進河中糧艘三十道夏陽朱溫使兵奪艘重榮以甲士三萬救之溫懼鑿沈其舟兵遂圍溫溫數困又度巢勢蹙且敗而孟楷方專國溫丐師楷沮

不報即斬賊大將馬恭降重榮帝進拓拔思恭爲京四面都統數朱玫軍馬嵬溫既降重榮遇之厚故李詳亦獻款賊覺斬之於赤水更以黃思鄴爲刺史十月鐸濬壕於興平左抵馬嵬使將薛韜董之由馬嵬武功入斜谷以通盩厔列屯十四使將梁璩主之置關於沮水七盤三溪木皮嶺以遮秦隴京左行營都統東方逵禽賊銳將李公迪破堡三十華卒逐黃思鄴巢以王遇爲刺史遇降河中明年正月王鐸使鴈門節度使李克用破賊于渭南承制拜東北行營都統會鐸與安潛皆罷克用獨引軍自嵐石出夏陽屯沙苑破黃揆軍遂營乾阬二月合河中易定忠武等兵擊巢巢命王璠林言軍居左趙璋尚讓軍居右衆凡十萬與王師大戰梁田陂賊敗執俘數萬僵胔三十里欲爲京觀璠與黃揆襲華州據之遇亡去克用掘塹環州分騎屯渭北命薛志勤康君立夜襲京師火會聚俘賊而還巢戰數不利軍食竭下不用命陰有遁謀即發兵三萬搤藍田道使尚讓援華州克用率重榮迎戰零口破之遂

拔其城揆引衆出走涇原節度使張鈞說蕃渾與盟共討賊是時諸鎮兵四面至四月克用遣部將楊守宗率河中將白志遷忠武將龐從等最先進擊賊渭橋三戰賊三北於是諸節度兵皆奮無敢後入自光泰門克用身決戰呼聲動天賊崩潰逐北至望春入昇陽殿闥巢夜奔衆猶十五萬聲趨徐州出藍田入商山委輜重珍貲於道諸軍爭取之不復追故賊得整軍去自祿山陷長安宮闕完雄吐蕃所燔唯衢衖廬舍朱泚亂定百餘年治繕神麗如開元時至巢敗方鎮兵互入虜掠火大內惟含元殿獨存火所不及者止西內南內及光啓宮而已楊復光獻捷行在帝詔陳許延州鳳翔博野軍合東西神策二萬人屯京師命大明宮留守王徽衛諸門撫定居人詔尚書右僕射裴璩脩復宮省購輦輅使衛舊章祕籍孫敗巢者神策將橫衝軍使楊守亮踊雲都將高周彝忠順都將胡眞天德將顧彥朗七十人巢已東使孟楷攻蔡州節度使秦宗權迎戰大敗即臣賊與連和楷擊陳州敗死巢自圍之略鄧

許孟洛東入徐兗數十州人大饑倚死牆塹賊俘以食日數千人乃辦列百巨碓糜骨皮於臼并啖之時朱全忠爲宣武節度使與周岌時溥帥師救陳趙犫亦乞兵太原巢遣宗權攻許州未克於是糧竭木皮草根皆盡四年二月李克用率山西兵由陜濟河而東會關東諸鎮壁汝州全忠擊賊瓦子堡斬萬餘級諸軍破尚讓於太康亦萬級獲械鎧馬羊萬計又敗黃鄴於西華鄴夜遁巢大恐居三日軍中相驚棄壁走巢退營故陽里其五月大雨震電川谿皆暴溢賊壘盡壞衆潰巢解而去全忠進戍尉氏克用追巢全忠還汴州巢取尉氏攻中牟兵度水半克用擊之賊多溺死巢引殘衆走封丘克用追敗之還營鄭州巢涉汴北引夜復大雨賊驚潰克用聞之急擊巢河瀕巢度河攻汴州全忠拒守克用救之斬賊驍將李周楊景彪等巢夜走胙城入寃句克用悉軍窮躡賊將李讜楊能霍存葛從周張歸霸張歸厚往降全忠而尚讓以萬人歸時溥巢愈猜忿屢殺大將引衆奔兗州克用追至曹巢兄弟拒

戰不勝走兗鄆間獲男女牛馬萬餘乘輿器服等禽巢愛子克用軍晝夜馳糧盡不能得巢乃還巢衆僅千人走保太山六月時溥遣將陳景瑜與尚讓追戰狼虎谷巢計蹙謂林言曰我欲討國姦臣洗滌朝廷事成不退亦誤矣若取吾首獻天子可得富貴毋爲佗人利言巢出也不忍巢乃自刎不殊言因斬之及兄存弟鄴揆欽秉萬通思厚并殺其妻子悉函首將詣溥而太原博野軍殺言與巢首俱上溥獻于行在詔以首獻于廟徐州小史李師悅得巢僞符璽上之拜湖州刺史巢從子浩衆七千爲盜江湖間自號浪蕩軍天復初欲據湖南陷瀏陽殺略甚衆湘陰彊家鄧進思率壯士伏山中擊殺浩

贊曰廣明元年巢始盜京師自陳磨去丑口而著黃明黃且代唐也嗚呼其言妖歟後巢死秦宗權始張揉亂偏天下朱温卒攘神器有之大氐皆巢黨也寧天託諸人告亡於下乎

秦宗權蔡州上蔡人爲許牙將巢涉淮節度使薛能遣宗權蒐兵

淮西而許軍亂殺能宗權外示赴難因逐刺史據蔡以叛周岌代能領節度即授以州有兵萬人乃遣將從諸軍敗賊於汝州楊復光言之朝擢防禦使寵其軍曰奉國即爲本軍節度使進檢校司空巢走出關宗權與連和遂圍陳州樹壁相望擾狥梁宋間巢死宗權張甚嘯會逋殘有吞噬四海意乃遣弟宗言寇荆南秦誥出山南攻襄州陷之進破東都圍陝州使秦彥寇淮肥秦賢略江南宗衡亂岳鄂賊渠率票狡所至屠老孺焚屋廬城府窮爲荆棘自關中薄青齊南緣荆郢北亘衞滑皆麕駭雉伏至千里無舍煙惟趙犨保陳朱全忠保汴僅自完而已然無霸王計惟亂是恃兵出未始轉糧指鄉聚曰啖其人可飽吾衆官軍追躡獲鹽尸數十車僖宗假朱全忠都統節以討賊秦賢略宋及曹全忠好書約和賢遣張調請分地自汴以南歸之蔡全忠陰許而賢引兵濟汴肆燔劫無孑餘全忠大怒斬調而還曰我出十將必破此賊進與賊戰殺獲甚衆宗權急攻許節度使鹿晏弘乞師於全忠師未及出已

破晏弘進攻鄭州取之擊河橋遂守河陽放兵侵汴西鄙北鄙全忠壁酸棗戰不克宗權屯邊村使秦賢營雙丘晨拔橋盧瑭引兵遣屯萬勝夾汴而栅將梁以精師全忠詭擊殺瑭宗權悉軍十五萬列三十六屯逼汴全忠懼求救於兗鄆而朱瑾朱宣皆身自將同拒賊五月全忠開城大會鼓聞于郊無置聲陰啓北門擊賊壘士譁趨中營兗鄆整兵合擊大敗之宗權忿過鄭焚郛舍驅民入淮西全忠遂有鄭許河陽東都於是合諸鎮兵會上蔡分爲五軍入其地宗權召孫儒儒不應宗權素壁上蔡以扼險要全忠拔其壁遂圍蔡州傅城而壘以羸兵誘賊賊出戰全忠盡斬之宗權退守中州未能下全忠使大將胡元琮圍之身還汴宗權間詐無備襲取其州執守將元琮引兵復收許宗權還爲愛將申叢所囚折一足以待命全忠署叢節度留後叢中悔夷其族宗權至汴全忠以禮迎勞且曰公昔陷許能戢兵賜盟戮力勤王烏有今日乎宗權曰英雄不兩立天亡僕以資公也謷然無懼色全忠以檻車上

送京師兩神策兵衛護昭宗御延喜樓受俘京兆尹揆以組練徇兩市引頸視車外呼曰宗權豈反者耶顧輸忠不效耳觀者大笑與妻趙俱斬獨柳下宗權以中和三年叛居六年而誅

董昌杭州臨安人始籍土團軍以功擢累石鏡鎮將中和三年刺史路審中臨州昌率兵拒不得入即自領州事鎮海節度使周寶不能制因表爲刺史昌已破劉漢宏兵益彊進義勝軍節度使檢校尚書右僕射僖宗始還京師昌取越民裴氏藏書獻之補秘書之亡授兼諸道採訪圖籍使始爲治廉平人頗安之當是時天下貢輸不入獨昌賦外獻常參倍旬一遣以五百人爲率人給一刀後期即誅朝廷賴其入故累拜檢校太尉同中書門下平章事爵隴西郡王視詔書訖字償一縑歸當制官而小人意足寖自侈大託神以詭衆始立生祠刻香木爲軀內金玉紈素爲肺府冕而坐妻媵侍別帳百倡鼓吹於前屬兵列護門祀屬州爲土馬獻祠下列牲牢祈請或紿言土馬若嘶且汗皆受賞昌自言有饗者我必

醉螘集祠旁使人捕沈鍏湖告曰不爲災客有言嘗游吳隱之祠止一偶人昌聞怒曰我非吳隱之比支解客祠前始罷榷鹽以悅人豐衣食後稍峭法笞至千百或小過輒夷族血流刑場地爲之赤有五千餘姓當族昌曰能孝於我貸而死皆曰諾昌厚養之號感恩都刻其臂爲誓親族至號泣相別者凡民訟不視獄但與擲博簺不勝者死用人亦取勝者昌得郡王咤曰朝廷負我吾奉金帛不貲何惜越王不吾與吾當自取之下猒其虐乃勸爲帝近縣舉狂譟譁請昌帝曰時至我當應天順人其屬吳繇秦昌裕盧勤朱瓚董庠李暢薛遼與妖人應智王溫巫韓媼皆贊之昌益兵城四縣自防山陰老人僞獻謠曰欲知天子名日從日上生昌喜賜百縑免稅征命方士朱思遠築壇祠天詭言天符夜降碧楮朱文不可識昌曰讖言兎上金牀我生於卯明年歲旅其次二月朔之明日皆卯也我以其時當即位客倪德儒曰咸通末越中秘記言有羅平鳥主越禍福中和時鳥見吳越四目而三足其鳴曰羅平天冊民祀以攘難今大王署名文與鳥類即圖以示昌昌大喜乾寧二年即僞位國號大越羅平建元曰天冊自稱聖人鑄銀印方四寸文曰順天治國之印又出細民所上銅鉛石印十牀及它鳥獸龜蛇陳于廷指曰天瑞其下制詔皆自署名或曰帝王無押詔昌曰不親署何由知我爲天子即榜南門曰天冊樓先是州寢有黃龍蝦以自神以次拜置百官監軍與官屬皆西北鄉慟哭乃北面臣昌或請署近侍昌曰吾假處此位安得如宮禁不許下書屬州曰以某日權即位然昌荷天子恩死不敢負國初官屬不徇昌旨者節度副使黃碣山陰令張遜皆誅死鎮海節度使錢鏐書讓昌曰開府領節度終身富貴不能守閉城作天子滅親族亦何賴願王改圖昌不聽鏐悉兵三萬攻之望城再拜曰大王位將相乃不臣能改過請諭還諸軍昌懼獻鏐錢二百萬犒軍執應智王溫韓媼吳繇秦昌裕送於鏐且待罪鏐乃還表於朝以爲昌不可赦復討之傳城而壘昌又執朱思遠王守眞盧勤送鏐軍求解昭宗遣中人李重密勞師除昌官爵授鏐浙東道招討使昌乃求援於淮南楊行密行密遣將臺濛圍蘇州安仁義田頵攻杭州以救昌鏐將顧全武等數敗昌軍昌將多降遂進圍越州候人言外師彊輒斬以徇紿左右鏐兵老皆賞昌身閱兵五雲門出金帛傾鏐衆全武等益奮昌軍大潰遁還去僞號曰越人勸我作天子固無益今復爲節度使全武四面攻未克會臺濛取蘇州鏐召全武還全武曰賊根本在甌越今失一州而緩賊不可攻益急城中以口率錢雖簪珥皆輸軍昌從子眞得士心昌信讒殺之衆始不用命又減戰糧欲犒外軍下愈怨反攻昌昌保子城鏐將駱團入見紿言奉詔迎公居臨安昌信之全武執昌還及西江斬之投尸于江傳首京師夷其族於是斬僞大臣李邈蔣瓌等百餘人發昌先墓火之昌敗猶積糧三百萬斛金幣大抵五百餘帑而兵不及萬人鏐遂爲鎮海鎮東兩軍節度云

贊曰唐亡諸盜皆生於大中之朝太宗之遺德餘澤去民也久矣而賢臣斥死庸懦在位厚賦深刑天下愁苦方是時也天將去唐諸盜並出歷五姓兵未嘗少解至宋然後天下復安漢之亡也天下大亂至晉然後稍定晉之亡也天下大亂至唐然後復安治少而亂多者古今之勢盛王業業以求治可少忽哉

逆臣列傳第一百五十下

唐書凡二百二十六篇總二百五十卷

二十一帝本紀一十篇一十卷

十三志五十篇五十六卷

三表十五篇二十二卷

列傳一百五十篇一百六十卷

錄二卷

跋

繆藝風前輩得南宋建安魏仲立所刊新唐書其後歸於余友劉翰怡版印極精余既假得攝影凡闕四十餘卷求之數年卒無所遇歲戊辰東渡觀書於靜嘉堂文庫覩皕宋樓陸氏舊藏小字本半葉十四行行二十五字堪與舊唐書相耦亟思印行顧有殘闕然以天祿琳琅藏本亦云行密字整且諸家藏印如李安詩如錢唐梁氏如梅谷款識皆同私意必可牉合乃乞影攜歸而故宮之書又已無存復匃北平圖書館殘帙補之猶不足適書肆以別一殘宋本至爲商邱宋氏故物視陸本每半葉僅羸二行行增四五字喜其相近亟留之凡陸本所無及漫漶

過甚者均可攙配然猶缺表之第八九卷又原目亦僅存五葉不得已更縮劉本以足之於是此書全爲宋刻矣陸氏本避諱及英宗止儀顧堂題跋定爲嘉祐進書時所刻并北平配本存本紀十卷志五十卷表十三卷列傳一百十四卷又子卷六其足以糾正殿本者地理志第二十八陝州陝郡夏縣注下多芮城二字又注望武德二年以芮城河北永樂置芮州貞觀元年州廢以永樂隸鼎州芮城河北來屬三十三字藝文志第五十盧受采集二十卷句下多王適集二十卷喬知之集二十卷十三字又崔液集十卷張說集下多二十卷蘇頲集六字宰相表上第一貞觀四年二月甲寅珪爲侍中節下多

七月癸酉瑀罷爲太子少傅一行又表下第三乾符元年十一月彥昭爲門下侍郎節畋爲中書侍下多郎兼禮部尚書攜爲中書侍郎十二字列傳第一則天順聖皇后武氏傳凡言變吏不得何詰句又上官昭容傳是時左右內職皆聽出外不何止句何均不作呵按史記秦本紀太史公引賈生之言陳利兵而誰何如淳注何猶問也是何字不誤也又第二十六蕭復傳自楊炎盧杞放命句又第二十八韋雲起傳御史大夫裴蘊怙寵放命句放均不作妨按尚書堯典方命圮族孔疏鄭王以方爲放謂放棄教命是放字不誤也又第一百一十七張巡傳士日賦米一勺齕木皮鬻紙而食句鬻不作鬻按鬻

卽煑字見周禮此正與上文齕木皮相應是鬻字不誤也又第一百四十六下康傳在那密水之陽東距何二百里句何不作河與上文曰安曰曹曰石曰米曰何曰火尋曰戊地曰史合是何字不誤也至配入之宋氏本凡三十有二卷又子卷四宋諱避至高宗止其列傳第二十三馬周傳往貞觀初率土霜儉句霜不作荒按本紀貞觀元年八月河南隴右邊州霜又舊書同年月亦云關東及河南隴右沿邊諸州霜害秋稼是霜字實不誤又第二十五封倫傳初竇建德援洛王將趣虎牢句王不作陽王謂秦王與竇建德傳合是王字亦不誤又第七十六關播傳觀察使皇甫政表其至以發帝怒句表其至

不作殺其姪按舊書亦言皇甫政表其到以發上怒全無殺姪之事是表至二字亦不誤又第一百四十五新羅傳且言往歲册故主俊邕爲王母申太妃妻叔妃句叔不作淑按叔爲王妃之氏與舊書合是叔字亦不誤又第一百二十五盧履冰傳罔極者春秋祭祀以時思之君子有終身之憂之謂句不脫之謂二字庶合詮解上文語意又第一百四十六上吐谷渾傳帝欲徙其部於涼州之南山羣臣議不同帝難之句不脫不同帝三字按徙諾曷鉢之議本發自帝羣臣集議各有所見故帝難決若無不同帝三字則是建議在帝決議在羣臣非當時之政體也卽此數則已遠出殿本之上又所補劉本方

鎭表書僅二卷而殿本亦有甚大之疵繆見於其間按福建漳潮二州於天寶十載改隸嶺南經略使殿本於乾元二年後忽增一葉由二年至十四年與本卷第四葉全同但改載字爲年字按本紀肅宗乾元二年後卽爲上元元年又上元元年閏月己卯大赦改元舊書亦云乾元三年閏四月己卯改乾元爲上元是乾元祇有二年殿本不知何以衍此一葉年歲既差事實亦複　是以觀而殿本之不可盡信可斷言矣

海鹽張元濟

百衲本二十四史

新唐書 三冊

撰者◆歐陽修 宋祁等
發行人◆王春申
編輯指導◆林明昌
營業部兼任
編輯部經理◆高珊
編印者◆本館古籍重印小組
承製者◆辰皓國際出版製作有限公司

出版發行：臺灣商務印書館股份有限公司
23150 新北市新店區復興路 43 號 8 樓
電話：(02)8667-3712　傳真：(02)8667-3709
讀者服務專線：0800056196
郵撥：0000165-1
E-mail：ecptw@cptw.com.tw
網路書店網址：www.cptw.com.tw
網路書店臉書：facebook.com.tw/ecptwdoing
臉書：facebook.com.tw/ecptw
部落格：blog.yam.com/ecptw

局版北市業字第 993 號
初版一刷：1937 年 1 月
臺一版一刷：1970 年 1 月
臺二版一刷：2010 年 9 月
臺二版二刷：2016 年 5 月
定價：新台幣 4000 元

ISBN 978-957-05-2518-2

新唐書 ／ 歐陽修, 宋祁撰. --臺二版. -- 臺北
市 ： 臺灣商務, 2010. 09
面 ； 公分. --（百衲本二十四史）

ISBN 978-957-05-2518-2（精裝）

1. 唐史

624.101 99013600